珠江三角洲城市群年鉴

URBAN AGGLOMERATION IN THE PEARL RIVER DELTA YEARBOOK

2011

（总第2卷）

珠江三角洲城市群年鉴编纂委员会　编

廣東省出版集團
广东人民出版社

图书在版编目（CIP）数据

珠江三角洲城市群年鉴（2011）/《珠江三角洲城市群年鉴》编纂委员会编.—广州：广东人民出版社，2011.12
ISBN 978-7-218-07435-1

Ⅰ.①珠… Ⅱ.①珠… Ⅲ.①珠江三角洲—城市群—2010—年鉴
Ⅳ.①Z526.5

中国版本图书馆 CIP 数据核字（2011）第 258220 号

ZHUJIANGSANJIAOZHOU CHENGSHIQUN NIANJIAN
珠江三角洲城市群年鉴（2011）
《珠江三角洲城市群年鉴》编纂委员会 编

出 版 人：金炳亮

责任编辑：林 冕 柏 峰
装帧设计：广州市秋阳文化传播有限公司

出版发行：广东人民出版社
地　　址：广州市大沙头四马路 10 号（邮政编码：510102）
电　　话：（020）83798714（总编室）
传　　真：（020）83780199
网　　址：http://www.gdpph.com
印　　刷：深圳中华商务安全印务有限公司
书　　号：ISBN 978-7-218-07435-1
开　　本：169 毫米 ×239 毫米 B5
印　　张：44.75　　插页：36　　字数：95 万
版　　次：2011 年 12 月第 1 版　2011 年 12 月第 1 次印刷
定　　价：180.00

《珠江三角洲城市群年鉴》编辑部
地　　址：广州市启明横马路 7 号
电　　话：020-87665153
电子邮箱：zsjcsq@163.com
邮政编码：510080
传　　真：（020）87662941

编 辑 说 明

1.《珠江三角洲城市群年鉴》是广州、深圳、珠海、佛山、江门、东莞、中山、惠州、肇庆9个城市合作组织编纂的年度资料性文献，创刊于2010年，重点反映珠江三角洲城市群落实《珠江三角洲地区改革发展规划纲要（2008~2020年）》的基本情况和一体化发展进程。

2.《珠江三角洲城市群年鉴》每年出版一卷，以出版年号为卷次名称，内容主要记述上一年度的基本资料。

3. 全书的框架结构分为三大部分。第一部分是地区综述，设“基本情况”、“大事记”、“区域协调”、“合作交流”4个篇目；第二部分是各市概况，设“广州市”、“深圳市”、“珠海市”、“佛山市”、“江门市”、“东莞市”、“中山市”、“惠州市”、“肇庆市”9个篇目；第三部分是附录资料，设“统计资料”、“珠江三角洲发展研究论文摘要”、“文献法规”3个篇目。各篇目下设分目、条目。条目是全书内容记述的主体，标题统一用黑体加【 】表示，个别包含多方面资料的条目在段落间加插楷体标题提示。

4. 全书前有目录，后有索引，方便读者查阅，并随书附送包含全部内容的数据光盘。

5. 为进一步增加信息量，增强可读性，2011年卷设有4辑彩色图片专辑，分别为“大事要闻”、“广州亚运”、“开平碉楼”、“珠三角绿道”，图文并茂地反映各市日新月异的建设风貌。

6. 全书所载录的内容和数据，部分由珠三角9市人民政府地方志办公室或地方综合年鉴编纂机构组织提供，部分由编辑部采集编写。文中如有数据与“统计资料”篇目的数据有出入，以广东省统计局提供的“统计资料”篇目为准。

珠江三角洲城市群年鉴编纂委员会

主　　任　张广宁

副 主 任　陈　强　甘　新　张骁儒　陈洪辉　王　玲
　　　　　谢　端　吴道闻　殷昭举　李　崴　李　天

委　　员　王林生　黄　玲　谢岳伟　谭永多　张世开
　　　　　潘朝明　冯荣球　李文照　叶可道　莫秀吉

《珠江三角洲城市群年鉴》编辑部

主　　编　王林生

副 主 编　胡巧利　谭惠全

责任编辑　何文倩　周慧琴　蔡沛泉

《珠江三角洲城市群年鉴》各市编辑组

（按姓氏笔划为序）

王晓杰　韦相伍　卢　卫　叶可道　邝达辉　刘　耀　刘念宇　刘庭芳
刘燕玲　朱思敏　阳晓儒　何志玲　何燕萍　吴小明　吴小荃　张　颀
张世开　张学龄　张冠强　张朝志　张德全　李　娜　李文照　李怡冰
李祥光　李敏靖　沈晓娟　邱海权　陈　绍　陈伟雄　周智锋　周蔚茹
巫晓云　金行中　胡晓静　贺　坤　贺宏卿　郝红英　钟考祥　钟景业
唐广祥　席艺洋　袁　菁　钱锦嫦　高　云　高小兵　高小英　高晴蓝
黄忠发　傅茶生　谢文稳　赖建民　赖彩凤　谭永多　潘朝明

目　录

地区综述

基本情况

大事记（2010年）

区域协调

■ 合作交流

各市概况

■ 广州市

深圳市

珠海市

佛山市

■ 江门市

■ 东莞市

中山市

惠州市

肇庆市

附　录

统计资料

珠江三角洲发展研究论文摘要

文献法规

主题索引

珠江三角洲数字2010

土地面积:54733 平方公里

年末常住人口:5616.39 万人

城镇人口:4646.04 万人

年末从业人员:3377.35 万人

地区生产总值:37673.26 亿元

第一产业:809.78 亿元

第二产业:18313.49 亿元

工业:17223.20 亿元

第三产业:18549.99 亿元

人均生产总值:68633 元

地区生产总值占全省比重:79.4%

公路通车里程:55848 公里

邮电业务总量:3949.45 亿元

本地电话年末用户:2269.84 万户

移动电话年末用户:7457.64 万户

全社会固定资产投资额:11355.80 亿元

房地产开发投资:3118.66 亿元

社会消费品零售总额:17414.66 亿元

出口总额:4318.02 亿美元

进口总额:3195.01 亿美元

实际外商直接投资额:202.61 亿美元

地方财政一般预算收入:3138.56 亿元

地方财政一般预算支出:3654.91 亿元

城乡居民储蓄存款余额:29064.60 亿元

中外资金融机构本外币存款:71294.51 亿元

中外资金融机构本外币贷款:47159.74 亿元

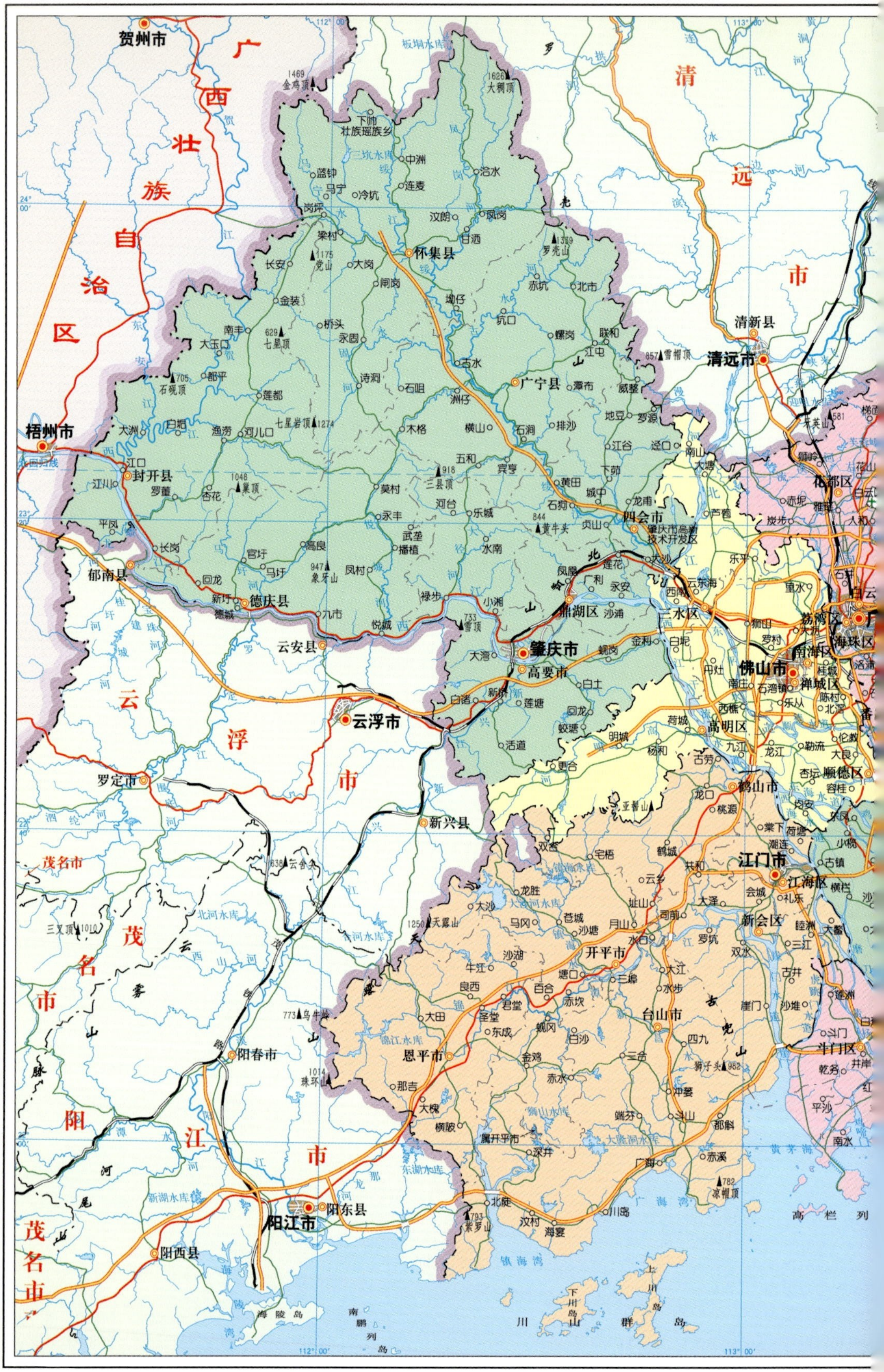

广东省地图院 编制 审图号：粤S（2010）078号

注：本图界线不作权属争议依据。

2010 年 11 月 12 日，中共中央政治局常委、国务院总理温家宝视察广州市水环境整治标志性工程——东濠涌。

2010 年 7 月 14 日，中共中央政治局常委、全国政协主席贾庆林在中共中央政治局委员、广东省委书记汪洋，省政协主席黄龙云等领导陪同下，到江门市大长江集团调研。

• 2010 年 10 月 29 日，中共中央政治局委员、国务院副总理张德江到东莞视察。图为张德江（右三）在永强汽车制造有限公司了解企业发展情况。

• 中共中央政治局委员、中央书记处书记、中宣部部长刘云山（前排右二），中共中央政治局委员、广东省委书记汪洋（前排右三）等领导视察广东金融高新技术服务区。

• 2010 年 6 月 18 日，中共广东省委副书记、省长黄华华在东莞举行的第二届广东外商投资企业产品（内销）博览会上与客商亲切交谈。

• 2010 年 11 月 3 日，珠江三角洲城际快速轨道交通广州至佛山段（魁奇路站—西朗站）首通段开通。图为开通典礼。

• 2010 年 9 月 29 日，在西江引水工程通水运行仪式上，中共广东省副书记、省长黄华华等领导启动引水工程通水按钮。

• 2010 年 11 月 28 日，“陆地方舟”新能源汽车（佛山）暨“绿色崛起”百亿项目签约动工。

• 图为珠三角城际快速轨道交通广州至佛山段（广佛地铁线）的金融高新区站。

● 2011 年 1 月 14 日，广佛快巴 6 号线开通。

● 2010 年 11 月 20 日，中共中央政治局委员、广东省委书记汪洋（后排左四），省委副书记、省长黄华华（后排右三），国家科技部党组书记、副部长李学勇（前排左二）等领导出席肇庆国家高新科技产业开发区授牌仪式。

● 生机勃发的肇庆高新区

• 2010 年 12 月 10 日，二广高速公路怀集至三水段举行通车仪式。

• 2010 年 12 月 10 日，第 13 届广东（肇庆）房地产博览会开幕。

● 2010 年 9 月 6 日，深圳经济特区建立三十周年庆祝大会在深圳隆重举行。

● 2010 年 11 月 16 日，第十二届中国高新技术成果交易会在深圳会展中心开幕。

• 广深沿江高速公路是继广深高速公路之后又一条南北向重要交通通道，全长 97 公里。图为广深沿江高速东莞官田互通。

• 2010 年 1 月 15 日，东莞市举行城乡一体化养老保险体系正式建立暨养老金首发仪式。

• 2010 年 4 月 22 日，东莞台湾名品博览会在东莞国际会展中心开幕。

• 2010年12月18日，由深圳市文体旅游局、东莞市旅游局、惠州市旅游局联合主办的大型自驾游活动——“万车互游深莞惠”正式启动。

• 2010年10月27日，东莞市顺利通过创建国家环保模范城市考核验收。

• 2010 年 9 月 30 日，粤港澳文化创意产业实验园区在东莞松山湖举行揭牌仪式。

• 2010 年 6 月 3 日，深莞惠举行环保联合行动，深圳、东莞、惠州三地 500 多名青年参加活动。

• 2010 年，东莞市积极落实产业和劳动双转移战略。图为东莞（惠州）产业转移工业园管委会。

• 2010年2月28日，第二十三届中山慈善万人行起步典礼在中山市兴中道举行。本次万人行以“博爱欢乐传万家”为主题，筹得善款7668.96万元。

• 2010年8月5日，珠海市政府、南方广播影视传媒集团、珠江电影集团有限公司联合举行珠海影视文化产业基地合作框架协议签约仪式。

• 2010年10月25日，珠中江健康产业交流合作会在珠海市召开。珠海、中山、江门三地的药品、医疗器械、保健食品、化妆品企业负责人和食品药品监管部门共商健康产业大计。

• 2010 年 12 月 31 日，广珠城际铁路开通试运营。

• 2010 年 7 月 19 日，粤港澳数字影视娱乐产业高峰论坛在珠海高新区召开。

● 2010 年 11 月 27 日，珠海、中山、江门三地共同签署《珠海、中山、江门宣传文化建设战略合作框架协议》。

● 2010 年 3 月 11 日，珠海、中山、江门三地人民银行共同签署《珠中江金融合作备忘录》。

● 2010 年 7 月 12 日，两岸 LED 产业发展暨科技创新论坛在江门市召开。

基本情况

基本情况

珠江三角洲概况

【自然地理】 珠江三角洲位于广东省中南部，北纬22° 02′～23° 18′、东经112° 35′～113° 57′之间，地处北回归线以南，是我国南亚热带最大的冲积平原。

珠江三角洲旧称粤江平原，东起东江石龙，西起西江羚羊峡，北起北江芦苞，南至南海沿岸，呈倒三角形，面积约1万多平方千米。珠江三角洲是由西江、北江、东江以及增江、流溪河、高明河、潭江等在溺谷湾内合力冲积而成的复合三角洲，以珠江干流的黄埔至虎门河段为界，西部的西、北江三角洲为珠江三角洲的主体部分，占珠江三角洲总面积的93.4%，东部的东江三角洲面积较小，占珠江三角洲总面积的6.6%。

珠江三角洲基底为古生界变质岩系。燕山运动和喜马拉雅山运动形成的NE向、MW向、EW向断裂，围限成珠江三角洲中、新生代构造盆地，与周围的龙归盆地、三水盆地、潭江盆地、东莞盆地，合成广义的珠江三角洲盆地。盆地内堆积白垩系和第三系陆相碎屑岩、火山碎屑岩、细粒层凝灰岩等；第四系盖层为中更新统河床相砂砾层，晚更新统河流相、河口湾—三角洲相碎屑沉积及其风化壳等，平均厚度约30米，由陆向海增加。

珠江三角洲地势低平，可分为4个地貌类型：中部、北部高围田、高沙田（高平原），海拔0.5–0.9米，年代较老，围垦较早，占总面积51.2%；南部近海的中沙田、低沙田（低平原），海拔0.2–0.7米，为近期围垦的平原，占总面积25.0%；西北的塱田（积水地），海拔0.4–0.7米，占总面积6.6%；人工地貌桑基鱼塘及蔗基鱼塘（基水地），分布在顺德及其附近，占总面积17.2%。平原上散布160多个海拔300–500米的岛丘，多为三角洲沉积前古海湾中的岛屿，如五桂山、西樵山、莲花山等。

珠江三角洲河网发育，主要水道共105条，长1738千米（其中西、北江三角洲内1600千米，东江三角洲内138千米），河网密度为0.81–0.88千米/平方千米，宽深比1.8–11.5，曲折系数1.03–1.46，属深窄且微弯曲型河流，冲刷能力强，处潮流界内，具河海交互作用。珠江水量大、含沙量小，多年平均径流量3412亿立方米，各支流进入珠江三角洲后，62.5%的水量和50.9%的沙量经东四口门（虎门、蕉门、洪奇沥、横门）流入伶仃洋，37.5%的水量和49.1%的沙量经西四口门（磨刀门、鸡啼门、虎跳门、崖门）流入黄茅海。珠江三角洲平均每年接纳泥沙8336万吨，其中约20%沉积在三角洲内，80%淤积在八大口门之外的海域中。

珠江三角洲属南亚热带湿润季风气候，终年高温，降水丰沛，水热季节配合好。年日照时数为1900–2000小时，年平均气温21–22℃，最热月平均气温28.2℃，最冷月平均气温12.5–12.7℃，极端最低气温

-1.3℃（中山市沙朗，1955年），全年实际有霜日期在3天以下。年降水量1600-2000毫米，降水以夏季最多，春季次之，秋冬季最少，每年4-9月为雨季，降水量约占全年的80%左右，降水年变化呈双峰型，最高峰在6月，次高峰在8月。各大支流汛期错开，但夏秋多台风，洪涝威胁大。

珠江三角洲地带性植被为南亚热带常绿阔叶季雨林，种类组成以热带科为主，主要有桑科、大戟科、桃金娘科、樟科、金缕梅科、山茶科、壳斗科、茜草科、蝶开花科、苏木科、芸香科、梧桐科、杜英科、紫金牛科、冬青科、棕榈科和山矾科等。受人类干扰，自然植被少，局部村边保留榕树、红鳞蒲桃、鸭脚木、越南山龙眼组成的半常绿季雨林，丘陵地主要分布马尾松、岗松、桃金娘和鹧鸪草组成的疏林。

珠江三角洲的土壤主要有水稻土、堆叠土、赤红壤等。在南亚热带湿润季风气候和生物因子的长期作用下，红色风化壳深厚，土壤呈酸性，缺乏盐基物质，富铝化作用明显。水稻土成土母质以三角洲沉积物为主，土层深厚肥沃。堆叠土是在三角洲沉积物上由塘泥堆叠而成。赤红壤分布于孤山、丘陵地带，成土母岩为花岗岩、砂页岩、红色岩系等，表土层薄，磷钾缺乏，呈强酸性反应。

【资源物产】 珠江三角洲的土地资源类型多样。据统计，珠三角地区共有土地资源546.76万公顷，其中农用地425.89万公顷，占总面积的77.89%，建设用地82.65万公顷，占总面积的15.12%，未利用地38.22万公顷，占总面积的6.99%。在农用地中，林地275.64万公顷，耕地78.28万公顷，园地30.35万公顷，牧草地0.32万公顷，其他农用地41.3万公顷。建设用地中，居民点及工矿用地69.47万公顷，交通与水利设施用地13.18万公顷。土地资源为珠江三角洲的经济社会发展提供了强大的支撑。

珠江三角洲水资源丰富。2010年，珠江三角洲年降水总量1004.37亿立方米，水资源总量587.8亿立方米，地表水资源量584.19亿立方米，地下水资源量120.15亿立方米，地表与地下水资源不重复量3.61亿立方米，供水总量236.13亿立方米，用水总量192.96亿立方米。珠江三角洲有保护区9个，源头水保护区河段6个，中华白海豚自然保护区1个，水库保护区2个（流溪河水库、深圳水库保护区）；保留区7个，其中3个为水库保留区；开发利用区153个，其中水库开发利用区78个，湖泊开发利用区2个，河涌开发利用区5个，三角洲河流开发利用程度比较高。

珠江三角洲共有矿床140处，矿产种类46种，其中大型矿床23处、中型矿床64处、小型矿床53处。主要矿产有金、银、铌、钽、水泥用灰岩、建筑用石料、石膏、盐矿、矿泉水、地下热水等。非金属矿产资源为珠江三角洲的优势矿产资源，共矿床53处，主要有高岭土、石灰岩、膨润土、硅质原料、石膏、萤石、大理岩与砂石等。珠江三角洲的能源矿床共39处，以泥炭最多，其次是地热水、矿泉水和煤。珠江三角洲金属矿床48处，主要有铷、褐铱铌矿、独居石等。可适度开发金、银、石膏、盐矿等对区内经济价值高、资源条件较好、具大中型矿床规模的短缺矿种以及对环境影响小的地下热水、矿泉水等。

珠江三角洲常见植物有500多种，分属130多科373属，其中纯热带属占42%，泛热带性属占11%。常见乔木有榕树、蒲桃、胭脂木、红锥、中华锥、厚壳桂、黄桐、假苹婆、香樟、山乌桕、谷木、猴耳环、橄榄等。主要灌木有九节、栀子、毛果算盘子、细叶五月茶、箬竹、罗伞树、车轮梅、红背山麻杆等。草本植物有扇形铁线蕨、沙皮蕨、狗脊、淡竹叶、芒草、弓果黍、山姜、乌毛蕨等。藤本植物有瓜馥木、小叶买麻藤、爬崖藤等。珠江三角洲动物以热带性广布种为主，食肉动物极少，代表性动物有树蛙科、蜥蜴科、山鹧鸪等。利用丰富的农业生物资源，珠江三角洲已发展成为我国重要的粮食、蔗糖、桑蚕、塘鱼、水果、花卉、蔬菜、家禽生产和出口基地。

珠江三角洲的海洋资源优势主要在于港口资源、旅游资源和滩涂资源。大陆海岸线长 715.3 千米，包括伶仃洋、磨刀门、广海—镇海湾三个岸段。大型港口区有大亚湾、荃湾、马鞭洲、秤头角、盐田、蛇口—大铲湾、沙田、沙角、黄埔、新沙、南沙、桂山、高栏、台山等。沿海主要港口与码头货物年吞吐量约 8 亿吨、国际标准集装箱吞吐量 3000 多万标准箱。已建设品清湖、莲花山、情侣路、横琴岛、崖门炮台、宝安等重点风景旅游区。珠江三角洲每年海水产品产量约 70 万吨，重要渔港有新湾、新垦、莲花山、崖门、沙堤等，重点养殖区有考洲洋、范和港、大亚湾、长沙湾、北山、横琴岛南部、赤溪东部、广海湾等。

【历史沿革】 自然地理学中的珠江三角洲，一般是指西江羚羊峡以下、北江芦苞以下、东江石龙以下、流溪河江村以下、潭江开平以下的珠江平原（包括部分丘陵台地），陆地面积约 1 万多平方千米，称为“小珠江三角洲”。也有学者将肇庆盆地、清远盆地、惠阳盆地、广花平原、潭江盆地划入，称为“大珠江三角洲”。

1985 年 1 月，国务院提出把珠江三角洲开辟为沿海开放区，先“小三角”，后“大三角”，分步骤、有计划地安排。珠江小三角经济开放区包括佛山、江门、中山、东莞 4 市和番禺、增城、南海、顺德、高明、新会、开平、恩平、台山、鹤山、宝安、斗门 12 县。1986 年，广东省又将三水县划入。小三角经济开放区陆地面积 2.28 万平方千米。

1987 年 12 月，为进一步扩大对外开放、加强对外经济技术交流与合作，经国务院同意，广东省决定将珠江三角洲经济开放区的范围由“小三角”扩大为“大三角”，纳入花县、从化、高要、四会、广宁、惠阳、惠东、博罗 8 县。这样，大三角经济开放区共 7 市 21 县，陆地面积 4.26 万平方千米。

1994 年 10 月 8 日，中共广东省委在七届三次全会上提出设立珠江三角洲经济区。珠江三角洲经济区包括广州、深圳、珠海、佛山、江门、中山、东莞 7 市，惠州的惠城、惠阳、惠东、博罗，肇庆的端州、鼎湖 2 区和高要、四会 2 县级市，陆地面积 4.169 万平方千米。后来，珠三角经济区的范围被调整扩大为广州、深圳、佛山、珠海、东莞、中山、惠州、江门、肇庆 9 市，陆地面积 4.52 万平方千米。

2003 年 7 月，中共广东省委首先正式提出“泛珠三角”的概念。2004 年 6 月，首届“泛珠三角区域合作与发展论坛”召开，“泛珠三角”11 省区政府领导共同签署《泛珠三角区域合作框架协议》。“泛珠三角”包括珠江流域地域相邻、经贸关系密切的福建、江西、广西、海南、湖南、四川、云南、贵州和广东 9 省区，以及香港、澳门2个特别行政区，简称“9+2”。“泛珠三角”陆地面积200.6万平方千米。

2008年12月，国家发展和改革委员会发布《珠江三角洲地区改革发展规划纲要(2008–2020)》，规划范围以广东省的广州、深圳、珠海、佛山、江门、东莞、中山、惠州和肇庆市为主体，辐射泛珠江三角洲区域，并纳入与港澳紧密合作的相关内容。

2009年6月，广东省政府发布《关于加快推进珠江三角洲区域经济一体化的指导意见》。明确提出以交通一体化为先导，以广州、佛山同城化为示范，省市联手推进基础设施、产业发展、环保生态、城市规划、公共服务一体化，到2012年，在珠三角基本实现基础设施一体化，初步实现经济一体化；到2020年，在珠三角实现区域经济一体化和基本公共服务均等化。

【行政区划】 珠江三角洲包括珠江沿岸的广州、深圳、珠海、佛山、惠州、东莞、中山、江门和肇庆9个地级市，下辖31个市辖区、8个县级市、7个县，共有323个市辖镇、265个街道办事处、2个民族乡，土地总面积5.47万平方千米。

【人口】 珠江三角洲人口数量多、密度大，城镇人口比重大，外来人口多，文化教育基础较好。据统计，珠江三角洲2010年末常住人口5616.39万人（其中城镇人口4646.06万人），户籍人口3024.57万人。人口密度为1026人/平方千米，是广东省平均人口密度的2倍多，其中深圳市人口密度高达5311人/平方千米。户籍人口中，非农业人口2166.47万人，占71.63%，农业人口852.07万人，占28.17%。按受教育程度分，小学占26.1%，初中占49.0%，高中占19.0%，大专以上占5.9%。每10万人口中拥有大专以上人数，以广州、深圳、珠海最多，均在7500人以上。由于劳动力不足，每年吸引省内外大量青壮年劳动力前来就

珠江三角洲行政区划数（2010年）

单位：个

城市	地级市	县级市	县	市辖区	市辖镇	乡	#民族乡	街道
广州	1	2		10	34			131
深圳	1			6	0			57
珠海	1			3	15			8
佛山	1			5	21			12
惠州	1		3	2	52	1	1	16
东莞	1				28			4
中山	1				18			6
江门	1	4		3	62			17
肇庆	1	2	4	2	93	1	1	14
总计	9	8	7	31	323	2	2	265

注：本行政区划截止到2010年底。

珠江三角洲九市所辖市、县（区）设置情况

城市	所辖市、县（区）
广州	越秀区　荔湾区　海珠区　天河区　白云区　黄埔区　番禺区　花都区　南沙区　萝岗区　增城市　从化市
深圳	福田区　罗湖区　南山区　宝安区　龙岗区　盐田区
珠海	香洲区　斗门区　金湾区
佛山	禅城区　南海区　顺德区　三水区　高明区
惠州	惠城区　惠阳区　博罗县　惠东县　龙门县
东莞	
中山	
江门	江海区　蓬江区　新会区　台山市　开平市　鹤山市　恩平市
肇庆	端州区　鼎湖区　高要市　四会市　广宁县　怀集县　封开县　德庆县

业。

【民族】　珠江三角洲的居民以汉族为主，汉族人口比重超过98.2%，少数民族人口不到1.8%。主要的少数民族有壮、回、满、瑶、苗、黎、畲等。珠江三角洲古为百越族居地，土著民族大部分已被汉化，一部分发展成壮、瑶、畲等少数民族。如今，珠江三角洲的少数民族多分布在城市。据第六次全国人口普查统计，2010年广东省少数民族人口206.34万，户籍人口近一半，其中1/3分布在3个民族自治县和7个民族乡，1/6居住在城市，1/2散居在50多个市、县；外来少数民族常住人口占一半多，主要分布在广州、深圳、佛山、东莞、江门、中山、惠州等珠江三角洲城市。珠江三角洲有2个民族乡，分别为怀集县下帅壮族瑶族乡、龙门县蓝田瑶族乡。蓝田瑶族乡是广东省最大的少数民族乡，有瑶族居民近万人。

【语言】　珠江三角洲居民主要使用粤方言，俗称白话、广东话，属汉藏语系汉语族的声调语言。粤方言可分为：粤海片，也称广府片，以广州为代表，在粤语中影响最大；四邑片，以台山为代表；莞宝片，通行于东莞及宝安，以莞城为代表；香山片，通行于中山、珠海（斗门除外），以石岐为代表。各片小有差别，其中四邑片与粤海片差异最大。珠江三角洲客家方言主要分布在花都、东莞、惠东、惠阳、龙岗、中山五桂山等地。珠江三角洲外来打工者一般使用普通话。由于普通话为学校教学语言，大部分珠江三角洲居民均能听懂交流。壮族、瑶族聚居区使用壮语、瑶语等本民族语言，增城、博罗的畲族使用山瑶话。

【地域文化】　珠江三角洲是广府文化核心区，发展历史悠久，市场经济发达，文化水平较高，地域文化独具特色。一方面，珠江三角洲的居民传承了南越人的土著风俗，如善水、使用舟楫、嗜食水产、尚鬼敬神等；另一方面，又博采中原文化、港澳文化、西方文化等外来文化之长，形成了商品意识重、不拘泥历史、敢于冒险开拓、善于接受

新鲜事物等特点。珠江三角洲的农业文化、饮食文化、乐俗文化等在国内外影响深远。

珠江三角洲的农业文化起源很早。岭南是亚洲栽培稻的起源地之一，发现的原始人工栽培稻谷壳化石距今已 1.2 万年。种植水稻是土著南越人的重要文化特征。“饭之美者，玄山之禾，南海之秏”，其中的“秏”指的就是水稻，稻米为南越人主要的食物来源。宋代大量汉人南迁，带来先进的生产工具和技术，水田增多，一年三熟制形成，水稻得到大面积推广。明清时期，河流下游和海滩大量被围垦，耕作制度与技术提高，稻作文化模式基本定型。珠江三角洲成为专业性生产的经济作物集中种植区，顺德、南海、中山、番禺等地的基塘农业驰名于世。珠江三角洲的稻作、经作和生态农业等农业文化十分发达，并通过农产品和技术输出辐射海内外。

珠江三角洲食物资源种类丰富且四时不绝，岭南人利用蛇、狗、鼠、虫等各种食物资源，经过长期的交流与发展，形成了杂食、饮茶、食粥等具有岭南特色的饮食风俗。粤菜是我国的四大菜系之一，以其特有的菜式和韵味，在国内外享有很高的声誉。粤菜烹饪“集技术于南北，贯通于中西，共冶于一炉”。粤菜汇集广东各地优秀的民间美食，吸取我国各大菜系之精华，借鉴西方食谱之所长，其用料广博、选料精细、技艺精良、善于变化、品种多样。烹调方法以炒、煎、焖、炸、煲、炖、扣等见长，讲究火候，制出的菜肴注重色、香、味、形。口味上以清、鲜、嫩、脆为主，讲究清而不淡，鲜而不俗，嫩而不生，油而不腻。

岭南的乐俗文化源远流长。铜鼓文化是百越文化的重要特征之一，铜鼓音乐广泛用于作战、祭祀、婚丧等仪式，1983 年考古人员在广州西汉南越王墓发掘了编钟、编磬等大型乐器，古越人铜鼓音乐之发达可见一斑。流行于珠江三角洲的民间歌谣有咸水歌、客家山歌、竹枝词等，民间舞蹈有佛山醒狮、中山醉龙舞、增城火狗舞等。粤剧是珠江三角洲代表性地方戏曲之一，它利用本地民间曲调，吸取弋阳腔、昆山腔、秦腔、徽班等戏曲的优点，逐渐发展而成。2009 年 9 月，粤剧被列入人类非物质文化遗产名录。

【名胜古迹】 珠江三角洲海陆兼备，地貌复杂多样，自然景观千姿百态，独具神韵。珠江三角洲不仅拥有肇庆星湖、佛山西樵山、广州白云山、惠州西湖、深圳梧桐山等国家重点风景名胜区和广东内伶仃岛—福田、广东珠江口中华白海豚、惠东港口海龟、广东象头山等国家级自然保护区，还拥有佛山西樵山、恩平地热、封开、深圳大鹏半岛等国家地质公园和梧桐山、万有、流溪河、南昆山、西樵山、从化石门、圭峰山、广宁竹海、北峰山、观音山、御景峰等国家森林公园。其中，鼎湖山 1956 年成为我国第一个国家级自然保护区，1979 年加入联合国教科文组织“人与生物圈”计划，被批准为世界生物圈保护区网络成员。另外，珠江三角洲的国家 5A 级风景区有广州市长隆旅游度假区、深圳华侨城旅游度假区、广州市白云山风景旅游区等。

千百年来，各族人民世世代代在珠江三角洲地区生息繁衍，创造了悠久灿烂的历史文化。1982 年，广州被国务院批准为首批国家历史文化名城。1994 年，肇庆、佛山被批准为第三批国家历史文化名城。2011 年 3 月 17 日，中山被增补为国家历史文化名城。至此，珠江三角洲的国家历史文化名城累计达4个。此外，珠江三角洲的中国历史文化名镇有广州市番禺区沙湾镇、开平市赤坎镇、珠海市唐家湾镇、东莞市石龙镇、惠州市惠阳区秋长镇、中山市黄圃镇等6个，中国历史文化名村有三水区乐平镇大旗头村、龙岗区大鹏镇鹏城村、东莞市茶山镇南社村、开平市塘口镇自力村、顺德区北滘镇碧江村、番禺区石楼镇大岭村、东莞市石排镇塘尾村、中山市南朗镇翠亨村、恩平市圣堂镇歇马村、南海区西樵镇松塘村等10个。

珠江三角洲在历史时期就是中华民族重要的活动中心之一。近代以来，珠江三角洲更以其得天独厚的地理环境和兼收并蓄的文化传统，成为中国民族资本的摇篮、资产阶级维新思想的启蒙地、资产阶级民主革命和第一次国内革命的策源地和根据地。1961～2006年，国务院先后核定并公布了六批全国重点文物保护单位。珠江三角洲第一批至第五批共有42个单位入选。其中，第六批入选的开平碉楼与古村落，2007年6月还被列入世界文化遗产名录。

数量众多、高品位的名胜古迹，为珠江三角洲旅游业的发展提供了良好的条件。2010年，珠江三角洲旅游收入高达3014.21亿元，比上年增长21.93%。其中，旅游外汇收入807.09亿元，比上年增长22.13%，国内旅游收入2207.12亿元，增长21.85%。此外，珠江三角洲游客接待能力也得到进一步的提高。2010年，该地区接待游客总数为15297.73万人次，比上年增长13.53%。其中，接待入境游客2992.17万人次，比上年增长13.86%，接待国内游客12305.56万人次，增长13.45%。

珠江三角洲的全国重点文物保护单位

名称	类型	时代	地址	备注
三元里平英团遗址	革命遗址及革命纪念建筑物	1841年	广州市	第一批（1961年3月4日）
黄花岗七十二烈士墓	革命遗址及革命纪念建筑物	1911年	广州市	
广州农民运动讲习所	革命遗址及革命纪念建筑物	1926年	广州市	
广州公社旧址	革命遗址及革命纪念建筑物	1927年	广州市	
光孝寺	古建筑及历史纪念建筑物	五代至明	广州市	
林则徐销烟池与虎门炮台旧址	革命遗址及革命纪念建筑物	1839年	东莞市	第二批（1982年2月23日）
洪秀全故居	革命遗址及革命纪念建筑物	清代中期	广州市	第三批（1988年1月13日）
孙中山故居	革命遗址及革命纪念建筑物	1892年	中山市	
国民党“一大”旧址（包括革命广场）	革命遗址及革命纪念建筑物	1924年	广州市	
黄埔军校旧址	革命遗址及革命纪念建筑物	1924~1927年	广州市	
中华全国总工会旧址	革命遗址及革命纪念建筑物	1925~1927年	广州市	
陈家祠堂	古建筑及历史纪念建筑物	清	广州市	

名称	类型	时代	地址	备注
秦代造船遗址、南越国宫署遗址及南越文王墓	古遗址	秦、西汉	广州市	第四批（1996年11月20日）
怀圣寺光塔	古建筑	唐	广州市	
梅庵	古建筑	北宋	肇庆市	
佛山祖庙	古建筑	明、清	佛山市	
广州沙面建筑群	近现代重要史迹及代表性建筑	清	广州市	
康有为故居	近现代重要史迹及代表性建筑	清	佛山市	
梁启超故居	近现代重要史迹及代表性建筑	清	江门市	
广州圣心大教堂	近现代重要史迹及代表性建筑	1888年	广州市	
广州大元帅府旧址	近现代重要史迹及代表性建筑	民国	广州市	
莲花山古采石场	古遗址	西汉至清	广州市	第五批（2001年6月25日）
东莞可园	古建筑	清	东莞市	
东华里古建筑群	古建筑	清、民国	佛山市	
大鹏所城	古建筑	明、清	深圳市	
悦城龙母祖庙	古建筑	清	肇庆市	
肇庆古城墙	古建筑	宋至清	肇庆市	
七星岩摩崖石刻	石窟寺及石刻	唐至近代	肇庆市	
中山纪念堂	现代重要史迹及代表性建筑	1931年	广州市	
余荫山房	现代重要史迹及代表性建筑	近代	广州市	
开平碉楼	现代重要史迹及代表性建筑	近代	江门市	
宝镜湾遗址	古遗址	新石器至青铜时代	珠海市	第六批（2006年5月25日）
南汉二陵	古墓葬	五代	广州市	
六榕寺塔	古建筑	宋	广州市	
广裕祠	古建筑	明至清	从化市	
南社村和塘尾村古建筑群	古建筑	明至清	东莞市	
陈芳家宅	古建筑	清	珠海市	
却金亭碑	石窟寺及石刻	明	东莞市	
粤海关旧址	近现代重要史迹及代表性建筑	清	广州市	
叶挺故居	近现代重要史迹及代表性建筑	清	惠州市	
广东咨议局旧址	近现代重要史迹及代表性建筑	清至民国	广州市	
大岭山抗日根据地旧址	近现代重要史迹及代表性建筑	1940~1943年	东莞市	

珠江三角洲一类口岸开放使用情况

<table>
<tr><th rowspan="2">城市</th><th rowspan="2">个数</th><th colspan="3">口岸名称</th></tr>
<tr><th>水运</th><th>陆运</th><th>空运</th></tr>
<tr><td>广州</td><td>6</td><td>广州港
南沙港
莲花山港
新塘港</td><td>天河铁路客运</td><td>白云机场</td></tr>
<tr><td>深圳</td><td>14</td><td>蛇口港
赤湾港
梅沙港
东角头港
妈湾港
盐田港
西涌港</td><td>罗湖
文锦渡
沙头角
皇岗
深圳湾
福田</td><td>深圳机场</td></tr>
<tr><td>珠海</td><td>8</td><td>九州港
湾仔港
珠海港
万山港
斗门港</td><td>拱北
横琴
珠澳跨境工业区专用口岸</td><td></td></tr>
<tr><td>惠州</td><td>1</td><td>惠州港</td><td></td><td></td></tr>
<tr><td>东莞</td><td>2</td><td>虎门港</td><td>东莞铁路客运</td><td></td></tr>
<tr><td>中山</td><td>1</td><td>中山港</td><td></td><td></td></tr>
<tr><td>江门</td><td>5</td><td>江门港
三埠港
广海港
鹤山港
新会港</td><td></td><td></td></tr>
<tr><td>佛山</td><td>4</td><td>顺德港
南海港
高明港</td><td>佛山铁路客运</td><td></td></tr>
<tr><td>肇庆</td><td>2</td><td>肇庆港</td><td>肇庆铁路客运</td><td></td></tr>
<tr><td>总计</td><td>43</td><td>28</td><td>13</td><td>2</td></tr>
</table>

【对外贸易口岸】　至2010年底，珠江三角洲经国家批准对外开放的一类口岸有43个，占全国的16.72%，占广东省的79.63%，其中港口口岸28个，占全省的77.78%；航空港口岸2个，占全省的40%；陆路口岸13个，占全省的100%。珠江三角洲对外贸易口岸的数量、通过能力和各项效益指标自改革开放以来均居全国首位，在中国对外贸易、科技文化交流和国际旅游事业中发挥着举足轻重的作用。据海关和边检部门统计，2010年，经广东省口岸进出口货物3.39亿吨，比上年增长6.4%；进出口集装箱2717万TEU（标准箱），增长19%。出入境人员3.03亿人次，增长7.1%；出入境交通工具1890万辆（艘、列、架）次，增长6.4%，其中珠江三角洲对外贸易口岸占据了绝大部分比重。

2010年，珠江三角洲的出口总额为4318.02亿美元，占全省95.28%，进口总额为3195.01亿美元，占全省96.32%，实现贸易顺差987.31亿美元。其中，外商投资企业出口总额2701.10亿美元，占全省的96.16%，外商投资企业进口总额1965.99亿美元，占全省的97.02%。外商直接投资签订项目共5043个，合同外资额达213.49亿美元，实际利用外资达183.47亿美元。

【城市化发展水平】　改革开放以来，珠江三角洲工业化发展迅速，工业体系逐步完善，产业结构不断优化，竞争能力日益增强，已成为以电子、电气为主导，汽车、石化等重化工业为依托的世界制造业中心之一。工业化的高速发展加快了城市化的进程。鲜明的政府主导与地区自发增长相结合，珠江三角洲涌现出“以下促上，遍地开花”的东莞模式、“以上带下、一镇一品”的中山模式、“中间突破，带动两头”的顺德模式、“六轮齐转，各显神通”的南海模式等城市化发展模式。

城市拓展和乡村城市化的双向作用，推动了城乡一体化发展格局的形成。随着区域经济社会的快速发展，珠江三角洲城市规模增大、城市数量增加，形成了大中小城镇相结合、多层次的城镇体系，城市空间结构和布局也发生了根本性的改变。改革开放以前，广州市与周边地区城市之间属于核心—边缘结构；改革开放以来，深圳逐步发展成为又一个中心城市，珠海、佛山、中山、东莞、江门、肇庆等也发展成为中等城市，形成了以广州、深圳为“双核”的珠江三角洲城市群。近年来，珠江三角洲城市群区域性基础设施和城镇基础设施逐步完备，城市生活质量和投资环境也明显提高，已发展成一个城乡一体、类型完备的多层次城镇体系，双核模式正逐渐向网络化模式演化。

改革开放以来，珠江三角洲地区已逐步发展成为中国城镇化水平最高、开发建设强度最大的城镇密集地区之一。据统计，2008

珠江三角洲城市规模结构（2010年）

户籍非农业人口数	个数	城市
500万人以上	1个	广州
200–500万人	2个	深圳、佛山
100–200万人	3个	珠海、惠州、江门
50–100万人	3个	东莞、中山、肇庆
20–50万人	5个	从化、增城、惠东、开平、台山
10–20万人	6个	博罗、龙门、鹤山、恩平、高要、怀集
10万以下	4个	四会、广宁、德庆、封开

年，珠江三角洲拥有建设用地面积8790平方千米，占珠三角土地总面积的16%。建设用地地均产出3.5亿元/平方千米，城市生活污水处理率和生活垃圾无害化处理率分别为55.9%和63.9%。2010年珠江三角洲年末常住人口5616.39万人，城镇人口4646.04万人，城市化水平已经达到82.72%，与2000年（69.50%）相比提高了13.22个百分点。珠江三角洲9个城市集中了广东省53.79%的常住人口、67.22%的城镇人口、73.64%的城镇就业人员。

《珠江三角洲城乡规划一体化规划（2009-2020年）》提出，要“将广州、深圳建设成为世界城市，引领区域一体化；三大都市区多元化发展：广佛肇都市区形成多中心梯度分布的空间发展格局，广佛同城化发展，整体辐射能力加强；深莞惠都市区形成以深圳为核心，东莞、惠州为次中心，重要发展廊道为依托的多中心点轴发展格局；珠中江都市区形成多中心均衡分布的空间格局，人口城镇化水平达到85%以上。环珠江口湾区建成珠三角的创新核心、生态核心、高端服务中枢和多元文化融合区”。目前，珠三角地区已经成为我国参与全球化竞争的前沿阵地和战略空间，正朝着“亚太地区最具活力和国际竞争力的城市群”的目标迈进。（张争胜　罗　丰　沈璐璐　王晓亚）

珠江三角洲地区经济社会发展概述

【概况】　珠江三角洲地区（以下简称珠三角地区）包括广州、深圳、珠海、佛山、江门、东莞、中山、惠州、肇庆九市，面积为5.47万平方千米，约占广东省面积的30.4%。2010年珠三角地区生产总值37388.21亿元，比上年增长12.0%，占全省经济总量的78.8%，区域整体实力增强。投资、消费、进出口协调增长。全年珠三角地区全社会固定资产投资额11355.8亿元，比上年增长18.2%；社会消费品零售总额12613.24亿元，增长16.8%；外贸进出口总值7510.8亿美元，增长28.4%，占全省比重95.7%。全年珠三角地区完成地方财政一般预算收入3138.56亿元，比上年增长24.4%，占全省比重69.5%。

【现代产业建设取得新成效】　2010年，珠三角地区工业产业快速增长，规模以上工业增加值16477.6亿元，比上年增长16.5%，提高8.4个百分点。现代装备、汽车、船舶制造等先进制造业快速发展，先进制造业占规模以上工业增加值比重提高到51.4%。珠三角地区现代服务业加快发展，增加值达10878.48亿元，约占全省现代服务业增加值的98%，占服务业增加值比重提高到60.8%。广州、深圳被列为国家首批服务业综合改革试点城市，珠海横琴新区、中新（广州）知识城、深圳前海深港现代服务业合作区、广州南沙粤港重点合作区、广东金融高新技术服务区等一批现代服务业集聚区发展迅速。

【外经贸转型步伐加快】　2010年，珠三角地区千方百计保市场、保稳定，全力以赴促调整、促转型、促创新，推动外经贸发展跃上历史新台阶。是年珠三角出口4318.1亿美元，比上年增长26.3%，占全省比重95.3%；进口3192.7亿美元，增长31.4%，占全省比重96.3%。合同外资额213.49亿美元，比上年增长 43.9%；实际利用外资额 183.47 亿美元，增长 4.8%；合同外资额和实际利用外资额分别占全省总量的 86.8%和 90.6%。

【区域一体化取得实质性进展】 2010 年，珠三角地区实施基础设施建设、产业布局、城乡规划、基本公共服务、环境保护等五个一体化规划，加快建设广佛肇、深莞惠、珠中江三大经济圈，经济圈合作的深度和广度不断扩大。推动珠三角交通对接、年票互认、环境联治、规划衔接。部省合作建设城际轨道交通进展顺利，广佛、广珠城际铁路开通运营，公交 IC 卡实现五市互联互通。

【自主创新能力增强】 2010 年，珠三角地区高技术产业产值超 2 万亿元，占全省 97%左右。获国家批准建立的国家高技术产业基地累计 12 个，其中广州、珠海国家软件产业基地和深圳国家软件出口基地已建成，广州和深圳生物产业、广州和东莞信息产业、广州新材料、珠海航空产业、广州和深圳高技术服务业以及深圳综合性国家高技术产业基地正在建设。拥有国家高新技术产业开发区 9 个。珠三角地区集中了全省大部分的科技创新资源，初步建立了较完善的创新体系，已建立基因工程药物、中药提取分离过程现代化、南海海洋生物技术等国家工程（技术）研究中心 21 家，数字音频编解码技术、再生型医用植入器械等国家工程实验室 7 家，工业产品环境适应性、无线通信接入技术等国家重点实验室 13 家，国家企业技术中心 44 家；新建立省级工程实验室 12 家，累计建立省级工程技术研究开发中心 348 家、省级企业技术中心 313 家。知识产权工作稳步推进，专利申请总量为 134810 件，授权量为 106292 件，分别比上年增长 20.4% 和 42.4%，分别占全省的 88.2%和 89.1%；其中，发明专利申请量为 39130 件，增长 25.6%，占全省的 95.8%。

【交通建设步伐加快】 截至 2010 年，珠三角地区公路通车里程 5.6 万公里，通车里程占全省的 29%；高速公路通车里程 2678 公里，约占全省的 55%。珠三角地区轨道运营里程为 1045 公里，约占全省的 38.4%。珠三角地区港口发展速度快，集疏运条件不断完善，2010 年完成总吞吐量占全省总量的 80%，达 9.8 亿吨，集装箱吞吐量占全省总量的 96.7%，达 4214.5 万 TEU。2010 年，广州、深圳、珠海、佛山四个机场旅客吞吐量达 6963 万人，占全省的 96.9%；货邮吞吐量达 197.5 万吨，占全省的 99.4%。

【能源建设成就显著】 珠三角地区为广东省能源电力需求总量最大的地区，也是广东省清洁能源发展最快的区域。2010 年，该区域电力需求继续保持快速增长，全社会用电量 3027.73 亿千瓦时，比上年增长 11.89%，占全省总用电量的 78%；新增投产岭澳核电站二期 1 号机组（1×108 万千瓦）、惠州平海电厂 1 号机组（1×100 万千瓦）、惠州大亚湾热电联供工程（2×33 万千瓦）、南海电厂“上大压小”热电联供（2×33 万千瓦）和惠州抽水蓄能 4–6 号机组（3×30 万千瓦）等一批骨干支撑电源；关停小火电机组 74.62 万千瓦，约占全省当年关停机组总容量的 58.5%；完成电网建设投资 306.44 亿元，占全省当年电网建设总投资的 70.8%。截至 2010 年底，该区域电源总装机容量达到 4344.1 万千瓦，占全省的 61.3%；在建电源项目总装机 690 万千瓦

(其中核电、抽水蓄能电站共410万千瓦)，占全省的42%，全部为大型高效环保机组，电源结构得到进一步优化。

【重点项目进展顺利】 2010年，珠三角地区共安排省重点项目231个，总投资约17126亿元，年度投资计划2825亿元，年度完成投资3076亿元，为年度投资计划的108.9%。建成投产广州城市轨道交通二、八号线延长线和三号线北延线、广佛和广珠城际轨道交通项目（首通段）、广贺高速公路三水至怀集段、广东省顺德至中山公路（广珠西线二期）、国道主干线广州绕城公路南段、深圳岭澳核电二期工程1号机组、惠州抽水蓄能电站4、5号机组、惠州比亚迪电动汽车铁电池系统、广汽自主品牌乘用车项目、中海壳牌80万吨/年乙烯扩能至95万吨/年项目、广州西江引水工程、珠三角区域绿道、亚运会场馆及广州亚运城、省博物馆新馆等项目。开工建设广清高速公路改扩建工程、从莞高速公路东莞段（含清溪支线）、国家高速公路珠三角环线广东省中山沙溪至月环段（广珠西线三期）、惠东凌坑至碧甲高速公路（广惠高速公路东延线）、珠三角外环高速肇庆至花都段、珠海港高栏港区主航道工程、广州国际医药港、深圳华星光电第8.5代薄膜晶体管液晶显示器件项目、珠海中海油深水海洋工程装备项目、珠海LNG项目一期工程、珠海市中航通用飞机制造基地、广东南车城际轨道交通车辆维修基地、东风汽车花都工厂乘用车产能（60万辆）扩建项目等项目。

【社会事业不断进步】 2010年，珠三角地区继续实施积极的就业政策，公共就业服务体系进一步加强。就业规模不断扩大，就业结构进一步优化。积极推进“双转移”工作，开展与粤东西北各市的对口劳务帮扶。不断完善城乡一体化的社会保障体系，截至年底，珠三角地区参加基本养老保险（含离退休人员）、基本医疗保险、失业、工伤和生育保险的人数分别达2400万人、3676万人、1356万人、2315万人和1761万人，分别占全省的75%、72%、82%、87%和86%。积极开展农村社会养老保险试点，广州、深圳、珠海、东莞、中山、佛山6市实现了农保制度全覆盖。义务教育水平得到巩固提高，区域内小学学龄儿童入学率、小学五年保留率、初中毛入学率均保持在100%左右。积极探索进城务工人员子女义务教育新途径。职教基地建设全面提速，中山、肇庆、惠州、东莞等市职业教育基地建设顺利推进。文化事业发展步伐加快，努力建设城市“十分钟文化圈”和农村“十里文化圈”。县级以上公共图书馆53个，占全省的40%；博物馆81个，占全省的53%；群众艺术馆、文化馆55个，占全省的38%；文化站590个，占全省的36%。公共卫生体系建设全面加强，卫生应急处置能力不断提高，新型农村合作医疗制度全面建立，珠三角地区农村新型合作医疗制度参合率均超过95%，社区卫生服务体系逐步完善，中医药强省工作扎实推进。全民健身运动蓬勃开展，成功举办第16届亚运会及第10届亚残运会。人口管理和服务水平不断提高，流动人口服务管理逐步规范，低生育水平保持稳定。

（广东省发改委）

《珠江三角洲地区改革发展规划纲要》实施情况

【概况】 2008年以来，珠三角地区以实施《规划纲要》为主轴，成功克服国际金融危机的冲击，迅速扭转经济下滑态势，保持了经济平稳较快增长，经济综合实力实现新提升。地区生产总值、财政一般预算收入分别由2008年的29946、2248亿元跃升至2010年的37388、3139亿元，比2008年增长22.5%、39.6%；人均GDP增加至75897元（2007年价），折合11538美元。固定资产投资、社会消费品零售总额增至11356、12613亿元，比2008年增长45.1%、32.2%，对经济拉动作用明显提升，外贸依存度由2008年的152.4%降至135.99%，经济发展内生动力和协调性明显增强。

【深入贯彻实施《规划纲要》】 2010年，在顺利实现“一年开好局”的基础上，中共广东省委、省政府进一步谋划“四年大发展”蓝图，出台《“四年大发展”工作方案》，提出了七大重点工作任务、“十大工程”和84个重大项目。随后《实施规划纲要2011年2012年重点工作任务》。是年，全省实施《规划纲要》各项工作顺利推进，经过珠三角各市的积极努力和省直单位的大力支持配合，2010年度《“四年大发展”工作方案》明确的46项主要指标，绝大部分超额完成，其中年发明专利申请量、城镇化水平等11项指标已提前完成2012年目标；84个重大项目建设进展顺利，大部分完成年度进度要求。

【构建现代产业体系成效显著】 2010年，珠三角地区坚持现代服务业和先进制造业双轮驱动，推动产业转型升级取得明显成效。

产业高端发展态势明显 战略性新兴产业发展迅速，是年珠三角地区战略性新兴产业增加值2660亿元，占地区生产总值的7%。高端新型电子信息产业产值达4848亿元，居全国第一，新能源汽车动力电池产量占全国40%，LED封装产量约占全球一半。现代服务业加快发展，增加值达10878.5亿元。先进制造业增加值占规模以上工业增加值比重提高到51.4%，初步形成“陆海空”装备制造全面发展格局。优势传统产业改造升级成效明显，全国加工贸易转型升级示范区建设进展顺利，非法人来料加工企业实现“不停产”转型。

产业集聚发展步伐加快 珠江口东岸打造出全国规模最大的电子信息产业集群，珠江口西岸培育形成电器机械产业集群。沿海石化产业带布局基本形成。形成以广州为中心，带动佛山、中山、肇庆等地汽车零部件产业发展的汽车产业集群。珠三角各市产业合作不断加强，产业布局逐步优化。

产业集约发展成效显著 推动节能减排，大力发展循环经济，2010年珠三角地区二氧化硫、化学需氧量排放量分别为48.97、47.99万吨，比2008年下降11.59%和15.17%，超额完成国家下达的“十一五”减排任务；单位生产总值能耗比2008年下降7.8%，保持全国先进水平。“三旧”改造扎实有效，2008~2010年完成“三旧”改造项目1047个，投入资金1877亿元，改造面积4633.33公顷，分别占全省计划的53%、78%和62%，节地率达44%，每平方千米建设用地第二、三产业增加值两年提高8291万元。

【核心竞争力稳步提升】 2010年，珠三角地区把自主创新作为加快转变经济发展方式的核心战略，推动经济发展由要素驱动向创新驱动转变，区域创新能力稳居全国第二。是年研发经费占地区生产总值的比重达2.02%，比2008年提高0.42个百分点；百万人口发明专利申请量由2008年的570件快速提升至804件，增长41.1%。

重大创新平台建设取得突破 2010年，珠三角地区拥有国家重点实验室、工程中心、工程实验室等创新平台97家，两年新增36家。国家级高新区全面覆盖珠三角九市，总数达9家，与全国各省市区相比位居第一。华南新药创制中心等七大创新平台建设取得可喜进展，仅中科院深圳先进技术研究院就吸引海外高层次人才1192人，承担148个地方科研和产业化项目。

突破一批核心关键技术 2008年以来，珠三角地区在宽带移动、核高基、集成电路、新药创制、传染病等领域累计承担国家科技重大专项190项，其中2010年承担国家科技重大专项37项，获国家科学技术奖35项，创历年之最。深圳华大基因研究院参与的“下一世代的基因组学”课题被《科学》杂志列入“2010年全球十大科学突破”。成功研制曙光6000超级计算机，运算速度达每秒1271万亿次，排名亚洲第一、世界第二。

产学研合作成果丰硕 2010年，参与珠三角地区产学研合作高校305所，比2008年增加145所；开展产学研合作项目3700多项，实现产值1700多亿元、实现利税280亿元，分别比2008年增长140%、25%、26%。

【推动区域经济一体化取得进展】 2010年，珠三角地区以交通基础设施建设一体化为突破口，以广佛同城化为引领，三大经济圈合作不断深化、领域不断扩大，区域经济一体化积极推进。

区域经济一体化成果喜人 实施基础设施建设、产业布局、城乡规划、基本公共服务和环境保护五个一体化规划。珠三角轨道交通运营里程、高速公路通车里程两年分别新增465、571公里，达1045、2671公里，所有县（市）主城区实现30分钟内上高速公路，综合交通运输体系初步形成。广佛同城化取得重大进展，两市编制实施了国内第一个同城化发展规划以及多项专项规划。珠中江、广佛肇实现圈内年票互认，“岭南通”已覆盖8个市。广佛肇、深莞惠、珠中江三大经济圈在重大项目、产业协作等多个领域取得突破性进展，广佛肇顺利完成年度重点工作完成类项目，深莞惠在经贸与金融合作、界河及跨界河综合治理等方面初见成效，珠中江积极推进通信同城化和饮用水同网。大力推进“双转移”，推动区域协调发展。至2010年末，珠三角地区共向粤东西北地区转移企业3644家，其中转入省产业转移工业园的企业约占入园企业总数的40%。2010年全省34个省产业转移工业园签订投资协议项目2044个，实现产值1953.6亿元、税收108.85亿元，均比上年增长1倍以上。全省地区发展差异系数降为0.727，比2008年缩小0.019。

粤港澳更紧密合作进一步深化 签署实施粤港、粤澳合作框架协议，粤港联合编制“共建优质生活圈”和“基础设施建设”专项规划，对港、澳服务业开放先行先试的措施分别达41项和33项。珠海横琴、深圳前海、广州南沙三大重点合作区域纳入国家“十二五”规划。广深港高速铁路、深圳东部过境高速公路、港珠澳大桥等跨境交通基础设施建设积极推进。

【重点领域和关键环节改革扎实推进】 2010年，珠三角地区以行政管理体制改革为先导，深化经济体制和社会管理体制改革，在重要领域和关键环节先行先试，初步形成有利于科学发展和一体化的体制机制。深圳、顺德大部门制改革取得重大突破，机构精简幅度分别达1/3、2/3，改革经验在全省25个试点县（市、区）推广。富县强镇和简政强镇事权改革进展顺利，省第二批扩大县级政府管理权限事项达100多项。深圳市在全国率先实施公务员分类管理和聘任制改革。珠三角率先推行农民工积分制入户城镇，2010年农民工入户人数超过6.1万人，占全省的56.9%。珠海市社区管理体制改革试点取得积极成效。扎实推进财税、投融资、价格、要素市场等改革，省以下财政体制调整、省直管县财政体制试点、生态激励型财政政策和竞争性分配改革取得新进展，广州、东莞、顺德等3家农信社成功改制为农村商业银行。

【和谐幸福广东建设成果丰硕】 2010年，珠三角地区把改善民生、统筹城乡发展、增强人民群众幸福感作为工作的出发点和落脚点，让人民群众共享改革发展成果。2010年城乡居民收入比由2009年的2.66∶1缩小为2.53∶1，城乡居民收入差距持续缩小。

加强宜居城乡建设　建成全国首个环境保护模范城市群。森林覆盖率、城镇污水处理率、生活垃圾无害化处理率两年分别提高0.5、18.6、14.6个百分点，城乡人居环境质量明显改善。建成省立绿道2372公里，18个城际交接面的绿道实现了互联互通，绿道成为人民群众娱乐休闲、提升城市品位希望之路。

加强以改善民生为重点的社会事业建设　2010年珠三角地区财政对民生投入高达2107亿元，比2008年增长65.8%，高中阶段毛入学率比2008年提高6.45个百分点，高等教育实现普及化。新开工建设保障性住房12.5万套，竣工6.1万套，比2009年增长165%，超额完成国家下达的任务。深圳、珠海等6市基层医院全部实施基本药物制度。文化强省建设进展顺利，2010年文化及相关产业增加值占地区生产总值比重达5.86%。（省规划纲要办）

【全省实施《规划纲要》考核结果】 2010年，珠江三角洲各市、省有关部门认真贯彻落实中共广东省委、省政府的决策部署，深入推进实施《珠三角规划纲要》各项工作，在上年取得良好成绩的基础上，认真总结经验，进一步加大工作力度，大胆探索创新，取得了新的重大进展，为推动实现“四年大发展”各项目标任务作出了积极贡献，为全省加快转型升级、建设幸福广东发挥了重要作用。根据省政府对各市、各部门2010年实施《规划纲要》情况进行的评估考核，获得优秀等次单位的是：江门市、广州市、深圳市、省发展改革委、省编办、省财政厅、省经济和信息化委、省科技厅、省水利厅、省人力资源社会保障厅、省外经贸厅、省港澳办、省环境保护厅。获得良好等次单位的是：东莞市、佛山市、珠海市、中山市、惠州市、肇庆市、省公安厅、省交通运输厅、省住房城乡建设厅、省林业局、省监察厅、省金融办、省国土资源厅、省文化厅、省农业厅、省知识产权局、省国资委、省教育厅、省海洋渔业局、省地税局、省外办、省

物价局、省民政厅、省旅游局、省法制办、省卫生厅。（鲁　潭）

【国家督促检查组实地检查珠三角实施《规划纲要》情况】 2010年4月14日至17日，以国家发展改革委员会副主任杜鹰为组长、国家12个部委组成的国家督促检查组兵分三路，深入珠中江韶、深莞惠汕、广佛肇云等地实地督促检查各地实施《珠江三角洲地区改革发展规划纲要》情况。杜鹰率第一小组到江门、珠海、中山、韶关实地检查，国家发展改革委员会地区经济司司长范恒山、国务院研究室综合司司长陈文玲分别率第二小组到深圳、东莞、惠州和汕头，第三小组到广州、佛山、肇庆和云浮实地检查。中共广东省委常委、常务副省长朱小丹，省委常委、广州市委书记张广宁，副省长林木声，省政协副主席、省政府秘书长徐尚武等省领导分别陪同督促检查组在各地检查。

其间，督促检查组认真听取各市政府汇报，先后深入江门高新区、横琴新区、明阳电气集团公司、东莞大朗现代信息服务产业园、深圳前海深港现代服务业合作区、莞惠城际轨道交通项目、广州南沙港、佛山美的集团、肇庆高新区等36个现场点，与鹤山真明丽集团、珠海格力集团、大洋电机、东莞宏威数码机械有限公司等近50家企业进行座谈交流。督促检查组广泛了解企业心声，深入了解各地贯彻落实《规划纲要》情况、遇到的困难，以及需要国家支持解决的具体问题，并对下一步各地贯彻落实《规划纲要》、推动经济社会又好又快发展提出许多建设性意见。督促检查组一行还前往韶关、汕头、云浮等地，深入韶关产业转移园、汕头东部城市经济带、云浮产业转移园等地考察，了解珠三角对环珠三角区域的辐射带动情况。

督促检查组充分肯定珠三角各市对落实《规划纲要》所采取的积极措施及取得的成效。督促检查组指出，广州市在金融危机后走出了不寻常的道路，抗国际风险能力、产业结构和产业层次、改革创新能力、城市承载能力和综合功能明显提高；深圳市工作力度大、措施实在、效果明显；珠海市加强领导、明确分工、落实责任、广泛宣传发动，全力推进，已初见成效；佛山市把落实《规划纲要》变为长效机制，经济结构调整走出成功道路，行政体制改革迈出新步伐，和谐佛山明显见效，区域经济一体化拉开序幕；惠州市开局良好，行路仍艰，前景可期；东莞市在落实《规划纲要》中“刮骨疗伤，脱胎换骨”；中山市不负众望，在组织上、思想上、措施上真抓实干，特别是在上年应对国际金融危机中取得了很好的成绩，实现了一年开好局的目标；江门市把落实《规划纲要》作为推动新一轮大发展的重大机遇，推动政府工作和企业成长的重要推手，为推进《规划纲要》实施打下坚实基础；肇庆市凭借其在珠三角的后发优势、区位优势、国土资源优势、交通优势和旅游优势，使之成为未来快速发展的重要支撑。

对于如何进一步贯彻实施好《规划纲要》，督促检查组建议：一是要在统一部署中，结合实际贯彻落实《规划纲要》，清楚自身的比较优势和战略定位，明确要解决的问题；二是要坚持生态优先，科学规划产业布局，一手抓传统产业升级换代，一手抓新兴战略性产业培育壮大，不断提高产业竞争力；三是进一步完善社会主义市场经济体制；四是要继续统筹城乡发展，推动城乡一体化；五是进一步推进产业规划、基础设

施、公共服务、污染防治以及土地、劳动力等资源市场要素一体化；六是要加快发展教育事业，不断增强文化软实力。 （白 芷）

【《转变——珠三角竞争力2010年度报告》】 2010年12月31日《南方日报》推出《转变——珠三角竞争力2010年度报告》（以下简称《报告》），以珠三角引领中国转变发展方式为主题，剖析珠三角2010年发展理念之变、发展体制之变、需求结构之变、产业结构之变、发展驱动之变、区域结构之变、文化实力之变和民生幸福之变，并综合多方意见，评选出2010年度在上述八个方面表现最突出的前三名城市，进而阐释珠三角转变发展方式的系统性路径对中国实现发展方式转变的重大启示意义。

这个《报告》首次组织了由珠三角知名企业CEO、广东著名学者、中央驻粤及广东本地主流媒体资深从业人员和知名网友共200人组成的珠三角竞争力智库，与《南方日报》读者和南方网网友一起，投票产生是年珠三角在发展方式转变八大领域表现最突出的前三名城市。

在发展理念转变方面，珠海、深圳、佛山一马当先，其中珠海以独特的经济与环境协调发展、产业升级“抢挡提速”、产业结构和区域结构“双优化”、“一体两翼”改革等新发展理念和路径，高居榜首。在发展体制转变方面，佛山、深圳、广州位列前三，其中佛山率先探索并全面完成大部制、简政强镇改革，更加注重金融创新，探索解决城乡二元问题，在行政体制、经济体制和社会体制改革方面表现最为突出；在需求结构转变方面，广州、深圳、东莞成绩最为显著，其中广州按照“迎接亚运会，创造新生活”的要求，大力拉动消费和投资，并努力提升外贸结构，成为珠三角调整需求结构的领跑者；产业结构转变方面，深圳、东莞、肇庆高居前三名，其中深圳大力发展战略性新兴产业，制订了5年达到万亿产值的宏伟目标，成为珠三角调整产业结构的标杆；发展驱动转变方面，深圳、广州、江门表现最为突出，其中深圳通过建设国家首个创新型城市，成为珠三角经济发展从要素驱动向创新驱动转变的先锋；区域结构转变方面，广州、深圳、佛山表现卓越，其中广州借力亚运，带动区域共同发展，成为珠三角区域协调发展的排头兵；文化实力转变方面，广州、深圳、中山位列前三，其中广州大力发展文化民生和文化产业，在文化体制改革方面成绩卓著，成为当仁不让的领跑者；在民生幸福转变方面，广州、惠州、珠海成效最为显著，其中广州通过亚运会打造“亚运惠”，开启了发展成果全民共享的民生幸福新篇章。

《报告》认为，透过八大领域的深刻质变，作为中国“探索科学发展模式试验区”的珠三角，2010年率先走出了一条全面、深刻、系统推进发展方式转变的新路：

2010年，珠三角发展战略思想向科学发展理念深入转变，逐步形成了追求发展质量的科学理念，人与自然和谐发展的绿色理念，产业转型升级的效益理念，内外需协调发展的均衡理念，区域城乡统筹发展的协调理念，发展成果全民共享的人本理念等一系列改革共识，成为推动珠三角乃至广东转变发展方式的强大思想武器，也为全国推动科学发展理念真正成为转变发展方式的强大动力提供了可资借鉴的实践样本。

2010年，珠三角发展体制向经济体制、政治体制、文化体制、社会体制改革全面推进深入转变，从纵向上，探索出一条从党内民主，到基本政治制度建设，再到市级、县级、镇级行政体制改革的全面改革之路；从横向上，探索出一条不断向社会放权，构建公共服务型政府，推进社会体制改革的活力释放之路。

2010年，珠三角需求结构向内外需协调拉动深入转变，产业结构向传统产业升级和战略性新兴产业崛起深入转变，发展动力向创新驱动深入转变，区域结构向城乡统筹、区域协调和一体化发展深入转变，共同绘就出珠三角内外需平衡发展、传统产业升级发展、战略性新兴产业高起点发展、自主创新驱动发展、区域经济全面协调发展的经济可持续发展之路。

2010年，珠三角文化建设向文化事业强、文化产业强、文化辐射力和影响力强、文化形象好的文化强省核心区深入转变，走出了一条文化统领经济社会发展的智慧之路，文化发展成果全民共享的民生之路，文化产业强势崛起的创意经济之路，努力为中国探索出一条社会主义文化特色发展之路。

2010年，珠三角民生建设向发展成果惠及全体人民、促进社会公平正义和构建和谐社会深入转变，努力从发展模式上摆脱依赖廉价劳动力的低端路径，从政府再分配方面加快基本公共服务均等化的步伐，从城乡结构上破解二元分立带来的发展失衡，从扶贫创新方面提升贫困人口的自我发展能力，为中国探索一条发展成果全民共享之路。

2010年的珠三角的转变发展方式之路，是一条从发展理念到发展体制，从发展驱动到发展结构，从发展领域到发展目的的全面、深刻、系统、科学的发展方式变革之路，不仅使珠三角踏入全面科学发展的轨道，也为全国创造了一个可以复制和移植的转变发展方式实践标本。（鲁　潭）

大事记（二〇一〇）

大事记(2010)

1月

1日　△是日起，广州、佛山、肇庆三市部分医学检验和影像检查结果（包括三市的23所市级综合医院和部分专科医院）互认通用。

△是日零时起，珠海、中山、江门三市实施路桥车辆通行费年票互认。

2日　△第三十二届“省港杯”足球赛第二回合在肇庆市体育中心进行，广东队以3：2的总比分，重夺时隔3年的“省港杯”。

5日　△深惠合作安置流浪精神病人启动仪式在深圳市民政局举行。深圳市救助管理站负责人和惠州市复员退伍军人医院负责人共同签署协议书。

8日　△是日零时起，广东省高速公路联网收费中的珠三角区域和深圳区域正式合并为中片区，两地区的黎光、罗田、黄鹤三个主线收费站撤销。

15日　△中山市投资6000万元建造的番中公路民众立交桥正式通车，主桥总长1013米，设计为双向6车道。

16日　△深圳市政府与住房和城乡建设部举行合作框架协议签字仪式，共建“国家低碳生态示范市”。

20日　△“2010亚洲金融论坛”在香港举行。省长黄华华出席论坛并发表主题演讲。

22日　△“首届广佛肇企业战略合作高峰论坛”在广州番禺区举行。

25日　△第四届广州、佛山两市警务协作会议在佛山市顺德区举行。

26日　△莞惠高速正式通车。该高速公路是广东省规划高速公路网中的第四条横线福建漳州（省界）至广西玉林（省界）高速公路的组成部分。全长49.078公里，双向6车道，总投资32.2亿元。

27日　△珠三角青年企业家2010年新春嘉年华在肇庆市碧桂园凤凰酒店举行。

29日～2月1日　△首届2010珠中江进出口名优商品展销会在江门五邑华侨广场举行。350多家珠中江及港澳外向型企业参展，总成交额超过52亿元。

是月　△推动莞惠交通一体化重要项目—博罗沙河大桥正式兴建。该项目总投资3516万元，由东莞石龙镇政府与博罗石湾镇政府各自出资50%。沙河大桥项目路线全长660米，采用双向四车道标准，设计时速40公里/小时；桥面宽23.5米，其中主车道15.5米，非机动车道4米，两侧行人道4米，单跨最大跨度21.375米。

2月

4日　△深圳市政府与港中旅集团公司签署全面战略合作框架协议，重点推进大鹏半岛滨海旅游度假区的开发建设。

△广东省实施《珠江三角洲地区改革发展规划纲要》评估考核组到肇庆市考核，推动广佛肇一体化工作。

5日　△粤港澳共同推进《珠江三角洲地区改革发展规划纲要》第三次联络协调会在广州举行。会议商定，下一步工作重点是抓紧推进基础设施建设和共建优质生活圈两个区域专项规划编制工作。

6日　△深圳市政府与香港中文大学在市民中心举行签约仪式，共同签署《深圳市人民政府香港中文大学教育合作备忘录》。

△深莞两条城际公交线正式开通。

7日　△深圳市政府与北京师范大学在五洲宾馆举行签约仪式，共同签署《教育合作框架协议》。

8日　△"珠三角西翼（横琴岛）科学发展高峰论坛"在澳门举行。

9日　△《深港惠金融合作备忘录》在东莞市签署。

△江门市政府和中广核集团签署《共同推进台山清洁能源（核电）装备产业园规划建设的战略合作框架协议》。

19日～21日　△澳门特别行政区行政长官崔世安在江门参观考察。

26日　△中共中央政治局委员、广东省委书记汪洋率省绿道网调研组，考察东莞市的东江大道和生态园绿道建设情况，并召开座谈会。

△珠三角绿道网中山段建设启动，总长182.7公里，首期实施示范段——博爱路绿廊于紫马岭公园南门正式动工，中山市成为全省最早启动绿道建设的城市。

28日　△"广佛同城闹元宵"——两地文艺精品展在佛山三水区举行。

28日～3月1日　△广东省省长黄华华率代表团赴香港、澳门举行2010年春茗活动，向香港同胞、澳门同胞拜年。

3月

2日　△肇（庆）花（都）高速公路肇庆段先行工程开工仪式在肇庆高新区举行。该高速公路西起肇庆四会市，途径佛山市三水区，止于广州市花都区花山镇，总投资97.2亿元，全长63.58公里，采用双向六车道高速公路标准，设计速度120公里/小时。

△广佛同城化第三次工作协调会议在广州市召开。会议由中共广州市委常委、常务副市长邬毅敏和中共佛山市委常委、常务副市长周天明共同召集。

3日　△《深莞惠金融合作备忘录》在东莞市签署。《备忘录》对三地共同推动跨境贸易人民币结算、打造辐射亚太地区金融后台服务基地等十六个方面的合作进行了明确安排。

4日　△中共中央政治局委员、广东省委书记汪洋，省长黄华华在北京会见澳门特别行政区行政长官崔世安。

△江港澳《促进物流业发展合作协议》在香港签署。

5日　△广州、佛山两市交通基础设施建设专责小组召集有关单位在大沥镇黄岐办事处召开沿江东路管线迁改协调会议。

6日　△中共中央政治局委员、广东省委书记汪洋，省长黄华华在北京会见香港特别行政区行政长官曾荫权。

8日　△中共中央政治局委员、广东省委书记汪洋，省长黄华华在北京与教育部部长袁贵仁等就落实《珠江三角洲地区改革发展规划纲要》部省合作、共同推进广东教育综合改革发展进行会谈。

△深圳、惠州、东莞三市消委会在深圳召开新闻发布会，联合发布汽车、食品安全、手机消费、促销、家庭装修五大领域的消费指南。标志着珠江口东岸地区消费维权"一体化"正式启动。

10日　△深莞惠签署《深圳市东莞市惠州市经贸合作协议》。该合作协议主要包括产业转移园建设、市场建设、经贸合作对接、工业规划、商贸流通、产业转移、招商引资、产业升级等内容。

△中国人民银行广州分行、佛山市中心支行、肇庆市中心支行在佛山市南海区签署《广佛肇金融合作备忘录》。

△珠海、中山、江门三市消费者委员会在珠海共同签署《珠海、中山、江门消费维权框架合作协议》。

15日　△东莞市政府和香港贸促局在香港会议展览中心联合召开2010年在莞港企升级转型联席会议。东莞市委常委、副市长江凌率市外经贸局、人力资源局负责人出席会议，并达成三大共识，帮助在莞港企就地升级转型。

16日　△2010中国（大涌）红木家具名优产品博览会在中山市大涌展览中心开幕。中山企业与来自台湾、深圳、河北等地企业和院校达成2.2亿元合作协议。博览会吸引各地客商和游客20万人次，现场销售额5000万元，签订购销合同金额8亿元。

18日　△美国麻省理工学院生物工程中心首次与中国企业合作，与总部设在深圳的创世纪转基因技术有限公司共同签署了生物能源领域技术合作协议。

19日　△江门市旅游局与中山市世纪行旅行社分别作为甲乙两方在江门签订《关于合作设立旅游联络处的协议》。

21日　△深港澳春茗会在五洲宾馆举行，600多名深港澳及海外侨界代表欢聚一堂，同贺新春，共谋发展。

22日　△珠三角绿道网建设启动仪式在广州举行。中共中央政治局委员、广东省委书记汪洋出席仪式并宣布珠三角绿道网建设正式启动，省长黄华华致辞，并与省人大常委会主任欧广源、省政协主席黄龙云共同推杆为“绿道网建设启动纪念基石”揭幕。

24 日 △中山、珠海、澳门旅游局代表在中山市小榄皇冠假日酒店召开 2010 年中珠澳旅游区域合作联盟工作会议暨轮值城市交接仪式，中山市旅游局接过轮值城市的轮值锦旗。

25 日 △广东省政府与国家环境保护部在广州市签署《共同推进和落实〈珠江三角洲地区改革发展规划纲要（2008~2020 年）〉合作协议》。中共中央政治局委员、广东省委书记汪洋出席签字仪式，环境保护部部长周生贤和省长黄华华代表双方签字并分别致辞。

△惠深沿海高速公路正式通车。惠深沿海高速公路起于惠东县稔山镇，与深圳盐坝高速公路相接，全长 48 公里。

26 日 △中铁南方装备基地项目签约仪式在中山火炬开发区国际会议中心举行。

△深莞惠一体化疾控合作联席会议在深圳市召开。

27 日 △是日起，珠海、澳门互认海关货物查验结果。

28 日 △2010 中国（深圳）IT 领袖峰会在深圳举行。

△2010 年中山“3·28”招商经贸洽谈会暨中山—越南企业经贸合作交流会在市博览中心开幕。

30 日 △肇庆市住房和城乡建设局、广州市城乡建设委员会、佛山市住房和城乡建设局在广州市签署《广佛肇城乡建设合作框架协议》。

31 日 △广佛肇三市实施车辆通行费年票互认，每年让利逾 5 亿元。同时，在交通、公共服务等多个领域展开合作。

△广东省首期“《规划纲要》大家谈”论坛在肇庆市举办，主题为“肇庆纳入珠三角规划纲要一年后的回顾与展望”。

4 月

1 日 △惠州市新版《健康证明》正式使用。新的《健康证明》由原来的《健康证明》和《培训合格证》两证合一，包含黄色及银色两种颜色，使用智能防伪卡直接打印制成，有效期为 1 年，并将在深圳、东莞、惠州三市通用。

2 日 △中共中央政治局委员、广东省委书记汪洋，省委常委、常务副省长、广州市委书记朱小丹，省委常委、秘书长徐少华等考察穗莞深城际轨道交通项目东江南支流大桥工地和莞惠城际轨道交通项目东莞新城中心站工地。

△“广东旅游一票通（珠三角版）”启动仪式在惠州举行。

△珠中江价格工作合作联席会第一次会议在中山市召开，珠海、中山、江门三市物价部门就公交一体化、通信一体化、物业服务收费管理模式一体化、民办幼儿园收费管理模式一体化、价格信息及预警机制一体化等五个方面价格合作问题达成共识。

7日　△广佛同城化第三次市长联席会议在广州召开。两市共同审议并通过了《广佛同城化建设2010年度重点工作计划》和《广佛同城化城市规划三年工作规划》；检查广佛同城化第二次市长联席会议议定事项的落实情况。广州市市长张广宁主持会议，佛山市市长陈云贤，广州市委常委、常务副市长邬毅敏，佛山市委常委、常务副市长周天明，广佛同城联席会议各成员单位负责人出席会议。

△广东省政府和香港特别行政区政府在北京人民大会堂正式签署《粤港合作框架协议》。中共中央政治局常委、国家副主席习近平，中共中央政治局委员、国务委员刘延东，全国政协副主席、国务院港澳事务办公室主任廖晖出席签字仪式。省长黄华华、香港特别行政区行政长官曾荫权代表粤港双方签署协议。

△珠三角地区价格工作联席会议在中山召开，珠三角9市物价部门签署会议纪要并达成共识。

8日　△深圳、东莞、惠州三市党政主要领导在深圳召开第四次联席会议。三市决定将界河治理与边界道路的建设确定为合作的重点，除界河污染问题外，三地市长表示将尽快打通区域“断头路”与“瓶颈路”。三地的水务、交通部门分别签订界河综合治理与边界道路建设《工作协议书》。

△广佛地铁首通段的隧道工程实现双线贯通。广佛地铁东起广州市沥滘站、西至佛山市魁奇路站，全长32.16公里。

9日　△“珠海、中山、江门大学生就业创业联盟”在五邑大学成立。该联盟由江门、中山和珠海三地的相关高校、人才服务中心（市场）共同组成。

10日　△珠三角首个区域城市大学生就业创业联盟——珠海、中山、江门大学生就业创业联盟分别在三城市成立。

14日　△由检查组组长、国家发改委地区经济司司长范恒山率领的国家督促检查组第二小组在副省长林木声的陪同下到东莞检查实施《珠江三角洲地区改革发展规划纲要》情况。中共东莞市委书记、市人大常委会主任刘志庚汇报东莞实施《规划纲要》情况。

14日～15日　△以国家发展改革委副主任杜鹰为组长、国家有关部委组成的国家督促检查组第一小组到江门市督促检查实施《珠江三角洲地区改革发展规划纲要》工作情况。

15日　△由检查组组长、国务院研究室综合司司长陈文玲率领的国家督促检查组第三小组到广州督促检查实施《珠江三角洲地区改革发展规划纲要》工作情况。

△惠州市举办实施《珠江三角洲地区改革发展规划纲要》群众论坛惠州分论坛。300多名群众代表现场“拍砖”，为惠州落实《规划纲要》建言献策。

△国家发改委副主任杜鹰率国家督促检查组第一小组到珠海检查落实《珠江三角洲地区改革发展规划纲要》情况。国家督促检查组听取了珠海市贯彻落实《规划纲要》的工作情况汇报并与企业家代表座谈，杜鹰代表国家督促检查组作重要讲话。中共广东省委常委、常务副省长、省实施《规划纲要》领导小组常务副组长朱小丹主持汇报会。

16日 △由中山市外事侨务局、市外经贸局、市经贸局和新加坡国际企业发展局联合主办的“走进东盟——东盟投资和贸易交流会”在中山香格里拉大酒店举行。新加坡驻广州总领事馆商务领事官员、中山市外经贸、经贸部门的负责人、有关商会、行业协会及企业代表等200多人参加会议。

△国家督促检查组第二小组到惠州检查实施《珠江三角洲地区改革发展规划纲要》工作情况。

16日~17日 △国家实施《珠江三角洲地区改革发展规划纲要》督促检查组第三小组到肇庆检查工作。

18日 △中共广东省委、省政府与国家实施《珠江三角洲地区改革发展规划纲要》督促检查组情况交流会在广州举行。中共中央政治局委员、广东省委书记汪洋出席会议并讲话。

20日 △由广州、佛山两市人力资源和社会保障部门联合举办的“广佛同城广州在佛山首批医保定点医疗机构签约仪式”在佛山市第一人民医院举行。广州市在佛山市确定8家医院为医保定点医疗机构，其适用人群既包括未办理异地就医的广州市医疗保险参保人，也包括已办理在佛山地区异地就医的广州市参保人。即日起，广州参保人在这8家医院看病可直接记账报销。

△佛山、肇庆确定开通2条公交对接线路。

△首家进驻广东惠州的港资银行东亚银行惠州支行正式营业。

22日 △珠海、中山、江门三市粮食部门在台山召开首次珠中江区域粮食部门紧密合作座谈会，并通过《珠中江区域粮食部门紧密合作框架协议（讨论稿）》。

△2010东莞台湾名品博览会在东莞国际会展中心开幕。国台办常务副主任郑立中，广东省副省长、广州市市长万庆良，商务部海峡两岸经贸交流协会会长李水林，东莞市市长李毓全，台北世界贸易中心董事长王志刚等出席开幕式。

△由粤港澳合作促进会、澳门可持续发展策略研究中心和香港智经研究中心共同主办的“第三届‘珠江论坛’暨‘世界级珠三角都会——现状与前瞻’高峰会”在澳门举行。

26日 △中共中央政治局委员、广东省委书记汪洋，省长黄华华在广州会见澳门特别行政区行政长官崔世安。

△中国社会科学院在京发布《2010年中国城市竞争力蓝皮书：中国城市竞争力报告》，蓝皮书作出的对全国294个地级以上城市综合竞争力2009年度排名显示，香港综合竞争力位居第一，深圳排名第二，这是深圳连续三年列居内地城市首位。

△澳门特别行政区行政长官崔世安率团访问珠海。在珠海市市长钟世坚陪同下考察了横琴十字门中央商务区展示厅、横琴规划展示厅和珠海长隆国际海洋度假区项目。

27日 △广佛肇莞公共卫生及广州亚运会联防联控工作会议在广州召开，研究讨论广佛肇莞重大传染病和突发公共卫生事件联防联控工作。

30日 △广东省旅游局、广东省侨办和中山市政府共同主办的“广东省华人华侨旅游年中山启动仪式暨中山市旅游文化节开幕式”在中山市沙溪镇隆都红木家具城举行，省、市领导以及旅外侨胞和港澳台乡亲代表约500人出席开幕式。

5月

1日　△即日起，深圳、东莞、惠州三地社保定点医院可以联网结算，三地市民可以互刷医保卡，享受三地市内同等医保待遇，不必再回原地报销。

△广佛肇三地旅游局联合在肇庆星湖名胜风景区举办“年票互通，旅游互动——广佛肇‘五一’大串门暨佛山三水百辆自驾车畅游肇庆”活动。

6日　△澳门特别行政区行政长官崔世安率团访问广州、中山。广州市委书记张广宁、市长万庆良会见崔世安一行，双方同意共同推进粤澳多方面合作。行政长官一行下午转往中山参观考察，与中山市委书记陈根楷会晤，相互探讨加强服务业、金融业等方面的合作。

△珠江三角洲绿道网总体规划纲要在广东省省长黄华华主持召开的省政府常务会议上讨论并审议通过。

10日　△国内第一家小额贷款行业协会在深圳成立。

△国家发改委价格认证中心正式向中山市小榄镇价格认证中心颁发《价格鉴证机构资质证》，小榄镇价格认证中心成为全国首个镇一级价格鉴证机构。认证中心于26日正式挂牌成立。

△珠中江金融信息共享平台网站正式投入使用。

12日　△佛山市召开深化行政管理体制改革工作现场会，全面推进区级党政机构改革和简政强镇事权改革。至9月底，禅城、南海、三水、高明四区参照顺德模式，全面完成大部制改革；在容桂、狮山试点基础上，全市其他31个镇（街）也全部完成简政强镇事权改革，17个特大镇获得县级行政管理权限。

13日　△公交车“珠中一卡通”试点工作正式开启，珠海、中山两地市民持公交IC卡即可乘坐两地公交车辆。

△广东省住房和城乡建设厅正式发布“珠三角绿道网标识系统”。

13日～16日　△中共中央政治局常委李长春先后到广州、阳江、深圳等地，深入企业、宣传文化单位和第16届亚运会场馆建设工地，就深入贯彻落实科学发展观、加快经济发展方式转变、推进城市精神文明建设、深化文化体制改革、发展文化事业和文化产业等进行调研。

14日　△第六届中国（深圳）国际文化产业博览交易会在深圳会展中心隆重开幕。

△由中山市人民政府和广东省发展改革委员会联合主办的中山市新能源产业发展论坛在中山市香格里拉酒店举行。

15日　△肇庆、广州、佛山三市在佛山市签订职业教育合作协议。是年起三市中等职业学校招生不受地域限制；肇庆市安排市工业贸易学校及市农业学校首先向广州和佛山招生。

17日 △深莞惠三市交通运输局（委员会）局长（主任）在深圳召开贯彻深莞惠第四次党政联席会议精神、推进三市交通运输一体化工作会议。

△澳门特别行政区行政长官崔世安率团访问江门。考察了解江门市《珠江三角洲地区改革发展规划纲要》贯彻落实情况和“先行先试”经验，共商加强江澳合作大计。

17日~18日 △澳门特别行政区行政长官崔世安访问肇庆，先后到广东国际赛车场、亚洲铝业有限公司和肇庆市职教公共实训中心参观考察。

18日 △广州—佛山线首列车辆在长春轨道客车股份有限公司下线。广佛线是国内第一条城际轨道线路，共有14辆，采用铝合金车体B型车，每列168座，定员载客为每列950人，最高时速80公里，全线配备27列车。

20日~21日 △全省港澳工作会议在广州召开。中共中央政治局委员、广东省委书记汪洋，省长黄华华出席会议并讲话。

21日~23日 △2010第五届中国（中山）装备制造业博览会在中山火炬国际会展中心举行。主题为“振兴船舶海洋工程产业，发展新能源与节能装备”，展出面积3万平方米，设标准展位1000个，特装展位26个。

26日 △广东省委、省政府在深圳召开“珠三角地区贯彻落实《珠江三角洲地区改革发展规划纲要》工作会议”，中共中央政治局委员、广东省委书记汪洋，省长黄华华出席会议并讲话。

△是日起至12月26日，广东省委宣传部会同省政府办公厅、省发改委、省社科联、南方报业集团联合在广州举办实施《珠江三角洲地区改革发展规划纲要》群众论坛，每月一场，共八场。深圳、珠海、佛山、东莞、中山、惠州、江门各设分论坛。

27日 △比亚迪与德国戴姆勒（奔驰）股份公司正式签署合同，在深圳成立合资公司，研发生产全新的电动汽车主攻国内市场。

△第一家从台湾直线入莞设立代表处的台资银行——玉山银行东莞代表处在南城华凯大厦正式挂牌。

28日 △江门、珠海、中山三市在珠海举行首届珠中江区域工商行政管理部门联席会议。会上签署《珠中江区域工商行政管理合作框架协议》。

31日 △中共广东省委常委、广州市市委书记张广宁，广州市政协主席林元和在东方宾馆会见由肇庆市委书记、市人大常委会主任覃卫东，市委副书记、市长郭锋，市政协主席梁国安率领的肇庆市党政代表团，双方举行座谈，就贯彻落实省委、省政府召开的珠三角地区贯彻落实《珠江三角洲地区改革发展规划纲要》工作会议精神，深化合作，加快推动广佛肇经济圈建设，促进区域经济一体化进行交流。

是月 △深莞惠三地劳动保障部门签署《推进珠江口东岸地区劳动保障工作紧密合作协议》。《协议》提出建立深莞惠企业劳动用工违法信息通报制度，联手打击违法用工和欠薪行为以及非法劳务派遣活动等。

6月

1日　△“粤港合作框架协议大型宣讲会”在香港举行。广东省省长黄华华和香港特别行政区行政长官曾荫权出席并致辞。

△珠海、江门、中山三市旅游局长第二次联席会议在中山旅游局举行。

△经国务院批准，珠三角地区从是日起实施机动车国Ⅳ排放标准。

2日　△《珠江三角洲城市群年鉴》编纂委员会第一次全体会议在广州召开，对年鉴编纂出版工作进行动员和部署，中共广东省委常委、广州市委书记、年鉴编委会主任张广宁出席并讲话。

2日~4日　△澳门旅游局考察团在肇庆市考察盘龙峡、七星岩、鼎湖山等景区，探讨开展区域旅游合作问题。

3日　△500多名深莞惠三市青年齐聚东莞，举行2010年深莞惠环保联合行动。

5日~6日　△由香港中华出入口商会、香港汕头商会、香港主流媒体、主要旅行社代表等组成的香港考察团一行27人对惠州市龙门旅游业进行考察访问。

8日　△首个广佛肇人才一体化大学生专场招聘会在广州市南方人才市场举行，广佛肇三地332家用人单位进场，为应聘大学生提供近7000个岗位。

9日　△广佛两市安监局执法支队跨区域采取联合行动，对广佛两市交界处一仓库进行执法检查。

12日　△中共中央政治局委员、广东省委书记汪洋，省长黄华华在广州会见澳门特别行政区行政长官崔世安。

△广佛同城化环保专责小组办公室工作会议在广州召开。两市环保局及广州市荔湾区环保局、佛山市南海区环保局参加会议。

17日　△广州市贯彻落实科学发展观实施《珠江三角洲地区改革发展规划纲要》工作会议召开，广东省委常委、市委书记张广宁主持会议并讲话；市委副书记、市长万庆良作具体部署。会议强调以建设国家中心城市为总目标，全面提升科学发展实力。

△珠中江三市签订区域妇女儿童发展紧密合作框架协议。协议重点在规划协调、信息共享、项目开发、展示交流、应急协调五个方面开展紧密合作，加强衔接，实现三市之间妇女儿童发展监测统计数据、评估报告及专题调研报告等资料共享。

17日~21日　△肇庆市召开贯彻落实《珠江三角洲地区改革发展规划纲要》工作现场会，检阅各地实施《珠江三角洲地区改革发展规划纲要》以来的成果，研究解决遇到的困难和问题，加快转变经济发展方式。

18日　△珠中江区域紧密合作第三次联席会议在江门市召开，珠中江三市签署《珠中江2010年共同推动重大交通能源项目框架协议》和《珠中江区域人才服务体系建设合作协议》，三市发展和改革局与广东省社会科学院宏观经济研究所签署《珠中江区域紧密合作规划编制合同书》。

19日　△广佛2010锦龙威会龙舟赛在南海黄岐举行。

21日　△深圳市人民政府与中国航天科工集团公司签署战略合作协议。

22日　△肇庆、广州、佛山三市安全监管局签订《广佛肇安全生产应急救援协作框架协议》。

24日　△佛清从高速公路项目部今天挂牌，标志着该项目进入实质阶段。该项目是广州、清远、佛山三市重要连接线，它的建设将促进珠三角核心区产业向珠三角北部和环珠三角地区转移。

25日　△国家重点公路太（原）澳（门）公路广东顺德碧江至中山沙溪段（即广珠西线高速公路二期）高速公路项目建成通车，工程全长45.5公里，双向6车道，设计行车时速100公里。

28日　△珠海、中山、江门三地餐饮协会在珠海签署《关于共建珠海、中山、江门区域餐饮业发展战略合作联盟框架协议书》。

30日　△肇庆市在广州举行“广佛肇经济圈—肇庆（广州）投资环境推介会”，广东省副省长雷于蓝出席并讲话，肇庆市市长郭锋致辞并作投资环境推介，广东省政协副主席汤炳权，省委统战部、肇庆市、广州市和佛山市有关领导，以及肇庆各县（市、区）领导，市直有关部门主要负责人，来自国内外的客商，新闻记者共800多人与会。

是月　△惠州市与深圳、东莞保险行业协会（同业公会）举办合作交流活动。

7月

1日　△深圳经济特区范围扩大至全市。

△惠大铁路与惠州港海铁联运正式开通。

△广东省医疗保险异地就医联网结算广佛试点启动。

2日　△惠州市与西班牙保素埃罗市签署协约建立友好合作关系。

△广东省政府在中山市召开珠三角职教基地建设工作现场会。会上，省政府分别与珠三角9市签订职教基地建设目标责任书。

6日　△澳门特别行政区行政长官崔世安率团访问东莞，了解《珠江三角洲地区改革发展规划纲要》落实情况。东莞市委副书记、市长李毓全与崔世安一行进行会谈。澳门代表团随后到深圳访问，考察部分文化创意企业，广东省委常委、深圳市委书记王荣，市长许勤会见了崔世安一行。

△广东省人力资源和社会保障信息化工作座谈会在珠海召开，并举行广珠社会保障卡“一卡通”开通仪式。

7日　△澳门特别行政区行政长官崔世安访问惠州。希望能进一步加强与惠州在产业转型升级、文化产业、旅游观光等领域的交流合作，促进两地共同发展。

△广佛肇经济圈第二次工作协调会在佛山市召开，广州市常务副市长邬毅敏、佛山市常务副市长周天明、肇庆市常务副市长刘惠祥出席会议。

8 日　△东莞市政府副秘书长、虎门港管委会常务副主任刘宁与台湾基隆港港务局局长王俊友签署两港对接合作协议。

8 日 ~ 12 日　△中共中央政治局常委、全国政协主席贾庆林在中共中央政治局委员、广东省委书记汪洋的陪同下，先后到东莞、江门、广州等地，深入工厂企业、科研院所、市政建设一线，就加快转变经济发展方式、推动经济社会又好又快发展进行调研。

△国家质检总局与省政府在广州签署《实施珠江三角洲地区改革发展规划纲要促进广东质检事业科学发展备忘录》。国家质检总局局长王勇、省长黄华华共同签署备忘录并分别致辞。

10 日　△第六届两岸经贸文化论坛开幕式及主题演讲会在广州举行。中共中央政治局常委、全国政协主席贾庆林和中国国民党荣誉主席吴伯雄出席开闭幕式并致辞，广东省省长黄华华出席活动。

12 日 ~ 13 日　△广东省产业转移目标责任考评组到肇，对肇庆市政府及中山（肇庆大旺）产业转移工业园进行 2009 年度产业转移目标责任评价。

15 日　△泛珠三角“9+2”区域机场（集团）首脑聚集在广州，联合签署了《泛珠三角机场战略合作行动纲领》和《泛珠三角机场合作与发展论坛章程》，在机场合理布局、协调发展、争取政府支持、拓展泛珠空域等八个方面展开合作。

16 日　△首届以“服务泛珠，联接全球”为主题的“泛珠三角机场合作与发展论坛”在广州开幕，该论坛是国内首个区域性的机场合作论坛，也是机场下放地方政府后首次举行的跨省民航交流论坛。

22 日　△肇庆新港举行对外开放启动仪式。

23 日　△广州、佛山、肇庆三地教育局思想政治教育、科研、督导部门在佛山市召开联席会议。

26 日　△肇庆、广州、佛山三地女企业家协会主办的“低碳经济时尚生活”女企业家论坛在肇庆市皇朝酒店举行。

26 日 ~ 27 日　△珠三角绿道网建设工作座谈会在肇庆市召开。

29 日　日本大阪市长代表团到深圳访问考察，并与深圳市签署了友好合作交流备忘录。

是月　△惠深两地公安机关签署跨区域刑侦协作协议。

8 月

2 日　△中共广东省委常委、深圳市委书记王荣，深圳市长许勤率深圳市党政考察团赴广州、东莞学习考察两市城市规划建设和市容环境整治工作经验。

4日　△《珠海、澳门与近代中西文化交流》论文集由社会科学文献出版社出版。该书由甘霖作序，是“首届珠澳文化论坛”的重要成果。

5日~6日　△第二届深莞惠三市药品安全监管工作联席会议在东莞市召开。

6日　△深圳成为国家低碳试点城市。

10日　△肇庆市首次组队，与广州、佛山组成“广佛肇环保游泳方队”，参加广州横渡珠江活动。

11日　△惠州国家通信高新技术产业化基地、国家知识产权试点园区在惠州仲恺高新区揭牌。

12日　△深莞惠三市第一次旅游合作联席会议在深圳东部华侨城举行。

△珠中江价格工作联席会议第二次会议在江门市召开。

16日　△中山市经贸文化交流团赴台参加“台湾·广东周”活动。

△广东省人民政府召开珠三角合作共建省产业转移示范园工作情况汇报会。会议听取广州、深圳、珠海、佛山、东莞和中山6市政府有关工作情况的汇报，研究部署下一阶段共建工作。

16日~22日　△肇庆组团随广东省经贸文化交流团赴台开展“台湾·广东周”活动，签约项目6个，签约金额1.99亿美元；肇庆市企业还和台湾企业签订总金额为3亿美元的采购协议。

17日　△主题为“交流与合作，发展与共赢”的深台金融合作恳谈会在台北举行。深圳市长许勤与来自深台两地的金融界嘉宾出席恳谈会，两地金融企业代表还签署了一系列合作备忘录。

18日　△中共广东省委常委、广州市委书记张广宁在增城会见东莞市委书记、市人大常委会主任刘志庚率领的东莞市党政代表团，双方表示要深入贯彻落实《珠江三角洲地区改革发展规划纲要》，全面加强两地交流合作，推动互利共赢发展，促进珠三角经济一体化。东莞市党政代表团学习考察增城在主体功能区建设、统筹城乡综合配套改革、生态环境建设等方面的经验。

19日　△惠台经贸文化合作说明会在台湾新竹市烟波大饭店举行。合作说明会现场进行12宗采购和合作项目签约。

20日~21日　△中共中央政治局常委、国务院总理温家宝到深圳深入企业、科研院所、口岸和社区，就加快转变经济发展方式、发展战略性新兴产业进行考察。

21日　△深莞惠乳腺癌学术联盟在惠州成立。该学术联盟共有11个加盟单位，其中深圳有6个，东莞有3个，惠州有2个。

25日　△广州、佛山、肇庆三市档案局签署《广佛肇区域性档案目录中心合作协议》。

26 日　△国务院原则同意《前海深港现代服务业合作区总体发展规划》。

△国务院批准，珠海经济特区范围扩大到全市，特区扩容从 2010 年 10 月 1 日起正式实施。《国务院关于扩大珠海经济特区范围的批复》指出，将珠海经济特区范围扩大到全市，旨在进一步提高珠海经济特区改革创新和科学发展能力，尽快解决珠海市特区内外发展不平衡、特区发展空间局限和“一市两法”等问题。

27 日～31 日　△第六届泛珠三角区域合作与发展论坛暨经贸洽谈会在福建省福州市举行。此次泛珠合作各方在签约仪式上集体签署 100 个合作项目，金额达 390.11 亿元。肇庆市签约泛珠区域 9+2 省区经贸合作项目 21 个，合同金额 17.1 亿元；惠州市代表团签约 35 个合作项目，项目金额达 27.46 亿元。

28 日　△广佛线首通段 12 个站 13 个区间的供电系统环网、变电工程完成全线送电。

30 日　△国家“十一五”重点工程、广东省电源建设重点项目——惠州平海电厂工程送出线路惠州段贯通。该线路计划投资 6.94 亿元，长度 102.5 千米，铁塔共 219 基，是广东电力输送的大通道。

9 月

1 日　△广州市金沙街城管执法队和佛山市南海区城市综合管理局里水分局在金沙洲广东中诚建设工地举办首次“广佛同城迎亚运”联席会，就如何联合执法进行协商约定。广佛两地正式实施城市管理同管共治，是广东省首次启动不同行政区域城管异地跨区联合执法机制。

4 日～6 日　△中共中央总书记、国家主席、中央军委主席胡锦涛在深圳调研。6 日，深圳经济特区建立 30 周年庆祝大会在广东深圳隆重举行。胡锦涛总书记出席庆祝大会并发表重要讲话。

6 日　△位于佛山西二环管线六标的两条输水长龙正式合龙，西江引水工程全程约 71.6 公里输水管道全线成功连通。广州市西江引水工程是仅次于南水北调、上海青草沙引水的国内第三大引水工程，于 2008 年 12 月 29 日正式开工。

13 日　△联合国贸易及发展会议颁予深圳市政府 2010 年“最佳投资促进奖”。

15 日　△广州、佛山、东莞、珠海、中山、江门、肇庆 6 市食品药品监管局共同组织开展药品、医疗器械、保健食品、化妆品市场整治专项联合行动。

16 日　△惠州市副市长李选民率团到东莞，出席“东莞（惠州）产业转移园开发建设工作联席会议”。东莞市副市长邓志广等相关负责人出席会议。

17 日　△江门澳门两地消委会签署《江澳消委会消费维权合作协议》，建立起异地消费纠纷处理的“绿色通道”。

19 日　△深圳市政府与北京理工大学在五

洲宾馆签署战略合作协议。

20日　△深圳、东莞和惠州三市在深圳签订《深莞惠三地文化合作协议》。深莞惠三地将加强图书馆之间文献资源的共享与合作，共同打造“数字图书馆联盟”平台，建立三地演艺联盟，促进原创文艺精品交流，整体提升三地文化原创实力。此外，还将积极探索合办“客家文化节”等文化活动。

△深莞惠信息化合作第一次联席会议在深圳召开。

25日　△广东珠三角城际轨道交通有限公司揭牌暨广东南车轨道交通车辆修造基地项目开工仪式在江门市新会区举行。

26日　△国务院批复肇庆高新区晋升为国家高新区。

△珠海市重点项目签约暨中航工业通飞总部及研发中心项目动工仪式在珠海举行。现场签约涉及18个项目、金额413亿元。中航通飞总部及研发中心项目总投资100亿元。

27日　△2010广东国际旅游文化节暨泛珠三角旅游招商会在广州举行。

△肇庆、广州、佛山三市环保局联合举行“2010年广佛肇突发环境事件应急监测演习”，深化三地环保合作。

△港珠澳大桥管理局揭牌仪式在珠海九洲港大厦举行。港珠澳大桥三地联合工作委员会召集方首席代表、广东省发改委主任李妙娟和香港方首席代表、香港运输及房屋局副局长邱诚武，澳门方首席代表、澳门建设发展办公室主任陈汉杰和钟世坚一起出席揭牌仪式。

29日　△广州西江引水工程通水运行仪式在白云区鸦岗配水泵站举行，西江优质水源正式从佛山引入广州。中共广东省委副书记、省长黄华华宣布工程通水运行并启动通水按钮。省委常委、广州市委书记张广宁，佛山市委书记、市人大常委会主任陈云贤分别讲话。广州市委副书记、市长万庆良向工程投资建设单位、建设业主等颁发牌匾。国家水利部、省有关部门领导出席仪式。

30日　△广肇高速公路二期工程通车。至此，广肇高速全线贯通，实现广佛肇高速公路路网“无缝对接”。该工程起于佛山市南海区丹灶镇西二环高速的横江互通立交，止于佛山三水区五村互通立交，与广肇高速一期相接，全长5.39公里，双向六车道。

10月

4日　△广州市荔湾区东漖街东漖经济联社“广佛数字创意园”正式挂牌，成为广东省首家以数字信息为核心定位的创意产业园区。该创意园首期面积3万平方米，规划总面积20万平方米，计划招商对象为服务外包、电子商务、动漫网游、设计创意、数字内容、物联网等以数字信息为核心的高产值、高附加值、高知识含量的创意型企业。

9日　△“广佛肇一体化发展”理论研讨会在佛山市委党校召开，三市党校100多名专家学者与会。

10日　△广东省政府发布《关于2009年度

实施〈规划纲要〉评估考核情况的通报》。

11 日　△肇庆市与澳门贸易投资促进局联合在澳门旅游观光塔举办“肇庆—澳门经贸旅游文化合作交流会”。这是肇庆市首次在澳门举办大型经贸交流活动，签下投资项目和产业合作项目 18 个，投资总额 13 亿美元。

12 日　△深莞惠三市在深圳市召开信息化合作第一次联席会议，成立“信息化合作联席会议办公室”。三市信息化合作联席会议原则上每季度举行一次，在深圳、东莞、惠州三市轮流召开。

13 日　△广东省实施《珠江三角洲地区改革发展规划纲要》实现“四年大发展”电视电话会议在广州召开。中共中央政治局委员、广东省委书记汪洋，省长黄华华出席并讲话。

14 日　△中国平板电脑（惠州）产业化基地正式启动。该基地位于惠州市仲恺高新区，初步规划面积为 3 平方公里。

15 日　△广州、佛山、肇庆三市工作会议在广州召开，共商三市同城化和广佛肇一体化经济圈建设进程。

18 日～21 日　△第九届中国·古镇国际灯饰博览会暨 LED 应用展在中山市古镇灯饰广场举行，613 家企业参展。

23 日　△香港广佛肇联谊总会第四次筹委会在肇庆奥威斯酒店召开。

26 日～27 日　△中共中央政治局常委、中央政法委书记周永康到广州实地检查亚运安保工作准备情况，代表党中央、国务院和胡锦涛总书记看望慰问安保工作人员，并在视频调度会议上作重要讲话。

28 日　△珠中江三市档案部门负责人在珠海共同签署《珠海—中山—江门三市档案部门合作协议》和《珠中江区域性档案电子目录中心建设合作协议》，并现场交换档案电子目录数据约 214 余万条，同时开通三地开放档案目录网站查询窗口。

31 日　△深圳、东莞、惠州三市规划部门首次在深圳联合举行以推进深莞惠一体化，打造具有世界竞争力都市圈为主题的 2010 年“珠江东岸论坛”。国家住建部规划司副司长张勤，广东省住建厅副厅长蔡瀛，深圳市常务副市长吕锐锋，东莞市副市长梁国英，惠州市政府副秘书长曾庆全等领导出席论坛。

11 月

2 日　△肇庆和佛山两地海事部门在西江下游琴沙洲尾水域举行保护西江饮用水源水上溢油应急联合演习。

3 日　△是日 14 时，中国首条地下城际轨道交通线——广佛地铁首通段（佛山市魁奇路—广州西朗）开通试运营。广东省副省长林木声，广东省政协副主席周天鸿，广州市领导邬毅敏、苏泽群、简文豪，佛山市领导陈云贤、李贻伟等省、市领导出席开通仪式。该线于2007年6月28日正式动工开建，全长32.16公里，是日开通的首通段总长21公里，全程票价为6元。广佛地铁的开通，对珠三角城市群公共交通体系建设有重要的示范意义。

△深圳、东莞和惠州三市在深圳签订《深莞惠应急管理合作协议》。

3日～6日　△2010年中国（中山）国际游戏游艺博览交易会在中山市博览中心及中国（中山·港口）游戏游艺产业基地举行，参展企业176家，入场参观者12万人次，达成贸易合同额23.8亿元。

4日～5日　△由澳门经济建设协进会主办的“加强澳门与珠三角西部城市经贸文化交流合作研讨会”在澳门举行。

6日　△2010中国（江门）侨乡华人嘉年华暨侨乡旅游节在江门体育场开幕。香港特区行政长官曾荫权，澳门特区行政长官崔世安，中国侨联主席林军，广东省人大常委会主任欧广源出席开幕式等系列活动。

△首届广佛肇商会合作论坛在佛山市举办。三地商会签署《广佛肇商会合作协议》。

8日　△广东省公交一卡通——“岭南通”在广州、佛山、肇庆、江门、汕尾五个城市同步正式发行，五地公交卡实现联网。“岭南通”采用“岭南通·地方通”的双品牌策略发行，其中“岭南通”为主品牌，“地方通”为子品牌，首发5市的地方公交通重新命名为“岭南通·羊城通”、“岭南通·广佛通”、“岭南通·肇庆通”、“岭南通·五邑通”及“岭南通·红海通”；此后，逐步停止发行各地原有品牌地方公交智能卡。广州、佛山两地现有的2000万张羊城通、广佛通即可升级为“岭南通”。2010年底“岭南通”实现畅行珠三角地区（除深圳以外），全面应用于广东省公交、地铁、出租车、城际轨道交通、道路客运及轮渡等公共交通工具，以及便利店、超市、咪表及停车场等公共服务领域。

11日　△国家交通运输部与深圳市政府签署合作框架协议，部、市共建国家首个“公交都市”示范城市。

11日～15日　△中共中央政治局常委、国务院总理温家宝先后到广州市和珠海市的一些企业、社区、超市、科研院所考察，看望广大干部群众，了解经济社会发展情况。

12日～27日　△第16届亚洲运动会在广州举行。中共中央政治局常委、国务院总理温家宝出席开幕式并宣布开幕。本届亚运会共有来自亚洲各地的9700多名运动员参加42个大项、476个小项的角逐，参赛规模创历届亚运会之最。中国体育代表团由1454人组成，其中参赛选手977人，创中国历届亚运会参赛人数之最，也是本届亚运会参赛运动员最多的代表团。本届亚运会刷新了3项世界纪录、15项亚洲纪录和27项亚运会纪录。29个国家和地区获得亚运会金牌，36个国家和地区获得亚运会奖牌。中国体育代表团获得金牌199枚、奖牌416枚，创造了中国体育代表团参加亚运会以来的最好成绩，连续八届名列亚运会金牌榜首位。

14日　△珠海市与三一集团“港口机械、海洋工程装备及工程船舶制造产业园项目”协议签字仪式在珠海举行。中共中央政治局委员、广东省委书记汪洋，省长黄华华出席仪式。港口机械、海洋工程装备及工程船舶制造产业园项目位于珠海市高栏港经济区，计划投资100亿元。

16日　△第十二届中国国际高新技术成果交易会在深圳开幕。

16日～17日　△莞惠产业园建设工作联席会议、招商会以及捐赠仪式在惠州市龙门县召开，东莞市副市长邓志广、惠州市副市长李选民等出席。东莞市组织近140人的商务团队参加。

17日　△深莞惠三市在深圳签订《公平竞争监管执法协作协议》。

18日　△肇庆市召开实施《珠江三角洲地区改革发展规划纲要》领导小组工作会议，审议《肇庆市实施珠三角实现“四年大发展”工作方案》。

21日　△东莞松山湖台湾高科技园开园暨联胜项目启动仪式在东莞举行。中共中央政治局委员、广东省委书记汪洋出席仪式并宣布开园。

23日　△深圳、美国安防协会战略合作框架协议签字仪式在深圳举行。

△惠州市举行“广东省LED产业（惠州）基地”授牌暨省市共建“绿色照明示范城市”签约仪式。

27日　△珠海、中山、江门三地签署《珠海、中山、江门宣传文化建设战略合作框架协议》，协议内容涉及三地的社科研究合作工程、文化活动交流工程、文化品牌共建工程、文化资源共享工程、新闻宣传联动工程。

是月　△珠三角首次软件和信息服务业战略性新兴产业座谈会在惠州市召开。

△广东省人民政府同意在省实施《珠江三角洲地区改革发展规划纲要（2008~2020）》领导小组框架下成立环境保护、基础设施建设、城乡规划、产业布局和基本公共服务五个规划专责小组，负责一体化规划的实施工作。

12月

1日　△英国特易购中国地产公司首席执行官霍兰乐率考察团访问惠州，与惠州市就特易购公司进驻事宜进行交流。该公司初步确立在惠州市区桥东东湖西路打造一个不少于6万平方米的购物中心。

4日　△羊城晚报社主办、信业地产协办的“发现洼地价值——探讨珠三角一体化发展下的广佛肇经济圈发展机遇”论坛，在肇庆奥威斯酒店举行。

6日　△以“携手、合作、共赢——新形势下产业发展与升级的趋势和路径”为主题的首届广佛肇商会合作论坛在佛山举行，广佛肇三地商会签订《广佛肇商会合作框架协议》。

7日　△联合国教科文组织创意城市网络2010年深圳国际大会隆重开幕。

△由中铁二十五局集团广州公司施工的广珠铁路白坭河特大桥跨西南河128米连续梁钢管拱成功合龙封顶。

8日　△由惠州市政府和广东省旅游局联合主办的第五届惠州国际（高尔夫）旅游节在惠州汤泉高尔夫俱乐部开幕。

8日~9日　△广东省第六届珠三角地区与山区及东西两翼经济技术合作洽谈会在汕头市举办。肇庆市在会上签约项目29个，合同金额86.66亿元。中山企业参加签约项目11个，总金额16.47亿元，其中超亿元项目4个。

9日　△深圳市政府与联想集团签署战略合作协议。

10日　△二广高速公路怀集至三水段通车。全线双向六车道，公路总长118公里，总投资87.35亿元。起于怀集县横洞，接在建的二广高速公路连州至怀集段，经怀集、广宁、四会、大旺，止于佛山市三水区，与广三高速公路及规划中的珠三角外环高速公路在四会相连。设互通式立交8处、分离式立交20处、服务区3处、中心管理1处。

△香港广佛肇联谊总会成立暨第一届会董就职典礼在香港会展中心举行，霍震寰任总会主席。

12日~19日　△广州2010年亚洲残疾人运动会举行。12日，中共中央政治局常委、国务院副总理李克强出席开幕式并宣布广州亚洲残疾人运动会开幕。本届亚残运会共有来自亚洲41个国家和地区的2500多名运动员参加19个大项的比赛。中国体育代表团共614人，其中运动员431人，取得了185枚金牌、391枚奖牌的优异成绩，名列金牌榜和奖牌榜首位。

13日　△2010年深澳合作会议在深圳召开，澳门特别行政区行政长官崔世安率团参加。深澳签署5方面合作协议。

14日　△中共广州市委副书记、市长万庆良会见澳门特别行政区行政长官崔世安一行，双方就共同推动《珠三角地区改革发展规划纲要》、加强穗澳沟通协调，在发展现代服务业、共建绿色优质生活圈、建设南沙“智慧岛”、“低碳城”方面深入合作交换意见。副市长陈明德等参加会见。

15日　△惠州联通与惠州广发银行举行“广发联名卡”首发仪式。广发联名卡是广东发展银行和中国联通签署战略合作协议后双方共同推出的广发联通联名信用卡，标志着国内首张整合金融与通信服务的联名信用卡亮相。

16日　△台资企业转型升级成果发表会在东莞举行。国台办经济局局长徐莽，东莞市委常委、副市长江凌，全国台企联会长郭山辉等出席。

17日　△广东省省长黄华华主持召开省政府常务会议，审议并原则通过《广东省实施〈珠江三角洲地区改革发展规划纲要（2008~2020）〉保障条例（草案）》的议案。

△亚洲铝业（中国）有限公司铝板带项目投产庆典仪式在肇庆国家级高新区“亚铝工业城”举行，标志着亚铝公司首期40万吨年产能、全亚洲规模最大、国内最先进的

高端铝板带项目正式投产。

△东莞农村商业银行成功走出异地拓展第一步，在惠州市仲恺高新区作为主发起人设立惠州仲恺东盈村镇银行。

20日　△由深圳市政府主办的《前海深港现代服务业合作区总体发展规划》说明会在香港举行。

21日　△珠三角地区人才工作联盟第二届论坛在广州举行。广州市市长万庆良出席论坛并讲话。论坛由副市长陈国主持。中共中央组织部、广东省和珠三角各市党委组织部、政府人社局及来自政府和民营人力资源服务机构的代表共100多人参加论坛。

24日　△江门开平市政府与佛山顺德区政府达成协议，在江门产业转移工业园内合作共建顺德工业园。

27日　△“岭南文化十大名片”发布典礼在广州市星海音乐厅举行。

28日　△中国（江门）国际绿色光源博览交易中心（简称LED博览交易中心）在江海区动工兴建。该中心占地面积31.87公顷，项目规划总投资约30亿元。

29日　△国土资源部公布首批“中国温泉之乡（城、都）和地热能开发利用示范单位”，惠州市龙门县入选全国首批“中国温泉之乡”，成为全省首个获此荣誉的县（区）。

△江门至广州番禺高速公路及江珠高速公路北沿线江门四村至顺德均安段举行开工典礼。该高速公路全长68.6公里，穿越广州、佛山、中山、江门四地、总投资153.7亿元。

30日　△东莞市召开落实《珠江三角洲地区改革发展规划纲要》实现“四年大发展”工作会议。东莞市委副书记、市长李毓全，市委常委、常务副市长冷晓明等参加会议。

31日　△《珠江三角洲城市群年鉴》创刊号（2010卷）首发式在广州举行。这是珠三角9市首次合作组织编纂的年度资料性文献，重点反映珠三角城市群贯彻落实《珠江三角洲地区改革发展规划纲要》的基本情况和一体化发展进程。

△广珠城际轻轨开始试运营。该铁路总长142.2公里，经过广州、佛山、中山、珠海和江门5市。其中广州至珠海主线长115.6公里，设18个站；江门支线长26.6公里，设5个站。

△江（门）肇（庆）高速公路高要至江门段通车。从江门市至肇庆高要市蚬岗，用时40多分钟，较原来缩短一半。该公路起于江门市杜阮镇接江鹤高速公路，经鹤山市、佛山市高明区、肇庆高要市、鼎湖区，止于肇庆四会市东城街道黄岗村，接广贺高速公路，全长107.7公里（其中肇庆段48公里），总投资87.38亿元。

是月　△江门高新技术产业区获国务院正式批复，升级为国家高新技术产业开发区，享受现行的国家高新技术产业开发区政策。

区域协调

区域协调

重要会议

【珠三角贯彻落实《规划纲要》工作会议】 2010年5月26日，广东省委、省政府在深圳召开“珠三角地区贯彻落实《珠江三角洲地区改革发展规划纲要》工作会议”，总结广东省贯彻实施《珠江三角洲地区改革发展规划纲要》“一年开好局”的情况，部署“四年大发展”各项工作，进一步推进《规划纲要》贯彻落实，为“十年大跨越”打牢基础。中共广东省委书记汪洋、省长黄华华出席会议并作讲话。中共广东省委常委、常务副省长朱小丹，珠三角9市市委书记、市长等出席会议。

汪洋总结过去一年来广东省贯彻实施《规划纲要》的成绩，强调继续贯彻实施《规划纲要》，实现“四年大发展”，必须围绕加快转变经济发展方式这一核心。一要突出轨道和绿道“双道”建设，带动基础设施现代化。二要突出发展战略性新兴产业，带动产业结构优化升级。三要突出招才引智，带动自主创新能力提升。四要突出三个经济圈建设，带动珠三角“一体化”向纵深发展。五要突出落实“合作框架协议”，带动粤港澳合作上水平。抓紧推进港珠澳大桥、前海深港现代服务业合作和深港河套地区开发等重点项目。六要突出推进大部制和富县强镇改革。2010年要在行政管理体制改革上迈出更大步伐，全面完成市县政府机构改革，全面推进富县强镇事权改革。

黄华华强调，到2012年珠三角地区要基本实现基础设施一体化，初步实现区域经济一体化；到2020年实现区域经济一体化和基本公共服务均等化，实现区域内经济全面融合。一要全力抓好“五个一体化”规划实施；二要推进三大经济圈建设，推动珠三角地区从“城市经济”向“区域经济”发展、从城市“单打独斗”向“协同作战”转变；三要狠抓珠三角区域经济一体化，逐步推进各市之间基本公共服务制度和机制的对接；四要加快完善推进一体化的体制机制，完善考核评价机制。

朱小丹通报国家督促检查组对广东省一年来贯彻实施《规划纲要》进行检查的有关情况。副省长宋海、林木声、万庆良分别就分管工作提出了贯彻落实意见。广佛肇、深莞惠、珠中江的牵头市及珠三角其他各市就三大经济圈和当地一年来贯彻实施规划纲要的情况作了发言。（白　芷）

【广佛同城化第三次工作协调会议】 2010年3月2日在广州召开。会议由中共广州市委常委、常务副市长邬毅敏和中共佛山市委常委、常务副市长周天明共同召集。会议听取了市长联席会议办公室关于广佛同城化第二次市长联席会议议定事项推进落实情况的汇报；对龙溪大道接海八路升级改造工程、南沙疏港铁路、平南高速公路、西江引水工程等重点项目推进过程中存在的问题进行了讨论；审议并通过了《广佛同城化建设

2010年度重点工作计划（草案送审稿）》和《广佛同城化第三次市长联席会议组织工作方案》。

会议指出，广佛同城化建设已迈出可喜步伐。2010年要以举办广州亚运会为契机，从广度和深度上持续推进同城化各项工作，力求在大气和水污染联合整治、金融和通信等方面合作取得新突破，促进两地发展方式转变，提升两市人民生活水平。市长联席会议办公室、各有关区和部门要继续努力，抓紧推进相关工作，并做好迎接“两会”后国家对落实《珠江三角洲地区发展规划纲要》的检查考核工作。（佛山年鉴）

【广佛同城化第三次市长联席会议】 2010年4月7日在广州召开。会议检查广佛同城化第二次市长联席会议议定事项落实情况，审议并通过《广佛同城化建设2010年度重点工作计划》和《广佛同城化建设城市规划3年工作规划》，并公布第二次市长联席会议确定的8个事项的进展情况和第三次工作协调会议定事项的推进情况。会议决定成立通信资费一体化、金融服务一体化两个专责小组，力争在通信资费和金融服务同城化方面迈出新步伐。广州市市长张广宁，佛山市市长陈云贤，中共广州市委常委、常务副市长邬毅敏，中共佛山市委常委、常务副市长周天明，广佛同城联席会议各成员单位负责人出席会议。张广宁要求按照书记汪洋提出的“发挥广佛同城化的示范效应，推进‘广佛肇’、‘深莞惠’、‘珠中江’三个经济圈深度合作，加快形成优势互补、互利共赢的区域经济发展格局”的指示精神，继续深入实施《珠江三角洲地区改革发展规划纲要》，加快推进广佛同城化，早日形成布局合理、功能互补、结构有序、整体优化、协调一体的广佛同城化发展格局，使广佛同城化成为珠三角一体化发展的典范。

是年工作重点主要突出四个方面的内容：亚运合作交流——在亚运体育、空气质量保障、安保、知识产权方面共同合作；交通先行——梳理南番大道等26项重点交通类基础设施项目，加强两市轨道交通、高快速路网和市政路网及公交枢纽的衔接；产业协作——推进金融服务同城化等10项重点产业协作项目；政策对接——重点对接19项政策工作，在城市综合治理、司法、警务、医疗卫生、教育培训、食品药品监督管理、就业、社会保障、人事人才等方面加强合作，在通信资费、价格等方面加快一体化步伐。（白　芷）

【广州肇庆贯彻落实《规划纲要》座谈会】 2010年5月31日，广州、肇庆两市贯彻落实《珠江三角洲地区改革发展规划纲要》座谈会在广州东方宾馆举行。中共广东省委常委、广州市委书记张广宁，广州市政协主席林元和，中共肇庆市委书记、市人大常委会主任覃卫东，肇庆市委副书记、市长郭锋，肇庆市政协主席梁国安等出席会议。两市就贯彻广东省委、省政府有关工作会议精神，加快广佛肇经济圈建设，实现“四年大发展”目标达成三点共识：一是完善合作体制机制。完善三市政府紧密沟通机制，加强统筹协调和政策引导，打破行政壁垒，促进资金、技术、人才等要素自由流动，充分调动企业和社会各方面力量参与广佛肇经济圈建设的积极性，形成全方位、宽领域、多层次合作新格局。二是强化规划引领对接。加快制定和实施广佛肇区域一体化发展规划，加大城乡规划整合力度，尤其是交界区域规划的整合。优化广佛肇经济圈产业布局，共同构建结构优化、布局合理、各具特色、协调发展的现代产业体系。三是突出重点狠抓落实。坚持统筹规划、分步实施的原则，扎实推进当前最紧迫、群众最受益的重点工作。

【广州召开贯彻《规划纲要》工作会议】 2010年6月17日，广州市召开贯彻落实科学发展观实施《珠江三角洲地区改革发展规划纲要》工作会议，传达学习中共广东省委、省政府《广东省实践科学发展观重点行动纲要》落实情况汇报会和珠江三角洲地区贯彻落实《规划纲要》工作会议精神，总结广州市贯彻落实《规划纲要》和中共广州市委、市政府《关于推动广州科学发展　建设全省“首善之区”的决定》工作情况，研究部署今年实施《规划纲要》各项工作。中共广东省委常委、广州市委书记张广宁主持会议并作总结讲话，副省长、市委副书记、市长万庆良作具体部署。张广宁要求各级各部门要认真贯彻省委、省政府关于“四年大发展，十年大跨越”的总体要求，切实增强贯彻落实《规划纲要》的责任感和紧迫感，把《规划纲要》作为深入贯彻落实科学发展观的总抓手，坚持科学发展、先行先试，以加快建设国家中心城市为总目标，努力把广州打造成为国际商贸中心和文化中心，争当全省贯彻落实《规划纲要》的排头兵。中共广州市委常委、常务副市长邬毅敏报告了全市贯彻落实《决定》和《规划纲要》的情况，并就2010年实施《规划纲要》各项工作和《广州市实施〈规划纲要〉“四年大发展”工作方案》作说明。各区、县级市就贯彻实施《规划纲要》和《决定》的情况作了发言。 （白　芷）

【广佛肇经济圈第二次工作协调会】 2010年7月7日，广佛肇经济圈第二次工作协调会在佛山市召开，广州市常务副市长邬毅敏、佛山市常务副市长周天明、肇庆市常务副市长刘惠祥出席会议。会议听取《广佛肇经济圈发展规划（2010～2020年）》和交通运输、产业协作、环境保护、旅游合作和教育培训5个专项规划编制进展情况的汇报，检查《广佛肇经济圈建设2009～2010年度重点工作计划（第一批）》推进落实情况，审议《广佛肇经济圈建设2010年度重点工作计划（第二批）》（草案送审稿）和《广佛肇经济圈第二次市长联席会议工作方案（草案）》，研究部署下一阶段工作。会议商定，在抓紧推进第一批工作计划实施的基础上，是年广佛肇三市将合作推进19项重点工作。其中，开展“十二五”发展规划编制衔接、实现珠三角区域绿道（省立）城际互联互通、组织企业联合参加2010年中国（沈阳）食品博览会暨第四届中国民族商品交易会、开展跨界流域联合监测网络体系建设、开展人才服务对接、开展第二届佛山教育博览会之艺术联合展演等教育交流活动等6个项目将在年内完成。

【广佛肇三市工作会议】 2010年10月15日在广州召开。广州、佛山、肇庆三市党政主要负责人为贯彻落实中共广东省委、省政府实施《珠江三角洲地区改革发展规划纲要》实现“四年大发展”电视电话会议精神，共商广佛同城化和广佛肇经济圈建设发展大计。中共广东省委常委、广州市委书记张广宁，中共广州市委副书记、市长万庆良与中共佛山市委书记、市人大常委会主任陈云贤，佛山市委副书记、市长李贻伟，中共肇庆市委书记、市人大常委会主任覃卫东，肇庆市委副书记、市长郭锋出席会议。会议认为，要坚定不移推进广佛同城化、广佛肇经济圈建设，加快三市经济社会发展一体化进程，推动三市经济社会又好又快发展；加大贯彻落实《规划纲要》力度，加大改革开放和融入珠三角、广佛肇一体化发展力度。会后，三市党政领导先后考察广州亚运城、广州塔、花城广场和东濠涌整治节点。

（钱锦嫦）

【深莞惠三市联席会议第四次会议】 2010年4月8日在深圳召开。深圳、东莞、惠州三市市委书记、市长等领导及相关部门负责人出席会议。三市进一步商定并细化了近期加快推进联合治理界河及跨界河污染、边界道路建设对接两项重点工作，并就加强“十二五”规划编制衔接等中长期合作重点达成共识。三市水务、交通部门分别签订界河综合治理和边界道路建设《工作协议书》，进一步制定近期目标，细化工作任务，明确把联合治理界河和跨界河污染作为三市推动紧密合作的头等大事，加快推进龙淡河、观澜河、茅洲河三大流域综合治理工程，争取年内取得阶段性进展；同时，加快三市边界道路建设及连接，尽快打通区域“断头路”和“瓶颈路”。根据治污工作计划，深莞惠三市将在2012年前共同投资343亿元，分头实施121个治污项目，加快污水处理厂、污水收集管网和污泥处置等设施建设，全面开展水环境综治整治，确保各界河及跨界河水质按期达标。在交通对接方面，三市计划是年启动4个边界道路建设项目，打通深莞、深惠之间各两条“断头路”。（东莞志办）

【珠中江区域紧密合作第三次联席会议】 2010年6月18日在江门市召开。珠海、中山、江门三市市委书记、市长、分管副市长等党政主要领导以及三市发改、经信、财政、人保、国土、建设、交通、水务、环保、旅游、规划等部门负责人参加会议。广东省政府副秘书长李春洪代表省政府作书面发言。会议听取广东省社会科学院发布的《珠中江经济圈发展评估报告》。评估报告指出，珠中江三市能按照省委省政府的部署，在珠江三角洲区域一体化总体框架下，遵循“政府推动、市场主导，资源共享、错位发展，平等协商、互利共赢”的原则，积极加强区域合作，在推进年票互认、公交线路互通、多领域产业协作、环境共治和公共管理等方面取得了阶段性的成效，实现了“一年开好局”的目标。

会上，三市签署《珠中江2010年共同推动重大交通能源项目框架协议》和《珠中江区域人才服务体系建设合作协议》，并与广东省社科院宏观经济研究所签订《珠中江区域紧密合作规划编制合同书》，确定在推动重大项目、完善人才服务等方面的合作内容，进一步开拓区域紧密合作新领域，推进区域合作纵深发展。

三市政府领导及有关部门还召开了专题会议，在共同建立重大项目的争取机制、加快交通一体化规划建设、加快交通对接建设、联合建立西江水源分配机制等议题上，广泛交换了意见，并形成初步共识。

（中山志办）

【全省医疗生育保险工作座谈会】 2010年4月7日在广州召开。会议提出，将完善异地就医结算，年内出台相关办法。是年7月1日起医保关系将实现异地无障碍转移接续，并在广州、深圳、珠海、韶关、中山等5个地市开展社会保障卡“一卡通”跨市就医试点。实现“一卡通”后，相关参保人可在全省范围内刷卡就医、购药。会议还提出，要稳步提高医疗保障待遇，年内各级财政对经济欠发达地区城镇居民医保补助标准提高到每人每年120元，珠江三角洲地区（不含惠州、肇庆市和江门市的恩平、开平、台山）达到200元以上。全省全面实施门诊统筹，惠及所有参保人。下半年广东将启用新版《广东省基本医疗保险、工伤保险和生育保险药品目录》，并试行基本药物零差率销售补偿制度，对定点机构因基本药物零差率销售所减少的合理收入给予补偿。

【实施《珠江三角洲地区改革发展规划纲要》群众论坛】 2010年1月，中共广东省委召开十届六中全会，中共中央政治局委员、广东省委书记汪洋提出举办实施《规划纲要》群众论坛，“让群众评说，让群众建言，让群众监督”，推动《规划纲要》贯彻落实。是年5月26日至12月26日，由广东省委宣传部会同省政府办公厅、省发展与改革委员会、省社科联、南方报业传媒集团联合在广州举办群众论坛总论坛，每月一场，共八场。总论坛探讨的议题包括“开局与重点——珠三角纲要实施路径激辩”、“珠三角基础设施一体化交通先行”、“时代文化精神与文化强省建设”、“珠三角教育规划与经济转型”、“住房保障与公共服务一体化”、“完善医疗卫生服务”、“低碳试点与珠三角环保一体化”、“珠三角经济转型阶段性成果与展望”等。深圳、珠海、佛山、东莞、中山、惠州、江门各设分论坛。总论坛及分论坛合共组织60多场，1.5万人次现场参加，950多万人次观看网络直播并参与网上互动。

【珠三角职教基地建设工作现场会】 2010年7月2日由广东省政府在中山市召开。会上，省政府分别与珠三角9市签订职教基地建设目标责任书，各地市承诺加大督察，落实责任，建立问责机制，通过加快职教建设，提高珠三角职教教育水平和质量。

【珠三角合作共建省产业转移示范园工作情况汇报会】 2010年8月16日由广东省政府召开。会议听取广州、深圳、珠海、佛山、东莞和中山6市政府有关工作情况的汇报，研究部署下一阶段珠三角合作共建省产业转移示范园工作。中共广东省委常委、常务副省长朱小丹出席会议并作讲话，他充分肯定了珠三角各市政府在推动产业转移、合作共建省产业转移示范园工作上所做的贡献和取得的成效，并强调，当前我省正处在加快经济发展方式转变、构建现代产业体系的关键时期，珠三角各市要坚定不移地加快推进产业转移示范园合作共建，强化责任，狠抓落实，力求率先实现“五个紧密结合”（政府引导与市场运作紧密结合、园区建设与产业对接紧密结合、“双转移”与“双提升”紧密结合、产业集聚与机制创新紧密结合、发展工业与保护生态紧密结合），在发展上“上台阶、见实效、创一流、作示范”，各方形成合力，共同推动我省产业转移工作和园区合作共建工作不断取得新的成效。

会议由广东省政府副秘书长李春洪主持，广东省人大常委会副主任王宁生、省政协副主席汤炳权以及省推进产业转移和劳动力转移工作联席会议成员单位、各地级以上市政府和经济和信息化主管部门、13个省示范性产业转移工业园相关领导和负责人约120人参加会议。

【实施《规划纲要》实现四年大发展电视电

话会议】 2010年10月13日，广东省实施《珠江三角洲地区改革发展规划纲要》实现“四年大发展”电视电话会议在广州召开。这次会议是5月召开的全省贯彻落实《珠江三角洲地区改革发展规划纲要》工作会议的延续和深化，主要任务是认真贯彻落实胡锦涛总书记在深圳经济特区建立30周年庆祝大会上的重要讲话精神，通报《实施〈规划纲要〉实现“四年大发展”工作方案》的主要内容，对下一阶段全省深入实施珠三角《规划纲要》工作进行再动员、再部署和再落实，狠抓“四年大发展”《工作方案》的落实，为早日实现《规划纲要》的宏伟蓝图而奋斗。中共广东省委书记汪洋、省长黄华华分别作大会讲话。中共广东省委常委、常务副省长朱小丹主持会议。省领导肖志恒、徐少华、李容根、刘昆等出席大会。省委各部委、省直各单位、省各人民团体、省属有关企业、中直驻粤有关单位负责人，各地级以上市和市直单位负责人以及珠三角9市所辖各县（市、区）负责人以电视电话方式参加会议。

【珠三角文明城市论坛启动】 2010年12月26日，珠三角文明城市论坛广州站揭幕。论坛由广东省精神文明委员会、南方报业传媒集团联合主办，中共广东省委常委、省委宣传部部长林雄、南方报业传媒集团社长杨兴锋出席开幕式。该论坛在一年内陆续在珠三角各市举办九场，广州站是论坛的第一站。整个论坛的目的是通过搭建一个开放式的公众平台，推动珠三角城市群建设。论坛预计2011年1月移师东莞，其后中山、深圳等珠三角其他城市将各举办一次，于8月份在广州结束。（白 芷）

制度创新

【广东基本药物首批试点】 2010年3月17日，广东省首批实施国家基本药物制度市县名单公布，其中广州、深圳、东莞、中山四市全市各区都有试点。试点机构实行基本药品制度后，市民在基层医疗机构看病买到的药物将取消15%的药物加成费，实行零差价销售。将要实施的基本药物除了去年国家公布的307个基本药物，广东省也将出台基本药物的补充目录，包括青霉素、维生素片等，广东省的增补目录原则上每三年调整一次。取消药物加成之后，城镇跟农村的基层医疗机构将获得医保和新型农村合作医疗基金的补助。广东省已确定对试点医疗机构的补偿方案，城镇跟农村的基层医疗机构有两种不同的补助方式。一是城镇基本医疗保险补助方式。参与试点的社区卫生服务机构和乡镇卫生院因实行国家基本药物制度所减少的合理收入，按照参保人员使用基本药物金额的15%为基数，由城镇基本医疗保险支付70%；其余的30%，省级财政对经济欠发达地区负责支付15%（江门开平、台山市支付10.5%），剩余部分由市、县财政负责支付。二是新型农村合作医疗基金补助方式。药品加成费用（按2008年为基数计算）的70%由新型农村合作医疗基金解决（分三期：于3月1日前预付30%，7月30日前支付50%，下年度1月30日前结合考核情况支付余下20%），其余30%由各级财政解决。省级财政对经济欠发达地区实施基本药物制度的县、市负责15%（江门开平、台山市补助10.5%），市、县财政负责15%（江门开平、台山市负责19.5%）。每年1月份，各级财政按上年（第一年按测算数）补偿金额 70% 预安排当年补助资金，下年度第一季度按实清算上年补偿资金。

【珠三角实施机动车国 IV 标准】 经国务院批准，珠江三角洲地区从 2010 年 6 月 1 日起实施机动车国 IV 排放标准。广东省环保厅将加强对珠江三角洲地区市场销售汽车产品的监督管理，以保证产品的排放控制性能符合国家排放标准要求。为配合国 IV 机动车排放标准的实施，广东省有关部门此前已经颁布粤 IV 车用汽油和车用柴油标准。广东省大力推进粤 IV 车用成品油的供应，而油品环保品质的提高，可以使所有使用粤 IV 车用成品油的机动车排放污染都有不同程度的降低，仅燃油环保品质的提高就可使整个珠三角机动车排放污染总量减少 15%~20%。广东省环保厅要求，石油公司应该承担社会责任，按照广东省车用成品油实施时间，及时向珠江三角洲地区供应符合第四阶段的车用成品油，以适应实施新排放标准的实际需要。

【环保厅出台环保促进经济发展方式转变意见】 2010 年 6 月 3 日，广东省环保厅出台《关于环境保护工作促进全省加快经济发展方式转变的意见》。根据意见，广东将选择在深惠淡水河、深莞观澜河（石马河）、广佛内河涌等河流，试点实施跨界断面水质管理的补偿与赔偿政策。按照“先行先试”的要求，加快推进矿产、电、油、气、水等资源性产品价格体系改革。研究出台脱硝电价政策，探索建立电厂布袋除尘改造的价格激励政策，推进电厂脱硫、脱硝、除尘“一费制”。试行重污染行业差别排污费政策，大幅度提高二氧化硫、氮氧化物、化学需氧量的排污收费标准。全面落实城镇生活垃圾处理收费制度和危险废物处置收费制度，提高污水处理收费标准。电镀、制革、印染、危险废物处置等五类重污染行业基地将实施统一规划、统一定点，必须经省环保厅环评审批同意方可建设。对不符合环保法律法规和产业政策、达不到排放标准和总量控制目标的项目，一律不予审批。

珠三角地区要制定更严格的污染物排放标准，严格落实污染减排问责制和一票否决制，对减排进展滞后的地区和项目及时预警，对未按期完成减排目标的地区实行“区域限批”或“行业限批”。广东还将积极推进绿色资本市场建设。实施有利于环境保护的绿色信贷、绿色保险、绿色贸易等环境经济政策。珠三角城市圈还将先行开展环境污染责任保险试点，建立环境损害赔偿政策机制。

【广东成立五专责组推进珠三角一体化】 2010 年 11 月，广东省人民政府同意在省实施《珠江三角洲地区改革发展规划纲要（2008~2020 年）》领导小组框架下成立五个规划专责工作组，分别为环境保护、基础设施建设、城乡规划、产业布局和基本公共服务等五个小组，负责一体化规划的实施工作，全面加快珠三角区域经济一体化步伐。珠江三角洲基础设施建设一体化规划专责工作组组长和珠江三角洲基本公共服务一体化规划专责工作组组长由中共省委常委、常务副省长朱小丹担任，办公室分别设在省发展改革委员会和省财政厅；珠江三角洲产业布局一体化规划专责工作组组长由副省长佟星担任，办公室设在省经济和信息化委员会；珠江三角洲环境保护一体化规划专责工作组组长和珠江三角洲城乡规划一体化规划专责工作组组长由副省长林木声担任，办公室分别设在省环境保护厅和省住房城乡建设厅。

珠三角9市分管副市长、省直有关部门负责人参加负责工作组，上述有关部门主要负责人分别担任办公室主任。省委、省政府提出，要以编制实施五个一体化规划引领珠三角区域经济一体化。各专责工作组成立后，将立即着手制订各规划近期实施工作计划并开展工作，确保各项规划得到扎实有效推进。

【《规划纲要》保障条例草案获通过】 2010年12月17日，广东省省长黄华华主持召开省政府常务会议，审议并原则通过《广东省实施〈珠江三角洲地区改革发展规划纲要（2008—2020）〉保障条例（草案）》的议案，将在2011年初提交省人大常委会审议。珠三角规划纲要保障条例是从立法层面上保障《规划纲要》有效实施的创新举措，对于协调各个方面贯彻落实《规划纲要》具有重要意义。会议要求省有关部门和珠三角各市要继续推进实施《规划纲要》，带动全省经济社会全面协调可持续发展。（宋拔云）

专项规划

【广佛同城化建设2010年度重点工作计划】 2010年4月7日在广佛同城化第三次市长联席会议审议通过。计划共确定69项重点工作，年内两市将启动广佛通信资费一体化建设，协调取消广佛移动电话长途和漫游资费；6月底前制定统一物业服务收费管理办法，逐步实现两市物管、教育等价格的对接；协调推进两地银行实现通存通兑，取消异地存取款手续费。（宋拔云）

【广佛同城化建设城市规划3年工作规划】 2010年4月7日在广佛同城化第三次市长联席会议上审议通过。规划提出两市中心之间通过高快速路网30分钟互达，广州中心城区至广佛两市任一重要地区行程不超过1小时。新客站周边地区、芳村—桂城地区、花都—空港地区、金沙洲地区和五沙地区等5个重点地区将进行同城整合。

【广佛区域交通一体化规划】 2010年6月3日由广州、佛山两市政府公布。规划预计到2020年，广佛之间的城市客流需求量将达到300万人次/日，约为目前的3倍。广佛之间将构建地上、地下的立体化交通体系。通过建设便捷的高快速路网，广佛两市中心之间实现30分钟互达，广州中心城区至广佛两市任一重要地区行程时间不超过1小时。通过广佛城市间快速轨道体系，打造广佛半小时轨道交通圈，并实现区域客运枢纽设施的共享。规划提出，广佛将在原来5条广佛通道的基础上，优化2条对接线路，新增3条联络通道。即广佛地铁线接入广州轨道环线，进一步加强两市的联系，新规划广州10号线与佛山6号线对接；规划广州12号线从凰岗继续延伸至南海里水，规划广州20号线延伸至穗盐路，规划佛山4号线延伸至广州大石。而根据《珠江三角洲地区轨道交通同城化规划（修编）》等相关规划，广佛间城际轨道交通线路主要有广佛环线、广佛肇城际、广珠城际、广佛珠城际、肇顺南城际等5条线路。

在广佛公交换乘枢纽设施建设方面，两市交界处如广州的罗冲围、芳村、滘口以及佛山的广佛路口、大沥、平洲等地的客运站场等地及城际轨道站等重要的客运枢纽处设置公交枢纽换乘站，实现两地公交系统无缝对接；继续推进两市公交卡的融合，从票价、优惠政策等方面进一步加快广佛“公交一体化”的进展。

客运方面，将在广佛形成“四主一辅”铁路客运枢纽格局。4个主要客运站结合各自的区位优势，广州站主要承担京广线、广茂线、广珠线、部分广深线、少量武广客运专线始发终到旅客列车作业；广州东站主要承担广深线、京九线、漳龙线始发终到旅客列车作业；广州南站主要承担武广客运专线、广珠城际轨道和广深城际轨道始发终到列车作业；佛山西站以服务于“广佛”向西的客运功能为主，兼顾佛山地区部分向东向北的客运功能。

货运方面，根据广州枢纽总图规划，广佛的集装箱运输集中在军田中心站和南沙办理站办理。广珠铁路在佛山境内新设丹灶站和官窑站2个站，主要承担佛山地区非集装箱货物运输。

【广佛城镇空间发展战略研究】 2010年6月3日由广州、佛山两市政府公布。依据不同组团、城镇和产业空间在广佛都市区的地位和分工，战略研究建议广佛应形成“主中心城区—副中心城区—重点城镇或簇群——一般城镇地区”四级城镇空间体系。其中，主中心城区划定为佛山中心城区和广州都会区组成的集合组团。具体包括广州的老八区和番禺沙湾以北地区，以及佛山的中心组团范围（主要有禅城、桂城、东平及顺德陈村镇、北滘镇）。随着广佛中心区的逐步一体化，两者将共同构成广佛都市区的城市综合服务中心和区域高端服务业基地。广州都会区的规划突出高端生产及生活性服务、文化、教育等职能导向；佛山中心城区则强调传统生活服务、高新技术和文化职能。

同时，面对珠江河段治理、生态绿地控制、环境污染整治等区际公共品共享和供给问题，战略研究建议成立政府合作组织——广佛城市联合会。该联合会由广州、佛山的市长和主要部门负责人组成，广东省政府派员作为观察员，并发挥重要协调作用。该联合会权力范围包括规划、用水管理、排污管理、废弃物处理、高速公路和公共交通等涉及跨境利益的事务，通过新的制度安排和定期沟通解决区域协调问题。针对特殊地区和重要利益协调地区，该联合会还可通过多种渠道、多种方式筹集资金，设立区域成长基金，由两城市政府出一部分，重点建设项目申请国家支持一部分。专项用于区域中的特别地区扶持活动和生态补偿金，包括给予专项贷款政策、给予特别资源补偿等。

【广佛—新客站周边地区同城整合规划】 2010年6月3日由广州、佛山两市政府公布。目前广州南站道路稀疏，不能满足未来新客站的辐射要求，该规划就是针对这一问题对广州南站周边地区进行整合。根据规划，未来将有广佛环线、广珠城际、广佛珠城际等线路通过新客站，成为广佛衔接的重要节点，广州市有3条城市轨道线直接通到新客站，分别为广州轨道2号线、7号线和19号线，可在新客站站台统筹解决。佛山近期将建设2号线通过新客站衔接广州轨道网，其与广州7号线的接驳建议在新客站地下预留空间，应予以重点协调对接。佛山轨道4号线建议向东延伸，经林岳片区连接至新客站，其换乘站点考虑在新客站西广场统筹安排。考虑带动区域一体化发展的重要性以及解决两市协调发展中的紧迫问题。道路交通衔接方面，近期年度建设的重点将是完成文登路、林岳大道—石壁大道（海怡大桥在建）以及佛陈路—新桂路两条主要联系道路。规划建议，平南高速和广明高速应建设地面辅道，三山大道东接番禺规划考虑预留一条生活性通道对接，解决两岸生活联系，同时可适当限制货运交通通行。建议取消105国道收费站，推进番禺区的年票互认，并建设重点功能组团间的快速公交（BRT）系统。规划预计，广州南站将给周边高新产业与物流发展提供机遇，可引导传统制造业的转型升级，发展创意产业（总部基地、研发中心）、都市型产业、高新技术产业、港口物流和专业物流中心。高速铁路由于其便捷、高效，可带来“周末效应”，因此可以继续发展旅游休闲产业，整合主题公园、森林公园、高尔夫球场、观光体验农业园等旅游资源。

在总体空间布局方面，广州南站周围区域为绿地所包围，因此其向外辐射带动主要通过发展轴带动，结合周边城市功能片区的现状和规划，新客站周边地区规划确定“一心、一带、四轴、五片”的总体空间结构。其中，“一心”为广州南站核心区，外围为宽约1公里区域绿地环绕；“一廊”即沿陈村水道的自然生态绿廊，由“隔离鸿沟”演变为缝合广佛同城化发展的魅力绿带；“四轴”是新兴路、南浦东路发展联系轴，兴业大道、汉溪大道发展联系轴，新桂路、佛陈路发展联系轴，石壁大道、林岳大道发展联系轴；“五片”是五个特色主导功能片区：大石南浦岛综合居住片区、钟村镇主城区、陈村镇主城区、林岳商贸休闲综合区和三山国际物流港区。广州南站还将形成“井形疏散、环形圈联”的交通骨架，通过平南高速、广明高速、东新高速、太澳高速（广珠西线）四条“井”形高速公路向外疏散，同时由105国道、南浦大道、长江路及白陈公路（S112）组成的环形道路连成一体。

【广佛芳村桂城地区同城整合规划】 2010年6月3日由广州、佛山两市政府公布。“芳村桂城地区”位于广佛交界处中部，是两城联系最紧密的地域，具有优越的地理区位和经济区位。这一地区的目标定位是珠三角城市一体化的先行区，广佛同城整合对接的示范区。根据规划，广佛交界地带的污染工业用地将进行整治、拆迁，同时推进广钢、广船和广纸等大型企业的用地置换，引导工业用地向商贸、物流、研发等用地转换。通过整合区内市政设施和公共服务设施，将来可实现燃气、供水、供电、信息的高度共享，还将成立共同环境管理委员会处罚区域内污染企业。

在交通整合方面，轨道交通系统涉及芳村桂城地区与佛山交通衔接的有3条城市轨道，分别是广佛1号线（建设中的广佛线）、广佛3号线（广州13号线—佛山5号线）、广佛4号线（广州11号线—佛山6号线）。规划建议形成广佛轨道双环，协调多条城际轨道交通线路在两个城市内的选线，共建和运营受益分配工作，配合交通枢纽的建设，做好多条轨道线路方便灵活换乘。而芳村西朗站、平洲客运站将综合协调客运、公交和城际轨道，在中心城区外围实现各种交通方式的灵活转换和承接。在道路系统整合方面，规划芳村桂城地区与佛山交通衔接道路含高快速道路通道3条，主次干道4条。规划中提出龙溪大道—海八路将实现快速化改造，并增设一环东路—广佛高速立交、佛开高速—一环南路立交等道路衔接设施。规划中与芳村桂城地区对接的道路共有11条，其中7条现状连通，4条需规划对接。这4条对接的道路是：海五路—广州规划路、平七路—芳村规划路—河东中心路、广佛新干线—珠江桥放射线、雅瑶南路—芳村沿江路。

公共服务设施整合方面，将形成白鹅潭商务商业中心区、南海商贸综合发展区、广东金融高新技术服务区等商务区域。黄岐海南区域将定位为居住综合片区，芳村桂城片区还将计划在东沙产业园两翼打造商贸物流园区和生物医药港。而片区内的市政设施也将进行整合，交通将共享走廊，今后横向衔接的3条高快速路和3条城市轨道将为东西向联系的主要线路。两个地区今后也将打造供水共享走廊，不仅西江取水口到广州和佛山水厂的原水输水管道将形成共享，同时西江取水口将形成水源共享节点。片区还计划对广东LNG工程从广州金山分输站到佛山罗村分输站之间的燃气主干管整合形成燃气共享走廊。在信息共享方面，佛山禅城桂城到广州中心组团之间依托现有两市衔接道路建设信息高速走廊。此外，芳村西朗站、南海客运站、滘口客运站将形成共享交通节点。在给水方面，双方将共同保护珠江西航道——西江取水口，石门水厂、西村水厂等共建区域原水输水管在需要分流处将建设分配井。排水方面将打破行政、分片区服务，预留对未来更大污水压力的处理设施建设空间。

在边界绿带优化模式方面，规划建议将依据区域绿地交接地带，以花博园为生态核心，设塞坝涌生态节点、葵蓬生态节点、河滨公园生态节点、百胜河生态节点，并以几条河涌廊道和重要道路为依托，构筑七条绿化生态廊道，以花博园为核心的绿心向外发放。绿廊之上设置生态型景观节点，作为滨水活动的重要场所，形成具有“水秀花香”的特色景观。除了花博园，该片区还计划打造葵蓬生态公园、南海中央公园2个二级公园，17个三级公园。规划表示将积极配合上下游、左右岸的水环境进行综合整治，加强对佛山水道、水口水道、雅瑶水道等主要河段的综合整治。

规划指出，芳村桂城地区同城化发展、基础设施和环境保护应该先行。近期建设重点集中在道路交通对接、基础设施衔接、水源保护和河涌水系综合整治等方面。按计划，年内该片区将完成南二环高速、西江引水工程佛山段建设，到12月完成汾江河佛山水道综合整治，广佛城际轨道规划在2012年建成全线，广三高速东延段、龙溪大道和海八路升级改造在计划中。

【广州白鹅潭地区控制性详细规划】 2010年11月5日提交广州规划委员会审议并获全票通过。规划将白鹅潭地区定位为：广佛之心、国际商业中心、水秀花香的宜居城区。该规划总面积为3511公顷，北至大坦沙尾，南至环翠路与环城高速公路，东到工业大道中和工业大道南，西至芳村大道北和花地河。规划居住人口59.2万人。开发预计分三期进行，启动区主要位于珠江滨水地区，范围包括大坦沙坦尾、如意坊、广铁南站、沙面、海珠区洲头咀至石岗路的沿江一带、芳村石围塘火车站至鹤洞大桥沿江一带、沿花地大道至花地湾以及医药港等用地，总用地面积约1729公顷（含珠江水域面积）。规划将清理4.3平方公里被污染的工厂用地，老工业区变身商业、服务、居住用地。规划也包含面向广佛区域和白鹅潭地区的大型公共建设以及以5分钟步行距离为半径的社区级及公共服务设施。其中：中学26所、小学47所、幼儿园62所；综合医院13所、卫生服务中心13个、卫生站8个；肉菜市场32个、垃圾中转站1个、公共厕所147个、加油气站11个。此外，规划强调滨江空间的公共功能，重点对景观要素进行控制。沿珠江一线建筑性质以公共建设为主，单栋建筑塔楼朝珠江面宽不应超过80米，塔楼建筑之间东西间距不得小于40米。规划中绿地率为35%，绿化覆盖率40%，人均绿地面积8.94平方米。有15个500平方米以上的集中、开放式的社区公园分布于居住区和商业中心以及城市主次干道、滨江、滨河地区，居民步行500米可享受公园绿地。规划区公园绿地603.12公顷，包括大型地区性公园如聚龙公园、醉观公园；多处滨江公园，如石围塘滨江休闲公园、南站滨江休闲公园；此外还包括众多社区型公园。结合绿道，重点打造珠江后航道、花地河、大冲口涌—鹤洞山顶3条特色历史文化长廊。

在交通方面，该地区的公共交通以轨道为主，途经的轨道线达12条，其中6条广州城市轨道、4条城际轨道、2条广佛衔接轨道。道路方面，广佛将新建四条对接道路，包括：海五路—广州规划路、平七路—芳村规划路—河东中心路、广佛新干线—珠江桥放射线、雅瑶南路—芳村沿江路。沿轨道交通节点将高密度开发，外围地区低密度开发，在重要的轨道交通枢纽站点周围形成一个个高密度的商业组团。交通规划以地铁枢纽为核心，规划通过轨道交通、公共交通、步行交通无缝对接。同时将规划多种交通方式，包括城际铁路、地铁、公交、游艇、水上巴士，以及完善的自行车和步行系统，各类交通方式接驳便捷。市级、区级商业中心沿轨道交通枢纽站点集中布局，小区级商业设施以5分钟服务半径沿公共交通站点布置，不同等级商业设施共同构成完整的商业中心体系。规划27个独立停车场，设置24个公交站场。结合水系纵横特点，规划鼓励将现有码头改造，同时规划新风港、石围塘、芳村客运码头、造纸厂、医药港等12处轮渡码头及旅游码头，将轮渡交通作为有益补充，同时提供特色水上旅游观光等。

白鹅潭地区共规划十大功能区，分别为：商务核心区、北岸综合生活区、东岸综合生活区、旧城综合提升区、西朗综合枢纽区、南部综合生活区、东岸商办综合区、生物医药港、西部门户综合区和花地滨水生活区。

【珠江三角洲绿道网总体规划纲要】 在2010年5月6日由广东省省长黄华华主持召开的省政府常务会议上讨论并审议通过。纲要明确，要按照“一年基本建成，两年全部到位，三年成熟完善”的目标，从2010年起，用3年左右时间，率先在珠三角地区建成6条总长约1690公里的区域绿道（省立），构成珠三角绿道网的主体框架，将绿道打造成为广东省的“标志工程”。2012年后，引导珠三角绿道网向省内东西北地区延伸。

规划建设珠三角绿道网，是落实科学发展观的实际举措和实施区域一体化发展战略的具体行动，有利于推动珠三角生活休闲一体化乃至经济一体化；是建设宜居城乡的重要内容和提高城镇化质量的有效途径，充分体现了“在发展中保护，在保护中发展”的原则，有利于改善人居环境、提高居民生活品质；是扩内需促增长的创新手段，有利于拉动投资、提供就业岗位，进一步促进休闲消费。

规划在系统分析珠三角资源要素和城乡发展布局、生态环境保护、区域交通网络建设、各市发展意愿等影响因素的基础上，通过省市互动、城市联动的方式，遵循生态化、本土化、多样化、人性化等原则，提出了绿道网总体布局的构想，即珠三角区域绿道（省立）网的总体布局、主要功能、线路走向、建设规模和设施配套等，构成了开展绿道网建设任务的基本依据。

【珠江三角洲基础设施建设一体化规划】2010年7月30日，经广东省人民政府同意，并由省政府办公厅印发。《规划》指出，基础设施建设一体化是区域经济一体化的突破点，也是区域内各方开展合作的基本条件。按照统一规划、统一建设、统一经营和统一管理的要求，从区域整体上进行统筹规划基础设施建设，实现互联互通、共建共享。在交通基础设施建设一体化方面，珠三角9市建立城际轨道交通，形成以广州、深圳、珠海为主枢纽、覆盖区内主要城镇、与城市轨道交通“零距离换乘”的“三环八射”城际轨道交通网络架构；在能源基础设施建设一体化方面，加强电网智能化建设和运营管理，构建适应大规模新能源和分布式电源接入的一体化智能电网；在信息基础设施建设一体化方面，要求统一相关规范和标准，打造全国“三网融合”和数字家庭产业发展的示范区，率先实现“三网融合”。目前基础设施建设在项目规划、选址、建设进度、管理机制、技术标准等方面时有分歧，再加上土地资源日益紧张带来的征地拆迁难等问题，使区域性基础设施进行综合性管理和有效协调难度加大，需要建立强有力的协调机制保证规划实施。根据规划，到2012年区域基础设施协调机制初步完善，基本实现珠三角基础设施一体化。

【珠三角产业布局一体化规划】 2010年7月30日，经广东省人民政府同意，并由省政府办公厅印发。根据规划，广东将投资19767亿元，规划建设交通、能源、水利、信息化四类重大工程共150项，近期规划目标将在2012年实现，到2020年，珠三角地区9市将初步实现五个“一体化”。规划提出，珠三角产业布局，将按照“引导增量、优化存量”的思路，培育发展新兴产业，优化提升现有产业，整合优势产业，打造珠江口东岸的知识密集型产业带、珠江口西岸的技术密集形产业带、珠三角沿海的生态环保型重化产业带，形成“A”字形产业总体空间布局。广州东部和中部—东莞—深圳等东岸地区将形成东岸知识密集型产业带，重点布局发展金融、物流、会展、信息服务、专业服务、文化创意等现代服务业，以及电子信息、新能源、新材料、生物医药等战略性新兴产业和高技术产业，形成服务化、高端化的知识密集型产业带。广州北部和南部—佛山—中山—珠海等西岸地区形成西岸技术密集型产业带，重点布局发展汽车、轨道交通、船舶及海洋工程装备、核电、风电、光伏发电及输变电设备、通用专用机械、航空等装备制造业和家电、金属制品、纺织建材等优势传统产业，以及外包服务、教育服务、物流等现代服务业，形成自主化、集成化的技术密集型产业带。肇庆作为西岸腹地，重点要延伸沿岸产业链，成为重要的配套产业基地。惠州—深圳—珠海—江门等珠三角沿海地区形成沿海生态环保型重化产业带，重点布局发展石油化工、精品钢铁、海洋工程装备、海洋生物医药、油气勘探开采等先进制造业，以及商务休闲、文化创意、教育培训等现代服务业，形成规模化、集约化的临港产业带。

规划要求，要强化广佛肇、深莞惠、珠

（珠海）中（中山）江（江门）三大经济圈产业的优势互补与合理布局。广佛肇经济圈以广州为中心，重点布局发展现代服务业和以装备制造业为核心的先进制造业；深莞惠经济圈以深圳为中心，重点布局发展现代服务业和以战略性新兴产业为核心的先进制造业；珠中江经济圈以珠海为中心，重点布局发展以重大成套装备为核心的先进制造业，依托优势布局发展战略性新兴产业，配套发展现代服务业。三大经济圈适度布局发展现代农业。

【珠三角基本公共服务一体化规划】 2010年7月30日，经广东省人民政府同意，并由省政府办公厅印发。基本公共服务一体化着力构建能够突破行政区划界限、逐步实现对接共享并最终达到同一标准的基本公共服务。珠三角公民将享受的一体化基本公共服务包括资源共享、制度对接、要素趋同、流转顺畅、差距缩小、城乡统一、待遇互认和指挥协同等八个方面，范围包括公共教育、公共卫生、公共文化体育、公共交通、生活保障、住房保障、就业保障、医疗保障、生态与环境和现代服务业等十个方面。范围是以珠三角9市为主体，并将与港澳紧密合作的相关内容纳入规划。

广东省将按照不同发展阶段的目标要求，统一珠三角各项基本公共服务的最低标准，根据最低标准建立科学的评价指标体系，在确保最低标准达标率的基础上，全面实现区域基本公共服务一体化。同时加大珠三角发达地区帮扶珠三角次发达地区的力度，将力求实现基本公共服务资源在珠三角的无障碍流转，充分发挥基本公共服务资源的效用。在基本公共服务的各个方面实现区域内异地自由流转，异地待遇互认、异地流转顺畅。

规划提出，珠三角将在实现户籍常住人口基本公共服务一体化的基础上，逐步把非户籍常住人口纳入基本公共服务一体化覆盖范围，努力实现常住人口的基本公共服务一体化。到2012年。珠三角将初步实现不同群体生活保障制度对接，实现农村养老保险全覆盖和基本养老保险关系可转移、制度可衔接、财务可持续；同时，基本实现医疗保障服务可在区域内流转顺畅、待遇互认。到2020年，珠三角将建立起覆盖城乡、功能完善、分布合理、管理有效、水平在全国领先的基本公共服务体系，所有珠三角居民平等地享受十项基本公共服务。

【珠江三角洲环境保护一体化规划】 2010年7月30日，经广东省人民政府同意，并由省政府办公厅印发。该规划成为我国首个区域环境保护一体化规划。与一般的区域性规划相比，珠三角环保一体化打破行政区划的壁垒，从珠三角区域高度统筹谋划重大产业空间布局、制定实施统一的区域环境标准、加快建立污染联防联治机制、共同推动实施区域重大环保工程等，对于推动珠三角区域实现科学发展、切实改善区域环境质量、从根本上确保环境安全有着十分重要的意义。

珠三角环境保护一体化规划以环境优化经济发展为主线，提出环境管理机制、政策“两创新”，产业调控、环境监管“两统一”，大气污染防治、水环境保护“两联合”，生态保育、环境基础设施建设“两共同”等八大任务。针对珠江三角洲环境保护一体化需要解决的突出问题，环保一体化规划计划总投资约为1970亿元。工程投资将重点用于跨界河流及内河涌综合治理工程、区域大气复合污染联防联控工程、区域生态同保共育工程、环境监管一体化平台建设工程、区域环境基础设施建设工程等民生工程。规划切实维护人民群众健康和环境权益，优先解决与老百姓切身利益相关的大气灰霾、水体黑臭等环境问题，使人民呼吸的空气更加清洁，所处的环境更加优美，使人民吃的食物更加安全，环境更加宜居。

根据规划，到 2020 年，将建立起高效的区域环境保护一体化体制机制政策体系，环境污染得到有效控制，环境质量接近或达到世界先进水平，生态系统步入良性循环，率先建立资源节约型和环境友好型社会，建成生态文明示范区。

【珠三角城乡规划一体化规划】 2010 年 7 月 30 日，经广东省人民政府同意，并由省政府办公厅印发。规划主要针对目前珠三角城市群发展中的问题，如：土地利用模式粗放，非农建设快速无序蔓延；区域协调机制薄弱，区域性设施建设与城镇功能、布局脱节；城市之间、各类专项规划之间缺乏衔接机制和统一的标准体系；城乡基本公共服务差距进一步加大等。规划强调双中心引领一体化即“一脊三带五轴”的发展轴带体系。所谓“脊梁”是指环珠江口湾区，“三带”是指三条东西向分布的功能拓展带，“五轴”是指五条南北向贯联的“城镇—产业”聚合轴。

规划指出，至 2020 年规划期末，将广州、深圳建设成为世界城市，共同引领珠三角区域一体化，建设亚太地区最具活力和竞争力的世界级城镇群。其中，广州的角色是：强化广州国家中心城市、综合性门户城市和区域文化教育中心的地位，建成面向世界、服务全国的国际大都市。广州推动珠三角区域一体化的任务是：形成总部决策中心在广州、企业和运作基地在珠三角的产业格局；向珠三角、全省乃至更大的区域输出更多的文化、科技、教育等优质服务。深圳则要打造创新型综合经济特区，建设国际化城市；在带动珠三角其他城市的功能上，利用深圳的技术创新和制度创新优势，将技术创新服务向珠三角其他城市延伸，以形成具有较强创新能力和国际化水平的区域产业集群。同时，深港合作也在规划中有重点体现。

珠三角的其他城市分别在三大都市区内部找到自己的角色定位。在广佛肇都市区内，形成多中心梯度分布的空间发展格局，佛山在广佛同城化中发展；深莞惠都市区则形成以深圳为核心，东莞、惠州为次中心，重要发展廊道为依托的多中心点轴发展格局；而珠中江都市区内，由于各城市发展水平差异不大，因此将形成多中心均衡分布的空间格局。

在珠三角交通一体化方面，规划提出将轨道交通建设与土地利用开发紧密结合，即在严格执行土地招拍挂的土地政策下，加强轨道交通项目与沿线土地开发项目在规划、设计等阶段的统筹和结合，促进区域一体化和城乡融合发展，推广 TOD 开发模式。所谓 TOD 模式，即以公共交通为导向，使公共交通的使用最大化的居民或商业区规划设计方式。

在集体建设用地使用权流转方面，在保证集体建设用地与国有土地享有平等权益的基础上，将通过推动“城中村”改造和新城、新社区的建设，把农民住宅建设集中起来，提高土地利用效益。在完善农村土地管理制度方面，将加快农村集体土地所有权、宅基地使用权、集体建设用地使用权等确权登记颁证工作。

【珠三角水务规划体系】 2010年8月，《珠江三角洲水资源保护开发利用一体化规划》和《珠三角地区供水规划》编制完成，《珠江三角洲水资源保护开发利用一体化规划》有关内容已纳入《珠江三角洲地区基础设施建设一体化规划》，并作为“五个一体化规划”之一经广东省政府批准实施。《珠江三角洲地区水利现代化建设规划》尚在编制中。《珠江三角洲河涌整治和修复规划》及《珠江三角洲内涝整治规划》在加快推进。珠三角9市结合区域一体化发展要求也编制一批规划。如江门市编制了珠中江供水同网规划，中山市编制了应急备用水源规划、乡镇排涝规划，佛山市编制了主干内河涌综合整治规划和佛山市排涝规划。珠三角水务规划体系基本架构已完成。

【珠三角城际轨道交通网规划】 2010年8月15日国家发展改革委员会原则上同意珠江三角洲地区城际轨道交通网规划并进行修订。规划明确要形成以广州、深圳、珠海为主要枢纽，覆盖区域内主要城镇，便捷、高效的城际轨道交通网络。规划期限划分为2009~2020年，远景展望到2030年。规划范围以广州、深圳、珠海、佛山、江门、东莞、中山、惠州、肇庆等城市为主体，衔接粤东、粤西、粤北以及港澳地区。

规划方案包括：建设广州—珠海、广州—佛山、广州—东莞—深圳、东莞—惠州、广州—清远、佛山—肇庆、广州—佛山环线、中山—南沙—虎门、佛山—东莞、广州—佛山—江门—珠海、珠海市区—珠海机场、深圳—惠州、肇庆—南沙（高明—南沙段）、广州—增城—惠州、江门—开平—恩平（含台山支线）等线路，合计里程1478公里。远景展望部分路网加密线、外围延长线及内部联络线，形成“三环八射”的网络构架。相关线路预留进一步向港澳地区延伸和衔接的条件。

国家发改委要求，规划项目设计中线路、车站应结合沿线城镇布局，相关铁路网规划建设和站点布设等进一步优化，尽量覆盖规划人口10万以上的城镇并深入城镇中心，最大限度拓宽吸引范围和辐射半径。

【珠江河口综合治理规划】 2010年12月通过国务院审批正式出台。该规划的出台使珠江河口的发展和管理增加一个具体、完善、可操作性强的法律依据。珠江流域由西江、北江、东江及珠江三角洲诸河四大水系组成，西、北、东江水沙流入三角洲后经八大口出海。目前珠江河口局部河段泄洪能力不足，防洪防潮形势依然严峻；咸潮上溯影响增强，供水形势日趋紧张；水生态环境恶化，涉水管理任务加重。规划针对珠江河口的突出问题和形势要求，重点开展河口治导线、泄洪整治、水资源保护、岸线滩涂保护与利用以及采砂控制五个重点内容的规划。

规划范围内的滩涂利用规划（约4万公顷），根据不同的功能将其分为开发利用区、保留区和保护区三类。开发利用区可用于建设；保留区一般是暂时保留不予开发利用的区域，未开发前保留其湿地功能；保护区主要包括自然保护区和生态公益林、沿海防护林建设区等需特殊保护的区域，一般不改作其他用途。规划保留区和保护区共占滩涂总面积的52%。

珠江河口管理范围内的水利规划和岸线利用、航道整治、供水、水产养殖等专业规划应与《珠江河口综合治理规划》相衔接，使口门延伸走向、宽度以及河口湾平面形态符合水沙运动和河势发展的规律，满足泄洪纳潮的要求，改善水流条件，维护滩槽与航道稳定；通过磨刀门、蕉门、洪奇门、横门等主要泄洪口门和深圳湾的综合整治措施，增强泄洪能力，确保 50 年一遇洪水安全下泄；加强水资源保护和水功能区的管理，采取严格的污染物限排措施，改善河口地区的水环境和生态环境；科学合理利用岸线、滩涂资源，维护河口湿地生物多样性，保障资源可持续利用；加强珠三角主要河道和口门区的采砂管理，在维护河道稳定、堤防安全和洪水畅泄的基础上，兼顾经济发展对河砂的需求。（连　术）

合作交流

合作交流

联席共商

【广佛警务协作会议】 2010年1月25日，第四届广州、佛山两市警务协作会议在佛山市顺德区举行。广东省公安厅党委副书记、副厅长罗娟，中共广州市委常委、市公安局局长吴沙，中共佛山市委常委、政法委书记、市公安局局长杨建华，两市公安局有关领导、接壤地分局局长，以及两市局直指挥中心、政工、科通、消防、国保、治安、刑警、经侦、技侦、交警、巡警、公交分局主要负责人出席会议。

会议认为，广佛两地公安机关要以实施《珠江三角洲地区改革发展规划纲要》为契机，牢固树立“广佛同城，警务同行”的理念，全面加强维稳工作、侦查破案、区域整治、亚运安保等领域的协作，进一步提升警务协作的深度和广度。南海分局与花都分局，顺德分局与番禺分局，三水分局与花都分局，以及两地的国保、户籍等部门分别签订了警务协作协议，组织开展了一系列的协作行动。

会议指出，《广佛警务协作框架协议》签订三年来，两地公安机关警务协作日趋紧密，形成了“警务协作制度化、警务交流经常化、协作领域多元化、协作程序简约化、警务活动同步化、打击整治实效化”的良好局面。但两地协作中仍存在着思想认识不够到位、协作机制不够规范、协作方式不够灵活等问题，信息共享、治安卡口的联动等方面也仍需完善。两地公安机关要认真看待警务协作中存在的问题，因情施策，进一步拓宽两地协作领域，提升两地协作水平，提高广佛两市打击犯罪、维护社会稳定的效能。

会议决定，2010年的广佛警务协作应以亚运安保工作为中心，重点加强以下几方面的工作：一是拓宽协作领域，共同做好亚运会的安全保卫工作；二是健全两市警务协作机制；三是加强治安事务的协调；四是开展治安制度的磋商，努力避免差异性的制度措施带来的影响。

【广佛同城化沿江东路管线迁改协调会议】 2010年3月5日上午，广州、佛山两市交通基础设施建设专责小组召集有关单位在大沥镇黄岐办事处召开沿江东路管线迁改协调会议。广州市建设委员会、水务局，广州市自来水公司，白云区供电局，佛山市交通运输局、住房与城乡建设局，南海区拆迁办公室，大沥镇政府等相关单位的领导和代表参加了会议。会议强调，沿江东路与金沙洲的彩滨南路对接，属于广佛同城化督办项目，项目虽小，但关注度高，建设意义和影响重大，因此各方须密切配合，共同努力，尽快落实两市政府下达的工作任务。会议认为，3处管线均为多年前埋设，结合道路建设一并予以迁移和改造实为最优方案。若各方因资金等实际困难，至3月15日前仍无法达成一致意见的，由大沥镇政府结合该路段交通构成情况，对道路建设方案进行适当优化。

【广佛肇安全生产行政执法工作座谈会】 2010年4月在佛山举行。广州、佛山、肇庆三市安监局领导及有关科室负责人共38人参加会议。佛山市安监局作了题为《规范委托执法行为，提高基层执法水平》的情况汇报，从健全规章制度、注重教育培训、保证执法装备投入、落实依法行政、加强监督管理等五个方面，向与会人员介绍了佛山市委托镇街行政执法的推进情况。广州市、肇庆市安全监管局对佛山市安全生产行政执法委托工作的做法和取得的成效表示赞赏。三市共同探讨安全监管工作中遇到的问题，表达了进一步加强合作交流的意愿。

【广佛同城化环保专责小组办公室工作会议】 2010年6月12日在广州召开。两市环保局有关部门以及广州市荔湾区环保局、佛山市南海区环保局参加了会议。会议对《广佛同城化建设环境保护合作2010年工作计划》的重点基础设施、重点联合行动、重点对接政策和产业协作4大类别27项工作计划进行了审议，确定了2010年广佛同城化环保合作重点工作，并就拟提交广佛同城化环保专责小组第二次联席会议的议题进行了协商。 （佛山年鉴）

【广佛肇莞公共卫生及广州亚运联防联控工作会议】 2010年4月27日在广州召开，广州、佛山、肇庆、东莞四地卫生局主管领导、专家以及广东省卫生厅有关处室领导参加会议。会议研究讨论广州、佛山、肇庆三市重大传染病和突发公共卫生事件联防联控工作，达成《关于加强广佛肇卫生领域合作的意见》。该意见确定：广佛肇三地每年召开1～2次卫生行政部门联席会议和2～3次专家会商会议，研究和解决重大传染病防控和突发公共卫生事件应急处置的组织协调和专业性问题；三地业务部门实现信息共享，发生重大突发公共卫生事件时随时互相通报；加强三地专业技术合作和交流，相互接受人员进修学习；建立三地相互支援机制，在发生重大突发公共卫生事件时，根据事发地的请求，在相互协商基础上给予配合和支援。会议还对做好广州亚运会公共卫生保障工作进行探讨，提出从4月起至亚运会期间，广州、佛山、肇庆、东莞四市每周互相通报疫情，发生重大突发公共卫生事件时随时通报；在亚组委卫生部统筹下做好公共卫生保障团队和专业队伍培训工作。在亚运会前，广佛肇莞四市组织一次联合演习。

（李远难）

【广佛肇环保合作联席会议】 2010年6月12日及8月25日，广佛肇环保合作专责小组联席会议分别在广州和肇庆召开。会议通报广佛肇经济圈环保合作进展情况，审议《广佛肇迎亚运整治区域流域污染联合行动计划》、《广佛肇经济圈建设环境保护合作2010年度工作计划》和《广佛肇经济圈生态环境保护和建设规划》编制大纲，并就西江饮用水源地保护和污染防治等工作达成共识。 （钱锦嫦）

【广佛肇三地教育局思想政治教育联席会议】 2010年7月23日，广州、佛山、肇庆三地教育局思想政治教育、科研、督导部门在佛山市召开联席会议，研究组织实施广东省中小学德育绩效评估工作和加强中小学德育工作的问题。会议决定，广佛肇三市以“中小学德育论坛”和“中学生模拟联合国”

为平台，进一步加强三地中小学校、教师和学生之间的合作交流。

【顺番警务协作信息化交流暨亚运“三道防线”现场会】 2010年8月10日在佛山市顺德区举行。会议认为，位于顺德、番禺两地交接处的钟林收费站是一个关键战略点，两地公安机关在此设立的卡哨作为亚运“三道防线”之一，要根据交接处的实际情况，遵循设卡人数最高配置的原则，确保充足的人员和装备。同时两地辖区派出所应配备对讲机给对方卡哨，达到实时互通信息，更好地实现两地协作。

【“要明鹤兴”工作交流座谈会】 2010年5月21日在高明召开，高要、高明、鹤山、新兴四地部门领导出席了会议。会议回顾了“要明鹤兴”论坛召开后四地的合作交流情况，尤其是交通项目对接情况，指出了合作过程中存在的问题，并就下一步如何推动合作向纵深发展进行了讨论。 （佛山年鉴）

【深莞惠一体化经贸合作联席会议】 2010年3月10日，深莞惠一体化经贸合作联席会议在深圳召开，深圳市科技工贸和信息化委员会、东莞市经济和信息化局、惠州市经济和信息化局在会上签署三地经贸合作协议，对今后的经贸合作提出框架性要求。三市将以推进区域经济一体化发展为重点，以产业和劳动力“双转移”为契机，进一步加强三市企业协作和融合，推动区域产业优化升级和合理分工，实现优势互补和合作共赢。合作重点包括加强三市工业规划的统筹协调，推进产业结构调整；加快产业转移园建设，推动区域产业梯度转移；加大三市招商引资等信息沟通力度，探索建立三地联合招商模式等。此外，还将推动共同市场建设，促进商贸市场互通，如互相鼓励、引导企业跨区域、跨领域发展经营，互相放宽准入条件等。

【深莞惠一体化疾控合作联席会议】 2010年3月26日，为加快推动珠江口东岸区域疾病预防控制一体化发展，切实保障深莞惠三市公共卫生安全，深莞惠一体化疾控合作联席会议在深圳市召开。深圳、东莞、惠州三市疾控中心主要领导、相关科室负责人等20多人参加会议。会议提出五点具体合作措施：一是三市分别确定重大疾病防控联系人，建立三市重大疾病联防联控工作组；二是建立定期会商和临时通报机制；三是建立三市重大疾病联防联控相关信息共享机制；四是整合、优化现有重大疾病监测信息，力争建立三市统一、规范的重大疾病监测系统；五是建立三市从业人员健康体检合格证互认制度，通过三市疾控网络辨认合格证真伪。

【第二届深莞惠三市药品安全监管工作联席会议】 2010年8月5日至6日在东莞市召开。会议旨在进一步加强深莞惠三地在药品、医疗器械、保健食品和化妆品监管方面的合作，促进区域医药经济持续健康发展。东莞市食品药品监管局、深圳市药品监管局、惠州市食品药品监管局、东莞市药检所相关负责人参加会议。会议总结回顾首届深莞惠三市药品安全监管工作联席会议以来的工作，提出要深入落实《深莞惠三市药品安全监管紧密合作框架协议》，进一步加强深圳、东莞、惠州三市药品安全监管合作的力度、广度和深度，努力在药学技术人员管理、保健食品监管以及假劣药械通报机制等方面取得进一步突破，确保三市药品安全监管区域合作稳步向前推进。

【深莞惠信息化合作第一次联席会议】 为加快推进深圳、东莞、惠州三市信息化紧密合作和对接，2010年9月20日，深莞惠信息化合作第一次联席会议在深圳召开。深圳市科技工贸和信息化委员会、东莞市经济和信息化局、惠州市经济和信息化局的有关领导和负责同志共20余人参加会议。会议讨论并确定《深莞惠信息化合作组织架构和工作机制》和《深莞惠信息化合作2010—2011年重点工作任务》，三市一致同意下一步要重点在“十二五”信息化规划衔接，信息基础设施建设、电子商务发展、信息资源共享和智能卡应用等方面加强合作和对接，推动深莞惠城市一体化发展。 （东莞志办）

【珠中江价格工作合作联席会议】 2010年4月2日，珠中江价格工作合作联席会第一次会议在中山召开，珠海、中山、江门三市物价部门就公交一体化、通信一体化、物业服务收费管理模式一体化、民办幼儿园收费管理模式一体化、价格信息及预警机制一体化等五个方面价格合作问题达成共识。探索通过价格杠杆促进毗邻城市公交互通，逐步取消区间通话费，对物业服务收费实行统一管理、统一引导。制定《珠中江应对价格异动事件工作预案》。 （中山志办）

8月12日，珠中江价格工作联席会议第二次会议在江门市召开，会议就三地物业管理服务收费存在的热点问题及制订珠中江应对价格异动事件工作预案等议题进行讨论，并在物业服务收费管理模式一体化、价格信息互通交流等方面达成共识。

（江门志办）

【珠中江区域粮食部门紧密合作联席座谈会】 2010年4月22日，首次珠中江区域粮食部门紧密合作联席座谈会在台山召开。会议对珠中江区域粮食部门紧密合作的机制和内容进行探讨，就《珠中江区域粮食部门紧密合作框架协议》达成基本共识。明确三市在粮食调控合作机制、粮食价格监测协调机制、粮食监督检查协调机制、粮食产业协作机制、粮食应急互助机制等五方面进行紧密合作，形成优势互补、资源共享、合作互助的共赢局面，进一步提升三市粮食产业发展水平，保障珠江口西岸地区粮食安全。

（江门志办）

【首届珠中江区域工商行政管理联席会议】 2010年5月28日在珠海市召开。珠海市工商行政管理局局长陈大丘、中山市工商行政局局长李德荣、江门市工商行政管理局局长林方分别代表三方签署《珠中江区域工商行政管理合作框架协议》。三方达成共识，今后将逐步实现市场主体登记注册和监督管理数据共享，统一市场准入条件和操作规范并做到结果互认，建立案件协助调查、异地受理、联合执法和食品安全预警告知、突发事件互助机制，建立商标重点保护和商标案件联合查处机制，建立商品质量监督抽查通报和消费争议异地优先处理制度。每年定期召开1次联席会议，研究和推进项目合作。

（中山志办）

【珠中江三市旅游局长第二次联席会议】 2010年6月1日，珠海、江门、中山三市旅游局长第二次联席会议在中山旅游局举行。会议总结前一阶段三市推进珠中江旅游一体化的成效，对下一阶段的合作达成“继续强化五大措施，推进珠中江旅游四个一体化”的共识。会议确定以“珠江口西岸休闲旅游胜地”为珠中江旅游宣传品牌，并在暑假前三市联合前往湖南、湖北等高铁沿线地区开展旅游宣传推介。（江门志办）

【第一次珠三角大气污染防治联席会议】 2010年2月8日在广州召开。广东省副省长林木声出席会议并讲话，中共广州市委常委、常务副市长苏泽群就2010年广州亚运会广州环境空气质量保障工作情况进行汇报。自2008年10月省政府建立珠三角区域大气污染防治联席会议制度以来，珠三角空气质量保障工作初见成效。近年来的常规监测指标数据表明，珠三角地区各城市空气二氧化硫、二氧化氮、可吸入颗粒物年日均值均达到国家II级标准，各城市空气环境质量总体良好，广州、深圳等大部分城市主要污染物均呈下降趋势；但区域酸雨污染依然严重，臭氧污染等已经凸现。

会上，广东省环保厅通报经广东省政府同意印发的《广东省珠三角清洁空气行动计划》，这是全国第一份区域联手实施的空气环境治理行动计划。根据计划，广东将在全面实施“国Ⅲ”排放标准的基础上，力争珠三角地区汽车在年内提前实施“国Ⅳ”排放标准，摩托车实施“国Ⅲ”排放标准，对不符合相应标准的汽车和摩托车不予办理登记手续。环保厅还通报了《广东省亚运会召开前空气质量保障措施方案》和《第16届广州亚运会广州及周边地区环境空气质量监测预警工作方案》，并作为整个《广东省珠三角清洁空气行动计划》的第一步工作目标。

【珠三角地区价格工作联席会议】 2010年4月7日在中山召开，珠三角9市物价部门签署会议纪要并达成共识。根据会议要求，车辆通行费年票互认将提速，先实现深莞惠年票互认，加快实现珠三角地区年票互认。同时，推进城际交通互联互通，研究制定珠三角公交“一卡通”配套价格政策。在广州、佛山推行城市间乘车优惠互认和公交月票、老人优惠卡互通。在广州、佛山边界地区推出固定电话资费同城化服务，并逐步向广佛肇、珠中江、深莞惠三大经济圈推进。（白　芷）

【珠三角地区9市整治客运市场工作第四次联席会议】 2010年12月22日在深圳举行，广州、珠海、佛山、东莞、中山、惠州、肇庆、江门市交通运输领导及相关负责人参加。会上，各市与会代表就珠三角地区目前客运市场整治的热点、难点问题进行研讨，着重针对打击非法营运、客运班车“短线长跑”、“长线短行”、出租汽车异地驻点经营、暴力抗法等执法难点进行经验交流，并就开展地市间联动执法、构建整治客运市场长效机制方面进一步达成共识。

（江门志办）

【珠江三角洲区域安全生产宣教工作座谈会】 2010年12月30至31日在佛山举行，珠三角9市安监局约100人出席会议。会上，各市对2009年以来安全生产宣教工作的经验和做法进行了交流。会议指出，安全生产宣传教育工作是营造安全文化、凝聚社会共识的根本性工作，是提高全社会和从业者安全素质、预防事故发生的治本措施。珠江三角洲各市要以此次会议为契机，加强交流，推进资源共享、信息互通，促进合作共赢。（佛山年鉴）

合作协议

【广佛调解合作协议】 2010年7月16日，广州市司法局与佛山市司法局举行“广佛同城化人民调解工作合作协议”签字仪式。协议规定的合作内容包括共同组织开展经常性矛盾纠纷排查化解工作、共同加强重大矛盾纠纷信息通报反馈工作等。两市将指定联络工作负责人负责相关问题处理。

【广佛同城禁毒协议】 2010年12月29日，广州荔湾区与佛山南海区正式签订“广佛同城、禁毒合作”等协议。根据协议，双方将建立区级禁毒联络员制度、美沙酮药物维持治疗门诊交流制度、“病人”异地服药机制、社区戒毒（康复）工作合作小组及托管衔接办法、重点场所禁毒情报信息交换通报机制等。协议签订前，两地“病人”要领取药物治疗，必须要回到户籍所在地；协议生效后，两地都可以为符合条件的吸毒者提供治疗服务。（白　芷）

【广佛肇金融合作备忘录】 2010年3月10日，中国人民银行广州分行、佛山中心支行、肇庆中心支行在佛山市南海区共同签署《广佛肇金融合作备忘录》。根据备忘录，广佛肇三地将按照“整体规划、错位发展，先易后难、循序渐进，统筹协调、合力推进”的工作思路，在加强金融管理部门沟通协调、推进金融机构跨区域经营、推动区域金融市场平台建设、开展跨境贸易人民币结算业务、统筹规划金融后台服务产业发展及促进金融基础设施共建共享等方面进行合作，形成“1+1+1>3”的协同效应，把广佛肇经济圈打造成为珠三角区域金融一体化发展的示范区。佛山市副市长王玲，珠三角各市中心支行、增城市支行负责人及来自广州、佛山、肇庆市政府金融工作部门负责人出席签字仪式。（黄金燕）

【广佛肇城乡建设合作框架协议】 2010年3月30日，由广州市城乡建设委员会、佛山市住房和城乡建设局、肇庆市住房和城乡建设局在广州签署。该协议内容涉及工作目标、合作内容和工作制度三方面。“合作内容”包括：（1）广州、佛山建立市政道路基础设施建设对接机制，推进市政道路互联互通，推进广佛肇城际、贵广、南广铁路等轨道交通建设；（2）实行企业、人员资格统一管理标准和享受同一待遇的制度，在当地办理相关手续即可进入其他两市承接相关业务；（3）实现房地产管理系统信息共享，通过网络查询三地的房地产销售信息、房地产市场信息；（4）建立施工安全应急救援联动工作机制，整合应急救援指挥平台，实现联动救援，提高应急救援水平；（5）逐步建立企业进入市场档案共同确认制度，三市以外企业在其中一市办理有关市场进入手续或被清除市场，其他两市均给予确认。力争年内建立市政道路建设对接机制；三年内消除三市市场壁垒，建立三市企业和人员统一管理机制，实现统一的工程质量安全监督管理模式。（朱　丹）

【广佛肇三市动物卫生与畜产品质量安全管理合作协议】 2010年3月30日，由广州、佛山、肇庆三市共同签订。全国畜牧总站站长、中国饲料工业协会会长李希荣，广东省农业厅巡视员陈福林，以及佛山市委办、市府办、市农业局、市畜牧兽医局的负责人出席签约仪式。协议主要包括五方面内容：一是建立工作信息互通机制，二是互相提供检疫结果，三是建立畜产品质量安全突发事件预警机制，四是建立疫情处理应急临时机构，五是建立联席会议制度。这五项措施的建立和落实，将为三市联手促进畜牧业健康发展、为市民群众供应"放心肉"提供有力保障。（佛山年鉴）

【广佛肇三市职业教育合作意向书】 2010年5月15日，广佛肇三市教育局在佛山第二届教育博览会上共同签订《职业教育合作意向书》，主要内容有：指导思想、工作目标、工作原则、工作任务、组织领导等五方面。主要在联合招生、技能大赛、职教研讨、教师交流等方面达成合作意向，包括：安排部分骨干职校进行互招宣传活动，推动互招工作；在广州举办三市首届高等职业学校学生技能大赛和中等职业学校学生技能大赛；在广州举办首届民办教育工作交流会，交流研讨三地加强民办教育规范管理和服务等工作；开展广佛肇教育技术培训交流合作，在佛山市举行粤港澳教育论坛会、佛肇信息技术教学研究交流活动和广佛肇"数码游戏化学习课题研究"交流研讨会。

（刘其全）

【广佛肇安全生产应急救援协作框架协议】 2010年6月22日，广州、佛山、肇庆安全生产监管协作2010年第二季度联席会议在肇庆市安全监管局举行，会上，三市安全监管局局长签署《广佛肇安全生产应急救援协作框架协议》。协议分指导思想、适用范围、工作原则、组织体系、联动机制5个方面。据此，三市的任何一市如果发生超出事故发生地应急处置能力或跨市级行政区的重特大安全生产事故，将启动应急预案；建立广佛肇三市安全生产应急联席会议制度，建立重特大生产安全事故应急救援专家组，建立健全事故通报及预案启动制度、现场应急救援工作机制等。（姚文河）

【肇庆端州区生产性服务业发展战略合作框架协议】 2010年6月23日，肇庆市端州区政府与中国电子信息产业发展研究院、广东浩致集团有限公司签署《肇庆端州区生产性服务业发展战略合作框架协议》。合作三方共同构筑研究院所、地方政府部门和园区运营商协调互动的工业和信息化创新体系，使三方的合作在促进端州区工业和信息化融合发展，推动端州区走新型工业化道路方面发挥重要作用。合作内容包括：端州区工业和信息化发展规划编制、重大工程和重点项目策划、园区建设、重点企业发展和招商引资等方面。计划3年内产业基地完成投资16亿元，争取实现入园企业60家，从业人员6000人，年产值18亿元，创税1.5亿元的目标，创建成为国家级生产性服务业产业基地。国家工业和信息化部软件服务业司司长陈伟，副司长郭建兵，广东省经信委党组书记、副主任邹生，肇庆市长郭锋等出席签约仪式。（陈　治）

【广佛肇区域性档案目录中心合作协议】 2010年8月25日，由广州、佛山、肇庆三市档案馆在肇庆签署。广东省档案局局长徐大章出席签字仪式，广州市档案局局长何伍爱、佛山市档案局副局长张永钊、肇庆市档案局副局长李爱干在协议上签字。协议包括三方采用各自馆藏档案目录结构进行共享数据的交换，交换时以文字形式详细解释说明档案目录数据结构；交换数据共享范围为市档案馆馆藏目录数据；三方数据交换采用离线方式，使用正版一次性刻录光盘作为数据存储载体等8方面。协议的签署，标志着广佛肇三市档案馆3000多万条档案目录信息可共享共用。这是继深圳、东莞、惠州（深莞惠）之后第二个正式签订合作协议的区域性档案目录中心。（钱锦嫦）

【省市共建“广东省绿色照明示范城市”框架协议】 2010年9月8日，由广东省科技厅和肇庆市政府在肇庆签署。根据协议，肇庆市将在公共照明工程中全面应用LED照明产品，并同时获得广东省科技厅无偿或有偿的资金扶持。肇庆创建“广东省绿色照明示范城市”的总体目标是：到2012年底在全市范围内采用EMC（合同能源管理）模式建立规模化应用示范工程，完成约8万盏路灯的更换和安装，为全省LED（半导体照明）路灯推广工作提供示范。广东省科技厅厅长李兴华、副厅长叶景图；肇庆市政府领导刘惠祥、孙德，广东省科技厅、肇庆市直有关单位、各县（市、区）政府、有关企业负责人出席签署仪式。肇庆市科技局介绍肇庆市创建省“绿色照明示范城市”实施方案。（叶可道　韦相伍）

【广佛肇商会合作框架协议】 2010年12月6日，在佛山举行的首届广佛肇商会合作论坛上，广州、佛山、肇庆三地商会签署《广佛肇商会合作框架协议》。协议分指导思想、机制建设、合作内容、相关工作、协议生效5条。根据协议，广州、佛山、肇庆三地商会采取“联合主办、轮流承办”形式，定期举办“广佛肇商界合作论坛”，探讨三地合作事宜；建立会员互认制度，共同解决行业共性技术问题，提高经营管理水平；加入三地商会的企业可共享中介、培训、咨询、产品供求等服务，获得跨区域投资、合作的扶持；企业在产业、规划、法律、人才、商标等方面遇到问题，可通过商会间的协调解决。（张海峰）

【珠三角人才及劳务合作项目协议书】 2010年12月8日，在汕头市举办的广东省第6届“山洽会”上，肇庆市分别与广州、佛山、中山、江门等珠三角地区城市签订人才及劳务合作项目协议书，主要包括人才帮扶、劳务输出、基础建设、智力扶贫、就业安置5方面，达成相互输出劳动力19000人、农村劳动力合作培训3500人等合作项目。其中与广州市人力资源和社会保障局（简称人社局）约定，双方于2012年12月前完成输入输出劳动力5000人。与佛山人社局约定，双方于2012年12月前完成农村劳动力合作培训2000人，输入输出劳动力8000人；在智力扶贫项目中，佛山市于2011～2012年每年为肇庆免费培训1000名农村劳动力并帮助就业。与中山人社局签订的协议书中，约定双方于2012年12月前完成农村劳动力合作培训1500人，输入输出劳动力3000人。与江门市人社局签订的协议书中，约定双方于2012年12月前完成输入输出劳动力3000人；开展各种形式的人才、劳务交流合作活动10场次，在江门市发展20家企业作为帮扶肇庆劳动力转移就业安置基地。（叶可道　韦相伍）

【深莞惠经贸合作协议】 2010年3月10日，深圳市科技工贸和信息化委员会、东莞市经济和信息化局、惠州市经济和信息化局在深圳签署《深圳市东莞市惠州市经贸合作协议》。协议共分目标、原则、合作重点和合作机制四个方面。协议指出，要进一步加快产业转移园建设，推动区域产业梯度转移。三市将进一步加快东莞（惠州）产业转移园建设，探索建立深惠产业转移合作基地，扶持协会、商会和企业建设各类产业转移园。以产业转移园（基地）为依托，引导三市有转移需要的企业合理有序的转移和整合，促进区域协调发展，有效推进产业转型升级。

【深莞惠界河及跨界河综合治理协议】 2010年4月8日，深圳市水务局、东莞市水利局、惠州市水利局在深圳签署《深圳市东莞市惠州市界河及跨界河综合治理协议》。主要内容有四个方面：一是强化三市治河专责小组组长单位履责能力，每季度召开一次本市专责小组全体会议，加强与本市相关部门的联动，提高污染项目审批门槛，加强流域防洪（潮）工作；二是健全交流会商机制；三是推进近期重点治河工程建设，确保按照《深莞惠界河及跨界河综合治理计划协议》的进度要求如期推进治河工程建设；四是联合开展远期规划，初步协定到2020年的规划定位是：龙淡河（龙岗河—坪山河—淡水河）——快速城市化区域水源水质保护示范河流，观澜河——区域环境和经济协调发展样板河，茅洲河——联系广州、东莞、深圳、香港城市群中轴线上的城市水生态景观休闲带。

【深莞惠加快推进交通运输一体化补充协议二】 2010年4月8日，深圳市交通运输委员会、东莞市交通运输局、惠州市交通运输局在深圳签署《深圳市东莞市惠州市加快推进交通运输一体化补充协议二》。协议计划于2010年启动4个道路建设项目，包括：深圳龙岗区清林西路接东莞凤岗镇龙平南路，连接深圳观澜与东莞塘厦的桂花路—沙湖大道，县道X225惠阳秋湖路口至深圳坑梓段和省道S120线及江南至潼湖公路。

【深莞惠三地文化合作协议】 2010年9月20日，深莞惠文化合作签约仪式暨联动工作会议在深圳召开。会上，三地文化部门共同签署《深莞惠三地文化合作协议》，计划在公共文化服务、文化节庆品牌、广播电视资源联动、文化遗产保护、文化市场执法联动、文化产业合作等6个方面共18项内容进行紧密合作。协议提出，要充分发挥三地科技力量优势，促进文化产业与高新技术产业进一步融合，提高产品的文化科技含量和附加值。同时，在三地构建一批主业突出、集聚效应明显、整体规模较大、投融资吸引力强、具有较大影响力的跨区域、跨行业文化创意产业集群。三地将借助“东江纵队”等历史题材和东江流域民俗文化，深化舞台剧、影视剧目创作方面的合作。利用三地文化场馆设施以及演出团体构建演出平台，建立三地演艺联盟，促进三地创作生产的文艺精品的交流、展演。建立三地基层文化服务共享机制，加强三地间的文化交流演出互动，使文化更好为社区、学校、厂矿企业和农村基层服务。加强三地图书馆之间文献资源的共享，推进文献资源的馆际互借。共同打造三地“数字图书馆联盟”平台，为三地读者提供文献资料传送服务。创办深莞惠“东江文化论坛”，开展三地文化发展战略、公共文化服务、文化创意产业等领域的学术交流。探索合办客家文化节，展示三地文化丰富内涵和特有魅力，打造深莞惠文化活动品牌。

【深莞惠应急管理合作协议】 2010年11月3日，由深圳、东莞、惠州三市应急办公室在深圳签署。协议主要包括“合作宗旨、合作原则、合作领域及合作方式”等6个方面，在应对处置突发事件上，主要体现在合作领域、合作方式和合作机制上，一旦发生突发事件，三方联动，共同应对。合作三方协商建立突发事件通报制度，各市应急办公室在接到涉及或有可能影响其他方的突发事件信息，及所涉突发事件情况紧急，需要请求合作方支援时，应在短时间内通报相关市应急办公室。合作三方协商建立突发事件协同处置制度，对于涉及跨行政区域的突发事件，或所涉及突发事件情况紧急，要请求合作方支援时，相关市应急办公室要加强沟通合作，必要时建立联合指挥部，共同处置，协同应对。建立深莞惠应急管理办事机构负责人联席会议制度，联席会议每年举行三次，由深莞惠三市轮流承办，研究决定区域合作机制等重大事宜，协调推进区域合作。联席会议举办应急管理专题论坛，论坛作为联席会议的重要议程同期举行，每期设一个专题，各方共同探讨，提出看法和建议，由联席会议秘书处负责拟定专题并提前通知各方。 （东莞志办）

【珠海市斗门区、江门市新会区应急联动合作协议】 2010年3月4日在江门新会区签订。双方在突发事件信息、应急资源、应急处置及善后工作、应急演练、应急管理工作等五方面开展合作，建立相互走访制度、应急工作信息相互交流制度、应急工作联络网等合作机制。 （江门志办）

【珠中江消费维权框架合作协议】 2010年3月10日，珠海、中山、江门三市消费者委员会在珠海共同签署《珠海、中山、江门消费维权框架合作协议》，广东省消委会副会长兼秘书长罗卫光、珠海市政府有关领导，以及珠海、中山、江门三地消委会负责人参加签署仪式。按照协议，三市消费者在三市任何一地，购买商品或者接受服务时发生纠纷，消费者均可向纠纷发生地或居住地的消委会投诉，居住地消委会接投诉后5个工作日内，将投诉转交纠纷发生地消委会，由纠纷发生地消委会调查处理，并将结果函复消费者及其所在地的消委会；三市消委会每年合作开展1～2次商品比较测试工作，在流通环节选择质量问题多、消费者投诉比较集中的商品，在三地同时开展抽样比较测试；三市任何一市消委会发布的相关消费警示，要在适当时候向其他各消委会通报，以便互相借鉴，实现信息共享；如有侵害三市消费者权益之事，三市消委会可考虑共同研讨，达成共识后联合对外发表观点。

（中山志办）

【珠中江金融合作备忘录】 2010年3月11日，人民银行珠中江三地中心支行在中山市签署《珠中江金融合作备忘录》。中国人民银行广州分行副行长穆西安、匡国建，中山市常务副市长谢中凡，江门市副市长谢日荣，珠海市副秘书长刘华强，珠中江三地政府金融工作部门负责人以及三地中心支行班子成员等80余人出席签署仪式。按照备忘录，在建立珠中江人民银行金融合作联席会议制度、推进金融服务同城化、鼓励金融创新探索、引导金融资源配置、促进贸易投资便利化、优化金融生态环境、共建金融稳定机制、实现金融信息共享、加强人才培训合作、统筹港澳合作交流等十方面开展合作。

（江门志办）

【珠中江公安经侦、烟草稽查跨区合作协议】 2010年3月12日，珠海、中山、江门三市烟草、公安部门联合签署《珠海、中山、江门公安经侦、烟草稽查跨区合作协议》，建立包括联席会议机制、联络员机制、情报信息互通机制、联动机制、交流学习机制在内的五项合作机制，进一步提升三地联合打击涉烟违法犯罪工作水平。

（中山志办）

【珠中江三市食品药品监管稽查打假协作框架协议】 2010年3月18日，珠海、中山、江门三市食品药品监督管理局在中山共同签订《珠中江三市食品药品监管稽查打假协作框架协议》。协议本着“区域合作、协作联动、信息共享、共同提高”的宗旨，旨在通过一系列制度，进一步加强区域协作，消除监管盲区，实现三市食品药品安全监管的无缝对接，确保三地人民群众的饮食用药安全，促进三市食品医药产业协调及可持续发展。

【江中部门合作设立旅游联络处协议】 2010年3月19日，江门市旅游局与中山市世纪行旅行社分别作为甲乙两方在江门签订《关于合作设立旅游联络处的协议》。协议同意在乙方设立广东省江门市旅游局在中山市的旅游联络处，由乙方指定专人负责，保证联络处的正常运作；乙方根据当地旅游市场实际包装设计江门旅游线路，开展江门旅游的广告宣传并协助甲方在当地或周边城市开展旅游宣传活动，甲方给予适当的宣传经费支持；乙方应组织客源到江门旅游，原则上每年组团到江门的游客不少于1万名；联络处以拓展客源为目的，乙方组织当地旅游界和新闻媒体前来江门考察旅游资源，在江门期间的费用由甲方负责；甲方负责协调辖下旅游景区及有关旅游企业为乙方组团到江门旅游的运作提供最大政策支持和价格优惠。

【珠中江区域工商行政管理合作框架协议】 2010年5月28日由珠海、中山、江门市工商局在珠海签署。协议内容包括合作宗旨、合作机制、合作原则、合作重点等八项内容，拟在信息资源共享、市场准入一体化、市场监管和行政执法、商标行政保护、消费维权、干部交流学习等六个方面加强合作。

（江门志办）

【珠中江区域妇女儿童发展紧密合作框架协议】 2010年6月17日，珠海、中山、江门三市在江门共同签订区域妇女儿童发展紧密合作框架协议，以进一步加强合作，共同提升珠江口西岸地区妇女儿童发展水平。江门市副市长陈杭、珠海市副市长邓群芳、中山市副市长韩泽生等出席签字仪式。根据协议，珠海、中山、江门三市将遵循“政府主导、资源共享、平等协商、互利共赢”的原则，创新合作机制，促进要素合理流动，重点在规划协调、信息共享、项目开发、展示交流、应急协调五个方面开展更加紧密的合作，致力于提高珠中江区域妇女儿童发展水平，并加强探索具有珠中江特色的妇女儿童工作机制和模式，促进与港澳台及世界发达国家、地区妇女儿童的发展接轨，为全省实施妇女儿童发展规划，促进妇女儿童事业发展提供可借鉴的经验。 （中山志办）

【珠中江区域人才服务体系建设合作协议】 2010年6月18日，在江门召开的珠中江区域紧密合作第三次联席会议上，珠海、中山、江门三市人力资源和社会保障局、三市人民政府共同签署《珠中江区域人才服务体系建设合作协议》。协议在推动人才服务网站一体化建设、优化市场资源配置、拓展其他业务合作、建立合理的一体化机制等四方面提出建议。

【珠中江共同推动重大交通能源项目框架协议】 2010年6月18日，在江门召开的珠中江区域紧密合作第三次联席会议上，珠海、中山、江门三市人民政府签署《珠海、中山、江门2010年共同推动重大交通能源项目框架协议》，加快推进跨界交通（轨道交通、公路、港口）和能源（LNG项目、清洁能源及其装备制造）一体化。协议内容包括加快综合交通、能源规划的衔接、加快推进跨界公路项目建设、加快推进轨道交通网络建设、加快推进珠中江跨界公共交通工作、加快推进珠海港与中山港、江门港区域合作、加快推进珠海LNG项目干线网和管站建设、加快推进新兴能源及产业发展等七方面。

【珠中江区域紧密合作规划编制合同书】 2010年6月18日，在江门召开的珠中江区域紧密合作第三次联席会议上，珠海、中山、江门三市发展改革局、广东省社会科学院宏观经济研究所和广东消费经济学会签署《珠中江区域紧密合作规划编制合同书》。

【珠中江区域餐饮产业发展战略合作联盟框架协议】 2010年6月28日，珠海、中山、江门三地餐饮协会在珠海签署《关于共建珠海、中山、江门区域餐饮产业发展战略合作联盟框架协议书》。协议内容包括联盟各方遵循自愿参与、公平开放、优势互补、资源共享、互利共赢的原则，利用各自的资源与优势，拓展餐饮业的发展空间，提升餐饮业水平，规范餐饮业的市场秩序和行业自律，打造和培育餐饮业的著名品牌，弘扬三地的饮食文化。

【珠中江基本医疗保险项目合作协议】 2010年7月2日、8月3日、8月6日，珠海、江门、中山三市先后签署《珠中江三市社会基本医疗保险有关项目合作协议》。根据协议，确定中山市中医院、中山市小榄人民医院、中山大学附属第五医院、珠海市人民医院四家医院为江门市基本医疗保险异地定点医疗机构，并签订《江门市基本医疗保险异地定点医疗机构医疗服务协议》。从2010年10月1日起，江门市区参保人到上述四家定点医疗机构治疗均可享受市区定点医疗机构相同的待遇。协议还包括协助监管就医、医疗保险连续参保互认、医疗保险政策制定、定期组织研讨等。 （江门志办）

【珠中江三市档案部门合作协议】 2010年10月28日，珠海、中山、江门三市档案部门合作协议签约仪式暨档案电子目录交换仪式在珠海市举行，广东省档案局局长徐大章、珠海市副市长邓群芳、珠海市政府副秘书长徐小苏、中山市政府办公室副主任吴杰祥、江门市政府副秘书长陈学敏以及三市档案部门负责人出席签字仪式。三市共同签订了《珠海、中山、江门三市档案部门合作协议》和《珠中江区域性档案电子目录中心建设合作协议》。根据《珠海、中山、江门三市档案部门合作协议》，将在六方面加强合作：一是建立档案目录中心和协查机制，实现三市档案目录资源共享，提供档案异地利用“一条龙”服务；二是建立馆藏相关档案告知机制，凡涉及三市的历史、地理、人物、事件等档案征集进馆后告知对方，达到三市馆藏档案共享；三是加强跨市重大建设项目档案工作合作；四是加强档案安全应急合作，建立档案信息数据异地备份机制，共同维护档案信息数据安全；五是加强档案学术交流与合作；六是加强档案工作信息交流，开展档案复制、数字化和档案编研、展览以及档案人才队伍培养等方面的合作。仪式上，三市交换了各自档案馆保存的文书档案电子目录数据约 214 万条，其中珠海为 56 万条、中山 66 万条、江门 92 万条，并开通了三地开放档案目录网站查询窗口。

【珠中江宣传文化建设战略合作框架协议】 2010 年 11 月 27 日，珠海、中山、江门三市的市委常委、宣传部部长在珠海共同签署《珠海、中山、江门宣传文化建设战略合作框架协议》，共同打造珠中江宣传文化一体化，将“经济合作圈”向“宣传文化合作圈”延伸发展迈出实质性一步。三市市委常委、宣传部长及宣传文化系统、社科联等部门相关负责人出席签约仪式。根据协议，三市宣传文化今后的交流合作将遵循“以人为本”、“协调发展”、“开放创新”的原则进行。三地成立由市委宣传部部长组成的珠中江宣传建设战略合作领导小组，负责重大事项的决策和协调工作。实行联席会议制，三地文体旅游局（文广新局）、文联、社科联、报社、广播电视台等市直宣传文化单位主要负责人为成员，原则上每年度召开一次。此外，今后三地将在社科研究合作工程、文化活动交流工程、文化品牌共建工程、文化资源共享工程、新闻宣传联动工程等方面加强合作。（中山志办）

【珠三角环保一体化省部合作协议】 2010 年 3 月 25 日，广东省政府与国家环境保护部在广州签署《共同推进和落实〈珠江三角洲地区改革发展规划纲要（2008～2020 年）〉合作协议》。中共中央政治局委员、广东省委书记汪洋出席签字仪式，国家环境保护部部长周生贤和广东省省长黄华华代表双方签字并分别致辞。签字仪式由副省长林木声主持。广东省政府与国家环保部将从 8 个方面展开合作：环保一体化；环境管理体制机制和经济政策先行先试；珠三角地区环境影响评价，促进产业结构优化升级；珠江流域水污染防治；珠三角复合型大气污染防治体系建设；农村环境保护和生态建设；环保产业发展以及先进的监测预警和应急体系建设。同时，双方还将建立部省合作机制，由国家环保部与广东省人民政府共同建立合作联席会议制度。

【空中快线合作框架协议】 2010 年 7 月 15 日，由泛珠三角“9+2”区域机场（集团）负责人在泛珠三角机场论坛上签署。根据协议，各地将推动广州新增福州、南昌、桂林、南宁、海口、三亚、成都、贵阳、昆明共 9 条空中快线。广东机场集团还和中国南方航空股份有限公司就开通广州至汕头空中快线签署框架协议，加上已经开通的广州至长沙空中快线，从广州始发泛珠三角的空中快线将达到 11 条，成为空中快线最为密集的地区。会上还联合签署了《泛珠三角机场战略合作行动纲领》和《泛珠三角机场合作与发展论坛章程》。

【推进铁路建设会议纪要】 2010 年 8 月 13 日，由广东省政府和铁道部在广州签署。中共中央政治局委员、广东省委书记汪洋出席签字仪式，铁道部负责人和广东省省长黄华华代表双方签字并致辞。签字仪式由中共广东省委常委、常务副省长朱小丹主持。根据会议纪要，铁道部与广东将全面合作建设珠三角城际轨道交通网，按照国家批准的《中长期铁路网规划》和2009年修订的《珠江三角洲地区城际轨道交通网规划（2005～2020年）》，遵循“统一规划、统一标准、统一建设、统一运营”和“分步实施、有序推进”的原则，加快建设珠三角城际轨道交通网；加快推进贵广、南广等在建铁路项目的建设；加快推进广东有关铁路项目的前期工作；同意将已列入国家中长期铁路网规划的有关铁路项目列为2010年开展前期工作项目，争取将有关客运专线列入全国铁路“十二五”规划，并加快推进一批疏港铁路的建设。

【粤港合作框架协议】 2010年4月7日，由广东省人民政府和香港特别行政区政府在北京人民大会堂正式签署，黄华华、曾荫权分别代表广东省人民政府和香港特别行政区政府签署协议。中共中央政治局常委、国家副主席习近平出席签署仪式，并会见了香港特别行政区行政长官曾荫权和广东省省长黄华华等出席签署仪式的粤港双方代表。中共中央政治局委员、国务委员刘延东，全国政协副主席、国务院港澳事务办公室主任廖晖出席签署仪式并参加会见。

框架协议提出，粤港以率先形成最具发展空间和增长潜力的世界级新经济区域为目标，确定以跨界基础设施、现代服务业和先进制造业、国际化营商环境、优质生活圈、重点合作区等为合作重点，为粤港合作开辟新空间。在协议中，双方还完善和创新了合作机制，提出每年制定实施框架协议的年度重点工作，保障协议落实。（白　芷）

项目实施

【广佛互设计程出租车回程候客点】 2010年1月7日，广州市和佛山市根据两地交通部门达成的协议，广州开设坑口等3个佛山计程出租车回程候客点，佛山则在辖属五区开设16个广州计程出租车回程候客点。佛山市交通局同时下发《关于设立广州出租车佛山回程候客点的通知》，佛山已经确定的广州计程出租车回程候客点里，与广州接壤的南海区最多，共有8个候客点；顺德有3个，禅城高明各有2个，三水区1个。16个候客点大都位于广佛主干道的路口、各个大型商场以及客运站场附近。广州也向佛山开放3处佛山计程出租车回程候客点，分别位于坑口地铁站、滘口客运站以及广州新客站。

【广佛地铁线首段开通】 2010年4月8日，广佛地铁首通段的隧道工程实现双线贯通。广佛地铁东起广州市沥滘站、西至佛山市魁奇路站，全长32.16公里。2007年6月28日正式动工，首通段魁奇路至西朗段长20.47公里。是年11月3日，广佛线首段开通运营，是国内首条全地下城际轨道交通，佛山市也从此迈进了“地铁时代”。广佛线开通后，运营时间为6时至23时15分，列车采用4节车厢，间隔时间为8分半钟。广佛地铁线首段设14座车站，分别为西朗站、菊树站、龙溪站、金融高新区站、千灯湖站、蠕岗站、南桂路站、桂城站、朝安站、普君北路站、祖庙站、同济路站、季华园站、魁奇路站，其中西朗站、菊树站、龙溪站3座车站位于广州境内，其余均设在佛山市内。广佛地铁的运行速度36公里/小时，从魁奇路到西朗站需时约 40 分钟。

【广佛医疗费用实时结算】 2010 年 4 月 20 日，广州在佛山首批医保定点医疗机构签约仪式在佛山举行，以后广州医保参保人到佛山指定的 8 家医院进行住院、门诊特定项目、指定慢性病门诊或普通门（急）诊治疗，符合规定的医疗费用可直接在医院前台记账结算，无须先办理佛山异地就医备案手续、就医时自行垫付全额医疗费用、再回广州办理零星报销。广州参保人在佛山这 8 家医院就医时，享受与在广州市内定点医院一样的医保待遇。（连　术）

【广佛通信同城化】 2010 年 4 月，广佛同城化第三次市长联席会议提出，“争取年内协调取消广佛移动电话长途和漫游资费，将广佛固定电话通话费调整为区间通话水平，实现广佛通信资费一体化”。广东省通信管理局联合广州、佛山两市信息化主管部门，于是年 3 月、5 月及 6 月对广佛肇、珠中江区域通信一体化工作进行深入调研，并组织两地通信运营商召开多场两市通信资费同城化工作座谈会，确定了“深化移动通信资费一体化建设，加快固定电话通信同城化进程，拓展通信同城化公益宣传，强化广佛用户同城感知”的工作思路。至年底经过共同努力推进，广佛通信同城化工作取得积极成效：一是基本实现移动通信资费同城化；二是广佛地区固定电话资费一体化建设取得进展；三是广佛通信基础及客户服务同城化取得初步成功。两地基本完成营业厅业务对接，加强了客户的同城化服务体验。（佛山年鉴）

【佛清从高速公路正式立项】 2010 年 6 月 24 日，佛清从高速公路项目部在清远东城挂牌，标志着佛清从高速公路项目建设进入实质阶段。佛清从高速公路北段项目起点位于花都官坑，终点位于从化市井岗，全长 85.993 公里，为双向 6 车道高速公路，设计时速 120 公里 / 时，总投资约 104.80 亿元。该项目是广州、清远、佛山三市重要连接线，是广州北三环外重要一环，也是佛山市重要的南北快速通道。它的建设将缩短清远与珠三角东、西部地区的时空距离，促进珠三角核心区产业向珠三角北部和环珠三角地区转移，从而形成梯度合理、优势互补的区域产业发展布局，增强区域整体竞争力，对带动沿线地区经济社会发展具有重要意义。该项目已通过广东省发改委同意纳入 2010 年广东省重点工程和省第三批扩大内需项目，并于是年下半年开工建设，2011 年上半年全面动工，2013 年底建成通车。

【医疗保险异地联网结算广佛试点启动】 2010 年 7 月 1 日，广东省医疗保险异地就医联网结算广佛试点启动。佛山市的医疗保险参保人在获得佛山社保部门批准，转诊到广州医院住院后，只需向工作人员提供身份证，工作人员根据身份证号便可查询到参保人的信息，在核准转院登记后，实施就诊登记。参保人出院结算时只需提供身份证号码，医院通过联网结算管理系统把患者在医院生成的所有信息传输到佛山市社保局作费用明细审核，然后将统筹基金支付费用和个人支付金额反馈回医院；个人只需支付自付部分的费用，便可在医院现场结算，统筹基金支付部分无须再由个人垫付。广州珠江医院确定为广东医保异地就医联网结算管理系统在省内第一家试点定点医疗机构，已于是年 4 月份投入试运行。（连　术）

【海怡大桥建成通车】 2010年9月29日，有“广佛握手桥”之称的海怡大桥正式建成通车。海怡大桥是南（南海）番（番禺）大道的重要枢纽桥。南番大道经规划中的林岳大道，向东跨越陈村水道后，与广州新火车站连接，长1608米。其中连接两区的海怡大桥采用主跨166米预应力混凝土连续箱梁结构，全长约1000米，桥面宽度33米。这一交通项目由南海、番禺两地政府共同投资5亿元兴建，至此，南海、番禺两区结束因一水相隔无直通车辆的历史，南海至广州新火车站只需15分钟。 （佛山年鉴）

【广佛肇医院医学检验结果互认】 2010年1月1日起，广州、佛山、肇庆三地医院实行部分医学检验和影像检查结果互认通用。互通项目包括临床检验结果、影像检查结果、内窥镜检查结果和病理活体组织检查结果等。互认通用项目以结果相对稳定、或有原始检查资料可供复核的项目为主，其中临床检验涵盖了常规类、生化类、免疫类共计36个项目，医学影像检查包括普通放射摄片、CT、核磁共振、核医学成像等有摄片记录的项目。率先实施广佛肇医学检验检查结果互认通用的有23所医院，主要是三市市级综合医院和部分专科医院，待取得一定经验后，再将其他符合条件的医院逐步纳入。

【广佛肇年票互通】 2010年3月31日，广佛肇三地年票实现互认互通。按照广东省政府批准方案，自2010年3月31日零时起，广州、佛山、肇庆市籍的机动车辆凡购买本市有效年票，往返通过广州市的沙太、沙和、白云、黄石、增槎、金沙洲、广佛、珠江隧道、鹤洞大桥、洛溪大桥、黄埔大道、中山大道、燕岭、浔峰洲（东南西环高速公路）、黄岐（东南西环高速公路）等15个次票收费站，佛山市的沙尾、五丫口、逢涌、丰岗、广和、金沙、穗盐、广佛、新沙、三洲、五沙、七滘、芦苞、范湖、合和、周田、德胜、容奇等18个次票收费站，及肇庆市的小湘、悦城、长岗、沙头、西江大桥、白土、马房大桥等7个次票收费站时，凭有效年票缴讫凭证免缴车辆通行费；通过黄埔大道（华南快速干线）、中山大道（华南快速干线）、新洲（华南快速干线）、广花（北环高速公路）、广园（北环高速公路）、新市（机场高速公路）、三元里（机场高速公路）、仓头（广园快速路）、钟林、金利（广肇高速公路）、蚬岗（广肇高速公路）、马安（广肇高速公路）、白诸（广云高速公路）等委托代收次票收费站时，凭有效年票缴讫凭证免缴代收的车辆通行费次票。同时，广州、佛山、肇庆三市各自的车辆通行费年、次票收费标准暂保持不变。到2012年底，珠三角9市将实现区域年票制。为确保年票互认互通的顺利进行，从实施互通之日起，年票互认互通缓冲期为两个月。缓冲期内，广佛两市年票收费站对肇庆市籍机动车辆不查验年票凭证或标识直接放行。缓冲期满才进行查验；肇庆方面在缓冲期内，仍可对广佛两市籍的车辆进行查验年票标识后放行。肇庆的年票统缴期过后，相关的数据将会纳入广佛年票互认识别系统，肇庆车主进入广州、佛山两地的收费站时，有没有缴纳年票，将可由电脑自动识别。

（连 术）

【肇花高速公路建设工程开工】 2010年3月2日，肇（庆）花（都）高速公路肇庆段先行工程开工仪式在肇庆高新区举行。该高速公路西起肇庆四会市，途径佛山市三水区，止于广州市花都区花山镇，总投资97.2亿元，全长63.58公里，其中肇庆段9.33公里，采用双向六车道高速公路标准，设计速度120公里/小时。年内计划完成投资2亿元，实际完成2.08亿元。

【广佛肇城际轨道肇庆段建设】 广佛肇城际交通项目是经国务院批准的珠三角城际轨道交通网规划的放射线之一，属部省合作项目。其中肇庆境内50.3公里，走向为从佛山三水靠广肇高速南侧跨北江进入肇庆高新区至四会东城区，经鼎湖莲花镇，至永安接入贵广铁路肇庆东站，沿鼎湖科技大道至端州大冲，境内设大旺站、大沙站、肇庆东站、鼎湖站、大冲站和肇庆站6个站，2010年计划完成投资14亿元，实际完成2.86亿元；累计完成投资7.82亿元，占总投资的7.3%（年内，铁道部入股参与项目建设，统计口径有变化）。

【江肇高速一期（高要至江门段）竣工】 2010年，江肇高速公路完成投资17.27亿元，为年度计划的132.8%，项目累计完成投资35.44亿元，占计划投资的89%，其中一期（高要至江门段）于12月31日建成通车。从江门市至肇庆高要市蚬岗，用时40多分钟，比原来缩短一半。该路段起于江门市杜阮镇接江鹤高速公路，经鹤山市、佛山市高明区、肇庆高要市、鼎湖区，止于肇庆四会市东城街道黄岗村，接二广高速公路，全长107.7公里（其中肇庆段49公里），总投资87.38亿元。

【肇庆新港对外开放】 2010年，肇庆新港新增投资1250万元，项目累计完成投资1.62亿元。4月14日，肇庆新港码头通过省级验收；5月20日，省政府批复同意正式启用和对外开放；7月22日，该码头举行对外开放启动仪式，省口岸、海关、出入境检验检疫、公安边防、海事、航运等省直部门，及市直单位和一批客商出席活动；9月28日，新港正式开通外贸定期航班。

（贺广玲）

【广肇高速公路二期工程建成通车】 2010年9月30日，广肇高速公路二期工程竣工。该项目于2008年动工，其中属肇庆辖区段全长5.39公里，六车道，设计车速120公里每小时，互通立交1处；总投资6.50亿元。该路段的开通，广佛肇高速公路路网基本实现“无缝对接”，为加快构建广佛肇经济圈打下良好基础。

【二广高速公路连州至怀集段开工】 2010年11月25日，在肇庆市怀集县举行二广（二连浩特至广州）高速公路连州至怀集段项目动工仪式。该工程（含怀集支线）南接二广高速公路怀集至三水段，北与二广高速公路湖南段相连，西接广西灵峰至贺州高速公路，是省、市主要的出省通道之一。项目规划建设年限为2010～2013年，全线约168公里，怀集支线长约19.01公里，项目在怀集县境内主线长约58公里，其中怀集县岗坪镇至怀集县城南长约30公里为本项目先行工程。项目估算投资43.88亿元。年内，完成投资5.4亿元；怀集先行段签订征拆合同进行征拆，土建、监理已进场。

【国道321线肇庆段改造】 2010年11月底，国道321线三水交界（马房）至高要小湘段改造工程完成，并顺利通过交工验收。

该路段全长60.1公里，总投资8.9亿元，实现肇庆市国道与佛山同标准对接。

【二广高速公路怀集至三水段通车】 二广高速公路怀集至三水段2007年动工建设，2010年12月10日建成通车。该项目全程六车道，路段总长118公里，总投资90.58亿元，其中四会至怀集段设计车速80公里/小时。公路的竣工，结束肇庆高新区、四会市和广宁、怀集两个山区县没有高速公路的历史，缩短了肇庆与珠三角核心区的距离。

【省道272线高要至高明段通车】 2010年12月，广东省道272线高要至高明段同标准对接工程建成通车。该项目是年3月开工，全长33公里，投资2.2亿元，按一级公路技术标准进行改建和大修。

【广佛肇高速公路肇庆段建设】 该项目肇庆境内全长约175.83公里，总投资概算158.2亿元，分二期实施。第一期工程，肇庆高新区至高要小湘段，全长46.33公里，估算投资49.6亿元；2010年启动项目前期工作，工程可行性研究报告通过省交通厅评审，进入修编阶段；各项前期评估除土地预审和节能评价外全部完成，省批复该项目为经营性收费项目，年内进行投资人招投标工作。第二期工程，高要小湘至封开江口段，总长129.5公里，估算投资108.6亿元。年内，二期工程可行性研究报告报省交通厅并通过专家评审，继续开展工程可行性研究报告修编和前期评估。 （方楷昭）

【广珠城际轻轨】 广珠城际轻轨总长142.2公里，经过广州、佛山、中山、珠海和江门5市，其中广州至珠海主线长115.6公里，设广州南、碧江、北滘、顺德、顺德学院、容桂、南头、小榄、东升、中山北、中山、南朗、翠亨、珠海北、唐家湾、明珠、前山、珠海18站；江门支线长26.6公里，该支线起于中山小榄镇，跨西江进入江门境内，终于江门新会区，共设古镇、江海、江门、礼乐和新会5站。作为广东第一条城际铁路，广珠城轨将与武广高铁、贵广铁路、南广铁路、广深港客运专线在广州南站对接，佛山等珠江口西岸城市将由此融入全国高速铁路网。

广珠城际轻轨于2005年底开始动工，2010年12月31日，广珠城轨开始试运营（翠亨、唐家湾、明珠、前山、珠海5站未开通）。

【广珠社保一卡通】 2010年7月6日，广东省人力资源和社会保障信息化工作座谈会在珠海召开，并举行社会保障卡“一卡通”开通仪式，广州、珠海两地参保人员可以用社会保障卡在两地定点医院、药店刷卡看门诊、购药，突破了目前医疗保险异地就医直接结算仅限于住院费用结算的情况。年内，广州的社保卡持有人员约130万人，珠海的社保卡持有人员约50万人。今后将把社会保障卡“一卡通”推广至全省，并全面覆盖城乡一体化公共就业服务和社会保障服务，逐步推广到养老金异地领取业务，可以等同原来的就业失业手册。

【广珠铁路白坭河特大桥连续梁拱合龙】 2010年12月7日，由中铁二十五局集团广州公司施工的广珠铁路白坭河特大桥跨西南涌128米连续梁钢管拱成功合龙封顶。白坭河特大桥在广珠铁路全线同类型桥梁中最先完成主拱安装合龙。成拱后的跨白坭河海心洲河段连续梁钢管拱与跨西南涌文教村河段连续梁拱，相距2公里，分处广州、佛山两地。白坭河特大桥为双线铁路桥，全长16839米，跨越白坭河、西南涌两条主要河流。主桥采用70.7米+145米+69.2米及58.4米+128米+58.4米三跨连续梁拱组合桥，分别跨越白坭河及西南涌。白坭河特大桥岩溶发育地质条件下的钻孔桩施工，以及两处主桥长跨的连续梁钢管拱施工是该桥的重点和难点。

【潮莞高速惠州段通车】 2010年1月26日潮莞高速公路惠州段（原惠莞高速公路）和惠州金山大道正式通车，惠州至东莞以及珠三角西部城市的时间比通车前缩短40分钟，其中从惠州市区至东莞莞城等中心区仅需1个小时，从惠州市区至中山、珠海两个小时内可到达。潮莞高速公路惠州段为双向6车道，全立交、全封闭、沥青混凝土路面。设计行车速度为每小时120公里，在惠州境内设置大岭、良井、三栋、镇隆、沥林5处互通出入口。一类车（小轿车、吉普车、计程出租车）全程通行费为30元。

潮莞高速惠州段是广东省规划高速公路网中的第四条横线——福建漳州至广西玉林高速公路的组成部分。潮莞高速惠州段起于惠东县大岭镇接国道324线，向西跨广惠高速，经惠阳区跨惠澳大道（已经动工改建成惠澳高速），经惠城区三栋镇与惠南大道相接，穿过佰公凹隧道，经惠阳区镇隆镇与长深高速惠深段相接，止于沥林镇企岭村老虎坑（惠州与东莞交接处），接虎岗高速进入东莞，路线全长约49公里。 （宋披云）

【东莞推进一体化引航调度】 2010年，东莞市根据省政府对出海航道实行“四统一”（即对出海航道、引航、锚地、通讯调度统一管理）和“四个一”（即“一条公用航道、一个引航机构、一套管理规则、一个监督机构”）的管理要求，着力理顺进出虎门港船舶的引航体制。广州港引航站东莞分站于2008年10月底挂牌成立，进出虎门港的船舶正式实施从珠海桂山锚地至各码头的直接引航服务。东莞市港口通讯调度中心（临时）于2009年3月初正式运作，与广州港通讯调度指挥中心进行有效的衔接，实现通讯调度统一目标。广州港引航站东莞分站成立后至2010年底共安全引领船舶4541艘次；东莞市港口通讯调度中心（临时机构）成立后至2010年底，共完成进出港船舶安排11508艘次，万吨级以上船舶约3218艘次，外轮船舶约3745艘次。

【深莞惠实现出租车联合监管】 2010年，深圳、东莞、惠州三市协调合作，在上年初步完成深莞惠出租车统一GPS监管平台建设的基础上，推进制度建设和完善协调机制，基本实现三地运营部门在统一平台上对出租车进行日常监管，为三地出租车点对点以及联网运营提供条件。

【深莞惠加强警务合作】 2010年2月，东莞市公安局联合深圳、惠州两市公安机关在东莞市11个镇展开“粤安10”联合行动，营造交界地区严打高压态势，净化社会治安环境。会同三市局以大情报建设为契机，围绕亚运安保工作，完成重点人员管控系统的安装应用。东莞市指挥中心与深圳、惠州市局指挥中心互发警务协作函25份，侦破恶性犯罪案件一批。11月10日，东莞市公安局长安分局与深圳宝安分局举行区域警务协作签约仪式，并签订备忘录，在“建立警情

通报、建立联席会议、建立联合行动、建立直线联系、建立警情首接责任、建立办案协助”等六个制度上达成共识。（东莞志办）

【从莞高速惠州段动工】 2010年3月23日，从莞高速公路惠州段建设动员大会暨奠基仪式在惠州市博罗县园洲镇举行。从莞高速公路博罗到增城段全长约31公里，采用双向6车道标准建设，起于增城市增江街扶罗光辉村，与增从高速顺接，途经博罗县福田、石湾、园洲三个镇，在园洲镇廖尾村跨越东江，最后与从莞高速公路东莞段起点相接。该路段计划用两年时间建成。

【惠深沿海高速试通车】 2010年3月25日，惠深沿海高速开始试通车。该高速公路于2006年8月开工建设，投资近18亿元，由深圳市盈泰森公司与健力宝集团共同投资建设。根据规划，高速路全长48.66公里，路基宽度为27米，双向6车道，设计时速80公里/小时，起点自深圳白沙，接深圳盐坝高速，进入惠州后途经大亚湾澳头镇、霞涌后，穿越国道324线，终点止于惠东县稔山镇，与深汕高速相连接。惠深沿海高速将在新村、稔山、小径湾、霞涌、大亚湾、澳头、小桂7个出入口设立收费站收取机动车辆通行费。从新村到小桂总路程为48.66公里，一类车的全程通行费为30元，二类车为45元，三类车为60元，四类车为90元，五类车为100元。（宋披云）

【东莞农商行发起设立惠州仲恺东盈村镇银行】 2010年12月17日，东莞农村商业银行响应中国银监会关于在试点农村地区设立金融机构的号召，成功走出异地拓展的第一步，在惠州市仲恺高新区作为主发起人设立惠州仲恺东盈村镇银行。惠州仲恺东盈村镇银行惠州第一家筹建的村镇银行，银行注册资本人民币3亿元，是全国注册资本最大的村镇银行。（东莞志办）

【珠中江年票互认】 2010年1月1日起，珠中江三市实行年票互认。涉及年票互认的三市普通二级公路收费站共有25个，其中三市共撤销4个收费站。25个收费站中，包括中山城桂、海洲、深湾等7个收费站，珠海上冲、那州、斗门大桥等7个收费站，江门外海大桥、江沙、滨江大道等11个收费站。

1～3月年票统缴期间，三地车辆通过上述25个收费站凭车牌标识免费通行；三市以外的车辆在通过上述收费站时，仍需缴交次票。4月1日起，三市启用年票自动识别系统，可于车辆经过收费站时即时显示车辆车牌号码、缴费标准、缴费情况、通行次数等信息。年票统缴期后，系统导入车辆缴纳年票数据，对过往收费站的珠中江三市车辆的年票缴讫情况进行识别。

由于三市摩托车征收通行费方式不同，暂不将摩托车列入互通之列。（宋披云）

【珠中江金融信息共享平台】 2010年5月10日，珠中江金融信息共享平台网站正式投入使用。该平台是中国人民银行在广东省唯一的统一门户，主要由“统计数据”、“空头支票黑名单”、“外汇黑市交易信息”、“分析报告”四个主要功能模块以及“公告栏”、“工作动态”、“金融工作”、“制度汇编”、“图片新闻”等五个辅助功能模块组成。（江门志办）

【珠海中山公交试行一卡通】 2010年5月

13 日，公交车“珠中一卡通”试点工作正式开启，两地公交企业合作开发完成珠海、中山公交一卡通系统，该系统率先在两地的 5 条公交线路上使用，市民持公交 IC 卡即可乘坐两地公交车辆。今后“珠中一卡通”逐步扩大至珠中所有公交营运车辆及其他领域，并进一步实施优惠卡刷卡互认。

（宋拔云）

【珠中江三市通信一体化】 2010 年，中山市按照技术最优、成本最低、效率最高、影响最小的原则，对珠海市牵头制定的《珠中江区域通信一体化实施方案》提出了三市固话并网、采用“0760”为区号等积极具体的意见和建议。经过省政府专题工作会议确定，珠中江通信一体化重点围绕资费和服务同城化分步分层推进。

【珠中江三市供水合作】 2010 年，中山市根据现有供水机制的实际情况，提出三市供水同网应以供水主干管网联通为重点，以实现三地水源应急调配为目标的工作思路和原则，确保区域饮用水安全。（中山志办）

【江番及江珠高速北延线】 于 2010 年 12 月 29 日开工。江番高速全长约 50 公里，江珠北延线高速长约 20 公里，工程预计投资 140 亿元，计划 2014 年底实现全线通车。江番高速开通之后，从江门市区到广州火车南站时间将由目前的 1 个半小时缩短为 40 分钟左右。江番高速沿线与佛开高速、江肇高速、广珠货运铁路、S272、滨江大道、S268、江珠高速北延线、G105、S364、广珠西线高速、广珠轻轨、东新高速等多条重要干道交叉或连接，全线设置 13 处互通立交、1 处服务区。而江珠高速北延线则与广珠轻轨江门支线、S364、S272、S268、江番高速交叉或相接，全线设置 5 处互通立交。

（宋拔云）

【开平与顺德共建顺德工业园】 2010 年 12 月 24 日，开平市政府与顺德区政府达成协议，在江门产业转移工业园内合作共建顺德工业园。该园总规划控制面积 666.67 公顷，首期规划开发面积 233.33 公顷，合作年限为 10 年。目标是把开平园区顺德工业园建设成为基础设施完善、辐射带动顺德、开平两地科学发展和产业升级的示范区。

（江门志办）

【珠三角与深圳公路联网区域合并收费】 2010 年 1 月 8 日零时起，广东省高速公路联网收费中的珠三角区域和深圳区域正式合并为中片区，两地间的黎光、罗田、黄鹤等三个主线收费站撤销。常虎高速和龙大高速交界的罗田收费站，以及广深高速和机荷高速交界的黄鹤收费站撤销后，将改造成标识站，不直接收取通行费。本次区域合并，撤销莞深间的繁忙主线收费站，有效缓解深圳至珠三角腹地南北向严重交通拥堵问题。

【珠三角绿道网工程启动仪式】 2010 年 3 月 22 日在广州亚运城举行，中共中央政治局委员、广东省委书记汪洋出席并宣布珠三角绿道网建设正式启动；广东省省长黄华华致词，并和省人大常委会主任欧广源、省政协主席黄龙云共同推杆为“绿道网建设启动纪念基石”揭幕。按照《珠三角绿道网总体规划纲要》要求，从 2010 年起，广东省用 3 年左右时间在珠三角建成总长约 1690 公里的 6 条绿道，串联 200 多处主要森林公园、自然保护区、风景名胜区、郊野公园、滨水公园和历史文化遗迹等发展节点，连接广佛肇、深莞惠、珠中江三大都市区，服务人口约 2565 万人。

【珠三角绿道网江门段先行启动】 珠三角绿道网江门市路段工程于 2010 年 3 月 11 日先行启动。江门段共有主线路段 220 多公里，另加上 80 公里的江门市鹤山古劳水乡支线，合计全长 300 多公里。其中，江门市计划建 220 多公里并与佛山市绿道成网。在珠三角地区共建 6 条绿道线路中，涉及江门市与佛山市成网的绿道线共有 2 条，分别是 3 号线和 6 号线。3 号线为滨水郊野生态型绿道，包含有鹤山市的大雁山风景区、滨江大道景区、大西坑自然保护区等景观区，以滨水、生态和郊野为重点；进入江门市区后转入新会区名胜风景区圭峰山，重点体现圭峰山国家森林公园以及水库、湖泊、湿地、山林、葵林、古庙等景观，属于郊野生态型绿道。6 号线由佛山市顺德区均安镇经江门市蓬江区荷塘镇进入江门市区，再经新会区进入开平市，长约 10 公里，属于碉楼与村落生态型绿道。

【珠三角绿道网发布统一标识】 2010 年 5 月 13 日，广东省住房和城乡建设厅正式发布“珠三角绿道网标识系统”，意味着绿道有了统一标识。珠三角绿道拟借鉴国外青年的新潮理念，开发成“背包 + 自行车”的旅游项目。

【珠三角城际轨道交通公司成立】 2010 年 9 月 25 日，广东珠三角城际轨道交通有限公司揭牌暨广东南车轨道交通车辆修造基地项目开工仪式在江门市新会区举行。中共中央政治局委员、广东省委书记汪洋宣布公司成立暨项目开工，铁道部和广东省有关领导分别讲话，中共广东省委常委、常务副省长朱小丹主持仪式。成立广东珠三角城际轨道交通有限公司是部省深化战略合作、推进广东铁路建设的重要举措，对于加快珠三角一体化进程，促进粤港澳紧密联系具有重要意义；建设广东南车轨道车辆修造基地可满足城轨交通车辆制造维修需要，加快建设广东现代产业体系，促进广东产业结构调整和优化升级。

【五市公交卡联网】 从 2010 年 11 月 8 日开始，广州、佛山、肇庆、江门、汕尾五座城市的公交卡实现联网，第一张全省通卡——“岭南通”同步发行。到年底“岭南通”实现畅行珠三角地区（除深圳以外），2013 年前可实现全省公交一卡通。广州、佛山两地现有的 2000 万张羊城通、广佛通无须换卡即可升级为“岭南通”。（连　术）

交流活动

【“广佛同心”美术书法联展】 2010 年 1 月 22 日由广州市海珠区和佛山市三水区联合在三水区文化馆举办。此次美术书法联展共展出作品 60 余件，涉及国画、油画、版画、水彩、漆画等类别。作品主题鲜明，题材丰富，笔墨酣畅，风格各异，充分彰显两地文艺工作者共同的审美追求和艺术风范。

【广佛两地文艺精品展演】 2010 年 2 月 28 日，“广佛同城闹元宵”——两地文艺精品展演在佛山三水西南影剧院举行。广东省著名粤剧大佬倌卢海潮、国家一级编导何笃忠、梁建忠等人，倾情献上精彩节目，吸引1200多名群众前来观看。本次晚会为广佛两地文艺工作者和群众提供了一个文化共享、相互交流的平台。

【广佛两市林业工作交流】 2010年3月13日，佛山团市委、市汾江办联合组织广佛两地家庭和青少年180余人开展以“绿色汾江 绿色亚运”为主题的植树活动，佛山市副市长邓伟根参加并为“广佛亚运林”揭幕，活动中共种植桂花、紫薇、香樟等树木300多株。同一天，禅城团区委、广州天河团区委也共同组织广佛两地家庭1300余人，在石湾公园开展以“广佛同城迎亚运，齐创环保新生活”为主题的植树活动。（佛山年鉴）

【广佛2010锦龙盛会】 2010年6月19日在南海黄岐举行。本次龙舟赛由《广州日报·佛山新闻》与南海区大沥镇黄岐办事处联手举办，为该活动的第二届。来自广佛两地46条龙舟经过激烈角逐，竞速杯赛的前三甲分别被黄岐渔村、盐步江心、沙溪村双西获得，广州市白云区金沙街沙凤村的龙舟夺得艳龙奖一等奖。（宋披云）

【广佛同城知识产权保护自行车巡游活动】 2010年9月25日，广州和佛山两地知识产权管理部门联合举办广佛同城知识产权保护自行车巡游活动。活动当天，来自广佛两地的自行车爱好者，从广州上下九步行街出发，跨过珠江大桥，经南海大道骑行31.2公里到佛山顺联国际广场，并沿途联合开展亚运知识产权保护的宣传工作。

【广佛联手打击安全生产违法行为】 2010年11月9日，在广东省安监局执法监察总队的组织下，广佛两市安监局执法监察支队跨区域采取联合行动，对位于广佛两市交界处的文教村东秀仓一仓库进行执法检查，现场发现该仓库涉嫌非法储存危险化学品，根据属地管理原则，该案件由广东省安监局交广州市安监局调查处理。（佛山年鉴）

【广佛同城禁毒】 2010年12月29日，广州、佛山两地警方联合在广州滘口汽车站场举行“广佛同城 禁毒我参与”活动，并在现场展示毒品样板供市民鉴别。由于广佛交界的人员往来密切，两地的毒情日趋复杂，跨区域吸贩毒现象屡屡发生，广州荔湾、佛山南海两地禁毒工作将逐步“同城一体化”。（宋披云）

【广佛肇联合旅游推介】 2010年1月20～22日，广州、佛山、肇庆三市联合分别在湖南长沙市和湖北武汉市举行“高铁一家亲——广佛肇旅游推介会”，联手推出精品线路。推介会上，通过播放旅游宣传片和优秀导游员的精彩介绍，立体展示广佛肇三地旅游资源，宣传广佛肇旅游区一体化发展目标。广东国旅旅行社股份有限公司分别与湖南省中国国际旅行社有限公司、中国国旅（武汉）有限公司签订《广佛肇一卡通合作协议》。3月25日～27日，“广佛肇”三市以“精彩广佛肇，岭南真味道”统一形象参加广州国际旅游展览会。联合展销广佛肇三地的“广府文化、岭南山水”旅游特色。3月26日～28日，“广佛肇”三地旅游局联合组织开展“百名记者、旅行商‘广佛肇’旅游采风考察活动”。通过广佛肇三地媒体、旅行商对三地旅游资源进行考察和综合报道，推介广佛肇三地旅游形象和产品。6月25日～27日，三市再次联合组团参加在北

京举行的2010北京国际旅游博览会暨北方旅游交易会，宣传“广佛肇旅游”品牌，拓展外省客源市场。（佛山年鉴）

【广佛肇企业战略合作高峰论坛】 2010年1月22日，“首届广佛肇企业战略合作高峰论坛”在广州锦绣香江举行。广东省相关部门领导、权威专家学者及省内外知名企业和行业精英代表200余人到会。论坛议题有“世界金融危机背景下中小企业融资问题的对策建议”、“广佛肇民营企业的市场营销”、“广佛肇一体化带来的巨大商机”等。广东省人大科教文卫主任许光辉、广东工商联副主席李阳春、广东省社会科学院研究员庄伟光，广州市社会科学院研究员、博士祝宪民，广东商学院民营经济研究所所长杨小川，中国管理科学研究院研究员王中之等专家学者现场演讲，香江地产公司、泓辉国际集团有限公司等企业作经验交流。期间还对2009年度在广佛肇企业战略合作方面作出杰出贡献的单位和个人颁发证书。

（钱锦嫦）

【广佛肇教育信息化合作专项研讨会】 2010年3月由广州市电教馆、佛山市教育信息网络管理中心和肇庆市教育局电教站联合在佛山市召开，对广佛肇同城化（教育信息化）合作项目进行了技术性洽谈，讨论并基本确定三地教育城域网互联、教学资源共享和广佛肇教育搜索引擎的核心技术解决方案等合作内容。会议对三市进行任务分工，广州市主要负责教育搜索引擎的建设和草拟合作协议，佛山市主要负责教学资源共享平台建设，肇庆市负责广佛肇教育同城化门户网站建设，而教育城域网互联则由三方共同解决。会议还达成了组织三地同课异构试验的初步意向。（佛山年鉴）

【广佛肇“五一”大串门】 2010年“五一”期间，广州、佛山、肇庆三市旅游局联合开展“年票互通，旅游互动——广佛肇‘五一’大串门暨佛山三水百辆自驾车畅游肇庆”活动。5月1日上午，佛山三水区百辆自驾车抵达肇庆，肇庆市有关部门在七星岩北门广场举行欢迎仪式。这是广佛肇年票互认互通后，三地旅游部门组织的第一次自驾车旅游宣传活动。（童益南）

【广佛肇第二届佛山教育博览会系列论坛活动】 于2010年5月15日至17日在佛山召开。会议以“办好每一所学校，教好每一个学生，上好每一堂课”为主题，搭建广佛肇教育交流与合作平台及社会、学校、家庭沟通交流平台，聚焦教育热点难点问题，共同关注孩子健康成长。

【广佛肇人才一体化大学生专场招聘会】 2010年6月，广佛肇三地人力资源社会保障部门联合举办“广佛肇人才一体化大学生专场招聘会”。此次招聘会共组织332家企业进场招聘，其中佛山企业135家，提供岗位近7000个，吸引3000多名高校毕业生进场应聘。此次活动旨在共同打造广佛肇经济圈人才开发和促进高校毕业生就业服务大平台，为进一步推进广佛肇人才服务一体化合作打下了坚实的基础。（佛山志办）

【首届广府文化艺术节】 2010年6～10月，广州越秀、佛山禅城和肇庆端州三地联合举办首届“广府文化艺术节”。艺术节主题为“弘扬广府文化精髓、彰显广府文化魅力”，通过表演、比赛、评选、展示等形式，挖掘广府文化内涵，促进广府文化建设和发展。其中端州区以端砚为核心，打造砚都文化大讲堂、《砚都文化》期刊、《砚都大观园》电视栏目等文化平台，承前创新，推动端砚文化为主的特色文化建设，扩大“中国砚都”品牌效应，促进端砚文化产业发展。

（谈植秀）

【肇庆（广州）投资环境推介会】 2010年6月30日，肇庆市在广州举办广佛肇经济圈—肇庆（广州）投资环境推介会。推介会签订合同项目27宗，投资总额217亿元，项目涉及电子科技、机电设备、汽车配件、生物化工、物流、服务业及房地产开发等领域。省领导雷于蓝、汤炳权、谢鹏飞，全国工商联副主席、新华联集团主席兼总裁傅军等负责人及客商、嘉宾600多人出席投资推介会。

（钱锦嫦）

【第一届广佛肇职业技能测试赛】 2010年7月21、22日，广佛肇三地人力资源社会保障部门联合在佛山市高级技工学校、顺德区梁銶琚职业技术学校举办了“第一届广佛肇职业技能测试赛”。本次测试赛有数控车工、数控铣工、中式烹调师、中式面点师等四个工种。

（佛山年鉴）

【广佛肇“低碳经济·时尚生活”论坛】 2010年7月26日，广州、佛山、肇庆三地女企业家协会主办的“低碳经济·时尚生活”女企业家论坛暨扶持妇女创业签约仪式，在肇庆市举行。广州市女企业家代表广州越秀水泥集团有限公司董事长赵思源、佛山市女企业家代表广东昭信企业集团有限公司董事长总经理梁凤仪、肇庆市女企业家代表中砚旅游休闲产业开发有限公司董事长谢跃辉分别作主题发言，倡议发展低碳经济，加快转变经济发展方式，把低碳经济理念落到实处；践行低碳生活，引导绿色消费；实行低碳家庭生活方式，引领绿色时尚生活，推进人与环境的和谐发展。广东省妇联领导，广佛肇三地妇联负责人及女企业家代表240多人出席活动。

（陈莹莹）

【肇庆、佛山海事应急演练】 2010年11月2日，肇庆和佛山两地海事部门在西江下游琴沙洲尾水域，举行保护西江饮用水源水上溢油应急联合演习，检验海事部门履行地方溢油应急预案海事职责能力，验证两地海事水上溢油应急预案有效性和可操作性，保护广州亚运会期间西江饮用水资源安全。演习分事故船舶救助、溢油应急处置、敏感区域保护三部分，围绕搜救溢油应急地区合作、失控船舶应急拖带、水面溢油围控清除、岸线溢油防控清除四个科目进行。

（张 爽）

【广佛肇发展机遇高峰论坛】 2010年12月4日，“珠三角一体化发展下的广佛肇经济圈发展机遇，‘发现洼地价值’高峰论坛”在肇庆市举行。论坛由羊城晚报社主办，信业地产协办。肇庆市委常委、常务副市长刘惠祥，广东省府发展研究中心副主任汪一洋，羊城晚报报业集团副总编缉陈心宇，肇庆高新区管委会副主任江泽全，广州市社科院研究员彭澎，佛山市委党校教授蒙荫莉，信业集团营销中心总监宋丽等领导、学者出席并作演讲。论题涉及“广佛肇一体化发展是经济社会发展的客观要求”、“广佛肇一体化产业布局是经济圈形成的核心”、“肇庆承接产业转移的重点区域是广州和佛山”等方面。

（钱锦嫦）

【广佛肇粤语新童谣大赛】 2010年12月5日，肇庆市端州区、广州市越秀区、佛山市禅城区三地宣传、文化、教育部门在禅城区金马影剧院联合举办“同根同声·广府情怀”粤语新童谣大赛。其中端州区参演的6个节目分获总决赛特等奖和一等奖。其中情景剧《砚村童趣》、表演唱《肇庆观光》和《端砚谣》或特等奖，情景剧《砚语》、表演唱《我踩车仔游端州》、舞蹈《星湖又荡舟》获一等奖；《砚村童趣》获全场最高分数。

（谈植秀）

【首届广佛肇商会合作论坛】 2010年12月6日，首届广佛肇商会合作论坛在佛山市举办，论坛主题是“携手、合作、共赢——新形势下产业发展与升级的趋势和路径”。三地商会代表签署《广佛肇商会合作协议》。

（张海峰）

【广佛肇水务同城化交流】 2010年12月7日，广佛肇三市在穗举行水务同城化交流活动。借广州举办亚运的契机，三地加大了水环境的保护和整治力度，在水环境取得明显改善的同时，形成“三地同城化，同饮两江水”的格局。广佛肇三地水务局负责人先后参观了广州荔枝湾涌和西村水厂，并就税务信息、防汛抢险、界河整治、治水技术等方面的交流合作进行研讨。三市商定，要建立水资源联动保护机制，保护三地水源的共同取水口——西江；在界河整治方面，要在已取得成效的基础上加强水环境的执法、防治水污染，完善联合整治协调沟通机制，进一步加强治水技术的交流合作，为今后水环境保护提供经验。在亚运会前，广州开展跨区域河涌整治和对堤围的加固达标建设，先后完成与佛山市相接7条河涌的综合整治。2011年将完成广佛河海龙围江尾段1800米堤防整治工程和牛肚湾涌河涌截污、清淤和堤岸整治。

【深莞惠环保联合行动】 2010年6月3日，深莞惠环保联合行动在东莞举行，深圳、东莞、惠州三地500多名青年参加活动，发布《共建“绿色家园”青年宣言》，倡议低碳生活。会后开展骑自行车参加“迎亚运，绿道行”活动，并在松山湖中心公园种下各市市树350棵。

【珠江东岸论坛】 2010年10月29至31日，为落实《珠江口东岸地区紧密合作框架协议》，进一步推进深莞惠一体化，打造具有世界竞争力的都市圈，提高深莞惠国际影响力和知名度，深圳、东莞、惠州三市在深圳举办“珠江东岸论坛”，为三市政府、商界、学术界以及其他社会力量提供高端对话平台。论坛在“平等、协商、合作、共赢”的原则下，旨在实现以下目标：探讨珠江东岸的区域发展机遇和挑战，促成三市政府、学术界、商界以及其他社会力量达成发展共识；探讨珠江东岸的区域合作存在的问题及对策，强化珠江东岸区域竞争力以应对全球挑战；探讨世界发达都市圈在区域发展、合作机制等方面的成功之道和经验借鉴；为三市政府决策提供切实可行的建议参考，发挥珠江东岸区域发展的智囊作用。

【“十二五”规划编制交流会】 2010年11月18日，东莞市发改局牵头组织召开深莞惠三市“十二五”规划编制工作交流会，深圳、东莞、惠州三市发改局（委）领导和规划编制人员参加会议。会上三市分别交流各市“十二五”规划的思路和重点，对接深莞惠加强合作的重大事项和重大项目，并就促进三市基础公共服务一体化以及基础设施、产业发展、环境保护、生态建设合作等问题进行深入交流，提出共同构建珠江东岸经济圈的设想。

【万车互游深莞惠】 2010年12月18日，由深圳市文体旅游局、东莞市旅游局、惠州市旅游局联合主办的大型自驾游活动——“万车互游深莞惠”正式启动，深圳、东莞、惠州三地同时举办启动仪式暨首发团。此项活动是2010深莞惠三地旅游合作联席会议确定的三地旅游互动合作的主体活动内容之一，旨在加快推进深莞惠三地旅游一体化进程，进一步构筑“深莞惠城际互访”、“一小时旅游黄金圈”。 （东莞志办）

【首届珠中江进出口名优商品展销会】 2010年1月29日至2月1日在江门举行。中山市66家外向型企业参展，标准展位150个，其中特装展位3个，参展企业中有多家省高新技术企业、家电下乡产品中标企业以及拥有广东省著名商标的知名企业。部分参展企业展销商品首次面对国内消费者，例如龙的集团保留出口产品的高端设计，针对国内市场需求适当改变小家电产品部分配件配置，数十款产品中，80%是专供出口的产品。 （中山志办）

【珠海民间艺术大巡游】 2010年2月28日在珠海举行。来自珠海、中山、江门以及港澳地区的9辆花车和27个巡游方阵，2300多名演员参与的这场精彩的民间艺术盛宴，吸引18万市民和游客现场观看。本届大巡游活动有四大亮点：珠港澳区域文化交流、珠中江区域文化交流、大巡游与灯会的结合与互动、珠海当地民间艺术精彩展示。香港、澳门以及中山、江门都派出特色方阵参加巡游活动，香港的“客家貔貅大汇演”方阵，澳门的葡国土风舞方阵及“八仙贺新春、哪吒闹元宵”方阵，中山的“醉龙”、江门的“蔡李佛拳”、珠海的“乾务飘色”、水上婚嫁、三灶鹤歌鹤舞等都展示了民间非物质文化遗产的精华。 （宋披云）

【中珠澳旅游区域合作】 2010年3月24日，中山、珠海、澳门旅游局局长以及旅游部门代表在中山市召开2010年中珠澳旅游区域合作联盟工作会议暨轮值城市交接仪式。中山市旅游局接过轮值城市的轮值锦旗。2010年，中山市借助澳门在世界各地办事机构的平台，扩大中山旅游的对外宣传。中山、珠海、澳门三地旅游局共同制作新版（中英文版）《梦回香山》专题片，于10月在马来西亚举行的第八届世界中山同乡恳亲大会上联合举行旅游推介会。12月，三地旅游局共赴湖北武汉举办中珠澳旅游推介会，进一步扩大中珠澳旅游合作产品在内地的影响。 （中山志办）

【珠中江大学生就业创业联盟成立】 2010年4月10日，珠三角首个区域城市大学生就业创业联盟——珠海、中山、江门大学生就业创业联盟分别在三城市成立。联盟将建立三市互联互通的毕业生网络信息平台，并共同组织大学毕业生就业供需见面会，实现三市高校间、人才市场与高校、高校与企业的信息对接。该联盟由三地相关高校、人才市场共同组成，同时将建立创业专案库。除定期举办三地高校校际毕业生就业创业交流研讨会、三地大学生就业创业高端论坛等活动外，还将开展创业教育合作，建立大学生创业基地，举办三地大学生创业大赛。

【首届珠中江纪念国际护士节活动】 2010年5月8日在珠海市举行。来自珠海、中山、江门的500多名护士代表共聚一堂开展护理学术交流，三地的护理学会会长等专家学者在会上发言，介绍三地护理工作经验。目前珠中江三地共有护士1.6万名，这次活动是三地落实区域医疗合作又一具体举措。

（宋拔云）

【珠中江三地启动“环境宣传月”宣教活动】 2010年5月22日，以“生态文明·低碳生活”为主题，中山市环境保护局、珠海市环境保护局、江门市环境保护局在中山树木园举办2010年纪念“国际生物多样性日”暨“珠中江”首届环保知识竞赛，正式启动珠中江三地“环境宣传月”系列环境宣教活动。（中山志办）

【第二届珠中江肿瘤论坛】 2010年8月22日在珠海举行。珠海、中山、江门三地及北京、天津、广州等地知名肿瘤专家教授200多人与会，就当前肿瘤治疗新技术发展、疑难病例探讨、化疗二维三维技术等进行研讨。不少专家在讨论中提出，珠中江三地多为水上人家后代，遗传基因、饮食习惯、生活习惯、民俗民风等大同小异，三地恶性肿瘤发病前十位病种基本相同，而肺癌“不约而同”地位居三地癌症发病榜首，值得引起注意。

【珠三角西翼发展论坛】 2010年2月8日，“珠三角西翼（横琴岛）科学发展高峰论坛”在澳门举行，为粤港澳合作发展出谋划策。中共广东省委常委、副省长肖志恒出席会议并作主题发言。会议对涉及珠三角未来发展的多方面重大问题进行研讨，其中主要内容包括，“深化粤港澳区域合作体现国家战略意图和世界经济的深刻变化”、“破解珠江西岸区域经济整合的制度瓶颈”、“粤港澳紧密合作的路径与前景”、“澳门转型多元发展格局与广东的战略选择”、“如何发挥澳门对拉美语系国家经贸战略合作的带动效应”等。

【珠三角省市合办劳务对接招聘会】 2010年3月4日，广东省人力资源和社会保障厅联合湛江、东莞、珠海、中山四市政府在湛江市举办“春暖南粤”就业服务月劳务对接招聘会。中共广东省委常委、副省长肖志恒出席招聘活动。来自湛江市各县（区）的返乡农民工、农村富余劳动力、应届毕业的中技生等共1万多人参加招聘活动，其中4647人初步达成就业意向。

【珠三角纪检监察机关帮扶欠发达地区】 2010年3月30日，广东珠三角地区与欠发达地区纪检监察机关对口帮扶工作签约仪式在广州举行。中共广东省委常委、省纪委书记朱明国出席签约仪式并讲话。签约仪式上，广州、深圳、珠海、佛山、东莞、中山等6市纪委监察局与韶关、河源、梅州、汕尾、阳江、湛江、茂名、肇庆、清远、潮州、揭阳、云浮等12市纪委监察局，签订了对口帮扶责任书。

【珠三角规划纲要群众论坛】 2010年3月31日起在广东省内展开，广东省设总论坛，珠三角各市举办分论坛。

3月31日，肇庆市举行实施《规划纲要》群众论坛分论坛，围绕“双转移”、

“广佛肇”等话题，专家学者、群众、地方官员互助研讨。

4月15日，惠州市举行实施《规划纲要》群众论坛分论坛。来自广东及全国的300多名群众代表、60名特约观察员以及7.1万名网友就“惠变——《纲要》实施以来之惠州变局”进行讨论。

4月17日，中山市举办实施《规划纲要》群众论坛分论坛，以“创新行政审批方式”为主题，吸引260多名群众参加讨论。承办单位代表在现场对群众提出的问题一一回答。

4月22日，“《规划纲要》大家谈——深圳群众论坛”围绕深圳的发展定位、破解特区内外二元化发展困局、促进深莞惠一体化发展、深化深港合作以及改善交通、医疗、教育等民生问题在深圳展开。

4月22日，佛山市举办“同城一年看民生”主题群众论坛。市民除现场参与，还通过电话、短信、网上发言或微博等多种形式参与论坛。政府部门相关负责人在现场解疑释惑，现场回应群众意见。

4月29日，广州市委宣传部和广州市社科联在广州艺博院联合举办“广州建设国家中心城市群众论坛”，专家及网友代表300余人参加了论坛。论坛围绕广州建设国家中心城市问题，以全程互动的方式进行，听众、嘉宾、网友和手机用户随时通过手机与互联网参与讨论，为广州发展建言献策，提出了许多真知灼见。

4月30日，东莞市举行实施《规划纲要》群众论坛分论坛。在思想碰撞环节，现场听众代表也纷纷发言，一再要求延长发言时间。

5月17日，江门市吸引400多名群众代表参加实施《规划纲要》群众论坛分论坛，就“低碳经济、绿色江门”的发展前景进行讨论。

【珠三角高峰会】 2010年4月22日，由粤港澳合作促进会、澳门可持续发展策略研究中心和香港智经研究中心共同主办的“第三届‘珠江论坛’暨‘世界级珠三角都会——现状与前瞻’高峰会”在澳门举行。广东省副省长雷于蓝、澳门特区政府经济财政司司长谭伯源，香港特区政府政务司司长唐英年、外交部驻澳门特派员公署特派员卢树民和中央驻澳门联络办公室副主任高燕出席论坛。

【第六届泛珠三角合作论坛开幕】 第六届泛珠三角区域合作与发展论坛暨经贸洽谈会2010年8月27日在福建召开，来自福建省、江西省、湖南省、广东省、广西壮族自治区、海南省、四川省、贵州省、云南省和香港、澳门特别行政区的政府代表团和经贸代表团参加大会。大会还邀请东盟部分国家驻华使领馆官员，长三角、环渤海等国内区域经济组织代表，台湾知名人士和台资企业代表等参加，总人数超过1万人。会上先后举行经贸合作洽谈会开馆暨合作项目签约仪式、行政首长联席会议、高层论坛等活动。本届泛珠大会以“深化合作、共谋发展”为主题，一是突出与“十二五”规划协调，二是突出对台交流，三是突出项目合作，四是突出科技创新。广东省省长黄华华率领的广东代表团由32个分团组成，其中地市分团21个，省属分团7个，专业分团4个，参展参会人数2000多人。（宋拔云）

【6市食品药品监管系统联合执法行动】 2010年9月15日，广州、佛山、东莞、珠

海、中山、江门、肇庆6市食品药品监管局共同组织开展药品、医疗器械、保健食品、化妆品市场整治专项联合行动，以强化亚运会期间药品、医疗器械、保健食品、化妆品安全保障工作，打造“安全亚运”。其中佛山市共计出动药监执法人员60人次，检查各类企业55家，通过快速检验发现不合格药品1批，发出责令整改通知书5份。专项整治行动有力地打击了产、销假冒药品、医疗器械、保健食品、化妆品违法行为。

（佛山年鉴）

【第二届珠三角人才联盟论坛】　2010年12月21日，珠三角地区人才工作联盟第二届论坛在广州举行。广州市市长万庆良出席论坛并致辞，副市长陈国主持论坛。来自中央组织部、广东省和珠三角各市组织部门、政府人事劳动部门，以及各市人力资源服务机构的代表共100多人参加论坛活动。会上倡议，珠三角人才工作联盟要成为促进珠三角区域人才资源优化配置的重要平台，发挥推动科学发展、促进社会和谐排头兵的重要作用。（宋拔云）

对外开放

【中新广州知识城全面开发建设】　2010年6月30日，中新广州知识城在广州市萝岗区举行奠基仪式。中共中央政治局委员、广东省委书记汪洋，新加坡国务资政吴作栋出席仪式并致辞。广东省长黄华华，科技部副部长张来武，中共广东省委常委、常务副省长朱小丹，省委常委、广州市委书记张广宁，副省长、广州市市长万庆良以及新加坡新闻、通讯及艺术部代部长吕德耀，新加坡人力部兼贸工部政务部长李奕贤等出席。经过中新双方近一年努力，已确定中新广州知识城开发建设时序。5年内将集中全力推动约10平方公里的起步区建设，共同致力把知识城打造成为引领广州、广东乃至中国产业高端发展尤其是知识型经济发展的新引擎、汇聚全球精英人才的高地、国际一流水平的生态宜居新城、中新战略合作的代表项目和杰出典范。奠基仪式上，广州市政府与广州知识城投资开发有限公司、新加坡知识城私人有限公司签订知识城三方合作总体协议。广州经济技术开发区管委会与广州知识城投资开发有限公司、新加坡知识城私人有限公司签订知识城三方合作实施协议。首批入驻知识城的33个项目也在仪式上签约。

12月25日，中新广州知识城管委会揭牌暨重点项目签约仪式在广州举行，标志着知识城进入全面开发建设新阶段。中共广州市委副书记、市长、广东省知识城领导小组副组长万庆良出席仪式并致辞。中新广州知识城重点发展研发服务、创意产业、教育培训、生命健康、信息技术、生物技术、先进制造等八大产业，形成以知识密集型服务业为主导、高附加值制造业为支撑、宜居产业为配套的产业结构。首批签约项目包括奥飞动漫硅谷、中山大学国际健康医疗研究中心等。首个落地的金发科技碳纤维项目建成后预计年产2000吨高性能PAN碳纤维，产值约100亿元。本次签约的企业和项目有京东商城物联网基地及华南总部、勤上光电研发中心和销售总部、万全集团研发中心及华南总部、广东天联集团总部、金域集团医学检验中心等重点项目。（何文倩）

【顺德戏曲新作粤港澳巡演】　2010年7月

20日，“粤韵情浓——顺德戏曲新作粤港澳巡演”在澳门永乐戏院开幕，中共佛山市顺德区委常委、宣传部部长，区文体旅游局局长梁惠英出席演出活动。此次活动吸引了千余名观众到场观看，《悠悠顺德赤子情》、《姿彩美食颂顺德》、《凤岭长歌颂莉花》等，赢得了澳门乡亲的阵阵喝彩。此次巡演活动旨在庆贺粤剧申报世界非物质文化遗产成功，推动粤港澳文化交流。

【佛山—澳门CEPA合作交流会】 2010年7月29日在澳门旅游塔会展中心开幕。佛澳两地政府和工商企业界人士约400余人齐聚一堂，共商推进落实《珠江三角洲地区改革发展规划纲要》。这是佛山和澳门在政府层面首次联合举办的大规模CEPA（落实内地与港澳更紧密经贸关系安排）交流活动。会上，中共佛山市委常委、常务副市长周天明和澳门经济局局长苏添平、澳门贸促局主席张祖荣等分别就佛澳深化合作的前景和机会作演讲。佛山市副市长李子甫介绍佛山的最新发展情况及16项佛澳合作内容。佛澳双方在交流会现场共签订合作项目12个，涵盖科技、贸易、金融等多个领域。

【佛山参展2010香港美食博览会】 2010年8月12至14日，中共佛山市委常委、常务副市长冼瑞伦率佛山代表团参加“2010香港美食博览会”，开拓佛山市农产品在香港和国外的市场。在博览会上，三水区乐平镇雪梨瓜热销。

【“台湾广东周”经贸文化交流活动】 2010年8月15～22日，佛山市组团随广东省农业分团赴台湾参加“台湾广东周”经贸文化交流活动。活动中，佛山市长李贻伟率佛山团全体成员参加农业合作项目签约会，与台湾签订了总额为5563万美元的农业合作项目，签约额占全省六成多。

【佛山工艺美术精品展】 2010年8月22日至9月1日，由台北国父纪念馆和佛山市对外文化交流协会联合主办的“佛山工艺美术精品展”亮相台湾，为观众带去佛山传统民间工艺美术的精粹。此次展出的作品约100件，汇集了陈永才、邓本圻、冯炳棠等佛山工艺美术名师的精品名作和一批中青年工艺美术师的代表作，包含佛山陶艺、剪纸、灯色扎作、木版年画等多项国家级非物质文化遗产项目，是近年来佛山工艺美术在台展出品种最齐全、内容最丰富的一次。展览吸引了大批游客和市民前往参观。

（高　云）

【佛澳中医药产业合作研究项目合同书】 2010年11月，佛山市科技局、澳门科技大学和佛山市生产力促进中心三方签署“借力澳门横琴开发，促进佛山中医药产业升级和国际化的可行性分析和策略研究”项目合同书。以澳门科技大学为主力的课题组将以理论研究和实地调研相结合的方式，提出佛山中医药产业升级和国际化的研究框架，分析其可行性，并提出升级和国际化的策略，最终形成相关报告。（佛山年鉴）

【“台澳江肇”旅游合作】 2010年8月16～22日，“台湾·广东周”经贸活动在台湾举行，肇庆市旅游局参加活动，与江门市旅游局合作联手推出“台澳江肇”黄金旅游线路，积极宣传推介两地旅游。8月16日召开的肇庆分团经贸、旅游、文化、农业合作说明会上，肇庆市旅游局、肇庆广之旅与台湾弘泰旅行社股份有限公司签订《“台澳江肇”黄金旅游线路推广合作协议》。

（童益南）

【肇庆—澳门经贸旅游文化合作交流会】2010年10月11日，肇庆市与澳门特别行政区贸易投资促进局联合在澳门旅游观光塔举办“肇庆—澳门经贸旅游文化合作交流会”。共签订旅游、文化合作投资项目18宗，投资总额13亿美元。澳门特区政府经济财政司司长谭伯源、中央驻澳门特区联络员办公室秘书长崔国潮、外交部驻澳门特派员公署副特派员宋彦斌、澳门贸易投资促进局主席张祖荣、澳门中华总商会会长马有礼及澳门旅游局，澳门文化局的代表，肇庆领导覃卫东、郭锋等和来自国内外的客商300多人出席会议。期间，肇庆市歌舞团参加“交流会”文艺演出；肇庆市图书馆与澳门图书馆暨资讯管理协会签署《肇澳图书馆交流合作协议》。

（李雅静）

【深圳文博会】 2010年5月14～17日，第六届中国（深圳）国际文化产业博览交易会于在深圳会展中心举行。中共中央政治局委员、书记处书记、宣传部部长刘云山，全国政协副主席白立忱，中国贸促会会长、“文博会”组委会主任万季飞，中共广东省委副书记、省长黄华华，中共广东省委常委、深圳市委书记、代市长王荣出席开幕式。该届“文博会”以主展馆为主体，分会场为配套，设立博览与交易、峰会、评奖、节庆及网上“文博会”五大板块，以“文化与科技相融合、产业与市场相促进”为主题。主会场面积达10.5万平方米，设置标准展位4500个，包括文化产业项目交易馆、文化精品馆、数字影视—动漫游戏馆、演艺产业馆、创意设计馆、新闻出版馆、美术馆、工艺美术馆等八大专业馆。同时，还有涉及婚庆文化、瓷文化、原创音乐等35个不同主题的分会场。

规模扩大　该届“文博会”有1797家政府组团、企业和机构参加，比上届增加29家；全国各省、自治区、直辖市及港澳台地区全部参展，首次实现“大团圆”；分会场由上届的30家增加至35家，各分会场规模、数量和成交额均创新高；参展产品达10万个品种，比上届增长20%；国家级、重量级活动明显增加，总活动409项，22项列为重要活动，其中中国新媒体影视动漫节、中国数字出版高峰论坛是该届“文博会”首创的配套论坛。

成交活跃　该届“文博会”总成交额1088.56亿元，比上届增加207.87亿元，增幅23.6%；合同成交额351.03亿元，比上届增加一倍多；中西部交易额293.57亿元，比上届增长55.82%；文化产品出口交易额114.06亿元，突破100亿元，比上届增长30.12%。

专业水平提高　该届“文博会”文化产业核心层成交额395.59亿元，8大重点文化产业项目成交259.54亿元；8大重点文化产业中，文化创意业成交额110.06亿元；核心层内容当中，出版发行和版权服务成交14.93亿元，广播电影服务业41.42亿元，文化艺术服务339.24亿元。

国际化程度提高　该届“文博会”出口交易114.06亿元，比上届增长30.12%；受邀参会海外采购商达1.07万人，分别来自包括美国、法国、日本、加拿大等86个国家和地区，比上届增加30个国家和地区；“文博—世博”资源共享平台成功搭建，在世博会的展馆中展示“文博会”的内容，举办“世博高端访问团”、“世博展馆展示设计论坛”、“国际演出团体文博献艺”等配套活动。

“文化＋科技”和“文化＋旅游”特色进一步凸显　该届“文博会”高科技型文化产业成交额达403.76亿元，比上届增长61.76%；“文化＋旅游”特色逐步显现，文化与旅游相结合产业成交额104.55亿元，合同成交43.15亿元；骨干龙头文化企业参展率达51%，比上届增长22个百分点；投资规模超亿元项目131个，签约总额788.75亿元。

影响力增强　该届“文博会”参与观众367.49万人次，专业观众达39.01万人次，比上届增加1.82万人次；境内外媒体1500余名记者参与采访报道。

【深圳高交会】　2010年11月16～21日，第十二届中国国际高新技交成果交易会在深圳会展中心举行。该届“高交会”以“科技引领转型、创新驱动发展”为主题，包括“高新技术成果交易、高新技术专业产品展(包括IT展、电子展、光电平板显示展、新能源与节能环保展)、中国高新技术论坛、super-SUPER(“对超级人士提供超级服务”，即为中外政府要员、海内外著名学者、科学家、中外企业家等高层人士提供一对一、一对多、多对多的商务交流和高层会晤)专题活动、高新技术人才与智力交流会、不落幕的交易会”六大板块内容。展会集中展示我国“十一五”期间的重大科技专项、基础研究、前沿技术、民生科技、传统产业技术改造等高新技术产业方面的典型成果，充分体现科技在引领可持续发展、改善民生等方面取得的巨大成就；聚焦“十二五”规划的产业布局、战略性新兴产业的培育发展、地区产业结构的优化调整升级，组织大量的优势项目和技术进行展示和交易，充分发挥高交会交易促进和技术引进功能。

来自49个国家和地区的106个代表团、2775家参展商、2438家投资商和12793个项目，参加了高交会的展示、交易和洽谈，参观人数52.5万人次，150多家海内外媒体的近1200名记者参与报道了大会盛况。其中，参展的项目数、参会投资商数、跨国公司数、参观人数及专业客户人气指数均超上届。借助“高交会”平台，国内外政府、团体、企业开展系列合作交流活动，商务部组织举办加工贸易转型升级试点地区等授牌活动，国家发改委举办国家高技术产业基地、国家工程实验室等授牌大会；美国IDG公司举办“亚洲移动互联网高峰论坛”；各省市举办“山东—深港高新技术合作恳谈会”、“宁夏新能源推介会”等系列活动。

“新能源与节能环保展”全面展示当前新能源与节能环保领域的最新科技成果；“信息技术与产品展”新增三网融合和互联网专区，集中展示电子商务、物联网及云计算技术成果；“电子展和光电平板展”着力展示与新兴产业相关的技术与产品。国家发改委组织“战略性新兴产业发展论坛”，工业和信息化部举办“工业节能与综合利用高峰论坛”，农业部举办“低碳农业与节能减排论坛”，国家知识产权局、科技部等单位共同举办“国际创新大会”，中国科学院举办“机器人与智能信息系统院士论坛”，中国工程院举办“生物产业发展论坛”。“中国高新技术论坛”广泛邀请不同行业的领军人物，共同描述行业、科技与经济的发展蓝图。有26位中外政府部长级官员出席“部长论坛”，8位中外部长就“新产业、新格局、新发展”和“新兴产业发展与国际合作展望”等议题发表见解。经济学家吴敬琏、周其仁、胡祖六以及世界风能协会主席阿尼尔·凯恩等41位国内外嘉宾分别在“资本市场专场”、“创业家峰会”、“战略性新兴产业发展论坛”、“新能源与低碳发展峰会”等论坛登台演讲，为深入了解世界科技经济发展趋势提供全新视角。该届高交会还邀请中外政府官员、专家、学者、跨国公司的高层人士开展了20场“super-SUPER”洽谈活动，促进招商引资和国际经济技术交流与合作。“人才与智力交流会”组织了202家用人单位参展、提供8040个职位，为高新技术和新兴产业发展招揽人才。

是年6月，“高交会”组委会分别在以色列和匈牙利成功举办“高交会”海外分会，为中外企业的交流与合作搭建快捷有效的平台。高交会闭幕后，继续通过海外分会、网上展会等“不落幕”的形式，为国内外广大展商、投资商搭建常年交易平台。

（深圳市史志办）

【东莞虎门港加强对台港口合作】 2010年3月31日，虎门港沙田港区对台直航正式开通，该航线为东莞企业提供周班服务，沿线挂靠主要港口有基隆、台中、高雄等。东莞货物两天可直达台湾，企业物流成本可降低15%-30%。7月8日，东莞市副市长邓志广率团赴台考察，促使虎门港与台湾基隆港签署两港对接合作协议，双方就保税物流中心和自由贸易区等九大方面展开对接合作，促进两地港口双向货物快速流转，实现产业联动和资源共享。

【东莞劲胜精密组件股份有限公司在深交所创业板上市】 2010年5月20日，东莞劲胜精密组件股份有限公司通过中国证监会评审，正式在深交所创业板挂牌上市，成为首家在大陆创业板上市的台资企业。该公司创立于2003年，位于长安镇上角村，注册资本为7500万元人民币，公司董事长为台湾同胞王九全。主营业务为消费电子领域精密模具及精密结构件的研发、设计、生产及销售等。

【台湾玉山银行东莞代表处成立】 2010年5月27日，台湾玉山银行东莞代表处举行揭幕典礼，成为继富邦银行（香港）之后第二家在东莞成立代表处的台资银行。玉山银行成立于1992年，在岛内有分行122家，并在美国洛杉矶、中国香港、越南等地设立分行或代表处。玉山银行在服务中小企业融资方面富于经验，将为东莞中小企业提供融资、资金流管理等相关服务。

【莞澳高层互访】 2010年7月6日，澳门特别行政区行政长官崔世安一行访问东莞，作为进一步了解《珠江三角洲地区改革发展规划纲要（2008-2020）》落实情况的广东系列访问首站。12月2日，东莞市委书记、市人大常委会主任刘志庚率团赴澳门访问，先后拜会澳门特别行政区行政长官崔世安、中央驻澳门联络办公室、外交部驻澳门特派员公署、澳门运输工务司、澳门社会文化司等。

【东莞市组团赴台参加“台湾·广东周”活动】 2010年8月16日至22日，东莞市组团参加广东省政府赴台开展的“台湾·广东周”系列活动。在台期间，东莞分团访问了台达集团、光宝集团、金宝集团、华新丽华集团、宝成集团、胜华集团、联电集团、台升集团等8家高科技龙头企业，玉山金控、富邦金控等2家金融机构，以及电电公会、生产力中心、物流协会、桃园职训中心等4家产业服务机构；拜会了中国国民党荣誉主席吴伯雄、海基会董事长江丙坤等知名人士；参观了新竹科技园、高雄港等园区。此次活动扩大了莞台的经贸合作，促成商品采购11项共78.88亿元，引资增资项目20个共31.28亿元；签订了《东莞市与苗栗县农业合作意向书》，促进与苗栗农业对接；同时增进了莞台两地党务和民间交流。

【松山湖台湾高科技园开园】 2010年11月21日，松山湖台湾高科技园开园暨联胜项目启动仪式在松山湖隆重举行。联胜液晶显示器项目和台湾洲磊科技LED项目同时启动，总投资超过160亿元。联胜液晶显示器项目由手机用面板市场占有率连续两年居全球第一的台湾胜华科技投资。该项目占地31.67公顷，总建筑面积超过57万平方米，首期投资37亿元，2011年底将完成第一期建设并投产，成为全球首个第三代触控面板生产基地，预计年产值超过100亿元，成为东莞电子信息业的巨头。东莞联胜液晶显示器项目将要开发的第三代触控面板是今后触控面板的趋势和主流，其厚度只有0.7mm，重量仅为87克。而台湾洲磊科技公司LED项目则是广东省最大的LED投资项目。东莞市委书记刘志庚表示，松山湖将以成功晋级国家高新技术产业开发区为契机，尽快将台湾高科技园建设成为东莞产业结构调整的示范园区以及承接台湾高科技项目的重要平台，为加快推动全市产业结构调整和转型升级发挥更加重要的辐射带动作用。

【东莞台商大厦】 由东莞台商募集资金逾十亿元人民币投资兴建，占地约2.7万平方米，工程建筑面积28万平方米，大厦地下4层、地上68层总高达289米，2005年底奠基，2010年12月封顶，为东莞第一高楼。国台办王毅主任在出席台商大厦封顶仪式时表示，台商在东莞奋力打拼多年，为东莞发展做出了巨大的贡献，台商大厦的建立，向海峡两岸发出明确信息：东莞台商要在这里深深扎根，并以此为总部，不断发展壮大。大厦建筑设计突显台湾文化，低层部分将设“台湾特色”大型商场，以台商经营台湾货品为主；中层部分将是台商在东莞投资企业的经营总部，或台湾企业派驻东莞的事务机构，也是台商聚会及与东莞民间经贸和文化交流合作的活动场所；高层部分是东莞台商和从台湾到东莞商务考察人员的居住公寓。东莞市台商协会致力于将大厦精心打造成一个绿色、环保、节能、先进的景观性建筑。大厦的工程质量均按“鲁班奖”及美国“LEED”认证标准执行，安全文明施工按照广东省双优标准实施。大厦项目设计已获得“东莞市优秀设计一等奖”、“东莞市优秀地质勘察一等奖”、“2008年度东莞市公共建筑节能示范项目”以及由深圳市照明协会颁发的“金照奖”等奖项。

【莞港合作开拓国际市场】 2010年，东莞市与香港贸易发展局合作组织东莞企业参加44场国内外展览会，在重要展览会上设立东莞品牌产品专区，提高企业产品知名度。6月25日，东莞市外经贸局联合香港商务及经济发展局、香港贸易发展局、香港设计中心在虎门举办“服装设计与品牌营销策略研讨会”，汇聚香港服装设计精英，为东莞服装制造企业提供最新服装设计思想和潮流信息，搭建服装企业与香港知名设计公司合作平台。

（东莞志办）

【港珠澳大桥建设水上交通安全监管研讨会】 2010年1月29日在珠海召开。粤港澳三地的海事机构签署粤港澳海事机构港珠澳大桥建设水上交通安全监管联络协调机制备忘录。根据文本规定，粤港澳三地海事机构、大桥建设方等根据业务关系，指定一名人员为港珠澳大桥建设水上安全监管工作联络员，负责涉及大桥建设水上交通安全监管工作的联系协调等工作。

与会代表在研讨会上探讨水上安全监管的新措施；研究建立粤港澳海事机构港珠澳大桥建设水上交通安全监管联络协调机制；共同应对大桥建设对水域通航环境带来的新变化。为确保港珠澳大桥施工期间水上交通安全，广东海事局合理整合辖区资源，计划调用该局一流的装备来保障港珠澳大桥建设的水上安全，包括船舶自动识别系统（AIS）、船舶交通管理系统（VTS）、电视监控系统（CCTV）等现代科技手段以及大型海巡船、海事固定翼飞机等都将被派上用场，形成了“智能交通”的监管格局。

【粤港澳共同推进规划纲要第三次联络协调会】 2010年2月5日在广州举行。广东省副省长万庆良、香港特别行政区政府政务司司长唐英年、澳门特别行政区政府经济财政司司长谭伯源共同主持会议。广东省政府副秘书长、省港澳办主任唐豪和粤港澳三方政府有关部门负责人出席会议。国务院港澳办有关负责人到会指导。会议商定，下一步工作重点是抓紧推进基础设施建设和共建优质生活圈两个区域专项规划编制工作。

（何文倩）

【江港澳促进物流业发展合作协议】 2010年3月4日，江门市经济与信息化局和香港物流商会、香港物流协会、澳门付货人协会在香港签署《江港澳促进物流业发展合作协议》。江港澳将在建立区域物流合作机制、提供物流新技术支持和推广服务、物流企业家及中高层管理人员培训、物流新技术创新应用试点企业工作等方面开展合作，促进江港澳三地物流业联动发展。 （江门志办）

【珠海澳门互认海关货物查验结果】 2010年3月27日起，拱北海关启动对陆路转关出口到澳门货物的查验结果参考互认工作。从大陆出口转关至澳门的货物，如查验正常，拱北海关施加绿色关锁并在单证上作出对应批注和签章。货物运抵澳门，承运人向澳门海关提交相关查验资料，澳方参考内地海关查验结果，核对关锁施封状况后，即予以办理放行手续而不再实施查验。

【粤港澳《共建优质生活圈专项规划》论证会】 2010年4月20日在广州召开，会议由广东省住房和城乡建设厅、香港环境局、澳门运输工务司联合举行，主要就中国首部以“优质生活”为主题的区域合作规划——粤港澳《共建优质生活圈专项规划》进行专家评审。此前规划汇总报告初稿已经完成，三地将在不同范围、层面征求意见，并经进一步修改、完善后择时正式发布。规划对三地环境生态、低碳发展、跨界空间、区域交通、文化民生五大方面作出具体安排。其中，三地将探讨港澳的初中和小学有步骤地向广东学生开放的可能性，而城际轨道交通将成三地区域交通的骨干，小汽车交通也将得到适度发展。在民生合作方面，规划阐述了三地应如何在教育、社会福利、供港澳食品安全三方面展开合作。粤港澳共建跨境绿道，也是规划的一大内容。年内启动建设的

"环珠江口跨境区域绿道"是珠三角绿道网与香港绿地系统有机衔接的典型。

【粤澳合作联席会议】 2010年5月31日在澳门举行。广东省省长黄华华和澳门特别行政区行政长官崔世安分别率领双方代表团出席会议并作主题发言，国务院港澳办副主任周波、中央人民政府驻澳门联络办副主任高燕到会指导。广东省副省长万庆良和澳门特别行政区运输工务司司长刘仕尧在会上回顾了2009年粤澳合作联席会议以来双方合作项目的进展情况。会上，双方代表签署《关于进一步做好粤澳合作框架协议起草工作的备忘录》、《关于探讨粤澳双方共建中医药产业合作基地的备忘录》和《粤澳旅游合作协议》。会议重点研究并确定下一阶段合作重点：抓紧编制《粤澳合作框架协议》，并共同争取将协议有关内容纳入国家"十二五"规划；抓紧共同做好粤港澳基础设施和优质生活圈专项规划的编制完善工作；携手推进横琴开发和澳门大学横琴新校区建设，力争在专项政策报批上取得突破，澳门大学横琴新校区项目建设确保按照中央要求在三年工期内完成建设任务；深化粤澳重大交通基础设施项目和口岸建设合作，加快推进港珠澳大桥建设，积极推进与澳门衔接的广珠东线、广珠西线高速公路建设，配合横琴开发的整体规划，协调做好口岸规划建设，加快推进拱北口岸改扩建工程；推动粤澳服务业及经贸合作，促进澳门经济适度多元化发展；继续深化粤澳教育、文化、医疗卫生等社会民生领域的合作，全力以赴做好对澳供水、供电，确保供澳食品安全。

【粤港经济技术贸易合作交流会】 2010年6月22日在香港开幕。本次交流会由广东省外经贸厅、香港特别行政区政府商务及经济发展局共同承办。中央人民政府驻港联络办副主任周俊明，外交部驻港特派员公署副特派员高玉琛，广东省副省长万庆良，香港特区政府财政司司长曾俊华，香港立法会主席曾钰成，前全国人大常委、香港中华总商会永远荣誉会长曾宪梓，全国侨联副主席陈有庆等出席开幕大会。广东全省21个地级以上市组团参加。万庆良和曾俊华分别代表粤港两地政府作演讲。会上还举行粤港投资贸易合作重大项目签约仪式，现场签约24个项目，签约总金额35.11亿美元。交流会期间，还举办新疆投资环境推介会、对口洽谈及咨询交流等活动。 （何文倩）

【中山举办投资环境专场推介会】 2010年6月23日，中山市在深圳举办2010中国（深圳）国际投资贸易洽谈会中山投资环境专场推介会，全面展示中山的城市形象、综合实力与发展前景，扩大中山知名度，增进服务业的交流与合作。200名各省市和港澳台地区的风险投资、房地产、物流、贸易、文化、旅游、城市基础设施等领域企业代表和媒体记者参与推介会。 （中山志办）

【新加坡—广东合作理事会第二次会议】 2010年7月14日在新加坡举行。会议讨论通过了《新加坡—广东合作理事会2009/2010年工作报告》，审议了《新加坡—广东合作理事会2010/2011年度工作计划》，探讨粤新双方在交通运输、物流、信息和通讯技术、中小企业合作与交流、教育培训、广东企业国际化等领域的交流合作。

（佛山年鉴）

【粤港合作第十五次工作会议】 2010年8

月3日在香港举行，广东省副省长刘昆与香港特别行政区政府政务司司长唐英年共同主持会议。会议提出，下一阶段将重点抓好五方面合作：一是积极推进实施《粤港合作框架协议》；二是加大力度推进教育、医疗、金融领域的合作；三是加强大型基础设施建设和口岸的合作；四是加快推进广州南沙、深圳前海、深港河套等重点合作区域的发展；五是继续推进落实服务业及CEPA先行先试政策措施。

【粤港合作联席会议第十三次会议】 2010年9月16日在广州举行。广东省省长黄华华和香港特别行政区行政长官曾荫权分别率领双方代表团出席会议并作主题发言，国务院港澳办副主任周波、中央人民政府驻港联络办副主任郭莉到会指导。广东省副省长刘昆和香港特别行政区政务司司长唐英年在会上回顾过去一年来双方合作进展情况。粤港双方职能部门负责人出席会议。会议强调，实施《粤港合作框架协议》是当前和今后一段时期粤港合作的重中之重。会议重点研究并确定了下一阶段的合作重点：一是加快推进"共建优质生活圈"和"基础设施建设"两个专项规划的实施。二是促进深圳前海、深港河套、广州南沙三个重点合作区域的发展。三是抓好广州、深圳、珠海、佛山、东莞五个重点市的先行先试。四是深化经贸投资、基础设施建设及通关、服务业、金融、教育卫生、环保等六个重点领域的合作。会后，双方签署《有关〈粤港合作框架协议〉的落实安排》、《共同推进粤港产学研合作协议》、《粤港优质农产品合作协议》、《粤港海上搜救合作安排》等多份合作协议。

【港珠澳大桥管理局挂牌】 2010年9月27日，港珠澳大桥管理局揭牌仪式在珠海举行。港珠澳大桥管理局由香港特别行政区政府、广东省人民政府和澳门特别行政区政府共同组建，承担港珠澳大桥主体部分的建设、运营、维护和管理的组织实施等工作。大桥主体工程岛隧工程设计施工总承包招标之后，大桥管理局揭牌同时拉开了港珠澳大桥主体工程建设的大幕。 （宋披云）

【澳门大学横琴校区动工】 2010年11月5日，澳门大学横琴校区主体工程正式动工。该工程是"一国两制"下创新粤澳合作模式和探索粤澳更紧密合作的重点示范项目，预计2012年底建成。校区建设由建筑师何镜堂主持，强调"以人为本"、"可持续发展"、"现代化"、"信息化"、"园林式布局"、"糅合中西文化"的设计原则和理念，体现"中西荟萃，山海交融，岭南文脉，南欧风情"的建筑风格。校区占地面积109.26公顷，整体建筑面积约80公顷，建成后比现有面积扩大20倍。第一期标志性建筑物由图书馆、中央教学楼及校史展览厅组成，是澳门大学新校区的标志性核心建筑群，总建筑面积约10公顷。三部分的建筑设计遵从校园总体规划布局，共同围合形成校园的标志性广场，并与澳门隔海相望。依照这一设计理念，新区由3个用水网分隔的岛和主体学校、行政楼等书院式功能组团组成，新校区设8个学院。新校区可容纳至少一万名学生，其中本科生占七成，研究生占三成。新校区与澳门之间将建一条水底隧道，水底隧道24小时全天候允许车辆和行人进出，从澳门一方进出校区，无须经过边检，外来车辆通过与路氹城连接的隧道，在图书馆前的中央绿化广场进入校区。新校园倡导健步文化，以步行和骑自行车为主，大型车辆停放在校园外的停车场以减少对校园的影响，进入校园的公共车辆只允许行走环校主干道，在指定上落点停泊，其他车辆不能进入步行区。校内可自由使用校方提供的单车代步，营造宁静自在的教学氛围。建筑物的平台与走廊互连互通。学校的污水经过植物方法控制处理后，循环再用于校内水体。

【香港广佛肇联谊总会】 2010年12月10日在香港成立，中共广东省委常委、统战部部长、广东海外联谊会会长周镇宏出席成立大会并致辞。广东省人民政府副省长刘昆、省政协副主席汤炳权以及广州、佛山、肇庆三市有关党政负责人参加会议。联谊总会以爱国爱港爱乡为宗旨和理念，广泛团结广州、佛山、肇庆籍乡亲和香港各界人士，为推进珠三角经济一体化和粤港两地经济、文化、教育、科技等方面的合作交流凝心聚力。 （何文倩）

【海峡两岸中山论坛】 12月16～18日，由中山大学、广东省海峡两岸交流促进会、中华文教经济发展协会（台湾）、中山大学（台湾高雄）主办，中山市政府及有关单位协办的旨在弘扬孙中山精神，振兴中华民族的2010年“海峡两岸中山论坛”在广州举行。中共中央政治局委员、广东省委书记汪洋出席论坛并发表讲话。12月17日，参加论坛的部分人士近100人在中山开展活动，台湾来宾中有台湾政治大学前校长张京育，台湾海基会前秘书长焦仁和，亲民党智库召集人刘翰宇以及知名人士夏瀛洲、曹文生、苗永庆、李贵发、董翔飞等。 （中山志办）

广州市

广州市

基本情况

【地理位置】 广州市是广东省省会，广东省政治、经济、科技、教育和文化的中心。广州市地处中国大陆南部，广东省的中南部，珠江三角洲的北缘，接近珠江流域下游入海口。其范围是东经 112°57′~114°3′，北纬 22°26′~23°56′。东连惠州市博罗、龙门两县，西邻佛山市的三水、南海和顺德区，北靠清远市的市区和佛冈县及韶关市的新丰县，南接东莞市和中山市，隔海与香港、澳门特别行政区相望。

由于珠江口岛屿众多，水道密布，有虎门、蕉门、洪奇门等水道出海，使广州成为中国远洋航运的优良海港和珠江流域的进出口岸。广州又是京广、广深、广茂和广梅汕铁路的交汇点和华南民用航空交通中心，与全国各地的联系极为密切，因此，广州有中国“南大门”之称。

【资源物产】 土地资源　广州市耕地面积为 8.59 万公顷，林业用地面积 25.61 万公顷。广州市土地类型多样，适宜性广，地形复杂。地势自北向南降低，最高峰为北部从化市与龙门县交界处的天堂顶，海拔为 1210 米；东北部为中低山区；中部为丘陵盆地；南部为沿海冲积平原，是珠江三角洲的组成部分。由于受各种自然因素的互相作用，形成多样的土地类型。根据土地垂直地带可划分为以下几种：（1）中低山地。是海拔 400 米～500 米以上的山地，主要分布在广州市的东北部，一般坡度在 20 度～25 度以上，成土母质以花岗岩和砂页岩为主。这类土地是重要的水源涵养林基地，宜发展生态林和水电。（2）丘陵地。是海拔 400 米～500 米以下垂直地带内的坡地，主要分布在山地、盆谷地和平原之间，在增城市、从化市、花都区以及市区东部、北部均有分布，成土母质主要由砂页岩、花岗岩和变质岩构成。这类土地可作为用材林和经济林生长基地。（3）岗台地。是相对高程 80 米以下，坡度小于 15 度的缓坡地或低平坡地。主要分布在增城市、从化市和白云、黄埔两区，番禺区、花都区、天河区亦有零星分布，成土母质以堆积红土、红色岩系和砂页岩为主。这类土地可开发利用为农用地，也很适宜种水果、经济林或牧草。（4）冲积平原。主要有珠江三角洲平原，流溪河冲积的广花平原，番禺和南沙沿海地带的冲积、海积平原，土层深厚，土地肥沃，是广州市粮食、甘蔗、蔬菜的主要生产基地。（5）滩涂。主要分布在南沙区南沙、万顷沙、新垦镇沿海一带。

水资源　广州市地处南方丰水区，境内河流水系发达，大小河流（涌）众多，水域面积广阔，集雨面积在 100 平方公里以上的河流共有 22 条，老八区主要河涌共有 231 条，总长约 913 公里。不仅构成独特的岭南水乡文化特色，也对改善城市景观、维持城市生态环境的稳定起到突出的作用。广州市水资源的主要特点是本地水资源较少，过境水资源相对丰富。全市水域面积7.44万公顷，占全市土地面积的10%，主要河流有北江、东江北干流及增江、流溪河、白坭河、珠江广州河段、市桥水道、沙湾水道等，北江、东江流经广州市汇合珠江入海。本地平均水资源总量79.79亿立方米，其中，地表水78.81亿立方米，地下水14.87亿立方米。以本地水资源量计，每平方公里有106.01万立方米，人均1139立方米，是全国人均水资源占有量的二分之一。过境客水资源量1860.24亿立方米，是本地水资源总量的23倍。客水资源主要集中在南部网河区和增城市，其中由西江、北江分流进入广州市区的客水资源量达1591.5亿立方米，由东江分流进入东江北干流的客水资源量为142.03亿立方米，增江上游来水量28.28亿立方米。南部河网区处于潮汐影响区域，径流量大，潮流作用也很强。珠江的虎门、蕉门、洪奇沥三大口门在广州市南部入伶仃洋出南海，年涨潮量2710亿立方米，年落潮量4088亿立方米，与三大口门的年径流量1377亿立方米比较，每年潮流可带来大量的水量，部分是可以被利用的淡水资源。

生物资源 广州市的自然条件为多种动物栖息繁衍和植物生长提供良好的生态环境。生物种类繁多，生长快速。地带性植被为南亚热带季风常绿阔叶林，但天然林已极少，山地丘陵的森林都是次生林和人工林。

栽培作物具有热带向亚热带过渡的鲜明特征，是全国果树资源最丰富的地区之一，包括热带、亚热带和温带3大类、41科、82属、174种和变种共500余个品种（其中荔枝就有55个品种），是荔枝、龙眼、乌（白）榄等起源和类型形成的中心地带。蔬菜向以优质、多品种著称，共有14类300多个品种。花卉包括鲜切花、盆栽植物（观叶植物、肉质植物、盆花、盆景）、绿化苗木、工业及其他用途花卉、草坪、种苗等六大类，传统品种和近年引进、开发利用的新品种共2000多个。粮食、经济作物、畜禽、水产和野生动物种类也很多，且不乏名优特品种，其中，增城丝苗米是广州市第一个获得地理标志的保护品种。

矿产资源 广州市的地质构造相当复杂，有较好的成矿条件。已发现矿产47种，矿产地820处，其中大、中型矿床22处。主要矿产有建筑用花岗岩、水泥用灰岩、陶瓷土、钾、钠长石、盐矿、芒硝、霞石正长岩、萤石、大理岩、矿泉水和热矿水等。区内能源矿产和有色金属矿产十分短缺，呈零星分布，规模较小，品位不稳定。

【面积人口】 广州市总面积为7434.40平方千米，占全省陆地面积的4.21%。其中，市辖10区面积3843.43平方千米，占全市总面积的51.7%；2个县级市面积3590.97平方千米，占48.3%。

2010年末，广州市户籍总人口为806.14万人，比上年增加11.52万人。其中市区人口664.29万人，县级市人口141.85万人，分别比上年增加9.61万人和1.92万人。

【历史文化】 广州是国务院颁布的全国第一批历史文化名城之一。早在六七千年前的新石器时期，先民们就在这块土地上生息繁衍，创造了灿烂的史前文明，揭开了广州人文史的初页。广州又称为羊城、穗城。传说古代有5位仙人，骑五色羊，羊衔谷穗，降临广州，把谷穗赠与百姓，祝愿这里“永无饥荒”。如今，越秀公园的五羊雕像已成为广州的象征。

广州自秦汉至明清2000多年间，一直是中国对外贸易的重要港口城市。汉武帝时期，中国船队从广州出发，远航至东南亚和南亚诸国通商贸易，东汉时期航线更远达波斯湾。唐代广州已发展成为世界著名的东方大港，也是当时世界最长的海路航线“广州通海夷道”的起点，中央王朝首先委派专门管理对外贸易的官员市舶使到广州。宋代在广州首设全国第一个管理外贸机构市舶司。明清时期，广州更是特殊开放的口岸，一段较长时间曾是全国唯一的对外贸易港口城市。

广州是具有光荣革命传统的英雄城市。在近代史上有三元里人民反抗帝国主义侵略的抗英斗争，孙中山领导的反对封建统治的“三·二九”起义（又称黄花岗起义），中国共产党领导的广州起义。所以，广州既是中国资产阶级民主革命的策源地，又是无产阶级政党领导人民群众进行革命斗争的英雄城市。

广州历代名人辈出，代代相传。秦朝任嚣，汉朝赵佗，清朝学者屈大均，农民起义领袖洪秀全，思想政治家康有为、梁启超，领导中国民主革命、推翻几千年封建统治的孙中山等，为广州名城的形成和发展作出了卓越的贡献。

广州的文物古迹众多。截至2010年，已公布的国家、省、市三级文物保护单位共322处，其中国家级文物保护单位24处，省级文物保护单位45处，市级文物保护单位253处。南越王墓、光孝寺、六榕寺、怀圣寺等都有1000多年的历史。此外，还有始建于隋朝的南海神庙，明朝的五仙观、镇海楼、莲花塔，清朝的陈家祠、余荫山房等。近代革命历史纪念地有毛泽东同志主办的农民运动讲习所旧址、广州起义烈士陵园、黄花岗七十二烈士墓、黄埔军校旧址、中山纪念堂、洪秀全故居等。广州还有众多的风景名胜，自古以来享有很高的声誉。宋、元、明、清历代都有评选“羊城八景”活动。中华人民共和国成立后，广州城市建设与发展日新月异。1963年、1986年，广州两次重新评选“羊城八景”。2001年8月，广州又举办“新世纪羊城八景”评选活动。2002年7月26日，评选揭晓，新八景为云山叠翠、越秀新晖、珠水夜韵、古祠留芳、黄花皓月、天河飘绢、莲峰观海、五环晨曦。2010年11月，羊城晚报报业集团组织“羊城新八景”评选活动，至年底仍在评选中。

【行政区划】 中华人民共和国成立后，广州市的行政隶属关系和行政区划设置，有过几次较大的变动和调整。

1949年10月14日广州解放，一度为中央直辖市。1950年改为中南军政委员会领导，1954年划归广东省领导，为省辖市。

解放初期，广州市划分为28个区，其中城区20个（逢源、黄沙、西禅、长寿、沙面、陈塘、太平、惠福、靖海、小北、德宣、西山、东堤、汉民、前鉴、大东、东山、洪德、蒙圣、海幢），水上区1个（珠江区），郊区7个（南岸、沙河、芳村、石牌、新洲、沥滘、三元里）。1950年调整行政区划设置，把28个区合并为16个区，其中城区8个（长寿、河南、惠福、永汉、太平、越秀、大东、荔湾）、水上区1个（珠江区）、郊区7个（南岸、沙河、芳村、石牌、新洲、沥滘、三元里）。1951年10月，把郊区7个调整为4个（白云、芳村、西村、新滘）。1952年9月，把原来8个城区合并为5个（东区、中区、西区、北区、河南区），仍保留珠江区。1953年5月，西村区撤销并入白云区。同年6月，黄埔区成立。1956年6月，黄埔、白云、新滘3个区合并为广州市郊区。1958年12月，撤销珠江区，同年撤销广州市郊区；原属郊区的人和、太和、竹料、钟落潭等4个公社与花县合并设立广北县，划归广州市；原广州市郊区的三元里、鹤洞、江村、石井、沙河、新滘、黄埔、萝岗8个公社设立广州市近郊区。1959年3月，撤销广北县，把花县划回佛山地区；恢复广州市郊区，原从广州市郊区划出的4个公社划回广州市郊区；同时，撤销广州市近郊区。1960年4月，从佛山地区划出花县、从化县归属广州市。同年8月撤销中区、郊区，设立越秀区、东山区、海珠区、荔湾区4个城区和黄埔区、芳村区、江村区3个郊区。1961年，原属韶关地区的佛冈县划归广州市（1963年又划归韶关地区管辖）。1962年5月，把3个郊区合并为1个郊区。1973年重新从郊区划出部分区域再设黄埔区。1975年，把原属佛山地区的番禺县、惠阳地区的增城县和龙门县、韶关地区的新丰县划归广州市。1983年，把韶关地区的清远县、佛冈县划归广州市。1985年1月，从广州市郊区划出部分区域设置天河区、芳村区。1987年1月，把广州市郊区改称为白云区。1988年，广州市行政区划作出较大调整，1月7日，经国务院批准，把龙门县划归惠州市管辖，新丰县划归韶关市管辖，清远县和佛冈县划归清远市管辖。1992年5月，经国务院批准，撤销番禺县，设立番禺市（县级），隶属广东省人民政府，由广州市代管。1993年6月，经国务院批准，撤销花县，设立花都市（县级），隶属广东省人民政府，由广州市代管。同年12月，经国务院批准，撤销增城县，设立增城市（县级），隶属广东省人民政府，由广州市代管。1994年3月，经国务院批准，撤销从化县，设立从化市（县级），隶属广东省人民政府，由广州市代管。2000年5月，经国务院批准，分别撤销番禺市和花都市（县级），设立番禺区和花都区。2005年4月，经国务院批准，广州市行政区划作出重大调整：撤销东山区，将其行政区域划归越秀区管辖；撤销芳村区，将其行政区域划归荔湾区管辖；设立南沙区和萝岗区。调整后的行政区划，广州市辖越秀区、海珠区、荔湾区、天河区、白云区、黄埔区、花都区、番禺区、南沙区、萝岗区10个区和从化、增城2个县级市。

（李永健　黄滨）

【传统民俗】　广州是一个历史悠久的城市，其地理位置、气候条件和多元文化的交汇，形成具有鲜明岭南特色的传统民俗，包括岁时节庆、生活习惯、社会习俗、情感信仰、民间文艺等方面。

广州有已延续100多年的春节逛花市的习俗。每年农历十二月二十八日至除夕深夜，全城长街如锦，百花争艳，游人如织，欢声笑语。家家必置鲜花装点，表达对美好生活的追求。波罗诞是广州地区最大的民间传统庙会之一，保留了中国南方海洋民俗文化演变的轨迹。每年农历的二月十一至十三日，南海神庙（波罗庙）方圆数十里，热闹非凡。逛庙会的游人，常购一种叫“波罗鸡”的工艺品留念。

饮食习俗是最能反映广州地方特色的习俗。广州人饮食支出的比重远高出全国大城市的平均水平。“食在广州”一语广为人知。其食肆营业时间之长，饮茶风气之盛，食谱之广泛，烹饪技巧之精湛，都使外来者留下深刻印象。

西关大屋是广州传统民居的代表。20世纪20~30年代，临街骑楼建筑十分兴盛，也出现了东山花园洋房式的西式民居。

名扬海内外的广州民间工艺和民间传统艺术集中体现了广州人的审美情趣，是千百年来岭南人民智慧的结晶。其中，广绣为中国“四大名绣”之一；广彩从清代开始已行销国外，在国际上享有盛誉；广雕以象牙雕刻中的镂空、透深技法闻名；广东音乐、粤剧与岭南画派被誉为“岭南三大艺术瑰宝”。丰富的民间传统艺术有咸水歌、沙坑醒狮、黄阁麒麟舞、沙湾飘色、市桥水色、鳌鱼舞、麻车火狗、木鱼书说唱、八音锣鼓等。市井爱好戏曲者茶余饭后常三五成群，吹拉弹唱，自娱自乐，以曲会友。这种被称为“私伙局”的自发的群众娱乐组织形式，至今仍十分普及。

广州传统民俗正不断变化，逐渐淘汰陈旧的形式与内容，不断丰富生活内涵。它植根于民众，保持着与时代同步的生命力。

（郭凡　温向月）

经济社会发展概况

【经济保持平稳较快发展】　2010年，广州地区生产总值突破1万亿元，达到10748.28亿元，比上年增长13.2%。其中第一、二、三产业增加值分别比上年增长3.2%、13.1%和13.6%。经济运行质量和效益同步提升。地方财政一般预算收入872.64亿元，比上年增长24.2%。实现工业利润970.25亿元，比上年增长31.6%。城市居民人均可支配收入30658元，农村居民人均纯收入12676元，分别比上年增长11%和14.5%。城市居民消费价格上涨3.2%。

【需求结构进一步改善】　2010年，广州市89个重点建设项目完成投资953.3亿元，完成年度计划的123%，占全社会固定资产投资总额的29.2%，带动全社会固定资产投资3263.57亿元。亚运效应拉动消费需求大幅增长，社会消费品零售总额4476.38亿元，比上年增长24.2%；旅游接待人数和旅游总收入分别突破1亿人次和1000亿元。外需方面，全市商品进出口总值突破1000亿美元，达1037.68亿美元，比上年增长35.3%，其中，出口总值483.80亿美元，增长29.3%。新批准设立外商直接投资企业980户，比上年增长16.1%；合同利用外资金额50.59亿美元，增长30.2%，其中，外商直接投资合同外资金额49.74亿美元，增长31.4%；实际使用外资金额40.81亿美元，增长5.3%，其中，外商直接投资39.79亿美元，增长5.4%。在穗投资或设立机构的世界500强企业已达174户，全年对外投资额超过500万美元的项目28个，投资领域涉及电子设备制造、房地产、建筑建材、机械制造、造纸业、航空、文化产业等多个行业。

【产业结构继续优化】　2010年，广州市现代产业体系建设步伐进一步加快，三次产业结构为1.8∶37.2∶61，第一、二、三产业增加值分别为189.05亿元、3950.64亿元、6464.79亿元。商贸会展、金融保险、现代物流、信息服务、文化创意等现代服务业加快发展，广州银行、广州农村商业银行进入全球银行500强，珠江新城金融商务区加快

广州市国民经济发展情况（2010 年）

表一

项目＼区市别	户籍人口（万人）	地区生产总值 绝对值（亿元）	地区生产总值 比上年增长（%）	人均地区生产总值 绝对值（元）	人均地区生产总值 比上年增长（%）	工业总产值 绝对值（亿元）	工业总产值 比上年增长（%）	农林牧渔业总产值 绝对值（亿元）	农林牧渔业总产值 比上年增长（%）	全社会固定资产投资额 绝对值（亿元）	全社会固定资产投资额 比上年增长（%）
合　计	806.14	10748.28	13.2	103625	12.0	14438.99	18.5	322.13	3.1	3263.57	22.7
越秀区	116.97	1652.40	10.2	158588	9.7	51.99	6.5			603.39	1.4
海珠区	95.28	729.68	13.6	53267	12.4	273.62	13.8	5.32	−3.9	387.05	68.9
荔湾区	70.93	614.76	13.2	83166	12.7	402.32	14.1	7.25	3.0	97.15	7.4
天河区	77.06	1872.29	13.2	158092	11.3	948.36	15.2	5.27	1.8	679.14	22.0
白云区	83.19	939.09	13.3	56115	11.8	792.28	8.8	46.31	−3.0	232.84	80.1
黄埔区	19.97	567.29	10.1	185207	9.0	1658.81	10.5	2.03	−6.7	67.52	21.3
花都区	66.19	666.01	15.5	88908	14.2	1594.66	24.5	43.76	1.8	169.87	47.0
番禺区	100.39	1063.15	15.5	69358	14.6	1791.22	24.3	75.54	5.0	335.59	30.1
南沙区	15.41	488.25	16.2	246464	14.7	1402.78	23.5	22.51	4.2	122.42	−29.5
萝岗区	18.90	1381.64	16.6	592215	13.2	4013.84	21.0	11.51	1.3	313.12	24.0
从化市	57.87	187.27	14.5	35576	13.3	354.14	16.1	30.61	5.9	94.78	29.9
增城市	83.98	586.45	14.1	83386	14.5	1154.96	21.1	72.36	5.0	160.71	22.4

表二

项目＼区市别	外贸出口总额 绝对值（亿美元）	外贸出口总额 比上年增长（%）	实际利用外资 绝对值（亿美元）	实际利用外资 比上年增长（%）	地方财政一般预算收入 绝对值（亿元）	地方财政一般预算收入 比上年增长（%）	社会消费品零售总额 绝对值（亿元）	社会消费品零售总额 比上年增长（%）	城镇居民人均可支配收入 绝对值（元）	城镇居民人均可支配收入 比上年增长（%）	农村居民人均纯收入 绝对值（元）	农村居民人均纯收入 比上年增长（%）
合　计	483.79	29.3	39.79	5.4	872.65	24.2	4476.38	24.2	30658	11.0	12688	14.7
越秀区	66.88	22.3	3.02	10.5	33.62	6.0	837.02	22.9	31068	11.1		
海珠区	14.17	14.5	1.30	6.5	31.01	13.3	480.68	27.6	28754	11.0		
荔湾区	18.31	33.1	1.67	168.5	31.18	14.7	405.11	25.5	29947	10.8		
天河区	23.42	10.9	4.30	8.0	38.14	21.1	840.28	19.8	31431	11.2		
白云区	20.83	32.7	1.40	6.0	33.20	12.5	580.47	21.4	29738	10.8		
黄埔区	16.22	63.3	0.55	0.2	12.09	24.6	74.82	20.4	28801	10.5		
花都区	22.68	40.8	3.10	5.3	49.16	30.2	225.54	24.7	25734	11.0		
番禺区	89.26	24.2	3.58	7.4	63.17	24.1	628.40	28.6	28226	11.0		
南沙区	35.46	42.9	6.28	0.6	25.29	25.3	45.27	38.8	25711	10.3		
萝岗区	136.77	34.1	12.25	5.6	80.24	8.2	125.01	47.7	31362	11.1		
从化市	14.66	31.6	1.54	8.5	19.34	26.1	66.32	23.5	19445	10.7		
增城市	23.98	35.8	0.81	−54.6	39.88	26.0	167.46	28.7	24274	10.7		

发展，广州国际金融中心（IFC）落成，我市被福克斯评为“2010中国大陆最佳商业城市”，获得国家流通领域现代物流业示范城市称号。工业高端化发展趋势明显，全年汽车产量135.84万辆，自主品牌乘用车“传祺”下线，30.8万吨超大油轮正式下水，制造出国内首台百万千瓦级反应堆压力容器，广州南车修造基地、LG8.5代液晶面板等重大产业项目获国家批准，实现规模以上工业总产值14721.47亿元，增长17.6%。高新技术产业发展迅速，规模以上工业高新技术产品产值5670.71亿元，增长28.9%，占规模以上工业总产值的38.5%，同比提高5.8个百分点，从兴电子、海格通信和网易互动娱乐等11家被列入国家规划布局的重点软件企业，阳普科技成为广州市第一家在创业板上市的企业。至2010年底全市认定高新技术企业总数1151家，认定自主创新产品167个。都市型农业发展势头良好，标准化农田、鱼塘改造任务顺利完成，花卉等特色农业发展迅速，农民专业合作社增至404家，市级以上农业龙头企业达到80户，农业生产能力稳步提升，实现农业总产值323.38亿元，比上年增长3.5%。

【自主创新能力进一步提高】 2010年，广州市发明专利申请量比上年增长29.2%，发明专利授权量增长31%。检测、认证等公共技术创新平台超过200个，其中国家级45个。新增国家级企业技术中心6个、省级企业技术中心19个。广州市被确定为国家创新型城市试点。

【节能减排工作取得新进展】 2010年，广州市加大“退二进三”工作力度，全面完成第一批、第二批“退二”企业关停并转工作，正有序推进。“双转移”工作扎实推进，全年向市外转移企业30多户，在全省“双转移”工作考核中名列第一。加大差别电价实施力度，落实脱硫电价政策，提高二氧化硫和化学需氧量的排污费征收标准。建筑节能标准设计阶段执行率达100%，施工阶段执行率上升到95%以上。

【城市面貌实现大变】 2010年，广州市城市综合交通体系和重大基础设施建设再创新绩。地铁三号线北延段、四号线北延段、五号线、广佛线首段、珠江新城旅客自动输送系统等开通运营，地铁运营总里程达236公里，日均客运量超过400万人次。东新高速公路等建成通车。白云国际机场改造工程按计划推进，全年机场旅客吞吐量达4096万人次，比上年增长10.6%；机场货邮吞吐量达145万吨，比上年增长18.6%，跨入世界空港前15名。广州港出海航道三期加快建设，广州港南沙港区三期工程获得国家批准。广州港口货物吞吐量、集装箱吞吐量分别突破4亿吨和1200万标箱，均居世界港口第六名。水、空气、人居、交通和无障碍环境明显改善。新铺设截污管网1094公里，建设污水处理厂38座，新增污水处理能力236.58万吨／日，全市生活污水集中处理率提高到85%，中心城区近90%。对121条河涌进行综合整治，建设白云湖、海珠湖，主要河涌和珠江水质持续好转。整治水浸街227处，城市排水系统进一步完善。落实“空气整治50条”和“新31条”，重点治理工业企业等七大类污染源，公交车、出租车推广使用清洁能源，中心城区全面禁行摩托车，对黄标车实行限行措施，是年空气质量优良率为97.81%，超过申办亚运会承诺的空气质量优良率达到96%的目标。着力改善人居环境，升级改造 177 条共长 483.63 公里市政道路；整饰建筑 31190 栋共 3600 多万平方米；对 160 个社区实施雨污分流改造；推进绿化美化工程，建成区绿化覆盖率达 40.15%。“城中村”和“三旧”（旧城区、旧厂房、旧城镇）改造步伐加快。大力改善交通环境，是年，优化和新开通 165 条公交线路，建成 22.9 公里快速公交（BRT）试验段，交通拥堵专项整治工作取得初步成效。加快无障碍设施建设，新建和改造盲道 1129.34 公里、坡道 11827 个；在 500 个红绿灯路口安装盲人过街音响信号装置；投放 961 辆无障碍公交、出租车辆；对 321 座环卫公厕进行无障碍改造。广州初步实现“天更蓝、水更清、路更畅、房更靓、城更美”的目标。

【民生福利不断改善】 2010 年，广州市继续实施“惠民 66 条”和“补充 17 条”意见，切实践行“迎接亚运会，创造新生活”，成功举办第九届中国艺术节，全面实施迎亚运大变工程，进一步改善市民生活和工作环境；继续加大公共财政向民生事业的投入力度，全年市本级财政用于民生和各项公共事业的支出占一般预算支出的 75%。派发“亚运惠民大礼包”，让市民群众共享发展和亚运带来的成果。全面落实改善民生十件实事。积极推进创建国家级创业型城市，全年新增就业岗位 97 万个，全年城镇登记失业率为 2.2%。全年全市 11 万名农转居人员基本养老金比上年增长 10%，失业保险待遇提高到 880 元 / 人。全年保障性住房计划完成投资 45 亿元，已累计解决 67197 户低收入家庭的住房困难，完成 2011 年前解决 77177 户总目标的 87.1%。出台积分制入户办法和细则，切实保障外来务工人员权益。广州图书馆、南越王宫博物馆等文化重点项目加快推进。全市义务教育规范化学校覆盖率达 79.3%。全市 130 个街道设置社区卫生服务机构，覆盖率为 99%。西江引水工程建成通水，西村等水厂出水水质全面达到《生活饮用水卫生标准》和《饮用净水水质标准》的“双标”要求，惠及全市 600 万名居民。在 2010 年全国最具幸福感的城市评选中，广州位居前列。 （张瑾）

基础设施建设

【交通基础设施建设】 2010 年，广州地区重点交通项目建设加快推进，综合运输体系建设硬件支撑能力进一步提高。（1）港口航道建设。是年，重点推进出海航道三期工程、南沙港区粮食及通用码头工程等 4 个大型项目，其中出海航道三期工程自建设以来累计完成工程量 4240 万立方米，累计完成投资 11.88 亿元；南沙粮食及通用码头项目已投产 2 个通用泊位，其他 4 个泊位将于 2011 年建成投产；南沙港区集装箱三期项目核准申请获国家发改委批复；南沙疏港铁路项目前期报批工作全面展开；南沙散货码头项目、新沙二期项目正在推进前期工作。基本建成珠江三角洲高等级航道网，进一步强化广州作为华南水运枢纽的地位。南沙保税港区完成预验收。（2）机场建设。白云机场空港综合保税区获国务院批复。机场扩建工程总体进展顺利。东三、西三指廊及连接楼工程交付使用，白云机场新增航站楼面积近 15 万平方米，新增 22 个近机位登机口和 8 个远机位登机口，提升了航站楼的旅客疏运能力。白云机场公务机坪改造工程通过行业验收，总机位数增至173个，远机位增至60个。第三跑道和二号航站楼项目可行性研究报告已报国家发改委审批，二号航站楼完成设计方案评审。广东省机场集团公司与新加坡科技宇航合资设立广州新科宇航科技有限公司获民航局批复。（3）铁路及城市轨道交通建设。广州南站和武广客运专线投产，广州迈入“高铁时代”。贵广铁路、南广铁路、穗莞深专线、广清城际、广佛肇城际铁路建设加快，广珠城际轨道试运行。如期建成开通广州地铁二号线延长线、三号线北延段、四号线北延线、八号线、珠江新城旅客自动输送系统、广佛线首通段共86公里轨道线路，创造一次性开通线路最多、里程最长的新纪录，累计开通8条线、通车里程236公里；此外，地铁六号线首期工程等5条线路正在建设。全年完成地铁工程建设投资（含广佛线佛山段）140亿元。（4）公路及城市道路建设。东新高速、南二环高速建成通车，新增境内高速公路通车里程62公里。广河高速广州段、增从高速、广明高速广州段、新化快速正在抓紧建设；大广高速粤境段、北三环二期等重点项目前期工作继续推进。是年，广州市在建高速公路完成投资76.25亿元，占全年计划（63亿元）的1.21倍。完成国道105、106，省道118、119等大中修工程8项，区县市主干公路城市化改扩建项目3个，以及10条高（快）速路的命名编号标志等相关标志更换工作；新建和续建城市道路188公里，升级改造177条、共483.6公里城市道路。补助地方公路改扩建项目建设6500万元，支持农村公路和中心镇公路建设投入1500万元，指导区（县级市）政府完成自然村村道建设400公里。升级改造主干公路绿化30万平方米、绿色通道建设90公里，全市公路绿化率达90%以上，按计划推进原公路局承担的青山绿地二期任务；共查处各类损坏公路及设施违法案件300件。（5）运输站场及其他公交设施建设。建成永泰汽车站、广州

广州市基础设施基本情况

项　目	单　位	2009年	2010年
铁路营业里程	公里	1468.4	1468.4
公路通车里程	公里	9089	8975
其中：高速公路	公里	691	577
港口泊位	个	816	821
其中：万吨级泊位	个	61	62
内河通航里程	公里	855	855
本地电话年末用户	万户	633.31	601.72
移动电话年末用户	万户	2099	2328.83
国际互联网用户	万户	280.19	250.13
商品房屋实际销售量	万平方米	1375.42	1405.13
商品房屋实际销售额	亿元	1286.15	1674.99

火车南站临时汽车站、温泉客运站；完成对全市公路客运站和71个公交站场的无障碍设施改造。

【交通运行情况】 2010年，广州地区交通邮电生产保持平稳较快发展势头。（1）客运。全社会完成客运量62595.25万人次（不含公交、地铁），比上年增长9.6%；完成客运周转量16936472万人公里，增长16.48%。其中：完成铁路客运量9362.60万人次、旅客周转量3702188万人公里，分别比上年增长17.7%和12.63%；完成公路客运量47296万人次、客运周转量4465638万人公里，分别增长7.68%和13.5%；完成水路客运量273万人次、旅客周转量22261万人公里，分别增长15.2%和8.3%；完成民航客运量5663.65万人次、旅客周转量8746385万人公里，分别增长14.60%和19.86%。此外，市内公共交通客运量（不含番禺区、花都区，从化市、增城市）465075.07万人次，比上年增长21.38%；其中地铁客运量11.81亿人次，增长74.9%。是年春运期间（40天），广州地区铁路、公路、水路、民航共发送旅客2568.8万人次。（2）货运。全社会完成货运量57368.75万吨，比上年增长9.3%；完成货物周转量24508491万吨公里，增长12.59%。其中：完成铁路货运量6688.80万吨、货物周转量2450588万吨公里，分别比上年增长5.2%和5.5%；完成公路货运量39696万吨、货物周转量4452509万吨公里，分别增长7.34%和10.22%；完成水路货运量10168.75万吨、货物周转量17311521万吨公里，分别增长21.4%和13.6%；完成民航货运量90.20万吨，货物周转量290539万吨公里，分别增长32.7%和88.6%；完成管道货运量725.00万吨，完成货物周转量3334万吨公里，分别下降0.42%和2.40%。（3）港口机场吞吐量。全市港口完成货物吞吐量42525.95万吨，比上年增长13.3%；广州港货物吞吐量41095.24万吨，增长12.9%，排名世界第6位、全国沿海港口第4位。全市港口货物进口量25809.70万吨，比上年增长13.1%；港口出口量16716.25万吨，增长12.84%；广州港集装箱吞吐量1270.26万标箱，增长12.3%，分别居世界第6位、全国沿海港口第4位。广州港南沙港区完成集装箱吞吐量716万标箱，比上年增长9.4%，占全港集装箱吞吐量的56.6%，累计开通集装箱班轮航线39条，其中外贸航线26条、内贸航线13条。广州地区民航旅客吞吐量4096.40万人次，比上年增长10.56%；货邮吞吐量145.04万吨，增长18.60%。是年，白云机场新开通7条国际（地区）航线，累计开通国内国际航线206条，其中开通定期国际（地区）航线86条、国内航线120条。（4）邮政业务。完成邮政业务收入202291万元，比上年增长27.2%。（叶卓朗）

【白云空港建设】 2010年，广州白云机场完成飞机起降32.92万架次、旅客吞吐量4097.57万人次、货邮吞吐量114.45万吨，分别比上年增长6.6%、10.6%、19.8%，白云机场年旅客吞吐量首次突破4000万人次，跨入世界超大型航空枢纽港行列。广州各民航单位杜绝运输航空飞行事故、重大航空地面事故和劫机、炸机事件，航空安全形势保持平稳。在民航中南地区管理局组织协调下，完成广州亚运会、亚残运会航空运输保障和航空安全保卫工作，全年未发生重大空防安全和非法干扰事件。

是年，白云机场在国际机场协会（ACI）

2010年第四季度服务测评全球排名跃升至第七位，成为“世界十佳服务机场”。白云机场航站楼顺利接驳广州地铁，并成为全国首家在地铁站提供航班信息的机场。白云机场全年新开通国际航线7条，国际航线总数达99条。汕头机场引入4家航空公司，新增和加密8条航线，首次引入国外航空公司。湛江机场新增和加密7条航线。梅县机场续签香港航班和加密广州航班。全年完成工程建设投资21.3亿元。白云机场航站楼面积增至50万平方米；总机位数增至173个，远机位增至60个。推进空港经济建设，广州白云机场综合保税区获国务院批准，广州新科宇航科技有限公司获民航局和商务部批准，合资公司正式注册成立。推进广州市成立广州空港经济开发区，参与空港经济规划工作。委托中国城市规划设计研究院编制白云机场综合交通换乘枢纽方案，初步方案通过专家论证。成功举办泛珠三角机场合作与发展签字仪式及首届论坛。（王志伟）

【广州南站开站运营】 2010年1月30日，武（汉）广（州）高速铁路最南的车站——广州南站开站运营。至此，武广高铁开通运营1个多月，广州地区始发的33趟武广高速列车由广州北站改至广州南站始发。广州南站位于广州市番禺区钟村石壁，距广州市中心17公里。2007年3月动工兴建，总规模61.3万平方米，站房建筑面积48.6万平方米。武广高铁和在建中的广深港、广珠城际铁路，南广、贵广高速铁路都将在广州南站交会，并与地铁、公交等多种市内交通方式实现无缝衔接。

【铁路工程建设】 2010年，广州市境内正在动工建设的铁路项目：

1. 广深港客运专线工程。总投资195.83亿元，广州新客站至新深圳站线路全长104.6公里。按客运专线标准，线下350公里、线上300公里时速建造。2005年1月开工，2010年完成投资35亿元，开工累计完成投资177.8亿元，占总投资的90.8%。

2. 广珠城际铁路工程。总投资181.9亿元，线路全长143.7公里，按客运专线标准、200公里时速建造。其中，新广州站（不含）至珠海站主线长116.9公里，设16个车站；中山（小榄）至江门（新会）支线长26.8公里，设5个车站。2005年1月开工，2010年完成投资26.39亿元，开工累计完成投资173亿元，占总投资的95.1%。

3. 广珠铁路工程。总投资135.73亿元，线路全长189.38公里，按国家铁路I级标准、120公里时速建造，在广州江村编组站接轨，广州至江门双线、江门至珠海单线，设9个车站。2008年4月开工，2010年完成投资40亿元，开工累计完成投资103.7亿元，占总投资的76.4%。

4. 广州动车段工程。总投资25.7亿元，近期设存车线56条，总铺轨长度65.67公里。2007年9月开工，2010年完成投资3.88亿元，开工累计完成投资26.9亿元，占总投资的104.7%。

5. 广州调度所工程。总投资8.98亿元，建筑主体8层，总面积4.9万平方米。2008年12月开工，2010年完成投资3.82亿元，开工累计完成投资7亿元，占总投资的77.9%。

6. 广州客运专线维修基地工程。全国四大综合维修基地之一，建成后负责武广客运专线、广深港客运专线、广珠城际等高等级铁路工务、供电、电务等各专业的养护维修工作。总投资8.74亿元，2008年12月开工，2010年完成投资1亿元，开工累计完成投资9亿元，占总投资的102.9%。

7. 广州和谐型大功率机车检修基地工程。总投资32.12亿元，主要承担广铁（集团）公司，南宁、南昌铁路局运用的和谐型大功率电力机车的检修，并兼备年生产大功率电力机车200台的制造能力。2009年12月开工，2010年完成投资12.5亿元，开工累计完成投资12.5亿元，占总投资的38.9%。

8. 广州新客站工程。总投资114.39亿元，正线全长4.16公里，按客运专线标准、200公里时速建造。总建筑规模约48.6万平方米。站场设15座站台、28条股道，2010年1月开通1～7股道，2010年8月开通8～19道。2004年12月开工，2010年完成投资31.5亿元，开工累计完成投资102.83亿元，占总投资的89.9%。

9. 贵广南广铁路广州枢纽工程。属于贵广南广铁路工程的一部分，总投资61.3亿元，线路全长26公里，由贵广、南广铁路公司分别委托广铁（集团）公司建设。2009年9月开工，2010年完成投资15亿元，开工累计完成投资18亿元，占总投资的29.4%。

10. 贵广铁路工程。总投资897.4亿元，起点新贵阳站，终点广州南站，线路全长857公里，其中广东省境内207.5公里、概算222.8亿元，按国家铁路I级双线标准、200公里时速建造，全线设28个车站。2008年10月开工。

11. 南广铁路工程。总投资383亿元。起点新南宁站，终点广州南站，线路全长557公里，其中广东省境内227公里、概算194亿元，按国家铁路I级双线标准、200公里时速建造。2008年11月开工。

（梁末妮）

【港口建设】　2010年，广州港完成固定资产投资25.95亿元，比上年增长44.7%。其中，新、改、扩建港口工程建设项目16个，完成投资18.91亿元；航道建设项目2个，完成投资7.04亿元。全年完成广州港鸿业石化码头工程等10个工程项目的交工验收，广州华润南沙热电“上大压小”新建工程配套码头工程等8个工程项目的竣工验收。主要码头工程有：（1）广州港鸿业石化码头工程。位于广州港南沙港区小虎作业区小虎岛东侧。工程共建设码头泊位7个，分别为1个8万吨级成品油卸船泊位，1个5000吨级、2个3000吨级和3个2000吨级成品油装船泊位；码头设计年通过能力880万吨，其中卸船能力530万吨，装船能力350万吨；码头长1069米。码头主体工程于2008年5月正式开工，2010年1月完工投产。（2）广州港南沙港区粮食及通用码头工程。位于珠江口伶仃洋喇叭湾湾顶——广州市南沙区龙穴岛上，介于中船龙穴修船基地及规划中部挖入式港池北侧口门之间的岸线上。工程建设规模为新建10万吨级和7万吨级粮食卸船泊位各1个，使用港口岸线570米，设计年通过能力980万吨；新建2000吨级粮食装船泊位5个，使用港口岸线587米；新建1个7万吨级和3个5万吨级通用泊位，使用港口岸线1048米，设计年通过能力为770万吨。工程于2009年2月开工，2010年12月该工程2#、3#泊位完工投产。

（杨泰恒）

【轨道交通工程建设】　截至2010年底，广州市地下铁道总公司（简称广州地铁公司）拥有资产491亿元、员工1.70万名，在建线路包括广州市轨道交通六号线、七号线、九号线、十三号线以及珠江三角洲城际快速轨道交通西朗至沥滘段等。广州地铁已形成贯穿广州东西南北的236公里轨道交通线网，运营日均客运量超过400万人次。

是年，广州地铁公司建成开通3条新线、3条延长线共86公里线路，创造一年内开通线路最多、里程最长的建设新纪录；创造最高日客运量784万人次的运营新纪录，完成亚运会运输保障任务。拓展经营规模，提升经营效益，实现经营收入33亿元，比上年增长42%。

2010年开通的广州轨道交通新线，包含二号线延长段、三号线北延段、四号线北延线、八号线、珠江新城旅客自动输送系统和广佛线等线路，全长86公里。至此，广州地铁形成总共8条线路、总长236公里的线网，标志着广州城市轨道交通2005~2010年线网建设的目标成功实现，通达八成以上亚运会比赛场馆的轨道交通亚运承诺兑现。

二/八号线　2003年开通的原二号线实际上是由二号线、八号线各一段站区组成的一条L形地铁线。按原线路规划；二号线是一条呈南北走向的地铁线路，而八号线是一条呈东西走向的地铁线路。从2007年开始，广州地铁公司开始对二/八线拆解的准备工作，为把对市民的影响降到最低，通过严密的组织管理、提前完成各系统分段调试等手段，进一步压缩拆解时间，把停运时间由原定的15天压缩至3天。

2010年9月25日，二、八号线拆解成功，新二号线与八号线同时开通。新的二号线成为纵贯城市南北的交通大动脉，并与三号线“双龙过江”，舒缓了三号线的客流压力。而八号线首期工程不仅替代原来二号线东段的功能，还成为一条横贯中心城区的东西“客流走廊”。

三号线北延段　2010年10月30日开通的广州轨道交通三号线北延段南起广州东站，北至新白云机场，全长30.9公里，全部为地下线。全线共设11座车站，有3座车站可与其他线路换乘，其中燕塘站与六号线换乘、嘉禾望岗站与二号线换乘、高增站与九号线换乘。三号线北延段是联系新白云机场与中心城区的快速交通干线，使乘客从新白云机场前往市中心只需半个小时。

珠江新城旅客自动输送系统　广州珠江新城旅客自动输送系统（APM线），是中国内地首个无人驾驶的地下胶轮车运输系统，线路全长3.94公里，穿过珠江新城中轴线，沿途停靠9个站。该线路呈南北走向，起始于海珠区赤岗塔北侧，设林和西终点站。APM线于2010年11月8日开通试运营，实行2元单一票制度，单程票进闸时由进闸机回收，储值票进闸时直接扣费，出闸时乘客只需进入出闸感应区，即可自动感应开门，提高了乘客通行效率。

广佛线　广佛线是国内第一条全地下的城际轨道交通线路，也是珠江三角洲地区第一条投入使用的城际轨道交通线路。线路呈东西走向，横跨广州市海珠区、荔湾区和佛山市禅城区、南海区。广佛线首通段（魁奇路至西朗）为地下线路，全长约21公里，设14座车站，其中佛山市境内车站11座，广州市境内车站3座，于2010年11月3日开通试运营。二期段（西朗至沥滘）7座车站中，2座车站主体封顶，全线土建工程累计完成总量的27%。

六号线　至2010年底，首期工程22座车站10座主体封顶。21个区间7个已贯通。全线土建工程累计完成总量的76%。浔峰岗停车场累计完成总量的69%。燕岭主变电站完成施工。二期工程完成土建招标，萝岗站主体结构封顶。

九号线工程　至2010年底，九号线（共9座车站）2座车站进行主体结构施工。（李沛文）

【信息基础设施建设】　2010年，广州市基本完成城市数字电视网络改造，国际互联网出口带宽占全国的58%。电子政务覆盖全市80%的政府管理和服务，建成“五横两纵”的电子政务公共平台框架，政府服务网上办理事项143项，网上信息公开指数超过90%。电子商务发展迅速，全年重点企业电子商务交易额突破5000亿元，树立100多户企业信息化试点示范企业。信息产业成为广州市产业转型升级的战略支点。

推进《广州市信息化促进条例》立法工作，颁布《加快广州市电子政务建设工作方案》、《广州市半导体照明产业发展规划（2010~2020年）》，完成软件和信息服务、新材料、新能源、电子信息、数字家庭等政策规划的研究编制。（赖牡丹）

是年，广州市电子信息产品制造业实现产值1802.75亿元，比上年增长32.8%，对全市规模以上工业增长贡献率为21.2%。

优化产业发展环境。拟订《广州市电子信息产业发展规划》和《国家数字家庭应用示范产业基地发展规划》。安排1750万元支持数字家庭领域13个项目。加强对番禺区、荔湾区、广州科学城等重点区和园区的指导，推动战略性新兴产业群发展。推动建立国家集成电路设计广州高新技术产业化基地和数字家庭、平板显示、新一代宽带无线移动通信产业基地等省级战略性新兴产业基地。

推进重大产业项目的引进和实施。协调LGD8.5代液晶面板项目报批工作，中金数据华南数据中心、中华液晶城、中移动南方研发基地和中国电信数据中心等项目建设取得进展，引进华亚微电子、广东新岸线计算机通用系统芯片项目、昂宝电子、创维LED芯片等一批高端项目。

重大领域创新取得突破。争取国家1.6亿元的创新投入，其中新邮通讯、广晟微电子等3个项目获2010年度国家新一代无线宽带移动通信网1.2亿元支持，方欣科技、动景科技分别获得国家核高基专项1500万元和750万元的支持，中大讯通等6个项目获得国家电子发展基金1650万元支持。落实市财政1.01亿元配套资金，支持TDLTE芯片和设备、中高速传感器网等核心关键技术研发创新和产业化。安排1500万元支持AVS（数字音视频编解码）产业化，研发出具有国际领先水平的3D视频编解码器和3D电视解决方案。组织实施亚运之舟、亚运3D电视试验、旅游移动终端、TDLTE试商用等一批领先技术在科技亚运中应用。推进DiiVA（数字高清互动传输接口技术）标准产业化，继DiiVA芯片后再次取得重大突破，成功研制DiiVA电视等DiiVA终端产品。（谢铭）

【社会信息化建设】　2010年，广州市继续推进“无线城市”建设，出台《加快推进广州无线城市建设的实施方案》。至年底，全市共建成3G基站9625个，3G室内分布系统7300个，WLAN（无线局域网）无线AP（接入点）35139个，发展3G用户301.8万户，WLAN注册用户77.5万户。通过招标购买了重要公共场所如政府办事大厅、医院、公园、图书馆的WLAN无线宽带网络服务供市民免费使用。实施了“亚运惠民”无线城市免费上网活动，广州亚运会期间，WLAN宽带网络免费上网用户为27.5万户，免费上网登录达450.6万人次。

信息网络体系建设取得较大进展。全年完成800兆数字集群共网建设，新建交换中心2个、无线基站197个、应急车4台，室内分布系统72个，超级调度台1个，无线虚拟网通信管理调度台7个，建成网络管理系统和融监控、统计、地形展示为一体的网络监控平台。

广佛同城移动通信资费一体化取得实质性进展。广州市与佛山市超过75%的移动通信用户实现广佛和全省一致的资费，其余用户可通过运营商提供的全省组网套餐业务实现广佛两地通话包月的优惠，初步实现基站和传输共享，加强两地客户同城化体验，完成营业厅业务对接。

基本建成完善的信息安全保障体系。印发《广州市网络与信息安全事件应急预案》，完成《广州市电子政务外网管理办法》、《广州市电子政务外网接入单位网络与应用建设指南》的编制。建立网络与信息安全信息交换机制和处置机制，搭建信息安全测评的基础工具平台，包括系统安全配置核查、WEB应用扫描、代码审计、网络功能与性能测试、系统渗透性测试、网络协议分析、远程安全评估、数据库安全扫描8套测评工具，配套网络设备、WEB防火墙、防火墙、入侵检测系统、网络审计系统、服务器及存储设备等攻防演练平台基础设施20多套。实行多层次监控和集中协同分析的监控模式，覆盖100个党政机关政府网站，接入分布在51个政务外网重要节点单位（包括互联网出口、12个区县和38个市直重点单位）的188台套监控对象。

建立和推广以数字证书为核心的网络信任体系。截至年底，网办业务证书应用达21项，全年新增证书24165张，企业用户规模突破12万户大关；全市企业通过数字证书进行网上申报89.2万户次，网上缴纳税款436.8亿元，占全市缴税入库税额的30.0%；完成网上增值税专用发票认证791.3万份，占全市专用发票认证量的61.0%。

（刘昱婷　曹刚）

现代产业

【农业运行情况】　2010年，广州市实现农业总产值322.13亿元，比上年增长3.1%。农民收入持续快速增长，全年全市农民人均纯收入12676元，比上年增长14.5%，增速连续5年超过两位数。

是年8月1日，《广州市生猪养殖管理办法》正式颁布实施。9月1日，《广州市新菜地开发建设基金征收办法》正式实施，1998年6月20日发布的《广州市菜田建设费征收办法》废止。

全市农村土地流转面积4.53万公顷，占全市家庭承包耕地面积的45%。

（许琳　刘焕章）

【农业产业化经营】　2010年，广州市新增国家级农业龙头企业1户，国家级、省级（含国家级）及市级以上农业龙头企业分别发展到9户、26户和87户。高标准规划建设都市型现代农业园区，从化万花园、南沙都市农业产业园区、小楼人家等园区建设初见成效。市级以上农业龙头企业总资产达150.0亿元，实现销售收入205.2亿元，市场交易额358.4亿元，出口创汇2.5亿美元，实现净利润9.7亿元。销售收入和企业资产过亿元的企业分别达28户和29户。

农业龙头企业自主创新和品牌建设取得重要进展。53户企业建有专门研发机构，其中建有省级以上研发中心的龙头企业有12户；拥有专门研发人员1007名，全年研发经费3.0亿元。9户企业被认定为省、部级高科技企业。22户企业建设的质检机构通过计量认证，47户企业通过ISO9000、HACCP、GAP、GMP等质量体系认证。获得省以上名牌产品或著名（驰名）商标的龙头企业达38户，31户企业、182个农产品获得有机食品、绿色食品和无公害农产品认证。

农业产业化经营社会效益显著。全年市级以上农业龙头企业上缴税金3.0亿元，吸纳从业人员3.9万人，带动省内外农户共43万户，带动农民增收16.6亿元。（熊刚初）

【工业经济运行情况】 2010年，广州市工业系统以“调结构、转方式”为主线，通过实施“退二进三”、淘汰落后产能、产业与劳动力双转移，优化调整经济结构，转变经济发展方式，促进工业增速提效，顺利完成年度工业发展目标。

全年全市规模以上工业增加值和工业总产值分别达到3573.32亿元和13831.25亿元，分别比上年增长16.4%和18.7%；规模以上工业企业实现利润总额1031.27亿元，增长32.4%，提高20个百分点；规模以上工业经济效益综合指数为257.4%，提高26.9个百分点。

工业投资取得新进展。全年全市工业投资601.15亿元，比上年增长11.8%，其中汽车零部件、电子、电力、石化等行业投资分别增长44.6%、48.7%、19.7%和14.4%。广州日兴汽配等6个项目和广东巨大重型机械公司等7户企业分别落户花都汽车城和广州重大装备制造基地。

节能降耗成效显著。全年全市规模以上工业企业综合能源消费总量2357.29万吨标准煤，比上年增长1.7%，与规模以上工业总产值增长幅度相比，相差15.9个百分点；规模以上工业单位产值能耗0.1701吨标准煤/万元，下降16.7%；单位工业增加值能耗下降12.6%。

高新技术产业发展加快。LED、太阳能光伏、新材料、高性能复合材料、数控系统、物联网、平板显示以及集成电路等领域产业化水平进一步提高。2010年，全市实现规模以上工业高新技术产品产值2243亿元，占全市规模以上工业总产值的15.2%，平板显示、新一代通信、物联网、数字家庭等4个战略性新兴产业基地被认定为第一批省级示范基地。

产业技术创新平台更加完备。截至年底，全市共有国家级企业技术中心17个、省级企业技术中心95个、市级企业技术中心41个。华南综合性新药研发中心跻身于国家生物医药重大创新平台行列。（雷宏超）

先进制造业加快发展。是年，广州市大力发展先进制造业，重点打造汽车、石化、装备、数控、造船、精品钢铁等六大先进制造业基地。全年先进制造业完成总产值8489.27亿元，比上年增长21.1%；占全市规模以上工业总产值的61.4%，提高1.3个百分点。其中：装备制造业完成总产值6865.99亿元，比上年增长24.0%，占全部先进制造业总产值的80.9%，增速快于全部先进制造业0.6个百分点；石油及化学制造业完成总产值2084.86亿元，增长19.3%；钢铁冶炼及加工制造业完成总产值516.86亿元，增长14.9%。三大支柱产业成为先进制造业增长的主引擎。是年汽车制造业产量为135.84万辆、产值2898.52亿元，居全国汽车产区第二位；石油化工制造业炼油能力达1300万吨，形成炼油—乙烯、合成材料—精细化工的产业链条雏形；船舶制造业实力显著增强，是年船舶产能达400万吨，船舶产品覆盖集装箱船、成品油船、大型多功能化学品船、盖滚装船、客滚船、半潜船等领域，成为全国三大造船基地之一。核电、高压输变电、重型燃气轮机、盾构机和大功率电力机车、电梯及相关配套等产业发展迅速。

传统优势产业转型升级加快。为加快广州市中药、食品饮料、日用化工、纺织服装、建筑材料和造纸等六大优势传统产业转型升级，广州市制定《广州市加快传统产业转型升级行动计划》，加强企业技术创新体系建设，鼓励并支持传统产业企业建设企业技术中心等研发机构。截至年底，珠江啤酒、万宝、珠江钢琴、浪奇、广纸等传统产业龙头企业均建立各级企业技术中心，总数达26个。加大传统产业技改力度，推进并支持一批传统产业转型升级项目，2009~2010年，市财政共支持优势传统产业项目47个，金额4770万元，争取中央和省支持广州市优势传统产业项目87个，获财政扶持资金1.7亿元，扶持传统产业改进生产工艺、扩大生产能力、提升产品质量。

（肖泽军）

【高新技术产业】 2010年，广州市规模以上工业高新技术产品产值53279.45亿元，比上年增长28.9%。全年实现高新技术产品出口99.03亿美元，比上年增长30.3%。

科技型企业发展壮大。至年底，广州市经认定的高新技术企业达1141户（含是年第二批认定186户公示企业），经认定软件企业969户，国家级创新型企业6户，国家级创新型试点企业4户，省级创新型企业30户，省级创新型试点企业17户，省自主创新百强企业26户，市级创新型企业50户，市级创新型试点企业39户。经济规模超亿元的高新技术企业324户。上市高新技术企业35户。企业工程技术研究中心累计163个，其中国家级12个、省级60个、市级91个。企业技术中心147个，其中国家级11个、省级95个、市级41个。

（韩艳红）

【广州开发区】 广州开发区由广州经济技术开发区、广州高新技术产业开发区、广州保税区和广州出口加工区4个国家级经济功能区组成。2010年12月，中新广州知识城管理委员会成立。2010年，广州开发区主要经济指标实现5年翻番，产业结构不断优化，转型升级实现新突破。地区生产总值、工业增加值、工业利润总额、财政收入、税收收入、外商投资企业税收收入6项指标继续位居国家级开发区第一位，地区生产总值实现七连冠。是年，广州开发区实现地区生产总值1617.83亿元，比上年增长18.60%；工业总产值4227.52亿元，增长21.26%；财税总收入388.56亿元，增长24.78%；实际利用外资12.26亿美元，增长5.23%；出口总额136.77亿美元，增长33.67%。三次产业结构为0：73.99：26.01，第三产业比重比上年提高近1个百分点。全年第三产业实现增加值420.73亿元，比上年增长24.27%，比全区国内生产总值和第二产业增加值增速分别高出5.67个和7.42个百分点。

【广州高新区】 2010年，广州高新技术产业开发区高新技术产品产值、高新技术企业产值分别达1750亿元、1244.45亿元，分别比上年增长25%和24.08%。全年研发（R&D）经费投入达58亿元，占全区生产总值的比重达3.6%。全年全区专利授权数2375件，比上年增长48.3%，其中发明专利授权数719件，增长41.3%。广州科学城完成工业总产值1301.85亿元，比上年增长35.98%。天河科技园、黄花岗科技园、广州民营科技园和南沙资讯科技园分别实现营业收入739亿元、171亿元、30亿元、2亿元。

【广州保税区】 2010年，广州保税区实现进出区货值126.74亿美元，比上年增长97.8%。其中，进出口货物总值37.42亿美元，比上年增长41.44%（出口总值14.83亿美元，增长42.61%；进口总值22.60亿美元，增长40.69%）。实现工业总产值78.22亿元，比上年增长6.61%。税收总额10.4亿元，比上年增长1.60%。其中，国税收入7.75亿元，比上年增长21.86%。地税收入2.81亿元，下降27.16%。新设立内资企业59户，注册资本5296万元；新设立外商投资企业16户。实际利用外资4265万美元，比上年增长2.11倍。固定资产投资1.76亿元，比上年下降13.78%。广州保税物流园区全年实现进出区货值90.4亿美元，比上年增长1.9倍。年内成功举办第五届广东国际酒饮博览会。全面启用华南酒类检测中心。

【广州出口加工区】 2010年，广州出口加工区实现工业总产值22.28亿元，比上年下降11.9%；出口额3.34亿美元，下降6.55%。

【中新广州知识城】 2010年，中新广州知识城建设全面启动。广州开发区积极争取国家和省市政策支持，完成《中新广州知识城起步区项目申请报告》，并向国家发改委申报。中共广州市委、市政府出台《关于加快推进知识城开发建设的决定》，批准成立知识城管理委员会及内设机构，市政府授予知识城管委会市一级管理权限。6月30日，中新广州知识城在萝岗区九龙大道的知识城起步区奠基。12月，中新广州知识城管理委员会揭牌，内设知识城项目办公室、建设办公室和社会事务办公室，中共广州市委常委、广州开发区党工委书记、管委会主任、萝岗区委书记凌伟宪任中新知识城管委会主任。

年内，编制知识城系列规划；完成《中新广州知识城条例》初稿起草工作，并列入2011年广州市立法正式项目。争取并落实一批用地指标，知识城道路系统和安置区动工，征地拆迁和土地出让工作稳步推进。中国和新加坡双方签署合资合同，并成立工作小组，加快组建合资公司。推进40多个高端产业项目及中新合作项目的洽谈工作，中山大学国际健康医疗研究中心等11个项目用地落实。

（康文斌　王杰烽）

【广州南沙开发区】 2010年，广州南沙开发区实现地区生产总值485.68亿元，比上年增长17.08%；工业总产值1419.13亿元，增长23.39%；社会消费品零售总额45.27亿元，增长38.81%；源于南沙地区的税收总额达234.85亿元，增长48.96%；财政一般预算收入25.29亿元，增长25.29%；进出口总额100.55亿美元，增长62.96%。在商务部2010年底公布的国家级开发区投资环境综合评比中，南沙开发区在全国54个国家级开发区排名比上年上升4个位次，列第

20位。年内制定并实施《南沙重点鼓励发展产业项目指引》，发挥国家级开发区政策优势和沿江滨海区位优势，推动以先进制造业、现代服务业和高新技术产业为主体的临港经济向高端化、集聚化发展。 （曾玉娟）

【广州科学城】 2010年，广州科学院实现营业总收入1573.5亿元，比上年增长43.4%，通信设备、物联网、平板显示等战略性新兴产业基地落户广州科学城。建立广东软件评测中心、广东省软件共性技术重点实验室等12家开放实验室。 （韩艳红）

【居民服务业】 2010年，广州市居民服务和其他服务业实现增加值121.44亿元，比上年增长12.9%，占全市第三产业比重为2.2%。至年末，居民服务和其他服务业从业人员304701人，其中在岗职工人数28536人，农村从业人员174709人，城镇私营个体从业人员101059人，其他从业人员397人。居民服务业显示出强大的市场需求与产业化前景。推进生活服务业“便利消费进社区，便民服务进家庭”为主要内容的“双进工程”，不断提升城市人民生活品质。开展广州市家政服务网络中心公共平台建设，主要功能包含：公共服务、信息对接、运营管理、系统维护和质量保障，主要服务内容有家庭服务、维修服务、养老服务、医疗服务、物业管理、社区导购、房屋租售、人才招聘、法律服务、生活百事等。 （肖泽军）

【商务会展业】 2010年，广州市出台《关于加快会展业发展的若干意见》，从6大方面提出22条发展措施，制订并实施《广州市会展业发展专项资金管理试行办法》，加大对品牌会展的奖励和扶持，促进会展经济加快发展。是年末，广州市从事会展活动的企业（单位）共382户，其中会展业企业（单位）187户，参与会展活动的主要宾馆酒店162家，附营会展业相关业务的其他非会展业企业（单位）33户；期末资产总计189.42亿元，比上年增长31.9%；从业人员5673人，增长2.0%；全市拥有主要会展场馆（含非会展业企业单位）1153个，增加145个；场馆面积71.55万平方米，减少0.29万平方米。

会展经济发展提速。全年会展活动企业（单位）实现增加值35.52亿元，比上年增长13.9%，增速比上年提高3.6个百分点；会展业增加值率为61.5%，提高0.7个百分点；会展活动经营收入57.73亿元，增长12.6%，增加11.9个百分点。

专业场馆主导地位凸显。广州市六大专业场馆（广州琶洲国际会展中心、中洲国际展览中心、广州锦汉展览中心、广州白云国际会议中心、广州国际采购中心、保利世贸中心）展览面积51.40万平方米，占全市会展场馆面积的71.8%。全市主要名展大展均在六大专业场馆举办。六大专业场馆全年举办展览208场次，累计办展面积606.03万平方米，分别占全市主要展览总场次和总展览面积的83.5%和99.5%。

品牌展会持续壮大。以中国进出口商品交易会为龙头，广州国际照明展、中国国际中小企业博览会、广州博览会等品牌展会影响力不断提升。两届中国广州国际家具博览会展览面积合计74万平方米，比上年两届增长1.5倍；春秋两季广州国际美博会展览面积合计17.37万平方米，增长51.1%；第十二届中国（广州）国际建筑装饰博览会、第八届中国（广州）国际汽车展览会等展览面积均有增长。广州国际设计周、广州网货交易会以及广州（海珠·琶洲）会展经济论坛等成功举办。有效带动产业链条完善和拉动商贸、餐饮、旅游等相关服务产业发展，催生一批销售展示、技术、信息、咨询等公共服务平台建设。（陈绮琳）

【软件和信息服务业】 2010年，广州市软件和信息服务业产值达1400亿元，比上年增长22%，软件离岸外包服务合同额7亿美元，增长30%。软件和信息服务企业总数突破3000户，其中市认定重点软件和信息服务企业46户，列入国家规划布局内的重点软件企业17户，上市软件和信息服务企业达到14户。

是年，广州市将软件和信息服务业作为战略新兴产业发展的突破口，初步完成《广州市做大做强软件和信息服务业行动计划（2010~2012年）》，研究制订《广州市进一步做大做强软件和信息服务业的若干措施》，修订《广州市重点软件和动漫企业认定管理办法》。

年内，由广州市动景计算机科技有限公司承担的“新一代搜索引擎与浏览器”获国家核高基项目立项，获国家支持经费1500万元。6月，《国家软件产业基地广州天河软件园高唐新建区控制性详细规划》获市政府批准并实施，天河软件园成为全国最大的规划单体软件园区。到年底，广州市百亿规模的园区有天河软件园、广州科学城、黄花岗科技园3个。

是年，广州市用于软件和动漫人才培养专项资金3300万元，支持成立中山大学软件人才培训中心、华南理工大学软件人才培训中心等8个培训中心。通过构建软件动漫人才培养培训体系、开展企业内训与专业机构培训相结合、对国家重点大学及示范性软件学院应届毕业生给予学费补贴等措施，培养培训专业人才5000余人。（梁海珍）

城乡发展

【规划编制】 2010年，广州市规划局完成《广州城市总体规划（2010~2020）》纲要编制，以指导城市总体规划成果的编制。进一步完善《广州市城市发展战略规划》。“战略规划”和“总规纲要”进一步优化城市空间布局，突出以人为本，重点研究强化区域地位、提升城市功能、疏解主城、城乡统筹等问题。突出广州作为国家中心城市、国际商贸中心、世界文化名城的定位和功能，将广州打造成为与国家中心城市相匹配的现代化大都市，对城市定位、发展目标、实施策略进行深入论证研究。提出“一条中轴线，两个新城区，三个外围新城”的近期重点实施策略。完成广州市十区控制性详细规划全覆盖的编制和审查工作。探索和完善控规编制技术标准，注重对现有控规的优化与提升。对“一张图”数据和“一网三层”体系进行系统的梳理和优化，及时纳入控规导则动态更新信息，完善数据动态维护。开展面向精细化管理的城市设计实践，探讨新时期规划编制管理模式。在2009年重点地区城市设计思路的基础上，深化完善形成重点地区“总体规划+城市设计+控规”的编制模式，规范重点地区城市设计成果的技术标准和审查审批流程，以精细化规划编制指导精细化的规划管理。五大功能区城市设计及控规基本完成；白云新城地区城市设计与控规已经市政府批准；琶洲—员村地区、新城市中轴线南段地区、白鹅潭地区城市设计经市政府审定，控规正报市政府审批；新增的广州南站地区、奥体中心周边地区、白云湖地区、白云新城西部延伸区城市设计已经市政府审定，控规编制同步完成；白云新城北部延伸区、黄埔中心区城市设计完成成果编制并同时开展控规编制。

推进广佛同城化规划，促进周边融合发展。落实《珠江三角洲地区改革发展规划纲要》，制定《广佛同城化建设城市规划三年工作计划》，完成《广佛同城化城镇空间发展战略规划》、《广佛同城化区域交通一体化规划》、《广佛—新客站地区同城整合规划》、《广佛—芳村桂城地区同城整合规划》和《金沙洲地区同城整合规划》，开展“广佛同城化规划实施保障机制研究”。编制完成绿道网规划，构建城乡绿色共享空间。完成《广州市绿道网建设规划方案》编制并经市政府批准实施。确定2010年建设总长度为526公里的全市绿道网实施规划，按区域绿道、城市绿道和社区绿道三级，分为生态型、郊野型和都市型三类绿道，明确各区的建设任务。全年全市建成绿道1060公里。优化完善交通规划，构建多层次交通体系。完成《广州市2020年轨道交通线网规划方案》编制，该方案对引领城市集约化发展，解决城市交通问题及推动城市空间布局和整体功能的优化及提升起到重要作用。开展《亚运会期间交通组织方案研究》、《亚运临时交通标志设置方案研究》、亚运会交通调查及评估，完成亚运交通保障任务。编制《广州与周边城市轨道交通衔接规划》，实现城际轨道与城市轨道的无缝对接，构建以广州为中心的珠三角一小时交通圈。制订珠江新城核心区交通组织及智能交通管理方案、广州东部及东北部地区交通网络规划优化方案。开展中新广州知识城综合交通规划及周边交通衔接规划。编制“三旧”改造相关规划，引导城市功能结构优化提升。编制“三旧”改造相关专项规划，有效引导城市空间资源的优化配置、完善城市服务功能、促进产业调整转型。完成《广州市旧城更新改造规划》、《荔湾区旧城更新改造规划》等的组织编制和审查工作。推进《关于广州市旧城改造规划管理的意见》和若干城中村改造方案的编制和审批。完成《广州市旧厂房改造专项规划》的组织编制和审查工作。推进各层次历史文化名城保护规划。建立并完善点、线、面相结合的名城保护规划体系，组织审查《广州市历史文化名城保护规划》，推进东皋大道、大岭村、安宁西街、鳌山古庙、莲花山、人民南、昌华耀华大街等7个片区保护规划审批工作。会同市文广新局完成市辖十区的93处文物的紫线划定。组织编制《广州市旧城更新改造规划纲要》，明确旧城划分为绝对保护、重点保护和更新改造三类范围，并针对具体的地块提出历史性整治保护、零散拆建、整治完善等改造模式，指导下一步旧城控规导则的修编工作。完成村庄布点规划编制和村庄规划审批，统筹城乡发展。完成萝岗、花都、白云、南沙、番禺等5个区的村庄布点规划审批。完成各区（县级市）共960个行政村村庄规划的审批工作，仅余白云区、增城市、从化市共179个行政村待审批。组织开展《农村建设用地布局原则与控制指标研究》，提出村生活用地（含安置用地）和经济发展用地的布局指引和相关控制指标。

是年，广州市规划局启动《广州市城乡规划条例》起草工作。推进《广州市城乡规划程序规定》和《广州市城乡规划技术规定》的审查和修改工作。按计划推进12部行政规范性文件的制定工作。制定《关于广州市城中村改造规划管理的意见》，规范和推进广州市“城中村”改造工作。修订《广州市城市户外广告专项规划》，完善和规范广告设置标准与原则。做好行政诉讼、复议工作，全年办理行政诉讼案件59件（含分局43件），行政复议案件41件（含分局35件）。组织各类规划审批会议，完善会议审批制度。组织召开市规划委员会会议17次，审议议题97项（其中未通过议题6项）。规委会审议通过《新城市中轴线南段地区控制性详细规划》和《琶洲——员村地区控制性详细规划》、《白鹅潭地区控制性详细规划》等广州市未来几年内城市发展重点区域的重要议题。针对重大、复杂议题，试行在正式审议前向规委会委员汇报、沟通制度。开展专项治理和政府投资项目管理工作。贯彻落实上级开展工程建设领域突出问题专项治理工作部署，在市规划系统内开展自查、自纠工作。参加市检查组的抽检工作；筹备建立工程建设领域项目信息公开专栏；配合市专项治理领导小组迎接国家、省的检查；做好政府投资项目的规划审批手续完善工作，按时完成全部736件案件的整改工作。对检查发现的问题，制定16项整改任务推进整改工作。开展利用卫星遥感技术辅助城乡规划督察工作。市规划局会同城乡规划督察员进行现场调研，完成督察图斑的核查报告，并从加强城乡规划统筹监管出发，建立监管工作长效机制。（余宏炳）

【中心镇建设规划】 2010年，广州市基本完成中心镇总体规划编制，推进建设用地规模核定；开展中心镇控制性详细规划编审；中心镇村庄规划基本完成；开展中心镇土地利用规划调整，增加中心镇建设用地供应。加大基础设施建设力度，市财政投入中心镇建设补助资金1.65亿元，中心镇道路交通、供水、供电、污水处理等市政基础设施进一步完善，生产生活条件得到进一步提高。

（李保刚）

【城市建设】 2010年，广州市完成城建投资538亿元，圆满完成2010年一大变的目标，城市功能布局明显优化，城市基础设施体系进一步完善，城市综合承载力明显增强，城市环境面貌不断改善。

基础设施建设　到2010年亚运会前，建成开通运营8条线路、236公里地铁，地铁日均客流量达410万人次，占公交客流总量的31.8%。至年底，全市城市道路总长度5686公里。是年2月，全长22.9公里的中山大道BRT公交试投入营运。

公共设施建设　广州大学城建设。大学城规划范围43.3平方公里，可建设用地面积约35平方公里，规划人口为35万～40万人。加快建设完善大型公共文化设施。先后建成广州艺术博物院、广州文艺创作中心、广州新电视塔、新图书馆、新博物馆、广州大剧院、南越王博物馆等大型文化设施。建成广州国际会展中心、白云国际会议中心、广州市国际金融中心等大型公共设施。加强历史文化资源的整理和利用，妥善保护和利用南越王宫署、大佛寺、陈家祠、西关大屋、东山洋房、沙面欧陆风情建筑、万木草堂、孙中山大元帅府等历史文化建筑，以及北京路等历史文化街区，不断提升城市文化品位。

宜居环境建设　空气污染治理。持续推进空气环境综合治理，通过否决不符合环保要求项目、淘汰落后产能企业、整改或关停重点行业挥发性有机物排放企业、实施机动车国Ⅲ/国Ⅳ标准等措施，加快推进空气污染治理，空气环境质量得到明显改善。2010年空气质量优良率达97.81%，比2005年提高6.85个百分点，连续5年优于国家二级标准。水环境综合治理。按照“截污清淤、雨污分流、调水补水、堤岸建设”的要求实施水环境综合治理。广州市饮用水提前两年在全国大城市中率先全面达到新国标要求，珠江广州段水质从劣V类提高到IV类标准；全市生活污水集中处理率提高到85%，中心城区近90%。人居环境综合整治。一是推动老城区1512个社区环境综合整治，成片改造后每个社区配套建设服务中心、卫生服务机构、小公园、群众文化活动场所、治安视频监控中心；二是对中心城区380个社区实施绿化升级改造、建筑立面翻新、道路升级、“三线”下地等全方位综合整治；三是加大力度查控违法建设、整治违法广告招牌和城市“六乱”。精细做好城市美化亮化工作。建成贯通全市城区和98个街镇总长1060公里的绿道，累计新增绿地面积24625公顷，森林覆盖率达41.4%，林木绿化率达44.8%。打造一批人文历史景观和“一河三岸”旅游观光城市名片，陈家祠广场、荔枝湾涌、沙面等12个区域升级为岭南文化体验片区，广州塔、海心沙亚运公园、花城广场成为新的旅游和文化热点。

低碳城市建设　建立建筑节能全过程闭合监管制度，并积极推广建筑节能新技术的应用。一是积极推进太阳能在建筑中的应用，太阳能集热板安装面积超过40万平方米；二是在市政道路工程中大力推广安装风光互补路灯、LED路灯等节能产品；三是推广散装水泥应用，全市散装水泥率达75%，位居全国副省级城市前列，节省电力8709.62万度，减少粉尘排放5.08万吨。

（李保刚）

【社会主义新农村建设】　2010年，广州市本级财政安排新农村建设资金1930万元，开展以“基础设施建设、村容村貌整治”等为主要内容的新农村建设。广州市按照“扶持积极”的办法，确定100个行政村作为2010年市级新农村建设试点村，53个行政村作为2010年新农村建设重点村。每个试点村安排资金10万元，每个重点村安排资金15万~20万元，专项用于基础设施建设和村容村貌整治。全年共有包括153个市级试点村和重点村在内的326个行政村进行村容村貌整治，同时重点扶持打造一批在观光休闲农业和乡村旅游发展具有发展潜力的新农村典型示范村。

是年，广州市农业局制订《观光休闲农业示范村评定办法》，对广州市行政区划范围内具有观光休闲农业发展基础的行政村进行评定，评出番禺区大稳村、大岭村、蔡边一村，从化市溪头村、宣星村、光辉村，增城市莲塘村、西境村，花都区红山村、铁山村，白云区大田村、南沙区沙尾二村12个行政村作为第一批广州市观光休闲农业示范村。市农业局牵头制订《广州市农家乐服务质量等级划分及评定》，对全市农家乐旅游服务质量进行规范和管理，通过星级评定的方式对农家乐进行统一的等级划分。

（刘书静）

资源环境

【基本农田保护】　2010年，广州市为更好地落实基本农田保护任务，采取以下措施：一是市长与各区（县级市）政府一把手签订《广州市2010年度耕地保护目标责任书》，明确各区（县级市）的耕地保护责任目标。二是推进约束与激励机制并行的耕地保护长效机制。市国土房管局制定并修改完善广州市基本农田保护补贴资金管理试行办法报经市政府办公厅审批，对基本农田保护者实施经济补偿。三是健全耕地保护制度。市国土房管局制定《关于做好广州市农用地土地开发复垦整理工作的通知》、《关于进一步加强市场土地开发复垦整理项目规划设计和变更等有关问题的通知》。

是年，广州市占用耕地的建设项目主要采用易地开发补充耕地的方式实现耕地占补平衡，分别与湛江市、梅州市签订6份有偿转让补充耕地储备指标合同，共补充耕地储备指标1291.80公顷。这一年，广州市用地批复中涉及占用基本农田的有广汽本田汽车研究开发有限公司产品自主开发及能力建设项目、从化街口至花都北兴高速公路项目、广州市2008年度第二十批次城市建设用地共3宗，占用基本农田共348.33公顷，分别在梅州、云浮市补划。

是年末，广州市耕地净减少面积873.33公顷，可调整地类净减少面积480公顷；年末耕地面积85946.67公顷，可调整地类面积52006.67公顷，合计面积137953.33公顷，超广东省2010年度耕地保护责任目标。耕地减少均为非农建设占用耕地。

年初，广州市基本农田面积为137051公顷。是年，经批准占用基本农田面积为348.33公顷，年末广州市基本农田面积为136703公顷，超广东省2010年度耕地保护责任目标。

是年，从化市11个第一批社会投资土地开发整理补充耕地项目通过市级验收和省级抽查，有效新增耕地233.73公顷，完成省下达200公顷补充耕地任务。

【建设用地管理】 2010年，广州市国土房管局严格执行土地利用年度计划，切实加强耕地保护工作，促进土地节约集约利用。

是年，省国土资源厅共下达广州市2010年新增建设用地计划指标1517公顷。其中，占用农用地1257公顷，占用耕地956公顷；土地开发整理复垦增加耕地1480公顷。广州市国土房管局以《关于分解下达广州市2010年度土地利用计划的通知》下达广州市2010年度土地利用计划指标。新增建设用地850公顷，农用地657公顷，耕地456公顷；土地开发整理复垦增加耕地1480公顷。

这一年，全市共办理用地预审306宗，通过用地预审总面积1709.72公顷。广州市共上报省国土资源厅103个批次（项目），用地总面积2721公顷，其中新增建设用地2365公顷，农转用2277公顷，占用耕地694公顷；获得建设用地批复93个批次（项目），用地总面积4321公顷（比上年增长68%），其中新增建设用地3931公顷，农转用3668公顷，占用耕地1221公顷。

土地储备开发 全年储备总量28.31平方公里。其中，市级储备8.31平方公里，各区储备9.79平方公里，各投资集团储备5.66平方公里，地铁沿线储备3.55平方公里，预安排“三旧”改造用地指标1平方公里。其中，居住用地6.05平方公里，商业用地4.39平方公里，商业居住兼容用地15.63平方公里，旅游等其他用地1.24平方公里，预留“三旧”改造用地1平方公里。全年新增土地储备项目22个，项目遍布重点功能区和地铁沿线，总用地面积61.7平方公里，新增红线储备面积再创历史新高。

土地市场 制订《广州市国有建设用地使用权公开出让预申请办法（试行）》、《广州市国有土地转让登记操作细则（试行）》、《广州市集体建设用地使用权流转办法操作细则（试行）》及流转合同示范文本，规范土地出让、转让的操作。

是年，广州市十区公开出让土地141宗，比上年增长60.2%；用地面积705万平方米，下降1.0%；金额359.01亿元，下降21.9%。广州市十区转让土地85宗，比上年增长28.8%；用地面积158.93万平方米，增长45.1%；金额43.99亿元，增长137.2%。其中，转让住宅用地27宗，增长28.6%；用地面积32.88万平方米，增长13.2%；金额19.81亿元，增长56.9%。公开出让经营性用地27宗（包括正挂牌的8宗地块），总用地面积152万平方米，总建筑面积341万平方米。其中，居住用地16宗，总用地面积111万平方米，总建筑面积224万平方米；商业服务业用地总用地面积41万平方米，总建筑面积117万平方米。

闲置地处理　出台《广州市闲置土地处理办法》，从是年6月1日起，对已审批建设用地实行审批结果现场公示制度，要求通过用地审批的拟建项目，用地单位必须挂贴《建设用地审批结果现场公示牌》，内容包括用地单位、批准文号、建设项目及动工开发时间、竣工时间等。

是年，广州市加大对闲置土地的监管手段和处置工作力度。一是按照“应查尽查、应收尽收”的原则开展闲置土地清理和处置工作，对符合法律法规规定收地条件的，坚决收回；二是进一步建立健全闲置土地的预警机制，在动工开发建设期限届满前3个月发放《动工建设催告函》，敦促用地单位按时动工开发建设；三是开发企业名下及关联人有闲置土地行为的，不得进入广州市土地一级市场，防止新的闲置土地的产生；四是提高土地闲置费的征收标准，改变以前闲置土地按月征收的做法，对土地闲置满一年的，按出让或划拨土地价款的20%一次性征收土地闲置费，实行从严从高征收土地闲置费，加大用地单位囤地的经济成本。实施“阳光用地”工程，通过建设项目规划、用地审批结果现场公示制度，建立促进建设项目按期开发的社会监督机制。

是年，广州市国土房管局对市辖十区401宗用地开展闲置土地调查，以延长开发期限一年方式处置闲置土地144宗、面积449.56公顷，收取土地闲置费5837.94万元；盘活闲置土地面积160822平方米，收取土地出让金3.9亿元；收回闲置土地16宗、面积30.53公顷。

“三旧”改造　为推进“三旧”改造中涉及的土地和房屋权属确认工作，制定《三旧改造项目土地房屋权属确认工作指引》，明确“三旧”改造项目土地和房屋权属确认业务的受理条件、办理流程和审核要点。

是年，广州市国土房管局配合市“三旧”办开展旧厂房和城中村改造工作，启动27宗旧厂房用地的储备前期工作，总用地面积465万平方米；向市规划局申请杨箕村改造的规划红线，推动杨箕村的整体拆迁改造进程；在广州南站等项目的规划方案编制过程中，尝试将区域内的城中村结合土地储备进行统一规划、统筹改造，取得一定效果。

土地登记　进一步规范集体土地及房地产的登记，解决部分农村房地产登记难问题。广州市国土房管局修改完善《广州市集体土地及房地产登记规范（试行）》，对超面积宅基地的登记原则进行调整，强化对地籍调查的要求。全年共办理出让及划拨国有土地使用证案件269件，核发国土证用地面积

638.29 万平方米；办理历史用地国有土地使用证案件 30 宗，核发国土证用地面积 86.29 万平方米；调处 7 件土地权属纠纷案件，涉及面积超过 26.67 公顷；完成用地报批权属地类审核 148 件。（何欣）

【空气环境综合整治】 2010 年，广州市超额完成广东省下达的“十一五”时期二氧化硫和化学需氧量减排，以及亚运环境质量保障任务。2010 年广州市空气质量优良率达 97.81%，比上年上升 2.74 个百分点；二氧化硫、二氧化氮、可吸入颗粒物平均浓度下降 15.4%、5.4%、1.4%。

是年，广州市落实《广州市 2008~2010 年空气污染综合整治实施方案》和《2010 年第 16 届广州亚运会空气质量保障方案》及其配套的污染控制、现场监管、应急预案、质量测报和机动车限行等 5 个实施方案，全面完成 12860 个空气治理项目，空气质量明显改善。

强化工业废气减排。完成 56 户重点工业企业脱硫、26 户重点企业降氮脱硝，淘汰 1139 户企业的燃煤小锅炉，完成 76 个烟尘、粉尘改造项目。分步推进“退二进三”和清洁能源改造，完成第一批“退二”的 116 户企业的停业、关闭或搬迁工作，并启动第二批 82 户企业“退二”工作，高污染燃料禁燃区内的 57 户企业全部完成清洁能源改造。

全程防治机动车排气污染。实施机动车国Ⅳ标准，完成公交车清洁能源改造，全面实行机动车环保标志管理，在中心城区 260 平方公里区域范围限行黄标车，全年全市道路抽检和停放地抽检机动车 50391 辆，对 5838 辆排气超标车辆实施限期整改。

控制挥发性有机物排放，全市石化、涂料等 11 个重点行业的 4413 户挥发性有机物排放企业全部完成整改或停产、关闭，每年减少挥发性有机物排放 1.35 万吨；全市列入整改的 13 座储油库、388 辆油罐车、514 座加油站全部完成油气回收综合治理，每年减少油气排放 0.85 万吨。

狠抓饮食服务业污染整治，对饮食服务业准入实行联合审批，对污染投诉实行联合查处，对全市 4.2 万家饮食服务业户进行排查，饮食服务业清洁能源使用率达 97.57%，

严格控制扬尘污染。对全市在建工地实行分类分级动态管理，要求落实“六个 100%”（即施工现场 100%围蔽、工地砂土 100%覆盖、工地路面 100%硬地化、拆除工程 100%洒水压尘、出工地车辆 100%冲净车轮车身、暂不开发的场地 100%绿化），全年共查处工地扬尘污染行为 645 宗、无证夜间超时施工噪声扰民行为 1245 宗。

全力保障亚运期间空气质量。从 11 月 1 日起，对占全市空气污染物排放量 85%的 2615 户企业进行重点监管，对与亚运场馆空气质量关联较大的 72 户企业实施临时减排措施，对 141 户减排重点企业实行驻厂督查；强化机动车监管执法，环保、公安交通管理部门出动执法人员 5889 人次，部署 14 辆遥感检测车，在全市 52 个路检点遥感检测机动车 517095 辆，抽查检测机动车11880 辆，要求 1378 辆排气超标车辆限期整改，对 831 辆超标车辆暂扣行驶证，对 4690 辆外地超标车辆作出劝返处理；禁止露天焚烧，加强对涉亚场馆、机场周边区域和主要交通干线、道路两侧区域以及城乡结合部焚烧稻草、垃圾的监管，维护良好城市形象。

【水环境综合整治】 2010 年，广州市狠抓《广州市 2003 年—2010 年珠江综合整治实

施方案》、《关于加快推进河涌综合整治和污水处理工程建设的通告》及其配套的综合整治方案、《关于禁止向江河湖泊直接排放污水的通告》及其配套的综合执法方案等一系列重大治水决策的落实，全面推进饮用水源保护、污水处理系统建设、河涌综合整治、调水补水、工业废水治理、流域污染整治等工作，水环境明显改善。

强化饮用水源保护。对直接向饮用水源保护区排放水污染物的新建项目一律不予批准，对饮用水源保护区内的现有建设项目一律不允许扩建，要求污水排放口的设置必须远离饮用水源保护区；全面完成饮用水源保护区内清查的6980个排污口的整治；西江引水工程建成通水，实现全市饮用水源水质100%达标；从严调整饮用水源保护区和水环境功能区，组织制订《广州市饮用水水源污染防治规定》，最大限度保障水源水质。

全面开展污水治理和河涌综合整治。至年底，全市有污水处理厂56座、市政污水管网2907公里，生活污水处理能力465.18万吨 / 日；城市生活污水集中处理率85.65%，中心城区生活污水集中处理率近90%，每日减少污水直排、漏排珠江100万吨；对388.52公里的121条河涌进行截污、清淤、调水补水、修筑堤岸和景观绿化等综合整治，建设白云湖、海珠湖，主要河涌和珠江水质持续好转，水生态逐步恢复。

狠抓工业污水治理。深入开展工业污染源摸查、污染源巡查监管、排污口整治、严厉打击违法排污行为，通过严格落实排污许可、总量控制、禁止直排等措施，全市每天有71.3万吨工业废水经处理达标排放，达标率达96.51%，万元工业产值废水排放量以每年约10%的速度递减，工业排放占全市水污染负荷的比例下降到20%左右。

实施亚运水环境保障。制定实施《2010年第16届亚运会水环境保障总体方案》及其配套的工程建设、水质监控、饮用水源保障、水环境应急和水环境监测等5个行动计划，对116户“退二”企业实施关停减排，对147户涉水重点企业实施监管减排，对14户企业实施排污管制减排，对五类水体共43个监测断面全面实施加密监测监管，克服枯水期带来的种种不利影响，实现亚运重点水域水质全部达到保障目标，珠江广州河段前航道水质达到多年同期最优水平，饮用水源地水质实现100%稳定达标，广东国际划船中心、激流回旋赛道等达到历史最优水质，景观水体水质明显改善，各类水体水质均符合亚运水环境保障目标。 （庄雄）

【生态环境建设】 2010年，广州市全面推进青山绿地、迎亚运等绿化美化工程，完成142条道路绿化升级改造和44个城市出入口景观节点建设，对市区主干道的198座立交桥、人行天桥进行绿化整饰，205个城市公园免费开放。全市森林覆盖率达41.2%，建成区绿地率35.5%、绿化覆盖率40.15%，人均公共绿地15.01平方米，形成“森林围城、城在林中”的生态景观。至年底，全市共建成绿道1060公里，超额完成广东省下达的526公里建设任务，成为全省线路最长、覆盖面最广、服务人口最多、配套设施最齐、连接景点最多、在中心城区分布最广的绿道。 （庄雄）

社会事业

【科学研究与发展】 2010年，广州市围绕创新型城市和“信息广州”建设，增强自主创新能力加快发展高新技术产业，推动产业转型升级，完成亚运信息技术保障工作。建成亚运会40个运动会信息系统、53个竞赛项目计时计分系统，建成亚残运会管理系统和赛果管理系统，共15个子系统、20个亚残竞赛分项的计时记分系统；新建光缆网络3100多条、8万多纤芯千米，7600多个场馆信息点，提供高效的800M数字集群指挥系统。

科技创新能力显著提升。全年专利申请量20801项，全年全市规模以上高新技术产品产值5670.71亿元，比上年增长28.9%，占工业总产值的38.52%。其中全市规模以上电子信息产品制造业产值1802.75亿元，比上年增长32.8%，对全市规模以上工业增长贡献率达21.2%，认定高新技术企业1141户，占广东省的26%，其中新上市高新技术企业10多户；金发科技等10户企业成为国家级创新型企业和创新型试点企业，省级创新型企业30户、创新型试点企业17户，市级创新型企业50户、创新型试点企业39户。

政策机制建设取得进展。编制《广州市建设国家创新型城市试点工作实施方案》，经市政府审定后已报科技部备案；颁布《广州市半导体照明产业发展规划（2010~2020年）》、《广州市进一步加快发展科技企业孵化器的实施办法》和《广州市生物产业创新发展行动计划（2010~2012年）》等文件，完成软件和信息服务、新材料、新能源、电子信息、数字家庭等政策规划的研究编制。

科技重大专项行动和重大项目取得突破。实施“科技亚运专项行动计划”，重点突破数字技术、智能交通管理、环保与绿色城市技术应用、安全科技等领域自主知识产权、技术含量高的重大技术创新，大大提升亚运的科技含量。争取国家核准8.5代液晶面板项目立项，推动中金数据华南数据中心、中华液晶城、中移动南方研发基地等重大项目建设。

加强与国内科研院所和高校合作。由华南理工大学牵头建立广州现代产业技术研究院；与北京航空航天大学合作，共建广州北航新兴产业技术研究院；与军事医学科学院合作，共建军事医学科学院华南生物医药研究院的前期工作；与中山大学合作，共建广州南沙中山大学科技创新产业基地；推进广州工研院二期的建设，共建广州工研院自动化研究所、先进制造技术研究所、软件技术研究所。出台《广州市高新技术创业投资引导基金实施方案》，设立2亿元投资基金，组建创业投资引导基金管理委员会，圈定组建电子信息、生物医药等3只创业投资基金，带动社会投入8亿元；设立科技型中小企业贷款担保资金4500万元；建立科技型中小企业创新联合基金，获得国家立项95个，成功率达99%，获中央财政投入6000多万元。

科技创新取得新成果。全年登记认定技术合同4624份，合同成交额102.5亿元，技术交易额85.33亿元。是年，评选出2009年度广州市科学技术奖一等奖9项、二等奖33项、三等奖38项。全年获国家、省科技奖励189项，其中国家自然科学奖1项、国家科技进步奖18项，广东省科学技术奖突出贡献奖2人、一等奖25项、二等奖61项、三等奖82项。广晟数码“DRA多声道数字音频编解码关键技术研发及产业化”获评为2010年中国信息产业重大技术发明。

高新技术产业园区发展呈现新亮点。全年，广州高新区在新型平板显示、新一代宽带移动通信、生物医药等产业群建设取得进展，实现营业总收入3500亿元，比上年增长35%；专利授权967项，比上年增长48.09%，天河软件园软件收入739亿元，比上年增长20%。番禺国家数字家庭应用示范产业基地实现收入56亿元，增幅达60%以上。番禺节能科技园集聚企业470多户，收入50亿多元，形成电子信息与物联网、动漫游戏与软件设计、节能环保、新能源新材料4大产业集群。荔湾广东光电科技产业基地集聚50多户液晶显示、LED等光电企业，实现光电子产业产值19.4亿元，中华液晶城被评为广东省唯一科技创新领域的现代服务业集聚区。（曹刚）

【文化事业】 2010年，广州市各大专业艺术院团加强艺术创作及展演，以第九届中国艺术节为契机，努力打造艺术精品。全面完善公共文化服务网络，组建图书馆（室）、文化馆及文化站等文化服务中心，继续推进“农家书屋”建设工作，推出24小时自助图书馆，举办公益性文化活动，满足群众文化需求。推进各项文化设施建设，广州大剧院开张运营，南越王博物馆整治一期工程和南越王宫博物馆一期工程完工，一批演出场馆“九艺节”前完成改造，文化活动场馆整体水平上了一个新台阶。辛亥革命纪念馆、广州文化中心、广州文化创意中心、广州图书馆新馆、广州沙河顶艺术苑综合楼、广州博物馆新馆等项目按计划推进。全市城市社区、农村街镇的“三个一”工程［一街一站（综合文化站）、一村一室（文化娱乐室）、一人一册（图书）］完成率达80%。实现全市社区“五个一”工程（每个社区有一个文化室、一个文化小广场、一个图书阅览室、一个宣传橱窗、一支业余文艺队伍）。

加强文化市场监管，做好版权、知识产权等保护工作，开展“扫黄打非”活动，净化全市文化市场环境。重视文化产业，做好引导和服务工作，加快推动文化产业发展。落实“大部制”改革，把市文化局、市新闻出版和广播电视局（市版权局）的职责整合划入市文化广电新闻出版局。组织策划举办第九届中国艺术节、亚运文艺演出、亚运群众活动、亚运展示展览活动、第15届广州国际艺术博览会、第六届广州民俗文化节、第三届中国国际漫画节、2010中国（广州）国际纪录片大会等各种大型文化活动，努力打造品牌，不断扩大广州中心城市的文化影响力。

【公共文化服务】 2010年，广州市贯彻落实《广州市加快公共文化服务体系建设实施意见》，起草并修改《广州市文化站管理暂行办法》和《广州市社区（村）文化室管理暂行办法》，完成广东省文化厅下达的“公共文化单位免费开放与公益性服务研究”课题研究任务，推出24小时自助图书馆系统，推进“农家书屋”建设工作，至年底，全市建成“农家书屋”1615个。

开展丰富多彩的群众文化活动。完成第九届中国艺术节群星奖筹备工作，组织举行群星奖8场戏剧决赛、5场舞蹈决赛和1场广场舞决赛，举办“群星奖优秀剧目展演活动”和群星奖颁奖晚会；开展“精彩新生活”迎接亚运广州市群众文化广场活动，包括“花城风采”亚运广场群众文化活动启动仪式综艺表演、“花城神韵”广州市非物质文化遗产广场展演、“激情花城”群众国标舞广场展演、“舞动花城”群众集体舞广场展演、“欢歌花城”亚运歌曲群众歌会、“群星璀璨迎亚运”群文精品节目展演及大量的基层群众文化活动；举办第六届广州民俗文化节、2010年广州乞巧文化节、第二届岭南书画艺术节、第31届“羊城之夏”读书活动及“4·23”读书日活动等；承办2010年中美图书馆员交流活动；举办“我的书屋，我的家”——广州市“农家（社区）”书屋阅读讲演优秀节目汇演，开展全民阅读活动；组织送展览到农村、社区、学校活动；推进农村数字电影放映工程，每15个村配备一套流动数字电影放映设备。

广州市在第九届中国艺术节群星奖比赛中获得10个作品奖（4个戏剧作品、4个舞蹈作品、1个曲艺作品、1个音乐作品）、1个项目奖及1个“群文之星”，创历史最好成绩；少儿音乐剧《彩虹猪，向前冲》入选“歌声伴着我成长——中国儿童音乐剧普及推广暨展演活动”；广州老干部星海合唱团《松花江上》入选文化部举办的“永远的辉煌——第十二届中国老年合唱节”活动并获得红船杯金奖。

【文化产业】 2010年，广州市拥有网络文化经营单位60余家，在全国有影响的企业是网易网络文化有限公司、广州大洋网、金羊网等，网络游戏、动画、漫画企业约120户，从业人员约15000人；动漫网游产业产值超过100亿元（不含衍生产品），其中网络游戏产业约40亿元、电子游戏产业产值约50亿元；全市有网吧1100个，总经营面积约65万平方米，上网电脑约25万台，从业人员约2万人，年产值约25亿元；全市有娱乐场所800余个，从业人员2.8万人，经营收入约200亿元（包含非文化经营成分）；番禺游戏机生产行销全世界，是东南亚著名游戏机生产基地。

至年底，全市有文化产业园区38个，总占地面积约400公顷，总投资总规模约22.2亿元，入驻企业1300余户，年产值约200亿元。其中，有较强聚集效应和规模产值的12户，分别为长隆集团、TIT纺织创意园、太古仓码头、黄花岗科技园区、华创动漫产业园、北岸文化码头创意产业园等。

扶持文化创意企业，安排3000多万元，奖励、扶植50余个文化企业和项目；给予已取得国家文化产业示范基地、国家网络游戏动漫产业发展基地的3家园区政策和信息支持，加强产业引导；加快“广州北岸文化码头”文化创意产业园区的开发和建设，采取边规划边建设边见成效的措施，在园区的鹰金钱厂区聚集20多户文化创意企业，于亚运前开展国际文化创意活动20多项，取得良好社会和产业效益；推动广州日报报业集团、珠江钢琴企业集团、广州长隆集团有限公司、广州大业工业设计有限公司、广州集美组室内设计有限公司、毅昌科技股份有限公司、奥飞动漫文化股份有限公司、广州原创动力文化传播有限公司和广州漫友文化发展有限公司等企业争创全国品牌；举办第三届中国国际漫画节。（温向月）

【教育强市建设】 2010年，广州市本级财政教育经费投入24.94亿元，比上年增长8%。实现100%的区（县级市）成为广东省教育强区（县级市）、100%的镇成为省教育强镇的目标。至年底，越秀、天河区顺利通过“广东省推进县域教育现代化先进区”督导评估。

拓展教育交流空间。广佛教育城域网互联共享工程、广佛肇职业教育互相招生和技能竞赛、广佛肇教育人才合作与交流等重点工程建设取得实质进展。在广州成功举办“亚洲大学校长论坛”，搭建了市属高校与亚洲国家和地区高校沟通交流的平台。

落实教育民生工程。全面实施免费义务教育，全年财政投入1.78亿元，惠及72.5万名学生。进一步完善教育资助政策体系，政府扶助覆盖面更加广泛，在全省率先实现免费特殊教育。落实对义务教育阶段困难家庭学生补助制度。广州市教育局会同市发改委等部门联合下发《印发〈关于进一步做好优秀外来工入户和农民工子女义务教育工作意见〉的通知》，越秀、番禺、南沙、增城、从化等区（县级市）制定相应的实施细则，全年财政投入469.3万元，对符合政策入学的2.46万名农民工子女进行了专项补助。

促进基础教育均衡发展。继续完善学前教育管理体制，加快推进农村幼儿教育发展，基本消除学前班，“镇村一体化”管理模式的试点工作顺利推进。

加快义务教育规范化学校建设，年内基本完成市政府纳入民生工程的100所义务教育规范化学校建设。至年底，全市义务教育规范化学校达858所，覆盖率达79.3%，其中天河、越秀、番禺、南沙等区先后通过义务教育规范化学校督导验收。12月，天河、越秀区率先通过“广东省推进县域教育现代化先进区”督导评估。大力推进中小学校舍安全工程，至年底，累计投入资金12.03亿元，加固校舍32栋，重建校舍85栋。实施“百校扶百校”行动计划，外派干部，互派教师任教、挂职，开展团队帮扶活动。开展春秋两季义务教育工作督查，有效保障义务教育的正常教学秩序。越秀、番禺区成为广东省义务教育均衡发展试点区。促进普通高中优质发展。全市有示范性普通高中27所、示范性普通高中创建学校14所，所提供的优质学位达50%；省、市一级普通高中191所，所提供的优质学位占普通高中总学位数的90.61%。推动中心城区优质普通高中向周边辐射，投入2亿多元在南沙区重建广州外国语学校，市铁一中学、广东华侨中学、广州大学附属中学等学校分别在亚运城、金沙洲、大学城建设新校区。深化普通高中课程改革，加强普通高中教学管理。全市有69所学校通过普通高中教学水平评估，达到优秀等级。普通高中教学质量稳步提高，广州市普通高考中12%的考生达到重点本科线，52%的考生达到本科线，93.51%的考生达到大专线。广州市内地新疆高中班高考上线率达100%。

加强中等职业和高等教育基础能力建设。全市有2所全国首批中等职业教育发展改革示范校建设项目学校，22所国家级中等职业学校，6所省级中等职业学校；有国家级重点建设专业2个，省级重点建设专业43个；省级重点建设实训中心8个。中等职业教育人才培养改革取得新成效，在全省率先推进中等职业教育与高等职业教育的衔接，有14所省级以上重点中等职业学校加挂高级职业技术学校牌子；实行弹性学制，建立与国内外先进企业合作办学、工学结合、半工半读、订单式培养等办学模式；是年开始进行高职院校对口招生试点工作，开展对口招收中职毕业生和“五年一贯，三二分段”中高职联合培养试点工作。职业技能竞赛成绩稳居全省之首和全国同类城市前列，全国职业院校技能大赛中，广州市代表团共获得8金9银13铜的成绩，并在电工电子、美容美发、烹饪、农业类等竞赛项目上获得金牌。

广州大学、广州医学院通过教育部普通高等院校本科教学工作水平评估，广州城市职业学院、广州铁路职业技术学院、广州体育职业技术学院和广州工程技术职业学院等通过教育部高等职业院校人才培养工作评估；广州医学院“呼吸疾病实验室”成为市属高校中首个国家重点实验室；广州大学“减震控制与结构安全实验室”成为省、部共建国家重点实验室培育基地；广州医学院“神经遗传与离子通道病重点实验室”获省、部共建教育部重点实验室立项；广州番禺职业技术学院被评为全国优秀高职学院，是全国28所首批“国家示范性高等职业院校建设计划”立项院校之一；广州铁路职业技术学院成为国家第二批示范性高职（骨干）建设院校。

发展民办和成人教育。全市有民办教育机构1983所，在校学生101.27万人。其中，民办幼儿园1298所，小学159所，中学161所，在校学生（幼儿）分别占全市总在校学生（幼儿）的79.41%、31.86%、17.84%。通过成人高校、成人教育培训机构、农村成人文化技术学校、企事业单位等载体，大力发展成人教育和职工教育，形成完善的学历教育与非学历教育、脱产与业余进修相结合的成人教育体系。全市有职业技术培训机构411个，结业生49.12万人，注册生52.34万人。农村成人教育进一步加强，100%的镇建有镇一级成人文化技术学校，大部分村建有成人文化技术学校，全市市级以上示范镇成人文化技术学校比例达89%。

提高师资水平。2010年，各区（县级市）教育局和局属学校引进人才1409人，其中接收应届普通高校毕业生878人。创新教师继续教育模式，建立全员培训以远程培训为主、骨干培训以面授培训为主、个性化培训以校本培训为主的三头并举的教师继续教育新格局。全年实现教师网络远程全员培训12.2万人次，1177所学校参加校本培训，覆盖率达70%；骨干教师市级以上面授培训5983人次。与全国中小学教师继续教育网共享优质课程资源，成为教育部“教育技术

广州市文教卫体事业基本情况

教育				医疗　文化　体育			
项目	单位	2009年	2010年	项目	单位	2009年	2010年
普通高校校数	所	74	77	医院、卫生院数	个	2341	2387
普通高校在校学生数	万人	79.60	84.39	医院、卫生院床位数	张	59038	62552
中职和技校学校数	所	178	181	平均每千人口医院、卫生院床位数	张	63.39	66.03
中职和技校在校学生数	万人	49.32	50.09				
普通中学学校数	所	471	475				
普通中学在校学生数	万人	57.53	57.23	群众艺术、文化馆数	个	23	23
小学学校数	所	1022	1004	公共图书馆数	个	15	15
小学在校学生数	万人	82.89	82.48	博物馆数	个	31	31
学龄儿童入学率	%	100	100	档案馆数	个	28	31
幼儿园数	所						
在园幼儿数	万人	1493	1532				

培训促进中小学教师专业发展试验区”，并顺利通过评估验收。完善教师工资福利待遇保障机制，在中小学校实行绩效工资，教师待遇大幅提高，并建立了中小学教师和公务员收入同步增长机制。全市小学、初中、高中专任教师学历达标率分别为99.98%、99.62%、99%，全市普教系统有省特级教师225人、高级职称教师2.9万人，有省、市基础教育系统名校长、名教师46人。

推进教育信息化建设。至年底，建立覆盖城乡的教育信息化网络，建成全国基础教育规模最大的光纤城域网，覆盖城乡各级各类学校。全市中小学校的计算机生机比为7.3∶1，师机比为0.92∶1，多媒体教学平台进课室比例达87.25%，全市76%的学校建立了校园网，共1198所中小学校接入市教育科研网，接入率达93%，市级教育信息资源库总量达65TB，市级应用系统达50多个。中小学校特别是农村学校的教学装备现代化水平得到较大改善，为国家教育体制改革试点项目“依托教育信息化促进区域教育均衡发展”和“教育资源下乡”行动计划的顺利推进夯实了基础，90%的教师能熟练运用信息技术手段进行教育教学。广州市成为教育部《教育管理信息化标准》应用示范区；教育e时代工程被信息产业部评为“全国首批信息技术应用示范工程”；统一建设了教育系统办公信息交换平台，成为教育部教育电子公文交换试点区；市招生考试应用系统在全国率先实现招生考试全方位、网络化管理；建设全国领先的教师继续教育网、教师教学资源库、网络教研系统，率先在全省实行教师继续教育网上报名、网上选课、网上学习、网上登记学分并出具学分证明，95%的中小学教师继续教育课程通过网络开展。 （刘平伦　温小来）

【卫生事业】　2010年，广州地区有卫生机构2387个（不含村卫生站），其中医院216个（内含公立医院152个）、卫生院39个、社区卫生服务中心（站）275个、妇幼保健院13个、疾病预防控制中心（预防保健中心）18个、卫生监督所15个；医疗机构床位6.26万张，其中医院床位5.32万张、卫生院床位0.36万张；卫生技术人员9.55万人，其中执业（助理）医师3.38万人、注册护士3.91万人。全市各类医疗卫生机构向社会提供门诊服务1.08亿人次，提供住院服务176.42万人次，分别比上年增长6.58%和9.29%。国家免疫规划疫苗继续保持高接种率。新型农村合作医疗参合率99.88%。人均期望寿命79.04岁。孕产妇死亡率、婴儿死亡率按户籍人口计算分别为15.2/10万、4.04‰。

是年，广州市全面实施重大公共卫生服务项目。自2009年11月启动五项重大公共卫生服务项目以来，免费为7~15岁青少年补种乙肝疫苗441752剂次，补种率96%；为48856名农村地区孕产妇提供住院分娩补助，补助资金1697万元；为179707名农村妇女进行宫颈癌检查，确诊癌前病变1142例、宫颈癌67人，为180580名农村妇女进行乳腺癌检查，确诊乳腺癌68人；为2558例贫困患者施行白内障手术；有61822名农村地区待孕和孕早期妇女免费服用叶酸，预防神经管畸形。实施基本公共卫生服务项目。由社区卫生服务中心、镇卫生院同步组织实施，免费为居民提供计划免疫、儿童保健、妇女保健、慢性病预防控制管理等9类28项基本公共卫生服务。启动实施国家基本药物制度。各区（县级市）共有218个基层医疗卫生机构全面启动实施基本药物制度，全部配备和使用基本药物，100%实行零差率销售，使用基本药物品种超过药品总配备数的70%。完成市第八人民医院迁建和市疾病预防控制中心迁建项目的建设，并分别投入试运行；公共卫生综合大楼项目完成三通一平工作、报建报批工作；市第一人民医院新内科大楼建设项目完成外墙装饰工程，磐松楼改扩建工程获立项批复；市中医院新址建设项目的选址工作基本确定，已申办选址报批手续；市精神病医院江村综合楼建设项目完成代建单位、设计单位、前期评估单位的招标工作。新型农村合作医疗筹资和保障水平明显提高，农村卫生服务体系建设稳步推进。社区卫生事业不断发展，妇幼保健工作取得新成效。重大疾病防控工作全面加强，突发公共卫生事件应急处置能力进一步提高。医疗服务能力、卫生监督工作力度不断加强。中医药强市建设深入推进。人才队伍、科研、信息化工作协调发展。完成广州亚运会、亚残运会医疗卫生保障任务。健康亚运健康广州活动成效明显。

加强行风建设，完善医德考评制度，建立医德考评电子档案；在市妇女儿童医疗中心开展医疗服务规范试点工作，联合广州市标准化研究院制定医疗服务规范。推进“阳光用药”电子监察系统建设工作。年内广州市9家医疗单位以及番禺区卫生系统开通运行“阳光用药”电子监察系统，其他区（县级市）加快系统的基础性建设和对接，基本实现局属单位全面覆盖，区（县级市）卫生系统逐步推进的预期目标。“阳光用药”系统受到中央、省、市的肯定和好评。先后在全国药品集中采购会议、省药政会议、全省纠风工作会议、省阳光用药工作汇报会上作经验介绍。（赖玉红）

【农村卫生】 2010年，广州市稳步推进农村卫生服务体系建设。从化市鳌头镇医院、增城市中新镇医院、增城市石滩镇医院等住院大楼完成新建扩建；开展镇卫生院全科医学岗位培训，其中为从化市和增城市送教下乡，在当地举办镇卫生院医生全科医学岗位培训班3期。开展广州市农村初级卫生保健实施计划市级评估，7个区（县级市）农村初级卫生保健工作全部达标，全市完成广州市农村初级卫生保健实施计划（2001~2010年）。开展农村居民重性精神病筛查和规范治疗工作，对重性精神病患者进行评估、筛查、建档，风险评估危险度3级及3级以上重性精神病患者尤其有肇事肇祸倾向患者全部获得免费住院规范治疗，零级患者包括出院患者全部纳入基本公共卫生服务包项目内进行管理和门诊巩固康复治疗，全市免费收治农村重性精神病患者住院人数388人，其中市级定点收治机构收治121人。市卫生局、财政局、人力资源与社会保障局联合印发《关于解决广州市乡村医生待遇历史遗留问题的意见》，对1981年2月至2006年12月期间在本市村卫生站工作的乡村医生由财政给予一次性补助，补助标准为乡村医生及以上的每人每月120元，赤脚医生及以下的每人每月100元，补助金优先用于乡村医生参加社会养老保险。

出台《广州市健全基层医疗卫生服务体系建设实施方案（2010~2012年）》，将25所中心镇医院和镇卫生院、370个村卫生站纳入医改规划建设的范围，实施标准化建设。按照公共服务均等化和城乡统筹的原则，由社区卫生服务中心、镇卫生院同步组织实施基本公共卫生服务，免费为居民提供计划免疫、儿童保健、妇女保健、慢性病预防控制管理等9类28项基本公共卫生服务，公共卫生补助标准达到25元／人。建立农村居民健康档案共598198人，建档率20.61%，其中老年人建档86484人、慢性病人建档34024人、孕产妇建档46329人、0~3岁儿童建档88004人。实现在城市和农村同步实施相同的基本公共卫生服务项目和相同的基本公共卫生服务经费补助标准。全市有44个基层医疗卫生机构全面启动实施基本药物制度，全部配备和使用基本药物，100%实行零差率销售，使用基本药物品种超过药品总配备数的70%。（黄绍林）

【新型农村合作医疗】 2010年，广州市7个有农村建制的区（县级市）中，白云区、花都区、番禺区、南沙区、萝岗区、增城市实行新农合制度（从化市实行城乡居民基本医疗保险制度），覆盖率100%，参合人口206.42万人，参合率99.88%。参合人口中，五保户、低保户等贫困人口5.65万人，参合率100%。实现广州市农村居民人人享有新型农村合作医疗保障的目标。新农合统筹基金总额6.47亿元，比上年增加2.3亿元，增长55.16%。其中，各级财政投入4.69亿元，占新农合筹资总额72.49%。人均实际筹资额达到313元，比上年增长47.64%；各级财政对新农合的人均补助金额222元，增长48%。实现市委、市政府提出2010年起，全市各级财政对城镇居民医保和新农合的补助标准提高到每人每年200元以上，新农合筹资标准达260元以上的目标。新农合住院平均补偿封顶线（最高支付限额）为8.33万元，达到或超过农民人均纯收入的6倍。新农合在上年保大病、保住院、保特病的基础上，发展到实行普通门诊统筹补偿制度，使参合农民大病住院有住院统筹补偿（报销），小病有门诊统筹补偿（报销）。全年有3789285人次的参合农民享受住院、门诊、正常分娩等补偿，比上年增加3576092人次，增长16.77倍。其中，住院补偿168263人次，门诊补偿3591455人次，正常分娩补偿17111人次，特殊病种补偿3825人次，参合个人缴费补助3447人次，住院医疗救助3340人次，其他补偿1844人次。新农合基金支出总额4.85亿元，其中住院补偿支出4.01亿元，次均住院补偿额2381元，占参合农民实际住院费用的36.76%。普通门诊补偿主要在镇级医疗机构开展，个别区扩大到村级医疗机构，普通门诊补偿3591455人次。其中，镇级医疗机构1587085人次，村级医疗机构1995531人次。参合农民普通门诊人均1.74人次/年，次均普通门诊医药费39.46元，次均普通门诊医药费补偿为17.56元，实际补偿比44.51%。继续开展参合农民在村卫生站看病减免收费的医疗卫生服务，村卫生站为参加新农合的本村居民看病免收挂号费、诊查费、出诊费和肌肉注射费的医疗服务，药品费减免5%。花都区实行村卫生站为参合村民免费治病，从2010年9月1日起，在全区所有189个村卫生站全面铺开，覆盖全区所有194个行政村（居委会），惠及全区43.2万名农村居民。广州市新农合信息系统通过验收。番禺区试行开展将农村儿童先天性心脏病和白血病纳入新农合报销范围。（李卫东）

【社区卫生】 2010年，广州市继续加强社区卫生服务网络建设，指导和督促各区（县级市）调整和完善以社区卫生服务中心为主体的网络布局。至年底，全市设置社区卫生服务中心135所、服务站142个，社区卫生服务机构覆盖全市98%以上街道，为方便居民就医提供基础条件。推进社区卫生服务中心业务用房建设项目，至年底有42

所已经投入使用，占总数的62%，改善社区就诊环境。同时，对政府办社区卫生服务中心实施基本设备更新及配置补助，社区卫生服务硬件条件显著提升。制订出台《广州市基本公共卫生服务包绩效考评暂行办法》、《广州市基本公共卫生服务包（2010年版）实施方案》、《关于加强政府购买基本公共卫生服务项目管理工作的通知》、《关于加强政府办社区卫生服务机构基本设备更新和配置等管理工作的通知》等系列文件，加强社区公共卫生以及设备配置等规范化管理工作。制定《广州市房地产开发项目配套公共服务设施建设移交管理规定》，明确住宅小区社区卫生配套属于无偿移交的公共服务设施范围，将社区卫生布局设置与城市规划逐步衔接。制定《广州市基本公共卫生服务项目单和服务包》，启动实施基本公共卫生项目，免费为居民提供9项基本公共卫生服务。召开社区网格化管理工作会议，全市推广实施社区卫生服务网格化管理，逐步建立居民健康管理社区医师责任制，加强社区卫生服务内涵建设。举办健康讲座近3000场次，发放宣传材料224万多份。近400万居民建立健康档案。社区卫生服务机构年门诊量1300万人次，居民对社区卫生服务总体满意度95.9%。（宁婕）

【劳动就业】 截至2010年底，广州市新增就业人口96.95万人（其中本市城镇新增36.03万人，非本市户籍劳动力60.92万人）。本市城镇登记失业人数30.68万人（其中新增失业人员25.24万人）。失业人员再就业22.09万人，再就业率72.01%。全年登记“零就业家庭”26户，全部实现1人以上就业，就业率100%，实现零动态管理。本市农村劳动力登记求职13.69万人，成功转移就业6.94万人，就业率50.71%。期末尚有失业人员7.25万人，登记失业率2.20%。2010届广州生源的高校毕业生4.88万人，已就业4.48万人，就业率91.87%。2010年末广州市纳入人力资源和社会保障行政部门登记就业的流动人员有287.75万人。是年市财政预算就业专项资金安排2.6亿元，失业保险基金预算3.14亿元，主要用于对就业困难人员的职业介绍、技能培训、社会保险和岗位补贴。截至年底，市就业专项资金共支出2.46亿元，完成年度预算的94.62%。

是年，广州市健全扩大就业和促进再就业的责任体系。通过目标责任考评等方式，有效推动大就业格局的构筑工作。一是在原市就业工作领导小组成员单位的基础上增加15个市直单位作为成员单位，在更大范围内联合各部门力量，共同做好促进和稳定就业工作。二是把创业带动就业工作的主要指标纳入就业工作目标责任考评制度，强化责任和考核，大就业格局初步形成。同时，以亚运会为契机，带动全市新增就业岗位再创新高，超额完成“改善民生十件事”中确保全市新增就业岗位20万个的任务。开展“2010年就业援助月”、“春风行动”、“高校毕业生专场招聘会”、“技能人才岗位对接”、“民营企业招聘周”、“广佛同城就业专场招聘会”等活动，全面落实就业援助“五到位”（宣传到位、登记到位、家访到位、帮扶到位、培训到位），着力帮助全市就业困难人员实现就业。截至年末，全市17个人力资源市场共举办公益性专场招聘会371场，进场招聘企业近3.88万户，提供岗位91.67万个。大力开发社区就业岗位，市民政系统稳步推进城乡和谐社区建设，推动社区居家养老服务，使更多的就业困难群体实现家门口就业。同时，注重发挥典型示范作用，荔湾区金华街道桃源社区、海珠区海幢街杏坛社区和越秀区洪桥街三眼井社区被评为省级充分就业星级社区，荔湾区金华街道桃源社区被评为国家级充分就业示范社区。全年全市1467个社区中有1092个社区达到充分就业社区标准，创建率为74.44%。深入开展高校毕业生准就业见习活动。截至8月，确认并授牌的“广州市高校毕业生就业见习示范基地”的单位共有150个。全年成功推荐5053名高校毕业生参加就业见习工作，核发见习补贴815万元。继续开展高校毕业生“三支一扶”工作和高校毕业生就业系列服务工作。组织市属单位赴北京等重点高校集中的城市招聘2011届优秀高校毕业生，并对广州生源特困毕业生实施重点帮扶，截至年底，为551名登记失业（未就业）6个月以上的高校毕业生发放临时生活补贴47万元。开展广州市2009年高校毕业生就业政策的贯彻落实情况调研和广州市高校毕业生就业状况调研，印发《2010年广州市高校毕业生就业推进工作方案》。落实公益性岗位安置办法。落实《广州市公益性岗位申报和安置困难群体就业实施办法》，发挥公益性岗位安置困难群体的作用，全年全市共开发公益性岗位20075个，安置就业困难人员18170人。

创建国家级创业城市取得阶段性成果。创业带动就业工作的组织领导、政策支持、创业培训、创业服务、工作考核等五大体系逐步健全完善，创业环境日益宽松。全年全市建立各类创业园区（创业基地）141个，创业（孵化）基地建筑面积1889万平方米，入驻企业10423户，创业带动就业76379人；全市共开展创业培训10956人，其中创业意识培训5983人，创业计划培训4973人（其中培训合格4082人，创业成功1665人，创业成功率40.8%）。搭建创业项目对接平台。向社会征集创业项目582个，并组织专家进行评估，其中通过评估正式纳入广州市创业项目库195个。为保证这些创业项目能顺利落地，举办10余场创业项目推介活动，安排创业指导专家现场答疑解惑，对有意向创业的市民及时登记，跟踪服务。组织开展“三个一”宣传就业创业政策系列活动（制作一部创建宣传片、制作一批动漫宣传片、举办一次创业成果巡回展）。

主动到企业收集用工信息，开发适宜农村劳动力就业岗位，建立农村劳动力信息录入制度，掌握新成长农村劳动力和现有农村劳动力信息变化情况。采取“走出去，请进来”的策略，拓宽省内劳务交流合作区域，建立劳动力转移合作平台，引导劳动力有序转移。全年全市吸纳省内东西北地区就业168832人。积极开展泛珠三角地区劳务协作和对广西百色、重庆巫山、四川汶川、广东梅州和茂名等地区的劳务帮扶工作。开辟农民工入户城镇新渠道，是年11月4日颁布实施《广州市农民工及非本市十城区居民户口的城镇户籍人员积分制入户办法（试行）》和《广州市农民工及非本市十城区居民户口的城镇户籍人员积分制入户办法实施细则（试行）》，引导和鼓励农民工及其随迁人员通过积分制入户城镇、融入城市发展。

创新就业服务新模式。以实现“双到”（就业服务进家到户，就业岗位进街到村）为目标，全面推行“双零”（零距离就业和零距离服务）新路径。联合各区、街举办社区招聘会，组织企业进场招聘，提供值班员、保洁员、车辆管理员等适合困难群体的就业岗位。启动就业援助社会化服务试点工作。援助对象为社区失业人员，重点是单亲、特困、低保家庭的“4050”人员。开通“1258063求职通”热线。自9月18日开通至12月末，累计拨打的客户5.8万个，共有2300多户企业提供岗位1.42万个。

小额担保贷款取得新突破。将小额担保贷款工作纳入就业工作目标责任制考评，并为创业者提供小额担保贷款工作的全程服务，及时提供政策指引、开业辅导等相关服务。全年全市共受理小额担保贷款申请659笔，申报金额4314万元，实际发放389笔，发放金额2142万元，直接帮助663人创业，带动就业792人。

【劳动工资】 2010年，广州市（花都区、番禺区、南沙区、从化市、增城市除外）企业职工最低工资标准调整为1100元/月，小时最低工资标准为6.32元/小时，非全日制职工小时最低工资标准调整为10.6元/小时；花都区、番禺区、南沙区、从化市、增城市企业职工最低工资标准调整为960元/月，小时最低工资标准为5.52元/小时，非全日制职工小时最低工资标准调整为9.2元/小时。推进工资集体协商工作，至年底，全市组建工会的大中型企业工资集体协商建制率达60%。做好劳动力市场工资指导价位和企业人工成本调查及发布工作。根据经济发展水平和物价水平，发布广州市2010年企业工资指导线，牵头开展汽车配套生产企业人工成本和一线生产工人工资情况调查工作，并将调查数据反馈给三大汽车制造企业和参加调查的各个汽车配套生产企业，为其合理调整人工成本水平、完善人工成本结构及确定工资调整幅度提供指导。

【养老保险】 2010年，广州市落实城镇企业职工养老保险关系转移接续办法。张贴和派发《城镇企业职工基本养老保险关系转移接续业务通告》、《致参加本市城镇企业职工基本养老保险的外来工一封信》等海报和宣传单张，制订《广州市非本市户籍农民合同制职工退保事件应急处置预案》，以确保社会稳定和转移接续工作顺利实施。4月份跨省转出、转入养老保险关系功能业务实现上线操作。至年底，全市共办理养老保险关系跨省转移6915人，其中转入1481人，转出5434人。

是年，广州市进一步提高社会保险保障水平。从2010年1月1日起，调整全市63万名企业离退休人员基本养老金，并在春节前发放到每个离退休人员账户。调整后，全市企业离退休人员月人均养老金达2229元，较调整前增加172元，增长8.36%。每月需增加基金支出1.08亿元，全年共增加基金支出12.96亿元。从7月1日起，为全市11万名农转居退休人员月人均增发基本养老金51元，调整后广州市农转居退休人员基本养老金月人均567元，增长10%。从5月1日起，本市失业保险金标准调整为880元/月，比调整前增长11.25%。继续做好早期离开国有集体人员一次性缴费年限审核工作，协助省社保局做好早期离开省属企业人员审核工作。继续推进企业年金工作。至年底，全市建立企业年金制度的企事业单位达420多个（其中是年新增约80个），参加职工达8万多人（其中是年新增约1万人）。

至是年底，全市共有110万名农村居民参加社会养老保险（其中有31.3万名农村居民参加城镇企业职工基本养老保险），其中有26.6万名农村居民享受养老保险待遇。新农保参保缴费人员的平均养老金从原来的321元/月提高至511元/月。全市共为667个新征地项目办理社会保险保障审核，预存养老保险资金 37.4 亿元，保障人群达 10.4 万人。有 8.5 万名城镇无保障老年居民参加城镇老年居民养老保险，从是年 7 月 1 日起，城镇老年居民基本养老金由 400 元 / 月提高到 450 元 / 月，增长 12.5%。

是年 10 月，广州市颁布《印发广州市新型农村社会养老保险实施办法的通知》，广州市从是年 11 月 1 日起全面实施新型农村社会养老保险制度（简称新农保制度）。新农保制度将全市原被征地农民和农村社会养老保险两项政策合二为一，实行"统筹账户 + 个人账户"的模式；参保人每月养老金由基础养老金和个人账户养老金组成；基础养老金按每人每月 110 元的标准，由财政全额支付；个人账户养老金的月标准为个人账户全部储存额除以计发月数，与城镇企业职工养老保险的计发办法接轨。（巢堃）

体制改革

【行政管理体制改革】 2010 年，广州市全面完成市、区（县级市）两级政府机构改革任务，有关"三定"（定职能、定编制、定岗位）方案基本印发实施。稳妥推进事业单位分类改革，研究建立事业单位法人治理结构、绩效评估制度；启动事业单位岗位管理改革工作，规范完善事业单位公开招聘制度。出台《关于完善市对区（县级市）财政管理体制的意见》，按照财力与事权相统一的原则，完善市对区（县级市）的财政体制。出台《广州市重点建设项目管理办法（修订）》和《广州市本级财政性资金投资项目管理试行办法》，进一步完善市政府投资体制。出台《广州市财政支持社会工作发展的实施办法》和《广州市社会组织发展专项资金管理暂行办法》，进一步完善政府购买公共服务机制，鼓励和引导社会主体提供基本公共服务。推进行政事业性收费改革，完成广州开发区行政事业性收费综合改革试点调研工作，改革方案正在征求意见。

【经济体制改革】 2010 年，广州市推动国有企业改革。进一步完善国有资产监管，第一批 21 户企业已整体移交市国有资产监管系统统一监管。出台《关于广州市属国有企业动态分类管理标准的意见》、《关于利用资本市场促进广州国有企业做强做大的意见》和《关于明确试点企业董事会行使出资人部分职权的意见》等系列政策措施，促进国有企业规范管理、发展壮大。企业上市融资进展顺利，珠江啤酒、毅昌科技、珠江钢管、香雪制药等一批国企和民企成功上市，另有一批企业通过 IPO 发行审核。

促进民营经济发展。通过市融资担保中心担保，成功发行首期中小企业集合票据，融资 1.5 亿元，同时出台财政扶持政策，补贴集合融资担保费。召开全市民营经济工作会议，出台《中共广州市委、广州市人民政府关于加快发展民营经济的实施意见》及 10 个配套政策文件，大力促进民营经济发展上水平。

不断完善要素市场体系。出台《广州区域金融中心建设规划》、《关于进一步支持广州金融业加快发展的实施意见》、《关于大力推进广州保险业综合改革试验的意见》和《关于进一步做好企业上市工作的意见》，进一步加大金融改革发展力度。推进广州银行、广州农村商业银行改革发展，设立小额贷款公司等新型金融机构，推进广州高新区申报国家代办股份转让系统扩大试点工作。

成立中国首家以产权交易机构为基础的综合性交易集团——广州交易所集团。出台《广州市产业用地指南（2009年版）》，扩大产业覆盖面，量化用地指标。探索创新土地公开出让方式，将工业用地预申请制度拓展到经营性用地，根据市场需求确定土地出让时序和价格。出台《广州市2010年度“三旧”改造实施计划》、《广州市“三旧”改造规划（2010~2020年）》、《关于推进“城中村”（旧村）整治改造的补充意见》等政策文件，促进“三旧”改造工作规范化、制度化。农村土地承包经营权流转试点继续扩大，在白云区和南沙区成立土地承包经营权流转服务管理中心。

建立健全促进自主创新的机制。围绕建设国家创新型城市，出台《广州建设创新型城市总体规划》、《广州市建设国家创新型城市试点工作实施方案》、《关于实施自主创新战略，加快建设国家创新型城市的决定》等一批规划和政策文件。印发《广州市设立创业投资引导资金实施方案》，设立创业投资引导资金，大力引导社会资源投入创业投资业。出台《科技型中小企业贷款担保资金管理办法》，设立广州市科技型中小企业贷款担保资金。

逐步形成促进绿色发展的体制机制。调整市对各区（县级市）政府节能目标责任评价考核指标和相关评分标准，并完成相关考核。实施《广州市关于大力发展低碳经济的指导意见（2011~2015年）》。加大差别电价实施力度，促使水泥、钢铁等高耗能企业进行节能改造。落实脱硫电价政策，鼓励燃煤电厂脱硫改造和提高脱硫设施投运率。落实《广东省关于调整二氧化硫和化学需氧量排污费征收标准和试点实行差别政策的通知》，提高二氧化硫和化学需氧量的排污费征收标准。全面实施《广州市循环经济实施方案》和《广州市千家企业清洁生产行动方案》。

全面启动广州国家级开发区创新发展模式改革试验和增城市统筹城乡综合配套改革试验。

【就业和社会保障制度改革】 2010年，广州市将创建国家级创业型城市的各项指标纳入就业工作目标责任制考评任务。建立农村劳动力信息录入制度，掌握新成长农村劳动力和现有农村劳动力的信息变化。开设劳动仲裁快速处理欠薪逃匿“绿色通道”，推广工资集体协商试点企业的成功经验。广佛医保同城迈出实质性步伐，举行广州在佛山首批医保定点医疗机构签约仪式。调整广州市城镇居民基本医疗保险有关规定，更大限度地保障广大城镇居民的基本医疗。制订《广州市基本医疗保险减轻参保人医疗费用负担实施方案》，大幅度减轻参保人的个人医疗费用负担。拟订将高血压病等17种指定慢性病门诊专科药费纳入基本医疗保险统筹基金支付范围的意见。启动对《广州市城市廉租住房保障制度实施办法》和《广州市经济适用住房制度实施办法》的修订工作，提高住房保障普惠度。（徐玉蓉）

【文化体制改革】 2010年，广州市把原市文化局、原市新广局的职责整合划入市文化广电新闻出版局，内设处室由原来21个缩减为18个。广州出版社等26家经营性文化事业单位全部核销事业编制，转制为企业；广州日报报业集团、广州市广播电视台分别组建资产经营公司，完成宣传与经营业务分开和制播分离改革；推动文化企业资产重组，组建广州新华出版发行集团、广州珠江数码集团、广州影视传媒有限公司等大型文化企业集团并推进其股份制改造，形成广州日报报业集团、广州珠江数码集团、广州新华出版发行集团三大文化骨干企业集团；把广州文化发展公司、广州文化广场并入广州文化发展总公司，逐步实现多元投资主体的股份制公司改造目标；市属8家文艺院团转制为企业后，呈现出精品剧目、演出场次、演员收入均不断增加的良好局面；整合资源、合并业务类型相近的单位，成立广州文艺创作研究院、新广州画院。广州市文化体制改革工作得到中宣部、文化部的肯定，被授予“全国文化体制改革先进地区”称号。

（温向月）

【财政经济监督】 2010年，广州市人大常委会制定《广州市政府投资管理条例》，明确政府每年投资总额和重大项目须经人民代表大会审查批准，进一步规范投资决策程序和政府投资管理。听取和审议市政府关于计划、预算执行和本级决算、新增财力安排、预算外资金收支、经济社会发展情况等6个报告，作出关于批准2009年市本级决算的决议，保证代表大会批准的计划和预算得到正确执行。首次将基本建设统筹资金等三项市本级财政投资项目预算草案交由代表大会审查，加大监督力度。加强对部门预算执行情况的监督检查，督促有关部门采取措施加快预算支出执行进度，提高财政资金的使用效益，进一步深化和推进预算向社会公开工作。听取和审议市政府关于2009年市本级预算执行和其他财政收支情况的审计工作报告，委托常委会主任会议听取市政府关于污水治理和河涌综合整治专项资金跟踪审计情况的报告，要求市政府落实财经责任问责制，抓好对有关问题的整改。听取和审议市政府关于2009年市本级财政专项支出绩效情况的报告，督促政府强化财政绩效管理。

【司法和行政执法工作监督】 2010年，广州市人大常委会组织开展广州市执行《中华人民共和国律师法》的检查，重点检查律师执业权利保障、律师队伍管理等情况，对审判、检察、公安和司法行政工作提出具体改进意见。对市检察院落实市人大常委会关于开展诉讼监督工作情况报告审议意见进行跟踪监督，督促检察机关加大诉讼监督力度，增强检察工作透明度和公信力；对市法院落实市人大常委会关于劳动争议案件审判工作情况报告审议意见进行跟踪督办，督促市法院加强对基层法院的工作指导，制定劳动争议案件审判指导意见，进一步规范相关案件的审理。听取和审议并批准广州海事法院工作报告，作出《关于广州海事法院工作报告的决议》。推动涉法涉诉问题的解决。市人大内务司法工作委员会全年受理涉法涉诉信访案件85件次，转公安、司法机关研究处理并要求答复结果44件次，纠正错误或部分错误案件11件。 （邓穗平）

广州亚运

第 16 届亚洲运动会于 2010 年 11 月 12 日至 27 日在广州举行。广州亚运会是亚运史上规模最大、参赛人数最多的一届盛会，设 42 项比赛项目，来自亚洲 45 个国家和地区的近万名运动员参加比赛。广州举全市之力，成功举办了这届高水平、有特色的亚洲体育文化盛会，赢得了亚洲各国各地区的高度赞誉。

● 广州市新城市中轴线第 16 届亚洲运动会开幕式场馆——海心沙（前）

• 广州新体育馆

Olympic Council of Asia
Olympic Council of Asia
Guangzhou 2010
Guangzhou 2010

广州亚运城综合体育馆

广州天河体育场

第 16 届亚洲运动会开幕式

亚运会举重赛事在东莞体育馆举行

亚运动会比赛场馆之一——佛山世纪莲体育中心

● 在中山纪念堂前举行亚运火炬传递

● 亚运志愿者

● 亚运会比赛场馆之一——广东奥林匹克体育中心

亚残运会轮椅篮球赛

亚运会体操比赛

亚残运会坐式排球赛

● 亚运会足球赛（中国队对日本队）

● 亚运会龙舟比赛

● 亚运会体操比赛颁奖

• 亚运会花样游泳比赛颁奖

• 亚残运会击剑比赛颁奖

• 亚运会女子举重比赛颁奖

深圳市

深圳市

基本情况

【地理位置】 深圳市位于中国的南疆；陆域位于东经113° 46′ ~114° 37′ 、北纬22° 27′ ~22° 52′ 之间；东临大亚湾与惠州市相连，西濒珠江口伶仃洋与中山市、珠海市相望，南隔深圳河与香港毗邻，北与东莞市、惠州市接壤。全境地势东南高、西北低，大部分为低丘陵地，间以平缓的台地，西部沿海一带为滨海平原，最高山峰为梧桐山，海拔943.7米。深圳经济特区总面积1991.64平方公里，土地形态以低山、平缓台地和阶地丘陵为主，平原占陆地面积的22.1%，森林覆盖率44.6%。

深圳市依山临海，有大小河流160余条，分属东江、海湾和珠江口水系，流域面积大于100平方公里的河流有深圳河、茅洲河、龙岗河、观澜河和坪山河等5条，主要河流深圳河全长35公里。深圳市有水库24座，其中中型水库9座，总库容5.25亿立方米。位于市区东部的深圳水库，总库容4000多万立方米，是深圳与香港居民生活用水的主要来源。地下水资源总量6.5亿立方米/年，年可开采资源量1亿立方米。天然淡水资源总量19.3亿立方米，人均水资源拥有量仅500立方米，约为全国和广东省的1/3和1/4。

【历史沿革】 深圳历史源远流长，早在6700年前的新石器时代中期就有人类繁衍生息。距今四五千年的夏、商年代，在深圳沿海沙丘谷地，已聚居着与中原民族不同的部族，这些部族种类繁多，被称为“百越部族”。生活在深圳区域的百越部族称为“南越部族”。他们善于捕鱼、航海。深圳是古代百越部族远征海洋的一个驻足点，也是百越部族聚居繁衍的地方。公元前214年，秦始皇统一中国并在岭南设置了南海、桂林、象郡三郡，深圳隶属于南海郡。东晋咸和六年（331），朝廷设东官郡，辖宝安、海丰、兴宁等六县，其范围包括珠江三角洲及惠州、潮州一带。当时宝安县辖地涉及今天的东莞市、深圳市和香港特别行政区。东官郡的郡治所在地就设在宝安县内的南头。隋开皇十年（590），朝廷废东官郡，宝安县改属南海郡，县治仍在南头。唐至德二年（757），宝安县更名为东莞县，县治从南头迁往东莞，于南头设屯门军镇。明洪武二十七年（1394），在深圳境内设立了东莞守御千户所及大鹏守御千户所；稍后，又在南山半岛设立了庞大的军事机构——南头寨，戍卫范围东至潮汕，西至上、下川，南至大洋，有“虎门之外卫，省会之屏藩”之说。明朝初年，中国出使南洋，舰队开航前必到深圳赤湾的天后庙祭祀祷告，方可成行。明万历元年（1573），朝廷取“革故鼎新，转危为安”之义，新设新安县，并建县治于南头。清道光二十二年（1842），中英签订不平等条约《南京条约》，新安县的香港岛被英国占领。清咸丰十年（1860），新安县的九龙半岛也因不平等条约《北京条约》而被迫割让给英国。清光绪二十四年（1898），清政府与英国签订《展拓香港界址专条》，又将新界租借给英国，为期 99 年。此后，新安县原有的 3076 平方公里土地中，有 1055.61 平方公里脱离其管辖，成为英国殖民地。民国三年（1914），因新安县与河南省的一个县同名，为免混淆，又复称宝安县，县治仍在南头。1949 年 10 月 15 日，宝安县解放。1953 年，因深圳联结广九铁路，交通便利，人口聚居较多，工商业较兴旺，便将宝安县治东迁至距南头 10 公里外的深圳墟。1979 年 3 月，宝安县改为深圳市，同年 11 月，深圳市改为地区一级的省辖市。1980 年 8 月，在深圳设置经济特区。1981 年 10 月，深圳市升格为副省级市。1983 年在经济特区外设置宝安县。1988 年 10 月，国务院批准深圳市在国家计划中实行单列，并赋予其相当于省一级的经济管理权限。1990 年 1 月，深圳经济特区内设立福田、罗湖、南山三区。1992 年 7 月，全国人大常委会授予深圳市人民代表大会及其常委会、深圳市人民政府制定地方法律和法规的权力，同年 11 月，撤销宝安县设立宝安和龙岗两区。1997 年 10 月，从罗湖区分出设立盐田区。2004 年深圳市成为无农村的城市。2010 年 5 月 31 日，中央批准深圳扩大特区版图的申请，并于 2010 年 7 月 1 日起执行。深圳特区范围延伸至全市，特区总面积由 395 平方公里扩容为 1991.64 平方公里。

【土地与物产】 深圳市耕地总资源 3846.64 公顷，水果种植面积 3087.7 公顷，林业用地 7.22 万公顷。盛产龙岗“三黄鸡”、沙井蚝、南头荔枝、南山桃、石岩沙梨、金龟桔和龙华方柿等农副产品。栖息繁衍的国家级野生保护动物有虎纹蛙、蟒蛇、猕猴、大灵猫和穿山甲等；经济价值较大的两栖类动物 5 种、爬行类动物 23 种、鸟类 30 种、兽类 33 种。矿产资源已发现的有 23 种，部分已探明具有一定的工业储量。

【海岸与海洋资源】 深圳市西部和西南部是珠江口、伶仃洋，东部和东南部是大亚湾、大鹏湾，海洋水域总面积 800 平方公里，海岸线长 229.96 公里，海岸资源丰富。可建深水港的主要有盐田、妈湾、赤湾、大铲湾、大梅沙、土围、西涌等，可建中型港的主要有蛇口和塘仁涌、大鹏湾等，可建小型港的有十多处。水产资源丰富，有蛇遛、兰圆鲹、金色小沙丁、金钱鱼、大眼鲷、带鱼、三刺鲷、盲曹和鲈鱼等 40 种名贵鱼种，还有虾、蟹、贝类和藻类。

【旅游资源】 深圳市依山面海，曲折蜿蜒的大鹏湾海岸线长 70 多公里，分布着大梅沙、小梅沙、溪涌、迭福、水沙头和西冲等水碧沙白的海滩。海滩宽约 30~50 米，长约 1000~3000 米，沙质柔软，海水清碧洁净，是迷人的海滨浴场；梧桐山雄伟险峻，山上溪涧纵横，有深不可测的梧岭天池；深圳湾畔 70 多公顷的红树林是候鸟迁徙的中途站，可观赏到品种诸多的候鸟。

深圳是著名的旅游城市，自然景观和人文景观较为丰富。经过多年发展，形成了欢乐谷（深圳华侨城）、世界之窗（深圳华侨城）、锦绣中华·民俗文化村（深圳华侨城）、明斯克航母世界（盐田区沙头角）、仙湖植物园（罗湖区莲塘）、深圳野生动物园（南山区西丽湖）、西部海上田园（宝安区沙井街道）、客家围龙屋（龙岗区坪山街道大万世居、龙岗街道鹤湖新居）、大小梅沙（盐田区大小梅沙海滨）、大鹏所城（龙岗区大鹏街道）等十大旅游景点。较为知名的历史古迹有：大鹏所城（龙岗区大鹏街道）、新安故城（南山区南头天桥旁）、赤湾天后宫（南山区赤湾六路）、赤湾炮台（南山区赤湾）、东江纵队司令部旧址（龙岗区葵涌街道土洋村）、东纵军政干部学校旧址（龙岗区大鹏街道）等。（叶博珂）

【人口】 根据深圳市2010年第六次全国人口普查主要数据公报，深圳市全市常住人口1035.79万人，同第五次全国人口普查2000年11月1日零时的700.84万人相比，十年共增加334.95万人，增长47.79%，年平均增长率为3.98%。全市常住人口中，有家庭户350.32万户，家庭户人口740.24万人，平均每户人口2.11人，比第五次全国人口普查的2.63人减少0.52人。男性人口561.4万人，占54.20%；女性人口474.39万人，占45.80%；总人口性别比（以女性为100，男性对女性的比例）由第五次全国人口普查的97.74上升为118.34。具有大学（指大专以上）程度的人口为177.9万人，具有高中（含中专）程度的人口为248.23万人，具有初中程度的人口为456.27万人，具有小学程度的人口为92.01万人（以上各种受教育程度的人包括各类学校的毕业生、肄业生和在校生）。（市统计局）

【语言】 深圳市是年轻的移民城市，其主要语言是普通话。深圳地方方言粤语和客家话虽然通行，但远没有普通话普及。全国各地的方言都可以在深圳找到生存的土壤，只是空间相对较小，仅在老乡圈子里通行。深圳市的公共服务机构、专业人士和工商业界都能用英语提供服务，大多数青少年能讲英语。全市积极开展“百万市民讲外语”等多种形式的学习外语活动，提高公共服务的外语普及率，提高市民外语的应用能力。

【民俗】 深圳原居民民风淳朴，保留了较多的民间习俗。

渔民娶亲　是南澳最具特色的风俗之一。当渔村女子成亲之日，新娘被众多渔家姐妹簇拥前行，有锣鼓乐队和几组舞龙舞狮队载歌载舞，而她们身后，有一名男扮女装的渔民带领着一群头戴渔帽、手操船桨的渔家妇女，列队而行，一路撑桨，迎亲到家。

女子哭嫁　是龙岗客家人颇有特色的传统习俗。每个女子在出嫁前，有七天以上的“哭嫁期”。完婚之日，新娘娇婉缠绵地哭辞父母，款款出门，频频回望，之后即登轿起行，陪嫁女亦随轿送行至夫家。随着时代的变迁，龙岗“女子哭嫁”习俗渐不流行。

客家围龙屋　围龙屋是一种富有特色的典型客家民居建筑，与北京的“四合院”、陕西的“窑洞”、广西的“杆栏式”和云南的“一颗印”被中外建筑学界称为中国民居的五大特色建筑之一。龙岗罗瑞和村“鹤湖新居”的罗氏、龙岗坪山街道大万世居的曾氏、坑梓龙田世居的黄氏、茂盛世居的何氏，他们历经几代修建的大规模围龙屋，见证了这些家族的兴衰。客家人选择丘陵地带或斜坡地段建造围龙屋，主体结构为“一进三厅两厢一围”，建筑材料有沙、石、土、瓦等，砌墙用的黏合物大部分是石灰、桐油、红糖的混合土，黏性特别强。普通的围龙屋占地0.54、0.67公顷，大围龙屋的面积在2公顷以上，建好一座完整的围龙屋需要5～10年，甚至更长时间。一间围龙屋就是一座客家人的巨大堡垒，适合几十个人、百多人或数百人居住。

大盆菜　是深圳福田下沙一带的习俗。当地乡民，大凡遇到中国传统节日或嫁娶、祝寿、添丁、酬神、宗亲祭祖诸项活动，各方亲朋戚友团聚其间，围着大盆菜，数百、数千人饮酒庆贺。大盆菜多数以牛腩炆萝卜为菜底，往上铺叠的是菜胆、粉丝、猪肉、竹笋、腐竹、冬菇、卤鹅、烧鸭、炸鱼、白斩鸡等，一层一道菜，一菜一道味。百桌千筵，风味独特，老少皆宜，煞是热闹。

妈祖诞庆　是每年3月深圳沿海渔民和农民在天后庙举行的庆祝庙会，祭祀天后，求航海平安、渔业兴旺、五谷丰登。在祭祀后还举行文艺表演和贸易活动。

坪山打醮　是坪山客家人独特的传统习俗。每八年一次的打醮（集体祭奠神灵），地点聚在关帝庙前的广场上，一片喧腾，热闹非凡，附近小贩也云集于此趁此机会大做买卖。祭典仪式由坪山墟的首脑主持，祭桌上摆满精美的果脯酒馔，大香炉里插满檀香，一片香雾缭绕。乡民们在广场上连续嬉戏七天八夜，尽情吃喝嬉闹，通宵达旦，一片喧嚣气氛。由于打醮习俗劳民伤财，在1943年被废除。

凉帽遮羞　是大鹏妇女的习俗。其凉帽是用竹条和布料做成的，把竹条分成竹篾，织成圆圈，中间穿孔，竹篾周围用布条缝挂。其他客家妇女的凉帽是用黑布条缝挂，而大鹏妇女的凉帽用蓝士林布条。戴凉帽既轻便又凉爽，一直流行至今。

【深圳特产】　沙井鲜蚝　蚝是深圳著名的特产，以沙井蚝最为著称。因沙井的蚝田处于咸淡水交汇之处，蚝吸食海水里的浮生物特别多，所以这里的蚝长得比其他地方肥大，味道也更鲜美。沙井产的蚝不仅个体肥壮、色泽乳白，而且肉质嫩美可口，极富营养，是蚝中珍品。沙井蚝富含蛋白质和维生素A1、B1、B2、D等，含碘量是牛奶和蛋黄的200倍，1980年曾获国家农牧渔业部“国内质量最佳奖”。沙井鲜蚝及其制品蚝豉和蚝油畅销于香港、东南亚及欧美等地，一直供不应求，深受好评，是深圳主要的出口创汇渔业产品。

南山荔枝　深圳市是广东省的重要荔枝产地，而南山荔枝因其种植历史悠久、风味独特、品质优良而闻名遐迩。南山半岛独特的地理生态环境为荔枝的生长提供了丰富的微量元素，使得南山荔枝果实皮薄、肉嫩汁多、味道甜美，食后余味无穷。南山荔枝有两个显著的特点：一曰老，二曰好。老，指其种植历史悠久。早在唐宋时期即作为贡品上贡，至今仍存“百岁古树”600余棵，50年以上老树2.6万棵。好，是指品质好。所植荔枝中，八成以上为桂味、糯米糍，而桂味更是荔枝中的上品。

西丽芒果　芒果是深圳的特色水果之一，主产于南山区的西丽。西丽芒果产量高，个大果甜，富含糖分和多种维生素，有刺激食欲令人胃口大开的作用。而加工后的酱芒果及干芒果也备受欢迎。

【“市树”与“市花”】　荔枝树　1986年，荔枝树被深圳市民评选为“市树”。深圳市栽培荔枝主要品种有糯米糍、桂味、黑叶、淮枝、妃子笑、挂绿等。深圳人不仅把荔枝作为会亲访友的佳礼，而且在每年六七月间荔枝成熟时，举办各种以荔枝为主题的经贸和文化联谊活动。

红树　深圳是世界上唯一红树生长在市区中心地带的城市。2007年，红树被评为深圳市第二“市树”。红树具有顽强生命力，象征兼蓄包容、团结互助的深圳精神。

簕杜鹃　1986年，簕杜鹃被深圳市民评选为深圳市的“市花”。簕杜鹃具有花色艳丽、美观大方、适应性强、容易栽培、便于造型和花期较长等特点，体现出无限活力和丰姿，备受深圳市民的喜爱。

【口岸】　2010年，深圳口岸出入境人员1.98亿人次，日均54.3万人次，比上年增长7.5%，其中：罗湖口岸出入境旅客9124.6万人次，增长4.7%；皇岗口岸出入境旅客3712.1万人次，下降1.1%；文锦渡口岸出入境旅客52.4万人次，下降77.6%；沙头角口岸出入境旅客315.4万人次，增长17.7%；深圳湾口岸出入境旅客2335.2万人次，增长25.1%；福田口岸出入境旅客2884.8万人次，增长19.9%。出入境车辆1561.1万辆次，日均4.3万辆次，比上年增长5.9%，其中：皇岗口岸出入境车辆978.0万辆次，增长5.7%；文锦渡口岸出入境车辆168.4万辆次，下降12.6%；沙头角口岸出入境车辆82.6万辆次，增长0.5%；深圳湾口岸出入境车辆332.2万辆次，增长21.3%。

深圳海港口岸集装箱吞吐量2250.97万标准箱，增长23.34%；外贸货物吞吐量1.71亿吨，增长19.46%。深圳空港口岸出入境旅客129.00万人次，增长15.91%；国际货物约18.32万吨，增长185.36%（其中：UPS货运量10.97万吨，占国际货运量的59.89%）。深圳进出口贸易总额3467.5亿美元，其中进口1425.7亿美元，增长31.77%，出口2041.8亿美元，增长26.01%。

2010年，深圳陆、海、空口岸的出入境人员、集装箱吞吐量、国际空运货物等通关数据均创历史新高。至12月29日，深圳当年外贸出口总值突破2000亿美元，成为全国首个年度出口超2000亿美元的城市。同时夺得全国大中型城市外贸出口自1993年以来“十八连冠”的荣誉称号。深圳口岸办获广东省2010年大通关“特殊贡献奖”称号。

【行政区划】　1979年3月，宝安县改为深圳市，辖深圳、南头、松岗、龙华、葵冲、龙岗六个区，总人口约35.8万人。10月，设立罗湖管理区。11月，深圳市由原省、地双重领导的体制改为地区一级的省辖市，直属广东省领导，管辖龙岗、葵冲、龙华、罗湖、南头、松岗6个区。1980年7月，分罗湖管理区，成立沙头角管理区。8月，建立深圳经济特区，包括深圳、沙头角二镇和附城、盐田、南头、蛇口公社，总面积327.5平方公里。1981年10月，恢复宝安县建置，辖深圳经济特区外的原宝安县地区。全县划分为大鹏、葵涌、坪山、龙岗、坪地、横岗、平湖、布吉、观澜、龙华、石岩、西乡、沙井、福永、松岗、公明16个人民公社和光明华侨畜牧场。1982年1月，设立罗湖行政区，原沙头角区并入罗湖区。9月，沙头角镇从罗湖区分出。1983年9月，分罗湖区，分别成立罗湖、上步、南头、沙头角4个管理区，属县级建制，作为深圳市政府的派出机构。至此，特区内共设4个县级行政区。1984年8月，从南头管理区分出部分地域，成立蛇口管理区，面积11.4平方公里，驻地设在蛇口，下设1个办事处。1986年10月，区、乡建置改为镇、村建置，南澳从大鹏分出，坑梓从坪山分出。1987年2月，全县共整编为18个区级镇、165个行政村；光明华侨畜牧场仍托宝安县管辖。1989年，全县分18个镇、178

个行政村。1989 年 10 月，上步管理区改名为福田管理区。1990 年 1 月，特区内撤销罗湖、福田、南头、蛇口、沙头角管理区，成立罗湖、福田、南山三个市辖区。3 月，沙头角区并入罗湖区。1991 年，全县分 18 个镇、191 个行政村；光明华侨畜牧场仍在宝安县区划内。18 个镇是：新安、福永、沙井、松岗、公明、石岩、龙华、观澜、平湖、布吉、横岗、龙岗、坪地、坪山、坑梓、葵涌、大鹏、南澳。1993 年 1 月，撤销宝安县建置，设宝安、龙岗 2 个市辖区。宝安区辖西乡、福永、沙井、松岗、公明、石岩、龙华、观澜 8 镇；龙岗区辖平湖、布吉、横岗、龙岗、坪地、坪山、坑梓、葵涌、大鹏、南澳 10 镇。1997 年 10 月，分罗湖区，设盐田区。盐田区总面积 71.828 平方公里，地理上相对独立，自成一体，1996 年总人口 18.7 万人。2004 年，撤销宝安和龙岗两区所管辖 17 个镇改为街道办事处。2010 年实现特区内外一体化，经济特区范围已扩大到全市。至 12 月，全市共设 6 个市辖行政区和光明、坪山 2 个管理区，57 个街道办事处，791 个居民委员会。

（叶博珂）

经济社会发展概况

【概况】 2010 年，深圳市全年地区生产总值 9510.91 亿元，比上年增长 12.0%。其中，第一产业增加值 6.00 亿元，下降 14.3%；第二产业增加值 4523.36 亿元，增长 14.1%；第三产业增加值 4981.55 亿元，增长 9.9%。三次产业结构为 0.1：47.5：52.4。

现代产业中，现代服务业增加值 3362.86 亿元，增长 10.0%。在第三产业中，批发和零售业增长 15.4%，住宿和餐饮业增长 9.3%，房地产业下降 5.4%。民营经济增加值 2510.56 亿元，增长 11.8%。

四大支柱产业中，金融业增加值 1279.27 亿元，增长 10.6%；物流产业增加值 926.30 亿元，增长 15.0%；文化产业增加值 637.23 亿元，增长 22.9%；高新技术产业增加值 3058.85 亿元，增长 17.1%。

战略性新兴产业中，生物产业增加值 141.10 亿元，增长 23.9%；互联网产业增加值（全口径）1160.98 亿元，增长 16.7%；新能源产业增加值 182.38 亿元，增长 29.1%。

全年完成地方财政一般预算收入 1106.82 亿元，增长 25.7%。其中各项税收收入 991.98 亿元，增长 20.5%。地方财政一般预算支出 1265.27 亿元，增长 26.4%。其中，教育支出 124.55 亿元，增长 6.0%；科学技术支出 99.84 亿元，增长 59.7%；文化体育与传媒支出 18.74 亿元，增长 47.6%；医疗卫生支出 43.41 亿元，增长 14.6%；一般公共服务支出 114.75 亿元，增长 11.1%；基本建设支出 206.50 亿元，下降 4.7%。

全年居民消费价格总水平比上年上升 3.5%，其中，消费品价格上升 3.8%，服务项目价格上升 2.6%。全年原材料、燃料、动力购进价格指数为 104.7%；工业产品出厂价格指数为 101.6%。

全年实现工业增加值 4233.22 亿元，增长 13.9%，占全市生产总值的 44.5%；完成全社会固定资产投资 1944.70 亿元，增长 13.8%。

全年社会消费品零售总额 3000.76 亿元，增长 17.2%。全年居民消费价格总水平比上年上升 3.5%，其中，消费品价格上升

深圳市国民经济发展情况（2010 年）

表一

项目 \ 区别	常住人口	地区生产总值		人均地区生产总值		工业总产值		农林牧渔业总产值		全社会固定资产投资额	
	（万人）	绝对值（亿元）	比上年增长（%）	绝对值（元）	比上年增长（%）	绝对值（亿元）	比上年增长（%）	绝对值（亿元）	比上年增长（%）	绝对值（亿元）	比上年增长（%）
全　市	1035.79	9510.91	12.0	94296	12.0	4523.37	141.1	6.00	–14.3	1944.70	13.8
福田区	131.81	1832.63	10.6			195.88	16.0	0.69	1.7	174.42	3.6
罗湖区	92.34	1006.88	8.3			95.79	6.2	0.15	–30.0	73.18	7.1
盐田区	20.89	282.02	10.3			75.64	1.2	0.06	–13.2	87.31	0.1
南山区	108.79	1996.65	12.1			1208.70	11.5	1.32	–1.4	287.13	6.1
宝安区	401.78	2603.11	15.3			1713.09	17.1	2.02	–19.0	690.28	18.1
龙岗区	201.12	1789.63	13.2			1234.28	15.0	1.75	–18.2	632.38	19.3

表二

项目 \ 区别	外贸出口总额		实际外商直接投资额		地方财政一般预算收入		社会消费品零售总额		城镇居民人均可支配收入	
	绝对值（亿美元）	比上年增长（%）	绝对值（亿美元）	比上年增长（%）	绝对值（亿元）	比上年增长（%）	绝对值（亿元）	比上年增长（%）	绝对值（元）	比上年增长（%）
全　市	2041.84	26.1	42.97	3.3	1106.82	25.7	3000.76	17.2	32381	10.7
福田区	330.16	12.5	10.36	3.6	69.27	48.3	930.93	16.3	39300	11.6
罗湖区	191.33	9.6	7.32	3.7	36.73	6.7	602.54	15.0	33645	
盐田区	104.49	28.8	0.71	4.8	16.13	22.2	35.65	15.5	30200	
南山区	157.00	13.5	4.40	2.3	46.34	25.4	384.00	19.3	35022	12.8
宝安区	56.16	15.6	9.51	3.8	111.36	23.9	652.67	18.4	30000	10.2
龙岗区	250.60	14.9	5.14	57.5	96.94	24.6	394.98	18.7	28332	9.1

3.8%，服务项目价格上升 2.6%。全年原材料、燃料、动力购进价格指数为 104.7%；工业产品出厂价格指数为 101.6%。

全年居民人均可支配收入 32380.86 元，增长 10.7%，扣除物价因素，实际增长 7.0%。居民人均消费性支出 22806.54 元，增长 5.9%，实际增长 2.3%。恩格尔系数为 35.5%。

【固定资产投资】 2010 年，深圳市全社会固定资产投资 1944.70 亿元，比上年增长 13.8%，完成年度计划 100.7%。其中，基本建设投资 1226.29 亿元，比上年增长 17.5%；房地产开发投资 458.47 亿元，增长 4.8%；更新改造投资 187.23 亿元，增长 12.1%；其他投资 72.71 亿元，增长 19.0%。从三次产业看，第一产业投资 0.64 亿元，增长 9.4

倍；第二产业投资480.86亿元，增长24.7%，其中工业完成投资480.86亿元，增长24.7%；第三产业投资1463.21亿元，增长10.6%。

投资增速稳步上升　全市固定资产投资累四个季度分别完成投资276亿元、451亿元、530亿元和687亿元，分别比上年增长9.3%、12.2%、13.8%和16.7%，增速逐季提高。投资运行走势在年初（1~2月份）以8.3%的增速低开后，后继投资增速一直保持在9.3%~14.2%的区间范围内窄幅波动并基本呈单边上扬态势，峰谷差值为5.9个百分点，比上年降低2.9个百分点，全年投资运行的稳定性比往年增强。

工业投资增长势头强劲　全年工业投资占投资总量的24.7%，拉动全社会固定资产投资增长5.6个百分点，对投资增长贡献率40.4%。其中，新能源、互联网、生物等三大战略新兴产业分别完成投资8.86亿元、39.92亿元和2.60亿元，合计占第二产业投资的10.7%。二、三产业投资比例由上年的22.6：77.4发展为24.7：75.3，继续保持二、三产业协调推动经济增长。

社会民生投入力度不断加大　全市涉及社会民生的固定资产投资累计完成768.2亿元，比上年增长11.8%，占全市固定资产投资比重为39.5%。其中：教育行业完成投资29.7亿元，比上年增长160.1%；文化体育和娱乐业完成投资53.7亿元，增长31.4%；卫生社会保障和福利业完成投资22.1亿元，增长2.0%；水利环境公共设施管理业完成投资262.45亿元，增长60.9%；交通运输仓储邮政业、公共管理和社会组织行业完成投资比上年有所收缩。

特区一体化进程明显加快　宝安、龙岗和光明、坪山新区四区共完成投资1322.8亿元，占全市投资的68.0%，比上年提高2.8个百分点。其中，宝安、龙岗两区投资规模继续领先全市其他各区，分别完成投资549.2亿元和532.1亿元，占全市投资比重28.2%和27.4%；光明、坪山新区分别完成投资141.1亿元和100.3亿元。南山区完成投资287.3亿元，比上年增长6.1%，提高1.3个百分点。原特区内其他各区投资增速均有所放缓，福田、罗湖、盐田三区分别完成投资174.4亿元、73.2亿元和87.3亿元，增长3.6%、7.1%和0.1%，原特区内四区占全市投资比重由上年的34.8%降至32.0%。

重大项目投资引擎作用继续增强　全市164个重大建设项目累计完成投资710亿元，超额完成年度投资计划，占全市固定资产投资比重上升至36.7%。地铁2号线首期工程、地铁3号线高架段、北线引水、东部供水水源二期、盐田港码头扩建工程、第三人民医院、新洲河和福田河综合整治工程等项目完工或基本竣工，广深港客运专线广深段、厦深铁路深圳段、福田综合交通枢纽、深圳大学扩建、证券交易所营运中心、蔡屋围京基金融中心等73个项目超额完成年度投资计划。（李立红）

基础设施建设

【交通运输情况】　2010年，深圳市交通运输项目完成投资144.57亿元，占年度计划127.67亿元的113%；全年地铁完成投资145.5亿元，占年度计划123亿元的118%。深圳港货物、集装箱吞吐量分别完成22097.69万吨和2250.97万标准箱，分别比上年增长14.11%和23.34%，创历史最高水

深圳市基础设施基本情况

项目	单位	2009年	2010年
铁路营业里程	公里	234.98	
公路通车里程	公里	1620.48	6041
其中：高路	公里	341.72	357
港口泊位	个	168	172
其中：万吨级泊位	个	67	69
内河通航里程	公里		
本地电话年末用户	万户	469.20	508.93
移动电话年末用户	万户	1856	2008.6
国际互联网用户	万户	247.58	261.5
电力消费量	万千瓦小时	5856800	
商品房屋实际销售量	万平方米	762.01	465.59
商品房屋实际销售额	亿元		

平，集装箱吞吐量连续8年位居全球第四；深圳空港旅客吞吐量、货邮吞吐量及航班起降架次分别完成2671.36万人次、80.91万吨和21.7万架次，增长9.1%、33.65%和7%，机场客运量连续9年居内地城市第四位。现代物流业增加值926.30亿元，增长15.02%，增幅上升7.53个百分点，占全市生产总值比重的9.74%，增加0.11个百分点，创历史最高水平。

【路网建设】 深汕公路改造一期工程 该工程（一期）是市重大项目，是深圳市连接惠州市的主要通道，是东部工业组团“三横四纵”交通格局的重要组成部分，联系坪山新区坑梓、坪山街道的纵向城市主干道，起点自深惠交界处收费站前，终点至坪山中山大道与东纵交叉路口，路线全长12.55公里，双向6车道。设计车速50km/h，规划红线宽度60米（局部40米）。工程概算总投资6.47亿元。2010年完成投资2.04亿元，占年度投资计划的204%。

深汕公路改造二期工程 该工程（二期）是市重大项目，东起深汕公路改造工程（一期）建设路口，西北端接深惠公路双龙立交，全长7.68公里，按城市Ⅰ级主干道标准设计，设计行车速度50km/h，现状道路改造后为双向八车道（局部六车道），项目建设通过完善道路功能带和配套市政管线，完善道路及沿线交通设施，同时为地铁12号线预留建设空间，工程概算4.54亿元。2010年完成投资1.17亿元，占年度投资的117%。

丹平快速路一期 该工程是“一横八纵”快速干线道路之一，属市重大建设项目。位于罗湖、龙岗两区，路线起于爱国路高架桥，北接机荷高速公路白泥坑立交。路线全长9.7公里，主车道为双向6车道，设计车速80km/h，辅道为双向4车道，设计车速40km/h，路基标准宽度65米。项目批复概算24.28亿元。已累计完成投资17.11

亿元，占建安费81%。项目2010年安排投资计划5亿元，完成6.6亿元，完成下达计划目标的132%，超额完成年度建设任务。项目已完成了一标（水官至机荷高速段）的建设，并按市政府的要求先行通车；其他标段（除二标东湖立交段外）道路、桥梁、隧道主体工程已全部完成，沥青路面铺设和标志标牌及标线已基本完成，已开展交通设施（机电、绿化、房建等）附属设施的施工。

彩田路北延段 该工程是城市中心与中部组团间南北向的重要通道，项目建设有利于完善中部区域路网结构，缓解梅林关交通压力，促进特区一体化。该项目南起彩田路梅林跨线桥北端，北经彩田皇岗立交后以隧道形式穿越山体，接新区大道检查站，道路全线长3.25公里，双向6车道，项目第一标段于2010年8月25日开工建设，已完成投资5000万元，占年度投资计划的100%。

南坪快速路二期工程 该工程是深圳市“七横十三纵”高快速路网的重要组成部分，“一横八纵”干线路网体系的核心工程。该项目西起沿江高速公路前海立交，东至南坪快速一期工程的起点塘朗立交，主线全长15.5公里，工程概算总投资43.77亿元。2010年完成投资7.19亿元，占年度投资计划的167%。

深圳港西部港区疏港道路工程 该工程由南坪快速延伸段、兴海大道、兴海大道支线、妈湾大道、港区联络道及联络道支线组成，道路总长约16.5公里。2010年完成投资3.6亿元，占年度投资计划的120%。

布龙路城市化公路改造工程 该工程是深圳市公路城市化改造核心示范工程，起于S360核龙线与清平高速公路交叉的龙景立交，路线由东往西经龙岗区坂田至宝安区大浪，沿线穿过坂田、龙华、民治、大浪等街道，终点接龙大高速公路，道路全长9.11公里。2010年完成投资3.36亿元，占年度投资计划的112%。

广深沿江高速深圳段工程 该工程起于东莞与深圳交界的东宝河口，终点接南山区月亮湾大道，与深港西部通道相接，线路全长30.45公里，双向8车道，全线桥梁长度为30.35公里，占总路线长度的99.7%，项目概算总投资112.04亿元。该工程是深圳地区公路建设中规模和难度最大、技术标准最高的工程。2010年路基桥涵工程已开始永久工程施工，完成投资22.6亿元，占年度投资计划的118.9%。

深圳外环高速公路工程 该工程是深圳“七横十三纵”高快速路网的重要组成部分，广东省“九纵五横两环”高速公路主骨架网中的加密线。该工程起于广深沿江高速，终点与盐坝高速公路相接，主线全长93.39公里，概算总投资约106亿元。2010年，工程可行性报告修编工作完成，环境影响已获得批复，勘察设计招标工作也已完成。

梅观高速公路扩建工程 该工程是深圳“七横十三纵”高快速路网的重要组成部分，同时也是广东省规划珠江三角洲二环高速公路的重要组成部分。工程南接梅林检查站，北与莞深高速公路相通，扩建段全长19.06公里，概算总投资11.96亿元。2010年完成第一合同段的施工、监理招标工作。

清平高速公路二期工程 该工程为深圳“七横十三纵”干线路网的重要组成部分，起于龙景立交，北与外环高速公路相接，全长15.22公里，双向六车道，概算总投资18亿元。2010完成各个标段的招标工作，已全线开工建设。

博深高速公路工程 该工程横跨惠州、东莞、深圳三市，是广东省高速公路网规划

"九纵五横两环"中的第四纵线深圳至湖南汝城高速公路的重要组成部分，2008年被列入"新十项工程"。该工程起于惠州市博罗县罗阳镇，与广惠高速公路相接，经东莞市，止于深圳市龙岗区排榜互通立交，与盐排高速公路相接；全长63.2公里。2010年累计完成工程量8659万元。路基工程完成16.5%；桥涵工程完成11.70%。

东部过境通道工程 该工程起于莲塘水厂，向南通过规划一线莲塘口岸与香港东部通道相衔接，终点接入深汕、惠盐高速公路，全长31公里，双向六车道，投资估算60亿元。该项目是国务院批准的《珠江三角洲地区改革发展规划纲要（2008～2020年）》中63项重点工程之一。2009年，该项目获得由国内七个银行提供的总额45亿元的银团贷款支持，从2010年6月开始详勘工作，并完成了部分的地质钻探工作，施工图也按照计划推进。

【港口发展】 至2010年底，深圳港共拥有各类泊位172个，其中万吨级以上泊位69个，集装箱专用泊位44个，港口综合吞吐能力约1.949亿吨，集装箱吞吐能力1891万标准箱。深圳港进出港旅客333.88万人次，比上年增长15.81%。共有40多家国际班轮公司在深圳港开辟集装箱国际班轮航线230条，比上年底净增加44条。共有美洲航线60条，欧洲航线57条，非洲航线14条，澳洲航线7条，亚洲航线92条。开辟国内沿海港口内贸班轮航线8条，通航100多个国家和地区的300多个港口，全年靠泊深圳港的国际集装箱班轮约24353艘次。

2010年深圳港生产呈现五大特点。一是外贸运输吞吐量持续大幅增长。全港外贸货物吞吐量17106.29万吨，比上年增长19.26%，吞吐量自上年11月份以来保持14个月连续增长。外贸集装箱累计吞吐量2143.72万标箱，增长24.5%。二是国际集装箱班轮航线运输需求呈持续上升之势。全港进出口亚洲箱量757.29万标箱，增长15.63%；进出口欧洲箱量341.14万标箱，增长26.69%；进出口美洲箱量696.27万标箱，增长27.92%。国际集装箱班轮航线运输需求整体上行，各航线运输需求普遍提升。三是大力发展内贸和驳船集装箱运输，全港共完成内贸集装箱107.25万标准箱，增长4%，其中蛇口港区完成内贸集装箱93.3万标箱，占全港份额86.99%，增长1.38%。驳船支线运输也有新的发展，蛇口港区、赤湾港区共完成驳船运输298.21万标准箱，增长34%。四是加大基础设施建设，新增码头集装箱吞吐能力111万标准箱。蛇口港区集装箱码头9号泊位于上半年投入了试运行，新增集装箱吞吐能力60万标准箱，盐田港区15号泊位9月份投产，新增集装箱吞吐能力51万标准箱。五是落实港口环保和节能减排各项工作，推进"绿色港口"建设。各主要集装箱码头公司推进场桥的"油改电"改造工作，并取得了显著成绩。

【空港发展】 2010年，深圳机场旅客吞吐量、货邮吞吐量、航班起降架次三大指标和利润总额创历史新高，扩建工程全面推进，安全运行总体平稳。

到12月底，共计35家国内外航空公司开通深圳航线，航线总数130条（其中国内航线100条，港澳台航线3条，国际航线27条），通航国家15个，通航城市95个（其中国内城市70个，港澳台城市4个，国外城市21个）。

【智能交通建设】 2010年，深圳市编制完成了《深圳市智能交通系统（一期）工程可行性研究报告》，34项市智能交通子系统取得阶段性成果；成立了深圳市智能交通技术标准委员会，重点开展了14项智能交通标准和营运车辆GPS相关标准研制；e行网建设初具成效；信息化系统建设继续推进，多项系统进入建设阶段。

智能交通规划 智能交通“十二五”规划以解决ITS核心技术与关键技术的实际应用和服务出行者为重点，以智能交通信息平台为依托，以海量数据分析与挖掘为手段，进行ITS工程项目建设、产品开发和应用研究，为城市综合交通运输体系的形成提供支撑条件。交通运输信息化“十二五”规划网络是基础、安全是关键（以信任与授权服务）、信息共享与数据获取是核心、应用是目的，坚持“两条线、两平台”路线，实现政府资源、企业资源、社会资源、社会服务四大整合，通过运用现代化的信息技术、网络通信、计算机技术，将政府管理与服务职能精简、优化、整合、提升，加强对政府办公的有效监督，提高政府部门办事效率。

智能交通标准化 2010年，深圳市成立了我国智能交通领域第一个地方专业标准化技术委员会——深圳市智能交通标准化技术委员会。标委会由来自市交通运输委、市公安交警局、市科工贸信委及相关企事业单位的共31名专家组成。智能交通标准化工作得到深圳市标准化战略专项资金的支持，年内共完成分技术咨询报告3份，标准查新报告12份，标准修改稿2份，标准化需求可研分析报告2份，重点开展14项智能交通标准研制工作。其中，《公交智能调度系统—车载调度终端》已发布实施，《公交智能调度系统—平台规范》、《公交智能调度系统—通信协议》已提请发布。《深圳市机动车驾驶员培训车辆车载终端技术规范（暂行）》由深圳市交通运输委员会作为内部技术规范发布。同时启动了《出租车计费器技术规范》、《出租车车载智能终端技术规范》、《道路运输长途客运车辆车载智能终端技术规范》、《道路危险品货物运输车辆车载智能终端技术规范》、《道路运输客运包车运输车辆车载智能终端技术规范》、《道路运输重型货车车载智能终端技术规范》、《交通运输行业卫星定位应用服务平台—功能要求》、《交通运输行业卫星定位应用服务平台—通信协议》、《交通运输行业卫星定位应用服务平台—考评规范》、《深圳市综合交通枢纽智能化设施》等标准修订工作。

交通（港口）管理网上服务平台 该服务平台升级改造项目总投资518万。该项目升级改造深圳市交通（港口）基础业务系统，构建深圳市交通业务的阳光政务审批平台，提高深圳市交通行政审批、许可、执法、管理、服务的水平和效率，同时为建设深圳市交通运输智能化（ITS）管理及服务平台奠定基础。

智能交通系统（一期）工程 该工程是市交通运输委会同市公安交警局共同设计建设的新一代智能交通系统，该系统包括“一个平台，六大系统”，一个平台是指交通信息交换平台，六大系统是指交通综合检测系统、交通整体调控系统、交通运输管理系统、交通运行指挥系统、公众出行信息服务系统和交通管理及应急仿真决策支持系统（简称1+6）。系统按照统一标准、统一设计、分工建设、分批建设的思路推进。

【公共交通】 2010年，深圳市公交客流总量稳步增长，公交分担率46%，原特区外公交500米覆盖率82%。全市公共大巴、公共中小巴、出租小汽车和地铁累计客流量24.4亿人次，其中公共大巴客流量19.42亿人次、出租小汽车客流量3.38亿人次、地铁客流量1.6亿人次。

公交都市建设 11月，交通运输部与深圳市人民政府签订了《共建国家“公交都市”示范城市合作框架协议》，提出建设国际水准公交都市的总体目标，成立“建设国际水准公交都市工作领导小组办公室”，部署了22项重点工作，并制订了建设公交都市总体方案及三年行动计划以及《深圳市公交一体化发展策略研究》，明确了公交都市建设的目标、思路、任务及工作计划。

公交特许经营改革 深圳市交通运输委员会推进了公交特许经营改革工作。先后召开公交特许经营改革工作会议20多次，约谈企业30余次，部署公交改革的各项主要工作，与线路承包人进行谈判。于1月26日凌晨3点全面完成了公交线路承包关系的解除工作（共解除了150条线路，3500台车辆的承包关系）。绝大部分线路已完成移交工作，其中巴士集团整合情况完成70%，东部公交完成82%，西部公汽完成94%。推进大型公交场站接收评估工作，组织成立了“场站接收评估工作小组”，开展承包人建设的总面积约15万平方米的大型场站接收评估工作。推进退出企业置换“绿的”投放工作，已批准置换“绿的”指标3917个，已安排拓展区投放1957辆。协调市财政落实成本规制资金、企业购车借款资金、整合一次性成本、公交油价补贴、公交改革专项资金等各项公交补贴政策，涉及资金约20亿元。

长途客运 深圳市长途客运班线覆盖省内各市、县，辐射香港、澳门及海南、广西、湖南、江西、福建、上海、重庆、湖北、江苏、浙江、山西、四川、河南、安徽、贵州、陕西、云南、甘肃等20个省（区）、市；具有班车客运经营资质的客运企业33个；客运班车2410辆；具有旅游及包车客运经营资质的运输企业62个，旅游包车1738辆。全市共有汽车客运站46个，其中特区内12个，宝安区14个，龙岗区15个，光明新区2个，坪山新区3个；一级汽车站6个，二级汽车站8个，三级及以下汽车站32个。

公共巴士 全市新开通“快线公交—干线公交—支线公交”公交线路112条，其中干线31条、支线81条，为176个社区和企业解决公交出行问题；新授权线路113条，其中干线31条、支线81条，夜班线1条，配备车辆1361台，重点解决横排岭村、燕川、TCL高新工业区、大浪服装基地、富士康等117个片区和59个企业的公交出行问题，建立特区外到特区内的快速出行联系；优化调整公交线路240条，配合轨道交通2、3号线试运营，新增及优化调整公交接驳线路42条。至年底，全市累计开通“三层次”公交线路349条，其中快线20条、干线111条、支线218条，逐步形成“层次清晰”、“功能明确”的“三层次”公交服务网络；全市共有公交线路756条，公交车辆1.25万台，特区内公交500米基本覆盖，特区外公交500米覆盖率达82%。

【环保信息化建设】 2010年，深圳市推进了数字环保二期的建设。数字环保综合办公系统优化了包括公文管理的三十多项功能，并拓展了监测站等6个直属单位的办公系统，实现了直属单位和委机关公文和任务管理的互联互通。建立智能检索平台，基于数据仓库的分析功能实现不同粒度、不同纬度的数据统计分析、报表制作功能。GIS 地理信息平台实现了与市空间基础信息平台的全面对接，解决了空间基础数据的合法性、完整性和及时更新问题，与环境数据中心结合，实现了空间查询和分析功能。数字环保安全项目开展了信息系统等级保护定级、安全审计与加固，并加装网页防篡改系统等措施，确保数字环保的稳定、快捷、安全运行。 （沈一青）

【深圳电网投产容量破千万千伏安】 2010 年，深圳电网再次刷新全国地市级城市电网年度基建投产新纪录，达到 1014.9 万千伏安。随着南山区 220 千伏秀丽变电站建成投产，深圳电网 110 千伏及以上变电站突破 200 座。12 月 30 日，深圳电网投产容量超 1000 万千伏安暨变电站突破 200 座庆典仪式在光明区 220 千伏农园变电站举行。深圳电网已经成为全国第四个负荷超千万千瓦的城市电网。 （李闻宇）

【信息基础设施建设】 2010 年，深圳市通信网络实现全网数字化，3G 移动网络基本实现全覆盖，在全国率先完成“全城全网”有线电视双向改造和数字化整体转换；互联网普及率超过 75%，家庭宽带普及率接近 70%，移动用户饱和率超过 150%；成为全国首批“三网融合”试点城市。

【国家电子商务示范市建设】 2010 年，深圳市创建国家电商务示范市工作顺利开展。建立市、区及多个相关部门联合参与的电子商务工作联席会议制度；完成国家发改委关于电子商务发展若干问题（包括信用体系、税务征收和信息安全）的软课题研究工作；开展移动电子商务便民服务试点工作，在 30 多个地面公共交通线路上开展 RFID-SIM 卡移动技术试点（2011 年开始新建地铁出入站闸门全部要求安装移动支付终端）；举办首届“深港电子商务发展”论坛、“2010 年中国电子商务建设与发展”高峰论坛和第五届中小企业电子商务应用发展大会；实现“深圳通”在零售、餐饮、宾馆酒店、交通、缴费和菜市场等多领域的广泛应用。

（陈志浩）

现代产业

【工业】 2010 年，深圳市实现规模以上工业增加值 4092.63 亿元、比上年增长 13.8%，较上年增速回升 5.1 个百分点，分别低于全国（15.7%）和全省（17.6%）增速 1.9 个百分点和 3.8 个百分点。实现规模以上工业总产值 1.82 万亿元，增长 12.9%。“十一五”期间，全市规模以上工业增加值从 2005 年的 2272.9 亿元增至 2010 年的 4092.63 亿元，年均增长 13.4%。2010 年，全市前十大工业行业实现规模以上工业增加值 3737.76 亿元，占全市规模以上工业增加值的 91.33%、增长 14.7%，较上年增速提高 5.8 个百分点。

电子信息产业增加值增速提高　全市电子信息产业实现规模以上工业增加值 2152.8 亿元，占规模以上工业增加值的 52.6%。电子信息产业增加值高于同期全市工业整体增速 6.5 个百分点，对全年工业经济增长的贡献为 73.2%。与全国和全省同行业相比，深圳市电子信息产业增加值增速高于全国平均增速（16.9%）3.4 个百分点，高于全省平均增速（18.6%）1.7个百分点。

机械装备制造业增加值增速逐月回落　全市机械装备制造业实现规模以上增加值738.52亿元，占规模以上工业增加值的18.1%，增长15.2%；高于全市工业整体增速1.4个百分点。其中，电气机械行业实现规模以上工业增加值278.07亿元，增长13.8%；专用设备制造业实现规模以上工业增加值131.29亿元，增长12.8%；仪器仪表业实现规模以上工业增加值104.97亿元，增长16.2%。

石油开采业增加值较大幅度负增长　全市石油开采业完成油气开采984.8万当量吨，比上年下降2.7%。其中，石油开采量818万吨，下降12.2%；天然气开采量16.66亿立方米，增长106%。全市石油开采业实现增加值248.86亿元，占规模以上工业增加值的6.1%，下降18.5%。

电力行业增速继续回落　全市电力行业实现增加值191.96亿元、占规模以上工业增加值的4.7%、增长3.2%。

工业百强企业增长较好　全市工业百强企业实现规模以上工业增加值2395亿元，占规模以上工业增加值的58.5%，增长14.3%；高于全市工业整体增速0.5个百分点。其中，14家企业产值增速超过30%，26家企业产值增速在15%～30%，37家企业产值增速在15%以内，23家企业产值负增长。

工业投资创近几年新高，工商业技改投资平稳增长　全市完成工业投资480.86亿元、增长24.7%。全年全市共完成技术改造项目核准备案443项，项目总投资116.5元，建成达产后可新增销售收入639.93亿元、新增利税107.2亿元。2010年项目备案及总投资情况与上年基本持平，全市共完成更新改造投资187.23亿元、增长12.1%，其中工商业技术改造投资141.87亿元、增长6.6%。

工业经济效益综合指数提高　全市规模以上工业企业实现主营业务收入1.83万亿元，增长28.5%；实现利税总额1604.11亿元、增长33.2%、较上年累计增速提高6.6个百分点，利润总额1216.01亿元、增长40.1%，较上年累计增速提高16.9个百分点；企业财务费用82.05亿元，增长21.4%；亏损企业亏损额58.81亿元，下降24%；产成品存货944.42亿元，增长34.2%；工业产品销售率99%，较上年提高3.5个百分点；工业经济效益综合指数188.7%，较上年提高7.6个百分点。（胡小剑）

【对外贸易】　2010年，深圳市实现进出口总值3467.5亿美元、比上年增长28.35%，超过国际金融危机前的2008年（以下简称超过危机前）15.6个百分点，占同期全国进出口总值的11.66%。其中：出口2041.8亿美元、增长26.05%，超过危机前13.6个百分点，占同期全国出口总值的12.94%；进口1425.7亿美元、增长31.79%，超过危机前18.6个百分点，占同期全国进口总值的10.22%；累计实现贸易顺差616.1亿美元，增长14.47%。全年全市外贸出口总值2041.8亿美元，连续18年位居全国大中城市首位，实现“十八连冠”。2010年，深圳市外贸运行呈现新特点。

进口贸易发展迅速，外贸不平衡状况有所改善，但贸易差额仍然较大。全市进口增长势头迅猛，外贸进口增速高于出口5.7个百分点；贸易顺差616.1亿美元，增长14.47%。

贸易结构优化，一般贸易比重逐步提

高。全市一般贸易出口636.7亿美元、占比31.2%，比上年提升1.9个百分点；一般贸易出口增速34.13%，高于同期全市平均增速8.1个百分点。

市场主体结构优化，内外资企业出口渐趋平衡，私人企业增势迅猛。全市内资企业出口834亿美元，占全市出口总值的41%；外资企业出口1207.8亿美元、占全市出口总值的59%，渐趋平衡。其中，全市私人企业出口463.55亿美元、比上年增长37.54%，增势迅猛，在全市出口占比22.7%。

市场结构逐步优化，对拉美和东欧等新兴市场出口增长较快，但市场集中度仍然较高。全市主要出口市场依次为香港、美国、欧盟、东盟、日本和印度，合计出口1693亿美元、占全市出口总值的82.9%，市场集中度仍然较高。其中：对香港出口844.6亿美元，增长37.86%；对美国出口315.9亿美元，增长20.14%；对欧盟出口268.1亿美元，增长24.62%；对东盟出口158.8亿美元，增长4.49%；对日本出口66.6亿美元，增长21.33%；对印度出口39亿美元，下降5.87%。在新兴国际市场中，对拉美市场出口78.2亿美元，增长40.5%；对东欧市场出口58.1亿美元，增长38.7%，增长迅速；对新兴国际市场出口399.5亿美元，增长14.55%，低于全市出口平均增速。

商品结构优化，机电产品和高新技术出口占比较高。全市机电和高新技术产品出口增速高于全市平均水平，机电产品出口1571.6亿美元。增长26.38%，占全市出口总值的77%；高新技术产品（与机电产品有交叉）出口1087.3亿美元，增长27.88%，占全市出口总值的53.3%；两类商品的占比情况均高于全国平均水平。

传统劳动密集型产品出口持续稳定增长。服装及衣着附件出口94.3亿美元，增长22.35%；家具及其零件大幅增长，出口44.7亿美元，增长47.89%；鞋类出口41.3亿美元，增长24.68%；玩具出口28.8亿美元，增长26.96%。（曾锦辉）

【农业运行情况】 2010年，深圳市农业增加值6亿元，比上年下降14.5%；农林牧渔业总产值以生产价格计为15.48亿元、减少2.78%（其中种植业4.87亿元、畜牧业4.37亿元、渔业3.89亿元、服务业1.75亿元），按可比价格计为14.27亿元、减少12.78%（其中种植业4.26亿元、畜牧业4.56亿元、渔业3.47亿元、服务业1.75亿元）；海洋业生产总值934.03亿元，其中海洋交通运输业343.73亿元、海洋油气业402.52亿元、滨海旅游业159.79亿元、海洋设备制造业13.38亿元、海洋船舶工业5.01亿元，海洋经济占全市生产总值的9.82%。

畜牧业　全市生猪出栏量22.44万头、比上年下降24.8%，猪肉产量1.47万吨、下降27.5%；家禽饲养量703.03万只，增长2.3%；鲜奶产量1.5万吨，增长40.2%。全市有饲料生产企业35家，总产值23.04亿元、增长6.67%，其中预混料企业13家、配合饲料企业15家、浓缩饲料企业10家、添加剂生产企业7家；饲料生产总量84.2万吨，减少17.53%（其中配合饲料产量67万吨、减少25.76%，浓缩饲料产量8.7万吨、减少2.2%，添加剂预混合饲料产量10.41万吨、增长25.42%）；饲料出口额8054万元。年内，深圳市创建2个规模化、标准化畜禽养殖基地并顺利通过验收；执业兽医资格考试深圳考生取得全国第一的优异成绩。

种植业和生物育种产业　全年全市农作

物播种面积6400公顷，比上年下降7.3%。其中：粮食播种面积10.1公顷，粮食产量49吨；蔬菜播种面积6360公顷、减少3.2%，蔬菜产量11.07万吨、增长3.3%；水果种植面积3573.3公顷、减少3.5%，水果产量0.32万吨、减少18.9%；花卉种植面积420公顷、增长26%，花卉销售额6.71亿元，花卉出口33.3万美元。年内，深圳市将2000公顷基本农田打造成环境优美的国家级现代农业生物育种创新基地，以生物育种产业为主导产业的深圳国家农业科技园区建设取得初步成果，农业植物疫病防控工作达到预期目标。

农业产业化 深圳市有农业产业化经营企业70家，其中种植业22家、畜牧业20家、水产业19家，带动农户56.08万户，带动农户增加收入14.58亿元，户均增加收入2600元。市农业（海洋管理）部门完善市农业龙头企业申报认定条件和运行监测管理，拟定《深圳市重点农业龙头企业申报认定与监测办法》；新增市寰通农产品有限公司、联城远洋渔业有限公司2家省重点农业龙头企业。至年底，全市有市级以上农业龙头企业20家，其中国家级6家、省级14家。组织申报省重点农业龙头企业贷款贴息资金项目；组织农业企业参加第二十届香港美食博览会、“台湾·广东周”农业经贸活动、第八届中国国际农产品交易会和广东省第三届现代农业博览会；对全市农业产业化经营情况进行全面调查统计，对省级以上重点农业龙头企业的发展运行状况进行监测。

（廖其年）

【深圳国家农业科技园区】 2010年12月9日，国家科技部批准深圳现代农业生物育种创新示范区为国家农业科技园区。深圳国家农业科技园区以生物育种产业为主导产业，总面积2767公顷（其中基本农田2000公顷），分布在宝安区、龙岗区和光明新区、坪山新区，采取“一区多园”模式进行建设。至年底，该园区已引进首批9个生物育种创新团队。市农业（海洋管理）部门完成《深圳国家农业科技园区建设实施方案》和《总体规划》编制工作；组织编制园区公共服务平台项目建议书并通过市政府投资评审中心组织的专家评审。研究制定《关于加快推进深圳国家农业科技园区发展的若干扶持措施》。11月2日，深圳市政府与中国农业科学院签署合作共建深圳现代农业生物育种创新示范区框架协议。年内，该园区核心区重点建设的作物分子育种科技园、中国农业科学院深圳生物育种创新研究院、转基因抗虫棉科技园、超级杂交稻育种科技园、航天育种科技园和生物能源育种科技园等六大项目已划定用地蓝线图及编制详规；邓兴旺博士领衔的分子设计育种创新团队利用诱变育种手段研制出非转基因的、具有抗除草剂性状的优良水稻新品种；袁隆平院士领衔的超级杂交水稻创新团队将传统杂交水稻技术与分子生物技术有机结合培育新一代高产、优质超级杂交水稻，已在广东、湖南、广西、江西等十多个省份累计推广13.3万公顷，试验亩产超过900公斤，大田亩产达720公斤；杨焕明院士领衔的华大基因创新团队已初步建立马铃薯、玉米、大豆、谷子、木薯、甜高粱、轻木等多物种转化体系，为高通量的基因鉴定和专利申请做好充分的基础准备，启动了基于基因组学的分子育种并在世界学术期刊《Nature》上发表论文14篇；杨雅生博士领衔的创世纪转基因技术有限公司研发的创世纪转基因抗虫棉在全国主产棉区累计推广种植2400万公顷，以每亩增收节支 200 元计，累计创造社会经济效益超过 720 亿元。

【高新技术产业发展】 2010 年，深圳市实现高新技术产品产值 1.02 万亿元，比上年增长 19.61%。其中：拥有自主知识产权的高新技术产品产值为 6115.89 亿元，占高新技术产品产值的 60.19%；高新技术产品增加值 3058.85 亿元，占全市国内生产总值的 32.16%。全市电子信息高新技术产品产值 8963.26 亿元，占全市高新技术产品产值的 88.1%；生物技术高新技术产品产值 101.16 亿元，增长 26.37%；新材料及新能源高新技术产品产值 553.88 亿元，增长 24.09%；光机电一体化高新技术产品产值 490.78 亿元，增长 26.98%。全市高新技术企业 1750 家，占全国高新技术企业总数的比例从上年的 4%提升至 6%，占广东省高新技术企业总数的比例从上年的 31%提升至 47%，居全省第一。在 2010 年通过专家评审的深圳 730 家高新技术企业中，上年销售额过亿元的企业有 129 家，近 3 年研发投入比例超过 10%的企业有 245 家，超过 5%的有 581 家；近 3 年获得发明专利 479 项，实用新型专利 2315 项，软件著作权 2610 件，外观设计专利 815 项。高新技术产品出口增长快于全市出口增速。全年全市高新技术产品出口 1087.3 亿美元，增长 27.88%；高于全市外贸出口增幅 1.82 个百分点，占全市出口总值的 53.3%。其中，电子信息产业高新技术产品 998.19 亿美元，增长 28.58%亿，占高新技术产品出口总额的 91.8%；光机电一体化（光电技术）高新技术产品出口 35.1 亿美元，增长 38.10%；新材料技术高新技术产品出口 1.69 亿美元，增长 42.42%。

（陈洁峰）

【新能源产业】 2010 年，深圳新能源产业总产值 500 多亿元，居全国大中城市前列。已形成以企业为主体的科技创新体系，部分领域关键技术研发优势明显：在太阳能领域，新型平板式太阳能集热器技术全国领先，掌握单晶硅、多晶硅、薄膜太阳能电池关键技术，承担“高效低成本非晶硅太阳能电池制造工艺及产业化技术”、“低成本的光伏玻璃幕墙”等多项国家攻关计划，拥有发明、实用新型专利 200 余项；在核能领域，通过引进、消化、吸收、再创新掌握“二代加”（CPR1000＋）百万千瓦级压水堆核电技术，建成国内首个核级设备国产化技术研发平台；在生物质能领域，垃圾焚烧发电设备国产化技术全国领先，沼气发电、燃料乙醇和生物柴油技术研发取得积极进展；在风能领域，拥有多项风电控制技术和新型风电设备研发制造发明专利。至年底，全市核电装机容量约 400 万千瓦，在建 200 万千瓦；垃圾发电装机规模约 7 万千瓦；太阳能光伏发电量累计超过 400 万千瓦时；风电资源测定容量 6 万千瓦，景观风力发电装机容量 0.2 万千瓦。全市已建和在建光热建筑应用面积 800 万平方米，年均增长超过 37%；已建和在建太阳能光电建筑应用装机容量 4.5MW；承担多项新能源汽车领域国家 863 计划攻关项目，有超过 100 辆混合动力汽车示范运行；企业成为产业主体，在光明新区高新产业园区布局新能源产业，集中发展和培育太阳能光伏、LED 光电等新能源产业组团。

【新能源（核电）产业基地建设】 2010 年 11 月 3 日，深圳新能源（核电）产业基地开工建设。该基地占地 61.26 万平方米，规划以中国广东核电集团（中广核）为“龙头”，打造核电产业引擎中心，形成以核电为中心的低碳高端产业集群。在初步规划方案中，该基地发展以核电为主导，风能、太阳能等新能源为辅助的轮轴式产业集群配套服务；新能源基地的开发建设将以政府主导加主导企业引导结合的综合开发模式，主导企业即中广核全程参与规划、建设及管理，市、区两级政府最大限度地给予基地提供优惠政策支持；园区以低碳生态环保理念打造国内最具先进性的绿色产业园区。

【生物产业】　2010年，深圳市生物产业销售收入500多亿元、比上年增长30%，产业规模位居国家生物产业基地城市前列；销售收入排前三位的分别是生物医疗225亿元、生物医药122亿元、生物农业87亿元；增长率居前三位的分别是生物服务5亿元、增长78.6%，生物环保55亿元、增长52.8%，生物医药133亿元、增长40.2%；华大基因、迈瑞、华润三九、健康元、海普瑞、信立泰等企业成为国内生物产业各专业领域自主创新的“龙头”企业。健康元、华润三九等龙头企业销售收入增长约20%，奥萨、康泰、海普瑞、赛百诺、信立泰、海王生物、立健药业等企业增长超过40%，其中奥萨达108.11%；新元素以430.77%的增速创造新纪录；华大基因及东江环保分别增长87.8%和31.8%。全年，生物领域重点企业实现税收23.31亿元、比上年增长37.78%，增收6.39亿元，增速高于高新技术产业、金融业、物流业、文化产业等支柱产业的增速，对总体税收增长贡献率1.09%。　（叶博珂）

【旅游产业】　2010年，深圳市旅游产业持续快速发展，登陆深圳的邮轮公司6家，高尔夫旅游、游艇、滑翔、潜水、邮轮、航海、攀岩等新业态开始崭露头角。全年全市接待游客总数7698.19万人次、比上年增长8.86%。其中：过夜入境游客3285.31万人次、增长15.67%，居全国大中城市首位；过夜外国游客167.58万人次，增长14.48%。全市旅游总收入628.3亿元、增长15.45%，其中旅游外汇收入31.8亿美元、增长15.22%。　（熊德昌）

【金融业】　2010年，深圳市金融业实现增加值1279.27亿元，比上年增长10.6%，占深圳地区生产总值比重的13.5%。至年底，全市金融业总资产4.24万亿元，金融业总部、一级分支机构总数230家，其中总部机构78家。全年全市新增金融机构20家，其中4家总部机构、12家一级分支机构、4家券商直投子公司。9月，在伦敦金融城发布的第八期全球金融中心指数中，深圳市在全球金融中心竞争力排名中位列第十四位。深圳金融业运行呈现新的特点：

存贷款增速放缓，信贷结构发生变化，盈利能力逐渐增强　至年底，深圳银行业资产总额3.49万亿元、比年初增加7220.12亿元，增幅26.13%、多增191亿元、回落8.12个百分点，资产总额创历史同期最高水平；贷款增速大幅放缓，自6月份连续7个月列全国36个省、自治区、直辖市和计划单列市末位；加大对中小企业的信贷支持力度，至11月末，小企业人民币贷款余额1278.27亿元、比年初增加332.65亿元，小企业贷款增速37.72%、比全市贷款增速高29.11个百分点；贷款余额1.68万亿元，比年初增加2024.74亿元、增幅13.70%；存款余额2.19万亿元、比年初增加3580.42亿元、增幅19.50%，增速与全国水平持平、但回落9.23个百分点；实现税后利润

411.61亿元，增长39.63%。不良贷款余额249.26亿元，不良贷款率1.49%，比年初下降0.06个百分点。

证券期货业稳步增长　至年底，深圳在辅导期拟上市公司75家、已出具辅导监管报告尚未提交发审委或创业板发审委审核的拟上市公司38家、有36家公司首发上市，上市公司149家、比年初增长31%，IPO（首次公开募股）募集资金净额409亿元，再融资募集资金296亿元，共利用资本市场募集资金705亿元、增长186%；共有17家证券公司，营业部210家、比年初增长8%，其中本地公司深圳营业部82家、比年初增长14%；证券公司总资产4602亿元、比年初下降2%，实现营业收入515亿元、净利润234亿元，分别增长27%和17%，继续保持全国第一、约占全国1/4强；基金公司共管理证券投资基金226只，比年初增长20%；基金管理规模在500亿元以上的公司共6家，占全国（16家）的38%；基金管理公司发行总份额753亿元，下降16%，占全国的26%；基金份额规模为8028亿份，比年初略降0.5%，占全国的33%；基金资产净值8117亿元，比年初下降7%，占全国的32%；有12家期货公司和26个本地营业部，总资产155亿元、较年初增长37%，净资产26亿元、较年初增长24%，期货保证金余额126亿元、比年初增长32%；累计代理交易额23万亿元、比上年增长70%，实现净利润约1.8亿元、增长6%。

（高会芹　胡　浩）

【保险业】　2010年，深圳市新增保险总公司1家（批筹），分公司2家，中心支公司2家，专业保险中介法人机构4家。截至年底，深圳市场共有各类保险机构65家，其中法人机构13家、产险分公司24家、寿险分公司16家、再保分公司2家、异地驻深营销服务部及中心支公司10家；另有保险专业中介机构145家，其中代理75家、经纪35家、公估35家，在深分支机构19家；保险从业人员4.98万人，其中保险营销员3.78万人。全年全市保险业实现保费收入361.49亿元，比上年增长33.1%，增速较上年上升20.3个百分点，较全国平均水平高2.7个百分点。其中，财产险业务保费收入120.57亿元，增长24.21%；寿险业务保费收入216.55亿元，增长40.93%；健康险保费收入16.45亿元，增长20.48%；意外险保费收入7.93亿元，增长9.79%。全年全市保险业各项赔付支出73.94亿元，增长0.82%。其中，财产险赔款支出52.91亿元，下降2.93%；寿险给付支出11.72亿元，下降5.06%；健康险赔付支出7.00亿元，增长71.08%；意外险赔款支出2.31亿元，下降3.31%。全年保险公司税前利润-5.16亿元，增长61.33%，其中产险公司实现利润6.80亿元，增加4.62亿元。至年底，各家保险公司（含再保）资产合计745.42亿元，增长27%。全年深圳保险市场增速较全国平均水平高2.7个百分点。在全国36个保险监管辖区中，市场规模居第十五位、较上年上升两位，保费占全国保费总量的2.49%、较上年上升0.05个百分点；保费增速居全国第十一位，排名较上年上升8位。

（牟晓龙）

【华侨城开发区】　2010年，华侨城集团公司营业收入343亿元，利润总额40.8亿元；华侨城股份公司获评“2010中国50家最受尊敬上市公司”；康佳股份公司LED彩电产品市场占有率全品牌排名第三，康佳彩电家电下乡销售量以 18.48%的市场占有率跃居第一。旅游业务方面，该集团旅游接待人数突破 2000 万人次，华侨城“全球旅游景区集团八强”地位进一步巩固；整合景区、高尔夫、温泉、酒店、地产等多业态产品组合，初步建立起生态度假旅游整体营销模式；欢乐谷深化建设连锁运营平台，对外统一品牌形象，对内降低成本；东部华侨城完成销售金额 18.5 亿元；酒店营业收入比上年增长 12%，华侨城大酒店、威尼斯酒店、海景酒店继续保持同区域市场领先地位。房地产业务方面，该集团香山里一期、纯水岸七期均取得良好销售业绩；西安“108 坊”实现当年拿地、当年建设、当年销售经营目标；华侨城置地成功竞得上海闸北区苏州河北岸东块一块街坊地块。电子业务方面，康佳公司销售收入超过 170 亿元，增幅 30%以上；彩电全年销售 600 万台，收入 108 亿元；国际营销收入近 27 亿元；手机全年销售超过 1000 万部；白电、视讯、数网业务均取得新突破。集团公司探索纸包装业务创新发展，上海华励一体化包装业务初具规模，惠州华力纸制创意产品研发得取初步成果。香港华侨城扩大内销比例，全年销售收入和利润总额均有增长。

（关　山　何凤云）

【互联网产业】　截至 2010 年 5 月 30 日，深圳市互联网用户 698.5 万人，其中手机网民用户 508.5 万人、占网民总数的 72.8%，比上年增加 143.5 万人，增长 39.3%。8 月 5 日，深圳市互联网产业园电子商务技术交流会在深圳举行，来自深圳的 40 多家互联网企业负责人、技术总监与会。8 月 26 日，首届“中国（深圳）移动互联网应用展览会”在深圳会展中心举行。9 月 20 日，由深圳移动及深圳大学城合作创建的移动互联网实验室揭牌，该实验室利用移动与大学城优势，共同打造“无线校园”，同时启动“MM（移动应用商城）百万青年创业计划”，开展包括创业培训、创业认证、创业开发、现场见习及思想引领等活动，推动广大青年就业创业。年内，“蛇口网谷”移动互联网产业园投入运营，吸引数十家从事社区、视频、电子商务、地理位置定位等领域的移动互联网企业入驻，深圳地区移动电子商务用户近 3000 家，占全国的 30%；是深圳首个以电子商务为特色的高新科技产业园。深圳为全国首批“三网融合”试点城市之一，也是全国首个电子商务示范城市。

【互联网产业园开园】　2010 年 1 月，深圳市互联网产业园开园。园区占地面积 1.5 万平方米，由 3 栋厂房和 1 栋综合研发楼组成，总建筑面积 5 万平方米；园区提供总面积约 500 平方米的公共会议室、多媒体培训室、研发型机房等公共服务设施；光纤到楼层，并接入双回路电源；新建综合研发楼提供商务中心、休闲酒吧或文化体育场所。该园区改造共投资 2000 万元，其中区政府补贴近 800 万元；进驻园区的企业享受房租补贴、两年免费光纤上网服务、免费使用公共服务场地等配套政策；园区为入驻企业提供各类服务，组织策划投融资论坛、网络营销培训、高校与企业对接、人才引进座谈、黄金珠宝产业电子商务沙龙及各类专题讲座。至年底，共有 98 家企业进驻，并逐步形成集群效应，涌现出波特货栈、P T 37、鱼购网、车秘书、商机网、本地宝、戴维尼、播播手机网、伊果网、中农网和 66 网等一批电子商务平台及优秀企业。园区内第三方电子商务服务业初具规模，其中波特商网创造性地提出“鱼购文化、货栈经营”立体新商业模式，将传统线下销售与线上交易有效结合，形成新的商业立体网络，打造出线上线下立体化交易新流通模式，为中小企业和商家提供商品立体营销、全国代理加盟渠道建设、品牌宣传推广服务；光大银行深圳分行为入驻波特货栈的中小企业和商家，配套授信免抵押担保贷款 50 万～1000 万元。罗湖区以互联网产业园为示范，培育电子商务服务业。至年底，全区有网络信息企业 600 多家，其中年产值 500 万元以上的 60 多家，取得 ICP 许可证从事互联网经营服务的企业共 247 家、占全市的 1／3。（叶博珂）

【光学光电子业】 2010 年，深圳市光学光电子行业总产值 700 亿元，比上年增长逾 10%。深圳眼镜生产企业大多以 OEM 贴牌生产为主，年产眼镜近 2 亿副，占全球眼镜市场的 60%。雅骏眼镜约占全市眼镜产量的 10%，自主品牌创新走在全市各行业前列。深圳 LED 企业在背光源、显示屏、太阳能 LED 应用、特种工作照明等应用市场率先取得突破，使上述几个领域的 LED 企业得到较快发展，如 LED 背光源领域的帝光电子、伟志电子和深华龙科技，LED 显示屏领域的联创健和、洲明科技和奥拓电子，太阳能 LED 应用领域的珈伟，LED 特种工作照明领域的海洋王和邦贝尔电子，技术水平均处于国内领先地位。全年全行业产能平均增长 20%以上，帝光电子的背光源增长 30%。中日合资的深圳三洋华强激光电子公司产量规模和技术规模位居全球之首，激光头产出 6700 万台，与上年基本持平，销售收入增长 10%。深圳在光纤光缆、光有源／无源器件、光传输设备以及光网络等方面的产值和销量均居国内首位。特发信息股份公司生产的各种光缆 450 万芯公里，增长 25%，利润增长 45%以上。华为光网络销售近 60 亿美元，中兴光传输系统增长 25%。（蔡松林）

【高新技术产业园区】 2010 年，深圳高新技术产业园区实现工业总产值 3014.21 亿元，比上年增长 18.17%；总收入 3098.53 亿元，增长 16.11%；工业增加值 764.5 亿元，增长 27.55%；出口 154.68 亿美元，增长 25.17%；税收总额 176.61 亿元，增长 27.63%；净利润 200.02 亿元，增长 35.53%。区有企业 5718 家，包括大冲村、粤海门等地的个体户 1281 家，经深圳高新区管委会批准入区并存活企业 4437 家；新增企业 911 家，平均每个工作日新增企业 4 家；新增企业注册资本 112.09 亿元，共租用厂房 49.09 万平方米。其中吸引内资科技项目 828 个、注册资本 101.26 亿元，引进外资项目 83 个、注册资本 10.82 亿元。年内，区共审批外资项目 25 个、增长 19%，合同外资 1.69 亿美元、增长 106.6%，其中新批 2895 万美元、增资 2.39 亿万美元、减资 9834 万美元；实际利用外资 1.1 亿万美元，增长 0.2%。园区有中兴通讯、长园集团、健康元、国人通讯、大族激光、腾讯控股、海普瑞、国民技术等 69 家企业的 70 只股票在美国、英国、韩国、新加坡、香港、上海、深圳等地上市。园区专利申请 1.22 万件，占全市专利申请总量的 24.6%；发明专利申请 8947 件，占全市发明专利申请的 37.35%；专利申请量、发明专利申请量继续居国家级高新区第二位，国际专利（PCT）申请量续居国家级高新区首位。年内，深圳高新区规划土地面积 11.5197 平方公里。至年底，该园区共批准用地项目 151 个，总用地面积 196.5 万平方米，总建筑面积 550 万平方米，平均容积率2.8，总计划投资2000多亿元；已建成高科技厂房420.8万平方米。平均每万平方米厂房实现工业总产值7.16万元、实现税收4197元；人均使用厂房面积14.23平方米。

【高新技术产业】 2010年，深圳高新区已成为全球重要的电子信息产业研发制造基地。该区拥有年产值超亿元的电子信息企业138家、超百亿元企业4家；中兴通讯、长城、创维、康佳等8家企业位列2010年中国电子信息百强；中兴通讯、金证科技、金蝶软件、同洲电子、大族激光、紫金支点、南凌科技等7家企业入选2010中国软件业务收入百强；形成以中兴通讯为龙头，国人通信、宇龙、好易通为核心企业的全球最大的通讯终端设备产业集群；以联想、长城、研祥、环胜电子、爱普生等为代表的计算机及外设产业集群；以康佳、创维、TCL为龙头的数字视听产业集群；以迈瑞、金科威为龙头的电子医疗器械产业集群；以腾讯、迅雷、A8音乐为代表的互联网服务产业集群；以金蝶、金证为代表的企业信息化产业集群；以国民技术、国微电子、联发科为代表的IC设计产业集群。该园区还涌出现大族激光、长园新材、科陆电子等一批细分电子行业龙头企业。 （赵大治）

【蛇口工业区】 2010年，招商局蛇口工业区有限公司营业收入、利润总额分别比上年增长35%和13%。该公司房地产业务销售面积比上年略有下降，但销售收入创历史新高；南油物流地产园区、深圳汽车城园区、光明科技园区开发均取得重大进展；科技业务继续探索孵化与投资有机结合新模式，投资业务基金化运作取得突破；公共设施及园区配套业务继续保持经营总体稳定；各重大项目建设稳步推进。

海上世界城市综合体项目建设　8月25日，海上世界城市综合体项目奠基仪式举行。海上世界城市综合体项目，包括5万平方米综合商业区及规划中的70万平方米海上世界新建项目。该项目与规划中的太子湾邮轮母港共同形成集客运枢纽、历史文化博览、文化艺术表演、会议展览、宾馆酒店、商务办公、商务公寓、餐饮、商业、娱乐以及欢乐岛海上活动、庆典等为一体的现代化海滨休闲、游览及商务活动综合国际社区。海上世界酒店项目初步设计及方案报建工作完成，船前船尾广场施工图设计完成并启动基础工程，招商局广场、伍兹公寓工程招标完成并进场施工，滨海岸线景观施工图设计和护岸地下工程顺利完成。

“蛇口网谷”项目建设　“蛇口网谷”规划建筑面积42万平方米，定位为发展互联网、电子商务和物联网及相关产业和服务。南山区已在“蛇口网谷”设立“互联网和电子商务产业基地”和“物联网产业应用示范基地”。“蛇口网谷”分三期建设：第一期12万平方米建筑已完成，包括数码大厦和科技大厦二期及中科院育成中心；第二期15万平方米建筑在建设；第三期15万平方米施工主要是对已有园区和大厦进行改造。至年底，“蛇口网谷”一期已入驻包括飞利浦、日立等众多国际知名企业，聚集互联网及电子商务企业50家，年产值约20亿元。

“再造新蛇口”工程　招商局蛇口工业区有限公司启动蛇口国际化城区对标研究，编制园区整合推广营销方案，推进园区推广与展示系统建设；启动文化创意产业园策划，引进国际教育和国际高端医疗机构，

“蛇口网谷”等园区品牌；完成网谷服务中心、网谷配套餐饮服务项目建设，园区信息化建设持续推进；集中整治“交通蛇口”难点问题，自行车公共租赁项目完成16个网点建设并正式投入运营；细化和完善园区总体更新改造规划设计方案，完成科健大厦改造并投入使用，中科院育成中心顺利进驻，完成宝耀片区改造专项规划设计，开展水湾片区城市更新项目申报前期工作，推进四海片区改造规划设计和立项申报，启动槟榔园小区升级改造工程。（李　晟）

【保税区】 2010年，深圳保税（物流园）区实现工业增加值102.3亿元、比上年增长1.6%，占全市规模以上工业增加值的2.3%，占全国保税区增加值的3.5%；实现工业总产值612.9亿元，增长2%，占全市工业产值的3.4%，占全国保税区工业产值的15.1%；进出口总额474.9亿美元，增长27.9%，占全国保税区总量的30.5%和全市总量的13.7%；其中进口258.4亿美元、增长40%；实现税收总额89.5亿元，增长35.6%。新批准设立企业102家，增长5.2%；外资企业投资额5338.3万美元，增长19.1%；合同利用外资3754.7万美元，增长40.7%；实际利用外资4862.6万美元。在各个园区发展方面，福田保税区全年实现工业增加值89.3亿元，增长3%，占深圳保税区总量的87.3%；实现工业总产值528.5亿元，增长3%，占深圳保税区总量的86.2%；实现进出口总额406.6亿美元，增长22.8%，占深圳保税区总量的85.8%；实现税收50.87亿元、增长3.7%，占深圳保税区总量的56.8%。沙头角保税区全年实现工业增加值13亿元，工业总产值84.4亿元，进出口总额40亿美元。盐田港保税物流园区实现进出口28.4亿美元，增长51.5%，实现进出区总额128.7亿美元，增长86%，实现税收收入37.8亿元、增长148.7%。

（刘金华）

【证券交易市场】 2010年，深圳市新增上市公司321家，IPO融资额2991亿元。至年底，深交所上市公司1169家，其中主板485家、中小企业板531家、创业板153家；上市证券总数1590只，其中A股1157只、B股54只、基金90只、债券品种289只；总股本总市值8.64万亿元；投资者开户总数9431万户，其中个人投资者9400万户。至年底，深证成指收报12458.55点；股票累计成交金额24.13万亿元，较上年增幅27.36%；平均市盈率44.69倍，其中主板35.98倍、中小企业板56.93倍、创业板78.53倍。（吴　钧）

【房地产开发与市场管理】 2010年，深圳市房地产市场房价过快上涨势头得到初步遏制，全市新建商品住宅和二手住宅成交量明显下降。全年全市新建商品住宅销售比上年下降46.22%，二手住宅成交量下降21.5%。房地产开发规模比上年小幅增长。全市房地产开发投资仍以住宅为主，所占份额略高于上年水平。90平方米以下住宅用房投资额所占比例增长明显；办公楼和商业用房比例有所攀升；其他类商品房份额略有下降。全市共完成房地产开发投资458.47亿元，比上年增长4.8%。住宅用房完成投资304.89亿元，增长5.2%；其中90平方米以下住宅用房投资179.17亿元，增长18.4%，别墅投资8.87亿元；办公用房投资37.9亿元，增长7.2%；商业用房投资59.36亿元，增长11.5%；其他用房投资56.33亿元，下降

4.7%。从投资方向看，商品房建设投资370.88亿元，占投资总额的80.9%，下降2.4%；土地购置费、土地开发投资和配套工程投资分别为60.99亿元、5.96亿元和15.75亿元。年内，全市商品房开发资金合计1044.72亿元，下降0.89%。其中：上年结余271.63亿元，占26%；当年新增资金773.09亿元，占74%。在新增资金中，国内贷款199.89亿元，下降22.77%，占新增资金的25.86%；利用外资10.33亿元，增加8.95亿元；其他资金来源358.9亿元，减少90.69亿元；自筹资金203.97亿元，减少30.02亿元。年内，全市商品房施工面积2939.94万平方米，下降5.5%。住宅2.2亿平方米，下降3%，其中90平方米以下住宅1199.64万平方米，增长5%；办公用房182.36万平方米，下降3.6%；商业用房298.62万平方米，下降9%；其他用房433.82万平方米，下降14.5%。全市商品房新开工面积470.96万平方米，下降3.7%。住宅用房355.17万平方米、增长8.3%，其中90平方米以下住宅用房242.62万平方米、增长15.6%；办公用房15.26万平方米，下降48.8%；商业用房38.69万平方米，下降36.3%；其他用房61.85万平方米，下降12.4%。全市商品房竣工面积344.43万平方米，下降14.3%。住宅251.11万平方米、下降6.8%，其中90平方米以下148.16万平方米、增长14%；办公用房32.05万平方米，增长28%；商业用房25.27万平方米，下降21.5%；其他用房36.01万平方米，下降52.1%。（张　琰）

【物流产业发展】　2010年，深圳市现代物流业社会物流总费用1430.79亿元、增长13.38%，占全市生产总值比重的15.04%，下降0.06个百分点。年内，深圳市物流运营效率接近中等发达国家水平，以第三方物流企业和供应链管理企业为主体的现代物流体系基本形成，涌现出腾邦物流等一批国内知名的第三方物流企业。

物流园区建设　六大物流园区发展迅猛，至年底，全市物流园区项目已建成25个，在建17个，筹建项目21个。已建成运营的项目有中海港口物流园、华南城二期、越海全球华南物流供应链服务基地、深圳机场保税中心、华南国际物流中心7、9号仓库等项目，建筑面积共约30万平方米，总投资约为36亿元人民币。在建项目有中远盐田港物流、中天元物流、左右家私配送中心、广弘美居中心等，

现代物流信息平台建设　开展全市性物流公共信息服务平台项目认定标准规范的研究工作，完成了港航产业财政资助认定及港口外堆场业务测定，推动港区电子EIR项目的实施，实现了中海、长荣、UASC等三家船公司的上线，平台完成各种类型的数据交换2439万单。

第四届物博会　10月15~17日，交通运输部与深圳市人民政府联合主办的第四届2010年中国（深圳）国际物流与运输博览会（简称物博会）在深圳会展中心举办，物博会以“科学发展大交通、和谐共创新物流”为主题。展览面积5.25万平方米，有UPS、普洛斯、斯堪尼亚卡车、地中海航运、土耳其航空、汉堡港、招商局集团、中粮集团、怡亚通、飞马国际、EMS、顺丰速运、中远、比亚迪、工商银行等近千家企业参展，来自全球50多个国家与地区的专业观众7.7万人次。还举办了四大系列论坛和10场中外买家采购会与中外货代企业对接洽谈会。（蓝云锋　黄文才）

【深圳港】 港航产业财政资助 根据《深圳港航产业发展财政资助资金管理办法》、《深圳市关于支持物流企业应对金融危机的专项资金措施》和《关于受理应对金融危机的专项资金措施港航申报的通知》的有关要求，开展对国际货运代理经营人、深圳籍集装箱船舶、外贸驳船航线经营人港口装卸量贡献度等财政资助工作，2010 年，深圳市共审核申报企业 110 多家，涉及资助金额 8500 万元。

深圳港物流供应链项目 推进物流供应链项目建设，抓分驳、抓中转、抓后方物流。2010 年 1 月，深圳市召开“深圳港口供应链发展论坛”，为物流供应链各环节有关单位搭建相互沟通对接的平台，促进“大物流”系统各行业间的业务合作与协调发展。10 月，在物博会期间召开港口物流论坛，与国内物流供应链相关单位探讨发展港口供应链的思路、举措等。

实施深圳港“珠江战略” 深圳港共开通了至成都、长沙、重庆、昆明、常平等约 15 条海铁联运班列，铁路运输完成箱量 13 万标准箱，近三年年增长率均接近 100%。短途运输的常平至盐田的“绿色 100”城际班列和重庆、武汉集装箱直达快运班列成为深圳港海铁联运工作的亮点。

港口设施保安 2010 年是全国开展港口设施保安工作以来的第七年，也是上海世博会和广州亚运会举办的年份。深圳港口行政管理部门和各港口企业都根据自身情况编制安保方案，从人力、物力、财力、制度方面保障出入口与通道、船舶物料交付、货物装卸等保安措施落到实处。全年未发生重大保安事件。同时开展涉及港口保安的课题研究，完成了《港口企业与口岸单位查验资源整合实施方案研究》，并通过专家评审。

港口危险货物作业 至年底，全港共有 13 家港口企业获得《港口危险货物作业认可证》，包括 10 家散杂货作业企业和 3 家集装箱作业企业。全年受理审核危货申报共 9076 单，港口液货作业 1462 万吨，危险货物集装箱作业 32314 标箱，其中中转 25427 标箱，进口 2532 标箱，出口 4355 标箱。全年深圳港口协会举办危险货物运输从业人员培训班 1 期，经省交通运输厅考试合格并取得证书的从业人员 52 人。

（蓝云锋 黄文才）

城乡发展

【绿道网建设】 2010 年，深圳市把绿道网建设作为特区建立 30 周年重大民生工程，提出到 2015 年建成约 300 公里区域绿道、约 500 公里城市绿道和约 1200 公里社区绿道，实现每平方公里有 1 公里绿道的目标，营造结构合理、连通便捷、配套完善的绿道网络体系。全年实现区域绿道全线 335 公里路基贯通，建成驿站 40 个，配置了环卫、照明和休憩设施，完成深圳湾滨海休闲带 A 段、盐田海滨栈道 C 段、华侨城自行车道等城市、社区绿道的建设和提升。超额完成珠三角区域绿道“一年基本建成”目标任务。截至年底，举行“迎大运，行绿道，绿道让生活更美好”万名市民体验绿道活动，在市内主要媒体开设“小妮带你看绿道”、“记者绿道行”等栏目，举办“绿道走进我的生活”征文比赛和“体验绿道”摄影比赛，使市民广泛了解绿道、使用绿道。（袁新新）

【住房保障】 2010 年，深圳市住房和建设局完成“安排建设5万套、新开工5万套”工作目标，构建住房保障政策体系。市人大出台《深圳市保障性住房条例》，以立法的形式，明确将中低收入人群和人才纳入住房保障范围；市委、市政府发布《关于实施人才安居工程的决定》，进一步把人才作为住房保障的重点；住房公积金中心成立，于年底开始试运行；推进人才安居“十百千万”计划，开展人才住房基础数据统计与调研，研究起草《人才安居工程管理暂行办法》等相关配套制度和措施。年内，该局筹建保障性住房5.11万套，完成年度计划目标102%；新开工保障性住房5.22万套，完成计划目标105%；完成福田保税区1万套保障性住房建设，5000户货币补贴准备就绪，第二批保障性住房申请完成终审。龙华保障性住房项目实行代建总承包模式，并采用联合体投标方式，一次招标即确定最优代建总承包、勘察、设计和施工企业组合，项目进度明显加快；深云村经济适用房交付过程中，采用业主自主查验方式，受到广大业主欢迎，交付过程平稳、有序；完善租售管理制度，加强政策性、保障性住宅小区维护与美化，推进12个小区外立面刷新工作。

（吴长松　贺　波）

【市容环境综合整治】　2010年，深圳市已完成建筑立面刷新和屋顶改造面积约2500万平方米，总体工程进度已超过80%。陈旧破损的建筑立面得到了粉刷、翻新和改造；建筑物上的广告招牌得到有效规范；空调外机进行了合理安置或遮挡，部分建筑外墙配备夜景灯光。提升行动的效果在全市范围内已开始显现。

交通设施清洗刷新效果明显。全市各区和市交通运输委已基本完成了对立交桥、人行天桥、人行隧道、车行涵洞、隔音屏等交通公用设施和主、次干道两侧环卫工具房、果皮箱、路灯杆、报刊亭、电话亭、电信交接箱、有线电视端子箱、配电箱等清洗粉刷和修缮翻新。市交通运输委投入资金2亿元，清洗道路、桥梁及附属设施1511万平方米，刷新护栏、路肩、桥梁及其他交通设施609万平方米；各级环卫系统更新环卫工具房279间、垃圾桶和废物箱1.2万个；市灯光中心刷新110条道路的路灯杆7500支；市报刊发行局和报业集团分别刷新报刊亭1020个和165个；深圳电信公司刷新电话亭3264座、交接箱1028个；天威视讯公司刷新有线电视端子箱2086个；深圳供电局对福田、罗湖、南山、盐田区内的所有配电箱进行了粉刷翻新。

广深铁路、广深高速公路沿线和一线口岸环境得到有效治理。共清除暴露垃圾和余泥渣土1700立方米，拆除非法养猪场、非法私宰场以及其他各类乱搭建5.5万平方米，清理非法种养面积1.2万平方米和生猪500多头；对铁路沿线进行了绿化改造，总里程29公里，绿化总面积57.3万平方米；启动铁路沿线建筑立面刷新工作，其中，罗湖区对沿线245栋建筑进行立面改造。龙岗区对沿线970栋建筑进行清洗刷新。宝安区对沿线的建筑进行了立面刷新和屋顶改造。宝安、南山、福田区强制拆除了公路沿线113块违法设置的立柱广告。

新一轮城中村综合整治成果显著。全市城中村综合整治三类项目共1335个已全部开工，930个已竣工，795个已通过验收，开工率、竣工率、验收率分别达到100%、70%和60%。全市确定的273个综合整治二类项目中，有73个已基本完工，其他项目已在全面展开。全市城中村已组建348支专兼职消防队，开设逃生口 210 万个，拆除可燃材料隔成的房中房及打通屋面通道 2.2 万间，新设置消防栓 6950 个，新铺设消防管道 65 万米，发放消防宣传手册 200 万本；共整治各类管线 680 万米，更换老化电源线 60 万米；拆除乱搭建 2 万多处，新增绿化面积 30 万平方米。城中村综合整治消除了消防安全隐患。 （邱振汇）

【《深圳市城市总体规划（2010～2020）》】 该《规划》于 2010 年 8 月 16 日获国务院正式批复。该《规划》是以《深圳市 2030 城市发展策略》为指导、在开展 20 个专题研究的基础上制定的；确立了“经济特区、全国性经济中心城市和国际化城市”新的城市性质和定位；提出深港合作共建国际都会、打造世界级都市区发展目标并上升为国家发展战略；制订了引导城市转型的发展目标指标体系和路径。该《规划》在城市发展总目标下提出区域协作、经济转型、社会和谐和生态保护四个方面的分目标；延续已有的轴带组团空间格局，强化区域空间联系，构筑了“三轴两带多中心”的开放空间结构；实施“四区五线”空间管制，划定密度分区，构筑包括产业、住房、公共服务、生态与绿地系统在内的城市经济社会环境支撑体系，以及由综合交通体系、市政基础设施与城市安全与综合防灾构成的基础设施支撑体系；强化规划实施的政策研究，构建完整的政策保障体系。

【《深圳市近期建设与土地利用规划（2011～2015）》】 该《规划》于 2010 年 1 月开始编制，同年年底形成初步成果，计划于 2011 年 4 月完成编制。该《规划》在对过去 5 年城市发展与建设进行全面检讨、分析的基础上，确定了近期城市发展目标：在城市发展总目标指引下，按照城市总体规划所确定的分目标，制订各项指标作为引导城市发展的目标指标体系；合理安排未来 5 年城市建设用地布局与时序；确定城市近期发展建设的主要行动计划、重点发展地区以及保障规划实施的主要政策机制与措施。该《规划》是城市近期建设项目安排的依据，是指导未来五年城市建设的纲领性文件，与深圳市“十二五”规划编制相互协调、相互补充、相互校核，共同发挥引导和综合调控全市经济社会发展和城市建设的统筹作用。

【城市设计】 2010 年，深圳市规划国土委继续推进城市设计工作。《深圳市城市设计标准与准则》（试行）从 1 月开始在内部试行并将作为 2011 年立法计划报市法制办。年内，该委积极开展前海地区概念规划国际咨询工作，通过官方网站发布公告，共收到全球范围的设计机构报名材料 62 份。邀请由 7 名专家组成的评审团对报名文件进行资格预审，最终选出 8 家入围设计机构和 2 家备选设计机构；3 月 9～10 日，召开国际咨询发布会，向设计机构发放任务书并组织数十名国内外设计师到前海地区现场踏勘；6 月 20 日公布了评审结果，第一名方案为“前海水城”（设计机构为美国 FO 事务所），第二名方案为“前海创意滨海城市”（设计机构为西班牙 BLAU 事务所），第三名方案为“前海城岸”（设计机构为荷兰 OMA 事务所联合体）。此次国际咨询活动收到的作品代表了国际领先的规划设计水平，设计机构从不同着眼点对低碳与生态设计、城市空间设计、城市功能的混合及布局、水系的利用、园林与景观设计、综合交通、外海开发使用等众多方面进行了积极探索，以国际性视野、前瞻性发展理念确定前海地区的空间发展结构，达到了预期目的。

【城市更新】 2010年，深圳市审批城市更新单元规划35项，涉及用地面积336公顷，批准建设用地面积249公顷，规划建筑面积1225万平方米，城市更新项目用地出让74.37公顷，城市更新土地出让收入20.65亿元，城市更新实际社会投资110多亿元。8月25日，深圳市举行五个领域、六十大项目集中开工仪式，包括20个城市更新项目统一开工。此次统一开工的20个城市更新项目涉及总用地面积143公顷、建设用地面积107公顷，规划批准建筑面积440万平方米，其中商品住宅建筑面积210万平方米、保障性住房面积7.8万平方米，固定资产投资额390亿元。12月24日，市政府在蔡屋围金融中心改造项目现场召开全市城市更新工作会议，印发了《关于深入推进城市更新工作的意见》和《深圳市城市更新项目保障性住房配建比例暂行规定》等。

【土地利用总体规划】 2010年，深圳市规划国土委继续推进《深圳市土地利用总体规划（2006～2020年）》修编工作。1月13日，规划方案完成为期30天的公众展示；1月26日，规划成果完成听证工作；8月31日，广东省国土资源厅组织有关专家及相关部门论证通过了规划成果；11月19日，市政府五届十六次常务会议审查并原则通过了规划；12月1日，规划成果正式上报省政府。《深圳市土地利用总体规划（2006～2020年）》共有6项为约束性指标，分别为耕地保有量、基本农田面积、城乡建设用地规模、建设占用耕地规模、整理复垦开发补充耕地义务量和人均城镇工矿用地。至2020年，深圳市耕地保有量目标4288公顷（含易地保护面积），基本农田保护面积不少于2000公顷；建设用地总规模控制在9.76万公顷以内，其中城乡建设用地规模控制在8.37万公顷以内，建设占用耕地规模不超过1164公顷，整理复垦开发补充耕地义务量不低于1164公顷；全市域的人均城镇工矿用地不高于76.09平方米/人。为提高规划实施的自主性和灵活性，降低行政成本，深圳市基本明确了下层级规划的编制形式。根据深圳自身特点，将中心城区外按照宝安片区、龙岗片区、光明片区和坪山片区分别编制土地利用总体规划。4个片区规划编制的标准和深度均按照镇级土地利用总体规划要求开展。深圳市片区规划编制工作于12月初全面启动，12月29日各片区规划文本送至各区政府（新区管委会）、有关职能部门征求意见。 （蔡淑敏）

资源环境

【耕地保护】 2010年，深圳市规划国土委完成《深圳市土地开发整理补充耕地专项规划（2009～2020年）》的编制及修订，划定3766.67公顷开发整理补充耕地范围，经市政府审议并按程序报省国土资源厅备案并印发各区政府、相关职能部门，奠定了全市中长期补充耕地的基础依据；完成基本农田改造范围线调整，划定2766.67公顷共27个改造项目，优化了全市基本农田布局；完成基本农田调查上图、基本农田布局调整方案和改造工作方案的编制，为基本农田改造制定了实施框架。并全面启动基本农田改造工作，初步完成鹏城片区、光明北片区、大工业区片区3个试点的改造工作，完成大工业区片区47.93公顷补充耕地验收报备工作。管理方面，配合市农业部门出台《深圳市基本农田建设和改造实施办法》。（蔡淑敏）

【粮食储备与供应】 2010年，深圳市粮食集团于4月完成粮食储备任务，5月完成食用油储备任务并在全省组织的粮油质量检查中受到省粮食局和政府有关部门充分肯定；以“多喜米网”、“中国鱼粉网”、“深圳粮食网和军供网”为依托，建立独具特色的电子商务平台。加快实施品牌战略，重点打造“深粮”、“多喜米”、“谷之香”等优势品牌。完成平湖粮库交接、验收和储粮工作。年内，市粮食集团成立平湖粮食储备粮接收工作小组，采取边验收、边接收、边使用、边整改的办法，对装卸平台、防漏、外墙等多处进行整改，大量采用铲车装卸，并在国内首次采用吨包散装小麦，在高峰期间进出库量达5000多吨/日，远超历史最高水平；按照标准化、机械化、信息化和无害化要求进行建设和管理，制订信息化建设方案，把平湖库纳入EAS〈电子商品防窃（盗）系统〉信息系统进行数字化管理，达到实时监控粮食进出和储备保管等情况的要求，并向上级主管部门提供粮情查询端口，实现粮食储备信息化共享；选择一栋仓库进行RFID（电子标签）信息化项目试点，对粮食数量、质量进行全面跟踪。切实做好粮食采购、轮换工作，稳定粮食供应。市粮食集团成立小麦配送中心和油脂分公司两家经营主体，粮油的采购能力大幅提高。与中粮集团、中储粮辽宁公司、北大荒米业集团等签署大米产销合作战略框架协议；与中粮集团等企业签订小麦和毛豆油采购协议，参与国内小麦竞拍，把握国际行情适时进口泰国米；深入东北等粮食产区，落实粮源基地建设，做好粮食采购和交通运输工作；加大轮换销售力度，9～11月粮价高企期间集中投放深圳市场大米6万多吨，平抑了市场粮价，深圳粮食市场价格涨幅低于产区和周边地区。

（傅海飚）

【污染减排】 2010年，深圳市扎实推进污染减排。强化监测、考核、统计三大体系建设，持续推进结构减排、管理减排，加快各项污染减排工程进度。提高全市污水处理能力，对重点区域、流域污水处理设施实施提标改造，提升污染物去除效果。改造现有的雨污合流排水系统，提高现有污水处理厂的负荷率和城镇污水管网覆盖率。强化脱硝设施运行管理，非金属矿物制品业推行低氮燃烧或烟气脱硝示范工程建设，其他行业推行淘汰高耗能、高污染的燃煤小锅炉，超额完成国家和省下达的年度和“十一五”污染减排任务。组织开展了“十一五”减排情况回顾性评估工作和推进“十二五”污染减排规划课题研究。全市实施各项治污工程128项，任务完成率为97.4%。对23家拟开展优化升级重污染企业进行专项资金资助，全市共有75家重污染企业完成优化升级并通过了环保验收。（戴晓燕）

【空气污染整治】 2010年，深圳市人居环境委员会推进大气污染综合整治工作。妈湾电厂1#、2#机组完成低氮燃烧器改造并投入运行，年削减NO_X约4000吨；全市所有燃机电厂全部改用天然气发电，相关机组SO_2实现零排放；推动工业锅炉淘汰和治理，全市共关停240座燃煤、重油和木柴锅炉，60座锅炉完成“油改气”，年重油使用量减少9万多吨，折合年减排SO_2约3000

吨；完成全市首批 3 家 VOC 重点排放企业污染治理示范工程；治理施工扬尘污染，共向施工单位发放扬尘污染防治宣传手册 5000 本，检查建筑施工工地 3910 项次，发出整改通知书 124 份；限期整改油烟污染企业 160 家，完成油烟在线监控试点工程建设 150 家，饮食娱乐业污染投诉比上年下降 36%。9 月 1 日起，对新车准入执行国 IV 排放标准；通过路检、公交车抽检、行业车辆专项治理等举措，加大执法监管力度，检测机动车 3.24 万辆，查处超标车 2771 辆；实施更为严格的国家机动车环保检验合格标志管理制度、第十和十一阶段“黄标车”限行措施以及国家“汽车以旧换新”政策，力促高污染机动车淘汰更新；在全省率先完成油气污染治理工作任务，简易工况法排气检测稳步推进，I/M 信息系统建成并联网运行。2010 年，深圳市灰霾天数从 2005～2009 年平均 146 天下降到 115 天，空气质量获得较大改善。（沈振宇）

【水污染防治】 2010 年，深圳市加强饮用水源保护，确保饮用水源水质稳定达标。开展为期 4 个月的“雨季行动”等专项执法行动，共出动执法人员 5934 人次，对深圳水库等 26 个重点水库流域进行了专项检查。加快推进全市主要水库饮用水源保护区隔离管理工作，全市有 9 座水库隔离工程已完成验收。推进河流污染治理，以观澜河、龙岗河、坪山河等跨市河流为重点，实施流域限批，强化工业污染源监管，淘汰重污染企业 20 余家。建成横岭污水处理厂二期工程，新开工和在建污水处理厂 14 座，污水管网建设进展顺利。加大河涌及环境综合整治，已完成新洲河综合整治工程，开展观澜河、福田河、布吉河、大沙河、龙岗河等河流综合整治工程。（李军红）

【水环境综合治理】 2010 年，深圳市水务局协调明确深、莞、惠界河及跨界河综合治理重点项目，促成三市党政主要领导签署实施联合治理计划，完成茅洲河界河段永久规划岸线划定和应急清淤清障，确定龙淡河大松山段综合整治工程实施方案；新洲河综合整治、坪山河湿地公园（一期）、光明污水处理厂、横岭污水处理厂（二期）、滨河污水处理厂再生水回用等一批治河治污工程顺利完工，布吉、葵涌、水头等污水处理厂和寮坑污泥填埋场进入工程扫尾阶段，福田河、龙岗河干流截污综合整治完成大部分工程量，布吉河第一阶段综合治理、石岩水库截污等一批重点水务工程按计划推进，大沙河中下游段河流综合治理前期工作顺利推进。（詹　卡）

【海洋环境维护与监测】 2010 年，深圳市加强对海洋资源环境的维护与监测。完成鹅公湾人工鱼礁建设项目全部礁体的制作投放，累计投放礁体 1800 个，完成综合育苗车间和生物饵料培育车间改造；海洋牧场示范项目动工建设，制作礁体 159 个，完成总工程量的 60%。大、小梅沙海水浴场被国家海洋局列为重点开展环境监测预报的浴场，4～10 月，市海洋环境监测部门对大、小梅沙 6 个监测站点 11 个项目进行了监测，通过《深圳特区报》和网络等途径向广大市民发布浴场环境状况信息。3～10 月，市海洋环境监测部门对深圳梅沙滨海旅游度假区进行每日一次的环境质量监测，及时将监测结果传送给相关部门，监测项目包括水文气象、海水水质、景观要素、沙滩地质要素等 29 项。年内，市海洋环境监测部门在深圳全海域设立44个监测站点，监测项目包括水文气象、海水理化指标等25个项目；对深圳河内感潮段布设3个监测站点进行监测，监测项目包括石油类、COD（化学需氧量）等11个项目。市海洋环境监测部门在大亚湾东山增养殖区、大鹏湾南澳增养殖区布设14个监测点，监测海水水质、沉积物质量、养殖生物质量等30个项目。为确保“大运会”海上项目比赛海域环境质量以及海上赛事的顺利举办，市海洋环境监测部门于6~8月对“大运会”比赛海域进行3次监测。大鹏湾南澳养殖区被国家海洋局列为重点赤潮监控区。3~11月，市海洋环境监测部门每月对该养殖区进行2次监控，监测项目包括水文气象、海水水质、浮游植物和微生物等40余项。全年深圳海域发生8起赤潮，赤潮累计发生面积33.7平方公里。市海洋环境监测部门对深圳海域赤潮灾害进行及时跟踪监测，编制《赤潮应急监测快报》8期。市海洋环境监测部门在深圳沿岸16个主要陆源入海排污口每月进行一次调查监测，监测项目十余项。年内，市农业（海洋）部门被国家海洋局评为全国海洋环保先进单位。 （廖其年）

【生态文明建设】 2010年，深圳市人居环境委员会组织开展“国家生态区”、“深圳市生态街道”、“深圳市绿色社区”和“深圳市生态工业园区”创建。编制完成《深圳市生态文明建设指标体系》；修订完善了《深圳市生态街道评价标准》、《深圳市生态工业园区建设标准》、《深圳市绿色社区考核标准》等具有地方特色的生态创建标准体系，并建立相配套的考核验收程序；推动“四带六廊”生态安全网络格局建设，启动编制《深圳市关键节点生态恢复规划》；罗湖区、南山区通过国家环保部组织的“国家生态区”技术评估和考核验收，福田区通过国家环保部组织的“国家生态区”公示，宝安区桃花源科技创新园等4家工业园区通过“深圳市生态工业园区”专家组考核，深科技彩田工业园区被命名为“深圳市生态工业园区”。 （汪　洋）

【环境规划】 2010年，《深圳市人居环境工作纲要》编制完成，经市政府五届八次常务会议审议通过由市政府印发实施。该《纲要》对人居环境的内涵、外延和工作边界进行了界定，提出绿色增长、服务发展、生态优先、城市宜居、环境建设和区域联动六大理念，明确了人居环境工作的主要目标、重点任务和保障措施，为深圳市人居环境保护与建设提供纲领性文件。深圳市人居环境委员会全面推进“十二五”人居环境规划工作，完成深圳市“十二五”重点环境问题及对策研究，梳理和整理“十二五”期间人居环境保护与建设项目，研究提出生态廊道和节点建设、生态湿地保护与建设、宜居城市建设、住宅产业化、环境管理能力建设等多方面的重点项目。在规划编制过程中，该委广泛征求、吸纳各区、各有关部门的意见并对规划进行修改完善，完成规划送审稿的编制并顺利通过专家评审。 （姜文清）

【宜居城市建设】 2010年，深圳市制定实施《深圳市创建宜居城市工作方案》，提出深圳市未来10年创建宜居城市的指导思想、工作原则、总体目标和考核指标，并将各项指标分解落实到各责任部门；完成2010年度“中国人居环境奖”复查，举办“深圳市人居环境发展十年”展览，顺利通过国家住建部组织的“中国人居环境奖”专家组各项考核，开展“广东省宜居社区”创建工作，以宜居社区为细胞，通过宜居社区建设拉动宜居城市创建，有65个社区获“广东省宜居社区”称号；参加“广东省宜居环境范例奖”申报，4个项目获“广东省宜居环境范例奖”，“南山商业文化中心区中水、雨水综合利用项目”由广东省住建厅推荐，被国家住建部评为“中国人居环境范例奖”荣誉项目。（杨　虹）

【防洪减灾】　2010年，深圳市城市防洪排涝能力稳步提高。深圳市各级水务部门层层签订三防责任书，全面推行水库防汛责任人“一人一库”，严格落实三防责任；以预防超强暴雨、超强台风、山洪地质灾害为重点，修订完善专项预案，健全三防物资、抢险救灾工程管理等规章制度，及时补充防汛抢险物资，基层三防工作不断加强，宝安、龙岗三防办获得全国先进称号；组织开展在建工程防洪安全大检查，及时消除地铁施工影响排水、堵塞水库溢洪道、侵占河道等820宗各类三防安全隐患。出台管理制度，强化水库大坝、水闸等安全监管，组织实施小型水库除险加固工程，确保水源工程设施安全运行；紧急实施40多项局部整治工程，消除或减轻相关区域内涝。2010年在台风影响偏重情况下，市水务局组织解放军、武警官兵等抢险队伍4万多人次，转移危险地带居民3.8万人次，组织回港船只7200艘，开放避险中心300多个，有效应对“二七”、“五七”等暴雨和“灿都”、“凡亚比”、“鲇鱼”等台风带来的危害，全市汛期未出现严重险情，未造成重大人员伤亡和财产损失。

【水土保持】　2010年，深圳市水务局强化开发建设项目水土保持全过程监管，将水土保持专项验收列为公路、电力等行业项目主体验收必要条件，严格把关，审批水土保持方案735个，涉及防治面积39.3平方公里，涉及专项投资24.2亿元；开展全市在建开发建设项目水土保持检查和233个项目水土保持监测工作，整改200余宗违规行为，水土保持“三同时”制度深入实施；以福田区、盐田区为试点，以提高水保方案申报率、实施率、验收率为重点，健全制度、规范程序、加大投入等，水土保持监督管理能力建设取得阶段性成果；编印实施《饮用水源水库流域水土保持综合治理工程施工作业指引》，推进水库流域水土保持综合治理工程建设。

【水源建设和保护】　2010年，深圳市北线引水工程、东江水源二期工程相继建成通水，铁岗水库扩建工程完工移交，梅林、笔架山、大工业区支线全部建成通水运行，大鹏支线完成分部验收，公明供水调蓄工程、清林径引水调蓄工程、东涌水库、坝光支线等干支线网络工程按计划推进；全市一级水源保护区隔离围网工程基本完工，新实施的铁岗水库一级水源保护区隔离围网工程进入建设阶段；东江引水獭湖支线工程、老虎坳原水泵站改造工程等办理前期移交手续。年内，深圳市获批为国家水资源综合管理试点城市，市政府出台相应试点工作实施计划，细化工作内容、落实工作责任，健全工作机构和机制；完成《全市水资源总量分配》初稿、《应急备用水源规划和地下水功能区划研究报告》编制，开展坂雪岗水厂等新增用水大户水资源论证；合理安排大暴雨期、引水工程停水检修期水源调度，在年降雨量偏枯情况下原水供应量不降反升；启动西江引水、东部三期等远期水源保障工程前期论证调研，长远水源保障策略逐渐清晰；开展一级水源保护区封闭管理绩效检查，清理饮用水源水库养鱼承包合同，全面禁止网箱养鱼、围栏养殖等污染水体的行为，水源地水质达标率连续两年达到100%。

【“节水型城市”建设】 2010年，深圳市政府出台《关于加强雨水和再生水资源开发利用工作的意见》，发布实施节约用水中长期规划、再生水、雨水利用水质规范，节水管理政策体系日趋完备。市水务局下达11万多家单位用户年度用水计划，完成90多家重点单位用户水量平衡测试验收和300多家单位用户现场核查；推进建设项目节水“三同时”管理，规范节水评估报告编制，完善办事指南，完成80多家新改扩项目节水评估审批；推进南山商业文化中心、光明新区等低冲击开发示范项目建设，再生水、雨洪等非传统水资源开发利用取得实质性进展；做好国家“节水型城市”考核迎检工作，开展节水器具普及和工业用水重复利用率核查专项行动，公共建筑单位节水器具普及率100%、工业用水重复利用率88%以上，完成139家节水型企业（单位）、15个节水好社区创建，国家“节水型城市”创建顺利通过“省检”和国家现场考核，节水工作步入创建节水型社会新阶段。

【低碳生态城市建设】 2010年1月，国家住房和城乡建设部与深圳市政府签订了《关于共建国家低碳生态示范市合作框架协议》，市规划国土委组织编制了《国家住房和城乡建设部与深圳市人民政府共建国家低碳生态示范市工作方案》。年内，该委以光明新区、坪山新区等地区为试点，开展相关试点项目研究工作，已开展的规划编制项目包括：《深圳市低碳生态城市指标研究》、《广深港光明站门户区低碳生态及低冲击开发启动示范区详细规划及实施方案》、《坪山新区低冲击开发试点规划研究及实施方案》、《南山商业中心区低碳生态试点规划研究及实施方案》和《深圳市低碳生态居住小区试点规划研究及实施方案》等；在低碳生态指标体系、编制方法研究方面开展的具体项目包括：《深圳市低碳生态城市指标研究》、《深圳市居住建筑日照标准研究》、《深圳市绿色城市规划导则》和《落实低碳生态目标法定图则及城市更新单元规划编制技术指引》等，并结合《深圳市城市规划标准与准则》修订予以全面落实。年内，该委组织主题为“低碳生活、你我同行”系列活动，邀请市民代表参观深圳市已实施的南海意库、滨海休闲带、红树林、比亚迪汽车基地、深圳火车站等低碳生态建设项目；联合深圳大学“低碳生活，你我共实践”主题报告活动，倡导青年学生自觉适应低碳经济时代要求，从点滴做起，践行低碳生活。

（詹　卡）

社会事业

【特区建立30周年系列文化活动】 2010年，深圳市隆重举办纪念深圳经济特区建立30周年活动。中共中央总书记、国家主席胡锦涛，国务院总理温家宝分别参观了“深圳经济特区建立30周年成就展”和“改革开放总设计师邓小平”大型展览。年内，深圳市如期完成“深圳改革开放史”展览修订和重新布展任务；完成庆祝深圳经济特区建

深圳市文教卫体事业基本情况

教育				医疗　文化　体育			
项　目	单位	2009年	2010年	项　目	单位	2009年	2010年
普通高校校数	所	8	8	医院、卫生院数	个	1963	1769
普通高校在校学生数	万人	6.69	6.73	医院、卫生院床位数	张	21399	22679
中职和技校学校数	所	13		平均每千人口医院、卫生院床位数	张	200	200
中职和技校在校学生数	万人	2.86	2.97				
普通中学学校数	所	285	295				
普通中学在校学生数	万人	31.60	33.48	群众艺术、文化馆数	个	7	
小学学校数	所	346	340	公共图书馆数	个	617	627
小学在校学生数	万人	58.94	61.85	博物馆数	个	21	
学龄儿童入学率	%	100	100	档案馆数	个		
幼儿园数	所	974	1040	国民体质合格率	%	87.2	91.9
在园幼儿数	万人	22.11	26.09	人均公共体育场面积	平方米	15.5	

立30周年重大历史题材美术创作工程，共收到作品200余件，评选出50余件作品赴京展出；举办重大历史题材美术作品展览；协助中央电视台“心连心”艺术团深圳慰问演出活动；组织《深圳依然激情燃烧》大型交响合唱诗歌音乐会和系列活动图片回顾展。深圳市委、市政府与中央文献研究室、中央党史研究室、《人民日报》社、《求是》杂志社共同主办“经济特区与中国特色社会主义”理论研讨会。在北京举办“深圳文化周”和《庆祝深圳经济特区建立30周年美术作品展》。年内，深圳市认真系统梳理经济特区建立30年来的巨大精神财富，“深圳十大观念”、“深圳经济特区30年30位杰出人物”和“深圳经济特区30年100件大事”、“选择深圳的十大理由”、“深圳人的十大特征”、“深圳30年30户书香人家”等系列评选活动引起社会广泛关注。

【“设计之都”建设】 2010年，深圳市推动“设计之都”建设。联合国教科文组织创意城市网络2010年深圳国际大会在深圳举行，深圳“文化+科技”产业发展模式写进大会发布的《联合国教科文组织创意城市网络2010年深圳国际大会公报》，主题演讲和七大创意工作坊引发关于“新技术·新媒体与创意城市合作”话题的热烈讨论。第六届“创意十二月”系列活动围绕“创意，使生活更美好，城市更精彩”主题，举办中国（深圳）国际工业设计节、“设计改变世界”——国际知名设计师中国行系列活动、2010国际水墨画双年展、2010深圳香港设计邀请展、第五届“设计之都”公益广告大赛等活动；市民创意设计大赛、2010新资源艺术创作大赛、深圳市动漫创意大赛等项目融入大运元素；创意舞蹈大赛、客家文化节等传统项目绽放新意，扩大了创意文化的影响力。

（熊德昌）

【文化产业】 2010年，深圳市把文化创意产业确定为继互联网、新能源和生物产业之后的第四大战略性新兴产业，着手制定《深圳文化创意产业振兴发展规划》及配套政策措施，推动文化产业发展理念、业态和模式创新，探索产业发展新路子，全年全市文化产业增加值637.23亿元，约占全市生产总值的6.7%、比上年增长近20%。

【第六届“文博会”】 2010年，第六届中国（深圳）国际文化产业博览交易会在深圳会展中心举行。该届“文博会”在规模档次、成交量、专业化水平、国际化程度、社会关注度等方面均刷新历届“文博会”纪录，主展馆有1797家政府组团、企业和机构参加，全国31个省、自治区、直辖市及港澳台地区全部参展，“文博会”总成交额1088.56亿元，比上届增长23.6%。其中：合同成交额351.03亿元，占总成交额的32.25%，增长101%；文化产品出口交易额114.06亿元，占总成交额的10.48%，增长30.12%。“文博会”建立了主办单位指导承办、市直部门协调承办、相关单位具体承办的三级联动机制。年内，市文体旅游局完成《贯彻落实长春同志批示精神把文博会办成国际知名品牌的调研报告》，出台《中国（深圳）国际文化产业博览交易会发展规划（2010～2020）》，明确了“文博会”未来发展的方向和目标；完成“文博会”招商招展工作；研究出台“文博会”操作规程，规范“文博会”的运作；制定《第七届文博会总体策划方案》，加强与中宣部和各主办单位的协调。（熊德昌）

【万福民工街舞队“春晚”获奖】 2011年2月，深圳市宝安区福永街道万福民工街舞队在中央电视台春节晚会表演的街舞《咱们工人有力量》，被观众评选为“我最喜爱的2011年春节联欢晚会节目”特别节目类一等奖。该街舞队成立于2007年，2008年12月，带着自己编排的节目《快乐的建筑工》参加市舞蹈家协会举办的深圳市第五届创意舞大赛，在上百支参赛队伍中脱颖而出，获得金奖。2009年5月，央视举行全国舞蹈大赛，深圳市舞蹈协会选送了40多个作品，万福街舞队在比赛中获得金奖，同时获得全国第十六届“群星奖”舞蹈大赛金奖。

（叶博珂）

【教育事业】 2010年，深圳市各级各类学校总数达1705所，比上年增加69所；毕业生29.87万人，招生数40.15万人，在校学生数136.04万人，分别增长4.5%、14.0%和7.4%。年末全市有幼儿园1040所，增加66所；在园幼儿26.09万人，增长17.9%。有小学340所，减少6所；在校学生61.85万人，增长4.9%。有普通中学295所，增加10所；在校学生33.48万人，增长5.9%。学龄儿童入学率和小学毕业生升学率均保持100%，初中毕业生升学率81.3%。全年普通高等学校8所，招生2.03万人、下降0.8%；毕业生1.8万人，增长4.5%；在校学生6.73万人，增长0.6%。

【科技事业】 2010年，深圳市各类专业技术人员103.12万人，其中具有中级技术职称及以上的专业技术人员35.47万人，分别比上年增长4.6%和3.2%。全年科学研究与试验发展经费支出333.83亿元，增长19.3%，占地区生产总值的3.5%。到2010年年末全市累计认定高新技术企业3234家。三项专利申请受理量49430件，增长16.9%。其中，发明专利23956件，增长16.7%；实用新型专利15117件，增长19.0%；外观设计专利10357件，增长

14.4%。专利授权量34951件，增长35.0%。其中，发明专利9615件，增长18.2%；实用新型专利14266件，增长58.5%；外形设计专利11070件，增长26.4%。

【医疗保险】 2010年，深圳市医疗保险参保人数1038.04万人、比上年增长13.9%，其中综合医疗保险225.61万人、住院医疗保险217.89万人、劳务工医疗保险517.6万人、少儿和大学生医疗保险76.94万人；为基本医疗保险参保人提供服务3871.67万人次。市社保部门落实国家关于医疗保险关系转移接续政策，继实现养老保险关系跨省转移接续后，又实现医疗保险转移接续工作平稳过渡，共办理医疗保险关系跨省转出打印凭证7.15万张，实际办理跨省转出488人，实际办理跨省转入1人。年内，深圳市发布实施新的《公务员医疗补助暂行办法》，完善公务员医疗保障机制；拟定《深圳市农民工医疗保险及住院医疗保险门诊调剂金管理试行办法》，完善农民工医疗保险制度；修改并重新签订社会保险定点医疗机构管理协议书，提高对医院的偿付标准，完善结算办法；开展定点医药机构医保药品价格情况调查，完成医保药品目录更新维护；定点医药机构新增45家，总数1470家，其中市外定点医疗机构21家；开展定点医疗机构信用等级评定工作，加强参保人就医管理和定点医药机构管理监督，监控医保基金平稳运行；全年共查处严重违规定点医疗机构和定点零售药店332家，暂停医疗保险定点机构资格144家，取消定点机构资格31家，扣回违规金额387万元，扣回违规违约金额合计1129.88万元。

【少儿医保纳入住院医保】 2010年，深圳市将参保少儿及大学生纳入住院医疗保险。全市18周岁以下少儿按深圳市上年度在岗平均工资的0.8%缴费，财政补贴200元/人年；住院和大病门诊费用医保记账90%；普通门诊费用中甲类药品医保记账80%、乙类药品医保记账60%，全年限额800元；享受地方补充医疗保险的药品、诊疗项目和年度支付限额（参保满6年的年度支付限额不设封顶线）；允许不符合计生政策的少儿参加医疗保险，但不享受财政补贴。少儿医保纳入住院医保政策的实施解决了少儿医疗保险门诊统筹问题，使少儿享受住院医疗保险的住院待遇、大病门诊待遇、普通门诊待遇及地方补充医疗保险待遇。

【工伤保险】 2010年，深圳市参加工伤保险人数919.57万人，比上年增长12.7%；完成工伤认定人数4.99万人，上升12.1%；核发工伤补偿金4.04亿元，上升10.3%；工伤事故率为0.59‰；工伤定点医疗单位增至88家，工伤康复定点医疗单位13家。年内，市社保部门对360名19年以来1～4级工伤伤残者经医疗专家康复评估，对有康复价值者进行再康复治疗和训练。

【失业保险】 2010年，深圳市失业保险参保人数258.62万人，比上年增长18.1%；核发失业保险金9.83人次、8742.65万元；为失业人员缴交住院医疗保险费326.56万元；发放生活困难补助1479人、859.69万元；发放一次性失业保险金151人、170.72万元；办理延长领取失业救济金66人；代发内退人员生活费226人次，代发金额78.16万元。年内，市社保部门对修改《深圳市失业保险条例》进行了调研并上报市政府。该新《条例》拟将非深圳户籍员工纳入失业保险待遇计发体系，使之享有失业保障。

【生育医疗保险】 2010年，深圳市参加生育医疗保险人数397.63万人，比上年增长18.9%；生育医疗保险就诊139.4万人次。市社保机构调整生育保险产前检查项目，提高生育保险待遇；生育保险产前检查项目组织人员在进行调研，将各方意见汇总后进行认真分析、讨论及费用测算，出台调整产前检查项目相关政策。 （胡建和）

【法治城市创建工作】 2010年，深圳市依法治市办公室先后制定《关于加强“民主法治社区”创建工作的意见》、《深圳市法治城区创建工作指导标准（试行）》和《深圳市法治街道创建工作指导标准（试行）》、《深圳市民主法治企业创建工作指导标准（试行）》4个创建标准；按照区域和行业特点，推进福田区、龙岗区、宝安区和新安街道、龙岗街道及东和社区等7个创建试点工作。福田区出台该区《行政首长出庭应诉工作暂行规定》，将行政首长出庭应诉工作纳入年度依法行政工作考核范围；龙岗区出台7个行业法治创建评估办法及标准，全区各单位、各街道、各社区成立依法治理工作领导小组，组织领导本单位法治创建活动；宝安区获评首批“全国法治县（市区）创建活动先进单位”。

【法治文化建设】 2010年，深圳市、区各部门依托专业文艺团体和社区文化站，成立多支法制文艺队伍，深入全市各街道、社区巡回演出；“深圳市公民法律大讲堂”全年围绕市委、市政府中心工作和市民关注的热点法律问题举办9期专题讲座；“一二四”“中国法制宣传日”暨“法治广东宣传周”活动以“发展法治文化，建设法治城市”为主题，举办系列活动，其中在莲花山公园举办的第五届“法制大观园”活动，突出法治文化特色。

【十大法治事件评选】 2010年，深圳市依法治市办联合市委宣传部等部门共同举办“深圳经济特区建立30年十大法治事件”评选活动，经广泛征集、专家讨论、评审会评审和市民投票评选等程序，评选出“深圳经济特区建立30年十大法治事件”，评选结果由市政府新闻办举行新闻发布会揭晓，中央、省、市以及香港等地32家媒体出席了发布会。深圳经济特区建立30年十大法制事件是：全国人大常委会批准《广东省经济特区条例》；全国人大常委会授予深圳特区立法权；以公开拍卖方式有偿转让国有土地使用权；在全国率先推出法治政府建设指标体系；率先制定公司法律规范，探索建立现代企业制度；编辑出版全国首套《中小学生法制教育读本》；率先进行律师制度改革；率先为劳务工立法，努力建立和谐劳动关系；成立全国第一个经济罪案举报中心；率先立法破解法院执行难。 （林　岭）

【知识产权保护】 2010年，深圳市加强知识产权执法工作，全市国内专利申请量4.94万件，比上年增长16.91%，其中发明专利申请量2.4万件、增长16.74%；国内专利授权量3.5万件，增长34.98%；PCT国际专利申请5584件、增长46.95%，连续7年居全国第一位；新增注册商标4.63万件，17件商标被认定为“全国驰名商标”、59件商标被认定为“广东省著名商标”；深圳市被国家工商总局确定为国家商标战略实施示范城市，中兴通讯公司被确定为国家商标战略实施示范企业。市市场监管局初步完成《深圳市知识产权与标准化战略纲要（2011～2015)》编制，制定《深圳市促进知识产权发展若干规定》，开展知识产权质押融资重大课题调研；制定《竞业限制协议示范文本》和《权利人获取知识产权行政保护指引》；出台《深圳中小企业发展初期知识产权指引》和《深圳中小企业成长期知识产权指引》两个规范性文件；完成《深圳重点产业专利分析报告》。市市场监管部门严厉打击侵犯知识产权和制售假冒伪劣商品行为，创新打假工作责任制考核和“打假保优”联动工作模式，组织开展多项“打假扫劣”专项行动；加强知识产权统一执法，共办理知识产权案件573宗，总案值2.19亿元；查办一批涉案金额巨大、社会影响恶劣的经济违法案件。（安 超）

【富士康危机事件处置】 2010年深圳市富士康科技集团连续发生员工坠楼事件，市总工会及时派调查组深入企业开展调查研究，指导富士康工会妥善做好善后抚恤工作，加强对员工的人文关怀，组织力量在全市抽样5000名员工开展“新生代农民工”状况调查，专门在富士康抽样500名员工进行“人际关系和满意度调查”；牵头成立关爱富士康员工“千人工作组”，5月30~7月19日进驻富士康，开展对员工的关爱和安抚工作，累计访谈员工17.8万人；帮助和指导富士康工会加强基层工会组织建设，在富士康成立工会小组1.11万个，组建工会分会83个，会员40.81万人；开展形式多样的员工文体活动，为40多万人次员工送去党和政府的关爱和温暖，在较短时间内遏制了员工极端行为的再次发生，推动整个事态向积极、健康和平稳方向发展。（柯聪生）

【社会治安综合管理】 2010年，深圳市政法部门为确保全市经济发展和社会和谐稳定做出突出贡献。全年，“110”接报警和刑事警情比上年分别下降2.9%和0.8%，其中路面抢劫、路面抢夺、盗窃机动车警情分别下降41.8%、29.5%和48.3%；八类案件（杀人、放火、爆炸、劫持、强奸、伤害、抢劫、绑架）下降18.8%，占刑事案件总数的比重降至6.4%的低位，严重影响公众安全感的杀人、绑架、“两抢”等暴力案件分别下降25%、45.5%和19.8%。市政法部门完成各类重大安保任务186项461场次，特别是在深圳经济特区建立30周年庆典系列安保工作中，首创异地同步安检、集中乘车护送的安保模式，圆满完成重要来宾的安保任务。加强三级综治信访维稳中心建设，全市8个区级综治信访维稳中心全部建成，完善了三级平台联动机制，推广了“一格多元”管理模式；市、区两级法院全面启动“法官进社区”活动，增强基层调解力量，建立审前调解制度，实现调解工作专业化、调解程序前置化；市检察院组织人员到信访部门积累实践经验，化解社会矛盾；市公安局妥善处置群体性事件和重大危机事件；市司法局共发展各类人民调解组织2965家、人民调解员2.05万人，其中专职调解员突破1000人，实现全市90%以上社区至少配备1名专职调解员目标；在处置重大群体性事件和疑难事件过程中，市维稳办化解矛盾，完善社会稳定风险评估机制。实现预防在先、引导在先、稳控在先目标。全年全市群体性事件涉及人数分别比上年下降15.1%和15.5%。全年全市法院受理案件22.08件，办结20.99万件，案件上诉率、二审发改率分别下降13.9%和6.9%，新收申诉、申请再审案件下降34.8%，在全省法院优秀裁判文书评比中深圳市法院获奖数位列第一。组建执行指挥中心，建设“法院查控网”提升执行效率和水平；人民检察院开展诉讼监督工作，加强对刑事立案、侦查活动、审判活动、刑罚执行等环节的法律监督，联合市级人民法院出台相应文件，规范二审案件庭审监督，施行量刑建议改革，上诉率明显下降。年内，中央政法委、国家公安部先后在深圳召开现场会，中央政法委（中央综治委）确定深圳为“全国社会管理创新综合试点城市”；深圳市探索实施社会建设“织网工程”，编织社区民心网、服务网和工作网；召开全市社会建设工作会议，出台《关于加强社会建设的决定》，把社会建设摆在与经济建设同等重要的位置，市、区两级中级人民法院实施知识产权“三审合一”改革，把知识产权民事、刑事、行政案件全部由知识产权庭审理；市检察院继续完善诉讼监督机制，与公安机关探索建立刑事案件侦查和法律监督双向通报机制，建立行贿犯罪档案查询机制；市人民公安局启动社会治安立体防控体系建设，提升治安动态管控效能；市司法局推进监狱劳教体制改革，健全和完善监企、所企运行与管理制度。年内，市政法委开展“增强群众观念，提升干部素质”的集中学习培训活动，市中级人民法院开展创建“学习型法院”、“学习型部门”和争当“学习型标兵”活动，市人民检察院开展“反特权思想、反霸道作风”教育活动，市公安局实施“素质强警”战略和“走出去”教育培训计划，司法局开展“双大”活动，市国安局开展核心价值观集中教育实践活动，政法队伍素质和执法能力不断增强。深圳市健全和完善政法委委员会议、政法部门联席会议制度，拓宽监督渠道，严格法纪约束，促进公正廉洁执法。（郝　治　孙康强）

体制改革

【特区范围延伸到全市】 2010年，深圳市根据国务院对《深圳市综合配套改革总体方案》批复精神，组织起草了《深圳经济特区延伸方案》上报广东省政府，并由省政府上报国务院。5月27日，国务院就广东省《关于延伸深圳经济特区范围的请示》作出批复，同意深圳经济特区范围扩大到全市。自7月1日起，深圳经济特区的范围扩大到深圳全市。

【综合配套改革】 2010年是深圳市实施综合配套改革的第二年，按照《综合配套改革三年实施方案（2009～2011年）》和《2010年改革计划》的要求，深圳市各项改革工作有序展开、稳妥推进。深圳市公务员分类管理改革、商事登记制度改革、土地管理制度改革启动实施，教育综合配套试验区、金融综合配套试验区顺利推进并取得初步成效，创新社会组织管理体制、南方科大体制机制创新以及“公推直选”党代表、深化干部人事制度改革等在全国产生积极影响；部分重点专项改革取得突破性进展，《特区范围扩大请示》和《前海深港现代服务业合作区总体发展规划》获得国务院批准实施，为特区一体化建设和创新深港合作机制奠定了基础；争取国家相关部门支持，上下联动推进改革的局面逐步形成，综合配套改革的“部市合作”项目，国家民政部、中国保监会先后与深圳市签订相关改革合作框架协议。

【公务员分类管理改革】 2010年2月，深圳市政府出台《深圳市行政机关公务员分类管理改革实施方案》、《深圳市行政机关行政执法类公务员管理办法（试行）》、《深圳市行政机关专业技术类公务员管理办法（试行）》及《深圳市行政机关聘任制公务员管理办法（试行）》，基本建立了公务员分类管理制度框架。3 月 25 日，全市行政机关公务员分类管理改革动员大会召开，行政机关公务员分类管理改革全面启动。上半年，深圳市组织了首批行政执法类聘任制公务员公开招聘。至 5 月 31 日，市、区两级政府有关执法单位已基本完成执法员职务套转工作。

【社会组织改革】 2010 年 1 月，深圳市"社会组织登记管理体制改革"项目获第五届"中国地方政府创新奖"。3 月 17 日，市政府出台《深圳市推进政府职能和工作事项转移委托工作实施方案》和《深圳市社会组织发展规范实施方案》，规定凡是社会能够自主解决、市场机制能够自行调节、行业组织能够自律解决的事项，都将从政府职能中转移委托出去，社会组织可以主动申请承接政府相关工作事项。10 月，深圳市出台《深圳市社区社会组织登记与备案管理暂行办法》，全面推动社区社会组织登记备案双轨制。至年底，全市登记的社会组织有 4088 家，其中社会团体 1653 家、民办非企业单位 2429 家、基金会 6 家，直接登记的社会组织约占总数的 10%。在年内登记的 99 家市级社会组织中，有 48 家社会组织属于直接登记，占 48.5%。（臧静玲）

【医疗卫生体制改革】 2010 年，深圳市政府召开了深化医改动员大会。深圳市被确定为国家联系的公立医院改革试点城市。深圳市卫生和人口计划生育委员会印发医改工作路径以及落实广东省卫生厅 2010 年度医改任务责任状的实施方案，明确了 70 项医改项目和本年度 30 项重点任务；会同有关部门重点研究了医院管理体制、财政投入机制、取消药品加成、控制医疗服务成本等重点问题，修改完善《深圳市公立医院改革实施方案（初稿）》，基本确定了公立医院改革的基本思路、框架和内容；印发了深圳市国家基本药物制度，以及公共卫生服务改革、社区健康服务改革三个配套实施方案；编制了《深圳市社区基本药物目录（2010 年版）》，近 800 种药物在社区"零加成"销售，所有社区康复中心年内实施国家基本药物"零加成"；制定基本公共卫生服务规范，以社区康复中心为平台，为市民提供 9 大类公共卫生服务项目。社区康复中心为居民建立 1350 万份健康档案，管理孕产妇 10.5 万人，开展产后家庭访视 20.2 万人次，完成预防接种 387.2 万人次，为 66.2 万名 3 岁以下儿童提供保健系统管理，为 30.1 万名 65 岁以上老年人提供体检及健康指导，登记管理高血压患者 5.2 万人、糖尿病患者 1.67 万人、精神病人 2980 人；新增 4 项重大公共卫生服务项目全面实施，为目标人群免费接种乙肝疫苗、筛查宫颈癌和乳腺癌、补服叶酸、实施白内障患者复明术，提高了公共卫生服务均等化水平。（彭　程）

珠海市

珠海市

基本情况

【地理位置】 珠海市位于广东省南部，珠江出海口西岸，“五门”（金星门、磨刀门、鸡啼门、虎跳门、崖门）之水汇流入海处。地处北纬21° 48′ 至22° 27′ 、东经113° 03′ 至114° 19′ 之间。珠海市区东与深圳、香港隔海相望，距香港36海里，南与澳门陆地相连，西临江门新会区、台山市，北与中山市接壤，距广州市140公里。珠海市海陆域总面积7653平方公里，占广东省面积的3.4%，其中陆地面积1701平方公里。珠海市南北长77.3公里（从平洲岛到淇澳岛两岛末端止），东西宽123.4公里（从担杆岛到荷包岛两岛末端止）。珠海市是珠三角中海洋面积最大、岛屿最多、海岸线最长的城市。珠海市的海岸线长691公里，有大小岛屿146个，其中，面积大于500平方米的有128个，岛上有常住居民的有11个，素有“百岛之市”之称。2010年末，全市常住人口150.42万人，其中户籍人口104.74万人，比上年增加2.09万人；总户数29.41万户，增加0.68万户。

珠海市是中国重要的口岸城市，设有拱北、九洲、珠海港、万山、横琴、斗门、湾仔、跨境工业区等国家一类口岸8个，国家二类口岸6个。其中高栏港是中国沿海主枢纽港，可建1万吨至25万吨的泊位100多个，是珠三角地区珠江西岸唯一的深水港。九洲港、香洲港、斗门港每天有30多班快船直达香港、深圳。珠海市拱北口岸是中国第二大陆地进出境口岸，珠海九洲口岸是中国第一大海港进出境口岸。

【历史沿革】 从珠海市发掘的文物证明，上溯至四五千年前的新石器时代，就有先民在这块土地上繁衍生息。唐代至德二年（757）设立香山镇，属东莞县管辖。北宋期间，盛产海盐，是个盐场，故又名香山场。南宋绍兴二十二年（1152）划南海、番禺、新会、东莞四县濒海之地为一体，设香山县；隶属广州府，沿至元、明、清三代。明末在前山筑城池，称“前山寨”，既是军事要塞，又兼管澳门和前山行政、外交事务。辛亥革命以后，香山县隶属广东省。1925年4月15日为纪念孙中山先生，香山县易名中山县，隶属第一行政督察专员公署。1930年5月至1934年10月，中山县政府设在唐家。

1949年10月30日，珠海内陆地区解放，1950年8月3日万山群岛海岛地区解放。1951年1月组成广东省人民政府海岛管理局珠江分区，后改为珠江专区海岛管理处，隶属珠江专署。1952年7月，海岛管理处移交给中山县，同年10月，在唐家镇设立渔民区人民政府，管理48个大小岛屿和海湾。1953年4月7日成立珠海县，将中山县属的中山港乡、东莞县属的万顷沙及珠江口外附近的三灶、大横琴等全部100多个海岛划归珠海县，县政府设在唐家，隶属粤中行政区管辖。下设一区（唐家）、二区（前山）、三区（三灶）、四区（万顷沙）。1955年珠海划为边防区，设立上涌、下栅边防检查站和发边防居民证。1956年底，撤区并大乡，并将中山县的翠微等六个小乡划入珠海县。1979年3月5日，珠海县改为珠海市，同年11月定为省辖市。1980年8月26日，经中华人民共和国第五届全国人民代表大会常务委员会第十五次会议批准，在珠海市内设立经济特区，面积为6.81平方公里。1983年6月29日，国务院批准调整珠海经济特区范围面积为15.16平方公里。1983年5月，斗门县划归珠海市管辖。1984年6月设立香洲区，为县一级建制。以后珠海境内由广东省管辖的红旗、平沙农场划归珠海市。1989年4月5日，经国务院批准，珠海经济特区面积扩大到121平方公里。2001年4月国务院批准，成立金湾区（含原三灶、平沙、红旗管理区），斗门改区。2009年6月24日国务院常务会议审议和原则通过《横琴总体发展规划》，8月14日正式批复；11月25日经中央编委同意，省编委批复设立珠海横琴新区管理委员会，属省政府派出机构并委托珠海市政府管理。横琴纳入珠海经济特区范围后，珠海经济特区总面积扩大为227.46平方公里。2010年8月26日，经国务院批准，从2010年10月1日起，珠海经济特区范围扩大至全市。

【历史文化】 珠海人杰地灵，古往今来，涌现出众多闻名中外的历史名人，有中华民国第一任内阁总理唐绍仪，兴中会第一批会员郑仲；有中共五届中央委员杨匏安，中华全国总工会第一任委员长林伟民，中共中央五届政治局委员苏兆征；还有清华学校（清华大学前身）第一任校长唐国安，中国第一位在美国取得博士学位的留学生、担任过中国第一任驻美副公使的容闳，中国第一批赴日留学生、创办中国第一家水泥厂（唐山士敏土厂）的唐宝锷，以及中国近代著名实业家唐廷枢、徐润、蔡昌等人；中国第一位世界冠军——第25届乒乓球锦标赛男子单打冠军容国团；中国近代集画家、诗人、和尚、文学家、革命家于一身的苏曼殊。

珠海市是一个现代化花园式的海滨旅游城市，于1998年在全国率先获联合国人居中心颁发“国际改善居住环境最佳范例奖”。是全国唯一以整体城市景观作为景区入选“中国旅游胜地四十佳”的城市。珠海市还先后获得“全国科技进步先进市”、“国家园林绿化城市”、“国家环境保护模范城市”、“国家卫生城市”、“国家级生态示范区”、“全国双拥模范城”和“全国精神文明十佳城市”等荣誉称号。2007年，珠海市又先后荣膺“中国最具幸福感城市”和“中国和谐名城”称号。

珠海人文古迹丰富，拥有距今3000年左右新石器至青铜器时代的高栏岛宝镜湾摩崖石刻画、光绪皇帝赐首任清朝政府驻檀香山总领事陈芳的古建筑物梅溪牌坊以及中华民国第一位内阁总理唐绍仪在清宣统一年至民国4年建造的唐家共乐园。“宝镜湾摩崖石刻”和“陈芳家宅”早在1989年就成为广东省级文物保护单位，在国务院2006年公布的第六批全国重点文物保护单位名单中，珠海“宝镜湾遗址”和“陈芳家宅”名列其中。

【行政区划】 珠海市辖香洲区（中心城区）、金湾区、斗门区3个行政区。珠海横琴新区、珠海国家高新技术产业开发区、珠海保税区、珠海高栏港经济区、珠海万山海洋开发试验区五个经济功能区。

香洲区成立于1984年，是珠海市政治、文化和商贸中心。区域面积519平方公里，常住人口86.8万人，其中户籍人口57.04万人。辖南屏镇和狮山、湾仔、拱北、吉大、香湾、梅华、前山、翠香8个街道办事处共105个社区居委会。辖区内有5个国家一类口岸，年出入境人数超过8000万人次。

金湾区是2001年4月4日经国务院正式批准设立的行政区，位于珠海市西南部，辖三灶、南水、平沙、红旗4镇，2006年7月1日，珠海市委、市政府对高栏港经济区和南水镇实施“区镇合一”体制改革，南水镇由金湾区管理调整为高栏港经济区管理，2009年10月18日，珠海市委、市政府对金湾区、高栏港经济区管理体制进行调整，平沙镇由金湾区管理调整为高栏港经济区管理。区本部直接管辖三灶、红旗2镇。全区常住人口25.2万人，其中户籍人口13.64万人。全区面积447.6平方公里，海域面积1000多平方公里，有18个岛屿，拥有丰富的土地、海洋、水产、旅游、电力、港口等资源。珠海高栏深水港、珠海机场，江珠高速公路、粤西沿海高速公路以及建设中的广珠铁路等均在区内汇集，海陆空立体交通优势明显。区内有海泉湾度假城、金湾高尔夫球场、金海滩、飞沙滩、荷包岛、武林源等休闲旅游度假资源，三灶鹤歌鹤舞入选省级非物质文化遗产名录。广东省科技职业技术学院、遵义医学院、吉林大学珠海学院、珠海城市职业技术学院和珠海艺术职业学院等5所高校落户金湾区。

斗门区位于珠海市西部。1965年由中山、新会划出部分镇村建县，1983年7月归属珠海市管辖，2001年4月撤县设区。全区面积674.8平方公里，辖井岸、白蕉、斗门、乾务、莲洲等5个镇，100个行政村、23个社区居委会。2010年末，全区户籍人口34.06万人。斗门区是著名的侨乡，有海外侨胞、港澳台同胞16.6万人，涌现了美国历史上首位华裔参议员邝友良先生等一批知名华侨。斗门历史悠久，人杰地灵。宋太祖赵匡胤之弟赵匡美等南宋皇族后裔子孙聚居于斗门镇，并留下明清古院建筑代表作“菉猗堂”。珠海第一个中国共产党基层党支部——小濠冲党支部1937年9月诞生在斗门。被国家体育总局命名为“国家高水平体育后备人才基地”的区体校，培养“亚洲蛙王”曾启亮、雅典奥运会乒乓球银牌得主李静等一批本土优秀体育人才。斗门被评为“南粤锦绣工程”文化先进区，“斗门水上婚嫁”、“装泥鱼”入选国家级非物质文化遗产名录，“乾务飘色”入选广东省级非物质文化遗产名录。斗门获国家食品安全示范区、国家都市型现代农业示范区、全国计划生育优质服务先进单位、广东省教育强区等称号。

【经济功能区】 珠海市是中国最早设立的经济特区之一，享有全国人大赋予的地方立法权。珠海市除辖香洲、金湾、斗门3个行政区外，还设有珠海横琴新区、珠海国家高新技术产业开发区、珠海保税区、珠海高栏港经济区、珠海万山海洋开发试验区五个经济功能区。

珠海横琴新区位于珠海市南部，珠江口西岸，是珠海市146个海岛中最大的一个，距离香港34公里，与澳门隔河相望，一桥相连，最近处相距不足200米。全岛土地总面积106.46平方公里。拥有保存完好的海洋、森林、湿地三大生态系统，环岛岸线长

50公里。常住人口6913人，其中户籍人口4519人。1989年，横琴岛撤乡建镇，但长期处于海陆分隔的封闭状态。1992年，横琴岛凭借毗连澳门的独特优势被广东省委、省政府确定为90年代四大重点开发区之一。1993年被落实为珠海市五大经济功能区之一。2005年粤澳合作联席会议确定，以“泛珠合作，粤澳为主力”方针开发横琴。2005年9月10日，中共中央政治局常委、国务院总理温家宝莅临横琴实地考察，提出要“谋而后动”的要求。2008年《珠江三角洲地区改革发展规划纲要（2008~2020年）》提出要将横琴规划建设成为推进粤港澳更加紧密合作的新平台和新载体。2009年8月，国务院正式批准实施《横琴总体发展规划》，标志着横琴新区的开发建设上升为国家战略。2009年12月16日，珠海横琴新区正式挂牌成立。

珠海国家高新技术产业开发区主园区唐家湾位于珠海市北部，由唐家、金鼎、淇澳片区组成，占地面积139平方公里。京珠高速、粤西沿海高速、广珠城际轻轨等主要交通设施贯穿其中，是出入珠海的主要门户，与香港、深圳隔海相望。唐家湾镇辖唐家等16个社区，常住人口12万人，其中户籍人口5.5万人。中山大学、北京师范大学等4所国内著名大学在辖区内设立校区或分校，在校生5万多人。1992年12月，经国务院批准成立珠海国家高新技术产业开发区，总面积9.8平方公里。1993年3月，该高新区正式挂牌运作，与三灶管理区合署办公。1999年12月，科技部对高新区区域范围作出由南屏、三灶、白蕉、新青科技工业园及广东珠海高科技成果产业化示范基地组成的调整。2000年8月，珠海市政府与科技部火炬中心签署共建珠海科技创新海岸框架协议，地域设置在珠海唐家、金鼎一带，面积1.4平方公里，形成“四园一海岸”的发展格局。2006年7月，珠海市委、市政府对高新区作出“区镇合一”的体制调整，高新区主园区设在唐家湾地区。

珠海保税区于1996年11月3日经国务院批准设立，面积3平方公里。位于珠海经济特区南部紧靠湾仔口岸，与澳门隔水相望，通过横琴大桥和莲花大桥与澳门陆路连通。

1988年，珠海市委、市政府为实施“东西两翼发展战略”设立万山管理区。1998年，广东省政府为实施全省“海洋综合开发战略”，在万山管理区基础上批准设立珠海万山海洋开发试验区。该试验区是全省第一个地方性海洋综合开发试验区，辖桂山镇、担杆镇、万山镇3个建制镇7个行政村，常住人口7348人，其中户籍人口2989人。该区地处珠江入海口，所辖海域面积3200平方公里，中心区域为珠江口国际锚地，有大西、大濠等6条国际著名水道纵横期间，自古以来是军事战略要地，海岛驻有部队以及海关、边检、检验检疫和海事等口岸联检单位，2003年开通的万山港口岸是国家一类客货运口岸。全区拥有大小岛屿106个，主要岛屿有桂山岛、东澳岛、大万山岛、小万山岛、白沥岛、黄茅岛、外伶仃岛、担杆岛等，海岛陆地总面积80多平方公里，岛岸线总长289公里，优良港湾众多，水域宽阔，自然水深在10~30米之间；拥有地文景观、水域风光、遗址遗迹、海洋生物等海洋海岛旅游资源，“桂山舰登陆点”是珠海市爱国主义教育基地，万山镇、庙湾村、桂海村分别被评为“广东省旅游特色镇”和“广东省旅游特色村”，外伶仃岛被评为“我最喜爱的滨海旅游景区”和“AAA

国家级旅游景区”，东澳岛“丽岛银滩”被评为珠海十景之一；区域内的万山渔场是全国著名渔场，有经济价值的鱼类200多种、贝类68种、虾蟹61种、海藻18种，区内设有国家级中华白海豚保护区、省级猕猴保护区、市级珊瑚保护区和国际游艇垂钓区。

珠海高栏港经济区是国家发改委核准的省级经济开发区，依托华南沿海主枢纽港高栏港而设立，位于珠江鸡啼门至虎跳门出海口之间，开发总面积380平方公里。辖南水、平沙两个镇区：南水镇常住人口1.1万人，暂住人口约5万人，辖5个村委会、3个社区居委会；平沙镇常住人口6.5万人，暂住人口4.9万人，辖11个社区居委会。2006年7月3日，珠海临港工业区和南水镇实施“区镇合一”体制改革新模式，正式成立珠海高栏港经济区。8月18日，该经济区正式挂牌运作。2009年10月19日，金湾区所辖平沙镇、台湾农民创业园、平沙游艇与休闲旅游区划入高栏港经济管理区。

（周蔚茹）

经济社会发展概况

【经济保持平稳较快增长】 2010年，珠海市实现地区生产总值1208.6亿元，比上年增长12.9%。三次产业比例为2.7：54.8：42.5，对经济增长的贡献率分别为1%、75.2%和23.8%。人均地区生产总值8.07万元，按平均汇率折算约合1.19万美元。地方财政一般预算收入124.53亿元，增长22.8%。居民消费价格总水平上涨3%。完成农林牧渔业总产值57.62亿元，增长5.3%。工业完成增加值619.39亿元，增长18.3%。完成全社会固定资产投资501.55亿元，增长22.2%。实现社会消费品零售总额486.03亿元，增长20.5%。完成进出口总额434.80亿美元，增长16.1%。接待入境旅游人数448.46万人次，增长8.4%。实现旅游总收入219.35亿元，增长29.9%。年末全市中外资金融机构本外币各项存款余额2748.7亿元，比年初增长30.6%。年末全市有26家企业上市。珠海市2010年有2个项目获国家科技进步二等奖，3个项目获广东省科学技术奖，5个项目通过省级科技成果鉴定。全年申请专利3554件，增长27.9%。

【产业结构升级加快】 2010年，珠海市规模以上工业总产值和增加值分别达2985.9亿元和615.4亿元，比上年增长16.3%和18.2%。全市规模以上工业企业实现利润163.6亿元，增长45.1%，经济效益指数174.6%，比上年提升18.8个百分点。先进制造业发展壮大，第二产业对全市生产总值增长的贡献率74.8%，电子信息、生物医药等六大优势产业增加值占全市工业增加值的77.2%，23个制造业项目入选省现代产业500强。全市制造业完成投资105.6亿元，增长28.2%，扭转近年来制造业投资持续下滑的状况。现代服务业实现增加值282.9亿元，占全市服务业增加值比重的55.4%。举办第八届中国国际航空航天博览会，签约项目28个，成交金额93亿美元，为历届航展之最。港口货物吞吐量、机场旅客吞吐量分别为6056万吨和181.9万人次，各增长37.4%和31.3%。软件产业总收入185亿元，增长25%。旅游业总收入219.4亿元，增长29.9%。出台战略性新兴产业发展专项政策，全市各级财政投入约31.8亿元扶持战略性新兴产业项目，帮助战略性新兴产业企业争

珠海市国民经济发展情况（2010 年）

表一

项目／区别	户籍人口（万人）	地区生产总值		人均地区生产总值		工业总产值		农林牧渔业总产值		全社会固定资产投资额	
		绝对值（亿元）	比上年增长（%）	绝对值（万元）	比上年增长（%）	绝对值（亿元）	比上年增长（%）	绝对值（亿元）	比上年增长（%）	绝对值（亿元）	比上年增长（%）
全　市	104.74	1208.60	12.9	8.07	12.0	3043.68	16.3	57.62	5.3	501.55	22.2
香洲区	57.04	755.42	12.3	8.74	12.0	1454.67	16.7	5.63	7.2	288.16	33.7
金湾区	13.64	290.84	15.0	12.03	14.5	866.90	16.8	13.01	12.2	128.35	16.7
斗门区	34.06	162.34	11.5	4.14	9.4	722.11	14.7	38.98	3.7	80.16	13.3

表二

项目／区别	外贸出口总额		实际利用外资		地方财政一般预算收入		社会消费品零售总额		城镇居民人均可支配收入		农村居民人均纯收入	
	绝对值（亿美元）	比上年增长（%）	绝对值（亿美元）	比上年增长（%）	绝对值（亿元）	比上年增长（%）	绝对值（亿元）	比上年增长（%）	绝对值（元）	比上年增长（%）	绝对值（元）	比上年增长（%）
全　市	208.62	17.3	12.24	3.7	124.53	22.8	486.03	20.5	25382	11.0	10187	10.8
香洲区	100.07	22.9	7.51	20.9	16.73	14.6	400.05	22.5				
金湾区	38.02	7.6	3.35	12.6	10.23	28.9	26.36	16.4				
斗门区	68.24	17.4	1.37	−47.5	13.87	29.6	59.61	10.2				

取到国家和省扶持资金 4.1 亿元。软件和集成电路设计产业基地入选省首批战略性新兴产业基地，5 家企业成为国家规划布局内的重点软件企业，12 家企业入选省战略性新兴产业骨干企业和培育企业。民营经济实现增加值 294.4 亿元，增长 10%。企业融资取得新进展，6 家企业成功上市。通过“四位一体”（政府、银行、信用担保机构、企业）融资平台帮助 221 家企业融资 12.2 亿元，增长 18.5%。获“转型·2010 中国经济十大领军城市”称号。

【区域合作不断深化】 2010 年，珠海市积极推动横琴新区开发，落实《横琴总体发展规划》。承担横琴开发前期日常工作。协助跟进横琴专项规划和控制性详细规划的编制和报批工作。加强与上级发改部门的沟通汇报，跟踪横琴创新政策的报批工作。草拟上报加快推进横琴新区发展的指导意见。配合推进横琴岛澳门大学新校区建设，协助推进十字门中央商务区、长隆国际海洋度假区等产业项目，推动广珠城际轨道延长线、横琴二桥、金海大桥、横琴口岸综合交通枢纽等交通项目进展。推动珠中江经济圈建设。起草推进珠中江区域紧密合作框架协议、珠中江合作近期重点推进项目计划，拟定相关工作制度。加快编制珠中江区域紧密合作规划，三市合作协议36项。成功实施车辆通行费年票互认，推进珠中江通信一体化报批工作。

【固定资产投资高速增长】　2010年，珠海市第二产业完成投资124.6亿元，比上年增长21.5%，占固定资产投资总额的24.8%；第三产业完成投资376.5亿元，增长22.9%，占固定资产投资总额的75.1%，成为拉动珠海投资增长的主要力量。十大重点建设工程累计完成投资203.21亿元，为年度计划178.2亿元的114%。28个列入省重点的项目完成投资115.82亿元，为年度计划103.96亿元的114.1%，进度排在全省前列。市政府投资项目累计完成投资82.11亿元，完成计划的102.4%。

【城乡居民收入和消费平稳增长】　2010年，珠海市城镇居民人均可支配收入25382元，比上年增长11%，扣除物价因素，实际增长7.8%。城镇居民家庭恩格尔系数为35%。城镇居民人均消费性支出20370元，增长13.5%。八大类消费支出呈现“七升一降”的态势，其中人均食品支出7123.66元，增长5.6%；人均衣着支出1220.84元，增长17.3%；人均居住支出2011.64元，增长10.0%；人均家庭设备用品及服务支出1589.6元，增长12.4%；人均医疗保健支出1085.32元增长24.6%；人均交通和通信支出4323.63元，增长31.8%；人均教育文化娱乐服务支出2360.97元，增长12.1%；人均其他商品和服务支出下降0.7%。全年城镇居民住房建筑面积人均28.59平方米。农村居民人均纯收入10187元，按可比口径计算增长10.8%。年末城镇居民家庭每百户拥有彩电146台，冰箱100台，空调器244台，组合音响45台，家用电脑103台，移动电话242部，家用汽车31.5辆。

（陈志霞）

基础设施建设

【重大项目建设】　2010年，珠海市一批大项目相继动工或建成投产。市政府投资完成82.1亿元，完成年度计划的102.4%，比上年增长13.6%。港珠澳大桥人工岛填海工程、广珠铁路、高栏港高速、机场高速、拱北口岸改建等工程加快推进。广珠城轨广州南站至珠海北站开通，珠海大道辅道、港湾大道等6条道路改造完成。珠海大道主道改造和金港高速金凤段等项目动工。香海路、广珠城轨延长线等项目前期工作加快开展。高栏港7万吨级主航道扩建工程完工，10万吨级主航道和集装箱、矿石、煤炭等大型码头泊位加快建设。一批总投资140多亿元的重大工业项目动工建设。一批工业项目建成投产，预计总产值100多亿元。电网工程完成投资13.7亿元，风力、天然气发电等项目加快推进，电力保障能力明显增强。

【重点文化工程】　2010年4月28日，珠海市重点文化工程珠海歌剧院暨博物院、规划馆、文化馆项目奠基动工仪式在野狸岛举行。“一院三馆”项目总投资约20亿元，是珠海建立经济特区以来最大的文化工程项目投资。其中，珠海歌剧院位于香洲区野狸岛北部填海区，填海区总面积17万平方米，歌剧院主体工程占地面积5万平方米，包括一个1600座的大剧院和500座多功能小剧场，项目总投资10.8亿元，是全国唯一建在海岛上的歌剧院；珠海市博物馆新馆（包括城市规划展览馆）选址于情侣路文化公园南部，建设用地规划5.03万平方米，总建筑面积4.84万平方米，项目总投资6亿元；珠海文化馆新馆（拱北剧院）总占地面积9514平方米，总建筑面积1.92万平方米，项目总投资1.6亿元。广东省、珠海市领导与相关部门和社会各界人士2000多人参加开工奠基仪式。（梁　旭）

【交通基础设施建设】 2010年，珠海市完成交通固定资产投资67.96亿元，比上年增长14.8%，其中：公路完成29.72亿元、铁路完成7.6亿元、港口完成25.4亿元、站场完成5.04亿元、管道完成0.2亿元。港珠澳大桥人工岛填海工程进展顺利；广珠城轨广州至珠海北站段建成通车，结束珠海无轨道交通的历史；广珠铁路、高栏港高速、机场高速、井岸二桥建设加快推进；凤凰山隧道工程基本建成；港湾大道改造、板障山隧道改造、珠海大道改造一期工程辅道工程已完成；珠海大道改造一期工程主道和金琴高速公路金凤段动工建设；港珠澳大桥珠海侧连接线、西部沿海高速公路支线延长线、金琴高速公路、金海大桥、横琴二桥、香海路等前期工作加紧推进。高栏港第2个5万吨级集装箱码头正式投入试运行；集装箱二期4个10万吨级码头后方陆域工程、高栏港区7万吨级主航道扩建工程完工；2个15万吨级矿石码头、1个10万吨级煤码头等干散货重大项目开工建设；中化珠海、华南联合等13项液体化工品码头结构升级改造工作顺利推进；1个10万吨级集装箱码头招标工作和广珠铁路高栏港到发站及码头专用线软基处理工作已经展开。

【口岸规划建设】 2010年，珠海市推进拱北口岸改扩建工程建设，该工程于2010年3月29日正式动工，建成后能满足50万人

珠海市基础设施基本情况

项　目	单　位	2009年	2010年
铁路营业里程	公里	0	0
公路营业里程	公里	1368	1395
其中：高速公路	公里	70.83	70.83
港口泊位	个	123	127
其中：万吨级泊位		15	16
内河航运通航里程	公里	676	
本地电话年末用户（含小灵通）	万户	79.9	86.04
移动电话年末用户	万户	213.7	241.3
国际互联网用户	万户		
电力消费量	万千瓦时	917187	1022561
商品房屋实际销售量	万平方米	289.73	282.78
商品房屋实际销售额	亿元	214.60	293.01

次/日通关量。2010年12月，国务院批准珠澳跨境工业区专用口岸增加供澳鲜活产品通关功能，供澳鲜活商品允许从珠澳跨境工业区专用口岸出境，已在抓紧建设项目前期工作。推进横琴口岸分线管理项目、港珠澳大桥口岸项目规划建设前期工作。加大科技投入，研发和推广自动化、信息化和电子化通关技术。在拱北口岸新增20条自助查验通道，人均出入境查验时间仅需8秒。新建横琴口岸出入境客货车"一站式"电子验放系统建设，车辆通关仅停靠一次按指纹、耗时20秒、最快8秒。在横琴口岸、九洲港口岸推行旅客携带品"一机两屏"查验模式，实现海关与检验检疫信息共享。

【水利基础设施建设】 2010年，珠海市加大财政对西部地区水利基础设施建设投入，全年安排面上水利建设资金2582万元用于西安泵站重建工程、天生河水闸重建工程、乾务水库排洪渠整治工程以及白蕉灌区节水配套改造设施建设，提高围内农田灌溉、排涝工程体系的能力。全市城乡防灾减灾工程建设投资约3.44亿元，完成年度投资任务，累计完成投资12.2亿元，占工程总投资的54.13%；建成堤防长度20.2公里，重建、新建水闸10座，其中中型水闸3座；汛后新开工达标加固建设堤防19.7公里，新开工水闸6座，其中中型水闸3座。

（周蔚茹）

【信息化建设】 2010年，珠海市财政投入2767万元支持信息化项目39个，为10家企业争取广东省现代信息服务业专项资金1900万元。突出抓好高端新型电子信息产业，金山、远光、东信和平、欧比特四家企业的项目获省战略性新兴产业发展专项资金高端新型电子信息产业专题支持，立项数居全省前列。支持信息化平台建设，重点扶持软件与数字娱乐产业专业化园区和软件与集成电路设计基地的发展。电子信息产业产值831.68亿元，比上年增长21%。开展"两化融合"示范工程和信息化培训工程，优特电力等15家企业列入省两化融合"4个100"示范工程，格力电器被认定为示范工程行业标杆企业。推进无线宽带城市建设，已接入无线政务、便民服务等领域232项应用及信息服务。深化电子政务应用，建设珠海市党政机关视像会议系统，以珠海市府为中心，包含香洲区、横琴新区、电视台等11个分会场，实现视频、语音、数据的统一传送。协调推进政府部门重要业务系统建设，实现跨部门信息共享和业务协同，政府门户网站获"2010年中国优秀网站推荐及综合影响力评估——中国政府网站领先奖"。8月，正式开通全省第一家市委门户网站——中共珠海市委网站。

（方　慧）

现代产业

【珠海市横琴新区】 2010年，横琴新区认真贯彻落实《横琴总体发展规划》，实现"一年有变化"的工作目标。全年完成固定资产投资58.66亿元，比上年增长2.07倍；实际利用内资7.3亿元，增长45.97%；实际利用外资500万美元，增长6.25倍；实现一般预算收入7066万元，增长96.67%。

2010年，《横琴产业发展专项规划》、《横琴基础设施专项规划》、《横琴镇土地利用总体规划（2010~2020）》、《横琴新区控制性详细规划》等一批规划已获批准并实施。高标准完成“数字横琴”专项规划，构建粤港澳信息化合作示范区和国际通信前沿科技应用试点先行先试区。广珠轻轨延长线、金海大桥、横琴二桥等打通岛内外、对接港澳的大型交通基础设施前期工作陆续开展。总投资126亿元的横琴岛市政基础设施项目动工，示范段道路及海堤施工图设计已经完成并全面展开，非示范段道路初步设计也已完成，完成投资6.95亿元。

2010年，横琴新区引进有利于推动澳门经济适度多元化发展的重大项目，建设区域性商务服务基地——与港澳配套的国际知名旅游度假基地和珠江口西岸的科教研发平台。横琴岛澳门大学新校区（以下简称澳大新校区）、十字门中央商务区、横琴多联供燃气能源站和长隆国际海洋度假区等在建项目建设进展顺利。在谈项目方面，横琴总部大厦、梧桐树酒店、航运大厦、蓝琴国际金融大厦、富盈铂金度假式酒店、华融置业等总投资约100亿元的一批项目已经落实，15个累计投资超过510亿元的产业项目抓紧洽谈。横琴新区解决了5平方公里建设用地总规模，840公顷年度土地利用计划指标国土资源部已单列并由省国土资源厅下达到新区，并取得国家海洋局等单位对新区围填海的支持。3月，经广东省政府批准，与顺德区签订《珠海横琴中心沟顺德围垦区土地权属移交协议书》，收回横琴中心沟顺德围垦区所有土地。实施《横琴新区建设用地整合处理方案》，对新区历史上已出让、划拨的286宗用地进行分类处理，收地补偿商谈全面展开。签收地协议24宗，支付补偿金14.6亿元，收回土地28.6公顷；整合用地17宗，注销21宗历史用地产权登记。初步建立横琴土地储备库，办理入库储备土地2宗，共计66.5万平方米。

2010年，横琴新区建立与澳门特区政府有关部门直接沟通的协商机制。成立推进粤澳合作产业园区开发专责小组，明确粤澳合作产业园区由粤澳共同规划、共同投资、共同经营、共享收益的联合开发模式。投资2亿元的澳大新校区排洪渠迁移项目已动工建设，各项水、电、管线等配套设施进展顺利。澳大新校区地基工程基本完成，项目主体建筑土建工程顺利启动，并着手开始完善校园网络，道路、计算机、水电网络建造工作。

（张　瑞）

【珠海国家高新技术产业开发区】 2010年，珠海国家高新技术产业开发区地区生产总值350亿元，比上年增长40%，规模以上工业总产值1410.72亿元，增长23.1%；其中高新技术企业产值729.5亿元，增长31.3%；规模以上工业增加值319.37亿元，增长45.3%，其中高新技术企业增加值194.03亿元，增长59.4%；产品销售收入1238.43亿元，增长11.1%；出口创汇总额99.96亿美元，增长33.2%；固定资产投资总额47.77亿元，增长12.7%；实际上缴税收46.58亿元，增长24.9%。高新区主园区地区生产总值65.39亿元，增长15.1%，规模以上工业总产值143.53亿元，增长17.8%，其中高新技术企业产值40亿元，增长13.7%；规模以上企业增加值32.46亿元，增长21%，其中高新技术企业增加值10.46亿元，增长13.7%；外贸进出口额11.2亿美元，增长36.3%，其中外贸出口额7.12亿美元，增长32.3%，外贸进口额4.08亿美元，增长43.9%；实际吸收外商直接投资0.9亿美元，增长5.1%；实际引进内资金额6.74亿元，增长94.7%；全社会固定资产投资额25.41亿元，增长20.2%；财政一般预算收入6.29亿元，增长33.9%。

招商引资　高新区多次举办或参加上海、北京等招商推介会，引进掌媒、安联锐视、读书郎电子、钜丞科技、迪卡侬等一批移动互联网、网络游戏软件和创意产业项目，储备一批爆发性强、成长潜力大的软件和集成电路设计、移动互联网、电子商务、新能源、先进制造等在谈产业项目。至年底，主园区企业总数、规模以上企业、高新技术企业、上市企业分别增至1500家、160家、45家和10家。

自主创新　辖区企业投入研究经费近3亿元，推动企业自主创新。新认定省级创新型试点企业4家和市级自主创新型企业6家，新增市级工程技术中心、企业技术中心各3家，新获省级自主创新产品21项，新增市级服务外包企业10家、市十强民营企业3家，新建市级留学生创业基地4个，创业载体及创业辅导体系逐步完善。53个科技项目申报2010年省级科技计划项目，世纪鼎利、福尼亚医疗两家企业被评为“2010年国家火炬计划重点高新技术企业”，炬力等28家企业产品被认定为广东省自主创新产品，世纪鼎利还被认定为广东省创新型试点企业。澳珠云计算技术应用联合实验室、院士企业工作站光库通讯分站挂牌成立，南方数字娱乐公共服务中心、博士后科研工作站已通过验收。新增6家博士后企业科研分站已进入审批程序，清华大学研究生高新区就业实践基地首批研究生28人实习完毕，政产学研合作不断深化。全国首家高新区知识产权法庭、高新区知识产权检察室相继挂牌成立。

城市建设　《科技创新海岸南围控规》颁布实施，《淇澳岛可建设用地概念性城市设计》获得批准，《科技创新海岸北围片区城市设计及控规》、《唐家湾后环片区城市设计及控规》基本完成，《高新区唐家湾主园区排水工程及水资源综合利用专项规划（2010～2020）》已在编制。成功回收金鼎养虾场用地，完成科技创新海岸北围西片、南围西片近2平方公里土地平整，基本完成北围东片2.8平方公里吹沙工程，协调推进后环片区约6平方公里吹沙填土工程，完成新围海造地工程水下测量、可研报告等前期工作。投入4000万元完成金鼎工业园区、科技创新海岸园区长6公里道路网修建工程，实现园区道路网基本贯通。协调推进广珠城际轻轨珠海北站建设，实现广珠城际轻轨如期运行。中珠渠桥梁建成通车，总长55公里区域绿道建设顺利完成，长近9公里港湾大道完成改造升级。科技创新海岸服务中心605套公寓楼已建成使用，金鼎工业园640套员工保障房已封顶，银海湾、格力海岸、凤凰山一号、华发蔚蓝堡等高档商住项目陆续开工或竣工销售，下栅检查站改造工程全部完成。全年区政府投资基础设施项目125个，其中竣工59个，在建22个，前期准备项目44个，完成年度总投资近5亿元。

（陈天炜）

【珠海保税区】　2010年，珠海保税区（珠澳跨境工业区珠海园区）完成规模以上工业总产值70.76亿元，比上年增长14.49%；物流总值175.75亿元，增长23.54%；固定资产投资3.06亿元，增长16.7%；进出口总额15.58亿美元，增长12.72%，其中出口额7.3亿美元，增长25.86%；完成税收总额10.33亿元，增长25.09%，工商税收5.14亿元，增长47.57%，保税区一般预算收入1.56亿元，增长41.9%。跨境保税物流总值10亿美元。随着保税展览交易中心启动，以红酒为代表的展览展销业迅速发展，一批高端物流项目开工建设，现代服务业展现蓬勃发展势头，保税商务特色初现。

招商引资　该区完善产业发展扶持政策，强化招商推介和创新招商方式，全年全区新批项目12个，合同利用外资6161万美元，比上年增长84.68%，实际利用外资4598万美元，比上年略有下降，实际利用内资1.21亿元，增长27.16%。力是达酒类交易市场、澳台贸易、汇道商贸、善达物流、盛源投资等一批符合产业导向的项目相继落户该区，被列入珠海市十大重点项目工程的保税区展览交易中心项目按计划加快推进。

跨境工业区珠海园区　该区全年新增项目6个。园区配套设施不断完善，专用口岸备用发电机项目、联检部门办公场所弱电工程和园区绿化工程顺利竣工，沿河东路和昌盛路交接处完成通联。天威、泉露、加豪等8家企业向现代服务业转型取得初步成效。

（覃文进）

【珠海万山海洋开发试验区】　2010年，珠海万山海洋开发试验区地区生产总值2.04亿元，比上年增长12%，“十一五”时期年均增长13%；渔业产值1.6亿元，增长59.4%，年均增长13.7%；海岛旅游综合收入9954万元，增长26.4%，年均增长17.7%；社会消费品零售总额5104万元，增长27.4%，年均增长7.7%；固定资产投资额9155万元，增长59.2%，年均增长29.7%；引进内资注册资金4.78亿元，增长99.5%，年均增长32.7%；外贸进出口总额7.5亿美元，增长11%，年均增长21.9%；地方财政总收入3.05亿元，增长20.3%，年均增长22%；一般预算收入1.7亿元，增长44.5%，年均增长27%；渔业产量1.2万吨，增长34.3%；渔民人均纯收入1.2万元，增长7%，年均增长4.5%；上岛游客23.8万人次，增长36.4%。

是年，该区完成区内5家油站的油气回收改造工作，成为广东省内第一个完成油气回收任务的海岛。生态示范创建活动稳步推进，东澳岛获得第一批“广东省宜居环境范例奖”，桂山小学获得“珠海市绿色学校称号”。完成全区污染源普查，通过开展社会主义新渔村建设，实施渔村“穿衣戴帽”工程，依法强行拆除违章建筑，把违章建筑控制在萌芽状态。800多盏新能源路灯在各主要海岛使用，环保电瓶车、环岛小火车逐步成为海岛上的主要交通工具，环保公厕在海岛推广使用，禁止挖山取土，对石矿场逐步进行复绿工作。开展对海岛林相的改造，加大海岛植树绿化工作。加强对海域的管理，加快人工鱼礁区建设，完成外伶仃人工鱼礁二期礁体投放工作。

（周毅辉）

【珠海高栏港经济区】　2010年，高栏港经济区实现工业总产值487.8亿元，比上年增长16.3%，地区生产总值169.7亿元，增长16.2%，工业增加值140.8亿元，增长19.6%，固定资产投资82.2亿元，增长20%，实际利用外资2.53亿美元，增长13.5%，实际利用内资11.5亿元，增长51.2%，财政一般预算收入完成11.36亿元，增长30.7%，港口货物吞吐量3118万吨，增长10.2%。

港口建设　《珠海港总体规划（修订）》获国家批复。明确珠海港是国家综合运输体系的重要枢纽和现代化、多功能综合性港口的定位，明确珠海港要适时发展远洋集装箱干线运输。4个10万吨级集装箱码头后方陆域工程完成，1个10万吨级集装箱泊位工程在招标中；1个10万吨级煤码头、2个15万吨级矿石码头在建设；7万吨级主航道扩建工程已完成，15万吨级主航道扩建工程前期工作已启动。推进西江联盟和海铁联运战略，签订海铁联运合作框架协议，港区直接参与到西江流域经济社会功能分工的资源配置中。珠海港集团正式入主粤富华。市政府与神华集团签署战略合作框架协议暨神华珠海港煤炭储运中心项目合作框架协议，在高栏港建设华南最大的煤炭储运集散中心。

临港产业　该经济区新签约项目28个，投资总额200亿元，全部投产后年产值将超过500亿元。中海油深水海洋工程装备制造基地项目动工，投资超过100亿元的三一重工港口机械、海洋工程装备及工程船舶制造产业园和珠江钢管等项目相继落户。中海油南海天然气陆上终端、金湾LNG接收站、高栏岛风电场项目陆续动工，中海油天然气发电项目顺利获批。高栏港临港石化产业基地被列入《广东省石油和化工产业“十二五”发展规划》，壳牌润滑油、宝塔石化一期、成城沥青一期、中石油成品油储备库项目投产，美国路博润润滑油添加剂项目、壳牌润滑脂项目、PTA二期扩能项目加快建设，华润聚酯项目成功落户。　(于丛丛)

【农业】　2010年，珠海市把“三农”工作作为全市工作的重点，认真贯彻落实强农惠农政策，加大投入力度，农业产值快速增长，现代生态农业雏形初显。全年完成农林牧渔业总产值57.62亿元，比上年增长5.3%。其中渔业产值31.86亿元，增长6.8%。农村居民人均纯收入1.02万元，按可比口径计算增长10.8%。

畜牧业　全市生猪饲养量76.53万头，其中出栏45.55万头，存栏30. 99万头，分别比上年增长4.56%、12.5%和减少5.23%。家禽饲养量1082.78万只，存栏量287.93万只，出栏量794.85万只，增长0.8%、6.4%和减少1.09%。奶牛存栏量3752头，增长1.6%。禽蛋产量6772吨，减少3.7%；牛奶产量11001吨，减少3.9%；肉类总产量4.51万吨，增长10.2%。

种植业　全市农作物播种面积1.77万公顷，比上年减少188公顷。其中，粮食播种面积8066.67公顷、总产量4.18万吨，分别比上年增73.33公顷和0.06万吨。甘蔗种植面积886.67公顷、总产量9.64万吨，分别减186.67公顷和0.91万吨。蔬菜复种面积7166.67公顷，总产量14.73万吨，分别增660公顷和1.46万吨。水果生产面积8013.33公顷、总产量12.11万吨，分别减766.67公顷和增0.35万吨。其中：大宗水果香蕉3240公顷，总产量10.11万吨；番石榴面积413.33公顷，总产量0.85万吨。

渔业　全市水产养殖面积3.44万公顷，比上年增加3706.67公顷。全年水产品产量19.72万吨，增长3.3%。其中海洋捕捞1.16万吨，与上年持平；海水养殖2.68万吨，增长18.1%；淡水捕捞0.22万吨，增长29.4%；淡水养殖15.66万吨，增长1.2%。

【现代农业园区建设】　2010年，珠海市台湾农民创业园加快发展，完成投资0.91亿元，超额完成市年度下达的0.66亿元建设任务；引进项目6个，总投资6000多万元人民币，入园企业（项目）22家。园区引进台湾珍珠芭乐、青枣、莲雾、火龙果、水果木瓜、红杨桃、树葡萄等80种优质水果。台湾珍珠芭乐已成为珠海市重要的水果品种，种植面积近400公顷。引进的青枣、莲雾、火龙果种植效果显著，特别是莲雾，在台创园试种后，比在台湾产量更高、果实更大、甜度更高、品质更好，吸引大量澳门、内地客户采购。为辐射带动园区周边农户致富发挥示范作用，入园企业积极向农户推广新品种、新技术。6月11日，入园企业永呈园艺公司为吴俊锦等16户农户免费提供莲雾、火龙果、芭乐种苗3000棵，并免费提供自行研制有机肥；珠海银基农产品有限公司采取“公司+基地+农户+加工+销售”的产业经营模式，在朝天椒基地周边向平沙的农业职工推广种植66.67公顷优质朝天椒。斗门北部生态农业园建设进展顺利，成立建设筹备组，全力推进“古韵莲江”等12个园区建设的阶段性项目。

【海洋产业】 2010年，珠海市继续实施海洋强市战略，以建设具有全国领先水平的蓝色产业带为目标，创新海洋管理体制，加大资金投入和基础建设，海洋经济总量稳步增长。随着十字门中央商务区项目、长隆国际海洋度假区、中海油海工深水海洋工程装备制造基地、南海天然气陆上终端、珠海航空产业园等重大项目的建成投产以及高栏港区、万山海洋综合开发试验区的发展和提升，海洋经济快速复苏增长，全年海洋产业总产值389.68亿元，比上年增长21.3%。海洋经济已成为珠海国民经济的一个重要支柱。

珠海市以万山区深水网箱养殖为主体，以人工鱼礁建设为重要补充，大力发展海上产业园，建设新型“海洋牧场”，加大西部水产品加工园区建设。建设现代海洋渔业。全年全市海洋养殖面积1.89万公顷，海洋渔业总产值6.83亿元，海水养殖成渔村和渔民重要的生产生活收入。

【现代滨海旅游业】 2010年，珠海市建设海泉湾二期、横琴国际海洋休闲度假区等项目，加快野狸岛文化休闲中心、“拱前吉”（拱北、前山、吉大）区域商贸中心、湾仔十字门中央商务区、长隆国际海洋度假区建设，建立以滨海休闲度假、海上运动、休闲渔业、海洋乐园、游艇邮轮、海岛观光等旅游项目为主打的现代滨海旅游业。

【海岛经济】 2010年，珠海市万山区围绕独特的海洋海岛旅游资源，完善旅游景点景观和接待酒店的改造升级，打造万山特色旅游品牌。先后举办妈祖诞庙会、集体婚庆、北帝诞庙会、国际海钓邀请赛、沙滩文化节等活动和赛事，海岛旅游更加丰富多彩。对海岛土地资源进行整合，收购主要海岛上水产公司、粮站的土地、房产，同时采取租用部队在岛上闲置土地、房产的形式，拓宽海岛旅游发展空间。外伶仃岛继被省旅游局评为“AAA国家级旅游景区”后，又获得“广东省滨海旅游示范景区”称号，桂山舰纪念公园、桂山文天祥广场分别获授予“广东省红色旅游示范基地”和“珠海市红色旅游示范景点”称号，全年海岛上岛游客增长35.2%。

【工业经济】 2010年，珠海市工业经济持续升温，从恢复性增长逐步过渡到快速增长阶段。全年工业总产值3043.68亿元，比上年增长16.3%，工业对全市国民生产总值增长的贡献率72.1%，比上年大幅提高62.6个百分点。全市规模以上工业企业实现总产值2985.87亿元，增长16.3%，规模以上工业增加值615.38亿元，增长18.2%，超额完成年初制定的增长11%的预期目标，高于全省17.6%的平均水平。工业结构进一步优化，先进制造业和高技术制造业实现较快增长，增加值增速分别达到26.3%和25.8%；外向型经济回暖，三资企业工业和工业企业出口交货值增长均超过全市工业平均增速。

工业运行主要特点 一是工业增加值累计增长速度稳定在较高水平。全市工业延续上年下半年以来的恢复势头，单月产值全面高于上年同期水平，累计增长速度除1、2月份春节长假影响起落较大外，其余各月始终保持在17%~19%之间，走势稳定，增速较高；二是东部和西部地区工业均衡发展。东部的香洲区（含横琴新区、高新区主园区、保税区和万山区）累计实现规模以上工业增加值306.34亿元，增长18.5%，占全市工业比重50.4%。斗门区实现工业增加值72.65亿元，增长11.5%；金湾区（含高栏港区）实现工业增加值228.6亿元，增长17.3%。西部两区合计实现工业增加值301.25亿元，占全市工业比重49.6%。主要功能区发展较快，高新区主园区、高栏港区的增长快于全市平均水平，工业增加值分别增长21%和19.6%；三是重点产业实现较快增长。电子信息、家电电气、石油化工、电力能源、生物医药、精密机械等六大工业产业规模以上企业合计实现工业增加值474.8亿元，增长18.7%，占全部规模以上工业增加值的77.15%。六大产业工业增加值均实现两位数增长，其中，电子信息、石油化工、生物医药增速都在20%以上。家电电气成为珠海工业第一大产业，在全部工业的比重达25%；四是企业主要效益指标全面高涨。全市规模以上工业企业经济效益综合指数174.6，增长18.8%。企业盈利数据全面好转，规模以上企业实现利润总额163.6亿元，大幅增长45.1%，电子信息产业利润增幅173.81%，成为拉动全市利润增长的主要力量。亏损企业466家，亏损面33.2%，下降9.8%。亏损企业亏损额16亿元，下降27.8%。实现工业利税总额219.04亿元，增长39.2%。全年人均劳动生产率12.3万元，增长4.2%；五是工业固定资产投资快速回升。全市工业固定资产投资累计完成124.45亿元，增长21.4%。其中制造业105.58亿元，增长28.2%，扭转连续三年持续下滑的态势。主要工业行业投资加快，食品饮料、石油化工、家电电气投资的增速分别达到59.3%、26.7%和20%；而高耗能工业行业整体实现工业投资大幅下降29.1%。

从消费市场来看，香洲区实现社会消费品零售总额393.68亿元，占比重81%；斗门区63.43亿元，占比重13%；金湾区29.16亿元，占比重6%。从商业设施的分布来看，85%以上的商业设施布局在香洲区。

（容立雄　刘　勋）

【交通运输生产】 2010年，珠海市公路运输完成客运量18603万人次、旅客周转量670803万人公里、货运量5591万吨、货物周转量30.29亿吨公里，比上年分别增长12.8%、19.7%、14.3%和5.6%；水路运输完成客运量475万人次、旅客周转量18240万人公里、货运量1447万吨、货物周转量137.83亿吨公里，分别增长29.8%、19.7%、-19.2%和15%；珠海港全年完成货物吞吐量6056.27万吨、集装箱吞吐量70.27万标箱，分别增长37.4%和24.6%，两项均创历史新高，旅客吞吐量510.35万人次，增长11.7%；珠海机场完成运输飞行起降1.67万架次、旅客吞吐量181.9万人次、货邮吞吐量1.76万吨，分别增长25%、31.2%、27.9%，再创历史新高；城市公交完成客运量2.7亿人次，日均载客量74.1万人次，与上年基本持平。

【中小企业与民营经济】 2010年，珠海市中小企业数42942户，比上年增长1.5%，占全市企业总数的99.95%。中小企业工业产值1646.7亿元，增长23.96%。民营经济完成增加值294.45亿元，增长10%；工业增加值74.89亿元，增长10.5%；上缴税收53.32亿元，增长26.2%；民营经济从业人数47.16万人，增长9.4%。

9月，珠海市委、市政府出台《关于促进民营经济发展上水平的实施意见》，奖励市10强民营企业100万元，对纳税30强民营企业、自主创新30强民营企业和30名优秀民营企业家进行表彰。加大资金扶持力度，市财政安排中小企业专项资金981.87万元，帮助中小企业争取国家和省的专项资金1267万元。缓解融资困难，“四位一体”融资模式全年向中小企业发放贷款221笔，贷款金额12.2亿元。鼓励企业利用资本市场融资，对上年度上市融资的5家企业奖励375万元。着力提升中小企业创新能力，新增11家省级民营科技企业、5家省级中小企业创新产业化示范基地、1家省级公共技术服务示范平台和1家省级小企业创业基地示范单位。 （吴丽莎 卓淑磊）

【电子信息产业】 电子信息产业是珠海第一大工业行业。2010年，珠海市电子信息规模以上工业企业有221家，完成总产值809亿元，比上年增长26.8%，占全市工业总产值的27.2%。其中软件产品188亿元，集成电路4.45亿元。产品主要包括四大类：通信产品、计算机、视听产品和电子元器件；业内主要知名企业有：伟创力集团、松下通信设备、方正科技、炬力集成、东信和平、金山软件、亚洲仿真、远光软件等。在印制电路板、电力自动化设备、医疗电子产品、打印机耗材等方面居全国领先地位。

行业发展与投资状况 珠海市斗门区井岸镇是广东省认定的以电子信息为特色产业的技术创新专业镇，总面积6万平方公里，形成以伟创力集团为龙头的电子与通讯设备制造产业链。全镇有企业320多家，企业员工5万多人，有120多种电子产品。其中音圈马达磁极占全球产量的30%；手机、线路板国内市场占有率均达到20%。

2010年，软件产业强势复苏，珠海市新增国家认定的软件企业31家，通过认定的软件企业累计237家，新登记软件产品151件，累计1438件。鼎利通信、欧比特、泰坦新能源等3家企业成功上市，上市企业总数9家。远光软件、优特科技、东信和平、共创电力、世纪鼎利5家被认定为国家规划布局内重点软件企业；4家企业获CMM2级以上认证，总数26家。金山公司获得“核、高、基”国家重大科技专项立项，鼎利通信获得“新一代宽带无线移动通信网”国家重大科技专项立项。 （崔玉霞）

【电气机械及器材制造业】 电气机械及器材制造业是珠海市重点发展的支柱产业和优势产业之一。2010年实现工业增加值152.43亿元，比上年增长17.9%；工业总产值720.06亿元，增长14.5%。主要产品产量有：房间空气调节器1735.85万台（套）、家用电热烘烤器具1417.83万个、通讯及电子网络用电缆33.64万对公里、锂离子电池7399.2万只。

行业发展与投资状况 优特电力基于变电站防误综合操作系统的企业技术中心创新能力平台建设项目、格力电器高温离心式机组研制及产业化项目、汉胜光缆产品研发及产业化项目、长图电力110KV及以上高压超高压电缆附件产业化项目等4个项目合计获得省财政资金支持380万元。格力G10低频控制技术（“新一代G-Matrik变频空调的研制”）和“热回收直流变频模块化多联机组”被认定为2010年度“国家火炬计划”，“直流变频多联热水机组”被认定为2010年度国家重点新产品计划。珠海许继电气广东省配网自动化工程技术研究开发中心成为省级工程技术研究开发中心。格力电器热泵热水器、双喜电器压力锅、得理乐器电子琴、格力新元薄膜电容器及铝电解电容器获广东省名牌产品称号。东信和平智能卡、珠海南方华力通特种变压器、炬力集成电路、凯邦电机、双喜电器获评广东省著名商标。

（韦贤校）

【石油化工】　2010年，珠海市石化产业实现工业总产值318.66亿元，工业增加值78.12亿元，分别比上年增长19.7%和20.1%。其中化学原料及化学制品制造业实现增加值51.68亿元，增长26.8%；塑料制品业实现增加值16.37亿元，增长5.7%；化学纤维制造业实现增加值9.51亿元，增长17.1%；橡胶制品业实现增加值0.57亿元，增长22.1%。主要产品产量有：合成纤维单体140万吨，合成纤维聚合物13.7万吨，氨纶纤维2.71万吨，塑料制品16.45万吨。

行业发展与投资状况　珠海市的石化工业继续有重大项目竣工投产或开工，以前年度已开展的重点项目已抓紧进行。高栏港临港石化产业基地被列入《广东省石油和化工产业“十二五”发展规划》，路博润润滑油添加剂、壳牌润滑脂、PTA二期扩能和华润聚酯项目加快建设，塞拉尼斯大型醋酸及工业乙醇项目成功落户。作为广东省“十二五”重大石化产业项目之一的PTA三期加快开展前期工作。

全市在建、筹建重大产业项目21个，投资513.11亿元。其中：美国路博润润滑油添加剂项目正式落户珠海高栏港经济区，首期项目投资2亿美元，预计2013年竣工投产；万通化工产能100万吨/年的碳纤维、完全生物降解塑料、改性聚苯醚、高耐温聚酰胺等材料项目，联成化学电子级环氧树脂、顺酐扩建项目，晓星氨纶2万吨/年氨纶丝扩建项目进展顺利。（曹振飞）

【精密机械制造业】　2010年，珠海市精密机械制造业完成工业总产值232亿元，工业增加值50.4亿元，分别比上年增长7.1%和13.2%。其中，仪器仪表及文化办公用机械制造业实现增加值15.97亿元；专用设备制造业实现增加值17.67亿元；交通运输设备制造业实现增加值16.76亿元。主要产品产量：缝纫机197.71万台；照相机1016.88万台；手表74.34万只。

行业发展与投资状况　1月，珠海市广通汽车有限公司通过国家工信部组织的新能源客车准入审查，获得新能源客车、新能源客车底盘生产资格。5月，中航通用航空有限责任公司在珠海正式运营。11月，由珠海强恩玻璃钢制品有限公司、南昌航空航天大学联合研制的“红嘴鸥”轻型飞机正式在珠海航空产业园下线。12月，珠海航空产业园获批成为工业和信息化部第二批“国家新型工业化产业示范基地”。6月，在世界品牌实验室最新发布的《2010年中国500最具价值品牌排行榜》中，罗西尼公司以18.99亿品牌价值位居同行业榜首，成为中国钟表行业当之无愧的品牌之王。12月，在广州国际设计周上，罗西尼获得中国工业设计协会联合主办的《2010年度中国创新设计大奖》“红棉奖”；CRONOS系列光电能电波表获第五届“省长杯”优良工业设计作品奖。6月，珠海赛纳科技被《中国企业家》杂志评为2010年“21世纪未来之星——年度最具成长性的新兴公司”，名列第九。9月，占地25万平方米的赛纳打印机研发制造基地奠基。12月，珠海赛纳打印科技股份有限公司宣布中国第一台有核心技术的、有自主知识产权的激光打印机研发成功，开始进入批量化生产阶段。7月，一汽客车和珠海银通新能源公司在珠海合作建立新能源客车总装基地，总投资5亿元。8月，银通新能源产业园举行省部产学研结合示范基地落成典礼暨1亿安时动力、储能锂离子电池生产线、钛酸锂电池生产线投产仪式。银通成为全球唯一能同时生产磷酸铁锂电池、钛酸锂电池的企业。10月，珠海市银通新能源有限公司与广通汽车有限公司合作生产的8台纯电动公交车，投入珠海市公交线路试运行，开启广东省纯电动公交车线路商业运营的先河。11月，三一集团有限公司与珠海市政府签署协议，投资上百亿元在珠海建设港口机械、海洋工程装备及工程船舶制造产业园。（韦贤校）

【医药工业】 2010年，珠海市医药工业实现工业总产值93.2亿元，工业增加值20.2亿元，分别比上年增长18%和23%。主要产品产量：化学药品原药438吨，中成药188吨。

行业发展与投资状况 珠海市医药行业新认定的国家高新技术企业有珠海丽珠试剂股份有限公司、珠海伯轩医疗科仪有限公司两家，累计国家高新技术企业达到29家，其中医疗器械企业10家，药品生产企业19家。丽珠医药集团股份有限公司被认定为广东省自主创新100强企业，珠海润都民彤制药有限公司、珠海健帆生物科技有限公司被认定为广东省自主创新型试点企业。珠海市13项产品获广东省自主创新产品认定，其中6项产品列入广东省政府采购目录。（李啸江）

【电力工业】 2010年，珠海市全社会用电量102.26亿千瓦时，比上年增长11.49%。向澳门输送电量27.86亿千瓦时，增长25.14%。全市工业用电全年累计65.08亿千瓦时，增长13.28%。其中，第一产业累计用电量4.00亿千瓦时，增长23.24%，占全社会用电量3.91%；第二产业累计用电量66.97亿千瓦时，增长13.50%，占全社会用电量65.49%；第三产业累计用电量17.67亿千瓦时，增长2.68%，占全社会用电量17.28%。居民生活用电量13.62亿千瓦时，增长11.06%，占全社会用电量13.32%。

网电、地方电供购 全年全市供购电量101.90亿千瓦时，比上年增长12.70%。其中省网电供电量101.5亿千瓦时，增长13.36%，购地方电量0.4亿千瓦时，下降55.06%。网电与地方电构成比例为99.6:0.4。

珠海市拥有广东省粤电集团有限公司珠海发电厂、广东珠海金湾发电有限公司、珠海市深能洪湾电力有限公司三家火力发电厂，珠海国华汇达丰风能开发有限公司横琴发电项目、高栏港风电场工程两家风力发电厂和一家珠海市垃圾发电厂。除高栏港风电场在建外，其余五家电厂2010年发电总量169.27亿千瓦时，发电设备平均利用9230

小时。

电网建设　珠海市电网建设完成投资13.58亿元，完成年度计划投资的107%，建成投产输变电工程13项，新增变电容量163万千伏安，投运110千伏及以上线路152.71公里。（李　军　王元芳）

【现代物流】　2010年，珠海市交通运输、仓储业、邮电通讯业增加值25.86亿元，比上年增长5.6%，占第三产业增加值的5.1%。完成货物周转量168.1亿吨公里，其中公路30.3亿吨公里，增长5.6%；水运137.8亿吨公里，增长15%。全社会货运量7038万吨，其中公路货运量5591万吨，增长14.3%；港口货物吞吐量6056万吨，增长37.4%；港口集装箱吞吐量70.3万标准箱，增长24.6%。至年底，全市有道路货运企业9133家（含个体运输户6527家），其中年经营收入1000万元以上的企业5家。营运货车19888辆。其中牵引车2238辆，普通货物牵引车1284辆，危险货物运输牵引车142辆。

行业发展　珠海市现代物流业发展迅速，物流园区初步形成并趋于合理，物流信息化平台初具规模，已初步形成高栏港、空港、保税三大综合物流园区，南屏、富山生产物流园区，上冲、界冲及前山三大生产和城市生活物流片区。2010年全市物流企业768家，其中拥有一定规模和品牌效应的物流公司20家；年经营收入1000万元以上的企业5家。吉泰物流入选国家税收试点物流企业，港达供应链（原格力物流）成为广东省首批高新技术物流企业，珠海市物流与采购商会通过行业AAAA级认证。中国电信物流E通已投入营运，珠海港达供应链有限公司“电子制造业保税VMT供应链平台开发”已完成，信禾物流信息平台已在建设。发展以珠海邮政“网商创业园”、珠海邮政通关服务综合平台等为代表的一批电子商务物流信息平台。专业为第一方、第二方和第三方提供物流规划、咨询、物流信息系统、供应链管理等活动的第四方物流也在珠海市崭露头角。（马冠聪　黄岸柳　石红范）

【软件业】　2010年珠海市软件产业规模稳步增长，软件产业总收入188亿元，比上年增长27.41%，软件从业人数3.36万人，软件产业规模位于全省的第三位，其中集成电路设计收入4.45亿元，增长15.89%。

（崔玉霞）

【对外经济贸易】　2010年，珠海市进出口贸易总值434.8亿美元，占全省进出口总值的5.54%，比上年度增长16.13%。进出口总额在全省排第5位。新批境外非金融类投资企业26家，协议投资总额1.57亿美元，比上年大幅增长近20倍。珠海市政府获全省进出口综合一等奖、外经工作一等奖、服务外包先进市二等奖、外商投资加工贸易内销二等奖，珠海市外经贸局获全省一般贸易出口一等奖。

外贸出口　全市出口总值208.62亿美元，比上年度增长17.31%，占全省出口总值的4.56%。一般贸易出口总值45.38亿美元，增长49.76%；加工贸易出口总值145.95亿美元，增长16.83%；其他贸易出口17.28亿美元，下降23.52%。外商投资企业出口总值166.03亿美元，增长12.33%；国有企业出口总值17.09亿美元，增长48.14%；集体企业出口总值3.41亿美元，增长21.72%；私营企业出口总值22.09亿美元，增长40.78%。全市出口超1亿美元的大型企业30家，出口合计139.33亿美元，增长17.06%。机电产品出口164.56亿美元，增长23.48%，占全市出口总值的78.88%；高新技术产品出口80.19亿美元，增长27.37%，占全市出口总值的38.44%。商品出口190个国家和地区。

外贸进口　全市进口总值226.18亿美元，比上年增长15.6%，占全省进口总值的6.82%。按进口方式分，一般贸易进口总值101.31亿美元，增长25.76%，占全市进口总值的44.79%；加工贸易进口总值90.2亿美元，增长15.7%，占全市进口总值的39.87%。进口商品中，机电产品进口98.98亿美元，增长17.28%，占全市进口总值的43.76%；高新技术产品进口71.1亿美元，增长14.35%，占全市进口总值的31.44%。

对外经济技术合作　全市新批非金融类境外投资项目23个，投资总额1.44亿美元，3个境外投资项目增资，增资额1029.9万美元，对外投资额比上年增长近20倍，境外投资项目分布10个国家和地区。完成境外承包工程营业额319.5万美元，对外劳务合作营业额8861.6万美元，年末在外劳务人员10831人。企业备案（含新增和变更）技术进出口合同58份，合同金额4386.08万美元，增长10.2%。企业备案软件出口合同87份，合同金额4836.3万美元，执行金额1062.7万美元，增长8.2%。

（郭　瑜　顾成钢　万红宁　贺体斌）

【经济协作】　2010年，珠海市加大力度支持企业开拓国内市场，安排专项资金323.77万元，对112家中小企业开拓国内市场活动进行补贴。组织企业参加各类内销展会16场，现场销售和合同签约金额超过258亿元，其中，在武汉举办的珠海名特优产品展销会签约、销售金额40亿元。

12月2~4日，由珠海市人民政府和广东省经济和信息化委员会联合主办、珠海市科技工贸和信息化局承办的“珠海名特优产品（武汉）展销会”在武汉国际会展中心隆重举行。珠海市71家企业八大行业的310多种名优特产品参展，集中展示“珠海制造”产品的风采。珠海格力电器、天空文化、珠海市场经营集团、奥伦提服装等8家珠海企业在开幕式上与武汉当地经销商和采购商签署销售合作协议，签约金额34.55亿元。该展销会是继2009年郑州展销会后，珠海再次响应“广货北上”行动号召，在中部地区举行的又一次扩内需、促消费活动。参展企业的产品类别涵盖家用电器、电子信息、服装服饰、箱包、打印耗材、节能产品、化妆品等8大行业。（刘卫东）

【商贸流通服务业】　2010年，珠海市实现社会消费品零售总额486.03亿元，比上年增长20.5%。其中限额以上批发业10.44亿元，增长58.9%；限额以上零售业181.6亿元，增长28%；住宿餐饮业60.08亿元，增长23.1%。人均消费性支出2.04万元，增长13.5%。其中食品支出7123.66元，增长5.6%，衣着1220.84元，增长17.3%。全市有三个具规模的农副产品批发市场：白藤湖批发市场、铭海批发市场、和平物流批发市场，三个批发市场的年交易额约80亿元，占全市农副产品交易额的70%。

批发零售业　全市批发零售业零售总额425.94亿元，比上年增长20.14%。其中，批发业零售额67.08亿元，增长16.7%；零售业零售额358.86亿元，增长20.8%；限额以上批发零售业中，石油及制品类零售额34.81亿元，增长19.9%；汽车类零售额

58.28亿元，增长39.1%；粮油食品饮料烟酒类零售额30.72亿元，增长24.2%；服装鞋帽针纺织品类零售额20.18亿元，增长44.4%；家用电器和音像器材类零售额17.57亿元，增长40.7%；日用品类零售额3.64亿元，增长61.4%。

住宿餐饮业　全市住宿餐饮业营业额60.08亿元，比上年增长23.1%。其中，星级（限额以上）企业20.23亿元，增长17.8%；星级以下（限额以下）企业39.85亿元，增长25.9%。

生猪定点屠宰　全市有4家生猪定点屠宰场，全年生猪屠宰量60万头。为进一步加强珠海生猪屠宰管理，经市政府批准，从4月1日起正式实施《珠海市生猪屠宰和生猪产品流通管理规定》。

酒类专卖　全市有酒类生产企业5家，批发企业255家，零售经营户1663家。主要从两个方面加强管理。利用“3·15”等活动，宣传酒类管理法规和食品安全知识，提高经营者、消费者自身的法律意识和辨别真假酒的能力，引导市民培养良好的消费观念。加大对酒类批发商的管理力度，实行酒类批发“随附单”制度，扶持有实力的酒类经销商，逐步从源头上制止假冒伪劣酒类产品在市场上流通。同时加强对农贸市场、商场、超市、餐饮酒店等市民消费主渠道的监控管理。

拍卖业、典当业　全市有拍卖企业32家，累计举行拍卖会394场次，成交总额15.43亿元。典当企业8家，累计典当总额2.57亿元。

二手车市场　全市有二手车交易市场7个，二手车评估机构4家，定点报废汽车回收拆解企业1家。全年二手车交易量19756辆，交易金额10.68亿元。

家政服务业　珠海市贯彻落实商务部、财政部、全国总工会《关于实施“家政服务工程”的通知》精神，扶持珠海市家政服务培训机构，促进家政服务业发展，打造“财政政策引导，商务组织资源，工会打造平台，家政拓展就业，促进社会发展”的“家政服务工程”格局。全年举办四期培训班，为1000名贫困下岗失业人员和农民工提供免费家政服务职业技能培训，其中有779人培训合格并已持证上岗。（李　电）

家电以旧换新和家电下乡　全市家电以旧换新销售五大类（电视机、电冰箱、洗衣机、空调、电脑）新家电10.43万台，销售额3.99亿元，财政补贴2321.47万元，回收五大类旧家电10.91万台。审核单位和个人申报报废汽车以旧换新357辆，财政补贴573.7万元。全市销售家电下乡产品23254台，销售金额5038万元，财政补贴554万元。（李　电　刘　勋）

【会展业】　2010年，珠海市有大型专业展览场馆包括珠海航空航天博览中心、建设中的华发十字门中央商务区会展商务组团（一期）。小型展览和会议场所有科技会展中心、珠海市博物馆、珠海市美术馆、海泉湾度假区、珠海度假村酒店、珠海市德翰大酒店等。已动工建设的珠海市博物馆和城市规划展览馆项目总投资约6.5亿元，规划用地面积约5.03万平方米，总建筑面积约4.84万平方米。其中博物馆建筑面积3.3万平方米，城市规划展览馆1.54万平方米；预计在2012年前后建成。

【第八届中国国际航空航天博览会】　2010年11月16~21日，第八届中国国际航空航天博览会在珠海隆重举行。来自世界35个国家和地区的近600家航空航天企业参展，室内参展净面积2.3万平方米，展出各种类型的飞机71架。航展期间举行的峰会论坛、新闻发布会、项目签约仪式、新产品推介会、市场预测报告会、学术交流研讨会、记者招待会、招待酒会等共51场，57个中外军政贸易团及驻华使领馆团体参加了航展。除C919大型客机启动用户的订单外，各国及地区的参展商之间签订28个项目价值约93亿美元的各种合同、协议及合作意向，成交254架各种型号的飞机。在前3天专业日内有10万专业人士入场参观，后3天公众日吸引逾22万普通观众参观。

（马冠聪　黄岸珈　石红范）

【高新技术产业】　2010年，珠海市高新技术产品产值1278.8亿元，占全市工业总产值的41.88%。新认定的国家高新技术企业42家，总数196家，其中上市企业20家，产值超亿元企业81家。196家高新技术企业科技项目经费内部支出44.85亿元，占产品销售收入的5.16%，远高于全市工业平均水平；全年专利申请量2082项，占全市专利申请量的58.58%；实现新产品产值493.43亿元，占高新技术企业总产值的47.27%；全员劳动生产率25.12万元/人，是全市人均生产总值的3倍。珠海市高新技术产业特色鲜明，在一些细分市场上具有很强的竞争力。如在电力系统操作安全保护设备领域，国内市场份额占有率达70%以上，位居全国第一位；在软件及生物医药与医疗器械领域，珠海市的综合实力居全省第三位；在打印耗材领域，珠海市是全球最大的兼容打印耗材生产基地。（李啸江）

【工程中心和企业技术中心】　2010年，珠海市新增工程中心16家、企业技术中心15家。其中省级工程中心3家，省级企业技术中心4家。至年底，全市有工程中心54家，其中国家级工程中心4家，省级工程中心23家，市级工程中心27家；有企业技术中心122家，其中国家级企业技术中心2家，省级企业技术中心25家，市级企业技术中心95家。新增3家省级工程中心分别为广东省数字化诊断治疗设备工程技术研究开发中心、广东省金山信息安全工程技术研究开发中心和广东省配网自动化工程技术研究开发中心。新增4家省级企业技术中心分别为珠海罗西尼表业有限公司企业的技术中心、伟创力科技（珠海）有限公司的企业技术中心、珠海欧美克科技有限公司的企业技术中心、珠海双喜电器有限公司企业技术中心。

（黄　涛）

【旅游业】　2010年，珠海市接待游客总数2333.09万人次，比上年增长11.76%，其中接待入境游客448.46万人次，增长8.43%，国内游客1884.63万人次，增长12.58%。全市旅游总收入219.35亿元，增长29.91%。其中国际旅游（外汇）收入12.23亿美元，增长19.16%，国内旅游收入136.2亿元，增长37.98%。接待过夜游客1380.53万人次，增长14.21%，其中国内游客1055.39万人次，增长15.86%，入境游客325.14万人次，增长9.17%。在入境游客中，外国人56.73万人次，增长18.53%；香港同胞107.48万人次，增长5.39%；澳门同胞74.22万人次，增长9.08%；台湾同胞86.71万人次，增长8.43%。有旅行社101家，其中出境游组团社10家，入境社91家。有星级饭店93家，其中五星级8家，四星级10家，三星级67家，二星级8家。新评定星级酒店2家，四星级酒店1家，三星级酒店1家。有景区景点43个，其中国家AAAA级景区2个，AAA级景区1个。珠海度假村酒店获“中国饭店金星奖”。

开展区域旅游专项合作　珠海市与广州市旅游局、深圳市文体旅游局以“活力广东精彩广深珠”的统一形象联合参加2010广州国际旅游展览会、2010中国（重庆）国内旅游交易会、香港国际旅游展览会和2010中国（上海）国际旅游交易会等四个重要旅游展。8月2~6日，和广州市旅游局、深圳市文体旅游局组织三地旅游企业代表60多人，联合举办“精彩广深珠—激情与速度”推介活动，推介地点分别是高铁沿线的湖南长沙、湖北武汉、河南郑州、陕西西安四个省会城市。特别推介以2010年广州亚运会、2011年深圳世界大学生运动会、2010年珠海国际航空航天博览会等盛会为核心的旅游产品。推进《中珠澳休闲旅游指南》（英文版）、《中珠澳高尔夫、美食、节庆活动指南》、《梦回香山》精华版等宣传资料的制作。中珠澳三地联合参加4月30~5月3日在台北举办的2010台北两岸观光博览会，推介三地旅游精品线路，拓展台湾旅游市场。中山、澳门两地旅游局代表中珠澳三地利用10月22日在马来西亚举办的第八届世界中山同乡恳亲会，在马来西亚举办旅游促销活动，推介中珠澳旅游线。12月10日，以武广高铁开通为大香山区域旅游业发展带来的契机，中山、珠海、澳门旅游推介团，组织三地旅游业界和媒体，共赴武汉举办旅游推介会，珠海市重点推介温泉和高尔夫旅游品牌。

旅游项目建设　11月28日，珠海长隆国际海洋度假区主体工程在横琴动工。项目总投资100亿元。项目完成后，度假区内将配备世界最高摩天轮、最长木质过山车、最先进的5A影院等。东澳岛玲玎海岸旅游项目在建设中，“玲玎海岸”设计规划酒店功能形式多样，包括精品酒店、会所酒店、休闲度假酒店、会议度假酒店、高级别墅式酒店、有限服务及产权式酒店等。喜来登、瑞吉、香格里拉、洲际、万豪等国际品牌酒店和海泉湾二期项目按计划推进。

绿道旅游　2010年，珠三角区域绿道1、4号线珠海段已全线贯通，8月30日，举办区域绿道珠海段全线贯通仪式，并举行“千人骑车绿道行”活动。珠海市区域绿道严格做到既有“绿”又有“道”，配备较为完善的标识系统、安全、卫生、换乘等服务设施，实现与中山市城际交界面绿道的互联互通。全市建成区域绿道82公里、城市和社区绿道185公里，投入资金约3亿元。配套建设驿站28个；停车场28个（车位802个）；公厕28座；自行车租赁点28个；小卖部服务店28个；安装标识系统377块；植树约20万株；新增绿化面积约50万平方米；修建休闲小广场30处；增加体育健身设施90套；串联各类旅游景点93个；连接农庄、果园160余处；开展各类绿道主题活动200余次；接待游客10万人次。

（赵予萌）

【文化产业】　2010年，珠海市文化产业总产值408.7亿元，增加值63亿元，比上年增长14.5%，占全市生产总值的6.3%。其发展势头呈现几个特点：一是加大招商引资力度。珠海市连续6年组团参加深圳中国国际文化产业博览会，2010年深圳第六届中国国际文化产业博览会期间，珠海市组织各区政府、高校、企业和金融等方面人员500多人参观博览会，同时组织24家文化企业和单位、150多种文化产品参展，现场达成12个文化产业合作投资项目落户珠海，投资额12.83亿元，投资项目当年全部启动。二是文化产业基地规模壮大。珠海成为海内外文化产业项目投资的热点地区，先后有金山与巨人网游研发中心、金地动力港文化产业园、北山创意基地、闲云油画基地、金辉工艺品产学研基地、南方影视城、文化传信产业园等数十个文化产业重点项目落户珠海，已发展形成“一园两城四基地”产业格局（南方产业园、影视城、博物馆城、原创艺术品基地、影视动漫产业基地、印刷产业基地、数字内容产业基地）。2010年在珠海举办的粤港澳数字影视娱乐产业高峰论坛，为珠海打造华南地区数字娱乐和动漫产业的重要基地奠定基础；三是加大文化产业扶持力度。珠海市政府每年划拨1000万元文化产业发展基金，并制定文化创意产业园区（基地）管理办法与相关扶持配套政策，优化专项资金的管理和服务。2010年文化产业发展专项资金扶持重点项目35个，资助总额920万元。投资200亿元的金山公司获省文化产业发展专项资金扶助500万元。通过与中国银行等六家银行签署合作协议，向文化产业协会会员单位提供37.3亿元的意向性融资支持额度。珠海（南方）影视文化产业基地、横琴粤港澳文化产业合作区、金山网游基地项目被列入广东建设“文化强省”十大重点系列工程。

【图书音像出版发行】 2010年，珠海市总发行图书210973册，实现营业收入1205万元，比上年增长2.39%。发行音像制品310550盒，经营收入44.6万元，增长3.2%。珠海画报社、珠海杂志社全年经营收入90万元。至年底，全市有出版发行单位220家，其中公开发行报刊单位6家，内部资源性出版单位39家，图书批发单位6家，图书零售店137家。音像出版单位14家，音像零售店69家，电子出版物零售店10家。

（梁　旭）

城乡发展

【城市总体规划修改和重大规划编制】 2010年，珠海市编制城乡规划135项，其中已完成30项，开展中的有105项。

城市总体规划修改　组织完成《珠海市城市总体规划（2001~2020）实施评估报告》、《珠海市城市总体规划（2001~2020）强制性内容修改论证报告》、《珠海市城市总体规划（2001~2020）前期研究报告》的编制工作，并通过省住建厅组织的专家评审，申请总规修改的请示已由省政府上报国务院。加大城市总体规划修改公众参与力度，举办“珠海城市规划建设百人行”活动、行业协会恳谈会和企业恳谈会等活动。总规15项专题研究均已形成初步成果，部分专题研究已结题，并纳入总规修改成果。已组织完成《珠海市城市总体规划（2001~2020）修改》方案。组织召开总规修改方案专家咨询会暨珠海市城市规划专业技术委员会会议，邀请两院院士、原建设部副部长周干峙先生等国内及港澳地区24位知名专家学者参加，广泛听取专家意见。

重大交通发展规划　先后组织编制完成《珠海市轨道交通线网规划》、《港珠澳大桥对珠海的影响研究》、《主城区人行过街通道及路口改造近期建设规划研究》等一系列交通规划，努力构建大交通格局。配合市交通运输部门启动《珠海市综合交通运输体系规划》的编制工作，已经完成综合交通出行调查、中期成果编制工作。

重大产业布局规划　组织开展高栏港经济区、高新技术产业开发区、航空产业园、富山工业区、平沙游艇与休闲旅游区等规划编制工作。编制完成《高栏港经济区分区规划》、《高栏港经济区装备制造区控制性详细规划》、《珠海市航空产业园发展规划》、《珠海市富山工业园分区规划》、《平沙游艇与休闲旅游区总体规划》等15项重大规划。

城市空间布局规划　编制完成《珠海市西部中心城区概念规划》、《横琴新区总体规划》、《横琴新区控制性详细规划》、《珠江三角洲区域绿道珠海段建设规划》、《东部城区主轴（情侣路）概念规划》、《十字门中央商务区规划》等多项重大规划。编制完成《共建优质生活圈规划》、《环珠江口宜居湾区建设重点行动计划》等一批跨区域的重点规划。与中山、江门两地规划部门共同组织编制的《珠中江城市空间协调发展规划（2009~2020）》已完成初步方案。

（贺洪强）

【扶贫工作】　2010年，珠海市落实帮扶资金3398万元，其中市、区财政资金2350万元，帮扶单位自筹资金1048万元；实现脱贫户数177户；有19个欠发达村集体经济收入比上年增长30%以上；帮扶建设民生项目123个，改造贫困户危房60户，帮助982户农户参加农村合作医疗。全年全市实现脱贫贫困户8870户，占贫困户总数的50.6%；脱贫人数45284人，占贫困人口总数的52.5%。85个贫困村贫困户人均纯收入2383元，人均增收708元。帮扶困难学生3279人；帮扶106名贫困户家庭的初、高中毕业生免费进入珠海市高级技工学校学习。扶持发展村集体经济项目244个，建设茶叶基地、佛手果基地等种植、养殖基地48个，面积548.27公顷。规划建设9个小水电站和山泉水改造工程，帮助26个村集体参股。帮助引进企业建厂16个，帮助村办企业和专业合作组织14个。帮助建设集贸市场3个。通过帮扶，有45个贫困村集体经济收入超过3万元。全年帮扶贫困村改善村办公条件项目79个，建设文化室70个、卫生室67个；硬底化道路102公里，标准化农田建设2106.6公顷；解决14286户农户饮水安全问题，改造贫困户危房556户，帮助653户农户纳入低保，帮助14614户农户参加农村合作医疗。　（黎彩丽）

【华侨农场】　2010年，珠海市认真贯彻落实《关于红旗平沙白籐农场改革与发展的议案》办理时限的要求，大力推进农场改革，完善“镇场合一”的管理体制，着重在农场职工危房改造、华侨农场职工安置补偿和华侨农场历史遗留金融债务处置等方面展开工作，按期办结珠海市六届人大二次会议确定的《关于红旗平沙白藤农场改革与发展的议案》。使农场真正实现“体制融入地方、管理融入社会、经济融入市场”，农场改革与发展焕发新活力。危房改造方面，完成红旗平沙农场职工危房改造2508户，累计完成改造6133户，并确保全部农场危房改造项目动工。职工安置补偿方面，继续实施原红旗平沙农场职工安置补偿方案，累计完成对2442人的补偿。新增拨8535.63万元〈市财政4900万元，区（镇）配套3635.63万元〉，用于解决红旗平沙农场职工安置补偿新问题。已解决红旗平沙农场有异议的历史遗留金融债务处置问题，广东省财政给予补助资

金 3405.68 万元，珠海市也配套了资金，处置债务 6.9 亿元。（周旺辉）

资源环境

【生态环境建设】 2010 年，珠海市推进生态建设“四个百分百”行动，圆满完成省下达的减排年度目标和“十一五”控制目标，提高生活垃圾无害化处理率和城镇生活污水处理率，工业企业百分百入园和裸露山体百分百恢复绿化工作进展顺利。环保目标责任考核获全省优秀称号。推动全市 156 家重点企业开展清洁生产审核工作。推进区域环境保护一体化建设，与中山市共同推进对前山河的治理，与澳门共同推进鸭涌河整治。开展整治违法排污专项行动，依法惩治环境违法行为。完成油气回收工作和工业锅炉治理。开展生态环境宣传教育，坚持环保宣教“四走进”和“低碳减排，绿色行动”活动。建成珠海市环境监测监控中心、市区国控、省控重点污染源监控系统、“污染源自动监控在线监测数据分析系统”、河流水质安全预警体系统，构建全市环境安全保障体系。推进《珠海市“十二五”环境保护规划》、《珠海市“十二五”污染减排规划》编制工作。完成《珠海生态市建设规划》修编工作，并通过专家评审。

【环境质量状况】 水环境 监测结果表明，2010 年珠海市水环境质量保持稳定。前山河、黄杨河和跨市河流断面等所有监测项目均符合国家相关标准。全市设置 13 个近岸海域水质监测点，污染物平均浓度值符合国家海水水质标准。大镜山水库等八个饮用水源地的监测数据显示，全年饮用水源水质达标率 100%。

大气环境 全市空气环境质量保持优良。全年有 225 天空气质量级别为一级（优），占全年总天数的 61.6%；有 140 天空气质量级别为二级（良），占全年总天数的 38.4%。环境空气中首要污染物为可吸入颗粒物。酸雨发生率 44.3%，酸雨频率比上年下降 2.8 个百分点。

声环境 珠海区域环境噪声平均值为 54.9 分贝，城市道路交通噪声平均值为 67.9 分贝，均符合噪声标准。

生态环境 全市各类自然保护区 9 个，自然保护区面积 623.66 平方公里，其中海洋类保护区 2 个，面积 484.35 平方公里，陆地类 7 个，139.31 平方公里，自然保护区覆盖率为 13.01%。建成区绿化覆盖总面积 62.13 平方公里，绿化覆盖率 50.25%。

【环境污染物排放状况】 2010 年，珠海市工业废水排放量 6124.49 万吨，工业废水中化学需氧量 6555.45 吨，工业废水排放达标率 98.04%。工业企业废气排放量 1337.07 亿标立方米，工业企业烟尘排放量 8041.13 吨，工业二氧化硫排放量 34787.46 吨，工业粉尘排放量 1603.34 吨。工业企业固体废物产生量 274.95 万吨，综合利用量 270.03 万吨，综合利用率 98.21%，其中危险废物产生量 6.34 万吨，综合利用量 4.6 万吨，处置量 1.74 万吨，利用处置率 100%。

【严把环保审批关】 2010 年，珠海市环保部门严格执行国家产业政策，对高耗能、高排放及产能过剩行业的项目从严把关；对符合中央政策和环保准入要求、有利于保民生、保增长的省重点建设项目开通“绿色通道”，加快环评审批进度，做好跟踪服务。全年全市受理建设项目2239个，审批项目2170个，否决69个项目。环评执行率100%。受理65个建设项目试生产核准，所有事项均在规定期限内提前办结。

【污染减排】　2010年，珠海市严格污染减排总量区域控制，把总量减排作为环境影响评价审批的前置条件，珠海市政府将全市主要污染物控制总量分配到各区政府和各经济功能区管委会，辖区政府对所有重点污染源企业分配下达总量控制指标，并通过排污许可制度，落实年度总量目标和浓度控制。新建成三灶、南水、新青、平沙、拱北厂一、二期扩建等减排工程。为确保完成“十一五”减排目标和重点工程，珠海市在把减排工作纳入环保目标责任制考核体系的基础上，进一步落实问责制，制定出台《珠海市污染减排一票否决考核实施办法》，明确规定对不能通过“十一五”减排考核的区政府（含经济功能区管委会），其相关主管部门领导实行一票否决。2010年，珠海市污染减排目标任务为二氧化硫和化学需氧量排放总量分别控制在3.58万吨和2.78万吨以内，全市污水处理能力达到54.3万吨/日。

【区域环境保护一体化建设】　2010年，珠海市与中山市共同推进前山河治理，开展珠海、中山、江门环境一体化合作。开展珠澳环境应急管理合作，粤港珠江三角洲空气监测系统等工作。成立珠澳环保专责小组，启动珠澳跨境区鸭涌河治理工作。

【大气污染防治】　2010年，珠海市开展机动车环保分类标志发放工作，核发机动车环保标志9.86万张。与珠海市公安交警部门建立对机动车排气污染路检和冒黑烟车投诉处理联合机制，有效查处机动车排气污染违法行为。1月，珠海市全面启动加油站、油罐车、储油库油气回收综合治理工作。珠海市环保局先后出台《珠海市油气回收综合治理工作方案》、《珠海市油气回收综合治理财政补助方案》、《加强全市油气回收综合治理安全工作的通知》等相关文件。至年底，油气回收综合治理工作已基本完成。全市有107个加油站、24辆油罐车、4座储油库完成油气回收综合治理工作。

为做好亚运会空气保障工作，珠海市环保局先后制定《珠海市贯彻落实〈广东省清洁空气行动计划〉和〈广州亚运会召开前空气质量保障措施方案〉的实施方案》，推进锅炉废气治理和VOC治理等各项工作，将亚运空气保障工作落到实处。珠海市环保局获“亚运环境质量保障工作先进单位”称号。

【环境执法】　2010年，珠海市完善污染源在线监控系统建设，推进环境污染事故控制和环境监测预警中心建设；重点污染源自动监控中心通过省环保厅验收，并与省监控平台联网，数据完整率达标。组织应急演练，提高突发环境事件应急处置能力，严防环境污染事故，全年没有重大特大环境污染事故发生。开展减排工程监管，亚运环境保障、重金属和危险化学品整治等主题专项活动，打击环境保护违法行为，着力解决影响可持续发展和危害人民健康的突出环境问题。全年全市出动9087人次，现场检查企业3323家，立案130宗，作出行政处罚决定76宗，发责令改正违法行为决定书223宗。受理群众举报环境投诉案件3780起，处理率100%。开展全市核技术应用项目安全大检查、医疗废物管理以及危险废物持证单位环境安全大检查等专项检查行动，加强对300多家危险废物产生、处置单位的监管。筹建“珠海市危险废物监控管理工程”，对产生和处置企业的危废贮存现场实时监控，并对运输车辆运行监控分析。

【低碳行动】 2010年6月5日，围绕“低碳减排、生态珠海”主题，珠海市环保局联合各区环保局组织22家自愿减碳的示范企业，与22个社区、学校结成“减碳对子”，签订“碳交易”协议书。企业出资付费给社区，社区居民开展为期一年的减碳计划，在全国首创“政府推动、企业付费、社区减碳”有偿低碳合作活动。培育生态文明观念。在全市开展环保图片展、环保宣教“四走进”（进农村和海岛、进社区、进学校、进企业）活动。在《珠海特区报》、《珠江晚报》开辟各20期专栏；编制印发数万册“我低碳、我行动—全民低碳行动手册”等环保宣传资料，向公众倡导低碳生活、绿色消费、共建生态文明等意识，培育市民的生态文明观念。在“六·五世界环境日”期间，珠海市围绕“低碳减排、生态珠海”的主题，举办由珠海、中山、江门三市环保局共同发起的“‘珠中江’首届环保知识竞赛”、召开纪念“六·五”世界环境日暨全市环境保护工作会议、启动“低碳减排，绿色行动”、“走进生态珠海——体验绿色唐家”大型市民体验活动等系列活动。开展创建“环境友好型企业”、“全国环境优美乡镇”、“广东省生态示范区”、“生态示范村”，“绿色社区”，“绿色学校”等活动。2010年珠海市新增21所市级绿色学校，11个市级绿色社区，15个市级生态示范区，香洲区创建国家生态区建设规划通过省环保厅的专家评审。（傅红红）

【海洋海岛保护】 2010年，珠海市开展对海岛林相的改造，加大海岛植树绿化工作，投资3000万元完成海岛30公里绿道的建设，投资1600万元的桂山污水处理厂已建成投入使用，投资2500万元的桂山水库接近完成，海岛垃圾处理工程已进入实施阶段，各主要海岛的客货运码头、环岛公路和文化中心功能逐步完善。加强海域管理，投资4500万元先后在东澳、外伶仃等海域建设四座人工鱼礁，开展人工增殖放流活动。6月6日，第三届广东“休渔放生节”活动珠海分会场在珠海市东澳人工鱼礁区举行，189万尾主要经济鱼类放归大海；10月28日，珠海市在东澳人工鱼礁区举行中央海洋经济物种渔业增殖放流活动，156万多尾黑鲷鱼苗放归大海，万山区放养海藻0.67公顷，翡翠贻贝3.5万公斤，巴非蛤25万公斤，虾苗820万尾。发挥渔村村民的积极性，与公安、渔政等部门共同管理，对电鱼、炸鱼、违法抽海沙、盗采珊瑚和盗挖罗汉松等破坏海洋海岛生态的违法行为进行打击。

【防震减灾】 2010年，珠海市地震局举办香洲区民办学校（园）应急疏散演练现场观摩会，各民办中小学校校长、各托幼机构园（所）长等200多人参会。修订《珠海市地震应急预案》，制定《珠海市2010年地震应急工作实施方案》，完成珠海市地震应急基础数据和地震应急信息库更新工作，编辑、印刷《防震减灾基本知识手册》5万册，开展香洲区26所民办中小学紧急疏散演练检查评比活动，提高应对突发性地震灾害的能力。完成广东省和珠海市防震减灾“十一五”重点项目——珠海市城市重要建（构）筑物抗震性能普查。经过公开招投标工作，该项目由省、市共同出资120万元，对香洲、斗门两城区1亿平方米的重要建（构）筑物抗震性能进行普查。编制完成《横琴新区地震小区划》项目建议书；建成国家强震台网珠海三个强震观测子台并投入使用。

11月19日14时42分深圳发生2.8级地震后，珠海市地震局迅速确定地震三要素（时间、地点、震级），立即启动市地震局应对有感地震应急方案，即时向市政府（应急办）报告震情，通报各区政府，并迅速通过政府网、广播电台、电视台等发布正确的震情信息。 （杨小华）

社会事业

【民生得到较大改善】 2010年，珠海市编制中长期教育改革和发展规划纲要，市职业教育基地建设稳步推进，中小学校舍安全工程按计划进行，市第一中学和实验中学扩建工程完工并投入使用，斗门一中、斗门和风中学扩建工程顺利开展，无偿划拨3块教育用地用于开办民办中小学。2010年，全市在校大学生11.5万人。启动医疗就诊“一卡通”建设。“两免”、“两癌”普查工作深入开展，推进文化强市建设，出台《关于建设文化强市的实施意见》，推进文化发展繁荣。提升人口管理水平，开展人口普查工作，推行以居住证为载体的流动人口服务管理“一证通”制度，探索出台流动人口居住证积分入户政策。全市城镇居民人均可支配收入25381.58元，比上年增长11%。全市财政用于民生方面的支出57.6亿元，增长14.2%，民生支出占全市一般预算支出的39.6%。优化整合社会基本医疗保险制度，完善农民和被征地农民养老保险制度，提高社会保险待遇水平。实施创业带动就业工程，开展就业援助月、民营企业招聘周等专项行动。提高低保标准。6个社区获广东省“六好”平安和谐社区称号。完成援建四川地震灾区工作，开展对口揭阳三县（市）扶贫工作，已落实帮扶资金13532万元，其中

珠海市文教卫体事业基本情况

教育				医疗　文化　体育			
项目	单位	2009年	2010年	项目	单位	2009年	2010年
普通高校校数	所	10	10	医院、卫生院数	个	48	49
普通高校在校学生数	万人	10.16	10.82	医院、卫生院床位数	张	5867	6092
中职和技校学校数	所	9	9	平均每千人口医院、卫生院床位数	张	3.8	3.9
中职和技校在校学生数	万人	2.28	2.72				
普通中学学校数	所	58	58	群众艺术、文化馆数	个	4	4
普通中学在校学生数	万人	9.39	9.53	公共图书馆数	个	4	4
小学学校数	所	130	124	博物馆数	个	2	2
小学在校学生数	万人	12.56	12.63	档案馆数	个		
学龄儿童入学率	%	100	100	国民体质合格率	%		
幼儿园数	所	210	227	人均公共体育场面积	平方米		
在园幼儿数	万人	4.03	4.67				

财政资金 4588.2 万元；实施扶贫项目 495 个，其中产业项目 152 个，基础设施建设项目 343 个。

【科技工作】 2010 年，《珠海经济特区科技创新促进条例》获市人大通过实施，首次在地方立法中确立科技财政投入的比例，并以 5%的高比例位居全国之首，这是继科技重奖励后，珠海在促进科技创新政策方面又一重要举措。珠海市本级财政科技支出 2.63 亿元，比上年增长 39.8%，其中科技研发专项资金投入 1.97 亿元，增长 45.9%。引导企业加大研发投入，市 R@D 经费内部支出 20.92 亿元，支出规模居全省第四位，增长 48.2%。全市 R@D 经费内部支出占生产总值比重的 1.73%，完成 1.7%的年度目标任务，比上年提升 0.37 个百分点。全年新增国家高新技术企业 42 家，总数 196 家。高新技术产品产值 1278.8 亿元，增长 30.65%，比“十五”期末 600.9 亿元翻一番，高新技术产品产值占全市工业总产值的 41.88%，创历史新高。企业创新能力明显提升，2 项科技成果获国家科学进步二等奖，丽珠医药等 8 家企业进入省创新型企业 100 强。珠海赛纳公司研发的中国第一台自主核心技术激光打印机——奔图激光打印机投入规模化生产。胡锦涛总书记和温家宝总理在视察珠海时，对格力电器、金山软件、汉胜科技、银通新能源和中航通飞等企业的自主创新能力给予高度评价。科技创新平台建设新增工程中心 16 家、企业技术中心 15 家，全市各级工程中心和企业技术中心达到 176 家，总数位列全省前列。知识产权及品牌建设工作实现新突破。成立全国首家知识产权检察室，探索知识产权司法保护“珠海模式”。全年专利申请量 3554 件，增长 27.93%；授权量 2768 件，增长 37.85%。全市拥有省级以上名牌名标增加到 158 件。（黄南荫）

【科技政策环境】 2010 年，《珠海经济特区科技创新促进条例》获市人大表决通过，以立法的形式确立自主创新作为珠海城市发展的主导战略。《条例》围绕珠海市自身可支配的资源，从财政政策、土地政策、采购政策、金融政策、人才政策、住房政策和行政服务政策等七个方面对科技创新给予支持。出台《关于加快发展战略性新兴产业的意见》、《珠海市 7·50 工程培育项目（企业）管理暂行办法》、《关于促进生物医药产业加快发展的意见》等政策，重点发展高端新型电子信息、生物医药、新能源及新能源汽车产业，布局发展新材料、航空、海洋工程和节能环保产业，打造“3+4”战略性新兴产业发展格局。对《珠海市关于引进和建设国家重点实验室的扶持与管理办法》进行修订，加强对引进和建设国家重点实验室的管理。出台《珠海市促进专利申请十项工作措施》，激励企业积极申请专利，特别是发明专利。（黄南荫　马　菲）

【科技计划项目】 2010 年，珠海市财政在近年安排 6000 万科技研发资金的基础上，增加 2000 万元自主创新行动计划专项资金。全市有 194 个项目列入市级科技计划，下达市级财政科技经费 7524.8 万元。31 个项目获得国家和省科技型中小企业创新基金立项支持，资助金额 1160 万元。84 个项目列入省部级各类计划，获得 1.89 亿元经费支持，立项数量及经费支持均为历年来最高。其中，中航通用飞机有限责任公司的“中航通用珠海飞机总装试飞生产建设项目（一期）”和丽珠医药集团股份有限公司的“艾普拉唑系列创新药物研发及产业化”项目分别获得省财政厅战略新兴产业发展专项资金 5000 万元和 4000 万元资助，珠海格力电器股份有限公司的“国家节能环保制冷设备工程技术开发”项目获得科技部国家级工程中心 300 万元资助。（甘　露）

【产学研合作】 2010 年，珠海市立项产学研及重点实验室项目 45 个，资助经费 2200 万元。丽珠集团的“参芪扶正注射液”项目入选全省产学研结合重大科技成果，30 个产学研合作项目获得省级立项，资金扶持 2515 万元，立项数和扶持金额均创历史新高。新增省部产学研结合示范基地 3 个、科技创新平台 3 个、特派员工作站 6 个、企业科技特派员 85 名。在广东省产学研 5 周年大会上，珠海市科工贸信局被授予“企业科技特派员工作先进单位”称号，两名科技特派员获“优秀企业科技特派员”称号；在 2010 年中国产学研合作促进会年会上，珠海市科工贸信局获得“产学研合作促进奖”。（林力建　冯影雪）

【科技创新公共平台】 珠海市已建成电子信息技术公共服务平台 4 个：软件产品检测中心、集成电路设计服务中心、网络检测中心和数字娱乐公共服务中心。多年来，珠海市在资金投入和制度建设方面保障平台的建设和运营。2010 年，投入 899 万元支持平台建设。

软件产品检测中心和网络检测中心为 145 家软件企业和信息化建设单位提供 662 人次技术咨询服务，202 项软件测试技术服务。被评为广东省信息化与工业化融合“4 个 100”示范工程的 6 个信息技术创新服务示范平台之一，被广东省中小企业局评为“2010 年第一批广东省中小企业公共（技术）服务示范平台”，是广东省国际科技合作基地中唯一的“软件与网络服务外包科技合作基地”。集成电路设计服务中心平台租赁签约 6 家企业，为设计企业提供 45 次技术服务。数字娱乐公共服务中心承接 8 个电影后期制作服务项目，3 个动画制作流程技术咨询服务项目，3 个大学生实训项目，中心成为 AUTODESK 全球高端产品用户培训中心和高端产品技术合作伙伴。（崔玉霞）

【技术创新专业镇】 2010 年，珠海市白蕉水产专业镇的“水产养殖专业镇共性技术创新平台”项目，被列为粤港澳关键领域重点突破招标项目给予重点支持，获得 250 万元科技经费支持；三灶镇被评为省级先进示范单位。

【科技成果与奖励】 2010 年，珠海市有 18 个项目通过省级和市级科技成果鉴定，其中通过省级科技成果鉴定的项目有 4 个。有 73 个项目进行科技成果登记。2 个项目获 2010 年度国家科学技术进步奖二等奖，分别为中国珠海裕嘉矿产品有限公司与中南大学等单位合作的“大型链篦机—回转窑赤铁矿氧化球团生产的关键技术开发和应用”项目、珠海丽珠试剂股份有限公司与华南农业大学等单位合作的“农业食品中有机磷农药等残留快速检测技术与应用”项目；3 个项目获广东省科学技术奖，其中二等奖 1 项，三等奖 2 项。二等奖为珠海汉胜科技股份有限公司的“3G 用低损耗馈线”项目，三等奖为珠海格力电器股份有限公司的“应用 EVI 和智能化霜技术的全新滑动门柜式空调器”项目和珠海联迪软件系统有限公司的“公路养护大道班生产管理系统”项目。珠海市科学技术奖奖励项目45个，包括，科技突出贡献奖2项，科学技术进步奖一等奖5项、二等奖9项、三等奖10项，自主创新促进奖19项。

【技术市场】 2010年，珠海市拥有珠海（国家）高新技术创业服务中心、各级孵化器、工程中心、企业技术中心、科技咨询公司等各类性质的科技中介服务机构400余家。引进或兴办多种形式的科技中介机构。认定登记的合同数341件，合同成交总额5.97亿元，其中技术交易额5.81亿元，分别比上年增长8%、89%和93%。

【科普工作】 2010年，珠海市围绕“携手建设创新型珠海”主题，开展“科技进步活动月”各项工作。组织开展青少年科普活动、防震减灾科普活动、专利宣传活动、无线电宣传活动、科普进社区、科技下乡、各种展示活动等活动项目7个、其他活动内容30多个。开展“广东青少年科学教育特色学校创建活动”，组织推荐5家学校申报。珠海市第一中学被广东省科协、省科技厅、省教育厅命名为广东省科学教育特色学校。开展创建广东省科普示范社区。香洲区梅华街道鸿运社区、吉大街道海湾社区、拱北街道华平社区被省科协、省科技厅、省文明办命名为广东省科普示范社区。

（郑　雷　杜　凤　肖茜虹）

【科技交流与合作】 2010年，珠海市定期通过互联网等渠道向企业推介由我国驻外使馆科技处推荐的国外先进技术和项目，促进国际先进技术和项目向珠海市转移。协助企业申请国家、省、市国际科技合作项目专项资金。珠海市大丰和电动车辆有限公司、珠海福尼亚医用高分子材料制品有限公司和丽珠医药集团股份有限公司等3家企业获得省级专项资金支持共计70万元人民币；珠海越亚封装基板技术有限公司、珠海市园艺研究所、国家中药现代化工程技术研究中心和珠海福尼亚医用高分子材料制品有限公司等4家企业获得市级专项资金支持共计120万元人民币。

（顾成钢）

【知识产权工作】 2010年，珠海市专利申请量3554件，比上年增长27.93%，其中，发明专利申请量847件，增长31.52%；专利授权量2768件，增长37.85%；每百万人均发明专利申请量568件，排名居全省第三。专利申请结构进一步优化，发明专利申请和实用专利申请比重上升至73.49%，高于全省平均水平。

（谭　韬）

【社会文化活动】 2010年，珠海市组织开展一系列群众性文化艺术活动。2月7日，珠海市2010年春节联欢晚会在珠海电视台演播大厅举行，有20个节目800余人参加演出。2月10~28日，举办春节期间文化、体育、旅游系列活动。其中主要活动47项，包括广场文化表演、馆场文艺展览、体育项目比赛、旅游咨询导游等。3月1日，第四届珠海市民间艺术大巡游在香洲举行，巡游活动有37个参演队伍2000余人，还有香港、澳门、中山、江门选派的具有当地特色的演出方阵参加，吸引18万珠海市民和各地游客沿途观看，展现“同城闹元宵”的喜庆氛围。3月21日晚，在珠海大会堂举行巴黎、珠海童声合唱音乐会。巴黎、珠海两支合唱团在珠海同台演出。3月22日，在珠海大会堂举办三八“珠江西岸姐妹情”合唱专场演出。来自佛山、江门、中山、澳门

500多名演员参演。5月1日，珠海市工会、团市委、市妇联联合主办庆“五一”晚会，市总工会艺术团、汉胜艺术团、当代艺术团300多名演员用歌声和舞姿表达对珠海建设者的节日问候，市领导与特邀来自珠海十大重点工程项目的一线职工800多人观看演出。8月20日，举办第二届珠海读书月活动，内容包括优秀图书展销、首届书香农家读书节、文化活动3大项目、20类40个阅读活动。优秀图书展销由珠海市新华书店，文华书城等4大书城推荐。首届书香农家读书节推荐100种优秀图书，评选农民阅读明星30位，优秀农家书屋30家和优秀农家书屋管理员30位，并相应组织文化讲座、捐赠图书、图书展览等系列文化活动，各界20多万人次响应和参与。8月27日晚，举办庆祝珠海经济特区建立30周年大型主题文艺晚会。以千人合唱、声乐、诗朗诵、舞蹈等艺术形式展现珠海特区30年改革开放的业绩，并特邀珠江电影制片厂交响乐团现场演奏，国内90多位艺术家与珠海演员同台献艺，为珠海的30岁生日尽情歌舞。珠海市党政领导、驻军、武警部队及社会各界群众3700多人观看演出。9月3日晚，广东民族团结进步巡回演出晚会在珠海大会堂进行首场演出。10月4日晚，第八届珠海沙滩音乐派对在吉大海滨泳场沙滩举行，来自北京、广州、深圳、香港、澳门、瑞典等共18支中外乐队分2晚登台演出，吸引3万多市民和外地游客观看。12月25日，“华发之夜”珠海新年音乐会在珠海大会堂上演。音乐会由享誉世界的德国柏林交响乐团倾情演出，为珠海市民献上一场视听盛宴。全年举办高雅艺术演出32场，组织广场文艺演出及下乡演出1526场，举办各类展览190场，为社区、部队、企业、乡镇组织放映电影1749场。

【艺术创作】 2010年，珠海市获得省级以上奖励和表彰的文艺作品136项，出版文艺作品集40多部，发表出版各类文学作品7000多篇（首），创作戏剧、曲艺节目50多个，美术作品400多篇，书法作品6000幅，摄影作品2000幅，音乐作品100多首，舞蹈作品20个；影视作品10部，其中由珠海影视家协会投资摄制的电影《澳门·一九四九》参加上海电影节，并在全国各院线上映。裴蓓编剧的珠海本土电影《我们都是天上人》完成拍摄，并成功入围第67届威尼斯国际电影节。香洲区艺帆合唱团获文化部颁发的第九届中国艺术节优秀演出奖。快板《情满社区》和女子群舞《行花街》获全国第七届四进社区文艺展演活动优秀节目奖。卢卫平组诗《随感与联想》、裴蓓中篇小说《单位》分别获首届“广东省青年文学奖”诗歌奖和中篇小说奖。举办“诗意栖居”珠海诗会，颁发首届“苏曼殊诗歌奖”。出版有珠海地方历史研究价值的作品《感恩广东》、《大国商魂》、《珠海历代书画集》、《珠海留学史》、《韦卓民年谱》、《香洲开埠史料辑录》等16种。（梁　旭）

【卫生事业】 2010年，珠海市拥有各类医疗卫生机构685个。共拥有病床数6569张，执业（助理）医师4730人，注册护士4462人。每千常住人口拥有病床数4.32张、执业（助理）医师3.11人、注册护士2.94人。全市医疗机构总诊疗1212.8万人次，二级以上医院出院18.1万人次。院前急救出动救护车26948次，救治24009人次。

是年，启动“两癌”免费检查、农村妇女住院分娩补助、农村妇女口服叶酸等项目，完成贫困患者白内障复明手术、儿童乙肝疫苗查漏补种等工作，全市居民健康档案建档率41.62%。推进医疗“一卡通”项目。斗门区基层公立卫生机构全部实行镇村一体化、收支两条线管理。公立医院已经完成改革草案。制定《珠海中山江门三市卫生应急合作方案》。举办珠中江纪念“5·12”国际护士节活动，邀请澳门和香港护理界参加护理学术交流等活动。访问香港医管局，与香港医疗界人士进行交流。珠港澳传染病疫情交流12期，专科护士培训3人。为澳门籍医护人员参加全国卫生专业技术资格考试提供便利，接纳在澳门医疗机构工作的卫生技术人员来珠海参加全国卫生专业技术资格考试。

【疾病预防与控制】 2010年，珠海市无甲类传染病报告；乙类传染病报告17种，发病3604例，发病率263.16/10万。发病数居前三位的依次是肺结核、梅毒和病毒性肝炎。全年报告手足口病9543例，甲型H1N1流感29例，诊治急性出血性结膜炎6196例，未发生死亡病例。麻疹病例报告比上年下降67%。新批准设立艾滋病检测筛查实验室3个，艾滋病美沙酮药物维持治疗机构累计已治疗873人，全年有治疗人数252人。“六苗”接种率97%以上。实施“15岁以下儿童乙肝查漏补种”14.5万针次，完成率96.4%。完成全国第五次全国结核病流行病抽样调查工作，一次性通过省级验收，完成《结核病防治规划（2001~2010年）》终期评估工作。

【爱国卫生工作】 2010年，珠海市建立爱卫会成员单位定期例会制度和爱卫工作定期抽查通报机制。组织做好国家卫生城市复审迎检工作，制定复审工作台账，明确各部门工作职责。重点针对农贸市场、城中村、“六乱”和背街小巷等城市热点、难点问题进行专项督查。推动创建卫生镇村工作。平沙镇顺利通过国家卫生镇考核验收。推动斗门区井岸镇创建国家卫生镇，万山区桂山镇、斗门区乾务镇创建省卫生镇。组织开展以“改善环境，健康生活”为主题爱国卫生月活动。开展春节、五一、国庆、航展等重大节日爱国卫生清洁大扫除活动。开展除害防病工作，每季度组织一次全市除“四害”大行动，严控“四害”密度。公共区域安装近万个“灭鼠屋”，提高药物效率和灭鼠效果。

【农村卫生管理】 2010年，珠海市大力推进薄弱镇卫生院改造和农村卫生服务中心建设工作。5个卫生院建成，5个在建，5个进行前期工作。建成农村卫生服务中心131所，投入使用124所。农村卫生服务中心推行规范化建设逐步完善，为居民提供“小病治疗免费服务”。

【妇幼保健与社区卫生】 2010年，珠海市婴儿死亡率4.09‰，孕产妇死亡率7.57/10万，维持在低水平；常住人口住院分娩率99.63%，新生儿破伤风发病率为0；七岁以下儿童保健管理率97.69%，孕产妇保健管理率96.00%，孕产妇系统管理率92.02%，达到《两纲》的终期目标；婚前医学检查率32.14%；新生儿出生缺陷率15.09‰。新生儿疾病筛查率93.6%。

【中医药管理】 2010年，珠海市加强中医药服务体系建设，新增民营中医诊所6家；组织人员参加举办第五期社区中医药服务工作指南培训班；开展中医医院管理年检查、评估活动并接受省中医药局督导，省中医院珠海医院得分90分以上。推进“治未病”健康工程，省中医院珠海医院、市妇幼保健院继续开展试点。省中医院珠海医院与12基层医疗机构签订合作协议书，加大中医药适宜技术推广力度，加强中医药规范化建设。鼓励中医药科研，开展中医基本现状调查，繁荣发展中医药文化。

【组织大型竞技体育活动】 2010年12月19日，珠海市组织2010年珠海国际半程马拉松公开赛，该次比赛作为中国田协主办的赛历赛事，并在国际路跑协会备案。比赛有3大项6个组别，起、终点设在九洲城，设总奖金人民币30万元，由中国田协邀请4个国家20余名国际田联注册专业运动员参赛，中国田协注册选手30余人，3890人报名参赛。顺利完成2010年全国篮球U15男子比赛的竞赛组织工作，有来自全国十二个省市的152名运动员参赛。

【群众体育主题活动】 2010年，珠海市举办千人篮球赛，全市有来自市区、农村、机关、企业的129支队伍1548名运动员参加；举办以“迎接亚运会，创造新生活”为主题的珠海市第十一届“体育节”，举办市级活动项目54个，各区开展活动200多项。群众体育健身活动1000次，参与群众近88万人次，占全市人口的60%；策划组织“8月8日全民健身日”活动，市体育中心和斗门等三个区及部分学校体育场馆均提供时段，免费开放，供约7000人次市民进场锻炼，内容有羽毛球等群众喜爱的体育活动，同时免费对广大市民提供体质测试，为市民提供科学健身依据。

【区域群众体育合作】 2010年，珠海市举办第二届珠海国际龙舟邀请赛，吸引来自英国、澳门等地和珠海、中山、江门等28支队伍近840人参加。市属各体育社团开展各项体育对外交流活动，与中山、江门、澳门体育界以埠际赛、友谊赛的形式进行各类交流活动。其中规模较大的有：2010年珠澳第一、二季业余羽毛球联赛；首届珠中江澳四地羽毛球交流赛；“同饮珠江水、共结爱国心”珠澳体育运动交流联欢会；珠海“体彩杯”速度轮滑公开赛邀请赛等。10月10~17日，市第六届排球联赛举行，澳门、中山和珠海市的16支代表队参加比赛。10月16日，第16届亚洲运动会火炬传递珠海站活动隆重举行，珠海市委书记、市人大常委会主任甘霖出席点火仪式，珠海市委副书记、市长钟世坚出席收火仪式。10月19日，2010年全国毽球锦标赛在珠海市第九中学举行。

【群众体育运动会】 2010年，在广东省职工运动会中，珠海市代表团获得3金2银5铜的优异成绩；在省少数民族传统体育运动会中，取得1金、1银、8铜，团体总分第十的历史佳绩，并获得“优秀组织奖”及“体育道德风尚奖”，实现竞赛成绩和体育道德风尚双丰收；在广东省残运会中，珠海市代表团取得11枚金牌、10.5枚银牌、12枚铜牌，积分榜、奖牌榜由上届的17名提升至第15名，取得历届参赛的最佳成绩，同时获“体育道德风尚奖”。

【体育社团】 2010年，珠海市拨出经费120万元开展各项群众体育活动。各体育社团组织开展各类群众体育活动127项，参加人数6万多人次，其中影响力较大、群众参与性强的活动有：2010 珠海市迎亚运“中国体育彩票杯”第五届太极拳公开赛；珠海市第一届海岛沙滩露营节活动；珠海市第一届体育舞蹈锦标赛；珠海市“政协杯”甲乙级乒乓球赛等。

【体育竞技项目获奖情况】 2010 年 5 月 17 日，市体育运动学校输送的选手刘红敏在第四届全国体育大会保龄球比赛上获女单第一名，并以 210.83 的平均分获女单一等奖。5 月 27 日，市体育运动学校输送的选手易思玲在 2010 年国际射联步手枪世界杯美国站比赛中获得女子 10 米气步枪项目冠军。7 月 16 日，广东省第 13 届运动会结束，珠海市获得 39.25 枚金牌，24 枚银牌，27 枚铜牌，有 2 人 2 次破 2 项省青少年甲组纪录。8 月 1 日，珠海选手易思玲在 2010 年射击世锦赛在德国慕尼黑女子 10 米气步枪比赛中，以总成绩 505.6 环打破世界纪录并获得金牌。8 月 4~9 日，珠海男子水球队在广西南宁市举行的全国青年水球锦标赛中夺得冠军。11 月 12~27 日，第十六届亚运会在广州举行，珠海市有 9 名运动员代表国家出征，获得 8 枚金牌、2 枚银牌，实现珠海市在亚运会上的最好成绩。 （赵予萌）

体制改革

【经济体制改革】 2010 年，珠海经济特区范围扩至全市，为珠海推进改革先行先试、再创发展新优势开创广阔空间。国有企业改革深入推进，董事会建设试点取得实效。13 家市管企业营业收入 691.4 亿元，比上年增长 52.2%。完成第四轮行政审批制度改革，市级审批事项由 648 项减少到 271 项，减少 58%。赋予高栏港经济区、富山工业园依法行使部分市一级行政审批权限。推进社会管理体制改革先行先试，开展城市社区服务站、政府咨询和购买服务试点工作，城市基层社会治理和服务新体系初步建立。推行流动人口服务管理“一证通”制度（居住证制度），制定流动人口居住证积分入户政策。新医改稳步推进，集体林权制度改革等其他改革扎实开展。 （周旺辉）

【事业单位人事制度改革】 2010 年，珠海市深入贯彻公务员法，探索施行《珠海市公务员考核实施办法》，推进珠海市公务员管理规范化、制度化建设。“十一五”期间录用公务员 1200 人，实现公务员录用过程和结果的“零差错”、“零投诉”。事业单位岗位设置和人员聘用制度改革全面铺开，出台《珠海市事业单位岗位设置管理实施意见》和《珠海市事业单位人员聘用制暂行规定》，实现事业单位人员由身份管理向岗位管理、由固定用人向合同用人的转变。同时规范机关事业单位临时聘用人员管理。机关事业单位收入分配制度改革有序推进。全市公共卫生与基层医疗卫生事业单位实施绩效工资的工作有序推进，规范公务员津补贴和实施义务教育学校绩效工资工作基本完成。

（郭金荣）

【文化体制改革】 2010 年，珠海市起草《珠海市进一步深化文化体制改革的指导意见》和《珠海市进一步深化文化体制改革的配套政策》，完善文化体制改革的制度基础。经营性文化事业珠海出版社、珠海画报社、珠海杂志社、珠海特区音像出版社完成转企改制。珠海广播电视台网络公司、市新华书店的整合重组工作进展顺利。诚丰美术馆、大香山美术馆、龙禧博物馆等民间文化场馆相继开馆并举办一系列高水平展览，为吸纳社会资本参与文化领域建设起到良好的示范作用。

【依法治市工作】 2010年，珠海市人大常委会制定地方性法规4件。根据国务院将珠海经济特区范围扩大到全市的决定，及时作出《关于2010年10月1日前制定的经济特区法规在扩大后的经济特区适用的决定》，解决困扰多年的“一市两法”的问题。横琴新区是珠海市经济社会发展新的增长极，市人大常委会制定《珠海经济特区横琴新区管理委员会行使部分市一级行政管理权规定》，为横琴新区按新的管理模式高效运转提供法律上的保障。按照全国人大常委会的部署，珠海市人大常委会对其制定的地方性法规进行全面清理。经过研究、论证，决定对《珠海市城市规划条例》等法规作全面修订。其他法规分别作出部分修改、保持不变和废止的决定，切实维护法制的统一性。在监督方面，围绕关系民生的食品安全问题开展监督，对食品安全管理体制存在的问题，市人大常委开展食品安全法的实施情况的检查，督促政府对此予以重视，解决存在问题。开展珠海市法制宣传教育条例的实施情况检查，要求市政府加大组织和经费保障力度。就群众对电动自行车上路行驶现象等反映强烈的问题听取市公安局有关情况汇报。

【扎实推进依法行政工作】 政府立法取得新进展 2010年，珠海市政府完成体现珠海特色的妇女权益保障、水上交通安全管理等7部法规草案，制定规范性文件管理、建设工程招投标等7部规章。加强政府自身建设方面的立法，《珠海市行政机关规范性文件管理规定》健全规范性文件制定和发布程序，实行统一登记、统一编号、统一发布的三统一制度，规范规范性文件的备案审查，保证政令合法、统一、有效。《珠海市行政执法案卷评查办法》严把执法主体、执法资格审查关。市法制局同时出台两个配套文件，明确行政执法行为的各项标准，保证其符合依法行政的基本要求。

坚持政务公开，提高行政效能 开展第四轮行政审批制度改革，减少58%的市直部门行政审批事项。率先启动政府购买服务、慈善救助、流动人口服务管理等改革。完善公众咨询、窗口办事、部门责任白皮书等制度，加强监督考核和行政问责。做好政府重大决策及其落实情况等重点信息公开。

行政复议成效明显 运用调解和和解手段，化解社会矛盾。市政府办理的行政复议案件比上年增长27%。是年，珠海市法制局被评为“全省行政复议应诉工作先进集体”。

【法治建设】 2010年，珠海市“两院”和各职能部门结合各自职能开展“阳光法治·法治惠民”工作。开展“百名法官下基层”，“恪守检察职业道德，促进公正廉洁执法”和“现代警力资源管理机制建设”等活动，探索刑事被害人救助制度，提高司法、执法质量，促进司法公正。全市法院系统在刑事审判中探索刑事和解新机制，采取措施加强对未成年人的司法关怀，在民事审判中加大调解工作的力度。在行政审判中，注重协调沟通工作，变“事后被动监督”为“事前指导防范”，促进行政机关提高行政执法水平。执行工作探索主动执行机制、执行退出机制等执行新机制。高新区知识产权法庭实行知识产权刑事、民事、行政审判“三审合一”，成效初现。珠海市检察院在高新区设立知识产权检察室，创新检察机关保护知识产权工作的新机制。在加强职务犯罪预防的同时，重点开展打击工程建设领域、危害生态环境资源、医药领域和涉农职务犯罪的专项行动。重视控告申诉检察工作，两级检察院领导亲自接访群众达100多人次。珠海市公安局持续开展系列打击整治专项行动，全面深化反恐处突和维稳工作，有效维护全市大局稳定和治安形势稳定。针对珠海市毗邻港澳的区位特点，适时将港澳台居民和外国人作为法制宣传的重点对象。加大交通管理力度，重点查处酒驾、泥头车、电动车等违法行为。珠海市司法局协助市卫生局起草《珠海市医疗纠纷预防与处置暂行办法》，将行业调解扩充到人民调解、行政调解和司法调解大格局模式中。继人民调解委员会工作室进驻派出所、法庭后，又进驻到金湾区人民检察院。人民调解力度的加强，使人民法院和市法律援助处受理的同类案件有所下降。社区矫正工作实现由公安部门负责到司法行政部门负责的平稳过渡，市司法局出台《关于在全市全面试行社区矫正工作的意见》，保障社区矫正工作的规范化、长效化和人性化。与珠海市人力资源和社会保障局加强沟通协调，建立刑释解教人员劳动就业帮扶特色通道，帮助刑释解教人员顺利回归社会。法律援助工作简化审批程序，开辟“绿色通道”，服务困难群众。完成全市“五五”普法检查验收工作。珠海市的“五五”普法工作顺利通过省的检查验收。

【基层法制化建设】 2010年，珠海市制定《横琴新区管理办法》规章草案等一批规范性文件，从法治角度保证提高效能，规范发展。香洲区委承担全市法治城市创建试点工作后，区委将创建工作作为“一把手”工程，制定《珠海市香洲区创建工作评估体系(试行)》和《珠海市香洲区创建法治区活动考评办法（试行)》。以香洲区翠香街道办及所辖的青竹社区作为试点，推行城市社区民主自治管理。香洲区被评为全省和全国法治城市创建活动先进单位。斗门区纪委及有关部门针对人民群众反映意见较多的村级财务管理问题，向全区各村推广乾务镇湾口村建立监事会的做法，用新机制转变村委会传统的运作模式。平沙镇党委划归高栏港区管理后，在上级审计机构缺位的情况下成立审计机构，抓好对镇级财政的审计监督。

【保障和支持重点工程建设】 2010年，横琴新区和十大重点建设工程是珠海市经济发展的重点。“两院”和各职能部门多次到横琴新区和十大重点建设工程单位就经济发展中的涉法问题进行调研。珠海市中级人民法院就促进十大重点建设工程和横琴总体发展，提出多项服务措施。市检察院加强重大项目建设职务犯罪预防工作，指导和帮助管理主体完善管理制度。珠海市公安局以横琴新区为试点举办第一届“澳门·珠海警务论坛”，探索建立珠澳两地警务合作新模式，维护珠澳边境和谐稳定。珠海市公证处及时为横琴等地征地拆迁提供公证服务，力保工程建设的顺利进行。珠海市律师协会组建4个法律服务团，为珠海市的十大重点建设工程项目提供法律服务。珠海市综治办深入一线解决上访问题。 （王咏霞）

【政务公开】 2010年，珠海市围绕构建服务型政府的目标，认真贯彻实施市政府《关于推进政务公开工作的意见》，推动政务公开工作，根据《政府信息公开条例》的精神，坚持“公开为原则，不公开为例外”的原则，公开各类政府信息3.71万条，其中，政策法规类2066条，占5.6%；规划计划类412条，占1.1%；属于各单位业务类1.31万条，占35.3%。与公众密切相关的重大事项方面的信息6642条，主要包括：影响公众人身和财产安全的疫情、灾情或者突发事件的预报、发生及其处理情况；扶贫、优抚、教育、社会保障、劳动就业等方面的标准、条件及实施情况；土地征用、房屋拆迁的批准文件、补偿标准、安置方案等情况。属公共资金使用和监督方面的信息779条，主要包括：重大城市基础建设项目的公开招标中标情况及工程进度情况；政府集中采购项目的目录、政府采购限额标准、采购结果及其监督情况；政府财政预算、决算和实际支出以及审计结果等情况。全年受理信息公开申请658件，其中通过政府门户网站（www.zhuhai.gov.cn）“政府信息公开”栏目提交的网上申请35件，通过电子邮件提交的申请3件，通过公开受理窗口提交的申请531件，其他方式申请85件。在已经答复的441件申请中，“同意公开”的349件，占总数的79.1%。“同意部分公开”的73件，占总数的16.6%。“不予公开”的3件，占总数的0.7%。“信息不存在”的4件，占总数的0.9%。“非本机关政府信息”25件，占总数的5.7%。“申请内容不明确”的3件，占总数的0.7%。全年接受市民咨询221.5万次，其中咨询电话接听153万次，当面咨询接待43.28万次，网上咨询25.21万次。年度政府信息公开专栏访问量5591.92万次。全市发生针对各有关单位政府信息公开事务的行政复议案21件；发生针对各有关单位政府信息公开事务的行政诉讼案21件，各类针对政府信息公开事务有关的申诉案2件。

【完善工作机构】 2010年，珠海市设立珠海市政务公开工作联席会议制度，分管政务公开工作的副市长当联席会议召集人，相关部门负责人为成员，加强对全市政府信息公开工作的领导，从组织上保障统筹协调力度。明确市政府办公室为全市政府信息公开工作主管部门，市政府办公室成立政务公开科，作为政府信息公开工作专门机构，负责推进、指导、协调全市政务公开工作。

【信息发布机制】 2010年，珠海市各区、各部门按照《政府信息公开条例》的要求，利用政府网站发布政务信息、公开地区或部门的发展规划、财政预决算报告、重大项目审批和实施、行政许可事项办理、政府采购、突发公共事件的预报、发生和处置等情况。9月，珠海市人民政府相关职能部门结合珠海市第四轮行政审批制度改革，对信息公开目录重新进行梳理。针对以前市政府网站存在部分信息公开不及时的问题，市府办下发《关于进一步加强市政府门户网站内容保障工作的通知》，明确市政府门户网站各栏目建设的责任单位，加强市政府网站内容建设，推进政府信息主动公开。坚持办好《政府公报》，全年发行18期。

【开创网络在线交流平台】 2010年，珠海市在市政府门户网站“中国·珠海”上开辟“民生在线”栏目，推动政府与网民互动交流。市科技工贸和信息化局、财政局、海洋农渔和水务局、投资促进局等部门负责人在线与网民进行交流，在推动政民互动方面做有益尝试，受到新闻媒体广泛关注，取得良好的社会效应。 （市府办）

佛山市

佛山市

基本情况

【地理位置】 佛山市位于广东省中南部，珠江三角洲腹地。东倚广州，南邻港澳。全境于北纬22° 38′ ~23° 34′，东经112° 22′ ~113° 23′之间。地势总体有北高南低、西高东低的特征，大部分地区较为低平，地势起伏较小，以平原为主，为珠江水系之北江、西江三角洲平原，海拔一般小于5米，多在1.2~4.8米，河汊众多，桑基鱼塘密布，其间零星分布有丘陵残丘和残留台地，丘陵残丘海拔小于100米，坡度15度以下；残留台地海拔一般小于50米，浑圆低平；高明、三水地区有连绵的山体，为丘陵、低山地貌，地势陡峻，相对高差大，山谷纵横。佛山市最高山峰为高明区杨梅镇的皂幕山，海拔805米，三水大塱涡地势低洼，海拔-1.7米，为全市最低点。

佛山市距广州白云国际机场、广州南沙港、广州新火车站车程均在1小时之内，佛山毗邻港澳，与香港、澳门分别相距231公里和143公里，车程均在2小时左右。广湛铁路横贯全市东西。广海、广珠等主要公路干线穿越境内，广佛、佛开高速公路和广深珠高速公路等交通干线经佛山而过；广佛地铁建成开通。市辖各区之间有城巴相连。珠江水系中的西江、北江贯穿全境。佛山市通航河流70多条，可通航里程1000多千米，有20多个口岸。 （贝永辉）

【人口】 至2010年底，佛山市总户数为111.95万户，平均每户3.31人，比上年增加1.49万户，增长1.33%；常住人口370.89万人（包括未落户常住人口），增加3.26万人，增长0.88%。

全市常住人口中，男性184.72万人，占49.81%；女性186.17万人，占50.19%；性别比（以女性为100，男性对女性的比例）为99.22，比上年下降0.19。全年人口自然增长16811人，自然增长率为4.55‰，下降0.17‰；其中出生41390人，出生率为11.21‰，死亡24579人，死亡率为6.66‰；人口机械增长16264人，机械增长率为4.4‰，其中迁入27771人，迁出11507人。

禅城区总人口60.49万人，比上年增长0.3%；其中男性30.49万人，占50.4%，女性30万人，占49.6%，性别比为101.61。南海区总人口118.94万人，增长0.37%；其中男性58.79万人，占49.43%，女性60.15万人，占50.57%，性别比为97.74。顺德区总人口122.54万人，增长1.00%；其中男性60.94万人，占49.73%，女性61.6万人，占50.27%，性别比为98.92。高明区总人口29.48万人，增长0.56%；其中男性14.9万人，占50.54%，女性14.58万人，占49.46%，性别比为102.20。三水区总人口39.44万人，增长0.82%；其中男性19.61万人，占49.72%，女性19.83万人，占50.28%，性别比为98.88。全市常住人口最多的镇（街）是祖庙街道办事处，有30.18万人；常住人口最少的镇（街）是云东海街道办事处，共有12891人。

至2010年底，全市共有外来人口267.93万人，比上年增加38.55万人，增长14.39%；禅城、南海、顺德、高明、三水五区的外来人口分别为37.69万、96.47万、108.51万、11.2万和14.03万人。

年内，全市共制发居住证217.36万张，全年制证任务完成率103.51%，并通过互联网受理办证220.91万人次（部分居住证业务受理后未完成制发证），全年受理率105.2%。（谢腊松）

【行政区划】 2010年，佛山市辖禅城、南海、顺德、高明、三水5个区。共有21个镇（485个村委会）、12个街道办事处（282个社区居委会）。其中，禅城区1个镇（54个村委会）、3个街道办事处（87个社区居委会）；南海区6个镇（224个村委会）、2个街道办事处（60个社区居委会）；顺德区6个镇（108个村委会）、4个街道办事处（92个社区居委会）；高明区3个镇（51个村委会）、1个街道办事处（21个社区居委会）；三水区5个镇（48个村委会）、2个街道办事处（22个社区居委会）。（杨　俊）

【历史文化】 佛山原名季华乡，“肇迹于晋，得名于唐”，历史悠久，文化底蕴深厚，是国家历史文化名城。据考证，佛山起源于禅城区石湾镇街道区域，距今约4500~5500年前，百越先民沿西江、北江来此繁衍生息，以渔耕和制陶开创原始文明。唐贞观二年（628），因在城内塔坡岗上挖掘出3尊佛像，认为此地是佛家之地，遂立石榜改季华乡为“佛山”。

唐宋年间，佛山的手工业、商业和文化已十分繁荣。明清时，更是发展成商贾云集、工商业发达的岭南重镇，与湖北的汉口镇、江西的景德镇、河南的朱仙镇并称全国“四大名镇”，与北京、汉口、苏州并称天下“四大聚”，陶瓷、纺织、铸造、医药四大行业鼎盛华南。清末，佛山得风气之先，成为我国近代民族工业的发源地之一，先后诞生了中国第一家新式缫丝厂和第一家火柴厂，并建立了“南洋兄弟烟草公司竹嘴厂”。

悠久的历史，孕育了独具魅力的岭南传统文化。佛山素有陶艺之乡、粤剧之乡、武术之乡、广纱中心、岭南成药之乡、南方铸造中心、民间艺术之乡等称誉，形成了秋色、行通济等佛山独特的民间风尚习俗。

佛山是“南国陶都”、“中国陶瓷名都”，制陶工艺源远流长，有700多年历史，自古有“石湾瓦，甲天下”的美誉。建于明代正德年间的南风古灶，是世界现存最古老的柴烧龙窑，薪火相传至今500多年，被誉为“陶瓷活化石”。

佛山是“南国红豆”粤剧的发源地。诞生了粤剧艺人的代称——“红船子弟”和粤剧最早的戏行组织——琼花会馆。民间自发组织的粤剧演唱“私伙局”是佛山文化的一大特色，长盛不衰。每年一度举办的琼花粤剧艺术节，使佛山呈现“红船泊晚纱，万人看琼花”的盛况。

佛山是“岭南成药之乡”。古方正药的历史有400余年，其产品种类齐全，大约分为膏、丹、丸、散、茶、油、酒等七大类，是劳作、居家、旅行必备的中成药，涌现出“黄祥华”如意油、“冯了性”药酒、“源吉林”甘和茶等一批老字号名药。

佛山是闻名的“武术之乡”，是中国南派武术的主要发源地。明初，佛山武术已相当普及。清末民初，佛山武术流派纷呈，涌现出一批有国际影响的武术名家和武术组织，并通过各种途径走向世界，世界上广泛流行的蔡李佛拳、洪拳、咏春拳等不少拳种和流派其根都在佛山，著名武术大师黄飞鸿，咏春宗师梁赞、叶问，影视武打明星李小龙等祖籍及师承亦在佛山。2004 年，佛山被授予“武术之城”称号。

佛山是“狮艺之乡”，是南狮的发源地，是首个“中国龙狮龙舟运动名城”。龙狮起舞既是融武术、舞蹈、音乐等为一体的体育竞技活动，更是佛山武术重要项目之一，每年的“狮王争霸赛”吸引了国内外广大武术爱好者参与。禅城区是“中国龙狮运动之乡”，南海区西樵镇是全国唯一的“中国龙狮名镇”。

佛山的铸造业始于 2000 多年前。宋代时佛山所铸鼎、锅、钟、塔等闻名全国。到明代佛山的铸造技术已达相当高的水平，成为南中国冶炼中心。鸦片战争期间，佛山所铸大炮为抗击外来入侵发挥了重要作用。

佛山是珠江三角洲民间艺术的摇篮，孕育并保留了秋色、醒狮、舞龙、龙舟说唱、龙舟竞渡等大量体现岭南文化精髓的民间艺术及民俗；秋色、剪纸、木刻年画、陶塑、灰塑、砖雕等手工传统技艺精湛，独树一帜。狮舞、粤剧、龙舟说唱、佛山木版年画、广东剪纸、石湾陶塑技艺、佛山狮头、香云纱染整技艺、祖庙庙会、佛山秋色、十番、人龙舞和佛山彩灯等 13 个项目入选国家非物质文化遗产名录，8 人入选国家级非物质文化遗产代表性传承人。始于清初，盛于乾隆年间的正月十六“行通济”这一传统习俗完好延续至今，并逐渐被赋予了现代色彩，日趋旺盛，每年都有数十万群众参加。

佛山是粤菜发源地之一，素有“食在广东，厨出凤城”的美誉。一直以来，佛山以其民间食谱丰富、茶楼食肆林立、烹饪技艺精良而蜚声海内外。2004 年，顺德区被中国烹饪协会命名为“中国厨师之乡”。每年“十一”期间举办的“佛山美食欢乐节”，已成为集美食、旅游、文化艺术为一体的盛大旅游节庆活动。

佛山自古人文荟萃，才俊辈出。唐宋以来广东出过 9 个状元，佛山占其 5。明清时为“气标两广的人文之邦”。近代以来，孕育了维新运动领袖康有为，政治活动家张荫桓、戴鸿慈、谭平山、何香凝、罗登贤、邓培，民族实业家陈启沅、简照南、简玉阶，科学家詹天佑、邹伯奇，文学家吴趼人，粤剧名伶薛觉先、马师曾，武术名家梁赞、黄飞鸿、叶问、李小龙，名医李广海，能工巧匠黄炳、陈渭岩、刘传，第一位华人牧师梁发等杰出人物。（佛　鉴）

【旅游资源】 作为中国优秀旅游城市之一，佛山历史文化底蕴深厚，旅游资源丰富。历史文化、南国武术、商务会展、产业观光、休闲度假、购物美食、美化家居等主题旅游颇具特色。

全市发现并可开发的物质性旅游资源有六大类、110 余处（包括组合性的旅游资源），其中：国家历史文化名城 1 座，全国重点文物保护单位 4 处；国家级风景名胜区、国家级森林公园、国家地质公园各 1 处；省级旅游度假区 2 处，动植物保护区 1 处，文物保护单位 27 处；市级旅游资源 90 多处。

全市有对外开放的旅游景区（点）54 家，其中国家 AAAA 级景区 6 家，全国工农业旅游示范点 7 家；星级饭店 101 家，其中五星级酒店 5 家，四星级 18 家，三星级 49 家，旅行社 82 家，其中出境游组团社 14 家。（汝百乐）

经济社会发展概况

【综述】 2010年，佛山市深入实施《珠江三角洲地区改革发展规划纲要（2008~2020年）》（以下简称《珠三角规划纲要》），认真落实“三着力一推进”（着力转变经济发展方式，加快构建现代产业体系；着力实施农村居民收入倍增计划，加快城乡一体化发展；着力提升民生社会事业，加快建设和谐佛山；推进以改革促发展，实现产业转型、城市转型和环境再造）与“四化融合，智慧佛山”建设，较好完成了市十三届人大五次会议和“十一五”规划确定的目标任务。

【经济保持平稳较快增长】 2010年，佛山市经济增长继续保持平衡较快的势头。全市地区生产总值5651.52亿元，比上年增长14.3%。全市完成固定资产投资1719.63亿元，增长16.9%；全社会消费品零售总额1687.13亿元，增长20.1%。外贸实现恢复性增长，全市进出口总值516.55亿美元，增长34.7%；实际利用外资19.67亿美元。全市引入总投资新批或净增资超千万美元以上项目60多个，引入或增资世界500强项目7个。全市地方财政一般预算收入累计完成305.96亿元，增长20.13%。城镇居民人均可支配收入和农村居民人均纯收入分别达27245元、12202元。

【产业结构升级成效显著】 2010年，佛山市现代产业体系构建取得实效，全市规模以上工业总产值实现14781.59亿元；传统产业技术改造全市备案技改项目208个，投资总额83.5亿元；装备制造业规模以上企业工业总产值超3000亿元；引进和投产了世纪互联云计算南中国总部基地、彩虹OLED一期、中兴（佛山）智慧城和爱康太阳能等项目，被认定为“国家新型工业化产业示范基地”。广东金融高新区建设进展顺利，已引进41个项目，累计投资额超过120亿元。现代物流业佛山市获评“全国流通领域现代物流示范城市”。农业产业化和组织化程度提高，建成和在建现代农业园区26个，新增市级农业龙头企业6家、农民专业合作社5个。2010年佛山市院市合作项目300多个，已建成7个专业中心、8个创新平台，获批“国家知识产权工作示范城市”，成为首批“国家商标战略实施示范城市”之一。

【重点项目建设加快】 2010年，佛山市中央投资项目30项，总投资22.14亿元，已累计完成投资14.07亿元，利用中央资金0.06亿元。省重点项目累计完成投资432.56亿元，为年度投资计划的106.2%；资金到位450.46亿元，为年度投资资金的110.6%。市重点项目累计完成投资483.31亿元，为年度投资计划的80.5%；资金到位601.11亿元，为年度投资资金的100.2%；已立项项目215个，占项目总数的86.0%；已开工项目191个，占项目总数的76.4%。

【广佛同城经济合作不断深入】 广佛两市2010年度重点推进的69个合作项目中，59个推进顺利，其中15个项目已完成。西江引水工程在亚运前通水运营，600万广州市民饮上甘甜的西江水。海怡大桥建成通车，南海与番禺结束无陆路直接通行的历史。花地河、滘口涌、秀水涌、五眼桥涌等多条交界河涌同步完成整治，36条“广佛公交”客运线路运营顺畅，固定电话资费同城化在交界地区试点，教育互联、就业一体、社保合作、警务协作等民生事业合作渐行渐近。

【佛港澳经济合作取得新进展】 结合CEPA广东先行先试的政策措施，2010年，佛山市分别与港澳在科技业、现代服务业、先进制造业等方面加强23项和16项的合作。全市来自香港的实际外资12.69亿美元，与香港进出口贸易额70亿美元，在港上市公司8家。在澳门举行佛山—澳门CEPA合作交流会，现场签订12个合作项目，涵盖科技、贸易、金融等多个领域。

【生态环保工作取得实效】 2010年，佛山

佛山市国民经济发展情况（2010年）

表一

项目 \ 区别	户籍人口	地区生产总值		人均地区生产总值		规模以上工业总产值		农林牧渔业总产值		全社会固定资产投资额	
	（万人）	绝对值（亿元）	比上年增长（%）	绝对值（元）	比上年增长（%）	绝对值（亿元）	比上年增长（%）	绝对值（亿元）	比上年增长（%）	绝对值（亿元）	比上年增长（%）
全　市	370.89	5651.52	14.3	80313	9.2	14781.59	23.1	211.17	3.8	1719.63	16.9
禅城区	60.49	1042.73	14.5			2307.35	22.0	1.27	0.3	311.81	13.8
南海区	118.94	1796.58	14.5			3940.82	23.7	65.73	4.9	541.46	14.0
顺德区	122.54	1935.57	14.5			4995.06	21.9	70.43	3.6	392.75	14.6
高明区	29.48	428.67	18.5			1728.01	29.4	27.22	2.1	182.76	25.3
三水区	39.44	541.72	18.2			1810.36	25.8	48.59	5.9	290.82	24.8

注：本表除户籍人口、农林牧渔业总产值外，其他指标数据为快报数。

表二

项目 \ 区别	外贸出口总值		实际外商投资		地方财政一般预算收入		社会消费品零售总额		城镇居民人均可支配收入		农村居民人均纯收入	
	绝对值（亿美元）	比上年增长（%）	绝对值（亿美元）	比上年增长（%）	绝对值（亿元）	比上年增长（%）	绝对值（亿元）	比上年增长（%）	绝对值（元）	比上年增长（%）	绝对值（元）	比上年增长（%）
全　市	330.39	34.4	19.67	5.0	306.05	20.2	1687.13	20.1	27245	10.9	12202	14.1
禅城区	80.61	39.5	3.32	−24.6	30.69	19.6	390.74	19.8	26746		12788	12.5
南海区	83.93	37.7	6.13	5.8	102.66	19.6	545.50	19.8	29978		13285	7.8
顺德区	144.31	30.1	5.94	37.9	106.75	19.6	539.71	19.3	30618		12543	15.1
高明区	12.93	28.9	1.19	3.0	14.70	24.6	73.76	25.0	18913		10092	11.3
三水区	8.63	41.4	3.11	0.5	20.17	22.6	137.41	23.2	20847		8225	13.6

注：农村居民人均纯收入顺德2009年数据进行了调整，所以增速为15.1%。

市落实迎亚运环境升级计划，着力推进“环境再造”，建设宜居佛山。全市共关停、转移高耗能、高污染建陶企业220家。电力、玻璃、陶瓷等重点企业基本建有脱硫工程，工业锅炉治理基本完成。佛山被国家环保部命名为“国家环境保护模范城市”，亚运会环境质量保障工作任务顺利完成。完成污水管网铺设299.8公里，新增污水处理能力46.2万吨/日，河涌总体水质有所改善，汾江河“630”工程顺利完成。空气质量有所好转，机动车环保标志管理制度和工业VOC（挥发性有机化合物）重点企业监管制度全面实施。全市城区生活垃圾无害化处理率95.59%，垃圾分类处理已开展试点。“三年促变，绿地佛山”建设基本完成，全市区域绿道全线贯通。营造主题林102个，完成造林面积2273.33公顷。

【民生社会事业加快发展】 2010年，佛山市以十件民生实事为抓手，全市财政民生方面支出213.42亿元，占一般预算支出的59.3%。新增就业10.43万人，城镇登记失业率1.86%。全市参加城镇职工基本养老保险278.53万人，参加基本医疗保险416.11万人。企业退休人员基本养老金由月人均1277元提高到1420元。开工建设廉租住房和经济适用住房1893套，完成保障性住房房源筹集1664套。居民住院基本医疗保险报销比例提高，城镇职工医保个人账户支付范围扩大，统筹基金年度累计最高支付限额由6万元上调到10万元。教育综合改革试点工作正式启动，佛山市成为全省首个所有区全部通过广东省推进教育现代化先进区督导评估的地级市。价格监督检查力度加大，基本生活费用价格指数上涨与低收入居民临时生活补助联动机制适时启动。

【体制机制改革不断深化】 2010年，佛山市继续以创新体制机制为发展动力，五区大部门制改革全面完成，33个镇街全面推开简政强镇事权改革。事权下放和行政服务向村居延伸工作加快开展。“两横两纵”行政审批制度的流程改革继续推进，行政效率提高。绩效管理改革、财政专项资金竞争性分配、公务卡结算制度改革推行范围扩大，财政资金使用效率和透明度继续提高。金融发展三项计划推进顺利，新增小额贷款公司3家，新增上市企业5家，成立村镇银行2家。农村集体经济管理体制改革继续推进，全市28个试点村居已完成18个，2951个村民小组（经济社）完成“两确权”工作，占集体经济组织总数的2/3。 （市发改局）

基础设施建设

【交通基础设施情况】 铁路 2010年，佛山市广佛轨道交通首通段于2010年11月3日开通运营。二期工程（南延线工程）8月底工程可行性报告通过专家评审，广佛环线和佛莞项目11月25日召开预可行性研究审查会。至12月底，佛肇城际轨道项目三水段已完成征地21.63公顷，贵广（南广）铁路佛山段已完成征地约159.67公顷，广珠铁路佛山段已完成征地工作，拆迁已完成51.15万平方米，完成计划的96.74%。

公路 到2010年底止，佛山市公路通车里程5215.99公里，其中高速公路419.79公里，一级公路1347.49公里，二级公路408.74公里，三级公路921.47公里，四级公路2107.24公里，等外公路11.26公里。全市公路密度达136.76公里/百平方公里。

2010年全市完成公路（桥梁）基础设施建设投资约80.73亿元（未包括省在佛山市建设的高速公路投资）。

水路　全市有生产用码头泊位325个，码头岸线23866米，泊位年通过能力9415万吨。其中公用码头泊位92个，码头岸线6050米，泊位年通过能力3693万吨。2010年港口年吞吐量5410万吨、外贸吞吐量2267万吨，其中集装箱吞吐量306万标准箱。全年完成港航建设固定资产投资约1.65亿元。

客运站场　全市共有客、货运站场62个，其中客运站场37个，包括一级站5个，二级站4个，三级站16个，三级以下站场12个；货运站场25个，包括一级站15个，二级站3个，三级站1个，四级站6个。全年完成站场建设1592万元。

【公路建设】　高速公路工程　2010年佛山市先后有广珠西线高速二期、广肇二期、广贺三水段、东新高速、南二环、江肇高速等6个项目合计97.8公里建成通车。至此，佛山市"十一五"高速公路新增303公里（含一环），高速公路网基本建成，超过了"十一五"规划220公里的目标。全市高速公路通车里程304.8公里，在珠三角地区的排名从2005年的第8名跃升到2010年底的第2名。其他在建的5个项目分别是：佛开高速扩建，广三高速扩建，广明高速陈村到西樵段，广州高速广州段和肇花高速三水段，项目进展基本顺利。还有佛清从高速等6个筹建项目在加快前期工作。

市重点路桥工程　加快推进44个市重点路桥建设项目，已有北滘立交、北滘立交二期及连接线、大金山隧道、G325国道下沉立交、碧云路、一环北延线、北滘至均安公路工程北滘至南国路段（不含番村立交）、逕口公路工程、高明西岸路口立交、佛陈路快速化改造、龙高公路快速化改造工程等项目建成通车。其余项目也在抓紧推进。

佛山市基础设施基本情况

项　目	单位	2009年	2010年
铁路营业里程	公里		
公路通车里程	公里	5113.7	5219.0
其中：高速公路	公里	203.4	325.0
港口泊位	个	333.0	325.0
其中：万吨级泊位	个		
内河航运	公里		
本地固话年末用户	万户	269.5	266.0
移动电话年末用户	万户	944.3	1076.0
国际互联网用户	万户	111.6	130.5
电力消费量（用电量）	万千瓦小时	4167685	4630795
商品房屋实际销售量	万平方米	779.51	885.45
商品房屋实际销售额	亿元	487.64	668.14

注：国际互联网用户数只包括固网数据。

农村公路建设　全市实际完成升级改造公路225.8公里，完成投资4.53亿元，超额完成了年初升级计划制订的目标。

【港口建设与航道整治】　2010年，佛山市完成了佛山港北滘港区扩建工程、顺德乐从镇杂货码头一期工程、高明珠江货运码头续建工程、中外运一期第一阶段码头工程；佛山港了哥山港区本港作业区通用码头项目和高明高富配套码头项目也在抓紧报批中。内河航道整治方面，顺德水道、东平水道航道整治工程已分别完成总工程量的92%和74%。

【道路运输】　营运车辆保有量　2010年，佛山市在册营运货车159396辆，总计约63.53万吨位。在册营运客车1722辆，7.25万客位，其中，客运班车930辆，3.72万客位；包车客车720辆，3.21万客位。

经营业户及从业人员　全市在册经营道路客运业户40户，从业人员1.4万人；道路货运业户12.76万户，从业人员14.39万人；道路运输相关业务经营业户7630户，从业人员4.41万人。全市在册的机动车维修业户6173户，其中汽车维修业户3546户（一类108户、二类577户、三类2861户），摩托车维修业户2617户。

道路客运　全市客运线路560条，年平均日发班次7754.5班次。其中跨省线路206条，年平均日发班次295.5班次；跨地（市）客运线路253条，年平均日发班次2136班次。

客、货运输量　全年道路运输客运量完成2.57亿人次，比上年增长22.5%；旅客周转量完成82.32亿人公里，增长23.7%；道路货运量完成1.53亿吨，增长16.3%；货物周转量完成110.62亿吨公里，增长16.7%。

汽车综合性能检测站及检测量　全市共有汽车综合性能检测站A级站10个，年完成检测量共25.91万辆次。其中维修竣工检测18.88万辆次，等级评定检测14.17万辆次。

城市公共交通　全市共有城市公交车辆7032辆，其中公共汽车3687辆，驾驶员5632名，16.16万客位；客运量3.28亿人次。出租车3345辆，驾驶员6707名，1.67万客位。客运总量5345.8万人次。

【水路运输】　船舶保有量　2010年底佛山市在册营运船舶632艘（其中客船4艘，1358客位）总载重量46.1万吨位，功率21.02万千瓦。其中：集装箱船54艘、载重量5.63万吨位、5519个国际标准集装箱位。

水路运输　全年全市水路完成货运量3851万吨，比上年下降14.2%，货运周转量41.46亿吨公里，下降43.3%；水路客运量完成81.81万人次，增长19.3%。客运周转量1.03亿人公里，增长23.9%。

港口吞吐量　全市港口货物吞吐量5410万吨，其中集装箱吞吐306万TEU、吞吐量为3035.94万吨。主要大宗货类有：液化气、天然气及制品612.12万吨，煤炭及制品674.23万吨，金属矿石8.7万吨，水泥159.5万吨。

【广佛衔接路网建设】　2010年，广佛同城化建设工作涉及交通项目28项，东新高速、珠二环南段、南番大道（海怡大桥）等项目已建成通车；广明高速公路二期工程、海八路西路改造工程、五沙大桥扩建工程在建中。其中，佛山市南番大道（海大怡桥）工程于10月建成通车，路线起自佛山市林岳大道，终于钟南大道与石壁大道交叉口，路线全长 1.62 公里。该工程联系佛山市南海与广州市番禺两区，跨越陈村水道，是佛山市禅城区、南海区、顺德区通往广州新客站的重要便捷道路之一。（李丹心）

【电力供应】 2010 年，佛山供电局在最大电力缺口 119 万千瓦、最大错峰 59 万千瓦的情况下，保障了全市电力有序供应。全年全口径用户平均停电时间 9.98 小时，比上年减少 7.42 小时；全口径用户平均停电次数为 1.58 次，减少 0.85 次；全年完成供电量 459.31 亿千瓦时，增长 11.48%；完成售电量 440.98 亿千瓦时，增长 11.26%。投入 3.61 亿元并提前完成涉亚工程项目建设改造，使比赛场馆做到“保电到灯头、到插座”。亚运及亚残会期间，出动 7 万人次投入亚运保电巡视值守，做到佛山电网“零事故”、保电工作“零差错”、客户服务“零投诉”。佛山供电局被评为南方电网公司亚运保供电先进集体、广东电网公司亚运保供电突出贡献单位。

牢抓安全生产风险管理体系暨规范化建设，成功应对各类电网风险 200 次，电网实现连续安全运行 575 天。输电线路实现历史性的首次“零事故”，输电线路施工外力破坏事件下降 61%。全年有 1 项技术填补了国内空白，2 项技术获国家专利；获广东电网公司及以上科技进步奖 17 项，佛山供电局被评为广东省生产先进单位。

建立起“以规划为龙头，专业部门具体实施”的项目管理模式，完成“十二五”电网规划滚动修编，在全省率先开展并完成 110 千伏电网优化研究。全年电网建设投资计划完成率 101%、优质工程率 99.45%，全面完成“十一五”电网建设任务。在全年错峰 114 天的情况下，供电服务在省社情民意调查中排名全市公共服务行业第一，盖洛普第三方调查客户满意度排名居全省第三。全年综合电压合格率 99.91%，为全省最高。“95598”通过国际客服热线 CCCS 五星认定，禅城营业厅被评为南方电网公司 A 类供电营业厅。（林志泉）

【水务基础设施建设】 2010 年，佛山市水务建设投入 42.88 亿元，完成重点项目 171 宗。全面完成了历经 8 年的 18 大项共 338 个子项目的城乡水利防灾减灾工程建设任务，累计完成投资 31.18 亿元，累计完成堤防加固 378.29 公里，新建重建水闸 76 座，电排站 45 座。除防灾减灾工程建设外，还完成了年度建设项目包括：整治主干河涌 336.66 公里，清疏河涌 610.6 公里；重建、改建泵站 30 座，全市新增装机容量约 5 万千瓦；加快推进“村村通自来水”工程，已有 159 条自然村全面通水，农村自来水普及率达到 99.40%；新建、扩建污水处理厂 16 座（项），新增污水处理能力规模 46.2 万吨 / 日，管网新增约 299.8 公里。

【水资源管理和保护】 2010 年佛山市水资源总量为 32.9 亿立方米，人均占有本地水资源量仅为 457 立方米，远低于全省人均水资源占有量（约 2000 立方米）。

是年，市水务局编制《佛山市应急备用水源保障规划》，明确应急备用水源建设的目标、布局、规模和建设计划，保障在特殊干旱年份和突发污染事故下的应急供水。加强取水许可管理，严格执行建设项目水资源论证制度，及时跟踪掌握发证取水户的取水、计量、缴纳水资源费等情况，全市共有 214 家取水户均安装了取水计量设施。

亚运会前夕，佛山协助广州西江引水工程实现在佛山河洲岗第二饮用水源地取水，日取水量350万吨，成为全国取水量最大的河流型饮用水源地。为提高水源保护区的保护能力，佛山市向省政府提出调整西江水系饮用水源保护区划定方案，扩大饮用水源保护区一级区范围，确保取水口安全。

【河道管理和岸线保护】 2010年，佛山市水务局继续强化河道管理范围内建设项目、河道采沙等的审核、审批工作。在涉水项目审批阶段，严格按照河道的行洪控制线控制项目建设，并对违法占用河岸资源的行为及时制止，使岸线资源得到有效保护，保障了全市河道堤防的行洪安全及岸线资源。为加强水闸、排灌站、堤围及河涌的管理工作，市水务局加强检查监督，强化水利工程相关管理制度、落实岗位责任制，全面推进水利工程规范化管理建设。

为做好第十六届广州亚运会的河道水环境保障工作，成立了佛山市亚运会水环境质量保障闸站联合调度领导小组，开展跨界河流、广佛接壤区域河涌和比赛场馆周边河涌的治理和保洁工作，新建生活污水处理项目23项，污水处理装置2项，完成各类污水处理管网1100公里，对23条河涌进行了清淤，确保了芦苞涌、西南涌、解放涌、佛山水道、佛山涌等广佛连接江河水域水质达标。

【安全供水与污水处理】 2010年，佛山市建成水厂55座，供水管网约7898公里（管径75cm以上），总设计供水能力561万吨/日，年实际供水量11.58亿吨，日均供水量342万吨。加快推进“村村通自来水”工程，年内有159条自然村全面通水，农村自来水普及率达到99.40%。修订了《佛山市供用水管理规定》，开展全市饮用水水质督察，城市供水水质综合合格率为99.51%。

全年全市新建、扩建污水处理厂16座（项），新增污水处理能力规模46.2万吨/日，管网新增约299.8公里，城镇污水处理率79.08%，城市污水处理率88.98%，完成年度目标值，并达到创建国家文明城市的相关指标。开征生活污水处理费，各区居民用水污水处理费由0.70元/吨至0.98元/吨不等，其他类用水污水处理费由0.60元/吨至1.22元/吨不等，委托当地供水公司按月随水费代为收取，逐月上缴财政部门，用于污水处理设施的运营、建设。 （刘　勇）

【电子政务】 2010年，佛山市加强重点电子政务项目建设，数字城管系统实现上线试运行。数字人事系统（一期）通过验收并投入使用，二期项目已在五区试运行。数字佛山地理空间框架通过验收，佛山成为“全国数字城市建设示范市”。农村党风廉政信息公开平台通过验收并在全市推广使用。佛山市电子监察系统建设进展顺利，行政处罚电子监察系统已在抓紧建设。行政审批电子网络一体化项目系统开发基本完成，进入系统部署阶段。市级政务云平台初步建成。人口基础信息库完成系统开发，已在进行数据的采集与整理。综合治税系统进展顺利，各单位的综合治税信息通过“佛山市数据共享平台系统”进行采集。电子政务数据中心完成中心管理系统建设，实现与省电子政务数据中心的互联互通。

完善政务网站建设，实施网络民生民情工程。整合五区政务网站，建设全市统一电子政务网站群。完成佛山市政府网的优化升级，进一步整合和完善“在线办事”功能，提供包括教育、社保、求职就业、医疗保健等9大领域的一站式在线办事服务。佛山市政府网在2010年中国政府网站绩效评估中，位列地级市第2名，网络发言人平台获“品牌栏目奖”。推进网络问政工作，网络发言人平台实现除顺德区外的全市覆盖，全市网络发言人和网络评论员已经发展至1873人。至年底，平台已有注册用户13843人，浏览量逾6123万人次，发帖47678篇，日均有效发帖量在200篇以上，网络发言人对全部网民发帖回复率97%，对有效发帖回复率100%。全市政民在线交流实现常态化，开展“三着力一推进”民生直通车网络在线直播、“在线访谈”和“对话民生”活动，拓宽民意表达平台，畅通政民互动渠道。

【公共领域信息化】 2010年，佛山市推进重点民生领域智能化建设，智能卫生工程在全市6家医院联网试点应用市民健康卡，实现病人诊疗信息的高度共享和有效利用；加快完成15家医疗卫生机构信息系统的改造和整合。智能交通工程完成市、区、企业三级营运车辆GPS监控平台建设，禅城区和南海区智能交通系统一期工程投入使用，已开通了交通诱导、红绿灯自动调节、电台实时播报各类道路交通服务信息等基本功能。智能教育工程《区域教育信息化整体应用实践与创新公共服务》获得教育部立项，逐步建构全民终身学习公用服务平台——“数码学习港”。无线教育城域网试点加快建设，可逐步满足全国范围对佛山教育网的无线远程安全访问。智能社会保障工程实现全市新社保信息系统上线，参保人在全市定点医疗机构就医可实现现场结算，社保关系市内转移自动接续，真正实现同城生活，同城待遇。智能文化工程建设佛山市联合图书馆，市民手持“一卡通”借阅证即可享受所有服务网点的文献服务。实施“数字图书馆”工程，实现各成员馆数字资源的网络共享。智能警务工程成功开发社区警务“e超市”系统，市民在家门口就能享受到公安机关提供的社区警务咨询、社区警务自助服务。综合反映“智慧佛山”发展理念和建设成果的体验展示馆项目进展顺利，按照“2011年4月份整体验收和试运行，5月份正式对外开放”总体进度完成场馆建设。

【无线电事业】 2010年，佛山市加快“U-佛山”建设，构建便捷高效的信息网络体系。加大落实市政府与三大通信运营企业的战略合作协议。佛山移动公司2010年建设TD-SCDMA基站超过1500个，拉动产值近10亿元，TD网络接通率达到98%；佛山电信公司推进“光进铜退”工程，基本完成“C＋W”天翼移动无线宽带网络在全市酒店、大中院校、机场及候机楼等重要区域的热点覆盖；佛山联通公司建成了覆盖率99%的通信网络，WCDMA3G网络覆盖全市五区所有乡镇，并在主干道、工业园区、商贸园区、核心城区等地实现优质网络覆盖。一批重大信息基础设施建设进展顺利，中国移动南海TD—SCDMA数据处理中心和佛山区域呼叫中心建设落成，华南大区物流中心在三水区奠基。中国电信顺德IDC数据中心、南海里水全省网络操作维护中心（NOC）、南海丹灶电信集团应急物资储备中心、南海里水八达通国际商品贸易港相继建成。

圆满完成亚运会佛山赛区无线电保障工作。组织开展亚运前台站资料和频率资源专项清理行动，共对643个单位，将近600个频率进行整理清查，保障了亚运会用频需求。制定了火炬传递和赛事举办期间的无线电安全保障工作方案和应急预案，使各项工作有序开展。赛事期间，出动监测车56辆次，检测设备36部（套），监测人员303人次，监测时间912小时，指配备案频点560个，频段328个。组织备用频点90个，成功解决3起干扰事件，保证了亚运圣火传递电视直播和央视空中直播正常进行。

全年全市核发无线电台执照904份，重新规范办理电台执照45（份）；完成电磁波辐射站点测试61个（次）；检测各类无线电台站设备566部；查处无线电干扰41起，处理群众对基站电磁辐射投诉98起。开展预防各类国家和省考试的无线电舞弊预防工作共12次，累计参加考试监测任务共236人次，完成了各类"监考"任务。（龚国梁）

现代产业

【工业结构调整】 2010年，佛山市贯彻落实《珠江三角洲地区改革发展规划纲要（2008~2020）》"四年大发展"目标，编制《珠江三角洲地区产业布局一体化规划——佛山规划（2010~2020年）》，制定、修订《佛山市能源中长期规划（2010~2020年）》和《2010年佛山市电网规划滚动报告》等专项规划。推进广佛同城化及广佛肇都市圈建设。出台《广佛同城化建设产业协作三年工作规划（2009~2011）》，广佛肇三地的担保企业互设分支机构，三市经贸部门审核备案的信用担保机构实行互认。构建现代产业体系取得实质性进展。获"国家新型工业化产业示范基地"称号。现代产业中，先进制造业增加值993.77亿元，比上年增长16.1%。家电、陶瓷、纺织等传统优势产业向高附加值的产业链条高端延伸。培育年产值超百亿元企业6家，（其中超千亿元企业1家），纳税超千万元以上企业729家，推动产业组织结构向大企业和龙头企业主导转变。出台《佛山市产业结构调整指导意见》和《佛山市工业产业结构调整实施方案》。节能降耗成效显著。2010年实现万元生产总值能耗0.65吨标准煤，超额完成"十一五"规划任务。推进产业有序转移。在肇庆投资的佛山、广州企业已占到肇庆承接珠三角产业转移的七成以上，逐步形成优势产业集群。

【服务业发展情况】 2010年，佛山第三产业实现增加值1893.71亿元，比上年增长10.2%，推动现代服务业加快发展。完成现代服务业增加值1089.07亿元，增长10.5%。佛山成为"全国流通领域现代物流示范城市"，制定《佛山市落实国家流通领域现代物流示范城市工作方案》，加快推动传统物流业向现代物流业转变，中新（佛山）现代物流工业园、华南国际采购与区域物流中心等重大投资项目进展顺利。提升商贸流通业现代化水平。物联网技术逐步应用于商贸物流企业，在电子信息、钢铁、机械、花卉等领域涌现出一批运营良好、影响较大的电子商务应用平台，如欧浦钢网、易发塑料网等。地铁的开通使沿线的城市商圈发展速度加快，推动了零售业稳步发展，全年社会消费品零售总额1687.13亿元，比上年增长20.1%。推进珠三角区域经济一体化重点项目建设。佛山承办的"2010广佛肇迎亚运欢乐购物节（佛山）暨名优产品展销会"活动，共迎来10万多客流，总销售额1亿元；广佛肇携手参加2010第四届中国民族商品交易会。金融业错位发展的步伐越来越快，逐步形成了广州前台、佛山后台的发展模式。加强佛港澳合作。举办内地与港澳落实CEPA加强物流领域合作研讨会暨第七届佛山（国际）物流合作洽谈会，共达成签约项目80项，投资合作总额323.79亿元。抓住落实CEPA政策“先行先试”的机遇，召开“佛山—澳门CEPA合作交流会”，签署《落实CEPA加强合作备忘录》。佛山开展“清洁生产伙伴计划”，46个清洁生产项目获得香港特区政府资助。

【新兴产业】 2010年，佛山市投资超亿元项目中，有42项属于战略性新兴产业，投资总额238亿元。新光源引进旭瑞光电和华丰鸿基光电两大龙头项目，新型显示器彩虹OLED项目一期试产成功和二期开工建设，光伏产业爱康太阳能二期工程、保威光伏支架等签约，初步形成了光电显示、LED、光伏产业集聚发展之势。汽车产业取得重大突破。引进产值超千亿元的一汽大众、陆地方舟新能源汽车项目等，带动佛山汽车制造由汽配向整车发展。智慧产业迅速起步。以新IT、物联网为主体，引进世纪互联云计算南中国总部、神州数码项目，推出智能电网建设、RFID技术读写器芯片等物联网技术示范项目。现代物流、金融服务、创意产业、总部经济等新兴服务业加快发展。建成广东省最大的RFID演示中心及RFID交易平台。广东金融高新技术服务区打造金融服务业外包基地，吸引美国友邦保险公司亚太区后台服务中心（AIA）、中国人保集团南方信息中心等一批重大项目进驻。依托先进制造业发展创意产业，初步形成了佛山产业创意园、南海创意产业园、顺德工业设计城等主业突出的创意产业集聚区。依托优势产业发展总部经济，美的电器、万和集团、东鹏陶瓷等龙头企业在佛山设立了总部大楼。

（卢燕玲 程继东）

【信息产业】 2010年，佛山市信息产业总产值3568亿元，比上年增长23.8%；实现增加值832.5亿元，增长24.6%。其中，规模以上电子信息制造业完成工业总产值3053亿元，增长24.3%，工业增加值658.4亿元，增长26.7%。全年通信业务量总值356亿元，增长19.5%；信息服务业量总值超500亿元，增长20%。

战略性新兴产业和高端新型电子信息产业发展顺利，光电显示产业领域，奇美二期工程初步实现试产；广东中显科技有限公司“低温多晶硅TFTAMOLED项目”实现试产，“TFT-OLED显示屏大规模产业化技术项目”中标成为2010年粤港关键领域重点突破项目；彩虹项目纳入省现代产业500强项目，一期PMOLED项目试产，二期4.5代AMOLED生产线项目开工奠基，彩虹南方研究院在顺德挂牌营运。光照明产业领域，旭瑞光电股份有限公司“大功率高亮度LED芯片产业化项目”工程建设顺利，广东新光源产业基地核心区一期项目完成基础建设，南庄LED产业基地奠基。太阳能光伏产业领域，国家高新区佛山三水园广东爱康太阳能电池生产基地奠基，首期120兆瓦太阳能项目达产，二期项目启动。顺德区规划建设太阳能产业发展基地和光伏技术创新平台，与中山大学合作建设华南太阳能研究院，筹建国家太阳能产品质量监督检验中心，引导美的集团等家电企业开发新能源家电产品，构建完整的光伏产业链，建设华南太阳能产业化基地。云计算产业领域，华南地区首个“云计算中心”——南海云计算中心部署各类云计算应用20多项、50多家企业应用或试用。汇丰数据中心、富士通数据中心等项目相继落户，世纪互联在禅城区投资12亿元建设云计算南中国总部基地。物联网产业领域，市信息产业局与国家射频识别产业化（上海）基地抓紧落实RFID产业发展战略合作框架协议，推进家电物联网发展；成立佛山市物联网与无线城市产业联盟，为佛山市物联网发展建立技术融合、信息沟通、优势互补的发展平台。佛山市先后被授予“国家新型工业化产业示范基地（佛山·光电显示）”、“广东省战略性新兴产业基地（光电显示）”、“广东省省级信息化和工业化融合示范试验区”，顺德区成为“国家新型工业化产业示范基地（顺德·工业设计）”、“广东省战略性新兴产业基地（OLED）”、“广东省省级信息化和工业化融合示范试验区”。

【大力发展高新技术产业】 2010年，佛山市推动应用高新技术改造提升传统产业。在陶瓷、纺织印染、铝型材等领域，加强技术改造，实行清洁生产，促进产业向集约、节约、环保的方向发展。以认定为“广东省产业技术路线图实施示范市”为契机，开展产业技术路线图的研究制定工作，发展和完善产业技术路线图实施模式，利用技术路线图引领、带动作用，推动区域经济的升级发展。同时着力于通过若干带动性强、关联性高的科研项目，吸引创新型人才，打造创新型团队，引领新一轮的产业发展。全市集中市、区两级财政资金3100万元，继续参与粤港关键领域重点突破招投标工作。获得省“节能减排及可再生资源”及“产业共性技术”重大科技项目立项21项，获经费支持2955万元。

发展高新技术产业，加快产业结构调整升级。全市共组织了176家企业申报高新技术企业。至年底，共有356家企业通过新标准下的高新技术企业认定，认定数量占广东省总数的11%，涉及电子信息、生物、医药技术、新材料、光机电一体化、环保和新能源等领域。涌现出美的、格兰仕、国星光电、雪莱特等一批高新技术龙头企业。组织171家企业申报民营科技企业，其中有165家企业通过省民营科技企业认定。全市共有省民营科技企业786家。（李淑艳）

【现代农业加快发展】 2010年，佛山市启动实施现代农业建设项目20个，总投资超28.5亿元，面积超9000公顷。全市60%的耕地和鱼塘完成标准化改造，大棚面积433.33公顷，节水灌溉设施面积666.67公顷。2010年申报建设农业园区5个，投资5900万元，全市共有现代农业园区26个。新增农民专业合作社8个，全市有20个；新增省级农业龙头企业1家，新增市级农业龙头企业6家，全市市级以上农业龙头企业共33家。有省级以上农业标准化示范区11个，无公害农产品生产基地116个，绿色食品8个，农业类省级名牌产品29个。农产品质量安全系数保持高标准。蔬菜、猪瘦肉精样品检测合格率分别达98.5%和99.9%，全市未发生重大动植物疫情。建设6个农业科技示范平台，农作物良种覆盖率98%，优质鱼养殖面积占塘鱼养殖面积的43%，优质鱼养殖、节水灌溉以及兰花、淡水鱼苗和禽苗的研发生产在全省领先，工厂化养鱼、环保养猪等新型种养模式得到推广。农产品加工物流业发展加快。经农业部审定的定点农贸市场4个，供港淡水鱼占香港市场份额的1/3，鲮鱼加工量和鳗鱼、加州鲈、年桔产量均居全国首位。休闲观光旅游农业

快速发展。顺德长鹿农庄、高明塘伙农家旅游度假村等推进顺利。（徐　鹰）

城乡发展

【城乡规划管理】 2010年，佛山市规划部门组织编制了《东平新城CBD发展策划与城市规划设计》、《东平新城东部片区控制性详细规划》、《清洁能源及节能汽车新技术专题研究》、《佛山市交通发展年度报告及交通设施建设年度计划》、《佛山西站综合交通枢纽概念性设计方案》、《佛山市新型交通系统规划研究》、《佛山市城市快速轨道交通建设规划》、《佛山市城乡统筹规划》、《佛山市绿地系统规划》等系列规划，并深化了对“强心”战略研究，反思和检讨了“2+5”组团城市空间发展方向，要求各区根据《佛山市“三旧”改造专项规划》组织编制区属的“三旧”改造专项规划。做好控制性详细规划编制和报审工作，共组织了7个控制性详细规划项目的专家评审会议。完成了《佛山市对口支援全伽师县城乡建设专项规划》和《佛山市对口支援全伽师县城市生活示范区控制性详细规划及城市设计》的编制工作，规划成果都获得了省建设厅和当地领导的肯定。

根据《珠江三角洲地区改革发展规划纲要（2008~2020）》的要求，组织完成了《广佛同城化城镇空间发展战略规划》、《广佛同城化区域交通一体化规划》、《广佛同城新客站周边地区整合规划》、《广佛同城芳村桂城地区整合规划》、《2009年城市规划近期建设项目库指引》、《广州市佛山市同城化建设城市规划三年工作计划》。会同广州市规划局出台了《广佛同城化金沙洲片区整合规划》并获初步成果，启动了《跨界地区城市规划协调机制研究》，使之成为推动广佛同城化城市规划管理的重要指引。

全力推进重点工作，优化经济发展环境。一是西江引水工程。至年底，西江引水工程已全部完成佛山段的规划建设、征借地和建设工作。二是轨道交通建设和站场。配合铁路部门，开展贵广铁路、南广铁路、广珠铁路、南沙疏港铁路、西部沿海铁路、广珠城际线、佛肇城际线、广佛环线、广佛江珠城际线，以及广佛地铁等重点项目的建设方案协调及规划审核手续。配合做好佛山西火车站综合交通枢纽、丹灶铁路物流中心的方案深化、协调和下阶段站场规划编制、控制和实施工作。三是东平新城项目建设。多次就东平新城相关轨道选线、美旗项目选址、220千伏熙悦变电站选址等问题召开协调会议；配合市经贸局、顺德区政府引进美旗广东佛山国际采购与区域物流中心项目的各项规划前期工作，配合美旗公司的方案竞赛与方案修改完善工作。四是高速公路项目建设。主动配合做好佛山市境内广明高速、珠外环高速、广肇高速、佛清从高速、广明高速支线等高速公路以及其他高等级市政道路项目的方案协调、规划审核工作。

加强规划信息建设，提升规划管理水平。实现电子报批，规范规划审批。建立了城市规划管理指标核算与电子报批系统，7月1日开始试运行。配套制定和完善了一系列技术规定、标准表单、审批流程等，制定了《佛山市城市规划诚信管理暂行规定（试行）》，《佛山市城市规划指标核算与电子报批诚信技术规定（试行）》。继续推进佛山市区一体化规划政务信息平台建设。完成了佛山市区一体化规划政务信息平台（二期）的

系统软件开发，将原有规划成果整理入库，加强了规划政务信息平台与市城建档案管理系统的衔接和共建共享。（许　伟）

【城乡建设】 2010年，佛山市五区开工建设廉租住房和经济适用住房1893套，超额完成了省政府年初下达给市政府1600套的目标任务。

全市417项无障碍设施改造工程全部完成，新建项目无障碍设施建设率达到100%，改造项目涵盖各区中心城区范围内与广大市民密切相关的场所。全市完成167公里城市道路无障碍设施改造，设置提示盲道3163处，缘石坡道1743个。9月份，佛山市顺利通过了省组织的创建全国无障碍建设城市初审检查。

对建筑房地产等行业实行动态化、信息化、规范化管理，工程质量安全生产得到有效控制，全年发生安全生产事故2起，死亡人数3人，没有超过省下达的安全生产事故死亡4人的控制指标，死亡人数与上年持平，事故起数下降33%。

新建、扩建16个污水处理厂项目已基本完成，新增污水处理能力规模46.2万吨/日，全市年污水排放量为63401.27万吨，全年污水处理量可达到55331.78万吨，已完成污水处理率77%的目标。汾江河及内河涌综合整治成效显著，再一次在汾江河举行端午节龙舟赛。加强水源地保护，集中式饮用水源地水质达标率100%。有效治理机动车尾气和陶瓷行业污染排放。全市区域绿道建设里程共完成379公里，比省下达的指标超额60公里。初步形成了以“3G”（绿地——Greedland，绿网——Greednet，绿道——Greedway）为骨架的“岭南绿城”（Greedcity），深化了与周边城市在资源利用、环境保护、道路、能源设施等方面的衔接与合作。

全市共启动“三旧”改造项目567个，其中旧城镇项目157个，旧厂房项目344个，旧村居项目66个，涉及土地面积3366.67公顷，投入资金1160.63亿元。祖庙—东华里、禅城石头村、三水西南涌等一批改造项目成为全省“三旧”改造工作示范区。（陈　伟）

【城镇村庄建设】 2010年，佛山市设建制镇21个，行政村385个，已编制村庄规划的行政村273个。建制镇镇域面积22.89万公顷，镇域户籍人口206.26万人，镇域暂住人口151.71万人。其中建成区面积1.68万公顷，建成区人口74.5万人，建成区暂住人口56.15万人。村庄建设管理人员779人，其中专职人员528人。建制镇人均道路面积14.81平方米，人均公园绿地面积3.52平方米，绿化覆盖率16.01%，燃气普及率73.85%。

【城市建设】 2010年5月，佛山市建立市创建宜居城乡工作联席会议制度。9月出台《佛山市创建宜居城乡工作实施方案》，明确提出“主要通过规划引导、住有所居、人居环境、社会管理、公共服务等方面开展宜居城乡建设，到2020年，把佛山市建设成为生产发展、生活富裕、生态良好、文化繁荣、社会和谐、人民群众具有幸福感的宜居城市”。11月，市创建宜居城乡工作联席会议办公室组织开展佛山市宜居城镇、宜居村庄、宜居社区考核评审工作。全市共1个镇、15条村、59个社区进行了申报。1镇9村已经公布作为2010年佛山市第一批宜居城镇、宜居村庄。（黎裕成）

【“三旧”改造】 2010年，佛山市启动“三旧”改造项目567个，涉及土地面积3366.67公顷，投入资金约1140.63亿元。全市标图建库“三旧”用地约有2.77万公顷，其中：旧城镇5066.67公顷，旧厂房1.77万公顷，旧村居5000公顷，未完善手续的约5933.33公顷，农用地50.53公顷。协同市纪委组织检查“三旧”改造项目，对存在的土地管理问题进行排查整改。7月、9月，国土资源部部长徐绍史、省人大主任欧广源等领导，再次视察佛山市“三旧”改造工作，7月，中央电视台《焦点访谈》栏目专题报道佛山市“三旧”改造，12月，佛山市召开“三旧”改造政策储备专家研讨会，均对新成效给予高度评价，认为佛山市“三旧”改造是实现从农业化向工业化、向城市化发展的必由之路。加大闲置土地处置力度。对闲置土地进行专项清理，清理闲置土地共472宗1064公顷，其中已处置共472宗1064公顷，清理出闲置房地产用地96宗197.4公顷并已全部完成处置。拓宽节约集约用地新路子。全面开展实施土地用地置换，解决土地批而未用和指标不足的问题，已置换约187.87公顷。

【住宅和房地产业情况】 2010年，佛山市累计完成房地产开发投资485.52亿元，比上年增长35.5%，占全社会固定资产投资的28.2%，投资金额是近五年最高。房地产开发企业本年资金来源822.64亿元，增长23.6%。全市房地产开发企业商品房施工面积2831.38万平方米，增长35.8%。本年新开工面积982.61万平方米，增长80.0%。竣工面积330.88万平方米，增长37.2%。商品房空置面积111.11万平方米，减少15.5个百分点。全年商品住宅批准预售886.06万平方米，增加23.89%，商品住宅销售面积781.36万平方米，下降19.33%。销售总金额581.97亿元，增加2.6%。商品住宅销售均价7448元/平方米，上升了27.2%。

贯彻《国务院关于坚决遏制部分城市房价过快上涨的通知》精神，做好佛山市调控房地产市场工作。具体包括：出台《关于规范商品房销售信息公示的通知》，规定房地产企业商品房预销售信息必须在网上公开，房地产企业预销售商品房应当在销售现场设立公示栏和公示台，方便购房者了解该商品房项目的基本情况和获取相关信息等；利用商品房预（销）系统对可售房源进行实时监测，做好商品房销售的网签认购和网签合同；严格要求在项目销售现场和网上进行商品房价格“一户一标”公示工作，对“捂盘惜售”行为进行界定和处罚；做好房地产市场监测，每月密切监测商品房和存量房供给和交易情况，并将交易均价等信息在媒体和网络进行发布。

佛山市根据《物权法》和《广东省物业管理条例》等上位法规定，结合实际，于4月1日正式出台《佛山市物业管理办法》。《办法》共11章111条，包括总则，业主大会、业主委员会，共有收益管理，前期物业管理，物业管理服务，物业的使用和维护（住宅专项维修资金管理），物业服务收费管理，旧住宅区物业管理，行业管理；法律责任和附则。作为《办法》的配套文件，8月制定了《首届业主委员会和业主委员会成立指引程序》和《业主委员会换届选举程序指引》。

佛山市于10月1日正式在全市推行“佛山市房地产行业诚信系统”。房地产诚信管理的建立范围是房地产开发企业、房地产中介机构、物业服务企业和房地产估价师、房地产经纪人、房地产经纪人协理等专业人员。房地产信用档案的内容包括企业基本情况、业绩、项目及良好行为记录、房地产市场违法违规行为、服务质量问题及其他不良行为记录和公众投诉及处理情况等，以便为各级政府部门和社会公众监督房地产企业市场行为提供依据，为社会公众查询企业和个人信用信息提供服务，为社会公众投诉房地产领域违法违纪行为提供途径。（孔竞兰）

【房地产产权登记】 至2010年底，佛山市累计已登记房屋总建筑面积3.48亿平方米，其中住宅155.28万套、建筑面积计2.16亿平方米，非住宅建筑面积计1.32亿平方米。

2010年全市国有土地上房屋初始登记共33516件，建筑面积1004.31万平方米；转移登记共13.35万件，建筑面积1518.82万平方米；变更登记共17420件，建筑面积720.38万平方米；抵押权登记共80233件，建筑面积4350.45万平方米；注销登记共5538件，建筑面积344.63万平方米；全市集体土地上房屋登记共20415件，建筑面积526.96万平方米。4月，佛山市住房和城乡建设局依据住房和城乡建设部《房屋登记办法》的规定，对佛山市的房屋登记审批事项进行了重新调整，共分为7大项26个子项。经市政府审查通过，于9月8日在《印发佛山市第四轮行政审批（管理）事项调整目录的通知》印发。

根据市委市政府《关于加快统筹城乡发展的若干意见》文件的要求，经调研，佛山市住房和城乡建设局制定了规范性文件《佛山市住房和城乡建设局农村改革“两确权”、“旧村居改造”、“宅基地换房”项目房产证办理细则》，并于2010年9月29日在《佛山政报》2010年第18期上公布。随后，佛山市住房和城乡建设局于2010年11月1日向各区国土城建和水务（利）局下发了《关于抓紧贯彻落实市委市政府〈关于加快统筹城乡发展的若干意见〉等文件精神有关问题的通知》，要求各区国土城建和水务（利）局认真梳理、抓紧落实佛山市集体经济组织管理体制改革过程中“两确权”、“旧村居改造”、“宅基地换房”项目房产办证工作。（江　飞）

【园林绿化】 2010年，佛山市“三年促变，绿地佛山”建设工作顺利收官。三年来全市完成绿化建设和改造项目1041个，新增绿地面积913万平方米，改造提升绿地面积2147万平方米，完成绿化总投资22.37亿元。至年底，佛山市建成区绿地率34.67%，建成区绿化覆盖率37.11%，人均公园绿地面积10.24平方米，比上年人均增加1.12平方米，初步形成“组团城市、绿脉相通、绿廊环绕，公园棋布”的绿地系统格局。推进绿道网建设，2010年广东省省考核佛山市区域绿道（省立）年度计划应建设里程为319公里，实际完成379公里，并建设城市绿道29公里，实现佛山市区域绿道全线贯通基本建设的目标。（张珍妮）

【城市管理行政执法】 2010年，佛山市做好第16届广州亚运会佛山赛区保障工作，加大力度整治城市“八乱”（乱摆卖、乱搭建、乱张贴、乱拉挂、乱砍伐、乱堆放、乱挖占、乱撒漏）。禅城、南海、顺德、高明、三水区环境运输和城市管理局共查处市容环卫、城市规划、园林绿化、市政管理、生活环境噪声等污染、无照商贩占道经营、室内违建等方面的行政处罚案件46万宗，其中劝导教育和纠正各类违法行为45万多宗，立案处理10122宗。加强广佛同城化城市管理领域合作，6月和9月，广州、佛山城管部门对两地接壤区城市“八乱”开展联合专项整治行动，建立两地相连河涌河面日常保洁联系工作例会制度，针对广州、佛山交界处的佛山水道、水口水道、北村水闸、洲村水闸等地段河涌河面的保洁情况开展实地考察调研。推进数字城管建设工作，年内完成数字城管系统管理平台开发、部署及数据普查工作。6月，南海区数字城管监督、指挥中心率先投入试运行。11月，佛山市级、禅城、顺德、高明、三水区数字城管平台基本完成试运行。（张珍妮）

【卫生镇、村创建工作】　开展巩固国家卫生城市工作。组织开展“国家卫生城市先进城区的评比”活动。推进创建国家卫生镇和省卫生村工作。2010年，佛山市共有国家卫生镇21个，省卫生镇1个，省卫生村836个（其中行政村434个，自然村402个），创建工作在全省乃至全国处于先进行列。

【农村改水改厕工作】　2010年，佛山市推进“村村通自来水”工程，自来水普及率99%以上。共进行了5000户农户改厕工作，增加改厕受益人口约1.5万人，卫生厕所普及率98%以上。（市卫生局）

【垃圾处理】　2010年，佛山市城镇生活垃圾无害化处理率86.2%，比上年提高4.18%。佛山高明苗村白石坳生活垃圾卫生填埋场接收处理生活垃圾103.15万吨。佛山市政府主持与禅城区、南海区、顺德区、高明区、三水区签订《佛山市城镇生活垃圾无害化处理率达标责任书》。推进城乡垃圾转运站及配套设施向乡村延伸，建立了“村收、镇运、区处理”的生活垃圾管理新模式。在乡镇一级建设10个密封式生活垃圾收集转运站及配套设施建设。组织《佛山市生活垃圾清运处理设施专项规划》的修编工作。组织佛山高明苗村白石坳生活垃圾卫生填埋场填埋气利用发电工程项目论证，明确实施方向。佛山市城市综合管理局加强对垃圾运输车辆的监管，与各垃圾运输单位签订《规范运输城市垃圾承诺书》，采取专项整治方式强化监管力度，使垃圾运输车辆撒漏行为大幅减少。（张珍妮）

资源环境

【重点项目用地报批】　2010年，佛山市国家、省级重点项目征地拆迁和用地报批数量居全省各地级市前列。上报国家或省的批次（项目）建设用地1290公顷，涉及新增用地1123公顷。审批的农用地转用210.4公顷。上报“三旧”改造项目（转国有）用地171.1公顷。重点完成一汽大众汽车首期、美的集团、佛职院、广明高速（陈村至西樵段）、广佛城轨等重点项目用地报批，太澳、广肇、广贺等高速公路新建或扩建工程征地拆迁工作全部完成。

【土地市场及储备】　2010年，佛山市经营性用地计划为779公顷（其中保障性住房用地11.38公顷），比上年增加了129公顷。全市土地公开交易1146.67公顷（增加113.33公顷），成交金额约为368.3亿元（增加18.7亿元），经营性商住用地628.87公顷（减少77.8公顷），成交金额348.78亿元（增加9.56亿元），其中一级市场商住用地出让 516.65 公顷（减少 140.53 公顷），成交金额为 304.87 亿元（减少 15.23 亿元）。农村集体建设用地流转有新突破，南海狮山、丹灶镇利用农村资产交易平台，开展农村集体建设用地流转试点。加大储备土地力度，新增储备土地 410.6 公顷，其中：市直 46.53 公顷，市、区联动 364.07 公顷。完成佛山市 1 个国家级和 6 个省级开发区的集约用地评价更新工作。

【耕地保护】 从 2009 年开始，佛山市实施《佛山市基本农田保护补贴实施办法》。全市每年拨出 2.5 亿元财政资金，对全市约 4.73 万公顷基本农田给予每亩每年 200 元或 500 元的补贴，其中南海区已落实，并另对非基本农田保护区内的耕地给予每亩每年 100 元的补贴。2010 年，市财政补贴高明、三水区各 1500 万元也已下划，其他区已出台办法并安排了预算。履行耕地保护责任。逐级签订落实了耕地保护目标责任书，全市确定了“六定”、“五有”和“四统一”的基本农田保护规范措施，市人大常委会还专题调研并充分肯定了基本农田保护工作做法。严把土地开发整理质量关。三水区大塘、芦苞两个国家土地整理项目通过验收，增加耕地 138.84 公顷。规范低效园地山坡地整理工作，全市（主要在高明、三水）山坡地开发整理面积约 800 公顷，已通过市验收约 445.24 公顷（新增耕地约 569.21 公顷）。

【土地执法监察】 2010 年，佛山市加强土地执法监察。一是领导重视。明确表达，要求“严查违法”、“严格执法”。市主要领导的高度重视对强化土地执法起了重大的作用。二是完善机制。2010 年区、镇大部制改革，由政府领导兼任国土资源部门首长，强化了土地管理共同责任制，建立健全违法用地案件举报有奖、土地执法巡查报告等系列制度，利用土地日、法制日等纪念日加强国土资源政策法规宣传普法工作，对履责不到位的个别镇街公职人员进行问责，公开通报了 6 宗典型违法案件。三是强力整改。以铁的手腕查处违法违规用地行为，维护全市国土资源管理良好秩序。2009 年度卫星拍片执法发现违法用地 92 宗，面积 517.53 公顷，其中耕地 20.06 公顷，应立案 91 宗（有一宗在卫星拍片执法开始前已自行拆除并复耕），2010 年立案 91 宗，查处 91 宗，结案 90 宗；立案率 100%、查处率 100%，结案率 98.9%，并已向司法机关移送 3 人，复耕复绿 6.34 公顷，罚款 3901 万元，没收和拆除违法建（构）筑物 25.2 万平方米。

【矿产资源管理】 2010 年，佛山市开展全市矿业权实地核查工作，率先成为第一个上报成果的地级市。推进以三水岩盐资源开发整合为重点的矿产资源开发整合工作。开展矿山安全生产月宣传教育活动，加大违法、无证开采矿产资源查处力度。

【地质灾害防治】 2010 年，佛山市大力做好地质灾害防治工作。继禅城区、高明区成为全国地质灾害群测群防“十有县”后，南海、顺德区已申报材料。禅城、高明、南海区级地质灾害防治规划已公布实施，三水、顺德区编制完成。落实年度地质灾害防治方案，做好南海区桂城街道夏北片区地质灾害责任认定工作。全年地质灾害灾情 9 起，比上年减少 40%（其中小型地质灾害 2 起），连续四年实现了零伤亡的目标。全年共发布三级以上的地质灾害气象预报预警 11 次，预报预警系统运行准确率较高。全年消除地质灾害隐患点 71 个，其中消除威胁 100 人以上的地质灾害隐患点 4 个，超额完成与省厅签订的工作责任书有关指标的 162%和100%。开展了边坡普查，组织地质灾害防治宣传培训。省政府政风行风评议团视察佛山市地质灾害防治工作后给予充分肯定。

【地籍管理】 2010 年，佛山市做好土地调查工作。以严谨、科学、细致的作风核实上报数据，确保经得住相关考核，第二次土地调查成果已上报国家审核，2010 年度土地变更调查工作初步成果已报送省厅检查确认。开展土地登记规范化检查，加快农村集体土地发证工作，共发土地证 20.6 万本，比上年增加 16%。其中集体土地使用证 3.03 万本，增加 48%。推进地价管理工作。禅城、南海、顺德区上年更新成果已经公布，高明、三水区初步成果修改完善。全市农用地产能核算成果已上报省。 （吴福明）

【环境保护】 2007 年，佛山市成为全省 21 个地级以上市中 9 个二氧化硫和化学需氧量两个指标都完成减排任务的城市之一。2008、2009 年，连续两年在全省实行的减排考核中排名第二。2010 年，佛山市继续坚定不移落实污染减排工作，通过控制增量，强势推动产业结构调整和优化提升；削减存量，全面实施减排重点工程；监管减量，不断加大工作力度三项措施，确保佛山市如期按质完成减排目标任务。

加强环境综合整治工作。一是大气环境整治。通过推进电厂降氮脱硝、深化工业污染治理、推进清洁生产、加强挥发性有机污染物污染防治、加强大气自动监测能力建设、加强环境科研，努力提高大气污染防治水平。二是水环境整治。在内河涌整治方面，以汾江河整治为重点。根据 2010 年 11 月份水质监测结果和 2008 年 3 月份汾江河“630”整治工程正式启动时水质监测结果对比发现：汾江河 8 个监测断面中，溶解氧指标实现全河段稳定达标，全河段平均浓度达到三类水标准，COD 指标实现全河段稳定达标，且平均浓度达到三类水标准，氨氮指标值全河段平均浓度达到五类水标准，总磷指标达标全河段达到五类水标准，基本实现江水变清目标。全力完成“十一五”污水处理厂建设任务。到 2010 年底，全市已有 54 家污水处理厂投入运营（试运行），其中禅城区 4 家，南海区 26 家，顺德区 13 家，高明区 6 家，三水区 5 家，设计日处理规模 224.36 万吨，配套收集主干管约 1278 公里，中心城区生活污水处理率 90%以上，全市城镇污水处理率 77%以上。 （邹维利）

社会事业

【推进产学研合作】 2010 年，佛山市重点加强与中国科学院的合作，拓展院市合作的深度和广度。佛山企业与中科院共 32 所研究所开展合作项目 300 多项，共获得中科院、中科院各研究所、省科技厅、佛山市及所属区的项目建设经费合计 1.12 亿元。培养一批企业创新型人才。吸引了中科院研发精英近 310 人、30 多个来自不同领域的研发团队参与院市合作项目。培养了一批专业基础好、研发能力强、业务素质高的企业科技人才。促进佛山产业结构的调整优化。院市合作以来开展的合作项目，大部分涉及电子信息、先进制造、新材料、新能源、资源环保等近年佛山重点发展的新兴战略产业，促进了佛山产业结构的优化升级。加强信息沟通。建立中科院所属研究所与佛山企业的信息沟通渠道，在佛山市科技信息网和中科院佛山产业技术创新与育成中心网站征集合作信息，至年底，已征集了企业技术需求信息和中科院科技成果信息300多项。建立"企业技术需求"和"中科院科技成果"项目信息数据库，并鼓励技术供需方利用该信息数据库实施项目对接。建立多级联动机制。中科院和佛山市领导多次亲自率团进行互访和开展科技洽谈，形成长期互访和定期协商的长效合作机制。院市合作一年时间内，先后有40多所研究所的200多名专家到佛山考察和洽谈，举办各类交流对接活动近50场次，实地考察企业80多家，期间共有300多家佛山企业参加活动。

【完善区域创新体系】 2010年，佛山市共有省级专业镇35个，专业镇创新平台19个，数量均居全省第一位。专业镇构建了包括产品研发、质量检测认证、职工教育培训、电子商务和现代物流五大体系在内的产业创新服务平台，使中小企业共享科技人才、科研、技术、管理、信息和物流资源，提高了企业的创新能力。

以企业为创新主体，构建企业技术创新体系。全市已建立省级工程中心94家，市级工程中心192家，院士工作室13家，博士后科研工作站30家。2009年佛山市大中型工业企业R&D经费（全社会研究与试验发展经费）投入62.8亿元，占全市R&D经费投入的98.1%。

扶持产业公共创新平台建设，构建行业技术创新体系。华南精密制造技术研究开发院与俄罗斯、乌克兰等独联体国家在精密制造方面进行合作，华夏建瓷研究开发中心承担"陶瓷产业低碳技术路线图"编制。

【加强知识产权工作】 2010年2月，经国家知识产权局正式发文批准，佛山市成为

佛山市文教卫体事业基本情况

教育				医疗 文化 体育			
项目	单位	2009年	2010年	项目	单位	2009年	2010年
普通高校校数	所	3	3	医院、卫生院数	个	97	98
普通高校在校学生数	万人	3.70	3.97	医院、卫生院床位数	张	19883	21624
普通高中学校数	所	49	50	平均每千人口医院、卫生院床位数	张		
普通高中在校学生数	万人	9.68	10.22				
初中学校数	所	128	127	群众艺术、文化馆数	个	6	6
初中在校学生数	万人	21.16	21.15	公共图书馆数	个	6	6
小学学校数	所	429	424	博物馆数	个	6	7
小学在校学生数	万人	43.42	43.82	档案馆数	个		
学龄儿童入学率	%	100	100	国民体质合格率	%		
幼儿园数	所	777	771	人均公共体育场面积	平方米		
在园幼儿数	万人	18.36	19.79				

“国家知识产权工作示范城市”。1~12 月，佛山市专利申请 17846 件，比上年增长 16.3%，其中发明专利申请 2178 件，增长 17.5%；专利授权 16946 件，增长 31.8%，其中发明专利授权 681 件，增长 5.4%，各项数据均居全省前列。

佛山市重点从以下几个方面开展知识产权工作。一是召开佛山市国家知识产权工作示范城市推进大会，以国家知识产权工作示范城市为新的起点，布置和落实国家知识产权工作示范城市的各项工作。二是制定《佛山市知识产权战略纲要》。三是建设中国（佛山）知识产权维权援助中心。10 月 26 日维权援助中心举行揭牌仪式，11 月 7 日知识产权维权援助网站正式开通，邀请佛山科学技术学院政法学院等单位成为首批合作单位，聘请相关法律专业人士为首批顾问。四是开展知识产权宣传活动。举办广佛同城知识产权保护自行车巡游活动和中学生迎亚运知识产权竞赛，宣传知识产权保护。五是建设行业预警机制。围绕佛山市陶瓷、家用电器、机械装备等支柱产业和战略性新兴产业，逐步建立知识产权预警服务平台。六是扶持国家专利技术（佛山）展示交易中心发展。交易中心为专利权人提供专利价值实现平台，促进专利技术转移及运用，推进专利展示交易工作，交易中心于 9 月通过国家知识产权局的验收。（李淑艳）

【文艺系列活动】 2010 年，佛山市通过固定、流动等形式，开展演出、展览、培训等多种文化温暖活动，举办“魅力佛山·和谐村居”美术摄影作品巡展、外来务工人员艺术培训工程、劳动者纪实摄影展览（巡展）、“寻梦佛山”外来务工人员子女艺术和阅读夏令营等外来务工人员系列文化活动，将文化向外来工聚集的重点区域延伸，是年在全市基层村镇及外来务工人员较为集中的地点开展佛山市新春系列文化活动，举办晚会、戏曲、民俗、展览讲座等 4 大门类活动近 200 项，内容包括“情暖佛山春满家园”——佛山市 2010 迎春文艺联欢会、“魅力佛山·精品荟萃”——佛山市元宵民族音乐会、大型龙狮表演、武术表演、灯会、游园活动以及各类书画、摄影、艺术品、民俗文化展览等。

佛山市文化广电新闻出版局修订《佛山市“魅力佛山·精品荟萃”艺术精品展演补贴暂行办法》，并于 6 月 11 日对外公布实施。通过财政专项补贴引导社会资金投入，以市场运作方式引进 19 场国内外高水准的艺术演出和展览，并实行 20%折价票政策。持续打造“魅力佛山”文化艺术工程、“南风讲坛”公益讲座、“崇文佛山　阅读春天”等文化活动品牌，丰富市民文化生活。

【秋色欢乐节】 2010 佛山秋色欢乐节于 9 月 28 日 ~10 月 3 日在南海千灯湖公园举行，欢乐节包含秋色欢乐节开幕式、现代灯影艺术秀、秋色彩灯会、秋色欢乐墟、秋色大舞台、秋色欢乐节摄影大赛六个项目，跨中秋、国庆两大节日，历时 13 天。据统计，参加活动的市民超过 180 万人次，其中约 20%来自周边的广州、东莞、中山、江门、肇庆等地。媒体争相报道活动盛况，并给出了“最现代、最魔幻、最神奇、最憧憬”的高度评价。

【主题文化活动】 2010 年 5 月中下旬，佛山市文化广电新闻出版局共组织 4 个剧目 8 场戏剧演出、5 场艺术家下基层活动，并开展粤剧与川剧的对话活动。7 月末组织彩扎、剪纸、木板年画等7大项目亮相2010年上海世博会广东文化周，并进行粤剧、醒狮现场表演，参展项目位于全省前列。11月，组织演职人员共732名，完成第16届亚洲运动会火炬传递（佛山站）活动两场演出和仪式的策划组织工作，吸引20万市民观看。12月，完成“智慧佛山·一流技工——第四届全国数控技能大赛”总决赛开幕式文艺演出。此外，为配合佛山市对口支援汶川水磨镇建设项目整体移交，佛山市文化广电新闻出版局组织规模为60人的艺术团，给水磨人民带去了歌舞、杂技、小品等文艺表演节目。

【打造文艺精品】 着力打造粤剧电影《小周后》、粤剧《紫钗记》、电影《天鼓》、数字电影《老窦假，感情真》、全市第一部服务未成年人及其家长的原创儿童音乐剧《大侠虎虎羊》等文艺精品。启动“佛山市重大历史文化题材美术创作工程”，组织创作一批反映佛山重大历史文化事件、历史人物以及城市发展变迁的美术精品。围绕第九届中国艺术节、广东省第八届少儿艺术花会等开展群众文艺创作，女声小组唱《月下情歌》获全国群星奖，5个节目入选广东省第八届少儿艺术花会。组织2010佛山市群众文艺“百花奖”评选活动，音乐、舞蹈、文学、戏剧、曲艺、美术等8大门类577件作品入选，131件佳作获奖。

【重点文物修缮工程】 2010年，佛山市祖庙修缮继续采取分区施工、逐步推进、边施工边开放的方式进行，到11月，完成古建筑群主体修缮工程。此次祖庙修缮是时隔百余年之后的全面重修，佛山市为此专门拨款3000多万元。11月29日，佛山祖庙举行全面修缮竣工系列活动。活动包括竣工仪式、秋祭乡饮、万福台粤剧演出、城市论坛等。

【文物普查及非物质文化遗产保护】 至2010年底，佛山市第三次全国文物普查第二阶段的查漏补缺和资料汇总工作已完成，转入进行普查成果的汇编和数据库建设等第三阶段工作。全市共实地调查登记不可移动文物1988处，其中新发现1517处，复查471处。累计到位普查经费698万元。完善全市非物质文化遗产名录体系建设，启动佛山市第三批名录和第二批代表性传承人评选工作。其中，第二批市级非物质文化遗产项目代表性传承人于年底前完成评审和社会公示。落实《佛山市文化广电新闻出版局非物质文化遗产项目代表性传承人资助暂行办法》精神，共资助传承人生活补贴12人（国家级4人，省级8人）；资助佛山十番、粤曲星腔、木版年画等传承项目7项。

【净化文化环境专项执法活动】 2010年，佛山市文化市场综合行政执法抓好打击网络传播有害信息、打击侵权盗版与游商地摊、开展印刷企业和出版物集中经营场所专项检查、打击查处“黄赌毒”专项行动和娱乐场所清理整治行动、迎亚运“扫黄打非”专项行动。是年，佛山市共组织执法人员46263人次，检查市场29014家次。收缴各类非法出版物134.5万件；受理举报252件，举报查处率100%；对持证单位作出行政处罚的369家；取缔无证经营店941间（档）；捣毁地下储存、批销非法出版物窝点26个，组织销毁非法物品43万多件。

【文化产业发展】 2010年，《中共佛山市委、佛山市人民政府关于“智慧佛山·文化先行”的实施意见（2010~2015年）》出台，提出打造文化魅力之城、文化创意之城、文化民生之城的目标。该意见决定从2011年起，由市牵头设立文化产业发展专项资金（初定市区每年共同筹集2000万元），用于扶持佛山市重点文化产业集聚区建设、重大文化产业项目开发，培育具备核心竞争力的文化产业市场主体。是年公布实施《文化产业加快发展行动计划》，明确未来5年的文化产业发展行动目标，并提出十大重点产业门类、十大重点产业集聚区以及十大重点企业，确定做大做强佛山市文化产业的抓手。颁布《佛山市人民政府关于加快文化产业发展的若干意见》，从鼓励创新、多元投入、市场培育等多方面提供政策优惠。此外，在项目落地、政策支持等方面，积极为文化产业项目在各区和镇街牵线搭桥，形成区区有重点、市区联动的创新发展格局。

重点建设佛山市民间艺术创意基地，以艺术家领衔的岭南剪纸坊、陶艺坊已进驻园区。举办首届“佛山市工艺美术创新市长奖”评选活动，征集参评作品224件，共评出金奖作品2件，银奖作品3件，铜奖作品5件，优秀奖作品40件，并举行颁奖活动和精品展览。5月，首次以政府组团形式参展深圳文博会，展示佛山文化形象和工艺美术精品，被组委会授予优秀组织奖和优秀展示奖。（市文广新局）

【文艺创作】 2010年，佛山市多位文学作家的作品获首届“香市杯”青年文学奖、省首届“大沙田”诗歌奖等奖项，“佛山作家看佛山”系列作品也分别获多项全国大奖。戏剧作品获2009年度省剧本征集活动二、三等奖及省群众文艺作品评选二等奖。合唱和女声小组唱分别获得第六届世界合唱金奖和群星奖；邓国平、袁新荣连续多年获省优秀音乐家称号。曲艺《长江水》等13件作品分别获广东省群众文艺作品评选一、二等奖。市舞协在“2010年第75届中国舞蹈家协会教学成果展演广东省片区比赛”获得1金、3铜、1表演奖的好成绩，并获组织奖。杂技魔术小品上演百场并获创新奖。市美协举办佛山市首届水彩展等各类、各层次展览活动不下100场（次）。不少作品入选2010年上海朱家角国际水彩画双年展、“中国文化周”艺术大展等国家级、省级展。多件作品获中国工艺美术文化创意奖金奖和中国工艺美术行业最高奖项“百花奖”金奖，还有多位陶艺家在工博会的“金凤凰”中国工艺美术大赛上获6金5银3铜3优秀奖的可喜成绩。市书协先后举办佛山首届千人广场书法活动等数十场书法活动。多人入选省第四届新人新作书法篆刻展、省第三届“康有为奖”书法大赛奖。市摄协举办“印象南庄之龙腾水乡”、“广佛影友大PK摄影比赛获奖作品展”等展览约100场。有7人在2010全国摄影艺术展览中获各类奖项，其中邓伟根的作品《飞扬》获铜质收藏奖，《慈痴半世纪》组照获评委推荐作品和网络最高人气作品奖。编辑出版《佛山现代剪纸》、文艺作品集《通济天下》等，协助中国民协出版《中国木版年画集成·佛山卷》；组织木版年画、剪纸、灯色等各类民间文艺精品亮相佛山非物质文化遗产展示周、南海民俗文化节、石梁文化艺术节等。多件作品获得佛山市长奖、首届中国农民艺术节民间剪纸精品展优秀奖。在第四届广东省民间工艺精品展中，佛山市取得1金2银4铜成绩。（市文联）

【教育事业】 至2010年5月，佛山市五区都通过广东省推进教育现代化先进区督导评估，建成了“广东省推进教育现代化先进区”，佛山成为全省首个所有区都建成广东省推进教育现代化先进区的地级市。佛山区域间、城乡间、学校间、群体间教育差距不断缩小。学前教育、基础教育、职业教育、高等教育、成人教育与社区教育相互衔接、协调发展，形成了较为完善的现代国民教育体系和终身教育体系。拥有一支师德高尚、结构合理、素质优良、善教乐教、充满活力的教师队伍。素质教育扎实推进，学生综合素质全面提高，佛山高考成绩多年来一直位居全省前列。职业教育、教育信息化、英语教育、艺术教育、学校体育、民族教育等方面凸显出鲜明的地域特色。发展特殊教育、全面实施免费义务教育、推进扶贫助学工作、解决非户籍常住人口子女入学问题、规范学校办学行为等与广大人民群众切身利益息息相关的民生问题得到解决。

2010年，全市有各级各类学校1437所，其中普通高校3所，成人高校6所，中职学校50所（含省属中职7所），普通高中52所，初中127所，小学424所，幼儿园771所，特殊教育学校4所，各级各类学校在校生111万人。全市民办中小学（含职校）98所、民办幼儿园416所，在校生19.4万人。3~6周岁幼儿入园率99.15%，小学、初中适龄儿童入学率均达100%，初中毕业生升学率99.04%，高中阶段毛入学率104.72%，高等教育毛入学率58%，适龄残疾儿童入学率98.33%。

是年9月，召开的全省教育工作会议上，佛山作为珠三角地级市代表作教育现代化建设经验发言。10月，省政府教育督导室在《2007、2008年度地级以上市、县（市、区）党政领导干部基础教育工作责任考核结果》中，对佛山教育现代化建设试点工作给予充分肯定。

【学前教育】　2010年，佛山市启动等级幼儿园复评工作，开展幼儿园教育培养成本监审，规范幼儿园收费行为。开展教育教学活动和幼儿园园长、骨干教师培训，以及幼儿园教科研活动。初步建成学前教育信息资源服务网，通过网络公开幼儿园办园资格程序和幼儿园等级、收费、招生等信息，强化对学前教育的管理。全市100%幼儿园达到办学标准，省级幼儿园有56所、市一级120所，等级幼儿园所占比例49.81%。

【义务教育】　2010年，佛山市坚持义务教育优质均衡发展，强化公共教育资源均衡配置。做好推进区域义务教育均衡发展计划，着眼校际均衡，推进义务教育基本公共服务均等化，全市义务教育规范化学校100%，在全省领先。建立学校对口帮扶捆绑发展制度，构建城乡学校联片发展共同体，健全校长教师交流机制。着力城乡一体，促进公共教育资源配置公平。各区致力建立教育资源区级均衡配置机制，推进区内均衡。改造、撤并薄弱学校和新建、扩建学校，在投入上向薄弱镇和学校倾斜，实现高起点办学。

【普通高中教育】　2010年，佛山市在全市普通高中优质学位100%的基础上，致力推进普通高中特色发展与国际化进程。佛山一中、石门中学狮山校区、南海艺术高中3所学校通过全国教育科学规划办及中央教科所的评审，获教育部特色高中立项课题，成为全国300所特色高中培育校之一，高中教育国际化发展日渐成为高中多样化特色化发展的重要内容。4月，南海区被教育部确定为全国唯一的“区域教育国际化实验区”。

【职业教育】 2010年，佛山市推进职业教育发展。一是推进职教基地建设。投资5000万元、建筑面积约1.2万平方米的佛山职教基地总部大楼，占地32公顷、投资近4亿元的高明职校，占地24公顷、投资2.6亿元的三水新理工学校等项目都在加紧建设，一些工程进度已超过80%。计划总投资2.5亿元的顺德梁銶琚职校也准备易地重建。二是推进学生职业技能培养。举办全市中职学校学生技能大赛，参加全国全省技能大赛，都取得了优异成绩，均居全省前列。三是扎实推进“双转移”工作。2010年省下达给佛山“双转移”最低招生人数为11700人。全市“双转移”招生14527人，完成率达127.93%，圆满完成招生任务。四是推进“广佛肇”职教合作。签订《广佛肇三市职业教育合作意向书》。启动三市部分优质中职学校定向互相招生工作，三市各安排2～5所省级以上重点中职学校共100个指标，定向互招对方学生。五是推进职教管理信息化。在全省率先建成并启动中职教育管理信息系统，实现职教管理科学高效。六是推进学校专业建设。着力开展中职学校市级重点专业评估工作。七是完善校企合作机制。研制《佛山市职业教育校企合作联席会议方案》，推进校企合作制度化。全市43所市属中职学校中，国家级重点学校13所（含高级技工学校2所）、省级重点学校12所，优质学位近90%。

【高等教育】 2010年，佛山市着力推进佛山科技学院规划建设，学院内涵建设与办学层次取得新成绩，被国家批准成为硕士学位立项单位，成为2010年全省地级市唯一的硕士学位立项授予学校。由市政府全额投资、坐落在三水区乐平工业园内的佛山职业技术学院新校园占地面积58.73公顷，建筑面积22.1万平方米，总投资为9.08亿元，计划在校生规模8000人。新校园建设一期工程已全面竣工，并于12月迁至新校园办学。顺德职业技术学院加强内涵建设，成为示范性院校。

【特殊教育】 2010年，佛山市完善特殊教育体系，加快推进启聪学校改造扩建和高明区筹建特殊教育学校项目。指导和督促各区加快特殊教育班的建设步伐，市政府批准在启聪学校开设盲班。4月举办“佛山市星晖地产爱心杯高尔夫球慈善邀请赛”，共筹得100多万善款，用于启聪学校“创业实训中心”建设以及师生奖教奖学。

【教师队伍建设】 2010年，佛山市加强教师队伍和校长队伍建设，在全市教育系统推进事业单位聘任制改革，落实教师岗位聘任制度，优化教师竞岗和双向选择，稳妥实施义务教育学校绩效工资。全力推进“两相当”，近两年全市共投入约8亿元落实“两相当”。妥善解决中小学代课教师问题，至年底，全市共解决了712名代课教师入编问题，全市代课教师问题基本解决。加强校长教师培训。全市校长教师共约1万人分别参加英特尔未来教育（省级）培训、教师教育能力技术中级（省级）培训、班主任培训、高中教师培训、名师培训、名校长培训、省级校长培训以及幼儿园园长培训等。

【素质教育】 2010年，佛山市坚持德育为先，教育学生自觉践行社会主义荣辱观，增强社会责任感，培养高尚道德情操和健康生活情趣。把德育融入学校课堂教学、学生管理、学生生活全过程，增强德育实效性。完善学校家庭社会“三位一体”德育网络，构筑全方位立体化育人机制。以班主任队伍和安全文明校园建设为重点，提高师德教育、法制教育、禁毒预防教育、心理健康教育、安全教育的实效性。

坚持以素质教育为核心，促进学生综合素质全面发展。把德育、智育、体育、美育融合在教育教学各环节，开展多样性、个性化和特色化的教育，尊重学生个性和差别，实施适合每位学生成长需要的教育，促进个性发展。注重通过有效教研提高教学质量，提升教师队伍“教学研”和“传帮带”的水平与质量，促进教育内涵发展。开展教学评价研究，探索建立新的学生学习质量评价机制，抓好课堂教学评价、学生学习成绩评价、学生学习表现评价等，保障素质教育深入有效实施。

高考各项指标位居全省前列。全市高考普通类第一批（重点）上线3991人，比上年增加89人，增长率2.28%，占考生总数的11.80%。上本科线以上18196人，增加2275人，占考生总数的53.78%；上三批A线以上25064人，增加1553人，占考生总数的74.08%；上三批B线以上31488人，占考生总数的93.07%。高考呈现出三大特点：一是上线率提升幅度大，较上年87.88%的总上线率提高5.19个百分点，达93.07%。二是高分层考生人数在全省所占比例较大。三是全市考生整体上线水平和质量提高，本科以上上线率较上年提高14.29%，高中教育内涵发展水平继续提升。

【教育民生工程】　2010年，佛山市全面落实免费义务教育政策。免费教育受惠面拓宽到全省户籍学生和非本省户籍政策性借读生，免除义务教育学校借读费，确保党的惠民政策全面惠及非户籍常住人口子女。全市流动人口子女义务教育阶段在校生已超过26万人，占佛山市义务教育阶段在校生总人数的40%左右，近80%的流动人口子女在公办学校就读。其中，高明区就读公办学校比例高达100%，顺德区达90%以上。2010年春季，共有13.3万流动人口子女享受免费义务教育，占在佛山市就读的流动人口子女总数的51.1%，每学年政府投入免费资金1.03亿元。其中，“连续暂住5年以上”类别的免费对象占全市政策性借读生人数的50%以上。

做好扶贫助学工作，基本实现“不让一个学生因家庭困难而失学”的目标。2009～2010学年助学总额13447.08万元中，省级资金1332.74万元，占总额的9.91%；市级资金1064.21万元，占总额的8.14%；区级资金10027.76万元，占总额的74.57%；镇（街）级资金167.31万元，占总额的1.24%；学校自筹资金682.87万元，占总额的5.08%；其他资金142.19万元，占总额的1.06%。

推进中小学校舍安全工程。制订了全市中小学校舍安全工程规划，并经省政府批准实施。2010年，校舍安全工程作为市政府“民生实事”之一，目标任务是加固、改造、重建校舍9.51万平方米，投资约9000万元。工程项目涉及学校42所，共68项。至年底，绝大部分项目已经动工，涉及面积约15.32万平方米。实际完成加固、改造、重建工程12.77万平方米，超额完成2010年的工程任务。　（吴海桐）

【基层医疗卫生建设】　2010年，佛山市加强基层医疗卫生机构建设。佛山市的禅城、南海、高明、三水共有28所镇（街）卫生院和社区卫生服务中心、192所社区卫生服务站及分支机构正式实施了国家基本药物制度，在全省率先实现基本药物制度在基层医疗卫生单位的全覆盖。年内全市新建24所社区卫生服务站，完成当年全部建设任务。全年共举办全科医师岗位培训班6期，共培训全科医师460人，社区护士培训班11期，培训社区护士811人，超额完成全年培训任务，落实基本公共卫生服务项目和重大公共卫生项目。免费为常住居民提供9项基本公共卫生服务。建立居民健康档案149.44万份，健康教育服务179.11万人次，儿童保健服务10.16万人，孕产妇保健服务65102人，开展老年人保健服务14.17万人次，开展预防接种145.37万剂次，法定传染病疫情报告处理48416例，开展高血压、糖尿病管理82488人，开展重性精神病管理9781人（上述数字均未包括顺德区）。落实重大公共卫生服务项目，已经完成儿童补种乙肝疫苗工作，共为25.14万名儿童补种乙肝疫苗50.07万剂次。完成省下达的增补叶酸预防神经管缺陷的补服任务。加强医疗卫生基本建设。全年全市卫生事业共安排建设项目33个，投资总额61.16亿元，年度投资计划19.4亿元，完成投资10.62亿元，占年度计划的54.8%。建立广佛肇重大传染病和突发公共卫生事件联防联控工作机制，落实信息通报等方面工作。

【传染病防疫和职业病防治】 2010年，佛山市做好传染病防疫和职业病防治工作。加强手足口病防控，开展流感样病例和病原学监测，流感监测系统保持高效运转。落实国家免疫规划，规范预防接种异常反应监测和处置。以镇为单位各种免疫规划疫苗常规免疫接种率90%以上，维持无脊灰炎状态。组织开展麻疹强化免疫活动，全市接种率98.3%。加强艾滋病防治工作。继续实施广东省结核病控制等结核病防治项目。建立健全精神卫生服务网络，推进重性精神疾病规范化管理和治疗工作。强化职业病防治，推进建设项目职业卫生评审工作，全市共完成387个建设项目职业卫生评审，占应评审批总数70%。加强职业卫生技术服务机构能力建设，组织开展重点行业专项整治和专项抽检工作。建立和落实广佛肇重大传染病和突发公共卫生事件联防联控工作机制。组织开展"五五"普法验收工作。做好卫生应急和亚运会卫生保障工作，圆满完成第16届亚运会佛山赛区和中国艺术节等重大活动的医疗卫生保障工作。

【卫生执法监督】 2010年，佛山市加强对网上采购药品的监管。推行《佛山市卫生局医疗机构不良执业行为记分管理办法》（试行），对各类医疗机构出现的违法违规行为实行量化管理。推行多部门联动的医患纠纷第三方调解机制。聘请专业中介机构，测评医院医疗服务水平。继续开展治理商业贿赂专项工作。组织开展纪律教育学习月活动。设立佛山市卫生局领导接访日。参与市纪委、市监察局、市纠风办等部门举办的"民生对话"、"智能卫生，健康市民"网络对话活动。

【医疗服务质量监管】 2010年，佛山市加强规范医疗行为、感染管理、护理管理等各个医疗环节的制度落实。强化医疗市场及采供血机构监管，加强院感控制管理。规财、监察、医政等多部门协调，继续贯彻执行省药品阳光采购工作，严格执行招投标法和政府采购法，加强市直医疗卫生单位医疗设备和医用耗材集中采购监督管理工作。推进临床路径试点工作，有23所医院分别被确定为卫生部、省卫生厅和佛山市卫生局临床路径管理试点单位。深化广佛肇医学检验检查结果互认通用。（市卫生局）

【保障性住房建设】　2010年，佛山市完成开工建设保障性住房1739套，完成解决低收入住房困难家庭1841户，超额完成省下达佛山市2011年解决低收入住房困难户1723户、新建保障性住房1600套的目标任务。其中南海、顺德、高明、三水4个区已完成对2007年底调查在册低收入住房困难家庭的保障任务。各区开展新一轮新增低收入家庭住房困难户的调查。

加快建立公共租赁住房制度。组织开展了禅城、南海、高明、三水4个区的公共租赁住房需求问卷调查。（谭伯东）

【人才队伍建设】　2010年，佛山市在引才、育才、用才方面提出多项新举措，包括设立政府人才开发专项基金，降低人才入户门槛等。其次，围绕技术进步与产业升级需求，鼓励企业、高等院校、科研院所建立产学研相结合的专业性公共技术支撑服务平台，为全市战略性新兴产业发展不断输送人才。全市引进大中专毕业生及在职人才3.5万多人（其中研究生以上978人），高技能人才增加5852人，专技人才队伍增加2.1万人。全市共有博士后科研工作站41家，分站13家，累计联合培养220名博士后人才，出站154人。扩大市政府顾问团的队伍，聘请了20名政府顾问和54名咨询专家，为社会经济发展提供智力服务。

【就业再就业】　2010年佛山市共有劳动力339.80万人，其中外来流动就业人员142.19万人；全市新增城镇就业10.43万人，就业困难人员实现就业9464人，城镇登记失业率为1.86%；全市登记在册的“零就业家庭”全部实现一人以上就业，保持动态归零；实施农民工积分制入户工作，共吸纳1.07万名农民工入户佛山。对外劳务工作方面，全市坚持“引进高端，限制一般，禁止低端”的原则，结合实际情况将管理与服务相结合，抓好对外劳务服务工作，特别是在广州亚运会开幕前，对外国人来佛山就业的审批更加认真严谨。2010年，顺德区林头社区、禅城区永安社区、南海罗湖社区被评为省充分就业星级社区，其中，顺德林头社区还被评为国家级充分就业示范社区。

【职业技能培训】　2010年，佛山市开展在岗职工培训，新成长劳动力培训、失业人员再就业培训、农村劳动力培训等各类培训，共培训10.36万人，包括“双转移”培训任务在内的全年培训任务圆满完成。开展高技能人才培养工作。一是依托技工院校、职业技术院校、职业培训学校和企业培训机构，组织企业职工开展在岗和转岗技能培训。二是对入读技工院校和职业技术院校的初、高中毕业生，分类实施技能培训。三是组织失业人员参加3~6个月的再就业培训，实现失业人员技能提升与就业岗位的有效对接。四是对45周岁以下，有就业能力和培训愿望的广东省农村劳动力提供1次免费职业技能培训，确保每个农村家庭有1名以上有就业能力和培训愿望的劳动力参加职业技能培训。五是依托各类创业培训基地，通过实施创业培训补贴等办法，鼓励和引导符合条件的各类群体参加创业培训。佛山还承办第四届全国数控技能大赛。比赛中，佛山共有13名选手进入全国前五名，取得2个冠军、4个亚军、2个季军的优良成绩。

【职业技能鉴定】 2010年，佛山市严格按照《职业技能鉴定规定》和《职业技能鉴定工作规则》的要求，推进职业技能鉴定工作。是年全市参加职业技能鉴定共59475人，鉴定合格并取得职业资格证书的共51685人，其中初级22649人、中级23965人、高级5071人，合格率为86.90%。

【劳动争议仲裁】 2010年，佛山市各级劳动人事仲裁机构认真实施《劳动争议调解仲裁法》，着力推动贴近劳资双方的基层劳动争议调解组织建设，构建市、区、镇（街）、社区（村委、工业园区）多级联调网络，形成全市范围的“大调解”格局。是年全市各级劳动人事争议仲裁机构立案受理案件7448宗，加上上期未结的1016宗共8464宗，当期结案7565宗，当期结案率89.4%；全市劳动人事争议调解组织或单位共受理案件10488宗，当期调解结案9107宗，当期结案率86.8%。

【劳动监察】 2010年佛山市各级劳动监察机构加大日常巡查工作力度，加强对重点行业、重点区域和重点企业的摸底排查。实行市、区、街道三级联动，对排查出来的欠薪、超时加班等劳资纠纷隐患企业，实施专人负责、专人跟踪、专人督办，有效预防和减少违法行为的发生。是年全市劳动保障监察机构责令用人单位为劳动者补签劳动合同13万份，为15万名劳动者追回工资等待遇6075万元，督促企业补缴社会保险费67万元，妥善处理突发事件305宗，涉及劳动者2万人。全年全市受理举报投诉案件3836件，结案3806件，结案率99.2%。

【社保扩面征缴】 2010年初，佛山市社会保障部门按照“以支定收，略有结余”的原则，结合工作实际科学编制了全市社会保险扩面征缴计划，并通过做好新年度缴费工资申报、深入企业进行实地稽核、开展社保宣传工作等方式，提前完成市政府下达的扩面和各险种基金征缴任务，确保了各项社保待遇的按时足额发放。同时，按照社保费由地税部门全责征收的工作要求，社保部门和地税部门密切配合，坚持定期召开联席会议，采取有效措施，及时解决相关问题。按照“成熟一个上一个”的思路，至11月顺利完成了全市5区社保费地税全责征收上线工作，实现了平稳过渡，较好地完成了社会保险费征缴任务。

【养老保险】 2010年，佛山市根据国家和省有关文件的要求及时为全市企业退休人员增发养老金，月人均养老金由1277元增加到1420元，平均增加143元，受惠人群23.4万人。推进“新农保”工作。佛山在并未被列入国家、省试点范围、国家财政补贴暂不到位的情况下，主动开展新农保工作，被国家人社部农保司领导誉为“为全国推进新农保工作创造了典范”。新农保制度从2010年1月起正式实施，佛山城乡居民全部被纳入保障范畴。其中，年满60周岁的城乡居民，可按月享受新农保待遇。至12月底，全市新农保参保人数55.50万人，参保率88.26%；享受待遇35.69万人，超额完成市政府下达的年底前参保率80%的任务。妥善解决特殊人群养老后顾之忧。鼓励、引导城乡居民参加城镇职工基本养老保险，继续开展早期离开县以上国有集体企业人员一次性补缴社会保险费工作，解决他们的后顾之忧。做好养老保险跨省转移工作。社保部门完善业务操作系统，对外加大宣传力度，妥善解决农民工“退保潮”问题，至年底已办理跨省转移600多人。

【城乡医保体系】 2010年，佛山市进一步完善城乡医保体系。一是完善医保制度，提高待遇水平。在居民基本医疗保险方面，加大公共财政补贴力度、提高支付比例、增设门诊特定病种，政策范围内报销比例提高至将近60%。在城镇职工医保方面，根据基金收支情况，统筹基金年度累计最高支付限额由6万元提高至10万元；个人账户支付范围扩大，可供家庭成员看病购药、疫苗接种、健康体检及中医“治未病”。二是制定定点医疗机构费用结算、医保待遇核发业务、统一医保个人账户的管理和划拨等规章制度和实施细则，规范经办管理工作。三是扎实做好省医疗保险异地就医结算系统的上线工作。该系统于6月7日在珠江医院正式上线启用，省第二人民医院、421医院也陆续上线启用了该系统。

【失业、工伤保险】 2010年，佛山市继续做好工伤、失业保险缴费率下调工作。1~12月份，全市工伤、失业保险基金共减收3.6亿元（其中工伤保险1.1亿元，失业保险2.5亿元），减轻了企业负担，由于降低了缴费费率，提高了企业参保的积极性，促进了扩面征缴工作的顺利开展。及时调整保险待遇，让参保人共享社会发展成果。根据企业职工最低工资标准的调整以及失业保险条例的有关规定，从2010年5月起佛山市失业保险金标准调整为每人每月736元。对领取工伤保险长期待遇人员提高待遇，为合条件的老工伤人员支付了待遇。实施援企稳岗政策。对3089名符合条件的失业人员进行转岗技能培训。同时扩大失业保险基金支出范围，对困难企业进行扶持，减轻了企业负担，保持了全市就业局势的稳定。

【基金监督】 2010年，佛山市社会保障部门着力加强基金监管，开展社保基金决算和预算工作，并制定了加强社保基金监督管理的实施意见。同时，积极开展社保基金专项治理行动，坚持开展社保日常稽核和重点稽核。至12月底，共对全市15593家企业进行实地稽核，对370家医疗机构、定点药店进行了核查。通过检查，加强了薄弱环节的管理，加强了基金监管力度，健全了基金核算和内控机制，约束了定点医药机构和参保人的行为，避免了基金的流失和保障了基金安全。 （卢建华）

【城乡社会救助体系】 2010年，佛山市建立健全防灾减灾机制。成立市、区减灾委员会；编制市、区、镇（街）、村（社区）四级自然灾害救助应急预案；建立覆盖全市的灾害信息员队伍；建立应急临时庇护场所383间；全市有19个社区被国家民政部、国家减灾委授予“全国综合减灾示范社区”称号。落实了市级救灾物资储备中心用房，完善了区级救灾物资储备仓库建设。

推进城乡社会救助体系建设。制定出台《佛山市级社会医疗救助金使用和管理办法》；在全市五区28个镇（街）694个村（居）开展了低保规范化示范点建设；实施分类救助，全年共向14883户19609人发放分类救助金892.98万元；及时启动物价补贴机制，全年向52万多人次发放临时生活补助 926.67 万元。做好农村危房改造工作，共改造 196 户，改造率为 100%，所有改造房均已交付使用。

开展慈善捐助活动，全市共有慈善超市 41 家。各级慈善会运作良好。2010 年共发起 5 次募捐倡议，为玉树地震等灾区和全省扶贫济困日活动接收捐款 2.03 亿元。

【社会福利】 2010 年，佛山市加强社会福利工作力度，探索建立普惠型社会福利制度。全市共建立了 1051 个“星光老年之家”，并树立 55 个示范点。举办了佛山市第七届老年人运动会；召开了第四次佛山市老龄问题研讨会，编印《佛山市百岁老人风采录》；原三水区民政局获“全国老龄工作先进单位”称号。组织实施“明天计划”扩大到临界低保家庭残疾子女工作。全市安排康复手术的共有 75 人，使用资金 127.78 万元，100%完成了任务。建立并完善高龄老人津贴制度。禅城区、南海区、高明区向 90 岁以上老人发放高龄津贴，顺德区、三水区向 80 岁以上老人发放高龄津贴，标准分别为 80~89 岁 100 元 / 人月，90~99 岁 150 元 / 人月，100 岁以上 300 元 / 人月。全年共发放老龄津贴 3188.54 万元。加大居家养老服务资金投入和工作力度，推进社区居家养老服务。全市大部分的镇（街道）已经开展了居家养老服务工作，已有 5772 名老人接受居家养老服务。佛山市在全省养老服务工作会议上作了经验发言，受到上级的充分肯定。完成 2010 年度“蓝天计划”的目标任务。向全市福利机构投入资金 30 万元，推动各级儿童福利机构加快了改造步伐。开展了“环境优美型、服务创新型”养老服务机构项目建设，建立了一批环境美化试点和社工工作试点。佛山民政局被民政部评为全国农村五保供养工作先进单位，禅城区张槎敬老院被评为全国模范敬老院。

【社会组织培育管理】 2010 年，佛山市规范社会组织的登记和管理。全年全市新登记社会组织 92 个，其中社区公益慈善类比上年增加 27%。至年底，全市经民政部门注册登记的社会组织共 2202 个，其中社会团体 1098 个，民办非企业单位 1104 个。开展等级评估工作。对符合等级评估条件的 24 个市级和区级行业协会进行了评估，经过评估小组初评和评估委员会终评，其中 5A 等级社会组织 4 个，4A 5 个，3A 15 个。全市社会组织和行业协会在开展自律与诚信建设活动中，共对 726 项内部制度进行了完善，建立了 48 个新的行规行约。 （杨 俊）

体制改革

【推进大部制和简政强镇改革】 2010 年 5 月 12 日，佛山市全面推进区级党政机构改革和简政强镇事权改革，至 9 月底，禅城、南海、三水、高明四区参照顺德模式，完成大部制改革；在容桂、狮山试点基础上，全市其他 31 个镇（街）也全部完成简政强镇事权改革，17 个特大镇获得县级行政管理权限，并开始将政府服务向村（居）延伸。通过大部制和简政强镇改革，各种权限逐级下放，各区镇行政效能全面提升。一是坚持党政联动改革，各区不超 17 个机构。坚持党政群联动推进大部门体制改革，压缩管理层级，全方位优化政府职能结构，构建党政决策权、执行权、监督权相互制约相互协调的运行机制。对原有职责相同、相近、相关的部门进行合并，区党政机构原则上设置16个，最多不超过17个。与顺德模式不同的是，省垂直管理的地税、工商、质监等部门维持现体制不变。简政强镇改革后，17个综合指数400以上的特大镇（街）设置综合性办事机构不超过12个，其他镇（街）原则上不超过10个。二是坚持扁平化管理，区领导兼任大部门首长。精简合并后的区党政大部门的首长由区委常委、副区长兼任，区领导不足的配备副处级领导干部担任。改革后，区联席会议的决策直接由大部门落实执行，减少了原来分管区领导和秘书长协调两个环节，强化顺畅执行力，做到扁平化管理。与顺德模式稍为不同的是，除区委书记、区长不兼任大部门首长外，区委副书记和1名常务副区长也不兼任大部门首长。简政强镇改革后，综合指数400以上镇（街）主要领导按副处级配备，其他镇（街）的主要领导维持原级别不变。三是坚持事权下放，化解基层事多权小问题。市直各部门、各区按照“权责一致、重心下移、减少层次、能放则放”的原则，最大限度地向区、镇（街道）下放行政审批及其相配套的行政管理事权，但要求做到“放权不升格，组织优化不扩编”。市政府继续将89项由市直部门行使的行政管理事项，下放各辖区行使，至此市政府已向各辖区共下放了405项行政管理事项。要求各区要进一步向镇（街）下放事权，切实扩大镇（街）行政事务的管理和处置权限。同时要求按照财随事转的原则，建立镇（街道）的财力保障机制，推进村级财务管理方式改革。四是坚持服务前移，惠民便民。出台一系列配套措施，力求政府服务“内联五区、外延村居”。所有下放和服务前移的事项都要进驻各级行政服务中心对外提供“一站式”、“一条龙”服务。按照“一村（居）一中心”和“多村（居）一中心”两种模式，将政府服务延伸到村（居）。　（马时光　何锦沛　印园园）

【农村综合改革不断深化】　2010年，佛山市农村集体经济管理体制改革有新进展。全市有18个试点村（居）完成了“培育、整合、改造、规范”四种类型的改革，2951个村民小组（经济社）完成“两确权”界定、资料整理等基础工作，占集体经济组织总数的2/3，其中禅城区、南海区“股权固化到户”改革试点工作已全面完成。全市部署推进农村集体资产管理交易和财务网上监控平台建设，三水区建立了区级农村土地承包经营权流转中心，南海区的西樵、丹灶、狮山等镇建立了农村集体资产交易中心。全市政策性水稻保险参保率100%，政策性农村住房保险率80%以上，顺德区率先推行政策性生猪保险；三水区“政银保”合作农业贷款429笔，总额5590万元；全市实现小额贷款公司五区全覆盖，高明、三水区村镇银行正式运行。南海区以“村改居”为重点的农村综合改革试点工作全面启动，力促农村管理体制五大转变。　（徐　鹰）

【事业单位人事制度改革】　2010年，佛山市基本实现事业单位由国家用人到单位用人、由身份管理到岗位管理的转变。推进义务教育学校绩效工资制度的实施，开展公共卫生和基层医疗事业单位收入分配的调研。研究解决2006年工改后未获聘用而获得“政工”专业资格人员的聘用和待遇问题，解决全市七大机关及参照公务员法管理单位不能登记为公务员工资待遇问题。工资新系统与数字人事顺利实现功能对接，并逐步走向正轨，保证市直统发工资单位的人员工资正常发放和非统发单位工资的正常审核。

【事业单位分类改革取得阶段性成果】 2010年3月，佛山市根据省委、省政府印发的《广东省事业单位分类改革的意见》，迅速开展全市事业单位分类改革工作，至年底，市直公益类事业单位分类工作基本完成，印发128个事业单位“三定”方案。改革前，市直事业单位216个，通过整合调整为170个机构，整合、撤销了46个机构，整合率达到21%。通过改革，初步建立起了事业单位新的体制和机制，基本实现了改革的目标。 （李光柏）

【行政审批制度改革】 2010年，佛山市行政审批制度改革工作得到深化和巩固。市审改办组织市、区两级审批部门开展第四轮行政审批事项清理工作。经过清理，市级行政审批事项共保留391项，取消38项，转为日常管理25项，改变管理方式233项，受上级委托代为管理16项；市级涉及基层组织、企事业单位和群众办事的日常管理事项共保留165项，取消9项，改变管理方式75项，受上级委托代为受理113项。结合省政府向市下放行政审批事权，进一步推进市级部门分两批向各区下放184项行政审批事权。市审改办针对区级大部制改革带来的职能变化，统一全市操作标准，推进技术性审查向中介行业组织转移，促进区级大部制改革产生连锁反应。 （郭明君）

【深化财政改革】 2010年，佛山市围绕公共财政管理体系中的预算编制、绩效管理、国库支付、资产管理等重要环节，深化推进各项财政改革。一是支持顺德区理顺区、镇之间的财政分配关系，增强镇（街）经济社会发展活力。二是市区两级扩大了纳入绩效评审的资金范围，试点财政专项资金竞争性分配并探索建立财政绩效问责制度。三是市级全面推行公务卡结算制度改革，铺开财务核算信息集中监管改革，启动预算执行动态监控改革，同时推动各区开展试点工作。四是稳步开展行政事业单位资产管理改革，提升资产信息化管理水平。五是推进政府采购改革，在全市推广应用电子化政府采购管理交易平台，研究加强镇（街）级政府采购管理。六是推广“一站式”服务的非税POS机刷卡收费模式，在加强“收支两条线管理”的同时，解决了群众缴费难的问题。 （黄长明）

【实施“新农保”政策】 从2010年1月1日起，佛山市正式实施“新农保”政策：凡元旦前满60岁以上的农民居民，无须缴费，可直接领取养老金待遇。根据各区统筹标准，禅城、南海、顺德的基本养老金为100元，高明、三水为80元。1月9日，佛山市举行“新农保”首批养老金和个人账户对账折发放仪式。仪式上，30名参保村民从市领导手中接过了养老金存折和个人账户对账折，领取了自己的首批基本养老金。佛山市在基金筹集和制度设计上都进行了创新，财政补助方面，佛山对个人缴费的补助标准和基础养老金的补助标准均按高于省的标准进行，全市财政每年的投入将近4亿元；扩大保障范围方面，各区除了按市的实施意见将农村居民纳入制度覆盖范围外，还将城镇居民也纳入新农保或大社保；信息系统建设方面，自主开发“新农保”信息管理系统，规范监管工作流程，提高工作效率。至12月底，全市农村居民参保缴费人数达到84.4万人，其中参加“新农保”缴费人数为32.8

万人，参加职保缴费人数为 51.6 万人，参保缴费率达到 88.2%，农村居民享受待遇人数为 29.6 万人，其中享受“新农保”待遇 22.9 万人，享受职保待遇 6.7 万人。农村居民纳入保障覆盖率达到 92.9%。

（马时光　何锦沛　印园园）

【教育综合改革】　2010 年，佛山市向省申报创建教育综合改革试验区。7 月，省教育厅正式复函同意佛山在广东部省协议框架下开展教育综合改革试点。在市的统一部署下，五区和各校积极申报教育综合改革试点。顺德区 4 月与中国教育学会签署了合作协议，重点在教育管理体制、现代学校制度、人才培养模式和教师队伍专业发展等方面进行改革创新；12 月省教育厅批复同意顺德区实施职业教育体制改革试点。南海区 7 月获省教育厅正式批准，在教育体系、教育体制机制、人才培养模式等方面进行改革创新。南海区“推进基础教育高水平均衡发展”、顺德区“职业教育体制改革探索”项目被列入国家教育体制改革试点项目。同时，禅城、高明、三水也分别着手在义务教育高位均衡发展、县域教育一体化发展、职业教育等方面开展综合改革试验，其中高明区农村学校城市化成为典范。佛山职院开展基于佛山职教基地的“区域性职业教育基地建设及运行模式”试验，顺德职院开展职教体制改革试验。为推动教育综合改革工作，10 月底召开了全市推进教育现代化先进区总结暨教育综合改革工作会议。（吴海桐）

【健全政府信息公开工作机制】　2010 年，佛山市政府加强政府信息公开工作，健全政府信息公开工作机制。通过建立佛山市政府信息公开联席会议制度，组织实施和协调、督导全市政府信息公开工作；各区政府、市政府各部门也相应设立政府信息公开工作领导小组、工作机构和人员，明确职责，制订方案，组织实施，为推进政府信息公开工作提供了组织保障。拓宽政府信息公开渠道。市政府对《政府信息公开》栏目进行了升级改版，使佛山市网上政府信息公开更加全面、规范、合理；还编制纸质版的市政府公报，摆放在市政府行政服务中心的政府信息公开服务处让市民取阅，在每月 10 日的《佛山日报》刊登上月 2 期政府公报目录，方便市民查阅和运用市政府公报。还在市政府行政服务中心大楼一楼设立“佛山市人民政府信息公开服务处”，安排专人接受市民咨询及申请公开政府信息，2010 年，全市各级政府和市直部门主动公开政府信息 71520 条。规范政府信息公开申请处理程序。通过修改佛山市政府信息公开指南，制定佛山市政府办公室政府信息公开申请处理流程图，明确政府信息依申请公开办理的流程，提高了政府信息依申请公开工作的水平。加强政府信息公开培训工作。佛山市于 2010 年 4 月，组织各区政府、市直部门、直属机构政府信息公开工作 46 名负责人，举行了全市政府信息公开培训班。通过集中学习培训，在全市上下营造了推行政府信息公开的良好社会氛围。（马时光　何锦沛　印园园）

【行政执法改革】　2010 年，佛山市严格实行行政执法主体资格制度，开展行政执法职权的核准界定公告工作。是年，佛山市对新一轮机构改革后的 33 个市直部门的行政执法依据及执法职权重新进行了梳理、核准和公告，共梳理出行政执法职权 3290 项，涉及法律、法规、规章等行政执法依据 283 部。同时编制行政执法流程图，完善行政执法程序，确保规范执法、公正执法、文明执法。实行严格的行政执法人员资格管理制度，对拟上岗的行政执法人员实行法律培训和考试制度，全年共组织举办行政执法人员法律培训5期，完善行政执法证件申领和管理制度，未申领行政执法证件的人员不得从事行政执法活动。推动区向镇街下放行政执法权工作。结合大部制和简政强镇事权改革，市政府出台《佛山市人民政府关于区向镇（街）下放行政执法权的指导意见》。各区根据自身实际，稳步推进行政执法权下放工作，其中顺德区已向镇（街）下放行政执法权3000多项。

建立行政处罚自由裁量基准制度，开展规范行政处罚自由裁量权工作。全市历经了调查研究、制订方案、梳理依据、制订标准、审核公告等5个阶段工作，制定了适用全市的行政处罚自由裁量细化标准。全市除公安、安监、统计外的30个行政执法系统的行政处罚自由裁量细化标准已经市政府核准公告，并正式配置到市监察局的行政监察电子平台运行。通过规范行政处罚自由裁量权，基本杜绝了违法裁量、随意裁量、滥用自由裁量权的现象，保障了法律、法规、规章的正确实施。

完善监督机制，强化对行政行为的监督。市政府出台了《佛山市行政机关负责人出庭应诉工作暂行办法》，建立健全行政机关负责人出庭应诉制度和行政机关与司法机关良性互动机制，督促行政机关依法执行法院判决，定期研究司法实践中反映出的行政执法共性问题，改进执法工作。发挥行政复议职能，及时化解行政争议。畅通行政复议渠道，推行灵活的案件受理方式，及时受理当事人申请，促进行政复议渠道的畅通。坚持复议案件合议制度。做到每件行政复议案件集体讨论，必要时邀请市中级法院法官、政府法律顾问参与，广泛听取意见。2010年，共办理复议案件74件，市本级办理以市政府为被告的行政诉讼案件50件。

（梁月莹）

【国有企业监管】 2010年，佛山市深化薪酬与考核制度改革，加强监管力度。首次对市属国企进行了明确分类，各类企业均有相应的业绩考核指标；首次把企业负责人薪酬、职务任免与业绩考核指标挂钩；首次把企业负责人薪酬与社会平均工资及行政事业单位正处级人员工资挂钩；首次引入企业负责人任期经营业绩考核制度；首次将业绩考核制度正式化和规范化，与各企业负责人签订责任书，以规范形式约束企业；首次将业绩考核与预算管理相结合，强化企业领导人员监管及监管长效机制。 （肖先勇）

【开展专项执法监察】 2010年，佛山市开展工程建设领域突出问题专项治理，对2008年以来佛山市立项、在建、竣工的工程项目进行全面排查，纠正1543个问题。对中央及省扩大内需项目开展监督检查，督促相关部门及时对发现的问题进行整改。对汶川水磨援建工作和青海玉树地震灾区捐赠款物进行专项检查和监管。开展“三着力一推进”决策部署监督检查，对改善公共交通服务及落实限摩措施、推进城市基础设施向乡村延伸项目、落实全市窗口服务制度情况进行专项检查。对“三旧”改造项目以及亚运会场馆维修、物资采购进行全程跟踪和监督检查。对东平新城建设、南海狮山一汽大众项目以及广佛地铁建设等重大项目推进情况开展督查，促进城市经济发展重大项目落实。 （叶光明）

开平碉楼

开平碉楼是中国乡土建筑的一个特殊类型，是集防卫、居住和中西建筑艺术于一体的多层塔楼式建筑。开平碉楼兴盛于民国年间，现存 1833 座，星罗棋布于城镇农村，连绵不断数十公里，蔚为大观。作为近现代重要史迹及代表性建筑，被国务院列入第五批全国重点文物保护单位名单。2007 年 6 月，还被列入世界文化遗产名录。

● 塘口镇自力村云幻楼，建于 1921 年。

● 水口镇姐妹楼。

塘口镇自力村养闲别墅，建于1919年。

塘口镇方氏灯楼，1920年兴建，原名“古溪楼”。

百合镇马降龙村落群，由永安、南安、河东、庆临、龙江5条自然村组成，为黄、关两姓家族于清朝末年和民国初年兴建。

● 蚬冈镇瑞石楼，建于 1923～1925 年，有“开平第一楼”之称。

● 蚬冈镇锦江里碉楼群。

江门市

江门市

基本情况

【地理位置】 江门位于广东中南部，珠江三角洲西部，在东经 111° 59′ ~113° 15′、北纬 21° 27′ ~22° 51′ 之间。北自鹤山市古劳镇丽水，南至台山市下川镇围夹岛，相距 142.2 公里；东自新会区大鳌尾，西至恩平市那吉镇蛤坑尾，相距 130.68 公里。东部与佛山市顺德区、中山市、珠海市斗门区相邻；西部与阳江市阳东县、阳春市接壤；北部与云浮市新兴县、佛山市高明区、南海区交界；南部濒临南海。

【资源物产】 水资源 江门地表水资源、地下水资源和水资源总量均高于全省、全国平均值，多年平均降雨量 2078 毫米，为全省均值的 118.07%、全国均值的 320.68%；年均河川径流量 119 亿立方米，占全省的 6.62%、全国的 0.44%。地下水补给主要来源于大气降水，全市地下水资源总量 25.93 亿立方米，占全省的 5.56%、全国的 0.31%。水资源总量的主体是河川径流量，江门水资源总量 120 亿立方米，占全省的 6.2%、全国的 0.43%。至 2010 年末，全市有蓄水工程 2349 宗，其中大（二）型水库 4 宗，中型水库 29 宗，小（一）型水库 157 宗，小（二）型水库 414 宗，总库容 24.62 亿立方米，灌溉库容 15.92 亿立方米。全市水力资源理论蕴藏量 42.37 万千瓦，可开发量 15.56 万千瓦。全市建成投产的小水电站 255 座，总装机容量 13.18 万千瓦，已开发量占可开发量的 84.7%。其中单站装机容量 1000 千瓦以上的有 26 座，共 6.24 万千瓦。全市小水电多年平均发电量约 3 亿千瓦·时。全市有大中型水库 33 座，装机容量 3.74 千瓦。

土地资源 江门市土壤多为赤红壤。河谷、三角洲冲积平原，土质肥沃，垦耕历史悠久。2010 年末，全市耕地面积 15.3 万公顷，人均耕地面积 0.039 公顷。全市浅海滩涂总面积 24.84 万公顷，其中沿海潮间带滩涂面积 3.44 万公顷，内陆江河滩涂 0.13 万公顷。海水养殖总面积 2.93 万公顷，占浅海滩涂总面积 11.8%；淡水养殖总面积 4.35 万公顷，占浅海滩涂总面积 17.5%。

海产水产资源 江门海域水质好，海洋生物资源丰富，是多种经济鱼、虾、贝、藻类的繁育场，也是省内从事捕捞和养殖渔业生产的理想区域。浮游动物在春、秋两季出现有 11 个类群 72 种；底栖生物约 140 科 364 种，其中软体动物 52 科 129 种，甲壳动物 28 科 139 种，是全省软体动物和甲壳动物的主要分布区之一。软体动物的主要种类有：近江牡蛎、泥钳、毛钳、棒锥螺、光滑河蓝蛤、壳肌蛤、文蛤、巴非蛤、翡翠贻贝、泥东风螺、鲍等。甲壳动物的主要种类有：墨吉对虾、日本对虾、近缘新对虾、刀额新对虾、周氏对虾、锯缘青蟹、远海梭子蟹、锦绣龙虾和日本龙虾等；游泳生物主要以经济鱼类为主，约有 98 种，分别隶属于

10 目 41 科 71 属。经济价值较高或群体较大的鱼类有：红笛鲷、带鱼、鳓鱼、蓝点马鲛、银鲳、长尾大眼鲷、鲐鱼、蓝圆鲹、海鳗、青石斑鱼、梭鱼、金线鱼、黄鳍马面鲀、黄鲫、龙头鱼、黄斑蓝子鱼、斑鳐、灰星鲨、燕鳐鱼、四指马鲅、宝石石斑鱼、短尾大眼鲷、银方头鱼、黄鲷、六齿金线鱼、小公鱼等。2010 年海洋捕捞刺网作业平均网产 86.9 公斤，拖虾作业平均网产 29.37 公斤。主要经济鱼类资源呈衰退趋势，资源量减少，捕捞对象个体越来越小，捕捞经济效益下滑。

矿产资源 江门市发现矿产共 51 种，矿产地 490 处。其中地质工作程度较高、探明有一定储量的矿产有石灰石、硅砂、铌钽砂、钾长石、独居石、石英砂、稀土、水晶、绿柱石、煤、金、银、铜、铁、锡、钨等 35 种。恩平的石灰石蕴藏量达 10 亿吨。矿区 119 处，其中大、中型规模的有 39 处。在已发现的矿产地中，能源矿产 4 种，矿产地 45 处；金属矿产 19 种，矿产地 146 处；非金属矿产 25 种，矿产地 244 处；水气矿产 4 种，矿产地 55 处。

动植物资源 江门市野生动植物资源丰富。其中古兜山有野生植物 161 科 494 属 924 种，有国家重点保护植物紫荆木、白桂木、华南杉、吊皮锥、绣球茜草、海南石梓、粘木、巴戟、火力楠、藤槐等。在恩平市七星坑亚热带次生林区，植物种类有 735 种，其中刺木沙椤等 12 种属国家级和省级珍稀濒危保护植物，有 2 种植物形状奇特。全市境内野生动物有兽类 100 余种、鸟类 400 余种、蛇类 100 多种、昆虫类 200 多种，其中山猪、小灵猫、山蛤、龟、鹧鸪、鳖、蛇、穿山甲等在西北部山地常见。

（刘永忠）

【面积人口】 *面积* 江门市土地面积 9541 平方公里。辖区海域面积 4956 平方公里，领海基线以内的海域面积 2886 平方公里。海岸线长 414.8 公里，占全省的 12%。海岛岸线长 365.8 公里，占全省的 15%。共有大小海岛 271 个，海岛数量居全省第二。海岛总面积 253.128 平方公里，其中面积大于 500 平方米的海岛有 99 个，面积大于 1 平方公里的海岛有 10 个。其中上川岛面积最大，为 137.16 平方公里，是全省第二大岛；下川岛次之，为 81.73 平方公里，是全省第六大岛。

（区艳兴）

人口 至 2010 年末，全市总户数 120.3 万户，比上年减少 7767 户；总人口数 392.28 万人，增加 7690 人。总人口中男性 197.98 万人，女性人数 194.3 万人；年内办理出生登记入户 3.98 万人，出生率 1.02%；年内办理死亡注销 3 万人，死亡率 0.77%。年内迁入 4.68 万人，其中省外迁入 9489 人，省内迁入 3.73 万人；迁出 4.71 万人，其中迁往省外 9825 人，迁往省内 3.72 万人。全市非农业人口人数 218.96 万人，未落常住户口人数 1364 人；暂住人口 37.33 万人，减少 12.16 万人。

【行政区划】 至 2010 年末，江门市辖 3 个区，代管 4 个县级市。全市共有 62 个镇，17 个街道办事处，1051 个村民委员会，264 个社区居民委员会。

（房江骅）

【风俗民情】 江门市及所辖的台山、开平、鹤山、恩平五地，俗称“五邑”。五邑地区是著名侨乡，五邑文化总体上属中国岭南文化的组成部分，但受外来文化影响比较早、比较深，其民情风俗有别于岭南其他地方，形成鲜明的个性。

江门市行政区划设置（2010 年）

市、区	镇、办事处名称	镇数	街道办事处数	村委会数	社区居委会数
蓬江区	镇：荷塘、棠下、杜阮 办事处：环市、仓后、堤东、北街、白沙、潮连	3	6	56	84
江海区	镇： 办事处：外海、礼乐、江南、滘头、滘北	0	5	36	23
新会区	镇：大泽、司前、沙堆、古井、三江、崖门、双水、罗坑、大鳌、睦州 办事处：会城	10	1	193	30
台山市	镇：大江、水步、白沙、冲蒌、端芬、都斛、斗山、三合、赤溪、北陡、川岛、海宴、四九、深井、汶村、广海	16	1	277	36
开平市	镇：水口、月山、沙塘、龙胜、马冈、塘口、蚬冈、百合、赤坎、金鸡、苍城、大沙、赤水 办事处：长沙、三埠	13	2	226	42
鹤山市	镇：雅瑶、龙口、桃源、古劳、址山、宅梧、双合、云乡、鹤城、共和 办事处：沙坪	10	1	112	26
恩平市	镇：大槐、良西、圣堂、君堂、东成、牛江、大田、沙湖、那吉、横陂 办事处：恩城	10	1	151	23
合计		62	17	1051	264

五邑建筑　五邑建筑具有中西合璧的风格，而最能表现这种风格的建筑是村落与民居、碉楼与骑楼。五邑民居与客家的土楼，潮汕分家不分户、合家而居的多庭院住宅、几个住宅组群形成村落的民居不同，也与珠江三角洲区内其他类型的民居有异。这种差异表现在村落的布局方式上。19 世纪末 20 世纪初，五邑民居建设进入一个新阶段，华侨多的村带头重新规划、建筑村落，村内道路纵横垂直交错，宅基面积大小基本相同，民居密集串联，村落首面建筑风格一致，这样的布局方式被广大村落所采用。

五邑碉楼的建筑和装饰千姿百态。结构上可分为泥楼、青砖楼、钢筋水泥楼三类，建筑形式有硬山顶式、中西合璧式、古罗马式、欧罗巴式、庄院式、别墅式等。这些不同风格的样式，从一定程度上反映华侨所在国家的建筑艺术风格。五邑骑楼既继承中国传统建筑的民族风格，又吸取国外建筑的艺术特色。其特点是通过柱、廊等不同建筑，在保持一定共性的同时，充分表现建筑的个性特点。女儿墙的建筑风格，正面墙的阳台、门窗的装饰等都表现出丰富的艺术性和文化特性。

五邑方言　五邑方言保留了大量中原古字古音，属粤方言区语言，但在声母、韵母、声调等方面又与广州话有较大的差异。在南北风情，中外兼容并蓄的多元性文化以及长期的生产、生活、经济、文化、政治活动影响下，五邑方言夹杂着多种外来语言，形成大量习惯用语，有着独特的词汇结构和语法。

五邑习俗　五邑有独特的节日、婚嫁、丧葬、饮食、娱乐等习俗，体现五邑民众的生活习惯，表现了五邑人的情趣、爱好和性格。如婚俗中的“打阁”（抢新娘），在参与者的性别、身份、使用物品等方面与东莞、增城等地有别；婚仪中的相亲、文定、出阁、踢轿、乱房也有独特之处。丧祭俗中的土葬，五邑地区习惯是先立长堆墓，两年后开坟“起身”置骨骸于“金埕”内，再立圆墓。因此清明的祭扫也就有了不同的规定。西江流域在元宵节盛行花炮会，而五邑地区则在正月十五元宵节或二月十九观音诞举行，前者叫“花灯炮”，后者叫“观音炮”。这两日的“拥炮”和“供炮山”活动热闹非凡，别有趣味。中秋节的姑娘拜月门、端午节的打龙船、重阳节的打秦桧和结缘，以及食俗中的做狗社、生活中的用筷禁忌等等，都带有浓厚的地方色彩。娱乐习俗多种多样，主要有龙舟比赛、舞狮舞龙、广东曲艺、民间舞蹈、民歌演唱，还有台山跳禾楼、摆色，新会鱼灯、大鳌咸水歌，开平泮村舞灯会、八音演奏、鹤山狮艺、恩平木鱼等。

【风景名胜】　江门地处珠三角西岸，滨江临海，山环水绕，风光秀丽，名胜古迹众多，旅游资源丰富，是“中国优秀旅游城市”，被誉为“中国第一侨乡”。海滩、温泉、碉楼驰名中外，开平碉楼与村落是中国第35处世界文化遗产、中国首个华侨文化世界遗产、广东省第一处世界文化遗产。

全市共有7个国家AAAA级旅游景区，居全省地级市前列，分别有：开平立园碉楼群、恩平金山温泉度假村、恩平锦江温泉度假区、新会古兜温泉旅游度假村、台山富都温泉度假村、台山川岛旅游度假区以及圭峰山国家森林公园。

全市共有5个“广东最美乡村”景区，分别是：被评为广东自然生态类最美乡村的小鸟天堂以及恩平凤凰生态乐园；被评为广东人文历史类最美乡村的开平自力村、恩平歇马举人村以及恩平那吉石头村。

江门历史文化底蕴深厚、侨乡文化特色鲜明，有崖门宋元古战场、陈白沙纪念馆、梁启超故居纪念馆和开平碉楼等历史人文景观。其中梁启超故居纪念馆为国家级、省级重点文物保护单位；陈白沙纪念馆、陈少白故居、陈桓故居、陈宜禧故居、司徒美堂故居、新会学宫、获海风采堂等名人故居，以及汀江圩华侨近代建筑群、赤坎古镇近代建筑群等为省级重点文物保护单位。新会古井镇（宋元古战场）、开平赤坎镇（欧陆风情）、台山川岛镇（海岛沙滩）、新会崖门镇（蔡李佛始祖、古兜温泉度假村）等4镇7村，被评为广东省旅游特色县镇村。

（江志办）

【旅游景点建设】　2010年，江门市全年在建、建成、改建、扩建和签约旅游项目总投资102.42亿元，主要有星光公园、华侨华人博物馆二期工程，蓬江区叱石风景区宗教旅游项目，棠下公坑寺大雄宝殿，良溪古村落，江海区海逸酒店，新会银湖湾湿地公园游艇休闲度假区、古兜温泉温泉谷改建，台山市海龙湾旅游区、神灶温泉度假村、康桥温泉木屋别墅和主体酒店、上川圆山大酒店、下川银海湾，开平碉楼文化展示区，陈铁军、周文雍旅游主题公园和酒店，恩平市锦江温泉大型室内温泉池区、盛林生态旅游度假区等。省支持1030万元在凤凰卫视、央视宣传开平碉楼，支持300万元开发开平赤坎古镇。

（黄建廉）

经济社会发展概况

【经济发展成果显著】 2010年，江门市生产总值实现1570.42亿元，比上年增长17.12%。全市地方财政一般预算收入完成104.29亿元，增长24.7%。规模以上工业增加值884.25亿元，增长11.09%。全年固定资产投资631.77亿元，增长28.4%，全年市重点建设项目完成投资348.66亿元，增长89.2%。全市社会消费品零售总额655.9亿元，增长17%。以现代物流、信息服务、金融保险、文化创意等为代表的现代服务业兴起。全市现代物流业实现增加值210亿元，增长13.5%。全年实现旅游业总收入120.1亿元，增长15.46%。全市进出口贸易总额143.4亿美元，增长27.1%。全年农林牧渔业总产值214.73亿元，增长11.21%。海洋经济全年实现产值270亿元，增长20%。全年高新技术产品产值超过1200亿元，占工业总产值比重达36%。城镇居民人均可支配收入2.12万元，增长11.3%；农村居民人均纯收入8589元，增长14%。城乡居民储蓄存款余额1461.98亿元，增长13.4%。物价指数控制在3.2%以内。单位生产总值能耗下降和二氧化硫、化学需氧量、氨氮、氮氧化物、单位生产总值二氧化碳排放总量减排完成省下达的目标任务。

【经济发展方式转变】 2010年，江门市引进重大项目，促进市产业的转型升级。落实有关政策和资金安排，推动广东南车轨道交通车辆修造基地等一批重大投资项目在江门落户；以LED为突破口，加快培育发展战略性新兴产业，落实相关扶持政策，对购置外延片生产设备每台给予800~1200万元补贴。突出重点，扶持核心工业园区建设。从

江门市国民经济发展情况（2010年）

表一

项目 / 市区别	户籍人口	地区生产总值		人均地区生产总值		工业总产值		农林牧渔业总产值		全社会固定资产投资额	
	（万人）	绝对值（亿元）	比上年增长（%）	绝对值（元）	比上年增长（%）	绝对值（亿元）	比上年增长（%）	绝对值（亿元）	比上年增长（%）	绝对值（亿元）	比上年增长（%）
全　市	392.28	1570.42	17.1	35622	14.9	4184.68	28.2	214.73	11.2	631.77	28.4
市　区	138.21	883.82	15.0	49455	10.7	2576.44	27.8	69.07	5.7	270.75	27.8
蓬江区	46.95					988.41	27.0	15.07	5.6	90.39	32.2
江海区	15.91					288.66	23.2	5.94	9.0	43.72	31.3
新会区	75.35	395.07	13.4	46932	11.2	1299.37	29.5	48.06	5.4	136.64	24.0
台山市	98.56	230.97	19.7	24413	20.8	585.44	28.9	59.34	12.4	160.14	38.3
开平市	68.77	201.14	19.6	28958	18.4	437.01	31.3	38.00	12.5	77.06	32.2
鹤山市	36.63	161.75	12.6	32936	10.5	451.85	26.8	23.76	12.4	84.77	24.0
恩平市	50.12	93.31	14.5	19054	12.8	133.93	28.8	24.57	21.8	35.21	51.2

表二

项目/区市别	外贸出口总额		实际利用外资		地方财政一般预算收入		社会消费品零售总额		城镇居民人均可支配收入		农村居民人均纯收入	
	绝对值（亿美元）	比上年增长（%）	绝对值（亿美元）	比上年增长（%）	绝对值（亿元）	比上年增长（%）	绝对值（亿元）	比上年增长（%）	绝对值（元）	比上年增长（%）	绝对值（元）	比上年增长（%）
全　市	104.12	31.0	11.08	6.9	104.29	24.7	655.90	17.0	21153	11.3	8589	14.0
市　区	60.36	32.8	5.34	6.6	60.72	22.1	282.61	17.2	21153	11.3	10625	14.9
蓬江区			1.67	6.7	11.65	24.5	126.09	17.6	22032	10.1	12613	12.7
江海区			1.39	6.7	4.11	27.6	22.05	19.1			10322	15.8
新会区	21.95	29.9	2.28	6.6	22.89	22.5	134.47	16.6			10079	
台山市	11.32	22.6	1.63	8.0	14.61	25.2	116.69	17.0			7801	
开平市	12.94	36.2	1.53	6.1	11.89	29.2	105.82	17.3			8003	
鹤山市	17.38	26.4	1.90	7.7	12.26	30.2	97.46	16.0			8602	
恩平市	2.12	34.4	0.68	6.0	4.81	33.2	53.32	17.5			5172	

税收留成、贷款贴息，基础设施建设、资金筹措等方面加大对市高新技术产业园区的扶持力度，支持其创建成为国家级高新区；市本级投入1.5亿元启动资金，推进江门市先进制造业江沙示范园、江门市先进制造业现代物流产业园等园区建设，安排800万元支持礼乐腊味基地建设，加快市区共建园区发展。加快推进江门（开平、恩平）产业转移园建设发展。通过绩效考核分配2010年的省级产业转移工业园发展资金1亿元，落实市级配套资金安排，促进产业转移园区加快完善基础设施和招商引资，提升产业集聚水平。兑现市委、市政府出台的招商引资、以商引商、推动企业上市和金融机构支持地方经济发展的奖励政策措施，促进产业招商，提升利用外资水平。扩大消费需求，增强经济发展内在动力。落实“家电汽车摩托车下乡”和“以旧换新”政策，拨付补贴资金1.13亿元，增强消费对经济增长的拉动作用；落实资金1190万元支持举办相关展会活动，推介江门的企业和产品，支持开拓国内市场。扩大对外贸易，拨付市级外贸发展扶持资金800万元，帮助外贸企业宣传出口产品，拓展国内外市场，推动高新技术产品和自主品牌产业出口。促进科技进步和自主创新，市本级拨付科技资金8066万元，实施科技重大专项，加强创新能力建设。

【推进珠三角一体化建设】　2010年，江门市坚持“左接广佛，右联珠中”，推动产业转型升级，打造绿色光源、新能源、高端装备制造等三大千亿战略性新兴产业。绿色光源产业实现产值137亿元，比上年增长40.7%，发展引进LED产业项目40个，投资总额超200亿元。市高新区升级为国家级高新技术开发区。创建国家半导体光电产品重点实验室。全市在建的核电、风电、气电等清洁能源约440万千瓦，总投资超1400

亿元。台山核电首期投资500亿元，单机容量175万千瓦，是世界上单机容量最大的核电机组，一期总装机容量350万千瓦。首期投资40亿元的广东轨道交通车辆修造基地已开工建设。配套基地建设启动，有15家配套企业达成入驻意向，首期总投资20亿元。扶优扶强支柱产业抓转型升级。实施机电、纺织服装、电子信息、食品、建材、造纸等六大支柱产业转型升级计划。两年来安排专项资金1.51亿元，工业技术改造投资完成140.5亿元。与广佛、珠中及港澳合作全面展开。编制珠中江城市（镇）供水同网实施方案，珠中江三市跨市公交线路开通，在全省率先实现珠中江年票互认，潮连大桥收费站对佛山车辆实行免费通行。实施西江水环境共治，完成市区21家污染企业搬迁。主动承接广佛都市圈辐射，富华重工成为全省最大“双转移”项目，开平市和佛山市顺德区达成合作建设翠山湖产业转移园的协议。市区一体化稳步推进，实现市域年票制、社会保障“一卡通”、公交“一卡通”和出租车三区（蓬江、江海、新会）通行，完成养老、医疗、失业、工伤、生育保险和城乡居民医保市级统筹。（黎运美　孙汝润）

【农村经济稳定增长】　2010年，江门市农林牧渔业总产值214.73亿元，比上年增长11.21%。其中，种植业产值65.29亿元，增长15.31%；林业产值5.62亿元，增长41.21%；牧业产值60.27亿元，增长0.77%；渔业产值79.9亿元，增长15.26%。农业生产和农民生活条件改善，全市1056条行政村和重点农产品市场全部开通“农村信息直通车”，实现农村信息全覆盖；农村居民人均纯收入8589元，增长14%；新型农村合作医疗参合率99.7%；全市420条行政村开展村庄整治工作。全年共投入1.6亿元，改造排水渠950公里，新增自来水用户6850户，改造家庭卫生厕所7000多间，新增公厕近200间，铺筑道路182公里，安装路灯3000多盏，改造危房634间、建筑面积超10万平方米。全市市级以上重点农业龙头企业、农民专业合作经济组织分别为57家和162家。特色农业向基地化、规模化、区域化方向发展，创建全省首个国家级现代农业示范区和全省粤台农业合作试验区。全市农业标准化示范区（基地）12个，其中省级2个，市级10个。全市初步建立起市—县（市）—镇三级农产品质量安全检测体系，其中市农检中心于2010年通过国家实验室认可现场评审，检测结果被45个国家认可。是年，举办粤台两岸现代农业合作与发展研讨会及第二届江门市农业博览会。

（陈小曼）

【固定资产投资】　2010年，江门市全社会固定资产投资631.77亿元，比上年增长28.39%；其中城镇完成投资465.13亿元，增长31.9%，农村完成投资166.64亿元，增长19.6%。国有投资继续保持快速增长，民营投资比例最大。是年，大力发展民营经济，进一步放宽市场准入，拓宽民间投资领域和范围，推动民营企业走集团化、国际化道路，加快中小企业融资担保体系建设，民营经济逐渐成为市固定资产投资的领头羊，国有经济投资232.37亿元，增长60.3%；民营经济投资243.97亿元，增长18.3%；国有投资和民营经济投资两项投资额之和占全社会固定资产投资总额的75%，三资经济投资117.96亿元，下降5.1%。三次产业投资均保持较高的增速，特别是工业投资快速增长，制造业投资规模扩大。第一产业投资

3.52 亿元，增长 65.2%；第二产业投资 385.73 亿元，增长 33.1%，其中工业完成投资 385.36 亿元，增长 35%；第三产业投资 242.52 亿元，增长 21.1%。三次产业结构比例调整为 7.5：56.5：36。是年，蓬江区完成投资 90.39 亿元（含市直企业），增长 32.2%；江海区完成投资 43.72 亿元（含市直企业），增长 31.3%；新会区完成投资 136.64 亿元，增长 24%；台山市完成投资 160.14 亿元，增长 38.2%；开平市完成投资 77.06 亿元，增长 32.3%；鹤山市完成投资 84.77 亿元，增长 24%；恩平市完成投资 35.21 亿元，增长 51.2%。全市利用外资 57.66 亿元，增长 6.9%；自筹资金 419.63 亿元，增长 48.5%；国内贷款 113.91 亿元，增长 52.9%。各区市经济稳步发展。全年全市房地产开发投资 111.72 亿元，增长 16.8%。商品房施工面积 1306.4 万平方米，增长 16.2%。商品房销售面积 382.52 万平方米，增长 9.71%，商品房销售额 179.17 亿元，增长 37.62%。（汪世雷）

【节能减排】 2010 年，江门市初步构建节能和资源综合利用工作体系。市政府专门成立节能监察机构，设立节能专项资金，支持符合要求的节能项目。重点强化工业节能，突出抓好电力、石油石化、化工、建材、纺织印染、制浆和造纸等重点耗能行业和企业节能工作。发挥毗邻香港的地缘优势，借助香港在节能、环保方面的先进技术和经验，落实“清洁生产伙伴计划”，全市企业获香港“清洁生产伙伴计划”资助资金 201.5 万港元，获批准实地评估项目 30 个、核证成效项目 19 个、示范项目 8 个，雅图仕印刷、李锦记集团被认定为“粤港清洁生产伙伴”标志企业。“十一五”期间，全市单位生产总值综合能耗指标呈逐年下降的趋势。2010 年，二氧化硫、化学需氧量排放总量减排完成省下达的目标任务。全市大气环境质量维持在国家二级标准，区域环境噪声和交通噪声符合功能区要求。城市水域功能区和饮用水源水质达标率 100%，近岸海域各功能区水质均达到相应功能区水质要求。江海污水处理厂、潮连污水处理厂等设施先后建成，14 个中心镇污水处理厂均建成投入运行或试运行，全市日处理污水能力 49.3 万吨，城镇生活污水处理率超过 60%。建成区绿化覆盖率 40.75%，人均公园绿地面积 11 平方米。全市森林覆盖率 42.2%。（何国雄）

【地方财政收入与支出】 2010 年，江门市地方财政一般预算收入完成 104.29 亿元，首次超过百亿元，收入总量为汇总各级人大通过年度预算收入 92.93 亿元的 112.22%，比上年增长 24.7%，高于生产总值增幅 10.4 个百分点，比全省平均水平高出 0.95 个百分点，近八年来第七次高于全省平均水平，并高于珠三角地区平均水平（24.44%）0.26 个百分点，是省分税分成财政管理体制实施 15 年来最高的一年。在市本级及四市三区 8 个收入单位中，恩平市、鹤山市、开平市、台山市和江海区地方财政一般预算收入增长幅度高于全市平均增长水平（24.7%），其中恩平市增幅最大，为 33.38%。全年全市镇级财政收入保持平稳较快增长，按财政决算口径计算，即按现行各市（区）镇（街）财政体制口径计算，全市镇级地方财政收入 49.98 亿元，占全市地方财政一般预算收入的 47.92%，比上年增长 24.25%，低于全市地方财政一般预算收入增长 0.45 个百分点。全市 80 个镇（含街道办事处、海侨经济管理区）中，财政收入超亿元的镇有 15 个，增加6个。全市一般预算支出完成132.98亿元，增长19.72%，其中市本级一般预算支出完成26.53亿元，增长20.48%。全市重要开支得到较好保障，其中医疗卫生支出完成8.89亿元，增长38.68%；社会保障和就业支出完成17.7亿元，增长24.94%；农林水支出完成12.3亿元；科技支出完成3亿元，增长32.76%；教育支出完成26.3亿元，增长13.32%；环境保护支出完成2.31亿元，增长28.27%。全市财政预算收支相抵后，实现收支平衡，略有结余，完成各级人大通过的财政收支预算。

【人民生活】 2010年，江门市落实各项惠民政策，民生投入57.3亿元，比上年增长25.42%，其中医疗卫生、社会保障和就业、科技、教育、环境保护等重点支出有较大幅度增长，增幅分别为38.68%、24.94%、32.76%、13.32%和28.27%。市本级财政民生投入8.61亿元，增长24.38%，其中医疗卫生、社会保障和就业、科技、教育、住房保障等重点支出有较大幅度增长，增幅分别为17.63%、11.59%、50.98%、11.81%和37.26%。

（吴华清）

基础设施建设

【交通基础设施建设】 2010年，江门市交通基础设施建设（含轨道交通）共完成投资50.99亿元，比上年增长56.1%。江番及江珠北延线高速公路动工建设，江肇高速（江门段）、广珠城际轻轨（江门段）建成通车，崖门5000吨级航道疏浚工程完成，江门成为国家公路运输枢纽之一。是年，中铁集团与江门市签订BT项目战略协议。

交通一体化建设 配合规划部门编制完成《江门市综合交通一体化规划（一期）》；珠中江三市共同开展综合交通规划，编制

江门市基础设施基本情况

项　目	单　位	2009年	2010年
铁路营业里程	公里		
公路通车里程	公里	9890	9971.7
其中：高速公路	公里	344	370.7
港口泊位	个	299	299
其中：万吨级泊位	个	2	2
内河通航里程	公里	961	961
本地电话年末用户	万户	144.82	131.62
移动电话年末用户	万户	391	443.3
国际互联网用户	万户	249.32	260.82
电力消费量	亿千瓦小时	141.97	165.21
商品房屋实际销售量	万平方米	348.67	382.52
商品房屋实际销售额	亿元	130.19	179.17

《珠中江城市空间协调发展规划》；全市共有9个重点项目被列入《珠江三角洲地区公路水路交通基础设施一体化规划》，在全省30个中远期高速公路规划中，江门市占5个。江番及江珠北延线高速、中开高速公路及新会支线两个项目被纳入省高速公路规划。

高速公路建设　全年全市高速公路建设项目完成投资23.12亿元。江肇高速江门段实现年底通车目标。与已通车的佛开、开阳、新台、西部沿海、江中等高速公路相连成网，形成通达珠三角核心区域，联通粤西地区的网络格局；江番及江珠北延线高速、江罗高速、中开高速等项目被纳入省2011年重点建设项目。

国省县道及农村公路建设　国、省、县道及农村公路建设项目全年完成投资7.8亿元。省道S365海宴至横山段、S365古兜路段路面改造工程、S273冲篓至斗山墟段、S273台城缠溪至冲篓段完工，S270线金牛头大桥扩建工程完工。农村公路完成改造220公里。

市区重点交通工程建设　市区重点工程项目全年完成投资0.54亿元。S272外海到睦洲路段大修工程动工建设。滨江大道雁山互通立交完工。

港口航道建设　港航建设项目完成投资2.58亿元。完成《江门港发展战略研究》的编制工作，完成崖门5000吨级出海航道整治工程、信义玻璃码头等项目。　（崔　波）

【能源基础设施建设】　2010年，江门市加强能源供应基础设施建设，推进能源结构调整，提升能源技术应用水平。全市能源基础设施完成投资额约160亿元，台山核电一期工程建设进展顺利，上川岛风电场一、二期工程顺利竣工投产，江门输变电工程投资创历史新高。至年末，全市电源装机容量约568万千瓦。在建核电装机容量350万千瓦，占全省在建装机容量1100万千瓦约三分之一。建成风电装机约8.5万千瓦，实现风电装机零的突破。铺设市政输气管网70多公里，新建CNG（压缩天然气）高中压调压站2座、LNG（液化天然气）气化站2座、CNG加气站及LNG加气站各1座、液化石油气瓶组站11个。全市建成以500千伏江门站为负荷中心，220千伏为主骨干网架、110千伏为区域网架的高、中、低压电网覆盖全市城乡的电力供应体系。全面完成“十一五”能源发展规划提出的各项目标任务，能源供应总体上满足江门市经济社会发展需要。　（陈　诚）

【水利基础设施建设】　2010年，江门市完成水利投入8.11亿元，其中中央投资7882万元，省级投资2.85亿元，市级投资补助1.08亿元，县级投资2.93亿元，乡镇及群众投资自筹4711万元。完成土方574万立方米，石方75万立方米，混凝土35万立方米。是年，全市改善灌溉面积4.6千公顷，治洪治涝面积10.5千公顷，堤围维修加固136公里，渠道维修135公里，有效增强防灾减灾能力。

城乡水利防灾减灾工程　全市列入城乡水利防灾减灾工程建设项目19项，估算总投资23.9亿元。至年底，共完成投资16.48亿元，土方1455万立方米，石方163万立方米，砼方84万立方米。竣工验收工程有台山大隆洞水库、鹤山大堤第5期、新会万亩水库、台山岐山水库、开平立新水库、新会大鳌联围、沙坪城区防洪工程、恩平良西水库、新会鱼山水库、新会东方红水库10项；完工的有恩平马山水库、台山大成围海堤、新会银洲湖海堤、台山深井水库、台山陈坑水库、恩平凤子山水库 6 项；已在施工的有江门城市防洪工程、台山西南边滩海堤、台山都斛海堤 3 项。开平、鹤山两市完成任务并获省批准“销号”（撤销责任书）。

病险水库除险加固　台山的响水潭水库、猪乸潭水库、南坑水库、老营底水库及恩平的西坑水库等 5 座中型水库被列入省病险水库除险加固专项实施计划，完成投资 8744 万元。列入中央和省病险小型水库加固项目 28 宗，包括台山 8 宗、开平 2 宗、鹤山 6 宗、恩平 12 宗，这些项目基本完工；共完成投资 4276.2 万元，其中获中央和省级补助 2434 万元。

农村饮水安全工程　完成纳入中央计划的农村饮水安全工程 15 宗，其中台山 7 宗、开平 5 宗、鹤山 2 宗、恩平 1 宗。9 月，完成中央新增下达农村学校师生饮水安全工程 2 宗，总投资 18.8 万元。至年底，纳入中央计划的 30 宗农村饮水安全工程全部完工，完成投资 2685.5 万元，铺设管道 298 公里，解决农村 11.5 万人饮水安全问题。此外，开平市还自筹资金完成农村饮水安全工程建设项目 2 宗，解决农村人口 7811 人饮水安全问题。

中小型灌区改造　鹤山市四堡灌区改造工程被省委省政府列入省第一批中小型灌区改造试点，概算投资 2738 万元。是年建成渠道防渗衬砌 13.5 公里、交通桥 2 座、其他渠系建筑物 60 多处。

小型农田水利工程　完成开平市 2009 年度中央财政小型农田水利重点县建设任务，及台山市大江镇坪迳灌区中央财政小型农田水利专项，实际完成投资 2260 万元。完成 2010 年度开平市中央财政小型农田水利重点县项目工程量的 20%。中央小农水专项鹤山雅瑶灌区改造工程准备招标。

机电排灌和小水电管理　完成市重点涝区《珠江三角洲内涝整治“十二五”规划》编制，鹤山越楼围电排站、江海窖头电排站竣工验收。推进沙坪联围泵站技改项目列入全国大型泵站技改计划，省批复计划投资 1.83 亿元，该项目已在施工。加强小水电安全生产管理，对存在安全隐患的 21 宗小水电站分期整治。完成小水电新建 2 台机组 375 千瓦，线路技改 20 公里，技改项目 2 宗共 7150 千瓦，新增容量 925 千瓦，全年小水电发电量 3.7 亿千瓦时。完成锦江水库坝后电站 2 号机组更新改造前期工作。

【信息化建设】　江门市电子政务、信息化和工业化融合、农村信息化、社会各领域信息化工作全面推进。2010 年，全市信息化综合指数 85.67%，比上年增长 2.5 个百分点；互联网普及率 58.6%；家庭宽带普及率 57.8%；固定电话用户 132 万户；移动电话用户 443 万户；广播人口覆盖率 99.6%；电视人口覆盖率 99.1%。

市电子公文交换系统建设　推广应用电子公文交换系统，全年新增江门供电局、中国人寿保险江门分公司、市政府采购中心等 38 个应用单位，系统应用部门增加到 170 个。至年底，市党委、人大、政府、政协和各人民团体等 170 个单位通过电子公文交换系统办理公文超过 43.7 万份次，累计节约行政开支 80 万元（包括邮寄费和传送公文交通费等）。系统的应用有效提高市直单位办公自动化水平和行政效率，降低行政成本。逐步推进全程无纸化办公，市交通局、市食品药品监管局等 28 个单位试点实施电子公文交换系统与办公自动化（OA）系统的无缝对接。

信息化和工业化融合　推进市信息化和工业化融合工作，制定《江门市推进信息化和工业化融合（2010~2012）行动计划》，提出3年工作目标和10项重点工程。2010年主要实施两化融合示范工程，认定第一批15家示范企业启动两化融合创新展示中心和物流信息公共服务平台建设，加快移动城市建设，推广RFID技术应用，创新推动传统产业转型升级，发展物联网产业。开展“两化融合——创新广东”巡回培训活动，为企业提供信息化培训，推进中小企业信息化发展。

信息兴农工程（二期）建设　重点抓好台山、恩平、开平、鹤山、新会等5个省试点地区的“信息兴农”项目建设。全市建立各类农村信息化体验中心（站、点）1500个，实现行政村100%覆盖，通过计算机网络采集发布各类涉农信息13万条。开展“农民学电脑”培训活动，将省经信委下发的价值31.7万元共3.85万册农村信息化学习教材，及“农村视频资源开发建设项目成果”113集学习资料，发至有关涉农单位及各区（市）免费供农民培训使用。全年免费培训农民1.2万人次。

市地理信息共享平台（二期）建设　根据市地理信息共享平台建设的总体规划，建设完成市地理信息共享平台二期项目。扩大基础政务地理信息数据的覆盖范围，地址编码、政务电子地图和专题信息图层数据基本覆盖江门市区的建成区，遥感影像数据完全覆盖蓬江、江海、新会三个区；在数字化城市管理、应急指挥、劳动监察等领域建立GIS共享应用系统；初步建立约10平方公里的江门市三维GIS应用系统。

市一二级审批平台业务协同系统建设　完成市政府考核目标要求的“2010年底完成行政服务中心综合信息系统与10个试点单位的数据实时交换”，实现市行政服务中心综合信息系统与市气象局、市住房和城乡建设局、市交通局、市食品药品监管局、市安全监管局、市城乡规划局、市卫生局、市环保局、市经信局等10个单位的一二级审批平台业务协同办公。

实施全市干部信息能力提升工程　加强在职干部的信息化专业理论和实际操作技能的培训，提升全市干部运用信息技术的整体水平。至年底，全市共培训7445人，占应培训人数的82.6%。其中市直单位完成应培训人数的99.7%；蓬江区、江海区、新会区、台山市全部完成培训工作，开平市、恩平市分别完成应培训人数的98.2%和96.2%，鹤山市完成处级干部培训。

加快发展现代信息服务业　完善信息基础设施建设。江门市成为广东省三大区域性长途汇接中心之一、四大互联网核心节点之一和三大广电视讯宽带网枢纽站之一。电信网、互联网和广电网覆盖全市，完成五邑各市至各镇、行政村的光纤联网。

市农村党风廉政信息公开平台建设　5月6日，市农村党风廉政信息公开平台正式建成启用。平台全面覆盖四市三区共1117条行政村，至年底发布农村党务、村务和财务等信息15万多条，推动农村党务、村务、财务公开，保护农民群众利益，促进农村和谐稳定。借助该平台，农民通过互联网、电视、手机、固定电话，及时了解党和政府的强农惠农政策及镇务、村务、党务、财务等重要事项信息。

信息化人才培训　电子政务培训方面，实施全市干部信息能力提升工程，并开展市电子公文交换、行政审批电子监察、办公自动化等系统的使用培训，培训人数近8000

人次，进一步提高公务员的信息技术应用能力。企业信息化培训方面，会同有关单位开展2010江门市RFID技术应用推广论坛、金蝶软件K3产品推广活动和信息管理EAS7.0产品体验活动、第三届企业创新营销研讨会等各类企业信息化推广活动，并组织有关企业参加第八届广东省制造业信息化论坛，参与培训的企业管理和技术人员共计3.2万人次。农村信息化培训方面，继续开展信息兴农工程和农村信息直通车工程，利用农村党员干部现代远程教育系统、农村信息化体验中心等以及举办讲座、培训班，对农民进行信息化培训人数达1.2万人次，推动农村信息技术的普及应用。（陈家昌）

现代产业

【现代服务业】 物流业　2010年初，江门市与香港物流商会、香港物流协会、澳门付货人协会签署《江港澳促进物流业发展合作协议》，进一步促进三地物流优势互补、互利互惠的合作。开展《江门市2009~2020年现代物流业发展规划》编制工作，推动鹤山、银洲湖、南新区三大物流园区建设。江门市中岸物流中心有限公司保税仓二期、江门华鸿物流有限公司、蓬江区远洋冻品批发市场、大昌行物流国际加工包装中心扩建工程、广东德龙物流粤西总部等重点物流项目建设进展顺利。组织物流企业到广州、深圳等地以及拥有先进物流信息技术RFID（无线射频识别系统）的雅图仕印刷有限公司等企业参观学习，提高企业对物流信息化的认识，推广物流信息化应用。全市现代物流业总体呈现平稳较快增长态势。全年物流业增加值近210亿元（按宽口径统计），物流业增加值占生产总值比重的13.5%。全市货运量7458万吨，比上年增长11.5%；货运周转量112.55亿吨公里，增长48.7%；港口货物吞吐量4965万吨，增长19.1%；邮政业务总量4.41亿元，增长11.9%。

旅游业　全市全年旅游总收入120.1亿元，比上年增长15.46%。接待游客2327.88万人次，增长10.89%；其中过夜游客990.99万人次，增长14.97%。是年打造全国旅游目的地有新突破。在北京、成都、重庆、武汉、长沙、沈阳、郑州、香港、澳门等近20个全国重点城市设立江门旅游联络处，形成长效工作机制。组织旅游企业到上海、浙江、湖南、湖北、重庆、福建、广西、台湾、香港、澳门等10多个省、地区召开旅游推介会，并与桂林等7个城市旅游部门签订合作协议。发挥开平碉楼与村落的品牌效应。在省支持500万元的基础上，开平市财政投入2800万元，加快立园开平碉楼文化展示区建设；开平旅游局和开平碉楼旅游发展有限公司安排300万资金，在全省高速公路树立窗口广告，其中100万元用于布置开阳高速公路梁金山开平碉楼主题服务区。与亚组委共同主办“亚运志愿信使走进开平碉楼”启动仪式等活动，在央视《请您欣赏》栏目投放开平旅游宣传短片，联合亚洲电视拍摄制作《岭南寻根之旅》，协助拍摄电影《让子弹飞》，举办2010中国江门（开平）碉楼文化旅游节等，形成较大的宣传效应。

金融服务业　江门市区联社、新会联社获省联社批准启动农村商业银行的组建。中信银行、兴业银行、顺德农商行先后落户江门，东亚银行、鹤山珠江银行在筹建中。至年末，全市金融机构人民币存款余额

2214.97亿元，较年初增长15.8%；其中，城乡居民储蓄存款余额1461.98亿元，增长13.4%，企业存款余额400.36亿元，增长21.9%，财政性存款余额44.3亿元，下降5.9%。金融机构人民币贷款余额973.75亿元，较年初增长17.5%；其中，短期贷款余额309.97亿元，增长8.2%；中长期贷款余额633.03亿元，增长25%。

【先进制造业】 2010年，江门市先进制造业实现规模以上工业增加值271.9亿元，比上年增长38.62%；主营业务收入1006.5亿元，增长35.59%；利润总额35.5亿元，增长64.35%。其中，装备制造业实现规模以上工业增加值196.8亿元，增长39.86%；钢铁冶炼及加工实现规模以上工业增加值15.1亿元，增长9.32%；石油及化学工业实现规模以上工业增加值60亿元，增长39.4%。

【新兴产业】 2010年，江门市新兴产业蓬勃发展。绿色光源产业实现产值136.98亿元，比上年增长40.69%；引进40个项目，投资总额超200亿元，引进80台MOCVD；投资30亿元建设国际绿色光源博览交易中心。新能源产业方面，全市在建的核电、风电、气电等清洁能源约440万千瓦，总投资超1400亿元。引进华宸光电科技、金太阳集团等一批超10亿元的新型太阳能项目。高端装备制造业方面，首期投资40亿元的广东轨道交通车辆修造基地开工建设。

【传统产业优化升级】 江门市优势传统产业包括纺织服装、食品饮料、家具制造业、建筑材料、金属制品业、家用电力器具制造业等。2010年，六大优势传统产业实现规模以上工业增加值343.21亿元，比上年增长37.19%。实现规模以上工业总产值1716.43亿元，占全市工业总产值的43.4%，增长贡献率64.88%，拉动全市工业增长15.38个百分点。实施六大优势传统产业转型升级计划，因技改而新增销售收入199.2亿元、税收12.7亿元。

【高新技术产业】 产业发展 2010年，江门市以LED为代表的战略性新兴产业发展迅速，初步形成以高新区为核心园区、辐射荷塘灯饰产业园、鹤山共和工业区和台山工业园的产业发展格局。江门市被批准为广东省火炬计划特色产业基地、广东省LED产业化基地、广东省绿色照明示范城市，同时被科技部授予国家火炬计划特色产业基地、被国家质检总局批准为国家级重点实验室。全年全市完成培育和组织企业申报认定国家级和市级高新技术企业64家，其中国家级43家、市级21家；通过资格认定的国家级高新企业21家、市级21家；累计共有高新技术企业248家。全市新认定高新技术产品69个。高新技术企业年产值628亿元（国家级423亿元、省级153亿元、市级52亿元），比上年增长15%以上。技工贸总收入超亿元的企业80家，增加3家。其中技工贸总收入超10亿元的4家，收入超50亿元的企业2家，超100亿元的企业1家。国家重点扶持的高新技术企业获税收减免约4.5亿元。

科技创业服务中心 江门市加大“科技孵化器”扶持力度，逐步扩大规模，完善设施，提升服务水平，推动“孵化器”发展。至年底，全市建有6家“孵化器”，面积近12万平方米，在“孵”企业190多家，“孵化”企业年产值超过12亿元。江门市火炬高新技术创业园实现与各地商会、中介机构、高校和科研院所的对接，吸引高端科技项目落户及前沿科技成果“孵化”，引进阿里巴巴、思域科技和迪浪科技等54家高技术项目入园“孵化”。该创业园先后被认定为广东省高新技术创业服务中心、广东省小企业创业基地、广东省高校毕业生科技创业“孵化”基地、广东省软件和信息服务业重点园区。

特色产业基地　在市高新区创建国家火炬计划江门半导体照明特色产业基地。在各特色产业基地建立公共信息服务平台，在国家火炬计划江门纺织化纤产业基地和广东省火炬计划开平纺织新材料特色产业基地分别建立“科技服务平台”和“科技创新中心”。全市火炬计划特色产业基地工业总产值500多亿元。

江门高新技术产业开发区　2010年11月经国务院批准，江门高新技术产业开发区升级为国家级高新区。高新区确立LED为重点发展产业，是广东省LED产业基地核心园区。区内已形成以绿色光源产业为战略引擎，光机电一体化产业为重要支柱，现代服务业为优势补充的三大支柱产业，引进艾默生、西铁城、亚什兰、康宁、三菱等世界500强企业。华南地区唯一的国家半导体光电产品检测重点实验室落户高新区。成功申报汉宇电器、亚泰科技等10家高新技术企业，高新区高新技术企业累计48家。至年末，园区累计引进项目478个，投产项目362个。

年内，高新区完成新征土地96.2公顷，交接土地面积205.35公顷，上报用地指标155.02公顷，完成高新路、南山路等道路建设约11公里。全年确定投资项目27个，投资金额80.42亿元，其中LED项目22个，投资54.22亿元，引入MOCVD设备80台；签订LED意向投资项目5个，投资金额209亿元；其他在谈LED项目45个，计划投资金额111.7亿元。是年，实现园区工业总产值240.5亿元，比上年增长25.2%，上缴税收5.8亿元，增长33%。

【产业园区建设】　2010年，江门市高新区、江沙工业走廊、新会经济开发区三大组团进一步发展，市高新区实现工业总产值240.51亿元，比上年增长25.2%；江沙工业走廊实现工业总产值476.96亿元，增长25.34%；新会经济开发区实现工业总产值182.52亿元，增长23.22%。江门市产业转移工业园区建设工作进展顺利，实现工业总产值23.7亿元，增长38.74%，开平、恩平两个园区投入基础及配套设施建设资金13亿多元，累计引进工业项目123个，计划总投资249亿元。

【广东南车轨道交通修造基地】　2010年9月25日，广东珠三角城际轨道交通有限公司揭牌暨广东南车轨道交通车辆修造基地项目开工仪式在江门市新会区举行。中共中央政治局委员、广东省委书记汪洋，广东省委副书记、省长黄华华以及铁道部和中国南车集团的有关领导出席仪式。江门市专门出台《江门市轨道交通车辆配套产业发展扶持办法》，由铁道部、中国南车集团和广东省三方共建的广东轨道交通修造基地，成为中国城际轨道交通产业重大布点，项目计划投资40亿元，年产值100亿元，主导产品是和谐6号车型，计划于2011年年底前出车。在该项目的带动下，青岛四方新城志卓客车配件、南车株洲电机、常州今创集团等15家轨道交通配套企业落户广东轨道交通产业园配套基地。

【农业】 2010年，江门市各级农业部门落实各项强农惠农政策，探索和实施加快发展现代农业新举措，确保全市农业生产平稳发展。全市农业增加值116.02亿元，比上年增长4.2%，对生产总值贡献率为1.8%；农林牧渔业总产值214.73亿元，增长11.2%，其中种植业产值65.7亿元，增长3.9%，畜牧业产值60.29亿元，增长2.2%。全年粮食作物播种面积19.32万公顷，下降0.2%；甘蔗种植面积0.4万公顷，增长8.7%；油料种植面积1.19万公顷，下降0.6%；蔬菜种植面积5.84万公顷，增长4.2%。全年粮食产量87.2万吨，增长0.1%；甘蔗产量34.45万吨，增长11.1%；油料产量2.87万吨，下降1.7%；水果产量22.01万吨，增长4.8%；蔬菜产量112.25万吨，增长8%；肉类产量28.55万吨，增长2.4%，其中猪肉产量18.41万吨，增长3.6%。

农村耕地流转 全市农村耕地承包面积11.66万公顷，农村耕地流转面积3.89万公顷，占承包土地面积的33.31%，比上年增长23.29%；其中100亩（6.67公顷）以上连片向产业化组织（龙头企业、合作社、专业大户）流转有801宗，面积2.13万公顷，占全市流转总面积的55%。共签订耕地流转合同6.75万份，涉及13.94万农户，涉及流转面积3.3万公顷。农村耕地流转价格稳步提高，每亩均价从2009年的300元增至2010年的500多元，农民增收1.17亿元。

农业产业化经营 全市新发展蓬江得宝、新会科泽2家省级农业龙头企业，以及江门海英、台山绿盛、鹤山华粮、新会新马单、鹤山绿湖和开平裕茂等6家市级农业龙头企业。全市有市级以上农业龙头企业57家，其中国家级1家，省级11家。指导组建农民专业合作社示范社12家，新发展农民专业合作社20家，其中国家级示范社2家、省级示范社3家，全市农民专业合作经济组织共162家。全市农业产业化组织年销售额112.37亿元，利润3.15亿元，创汇4900多万美元，年上缴税款6700多万元，农户从事产业化收入11.99亿元，带动农户37万户，占全市农户的52%，户均增收2160元，比上年增长10.2%。

现代标准农田建设 全市农业部门投入1.4亿元改善农业生产条件，实施中低产田改造、农业综合开发、省人大农田水利基本建设议案、现代标准农田建设等项目，整治农田面积近7333.33公顷。

农业科技发展 深化农业科技合作交流。与华南农业大学、省农科院等省部农业院校合作开展农业新品种、新技术的引进、试验、示范和推广。委托中国农科院编制《江门市农业产业发展规划（2011~2020年）》，在农业测土配方施肥、稻文化研究等方面加强合作，落实与中国农科院签订的农业科技合作协议。加强农业科技推广体系。江门市农科所被认定为广东省级特色蔬菜创新基层站。全年有3个项目分别获省科学技术二等奖、省农业技术推广三等奖和市科学技术三等奖；市果科所在花卉、水果方面组培技术有新突破；疫控中心开展高致病性蓝耳病弱毒活疫苗应用研究，引进良种猪进行示范推广。全年全市共推广农业新品种48个（次）、新技术30项（次），发放书籍3500册、资料6.2万多份，免费向农民赠送抛秧盘、新农药、新种子、种苗和肥料等农用物资折合人民币约12多万元，全市农作物和畜禽良种覆盖率分别达到97.43%和93%以上。加大农业科技培训力度。通过科技集市、现场推介会、农业技术培训班等形式，将农业科技送进千家万户。全市共组织

农业科技人员送科技下乡1100多人（次），参与活动的群众约2.1万多人；举办实用技术培训45期（班），培训农民4500人（次）；举办绿色证书培训班23期（班），培训农民1150人，获证人数1150人。

无公害农产品基地建设　全市建立农业标准化示范区（基地）16个，其中省级3个，市级13个；制定和发布农业地方标准化生产规程29项；有效期内的国家有机食品认证产品1个，江门市绿色食品认证企业17个，产品28个；无公害农产品产品147个，其中新增6个、复查换证20个，产地158个，无公害生产基地面积4.45万公顷，生产面积覆盖率33.74%。

农业信息网建设　着重抓好江门农业信息网站子网建设，加强日常维护，确立上网信息要“新、特、广”，建立信息发布责任制，保证上网信息的质量和数量。全年网站更新信息1.9万条，图片420张。

【农产品市场建设】　2010年，江门市健全以农贸市场和农产品集散市场为基础、农产品专业批发市场为骨干的市场体系，共有农副产品批发（产地）市场63个，总面积161万平方米，农贸市场210家，年交易额超过260亿元；其中市本级的江门市新会区水果食品批发市场、江门市白沙江南蔬菜禽畜批发市场、江门市水产冻品副食批发市场为农业部定点批发市场，年交易额60亿元。

【农产品安全监测体系建设】　2010年，江门市加快农产品安全监测体系建设，全市构建以市农产品质量监督检验测试中心为核心，以各市（区）检测站及镇（街）基地、超市速测室为辅的市、县、镇三级农产品质量安全监测体系。建成1个市级农产品检测中心、6个县级农产品检测站，多个市场和超市建成检测室。市级农检中心有428个参数通过省级计量认证，通过国家实验室认定，检测结果被45个国家认可。推进农产品质量安全执法，全市抽检蔬果样本1.85万份，畜禽产品样本5.4万份，出动执法人员5534人次，检查单位4995家，查处案件105起，涉及货款总额16.6万元，蔬果农药残留合格率98.29%，畜禽产品合格率稳定在99%以上，均高于全省平均水平，保障供应上海世博会、广州亚运等重大活动农产品的质量安全。

（何汉森）

城乡发展

【城乡规划】　2010年，江门市规划管理部门继续理顺市区的规划管理体制，下放审批权限，推进“统一规划、统一标准、分级管理”的审批制度改革，形成统一、高效的规划管理体制。通过网站、公众媒介等方式让广大市民了解规划、参与规划，监督规划，打造“科学规划、法治规划、和谐规划、阳光规划”。全年受理各类业务案件4200多宗，办理群众服务热线近300件，处理信访、市长热线10多宗，查处违法案件180多宗。

规划编制　加大控规编制力度，通过区、镇（街）出资、参与编制控制性详细规划，编制完成LED产业基地、先进制造业示范基地等控制性详细规划15项，面积22平方公里。加强珠中江规划合作，编制《珠中江城市空间协调发展规划》，优化三市区域性空间布局结构和资源配置，加快三地一体化进程。抓住省出台“三旧”改造政策的有利时机，做好市区《三旧改造规划》编制，推动“三旧”改造重点项目的实施。配合珠江三角洲地区绿道网的建设，编制《珠三角区域绿道（省立）江门市段规划》，突出“山水自然生态特色、彰显侨乡历史人文”的规划理念。继续深化江门市综合交通一体化规划方案，完善道路网结构，提升市交通建设水平。做好星光园规划景观设计，开展市区文化、体育设施一体化布局规划研究等公共服务设施的规划，推进生态宜居城市的建设。

建设用地规划管理　完成广东南车轨道交通车辆维修基地项目、江门演艺中心、五邑碧桂园（八、九、十一期）、上城骏园住宅小区（三、四期）、半山豪庭、民华雅苑、华茵桂语小区、雅堤商住小区、星汇名庭小区、潮连榄坑商住小区、潮连汇星园小区、紫茶小学新校区、嘉悦棕榈岛小区、达进豪庭商住小区、西江水岸小区、华鸿物流中心、协和医院、江海人民医院扩建、棠下污水处理厂等规划方案的审批，完成滨江体育中心项目、2011年保障性住房建设用地、五邑籍歌影视明星主题公园等项目的选址工作。全年办理建设项目选址意见书54件；办理用地规划许可证183件，面积737.2万平方米，其中补办或变更用地88.7万平方米；办理规划用地方案审查591件，面积3064万平方米，其中修改方案310件，面积1384.2万平方米。

建设工程规划管理　推进建筑单体电子报批软件的研发和应用，抓好建设工程规划管理及重大基础设施和市重点工程建设项目规划的相关工作。完成丰乐山公园、义乌小商品批发城、珠江国际新城、城市花园住宅小区二期、上城骏园、海逸名苑、西江水岸、益晖山庄、山湖雅苑、华茵桂语小区、达进豪庭、江门市职业技术学院、紫茶小学新校区等建设工程的规划审批。配合做好滨江大道雁山出口互通立交、滨江新区新南路、滨江新区天沙河路、轻轨站场配套项目首期工程、中区大道、西环路隧道、丰乐路改造工程、跃进路扩宽改造、金瓯路扩建、东华大桥、胜利大桥、礼东大桥（一期）、北街大桥维修改造、迎宾西路扩宽改造工程（胜利路—西环路口）、旗杆石生活垃圾卫生填埋场及配套工程、江海污水处理厂首期、杜阮污水处理厂（首期）工程、棠下污水处理厂、天沙河引水增流、滨江新区核心区水系景观、滨江新区天沙河绿化景观等重点工程建设项目的规划相关工作。全年共批出建筑设计方案590项，建筑面积438.1万平方米，市政设计方案530项，核发建设工程规划许可证532个，面积351万平方米，核发临时建设工程规划许可证59个，面积16.9万平方米，办理项目竣工规划验收436项，面积254.1万平方米。

城市规划监察管理　加强城乡规划法的宣传教育，加强对滨江新区、主要城市干道和批后项目的规划执法检查和监督管理，全年共查处违法案件121多宗。

【城市建设与管理】　2010年，按照市政府机构改革要求，江门市政工程建设管理职能移交市住房和城乡建设局，改变以往市城管局既承担市政基础设施的建设又负责市政设施管养的管理模式，提高城市管理的专业化水平，强化市级城管部门的综合协调和检查监督的作用。是年，市城管局重点加快“三厂（污水治理）一场（生活垃圾卫生填埋）”节能减排项目的建设，做好市政设施的管养，解决市民诉求。

市政公用设施建设　运用BOT方式建

设的江海污水处理厂首期工程竣工投产，潮连污水处理厂首期工程全面完工并通过环保验收，文昌沙水质净化厂二期扩建工程通水试运行，市区旗杆石生活垃圾卫生填埋场建设项目按计划实现年底前垃圾进场填埋的目标。完成北街大桥维修加固、江海污水处理厂首期配套截污管网工程、市区道路无障碍设施改造等任务，累计完成投资1.54亿元。实施院士路软基段维修、天宁路二期维修、东湖道路及排水方渠维修改造等民生项目，累计完成投资1840万元。

市政设施维护　重点解决市区“行路难、灯不亮、下水道不畅”等问题，加强市政设施养护工作。全年巡查道路1.23万次，定期检测城市桥梁32座，维修桥梁10座、破损路面1.37万平方米、人行道2586平方米、路侧石704米。

排水设施管理　加强市区排水管理工作，修理下水道272米；清疏下水道360余公里，新开雨水井114套，更换井盖751套，检修市区28座排涝泵房，汛期开泵2428小时，抽水734万立方米。

照明设施管理　与市科技部门联合编制《江门市LED路灯示范工程建设方案》，总体目标是2010～2012年全市完成LED路灯改造5万盏；规定从2010年3月起，所有新装路灯均采用LED灯具，全年安装LED路灯235盏。市区全年新装路灯364盏，检修路灯2.1万盏次，拆除路灯941盏，实现路灯亮灯率98.5%。

燃气供应　市城管局承担燃气管理职能后，组织相关部门到广州等城市学习燃气管理经验，指导燃气企业健全三级安全管理网络，还组织400多名液化石油气送气工参加资格培训。召开新《广东省燃气管理条例》宣传贯彻会，开展“千分制”检查等。是年，燃气企业投入600多万元用于设备配置和安全隐患整改，铺设燃气管道50公里，新增燃气用户6000户。全年市区供应液化气6.8万立方米，天然气110万立方米。

绿道建设　3月，江门市成立推进绿道网规划建设工作联席会议办公室，出台《关于加快我市绿道建设的工作意见》，并组织规划、住建、国土、园林、监察等部门成立联合督导组，为绿道建设开辟绿色通道，加快绿道工程实施。12月23日，省立绿道3号线和6号线江门市境内全线贯通，总长286公里，11个驿站建成并投入使用。其中，省立绿道3号线从顺德均安进入江门，向西南经江门蓬江区、江海区、新会区、台山市、开平市，止于恩平市帝都温泉度假区，全长158公里；省立绿道6号线从佛山南海经九江大桥进入江门，向南经鹤山市、蓬江区、江海区、新会区，止于新会古兜温泉度假区，全长128公里。境内2条省立绿道建设充分利用、挖掘已有的自然条件和资源，因地制宜，串联景点40多个，突出市内各绿道的滨江山水葵林特色、历史人文特色和田园水乡特色。

【城市综合管理】　2010年，江门市城市综合管理局制订《关于进一步推进城市管理重心下移的实施意见》，构建“统一指挥、分级负责、重心下移、以区为主、属地管理、长效协调”新机制。建立以市长为第一召集人，分管市长为召集人的城市管理联席会议制度，加强对城市管理发展规划、综合整治等重大问题的统筹、组织、协调和督促，促进城市管理各项职责落实。是年，承担广东省数字化城市管理试点任务，筹集首期工程建设资金，实施数字城管系统的软件开发、硬件设备招标采购、机房装修等工作，完成市数字城管监督指挥平台一期工程。

整治市容环境　按照创建全国文明城市的要求，加强城市综合管理执法工作，及时查处各类违法违章行为。全年查处乱倒余泥垃圾1421宗、乱拉挂5367宗、损坏市政及公用设施36宗、损坏绿化及设施88宗。与有关部门联合开展瓶装气执法检查，查处无证经营燃气12宗、暂扣各类钢瓶1116瓶。结合市场环境升级改造，规范市场周边搭建和摆卖行为，并针对群众反映强烈的油烟、扰民问题，加强巡查执法，遏制烧烤、熟食、小商品流动摊档占道和扰民等违规行为。疏堵结合，规范和完善堤西路、风貌街青年广场、远洋冷冻厂等经营场所，引导500多个流动摊档进入规范场地经营，全年清理店外占道经营1.43万多宗、流动摊档乱摆卖1.66万多个。

整治城市“牛皮癣”　在市区112个社区和公共场所设立便民信息发布栏；与市义工联组织联合组建专业队伍，上街清理“牛皮癣”。另外，运用市场化手段选择经营单位承包清理“牛皮癣”，开发“呼死你”系统干扰制“癣”贴“癣”手机号码等多项举措，整治城市“牛皮癣”。全年累计清除各类顽固“牛皮癣”1万余处，查获贴、涂、写“癣”者40多人次。

整治泥头车违规运输　制定《关于整治市区泥头车违规运输工作实施方案》，与交警、交通、公路、建设、城管执法大队等部门开展泥头车违规运输联合整治行动。在蓬江、江海两区查处运输车辆泥污染路面254宗、乱倒余泥垃圾1421宗。

规范户外广告管理　根据《江门市区户外广告管理办法》，联合市财政局出台《江门市区户外广告资源有偿使用收入管理办法》，规范户外广告的设置和收费标准。加强户外广告的巡查管理和执法，查处乱拉挂广告5367宗，拆除破旧、不规范广告招牌90多块。

拆除违章建筑　加强城市综合管理执法工作，打击建筑物楼顶加建和室内违法加建改建现象，消除安全隐患。全年共拆除违法建（构）筑物8.39万平方米，查处室内违章加建486宗；其中与有关部门协调强制拆除翡翠华府小区17户居民楼顶违法建筑1000多平方米。

【社会主义新农村建设】　2010年，江门市共投入1.88亿元（不含规划编制经费），推动425条行政村开展村庄整治工作。其中，投入7935万元铺筑道路224公里，面积82.9万平方米，改造排水渠139.5公里，安装路灯3271盏；投入3866万元改造危房678间，建筑面积11.6万平方米；投入1629万元改水，新增自来水用户7704户；投入1647万元，改造家庭卫生厕所7512间，新增公厕195间；兴建篮球场、文化室、小公园、小广场等公共设施，村庄整体功能渐趋完善。是年，将城中村改造纳入“三旧”改造工作，完成“三旧”改造专项规划，已完成的和已在开展的项目共132个，面积237.13公顷，投入资金82.3亿元。

【城乡基本公共服务】　2010年，江门市制定全市基本公共服务均等化实施方案，构建保障基本公共服务全市均衡发展的长效机制。加大教育投入。市本级拨付教育资金3.27亿元，落实城乡免费义务教育、中等职业技术教育以及高校、高职学生国家助学金等资助学生政策，继续实施对中等职业学校家庭经济困难学生发放生活费资助；兑现中小学教师收入“两相当”与绩效工资改革，推动教育强市强区创建工作。完善社会保障体系。市本级拨付社会保障资金2.43亿元，调整优抚对象和低保人员的生活补助标准，推进江门市完全被征地农民基本养老保险试点工作，并将开平市纳入新型农村养老保险国家试点城市。落实促进就业的各项扶持政策。市本级拨付就业补助资金3176万元，支持就业公共服务平台建设，推进劳动力转移，落实小额担保贷款和退役士兵就业免费技能培训等政策。稳定物价保障困难群众生活，通过市区价格调节基金安排267万元，加强菜篮子基地建设，促进市场价格稳定；拨付补贴资金210万元，对市区低保户发放临时生活补贴和液化石油气补贴，缓解物价上涨对困难群众日常生活的影响。支持优先发展公共交通，通过价格调节基金补助600万元，用于市区购置新能源公交车；拨付公交企业补助资金621万元，落实老年人乘车优惠政策。提高公共医疗卫生服务水平。市本级拨付医疗卫生资金1.1亿元，提高新型农村合作医疗和城镇居民基本医疗保险财政补助水平，深化医疗卫生体制改革，实施基本药物制度，继续完善优抚对象、低收入群体、贫困重度残疾人等分类医疗保障和救助机制。加强公共文化建设。市本级拨付文化体育与传媒资金6450万元，举办中国（江门）侨乡华人嘉年华活动，建成五邑文化广场以及完成五邑华侨史展布展，支持创建全国文明城市，把创文工程作为民生工程保障资源配置。加大保障性住房建设支持力度。市本级拨付廉租住房建设资金4854万元，加快市区星河路640套廉租住房建设，并对市区187户低收入住房困难家庭发放租赁住房补贴32万元；对经济适用住房建设项目免收城市基础设施配套费和各种行政事业性收费，推动经济适用住房建设。（马跃敏）

资源环境

【土地管理】 2010年，江门市以贯彻落实《珠江三角洲地区改革发展规划纲要》和推进“三促进一保持”为重心，加强国土资源管理工作。盘活存量土地，推进节约集约用地，向省争取追加江门市农用地转用指标258.87公顷，全年指标535.67公顷，保障重点项目和经济发展用地。开展土地运营，完成市本级土地收入22.78亿元，超额完成市政府下达的18亿元的目标任务。探索研究和争取政策支持，推进“三旧”改造。完成第二次土地调查工作，并将成果上报国土资源部。

节约集约用地 全年上报省厅建设用地32宗，面积共947.34公顷。供应建设用地58宗，面积168.73公顷，其中工业用地35宗101.47公顷、商住用地11宗27公顷、公共设施用地11宗38.27公顷。是年，完成江肇高速江门段、佛开高速扩建、广珠城际轻轨江门段和广珠铁路江门段、台山核电、新会南车项目、LED项目、开平产业转移工业园区、恩平产业转移工业园区、台山下川风电、市区旗杆山垃圾场、市弹药库、江海污水处理厂等重点项目的征地报批。

出台“三旧”改造指导意见和实施意见，制定《江门市区“三旧”改造项目审批流程图》和《江门市区“三旧”改造项目审批事项》。完成“三旧”用地标图建库工作。起草江门市区“三旧”改造项目出让地价标准的意见，规范“三旧”改造项目出让地价标准。江门市部分“三旧”改造项目转入项目批准、实施阶段。各市、区按照市政府每个市、区2010年启动不少于5个项目的要求，推进一批项目上马动工。

全年完成盘活存量土地827万公顷。用土地置换的方式，解决新会南车项目用地指标不足的问题，保证项目顺利实施。加大力度清理与处置闲置土地。全市闲置土地218宗581.17公顷，已处置的172宗480.38公顷，处置方案实施完毕的132宗408.62公顷。在已处置闲置土地中，收取闲置费45宗共871.83万元，收回土地使用权44宗136.94公顷，延期并限期开发42宗189.77公顷，其他方式处置41宗57.23公顷。利用向银行贷款3亿元的土地储备资金，加大土地储备力度，完成储备土地106.67公顷。

土地规划修编 市本级土地利用总体规划通过市政府常务会议审议并上报省政府，9月底完成征求省有关部门意见工作。7个县级（市、区）规划成果编制完成，其中通过省国土资源厅组织的专家论证的6个；全市73个镇级规划修编工作基本完成，其中提前批准实施的10个，并报省厅预备案。与上一轮规划相比，新一轮江门市土地利用总体规划（2006~2020）期内耕地保有量减少1.12万公顷，建设用地增量指标1.4万公顷。

山坡地开发和耕地保护 制定鼓励性政策，吸引社会资金投入山坡地开发工作。市国土资源局联合农业局等有关部门，组织抽查验收工作。全市实现按质补充耕地1040公顷，超额完成省厅和市政府下达的1000公顷的计划任务。严格执行建设用地占用耕地“占一补一”、“先补后占”政策，加大土地开发整理力度，通过省对江门市上年耕地保护责任目标履行情况的检查，连续11年实现耕地占补平衡和耕地总量动态平衡。

地籍管理 全面完成第二次土地调查工作，成果已上报国土资源部。抓好土地登记发证工作，采取措施解决一批历史遗留问题，提高土地登记发证的质量和效率。全市核发国有土地使用证4.41万本，《土地他项权利证明书》1979本，《集体土地所有权证》56本，《集体土地使用权证》7653本。完成农用地产能核算项目前期准备、资料收集和整理数据三个阶段工作，项目进入成果整理和论证阶段。加大力度建设国土资源业务网，全市建立镇级以上网络点79个，完成省国土资源厅与市、县（市、区）、镇四级互联互通和网络覆盖，并与国土资源部联通。建成市、县（市、区）国土资源部门视频会商系统。

矿产资源管理 做好全市采矿权实地核查工作。全市共涉及核查的采矿权数为82个，累计完成野外实地核查的采矿权数82个，面积13平方公里，标桩247个，投入资金约160万元。江门市采矿权实地核查成果通过省级专家组验收，并经国土资源部抽查验收合格。加强矿政管理，开展采矿权出让工作。全年共批准出让采矿权3宗，总出让价款71万元，全部完成出让工作并登记发证。加强矿山企业年检工作。全市持证矿山企业136家，应检矿山企业103家，实检102家。

地质灾害防治 落实地质灾害防治责任制，对各市、区国土资源部门落实情况进行考核，并在全系统进行通报。做好地质灾害隐患点搬迁和治理工作。先后发动410多人次，对全市地质灾害隐患点进行全面再排查，重新确定全市地质灾害隐患点共55个。投入资金531万元对14个隐患点进行治理，其中恩平市横陂镇白银村向阳里和江门市江海区滘北龙湾里两个威胁100人以上重要地质灾害隐患点完成搬迁治理。继续与气象部门合作通过视频及手机发布汛期地质灾害防

治预警预报信息，汛期之前向受地质灾害威胁的群众发放地质灾害明白卡2038份，设立地质灾害警示标志牌166个。加强地质灾害群测群防“十有县”建设。完善预报预警、应急处置、汛期值班、信息报送等制度，强化宣传教育和防灾救灾知识普及工作。完成台山市和鹤山市两个地质灾害群测群防“十有县”单位的达标工作。

土地执法监察　抓好2009年度卫片执法检查工作，共立案查处违法违规用地行为41宗，立案率100%，结案率100%；罚款1360.1万元，拆除建筑物面积0.58万平方米，复耕土地面积0.53公顷，限期完善手续462.83公顷。落实《江门市国土资源动态巡查制度实施办法》，完善动态巡查制度。共巡查发现并上报违法行为为9宗、1.56公顷；所有个案均发出责令停工通知书，制止违法用地行为。采取接访与下访并举，处理与宣传相结合，化解与防护双管齐下的措施，加强信访维稳工作。全年受理群众来信来访91宗，办结87宗；通过12336国土资源热线电话受理举报48宗，全部办结；处理信访复查8宗，复核6宗。

【循环经济】　2010年，江门市抓好重点节能、循环经济项目。江门市嘉能再生资源回收利用产业基地被列入首批省市共建循环经济产业基地，江门市芳源环境科技开发有限公司、新会美达锦纶股份有限公司被列入省第二批循环经济试点单位。江门华洋特种玻璃有限责任公司余热发电、江门市新会区冠华针织厂有限公司能量系统优化等2个项目被列入国家节能奖励项目，另有19个项目被列入省节能专项资金项目。推进清洁生产和资源综合利用，新增清洁生产企业12家，累计清洁生产企业37家；与香港合作推进“清洁生产伙伴计划”，组织11家企业通过省资源综合利用认定。实施节能产品惠民工程，推广节能灯、LED灯等共约18.4万只。开展节能宣传培训，与香港生产力促进局联合举办电镀行业清洁生产研讨会等。是年，江门市单位生产总值能耗0.715吨标准煤/万元，比上年下降2.32%，完成“十一五”的目标任务。

【环境保护】　2010年，江门市以污染减排为重点，推进环境整治。全年全市城市环境空气质量符合国家二级标准，市区全年空气质量日报优良率98%，二氧化硫年日平均值比上年下降约25%，区域环境噪声和交通噪声符合功能区要求，饮用水源水质保持良好，西海水道和潭江干流保持Ⅲ类水质，江门河保持Ⅳ类水质，天沙河保持Ⅴ类水体，近岸海域各功能区水质均达到相应功能区水质要求，全市环境质量基本保持稳定。

建设项目环评审批　全市各级环保部门共审批符合环保准入要求的建设项目环评文件2483个，总投资443.62亿元，环保投资4.34亿元，否决高能耗、重污染类项目11个。加强对重点项目环评审批全过程跟踪服务，协调解决双水电厂“上大压小”热电联供工程、广东南车轨道交通车辆维修基地、台山海宴电镀基地、江番高速及江珠高速北延线、鹤山银雨LED芯片等一批重点工程和项目的环保问题，及江门量子高科生物工程有限公司、广东江粉磁材股价有限公司、江门市科恒实业股份有限公司等拟上市公司募投项目的环保问题。是年，推进规划环评，完成江门市交通枢纽规划、江门港总体规划、台山海宴电镀基地、新会精细化工园区等规划环评工作。

主要污染物总量减排　加快污水处理厂

建设和淘汰落后产能，加强污染减排统计、监测、考核三大体系建设，及污染减排项目监督管理和污染源在线监控建设。至年底，全市完成污染减排项目75个，其中二氧化硫减排项目46个，化学需氧量减排项目29个，二氧化硫和化学需氧量分别比上年减排6%和1%。

亚运环境保障　根据省政府和环保厅的部署，制定《江门市2010年第16届广州亚运会空气质量保障方案》、《江门市环境保护局亚运会空气质量保障工作专项督导方案》、《亚运期间江门市环境质量保障监管工作方案》、《江门市亚运会期间辐射事故应急预案》、《亚运会期间江门市环境信访维稳工作方案》。落实各项整治措施，建立亚运会环境质量保障工作联络制度，通过对部分工业企业停产限产、落实燃煤电厂和热电联供机组的污染控制、工业锅炉污染防治、严控挥发性有机物排放等等措施，为亚运会顺利举办创造良好条件。

水环境综合整治　围绕“八年江水变清”目标，推进全市水环境综合整治工作。加强饮用水源保护，西江、锦江水库、大沙河水库和镇海水库等主要饮用水源水质良好，水质达标率100%。推进城镇污水处理设施建设。至年底，全市14个中心镇污水处理设施均已建成投入运行，并通过环保验收；非中心镇污水处理设施建设亦稳步铺开。全市已建成污水处理厂28座，总投资15亿多元，处理规模为49.9万吨/日，截污管网近200公里，全市城镇污水处理率60%以上。全面开展河涌水环境综合整治，江门河和天沙河先后实施污水截污管网建设、“一河两岸”景观建设、重点污染源治理、内河涌疏浚清淤等工程；辖下各市区累计投入6000多万元，用于河涌清淤保洁、河堤加固、护岸绿化、完善截污管网等，改善河涌水环境质量。完成畜禽养殖业发展规划的编制工作，开展规范化畜禽养殖专项整治行动。搬迁整治一批畜禽养殖场；出动691人次，检查规模化畜禽养殖场212家；推广利用畜禽粪便等有机废物加工有机肥技术建设沼气池，至年底，全市累计投入沼气建设资金4100.8万元，建设沼气发酵池98个，总容积4.56万立方米，建立储气柜容积8332立方米，发电机组2114千瓦。

大气环境综合整治　加大力度淘汰落后产能。是年依法关停双水发电厂有限公司4×2.5万千瓦、西江发电厂1×5万千瓦等10家火电，共54.9万千瓦机组；完成淘汰38家水泥立窑企业的任务，淘汰水泥落后产能474万吨。完成60万千瓦机组降氮脱硝治理。淘汰或改造高污染锅炉，全市完成锅炉治理项目1061个。完成7个重点挥发性有机物治理项目。完成油气回收整治工作，全市共有329家在用加油站，其中303家完成整治，未完成整治的26家已停业；10座在用油库和38台油罐车全部完成油气回收。遏制机动车尾气污染，新会区、开平市、恩平市、台山市机动车检测站均建成工况线，市区新投放60辆液化天然气公交车，对出租汽车进行油气改装；全市共发放7.7万个机动车环保标志。

环境监管　深入开展环保专项行动，以国控重点污染源、重污染行业、重点流域和区域的环境监管为重点，加大环境执法力度，打击环境违法违纪行为，开展重金属和危险化学品污染整治，一批事关民生的突出环境问题等得到解决。全市共出动执法人员1.88万人次，检查企业7953家，立案335宗，申请强制执行60宗，停产企业117家，限期治理5家，限期整改128家，罚没金额

890.72万元。对江门市荷塘迅缘服装厂等15家环境污染企业进行挂牌督办，督促企业按时落实整改和完成限期治理。是年，全市共受理环境投诉7728宗，其中江门市（蓬江、江海）4710宗；承办市人大建议、政协提案23件。启动环境应急响应6次，对因安全生产事故引发的6宗环境污染事件及时进行有效处理。是年，全市加大辐射安全管理力度，共收贮（或转出）闲置放射源23枚。（吕婉静）

社会事业

【科技发展与推广】 2010年，江门市实施《珠江三角洲地区改革发展规划纲要》，以提升自主创新能力和产业竞争力为重点，推进科技进步。高新技术产业快速发展。全市新认定国家级高新技术企业21家，高新技术产品69个，省市级民营科技企业58家；至年底，共有国家级高新技术企业79家，高新技术产品460个，省市级民营科技企业450家。全市以LED为代表的战略性新兴产业发展迅速，江门市被批准为广东省火炬计划特色产业基地、广东省LED产业化基地、广东省绿色照明示范城市，同时被科技部授予“国家火炬计划特色产业基地”称号。区域自主创新能力提高。财政科技投入大幅增长，占财政一般预算支出的比重市本级达到2.09%，蓬江区2.12%、江海区2.01%、新会区3.97%。科技创新体系建设日益完善，全市共建立国家级火炬计划特色产业基地3个、省级火炬计划特色产业基地4个、省级民营科技园2个、省级工业研究院2个、省级专业镇20个、各类科技孵化器6个。全市4家企业入选广东省百强自主创新企业，6家企业入选省级创新型企业。产学研结合进一步深化。江门市共推动60多所高等院校、100多名专家教授参与产学研合作，开展产学研项目300多项，建立各类产学研基地100多个。已引进108名科技特派员入驻

江门市文教卫体事业基本情况

教育				医疗 文化 体育			
项目	单位	2009年	2010年	项目	单位	2009年	2010年
普通高校校数	所	3	3	医院、卫生院数	个	126	120
普通高校在校学生数	万人	2.17	2.33	医院、卫生院床位数	张	11658	12366
中职和技校学校数	所	34	32	平均每千人口医院、卫生院床位数	张	2.79	3.21
中职和技校在校学生数	万人	7.19	7.28				
普通中学学校数	所	221	195				
普通中学在校学生数	万人	26.97	26.39	群众艺术、文化馆数	个	8	8
小学学校数	所	417	340	公共图书馆数	个	7	7
小学在校学生数	万人	31.66	30.24	博物馆数	个	11	11
学龄儿童入学率	%	100	100	档案馆数	个	12	12
幼儿园数	所	428	439	国民体质合格率	%		54.5
在园幼儿数	万人	11.12	11.59	人均公共体育场面积	平方米	2.06	2.07

江门市企业，直接参与近300多个项目的研发工作。知识产权工作持续发展。全市专利申请总量达到5844件，比上年增长18.88%；授权量5415件，增长56.96%；发明专利申请531件，增长31.76%；发明专利授权151件，增长46.6%。

中小企业技术创新平台建设　至年末，全市共创建省级专业镇技术创新试点20个，市级专业镇12个。市科技部门引导各专业镇依靠高等院校和科研院所，建立面向中小企业的科技创新服务平台，开展产学研合作。一些专业镇通过以地方政府投入为主，科技部门适度扶持，市场化运作的模式建立技术创新中心，开展工业设计、质量检测、员工培训和咨询服务。司前、水口和三埠（原沙岗）三个行业技术创新中心已发展成为区域性产品质量检测和技术服务中心，广东广天机电工业研究开发院成为辐射华南地区的摩托车技术集成和服务中心。是年，全市推动9个科技产业园区完善公共电子信息平台、科技服务平台功能，各特色产业基地都建立了公共信息服务平台。“新会今古洲民营科技园”和“台山市新宁省级民营科技园”两个省级民营科技园相继完成“园区信息公共服务平台”和“科技服务中心”建设，引进数家为区内企业提供相关服务的“科技服务机构”。

科技成果鉴定　全市有35项科技成果通过市级以上鉴定，其中五邑大学和江门市劳动和社会保障局的“江门市养老保险基金收支监测预警系统”、江门市长优实业有限公司的“废旧二次电池及含镍废料回收及资源化处理”、江门市长优实业有限公司“二次电池正极材料抗过放包钴（Ⅲ）球形氢氧化镍项目”、江门市得实计算机外部设备有限公司和五邑大学的“基于多种专用创新控制技术的针式打印机的研究及应用”、广东松本绿色板业股份有限公司的“节能环保型复合墙板的研发与应用”、鹤山市墟岗黄畜牧有限公司的“‘墟岗黄鸡1号’配套系的选育及推广应用”、广东开平春晖股份有限公司的“单丝用功能性高粘切片的研发”、无限极（中国）有限公司的“脉动真空蒸汽灭菌柜用于中草药保健食品灭菌的技术研究”等8个项目通过省级鉴定，其他27项通过市级鉴定。

技术研究开发中心建设　加强省级工程中心的推荐工作和市级工程中心的组建与管理工作。广东帮民制药厂有限公司、李锦记（新会）食品有限公司和广东千色花化工有限公司3家企业通过申请组建省级工程中心，鹤山雅图仕印刷有限公司和开平海鸿变压器有限公司承担建设的省级工程中心通过验收，新批准组建市级工程中心15家。至此，全市有省级工业研究院2家，省市级工程技术研究开发中心150家。是年，市县两级政府加大资金投入，加快广东广天和华南精细化工两个省级工业研究院建设，推动其逐步融入区域科技经济发展体系，为产业技术创新提供技术支撑。江门市两家省级工程技术研究开发中心——鹤山雅图仕印刷有限公司印刷材料实验室已通过中国实验室认证，广东美达锦纶股份有限公司申报国家工程中心已完成可行性报告编制。

专业镇技术创新试点　推动专业镇转型升级，蓬江区、新会区司前镇、开平市水口镇和恩平市恩城镇加强特色产业科技创新服务平台建设，申报省级科技计划项目，这四个专业镇区均获得科技厅立项，获支持资金150万元。是年，实施《珠江三角洲地区改革发展规划纲要（2008～2020年）》，推进专业镇“一镇一品”和“一镇一策”工作，先后组织14个工业类专业镇参与省科技厅组织的专业特色产业专项调查，组织3个专业镇参与《经济日报》社组织的专业镇专项宣传报道，参加全省专业镇建设现场会。新批准鹤山共和镇为市级专业镇技术创新试点单位。专业镇已成为江门市最有特色、最具活力的经济增长点。

农业科技创新体系建设　加强与华南农业大学、华南理工大学食品加工学院、广东海洋大学、仲恺农学院、省农科院、省农业机械研究所等高校及农业科研院所的联系，通过产学研合作，重点培育创建2个省级农业科技创新中心、4个健康农业科技示范基地、2条星火技术产业带、2个社会主义新农村建设科技示范县镇村。支持江门市现代农业综合示范基地按照国家级农业科技园区的标准建设，是年，全市建设省级农业科技创新中心和健康农业科技示范基地20个。江门汇海饲料厂有限公司联合华南农业大学动物科学学院，共同组建了“广东省江门汇海安全高效猪饲料农业科技创新中心”技术创新平台，带动5000家农户和100家小型企业发展养猪业，该项目通过2010年省农业科技计划专项立项，获省科技经费20万元。无限极（中国）有限公司与华南理工大学等单位合作，研发“中草药活性多糖快速筛选平台建立及其健康产品产业化研究”项目。农业科技创新平台的建设成为全市农业科技创新的重要基地。

【科技计划项目】　2010年，江门市共组织申报国家和省级科技项目205项，获得省各类科技计划立项项目54项，支持经费5847万元。其中江门市科技局联合市高新区管委会申报的“江门市LED产业示范基地建设”，联合市城管局申报的“江门市LED绿色照明示范城市建设”和鹤山丽得电子实业有限公司申报的“高性能LED外延芯片制备关键技术研发及产业化”3个项目，获得省科技厅、省财政厅立项支持，安排资金4000万元。江门市华凯科技有限公司、江门市长优实业有限公司、江门市普润水处理技术中心有限公司、广东千色花化工有限公司和江门市科杰机械自动化有限公司5个项目获得省重大科技专项立项，获资金支持570万元。市财政科技专项资金对大长江集团、金羚集团、美达集团、甘化集团、江裕集团、李锦记集团、广天机电工业研究院和华南精细化工研究院等一些研发机构健全、科技投入较大、自主创新能力较强、申报项目质量较好的申报单位给予连续支持，支持项目126项，支持资金1470万元。

【文化名市建设】　非物质文化遗产宣传与保护　2010年，江门市加强非物质文化遗产的宣传推介，组织国家级非遗项目新会葵艺、白沙茅龙笔参加第六届中国国际文化产业博览会非遗展、上海世博会广东周活动和山东济南首届中国非物质文化遗产博览会。在《江门日报》推出《非遗精神家园的守护者》专版推广活动，报道全市11位国家级、省级非遗代表性传承人。举办第五个全国非遗宣传日活动，展出40项市级非遗项目。完成省级第二批非遗项目代表性传承人申报工作，新增省级非物质文化遗产项目代表性传承人1人、非遗项目保护单位5个。成立岭南古琴研究会，整理出版古籍《岭南古琴》，传承发展岭南古琴项目。完成拍摄以国家级非物质文化遗产蔡李佛武术为题材的电影——《蔡李佛拳2010》。

塑造文化品牌　加强对陈白沙、梁启超、司徒美堂等名人的研究、宣传和名人故居的保护，举办纪念陈垣诞辰130周年系列活动。建成全国第一个以歌影视明星为主题的公园——江门市星光公园，入园明星有中国电影开拓者黎民伟，粤剧大师红线女，电影皇后胡蝶，当代明星刘德华、梁朝伟等五邑籍艺人120多名，以写实具象圆雕、浮雕、手印等形式展示这些明星的风采。是年还建成江门五邑华侨华人博物馆，馆藏文物为全国同类博物馆之冠。举办第四届中国侨乡嘉年华等。

文化惠民工程 是年，超额完成农村电影放映工程每村每月放映一场的任务，全年放映农村电影1.3万场，完成计划的103.7%；农村电影放映工作经验在全省宣传部长会议上推广。全年新建农家书屋394家，“十一五”期间累计新建701家，超额完成省下达的任务。文化信息资源共享工程建设有较大进展，蓬江、江海、新会三区镇街基层服务点实现全覆盖，江海区完成区级文化信息资源共享工程平台建设，开平、鹤山、恩平市对共享工程县（市）级支中心进行升级、完善，提升服务能力。

文化基础设施建设 依托侨乡深厚的华侨历史和丰富的华侨文物资源，采用声、光、电等现代技术和情景再现手法，高质量完成江门五邑华侨华人博物馆布展工程。江海演艺中心、新会林缉光艺术博物馆、开平谭逢敬艺术院、恩平市文化馆等一批文化设施已在建设。基层文化建设方面，蓬江区完成8个祠堂文化点建设，江海区新建6个文体小广场，新会崖门、古井、沙堆、睦洲、大鳌、三江等镇文化站按一级以上标准实施改造，开平市完成苍城镇文化站改造工程，鹤山市建起一批文化室、广场等。

群众性文化活动 举办第四届侨乡华人嘉年华大巡游、群星闪耀江门情大型综艺晚会、江门市星光公园开园仪式、江门五邑华侨华人博物馆落成典礼、动漫集市等活动。开展文化下乡、进社区活动和广场文艺演出，全市全年送戏下乡、进社区480场，送图书23.6万册。以东湖广场文艺演出为龙头，辐射带动全市广场文化活动，东湖广场全年文艺演出60场，还有“激情广场大家唱”、“激情广场大家跳”等群众参与度高、互动性强的活动。

【文化交流】 2010年，江门市文广新局与中山市文广新局合作，策划组织江门粤剧团与中山香山粤剧团在市区东湖影剧院联合演出“2010年迎春敬老粤剧演出专场”。珠中江联合采用组合演出形式，分别在三地举办首届“西岸雅韵——珠中江同城音乐会”。侨乡华人嘉年华期间，与香港无线电视台合作，举办群星闪耀江门情大型综艺晚会。是年，市粤剧团和新会粤剧团到上海、香港、澳门等地演出经典剧目，还邀请比利时布鲁塞尔爱乐乐团、德国汉诺威青年合唱团等国外艺术团体到江门市演出。

【文化市场综合执法】 2010年，江门市打击文化市场各类违法违规经营行为，净化全市社会文化环境。全市各级文化市场综合执法部门共出动7.89万人次，检查各类文化市场经营单位4.36万家次，对有违法经营行为的303家次文化经营单位作出警告、罚款和停业整顿等行政处罚，取缔地摊游商和关闭非法经营单位446家次，收缴各类非法出版物41.65万件；检查歌舞娱乐场所917家次，查出并督促整改各类安全隐患49处。

【教育事业概况】 2010年，江门市预算内教育经费投入33.28亿元，比上年增加5.7

亿元，增幅20.67%。全市共有494所义务教育规范化学校，公办规范化学校达标覆盖率82%。有2个镇的义务教育规范化学校建设获省财政奖专项资金支持。是年，江门市通过广东省教育强市督导验收，成为全省第7个教育强市；台山市四九镇、大江镇、广海镇、赤溪镇、斗山镇、都斛镇，开平市水口镇、鹤山市宅梧镇和恩平市横陂镇、那吉镇等10个镇建成广东省教育强镇。至年底，全市共有广东省教育强市（区）5个、广东省教育强镇（街）54个。

教师工资福利待遇　全面解决代课教师问题和实施绩效工资，落实教师工资福利待遇问题，逐步实现“两相当”（县城内教师平均工资水平与当地公务员平均工资水平大体相当、县城内农村教师平均工资水平与城镇教师平均工资水平大体相当），确保中小学教师平均工资水平达到当地公务员平均收入水平的90%。全市纳入义务教育学校绩效工资实施范围的教职工共3.6万人，增加生活补贴的退休人员共1.54万人，增加财政支出3.9亿元。全市转为公办教师的有699人，转岗181人，辞退535人，自动离岗12人。恩平市作为全省欠发达地区，率先完成“代转公”任务。全市投入约1000万元用于辞退代课教师的经济补偿等经费。

创建优质学校（幼儿园）　全市创建广东省国家级示范性普通高中1所，通过广东省国家级示范性普通高中初期督导验收的学校1所，通过广东省高中教学水平评估并获“优秀”等次的学校10所，通过江门市初中教学水平评估并获“优秀”等次的学校20所，创建江门市一级学校17所、江门市一级幼儿园10所。至年底，全市共有省市县一级学校436所，占中小学校总数的81.5%，其中省一级学校76所、地市一级学校235所、县一级学校125所。

教育信息化建设　建设“江门市远程教学平台”，实施资源下乡行动计划。全市首批304所市一级学校将接入该平台并进行远程教研活动，38对城乡结对学校也通过平台开展互动教学研究。开展形式多样的活动，提高师生信息技术应用水平。组织学校参加2010年广东省计算机教育软件评审活动暨第十四届全国多媒体教育软件大奖赛广东省初赛，共有5件作品获全国奖，78件作品获广东省奖。

扶困助学　给予义务教育阶段农村年人均收入1500元以下困难家庭子女生活费补助，是年春季，全市共有1.9万名学生获补助资金261.76万元，秋季共有1.87万名学生获补助资金256.57万元。全年全市符合中职国家助学金资助条件的学生约2.63万人，补助资金约3920万元。2010～2011学年，资助普通高中困难家庭学生和困难转复退军人子女共1791人，补助金额140.43万元。引导和鼓励企业、个人、社会团体等面向各级各类学校依法设立奖学金、助学金，资助家庭经济困难学生完成学业，共资助中小学生962人，捐资152.8万元。

接收新疆高中班、西藏中职班学生　江门市培英高级中学承接开设内地新疆高中班，2010年第二届新疆班毕业生66人，全部参加高考报名，入围本科率100%；其中达到第一批重点院校分数线58人，达到普通本科院校分数线8人。秋季继续招收2个班76名学生。共有8个新疆高中班，在校学生306人。是年，江门幼儿师范学校开设内地西藏学前教育中职班，首届西藏学生80名。

【医疗卫生概况】　至2010年底，江门市共有医疗卫生机构1676个，其中医院31个，专科防治所、站11个，疾控中心6个，卫生监督所6个，卫生院83个，社区卫生服务机构58个，门诊部、诊所、医疗室、卫生站等其他机构共1481个。全市拥有病床数1.26万张，每千常住人口拥有病床数3.21张。卫生工作人员2.2万人，卫生技术人员1.73万人，每千常住人口拥有卫生技术人员4.41人。三级甲等医院1所，三级甲等中医院1所，二级甲等医院12所。全市医疗卫生固定资产总值33.71亿元。医疗设备日趋完备，全市共有乙类大型医用设备40台，其中数字减影血管造影X线机（DSA）5台、核磁共振仪（MRI）6台、全身CT25台。全市医疗机构完成门诊量2317.17万人次，出院病人48.34万人。居民期望寿命为78.87岁，婴儿死亡率4.9‰、孕产妇死亡率8.76/10万。

药品、医用耗材招标采购　是年，全市共有123家医疗机构参加药品阳光采购活动，总成交金额11.88亿元，总让利金额3.61亿元。共有41家医疗机构医用耗材及检验试剂集中采购工作进行网上交易，交易品种涉及614家生产企业的3563个产品，总采购金额2亿元。

推进新型农村合作医疗　全市参加新型农村合作医疗人数240.78万人，参合率99.73%，比上年提高0.37个百分点，超额完成市政府下达的年度参合目标任务，其中江海区和新会区参合率均达到100%。蓬江区、江海区、新会区和鹤山市的人均筹资标准达到230元以上，台山市、开平市、恩平市的人均筹资标准达到150元以上。全市新型农村合作医疗住院报销封顶线为6万元。完善镇（街）政府分管领导审批签名制度和严格执行基本医疗自费药物和治疗项目。全面实施基本门诊报销，扩大特殊病种门诊补助范围，新增新生儿随母亲补偿和人用狂犬病疫苗接种补助项目。

卫生信息化　市卫生局信息化平台与市疾病预防控制中心、市卫生监督所及市职业病防治所进行整合，实现公共卫生检测、监督、管理的“三通一管”。推进6家乡镇卫生院信息化试点示范工作，建立基于居民健康档案的区域卫生信息平台，构建地、市（区）、镇三级医疗卫生信息化网络。市中心医院被卫生部指定为电子病历试点医院。市五邑中医院被国家中医药管理局授予“全国中医医院信息化示范单位”称号，成为全国20家中医信息化示范单位之一。

农村卫生　全市逐步建立起网络布局合理、功能比较完备的农村卫生服务网络。各市区共投入1200多万元用于基层医疗卫生服务体系建设，建成农村卫生站1036个，实现一个镇设一个卫生院的目标，卫生站服务覆盖所有行政村。落实乡镇卫生院年度经费，按照每万名户籍人口配置10名医护人员，每人每年1.2万元的标准给予补助。

社区卫生　市卫生局制定《关于城市医院支援社区卫生服务工作实施方案》，加强城市医院对社区卫生服务机构业务技术支持，要求三级医院帮扶3个社区卫生服务机构、二级医院帮扶2个社区卫生服务机构，提升社区卫生服务机构的服务能力和技术水平。1月8日，市卫生局在全国率先试行医师多点执业，启动城区大医院医生支援社区卫生服务，市内多家医院的中高级职称医生到社区医院坐诊。全市社区卫生服务机构业务用房，医疗设备的配置符合社区医疗卫生服务的标准配置要求。育德社区卫生服务中心试点单位和鹤山市沙坪社区卫生服务中心被评为广东省全科医学教育培训社区实践基地。是年共为171.5万名城乡居民建立健康档案，提前完成建档任务。

中医工作　确定全市首批乡镇卫生院中医科中药房建设单位，开展民间中医从业人员资格认定工作，全市共有10位民间中医从业人员经考核合格，获颁民间中医认定考核合格证书，并获准在户籍所在地家庭住址设置民间中医坐堂点坐堂行医。举办中国（江门）国际中西医结合心血管病学术会议，陈灏珠、陈可冀、吴以岭、张运等4位院士以及500余位专家学者参加会议。举办2010年江门市“读中医经典，学中医名著”竞赛活动。是年，重点专科建设工作成效显著，市五邑中医院妇科、肺病、肛肠科被确定为广东省“十一五”第二批中医重点专科，新会区中医院骨伤科、蛇伤科、肛肠科，台山市中医院骨伤科被确定为省中医特色专科。

医政工作　深入推进医院管理年及平安医院建设。成立江门市首个医疗质量控制中心——江门市血液净化质量控制中心。开展全市医疗机构病历质量检查评比活动，及“优秀基层医生、优秀基层院长”评选活动。举办以“深化公立医院改革、推进城乡卫生一体化”为主题的2010中国医院院长论坛暨公立医院改革座谈会。推进医师多点执业工作，制定《江门市医师多点执业工作实施方案（试行）》，是年，全市有50多名医师办理医师多点执业备案手续。开展临床路径试点工作，市中心医院泌尿外科、眼科、产科三个专业取得卫生部临床路径试点资格，市人民医院等11家医院共16个专业分别取得省、市临床路径管理试点专科资格。

医学教育与科研　全年全市共获科研立项241项，其中省卫生厅科研基金项目7项，市科技局科研立项138项，市卫生局科研立项50项。全市有7个医院获得普通高等医学院校非直属附属医院资格，江门市皮肤医院成为广东药学院公共卫生学院教学基地，该院10位医生被聘为广东药学院兼职教授。市育德社区卫生服务中心和鹤山市人民医院沙坪街社区卫生服务中心通过省卫生厅评审，成为全科医师社区培训基地。是年，完成376名临床和中医住院医师规范化培训公共必修课统考工作，开展江门市千名基层医务人员适宜技术培训工程，举办江门市第四期全科医学教育培训班，培训全科医生和社区护士212人。

【城乡卫生对口援建】　2010年，江门市卫生系统全年对口支援基层卫生，派驻医务人员1004人次，举办技术培训班或讲座300次，支援和指导受援单位开展新技术、新项目97项，捐赠设备、设施折合人民币267.88万元。市中心医院与广西壮族自治区都安县人民医院建立对口援建合作关系，市中心医院向都安县人民医院捐赠奥林巴斯电子肠镜、迈瑞B超机及现金。

【卫生应急】　2010年，江门市卫生局成立应急办公室，参与制订《江门市处置重特大劳资纠纷突发事件预警和应急预案》、《江门市自然灾害救助应急预案》、《省突发事件总体应急预案》等。参加江门市国防动员军地联合实兵演习和开展重大传染病疫情控制应急演练。全市各级卫生行政部门和医疗卫生机构做好应急处置工作，是年成功处置流感、水痘、腮腺炎、狂犬病、手足口病等25起传染病暴发疫情以及荷塘镇西江翻船事件、新会1·19圭峰路交通事故、蓬江区9.16下水道作业工作疑似沼气中毒等9起突发公共事件。

【疾病预防与控制】 2010年，江门市共报告甲型H1N1流感病例24例，完成近24万人次的接种任务。开展性病高危人群的主动干预，艾滋病快速上升疫情受到遏制。台山、开平和恩平市等国家、省艾滋病综合防治示范区工作模式得到省督导组的肯定。结核病防治项目任务各项指标均超过国家和省结核病防治10年规划及WHO的目标要求。新会区沙堤医院在2010年广东省精神卫生工作现场会议作经验介绍。全年全市80个乡镇建成85个预防接种规范化门诊；保持连续18年无脊灰、22年无白喉、17年无乙脑、12年无百日咳、9年无登革热的纪录。肝吸虫病平均感染率下降，群众的肝吸虫病认知行为知晓率明显提高。完成消除地氟病病区核查，实施全市卫生系统全面禁烟和健康教育活动。

【妇幼保健】 2010年，江门市初步建立以助产机构为主的出生缺陷产前筛查、产前诊断、适时干预、结局随访的群体干预工作模式，对筛查出的患儿实施早期干预。为农村育龄待孕妇女和孕早期妇女提供叶酸预防神经管缺陷，对农村孕产妇住院分娩予以补助；为农村妇女免费进行乳腺癌、宫颈癌检查。是年，蓬江区、江海区、新会区和开平市、恩平市及鹤山市均实行免费婚前检查。全年全市婴儿死亡率4.90‰，5岁以下儿童死亡率7.04‰，住院分娩率99.97%，孕产妇死亡率8.76/10万，孕产妇系统管理率79.63%，7岁以下儿童保健管理率95.75%。

【卫生监督】 2010年，江门市卫生监督部门开展清查“地沟油”、一次性筷子、问题奶粉等专项整顿行动，完成人大、政协会议、侨乡嘉年华、摩托车博览会等重要会议和重大活动的卫生保障工作。全市所有餐饮单位及游泳场、旅店等公共场所和集中式供水单位均实施卫生监督量化分级管理制度。职业卫生监督重点加强对镍镉电池生产企业、采石场、化工、珠宝加工和集装箱等行业的整治，完成建设项目“三同时”职业卫生审查5宗。启动部门联动机制，开展打击乡村非法行医专项整治行动。

【巩固国家卫生城市成果】 2010年，修订《江门市“国家卫生城市”管理规范》，完善城市卫生长效管理机制。制定《江门市健康城市建设启动工作方案》，并举办启动仪式。结合创建全国文明城市、创建宜居城乡及“三旧”改造和绿道网建设，着力抓好群众性环境卫生整治工作。通过“12345”政府服务热线接受群众对城市卫生工作的监督，全年共处理群众投诉和建议近500宗，办结率99.4%。开展2009年度市区国家卫生城市管理工作现场考评，并进行表彰。继续运用多种形式开展全民健康知识教育和城市控烟宣传，组织健康教育进社区、进学校、进工厂活动。是年，全市共创建广东省卫生镇3个（新会区双水镇、江海区滘北街和台山市水步镇）；创建江门市卫生镇1个，创建省卫生村29条、市卫生村66条。

【住房保障】 *保障房建设* 2010年，江门市城镇廉租住房保障范围从人均住房建筑面积10平方米以下扩大到12平方米以下。辖下各市（区）根据保障范围和标准，落实住房保障资金、建设用地和相关优惠政策，免收廉租住房和经济适用住房建设项目各项行政事业性收费。为降低低收入家庭的生活成本，廉租住房、经济适用住房项目选址尽量选在公共基础设施齐全、交通便利的地段，并将廉租住房面积控制在50平方米以内，经济适用住房户型面积控制在60平方米左右。是年，全市共落实保障性住房建设资金1.02亿元，建设用地2.19公顷，新开工建设廉租住房5.06万平方米、826套，新开工建设经济适用住房3.38万平方米、426套；建成廉租房1.38万平方米、259套，建成经济适用住房9120平方米、129套。是年，省财政划拨江门市廉租住房保障补助资金500万元，其中台山市140万元，开平市140万元，恩平市220万元。全市通过实物配租对292户城镇低收入家庭实行住房保障，对131户家庭进行货币补贴。

住房公积金　全年全市住房公积金缴存新开户3.87万人，开户总人数累计28.33万人。全年归集住房公积金21.2亿元，比上年增长31.29%。发放住房公积金贷款10.32亿元，实现公积金增值收益8600多万元，公积金覆盖面扩大。

【劳动就业】　扩大与促进就业　2010年，全市城镇新增就业5.39万人，安置城镇失业人员再就业4.22万人，其中就业困难人员实现就业3539人，农村劳动力转移就业4.31万人，分别完成目标任务的107.8%、110.9%、117.9%和126.7%；全市各类人员成功创业316人，通过创业带动2633人就业；6763名农民工通过积分制入户城镇，完成目标任务的104%；城镇登记失业率为2.38%，控制在目标3.3%以内。

就业服务　继续落实援企稳岗政策，促进就业，力保就业局势稳定。全市在失业保险基金中安排2284万元用于支付困难企业社会保险、岗位及在岗职工技能培训等“三项补贴”，其中支付3家困难企业岗位补贴312.9万元，稳定就业岗位9778个，对5.02万家企业减收社会保险费2.64亿元。开展创建“充分就业社区”活动，完善工作人员实名援助工作责任制，开发和收集公益性岗位，对“4050”、“零就业”家庭等就业困难人员，开展“一站式”就业服务。深化“千企扶千村”就业工程。推进“视频信息网络进村居”工作，将企业用工信息直接送到农村。推动创业带动就业工作，促进各类群体积极创业。实施农民工积分制入户城镇政策。开展“南粤春暖行动”、“春风行动”等系列活动，举办多场“零收费”专场招聘会，多形式、多渠道地服务用人单位和求职者。全年全市共推荐介绍各类劳动力就业18.26万人次，开展职业指导14.6万人次，成功实现就业8.02万人次；举办“零收费”专场招聘会570场，进场企业1.27万家次，提供岗位25.57万个，入场求职者24.5万人次，成功实现就业5.03万人次；举办“18招聘会”11场，为企业输送劳动力2.17万人次；现场派发就业服务宣传小册子5万多份，春风卡7万多张。组织优质企业分别赴韶关、乐昌市和翁源县举办“2010年江门——乐昌·翁源劳务对接专场招聘会暨劳务帮扶签约仪式”，全年累计从对口帮扶的山区输入劳动力9374人次，为对口支援四川灾区提供岗位2246个。

职业技能培训　全年全市免费培训各类职业人员6.93万人，其中农村富余劳动力技能培训4.73万人；培训后转移就业3.91万人，培训就业率82.6%。省农村劳动力培训转移就业培训4.98万人，农民工技能提升培训8852人，城镇失业人员培训2001人。开展创业培训828人，成功创业和自谋职业233人，成功创业率28.1%。

协调劳动关系　至年底，全市基本建立“市场机制决定，企业自主分配，职工民主参与，政府监控指导”的工资分配机制，引导企业建立工资集体协商制度，建立和完善职工工资正常增长机制和支付保障机制。从5月1日起，全市企业职工最低工资标准由原来的670元/月调整为810元/月，非全日制职工小时最低工资标准由原来的6.5元/小时调整为7.9元/小时。是年还公布江门市262个职位（工种）、9个专业（技术）等级人才的工资指导价位。公布2010年全市企业工资指导线意见，企业工资指导线基准线为12%，上线（预警线）为16%、下线为4%。推进企业人文关怀，全市评选出67家星级劳动关系企业，其中三星级和谐企业26家、二星级诚信企业22家、一星级守法企业19家。至年底，全市已建工会的企业1800家，建立工资集体协商机制的企业1566家，建制率87%。全市共批准实行特殊工时工作制的企业90家，涉及员工1.41万人。其中，批准实行不定时工作制企业41户，涉及职工3034人；实行综合计算工时工作制企业49户，涉及职工1.11万人。全年全市各类企业劳动合同签订人数89.26万人，签订率99.05%，其中农民工劳动合同签订人数42.86万人，签订率93.16%。

劳动者权益保障　各级劳动保障监察机构开展农民工工资支付情况检查、建筑施工单位农民工工资支付情况检查、清理整顿人力资源市场秩序专项行动、进城务工人员宿舍居住条件专项检查、整治非法用工打击违法犯罪专项行动、执行最低工资标准专项检查、劳资关系不稳定因素排查、“三法一例”执行情况专项检查行动等专项行动，纠正一批企业的违法行为，消除劳资不稳定因素。全年全市共处理劳动监察案件6073宗，其中拖欠工资案件1131宗，追回被拖欠工资1651.7万元；处理集体上访案件34宗，涉及人数2734人，实现广州亚运期间市人力资源和社会保障系统到省进京上访案件为零的目标。是年，制定《江门市防范和打击企业欠薪逃匿行为的实施意见》和《江门市处置劳资纠纷突发事件预警和应急预案》，建立预防和打击欠薪逃匿违法行为联席会议制度、预防和打击欠薪逃匿违法行为奖励制度，规定了应急周转金的具体额度标准、劳资纠纷突发事件处置原则、应急机构及工作职责、预防和应急处置程序等，有效地预防和快速处理欠薪问题。市人力资源和社会保障局会同市住房和城乡建设局制定了《江门市建筑业农民工工资支付与实名制管理指导意见》，加强建筑施工企业内部管理，建筑施工企业实施农民工工资支付与实名制管理制度，保障农民工合法权益。是年，市劳动监察大队被授予“2008～2010年度广东省人力资源社会保障系统优秀服务窗口单位”称号，市人力资源社会和保障局劳动监察分局被评为“全省人力资源社会保障系统‘五五’普法工作先进集体”。

【社会保障体系】　2010年，江门市加快建设统筹城乡服务的社会保障体系。至年底，全市城镇职工基本养老、城镇基本医疗、失业、工伤、生育保险参保人数分别为93.5万人、128.39万人、57.89万人、54.66万人和50.26万人，分别完成目标任务的106%、108.62%、105.26%、111.77%和148.25%。全市城镇户籍从业人员养老保险、外来务工人员养老保险、城镇职工基本医疗保险、城镇居民基本医疗保险、被征地农民养老保险参保率分别为92.22%、66.68%、93.58%、92.04%和69.53%。全市企业退休人员社会化管理服务率为44.41%。

养老保险　制定《江门市完善企业职工

基本养老保险市级统筹工作方案》，推进企业退休人员社会化管理工作。至年底，全市企业退休人员15.85万人，已移交社区管理人员7.04万人；建立街道（镇）、社区劳动保障工作服务机构276个，其中街道（镇）劳动保障事务所81个，社区劳动保障事务站195个；配备、聘用工作人员382人，形成市、区（县）、街道（乡镇）、社区四级劳动保障工作服务体系。从1月1日起，对全市14.87万名企业离退休人员调整增加基本养老金，调整后月人均养老金从原来的993.48元提高到1131.88元，月人均增加基本养老金138.4元。

医疗保险　制订《江门市城乡居民基本医疗保险暂行办法》，在管理模式、个人缴费标准、财政补助标准、待遇标准、结算办法（实时结算）上实现全市“五统一”，完善以住院统筹、普通门诊统筹、门诊特定病种补助为基本制度的医疗保障服务体系，实现城乡居民基本医疗保障待遇无差别，参保人年度累计住院报销最高支付限额8万元。出台《江门市城镇职工基本医疗保险市级统筹工作方案》，职工医保实施市级统筹，在参保范围、缴费比例、待遇水平、业务规范、信息系统、基金核算等实现全市“六统一”，参保人住院最高支付限额由15万元提高到30万元，特定病种门诊范围由9个病种增加到20个，新增普通门诊医疗费用统筹待遇，对个人账户划入比例作出调整。

失业保险　从1月1日起，失业保险实行市级统筹，统一缴费基数和缴费比例，统一享受项目、标准和计发办法，统一基金核算，统一业务操作规范，统一信息管理系统。实施降低失业保险缴费费率的优惠政策，减轻企业负担。用人单位失业保险缴费费率由2%降至1%，全年为企业减收失业保险费9147万元。失业保险金发放标准增加到648元/月，保障失业人员的基本生活。

工伤保险　全年全市各级劳动保障部门共处理工伤认定申请案件5429宗；办理劳动能力鉴定（确认）2509宗。全市工伤保险缴费费率由用人单位按所属全部职工上年度月平均工资总额的1%缴费调整降低为按0.7%缴费，全年为企业减收工伤保险费2970.24万元。全年工伤康复费用投入406.83万元，为80名工伤职工进行工伤康复。开展工伤预防性职业健康体检试点工作，首次从工伤预防费中安排25.23万元，对1947名从事特殊工种岗位的职工进行预防性职业健康体检。

生育保险　落实《江门市失业工伤生育保险市级统筹实施方案》，实施生育保险市级统筹，提高基金保障能力；新增终止妊娠400元补贴和男职工10天看护假假期津贴等待遇支出项目。

农村社会养老保险　2010年10月，开平市被国务院和省新型农村社会养老保险试点工作领导小组批准为全国第二批新农保试点。至年底，开平市登记参保人数30.9万人，其中享受养老金人数7.5万人，参保人数（享受待遇人数）居全省新农保试点县（市、区）前列，完成省下达10万人参保工作任务的300%，实现开平市新农保当年试点当年全覆盖。开平市新农保试点工作经验，受到省的肯定，并在全省推广。

（市人社局）

体制改革

【行政管理体制改革】　市县政府机构改革

2010年，江门市完成市县两级政府机构改革的各项工作，推进政企分开、政资分开、政事分开、政府与市场中介组织分开，转变政府职能，推进服务型政府建设。改革后，市本级政府工作部门共调整政府职能308项，其中下放职责68项，取消职责17项，依法交给社会组织及事业单位职责36项，加强社会管理和公共服务职能88项。新会区及台山、开平、鹤山、恩平市共调整职责544项，其中取消职责97项，交给社会组织及事业单位30项。实现大幅度精简和下放审批事项，85%以上的行政审批事项下放到各市、区，减少政府对微观经济运行的干预。推行大部门体制，优化组织结构。将发展改革与物价、经济贸易与信息化、人力资源与社会保障、住房与城乡建设、城市综合管理等职能相近或相关度较大的部门进行整合，分别组建市经济和信息化局、市人力资源和社会保障局、市住房和城乡建设局、市交通运输局、市水务局、市城市综合管理局，实行职能有机统一的大部门体制。市政府工作部门由原来的36个精简至32个，精简幅度为11.1%。县级政府机构改革方面，新会区政府工作部门由原来的28个精简至24个。台山、开平、鹤山、恩平市政府工作部门由原来的28个精简至26个。对市134个市直议事协调机构进行全面清理，保留65个，撤销69个，精简幅度为51.5%。通过部门“三定”（定职能、定机构、定编制），理顺层级职责关系，解决职责交叉的问题。市直机关共调整部门间职责41项，其中划入职责13项，划出职责28项；明确配合职责9项。新会区及各市机关、部门职责调整共123项，明确配合职责共51项。建立健全部门间协调配合机制。

简政强镇事权改革　市委、市政府印发《江门市简政强镇事权改革实施意见》、《关于简政强镇事权改革有关问题的处理意见》等文件，召开全市简政强镇事权改革工作座谈会，加强对各市、区简政强镇事权改革工作的指导。

事业单位分类改革　成立事业单位分类改革工作领导小组，制订《江门市直事业单位分类改革实施方案》，召开全市事业单位分类改革工作会议和市直事业单位分类改革动员暨培训会，稳妥有序地推进事业单位分类改革各项工作。

【农村经济体制改革】　2010年，江门市推进农村经营体制改革。在恩平市沙湖镇、新会区罗坑镇和大泽镇组建农村土地流转服务中心，共规范农村土地流转9400公顷，化解纠纷10多宗。集体林权制度改革取得阶段性成果。全市依法明晰集体林地林木的产权归属，已核发林权证的林地面积35.77万公顷，占全市纳入林改集体林地总面积的98%，其中已发放集体山林股份权益证书的林地35.49万公顷，占全市纳入林改集体林地总面积的97%，实现“明晰产权、量化到人”的林改主体目标。落实被征地农民社会保障政策，按期限审核全市征地项目社会保障落实情况，维护和保障被征地农民的合法权益。开展被征地农民养老保险制度试点工作，全市被征地农民养老保险参保率81.95%。顺德农商行在恩平开设支行，成为全省农商行首家异地分支机构。推进全市政策性农村住房保险，涉及应保农户66.37万户，至年底，江门市辖区内共有62.36万户农户参保，参保率99.52%，保费金额371.6万元；其中蓬江区、江海区、鹤山市、开平市的投保率、承保率（含续保率）均达到100%。省级试点新会区稳步推进渔业政策性保险，是年共有108艘渔船参保，60马力以上渔船参保率达63.5%，渔船保费18.19万元，其中，中央财政补贴4.54万元，市、区两级财政各补贴2.27万元，渔民自负9.09万元。

【流通体制改革】 2010年，江门市推动商贸流通业结构调整优化，通过落实减负政策、加强项目引导、打造中小企业融资服务体系和转型升级服务体系等措施，扶持中小流通企业发展，帮助企业克服金融危机的负面影响；通过促进节假日市场消费、开展诚信兴商活动，活跃当地消费品市场，全年全市实现商品销售总额1210.75亿元，比上年增长25.4%；通过贯彻落实“家电与摩托车下乡”、“家电以旧换新”等政策，引导城乡消费；通过加强“万村千乡”市场工程和特色街区建设，完善城乡流通网络；通过举办“摩博会”、“家具展”，组织企业参加“泛珠洽谈会”、“西洽会”、“山洽会”等会展活动，帮助企业开拓国内和国外市场；通过促进物流业对外合作和加快专业市场建设，提高现代物流业的发展水平。

【国有企业改革】 2010年，江门市稳妥推动市属国企改革与发展。市汽运集团以“整体收购、保留法人、注入资产”的方式收购市公共汽车有限公司，同时注入市新城巴公司的车辆及站场资产，注销市新城巴公司，完成市属两家公汽企业的重组工作。市汽运集团还收购新会新福利巴士服务有限公司的全部股权，基本实现市区公交一体化。市水务集团推进城镇供水一体化和水资源整合工作，收购兼并棠下镇供水经营权，成立滨江供水有限公司。推进省七建公司破产清算、市化肥总厂改制、市江山建材公司资产处置和市电池厂破产工作。全年完成改制企业6户，累计安置职工571人，移交社区管理退休人员1500人，支付退管费225万元。实施甘化股份公司改革发展方案，开展水务集团IPO上市可行性研究。

【医药卫生体制改革】 江门市常务副市长吴紫骊与四市三区有关领导签订2010年医改工作责任书，市卫生局与各市（区）卫生局签订工作责任状。印发《江门市医药卫生体制改革近期重点实施方案（2010~2011年）》和《江门市乡镇卫生院管理体制改革实施方案》，完善农村医疗卫生服务网络。实施基本药物制度，全市实施基本药物制度的基层医疗卫生单位103家，超额完成省下达的89家任务。全年实施基本药物制度落实补助资金876.62万元，其中财政补助资金262.99万元，社保补助资金613.63万元。

【交通管理体制改革】 2010年，江门市完成交通管理机构改革，设立江门市交通运输局，加挂江门市港航管理局牌子，将原市交通局（市港航管理局）的职责划入市交通运输局。取消公路养路费、航道养护费、公路运输管理费、公路客运附加费、水路运输管理费等五项交通规费的管理职责，将交通行业技术标准推广、行业准入审核、等级评定、公信证明、业务咨询、行业调研、统计、预测、信息引导、行业领域学术和科技成果推广以及职业资格考核认定等事务性工作，逐步转交事业单位或社会组织；加强综合运输体系的规划协调职责，加强统筹区域和城乡交通运输协调发展的职责。

（高丽华）

东莞市

东莞市

基本情况

【地理位置】 东莞市位于广东省中南部、珠江三角洲东北部，北接广州、南连深圳、毗邻港澳，地处穗港经济走廊中间，是穗港水陆交通的必经之路。古代因地处广州之东，境内盛产莞草而得名。东莞是中国近代史的开篇地，林则徐在虎门销烟抗英，震撼中外。全市陆地面积2465平方公里，海域面积150平方公里，海岸线长115.95公里。

东莞市是南中国的重要交通枢纽。107国道、广深高速公路、莞深高速公路、增莞高速公路贯穿南北，常虎高速公路、东部快速干线横贯东西，与境内4条主干公路、13条联网公路形成发达的交通网络。广九铁路、广深准高速铁路穿越东部各镇，并与广梅汕铁路和京九铁路交汇。主航道岸线53公里，内河通航里程643公里。国家一类口岸虎门港对外国籍船舶开放，每天有多班客船直航香港。在东莞市周边，有深圳宝安和广州白云2个国际机场。

【历史文化】 东莞为岭南古邑。东晋咸和六年（331）立县，初名宝安，隶属东官郡；唐至德二年（757）更名东莞。南宋绍兴二十二年（1152），分东莞的香山镇立香山县（今中山市）；明万历元年（1573）将东莞守御千户所、编户五十六里立新安县（今深圳市宝安区）。清沿明制。民国时期，先后隶属于广东省粤海道、粤中行政区、第一行政区和第四行政区。中华人民共和国成立后先后隶属于广州市、佛山地区、惠阳地区。1985年9月撤县建市，1988年1月升格为地级市。

【资源物产】 *矿产资源* 东莞市境内已知矿产有7类19种，矿床点66处。其中，金属矿产3类8种，矿床点34处：黑色金属矿产10处（铁矿点9处，钛铁矿1处），有色金属矿产23处（铜矿点4处、铅锌矿点4处、钨矿点10处、锡矿点4处、钛矿点1处），贵金属黄金矿化点1处。非金属矿产6类11种32处：冶金辅助原料矿产9处（耐火粘土4处、泥炭土4处、石油1处），化工原料矿产14处（黄铁矿点6处、重晶石矿点3处、钾长石矿点4处、石盐矿点1处），建材非金属矿点3处（水泥灰岩2处、水泥粘土1处）。主要分布在东莞中部、南部和东部的山地、丘陵地带。矿产分布分散，无规律。

动植物资源 东莞市野生动物种类繁多，主要分布于山区和丘陵地带，体型较大的野兽多栖息在东南山区，一般兽类出没于平川、丘陵。主要野生动物有：哺乳类、鸟类、鱼类（134种）、甲壳类和多种贝类、两栖、爬行类、昆虫类等。主要野生植物有：树类114种、竹类23种、内陆水域水生维管束植物48种，水果类40多种、野生药用植物89种。内陆水域中常见的浮游生物共8门110属。

【行政区划】 2002年，东莞市行政区划主要变更有：1月，莞城撤销1988年1月起分设的城内区、城外区街道办事处，合并设立莞城街道办事处。11月，万江区街道办事处（1987年10月设立）更名为万江街道办事处。另，2000年3月，东城街道办事处设立；2001年10月，南城街道办事处设立。至2010年底，东莞直接管辖32个镇（街道），中间不设县或县级区。

【人口民族】 2010年末，东莞市户籍人口181.77万人，外来暂住人口411.5万人，常住人口822.02万人。全年出生人口1.95万人，出生率10.90‰；死亡人口8367人，死亡率4.67‰；人口自然增长率6.23‰。人口城镇化率86.39%。

东莞是著名的侨乡，祖籍东莞的海外侨胞有20多万人，港澳台同胞有80多万人。

据2000年第五次全国人口普查计，东莞市普查人口中，汉族人口625.99万人，占总人口的97.12%；少数民族人口18.58万人，占2.88%。

【语言】 东莞市境内流行粤方言和客方言。粤语区面积、人口均占全市的绝大部分，客方言主要通行在东南部与惠州、深圳相邻的丘陵地带，约占全市面积的18%。在32个镇街中，纯粤语镇街有石龙、长安、沙田、洪梅、道滘、麻涌、万江、中堂、望牛墩、石碣、高埗、大朗、寮步、茶山、企石、石排、常平、横沥、东坑、桥头等20个。兼有2种方言的镇街中，莞城、东城、南城、厚街、虎门、大岭山、塘厦、黄江、谢岗等9个镇街大部分甚至绝大部分讲粤方言；清溪、凤岗2个镇大部分讲客方言。全市仅樟木头是纯客方言镇。

【地方风俗】 *东坑卖身节* 每年农历二月初二日是东坑镇的“卖身节”，相传明万历年间（1573—1619），塘唇村大户卢同锦需雇工耕作，山区穷人闻讯，便来受雇。此事一传开，出卖劳动力的人都来东坑找雇主，有田地的财主也在这一天来塘唇村，挑选卖身的青壮年。由于多在二月初二订立雇佣合约，每年这一天，车水马龙，非常热闹，久而久之，便成了“东坑卖身节”。20世纪50年代后，当地人又称“卖身节”为“翻身节”。2000年，东坑镇又把这一具有浓厚地方特色的节日赋予新的涵义，使之成为“政府搭台，经贸唱戏”大型招商和商贸活动。

桥头日 1987年6月28日，东莞市桥头镇举办首个“桥头日”。是年7月，桥头镇人大九届一次会议决定将每年的6月28日定为“桥头日”。之后桥头镇每年都于是日举行庆祝活动，并逐渐相沿成习。

【风景名胜】 东莞是岭南古邑，为广东省历史文化名城。东莞博物馆珍藏有村头遗址等新石器时代以来的出土文物。东莞是中国近代史的开篇地，虎门销烟揭开中国近代史第一页，存有中外闻名的林则徐销烟池、沙角炮台、威远炮台等抗英古战场遗址，建有鸦片战争博物馆、海战馆等爱国主义教育基地；东莞是东江人民抗日的根据地，大岭山抗日史实陈列馆、榴花抗日纪念亭吸引不少游客瞻仰。东莞又是改革开放的先行地，改革开放后，东莞迅速崛起为以现代制造业为特色的新兴工业城市。人文景观丰富，有新石器时代的蚝岗遗址，有宋代的黄旗古庙，明代的迎恩门楼、金鳌洲塔、榴花塔、袁崇焕故居，明清时期燕岭摩崖石刻，清代广东四大名园之一的可园和抗日名将蒋光鼐故居等名胜。自然风景优美，有仙鹅湖、绿色世界、清溪山水天地以及珠江口滨海秀色、稻海蕉林、荔红荷香等景观。旅游、休闲度假设施完善，幽静、舒适、豪华的度假村点缀于秀水青山之间。荔枝、香蕉等新鲜水果四季不绝，虎门膏蟹、白沙油鸭、厚街腊肠、乌头鱼、水鸭、水鱼、“三蛇烩”等美食不胜枚举。

【城市特色与荣誉】 东莞市先后获“全国创建文明村镇先进市”、“全国科教兴市先进市”、“全国两基教育先进市”、“中国优秀旅游城市”、“最佳中国魅力城市”、“中国最具经济活力城市”、“全国绿化模范城市”、“国家园林城市”、“国家卫生城市”、“中国投资环境百佳城市”、“国际花园城市”、“中国典范品牌城市”、“中国制造业10大最具竞争力城市”、“中国制造业名城”、“信息产业国家高技术产业基地”、“中国优秀创新型城市”、“中国最具投资价值新锐金融生态城市”、“全国文明城市”、“全国社会治安综合治理优秀市”等称号。

2010年，东莞成为全国加工贸易转型升级试点城市，获评中国全面小康特别贡献城市、中国十佳绿色城市、中国十大最关爱民生的城市，创建国家环保模范城市通过国家验收。

经济社会发展概况

【概况】 2010年，东莞市全面实施珠三角规划纲要，突出以转变发展方式为主线，继续稳增长，给力调结构，积极优环境，全面强管理，锐意抓改革，着力保民生，推动经济社会在平稳发展的基础上加快转型，取得扎实成效。全市实现生产总值4246.25亿元，比上年增长10.3%。来源于东莞的财政总收入785.10亿元，增长25.1%，其中市财政一般预算收入277.84亿元，增长20.2%。金融机构本外币各项存款余额6077.87亿元，比年初增长19.3%。城市居民人均可支配收入36350元，农村居民人均纯收入20486元，分别增长10%和13.2%。金融机构各项人民币存款余额5943.39亿元，比年初增长19.2%。三大产业比例由上年底的0.4∶48.4∶51.2调整为0.4∶51.4∶48.2。

【产业结构优化】 2010年，东莞市生产总值4246.25亿元，按可比价格计算，比上年增长10.3%。其中第一产业增加值16.64亿元，增长1.9%；第二产业增加值2183.18亿元，增长16.8%；第三产业增加值2046.43亿元，增长3.9%。第一产业继续向产业化、规模化、品牌化方向发展。全年全市完成农林牧渔业总产值28.31亿元，按可比价计算，比上年增长3.3%。其中种植业产值14.82亿元，下降1.6%，占总产值的52.3%；林业产值0.29亿元，增长14.7%，占1.0%；牧业产值5.55亿元，增长13.1%，占19.6%；渔业产值6.80亿元，增长5.7%，占24.0%。新增省级农业龙头企业、市级农业龙头企业各1家、新增农民专业合作组织4家。年末全市共有20家农业龙头企业和29家农民专业合作组织，其中省级以上龙头企业7家、国家级2家。年末全市共有广东省名牌产品（农业类）28个、无公害农产品49个、绿色食品44个、有机食品9个。第二产业结构逐步向重型化、高新化方向调整。全年全市规模以上工业增加值1812.86亿元，增长19.0%。其中，重工业增加值960.81亿元，增长20.1%，所占比重为

53.0%；轻工业增加值852.05亿元，增长17.8%，占47.0%。大中型工业企业增加值1265.95亿元，占规模以上工业增加值的69.8%。规模以上工业实现利润总额274.87亿元，比上年增长66.3%；资产负债率为60.94%；工业经济综合效益指数为132.63，上升15.43个点。全年规模以上八大支柱产业增加值1100.12亿元，增长20.0%。其中通信设备、计算机及其他电子设备制造业增加值426.68亿元，增长22.5%。规模以上电子信息制造业增加值668.92亿元，增长22.6%；实现利润总额87.71亿元，增长89.9%。全年全市建筑业增加值82.37亿元，比上年下降2.9%。第三产业中的批发零售、金融、地产等行业稳步增长。批发和零售业增加值406.84亿元，增长9.1%；住宿和餐饮业增加值147.82亿元，增长0.9%。金融业增加值165.44亿元，增长4.5%。房地产业增加值288.36亿元，下降1.1%。交通运输、仓储和邮政业增加值86.51亿元，增长6.9%。全市有星级酒店97家、旅行社54家，实现国际旅游外汇收入6.76亿美元，增长30.6%。国内旅游总收入191.32亿元，增长26.3%。

【内外型经济融合】 2010年，东莞市外资企业关停外迁数比上年减少11%，增资扩产617宗，增加133宗。全年受理1250家来料加工企业转型，新增外资企业研发机构150个，是历年总数的1.5倍。全年合同利用外资25.97亿美元，实际利用外资27.32亿美元，分别增长60.7%和5.3%。全年进出口总额1213.38亿美元，增长28.8%，其中出口695.98亿美元，增长26.1%。全市新签投资总额超1000万美元项目46个，增加19宗；新签第三产业项目合同外资3.6亿美元，占全市的13.8%。2010年，民营企业登记户数增长3.1%，实际引进内资176.2亿

东莞市国民经济发展情况（2010年）

表一

项目	户籍人口	地区生产总值		人均地区生产总值		工业总产值		农林牧渔业总产值		全社会固定资产投资额	
	（万人）	绝对值（亿元）	比上年增长（%）	绝对值（元）	比上年增长（%）	绝对值（亿元）	比上年增长（%）	绝对值（亿元）	比上年增长（%）	绝对值（亿元）	比上年增长（%）
合计	181.77	4246.25	10.3	52798	5.3	8749.66	18.6	28.31	3.3	1114.98	1.9

表二

项目	外贸出口总额		实际利用外资		地方财政一般预算收入		社会消费品零售总额		城镇居民人均可支配收入		农村居民人均纯收入	
	绝对值（亿美元）	比上年增长（%）	绝对值（亿美元）	比上年增长（%）	绝对值（亿元）	比上年增长（%）	绝对值（亿元）	比上年增长（%）	绝对值（元）	比上年增长（%）	绝对值（元）	比上年增长（%）
合计	695.98	26.1	27.32	5.3	277.84	20.2	1108.06	15.9	36350	10.0	20486	13.2

元，增长 45.4%。民营经济完成固定资产投资 450.85 亿元，增长 4.5%；民营经济消费品零售额 929.83 亿元，增长 15.9%；民营经济缴税总额 261.05 亿元，增长 31.9%。全市工业产品内销总额 3537 亿元，增长 23.6%。

【发展能力增强】 2010 年，东莞市 3 家企业成功上市，薄膜太阳能光伏和物联网 2 个基地被列为全省战略性新兴产业基地。专利授权量比上年增长 57.9%。新增省级产业集群升级示范区 2 个、国家高新技术企业 91 家、省民营科技企业 126 家、省级以上技术工程中心 14 个、企业博士后科研工作站 5 个、省级以上名牌及著名商标 56 个，参与制修订各类技术标准 37 项，获批省创新科研团队 3 个。全市单位生产总值耗地、耗能分别下降 8.3%和 2%。二氧化硫和化学需氧量排放分别下降 4.2%和 3.7%。

【城乡环境改善】 2010 年，东莞市环莞快速一期等 39 项市属重点工程竣工，市轨道交通 R2 线试验段等 26 项工程动工。完成 3 个市区内涝点整治和 75 个欠发达村老化水管改造。建成镇村联网路 31 条、110 千伏及以上输变电工程 21 宗、水利防灾减灾工程 71 宗、天然气管网 131 公里。建成区域绿道 225 公里，植树造林 1800 多公顷。全面完成在建污水处理厂主体工程，完成运河整治应急工程。完成 2 万公顷土地的专项规划和标图建库，各镇街编制 5 年专项规划和年度实施计划，全市启动改造地块 174 宗、约 2266.67 公顷。

【区域发展协调】 2010 年，东莞市松山湖科技产业园区成功晋升为国家级高新区，台湾高科技园开园和粤港澳文化创意产业实验园落户。虎门港泊位码头建设加快，保税物流中心投入运行，对台直航航线正式通航。东莞生态园基础建设加快，生态修复初见成效，首次对外公开招商。长安新区用海申报、规划编制等工作扎实推进。基本建成 7 个农业产业园。全年市财政安排 65 亿元支持镇村建设，32 个镇街可支配收入 280.7 亿元，村组两级可支配收入 183 亿元，比上年分别增长 14.8%和 6.1%。全市 32 个镇街本级总资产 1070.18 亿元，净资产 703.70 亿元，分别增长 10.5%和 10.3%；32 个镇街税收总额 511.94 亿元，增长 22.1%。村组两级集体总资产 1230.91 亿元，增长 4.7%；净资产 942.29 亿元，增长 5.3%。当年可支配财政收入超 10 亿元的镇街有 6 个，超亿元的村有 20 个，超 5 千万的村有 69 个，超千万的村有 419 个。

【人民生活提高】 2010 年，东莞市把促进城乡就业作为首要的民生工程，全年培训劳动力 13.1 万人次，发放就业补贴 2.7 亿元，户籍大学应届毕业生就业率 96%，城镇登记失业率控制在 2%以内。两次调整医保待遇，最高支付额提至 15 万元，职工和农（居）民退休金比上年分别增长 10.2%和 44.8%。新招收近 1.5 万名新莞人子女入读公办学校，1.2 万名新莞人获得积分入户资格。城市居民人均可支配收入 36350 元，农村居民人均纯收入 20486 元，分别增长 10%和 13.2%。全年城市居民人均消费性支出 25733 元，增长 6.0%。加强住房保障工作，帮助 2978 户低收入家庭解决住房困难。年末城市居民人均住房建筑面积 58.58 平方米。平均每百户农村居民家庭耐用消费品拥有量：移动电话 268 部，家用电脑 104 台，家用汽车 57 辆。 （黄素标）

基础设施建设

【交通基础设施建设】 2010年，东莞市累计完成交通建设投资约99.34亿元，比上年增长19.76%，其中：公路建设投入81.1亿元，港口建设投入12.8亿元，公交建设投入5.31亿元，航道建设投入1349万元。港口货物吞吐量完成5653.14万吨，增长60.14%。集装箱完成49.03万TEU，增长33.71%。

以高快速公路为骨架，连通镇村路网，构筑干支相连、四通八达的一体化路网。园洲至石龙公路东莞段、虎岗高速新联互通北上广州方向匝道、东深公路塘厦段跨线桥如期建成通车；龙凤大道东莞段、沙河大桥、广深沿江高速东莞段、博深高速东莞段、虎岗高速虎门港支线一期以及从莞高速东莞段（含清溪支线）先期动工工程东江大桥进展顺利，分别完成95%、53%、87.6%、23.8%、69.8%和12.3%；建成镇村联网路31条、114公里；深圳外环高速、番莞高速沙田至寮步段、东宝河大桥、东平东江大桥等项目加快推进。同时推进港口码头建设，码头工程固定资产投入累计12亿元；沙田港区5#、6#泊位项目已完成初步验收；新沙南作业区2#、3#泊位工程、广东南粤物流储运中心码头、沙角B电厂改造煤码头和沙角C电厂改造煤码头已在试运行；东洲国际油气化工码头、海湾（一期）石油化工项目已完成码头主体工程；沙田港区二期工程、立沙岛（阳鸿）液体化工项目和国际食品产业园开发有限公司粮油专用码头项目、海昌5万吨级煤炭码头（二期）工程等4个项目加紧施工。加强交通工程质量监督。对103个交通建设项目实施质量监督，其中公路项目96个、水运项目7个。年内全市35个项目通过交工验收，5个项目通过竣工质量鉴定，工程质量合格率100%。

东莞市基础设施基本情况

项　目	单　位	2009年	2010年
铁路营业里程	公里		
公路通车里程	公里	4713.33	4750.99
其中：高速公路	公里	207	216.74
港口泊位	个		15
其中：万吨级泊位	个		8
内河通航里程	公里	664	664
本地电话年末用户	万户	206.56	225.64
移动电话年末用户	万户	1409.29	1632.90
国际互联网用户	万户	118.02	153.92
电力消费量	亿千瓦小时	495.58	562.00
商品房屋实际销售量	万平方米	604.11	511.25
商品房屋实际销售额	亿元	353.17	373.77

【电网建设】 2010年，东莞市供电局全年累计完成电网建设投资36.01亿元，完成年度调整计划的106.33%，投产110千伏及以上输变电工程22项、主变容量572.5万千伏安、输电线路352千米。500千伏水乡输变电工程、500千伏紫荆输变电工程配套线路（东莞段）两项重点工程均于6月中旬提前竣工投产。110千伏畔山变电站被广东电网公司评为“2010年度‘安全、优质、文明’样板工程”。

【供水管网建设】 2010年6月，东莞市全面完成莞城花园新村小（片）区等十六个示范小（片）区的管网改造工程，累计更换各口径管道长度200千米、新型水表2.33万个，受益用户近2.4万户，投资约人民币5000万元。完成莞城育兴路、百坑大街片区等管网改造工作，累计更换各口径管道长度达18千米，受益用户近3900户。至年底，完成南城元美等社区的供水部分管网改造及主配水管连通工程和东城牛山社区部分管网改造工程，第一教师村住宅区的管网改造进场施工。

【重点供水工程建设】 东莞市第六水厂优质水与八一路交水点工程 该工程于2009年11月20日动工，2010年1月9日完成停水碰口施工，顺利实现东莞市东江自来水有限公司和东莞市东城自来水公司八一路范围供水管网的连通。

第六水厂优质水与鸿福西路供水联通口工程 2010年5月7日，东莞市东江水务有限公司与东莞市自来水公司开通鸿福西路与东莞大道交汇处的供水联通口，增加第六水厂优质水向市区的供水量。

第六水厂C线管道工程 该工程于2010年10月31日完工，11月10日正式向长安镇供水。C线管道工程通水后，东莞市东江水务有限公司通过A、B、C三条管线调度生产，向长安镇的供水能力每日可超过50万立方米，能有效缓解其用水紧张局面。实现多个市级水厂主供水管道的联合调度，提升全市供水应急处理的能力。

东莞大道延长线供水干管工程 该工程于2010年陆续开工，至年底，累计完成管道敷设748米，占全长的13.85%。

虎门长安联络线给水管道工程 该工程于2010年7月开始进场施工，至年底，完成约1000米，占全长的90.9%。

第六水厂厂区建设工程 综合楼土建工程在2010年基本完成合同内工程量；厂外鳌峙塘村配套排涝工程在2010年汛期前完工并投入使用。

【供气工程建设】 2010年，东莞市高压管网二期工程建设进入高峰期。在确保常规燃气管网建设的同时，完成虎门电厂专线和连接谢岗门站至长安方向共计40余公里大管网建设，既保障虎门电厂顺利用气，也为西南部区域经营权落地、大型用户开发提供有利条件。在场站建设方面，完成虎门电厂调压站和高埗门站的建设，全力推进谢岗门站，厚街、长安、塘厦调压站等项目前期手续的办理，为接收西二线气源奠定基础。加气站方面，2010年3月，《东莞市天然气汽车加气站专项规划》出台。全年完成4座加气站的建设投运，7座加气站的储备，取得8座已储备加气站的规划确认指标，为规模化经营奠定基础。

【水利设施建设】 至2010年，东莞市已建成：中型水库7宗，小（一）型水库45宗，小（二）水库66宗，总库容3.84亿立方米。经过历时五年共三批次的全市城乡水利防灾减灾工程建设（总投资34亿元，共395项），共建成排涝工程85项，水闸工程86项，加固海堤212.33公里，江堤312.97公里；增加排灌装机194台，新增装机容量7.4万千瓦，改善灌溉面积0.98万公顷，整治内涝面积26.67万公顷，加固后的江堤达到五十年一遇的防洪标准，其中东莞大堤达到一百年一遇的防洪标准；加固后的海堤达到五十年一遇的防御标准。

【供水设施建设】 2010年，东莞市有供水企业107家，水厂124座，总供水能力超过700万吨/日，供水企业隶属于市、镇、村三级管理，供水系统由市属集中供水、镇街供水与农村供水三大子系统组成。其中市东江水务有限公司所属的5座水厂供水能力303万吨/日，服务范围包括市区、长安等23个镇街；镇属供水企业31家，水厂44座，供水能力361万吨/日；村级供水企业75家，水厂75座。全市供水总量21.1亿立方米。

【排水设施建设】 东莞市近年来先后完成莞城二中排涝泵站、市区道路下水道清淤等工程建设，2010年继续实施市区内涝整治应急工程，完成东莞大道蛤地路口、环城路莞樟隧道、南城雀巢片区等共15个内涝点的整治，新建排水管道、箱涵共约3800米，并建成松山湖大道东部快速、莞城市桥河及东城下桥河等排涝泵站，应急一、二期工程概算总投资超1.7亿元。

【污水处理设施建设】 2010年，东莞市34家污水处理厂“建设—经营—转化”（BOT）项目已全部建成，其中投入运营的项目有33家，总处理能力199.5万吨/日，污水处理率77.3%，共处理污水超过6.31亿吨，年削减耗氧量（COD）超过9万吨；全市35项截污主干管工程总里程867.96公里，已基本建成项目24个，累计完成管道里程764公里，占总里程的88%；34座中途提升泵站，完成泵站主体工程29座；21项污水处理厂的尾水工程中，已完成10项。

现代产业

【农业概况】 2010年，东莞市加强农业基础设施建设，抓好农产品质量安全管理，加大市内扶贫帮困工作力度，加强农村集体经济运行监管，农业农村经济平稳运行，农民收入持续增长。全年农林牧渔业总产值28.31亿元，比上年增加3.3%；农民人均纯收入20486元，增长13.2%。

种植业　东莞市农作物播种面积24617公顷，比上年减少99公顷；种植业产值14.82亿元，增长12.36%。粮食播种面积2795公顷，总产1.25万吨，比上年面积增加34公顷，总产增加600吨。蔬菜总播种面积20041公顷，总产39.29万吨，面积减少377公顷，产量减少0.74万吨。水果总面积11369公顷，减少450公顷，其中荔枝6676公顷，香（大）蕉3161公顷，龙眼1056公顷，其他水果305公顷；水果总产7.55万吨，减少1.6万吨，其中香蕉6.02万吨，荔枝0.83万吨，龙眼0.22万吨，其他水果0.3万吨。

畜牧业　东莞市畜牧业生产和养殖效益相对平稳，畜牧业总产值5.5亿元。生猪存栏 17.49 万头，比上年减少 4.88%，生猪出栏 33.64 万头，增加 19.8%；家禽存栏 170.03 万只，减少 11%，出栏 590.59 万只，增加 2.5%；肉类总产量 2.88 万吨，增加 13.25%。

【农业产业化经营】 2010 年，东莞市继续培育扶持农业产业化经营组织，为农业龙头企业发放贷款贴息 966 万元，为农民专业合作组织落实中央、省和市三级扶持资金 160 万元。新培育发展省级农业龙头企业 1 家，市级农业龙头企业 1 家，农民专业合作社 4 家。全市共有 20 家农业龙头企业和 30 家农民专业合作组织，其中省级以上龙头企业 7 家，国家级龙头企业 2 家。农业龙头企业销售收入 39.14 亿元，市场交易额 95.9 亿元，总资产 36.36 亿元。全市农业产业化经营组织辐射带动农户 12.32 万户，其中市内农户 1.75 万户；帮助农户增收 2.36 亿元，户均增收 1900 多元。

【农产品质量工程】 东莞市继续加大农业名牌带动战略实施力度，大力推进“无公害食品行动计划”和农产品质量工程。2010 年，东莞市瑞丹生物科技有限公司的瑞丹牌蛹虫草子实体、东莞市东骏长和木业有限公司的骏丰牌细木工板 2 个产品新增为省级农业类名牌产品，东莞市永益食品有限公司的凤球唛番茄沙司、广东绿卡实业有限公司的绿卡牌无公害中华鳖等 9 个产品有效期满，通过复评审。有 8 个生产基地通过无公害产地认定，2 个产品通过绿色食品认证、1 个产品通过有机产品认证，延续了东莞市每年均新增一批省名牌产品及“三品”认证产品的良好态势。拥有省级农业类名牌产品 28 个（含水产、林业），无公害产地 24 个、无公害农产品 54 个、绿色食品 38 个，有机产品 11 个。

【农业产业园建成启用】 2010 年，东莞市级农业产业园数量增加至 14 个，总规划面积 3666.67 公顷。新增东城樟村大王洲农业产业园、东城温塘都市农业示范园、谢岗现代生态农业产业园、横沥农业产业园等 4 个园区为第三批市级农业产业园，清溪生态农业产业园二期列入市级农业产业园范围。市现代农业科技园、东坑、清溪（一期）、桥头、中堂、大朗、寮步 7 个园区基本建成，其中市现代农业科技园、东坑 2 个园区分别于 10 月、11 月正式开园启用。市、镇两级财政共投入农业产业园建设资金 7000 多万元，新建成园区主干道路 13 公里、桥梁 0.17 公里、标准农田 116.67 公顷、标准鱼塘 166 公顷、温室大棚 2.4 万平方米、农田林网 23 公里、供电设施 5 座，安装自动化灌溉设施 26 公顷，建成并投产运营的园区面积 733.33 公顷，年产值 1.5 亿元。园区新引进农业生产经营合作项目 9 个，协议引资 3.7 亿元。其中东坑农业园引入东莞市金开喜集团公司投资经营，协议投资额 3 亿元，计划发展优质蔬菜、台湾水果的种植及加工物流项目；桥头农业园引入深圳市东华苗圃场有限公司投资经营，协议投资 2000 万元，计划发展名木苗圃、优质蔬菜、休闲渔业等项目。

【工业】 2010 年，东莞市经济实现由恢复性增长向平稳较快增长转变，经济运行质量和效益明显改善。全年完成生产总值 4246.25 亿元，比上年增长 10.3%；全市工业总产值 8749.66 亿元，增长 18.6%；社会消费品零售总额 1108.06 亿元，增长 15.9%；

全社会固定资产投资1114.98亿元，增长1.9%；外贸进出口总额1213.38亿美元，增长28.8%，其中出口695.98亿美元，增长26.1%。

工业经济回升　完成规模以上工业总产值7716.77亿元，比上年增长19.2%；规模以上工业增加值1812.86亿元，增长19%。上半年工业生产一直保持快速回升的态势，一季度增长14.8%，二季度累计增速达到24%，三季度基本保持二季度增速，四季度开始在同期基数较高基础上理性回归，略有放缓，全年走势呈现“前渐高后趋平”的特点。与全省及周边部分城市相比，东莞市增速比全省快1.4个百分点，在珠三角九市中排名第五，略快于广州、深圳、珠海和中山。

产业结构优化　全年完成规模以上工业增加值比全市平均水平快1个百分点，拉动全市规模以上工业增加值增长12个百分点，对规模以上工业增长的贡献率63.2%。占全市规模以上工业比重60.7%，比上年同期提高0.5个百分点。其中电子信息、电气机械两大优势支柱产业增速较快，分别为22.5%和22.9%。八大支柱产业中，电子信息、电气机械工业总产值分别超过2000亿元和1000亿元，纺织服装超过500亿元。

区域经济协调发展　全市各片区工业经济增长情况普遍较为理想，从总量看，有5个片区产值超千亿，其中城镇片、沿海片和水乡片总量居前三位，占全市规模以上工业比重分别为18.1%、17.5%和15.4%，水乡片的麻涌、沿海片的洪梅等镇街发挥其后发优势，利用优越的地理位置，引进大型、优质项目，发展特色产业，带动该片区经济的发展。从增速看，沿海片、丘陵片和埔田片等片区增长较快，规模以上工业总产值增速分别比全市平均水平快5.8、5.4和4.6个百分点，与上年相比，占全市规模以上工业的比重分别提高了0.8、0.5和0.4个百分点，埔田片的企石、东坑工业增速在全市排前两名，达43.5%和38.6%。

经济效益改善　全市规模以上工业企业实现利润274.87亿元，比上年增长66.3%，比同期的规模以上工业企业销售收入增速（24.8%）快41.5个百分点，平均销售利润率3.7%，比上年提高0.9个百分点。

内外源经济同步发展　东莞市民营经济完成增加值1536.47亿元，比上年增长13.1%，占全市生产总值的36.2%，比上年提高了1个百分点；规模以上民营工业企业实现增加值265.52亿元，增长20.8%，比全市平均水平快1.8个百分点，占全市工业比重14.6%，比上年同期提高0.4个百分点。全市规模以上外向型工业企业实现增加值1384亿元，增长19%，增速比上年同期快28.3个百分点。

【交通运输业】　2010年，东莞市完成公路、水路客运量7.74亿人次，旅客周转量129.1亿人公里，货运量9313万吨，货物周转量109.0亿吨公里，比上年分别增长5.6%、22.5%、6.6%和7.3%。

一是顺利完成2010年市政府十件实事中新增公交运力100辆的任务。全年新增公交运力120辆。其中新增小巴运力100辆，新增小巴线路11条；新增10辆全新的12米高档豪华城巴车辆投放到C1路线，强化亚运场馆的运输保障；新增城巴线路1条，开通新涌医院分院至新涌医院的城巴线路（58路）；新增镇内公共汽车10辆。更新485辆符合绿标标准的市内公交客车，加快公交车的升级换代步伐。二是完善核心城区、跨镇及跨市公交网络。优化调整5条城巴线路、1条小巴线路及1条旅游专线，完善莞城新河北路、南城凯旋国际、南城步行街首末站、寮步香市动物园和百业五金电子城、道滘粤晖园、松山湖创意生活城等地区的公交配套，增加7条市区公交线路的停靠站点；完成43条跨镇公交线路的优化调整，扩大跨镇公交的覆盖面；对6条跨镇公交线路完成公交化运营的改造，按照规定的线路、站点、班次和服务时间运营。根据市民出行实际，共延长20条公交班线服务时间；新增中堂车站至增城新塘汽车客运站、石碣车站至增城石滩、塘厦车站至深圳观澜车站，凤岗车站至深圳观澜车站4条市际公交化班线，投入运力18辆，方便三市群众公交出行。三是提升公交服务水平。共出动750多人次对全市2018辆客车、5170辆出租车的经营服务状况进行检查，对226辆违规车辆及其驾驶员进行停班和培训学习。

【商贸流通业】 2010年，东莞市商贸业平稳发展，市场销售畅旺。全年实现社会消费品零售总额1108.06亿元，比上年增长15.9%，其中批零贸易和住宿餐饮业分别实现营业额1005.53亿元和102.53亿元，分别增长16.6%和9.1%。

商业布局不断优化 “一主八副”商业中心（以莞城、东城、南城、万江为核心的商业主中心和松山湖、虎门、常平、厚街、塘厦、长安、樟木头、石龙八个商业副中心）实现社会消费品零售总额766.5亿元，占全市比重近七成。其中，主中心消费水平升级加快，引领高端消费市场快速发展，四个街道全年消费总额361.6亿元，占全市总额的32.6%，比上年提高1.4个百分点。八个副中心全年消费总额达404.9亿元，占全市比重36.5%。随着天虹、家乐福、沃尔玛等商业零售巨头布点加快，对周边镇街的辐射力不断加强，带动区域商业全面升级。

政策催生消费热点 “家电下乡”和“以旧换新”产品对家电市场拉动贡献比较突出，两项业务的销售额占全市限额以上企业家电销售总额的35%以上，其中时尚、国美、苏宁三大家电销售连锁企业的两项业务销售额超过10亿元，占全部家电销售总额43%，直接拉动其销售金额增长约30%；在国家对1.6L车型的节能补贴、汽车下乡等政策及商家一系列促销活动刺激下，汽车销售大幅上涨，全市限额以上汽车类商品实现销售收入197.78亿元，增长30.1%；其中汽车消费中心区寮步国际汽车城全年销售收入109亿元，增长50%。

促消费活动成效显著 各镇街充分利用节假日及黄金周良机，精心策划形式各样的促消费活动，有效带动消费增长。如南城举办的欢乐消费节拉动重点行业的消费，当月汽车、家电、百货商品销售增幅均在50%以上；为期7天的“2010第九届东莞美食节”共吸引54万人次游客前来品尝各地美食，人数比上届增长近20%，参展商营业额达2500多万元；在厚街举办的“第十届广东国际汽车展示交易会”共吸引近21万名观众进场参观，现场售出车辆7560台，意向成交客户突破万人。此外，东城的“国际啤酒节”、石龙的“商贸活动节”、桥头的“荷花节”等一系列活动，也带动了消费增长。

商贸企业布点扩张 随着城市化进程不断加快，商业地产发展迅猛，本土和国际的一些知名商贸企业加快布点扩张，抢占市场，也促成新商圈不断涌现。如吉之岛进驻汇一城，吸引大批消费者，销售额超过预期三成，带动周边各种商贸业态的发展，人流

较以往明显增加。此外，沃尔玛、家乐福、彩怡百货、国美等企业在南城西平连设新店，海雅百货、乐购等企业也计划进驻，配合周边社区陆续落成，交通设施不断完善，已经初步形成较大规模消费市场，西平商圈迅速崛起。

【八大支柱产业】 2010年，东莞市八大支柱产业（通信设备、计算机及其他电子制造业、电气机械制造业、纺织服装业、家具制造业、玩具制造业、造纸及纸制品业、食品饮料制造业、化工制造业）增加值1100.12亿元，占规模以上工业增加值比重60.7%。其中，通信设备、计算机及其他电子制造业426.68亿元，占规模以上工业增加值比重23.5%；电气机械及仪器仪表制造业242.24亿元，占规模以上工业增加值比重13.4%；纺织服装鞋帽制造业147.88亿元，占规模以上工业增加值比重8.2%；造纸及纸制品业99.11亿元；家具制造业44.93亿元；玩具制造业27.96亿元；食品饮料制造业58.61亿；化工制品制造业52.71亿元。

通讯设备、计算机及其他电子制造业 是年，全市规模以上通讯设备、计算机及其他电子制造业实现工业总产值2120.18亿元，比上年增长23.1%，占全市规模以上工业总产值的27.5%。实现工业增加值426.68亿元，增长22.5%，比全市增速低3.88个百分点，占全市规模以上工业增加值的21.5%。

电气机械制造业 是年，全市规模以上电气机械制造业实现工业总产值1059.74亿元，比上年增长22.2%，占全市规模以上工业总产值的13.7%，实现工业增加值242.24亿元，增长22.9%。

纺织服装业 是年，全市规模以上纺织服装业实现工业总产值528.99亿元，比上年增长14.7%，占全市规模以上工业总产值的6.9%。实现工业增加值147.88亿元，增长14.6%。

家具制造业 是年，全市规模以上家具制造业实现工业总产值181.9亿元，比上年增长12.4%，占全市规模以上工业总产值的2.36%。实现工业增加值44.93亿元，增长12.2%。

玩具制造业 是年，全市规模以上玩具制造业实现工业总产值83.37亿元，比上年增长17.6%，占全市规模以上工业总产值的7.41%。实现工业增加值126.1亿元，增长0.7%。

食品饮料制造业 是年，全市规模以上食品饮料制造业实现工业总产值215.5亿元，比上年增长15.1%，占全市规模以上工业总产值的2.8%。实现工业增加值58.61亿元，增长16.8%。

造纸及纸制品业 是年，全市规模以上造纸及纸制品业实现工业总产值438.61亿元，比上年增长17.1%，占全市规模以上工业总产值的5.7%。实现工业增加值99.11亿元，增长18.9%。形成以麻涌、中堂为中心的造纸产业集群。

化工制品制造业 是年，全市规模以上化工制品制造业实现工业总产值190.07亿元，比上年增长15.1%，占全市规模以上工业总产值的2.5%。实现工业增加值52.71亿元，增长16.1%。

【培育战略性新兴产业】 2010年，东莞市加强统筹协调，推动成立市促进战略性新兴产业发展领导小组；组织召开全市工业经济暨战略性新兴产业发展工作会议，提出重点发展高端新型电子信息、半导体照明、太阳能光伏、电动汽车等四大战略性新兴产业；编制高端新型电子信息、薄膜太阳能光伏两个专项发展规划；推荐薄膜太阳能光伏和物联网2个基地入选“第一批广东省战略性新兴产业基地”。协助5家企业的项目列入省战略性新兴产业发展专项资金竞争性分配扶持项目及基地计划；2家企业被评为“广东省战略新兴产业骨干企业”，8家企业被评为“广东省战略新兴产业骨干培育企业”。

【发展现代服务】 2010年，东莞市制订《2010~2020现代物流业和批发业发展规划》；认定商贸流通业“四个十大”项目；计划安排2083.7万元市财政资金扶持17个重点商贸项目；推进东莞工厂直销中心筹建工作，加快内销平台建设。

【旅游业】 概况 2010年，全市旅游业稳步发展，有A级景区5处，其中AAAA景区3处；星级酒店97家，其中五星级酒店22家、四星级酒店25家；旅行社54家，其中出境游组团社9家，普通旅行社41家，非法人分公司4家；全年接待游客人数2251万人次，比上年增长10.52%；旅游总收入191.32亿元，增长26.29%。

星级饭店 加强饭店行业管理，提升饭店行业综合竞争力，饭店星级评定、星级饭店年度复核工作稳步推进，饭店行业环保节能减排工作进一步落实。五星级饭店规模不断壮大，桥头三正半山酒店、悦莱花园酒店被评定为五星级饭店；星级饭店复核工作顺利开展，年度复核72家星级饭店（其中五星15家、四星15家、三星27家、二星14家、一星1家），重新评定16家星级饭店（其中五星2家、四星9家、三星5家）。

景区 松山湖景区、广东观音山国家森林公园、鸦片战争博物馆等AAAA旅游景区和AA旅游景区冠和博物馆顺利通过复评；圣心糕点博物馆获评国家AAA级旅游景区；科学技术博物馆、新华南MALL欢笑天地创建国家级AAAA旅游景区工作顺利通过国检；鸦片战争博物馆获评“广东省红色旅游示范基地”；金威啤酒（东莞）有限公司、东莞勤上光电股份有限公司、广东众生药业股份有限公司、东莞宏威数码机械有限公司四家企业获评“广东省工业旅游示范基地”；可园博物馆、广东东江纵队纪念馆、南社明清古建筑群、鸦片战争博物馆获评“广东省文化旅游示范单位”，大屏障森林公园、大岭山森林公园、银瓶山森林公园、水濂山森林公园获评“广东省森林生态旅游示范基地”。

深莞惠旅游合作 《深莞惠三地旅游紧密合作框架协议》签订以来，深莞惠三地旅游局加强联系和合作。12月18日举办“万车互游深莞惠”自驾游活动启动仪式暨东莞首发团活动，组织60台自驾车前往深圳和惠州参加活动，接待来自惠州和深圳共60台自驾车的游客，该活动得到东莞广播电视台和东莞日报等媒体的专题报道和宣传。

莞粤港旅游合作 《粤港合作框架协议》为促进粤港旅游合作发展提供东莞良好的政策支撑，也为东莞市加强与香港的旅游合作提供良好的发展机遇。根据《粤港合作框架协议》2010年重点工作安排，实施2010年旅游宣传推介计划，组织旅游企业参加香港举办的国际旅游展会等相关推介会及各种旅游节庆活动；借助2010年华人华侨畅游东莞活动，邀请东莞籍华人华侨和香港旅游业界知名人士，通过参观、联谊等活动，向外界展示东莞的新面貌。

与对口援建对象的旅游合作 是年，东

莞市加强与对口援建城市、单位的旅游合作工作。11月15日与广西河池市举行“东莞——河池两市旅游联谊座谈会”，并签订“东莞——河池旅游合作框架协议”；与韶关市、云浮市分别签订旅游合作协议书；与深圳、广州、韶关、佛山、清远、长沙、武汉等11个武广高铁和广深高铁沿线城市共同签署《丹霞山宣言》，宣布成立武广高铁沿线城市“旅游联盟”；编制《2011~2015年东莞市旅游局援建图木舒克市旅游专项规划》，提出编制规划、客源输送、营销推广、招商引资、人员培训等方面的内容；邀请广西河池市，西藏林芝县，韶关南雄市、乳源县、新丰县，云浮罗定市、郁南县、新兴县等城市主管旅游的领导参加2010东莞旅游文化节举办期间开展的“与东莞旅游共精彩旅游展示会”活动。

【提升产业集群】 2010年，东莞市经信局制订《东莞市重点扶持发展产业集群工作方案》。中堂再生纸品产业集群和石碣电子产业集群获认定为第五批省产业集群升级示范区。全市共有9个省产业集群升级示范区(其他七个省产业集群升级示范区是：石龙镇电子信息产业集群、大朗镇毛织产业集群、虎门服装产业集群、长安五金模具厂业集群、大岭山家具产业集群、厚街鞋业产业集群和常平光电产业集群)，总量位居全省第二。

城乡发展

【城乡发展规划编制】 *推行“地块包装”制度* 地块包装指在土地出让前，由市城乡规划局组织，土地出让方委托规划设计单位根据拟出让地块的现状环境特征、上位规划要求，通过意向性方案比较验证，综合提炼形成地块的规划控制要素，作为核发《建设用地规划批准书》或《建设项目选址意见书》、出具规划设计条件的重要参考依据。规划控制要素包括用地性质、功能、强度、空间、形态、环境、交通、市政等方面。2010年，东莞市城乡规划局坚持试点先行、逐步推广的原则，在上年试点工作基础上，积累经验，完善相关政策、规划内容和深度标准。4月1日，在全市各镇街正式全面开展地块包装工作，推进东莞市城市规划的精细化管理，提升城市空间品质，特别是重点地段的规划管理。全年审查通过18个地块包装项目。

推动新一轮城镇总体规划修编 是年，东莞市城乡规划局组织指导寮步镇、沙田镇总体规划上报市城市规划委员会；组织指导大朗镇、塘厦镇召开总体规划专家评审会；组织完成虎门镇总体规划技术审查；完成大朗镇、茶山镇、塘厦镇总体规划方案初审，以及望牛墩镇、麻涌镇总体规划修编前期研究的审查；指导黄江镇、樟木头镇、谢岗镇、常平镇、洪梅镇启动总体规划修编。

加大专项规划编制力度 是年，东莞市城乡规划局组织编制《东莞市密度分区研究》、《东莞市轨道交通会展中心站国际竞赛成果深化》等多个规划研究。上报审批通过《东莞市区综合交通规划》，完成《东莞市区自行车专用道近期实施规划》专家评审。编制《东莞市区停车位配建指标修正项目建议书》、《东莞市区道路交通指路系统改善方案项目建议书》等研究报告。

【“三区”规划设计工作】 2010年，东莞市城乡规划局开展“三区”（中央商务区、中央商贸区和中央休闲区）规划设计工作，开展中央商务区城市设计国际竞赛，确定优胜方案及设计单位，启动成果深化工作。完成中央商贸区和中央休闲区第二轮设计方案，开始进入成果制作阶段。

【城市功能设施规划】 2010年，东莞市城乡规划局承接东莞大酒店、黄旗山城市公园、植物园、城市规划展览馆、网球中心、东莞市卫生学校新校、市民文化艺术中心及工人文化宫等10多项城市功能配套项目的规划设计工作，各项项目稳步推进。加快推进东莞东站改扩建、石龙火车站迁建等项目，组织完成东部快速路段（企石—桥头段）完善改造工程、环莞路二期、环莞远期、东莞大道延长线、环城路—泰新路跨线桥、松山湖大道延长线康丰路段、环城路—西南路跨线桥、S120生态景观工程、万道路—泰新路跨线桥、学院路人行天桥、莞长路人行天桥等一批基础设施的规划设计工作。

【河涌综合整治】 2010年，东莞市加快完成东引运河、寒溪水流域，石马河流域，挂影洲中心涌流域综合整治规划设计的收尾工作。挂影洲中心涌流域干流河道整治规划及实施计划已上报市政府；石马河流域支流规划及干流水系规划、现状调查报告和综合整治报告已通过专家评审。各项工程前期设计工作按计划推进，东引运河清淤疏浚工程（职教城段）方案报批及施工图设计工作已完成。

【环保工程】 2010年，东莞市推进环保基础设施工程建设，着力提升环保治污能力。推进全市新规划的34项污水处理工程建设，并建成33项，配套截污主干管工程完成86%。推动横沥、厚街、市区3座垃圾焚烧发电厂改造扩建，其中横沥、厚街2家扩建工程接近完工，市区厂改造工程启动。投入1.2亿元，建成樟村水质净化厂污泥初级处置项目，投入3.9亿元基本建成黄江污泥处理项目。完善医疗废物收运体系、应急预案和费用征管办法，全市1026家医疗机构的医疗废物实行集中收运处置，累计处理6259吨。同沙水库尾水排放、截污管网、垃圾渗滤液处理等3项工程完成招标工作并进入施工阶段。大岭山、塘厦、茶山3个零散废水处理站投入运营，一批工业企业签约纳入集中处理。完成麻涌、中堂、虎门、长安、沙田、大朗、常平7个环保专业基地环评审批。

【镇村联网道路建设】 东莞市自2006年起启动镇际联网路工程，共有53条道路，里程共273.7公里；2008年起启动村际联网路升级改造工程，共199个项目489.7公里。至2010年12月底，镇际联网路一期工程已有9条道路全线完工，18条道路在施工建设，累计完工里程81.5公里，施工里程39.9公里，累计完成工程量约14.02亿元；二期工程已有2条道路全线完工，9条道路已在施工建设，累计完工里程29.9公里，施工里程20.1公里，累计完成工程量约8.57亿元。村际联网路已经有75个项目198公里完工，62个项目共计168.2公里已在施工中，62个项目123.6公里在进行前期工作，累计完成投资额约38.92亿元。

【“三旧”改造】 2010年，东莞市国土资源局把“三旧”（旧城镇、旧厂房、旧村庄）改造见成效作为全年首要任务，抽调9名领导干部到市“三旧办”工作，成立确权登记、土地监察、规划审核、用地审查、土地交易、税费审查、信息入库、政策宣传等8个小组跟踪办理“三旧”改造相关工作。

建立全力推进的组织领导机制 东莞市委书记刘志庚多次做出批示，市长李毓全组织多次座谈会、现场会和专题调研，副市长梁国英兼任市“三旧办”主任主管，市人大、市政协将“三旧”改造列为重点议案、提案，市、镇两级成立党政主要领导担纲的“三旧”改造领导小组，组建专职办公室，形成市委市政府统筹规划、镇街具体推进、部门密切配合、全力推进“三旧”改造的工作机制。

建立互利共赢的政策推动机制 是年，东莞市出台《东莞市“三旧”改造项目确定容积率和实施“拆三留一”等问题的意见》、《东莞市“三旧”改造房屋拆迁补偿安置工作指导意见》、《东莞市房屋拆迁估价工作指引（试行）》等配套文件，明确容积率、拆迁补偿方式、补偿标准确定以及市场评估等环节操作规范。

建立科学改造的规划控制机制 东莞市明确近期启动改造2000公顷、中期改造0.67~1万公顷、远期改造2万公顷的实施步骤，完成全市“三旧”改造专项规划和年度实施计划编制。

建立试点带动的示范引导机制 东莞市集中力量推动产业转型升级7个试点镇的改造工作，对全市“三旧”改造进行示范引导。全市共标图建库地块2294个，面积1.8万公顷；全年启动改造项目174个，面积2266.67公顷。国土资源部部长徐绍史、广东省国土资源厅厅长招玉芳等部、省领导，省、市两级人大、政协部门，专门视察东莞市“三旧”改造工作，对东莞市做法和成效给予充分肯定。

【城市“六乱”整治】 2010年，东莞市城市管理综合执法局查处城市“六乱”（乱扔吐、乱堆放、乱拉挂、乱张贴、乱搭建、乱摆卖）行为12.5万多宗。其中教育、纠正、立案处理流动商贩乱摆卖11.9万宗；查处乱搭建，乱拉挂，破坏公共设施、破坏城市绿化，焚烧杂物等行为5900多宗，印发宣传资料18万多份，罚款34.6万元。

流动商贩整治 东莞市城市管理综合执法局遵循“疏堵结合、管而不死、活而不乱”的原则抓好流动商贩管理，坚持人性化执法，较好地解决城市“脸皮”和摊贩“肚皮”的问题。在执法实践中，探索尝试流动商贩管理长效机制。莞城执法分局针对在执法中时常遇到群体性的流动商贩抗法问题，建立与当地公安民警联合执法机制，对乱摆卖的流动商贩进行专项整治，较好解决执法抗法问题；厚街执法分局针对该镇厚街广场、康乐南路时常有200多档流动商贩乱摆卖的问题，由当地政府牵头，组织该镇综合执法、公安、交通、交警部门和属地社区共同抽调人员，集中力量进行为期一个多月的专项整治，流动商贩乱摆卖行为得到有效控制。

违章广告查处 东莞市城市管理综合执法局中心区执法分局对未经审批的户外广告、灯箱、灯杆旗进行统一专项整治，查处违章广告1061宗，除60宗经审查可补办手续外，其余的全部拆除，维护东莞市中心区靓丽的市容环境。大岭山执法分局用半年时间对全镇的违章广告进行专项整治，拆除各种违章广告1999宗，使镇容镇貌大大改观，得到当地干部群众好评和市有关领导的充分

肯定。

焚烧杂物治理　东莞市城市管理综合执法局对乱焚烧杂物行为进行全面清理、专项整治，查处乱焚烧杂物行为483宗，使东莞空气质量达到亚运会的标准要求。

【城市管理重点执法】　2010年，东莞市城市管理综合执法局开展对房屋抢建、重点工程拆迁、无证照生产经营食品、非法行医、生活噪音和泥头车污染路面等违法违规行为进行重点查处。全年受理投诉信访13861件，查处违法建筑行为2647宗，查处无证照生产经营食品行为3287宗、非法行医420宗、生活噪音3741宗、泥头车污染路面2065宗，罚款733.5万元。

违法建筑查处　东莞市建立违法建筑日常巡查机制，加大巡查力度，做到早发现、早查处，基本上发现一宗，从源头上处理一宗。据统计，全年全市从源头上查处违法建筑行为941宗，面积43.7万平方米，经教育自行拆除296宗，组织拆除645宗。

拆迁管理工作　为保障国家、省、市重点工程建设，东莞市调集大量人力做好拆迁有关工作。虎门广深港高铁轨道建设是国家的重点工程，由于有67户群众不接受拆迁赔偿，严重影响工程建设。东莞市城市管理综合执法局虎门分局接受该工程的拆迁任务后，组织40多名执法人员进驻该镇白沙村，与当地干部经过一个多月做思想工作，64户群众愿意接受拆迁补偿安置，对剩下的3家“钉子户”房屋实施强拆，保障国家重点工程建设顺利进行；寮步镇政府为保证省、市、镇重点工程建设，由镇政府牵头组织执法分局等有关部门抽调人力，做大量的拆迁补偿工作，愿意接受拆迁补偿自动拆除的有1492户，对剩下2家“钉子户”经市政府批准实行强拆。

无证照食品查处　东莞市城市管理综合执法局组织开展对无证照生产、经营28种食品和制假、售假食品不法行为进行查处。全年查处无证照生产、经营食品违规行为3287宗，案值87.7万元，罚款45.3万元，其中经审查符合条件允许补办证照的3081宗，其余206宗全部取缔。与此同时，对制假、售假食品行为进行依法从严查处，取缔制假、售假食品172宗。

【宜居城乡建设】　2010年5月，东莞市成立全市宜居城乡建设工作领导小组。组织召开全市建设宜居城乡工作会议，配合开展创建宜居城乡工作绩效专家满意度调查，召开全市宜居城乡建设工作座谈会。确定莞城街道罗沙社区等10个社区作为推荐对象参评广东省宜居社区。配合做好首次全省创建宜居城乡绩效考核工作，东莞市创建实绩、组织保障、专家满意度三项指标得分排名均为全省靠前，总分全省第一。

举办全市第五期整治旧村工作培训班，开展最后一批84个村（社区）整治旧村督导及考核工作，对前几年完成整治考核的村（社区）进行回访抽查，督促落实长效管理机制。2010年10月，经过近5年的努力，全市32个镇街、581个村（社区）全面完成整治旧村工作，人居环境、村容村貌得到实质性的改善和提升。

【城乡绿化】　2010年，东莞市以实现“城市园林化、郊区森林化、道路林荫化、庭院花园化”为目标，全面开展道路、厂区、公园、小区、农田绿化建设规划，优化城乡绿化布局，构筑城乡融合、城乡一体化的人居生态环境。开展“建设林业生态文明万村绿大行动”，全市 32 个镇（街）共投入 1695.9 万元创建林业生态文明村，建成“林业生态文明村”52 个，闲置地绿化 84.2 公顷，道路补绿 110.9 公里。升级改造莞深高速和常虎高速绿化景观工程，完成两条高速主干道总绿化里程 89.1 公里，绿化面积 107.9 万平方米。开展绿化美化争先创优活动，共评出 25 家“东莞市园林式单位”、6 个“东莞市绿化模范社区（村）”。

【绿道网建设】 2010 年，东莞市成立绿道网建设领导小组，下设办公室，设在市城乡规划局，负责绿道网建设的综合协调、指导等工作。全年全市建成区域绿道 225 公里，超额完成省下达的 197 公里的年度建设任务，提前实现省提出“一年基本建成”的阶段性目标，并按照绿化、路径、驿站和标识系统 4 个 100%的目标全面高质量完成。全市区域绿道直接建设费用 8 亿多元，新增绿化面积 450 万平方米，新建绿道畅通桥梁 15 座、驿站 26 个，安装绿道内部标识牌 2000 多个、外围指示牌 200 多个，串联沿线旅游景点及兴趣点 200 多个。

资源环境

【耕地保护】 2010 年，省下达东莞市耕地保有量任务为 31833.33 公顷，基本农田保护任务 27920 公顷。至年底，东莞耕地保有量约 33773.33 公顷，基本农田面积 28000 公顷，较好地完成省下达任务。

严格日常管理 对全市 1400 多块基本农田全部逐宗核实了地块名称、四至、面积、责任人等四要素，树立统一规范的标志牌，明确基本农田保护责任与义务及投诉电话等。

提高耕地质量 市、镇两级累计投入 2.6 亿元，分三批建设 15 个市级农业产业园，现代标准农田和农业产业园的建设改善耕作条件，提高耕地产出率。

落实双线管制 将规划确定的基本农田纳入城市建设规划的“生态绿线”，实行基本农田保护红线和生态绿线双线管制。同时坚持把耕地和基本农田保护任务较多的镇街定为执法监察的重点对象和重点区域，主动引入卫星遥感、飞艇巡拍和 GPS 定位等科技手段，坚决把违法占用基本农田行为遏制在萌芽状态。

扩大补贴范围 为调动农户保护基本农田的积极性，切实提高耕地质量，从 2010 年起，市财政对基本农田的补助范围从原来超出平均分摊比例的基本农田扩大到全市 28000 公顷基本农田，补助标准保持每年每亩（约 0.07 公顷）500 元。

推行易地开发 东莞市后备耕地资源有限，自行补充耕地难度大、质量低，鼓励各镇街通过自筹资金购买耕地储备指标落实耕地占补平衡，圆满完成耕地占补平衡任务。

【环境质量】 2010 年，东莞市环境质量持续好转。市区空气质量优良天数达 357 天。比 2005 年酸雨频率下降 12.6%，降水 PH 均值由 4.07 提升为 5.11。地表水东莞运河水质由劣Ⅴ类改善为Ⅳ－Ⅴ类，全面消除黑臭现象，达到景观用水功能目标。城市集中式饮用水源以及东莞市近岸海域水质达标率 100%。市区声环境质量持续保持良好。

【污染减排】 2010 年，东莞市持续深化污染减排工作。严格考核各镇街、管委会上年度减排工作，对未通过考核的两个镇实行区域限批；制定《东莞市各镇街2010年主要污染物减排任务目标和项目》，落实年度工作职责。完成沙角C电厂1#、2#、3#三台机组脱硫工程建设，设计脱硫效率提高到95%以上；新投入运营污水处理厂12座，处理能力60万吨/日。实行电力企业燃煤含硫率月报及核查制度，对减排企业实行台账管理和每月巡检，开展在线监控数据有效性审核，配合国家环境保护部实施季度核查。2010年，东莞市COD（化学需氧量）、二氧化硫排放总量分别为10.47万吨和9.12万吨，比2005年分别削减22.4%和54.4%，完成2010年和“十一五”减排考核任务。

【环境整治】 大气污染治理　2010年8月18日，东莞市印发实施《东莞市清洁空气行动计划》，作为未来10年东莞大气环境治理的纲领性文件。开展高污染锅炉淘汰整治工作，投入1.3亿元作为补助专项资金，对燃煤小型锅炉实施淘汰。开展挥发性有机物污染整治，建立挥发性有机物排放重点监管企业名录，实施达标治理。完成全市292家加油站、8家油库、114辆油罐车油气回收治理。加强机动车排污防治，累计对78万辆汽车核发环保检验合格标志，抽检车辆5419辆，达标率77.4%，完成12035辆客运车和校车专项治理，投入245万元配置遥感检测车，投入212万元建成机动车排气监控网络二期工程，从9月15日起在市区体育路、东莞大道、胜和路、石竹路、鸿福路等5个路段推进机动车环保限行管理。开展二噁英重点污染行业更新调查。

水污染治理　东莞市制定实施《东莞市东江水质保护工作实施方案》、《石马河污染综合整治方案》和《东莞市潼湖水系区域污染综合整治方案》，推动内河涌污染治理。制定实施《东莞市重金属污染防治工作实施方案》，推进重金属污染治理，并启动全市土壤污染调查工作。

跨界河流整治　东莞市分别做好省人大、省政府、省政协和香港地区人大代表等4次石马河流域整治调研工作，以确定深圳和惠州两市分工和限期目标，推动跨界河流污染治理。

【森林资源管护】 2010年，东莞市执行全省森林资源保护和发展目标责任制，采取多项措施保护森林资源，保障森林生态持续健康发展。一是抓好林地和林木保护管理。严格执行《东莞市生态控制线管理规定》，加强1103平方公里生态绿线范围的林地保护，审批征占用林地项目104个，面积163.04公顷，征占用林地审核率100%。二是狠抓森林防火安全。加大森林消防队伍和基础设施建设，加强野外火源管理，森林防火防控能力得到提高。开展8期森林防火知识培训和6期防火应急演练，培训防火队员1120人；新建花灯盏、大屏、爆石顶等通信基站6个，通信网络基站建设共30个，覆盖80%的森林公园和林区。全年发生一般森林火灾4宗，过火面积1.84公顷，为历年最少。三是加强林业有害生物预防和治理。开展松材线虫病、薇甘菊等有害生物的防治，各类林业有害生物防治面积3160公顷，清理疫木28.64万株，防治率达95.6%。实施古树名木管护工程，对古树名木进行病虫害监测和防治，加强古树迁移、修枝、清理等审批，开展长生树普查建档工作。四是加大林业行政执法力度。开展一系列严打整治专项行动和“创平安迎亚运”、“2010年春季行动”等专项行动，查处各类林业行政案件和森林违法犯罪案件102宗，收缴野生保护动物5856只。

【渔业资源与海洋环境】 2010年，东莞市加大资源环境保护工作力度，编制《2010年海洋与渔业环境质量监测工作方案》并组织实施。加强海洋生态环境质量监测网络建设。开展海洋环境质量监测，获得监测数据2058组，向社会发布《2009年东莞市海洋环境质量公报》。做好涉海工程环境损失赔偿工作，赔偿海洋与渔业资源环境损失300多万元。在虎门、石碣等镇开展5次渔业资源增殖放流活动，共投放各类鱼虾苗1900多万尾。抓好黄唇鱼保护区及水生野生动物监督管理。黄唇鱼自然保护区加入“中国典型河口生物多样性保护与保护区网络建设示范项目”（PPG）的珠江口示范区建设网络，通过创建海洋保护区网络和湿地修复等活动，建立示范效应。

社会事业

【高新技术产业快速发展】 至2010年，东莞市国家高新技术企业335家，工业总产值1240.6亿元，比上年增长58.5%；全市高新技术产品工业总产值2326亿元，增长30.7%。特别是重点推动发展LED等战略性新兴产业，培育发展110多家LED企业，年产值超过80亿元，增幅60%以上。9月16日，2010年东莞市科学技术奖励大会暨推进LED产业发展工作会议召开，奖励96项2010年市科学技术奖项目，其中技术成果类市长奖1项、荣誉类市长奖4项、创新企业奖4项、科技进步奖87项（包括20项一等奖、29项二等奖和38项三等奖）。

【新增科技型企业】 2010年，东莞市新增科技型企业600家，其中新增91家国家高新技术企业、126家广东省民营科技企业、8家广东省创新百强企业、4家广东省知识产权示范企业、4家广东省知识产权优势企业和4家广东省创新方法推广应用试点企业，新认定241家东莞市民营科技企业、97家东莞市专利培育企业和47家东莞市专利试点企业。新增6家省级企业工程中心和15家市级企业工程中心，获批1家广东省重点实验室和2家广东省重点实验室培训基地，并认定12家东莞市重点实验室。

【科技政策继续完善】 2010年，东莞市制定《东莞市加快发展科技服务业实施办法》和《东莞市科技服务机构认定管理办法》及其操作规程；以推动发展LED产业为重点，研究制定《东莞市LED照明应用示范工程补贴暂行办法》、《东莞市促进LED产业发展及应用示范的若干规定》和《东莞市LED产业发展规划（2010~2015年）》；以推进知识产权专利质押融资为重点，研究制定《东莞市科技贷款金融结合试点市科技贷款风险准备金管理暂行办法》和《东莞市专利权质押管理办法》等配套政策。同时在广泛开展调查研究和征询专家意见的基础上，编制完成《东莞市科学和技术发展十二五规划》（送审稿）。

【科技计划项目承接能力提升】 2010年，东莞市科技企业和科研机构共承担省级以上科技项目267个，承担经费2.05亿元，比上年增长40%。其中，获国家和广东省科技型中小企业技术创新基金项目立项62个，

东莞市文教卫体事业基本情况

教育				医疗　文化　体育			
项目	单位	2009年	2010年	项目	单位	2009年	2010年
普通高校校数	所	5	5	医院、卫生院数	个	2106	2229
普通高校在校学生数	万人	3.4	3.83	医院、卫生院床位数	张	18080	19980
中职和技校学校数	所	29	26	平均每千人口医院、卫生院床位数	张	10	
中职和技校在校学生数	万人	4.97	4.75				
普通中学学校数	所	186	190				
普通中学在校学生数	万人	24.95	25.83	群众艺术、文化馆数	个	群众艺术馆1个，文化站33个	群众艺术馆1个，文化站33个
小学学校数	所	337	330	公共图书馆数	个	504	505
小学在校学生数	万人	51.12	55.24	博物馆数	个	31	30
学龄儿童入学率	%	100	100	档案馆数	个	3	3
幼儿园数	所	680	727	国民体质合格率	%		
在园幼儿数	万人	17.62	20.84	人均公共体育场面积	平方米		

获经费超过3000万元，位列全省第二；6个项目中标广东省粤港关键领域重点突破招标项目，获1450万元经费资助，在全省排第三；获广东省促进科技服务业发展专项13项，居全省地级市首位；获国家和广东省国际科技合作项目立项5个，经费超千万元，创历史最好成绩。年初广东中镓半导体科技有限公司等东莞3个创新科研团队获广东省首批创新科研团队项目立项后，年末新增9个项目入围2010年广东省创新科研团队项目专家答辩环节，数量在全省排第二位。同时，市科技局组织实施企业科技贷款贴息、科学技术奖、专利培育企业资助等市级科技和专利项目，共立项829项，资助经费3.87亿元。特别是调整和改革项目实施方式，集中资源实施重大科技专项和粤港招标东莞专项，立项12个项目，给予近亿元经费资助，平均每个项目资助超过800万元。

【产学研结合工作全面开展】 2010年，东莞市科技局组织150多家科技企业赴北京、西安、长沙等地高校院所及军工科研单位开展产学研交流与洽谈，达成产学研合作意向122项。组织企事业单位承担省部（院）产学研结合项目111个和7650万元科研经费，其中获重大重点项目立项22个和3340万元项目经费，在全省排第三位。实施科技特派员和科技联络员计划，引进101名企业科技特派员，推荐2名科技联络员进驻有关高校，并获认定9个省部企业科技特派员工作站。加强产学研创新联盟建设，指导RFID（射频识别）、卫星导航等省部产学研创新联盟起草行业技术发展路线图，筹建物联网、云计算等省部产学研创新联盟。强化产学研结合示范，松山湖高新技术产业园区、常平镇被广东省科技厅认定为省部产学研结合示范基地；8月20日，广东省科技厅组织专家组对东莞省部产学研示范市项目进行考核验收。专家组高度评价东莞通过产学研结合方式，提升区域创新能力和产业竞争力的一系列做法和所取得的成绩，一致同意东莞通过验收。

【知识产权工作继续推进】 2010年，东莞市专利申请量21654件，比上年增长13.3%，其中发明专利3143件，增长97%，占申请总量14.5%，提高6.5%；专利授权量20397件，增长57.9%，其中发明专利442件，增长74%，专利申请和授权量继续在全省排第二位。市科技局提高专利管理水平，制定出台《东莞市知识产权战略纲要（2010~2015年）》、《东莞市企业知识产权管理指引》等。加强专利行政保护，完善相关独立专利行政执法制度，研究制定《东莞市打击侵犯知识产权和制售假冒伪劣商品专项行动实施方案》；召开全市知识产权保护与执法工作会议，对全市“双打”专项行动进行部署；配合广东省知识产权局调处专利纠纷案件14宗，成功调解专利案件7宗；筹建知识产权维权援助中心；加强展会知识产权保护，先后在第23、24届厚街名家具展和第二届广东外商投资企业产品（内销）博览会上开设知识产权保护服务点。培养企业专利人才，举办3期专利工作者培训班，就专利信息检索、专利行政保护、专利司法保护和企业专利管理与实务等内容进行培训，共培养330名“广东省企业专利工作者”；启动实施“千千百”知识产权人才培训工程，首次把知识产权人才培训班开进校园，培训200多名学员；组织3家代理机构和7家企业参加2010年“百所千企”知识产权服务对接活动。此外，开展“4.26世界知识产权日”系列宣传活动，全年举办“中美知识产权保护实务高层论坛—在全球保护创新资产”、“涉外企业知识产权保护论坛”等约10场专题培训和讲座，有3000多人次参加。

【公共文化服务设施建设】 2010年，东莞市推进市民艺术中心筹建工作，协调有关部门对建设方案进行深化设计。着力完善图书馆总分馆体系，全市共建成图书馆分馆48家，建成文化信息资源共享工程基层服务点123个。加大农家书屋建设力度，全市共建成农家书屋509家，整体覆盖率达到86%，超额完成“十一五”任务。加强博物馆建设，袁崇焕纪念园正式纳入市管理，可园博物馆“博溪景苑”完成总体概念设计，鸦片战争博物馆《虎门销烟基本陈列》布展有序开展，南城佛教博物馆、中堂造纸博物馆、望牛墩博物馆建设工作顺利推进。做好农村电影公益放映，基本完成农村电影放映设备数字化改造，全年共放映农村公益电影8100多场，实现一村一月放映一场电影的服务目标。与此同时，各镇街也加大文化设施建设力度，东坑镇动工建设群艺中心，道滘镇新建文广中心大楼，茶山镇新建文化广电大楼和中心区文化广场，大岭山镇投资建设新文广中心大楼和图书馆，寮步镇启动香市文化建设“八个一”工程，谢岗镇进行文化大楼改造工程。

【创新公共文化服务方式】 2010年，东莞市大力提升文化服务的信息化水平，东莞图书馆扩充数字资源，鸦片战争博物馆围绕藏品数据管理、影像管理、库房管理、展览管理、统计报表5大模块对文物数据进行数字化整理转换，为观众参观浏览提供有效平台。东莞图书馆加强图书流动车建设，增设楼盘小区和企业服务站点，全年开展流动服务800多次；群众艺术馆利用流动演出车，开展了近30次送戏下乡进厂活动；鸦片战争博物馆组织宣教小分队以流动博物馆为载体，在全省范围内开展巡回展演14次。东莞图书馆、可园博物馆等单位继续面向社会招募文化志愿者，具体参与接待、讲解、导引、辅导等工作，努力实现文化服务的社会化、常态化。

【公共文化产品】 2010年，东莞市策划推出以“我们的节日”为统一品牌的20余场文化活动，受到广大市民群众的热烈欢迎。举办东莞第六届读书节，参与人数380多万人次。策划开展文化暖流进企业、进社区、进军营等系列活动1100多场，参与观众100多万人次。组织举办2010年“走进东莞文明”活动，参与人数45万人次。开设“走进艺术”公益培训班，向市民普及文艺知识，受众超过2万人次。围绕纪念鸦片战争170周年，组织策划《和平颂》音乐盛典，承办首届“优秀新莞人”表彰文艺晚会、亚运会火炬传递仪式和举重比赛期间的文艺表演等活动。与此同时，各镇街也举办丰富多彩的文化活动。有莞城的“文化周末”系列活动、虎门的“2010虎门文化艺术节”、长安的“长安文化学堂”、常平的第七届“欢乐常平”商贸旅游文化节、东城的第五届文化体育艺术节、大朗的毛织风情节、道滘的美食文化节、厚街的“火红十月文化厚街”系列活动、高埗的“企业文化艺术节”等。

【文化活动】 2010年，东莞市整合洪梅花灯节、东坑卖身节、茶山茶园游会、东莞龙舟文化月、桥头荷花文化艺术节、望牛墩七夕风情文化节、谢岗登山节、樟木头小香港旅游文化节、凤岗客侨文化节、沙田水文化节、横沥百年牛墟风情节等20多项大型活动，组织举办“我们的节日——东莞市系列文化活动”，并通过整体包装策划，以统一的组织机构、统一的活动标识、统一的信息发布、统一的主题歌曲等进行集中宣传推广，受到广大市民的热烈欢迎，整个活动参与人数超过1000万人次，被人民群众誉为“家门口的文化盛宴”。同时，通过加强整合，全市各地的文化资源实现由分散到聚集转变，组织形式由“各自为政”向“协同作战”转变，活动的规格档次明显提高，增强系列活动的整体品牌效应。

【文化遗产保护】 2010年，东莞市继续推进第三次全国文物普查，实地调查阶段工作通过省和国家验收。加强文物修缮保护，完成茶山南社云璠公祠、老东园公祠，厚街方氏宗祠、郡驸公祠，虎门礼屏公祠，石排浦心洪圣宫，大岭山殷氏宗祠、叶氏宗祠等文物维修工程。推进文物数据库管理系统建设，完成全部一、二、三级文物的数据采集和光盘刻录工作。开展非物质文化遗产项目申报工作，“木鱼歌”、“赛龙舟”、樟木头麒麟舞等3个项目成功入选国家级第三批非物质文化遗产名录。推进市级非物质文化遗产项目的评定工作，正式公布第二批市级非物质文化遗产项目名录及首批市级非物质文化遗产项目代表性传承人名单。加强非物质文化遗产数码平台建设，完成木鱼歌、哭嫁歌、盲佬话、喊惊等多个非物质文化遗产项目的录音录像整理，编辑出版《东莞非物质文化遗产》丛书。举办“莞风粤韵　年味记忆”非物质文化遗产体验日活动，吸引1万多名群众参与。

2010年12月，《东莞市非物质文化遗产》一书由中国文联出版社正式出版。该书分上下两册，全面详细地介绍东莞市第一批和第二批非物质文化遗产名录。其中第一批名录中包括民间美术、民间音乐、民间舞蹈、传统戏剧、曲艺、传统手工技艺、杂技与竞技、民俗、生产习俗和消费习俗十大类项目共38个；第二批名录包括民间文学、传统音乐、传统手工技艺、传统医药和民俗等五大类项目共34个。每个项目都有配有详细的文字和图片介绍，部分项目还有传承人的情况介绍，资料翔实，内容丰富。

【文艺精品创作】 2010年，东莞市成功承办第九届中国艺术节“文华奖”剧目演出和“大地情深——群星奖”音乐决赛，音乐剧《蝶》等多个作品获奖项，获奖数量和获奖质量均居全省前列。与此同时，中篇小说《国家订单》获得东莞历史上第一个鲁迅文学奖，儿童文学作品集《公元前的桃花》获第八届全国优秀儿童文学奖，莞城文化周末少年合唱团获第十届中国国际合唱节比赛金奖，莞城金凤凰老年女声合唱团获第十二届中国老年合唱节“红舵杯银奖”，塘厦女声合唱团获首届“中华红歌会”黄河杯奖，大岭山之歌合唱团获第十届中国合唱节混声组银奖，舞蹈《婆婆·篮子·乐》，无伴奏合唱《猜调》、《月光光》获全国中老年艺术大赛金奖。推进文艺创作基地建设，筹建成立省音协东莞（塘厦）创作基地和东莞（塘厦）东八音乐创意园区。与北京松雷公司、保利公司合作，联合创编并推出音乐剧《爱上邓丽君》，于2010年12月在香港文化中心首演，成为继音乐剧《蝶》之后，又一部赴港演出的音乐剧精品。

【教育投入】 2010年，东莞市教育总投入94.36亿元，比上年增加15.52亿元，增长19.69%。其中，国家财政性投入57.73亿元，增加3.66亿元，增长6.77%。

保障学校教育经费正常投入　根据二级办学教育经费分担的有关规定，市财政在按核定标准下拨直属学校公用经费等教育经费15.21亿元，并继续加大对镇街教育经费的投入，全年下拨镇街教育补助经费10.96亿元。同时镇街财政相应投入教育经费26.15亿元，保障学校的正常运作。

加大学校校舍建设投入　东莞市学校基建总投入9.89亿元，全年新建、扩建、改建公、民办学校（幼儿园）98所（含跨年度建设学校及幼儿园），竣工建筑面积35.66万平方米。至年底，学生人均校舍面积小学8.23平方米，中学20.72平方米。

继续完善公办学校教育装备　市镇财政对全市各类公办学校教育装备总投入1.49亿元，其中投入电教、信息类装备1.37亿元，图书资源类设备916万元。全市各类公办学校教育装备总值19.36亿元，比上年增加0.75亿元，增长4.03%。

民办教育经费投入持续增长　民办教育经费总投入30.02亿元，比上年增加9.36亿元，增幅45.3%，民办教育经费占全市教育经费总投入的31.81%。

【教育教学质量提高】 2010年，东莞市九年义务教育质量稳步提高。全市参加高中阶段学校招生考试的初中162所，参加考试学生4.38万人，七科文化课平均分495分，合格率69.97%，优秀率30.30%。小学毕业自查，语文、数学、英语的优秀率、合格率比上年均有明显提高。在国家和省组织的各类学科竞赛中，共有449人次获奖。中小学生身体素质增强，运动竞技水平提高，在各级体育竞赛中均取得优异成绩。

高中教育质量持续提升　是年，全市参加高考2.47万人，其中普通类2.11万人，高职类3636人。被全国普通高校录取2.01万人，录取人数占考生数比例为95.4%，在全省21个地级以上市中名列第一位。全市高考成绩“连创佳绩”，实现持续增长，体现在以下几方面：一是重点上线及录取人数持续增长。上重点线2353人，比上年增124人，增幅5.6%，占考生总人数的11.2%，居全省前列。被清华、北大、人大、复旦、浙大等省外知名大学录取87人，比上年增26人，增幅42.6%。其中被北大、清华录取13人；被中山大学、华南理工大学、暨南大学、广东外语外贸大学、华南师范大学5所省内重点院校录取1110人，比上年增118人，增幅11.9%。二是本科上线及录取人数持续攀升。第二批本科以上上线9878人，比上年增1494人，增长17.8%。第二批本科以上录取1.10万人，本科录取人数占考生数52.3%，比全省高16.7个百分点。三是体艺类高考质量持续提高。体育、音乐、美术三科本科以上上线629人，增长6.8%，术科上线和文化课上线同步率不断提升，体艺类高考质量持续提高。四是不同层次的学校持续共同发展。全市有毕业生参加高考的普通中学39所，普通高中类考生2.11万人，总上线1.88万人。五是民办学校呈现良好的发展态势。民办高中应届考生4529人，本科以上上线2285人，占全市本科以上上线人数的23.1%；第三批A线以上上线3156人，占全市上线人数的22.9%。此外，高职类考生上线入围1517人，有653名考生提前参加高职院校对口自主招生考试被高职院校录取。录取总人数2706人，比上年增加915人，增幅51.1%。

东莞高级中学新疆班133名毕业生参加高考，全部达到教育部划定内高班高考重点和本科录取分数线，均被全国本科院校录取。

2010年，东莞市每万户籍人口升入第一批重点院校人数12人，每万户籍人口升入本科人数54人，每万户籍人口升入大学人数（本、专科合计）104人，三项指标在全省21个地级以上市中均排列第一位。全市户籍人口普通高等院校本、专科在校生6.39万人，比上年增加6332人。

【幼儿教育】　2010年，东莞市有幼儿园727所（其中公立集体办园175所，民办园552所），3~6周岁在园（班）幼儿20.84万人，入园（班）率95.35%，比上年提高0.25%。基本普及三年学前教育，取消学前班，实施6周岁入小学。全市幼儿园教职工2.12万人，其中园长、教师1.49万人，教师学历达标率99.1%，大专以上学历28.1%。幼儿园园长持证上岗率91%。全市有省市一级幼儿园101所，其中省一级幼儿园10所，新增市一级幼儿园2所。

【九年义务教育】　2010年，东莞市有小学330所，比上年减少7所，小学在校生55.24万人，比上年增加4.12万人，适龄儿童入学率100%，东莞户籍毕业生升学率100%。全市有完全中学24所，初级中学45所，九年一贯制学校105所。初中在校生18.79万人，比上年增加5164人，东莞户籍适龄少年入学率100%，辍学率0.22%。

是年，东莞户籍初中毕业生3.57万人，

升入各类高中阶段学校就读的学生 3.50 万人，升学率 97.90%，比上年提高 0.8 个百分点。

【新莞人子女义务教育】 2010 年，东莞市义务教育学校非东莞户籍学生 52.86 万人，比上年增加 5.99 万人。非东莞户籍小学生 43.26 万人，比上年增加 4.73 万人，其中在公办小学就读的非户籍小学生 10.50 万人；非东莞户籍初中生 9.60 万人，比上年增加 1.26 万人，其中在公办初中就读的非户籍初中生 2.10 万人。

2010 年是实施《东莞市新莞人子女接受义务教育暂行办法》第二年，为更好地解决新莞人子女接受义务教育问题，东莞市以“便民、利民”为原则，进一步降低申请门槛，简化申办手续，同时提前学位公布时间和受理时间。通过挖掘公办学位潜力，全市向新莞人子女提供 1.30 万个学位，比上年增加 401 个学位。针对新莞人家长获取信息渠道不广的情况，全市印制 5 万册《2010 年东莞市新莞人子女接受义务教育工作宣传手册》，免费提供给有需要的新莞人家长，让新莞人全面了解政策和办理要求。

2010 年秋季，全市义务教育阶段公办学校起始年级按照该办法共招收新莞人子女 1.48 万人，比上年增加 873 人，其中小学一年级 10084 人，初中一年级 4728 人。

【普通高中教育】 2010 年，东莞市有普通高中（含完中）40 所，比上年减少 2 所，在校生 7.04 万人，比上年增加 3648 人，普通高中在校生与中等职业技术教育在校生的比例约为 6：4。在民族教育方面，做好东莞高级中学招收新疆内地高中班的组织实施工作，强化管理力度，在资金投入、师资配备等方面提供有力保障，有 607 名新疆学生入读该校。

【特殊教育】 2010 年，东莞市落实特殊教育“十一五”规划，抓好特殊教育学校管理工作。全市残疾儿童少年在校生 501 人，适龄残疾儿童入学率 98.8%，比上年提高 0.02 个百分点，适龄残疾少年入学率 98.17%，比上年提高 0.02 个百分点。

【民办教育】 2010 年，东莞市坚持“积极鼓励、大力支持、正确引导、依法管理”的方针，推动和规范民办教育的发展。全市经教育行政部门批准开办的民办中小学 245 所，比上年增加 4 所，其中小学 117 所，初中 10 所，九年一贯制学校 106 所，高级中学 2 所，完全中学 1 所，从幼儿园到高中层次的民办学校 9 所；批准开办的民办幼儿园 552 所，比上年增加 29 所。全市民办中小学和民办幼儿园在校生 60.61 万人，其中，民办中小学 44.99 万人，民办幼儿园 15.62 万人。全市共有专门招收新莞人子女的民办中小学校 218 所。

【中等职业教育】 2010 年，东莞市有公办中等职业学校 19 所（含东莞市高级技工学校），民办中等职业学校（含民办技工学校）9 所，其中有国家级重点学校 10 所，省级重点学校 2 所。中职学校招生人数 1.97 万人（不含省属、跨市中专学校在东莞市招生人数），比上年增加 2137 人，增长 12%；在校生 5.05 万人（不含在外市中职学校就读学生人数），省级以上重点中职学校在校生人数占整个中职学校在校生人数的 62.4%；接收“双转移”学生 6559 人，比上年增加 3845 人，增幅 141.7%。

中职学校开设的专业有电子、计算机、会计、金融、服装、毛织、家具、模具、数控技术、汽车、旅游等30多个种类，其中省级重点建设专业有9个。

东莞市教育局制订《东莞市构建广东省职业教育综合改革试验区实施方案》。该方案获得省人民政府批准，同意东莞市申请建设广东省职业教育综合改革试验区。

东莞市积极开展中职学校与广东省东西两翼和山区市县联合办学，招收学生1200人。采取“2+1”（两年在当地中等职业学校就读、一年在东莞市中等职业学校就读）的教学模式，学生第三年在东莞学习一年专业技能，毕业后留莞就业或创业。在东莞就读的符合条件的一、二年级中职学生全部领取国家助学金每生每年1500元，全市有2.75万名中职学生领取国家助学金，共计3602万元。

2010年，东莞市教育局与市人力资源局联合向市政府提出《关于向我市民办中职学校购买学位的请示》，获得市政府同意。市财政给予来东莞市民办中职学校就读的东西两翼和粤北山区初中毕业生每年3500元学费补助。全市共有8所民办中职学校招收6559名“双转移”学生。

2010年，全市中职学生共有1.63万人考取从业资格证书及技能等级证书，其中获得中级以上技能证书有9763人。全市中职学生的升学就业率97.60%。

【成人教育】 2010年，东莞市有成人高等教育机构7所，乡镇成人文化技术学校32所（其中省级示范成人学校10所，市级示范成人学校22所），民办教育机构248所。各类成人教育培训量52万人次。

大力发展成人高等学历教育，依托各镇街成人学校、民办成人教育机构与高等院校合作办学，全市有31所成人学校、19个民办教育机构分别与36所高校联合举办成人本科、大专函授班，开办专业30多个，在学人数2.9万人。广泛开展各类成人培训活动，举办各类技能培训、职业资格认证培训、文化艺术类培训、成人高考辅导与自学考试考前辅导培训等。

【公共卫生】 至2010年，东莞市经登记注册并领取《医疗机构执业许可证》的医疗机构有2522所，比“十五”（第十个五年计划）期末增长143.9%，其中，医院74所、医院延伸设置的分院20所、社区卫生服务中心（站）388所和门诊部、诊所（含个体诊所）、卫生站、医务室等基层医疗机构1592所。民营医疗机构约占全市医疗机构总数的12.3%，其中有民营医院29所。全市医疗机构床位数19793张，卫生技术人员3.7万人，其中有执业（助理）医师13242人、注册护士14694人，分别比“十五”期末增长65.3%、94.7%、91.8%和127.1%。全市每千常住人口执业（助理）医师2.0人、注册护士2.1人，分别比“十五”期末增长90.9%和130%。全市医疗机构总诊疗量5636.5万人次、住院病人74.2万人次，分别比“十五”期末增长51.4%和65.6%。住院病床使用率为88.3%，平均住院日8天。

2010年，东莞市无甲类传染病发生，报告乙、丙类法定管理传染病27种57640例，发病率为946.95/10万，死亡率为0.53/10万。实施扩大国家免疫规划，免费接种扩大国家免疫规划疫苗255.1万人次。继续开展麻疹疫苗强化免疫活动，免费接种儿童40.2万人，2010年麻疹病例较2005年下降95.97%。对15岁以下儿童补种乙肝疫苗 36.7 万人，超额完成广东省下达目标。加强艾滋病防治工作，启动全球基金艾滋病项目，完成艾滋病病毒抗体检测 48.9 万份，干预各类高危人群 26.8 万人次，继续开展美沙酮社区维持治疗及抗病毒治疗。开展第五次结核病流行病学调查，免费检查疑似肺结核病人 1.2 万例，为 3922 例肺结核病人提供免费结核病治疗与管理。开展全市重性精神病人排查工作，发现有肇事肇祸倾向患者 250 人，需要送院治疗的 46 人。逐步建立深入社区的精神卫生防治网络，有 13 个镇街的精神病防治工作由医院移交到社区卫生服务中心，低保低收入精神病患者在镇街技术指导点就诊 1.2 万人次。开展各类人群心理评估 1.9 万人次，接听心理咨询热线电话 5397 个。

【社区卫生】 2010 年，东莞市新建社区卫生服务站点 33 个，全市建成并投入使用社区卫生服务机构 388 个。社区卫生服务机构诊疗人次 1216.5 万人次，约占全市总诊疗人次 21.5%，参保人次均门诊医疗费用为 48 元。制定《东莞市基本公共卫生服务项目实施方案》和各个子项目的实施方案及相关考核办法，定期组织考核。“六位一体”功能(预防、保健、健康教育、计划生育、医疗、康复）逐步到位，全市社区卫生服务机构累计建立居民健康档案约 296.9 万份，提供卫生健康保健知识咨询服务 162 万人次、发放相关资料 403.4 万份，开展高血压管理 4.1 万人、糖尿病管理 1.7 万人、辖区重性精神病患者管理 1.2 万多人、0~36 个月儿童系统管理 19.7 万人、7 岁以下儿童保健 47.4 万人、产检 12.1 万人。加强社区卫生服务队伍建设，依托东莞卫生学校举办全科医生和社区护士岗位培训班，有 626 名全科医生、854 名社区护士取得全科医学岗位证书。推进中医进社区，各社区卫生服务中心均开展中医门诊、中医康复理疗，基本达到服务中心开展 10 项、服务站开展 4 项适宜技术项目的要求。

【就业工作】 2010 年，东莞市人力资源和社会保障局把促进城乡就业作为首要民生工程，多措并举促进就业与企业用工需求有效对接，完成市政府年度十件实事目标任务。

城乡居民就业　实施“创业东莞”工程，推动城乡居民实现自主创业、充分就业，全市城镇登记失业率控制在 1.7%以内，完成“十一五”规划目标。抓好资助性技能培训，共组织开展户籍劳动力资助性技能培训 1.47 万人次。开展“青年就业见习训练”和“青年就业培训计划”，提供各种管理类、技术类岗位 2600 多个，提高户籍青年就业技能。组建“村民车间”459 个，安置属地劳动力 1.7 万人。开展“就业服务日”活动与“再就业援助月”活动，提供就业岗位 6.2 万个，为 2.5 万人次城乡登记失业人员提供就业服务，服务率 100%。发放“创业东莞”各项就业补贴资金 2.66 亿元，惠及 49 万人次。

毕业生创新就业　落实 2010 高校毕业生就业推进行动，实施岗位拓展、创业引领、素质提升、就业服务与援助四项就业计划，开发基层社会管理和公共服务岗位 1654 个，通过选聘村官、挂职锻炼等方式到村（社区）就业毕业生 546 人；举办创业培训班和就业指导培训班 57 期，培训 1.03 万人次；举行东莞生源普通高校应届毕业生供需见面会 46 场，提供就业岗位 4.1 万个。东莞生源应届高校毕业生报到总人数 11574 人，已成功实现就业 11113 人，就业率

96.02%。

市外人力资源就业 举办“2010东莞校企合作洽谈会”，促成参会企业与学校建立定向式（订单式）培训1561宗，签订长期合作协议1168份。启动“春风行动”，组织做好有序流动工作，春节前发布8万多条岗位信息，春节后组织举办100多场现场招聘会，入场求职40多万人次。结合“南粤春暖”就业服务月活动，组织900多家企业赴省内外举办劳务对接招聘会，输入劳动力3.8万人。全年办理7000名外国人及台港澳人员就业登记，办理外商常驻代表机构中方雇员证1724人。

农村劳动力转移就业 以落实“双转移”工作为目标，组织省内农村劳动力资助性培训2.37万人次，东莞农村劳动力新增转移就业1.79万人，接收粤东西北地区输入劳动力5.2万人，完成省下达任务指标。

【和谐劳动关系构建】 2010年，东莞市人力资源和社会保障局以加强人文关怀、改善用工环境为工作主线，突出做好基础性工作，全市人力资源信访量、受理仲裁案件、劳资突发事件以及欠薪逃匿案件分别比上年下降31.1%、9.37%、5.6%和37.1%，劳动关系总体和谐稳定。

加强主动防控 以处置和防控突发事件为重点，化解劳资矛盾，防范深圳富士康、南海本田事件连带效应。召开构建和谐劳动关系专题务虚会，将工作从被动应对向主动防范、有效处置转变，妥善处置个别企业在转型升级过程中出现的劳资问题。

加强信访工作 围绕“平安亚运”目标，排查隐患，集中化解矛盾，亚运期间全市没有发生影响重大的信访案件。市、镇（街）、村（社区）三级联动，以首访调解和基层接访为重点，推动信访工作重心下移、关口前移，促进劳资矛盾调处化解。全年接待人力资源信访3.64万宗，其中集体访1231批，比上年下降58.97%，受理调处首访案件3.38万宗，97.17%信访案件在首访得到妥善处理。实现全市12333电话咨询服务系统互联互通，全年接听、收录群众来电约68.5万次。

加强监察监控 开展工资支付、劳动力市场整治、劳动合同签订、整治非法用工、打击违法犯罪、劳务派遣用工情况、“三法一例”执行情况等6项专项大检查，检查各类用人单位2.1万家次，为10.34万人追回劳动报酬2.1亿元。对12家严重违法企业、劳务派遣机构以及150家非法劳务派遣机构作出社会公布。开展用人单位劳动守法情况分类监控管理工作，建立企业守法情况分类监控管理系统，全市已录入系统企业8664家，对365家C类企业（守法情况较差）进行重点监控。

加强仲裁调解 挂牌成立市劳动人事争议仲裁院和33个镇街仲裁庭。对全市村一级1470名调解员进行大轮训，提高基层调处化解劳资矛盾能力。全年受理劳动争议案案件13.84万宗，结案率98.97%，超额完成省90%的目标，其中村（社区）劳动服务站调解收案12.57万宗，占全市总案数90.8%。

加强宣传教育 举办加强人文关怀现场主题咨询活动、和谐劳动关系先进经验巡回宣讲会，组织各类普法宣讲会205场次，派发普法宣传资料49.3万份。开展最低工资标准政策宣讲，编制《东莞市调整企业职工最低工资标准解读》、《调整指引》等资料下发企业。开展“送法上门”、“送法进厂”等活动，推进劳动法律法规“进企业、进社区”。

加强人文关怀　坚持以政策引导为手段，引导企业合理提高工资水平，严格执行最低工资标准政策，最低工资标准从770元/月提高至920元/月，保障员工合法工资权益。制定发布《东莞市2010年度劳动力市场工资指导价位》，引导企业建立工资合理增长机制。推进积分制入户城镇工作，配合制定和实施积分制入户政策，完成1.6万申请人的证书、合同等审核工作，全市共有13267名农民工取得入户城镇资格。

【社会保障概况】　至2010年末，东莞市五大险种参保共2350.27万人次，比上年增加222.41万人次，增长10.45%。其中参加社会养老保险416.75万人，社会基本医疗保险592.27万人，生育保险592.27万人，工伤保险469.08万人，失业保险279.90万人。全市各项社保基金当期征收140.06亿元，增长9.32%。

【社会养老保险】　2010年1月1日，东莞市人力资源和社会保障局通过分类办理、分期投入和还清历史欠账、建立原农（居）民参保人养老金逐年调整机制等方式，将全市符合条件的农保参保人，以村（社区）为单位并入职保，整合农保基金和职保基金，正式建立起全市社会养老保险制度。为保证养老保险制度改革后的良性运作，该局2010年4月16日印发《关于解决社会养老保险制度实施后有关历史遗留问题的通知》，根据市政府的回复，明确农居民遗漏人员、婚迁人员、东莞市居民的补缴等问题。

提高养老金待遇水平　东莞市人力资源和社会保障局出台养老金年度调整方案。1月1日起，5.96万名原职保退休人员参与并享受养老金的年度调整，人均调整增加155元，人均增幅10.17%；13.84万原农（居）民退休人员参与并首次享受养老金的年度调整，人均养老金调整增加54.18元，人均增幅16.35%（若与新制度之前相比，经过两次调整，农居民养老金增长了44.78%）。

应对停办养老保险退保业务　2009年《城镇企业职工基本养老保险关系转移接续暂行办法》出台后迅速采取应对举措，确保各项工作的平稳过渡，从2010年1月1日起，全面停办养老保险退保业务。根据《暂行办法》及时更改转移流程，更新系统程序，保证基本养老关系转移接续工作顺利开展。2010年累计开出参保缴费凭证的人数为239924人，转出省内市外人数为5259人，转出省外21311人（转出省外的21311人数中，21302人转出统筹资金），转入市内人数为5724人。

【社会救助】　最低生活保障　2010年，东莞市最低生活保障标准400元/人/月，实行差额救助，全市有低保对象13813户、34428人，全年共发放低保金6229.88万元，人均每月补差151元/月。全市有低保（含低保边缘）户在读子女34344人次，全年发放助学金7456.81万元，发放中学生寄宿费686.624万元。

建立低保自然增长机制　东莞市根据近三年城乡居民可支配收入年平均增长速度，制定城乡居民最低生活保障自然增长补贴机制。从2011年1月开始，正式实施该机制，并依据机制将低保标准提高到每人每月440元，以后每两年调整一次。

实施低保分类施保　从2010年1月1日起，东莞市对低保对象实施分类施保。全年共向3587名低保对象发放分类补助金40.92万元，有效保障全市特殊困难低保对象的基本生活权益。

开展低保医疗救助 制定《东莞市最低生活保障对象基本医疗救助暂行办法》，开展市级低保医疗救助 34750 人次，共 2315.44 万元，加强对低保家庭就医救助。

春节送温暖活动 东莞市五套班子领导共 34 人，组成 32 个春节慰问团分赴全市各镇街慰问低保户和老党员，共向全市 34295 户困难群众赠送“慰问礼包”，价值 2743.6 万元。

临时救济 东莞市安排春夏荒救济款和冬令救济款各 20 万元，共向 923 名困难市民发放临时救济款 130 万元，发放休渔期困难渔民补助金 217.3 万元。

【新莞人服务管理】 2010 年，《广东省流动人口服务管理条例》、《广东省基本公共服务均等化规划纲要》正式实施，采用积分制办法，东莞市公办学校新招收义务教育阶段起始年级新莞人子女 14812 人；评选出第二届“优秀新莞人”189 名；全市参加社会保险共 2377.1 万人次，各险种参保人中新莞人均占大多数；办理流动人员人身意外保险 28.4 万份，出租屋综合险 7.2 万份，受保人数超过 56.4 万人；为新莞人子女免费接种第一类疫苗 200 多万人次，补种乙肝疫苗 20 多万剂次；为已婚育龄的新莞人妇女提供计划生育手术服务 6387 例，提供查环查孕服务 16.93 万人次；举办“春风行动”专场招聘会 50 多场，组织企业提供招聘岗位 19.6 万个，服务求职新莞人 12.3 万人次；完成新莞人资助性技能培训 10.2 万人次，划拨培训补助资金 120 多万元；全市救助管理站共实施新莞人救助 7108 人次；出台《东莞市减免困难群众殡葬基本服务三项事业性收费实施方案》，为特殊困难新莞人减免殡葬费用 42.74 万元。

体制改革

【政府机构改革】 2010 年，东莞市继续实施政府机构改革，市机构编制委员会办公室基本完成改革任务，审定并印发市政府所有工作部门“三定”方案。

转变政府职能 大力推进政企分开、政资分开、政事分开、政府与市场中介组织分开，将涉及 6 个政府部门共 9 项职能移交给事业单位或社会组织行使。整合领域相同、对象相近、业务相似的职能，在农业农村、工业化和信息化、城乡交通运输、城市建设规划、人力资源、水务等 6 个方面实行综合管理。适应公共服务和社会管理需要，强化政府职能 74 项，新增政府职能 18 项。推进第四轮行政审批事项调整，共取消 232 项审批事项，使行政审批事项精简 32%。

优化机构设置 将市政府工作部门从 37 个调整为 32 个，综合设置经济和信息化局、人力资源和社会保障局、住房和城乡建设局、交通运输局、水务局等五大部门。对 426 个市直议事协调机构进行精简，其中保留 181 个（党群系统 41 个，政府系统 140 个），暂保留 19 个（党群系统 3 个，政府系统 16 个），撤销 226 个（党群系统 31 个，政府系统 195 个）。

理顺权责关系 按照一件事原则上由一个部门管理的思路，合理界定全市 32 个部门职责，共理顺部门间职责关系 34 项，整合相同或相近职能 40 项，建立市直部门间协调机制 28 项，建立地方政府与垂直管理部门协调配合机制或争议磋商机制 12 项。

【简政强镇事权改革】 2010年，东莞市机构编制委员会办公室继续推进简政强镇事权改革，基本完成石龙、塘厦镇试点工作，并于7月铺开到其他11个中心镇和3个市属园区。

试点工作情况 一是推动事权下放。通过直接放权、委托放权、调整派驻机构管理体制、内部调整放权等4种方式，将35个市直部门的575项事权下放给试点镇行使，基本赋予试点镇县一级经济社会管理权限。二是调整机构设置。石龙镇10个党政机构调整为3办6局，事业单位由13个整合为7个，并组建经济发展改革委员会、城市规划建设委员会、人口与社会事务委员会等3个议事协调机构，负责统筹处理相关领域重要事务。塘厦镇10个党政机构调整为3办7局，事业单位由14个整合为7个。三是创新管理模式。将除国土和公安外的市直部门派驻机构下放给2个试点镇管理，改革中下放的派出机构和事业单位有人力资源分局、社保分局、交通分局、文化执法分队、粮所人力资源服务中心、社保基金管理中心和医院。四是给予经费补贴。市财政分别给予石龙和塘厦1500万元、2000万元试点经费补贴。

铺开工作情况 一是确定下放的事权。对试点镇行使下放事权情况整理出运行条件相对成熟的541项事权，确定下放给11个中心镇行使，参照下放给3个园区行使。二是统一机构设置。印发11个中心镇的机构改革方案。三是推动相关机构下放管理。参照试点做法，将5个市直部门的派出机构和3个事业单位的人、财、物全部下放给中心镇管理。四是建立健全监管机制。出台《东莞市简政强镇下放事权运行监督管理暂行办法》，加强对行使下放权力监管。

【事业单位分类改革】 至2010年底，东莞市机构编制委员会办公室制定出台《东莞市事业单位分类改革实施方案》，并于12月29日召开全市事业单位分类改革工作会议，启动事业单位分类改革工作，将全市事业单位分成行政类、公益类、经营服务类3个类别。

【经济体制改革】 2010年，东莞市发展和改革局推进简政强镇试点工作，制定《东莞市发展和改革局扩权强镇试点工作实施方案》和《东莞市发展和改革局简政强镇试点工作实施方案（第二批事项）》，将企业投资项目核准等12项事权和粮所管理所下放给石龙、塘厦镇政府，与之签订行政执法委托协议，并铺开到11个中心镇。参与全市第四轮行政审批制度改革，清理前置审批事项，研究推进网上审批。参与制定新莞人入户政策，分解下达农民工积分制入户指标，推动1.2万多名新莞人获得入户资格。开展2010年度东莞社会发展水平综合评价，按时将评价情况上报。

【医药卫生体制改革】 2010年，东莞市发展和改革局认真落实市医改办工作职责，推进全市深化医药卫生体制改革。落实全市医改责任，重点推进基本医疗保障制度建设、初步建立国家基本药物制度、健全基层医疗卫生服务体系、促进基本公共卫生服务逐步均等化、公立医院改革试点等五项重点改革。牵头制定出台《东莞市医药卫生体制改革近期重点实施方案（2009~2011年）》、《东莞市国家基本药物制度近期实施方案（2009~2011年）》等政策措施。组织开展公立医院改革试点，牵头研究公立医院改革试点实施方案，选取新涌医院、石龙人民医院、莞城医院、石碣医院等4家公立医院改革试点单位，组织赴陕西神木县、子长县和安徽马鞍山市、芜湖市等医改先行地区开展公立医院改革试点专题调研。上半年，多次组织召开基层座谈会和部门碰头会，会同卫生、财政、社保等部门开展公立医疗机构的财务收支、财政补助情况调研摸底。8月，召开全市深化医药卫生体制改革动员大会，启动推进医药卫生体制改革工作。12月，召开全市实施国家基本药物制度工作会议，部署实施基本药物制度各项工作。

【行政执法监督】 2010年，东莞市法制局以规范行政行为为重点，加强行政执法监督工作，提高行政机关及其工作人员依法行政、依法办事的观念、能力和水平。

开展规范行政处罚自由裁量权工作 在借鉴佛山、中山、福州、长沙等地开展规范行政处罚自由裁量权工作经验和做法的基础上，市法制局草拟并报请市政府下发《东莞市规范行政处罚自由裁量权工作实施方案》，组织行政执法部门确定规范自由裁量权工作的机构和人员、对带有自由裁量权内容的执法依据进行梳理，将初步的行政处罚自由裁量标准上报市法制局审查。将自由裁量标准对外公开并执行。

开展年度行政执法评议 在借鉴湖南、广州等多个省市实践经验基础上，经征求相关部门意见，市法制局修改完善并报请市政府下发《东莞市行政执法工作评议考核方案》，在第四季度组织有关部门对35个市直行政执法部门的2009年度行政执法工作开展评议考核。

梳理行政执法职权 针对市政府新一轮机构改革后行政执法主体变更的实际，对市政府机构改革后46个行政执法主体职权进行界定，梳理4899项行政执法职权。报请市政府同意后发布公告，将职权依据及内容在市政府网站予以公布，供社会公众查询和监督。

强化重大处罚备案审查 全年审查行政部门重大行政处罚案件备案7670宗。培训和办证。全年培训3564名执法人员，办理行政执法证2515个。

【积分制入户】 2010年9月，东莞市制定《东莞市积分制入户暂行办法》与《东莞市积分制入户管理实施细则》，并提出用两年时间，逐步将现行其他入户政策纳入积分制入户管理。至年底，全市完成受理审核16246人，经公示取得入户资格10854人。

（潘朝明　刘念宇　冯淑敏　胡晓静）

中山市

中山市

基本情况

【地理位置】 中山市位于广东省中南部，珠江三角洲中部偏南的西、北江下游出海处，北接广州市番禺区和佛山市顺德区，西邻江门市江海、蓬江、新会区和珠海市斗门区，东南连珠海市，东隔珠江口伶仃洋与深圳市和香港特别行政区相望。全境位于北纬22°11′～22°47′，东经113°09′～113°46′之间。行政区域总面积178366.50公顷。市中心陆路北距广州市区86公里，东南至澳门65公里，由中山港水路到香港52海里。市委、市政府办公大楼位于东区松苑路1号。

【建置沿革】 中山，1925年前称“香山”。据宋朝《太平环宇记》记载：东莞县香山在“县南隔海三百里，地多神仙花卉，故曰：香山”。古代香山，是孤悬于珠江口外伶仃洋上的岛屿，境域仅为现时的五桂山和凤凰山周围的山地和丘陵区，即是石岐城区至澳门一带地域。考古表明，在距今5000多年前的新石器时代，已有土著古越族人在香山岛屿捕鱼打猎和半定居。香山在汉代属番禺县地域，晋代以后属东官郡地域，唐代属东莞县地域。南宋绍兴二十二年（1152）设香山县，并割入南海、番禺、新会等三县的滨海地域，隶属广州。民国时期，直属广东省。香山县翠亨村是孙中山先生的故乡。1925年3月12日，孙中山先生逝世。同年4月15日，广州中华民国陆海军大元帅府决定，将香山县更名为中山县，以示纪念孙中山先生。1949年，中华人民共和国成立后，仍为中山县，属佛山地区管辖。1983年12月，经国务院批准中山县改为中山市（县级），属佛山市管辖。1988年1月，国务院批复，中山市升格为地级市，直属广东省管辖。

【地形地貌】 中山市地质构造体系属华南褶皱束的粤中凹陷的北段，地形以平原为主，地势中部高兀，四周平坦，平原地区自西北向东南倾斜。五桂山、竹篙岭等山脉凸屹于市中南部，五桂山主峰海拔531米，为全市最高峰。地貌由大陆架隆起的低山、丘陵、台地和珠江口的冲积平原、海滩组成。其中低山、丘陵、台地占全境面积的24%，一般海拔为10～200米，土壤类型为赤红壤。平原和滩涂占全境面积的68%，一般海拔为-0.5～1米，其中平原土壤类型为水稻土和基水地，滩涂广泛分布有滨海盐渍沼泽土及滨海沙土。河流面积占全境的8%，西江下游的西海水道、磨刀门水道自北向南流经市西部边界，由磨刀门出南海；北江下游的洪奇沥水道自西北向东南经过市东北边界由洪奇门出珠江口。其间汊道纵横交错，其中小榄水道、鸡鸦水道横贯市北半部，汇入横门水道由横门出珠江口。水系划分为平原河网和低山丘陵河网两个部分，平原地区河网深受南海海洋潮汐的影响，具典型河口区特色。

【资源物产】 太阳能资源 中山历年平均太阳总辐射量445155.4焦耳/平方厘米，是省内太阳辐射资源比较丰富的地区之一。

水资源 中山属丰水地区，年降水量共29.18亿立方米，西江和北江流经中山市的磨刀门、横门、洪奇沥，多年平均径流总量2241亿立方米，占珠江平均径流总量3290亿立方米的68.1%。此外，中山市地处滨海，可利用潮差进行排灌。

矿产资源 中山地层分布比较简单，矿产种类不多，优势矿产主要有建筑用花岗岩、矿泉水、地下热水、砂料和耐火粘土。已探明并开发利用的矿产仅有花岗岩石料、砂料、耐火黏土和矿泉水、地下热水。其中石料主要是黑云母花岗岩、黑云母二长花岗岩和花岗闪长岩，广泛分布于市内的低山、丘陵和台地，以五桂山和竹篙岭储量较为丰富；地下热水含氟、氡，适用于医疗，可作为温泉浴使用，主要分布在三乡、坦洲等地；矿泉水是20世纪80年代后期兴起的矿产资源开发产业，属花岗岩裂隙水，为偏硅酸低矿化度饮用天然矿泉水，主要分布于五桂山至神湾一带的山区；砂料以中粗粒石英砂为主，主要分布于市内东部龙穴、下沙一带沿海地区；耐火黏土主要分布于火炬开发区濠头村附近。

动植物资源 中山大中型兽类的主要活动场所分布于五桂山低山丘陵和白水林山高丘陵地区，有小灵猫、食蟹獴、豹猫、南狐、穿山甲、板齿鼠和各种鸟类、蛇类等；平原地区以爬行类、两栖类、鸟类和鼠类为主；水生动物有鱼类、甲壳类和多种贝类。植被代表类型为热带季雨林型的常绿季雨林。据2007年调查，全市有维管植物217科912属1771种，其中野生维管植物186科646属1235种，种类占广东省总数的六分之一。2010年，全市森林覆盖率19.1%。

旅游资源 中山市的名人胜迹、五桂山脉和珠江三角洲南部的水乡特色，形成多姿多彩的人文与自然景观，市内主要旅游景点有：翠亨孙中山故居、孙中山纪念馆、孙文纪念公园、中央电视台中山拍摄基地——中山影视城、孙文西路文化旅游步行街、中山温泉、长江水库旅游区、詹园、泉林山庄、岭南水乡、紫马岭公园、阜峰文笔、五桂山逍遥谷、翠竹园漂流乐园及革命历史根据地、逸仙湖公园、丰本农业科技园、大涌卓旗山公园及烟墩山古塔、西山禅寺、南山古香林、宋帝遗迹、罗三妹山、桥头小琅环等。

土特产 主要有三月红荔枝、神湾菠萝、小榄菊花肉、中山杏仁饼、石岐乳鸽、东升脆肉鲩、茶薇花制品、三乡濑粉、黄圃腊肠等。

【人口】 根据第六次人口普查结果，至2010年11月1日，中山市常住人口312.09万人。其中，男性165.63万人，女性146.46万人，总人口性别比（以女性为100，男性对女性的比例）为113.09。具有大学（大专及以上）程度的人口24.27万人；高中（含中专）程度的人口65.55万人；初中程度的人口140.38万人；小学程度的人口61.34万人（以上各种受教育程度的人包括各类学校的毕业生、肄业生和在校生）；文盲人口（15岁及以上不识字的人）4.03万人。年末，全市有户籍人口149.18万人。

【语言】 中山市的语言状况较为复杂，主要使用汉语方言，包括粤方言、闽方言及客家方言。其中使用粤方言的人数最多，占总人口的84%，主要分布在北部冲积平原区和中部的石岐地区。粤语方言分为4种：(1)石岐话，主要分布在石岐地区、南区和南朗镇。(2)沙田话（近顺德话)，主要分布在南头镇、黄圃镇、东凤镇、小榄镇、阜沙镇、东升镇、横栏镇、港口镇、民众镇、坦洲镇、板芙镇及西区的沙朗、南朗镇的横门等地。(3)三角话（近东莞话)，主要分布在三角镇。(4)古镇话（近新会话)，主要分布在古镇镇。闽语方言，主要分布在沙溪镇、大涌镇、三乡镇及火炬开发区的张家边等地。客家语方言，主要分布在五桂山区、神湾镇及坦洲镇的南部。

【民风民俗】 中山民性爱国爱乡，勤劳敦厚，富于进取，勇于创新，灵活求实，较少保守思想。民风平和有礼，与人为善，团结互助，崇尚正义。市委、市政府在2004年重新拟定“博爱、创新、包容、和谐”为中山人精神。中山民间艺术丰富，其中有中山民歌、舞龙狮鹤凤、崖口飘色等。中山是民歌之乡，民间流行的民歌有咸水歌、高棠歌、大缯歌、客家山歌、鹤歌、姑妹歌、渔鼓、龙舟、小调儿歌等，其中以咸水歌和高棠歌最具特色，这两种民歌已有300多年的历史，流行于坦洲镇等大沙田区。中山舞龙分为木龙、火龙、金龙、沙龙、草龙、游龙、板龙、云龙8个种类。坦洲咸水歌、小榄菊花会、沙溪凉茶、长洲醉龙、崖口飘色被纳入国家级非物质文化遗产名录，南朗崖口飘色、五桂山白口莲山歌、沙溪鹤舞、黄圃麒麟舞、黄圃飘色等5项民间艺术形式被纳入广东省非物质文化遗产代表名录。自1988年起，每年都在农历正月初七（2001年后改为正月十五）举办“慈善万人行”活动，为社会公益事业筹集善款，民间艺术也在此间展演，成为中山独特的新民俗。

【行政区划】 中华人民共和国成立以后，中山县从1949年冬起，建立新的区乡体制，到1951年1月，全县设置1个区级镇（石岐镇)，11个区。1952年7月，由于珠江区专员公署海岛管理处撤销，中山县从该处接管了原属中山、宝安的48个岛屿和渔港。同年12月，中山县设立渔民区人民政府（驻唐家)，管理上述地方。1953年3月，设立石岐市（省辖市)，以中山县石岐镇的行政区域为其行政区域，归粤中行署领导，中山县划出长洲、后山、柏山、张溪、基边、员峰等6个小乡，归入石岐市郊区。1953年4月，设立珠海县，以中山、东莞、宝安三县所属海岛为其行政区域。中山县划出渔民区和前山、关闸、吉大、南屏、北山等地与淇澳、三灶、高栏、荷包、大小霖、大小横琴等海岛，归珠海县管辖。1953年6月，中山县调整行政区划设置，设3个区级镇，15个区。1957年2月，中山撤区并乡，全县15个区改划为34个大乡，原来的3个区级镇不变。1957年3月，中山、珠海两县调换相邻的部分乡村，中山县坦洲区的康济、翠微、造贝乡，翠亨区的下栅、东岸、官塘乡，乾雾区白蕉乡的白藤村，划归珠海县管辖。珠海县的万顷沙区，包括万顷沙镇和沙尾等11个小乡，划归中山县管辖。1958年8月，各大乡普遍建立人民公社，公社取代大乡。同年10月，实行政社合一体制，全县34个公社（大乡）合并为7个大公社。同年10月，原属黄圃公社的小黄圃、高黎等两个小乡，划归顺德县管辖。1959年3月，撤销石岐市、珠海县，将原石岐市、珠海县的行政区域全部划归中山县。同年7月，大岗、万顷沙两个公社和大岗镇，划归番禺县管辖。1961年8月，恢复区的建制，设置1个县级镇，2个区级镇，13个区。1961年10月，恢复珠海县，以合并于中山县的原珠海县行政区域为珠海县的行政区域，中山县划出唐家等6个公社和那洲、上栅两个小乡，归珠海县管辖。1964年5月，原属横栏公社的特沙大队，划归新会县管辖。1965年7月，设立斗门县，以中山、新会两县的各一部分行政区域为斗门县的行政区域。中山县划出斗门、乾雾、白蕉3个公社与平沙农场，归斗门县管辖。1967年12月，改公社建制，设置1个县级镇，2个区级镇，20个公社。1969年1月，石岐镇归并中山县，撤销石岐镇建制。1971年8月，恢复石岐镇建制（公社级）。1976年12月，全县有3个区级镇，25个公社。1984年2月，撤销石岐镇，改为市区，设置中区等5个办事处；市郊分置25个区和两个区级镇。1986年12月，撤区建镇，扩大市区范围，郊区、环城、张家边划入市区，小榄区分出东升镇，全市改为：市区设中区等8个办事处。市郊设黄圃、阜沙等24个镇。1988年8月，从环城区、郊区分出东区。1990年11月，由张家边区分出中山港区。1990年12月，中山市区设中区等9个办事处，市郊设小榄等24个镇。1993年，沙朗镇更名为沙朗镇。同年1月，张家边区、中山港区、中山火炬高技术产业开发区三区合并，统称中山港区管理委员会，1995年1月改为中山火炬高技术产业管理委员会。1996年10月，中区、岐江区、莲峰区、烟墩区四个办事处合并，统称中区办事处。同年12月，郊区办事处更名为北区办事处。1997年12月，环城区办事处更名为南区办事处。1997年12月，中山市设中山火炬高技术产业开发区，市区设5个办事处，24个镇。1998年9月，撤销翠亨村镇、横门镇，并入南朗镇管辖。全市设1个开发区、5个街道办事处、22个镇。1999年7月，撤销沙朗镇、坦背镇，将两镇分别并入西区街道办事处和东升镇管辖。全市设1个开发区、5个街道办事处、20个镇。2000年5月，撤销中区办事处和北区办事处，组成石岐区办事处。撤销浪网镇，并入民众镇。全市设1个开发区，4个街道办事处，19个镇。2001年8月，将原黄圃镇的新二村、阜沙镇的新团结村划入三角镇，将原三角镇的新联村、新群村划入民众镇。从2004年开始，全市逐步开展将村委会改制为社区居委会工作，调整社区居委会设置。2005年9月，五桂山镇撤镇设街道办事处。全市设置中山火炬高技术产业开发区，市区设石岐区、西区、东区、南区、五桂山5个办事处，市郊设小榄镇、古镇镇、东凤镇、东升镇、南头镇、黄圃镇、三角镇、阜沙镇、民众镇、港口镇、沙溪镇、横栏镇、大涌镇、板芙镇、南朗镇、三乡镇、坦洲镇、神湾镇18个镇。（市档案局）

经济社会发展概况

【经济快速增长】 2010年，中山市生产总值1850.65亿元，比上年增长13.95%，总量继续居全省第五位。常住人口人均地区生产总值60797元，增长8.27%。全社会工业总产值5277.08亿元，增长15.96%。工业经济对生产总值增长的贡献率为67.1%，拉动经济增长9.1个百分点。完成第一产业增加值50.74亿元，增长3.10%；第二产业增加值1074.1亿元，增长15.7%；第三产业增加值725.81亿元，增长12.03%。三次产业结构调整为2.8∶58.7∶38.5。农林牧渔业总产值

86.82亿元，增长3.2%。实现地方财政一般预算收入139.37亿元，增长26.2%。

【结构调整成效显著】 2010年，中山市实现规模以上工业总产值5023.63亿元，比上年增长20.8%。支柱产业产值2863.7亿元，增长23.5%，占全市工业比重56.6%。装备制造业实现产值1435.7亿元，增长30.9%，广机海事重工、中泽重工、中铁大桥局等一批投产项目效益显现，中机钢构、佳能二期等在建项目稳步推进。医药、电子信息产业总产值分别增长32.8%和34.3%。拥有国家级产业基地27个，省级以上名牌名标397个，年产值百亿级企业2家。产业结构高级化和适度重型化趋势加强，高新技术产品产值占工业总产值比重的31%，比上年提高0.5个百分点，规模以上轻重工业增加值比调整为59.8：40.2。规模以上工业企业全员劳动生产率103645元，增长16.0%；利润总额161.3亿元，增长43.2%；规模以上工业企业经济效益综合指数169.6%，提高12.6个百分点。实施"十大节能重点工程"，全市万元生产总值能耗0.64吨标准煤，下降1.15%，化学需氧量、二氧化硫排放总量降幅均完成年度预期目标。新开工项目质量提升，20个项目入选省现代产业500强。传统支柱产业工业产值年均增长17.8%。外贸依存度从188%下降到112%。

【经济发展协调性增强】 2010年，中山市全社会固定资产投资660.4亿元，比上年增长21.04%。第二、三产业投资分别增长22.4%和20.3%，交通基础设施投资增长70.6%。31个项目纳入省重点计划，新增6个项目列入省第三批扩大内需项目，获用地指标83.33公顷，13个项目取得上级扶持资金4568万元，成功申报中央代发地方政府债券1.77亿元。落实家电下乡、汽车下乡、以旧换新等扩内需政策，社会消费品零售总额648.1亿元，增长18.2%。全市外贸进出

中山市国民经济发展情况（2010年）

表一

项 目	常住人口（万人）	地区生产总值		人均地区生产总值		工业总产值		农林牧渔业总产值		全社会固定资产投资额	
		绝对值（亿元）	比上年增长（%）	绝对值（元）	比上年增长（%）	绝对值（亿元）	比上年增长（%）	绝对值（亿元）	比上年增长（%）	绝对值（亿元）	比上年增长（%）
全 市	312.09	1850.65	13.95	60797	8.27	5277.08	15.96	86.82	3.20	660.37	21.04

表二

项 目	外贸出口总额		实际利用外资		地方财政一般预算收入		社会消费品零售总额		城镇居民人均可支配收入		农村居民人均纯收入	
	绝对值（亿美元）	比上年增长（%）	绝对值（亿美元）	比上年增长（%）	绝对值（亿元）	比上年增长（%）	绝对值（亿元）	比上年增长（%）	绝对值（元）	比上年增长（%）	绝对值（元）	比上年增长（%）
全 市	225.05	26.89	6.68	9.74	139.37	26.20	648.11	18.20	25357	9.83	14928	14.29

口总值311.2亿美元，增长27.2%。其中，出口总值225.1亿美元，增长26.9%；进口总值86.1亿美元，增长27.9%。实际利用外资6.68亿美元，增长9.74%，企业在境外投资合作方面取得进展。

【金融及服务业稳健发展】 2010年，中山市交通仓储邮政业、金融业增加值分别比上年增长11%和5.4%，服务业税收99.7亿元，增长21%。25项服务业重点项目完成投资55亿元，为年度投资计划的115%，招商局、雨润、美国普洛斯、英国特易购、马来西亚百盛百货、日本吉之岛百货等知名企业加快进驻。东区中心商务区、西区服务业综合改革实验区、古镇灯饰产业综合生产性服务业集聚区、小榄文化创意产业园区、火炬区中山科技创业园等5个集聚区列入省现代服务业集聚区，石岐区“三旧”综合改造试验区、南头镇华南家电产业服务创新区等吸引60多家高端服务业企业进驻。2010年中山招商经贸洽谈会服务业签约227亿元，并举办物流论坛、金融产品推介会、中港法律论坛等。全年新增明阳风电、棕榈园林、中顺洁柔、达华智能等4家上市公司，累计境内外上市企业达12家。引进招商和上海浦发2家股份制银行及东亚、恒生、汇丰3家外资银行。全市金融机构本外币各项存款余额2665.35亿元，比年初增长20.5%；本外币各项贷款余额1373.62亿元，比年初增长14.8%。其中，人民币个人消费贷款余额470.16亿元，比年初增长23.9%。

【市场消费保持活跃】 2010年，中山市全社会消费品零售总额648.1亿元，比上年增长18.2%。商品房销售面积670.55万平方米、销售额350.38亿元，分别增长19.2%和34.8%。全市旅游总收入125.2亿元，增长13.5%。物价水平总体平稳，受食品、原材料等大宗商品价格上涨影响，全年居民消费价格总指数上升3.0%，工业品出厂价格指数上涨2.6%。

【科技创新能力不断提升】 2010年，中山市科技创新投入较快增长，全市研究经费支出占生产总值比重1.9%，专利授权8538件，比上年增长68.2%，其中发明专利授权166件，增长62.7%，有国家火炬计划特色产业基地6家。新增5家省级工程中心，兆瓦级风电机组、大功率永磁同步电机等关键技术取得突破。拥有国家级示范生产力促进中心和企业技术中心3家、省级工程中心和企业技术中心62家，行业集群联盟标准18项。电动车辆国家工程实验室进驻中山，兆瓦级风电叶片、大功率永磁同步电机等取得关键技术突破。全市拥有省级科技专业镇15个。连续四届获评全国科技进步考核先进市。

【社会事业加快发展】 2010年，中山市学龄儿童入学率、巩固率均达100%，初中毛入学率111.9%，高中阶段教育毛入学率100%，高等教育毛入学率54.5%。职业院校专业设置优化。高考成绩总升学率93.2%，居全省第一。全市共建成292间农家书屋、文化室，公共文化设施覆盖城乡，所有镇区文化站达省特级标准，全市共有5个项目纳入国家历史文化遗产代表名录。新中医院投入使用，博爱医院“三甲”创建工作加快，公共卫生应急体系、医疗卫生综合服务能力不断提升，国家级卫生镇有11个。人口自然增长率5.2‰，居民人均期望寿命78.2岁。开展全民健身运动，竞技体育成绩显著，承办 2010 年中美国际篮球对抗赛及 3 项国家级比赛和 3 项省级比赛。

【统筹城乡协调发展】 2010 年，中山市推进城乡规划建设、基础设施、产业布局、社会管理、公共服务一体化，城镇化率为 86.3%，城乡居民收入比缩小为 1.71∶1。开展统筹城乡发展战略研究及规划编制，启动火炬区、小榄、南头、西区、三乡、沙溪等 6 个城乡一体化示范点。全年建成“硬底化”农路 185 公里、高标准基本农田 333.33 公顷，内河清淤及支堤加固 173 公里。现代农业园区面积 5333.33 公顷，园区每亩（约 0.07 公顷）年产值 1.5 万元，“一带两区十基地”规模经营效益突出，有效辐射带动周边地区农业发展方式转变。全年培训农村劳动力 2.15 万人，转移中山市农村劳动力 1.74 万人。村村建有社区服务中心，实现社保、民政、医疗保健、计生等“一站式”服务，中山市成为全国首个成功创建农村社区建设试验全覆盖示范单位的地级市。完成农村股份合作制和村级统一核算改革。全市村集体经济平均年收入突破 1000 万元。农村生产方式创新稳步推进，土地流转面积 3.63 万公顷，流转率 85.3%。

【居民收入稳步提高】 2010 年，中山市城镇居民人均可支配收入 25357 元，比上年增长 9.8%，扣除价格因素，实际增长 6.6%，城镇居民家庭恩格尔系数 39.2%。全市农村居民人均纯收入 14928 元，增长 14.29%。居民人民币储蓄存款 1443.7 亿元，增长 18.3%。全年新增就业 8 万人，高校毕业生就业率 97%，城镇登记失业率 2.1%，控制在 3.5%以内。企业职工月均最低工资标准提高至 920 元。城镇居民人均消费性支出 18833 元，增长 8.2%；农村居民人均消费性支出 9330 元，增长 8.9%。

【民生福祉明显改善】 2010 年，中山市城镇职工总参保 668.7 万人次，累计发放社会保障卡 285.2 万张。基本实现养老保险城乡一体化。提高市、镇两级财政对城镇居民医保的补助标准，实现城乡居民门诊基本医疗保险全覆盖，全市参加城镇基本医疗保险 233.45 万人，比上年增长 8.0%。其中，参加城镇职工基本医疗保险人数 141.77 万人，增长 13.0%；参加城镇居民基本医疗保险人数 91.68 万人，增长 1.1%。方基冲廉租房小区二期交付使用，祈安苑保障房一期动工，全年建成廉租房 527 套，经济适用房 1000 户，完成 1852 户低保危房改造。8300 多户近 2.3 万人纳入最低生活保障，全年共发放 715 万元临时补助金。完善社会救助体系，加快发展慈善事业。安全生产持续平稳，平安中山建设得到巩固，刑事案件破案率 66.4%，上升 0.7 个百分点，全市各类事故宗数、死亡人数、受伤人数分别下降 9.4%、4%和 6.5%。

（市档案局）

基础设施建设

【重点项目建设】 2010 年，中山市继续实施项目带动和投资拉动战略，全年全市安排重点项目 116 项，其中年度建设项目 92 项，年度计划投资 185 亿元，前期预备项目 24 项。全年全市重点项目共完成投资 189.2 亿元，完成年度计划的 102.3%。其中，民间投资完成 76.5 亿元，国有投资完成 99.2 亿元，财政投资完成 14.3 亿元，分别完成年度计划的111.5%、97.1%和95.5%。

现代服务业重点项目25个，计划投资47.9亿元，完成投资57.4亿元，完成年度计划的119.9%；先进制造业重点项目18个，计划投资33.3亿元，完成投资35.2亿元，完成年度投资计划的105.7%，两行业完成投资额占全市重点项目年度计划比例过半。中山火炬开发区生产服务中心、中山市国际金融中心、中山保税物流中心、中环广场、广机海事重工中山造船基地等项目完成年度计划。高新技术工程、农业水利工程、交通运输工程、能源保障工程、生态宜居工程、社会发展工程分别完成19.1亿元、5.8亿元、21.9亿元、33.9亿元、8.6亿元和7.3亿元，完成年度投资计划的145%、105.5%、97.3%、80.6%、78.5%和75.9%。新开工项目29个，完成投资62.2亿元，完成年度计划的109.2%，美的电器生产三期、陈星海医院综合大楼、钢材物流配送、广东火炬计划电梯特色产业基地、中山市水环境整治工程、中山区域绿道等项目均超额完成年度计划。计划投产项目22个，实际投产17个，完成投资19.8亿元，完成年度计划的94.1%，黄圃镇汽车客运站、石油化工储备区、中环广场、永安新城商业中心、古镇灯饰产业集聚物流服务中心、东凤电子电器商贸城等项目建成投入使用。续建项目41个，完成投资107.2亿元，完成年度计划的100.2%，国际金融中心、银信科技广场、中机钢构等项目超额完成年度计划。

南朗镇、东凤镇、石岐区、火炬开发区、横栏镇、小榄镇、港口镇、民众镇、南区、东区、南头镇、西区等12个镇区投资进度超100%。火炬开发区、东区、西区、民众镇、南朗镇、黄圃镇等分别完成41.8亿元、14亿元、9.3亿元、6.7亿元、6.5亿元和6.1亿元。市发展改革局、文化广电新闻出版局、民政局、经济和信息化局、住房城乡建设局、水务局、外经贸局、供电局等8个部门所管项目投资进度均超过100%，其中市发展改革局、经济和信息化局、供电局、国资委分别完成投资47.5亿元、35.3

中山市基础设施基本情况

项目	单位	2009年	2010年
公路通车里程	公里	1773	1917
其中：高速公路	公里	100.8	115.4
港口泊位	个	120	120
其中：万吨级泊位	个		
内河航运通航里程	公里	861	861
本地电话年末用户	万户	90.35	96.20
移动电话年末用户	万户	354.72	454.64
国际互联网用户	万户	53.85	53.23
电力消费量	亿千瓦小时	61.58	187.05
商品房屋实际销售量	万平方米	563.53	670.55
商品房屋实际销售额	亿元	259.41	350.38

亿元、27.1 亿元和 23.2 亿元。

民间投资项目 35 个，年度计划投资 68.6 亿元，完成投资 76.5 亿元，完成年度投资计划的 111.5%；国有投资项目 46 个，年度计划投资 102.2 亿元，完成投资 99.2 亿元，完成年度投资计划的 97.1%；财政投资项目 11 个，年度计划投资 14.3 亿元，完成投资 13.6 亿元，完成年度计划投资 95.5%。

【水利工程建设与管理】 2010 年，中山市组织编制《中山市水利发展“十二五”规划》、《新建小型水库规划》、《2011 年度全市水利建设投资计划》，全市 62 宗水利工程项目动工建设，完成投资 3.2 亿元。其中，东凤吉昌水闸重建工程、港口群乐社区泵站等工程基本完成；投资 6998 万元的中珠联围坦洲联石湾水闸重建工程，投资 1169 万元的神湾镇外沙村四隆泵站，投资 1245 万元的大南联围大堤灌浆和壳塘泵站水闸工程均完成主体工程建设，完成工程量的 90%以上；投资 1894 万元的长坑三级水库重建工程完成工程量的 60%；福朗水库建设的各项前期工作有序推进。制定《中山市堤防工程日常管理养护考评办法（试行）》，对全市 13 宗万亩（666.67 公顷，下同）以上联围及万亩以下的重点堤防的管理和养护工作进行考评，由市财政对考评达标的管养单位给予适当补贴，提升水利设施管养水平。加大河道管理范围临时堆放区管理力度，核发临时堆放许可证 130 个。在民众镇、东凤镇滩涂种植 6 万多棵落羽杉，削弱风浪对堤防的冲刷。

【干线公路建设】 2010 年，中山市深入实施“六纵五横九加密”干线公路建设规划，全市干线公路完成投资 15.99 亿元，比上年增长 44.97%。民众交叉口改造工程和十水线拱北河大桥建成通车。新开工项目有东部快线榄横路段、十水线鸡鸦水道特大桥、105 国道沙朗至古鹤段路面改造工程、105 国道东凤至沙朗段平交口改造工程、广珠中线二期、南区中环路、城桂一期工程路面改造工程、岭栏路等 12 个，其中 105 国道沙朗至古鹤段实现主线通车。已在开展前期工作的项目有：北二环、横四线西段等 9 个项目处于编写工程可行性报告阶段，古神公路二期工程南段（古神公路终点至加密九线）等 4 个项目开展初步设计。协调广珠西线高速、江珠高速北延线和江番高速、中开高速的规划建设，其中广珠西线二期顺德碧江至中山东升段于 6 月 26 日通车，江珠高速北延线和江番高速 12 月 28 日动工，中开高速已立项。协调广珠西线三期增设深湾互通。

【农村公路建设】 2010 年，中山市开展农村公路和革命老区公路硬底化建设项目 108 个，里程 83.85 公里，总投资约 4251 万元，为全市每 100 平方公里增加 4.5 公里的公路密度。开展 3 个省督办的镇通行政村道路硬底化建设，涉及里程 9.69 公里，投入资金 1454.38 万元。2010 年全市地方公路共 425 条，总长 1535.23 公里，桥涵 3662 座。4 月初，十三届 52 次市政府常务会议决定，用 4 年时间全部完成镇区间“断头路”，共 24 个项目 45.8 公里，估算投资 3.5 亿元，市财政按工程建设资金的 20%给予补助。全年启动项目 5 个 20.86 公里，总造价 2.24 亿元。其中，金凤路率先建设，沙溪滨河南路完成立项，裕福公路、广丰工业大道（北段）、横充公路延长线涉及到的广丰工业大道石特涌桥等 17 个“断头路”小项目开展施工图设计工作。

【镇区对接道路专项调查】 2010年7月，中山市镇区对接道路（断头路）专项调查全部完成，掌握了“断头路”的道路线位、起终点、建设规模、征地拆迁、断头成因等方面的第一手详细资料。10月，中山市交通运输局组织召开镇区间“断头路”专项调查成果评审会，公开征求24个镇区和规划、国土、发改等单位的意见。调查成果得到与会各专家和代表的普遍认可。会后，民众、古镇等13镇区提交正式的书面反馈意见。随后，用1个多月时间对阳光大道接福源路等10条镇区新提出的“断头路”项目进行现场补充调查。11月，按照“镇际”、“未连通”、“公路”和“可行”等4个条件，最终确定镇区间“断头路”24条，待建道路总里程45.83公里，工程投资估算约3.52亿元。

【无线城市建设】 2009年6月，中山市启动“无线城市”建设工作，采用先进移动通信技术，为政府、企业、市民提供无线高速宽带网络及以此为基础的各项信息化应用平台。至2010年底，累计投资2亿元，新建3G TD（指第三代移动通信标准之一）基站580个，网络覆盖全市。新建无线局域网（WLAN）热点392个，网络覆盖政府三大办公区域、高校、酒店以及重要商圈、中央商务区（CBD）等热点区域。新建光纤管道469皮长公里，网络直达各楼宇、厂区。9月，举办无线城市信息化创新创意大赛，以“无线城市，无限发展”为主题，面向全国范围内征集涉及无线城市政务、行业、民生三大领域的移动信息化项目。至12月底，有110家企业报名参赛，征集项目126个。中山移动公司承办市政府重点建设项目协同办公系统、农村党风廉政信息公开平台、教育政务信息化管理平台、电子纪检监察综合平台的开发与建设，其中，“古镇政府综合管理平台”项目，开创镇区一级电子政务新局面。“行政服务在线”系统运行平稳，系统可用率高达99.8%，针对重大节假日的系统安全实现零故障。

【中山保税物流中心建成】 中山保税物流中心有限公司注册资金为1.38亿元。公司位于民众镇阳光大道以南，总用地约306.67公顷，首期开发建设53.40公顷。2009年12月通过国家联合验收组验收，成为珠江西岸唯一的保税物流中心。2010年7月5日，中山保税物流中心和中山保税物流中心进出境货运车辆检查场正式封关运作，同时原石岐、坦洲两个进出境货运车辆检查场正式关闭。中山保税物流中心由海关实施特殊监管，享受免税、保税和国内货物进区退税等特殊政策，由一家法人企业经营，多家物流企业进驻，从事保税物流仓储、转动、简单加工、配送、检测维修和报关等业务，为用户提供辐射国内外、多功能、一体化的综合性服务。

【广珠西线高速公路二期通车】 广珠西线高速公路二期是太（原）澳（门）高速公路的一段，简称广珠西线高速，编号S43，起于顺德碧江，经北滘、伦教、大良、容桂，以及中山市的南头、阜沙、东凤、东升、西区，终于沙溪，长约45.5公里。全线设计时速100公里，双向6车道，设顺德东互通、顺德互通、容桂互通、南头互通、东阜互通、中江互通、中山西互通等7处立交。2010年6月25日顺德碧江至中山中江互通段建成通车。从东升（中江互通立交）抵达广州芳村，由原来约1个小时缩短至半个小时，结束中山北部镇区无高速公路的历史，缓解 105 国道以及地方公路的交通压力，密切了中山市与广佛经济圈的联系。

【建成中心粮库二期工程】 2010 年，中心粮库二期工程顺利竣工并投入使用。2 月 9 日，举行中心粮库二期工程落成典礼。中心粮库二期工程是中山市第一个实施代建制的政府投资试点项目，实现节约投资近 1000 万元，工程完工时间比代建合同约定期限提前一个多月。该项目预算总投资 8885 万元，占地 5.20 公顷，建设共 13 栋 8 万吨仓容的粮仓。中心粮库二期于 8 月正式投入使用，最多时每天入库储备粮 1000 吨。中心粮库二期工程代建项目争取到国家下达的 2010 年中央预算内投资专项资金 400 万元，并专项用于粮库配套设施建设，确保中心粮库二期功能齐全、使用便利。改造环保节能型粮仓，应用新型太空隔热涂膜材料对全市的 20 座粮仓共 3.3 万平方米进行整修喷涂，实现低温、低碳储粮。 （市档案局）

现代产业

【打造现代产业 100 强】 2010 年，中山市出台《关于加快经济发展方式转变的意见》等文件，力争 2012 年打造现代产业 100 强初见成效，初步形成产业结构高级化、产业发展集聚化、产业竞争力高端化的现代产业体系。

实施新兴产业 20 强培育工程，重点培育发展新能源、新光源、健康产业等新兴产业，大力扶持发展风电设备、汽车电机及电动控制系统、混合电动轿车动力电池、太阳能设备、生物质能设备、大功率白光发光二极管（LED）研发和制造等核心项目。

打造先进制造业 20 强，做大中船基地、广机海事重工等船舶和海洋装备制造项目，促进中机钢构、中铁大桥局、中泽重工等重大项目关联产业集聚。提升火炬计划中山电梯特色产业基地发展水平，加快发展液晶光电产业园和中山软件园等重点电子信息产业项目，培育一批产值超 100 亿元的优势企业和产值超 1000 亿元的先进制造业产业集群。

发展金融、物流、外包、后台服务、咨询信息、商务会展、文化娱乐、教育培训等现代服务业。加快建设家电产业服务创新区、灯饰产业创新服务中心、孙中山故居 AAAAA 级旅游区、南朗滨海温泉度假城、中山保税物流中心等重点项目，发展东区、西区、石岐区等现代服务业集聚区和北部工业物流集聚区，打造现代服务业发展重要载体，培育现代服务业 20 强。

促进信息技术与工业关键环节的融合应用，建设产业集群电子商务平台，带动传统优势产业改造升级，促进传统产业集群向现代产业集群转变，打造广东省产业集群升级创新示范区，发展传统优势产业 20 强。实施名牌战略，做大做强“古镇灯饰”等一批区域著名品牌，提高特色产业的市场知名度。高水平建设市级产业集聚区，加快市内产业转移升级示范基地建设，引导优势产业集聚发展。

组织实施“一带、两区、十基地”发展战略，即建设沿古神公路绿色园艺产业带，增强古镇镇现代农业园区和港口镇现代农业合作示范区的影响力，扩大市内 10 个农业现代化基地的辐射作用，打造国家级园艺种植示范区、全国绿化苗木重点交易市场、省农业特色名牌产品生产基地和农业产业化龙头企业总部聚集区，壮大现代农业 20 强。

【农业产业结构优化】 2010 年，中山市整合土地资源，建设 5333.33 公顷现代农业园区，园区年亩产值 1.5 万元。建设“一带两区十基地”，即古神公路长 40 公里、两边各宽 500 米的绿色园艺产业带，古镇国家级现代农业园区、港口镇“两岸四地”现代农业园区，横栏镇三沙、五沙、六沙花卉基地、板芙镇广福粮食水产基地等 10 个现代农业示范基地。形成古神公路、新岐江公路花木带和小榄、古镇、东升、横栏等特色苗木基地，其中棕榈园林股份有限公司成为国内第二家上市园林绿化企业。全市共有 32 家市级以上农业龙头企业，其中国家级 1 家，省级 7 家，有 29 个农民专业合作经济组织，成员总数 3313 人。古镇南方绿博园苗木交易中心和广东腾骏动物专用广谱高效抗寄生虫新兽药的研制与产业化入选省 100 个现代农业项目，总投资 5.565 亿元。

【农业基础建设】 2010 年，中山市建设“硬底化”农路 185 公里。坦洲、民众、阜沙等镇区硬底化主干农路网趋于完善。农路硬底化工程每年可为全市农业带来 6853 万元的土地租金增值，受益耕地 12600 公顷。全市实施农田水利基本建设、基本农田整治、市县级基本农田保护示范区建设、中低产田改造等项目整治农田 666.67 公顷。其中，基本农田整治项目争取省财政支持 130 万元（市配套 200 万元），建设坦洲镇裕洲村、黄圃镇石军村共 93.40 公顷现代标准农田；市县级基本农田保护示范区项目建设民众镇群安村 133.33 公顷农田；农田水利基本建设项目分别整治大涌陆泉沙、三角镇十五顷共 253.33 公顷水利设施落后的基本农田；中低产田改造项目分别选择各镇区的中低产田实施整治，共建设 238.67 公顷。

【池塘综合整治】 2010 年，中山市投入资金 7785 万元，其中市财政补贴 820 万元，整治池塘 4599.13 公顷，实现池塘连片化、规格化、标准化。连片 66.67 公顷以上的养殖区 5 个，33.33 公顷以上的 12 个，13.33 公顷以上的 22 个，6.67 公顷以上的 110 个；各养殖区设施完善，通水、通电、通路、通桥，水面与基面比为 7∶3，每口塘面积 0.53～0.80 公顷，水深 2 米以上；池塘水体增加 30%左右，养殖同一水产品种比整治前增产 20%左右，年单产每亩（约 0.07 公顷，下同）840 公斤，增产 9655 吨，按水产品平均单价每公斤 12.8 元计算，产值 12.3 亿元，扣除 60%的生产成本，养殖户每年纯收入增加近 5 亿元；池塘承包租金普遍提高，年平均每亩增加 530 元左右，全市村集体经济收入年增加 3655 万元。

【养殖品种结构调整】 2010 年，中山市各镇区调整优化养殖品种结构，在稳定南美白对虾、“四大家鱼”等主导品种的基础上，发展名特优品种养殖。南美白对虾、罗氏沼虾、甲鱼、脆肉鲩、桂花鱼、鳗鱼等名特优水产品养殖面积 17466.67 公顷，占全市池塘养殖面积的 72.2%。结合养殖品种结构调整，建设十二大优势水产品养殖基地。南朗镇在沿海滩涂建立 666.67 公顷浅海增殖护养白蚬基地和 200 公顷青蟹、海鲈等海水养殖基地。各镇区共建立 8333.33 公顷南美白对虾、6733.33 公顷“四大家鱼”、1133.33 公顷脆肉鲩、1000 公顷罗氏沼虾、639.13 公顷甲鱼、485.60 公顷桂花鱼、358.27 公顷鳗鱼、293.13 公顷观赏鱼、283.87 公顷禾虫和196.20公顷泰国笋壳鱼养殖基地。

【水产品流通加工】 2010年，中山市财政安排流通加工专项补贴265万元，重点扶持具备一定生产规模和加工能力的水产品流通加工龙头企业，引进先进生产线，扩大流通加工规模，提高流通加工能力。巩固美国、欧洲等传统出口市场，开发新兴出口市场。扩大内销市场，开拓东北、华北、西南等地市场。全年全市有70%的水产品外销，水产品流通量30.87万吨，比上年增长5%；水产品加工量7.8万吨，增长6.8%；加工总产值6.96亿元，增长5%。中山塘鱼供应量占香港市场的50%、澳门市场的70%，在广州、深圳、东莞等地的市场份额持续扩大。

【无公害水产养殖】 2010年，中山市着力推进农业部无公害农产品行动计划，促进水产养殖实现标准化和规范化。做好技术支撑服务和检查监督等工作，要求生产单位按《水产养殖质量安全管理规定》和无公害有关标准组织生产。对不符合规范的基面养猪、养鸭排泄物直接下塘以及药物、肥料无法登记和控制的养殖方式要求整改或撤离。民众、港口等镇整改此类不规范水产养殖面积共36公顷。黄圃镇鸿发水产养殖场、神湾镇创业水产养殖场、神湾镇顺景湾水产养殖场3个单位申报无公害水产品产地认定和产品认证，认定面积89.33公顷。

【加工贸易转型升级】 2010年，中山市外经贸局出台《关于鼓励加工贸易企业转型升级的操作意见》，制定《中山市2010年度促进加工贸易转型升级专项资金管理办法》。市外经贸局派出工作小组，深入来料加工企业比较集中的重点镇区开展现场办公，解释政策，化解难题，鼓励各镇区加快不具备法人资格的来料加工企业不停产转型进度。为帮助企业用好“粤港加工贸易企业转型升级扶助计划”等优惠措施，市外经贸局连同香港生产力促进局，以及相关职能部门，共同举办“中山市加工贸易转型升级暨拓展内销创建品牌专题讲座”。全市基本形成部门、镇区和企业协调联动，合力促进加工贸易转型升级的良好氛围，累计成功转型来料加工企业189家，其中包括：总投资额为2.5亿人民币，全市第二大来料加工企业——中山嘉财船井电机有限公司，以及总投资额为1亿人民币的联兴纺织印染（中山）有限公司等。

【产业结构优化】 2010年，中山市规模以上重工业增长24.57%，高于轻工业增速6.54个百分点，轻重工业比为57：43，重工业比重增加1.63个百分点。设立专项资金2000万元推动战略性新兴产业，风电、太阳能、生物质能及高端新型电子信息等产业快速发展。大洋电机进入新能源汽车核心部件领域。广东明阳风电产业集团有限公司成功研发全球首台3兆瓦超级紧凑型海陆风电机组，并于10月在美国纽约证券交易所上市，产值、市值均超100亿元。

【“四加强”发展战略性新兴产业】 加强科技资金支持 2010年，中山市财政科技投入2.8亿元，比上年增长15.4%。其中，科技型中小企业创新基金配套额度2000万元；市级科技发展专项资金6600多万元，市级立项646个；安排1000万元专项资金，支持新能源产业核心技术研究与开发。发动企业申报和承担国家、省市各级各类科技计划项目，全市59家企业共309个项目申请研发费，涉及金额近6亿元。发展科技型企业融资服务，成为全省首批科技金融结合试点城市。设立5000万元重点科技型中小企业融资扶持资金，全部作为贷款风险准备金，通过合作银行和合作担保公司放大20倍，推出“科技通”项目，为具备专利技术、知识产权、股权等无形资产单独抵押条件的科技型企业提供申请贷款的渠道。筹集2亿元资金，成立中山市科技创新投资公司，开展风险投资业务，重点扶持拟上市企业、高成长性企业及初创期科技型中小企业。以全市LED照明示范工程为契机，引入合同能源管理（EMC）模式，推广“用户+企业+银行”的金融创新模式。

加强关键核心技术研究　开展重大项目科技攻关，立足封装和应用领域的竞争优势，开展具有自主知识产权的大功率白光发光二极管（LED）外延材料、芯片、封装的国产化关键技术攻关，实现规模化生产。明阳风电成功研发出全球首台3兆瓦超级紧凑驱动型（SOD）海上及内陆风电机组，大洋电机研发出电动汽车用高功率密度电机及控制系统，进入新能源汽车核心部件领域。实施科技重大工程示范，率先在小榄镇、古镇镇的主要路段、广场等进行LED路灯、景观照明示范，小榄镇已安装LED路灯4000多盏，古镇镇已安装各类LED灯具3000多盏，该示范工程获得省“千里十万”LED专项400万元资助。开展产学研合作，推动市内企业与国内顶尖高校、科研院合作，组建风力发电产学研创新联盟，开发出多项具有自主专利的新产品。明阳风电成为国内风力发电主机供应三强之一，大洋电机与北京理工大学合作，启动大功率永磁同步电机及控制系统产业化项目。至2010年，全市已引进17个高水平创新平台，建立风力发电、游戏游艺等产学研战略联盟2个、产学研合作示范基地9个，230名省部科技特派员进驻市内企业。

加强技术创新服务平台建设　一是扶持建设专业镇科技服务共性平台。中山市家电创新中心引入德国莱茵公司、中国质量认证中心、中国家用电器研究院等机构，成为集研发、设计、检测、认证为一体的科技公共服务平台，服务企业900多家。小榄生产力促进中心成为集技术创新、信息网络、工业培训、科技创业、质量检测、资金担保六大服务体系的国家级示范生产力促进中心，服务企业2800多家。市、镇联合建设LED综合技术研发检测平台，获评国家认可实验室。古镇照明工程中心与省质检中心、浙江大学合作，建设LED灯具产品公共检测平台，参与普通照明LED系列国家标准制定。二是引入高素质科技中介机构合作。与全球知识产权信息服务商汤姆森科技信息集团合作，建立针对照明行业的专利数据库。与国内专利数据库建设和信息服务的领头企业北京东方灵盾科技有限公司合作，建成世界灯具照明专利专题数据库，收录全球60万条与灯具、照明及应用相关的专利，全市1000多家照明灯饰企业使用该数据库。三是扶持企业研发机构建设。明阳风电与中山装备制造工业研究院联合共建风电装备研究所，大洋电机成功组建广东省微特电机工程技术研究开发中心，华帝与华中科技大学煤燃烧国家重点实验室共建实验中心。中炬森莱依托国家高技术新型储能材料工程开发中心，发展成为全国较大的镍镉、镍氢动力电池生产商。

加强创新人才引进　中山市设立紧缺适用高层次人才工作专项资金5000万元及8个配套政策，大力建设战略性新兴产业发展

急需的创新科研团队、领军人才和国家重点实验室、国家级工程中心。获省批准引进的创新科研团队，在省给予专项工作经费基础上，按不低于二分之一的比例提供配套资金；获市批准引进的，给予100～1000万元资助。引进国家重点实验室、国家工程技术研究中心，根据依托单位实际投入情况，在建设期内给予每家100～1000万元扶持资金。

【传统产业转型升级】 2010年，中山市按照《广东省经济和信息化委员会与中山市人民政府共同推进优势传统产业转型升级行动方案》，家用电器、纺织服务、金属制品三大传统产业35个项目、13个产业创新服务平台列入省经信委重点扶持项目。省、市、镇区各级政府成立转型升级工作领导小组，设立传统产业转型升级专项资金，对获扶持的重点项目予以扶持，支持传统产业关键技术领域、薄弱环节攻关的技术创新项目，对节能减排、清洁生产的企业给予一定补助。健全投融资保证体系，对符合信贷条件的优势传统产业，提供必要的支持。各镇区传统产业有序申报转型升级项目。

【推动内资企业做强做大】 2010年，中山市优选100家内资企业作为重点对象，培育一批具有竞争力的内资领军企业。每年安排专项资金1000万元，用作扶持内资百强企业启动资金。内资百强企业原有用地的投资强度、每亩产值和税收达到全市平均水平以上的，通过全市用地指标统筹安排，优先解决其工业发展用地指标。对符合省立项条件的百强企业，力争列入省重点项目，解决用地指标。将内资百强企业增资扩产的厂房建设投入资金全额纳入技术改造补贴范围，鼓励内资百强企业充分利用土地，对按规划建设两层及以上厂房的（含在原单层厂房上建设），可以贷款贴息方式给予补贴。对获得国家级名牌名标企业给予奖励。设立规模效益奖和经济增速奖，对获奖企业一次性奖励100万元。鼓励企业在境内外通过直接上市、买壳上市、借壳上市、新三板挂牌等渠道进入资本市场实现跨越式发展。引进战略投资和专业投融资机构，建立内资百强企业信用评价体系。鼓励内资百强企业参与组建金融机构，运用短期融资债券等方式拓宽融资渠道。鼓励百强企业通过股权收购、产权受让等形式，实施与国内外相关企业的并购重组。推动纳入培育范围的企业采用承担债务、购买、吸收股份等以控股方式对市内外企业实施并购重组。鼓励百强企业建立博士后工作站，引进各类高素质、高水平的专业人才。对百强企业需要引进的各类人才，按照加快培养引进紧缺适用人才政策落实待遇。百强企业外来员工入户和子女入学，同等条件下给予优先照顾。鼓励百强企业加强产学研合作，支持建立国家、省、市企业技术中心和工程技术中心。鼓励进行技术改造，对获得国家、省财政补贴和奖励的给予市级配套。优先扶持百强企业申报高新技术企业，享受企业所得税优惠。按照市政府鼓励发展总部经济相关政策，引导符合条件企业进入总部集聚区，发展总部经济，对其建设总部大楼或租用办公场所给予优惠。组织百强企业参加国内外知名专业展会并给予参展补贴；鼓励百强企业参与国内国际政府采购；引导应用电子商务、物联网等新型商业模式，鼓励制造业企业向制造服务业转型。百强企业列入全市保用电企业名单，根据全市电力供应的实际情况，优先保障用电，尽量减少错峰用电轮休时间。建立政府职能部门与百强企业的信息沟通机制，为企业提供绿色通道服务。

【构建现代产业体系】 2010年，中山市推进清洁生产和发展低碳经济，构建现代产业体系。编制《中山市产业发展导向目录(2011年)》以及中山市新能源产业发展规划、指导目录、扶持政策，提出由“五大支柱产业”（即电子信息、纺织服装、电气机械、化学制品、金属制品）变为“六大支柱产业”（即电气机械及金属制品、装备制造、电子信息、新能源、健康医药、纺织服装）的建议，出台“三个一百”〔重点助推一百家外商投资企业及来料加工企业就地转型升级、重点支持一百家内资企业做强做大、重点引进一百家优质企业（项目)〕和“引进一百”（引进一百家优质企业（项目))工作方案，促进现代产业体系成型，实现中山市产业竞争力和自主创新能力“双提升”、产业结构和城市环境“双优化”。建立中山市新能源汽车推广应用联席会议制度，组织申报广东省新能源汽车示范推广试点城市，申请省新能源汽车示范应用试点，牵头组织全市天然气加气站、电动汽车充电站等配套设施的规划建设，分阶段推广应用新能源汽车。全年新增230台天然气公交车，确定2条电动公交车示范线路，14辆电动公交车投入示范运营。修编中山市热电联产规划，组织推进嘉明电厂三期项目等一批热电联产清洁电源建设，暂停受理燃煤、燃油机组审批，推进清洁生产。

【推进广东省产业集群升级创新试点】 2010年，中山市加快制定产业联盟标准，探索“政府+行业协会+企业”联盟标准模式，围绕14个科技专业镇和26个国家级产业基地，制定16项高于国内通用行业要求、与国际接轨的产业集群“联盟标准”，其中1个升格为国家行业标准，2个在申报国家标准立项，7个升格为广东省行业标准。打造“中山价格话语权”，编制行业景气指数和具体商品价格指数，通过价格部门、行业协会等机构统一发布，最大限度争取市场定价权，胜球灯饰、高利锁业、黄圃腊味商会等11家企业和团体成为广东价格指数平台成员单位。加强区域性服务平台建设，省质量监督红木家具和办公家具检验站落户中山市，小榄镇、古镇镇建立半导体（LED）产品公共检测平台，南头家电创新中心服务功能增强，国家火炬计划中山精细化工、电梯特色产业基地分别落户阜沙镇和南区。全市16个科技型中小企业技术创新基金项目获得国家立项，7个项目被列为国家火炬计划，市生产力促进中心成功申报为国家级示范生产力促进中心。全市专利申请量12032件，发明专利申请量985件，一批具有自主知识产权的共性技术、关键技术取得突破，明阳风电成功研发出全球首台3兆瓦超级紧凑驱动型（SOD）海上及内陆风电机组，大洋电机研发出“电动汽车用高功率密度电机及控制系统”，进入新能源汽车核心部件领域，国家一类新药“科立凝（注射用尖吻蝮蛇凝血酶)”进入临床阶段，松德公司开发出“连线定长拉伸复合转移凹版印刷机”，成为世界上有能力生产该设备的两家企业之一。大型风力发电机组及关键部件产业化基地（明阳风电）等20个项目成功入选省现代产业500强。

【专业镇建设】 2010年，中山市加快专业镇建设。一是重点打造科技创新服务平台，为产业集群发展提供较强的科技支撑。二是招才引智、产学研合作，成为专业镇转型升级的推动力。至2010年底，全市企业与100多所高校、科研院所开展了多种形式的产学研合作，组建3个产学研合作创新（技术）联盟、13个产学研示范基地和4家国家级科研创新平台分支机构（不含检测机构），引进300多名省部企业科技特派员，参与产学研合作的企业近400家，合作项目1000多个，带动企业研发投入20多亿元，累计实现产值700多亿元，形成专利2000多个。2007年和2009年，全省分别启动“创新示范专业镇”和“双提升专业镇”示范认定工作。至2010年底，中山已拥有装备制造产业、新能源产业、现代照明产业和五金设计与制造行业等26个国家级产业基地、15个省级“技术创新专业镇”、3个省级“创新示范专业镇”和2个“双提升”示范专业镇，是全省专业镇比例最高的地级市，2010年中山专业镇经济发展对全市经济贡献率达60%以上。

【发展服务业】 2010年，中山市制定出台《中山市市镇（区）共建服务业集聚区建筑管理暂行办法》，25项服务业年度重点项目完成投资57.4亿元，完成年度投资计划的119.9%，东区中心商务区、西区服务业综合改革实验区、古镇灯饰产业综合生产性服务业集聚区、小榄文化创意产业园区、火炬区中山科技创业园等5个服务业集聚区初步纳入省首批现代服务业集聚区，共建集聚区内新引进东亚银行、恒生银行、招商证券等60家知名高端服务业企业，初步显现集聚效应。先后举办“3·28”现代服务业招商推介会、中山－香港法律中介论坛，组织参加首届中国城镇投资博览会、2010中国（深圳）国际投资贸易洽谈会、2010年（香港）国际中小企业博览会，组织拍摄《聚焦中山CBD》专题片。其中，“3·28”现代服务业招商推介会签约投资额213.5亿元，为历年服务业招商引资之冠。雨润集团、招商局集团、英国特易购等国际知名服务业企业加快进驻，服务业重大项目招商方面取得成效。

【推动信息化和工业化融合】 2010年，中山市经济和信息化局组织企业申报省“两化融合”（信息化带动工业化、以工业化促进信息化）、“四个一百”（工业生产数字化改造、装备制造数字化、清洁生产信息技术应用、节能减排信息技术应用领域分别选择100家示范单位）示范工程，举办各类信息化讲座和电子商务推广活动，总结古镇灯饰产业集群电子商务平台，规划家电与休闲服装等产业集群的电子商务平台建设。与阿里巴巴、中山网、中国国际电子商务中心就有关平台建设进行初步沟通，组织企业参加乐从电子商务经验推广会议，借鉴成功发展模式。广东（中山）软件和数字家庭产业孵化基地、广东省新光源高新技术应用基地和广东健康医疗信息技术服务区等10多个重点园区和重点项目纳入省新兴产业省发展规划。

【邮政速递物流信息化建设】 2010年，广东省邮政速递物流中山市分公司实现全市速递网点信息化，采用先进的电子识读扫描设备、自动分拣设备和GPS全球卫星定位系统等高新技术，为广大客户提供迅速、便捷的上门揽收服务。通过营业窗口、客户服务平台“11183”和公司网站为客户提供全天候实时信息查询服务。建设同城邮件系统，规范同城业务流程。与交警网上处理系统、中山行政服务在线系统和教育局新生预报名系统三大系统的主管部门合作提供网上办公的同城配送服务。创新手机派揽系统，及时进行邮件派揽工作的信息收发和反馈。使用掌上电脑（PDA），加快揽投邮件的信息处理速度。掌上电脑（PDA）与银行POS机终端结合运用，实现代收货款安全、迅速回笼，为广大客户、商家提供网上购物、配送等一条龙服务。

【会展业】 2010年，中山市主办市内经贸会展活动经贸会展活动12个，国内外近5100家企业参展，近30万采购商、观众到会洽谈采购，合同贸易金额303.93亿元。中山组团参加广东省、国家有关部委及外省、区、市举办的重大经贸会展活动，宣传和推介"中山货"，全市共有80多家次企业、580多人次参展参会，合作项目157个，合同总金额65.81亿元。

【推动企业上市】 2010年，成立中山市上市工作协调小组召开会议，沟通交流推进企业上市相关工作，运用企业改制上市统筹机制，加强与各部门合作，协调解决发展利用资本市场和企业改制上市有关问题，为企业上市开辟绿色通道。广东棕榈园林股份有限公司、中顺洁柔纸业股份有限公司、中山达华智能科技股份有限公司先后成功发行股票并上市，共募集资金达36.5亿元，全市境内上市公司增至7家。广东明阳风电集团有限公司在美国纽约证券交易所上市，募集资金3.5亿美元，成为2010年以来中国最大规模的一起赴美上市首次公开招募项目(IPO)。上市后备企业数量增加至80家，其中20家企业成立股份有限公司，近20家企业聘请中介机构进行改制。

【中小企业融资】 2010年，市政府金融工作局落实《中山市2010年重点中小企业融资扶持资金管理办法》，落实重点中小企业融资扶持政策，延续中小企业融资的政策导向作用，引导担保公司通过增资扩股增强营运能力，拓展融资服务平台。年底，全市中小企业贷款余额608.72亿元，比年初增加62.29亿元，增长11.4%。4家担保公司成功增资，小榄菊城担保公司顺利开业，全市注册资本在1亿元以上的较大规模融资性担保机构由原来的2家增至6家，融资担保能力提高。（市档案局）

城乡发展

【编制城乡统筹规划】 2010年，中山市城乡规划局完善《中山市城市总体规划(2008～2020)》，开展编制《近期建设规划(2011～2015)》工作。开展编制《中山市城乡统筹发展战略规划（2010～2030)》工作，10月，完成《中山市保障性住房建设规划(2010～2012)》的编制，形成《中山市住房保障规划（2010～2015)》初稿。加强控制性规划的编制，《古香林及周边片区控制性详细规划》完成对外公示。组织中心城区控制性详细规划审查，主城区30个片区的控规中21个已经市政府批准。各镇也开展控制性规划，206个控规成果经市政府批准，97个村庄规划已全部送审。

【推进珠中江区域合作】 2010年，珠海、中山、江门三市已签署的28个领域31个合作协议进入落实阶段，共同编制《珠中江区域紧密合作规划》。

在交通方面，2010年1月1日实现三

地年票互认，惠及三地800万市民，每年节省出行成本1.87亿元。

在通信一体化方面，对珠海市牵头制定的《珠中江区域通信一体化实施方案》提出三市固话并网、采用“0760”为区号等意见和建议。经过省政府专题工作会议确定，珠中江通信一体化重点围绕资费和服务同城化分步分层推进。

在宣传文化方面，三市共同签署《宣传文化建设战略合作框架协议》、《珠中江报业联盟备忘录》、《珠中江电视相互落地框架协议》等文件，先后举办《西岸雅韵》珠中江三地同城音乐会、“珠中江美术作品展”及珠海经济特区建立30周年大型音乐舞蹈史诗晚会等活动，并先后开展2010中国（江门）侨乡华人嘉年华暨侨乡旅游节、中山市2010年孙中山文化周交流活动。

在教育方面，2010年广州美术学院在中山一中初中部设立中山、珠海、江门三市的美术科高考考点，三地共有1570多名考生参加考试。中山纪念中学、中山市一中等学校先后与珠海一中、江门一中、台山一中等学校建立校际合作体，从教学的全过程进行全方位的合作。

在其他领域，三地灾害天气预报预警机制、环境预警应急联动机制、主要商品价格监测信息发布机制等合作机制运作良好。三地在经贸、旅游、金融、司法、治安、文化、教育等领域的合作全面展开。

【“三旧”改造】 “三旧”改造指旧城镇、旧厂房、旧村庄改造。2010年，中山市完成“三旧”改造调查摸底，编制“三旧”改造规划，建立全市“三旧”改造项目监管数据库。经省国土资源厅确认符合“三旧”改造政策的地块5706宗，面积6713.33公顷，其中旧城镇388宗、面积1013.33公顷；旧厂房1821宗、3226.67公顷；旧村庄3497宗、面积2473.33公顷。出台《关于“三旧”改造工作的若干意见》和《中山市“三旧”改造实施细则》，展开全市“三旧”改造项目的认定和完善历史用地手续报批工作，全年审批认定为“三旧”改造项目374个、586.63公顷。设立石岐、西区、小榄镇、南头镇、神湾镇等5个“三旧”改造试点，有32个“三旧”改造项目进入实施阶段，涉及“三旧”改造土地667.67公顷，投入改造资金261亿元。

【解决外来务工人员子女入学问题】 按照“以流入地解决为主，以公办学校解决为主”的原则，中山市着力解决外来务工人员子女的就读问题。制定中山市流动人员积分制暂行规定，明确积分累计超过30分的流动人员，其政策内生育的子女可在产权房屋所在地或工作地申请入读公办学校排名，4318人取得入学指标，2139人取得入户指标。对符合条件的持有中山市居住证的外来务工人员子女，列入免费义务教育范围。中山自2009年起全面取消中小学校借读费，建立教育扶困助学制度，不断完善外来务工人员困难家庭子女入学经济保障体系，确保经济困难的外来务工人员子女享受同等的教育服务。鼓励社会资金投资创办以外来务工人员子女为服务对象的民办学校，在购买和使用建校用地、租赁校舍等方面给予优惠。2008～2010年，市财政共拨款2100多万元，用于改善民办学校办学条件，缩小民办学校与公办学校办学水平差距。

【实施“大城管”战略】 2010年11月，中山市政府制定《关于进一步加强城市管理工作的若干意见》，确立“大城管”战略。市城管执法局以理顺城市管理体制、健全城市管理机制为核心，以全面推进相对集中行政处罚权为重点，以加强督查考核和奖惩问责为保障，加大行政执法和资源整合力度，提高管理标准，破解管理难题，完善管理措施，提升管理效能，实现由单一城管转向综合城管，突击性管理转向经常性管理，传统型管理转向现代化管理。在小榄镇、沙溪镇等10个镇区的33个物管小区成立城管工作站，落实专职人员负责制。“门前三包”工作向镇区延伸，全市24个镇区均已开展“门前三包”工作，共有“三包”员3617人，“三包”路段943条，总长度1038公里。规范临时摊档，在全市47处场所设置2482个规范摊位，占地面积4.55万平方米。在2010中国城市科学发展高层论坛上，中山市获“城市管理人民满意城市”称号，成为全国7个城市管理人民满意城市之一。

【全民参与城市管理】 2010年，中山市成立城管志愿者服务总队，全市城管志愿者超1000人。在城区组织夕阳红文明劝导志愿者队伍120人，开展老年志愿者文明劝导志愿服务活动。8～12月，开展各类志愿者活动100多次，4000多人次参与。与中国移动、中国电信、纬创资通、香山衡器等著名企业和坦洲理工学校、石岐第一小学等学校共51个单位结成友好“共建单位”，共开展各类活动200多次。市城管执法局定点联系横东村、大涌社区、旗南村，共帮扶36名困难家庭学生，126名贫困孤寡老人。全年在镇区及以上媒体发送有关城市管理的文稿2028篇，官方网站最新动态栏目刊出稿件625篇、照片1282幅，向市委、政府报送信息101篇。

【产业和劳动力双转移】 2010年，中山市4个产业转移园开发园区面积共2506.67公顷，签订投资协议（含意向）项目489个，意向投资额1428.1亿元，其中签订正式协议项目369个，总投资额1034亿元。园区开工建设项目329个，投资额715.3亿元，其中建成项目252个，投资额294.3亿元。4个产业转移园区全年实现工业总产值510亿元，解决就业人数15.24万人，其中当地就业人数10.17万人。作为首批省级产业转移示范园的中山肇庆（大旺）产业转移园和中山河源产业转移园成为当地工业发展的“主战场”和新兴产业的聚集地。

【“农超对接”工程建设】 2010年，中山市引导大型连锁超市直接与农民专业合作社对接，中山市壹加壹商业连锁有限公司、广东益华百货有限公司作为广东省第一批“农超对接”试点企业，经过一年的运行，两家企业鲜活农产品销售量不断增加，达到国家和省提出的减少鲜活农产品流通环节、降低流通成本和保障消费安全的要求。

【“万村千乡”市场工程建设】 2010年，中山市有“农家店”61家，分布18个镇区，经营总面积3300平方米，形成日用消费品批零销售新网络，商品销售额2130万元，比上年增长7.9%。浪网社依托民众农家店，与当地镇政府签订托管协议，开办爱心超市，全年共接待顾客2500多人次，兑换“爱心商品”23万多元，为全镇低保、低收入、五保户等困难群体提供服务。8月，坦背社取得“玉宝”牌粟米油在中山地区的总代理资格。经过全市各基层社的联合经营，整体营销，4个月内累计销售6300多瓶。

【公交服务实现根本改善】 2010年下半年，中山市出台多个公交优先发展和经济扶持政策，构筑“一盘棋”公交格局，组建成立北部、中东部、南部三大组团公交的发展模式，基本实现全市公交资源统一规划、统一管理、统一服务标准和中山通IC卡通用。全年新增264辆新能源公共汽车和550辆出租小汽车、100辆公共小巴投入运营。落实政府公交惠民政策。中山市户籍60岁以上老年人、离休干部、残疾人和现役军人等特定对象免费乘坐公交车，中小学生优惠乘坐公交车。2008～2010年增购的600辆公共汽车购车资金给予三年贷款贴息。从12月28日起，对市民持中山通普通卡乘坐公交车享受7.5折或7折优惠。强化交通管制力度，3月起，中心城区民权路、兴中道、富康路实行限制电动自行车。实施路边停车收费措施。开拓跨市公交线、大站公交快线、市内直达公交专线、学校学生专线、旅游包车专线等差别化运营形式，配套8个城轨站公交线网，实施对8个城轨站各班次运营列车无缝衔接。第四季度与第三季度环比，公共汽车客运量上升了5%，客运收入上升了6%，并呈逐月上升趋势，市民投诉率大幅下降。 （市档案局）

【绿道建设】 2010年2月25日，中山市绿道网项目首期实施示范段——博爱路绿廊于紫马岭公园南门正式动工，全长1.8公里，设计改造范围包括从博爱六路紫马岭公园游泳馆至博爱七路中山中专段北侧沿路绿化用地。次日，中山市召开绿道网建设工作会议及绿道网项目动工仪式。到12月底，经过中山境内的区域绿道（省立）分别是珠三角绿道网1号线和4号线，总长182.7公里已全线贯通，累计投资2.5亿元。《中山市绿道网选线规划》完成初步成果。

资源环境

【土地资源管理】 2010年，中山市行政区域总面积为178366.5公顷。其中，耕地面积12653.42公顷，园地面积19721.15公顷，林地面积30242.57公顷，草地面积2753.95公顷，城镇村及工矿用地面积57022.36公顷，交通运输用地面积3439.49公顷，水域及水利设施用地面积50786.52公顷，其他土地面积（含设施农用地、田坎、盐碱地、沼泽地、沙地、裸地）1747.04公顷。是年《中山市土地利用总体规划（2006～2020）》大纲获国土资源部批准实施，市级规划文本成果已通过省国土资源厅和省人民政府审查，完成各镇区规划文本并获市政府批准。完成《中山市国土资源事业“十二五”规划》的编制及征求意见工作。市、镇两级政府签订《耕地保护责任书》，完成省下达中山市耕地保有量49720公顷和基本农田保护区43866.68公顷的任务指标。至年底，完成开发园地山坡地补充耕地64.67公顷前期工作。全年办理20个省重点项目用地预审，面积共2093.33公顷。上报省审批用地42批次，面积940公顷，已获省批（含往年上报批次）100批次，面积966.67公顷，基本满足建设项目用地的需求。办理国有土地使用权协议出让和国有划拨用地90宗，面积213.33公顷。以流转方式办理集体建设用地使用权登记76宗，面积60公顷。办理改变土地用途、延长土地使用期限、调整用地界线等地政函业务2442宗，面积1953.33公顷，其中镇区1937宗，面积1706.67公顷；

城区 505 宗，面积 240 公顷。

【土地储备】 2010 年，中山市重点开展港口镇胜隆村、南朗镇关塘村土地征收相关工作及完善南朗镇崖口村征地投资补偿工作。完成南朗镇崖口村虎池围、将军下围征收土地中的养殖户补偿搬迁，推进古香林郊野公园 866.68 公顷、南朗镇关塘村二期 133.33 公顷、东区三溪村 20 公顷的征地工作。回收市征地拆迁办移交的船务公司用地 1.07 公顷，城信社西区沙朗 4.33 公顷，石岐区香山花园 4.33 公顷，太澳高速西区隆昌、贴边村 1.73 公顷等土地 4 宗，共 11.47 公顷。向石岐中学、市一中、朗晴小学、东区办事处、城投公司等划拨储备土地 5 宗，面积 9.81 公顷。划拨西区长洲留用地 1.67 公顷、中国电子科技大学中山学院（香山花园拆迁）4.33 公顷、华侨中学高中部扩建 5.07 公顷土地。配合市政工程建设，置换土地 1 宗，置换土地面积 2.67 公顷。挂牌、协议出让东区疾病控制中心用地以东 13.73 公顷、南朗镇槟榔山规划区 76.73 公顷、虎池围 55.13 公顷、五桂山翠丽湖片区 22 公顷等储备土地 9 宗，面积 170.57 公顷，合同金额 20.74 亿元。至年底，全市储备土地总量 1846.67 公顷。

【土地交易市场】 2010 年，中山市首次成功公开出让农村集体流转建设用地，年内建设用地使用权公开交易成交 374 宗，面积 1133.33 公顷，成交金额 121.81 亿元，超出底价 14.38 亿元，平均单价 71.26 万元 / 亩（约 0.07 公顷，下同），与上年相比分别增长 11.64%、48.31%、105.62%、173.62%和 38.64%。其中，建设用地使用权出让 234 宗，面积 820 公顷，金额 74.66 亿元，超出底价 9.51 亿元，平均单价 60.37 万元 / 亩；转让成交 131 宗，面积 306.67 公顷，成交金额 46.78 亿元，超出底价 4.7 亿元，平均单价 101.75 万元 / 亩；集体流转工业用地成交 9 宗，面积 2.77 公顷，金额 3628 万元，超底价 1758.65 万元，平均单价 87.34 万元 / 亩。流拍地块 44 宗，其中出让流拍 10 宗，面积 26.17 公顷；转让流拍 34 宗，面积 54.52 公顷。

【海域综合管理】 2010 年，按照《海域法》的有关规定，中山市海洋与渔业局依法受理、审查茅农沙基地养殖用海、中机钢结构有限公司及中铁大桥局码头港池工业用海、中山交通集团东部特大桥公共交通建设用海等 4 宗用海项目，按照用海审批程序进行审查、审核，并上报市政府审批，其中养殖用海面积 33.2 公顷，工业码头用海面积 12.67 公顷。对全市围填海项目进行筛选，编制年度围填海计划。开展海岛资源调查，全市共有居民海岛 1 个（横门岛），无居民海岛 3 个（大茅岛、二茅岛和灯笼岛），根据技术规程，把原来的烂山合并到横门岛。完成海平面调查和评估任务，形成中山市海平面调查评估报告。加强海域使用动态监管，编制《2010 年中山市海域使用动态监管工作方案》，对海域用海项目监测、异点异区监测、在建工程用海项目监视监测等作具体安排。推进海域动态监管系统业务化进程，充实系统内容。申报海洋测绘资质，保证测量资料的合法性。开展地面监视监测工作，加强权属监测。根据新的权属数据整理技术要求，补充历史数据，更新数据库的新增用海项目。

【主要污染物减排】 2010 年，中山市珍家山污水处理厂、中山市中嘉污水处理厂和18个镇污水处理厂已建成并稳定运行。黄圃镇、三乡镇、坦洲镇、大涌镇、板芙镇、三角镇、港口镇、民众镇等8个镇完成扩建二期污水处理厂项目。全市污水处理厂总处理规模75.5万吨/日，生活污水处理率87.48%。推进污水处理“一盘棋”工作，实施雨污分流，提高污水处理能力和效果。推进非电企业废气脱硫工程技术改造，全年累计完成技改项目7个，技改锅炉总容量724蒸吨/小时。执行项目审批总量前置审核制度，全年否决不符合环评和总量控制要求的项目41个。2010年化学需氧量排放量比2005年下降35.5%，二氧化硫排放量比2005年下降13.5%，圆满完成“十一五”减排任务。

【水环境综合整治】 2010年，中山市水环境综合整治工作重点有综合整治河涌环境，加快生活污水处理设施建设，整治河流两岸生态景观，工业污染防治和治污减排等。建立珠中江环境污染联防联治机制，做好与珠海市跨境的前山河流域水环境综合整治工作。经整治，流域内工业和生活化学需氧量（COD）排放量有所下降，重点污染源排放达标率100%，流域内饮用水源西灌渠水质稳定达标，生态环境逐步恢复，省环保厅对整治取得的成效给予充分肯定。累计投入10多亿元综合整治内河涌1300多公里，清拆违章建筑3000多间共25万平方米，河涌水环境质量持续好转。在2010年全省珠江水环境综合整治考核中，中山市以98分的优异成绩获全省第一名。

【生态工程建设】 2010年，中山市推进12项重点生态工程建设，至年底，18个镇创建成为全国环境优美乡镇。18个镇污水处理厂首期工程全部投入运行，建成配套主管网156.49公里，配套支管网316.01公里；8个镇二期污水处理设施建设基本竣工并进入调试阶段，提高污水处理设施进水量和进水浓度，确保污水处理效果。10月20日，中山市创建全国生态市工作顺利通过国家环境保护部的验收、审核和公示，程序完成后便成为全国首个被命名为“国家级生态建设示范区”的地级市。

【节能降耗工作】 2010年，中山市加强技能目标考核，将“十一五”节能责任逐级落实到各镇区和各重点耗能企业，加强节能监察和服务，对全市公共机构开展节能专项监察行动，对重点耗能企业进行摸底调查，配合省监察中心的对相关行业开展节能对标达标工作。加强对造纸行业以及商贸酒店领域重点用能企业节能监察工作，推广大信新都汇（石岐站）及中山市大信置业有限公司小榄分公司的合同能源管理模式。全年推广72万只财政补贴高效照明产品，关停5万千瓦及以下的燃煤燃油小火电机组，淘汰漂染行业落后产能3000万米。全市建设工程使用新墙材的比例为93%，发展新墙材生产企业35家，生产新墙材28.7亿块标砖，累计节约和保护耕地316.2公顷，节约标煤18.34万吨。小榄镇对全镇年耗10万多吨标准煤的400多台锅炉实行分步节能改造。全市单位国内生产总值（GDP）能耗0.6394吨标准煤，

【“万村绿”工程建设】 2010年，中山市根据“万村绿”活动方案（2009~2013年），加快推进村庄绿化美化。按照“一村一品”的理念，将村后“风水林”、一河两岸、防

护林、古树名木等生态元素融入万村绿。全年共投入资金500多万元完成23个“万村绿”建设项目，其中南朗西涌、坦洲沾涌、南区福涌等村成为首批以“万村绿”促“风水林”保护试点，南区金溪村绿色休闲公园、三角蟠龙村文化活动中心成为省级“万村绿”示范点。

【内河涌整治】 2010年，中山市投入内河涌整治资金3.7亿元，开展内河涌清淤和支堤加固300公里，护岸砌石38万立方米。其中，投资6688万元的茅湾涌整治工程完成首期工程建设，投资4989万元的五桂山红旗河综合整治工程进展顺利，总投资2亿多的港口镇中心片区水环境整治工程动工，总投资2457.56万元中顺大围凫洲河古镇横栏段及凫洲河疏浚整治工程通过验收，凫洲河河道疏浚总长16公里和加固古镇、横栏堤段7550多米工程顺利完成。投资1700万元，建设石岐河滨水区园林景观工程。全市各镇内河涌整治取得“疏浚一条河涌，盘活一方水系，增加一片绿地，整治一村环境”的综合效益。

【“风水林”保育】 中山市“风水林”分布于火炬开发区、三乡镇、南朗镇等11个镇区的74个自然村，面积共301.78公顷，分别占全市林地面积和国土面积的9.43‰和1.68‰。“风水林”中保存有丰富的植物资源，有维管植物149科388属603种，常见树种43个科121种。2010年，结合“建设林业生态文明万村绿”建设，全市投入100万元对“风水林”进行及时有效的保护。市林业局与中山商报合作，联合对部分“风水林”进行科普宣传报道，加深市民对“风水林”和香山文化的认识。 （市档案局）

社会事业

【科技服务业发展】 2010年，中山市完善技术创新服务网络，拥有各类技术开发和服务机构超过500家，服务内容覆盖产品研发、检测认证、电子商务、制造业信息化、知识产权保护、教育培训和会展物流等方面。市生产力促进中心被评为国家级示范生产力促进中心和国家首批科技金融服务试点单位，小榄镇生产力促进中心和市健康科技产业基地发展有限公司被认定为广东省首批科技服务业百强企业（机构），小榄镇生产力促进中心被认定为首批广东省科技服务业发展示范基地。全年全市拥有市生产力促进中心、火炬区创业服务中心、小榄镇生产力促进中心等3家国家级综合性科技服务机构。

【建设企业技术创新平台】 2010年，中山市加快企业工程技术研究开发中心建设，中山市光阳电器有限公司、广东棕榈园林股份有限公司、中山华艺灯饰有限公司、中山泰腾有限公司和完美（中国）日用品有限公司等5家企业组建广东省工程技术研究开发中心，其中涉及LED领域3家。新批准组建市级工程技术研究开发中心32家。有市级以上工程技术研究开发中心256家，其中国家级1家，省级25家，市级230家。推荐明阳集团申报省风电产业重点实验室，已完成评审程序；推荐大桥化工、美味鲜、华帝燃具申报省级企业重点实验室。

【提高自主创新能力】 2010年，中山市财政安排专项资金1535万元扶持88家企业技

中山市文教卫体事业基本情况

教育				医疗 文化 体育			
项目	单位	2009年	2010年	项目	单位	2009年	2010年
普通高校校数	所	4	4	医院、卫生院数	个	42	42
普通高校在校学生数	万人	3.46	3.53	医院、卫生院床位数	张	8822	10114
中职和技校学校数	所	11	12	平均每千人口医院、卫生院床位数（常住人口）	张	5.97	3.99
中职和技校在校学生数	万人	2.64	3.0				
普通中学学校数	所	99	99				
普通中学在校学生数	万人	14.77	15.29	群众艺术、文化馆数	个	1	1
小学学校数	所	212	212	市级公共图书馆数	个	2	2
小学在校学生数	万人	23.68	23.78	博物馆数	个	4	4
学龄儿童入学率	%	100	100	档案馆数	个	9	11
幼儿园数	所	429	435	国民体质合格率	%		
在园幼儿数	万人	8.8	9.63	人均公共体育场面积	平方米	3	3

术改造项目，安排320万元扶持32家企业建立市级企业技术中心，拉动企业投资18亿元，财政资金拉动投入比为1∶117，全市工业固定资产投资210.37亿元，比上年增长20.3%。新认定32家市级企业技术中心、11家省级企业技术中心。至此，全市共有市级企业技术中心304家，省级企业技术中心36家，省级企业技术中心数量位列全省第三。明阳电气、格兰仕、琪朗灯饰等3家企业被认定为全省首批中小企业创新产业化示范基地。举办中山市工业设计大赛，发动企业参加“省长杯”工业设计大赛，提升工业产业设计能力。广东龙的集团有限公司、中山市琪朗灯饰厂有限公司、中山华帝燃具股份有限公司等3家企业、小榄镇基地获得省工业设计示范企业（基地）认定。

【学术交流】 2010年，中山市委、市政府主办《中山院士论坛》系列学术交流活动。全年举办《中山科协论坛》10期，主题包括数字城市的建设与应用、食品标识管理研讨、倡导低碳生活方法建设生态文明城市、工业产品设计与品牌效应、中医养生保健缔造美好人生、膳食营养与慢性病预防、低碳经济与经济发展方式转变、机电产品安全生产与使用、化工安全生产等，涉及生命科学、信息科学、材料科学、能源科学、机械制造、生态环境等学科。应邀作学术报告的专家包括院士2名，研究员、教授及高级工程师8名。3月16日，召开全市学会工作会议，全市参会单位33家。会议期间，省科协党组成员、秘书长杨豪标向市科协颁发第七届广东省科协学术活动周优秀组织奖牌。4月28日，市科协与省食品学会设立的科技服务站在咀香园（中山）有限公司联合举行揭匾仪式，率先在全省科协系统以组建设立科技服务站的形式开展科技服务。6～8月，安徽芜湖市科协、东莞市科协、内蒙古自治区科协、安徽蚌埠市科协和广西梧州市科协相继到访，就科协各方面工作进行交流和探讨。9月1～3日，全市33家科技类学会（协会、研究会）的秘书长参加在梅州市举办的2010年度学会秘书长培训班。9月27~30日市科协领导赴港澳参加第五届粤港澳可持续发展研讨会，11月24日赴香港参加2010年创新科技亚洲会议。

【产学研结合】 2010年，中山市坚持“走出去，请进来”工作思路，先后组织镇区和企业代表走访北京、南京、香港等地多所高校及科研院所，就最新科技成果转移、共建创新研发平台、项目合作等内容进行交流合作，针对中山市家具行业转型升级要求，与南京林业大学达成共建家具研究院共识，产学研合作向港澳地区延伸。促成产学研合作项目120个，其中被列入省部产学研结合专项34个，支持经费1655万元。新增省部产学研结合示范基地2家。新增省部企业科技特派员75名，全市省部企业科技特派员共305人。建立企业科技特派员工作站3个，向高校院所派驻科技联络员2名。市科技局获中国产学研合作促进奖，被评为省部企业科技特派员工作先进单位。

【创建广东省绿色照明示范城市】 2010年9月，中山市与省科技厅签订共建“广东省绿色照明示范城市”框架协议，获省科技厅专项资金2000万元。应用推广“合同能源管理+供应链管理+金融”的新型商业模式，推进开展全市LED路灯示范工程，以此扶持和推动中山LED产业领域关键技术的研发、生产和应用。全年在小榄、古镇、三角等镇区安装LED路灯和景观灯超过1万盏，实施路段超过150公里。新能源企业从100家发展到700家，LED产业实现产值150亿元，比上年增长130%。全市有7家企业11种产品通过广东省绿色照明标杆指标体系检测，占全省产品总数的25%。

【中山市科技创新基金】 2010年3月26日，中山市科技创新基金成立，总规模2亿元，首期注册资金1亿元。该项目是中山市首家具有政府引导性资金参与的有限合伙制创新投资企业。中山市科技创新基金实行市场化运作和专业化管理，以全市高成长型、创新型企业的股权为重点投资方向，50%的基金属于风险投资，主要投资于起步阶段的高科技和高成长性中小型创新企业，50%投资于拟上市企业和高成长性的行业龙头企业。自2009年中山市被省科技厅确定为全省科技金融试点城市后，全市积极推动金融资本与科技创新相融合，先后出台扶持重点中小企业融资、企业上市、小额贷款公司试点等政策，初步形成专项政策、风险投资公司、银行参与、科技担保与助贷平台良性互动的科技金融发展体系。

【名教师、名校长工程】 2010年，中山市建立名教师名校长工作室26个，其中省级名校长工作室1个，省级名教师工作室4个，承担为期3年的省、市级名教师名校长培养对象培养培训任务。全年评定名教师培养对象56人，名校长培养对象21人，市级骨干教师140人。4位中小学校长和5位中小学教师成为省基础教育系统“百千万人才培养工程”第四批名校长名教师培养对象。至年底，全市有省基础教育系统名校长4位，省基础教育系统名教师7位，省特级教师36位，市名教师名校长36位，中学正高级教师1位。

【落实“两相当”工资制度】 2010年，中山市人力资源和社会保障局、财政局、教育局联合制定《中山市义务教育学校绩效工资实施办法》及系列配套政策文件，明确规定义务教育教师规范后的津补贴平均水平不低于当地公务员平均工资水平，将普通高中、中等职业技术学校、特殊教育学校等单位在编在册工作人员及离退休人员纳入绩效工资实施范畴，落实中小学教师工资待遇“两相当”。全市各学校根据文件精神制定本校奖励性绩效工资分配方案，在职人员基础性绩效工资及离退休人员待遇从2010年11月起按新标准统一发放。

【“千校扶千校”行动计划】 按照省义务教育“千校扶千校”行动计划，2010年，中山市21个镇区共60所学校继续结对帮扶茂名、阳江、清远三市50所受援学校。11月，阳江市应邀在原有与中山市结对学校外，选派36位中小学校长到中山参加为期两周跟岗学习，共选出18所优秀学校接受跟岗任务。12月，组织全部50所结对受援学校副校长或教导主任参加华中师范大学中小学管理高级研修班。“千校扶千校”活动期间，中山市派出干部和教师192人参与交流，接收受援学校教师269人；到支援学校上示范课710节，听课教师1万多人次，听课评课2935节次，参与教师1.35万人次；举办报告讲座332次，3.79万人次参与；组织教研活动748次，1.06万人次参与；举办团队共同活动200次；援建书库26间，书角436个；捐赠电教平台79套，电脑224台，课桌2056张，图书7.69万册；捐赠一批速印机、复印机、打印机、录音机、体育器材等。捐物折算合计271.77万元，捐款107.06万元。与中山市支援学校结对的24对学校被省教育厅评为“千校扶千校”帮扶工作突出学校。28位“千校扶千校”外派支教管理干部和教师获评2010年度“中山市优秀教师”。

【创建历史文化名城】 2010年，中山市成立历史文化建筑保护管理中心，市政府制定《中山市历史文化街区及历史建筑保护专项资金管理暂行办法》，并对480处历史建筑进行挂牌。6月6～9日，国家住房和城乡建设部及国家文物局组织评估考察中山历史文化名城申报工作情况，在对西山寺、孙文西路、从善坊、沙涌等历史文化街区和中山纪念中学、孙中山故居等人文景观进行实地考察后，评审专家组专家表示，中山历史文化遗迹丰富，历史建筑集中成片，不仅具有鲜明的历史文化特征，尤其集中体现了中国近代历史的进程。这一时期的中山历史遗迹，能集中展现中山名人荟萃、中西文化融合的文化风貌，在中国近现代发展史上，在中国近代以来的思想启蒙过程中，占据着重要地位。6月26日，由中山市委宣传部主办的孙中山文化工程座谈会在孙中山故居纪念馆举行，研究从省级层面推进孙中山文化研究的有关事宜。开展孙中山文化周系列活动，邀请文昌、广安、湘潭市代表参加文化周启动仪式，举办“孙中山·辛亥革命研究回顾与前瞻”高峰论坛、孙中山文艺奖颁奖晚会、辛亥革命100周年重大题材美术创作座谈会、“伟人孙中山”为题诗歌大奖赛等80多项活动。以“百年辛亥·人文中山”为主题，开展全市纪念辛亥革命100周年十大文化项目。通过设立“华侨活动日”、成立华侨华人文化学会、建设南区华侨历史博物馆等。与中央电视台合作拍摄大型专题片《天下为公》，摄制电视专题片《香山商帮》、《中山人在上海》、《孙中山影像志》等。11月27日，珠海、中山、江门三地的市委常委、宣传部部长在珠海广播电视台共同签署《珠海、中山、江门宣传文化资源共享框架协议》，共同打造珠中江宣传文化一体化。

该协议内容涉及三地的社科研究合作工程、文化活动交流工程、文化品牌共建工程、文化资源共享工程、新闻宣传联动工程。组织《唱响中国》群众最喜爱的歌曲评选华东、华南地区创作推动会、中国流行音乐学会第二届年会、第四届全国“三名”作家暨省作协工作会议等文化活动。编纂《中山文艺年鉴》，拟定《中山市大型活动文化指引方案》。推进镇区文物保护工程，完成团益公会文物修缮工程，开展杨心如故居修缮工程，完成陈氏宗祠等53个文物保护单位标志牌设立工作。浦江世泽牌坊等4处文物成为第六批省级文物保护单位。黄圃镇获批国家历史文化名镇和省历史文化名镇，南朗镇获批省历史文化名镇。

【公共文化服务】 2010年，中山市免费开放孙中山故居纪念馆，接待游客155万人次，比上年增长10%。市图书馆服务读者70万人次，图书借阅42万册，举办各类读书讲座活动210项。市文化艺术中心举办各类演出活动174场，举办公益性活动62场，接待观众及演职人员13.5万人次，上座率及票房收入分别比上年增长16%和21%，全年实现经济创收645万元。市博物馆、香山商业文化博物馆、收音机博物馆、美术馆等场馆全年举办展览活动近50个，参观人数超过60万人次。开展“走出博物馆，服务新农村”送展下乡和到外省市交流展览。市群众艺术馆接待业余文化团体124个，开设免费公益艺术培训班80个，举办各类展览15项，进入市群众艺术馆开展活动61万人次。12月，市群众艺术馆被中宣部评为“服务农民服务基层文化建设先进集体”称号。全市建成文化广场377个，业余文艺团队699个，举行文化演出活动超过5000场。

【建设农村公共文化服务体系】 “十一五”期间，中山市所有镇区文化站均达到省特级站标准，所有行政村实现农家书屋（农村文化室）全覆盖，全市建有基层文化广场377个、文艺社团699个，农村合唱团队341个，呈现出“天天有活动、节节有演出、处处有亮点”的群众文化新气象，初步构建起覆盖城乡的普惠型公共文化服务体系。

【孙中山文化宣传与普及】 2010年6月，中山市开展孙中山文化进校园活动，在电子科技大学中山学院举办“孙中山与辛亥革命”为主题的全国大学生演讲比赛，中山学院学子获二等奖。11月14日，在孙中山纪念堂举行“香山华侨与辛亥百年”城市论坛。在《中山日报》开设每月两期的“走进孙中山”专栏。11月，5名中山市学生在两岸四地纪念辛亥革命100周年征文比赛活动中获奖，是获奖人数最多的地区。11月16日，在实验小学举办纪念孙中山诞辰144周年“弘扬孙中山伟大精神，做亚运小先锋我能行”少先队大队主题活动，组织该校全体少先队员向孙中山先生像行队礼、献鲜花和火炬传递等活动。

【纪录片创作中心成立】 2010年1月31日，中山广播电视台纪录片创作中心正式成立，这是中国南派纪录片创作基地的首个分基地。基地成立后，中山广播电视台与中央电视台海外中心、上海电视台纪实频道签订合作协议，共同拍摄电视纪录片《香山商帮》和《中山人在上海》。《中山人在上海》从启动到播出历时100多天，5月24日起在中山公共频道播出。《中山人在上海》之《四大公司传奇》共7集，每集25分钟。7月，10集大型电视文献纪录片《香山商帮》

前期拍摄启动，拍摄地点包括北京、天津、上海、武汉、唐山、福州、厦门、广州、珠海、中山及港澳地区等地，纪录片讲述香山人一段不为人知的近代商业史。11月10日，在中山广播电视台演播厅举行《海外中山人》美洲篇（续篇）拍摄启动仪式，计划摄制20集，拍摄地点包括巴拿马、特立尼达、美国等地，拍摄工作历时50多天。《海外中山人》自2004年开拍，拍摄行程40多万公里，足迹遍及四大洲，已播出大洋洲篇、北美洲篇、亚洲篇、中南美洲篇等四个系列共140集，其中100多集已在中央电视台中文国际频道播出。

【文化惠民工程】 2010年，中山市举办“绿色暑假·缤纷文化”暑期文化活动，推出10大系列近60项文体活动，吸引超过20万人次青少年学生参与，其中公益艺术培训覆盖全市24个镇区、超过2万人次。开展“我快乐·我歌唱”广场群众歌咏活动。全市已组建示范歌咏队30支。开展“香山讲坛进社区——民生开讲”活动。实施“资助业余文化团体开展公益文化活动试验性计划”，扶持业余文化团体面向农村社区，开展特殊群体公益文化活动，全年资助20支业余文化团队开展公益文化活动超过180场次，资助金额超过55万元。开展“2131”（实现21世纪1个行政村1个月放1场电影）电影放映工程，对农村电影公益性放映进行财政补贴，实行“电影爱心卡”试点工程。投入使用火炬开发区文华工人电影院，以现代化的电影设备及低票价满足新一代产业工人文化生活需求。市文化艺术中心、市图书馆、市群众艺术馆等单位举办绚彩华章演出季、中山读书月、第四届青少年钢琴比赛等群众文化活动。

【文化产业】 2010年，中山市游戏游艺产业集群和粤台两岸文化产业园被列为文化强省规划纲要十大重点工程，中国（中山）国际游戏游艺博览交易会成为珠三角文化会展产业带重要会展构成之一。11月3日，举办2010中国（中山）国际游戏游艺博览交易会，参展企业176个，境外参展比例超过20%，入场参观12万人次，达成贸易合同额23.8亿元。元旦期间，举办第三届中山文化消费节，近10万名中山市民参与，拉动文化消费超过180万元。为市游戏游艺行业协会和龙城（国际）游戏游艺设备交易中心争取市服务业专项发展扶持资金70万元。为港口镇建设中国游戏游艺产业基地服务平台争取广东省文化产业发展专项扶持资金400万元。启动建设翠亨文化艺术创作基地第二期工程，利用旧厂房建设名人展览馆和综合馆，吸引和集聚国内外高端美术人才。古镇灯饰产业集群申报成为“广东省版权兴业示范基地”。11月，中国·翠亨文化艺术创作基地二期工程正式启动。项目总占地面积1.3万多平方米。

【公共卫生】 2010年，中山市完成编制《中山市结核病防治规划（2001～2010年）》。落实国家艾滋病“四免一关怀”政策（“四免”指对农村居民和城镇未参加基本医疗保险等保障制度的经济困难人员中的艾滋病病人免费提供抗病毒药物、在全国范围内为自愿接受艾滋病咨询检测的人员免费提供咨询和初筛检测、为感染艾滋病病毒的孕妇提供免费母婴阻断药物及婴儿检测试剂、对艾滋病病人的孤儿免收上学费用。“一关怀”指将生活困难的艾滋病病人纳入政府救助范围，按照国家有关规定给予必要的生活救济，扶持有生产能力的艾滋病病人，避免对艾滋病感染者和病人的歧视，实施艾滋病防控特色示范镇区项目，构建以社区为基础的中山艾滋病综合防治模式，中山市在广东省艾滋病防控工作综合考评中位列全省第一。实施第一类疫苗查漏补种专项活动和麻疹疫苗强化免疫活动，麻疹疫苗接种率98.4%。全年麻疹发病率1.4/10万。全市建立社区精神病防治康复服务站22个。拟定和实施《中山市卫生局行政处罚自由裁量量化标准（试行）》，对全市医疗机构实行卫生监督专项检查，派出卫生监督员1862人次，检查各类医疗卫生机构567个，查处涉嫌违法案件10宗。打击无证诊所、超范围执业、使用非卫生技术人员、药店坐堂行医等违法行为。开展被三聚氰胺污染的乳及乳制品清查、地沟油和一次性筷子流入餐饮服务环节监控、餐饮具集中消毒单位检查、学校卫生整治、医疗机构卫生监督检查、工地食堂食品安全检查、集中空调通风系统卫生监管等专项行动。开展游泳场所和美容美发场所量化分级管理，将足浴行业纳入公共场所卫生管理。10月1日，市卫生局和市食品药品监督管理局完成职能交接，在市卫生局设置食品安全综合协调部门。全年完成重大活动卫生保障工作33项，受理卫生案件333宗，行政处罚89户次，罚款金额76.27万元。成立市、镇、村三级卫生应急网络，完善各种公共卫生应急预案，设立重大事件专项预案，如《亚运会、亚残运会中山卫生安保应急预案》、《中山市基孔肯雅热预防控制技术指南》等。健全应急物资贮备库管理和快速调运保障机制，全年用于应急物质储备、公共卫生事件医疗救治、防护用品和处置等应急储备金100万元。3月，举行突发公共卫生事件综合应急能力培训。5月和7月，举行全市疾控工作会议，开设卫生应急处理培训并进行现场演练。9月，选派市属医院急救人员参加中山市首次军警民联合实兵演习。

【举办国际口腔种植论坛】 2010年5月23日，由国际口腔种植学会（ITI）中国分会主办、中山市人民医院协办的“ITI Study Club论坛”（国际口腔种植学会口腔种植论坛）在中山市长江怡景酒店举行。200多名来自广东口腔界的医师及高校研究生参加论坛。论坛以《骨增量技术》和《上颌无牙颌种植修复的设计方案》为议题。中山市人民医院口腔医疗中心副主任医师胡文在论坛中作《获得骨量》专题发言，介绍有关三维CT在种植手术中的应用。

【群众体育】 2010年，中山市广泛开展群众性体育活动，小榄、东升、南头、东凤等镇区举办五人龙舟赛，火炬开发区、东区、神湾等镇区举办运动会，古镇、三乡、大涌、三角、横栏、港口等镇区举办迎亚运系列体育活动。市篮球协会承办CBA篮球职业联赛广东宏远中山主场等赛事，市高尔夫球协会承办“广海杯”高尔夫球赛，市棋类与桥牌协会举办市首届“棋协杯”大学生棋类联赛，市乒乓球协会举办中国乒乓球协会会员联赛（中山站）比赛，市健美健身协会举办首届健美健身业余比赛，市网球协会举办首届网球锦标赛。各镇区、部门结合8月8日“全民健身日”10万市民健身跑活动，组织发动群众参与健身运动。开发区体委、坦洲镇体委、小榄镇永宁社区居委会和市羽毛球协会获评广东省群众体育先进单位。

【城乡就业创业】 2010年，中山市培训城乡劳动者4.56万人，新增就业8.01万人，安置就业困难人员1610人，帮扶城镇失业人员再就业8622人。转移市内农村劳动力就业1.74万人，接收粤东西北地区农村劳动力就业2.16万人。中山市生源高校毕业生就业率98%，中山市高校毕业生就业率95%。在茂名、肇庆、云浮等市挂牌建立劳务工作驻点，引进技校毕业生，输入农村劳动力。推进全民技能提升储备培训，组织开展全民职业培训，劳动力转移就业工作获全省第一名。推进创业带动就业工作，3月25日挂牌设立市级大学生创业孵化基地，全市设立5个创业孵化基地，占地总面积5.06万平方米，入园企业184家，带动就业522人。开展创建国家级创业型城市工作，通过省人力资源社会保障厅专家组的初检。组织开展中山市创业人物评选活动，评出“十杰创业人物”和“创业先进个人”各10名。举办“创办你的企业（SYB）”师资培训班2期，培训“SYB”师资48名。组织创业意识培训2946人，创业技能培训1359人，成功创业502人。

【重点群体就业】 2010年，中山市建立大中专毕业生就业月报制度，建设毕业生公共信息平台，年内新增见习基地45家。31名毕业生到西部、艰苦地区就业。举办毕业生专场招聘会7场，提供岗位2.6万个。举办校企洽谈会，吸引全国51所高校、60多家企业代表前来交流和洽谈。举办见习招募会，71名毕业生对接成功参加见习。发挥失业保险基金“援企稳岗”作用，延续执行“五缓四减三补贴”政策（允许困难企业在一定期限内缓缴养老、失业、医疗、工伤、生育保险五项社会保险费；阶段性降低城镇职工基本医疗保险、失业保险、工伤保险、生育保险等四项社会保险费率；扩大失业保险基金使用范围帮助困难企业稳定就业岗位，使用失业保险基金向困难企业支付社会保险补贴或岗位补贴，以及在岗职工职业技能培训补贴。政策执行期从2009年1月开始，延长到2010年底结束。），认定13家困难企业，发放岗位和社保补贴1300万元。引进外地劳动力19.1万人，帮扶“零就业家庭”88户共91名成员实现就业。

【公共就业服务】 2010年，全市累计设立社区就业基地132家，安置就业困难人员5000多人，带动就业1.5万人。建设二级人力资源市场10个，建立社区工作服务站279个，形成市、镇、村三级联网的公共就业服务体系，就业信息实现互联互通。

【社会保险】 2010年，中山市城镇职工总参保668.56万人次，其中养老保险179.68万人，基本医疗保险229.26万人，工伤保险130.61万人，失业保险129.01万人。全市参加门诊医保98.84万人，24个镇区实现全覆盖。社会保险基金历年积累145.7亿元。执行养老保险关系转移接续政策，停止办理员工退保手续。落实被征地农民社会保障，完成368块地、涉及4.13万名被征地农民的社会保障审核。从6月1日起，中山市调整医疗保险政策，将原综合医疗保险和住院医疗保险整合为一个险种、两个层次，建立城乡一体化医疗保险体系。建立缴费基数与中山市经济社会发展水平及医疗消费水平相适应的动态调节机制，调整缴费基数、缴费比例、一次性缴费规定及个人医疗账户资金划入办法，扩大个人医疗账户支付范围。建立特定病种和特殊病种门诊统筹方法，减轻参保人经济负担。修订医疗保险医疗费用结算办法，保证统筹基金安全运作。

【"8＋N"农村社区服务模式】 2010年，中山市探索试行"8＋N"农村社区服务组织建设模式。"8"即建设"四站"和"四室"：农村社区公益事业服务站、环境卫生监督站、志愿者服务站、农技服务站和文体活动室、计生卫生室、治安警务室、法律服务室，"N"即由社区根据村民需求而自行组建的各种服务型组织。全市153个行政村实现"8＋N"组织全覆盖。

农村社区建设纳入市国民经济和社会发展总体规划。把农村社区服务业纳入第三产业发展规划，将农村基础设施建设纳入市政设施建设统一规划。印发《关于进一步加强农村社区建设工作的意见》、《中山市农村社区建设试点工作方案》、《中山市"六好"和谐农村社区建设细则》、《中山市社区建设成员单位关于农村社区建设实验工作职责分工》等10多个文件，规范农村社区建设工作。将农村社区建设工作纳入镇党委和村"两委"班子年度实绩考核，明确镇、村两级党组织书记为农村社区建设工作第一责任人。同时建立农村社区建设督导和挂点联系制度，定期研究解决社区建设工作中遇到的重大问题。

整合各部门行政资源及社会公共服务力量，建设农村社区"四站"、"四室"，团市委及民政等部门为各社区志愿者服务站发展提供保障，配备统一招牌、旗帜，落实办公设备。市财政注资设立农村（社区）志愿事业发展基金，通过竞标会方式发动社区志愿者服务站开展志愿服务。建设社区法律服务室，以一人一村驻点的方式，无偿为村民提供法律咨询服务，协调处理各类矛盾纠纷。引导农村社区根据自身生产生活实际，组建多种服务组织，如社区老年大学、社区票友队、健身武术队、老年文艺表演队、球类活动组、社区托老所、妇女儿童保护协会和社区环境保护协会等。

2007～2010年，中山市累计投入农村社区建设资金12.9亿元，在全市153个行政村建设"四站"、"四室"，总面积11.5万平方米，服务范围覆盖辖区所有居民和单位，服务内容从生活、经济层面扩大到社会、文化、政治等层面。

【第二十三届慈善万人行活动】 2010年，中山市以"博爱欢乐传万家"为活动主题，结合"博爱·和谐——让城市生活更美好"为主题参展的上海世博会元素，举办电视直播晚会、第二十三届慈善万人行、巡游暨答谢典礼等系列活动。2月28日下午，在中山市兴中道举行第二十三届慈善万人行起步典礼，起步点设于兴中道中山路交界处，答谢台设于兴中道孙文路交界处。参加巡游的队伍共128支，约1.8万人，为历年之最。全市筹得善款7668.96万元，其中24个镇区红十字会筹得6782.73万元，市红十字会筹得886.23万元。

【保障性住房】 2010年，中山市对符合廉租住房保障条件、申请廉租住房保障的城镇低保、低收入家庭做到应保尽保，通过实物配租、租赁住房补贴和农村危房改造等方式，全年共对1046户低收入住房困难家庭实施住房保障。市政府发出《关于完善城镇低收入住房困难家庭住房保障政策的通知》，从6月起，调整低收入住房困难家庭的租赁住房补贴，标准为：租赁补贴人均保障面积标准从15平方米调整为20平方米，家庭保障面积最高不超过70平方米；人均月收入380元（含本数）以下的住房困难家庭租金补贴标准从人均每月每平方米9元调整为

10 元；人均月收入 380 元以上至 495 元（含本数）的住房困难家庭，租金标准从人均每月每平方米 7.65 元调整为 8.5 元；住房补贴发放金额每户每月不低于 300 元。根据《中山市城区公房住户缓缴减收免收租金暂行办法》的有关规定，对符合租金减免条件的“五保”户，鳏寡孤独老人，伤、残军人及特困户分别给予免收或减收租金。全年办理减收或免收租金 134 户，减免金额 18.53 万元。

保障性住房项目建设进展顺利，5 月，中山首个政府保障性住房小区平安苑建设项目第二期工程竣工，4 幢 18 层共 341 套。第二个保障性住房小区祈安苑于 12 月 8 日奠基，占地 7.13 公顷，首期工程 1 幢 26 层 200 套，建筑面积 10274 平方米，设计户型建筑面积在 50 平方米以下。

【流动人员积分制入户入学】 2010 年，是中山市全面实施流动人员积分制管理的第一年。1 月 11 日，全面开展积分受理工作，有关部门推行上门受理、代办鉴证，实行周末、错峰工作制等举措，简化计生、学历、技能、社保等积分项目审核流程，切实做好服务工作。全市先后派发宣传资料 50 多万份，制作积分制管理公益广告片，开发积分制信息系统管理模块，在全市 24 个镇区流动人口和出租屋管理服务中心设置受理窗口。4 月 30 日截止积分受理后，市流动人口管理部门分镇区对积分入户入学指标内申请人进行预排名，协调公安、计生、卫生等部门开展资格及违法违纪违规情况扣减分审核，并在中山市流动人口信息网公示 10 个工作日，接受社会监督、群众举报，最终确定 2010 年度积分制入学人员 4318 名、积分制入户人员 2139 名。

【妇女灵活就业】 2010 年，中山市累计开设各类社区灵活就业载体 168 个，成功就业 6100 多人。大批妇女实现灵活就业，每月平均增收约 1000 元。通过创建巾帼种养示范基地、拓展灵活就业载体等渠道，帮助农村妇女就业增收。

【单亲贫困家庭和流动儿童帮扶】 2010 年，中山市筹得善款 200 多万元。各镇区参与 30 万元帮扶资金竞标，实施单亲贫困家庭帮扶项目，开展单亲贫困家庭家访调查、建档立册、跟踪帮扶和特色帮扶等工作。开展困境和流动儿童帮扶活动。各镇区投入资金近 60 万元，2000 名困境儿童及其家庭受惠。“六一”儿童节期间，启动“爱心父母牵手困境儿童大联盟”活动，全年筹得善款 50 多万元，467 个热心单位和个人结对帮扶困境儿童 829 名。实施“流动人口子女登记制度”试点项目，全市办理“16 周岁以下流动儿童随行卡”11.2 万张，免费为 1000 名流动儿童进行特色培训，实施“让我玩”公益项目，举办全市首届流动人口子女学校少儿合唱比赛，试点开展企业外来员工子女夏令营活动，惠及流动儿童 20 多万人次。

【全面完成对口支援汶川漩口灾后重建】 中山市对口援建工作立足“新型工业集中区、生态农业经济旅游带、新农村家园特色名镇”定位，按照以人为本、尊重自然、统筹兼顾、科学重建的原则，有力有序推进对口支援漩口镇灾后恢复重建工作。至 2010 年 3 月 30 日，88 个对口援建项目全面竣工并交付使用，总投资 41131.15 万元。漩口镇基本实现“家家有住房，村村有好路，户户通自来水，学生读书有好学校，病有所医，老有所养，人人有保障”的目标。

【第 16 届亚运会火炬传递中山站活动】 2010 年 10 月 13 日，第 16 届亚运会火炬传递活动首站在中山举行，全程历时 3 小时，共有 80 名火炬手和 24 名护跑手参加，国内外 100 多家新闻媒体对传递情况进行宣传报道，广州亚组委及中山市四套班子领导出席传递仪式。在亚运火炬传递沿途设置 20 多个摄像机位，全程直播火炬传递实况。文化部门策划组织多个具有中山特色的节目在点火仪式和收火仪式上表演，沿途组织有中山特色的醉龙、鹤舞、麒麟舞等 10 多个文体表演。团市委组织 2000 多名志愿者参与火炬传递各项工作，各机关单位和就近学校组织近 2 万观众在沿线为火炬传递呐喊助威，营造热烈的氛围，同时协助公安维持沿途秩序。活动取得圆满成功，实现“安全、顺利、隆重、精彩”目标。（市档案局）

体制改革

【概况】 2010 年，中山完成市级政府机构改革，初步建立起职能统一的大部门体制。制定创新审批方式改革试点实施方案，开展第五轮行政审批事项清理工作。推进简政强镇事权改革。开展价格综合改革试点，确定益华城市广场作为冰蓄冷电价项目试点，制定供水同网同价方案，实现工业服务业用水、污水处理、生活垃圾处理同价，逐步放宽部分民办教育、医疗、民政服务等收费管理。推行代建制等投融资新模式，市中心粮库二期、一中高中部扩建、北京积水潭中山骨科医院、高级技工学校黄圃校区三期等一批财政投资项目相继采用代建模式，实现项目管理专业化、工程进度标准化、工作责任明晰化、质量安全制度化、成本核算精细化。制定城乡金融服务一体化综合改革试点实施方案，启动农信社向商业银行转制工作。制定深化医药卫生体制改革意见及实施方案。

【机构改革】 2010 年，中山市完成新一轮市级政府机构改革，新组建经济和信息化局，加挂中小企业局牌子。将石油、天然气、煤炭、电力等能源宏观管理职责划归发展和改革局。新组建人力资源和社会保障局，整合原人事局、劳动和社会保障局职责。划入卫生局农村合作医疗职责，原与人事局合署办公的编委办单独设置，列入市委机构序列。新组建住房和城乡建设局，加挂地震局牌子，划入原房地产管理局的房屋和住房保障管理职责。新组建交通运输局，整合交通、港口、公路等管理职责，建立城乡一体的综合交通运输体系。水利局更名为水务局，规划局更名为城乡规划局。民族宗教事务局改为与市委统战部合署。至此，政府部门由原来 34 个减至 32 个。新设立废旧涉密载体销毁中心（保密技术检查中心）、历史文化建筑保护管理中心、民主党派机关事务管理中心、民族宗教服务中心、文化艺术创作室、中山侨刊社、体育竞赛和国民体质监测中心、行政复议事务中心等 8 个事业单位。

【审批方式改革】 2010 年，中山市制定《中山市创新审批方式改革试点实施方案（2010–2012 年）》，配套制定任务分解及季报制度。启动中山市第五轮行政审批事项清理工作，建立行政服务在线部门管理员制度、审改政企联席会议制度和审改领导小组办公室工作制度，开展重点建设项目协同办公系统建设、行政服务在线系统优化升级及安全灾备方案的前期研究等工作，组织“公安行政服务一网办”，优化行政服务在线系统流程，获市行政效能创新奖项目二等奖。制定《行政服务在线系统数据共享目录》，完成41个部门350个资源共享库，结合第五轮行政审批事项清理情况，编制中山市简政强镇扩权下放事权目录。

【政务公开取得较大进展】 2010年，中山市完善行政服务在线平台功能，实现审批政务网上公开，上网部门实行办事指南公开制度，各审批机关将全部行政审批事项的依据、条件、程序、时限、监督方式等通过报刊、广播、电视、网络、政务大厅公示栏、办事手册、便民卡、触摸屏、声讯电话等各种媒体向社会公布。推行审批过程网上流转，把原来分散于个部门审批事项全部集中起来，统一平台办理、网上流转和实时公布。在线平台由市政府统一开发，审批事项按“精简资料、简化流程”原则组织上网，同时实现审批流程的优化再造，形成集咨询、申请、审批三位一体的网络审批系统。推进审批资源信息共享，完成41个部门350个数据库的共享定制，形成行政审批许可、核准、资质认定等信息的资源共享。推进重点项目协同办公，简化重大项目审批环节，强化部门协同办公能力，开发重点建设项目协同办公系统，利用资源共享的优势，提升网上审批效率。实施网上审批电子监察，依托行政服务在线平台，建立集实时监控、预警纠错、绩效评估、信息服务、投诉处理等功能于一体的电子监察系统，把各部门已上网审批事项全部纳入电子监察范畴，确保网上审批全过程实时监控。提升政民互动服务能力，建立咨询与投诉的回复督查制度，确保各部门有专责机构、专责人员，在规定的时限内回复申请人。

【行政复议体制改革试点工作成效明显】 2010年，中山市被列为省“创新行政复议体制机制示范市”，成立市政府行政复议委员会，统一负责市政府及市属部门行政复议案件的受理、审查、议决等工作，原作出行政决定的机关不再参与案件审理，复议从单纯由部门办案向行政复议委员会独立审查、集中议决转变。在市委、市政府信访接待大厅设置行政复议案件受理窗口，在全市20个镇区分别设置行政复议案件受理点，并开通网上受理行政复议申请渠道。审查方式从书面审查为主向公开听证转变，采取公开办案、阳光办案和专家委员、群众代表参与相结合的方式，对所有行政复议案件举行听证，充分听取当事人及专家委员的意见；对社会影响大、争议大的疑难案件，举行公开听证，确保案件处理依法、公开、公正。对有调解和解条件的案件，积极构建调解平台，化解干群矛盾。2010年，受理、审查行政复议案件240宗，整体纠错率23.5%。行政复议委员会试点经验在全国推广。

【“创先争优”提高机关执行力】 从2010年6月开始，中山市在4500多个基层党组织、8.3万多名党员中开展创先争优活动，提高机关执行力。12月22日，召开全市深入推进创先争优活动暨“机关服务基层，推动科学发展”主题实践活动工作会议，建立市委常委、党员副市长创先争优活动联系点制度，每位市党政领导分别联系1个市直单位、1个镇区和1个重点项目，明确每位领导每年到联系点指导工作不少于2次。将创先争优活动与市委市政府中心工作紧密结合起来，成立13个深化作风建设提高执行力监督检查组，由市四套班子领导带队，对各镇区各单位重点工作事项和重点建设项目落实情况进行督促检查。市委十二届五次全体（扩大）会议对开展“千个机关支部帮扶千户困难家庭”和“百企联百村”活动提出明确要求，并将活动作为各级党组织和广大党员创先争优的重要载体。同时，将创先争优活动与扶贫开发“双到”工作相结合，市委市政府主要领导多次主持召开专题会议，研究分析对口帮扶汕尾陆河、海丰、陆丰等三县（市）工作，要求各级党组织以创先争优活动为契机，完成“双到”任务。

【修改行政处罚自由裁量标准】 2010年，中山市在组织全市各行政执法主体行政处罚自由裁量标准内部试行的基础上，31个行政执法部门修改完善裁量标准和配套制度。10月20日，试点单位市水务局、市城市管理行政执法局裁量标准率先向社会公开。12月30日，市档案局、司法局、民政局、农业局、林业局、财政局、人力资源和社会保障局、海洋与渔业局、国土资源局、环境保护局、发展和改革局、人民防空办公室、卫生局、经济和信息化局、人口和计划生育局、旅游局、气象局、体育局、统计局、无线电管理办公室、交通运输局等21个部门的行政处罚自由裁量量化标准正式向社会公开。

【农村改革】 2010年，中山市加强农村土地承包经营权流转管理和服务。全市土地流转面积36266.67公顷，占耕地总面积的85.3%，10亩（0.67公顷）、100亩（6.67公顷）以上规模经营分别占65%和19%。完成农村股份合作制改革和村级统一核算改革，完善农村所有制结构和集体经济的经营方式，健全农村社会治理架构。东升镇高沙社区、板芙镇广福村等8个新农村示范村居建设在规划、经济发展、基础建设以及居住环境改造、社会治安管理和精神文明建设呈现新风貌。

【城乡金融服务一体化综合改革】 2010年，中山市编制《中山市城乡金融服务一体化综合改革试点方案》及《关于创建中山市城乡金融服务一体化综合改革试点的研究报告》。经省政府研究，中山市城乡金融服务一体化综合改革试点工作纳入广东省建设金融改革创新综合试验区整体方案以及珠三角地区金融体制改革发展中长期专项规划、广东省金融业“十二五”发展规划。市政府金融工作局草拟《中山市城乡金融服务一体化综合改革试点实施方案》，由市政府印发至各镇区、市相关部门，明确目标任务、制度保障措施及政策支持。

【新型农村金融机构和小额贷款公司试点】 2010年，中山市小榄村镇银行拓展服务网络及业务范围，成立泰丰支行、沙溪支行，成为省内第一家开设分支机构的村镇银行，并获广东省“金融创新奖”二等奖。小榄村镇银行存款余额6.79亿元，贷款余额6.11亿元，其中涉农贷款占30%，中小企业贷款占40%，个人创业贷款占15%。大涌邦达小额贷款公司、古镇灯都小额贷款公司先后成立，市内小额贷款公司增至6家。至12月底，6家小额贷款公司共发放贷款863笔，累计投放贷款22.14亿元，余额9.93亿元，利润6439万元，无不良贷款。

【推进政策性农业保险和企业出口信用保险】 2010年，中山市推进政策性农业保险工作，实现早稻种植保险2266.27公顷，保险金额1665万元，市镇两级财政支付保费补贴66.61万元。种粮大户自行选择投保水稻补充保险630.87公顷，晚稻承保2118.33公顷，保险金额1844万元，财政支付保险费补贴55.3万元，全市实现水稻种植保险统一保险。承保能繁母猪30282头，保险费181.69万元，续保率91.32%。初步形成政府推动、政策引导、市场化运作的政策性农业保险经营模式，政策性农业保险服务于“三农”的作用得到体现。4月，市政府与中国出口信用保险公司广东分公司签订全面战略合作协议，推动外贸出口。中国出口信用保险公司中山办事处为115家出口企业提供19.4亿美元的出口收汇风险保障，比上年增长147.4%，协助出口企业融资18亿元人民币，为17家出口企业处理逾期贷款案件，金额超1000万美元，最大限度减少企业的经济损失。

【深化预算改革】 2010年，中山市推行综合预算、零基预算、滚动预算等一系列改革措施。首次全口径编制预算，同步编制国有资本经营预算、政府性基金、社保基金预算、公共预算和政府基建投资计划，并报人民代表大会审议，统筹安排、统一管理各类财政资金。取消部门预算基数，按实有人员、数量和实际需要，重新核定正常经费和专项经费。实行滚动预算，对部分跨年项目按实际支付分年安排。继续推行绩效预算，所有市级预算单位50万元以上项目全部实行绩效评审，对立项依据不足或预算执行与编制脱节等项目，不予立项或核减预算金额，项目淘汰率18.5%，资金核减率32.8%，提前一年实现绩效预算三年全覆盖目标。对预算执行率低的项目，相应核减下年预算申报金额，取消结转预算指标，除部分特殊指标外，当年未使用的指标一律不予结转。推进部门预算信息公开，明确预算单位为预算编制、执行的责任主体。

【完善财政监管体系】 2010年，中山市加强财政资金的实时监控，规范财政资金支付方式，将直接支付比例由上年的46%提高到61%。推行市级预算单位公务卡结算和市级财务核算信息集中监管试点扩面工作，并启动预算执行动态监管系统建设，明确业务科室资金拨付情况全部纳入监督核查范围，并实行重点工作监督备案制。开展市级预算单位及镇区财政所银行账户清查，开展社会团体和国有企业“小金库”治理工作，做好省级财政专项资金、重点中小企业贷款贴息等各类财政专项资金的监督检查工作。制定行政事业单位办公设备标准化配置管理办法及公务用车管理实施细则等规章制度，规范办公设备、公务用车的配置条件和配置标准。引入办公用房租赁联审和资产报废联审模式，规范办公用房、资产报废审批流程，防止资产变相流失和财政资金浪费。推进政府采购代理机构市场化，实行ISO9001标准化质量管理，加强政府采购电子监察系统建设。全年市级委托项目政府采购零投诉、零诉讼，节约采购资金2.4亿元。推行基建项目预备库、储备库、项目库三级管理制度，强化基建项目前期准备工作及财政的投审参与功能，规范基建预算编制，将监督关口前移，加强工程变更送审管理，强化项目事前、事中、事后各环节控制，减少基建支出的随意性。

【价格综合改革】 2010年，中山市探索多方面价格改革。电价方面，以益华城市广场为试点，推广冰蓄冷优惠电价，引导商业用电实行峰谷电价。水价方面，3月1日起，大丰自来水有限公司自来水出厂价格由0.78元/立方米（含税）调整为0.83元/立方米（含税）。9月17日，市物价局组织召开供水价格调整和改革听证会，拟将中山市23个水价价区整合为3大价区，分别为市供水公司及其分公司直接供水的中心城区和相关镇区，市供水公司趸售水的镇区，联营或独资备有自来水生产厂的镇区。简化供水结构分类，将现行6大类、12小项的水价合并为4大类，分别为居民用水、非居民用水、特种行业用水和趸售用水。逐步实现理顺供水价格、调整分类、同网同价三个目标。根据《中山市生活饮用水二次供水管理办法》，市物价局制定《中山市生活饮用水二次供水价格管理办法》。环保收费方面，鼓励有条件的镇区开征垃圾处理费。全市有13个镇区顺利开征垃圾处理费。对市污水处理公司污水处理服务费进行审核，提出下调污水处理服务结算价建议，匡算年减少市财政支出850万元。推进大气污染防治工作，制定简易工况法收费标准，用简易工况法开展机动车排气检测。教育收费方面，中山市物价局会同教育部门，通过聘请会计师事务所开展幼儿园成本监审，对幼儿园保教费进行调整。其中，公办幼儿园保教费政府指导价分别为省一级每月800元，市一级每月500元，市规范每月380元，未定级每月260元；民办幼儿园保教费由原审批管理改为参照公办幼儿园收费备案管理。路桥收费方面，1月29日，市物价局就市路桥建设有限公司提出由境内高速公路收费站代收普通公路通行费次票事项组织公开听证。12月1日起，委托中山市境内高速公路收费站代收车辆通行费次票。

【全国首个镇级价格认证机构】 2010年5月26日，中山市小榄镇价格认证中心挂牌成立，成为全国首个镇级价格鉴证机构。小榄镇价格认证中心提高司法案件办案效率。为辖区内民事、经济、行政以及仲裁案件涉及的各种扣押、追缴、没收及纠纷财物提供价格鉴证服务，同时肩负其他社会价格纠纷调解义务。2010年12月21日，国家发改委在全国价格认证工作会议上肯定了中山市建立首家镇级价格认证中心的做法，中山市经验为全国其他价格认证机构改革提供了示范作用。

（市档案局）

【收入分配制度改革】 2010年，中山市印发《2010年中山市义务教育学校绩效工资实施办法》，推进实施义务教育绩效工资和教师“两相当”。筹备实施公共卫生与基层医疗卫生事业单位绩效工资，开展卫生事业单位津贴补贴清理核查工作，拟定公共卫生与基层医疗卫生事业单位绩效工资实施办法。规范公务员津贴补贴，调整镇区机关及公安、司法、国土资源、城管执法、人力资源社会保障、安全生产监督管理、环境保护等7个系统的基层分局、所工作人员公务交通补贴发放办法。落实最低工资保障制度，从5月1日起，将企业职工最低工资标准由原来的770元/人·月提高至920元/人·月，较上年增加19.5%。发布工资指导线、工资指导价位，指导非国有企业开展工资集体协商，依法签订集体合同。

【探索社会工作开展初见成效】 2010年，中山市制订并实施《中山市社会工作试点工作实施方案》，确定东区、南区、古镇三个试点镇区和市社会福利院、儿童福利院两个试点单位，在民政系统和民政领域内开展社会工作试点。以政府购买服务为手段，以社工机构为载体，推动试点单位社会工作多元化发展。一是引入高校社工资源，购买社会工作服务项目。东区由市职业技术学院成立社工机构承接服务，引入中山大学社会工作专业师生资源，构建市社会工作人才孵化基地，促进当地高等院校发展社会工作专业教育。以花苑社区为试点，以老年服务、残疾人服务、低收入家庭服务为重点，购买社会工作专业服务，探索政府购买服务评价、考核评估标准。由中山职业技术学院和中山大学提供技术支持的中山市心苑社会工作服务中心于2009年底登记成立，迅速开展服务。二是与社工机构合作，购买社会工作服务项目。南区、古镇等试点镇与中山市博睿社会工作服务中心于2009年12月正式签订合同，由该中心社工进入社区开展社会工作专业服务，重点开展社区服务、社区长者、青少年、空巢老人社区养老等服务。三是以社会福利院社会工作从业人员为依托，开展各项为老服务项目。开设老人兴趣小组、康复课程、开心农场、多感官治疗室等。四是以儿童福利院为实习基地，培养专业人才。建立试点工作评估机制，总结社会工作试点开展情况。建立社会工作试点联席会议制度，定期召开联席会议。强化社会工作的教育与培训，通过组织人员到高校集中学习，举办社工考前培训班，邀请专业人士前来授课等，加大社会工作教育培训力度。

【成立中山市交通事故调解委员会】 2010年12月24日，中山市城区道路交通事故人民调解委员会在市交警支队城区大队正式挂牌成立，标志着中山市首个专业调解委员会正式成立。市城区道路交通事故人民调解委员由市司法行政、公安交警、保监等部门组成，是司法行政、公安机关交通管理、保险等部门关注民生、改善民生的一项探索和尝试，也是一种既能化解纠纷、防止矛盾激化，又能降低成本、节约资源、解决纠纷的新模式，为解决交通事故引发的民事纠纷开创新的途径。在处理纠纷过程中，交警准确把握事故双方责任的划分，保险联络员快速理算赔偿数额，司法行政部门有效确保调解工作的质量和效能。

【顺利完成“五五”普法检查验收】 2006～2010年，中山开展“五五”普法检查验收，全市共投入普法经费8000多万元，举办各类专题活动近5000场，接受普法教育1000多万人次，普法教育覆盖率91.5%。2010年，顺利通过省的检查验收。

珠三角绿道

中共广东省委十届六次全会第四次全体会议提出，从 2010 年起，用 3 年左右时间在珠三角地区率先建成总长约 1600 公里的 6 条区域绿道，构建珠三角绿道网。珠三角绿道网通过自行车道和步行道，将珠三角具有较高自然和历史文化价值的各类郊野公园、自然保护区、风景名胜区、历史古迹等重要节点串联起来，为广大居民提供了更多的生活游憩空间。

广州绿道

• 2010 年 11 月 15 日，中共中央政治局常委、国务院总理温家宝（中）在珠海市海天绿道驿站体验绿道建设的成果。

• 2010 年 8 月 13 日，中共广东省委副书记、省长黄华华（前）在深圳市大运绿道支线调研绿道建设工作。

2010 年 3 月 22 日，中共中央政治局委员、广东省委书记汪洋宣布珠江三角洲绿道网建设正式启动。

2010 年 6 月 28 日，广东省副省长林木声到中山市检查指导绿道建设工作。

• 2010 年 3 月 18 日，广东省住房和城乡建设厅在广州召开珠江三角洲绿道网专题讲座。

• 2010 年 3 月 22 日，珠三角绿道建设启动仪式在广州举行。

● 2010 年 4 月 1 日，广东省住房和城乡建设厅召开珠三角省立绿道标识系统方案设计征集专家评审会，组织评选优胜设计方案。

● 2010 年 7 月 27 日，珠三角九市绿道网建设工作座谈会在肇庆市召开。

东莞市省立绿道 2 号线道滘段绿道

深圳梅林坳绿道

● 中山市区域绿道博爱路示范段

● 珠海海天驿站绿道一角

● 佛山市三水区云东海街道百名团员青年畅游绿道。

● 惠州市沿江路绿道

● 肇庆市广宁县竹林绿道

● 江门市新会圭峰山示范段绿道

● 广州增城市增江绿道

惠州市

惠州市

基本情况

【地理位置】 惠州市位于广东省东南部、珠江三角洲东北端，东接汕尾，南临南海大亚湾，西邻广州、东莞和深圳，北靠韶关、河源。惠州属珠三角经济区，辖惠城区、惠阳区、惠东县、博罗县、龙门县，设大亚湾经济技术开发区和仲恺高新技术产业开发区两个国家级开发区，有 53 个镇（乡）、16 个街道办事处。陆地面积 11158 万平方公里，占珠三角经济区面积的 1/4。海域面积 4520 平方公里，海岸线长 223.6 公里，是广东省的海洋大市之一。

【历史文化】 惠州是历史文化名城，素有“粤东重镇”、“岭南名郡”之誉，至今已有 2000 多年历史。惠州城又称为鹅城，相传城南的飞鹅岭是仙人所骑飞鹅所变，因而得名。秦属南海郡，隋开皇十一年（591）在惠州设循州总管府。北宋改惠州，明、清时期属惠州府，1956 年设惠阳专区，1988 年撤地区设立地级惠州市。惠州是东江中下游的中心城市，处在客家文化、广府文化和潮汕文化的交接地带，各种文化相互交融、兼收并蓄，广东汉剧、渔歌、山歌、舞龙、舞狮、舞春牛、瑶族的舞火狗等各种文化活动盛行，民间文化多姿多彩。惠州的“李家拳”是中国武术中南拳的五大拳种之一，惠东的“平海渔歌”名扬遐迩，龙门的“农民画”被誉为中国三大民间画之一，是“中国现代民间绘画的一朵奇葩”。历代的许多名人对惠州情有独钟，其中东晋道教理论家、化学家、药物学家和医学家葛洪，来到惠州罗浮山修道炼丹、采药济世，把罗浮山开创为岭南道教发祥地。北宋杰出文学家苏轼寓居惠州近三年，留下“不辞长作岭南人”的佳句。清末、民国时期，孙中山、周恩来等在此开展过革命活动。近代史上涌现出廖仲恺、邓演达、叶挺等一批民主志士和革命家。

【旅游资源】 惠州是风光秀丽的旅游胜地，集山、河、湖、海、泉为一体，融自然景观与人文景观于一身，有“半城山色半城湖”之称。位于市中心区的惠州西湖以“五湖”、“六桥”、“八景”闻名，有“苎萝西子”美誉。全市建成景区 60 余处，国家和省级风景名胜区及自然保护区 18 处，其中国家 AAAA 级景区 8 处（惠州西湖、南昆山生态旅游区、南昆山温泉大观园、龙门铁泉、罗浮山风景名胜区、惠州海滨温泉旅游度假区、永记生态园、巽寮滨海旅游区）；AAA 景区 2 处（香溪堡旅游区、冠和博物馆）；国家级重点风景名胜区 2 处（惠东港口海龟国家级自然保护区、象头山国家级自然保护区）；国家森林公园 2 处（南昆山、广东御景峰）；国家生态风景区 1 处（白盆湖国家生态风景区）；国家生态农业示范点 1 处（永记生态园）；省级自然保护区 4 处（罗浮山、南昆山、惠东古田自然保护区、惠东莲花山自然保护区）；省历史文化名城2处（惠州市、惠东县平海古城）。罗浮山是中国十大道教名山之一，以其灵秀媚人的自然景观和奥秘神奇的人文景观令人神往，素有“岭南第一山”之誉。南昆山是国家级森林公园，有“北回归线上的绿洲”和“天然氧吧”之称，是著名的避暑胜地。巽寮湾、大亚湾是天然优良的海滨浴场，还有东江纵队纪念馆、叶挺纪念馆和“东江红都”之称的高潭中洞等红色旅游胜地。

【城市特色】 惠州是一座新兴工业城市，有电子、精密机械、纺织、医药、化工、汽车零配件等产业，主要产品有电话机、电视机、计算机、电池、音响、激光光头、手机等。培育了TCL、德赛、华阳、侨兴、富绅等一批知名企业。惠州是首批国家电子信息产业制造基地之一、国家火炬计划“数码视听产业基地”。已成为世界最大的电话机、彩电、激光头生产基地，亚洲最大的组合音响生产基地，中国最大的汽车音响、DVD、手机生产基地之一。石油化工产业蓬勃发展，总投资43亿美元的中海壳牌南海石化项目和中国海油1200万吨炼油项目的落户奠定了惠州长远的发展格局。至年底，大亚湾石化工业区已落户的石化及公用工程项目共计54个（其中石化项目37个），投资额约1340亿元，被列为中国石油化学工业重点园区和广东省重点发展的石油化工基地。

【发展优势】 惠州地处珠江三角洲经济区，是珠三角经济区域的重要组成部分，京九铁路与广梅汕铁路在惠州交汇，惠（州）大（亚湾）铁路与京九、广梅汕铁路接轨，形成铁路连接港口的大陆桥格局。惠盐、深汕、广惠、惠河、厦深、潮莞、广河高速公路贯穿市境。惠州港是国家对外开放一类口岸，是京九铁路最便捷的出海口。

【城市荣誉】 惠州是“中国优秀旅游城市”、“国家卫生城市”、“国家园林城市”、“国家环保模范城市”、“全国科技进步先进市”、“全国造林绿化十佳城市”、“全国文明城市”、“改革开放30周年30个最受关注城市第6位”、“2010年中国十佳最具幸福感城市”、“人民满意城市”。中国社会科学院发布《全球城市竞争力报告（2009～2010）》中，惠州名列全球城市经济增长最强劲排序第9名。 （张世开 钟景业）

经济社会发展概况

【国民经济总量大幅提升】 2010年，惠州市生产总值1730亿元，比上年增长18%，增速创近15年来新高；人均生产总值4.34万元，增长16.8%；在中海油1200万吨炼油达产及工业实现恢复性增长带动下，规模以上工业增加值826亿元，增长27.4%。全市税收总收入466亿元，增长33.9%；地方财政一般预算收入131亿元，增长29.2%；规模以上工业企业综合经济效益指数193.6%，比上年提高30个百分点；城市居民人均可支配收入和农村居民人均纯收入分别完成23565元和9077元，增长10.7%和19.7%，农村居民人均纯收入增幅连续5年超过城市居民人均可支配收入。

【产业结构调整步伐加快】 2010年，惠州市产业结构调整为6：59：35，产业结构高级化、适度重型化进程加快，产业集群效应

惠州市国民经济发展情况（2010 年）

表一

项目 / 区县别	户籍人口（万人）	地区生产总值		人均地区生产总值		工业总产值		农林牧渔总产值		全社会固定资产投资额	
		绝对数（亿元）	比上年增长（%）	平均数（元）	比上年增长（%）	绝对数（亿元）	比上年增长（%）	绝对数（亿元）	比上年增长（%）	绝对数（亿元）	比上年增长（%）
全　市	337.28	1729.90	18.0	43396	16.8	4112.48	34.8	166.30	4.0	894.02	17.8
惠城区	76.25	339.70	15.1	42919	14.5	498.93	25.1	22.32	4.8	324.53	31.0
惠阳区	37.46	183.33	15.4	33121	16.4	286.60	28.0	14.28	0.2	126.91	25.8
惠东县	83.91	250.72	15.6	29143	14.7	120.24	36.0	45.59	6.1	116.04	43.8
博罗县	84.77	295.29	15.6	30602	14.7	516.48	39.4	51.62	4.9	118.37	29.6
龙门县	34.72	68.85	15.0	20875	15.1	53.88	32.7	19.83	6.1	30.97	40.9

注：此表为初步统计数据。

表二

项目 / 区县别	外贸出口总额		实际吸收外商直接投资		地方财政一般预算收入		社会消费品零售总额		农村居民人均纯收入		城镇居民可支配收入	
	绝对数（亿美元）	比上年增长（%）	绝对数（亿美元）	比上年增长（%）	绝对数（亿元）	比上年增长（%）	绝对数（亿元）	比上年增长（%）	绝对数（元）	比上年增长（%）	绝对数（元）	比上年增长（%）
全　市	202.33	18.0	14.38	3.1	131.22	29.2	582.53	19.0	9077	19.7	23565	10.7
惠城区	11.56	22.9	1.74	6.1	67.94	30.6	237.61	19.3	9976	19.7	23565	10.7
惠阳区	20.67	39.9	2.48	18.1	14.80	26.4	73.63	19.2	10914	21.3		
惠东县	7.91	21.5	1.17	7.2	10.27	35.1	113.64	19.2	9005	20.1		
博罗县	16.40	27.4	2.26	24.5	15.02	21.4	90.99	19.2	8929	16.2		
龙门县	0.48	14.2	0.34	3.2	4.13	40.6	22.10	18.7	7034	19.8		

注：此表外贸出口总额、实际吸收外商直接投资县（区）不含市直部分。

凸显。TCL 高清晰液晶电视模组一体化项目、比亚迪电动汽车铁电池系统等项目建成投产，德赛汽车电子一期工程、科锐 LED 芯片项目一期工程试产，仲恺高新区成为国家高新技术产业通讯产业基地、省战略性新兴产业基地（惠州光电产业）、省 LED 产业基地，电子信息产业升级步伐加快。中海油 1200 万吨炼油项目达产，中海壳牌扩能至 95 万吨乙烯项目、中海油 40 万吨 / 年煅后焦项目竣工投产，石化工业增加值首超电子工业。惠州抽水蓄能电站 5 台机组、平海电厂一期 1#、2# 机组建成投产，清洁能源工业发展速度加快。昆明、西安、沈阳等 3 场“广东惠州产品展销会”成功举办，成交额

718.6亿元，规模以上工业品内销比重59.7%。东亚、平安、汇丰等8家银行进驻，金融业加快发展。开通首条海上国际货运航线“惠州—大阪—神户”航线，现代物流业发展取得突破。全年接待游客2501万人次，实现旅游总收入140.8亿元，生态旅游业形势良好。现代农业加快发展，全市“八大特色农产品”种植面积比上年增加0.93万公顷，新建成现代农业示范基地12个，新增各级农业龙头企业16家，带动农户21.3万户，户均增收3360元；新增农民专业合作社79家，带动农户8.7万户，户均增收3060元。

【扩大内外需求成效明显】 2010年，惠州市建立重点项目管理“倒逼机制”和审批“绿色通道”制度，加快推进重点项目建设。全市118个重点项目累计完成投资310.7亿元，完成年度计划投资的106.4%。全社会固定资产投资894亿元，比上年增长17.8%。工业投资增幅逐步回升至14.4%。第三产业投资591亿元，增长20.4%，高于工业6个百分点。完善商业网点布局，实施“万村千乡市场工程”，开展家电、汽车下乡和以旧换新活动。全市社会消费品零售总额583亿元，增长19%，对经济增长的拉动作用增强。组织企业参加广交会、外博会、“台湾·广东周”等各种经贸活动，外贸出口恢复性增长。全市外贸出口总额202亿美元，增长18%，增速高于上年22.7个百分点。全市一般贸易出口29亿美元，增长59.6%，对印度、南非、墨西哥等部分新兴市场出口增长速度超过60%。

【自主创新与改革加速推进】 2010年，惠州市实施自主创新战略，促进科技事业快速发展。中国科学院广州技术转移中心惠州分中心和惠州低碳经济技术育成中心成立。仲恺科技创业中心被认定为国家级“孵化器”，亿纬锂能股份有限公司和仲恺高新技术开发区分别组建博士后工作站。新认定高新技术企业27家，累计100家。全年获得国家级科技计划项目立项9个，省级立项78个。新组建省级工程中心5家，市级工程中心（农创中心）12家。全市专利申请量2889件、授权量1628件，比上年分别增长64.1%和65.3%。科技进步对工业经济增长的贡献率56%，被省认定为“技术创新工程试点市”、“省部产学研结合示范市”。为企业和市民提供受理、咨询、审批、投诉等“一站式”服务的市行政服务中心投入运行；第5轮行政审批制度实现行政审批事项减少20%的改革目标；全市212项行政许可事项实现零收费；仲恺高新区挂牌成立，被赋予“县级行政管理权限和市级经济管理权限”。富县强镇事权改革稳步推进。出台《惠州市深化医药卫生体制改革实施方案》、《惠州市国家基本药物制度近期实施方案》，新一轮医药卫生体制改革取得实质性进展。集体林权制度改革基本完成，龙门县被推荐为全国林权改革典型县。

【统筹城乡发展全面加强】 2010年，惠州市城乡统筹发展顺利推进。全市53个乡镇实现总体规划全覆盖，50户以上自然村规划覆盖率提升至71.4%。惠城区小金口街道柏岗村核发农村住宅《集体土地使用证》和《房地产权证》的经验做法在全市推广。大力实施“千村家园绿化”工程，全面推行“村收、镇运、县处理”农村垃圾处理模式。完成通自然村道硬底化改造850公里。有条件的行政村100%通客运。完成农村饮水安全工程33项，新解决5万人饮水安全问题。完成3394户农村贫困户危房改造，新解决1.5万人住房问题。落实帮扶资金9500多万元，74个省级贫困村的村集体经济实现脱贫。

【人口计生工作有序推进】 2010年，惠州市先后获全国首批"全国人口计生综合改革示范市"和"全国流动人口计划生育基本公共服务均等化试点单位"称号。出台《惠州市城镇独生子女父母计划生育奖励方案》，完善计生利益导向政策体系。全市户籍人口自然增长率6.99‰。城乡居民生育保险试点全面启动。博罗县新农保参保人数在全省14个试点县中排名第一，惠阳区被列入省第二批新农保试点。

【文明城市建设成效明显】 2010年，惠州市开展"交通整治百日行动"、"市容市貌整治百日行动"、"社会治安整治百日行动"和"迎亚运、迎省运、讲文明、树新风"市民教育系列活动。各类生产安全事故死亡人数、受伤人数比上年分别下降4.1%、14%。在全国城市公共文明指数测评中位居地级市第三名。获"中国十佳最具幸福感城市"和"人民满意城市"称号。再度获"中国人居环境范例奖"。建成市区江北、金山等8座污水处理厂并投入运行，新增处理能力27.5万吨/日。淘汰落后立窑小水泥产能186万吨/年。全市否决不符合环保要求项目236个，环保审批否决率11.2%。全市空气优良天数比例100%。城市饮用水源水质达标率100%。在全国环境管理与综合整治定量考核中连续三年获全省第一名。省立绿道惠州段全线贯通。全市森林覆盖率59.6%，被省政府授予"广东省林业生态市"称号。

【"五大基地"建设进展加快】 2010年，惠州市以重点项目建设为依托，推进五大基地建设，产业结构不断优化升级。

世界级石油化工产业基地　惠州市《大亚湾石化工业区产业规划（27.8平方公里）》修编完成，《大亚湾石化区总体规划》和《大亚湾石化工业区产业规划修编（65平方公里）》通过专家评审。《精细化工园区控制性规划》方案启动。石化区落户项目54个，总投资超过1300亿元，其中石化项目37个，公用工程项目17个。中海壳牌15万吨乙烯扩能项目、中海油40万吨/年煅后焦项目等省重点项目相继投产。中油惠印石化仓储基地累计完成投资2亿元，完成总投资64.1%。中海油惠州二期扩建项目、中海油丙烯酸及酯项目、中海油加氢尾油综合利用项目、大亚湾精细化工园区开发项目、北环路市政工程等项目进展顺利。

国家级电子信息产业基地　惠州市TCL高清晰液晶电视模组一体化项目累计完成投资9亿元，项目建成6条生产线，实现年生产全高清液晶电视模组600万片的生产能力；TCL新一代高效LED背光源模块器件研发及产业化项目累计完成投资1.8亿元，完成背光源模块组装净化车间改造和设备安装调试；惠州科税公司LED芯片项目一期工程累计完成投资2亿元，一期生产设备完成安装，进入试产阶段；惠州比亚迪电动汽车铁电池系统和德赛汽车电子产业项目工程一期等项目进展顺利。

广东省清洁能源生产基地　惠州市抽水蓄能电站1#~5#机组投入商业运行，6#机组完成机电安装，7#~8#机组进行机电安装。平海电厂一期前2台机组投产发电。国华大亚湾热电联供一期2台30万千瓦机组建成投产，二期2台30万千瓦机组和2台

40万千瓦煤化工项目在建。总投资9000万元的惠州市垃圾处理场沼气利用项目完成总投资70%。总装机600万千瓦的中广核惠州核电项目可行性研究通过专家评审。惠州LNG电厂扩建工程和丰达LNG扩建工程前期准备工作开展。省天然气管网一期工程（惠州段）和西气东输二线（惠州段）进展顺利。500千伏上寨至博罗线路建成投产，惠城输变电基础工程全部完成，220千伏雍园、荣田、冯屋等输变电站工程在建设中。

粤港澳地区旅游休闲度假基地　惠州市巽寮湾滨海综合旅游度假区项目累计完成投资15.2亿元；富力·丽港中心项目累计完成投资6.8亿元，商务酒店已封顶进行外部装修；白鹭湖度假区项目累计完成7.9亿元，建成喜来登酒店、湖滨商业街、水上乐园等10多个项目；迪可可国际儿童城项目累计完成2.8亿元，主体工程完工；惠阳温泉度假村、南昆山永利生态园、龙门南昆山温泉大观园二期等重点旅游项目加紧建设。

全国统筹城乡发展综合改革试验基地　完成《珠三角实现农业现代化综合评价指标体系》的编制工作。优质产业稻工程项目被列入市落实纲要重点建设项目，总投资3.7亿元的现代标准农田建设项目被列入省2010年重点建设项目，海纳、广田、李艺金钱龟、祯州集团和四季鲜等5个项目被列入广东省现代产业500强重点培育项目。推进与深莞及港澳台等地的农业交流与合作，组织各县区农业企业参加各类产品展销会，签订农产品购销合同10多亿元。编制完成217个村庄规划。开展《惠州市现代农业发展规划（2010～2020）》的编制工作。农村社会养老保障水平提高，全市8137名农村基层干部全部参加养老保险。加大农村劳动力转移工作力度。集体林权制度改革稳步推进，全市756个村通过林改方案。旧村庄改造工作全面启动。规范惠州市农村土地经营权流转管理工作，11个农村土地流转示范镇的建设工作进展顺利。推进农村集体经济股份制改革，大亚湾澳头岩前村等5个试点的股改工作顺利推进。　（张世开　钟景业）

基础设施建设

【交通基础设施建设】　2010年，惠州市交通基础设施建设累计完成总投资81.1亿元，比上年增长10%。其中高速公路完成投资36.7亿元，普通公路建设完成投资14.3亿元，港口航道建设完成投资1.8亿元，铁路及轨道完成投资27.9亿元，客货运站场等其他交通建设项目完成投资0.4亿元。全市完成客运量1.24亿人次，增长6.4%，客运周转量49.37亿人公里，增长27.3%；完成货运量1.12亿吨，增长31.6%，货运周转量152.58亿吨公里，增长21.6%；全市港口货物吞吐量4500万吨，增长15.4%。

【高速公路建设】　2010年，惠州市建成两条高速公路97公里。1月26日，潮莞高速公路惠州段建成通车；3月25日，惠深沿海高速公路建成通车。全市高速公路通车里程379公里，排名全省第二。

三条续建高速公路顺利推进　至年末，广河高速公路惠州段累计完成投资33.7亿元，占总投资的59%。仁深高速公路博深段累计完成投资12亿元，占总投资的26%。广惠高速公路东延线累计完成投资5.2亿元，占总投资的20%。

三条高速公路动工建设　7月，从莞高

惠州市基础设施基本情况

项目	单位	2009 年	2010 年
铁路营业里程	公里		
公路通车里程	公里	10682	10826
其中：高速公路	公里	374	379
港口泊位	个	76	76
其中：万吨级泊位		15	15
内河通航里程	公里		
本地电话年末用户	万户	155.1	139.8
移动电话年末用户	万户	466.1	562.1
国际互联网用户	万户	56.3	67.6
电力消费量	万千瓦小时	1658307	1924579
商品房屋实际销售量	万平方米	543.81	627.30
商品房屋实际销售额	亿元	232.01	311.17

速公路全线开工建设。9 月，惠深高速公路改扩建项目获得省发改委立项核准。10 月，惠澳高速公路全线开工建设，已完成投资 4.2 亿元，占总投资的 8%。

一批高速公路预备项目前期工作启动 开展 9 条高速公路预备项目前期工作，其中仁深高速公路龙博段、汕湛高速公路石坝段、汕湛高速公路龙门段、潮莞高速公路惠东段、大广高速公路龙门段等项目前期工作已在推进。完成惠州至龙门高速公路投资主体招标工作。完成惠阳沙田至东莞清溪高速公路路线踏勘报告的编制工作。启动惠州惠城至河源紫金高速公路（河源惠州东莞高速公路）前期工作。促成惠州市和河源市政府向省政府联合上报扩建长深高速公路河源埔前至惠州平南段（惠河高速公路）的请示。

【国省干道改造】 2010 年，惠州市金龙大道、G324 线惠东县城北环路、S120 线潼侨段改造工程及广惠高速公路东江大桥辅桥匝道顺利完工通车。市区西枝江大桥工程累计完成投资 1.4 亿元，占总投资的 82%。惠州大道西扩工程完成投资 2 亿元，占总投资的 80%。省道 S356 线惠阳环城路改建工程完成投资 1.4 亿元，占总投资的 25%。G205 线陈江至深圳坑塘径段改造工程可行性研究报告编制完成并上报省交通运输厅。博罗中部通道（县道 X217 线和 Y005 线）改建工程已完成投资 2.1 亿元，占总投资的 54%。省道 S356 线多祝至平山段改建工程完成投资 1.1 亿元，占总投资的 19%。惠州大道东段改造工程完成投资 3.7 亿元，占总投资的 27%。

【港口建设】 2010 年，惠州港有 2 个项目竣工投入试运行，1 个项目动工建设。全年港口项目建设总投资 7.5 亿元。6 月，广东省平海电厂新建工程项目码头工程竣工并投入试运行。新建 1 个 7 万吨级煤炭泊位（码头水工结构按靠泊 15 万吨级散货船设计）

和 1 个 3000 吨级重件泊位，以及相应的配套设施，近期码头设计年通过能力 665 万吨。6 月 30 日，平海电厂首艘运煤船“广南”轮顺利靠泊新建的 7 万吨级煤码头进行卸船作业；11 月，惠州大亚湾欧德油储公用石化码头有限公司 5000 吨级石化码头投入试运行。该码头位于惠州港东联作业区，建设规模为 2 个 5000 吨级液体化工泊位，设计年通过能力 160 万吨；惠州港国际集装箱码头主体工程 I 标段动工兴建。该工程建设规模为建设 2 个 5 万吨级和 1 个 3 千吨级集装箱泊位（码头水工结构按靠泊 10 万吨级集装箱船舶设计），以及相应的配套设施。泊位设计年通过能力 80 万 TEU（标准箱）。至 12 月，惠州港（沿海）港口有生产性泊位 37 个，其中，万吨级以上泊位 17 个（15～30 万吨级泊位 4 个）；马鞭洲作业区进港航道可满足 25 万吨级油轮满载乘潮或 30 万吨级油轮减载乘潮进港。惠州港（沿海）港口年设计通过能力 9215 万吨。惠州港全年全港完成货物吞吐量 4672.54 万吨，比上年增长 30.1%。其中，集装箱吞吐量 26.89 万标准箱，增长 38.9%；外贸货物吞吐量 2114.05 万吨，增长 18.4%；惠州港（沿海）港口货物吞吐量 4533.54 万吨，增长 31%；4 家危险货物货主码头全年完成港口货物吞吐量 3572.87 万吨，占全港吞吐量的 76.5%；全年全港货物吞吐量中，石油及制品（危险品）吞吐量 3964.21 万吨，占全港货物吞吐量的 84.8%。

【航道建设】　2010 年，惠州市东江中游航道整治工程累计完成投资 8729 万元，占总投资 62%。其中沥口枢纽至鹅塘洲、鹅塘洲至水口浅滩两个标段筑坝工程完工验收，疏浚工程（风光枢纽至水口浅滩）开始施工，航标工程招标在广东航道局项目办主持下进行。东江下游航道整治工程竣工；新丰江工作船及东江中游航道整治 4 艘配套船舶已交付使用。完成了东江中上游灯塔改造、沿海航标和船舶技改等 36 项专项工程；按时完成全省应急备用航标建造任务。此外，大亚湾站房已开工建设，新丰江站房进入招标阶段，汕尾站场码头征地工作有序推进。全年完成重点浅滩疏浚和清障 2.36 万立方米，航道的水深保证率 100%。完成龙川站和河源分局 17 座 5 米灯塔及惠东港口灯桩的改造任务，完成 72 座 96 万元备用航标器材的建造。完成粤道政 206、粤标巡 205 等 4 艘船舶的排修和技改工作。年终船舶完好率、优秀率 100%。

【铁路和轻轨建设】　2010 年，厦深铁路惠州段项目累计完成投资 32 亿元，占总投资的 68%，莞惠城际轨道交通项目累计完成投资 11 亿元，占总投资的 12%，京九铁路电气化改造工程惠州段完成投资 3.9 亿元，占总投资的 71%。

【普通公路收费站全部撤销】　2010 年，惠州市办理省人大代表关于撤销国道 G324 线惠州段陈塘收费站建议工作，国道 G324 线陈塘、长宁收费站于 8 月 30 日零时起终止收费并撤站。推动年票制工作。省政府批准惠州市试行车辆通行费年票制，自 2011 年 1 月 1 日起，全市 8 个经营性普通公路收费站全部撤销，所有普通公路不设收费站。

【整合道路客运公交线路】　2010 年，惠州市惠阳汽车客运总站、惠东县客运总站建成投入使用。惠州至博罗的公交线路开通。整合及公交化改造惠城区至惠东方向客运线路方案已形成。改造市区公交化短途客运班线整合方案已完成。完成优化调整 11 条公交线路方案。

【开通海上国际货运航线】 9 月 7 日，惠州开通首条海上国际货运航线“惠州—大阪—神户”航线，打破惠州港口无国际集装箱班轮挂港的局面。年内，惠州市有货运船舶 794 艘 75 万载重吨，客船 22 艘 732 个客位，新增 32 艘船舶，新增载货量 11 万吨，新增客位 34 个。淘汰老旧小钢质船 8 艘，水泥船 35 艘，实现年末水泥船全部退出营运市场的目标。

【统筹城乡交通发展】 2010 年，惠州市、县（区）政府加大农村公路养护资金投入，省、市合计按乡道每公里 2600 元、村道每公里 1600 元标准给予养护补助，县（区）相应按每公里 500~600 元补助标准出台配套政策。出台《惠州市农村公路管理养护体制改革实施方案》、《惠州市农村公路养护检查考核办法》、《关于在各镇设立乡村公路管理办公室的指导意见》、《惠州市乡村公路日常养护检查考核办法》和《惠州市乡村公路日常养护工作内容和要求》等规范化文件。在全市各镇设立 69 个乡村公路养护管理办公室，市交通运输基本实现 3 个 100%，即 100%的乡镇有客运站（包括招呼站），有通客运班车条件的行政村 100%有候车亭和具备通客车条件的行政村客运通达率 100%。全市建成乡镇客运站 48 个，在建乡镇客运站 5 个，完成计划任务 90.5%；有 792 个行政村建有候车亭，新建农村客运候车亭 298 个，完成计划任务的 79.4%；开通 101 条农村客运线路，通达 987 个行政村，具备通客车条件的行政村客车通达率 98.9%。

【地方公路建设】 2010 年，惠州市农村公路通车里程为 10826 公里，有桥梁 1691 座 42365.36 延米。其中：县道 38 条 934.27 公里、乡道 1510 条 5388.18 公里、村道 4425 条 3196.905 公里、新增公路 9094 条 3996.76 公里，其中属一级路 113.38 公里、二级路 265.60 公里、三级路 555.11 公里、四级路 7865.34 公里、等外路 719.90 公里。全市县道平均好路率 86.3%、乡村公路平均好路率 76.3%。全年全市地方公路水毁损失累计 4382.78 万元，投入修复资金 3988.33 万元，水毁修复率 91%。全市全年累计完成县道砂土路改造 57.54 公里，完成投资 2.77 亿元；完成通自然村公路 832.65 公里，完成投资 2.53 亿元。S243、S356 线（惠东段）改造工程竣工验收准备工作基本完成，已上报省公路局申请竣工验收。观岚大桥收尾工作顺利，缺陷工程完善工作同步进行，完成危桥改造 41 座。

【电力工业建设】 2010 年，惠州市完成供电量 191.88 亿千瓦时、售电量 184.29 亿千瓦时，比上年分别增长 16.31%和 17.42%。全口径用户平均停电时间 10.7 小时，减少 12.35 小时；平均停电次数 2.79 次，减少 2.13 次。投产 110 千伏及以上主变容量 318.6 万千伏安、线路 604.36 公里，完成电网建设投资 36.64 亿元。编制和实施保电方案 78 个，累计投入技术和安保人员近 4 万人次。超前开展 564 台设备的状态评价，如期完成 627 台设备预试定检，排查和整改设备隐患 213 项，组织应急演练 9 次，派出专业技术人员赴广州开展保电工作 112 人次。完成 115 个生产班组规范化建设，97 个变电站和 214 回输电线路实现标准化管理。健全各类应急管理办法和机制，建成应急指挥信息管理系统，完成亚运、省运保供电等重大任务。

【管道燃气工程建设】 2010年，惠州市新增管道燃气工程建设投入3595万元，完成地下供气管网施工98.1公里，安装户内管1.53户。至年底，全市铺设城市地下供气管网约685公里，基本上覆盖市区各大片区，管道燃气报装用户16.2万户，安装13.3万户；瓶装燃气用户6.8万户。全年生产供应燃气销售2.25万吨，其中：液化石油气1.89万吨，液化天然气3692.9吨。拓展新用户1.59万户，新增点火1.42户。5月，市城市燃气发展有限公司获国家“工人先锋号”称号。

【农村水利建设】 2010年，惠州市完成水利建设投资9.95亿元。其中：中央投资3875万元，省级补助资金1.23亿元，市级自筹资金2.04亿元，县级自筹资金5.25亿元，乡镇及群众自筹资金1.05亿元。累计完成工程量土方1072万立方米，石方166万立方米（其中浆砌石68万立方米），混凝土29.50万立方米；改善灌溉面积18.96千公顷，改善治洪面积9.4千公顷，改善治涝面积14千公顷；维修加固江堤50公里；维修渠道603公里，恢复灌溉面积3.7千公顷。新增堤防长度15.6公里，小水电装机130千瓦。全年征收水利规费1.51亿元，其中：堤围防护费1.32亿元，水资源费1600万元，水土保持补偿费88万元，船舶过闸费211万元，河道管理范围占用费2万元。

【重点水利工程建设】 2010年，惠州市重点水利工程项目9个，完成年度投资4.37亿元。其中：惠州大堤马安围平马围合围安全加固工程完成年度投资1.3亿元，累计完成投资3.7亿元；中型水库加固工程（惠阳区大坑水库除险加固工程、惠东县黄坑水库除险加固工程、博罗县下宝溪水库除险加固工程和博罗县水东陂水库除险加固工程）累计完成投资1.17亿元；东江支流淡水河流域惠阳段综合整治工程完成年度投资4740万元，惠东县西枝江综合整治工程水利部分完成年度投资1.09亿元，博罗县显岗水库安全加固工程累计完成投资1.11亿元，龙门县城防洪工程累计完成投资1.3亿元。

【病险水库除险加固工程建设】 2010年，惠州市12宗大中型病险水库累计完成投资3.58亿元，占计划投资的96%，工程全部完工；80宗小型病险水库除险加固工程完工42宗，完成投资9902万元，占总投资90%。

【防灾减灾工程建设】 2010年，惠州市14宗防灾减灾工程完工11宗，建成的惠州大堤（南、北堤）达标加固工程达到100年一遇防洪标准，各县（区）的城区防洪工程达到50年一遇防洪标准。

【市区防洪排涝基础设施建设】 2010年，惠州大堤白沙仔排涝站（二期）工程完工，江北大堤江北1号雨水泵站改造工程、屋东湖水闸（站闸）改造工程和风门坳水闸改造工程开工建设。红楼水闸迁建工程动工建设，小金河“一河两渠”西支渠整治工程建设资金列入部门预算。库区淹没工程除老指挥部排涝站外，其余均已开工，并将11座水闸移交管理单位。三防物资仓库及防汛专用码头开工建设，完成投资250万元，博罗县园洲镇东博排站完成工程投资800万元。

【信息化重点领域建设】 2010年，惠州市实现“一站式”网上行政审批服务系统信息共享，审批共管；完成市直处级干部信息能力提升工程培训，分两批次共九期培训处级干部387名；市地税局、社保局建设“市社保费全责征收中间库信息系统”并于9月1日上线，实现社保、地税系统对接；市电子监察系统三期建设日趋完善，市农村党风廉政信息公开平台于7月15日开通；开展“两化融合”（信息化与工业化融合）试验区相关工作，推荐上报6家企业参与全省两化融合“4个100”（工业生产数字化改造，实施装备制造数字化，清洁生产信息技术应用项目，节能减排信息技术应用项目）示范工程评选，有5个项目入选。

【互联网网络建设】 2010年，惠州市加大在宽带、3G和WLAN等方面的投资和建设力度，同时通过光纤到户和“村村通”等工程，100%实现全市商业楼宇和1060个行政村光纤覆盖，所有行政村以及50%以上自然村开通互联网视频。全市全年的互联网普及率、家庭宽带普及率和无线城市网络覆盖率分别为61%、58%和65%；根据惠州市的信息化发展水平，制定2010年度县（区）委书记（长）信息化指数责任考核指标任务，并对县（区）考核指标任务的完成情况开展半年和一年的二次检查。至年底，各县（区）均完成年度的指标任务。年内，惠州电信启动竞争区域宽带网络建设，完成投资1.15亿元，宽带工程完成进度全省第一；开展宽带大提速和光进铜退大会战，全年完成铜退规模23.7万线对公里。扩充163骨干出口带宽达240G（千兆），比上年增长30%；在城市区域实现12M（兆）以上带宽接入占比54%，8M以上占比76%，商务楼宇和行政村光纤通达率100%。

【无线城市建设】 至2010年底，惠州市建成3G基站2307个、WLAN热点1762个，无线城市用户70万户，无线城市宽带网络覆盖率到9月达65.4%，提前完成全年65%的目标值。市政府出台《关于支持TD-SCDMA网络建设的通知》；主办惠州市无线城市建设成果展示暨应用推广会，发展商业联盟500多家；在无线城市体验基地—惠州智惠方舟信息化综合体验馆展示超过100项无线城市应用。通过无线城市建设提升政府办公信息化水平、城市管理和公共服务能力。惠州移动为全市近1.5万家集团企业提供移动信息化整体解决方案，为全市800多所学校、27万家长提供家校信息沟通、学生平安短信等服务，开通率90%以上。同时，开发多样化的数字民生服务内容，接入应用150余项，运营惠民邮箱、惠民一卡通和12580惠民资讯平台三大惠民体系。其中，惠民邮箱可为市民提供查阅、定制水电煤气、公积金账单等58项民生服务。利用信息化手段推动惠州旅游业发展，继1065865880实现景点短信查询后，开通1258033旅游热线服务平台。平台整合政府部门与企业、旅游信息和手机用户、移动公司优质通讯网络等各方面资源，实现位置信息与旅游商旅信息结合的服务，给进入惠州的游客提供信息服务和商旅应用。

【开通全省首个市委书记移动微博】 2010年，惠州移动在139社区开通全省首个“书记移动微博”，构建党委政府与市民沟通的新桥梁和网络问政的新平台。至年底，书记发布移动微博13条，自愿定制收听7.1万人，有效回复1000多条。书记移动微博强

化政府施政理念的传播，开辟市民心声的反馈渠道。（张世开　钟景业）

现代代产业

【旅游业快速发展】 2010年，惠州市旅游业推进“3510”（三大体系五大顶级品牌和十条精品线路）工程和粤港澳旅游休闲度假基地建设，推动珠江口东岸旅游一体化发展进程。至年底，全市有旅游景区（点）60多个、星级饭店68家、旅行社45家、旅游餐馆和农家乐1000多家，旅游直接从业人数2.75万人，间接从业人数16.5万人。举办第五届惠州国际（高尔夫）旅游节，惠州市被评为“广东省国民旅游休闲示范市”，博罗县创“广东省旅游强县”通过初审，龙门县获得“广东省国民旅游休闲计划示范县”、“中国最佳休闲度假旅游名县”、“中国最佳温泉养生旅游名县”等称号。全市全年累计接待游客2501.03万人次，比上年增长15.24%。其中，宾馆、酒店和其他住宿设施接待过夜游客1073.55万人次；景区（点）接待一日游游客1427.47万人次，分别增长13.83%和14.26%。全年旅游总收入140.82亿元，增长22.32%。其中国际旅游收入50167.82万美元，增长25.09%；国内旅游收入106.73亿元，增长21.65%。

【中国男装名城惠城区】 惠州市惠城区是惠州服装制造业的领头羊，2010年服装销售产值35.4亿元。有国际较先进的三维自动设计、排版、裁剪CAD系统和生产法国、意大利、日本等高档衬衣、西装生产线。主要产品有西服、衬衫、丝光棉T恤、休闲服、牛仔服、毛织衫及童装等。知名商标有富绅、圣马龙、真维斯、威利、泗洲塔、金盾、百宝路等。产品主要销往香港、欧美、日本、加拿大、南非、中东等地。9月8日，惠城区在广州TIT时尚创意产业园举行针织丝光棉产业推介会上公布，全区有针织丝光棉企业100多家，年产丝光棉服装1300多万件、丝光棉布1800多吨，产品远销美国、加拿大、南非、中东等国家和地区，产值超10亿元，占全国产销量的1/3以上。

【中国女鞋生产基地惠东】 2010年，惠州市惠东县组建鞋业股份制有限公司，全年全县产鞋6.6亿双，总产值143亿元，上缴税款1.5亿元，分别比上年增长17.8%、21.2%和30.2%。至年底，全县个体私营制鞋企业（含鞋面加工厂）5982家，规模企业77家，生产流水线350条，从业人员19万人。

拓展鞋业新市场　4月2～4日，惠州市惠东县组团参加在惠州会展中心举办的2010惠州调结构促转型招商引资推介会暨民营企业产品展销会，展销会上，设立“中国女鞋生产基地·惠东”专馆，宣传推介该县中国女鞋生产基地的区域品牌。5～7月，惠东县组织40多家民营企业参加惠州（昆明）、惠州（西安）、惠州（沈阳）产品展销会。组织10家制鞋企业参加9月1～3日在上海新国际展览中心举行的中国国际鞋类展，并设立“中国女鞋生产基地—惠东”专馆，宣传推介惠东县的投资环境和惠东鞋业及“中国女鞋生产基地·广东国际品牌女鞋工业园”项目。参展期间，全县企业接待来自俄罗斯、澳大利亚、巴西、欧美、中东及东南亚等国家和地区及国内各大中城市的客商1.2万多人次，现场签订购销合同32份，订购时尚女鞋48万双，合同金额1680万元；签订意向购销合同86份，意向购鞋430万双，意向合同金额15050万元。12月20日，中国·惠东第五届鞋文化节暨时尚女鞋订货会在惠东银基国际鞋城开幕。为期3天，设标准展位600个，制鞋企业参展400家，展出时尚女鞋8000多个款式，吸引一大批来自美国、欧洲、东南亚、香港等国家和地区以及国内大批客商前来参观、洽谈。鞋文化节期间，银基国际鞋城接待国内外客商3.8万人次，签订合同985份，订购时尚女鞋7200万双，合同金额26.1亿元。其中，开幕式现场签订合同5份，订购时尚女鞋102万双，合同金额3650万元。

推进中国女鞋生产基地工业园建设　1月，惠州市惠东县启动400公顷中国女鞋生产基地·广东国际品牌女鞋工业园建设。5月12日，举行投资人公开招标，确认深圳锦新明公司为中标人，成立中国女鞋生产基地开发有限公司并进驻基地，负责项目开发和建设。

【调整产业结构】　2010年，惠州市推进产业结构调整，实现第一产业增加值104亿元，比上年增长5.5%；第二产业增加值102亿元，增长23.7%；第三产业增加值605亿元，增长10.4%。

炼化一体石化产业链形成　惠州市中海壳牌南海石化、中海油1200万吨炼油两大龙头项目建成投产后，带动60个石化中下游项目落户大亚湾，总投资超过1400亿元，形成规模化发展的石化产业集群，大亚湾石化区成为中国石化工业示范园区，精细化工园区建设快速推进，石化产业成长为惠州市新兴支柱产业。

发展高端电子信息产业　惠州市TCL液晶模组整机一体化、科锐LED芯片等项目建成投产后，新型显示、新一代通信等16个项目入选省高端新型电子信息产业重大项目，TCL、德赛、华阳、侨兴、光弘5家企业入选中国电子信息百强企业。

发展现代服务业　惠州市继续实施旅游业发展工程，西湖、罗浮山等旅游景区建设和环大亚湾五星级酒店群建设全面推进。龙门县成为全国首批“中国温泉之乡”。获“中国金融生态市”称号。房地产业平稳健康发展，商贸、物流、会展、传媒等现代服务业加速发展。

推进园区经济建设　惠州市大亚湾石化区规划面积由27.8平方公里扩展到65平方公里，全区经济年均增长38.3%，石化产业的龙头地位强化。仲恺高新区完成体制机制改革创新，管理范围由12.5平方公里扩展到320平方公里，成为国家电子信息产业基地、通讯产业基地、激光头产业基地和视听产品产业园。东江高新科技产业园引进项目20多个，总投资超过120亿元。

【扶持自主创新】　2010年，惠州市加大重点企业、重点项目、企业工程技术中心投入。全市安排重点建设项目年度计划投资292亿元，完成投资310.7亿元，完成年度计划投资的106.4%。比亚迪电动汽车铁电池系统、中海油1200万吨炼油、中海油40万吨/年煅后焦、中海壳牌扩能至95万吨乙烯等项目竣工投产。扶持三大集团科技发展资金3000万元，重点扶持TCL、德赛、华阳等大企业集团技术升级。深化产学研合作，实施省部院产学研结合项目25个，引进企业科技特派员76名，建立特派员工作站2个，牵头组建省部产学研创新联盟1个，参与组建省部产学研创新联盟4个，建立产学研结合示范基地5个。惠州市被纳入2010年度“省部产学研结合示范市”。

【重点发展现代服务业】 2010年，惠州市与阿里巴巴公司签订惠州（全国）电子商务服务基地框架协议，开通国内首创的全国物流协同平台，现代服务业增加值占服务业比重的53.6%。建成现代农业示范基地100个，农业机械化综合水平提高到60%，省市级名优农产品达到50个，农民专业合作经济组织增加到100家。形成以石油化工、电子信息产业为支柱，以旅游、现代物流、现代农业、汽车及汽车零部件、纺织服装与制鞋、水泥建材、医药、清洁能源等八大产业为重点的“2+8”现代产业体系。

【发展新兴产业】 2010年，惠州市推进高端电子信息、半导体照明、新能源汽车、新材料等产业发展，在华南地区率先加入科锐全球“LED城市计划”。获“广东省LED产业（惠州）基地”和“广东省LED绿色照明示范城市”称号，全市3个基地和16个项目被列入《广东省发展高端新型电子信息产业行动计划》，总投资100.9亿元。清洁能源产业规模快速扩张，LNG电厂一期、平海电厂一期、国华热电联供、抽水蓄能电站5台机组建成投产。

【拓展产业合作】 2010年，惠州市与东莞市联手共建惠东、龙门两大产业转移园。争取省、市两级政府对两个省级产业转移园区建设的政策支持，东莞凤岗（惠东）产业转移园中标省纺织服装专业性产业转移工业园，获得省1亿元扶持资金。莞惠、惠东两个转移园新承接入园项目50个。深惠两市合建的服装生产加工及物流仓储园区等项目顺利推进，“坪新清”产业合作示范区规划建设取得进展。旅游业联动发展，金融合作发展迅速。

【扶持民营经济】 2010年，惠州市民营经济实现增加值614.23亿元，比上年增长16%，占全市生产总值的35.9%；民营经济单位吸纳就业104.3万人，增长13.3%。

构建中小企业服务体系 惠州市编制小企业创业基地和中小企业公共服务平台建设方案。“中小企业经营管理在线协同公共服务平台”被认定为广东省中小企业公共（技术）服务示范平台；惠州仲恺高新区小企业创业基地、惠州民营科技园孵化器被认定为广东省小企业创业基地。在全市范围内设有综合服务机构42家、投资融资服务机构753家、技术支持服务机构268家、人才培训服务机构90家、信息咨询服务机构475家、市场开拓等专业服务机构823家，基本建成健全的组织体系和初步完善的服务网络。建立惠州市促进民营经济发展联系会议制度，出台《中共惠州市委、惠州市人民政府关于促进民营经济发展上水平的实施意见》，落实中小企业生产经营监测工作，建立运行监测，预警分析和责任考核机制，成立惠州市民营企业家联合会青年分会，推荐52名青年民营企业家加入市民营企业家联合会青年分会。

扶持民营经济发展 惠州市上报国家工业中小企业技术改造项目6个；上报中央中小企业发展专项资金项目2个；上报国家中小企业服务体系项目1个；上报中小企业信用担保机构免征营业税项目2个，九惠制药股份有限公司等9家企业共获得国家财政扶持资金990万元。上报广东省中小企业发展专项资金项目24个，共申请扶持资金

2886.67万元；TCL金能电池有限公司聚合物锂离子电池安全技术创新产业化基地被认定为广东省中小企业创新产业化示范基地。

打造民营企业“品牌” 惠州市政府发动TCL集团、德赛集团、华阳集团、侨兴集团、雷士光电、真维斯、富绅等382家企业参加各类展销促销活动。在惠州产品昆明、西安、沈阳3场展销会参展期间，全市组织584家民营企业参加展销，签订销售合同403份，合同总金额530.7亿元，现场销售4.74亿元。9月，共组织34家企业参加第七届中博会广东民企名品展，展示惠州市“国家电子信息产业基地”、“国家火炬计划数码视听产业基地”和“中国照明电器品牌基地”的产业特色。

【发展现代农业】 2010年，全市农林牧渔业总产值166.3亿元，比上年增长4%；农业增加值103.6亿元，增长5.5%；农村居民人均纯收入9077元，增长19.7%。

现代农业加快发展 惠州市培育发展一批农业龙头企业、农民专业合作社等产业化组织，采用“公司（合作社）+基地+农户”的产业化经营模式，通过生产、加工、销售等一体化的产业化经营，推动农业发展。全市有8个省级现代农业区，园区总面积0.3万公顷，辐射面积0.52万公顷。惠州市财政安排600万元用于农业龙头企业贷款贴息，安排400万元用于奖励农业龙头企业。此外，惠东县安排80万元财政资金用于扶持农业龙头企业发展，惠阳区安排30万元财政资金用于扶持农民专业合作社发展，博罗县对被评为国家级龙头企业的奖20万元，对推动“农超对接”的奖30万元。至年底，全市拥有国家重点农业龙头企业3家、省重点农业龙头企业19家、市级农业龙头企业71家。其中，年销售收入上亿元的农业龙头企业14家。

科技创新能力增强 惠州市农业龙头企业与大学院校、科研机构开展新品种研发和技术合作，在养殖行业、种子、种苗选育推广、种植良种良法、农产品质量监管等领域，农业科技创新成果得到广泛应用，效果明显。各级龙头企业拥有固定资产22.6亿元，种植基地0.53万公顷，养殖基地0.12万公顷，销售收入65.3亿元，比上年增长16%；净利润6.45亿元，增长8.8%；出口创汇1.27亿元，增长11.9%；上缴税金8.56亿元，增长10.9%；带动农户21.3多万户，户均增收3360元，增长9%。

特色农业加快发展 惠州市农业龙头企业发挥资金、技术、人才、销售渠道优势，带动农民发展特色效益农业。全市八大特色农产品种植面积（含复种）13万公顷，产值49.3亿元，带动农民人均增收2810元。冬种农作物6.0133万公顷，产值14.3亿元，带动农民人均增收900多元。全市已有市级以上畜牧业龙头企业17家，现代化畜牧业示范基地50个，规模场（户）的畜禽出栏量占全市畜禽出栏总量的80%以上。

落实强农惠农政策 是年，惠州市落实各级农业补贴资金1.334亿元，其中：水稻直补资金1335.82万元，农资综合直补资金8135.99万元，水稻良种补贴资金2108.32万元，玉米良种补贴资金406.2万元，农机购置补贴资金1760万元。

建设现代标准农田 惠州市全年投入各级财政资金1.052亿元，整治改造中低产田4620公顷，建成现代农业示范基地16个。至年底，全市累计整治改造中低产田3.384万公顷，建成现代农业示范基地（种植业类）90个，带动示范区45万农民年新增农业产值5.2亿元，年新增收入450元/人。

发展外向型农业　惠州市举办或参加农业博览会和农产品展销会10多场，累计签订农业招商引资和农产品购销合同80多亿元。全年从惠州口岸出口农牧产品1.17亿美元，比上年增长7.8%。惠州成为内地最大的供港蔬菜种植基地，供港蔬菜占香港进口总量的40%，供港生猪、家禽和水产品约占香港市场的1/3。此外，还有很多农产品经由深圳、东莞等口岸出口到港澳、东南亚和一些欧美国家。

推进农业机械化　惠州市补贴购置各类农机具7536台（套），全市农机总动力122.34万千瓦，实现农业机械原值8.73亿元，水稻耕种收机械化水平61.8%，比上年增长3.2个百分点。累计建立农机专业合作社23个，增加10个。创建农机安全示范镇3个、农机安全示范村8个。

推进农业信息化　惠州市农业信息网发布信息1.3万多条，访问总量突破700万人次，2009~2010年连续2年被评为“中国农业百强网站”，《惠州农业信息》杂志发行2.4万多册、《惠州农业信息快报》印发近2000份；“12316”三农服务热线服务量超过8万人次；“农信通”新增用户1.1万户，总数23万户，“菜篮子快讯”用户稳定在1.5万户。发布政务信息1890条，处理网络问政160条。

推进农业标准化和品牌化　惠州市新增农业标准化示范区6个，认证“三品”（无公害农产品、绿色食品、有机农产品）44个。至年底，全市累计建立农业标准化示范区35个，有“三品”认证企业126家、基地131个、产品266个。新增省名牌产品1个。全市有省市名牌（优）农产品68个，比上年增加9个。

【农业技术推广】　2010年，惠州市试验推广农作物新品种800多个，开展科技攻关及区域试验项目60个，获省农业技术推广奖2项，市农业技术推广奖和科学技术奖11项；开展农业科技下乡活动900多场次，培训农民1万多人次，全市主要农作物良种覆盖率98.5%，农业科技贡献率54.5%，比上年提高1.5个百分点。其中，全市全年农作物播种面积24.15万公顷，其中粮食作物12.02万公顷、经济作物2.38万公顷、其他作物9.76万公顷；主要农作物水稻8.54万公顷、产量41.64万吨，蔬菜9.25万公顷、产量201.68万吨，花生2.11万公顷、产量5.29万吨。水果5.59万公顷、产量54.92万吨。八大特色农产品种植面积（含复种）13万公顷，冬种农作物6.01万公顷。

引进农作物优新良种　惠州市农技推广部门引进试验、示范推广农作物优新良种，加快品种更新换代。至年底，全市主要农作物良种覆盖率98.5%。重点推广水稻粤综粘、粤奇丝苗、合美粘、合丰粘、聚两优751、农两优云三，玉米新美夏珍、金银粟2号、粤甜13号、粤紫糯、新美香糯，花生粤油45号、粤油13、汕油188，甘薯紫罗兰、广薯87等优质丰产、抗病性强的粮油作物品种20多个。引导农民大力发展特色蔬菜、优质水果等种植产业，调整优化种植业结构。在惠阳平潭、惠东铁涌建立省级良种示范区，面积120公顷，引进试验水稻、花生新品种23个，大面积示范水稻、花生优良品种37个。

普及应用测土配方施肥技术　惠州市农技推广部门健全完善土壤肥料检测体系，提高检测化验水平。全市推广应用测土配方施肥技术16.94万公顷，其中水稻7.09万公顷、甜玉米2.10万公顷、马铃薯7067万公顷、花生 1.13 万公顷、蔬菜 4.47 万公顷；推广施用配方肥 7.56 万公顷，技术入户率 91.2%。应用测土配方施肥技术对比常规施肥，每公顷均增收 76.23 元、节支 14.33 元，共增加农民收入 2.30 亿元。全市建立测土配方示范片 79 个、示范户 10562 户，开展各类作物田间试验 85 个，采集土壤样本 1613 个、化验土样 2503 个、检测项目 17715 个，发放测土配方示范建议卡 44.81 万份。

实施“沃土工程”　惠州市农技推广部门构建土壤地力监测体系，健全完善省级土壤地力监测点 30 个和市级地力监测点 60 个，系统开展耕地地力监测，加强耕地质量保护。实施“沃土工程”，实行分区、分类指导，推广增施有机肥、秸秆还田等改良土壤、培肥地力技术，提高耕地地力。全市推广施用各种农家肥和商品有机肥 46.93 万吨，面积 23.38 万公顷，推广稻草覆盖和各类秸秆还田 5.63 万公顷。

【电子工业】　2010 年，惠州市主要电子信息制造业累计完成工业销售产值 1889.2 亿元，比上年增长 20.3%，占全市规模以上工业比重的 47%以上；工业增加值 281.5 亿元，增长 18.7%。累计生产手机 12078.5 万台，增长 42.7%；彩色电视机 938.4 万台，下降 0.4%；激光视盘机生产 2955.0 万部，增长 1.1%；显示器生产 26 万台，增长 18%；电话单机生产 2295.4 万部，下降 16.3%。其中，TCL 集团累计完成营业收入 388.8 亿元，增长 14.6%；德赛集团 102.5 亿元，增长 12.9%；华阳集团 93.2 亿元，增长 23.7%；侨兴集团 58.1 亿元，增长 2.1%。TCL 高清晰液晶电视模组一体化项目、比亚迪汽车铁电池系统等项目建成投产，德赛汽车电子一期工程、科锐 LED 芯片项目投产，仲恺高新区成为国家高新技术产业通讯产业基地、省战略性新兴产业基地（惠州光电产业）、省 LED 产业基地。

做大电子新兴产业　全年全市电子产业列入战略性新兴产业项目 139 个，光电产业基地列入省第一批战略性新兴产业基地，其中 16 个列入省新型高端项目，形成以电子信息、平板显示、移动互联网、LED、新能源等支柱产业为主导的创新型产业集群，涌现出科锐半导体、康冠科技、TCL 液晶产业园、平板电脑产业化基地等一批优质项目和企业。

推进电子园区经济建设　惠州市仲恺高新区完成体制机制改革创新，通过建园扩区，成为国家电子信息产业基地、通讯产业基地、激光头产业基地和视听产品产业园。东江高新科技产业园建设引进项目 20 多个，总投资超过 120 亿元。博罗鸿达 LED 产业园多个项目开始投产，惠东、龙门产业转移园建设稳步推进。

提升电子企业核心竞争力　惠州市有 16 个项目入选广东省高端新型电子信息产业重大项目，包括 TCL 集团股份有限公司的高清晰液晶电视模组一体化制造项目和新一代绿色节能 LED 新型背光一体化液晶电视整机技术研究及产业化项目，伟志电子（惠州）有限公司的 LED 电视显示器项目。16 个项目总投资 100.9 亿元。此外，2010 中国企业自主创新 TOP100 评价发布暨第二届中国企业自主创新高峰论坛在惠州市举行，TCL 集团股份有限公司和德赛集团有限公司位列“中国企业自主创新 TOP100 工业”的第 19 位和第 33 位。

【信息产业招商引资】　2010 年，惠州市电子工业引进投资总额3.25亿美元的美国科锐LED芯片项目、2.4亿元的雷曼光电项目和1亿美元的LG伊诺特LED项目，还引进比亚迪、宝明精工、三星手机、雷曼光电、龙旗通信、清华同方、正源微手机芯片等一批优质企业和项目。这些项目具有投资额大、技术含量高、位于产业链高端、产业带动能力强等特点。TCL集团液晶模组一体化被列入2009年中央预算内投资计划项目，8条模组生产线开始生产，8条线的设计产能为800万片。三期计划投入6亿元，配套2000万台DVD和600万套背光模组、LED光源等。TCL与深圳共建第8.5代薄膜晶体管液晶显示器件（TFT-LCD）生产线项目，总投资250亿元，是中国主要依靠自主创新建设的、迄今国内最高世代TFT-LCD生产线。投资总额3.25亿美元的科锐光电项目，全年完成投资5000万美元，并正式投产。

【会展业】 2010年，惠州市举办会展28场次，全年收入总额1008万元，累计签约金额千亿元，现场观展人数百万人次。会展业先后引进服务供应商7家，引进合作供应商20多家。通过会展间接带来500万元广告收入。首创跨行业展览新形式，举办"房产汽车博览会"，3天参观人数近30万，总成交额超亿元。在第五届广电传媒汽车展中举行"最受欢迎年度汽车品牌评选"等系列活动。

【惠州大亚湾经济技术开发区】 2010年，大亚湾开发区实现地区生产总值343.2亿元，比上年增长30.7%；规模以上工业总产值1278.3亿元，增长42.2%；固定资产投资120.1亿元；港口货物吞吐量4287.6万吨，增长28.2%；地方财政一般预算收入14.1亿元，增长30.1%；国税收入117.8亿元（扣除海关代征税112.3亿元），增长40.4%；地税收入18.9亿元，增长36.1%；社会消费品零售总额13.1亿元，增长16.4%。外商直接投资额2.7亿美元，增长11.5%。

开展招商引资　大亚湾开发区举办精细化工园区杭州招商会，参加2010惠州调结构促转型招商引资推介会暨民营企业产品展销会，以及海峡两岸石油化工科技经贸交流大会，共引进项目37个，投资金额约99亿元。其中，石化中下游（含精细化工）及公共服务项目18个，总投资额72.3亿元；新兴产业项目2个，投资额20亿元；电子信息、汽车零部件及其他项目17个，投资额6.6亿元。开发区在建、筹建项目共77个，投资额850亿元；在谈项目31个，金额237亿元。

政产学研合作　大亚湾开发区成立科技创业服务中心，负责组织与协调科技创新、孵化平台的搭建工作；举行"大亚湾政产学研合作签约暨研发机构揭牌仪式"，与中山大学、中国石油大学、华南理工大学等7所高校签订框架合作协议，设立研发机构。

完善基础设施　大亚湾开发区城建计划工程建设类项目共241个，项目概算78.7亿元。其中，99个完工，67个在建，累计完成项目投资10亿元。全年安排重点项目27个，涉及道路、公园、学校、绿化整治等方面。其中，省立绿道（大亚湾段）一期工程、红树林公园一期、中兴中路北段、西区一中及配套道路工程、澳头中学及配套道路工程等10个项目已完工，中央公园一期、石化大道西段、西南大道等项目基本完工。

统筹城乡发展　大亚湾开发区出台《大亚湾区新型农村社会养老保险暂行办法》，完成城乡养老保险、医疗保险工作。制定

《关于加强人文关怀化解劳资矛盾构建和谐企业的工作意见》，开展扶贫开发“规划到户、责任到人”工作；实施支农惠农政策，种粮补贴面积567公顷，发放种粮补贴各项资金59万元；加强农田水利设施建设、村道硬底化建设、村容村貌绿化、路灯安装、泥砖房改造等重点工作。

【惠州仲恺高新技术产业开发区】 2010年2月，惠州市《关于进一步推动惠州仲恺高新技术产业开发区发展的决定》，赋予仲恺高新区行使市一级经济管理权限和县（区）一级行政管理权限，建立高新区一级财政管理体制。将仲恺高新科技产业园、东江高新科技产业园、惠南高新科技产业园、留学人才发展基地4个园区及陈江、惠环、沥林、潼侨、潼湖5个镇（街道）纳入管理范围。仲恺高新区面积由原来的12.9平方公里扩大至320平方公里，人口由原来的近15万人增加到近50万人。

体制机制改革　仲恺高新区成立12个局（办）和4个区直属分局，与市直相关部门的职能工作对接，共承接行政管理职能323项，行政执法职能24项；各局（办）建立健全规章制度235项，其中，针对行政审批事项的配套制度28项。仲恺高新区将东江、惠南产业园和陈江、惠环、潼湖、潼侨、沥林五个镇（街道）纳入高新区统一管理，形成由高新区统筹，各园区、镇（街道）无区域界限、无政策障碍、相互协调、相互发展的良好格局。

主要经济指标　2010年，仲恺高新区完成国内生产总值266亿元，比上年增长15%；完成工业总产值1418亿元，增长15.2%；规模以上工业增加值200亿元，增长15.2%；社会固定资产投资57亿元，增长10%；社会消费品零售总额31亿元，增长16.5%；区级财政一般预算收入4.9亿元，增长20%；税收总额完成43亿元，其中，国税36.2亿元、地税6.8亿元。全区电子信息产业工业总产值1106亿元，占园区工业总产值的79%，营业收入亿元以上企业109家。

开展招商引资　仲恺高新区举办“台湾光电产业企业惠州参访团”、“台湾平板显示企业惠州行”、“2010中国企业自主创新TOP100评价发布暨第二届中国企业自主创新高峰论坛”等活动，组织外出考察、定向招商、吸纳承接发达地区优质企业和项目转移等方式，挑选科技含量高、产品附加值高、经济效益高的“三高”项目落户。全年全区共引进项目20个，总投资超过80亿元。举办深圳投资推介会并签约27个高科技尖端项目，签约投资总额170亿元。

产业结构调整　仲恺高新区形成以电子信息、平板显示、移动互联网、LED、新能源等支柱产业为主导的创新型产业集群，涌现科锐半导体、康冠科技、TCL液晶产业园、平板电脑产业化基地等优质项目和企业。全区高新技术产品产值完成1118亿元，比上年增长5.1%，占工业总产值的76%。启动规划面积3平方公里、国内第一个由政府主导的专业化平板电脑暨移动互联网研发生产基地建设，引进北京乐投科技平板电脑整体方案项目，发展移动互联网产业。

重点项目建设　仲恺高新区动工建设总投资6亿元的新华大道及和畅五路，连接惠台下穿惠深高速通道；总长6.2公里、投资1.3亿元的东江产业园惠泽大道建成通车；动工建设总投资15亿元的惠南产业园二期项目，科锐半导体照明一期建成投产，TCL液晶模组约20万平方米用地挂牌，龙旗通讯一期用地交付使用，总部经济大楼一期在建，完成潼湖湿地生态保护前期规划。

科技创新能力增强　仲恺高新区建立创新服务体系，成为国家通信高新技术产业化基地、国家知识产权试点园区和国家级博士后科研工作站、省光电显示产业基地和LED产业基地，科技创新服务中心被科技部火炬中心认定为国家级孵化器。全区有3个项目获国家科技计划立项，1个项目获国家重点新产品计划立项，2个项目获省科学技术奖项，2个项目成为粤港关键领域重点突破项目。全年新增6家省级创新型（试点）企业、4家省级自主创新百强企业、2家省级工程技术研发中心。企业专利申请867件，比上年增长104.96%，专利授权419件，增长30%。有12家企业通过高新技术企业认定初审，占全市的44%。

（张世开　钟景业）

城乡发展

【城乡规划编制】　2010年，惠州市编制完成各层次城乡规划和专题研究41项。其中，镇总体规划5项，控制性详细规划8项，专项规划和专题研究28项。《惠州市城市总体规划（2006～2020）》、《惠州西湖风景名胜区总体规划》通过住建部组织的部际联席会议审查。组织编制的《淡水河流域环境综合整治总体规划》、《东江科技城空间发展规划》、《白石地区土地开发建设策略研究》，三栋、沥林和潼湖镇总体规划，以及《马安和潼侨镇总体规划》、《水口西区控规》、《三新村控规（调整）》等经市政府批准；组织编制的《城市空间发展轴线研究及行动计划》、《市民乐园地下空间综合利用工程规划》、《白石地区控规》、《桥东片区控规》、《林场激流坑片区控规》等通过市城市规划委员会审议；《历史文化名城保护规划》、《一级空间管制区专项规划》完成中期规划；根据《珠江三角洲地区城际轨道交通网规划（2009年修编）》，结合建设中的莞惠城际轨道设计方案，组织编制《惠州市轨道交通网络规划（修编）》。

【市区重点项目建设】　2010年，惠州市惠博大道改扩建工程完工。市区水东传统风貌街改造工程一期完成拆迁任务90%，A4地块建筑主体封顶。市区东部大沥片区新建市政基础设施工程和东波苑安置小区及市政配套工程BT项目进入前期准备工作。市区安装智能型航空灯285盏，累计安装1769盏。

【绿道建设】　《珠江三角洲绿道网总体规划纲要（2010～2012）》提出珠三角建设6条省立绿道，其中2号线东岸山海休闲绿道、3号线珠三角文化休闲绿道和5号线深莞惠生态休闲绿道分别经过惠州，省立绿道惠州段规划总长277.4公里。2010年，惠州市编制《珠三角区域绿道网（惠州段）总体规划》，串联大亚湾、巽寮湾、东江、西湖、红花湖、高榜山、罗浮山及黄沙洞自然保护区等重要的生态廊道、生态节点和旅游区。12月10日，省立绿道惠州段全线贯通，实际建成省立绿道305.1公里，较原规划的277.4公里增加27.7公里。

【规范建筑业招投标】　2010年，惠州市有51项建筑工程进行施工招标，工程造价17.4亿元，有17项工程进行监理招标，工程造价24.7亿元；完成工程施工交易118

项，工程造价 44.2 亿元，公开招标率 81.4%；完成工程监理交易 30 项，工程造价 35.2 亿元，公开招标率 56.7%；完成技师学院一期工程等重点工程的招标及评标定标工作，在实行工程量清单计价招投标的 67 项工程中，综合下浮率 2.92%，为国家节约投资 0.57 亿元。

【实施“平安卡”管理制度】 2010 年，惠州市规划建设部门以预防高处坠落、施工坍塌和建筑起重机械伤害三类事故为重点，组织 8 次全市建筑安全生产大检查，抽查在建工地 840 项，发出停工通知书 14 份，整改通知书 91 份。推行建筑工人“平安卡”管理制度，实行建筑意外伤害保险，新开工项目未实行“平安卡”管理制度的，不予核发《建设工程施工许可证》，不执行“平安卡”管理制度的工程项目，按《安全生产动态管理办法》予以扣分。制定《惠州市开展建筑起重机械安全专项整治工作实施方案》，排查建筑起重机械事故隐患，建立起重机械安全管理长效机制。

【编制村镇规划】 2010 年，惠州市编制 50 户以上自然村村庄规划 714 个，累计编制村庄规划 2008 个，完成村庄规划编制总数的 71.4%；修改完善《惠州市城镇化发展战略研究》；调整修编横沥镇、汝湖镇总体规划；编制《惠州市三栋镇鹿颈村岭南新民居示范点》规划。

【维护市政道路桥梁设施】 2010 年，惠州市惠城中心区建成使用的市政道路总长 210 公里，总面积 618 万平方米，桥梁、隧道 36 座。市政道路桥梁设施管养维护累计投入资金 1470 万元，维修路面 4.8 万平方米，人行道 3.21 万平方米。维护后市政道路桥梁设施完好率 98%。全年办理设施移交 11 宗，市政公用设施施工许可 25 宗，城市排水许可 23 宗，临时占道许可 9 宗，破挖城市道路许可 7 宗；查处违章占道行为 62 宗、违章挖掘城市道路行为 20 宗；各类档案归档 1873 卷。

【城市照明】 2010 年，惠州市组织实施照明工程 7 项。其中，续建工程 4 项，新建工程 3 项，工程包括配套道路桥梁建设或改造照明工程 3 项，景观照明工程 1 项，老城区路灯完善项目及内街小巷路等工程 3 项。至年底，城市照明线路总长 1000 多公里，灯具 6.45 万盏，城市照明设施完好率 98.5%，亮灯率 98.1%，均优于 95%的国家标准。采取一系列综合应用节电改造和节能控制，使惠城中心区城市照明节电效果在 20%以上。城市照明中央监控系统初步建立，基本实现城市照明中央控制系统远程监控、自动调压和稳压功能，精确控制路灯开、关时间。

【城市排水】 至 2010 年底，惠州市公用事业管辖的下水道总长 550 公里，市区排水设施完好率 98%。全年累计清疏排水管道 2.02 万米；清疏检查沙井、集水井 3.65 万座。更换破损管道 209 米；更换修复井盖 2113 套；安装侧向排水阀 876 座；出动清疏车 232 台班。全年污水收集输送总量 7592 万立方米，月均输送量 632 万立方米。全年累计组织Ⅰ级以上应急抢险排涝 5 次，出动应急排涝人员近 405 人次，排除内涝积水 65 处；实施排水专项工程 3 项，完成投资 180 万元。市政排水设施 PDA（市政通）巡查系统一期工程、泵站远程信息化管理系统一期工程基本完成。

【城市供水】 2010年，惠州市自来水总公司完成售水量11494万吨，总产值1.6764亿元，铺设及改造管径100毫米以上管道22公里。出厂水质综合合格率100%，城市管网水水质综合合格率98.93%，均优于《城市供水水质标准》95%的国家标准。至年底，城市供水主管道总长970公里，日供水能力70万吨。市区“一户一表”改造工程于6月开始实施，至12月上旬，仍在改造和已经完成改造的用户累计近2万户。潼湖水厂厂区和取水泵房地址选定，启动前期准备工作。城市供水GIS（地理信息系统）启动，展开供水信息化管理。

【城市园林绿化】 2010年，惠州市区城市园林绿地面积5429.54万平方米，绿化覆盖率38.32%，绿地率33.44%，人均公共绿地面积15.21平方米，人均公园面积11.01平方米，新增公共绿地面积377.79万平方米。市区实施园林风景工程项目44个，完成投资2.38亿元。惠城中心区绿化覆盖率40.03%，绿地率36.11%，人均公共绿地面积16.25平方米，人均公园面积11.96平方米。新种行道树8464株。惠城中心区城市绿化实行市场化养护面积333.6万平方米，年养护经费2813.55万元。

红花湖桃梅园建设工程 桃梅园选址惠州市红花湖景区三大园半岛及对岸的沿湖山地，总面积14.4万平方米，其中绿化面积13.76万平方米，园路和铺装面积6350平方米。建设包括3米宽主园路、1.5米宽支路、游览铺装地和供水系统等。工程投资600万元，分绿化和土建两部分。4月中旬基本完成种植观赏桃花和梅花各4050棵。

红花湖生态绿道建设工程 惠州市红花湖生态绿道全长28公里，由高榜山绿道和环湖绿道组成。其中环湖绿道长23公里，立项投资2850万元，建设包括观景平台2处、8公里长园林步道，种树1万株，绿化面积15万平方米，并利用景区原有植物资源构建乔、灌、草、藤相结合的多层次植被群落。工程于4月动工，6月28日完工。

省立3号绿道惠城示范段建设工程 该工程位于惠州市惠城区东江北岸，惠博大道和东江一、二路以南，起于惠城区与博罗县交界处，止于中信大桥。规划建设为东江画廊绿道，计划建设惠水驿站、碧水金沙、相思岭、绿缇掩翠等节点，以及景观桥、运动场、停车场和其他配套服务设施。该项目建设总长18.8公里，用地面积158万平方米，5月上旬动工，绿道于12月28日全线贯通。

金山大道园林绿化建设工程 惠州市金山大道园林绿化面积7.65万平方米，种植行道树3219株，主要树种乔木有樟树、木棉和秋枫等；灌木有大红花、龙船花和杜鹃花等。工程投资1337.54万元，于3月2日动工，12月31日完工。

【“三旧”改造】 2010年，惠州市出台《惠州市关于推进“三旧”改造促进节约集约用地的实施意见》；完成“三旧”用地的标图建库工作，初步确认“三旧”改造地块4319宗，拟改造地块总面积8.63万公顷；建立“三旧”改造管理信息系统，实现对“三旧”改造项目从规划立项、项目申请、审核认定等全程监管，建设“三旧”改造专项数据库，为改造项目的审批与管理提供科学、准确的数据支持；编制完成《惠州市惠城区—仲恺高新区“三旧”改造专项规划》、《博罗县“三旧”改造专项规划》和30多个改造项目的控制性详细规划；全市启动10

个“三旧”改造项目，实现“一年见成效”目标。

【房地产市场】 2010年，惠州市完成房地产开发投资267.86亿元，比上年增长52.7%。其中住宅完成投资198.42亿元，增长48.97%；商品房施工面积3073.04万平方米，增长36.68%；商品房竣工面积564.59万平方米，增长1.94%；商品房新开工面积1322.27万平方米，增长156.04%。商品房批准预售面积951.49万平方米，增长83.86%，其中住宅755.97万平方米，增长79.11%。全市新建商品房累计销售面积620.62万平方米，增长5.41%。全市商品房成交均价4942元/平方米，增长14.04%，其中商品住房4751元/平方米，增长13.15%。全市颁发各类权证8.69万份、面积1688万平方米，分别增长12%和16%。完成房产测绘1.13万宗、面积766万平方米；完成房产档案查询5.88万份，录入电脑3.03万份。完成房屋租赁登记备案3247宗、面积59万平方米。（张世开 钟景业）

资源环境

【跨界河综合治理】 2010年，惠州市鸡心石水库至惠阳水厂供水管线工程和淡澳分洪河应急整治工程建设完工。观洞水库扩建工程完成工程项目建议书报告编制和评审工作，在编制项目可行性研究。淡水河惠阳秋长—永湖段综合整治工程（防洪排涝部分）项目和大亚湾淡澳分洪河整治工程项目可行性研究报告已上报省水利厅审查。淡水河流域综合整治第二期工程动工建设。坪山河防洪排涝整治工程项目已在开展项目可研等前期准备工作。与东莞就潼湖围达标加固工程项目用地进行沟通协商。加快推进淡水河流域11座城镇生活污水处理厂建设。市区金山，惠阳经济开发区、新圩及大亚湾中心区二期等4座污水处理厂建设进展顺利；惠阳沙田、永湖、秋西—白云坑片、新圩丁山河流域等4座污水处理厂启动前期工作。大力整治禽畜养殖业，5月，惠州市启动反回潮专项整治行动，共清查非法养猪场24家，生猪1.3万头；6月，大亚湾开发区共清理养猪场721家，生猪9.2万头。

【农村饮水安全工程建设】 2010年，惠州市列入年度计划的农村饮水安全工程23个和博罗县农村学校师生饮水安全工程10个等项目基本完工，解决4.97万人口饮水安全问题，概算总投资5039万元。农村饮水安全工程三级创建示范活动成效明显，惠州市推荐的省级示范县（博罗县）、市级示范镇（三栋镇等6个乡镇）、县级示范点（三栋镇坝山口农村饮水安全等12个工程点）均获得命名。

【水土保持和小流域综合治理】 2010年，惠州市审批水土保持方案27宗，审核上报意见8宗。开展东江水源保护整治工程，治理水土流失面积26.8平方公里，完成投资364万元。完成小流域综合治理市级规划编制，并通过专家评审。

【传统产业改造】 2010年，惠州市实施《广东省经济和信息化委员会与惠州市人民政府共同推进优势传统产业转型升级行动方案》，重点推进纺织服装和制鞋、建筑材料、金属制品、家用电器等四大优势传统产业的转型升级。拥有 TCL、德赛、雷士照明、富绅等中国驰名商标 4 件。淘汰落后产能，小火电机组全部关停，关停淘汰 186 万吨落后水泥产能。推行清洁生产和高效照明产品，15 家企业通过省、市清洁生产审核验收，推广高效照明产品 20 万支。COD 减排和二氧化硫排放完成省下达的任务。严格控制项目环保准入。实施“流域限批”、“区域限批”和“行业限批”。否决“三高一低”不符合环保要求项目 213 个，环保审批否决率达 11.1%。

【保护城市生态】 2010 年，惠州市推进重点生态工程建设，森林覆盖率达 59.6%，获“广东省林业生态市”称号。建成绿道网 300 公里。市区江北、大亚湾中心二期、惠阳新圩等 6 座污水处理厂主体工程动工兴建。全市环境质量继续保持稳定良好，空气质量优良天数比例 100%；东江干流惠州段水质稳定保持国家地表水Ⅱ类标准，城市饮用水源水质达标率 100%。在全国城市环境综合整治定量考核中连续三年获全省第一名。

【农村沼气建设】 2010 年，惠州市新建农村沼气池 1925 个，其中 80 立方米以上的大中型沼气池 117 个。累计建成各类实用沼气池 8712 个，其中大中型沼气池 801 个；建成管网式集中供气工程 219 个，惠及农户 1838 户；17 个猪场实行沼气发电，占全省沼气发电场的 60%。

【病虫害绿色防控技术推广】 2010 年，惠州市农技推广部门建设惠东国家级农作物病虫害专业化统防统治示范县，建立省级专业化统防统治示范区 11 个，组建专业化防治队 20 支，开展专业化联防联治行动 25 次，指导和带动周边农户实施统一防控 3.33 多万公顷次，提高农药利用率和病虫防治效果。建立病虫害绿色防控示范区，示范推广抗病品种、光谱和性诱剂诱杀害虫、稻田养鸭、施用生物农药等绿色防控措施，减少农药使用量和农业污染，保障农产品质量安全。

【节能减排】 2010 年，惠州市大亚湾开发区科学分解节能目标任务，对重点用能大户启动节能预警二级、一级响应机制，实行限电限产、停电停产等调控措施，开展用能企业节能技术改造，降低能源消耗量，全年节能超过 1754 吨标准煤，企业节能投资 1395 万元，工业增加值能耗下降 23%，单位生产总值能耗下降 7%。建成中心区污水处理厂首期第二阶段配套管网工程（管网长度 7.5 公里），第二阶段主体工程（污水处理能力 1.5 万吨 / 日）投入运行，污染物排放量明显降低。

【建筑节能管理】 2010 年，惠州市建筑节能责任目标任务在规划建设管理的各个业务环节得到落实。新建建筑设计阶段执行节能标准和施工图节能审查备案比例 100%，施工阶段建筑节能强制性标准执行率超过 95%，在 6 层以下新建建筑和集中用热水的公共建筑中强制执行太阳能热水系统。完成惠州市 71 栋国家机关办公建筑和大型公共建筑能耗统计和公式，科学合理地控制公用设施和大型建筑物的夜景照明时间。

【墙材革新】 2010 年，惠州市规划建设部门严格新型墙体材料生产企业的资质审核，严把新型墙体材料质量关。全市 81 家新型墙体材料企业年生产能力接近447万立方米，新型墙体材料使用占总墙体比例的90%，居全省中上水平。全年全市新型墙体材料合计节约土地125.13公顷，节约能源14.27万吨标煤，减少废气排放35.95万吨，利用废渣93.84万吨。

【宜居城乡建设】 2010年，惠州市以“可居、康居、安居、乐居”为目标，开展宜居城镇、宜居村庄创建活动。博罗县园洲镇和横河镇郭前村创建为省级宜居村镇；惠城区三栋镇、惠阳区新圩镇、惠东县平海镇、博罗县横河镇、博罗县圆洲镇、龙门县永汉镇、仲恺高新区潼侨镇7个城镇创建为市级宜居城镇；惠城区横沥镇泰安村、惠城区马安镇柏田村、惠城区小金口街道白石村汤一村小组、惠阳区镇隆镇长龙村下排村小组、惠阳区良井镇矮光村、惠东县平山街道碧山村背子头村小组、博罗县横河镇郭前村、博罗县龙华镇旭日村、博罗县柏塘镇旱田村陂面村小组、龙门县龙华镇马嘶村塘山村小组、龙门县永汉镇油田村加义庄村小组、大亚湾开发区澳头街道岩前村、大亚湾开发区西区街道塘尾村、仲恺高新区陈江街道社溪村陈屋村小组14个村庄创建为市级宜居村庄。 （张世开　钟景业）

社会事业

【科技研究与开发】 2010年，惠州市获国家级科技项目立项9个、扶持资金250万元；获省级科技项目立项85个、扶持资金8402万元。其中，省战略性新兴产业专项资金LED产业项目4个、省部院产学研重大项目5个，省重大科技专项3项。此外，全市首次开展市科技计划项目指南建议调研行动。全年第一批下达137个医疗卫生科技计划项目、第二批下达136个科技计划资助项目，共下达科技项目经费5020万元。获批为“广东省LED产业（惠州）基地”和“广东省LED绿色照明示范城市”。全市获省战略性新兴产业专项资金LED产业项目扶持资金5000万元，占全省扶持资金的1/9。同时，还获认定为“广东省战略性新兴产业（光电产业）基地”。全年LED产业产值超过122亿元，比上年增长60.5%。

【科技成果与专利】 2010年，惠州市科技部门组织13项科技成果鉴定，其中12项达到国内先进水平。获得广东省科学进步奖5项，其中一等奖1项，二等奖2项，三等奖2项。签订8份技术合同，合同交易额7813.65万元，技术交易额7317.99万元。惠州市被纳入2010年度省部产学研结合示范市建设计划，成为“省部产学研结合示范市”，惠城区被纳入产学研结合示范区（县）建设计划。全市已建立产学研结合示范基地5个；大亚湾开发区引进7所高校共建石油化工研究院；中科院广州技术转移中心惠州分中心和惠州低碳经济技术育成中心正式成立。全市组织申报市级产学研项目43个，立项21个；获省部、省院合作项目共25个，扶持资金1555万元；认定科技特派员136名，已有242名科技特派员入驻惠州市。全市专利申请量2889件，比上年增长64.1%，增幅列珠三角各市首位。其中，发明专利823件，实用新型专利1352件，外观设计专利714件；专利授权量1628件，增长65.3%，增幅列珠三角各市第二位，其中发明专利44件，实用新型专利992件，

惠州市文教卫体事业基本情况

教育				医疗 文化 体育			
项目	单位	2009年	2010年	项目	单位	2009年	2010年
普通高校校数	所	1	1	医院、卫生院数	个	124	128
普通高校在校学生数	万人	1.20	1.43	医院、卫生院床位数	张	10199	10877
中职和技校学校数	所	40	43	平均每千人口医院、卫生院床位数	张	2.5	2.7
中职和技校在校学生数	万人	7.66	8.99				
普通中学学校数	所	210	209				
普通中学在校学生数	万人	30.59	30.87	群众艺术、文化馆数	个	6	6
小学学校数	所	785	689	公共图书馆数	个	5	5
小学在校学生数	万人	40.13	39.80	博物馆数	个	5	5
学龄儿童入学率	%	100.0	100	档案馆数	个	7	7
幼儿园数	所	326	351	国民体质合格率	%	84.8	
在园幼儿数	万人	10.06	11.44	人均公共体育场面积	平方米	2.18	

注：2010年平均每千人医院、卫生院床位数为初步统计数。

外观设计专利592件。再次获中国专利优秀奖1项，至年底，全市获中国专利金奖1项、优秀奖5项，省专利金奖1项、优秀奖7项。

【科技服务平台建设】 2010年，惠州市仲恺高新区科技创业中心被认定为首个国家级孵化器；大亚湾开发区与高校共建石油化工研究院，并组建科技创业中心和科技数据查询平台；惠州学院新组建科技情报查新中心；国家石油石化产品质量监督检查中心（广东）在惠州揭牌成立，成为华南地区首家国家级石油石化产品质检中心；市生产力促进中心通过ISO9001质量管理体系认证。

【技术创新专业镇建设】 2010年，惠州市惠东梁化镇被认定为省级专业镇，全市认定专业镇13个，其中工业领域专业镇7个，农业领域6个。惠环街道办事处“电子信息产业共性技术创新平台建设”被立为省重大专项项目，支持资金300万元。

【完成创建省教育强市】 2010年，惠州市有各级各类学校（不含技工学校）1281所，在校生89.17万人，比上年增加2万人。全市基础教育阶段教职工总数5.33万人，其中专任教师4.39万人。职业学校共有教职工4160人，其中专任教师3429人。惠州市89%的义务教育阶段学校达到规范化学校标准，是全省唯一的国家推进义务教育均衡发展试点市。高中毛入学率90.6%，高考上线率38.6%；中职和技校在校生总数达9万人。年内，出台《中共惠州市委 市人民政府关于创建广东省教育强市的意见》和《惠州市创建广东省教育强市工作实施方案》，将“创强”工作指标列入县（区）委书记和县（区）长责任考核范围，推进并完成博罗县、惠东县、仲恺区“创强”工作。全市33个镇（街道）创建成为省教育强镇（街道）、3个县（区）创建成为省教育强县

(区)，全市教育强镇（街道）、县（区）的数量超过省教育强市验收标准，12月，惠州市接受省专家组创强督导验收，提前一年实现创建为省教育强市的目标任务。

【教育信息化建设】 2010年，惠州市90%以上独立建制的中小学校已接入惠州教育网和互联网，建立各县（区）财政解决学校网租费问题的机制。启动“助力惠州教育，共创平安校园”暨“校讯通”互联网应用项目；组织350多人次分别参加广东省革命老区和边远山区县农村小学教师教育信息技术能力培训、实验教学相关教学与装备标准培训、图书馆（室）建设培训、信息技术课程建设与机器人教学培训、实验教师培训；各县（区）教育局及所辖学校、市直各学校安装经公安部门检测合格网络信息安全审计产品，加强网络信息安全保护工作。推进“教育资源下乡行动计划”工作，拥有400多G教学资源和题库、有近300G视频资源、6万多册电子图书以及300多种有关基础教育的电子期刊，建有VOD视频点播系统。6所学校获“广东省现代教育技术实验学校”牌匾，全市省级以上现代技术实验学校有33所。

【幼儿教育】 2010年，惠州市有幼儿园351所（公办34所，民办317所）；在园幼儿11.44万人（公办2.91万人，民办8.53万人），比上年增加1.38万人；入园率87.77%（城市96.4%，县镇92.8%，农村71.85%），比上年提升6.54%。教职工10274人（公办1049人，民办9225人）。

【特殊教育】 2010年，惠州市有特殊学校2所，在校生727人，专任教师126人。惠州市特殊学校主要担负惠州地区适龄残疾儿童九年义务教育任务。学校开办有聋教育、智障教育，共有教学班21个，在校各类残疾学生230人；教职工75人，其中专任教师57人。

【社会办学】 2010年，惠州市有各级各类民办学校453所，在校生24.39万人。其中：大学1所，在校生5920人；中等职业学校16所，在校生2.19万人；中小学119所，在校生13.01万人；幼儿园317所、在园幼儿8.59万人。

【中等职业技术教育】 2010年，惠州市中职学校30所，在校生6.99万人，比上年增加6636人，毕业生1.73万人；市技工学校在校生2万人，增加6676人，毕业生2183人。全年完成招生2.72万人，超出省定任务的13.5%。中职新城建设动工。组织完成对市成功职校等10所学校的教学工作评估，组织25名中职学校骨干教师赴香港职业训练局进行为期6天的研修学习。市职业技术教育协会与市台商投资企业协会和市外商投资企业协会签署产学战略联盟合作协议，组织28所学校359名学生参加8个专业18个项目的全市中职学校学生技能竞赛；承办全省首次农类专业技能竞赛。

【卫生事业发展概况】 2010年，惠州市有卫生机构2258个，其中：医院46所、卫生院82所，妇幼保健院（所、站）5所，社区卫生服务中心（站）66个。与上年相比，综合医院增加2所，中医院增加1所（华康骨伤医院），专科医院增加1所，社区服务站增加11个，门诊部增加3个，诊所、卫生所、医务室增加21个，村卫生室增加5个。

年内，市第一妇幼保健院建成，全市15所薄弱卫生院的改造完成，市中心人民医院改扩建工程进展顺利，市中医医院新院建设进入施工阶段。全市医疗机构床位12206张，其中：医院7523张（占61.63%），卫生院3354张（占27.48%），社区卫生服务中心706张（占5.78%）。全市每千户籍人口拥有病床数3.62张。全市卫生人员22519人（含村卫生室注册护士213人、执业医师（助理）555人），乡村医生和卫生员1545人。卫生技术人员中，执业（助理）医师6778人（其中：执业医师4834人），注册护士6391人。每千户籍人口卫生技术人员5.40人，每千户籍人口注册护士1.89人。全年卫生财政投入56230.33万元，比上年增长69.19%，占财政支出的4.29%。按户籍人口计算，财政投入166.72元，增加63.42元。全市万元以上设备7892台。

【疾病防控】　2010年，惠州市甲流疫苗预防接种12.21万剂次；儿童一类疫苗接种率达到95%以上（国家要求85%以上）；完成儿童乙肝查漏补种工作，共查漏补种接种17.18万人；开展麻疹疫苗强化免疫活动，接种儿童26.93万人，接种率97.1%，达到省的指标要求。全年报告麻疹病例34例，比上年（121例）下降71.9%。1～10月发现初治涂阳肺结核病人1257例，完成全年任务101.8%；复治涂阳肺结核病人212例，完成全年任务107.6%；初治涂阴肺结核病人2060例，完成全年任务207.9%。全市5个县（区）达到国家消除碘缺乏病目标县级考评标准。规范重症精神疾病治疗管理，成为国家重性精神疾病管理治疗项目示范市。启动全球基金艾滋病项目，推动美沙酮门诊治疗工作，美沙酮治疗人数增加12人，在治人数31人。

【妇幼保健工作】　2010年，惠州市73所卫生院产房建设基本实现标准化，建立出生缺陷监测网络。至年底，全市7岁以下儿童保健管理率99.62%，孕产妇保健管理率96.94%，达到2010年终期目标95%以上。出台《惠州市免费婚前医学检查服务试行方案》，实行免费婚检。参加婚检人数1.88万人，婚检率64.24%。全市儿童健康管理率和孕产妇产前检查率均达到95%以上。

【中医工作】　2010年，惠州市推广中医药适宜技术，乡镇卫生院、社区卫生服务中心开展使用针灸、推拿等10项以上中医药适宜技术达标率70%，卫生站、社区卫生服务站基本能够使用4项以上中医药适宜技术。惠东县中医院被推荐为国家级农村医疗机构针灸理疗特色专科建设单位；博罗县财政投入400万元对中医医院进行改造和购置设备。全市73所乡镇卫生院中，设有规范化中医科、中药房的有59所，应建率80%。社区卫生服务中心19间中，设有规范化中医科、中药房的有11间，占应建率的58%。

【实施六大公共卫生服务项目】　2010年，惠州市启动六项重大公共卫生服务项目：1. 农村孕产妇住院分娩补助项目；2. 15岁以下人群乙肝疫苗补种项目；3. 农村妇女宫颈癌、乳腺癌筛查项目；4. 农村妇女孕前和孕早期叶酸补服项目；5. 贫困地区白内障患者复明项目；6. 农村改水改厕项目。9月，惠州市代表广东省接受卫生部组织的六项重大公共卫生服务项目督导。督导组对惠州市实施情况给予充分肯定和高度评价，认为惠州市项目实施走在全省前列。

【医学科研立项】 2010年，惠州市组织申报省医学科研基金立项课题14项，其中5项获省立项资助课题，资助金额5万元，5项获省立项非资助课题。全市获得市科技计划项目171个。

【打击非法行医专项整治行动】 2010年，惠州市出动执法人员2600多人次，检查医疗机构900多间次，取缔无证诊所282间次，没收药品237箱，器械177件，发出责令改正通知书99份，行政处罚21宗，罚款13万元，向公安部门移交12宗非法行医案件，举办两场非法行医药械销毁现场会。推出医疗机构公示制度、医务人员IC卡制度、信息公开制度、人员轮岗制度、建立卫生监督协管站和民营医疗机构协会等医疗机构整改六大举措，与240家医疗机构签订守法经营责任书，与36家药店签订不得进行诊疗活动的《安全承诺责任书》。

【乡镇卫生创建活动】 2010年6月，惠东县城通过省考核验收，被命名为"广东省卫生县城"。至年底，全市全年创省卫生村16个，市卫生村11个。

【农村改水改厕】 2010年，惠州市农村195.96万人饮用自来水，普及率87.78%；全市农村改厕1.4万户；农村51.01万户使用卫生户厕，卫生户厕普及率92.68%。

【建立城乡居民健康档案】 2010年，惠州市推动建立城乡居民健康档案工作。惠阳区是全省农村居民健康档案试点单位，全区建立居民健康档案6.51万份，农民健康档案3.8万份。惠城区建立居民健康档案19.1万份，其中社区13.58万份，建档率28.4%；农村5.52万份，建档率21.9%。博罗县以农村合作医疗为契机，村卫生站逐步为村民建立健康档案。至年末，全市城乡居民健康档案建档76.37万份。

【文化事业发展概况】 2010年，惠州市有各类专业艺术表演团3个，文化馆6家，乡镇文化站70个（不含大亚湾区），县级以上公共图书馆5家，博物馆6家，各类电影放映单位12个，影剧院15个。全市文化、文物事业机构100个，从业人员1120人。全市文化、文物事业费总支出1.03亿元，比上年增加2082.5万元，增长20.19%。全市文化工作者送戏下乡进社区404场，送电影下乡进社区1.25万场，送书下乡进社区9.46万册次。年内，市文化馆新馆启用，惠州慈云图书馆、惠阳图书馆被评为国家一级馆，惠阳、惠东、龙门县获广东"南粤锦绣工程"文化先进县称号。

【对外文化交流】 2010年，惠州市歌舞剧团参与省文化厅组织的广东文艺团赴法国海外省留尼旺的文化交流活动，在留尼旺进行为期半个月的"欢乐春节"演出，得到当地政府、群众和中国驻留尼旺领事馆的高度评价。惠州市少年爵士芭蕾舞团参加新加坡主办的"2010中国—东盟青少年舞蹈交流"展演，《春江花月夜》等三件舞蹈作品一举获得金奖佳绩。5月份，承办黄红英个人演唱会。组团参加在广州举办的第九届中国艺术节及"中国优秀舞台艺术演出交易会"。8月，黄红英代表惠州市艺术界参加"台湾·广东周"文化交流活动。

【打造文艺精品】 2010年，惠州市增设4个文艺专家工作室，专家工作室总数达到

12个。黄洁端影视戏剧艺术工作室创作的独角戏《大楼对面的爱情》获得首届全国戏剧文化奖一等奖；邱路舞蹈艺术工作室创作的爵士舞《酷鼠糖糖》、《花园双人舞》及《春江花月夜》等三件舞蹈作品在中国—东盟青少年舞蹈交流展演中获得金奖；杨雯慧动漫工作室创作的动漫作品《一个电池惹的祸》获得第三届广东省科普作品创作大赛创作一等奖；胡鹏飞纪录片工作室创作的文艺片《我是客家人》获广东省首届百佳电视艺术作品奖，纪录片《依哥2008》获中国电视纪录片好作品奖。

【推介民俗艺术精品】 2010年，惠州市组织罗浮山百草油、小金口麒麟舞、惠东渔歌等非物质文化遗产亮相上海“世博会”广东周活动；组织蓝田瑶族民间舞蹈《舞火狗》在省运会开幕式上展演；组织龙门农民画赴新疆进行农民画专项交流展览。参与中国第九届艺术节、全国舞台艺术交易会、深圳“文博会”、上海世博会“广东周”和台湾“广东周”以及2010广东道教文化节开幕式、在东莞举行的“八省优秀客家山歌邀请赛”、“第四届中国（梅州）国际客家山歌文化节”等十多项省级以上重大文化活动。

【文物保护】 2010年5月，惠州市惠阳区会龙楼、碧滟楼，博罗县陈百万家族建筑群，龙门县鹤湖围，惠东县高潭区苏维埃政府旧址、中共东江特别委员会旧址、东江革命委员会旧址、红二师师部旧址等6处文物古迹被列为省级文物保护单位，使全市省级文物保护单位数量由原来的9处增至15处。

【开展系列文学艺术活动】 2010年，惠州市先后组织开展中国著名将军书画家作品邀请展、第二届珠三角新诗论坛、原创歌曲大赛、第二届青少年艺术邀请赛及百名画家迎省运、百名歌手迎省运、“喜迎省运，快乐时光”相声曲艺专场、戏剧小品专场、“迎、讲、树”群众街舞大赛和书画摄影大赛、扮靓省运场馆、文艺家看省运等“迎省运、讲文明、树新风”市民教育系列活动，吸引千名文艺家和近百万名群众积极参与，创作作品1000多件。

【一批文艺创作获全国奖项】 2010年，惠州市广大文艺工作者创作和演出多项优秀作品。散文《返青的记忆》、《血色栀子花》分别获第二届“漂母杯”全球华文母爱主题散文大赛一等奖、2010年全国散文作家论坛征文大赛一等奖。散文《我掐死了一只蚂蚁》、《寻找风景》和《雨之随想曲》同获中国散文学会的“中国当代散文奖”。作品《金缕曲·纪念廖仲恺先生逝世80周年》获第三届“华厦诗词奖”二等奖。对联“推倒三山，革旧全凭无产者；振兴百业，创新长作有功人”获全国征联大赛三等奖。歌曲《我的父辈》获首届全国声乐、器乐作品征集选拔大赛银奖。歌曲《一路平安》获首届“中华颂”全国原创歌曲作品暨演唱大赛二等奖。《大楼对面的爱情》获首届全国戏剧文化奖一等奖，小品《玉兰花开》获省群众文艺评选一等奖及首届全国戏剧文化奖三等奖。客家山歌小戏《古井的传说》获第四届中国戏剧奖小戏小品奖复赛三等奖。《精钢淬火》（组图）、《牵手生命》在23届全国摄影艺术展中获优秀奖。相声《大兵小讲》在全军文艺汇演中获优秀奖。

【提高全民健身质量】 2010年，惠州市成功举办第十三届省运会和第六届省残运会，并取得综合奖牌第四和总分榜第六的好成绩。年内，市、县（区）两级新建15座高标准、现代化体育场馆投入使用，安装完成38条健身路径。至年底，全市1043个行政村农民体育健身工程建设全面完成，市级体育单项协会达到16个，惠东县单项体育协会发展到9个，博罗县单项体育协会发展到17个。举办第七届老年人运动会、“迎绿色省运、过低碳生活”自行车健身骑行活动，惠州市、惠城区“奥林匹克花园”全民健身健步活动，惠阳区第二届深莞惠体育舞蹈公开赛，博罗县第二十三届萌芽杯儿童篮球赛，龙门县第二届“中国移动杯”青年羽毛球赛，仲恺开发区第二届“桥胜杯”乒乓球赛等活动共1000余场（次），参加人数90万人次。组队参加第四届省职工运动会，获得总分409分和全省第二名的优异成绩；组织148名运动员参加省第四届少数民族运动会，获得总分215分，全省第八名的好成绩；组织参加省第七届老年人运动会，获得“优秀组织奖”称号，其中腰鼓项目获得全省第一，秧歌项目获一等奖。出色完成亚运火炬惠州传递活动。全年组织开办社会体育指导员培训班9期，全市社会体育指导员人数达到3365人；惠城区健身团队发展到2295支，13个镇、街道办事处均建起体育指导员社区指导站；组织为2000名城市体力劳动者、婴幼儿和老年人进行体质监测，惠东县测试584人，并为参加测试人员开出运动健身处方。市老年人体协、市乒乓球协会、惠城区河南岸街道办事处、惠东县人民政府被评为省群众体育先进集体。

【竞技体育水平提升】　2010年，惠州市体育运动员在广州举办的第十六届亚运会上，代表国家参赛的罗玉通、邹映影、梁文博、舒俊榕、吕钦获得4金1银1铜及1个第五名的佳绩。全年向省级以上单位输送体育后备人才44名，其中向省专业队和解放军体工队输送18名，向省体校输送26名。市体校达到国家一级标准运动员55人，达到国家二级标准运动员205人，有83人被高等院校和体育大学录取。全市选派20多名体育技术专项人才参加亚运会和亚残运会比赛项目的执行裁判工作。协助省竞赛项目中心举办各竞赛项目培训班20多期，举办裁判员工作人员培训班9期，全市培训国家二级裁判员及体育竞赛骨干近200名。

【广播电视事业】　2010年，惠州广播电视传媒实现创收2.4亿元，比上年增长27.66%。全年有新闻、专题、文艺类等56件作品获得国家和省市奖。中央电视台及新闻联播采用惠州台新闻稿件90条137条次。全年惠州电台播发当地新闻6505条，专题241篇。向省台传送稿件195条，向中央台神州之声上送稿件（被采用）240条、向华夏之声传送稿件246条，制作播出各类公益广告102条。惠州电视台共播出电视新闻10726条，播出各类电视专题栏目、专题汇报片、宣传片、综艺节目共404期。上送中央台、省台、南方台用稿543条，播出公益广告32886条次，编播电视剧、专题、动画片共241部7831集，填播专题29部233集，完成各类影视宣传1086项。完成市区高榜山发射站中央广播电视节目无线覆盖，象头山站32CH新电视天线和两套数字微波传输系统进入调试，签订160多万元的调频天馈线系统和备用发射机合同，实现广告创收8816万元，增长近10%。

【统筹城乡就业】　2010年，惠州市新增城镇就业岗位6.67万个、完成年度计划的111.2%，城镇新增就业人员6.25万人，完成年度计划的104.1%。其中2.2万名下岗失业人员实现再就业、完成年度计划的105%；全年有1.5万人登记失业、登记失业率为2.2%。全年转移农村劳动力4.51万人。全市有11.3万人参加各类职业技能培训，完成年计划的126%，其中农村劳动力技能培训4.92万人；全市10.24万人参加职业技能鉴定，其中8.69万人获职业资格证；全市技工学校新招生1.04万人，技校在校生2万人；惠城区技工学校被评为省重点技工学校，仲恺技工学校和科技技工学校被评为省一类技工学校。

【社会保险】 2010年，惠州市城镇职工养老、医疗、失业、工伤、生育五个险种实际缴费人数分别为67.1、81.8、30.03、58.6和36.5万人。全市征缴社会保险基金36.85亿元，足额发放各项社保待遇20.32亿元，社保基金历年累计结存99.02亿元。1月1日起，为7.32万名企业离退休人员人均月增加145元基本养老金；解决早期离开国有集体企业人员和回城未参保知青一次性缴纳养老保险费1.66万人。提高企业职工的最低工资标准，惠城区、惠阳区、大亚湾开发区、仲恺高新区调整为810元/月，博罗、惠东、龙门县调整为710元/月。

【劳动保障】 2010年，惠州市有8.04万人进行劳动合同鉴证，劳动合同签订率98.52%；各级劳动监察机构共检查用人单位1.03万户，涉及劳动者70.5万人；办结投诉举报案件6054宗；共办理劳动年审2.19万户，涉及劳动者65.7万人；补签劳动合同2.1万人；追回劳动者工资9300万元，涉及劳动者3.9万人。劳动争议仲裁机构立案受理劳动案件3242宗，办结案件3200宗，案件当期结案率98.7%，处理金额6625万元；案外调解劳动争议案件4427件，占劳资纠纷案件案外处理总量的79%。

（张世开　钟景业）

体制改革

【市政府机构改革】 2010年，惠州市政府机构改革有3个特点：第一，内设机构、领导职数不增，人员编制数总量不增。第二，重点转变职能。各部门不再保留市政府公布取消的行政审批事项，计取消下放各类行政审批事项115项。加强的职能83项，主要在食品、药品、卫生、安全监管、新农村建设指导、社会服务、改善民生等方面。调整职能（含划入、划出）28项。主要调整住房保障、公路“三乱”治理、小汽车定编、食品消费环节监管和食品安全协调等职能。第三，突出不再按比例核定补充工勤人员编制，将工勤人员编制改为后勤服务人员数。

【事业单位人事制度改革】 2010年，惠州市在岗位设置方面，市直246个事业单位制定岗位设置初步方案，占事业单位总数的83%；部分县（区）的教育部门、卫生部门上报岗位设置方案。在人员聘用方面，市直事业单位提供748个职位，3246人参与报名考试。在聘用制的推行方面，全市已推行聘用制度的单位数有274个，已签订聘用合同人员9327人。在工资制度改革方面，周密部署，稳步推进公共卫生和基层医疗卫生事业单位实施绩效工资。

【事业单位登记管理】 2010年，惠州市机构编制部门通过严把受理关、审核关、核准关、发证关、公告关，办理登记145个单位，形成相关档案材料370份，并完善所有材料的整理入库。完成2009年度事业单位法人年检工作。市直应参加2009年年检的事业单位253个，已通过年检合格的事业单位249个，未参加年检事业单位4个，年检率98.4%。推进和完善网上监督管理系统试点工作，在全省6个试点市中，惠州已完成试点工作任务。

【市行政服务中心实施"一站式"服务】 2010年2月6日，惠州市行政服务中心正式挂牌运行。中心按照"便民利企、一站式服务、规范化服务、信息化服务、公开化服务、廉洁服务"的运作原则，坚持"依法、亲商、便民、廉政、高效"的宗旨，创新行政审批方式，简化审批程序，提升行政效能。全市32个职能部门，包括部分惠城区职能部门以及金融服务、投资咨询等55个单位进驻行政服务中心，设置95个办事窗口，集中与市民、投资者密切相关的审批、备案、报建等业务项目200多个，为市民和企业实施"一站式"服务。每项业务都实行服务承诺制、限时办结制，规定明确的办结时间，节约交通成本、时间成本50%以上。截至12月底累计办理业务27.40万宗，其中审批办证业务21.75万宗，办结率99.1%，每月业务量突破2万宗。

【阶梯水价改革】 2010年3月，惠州市出台市区实行居民生活用水阶梯式计量水价制度的改革方案，惠城中心区从4月1日起实施居民阶梯式水价政策，县（区）试点的惠东县城也出台改革文件，从6月1日起实施阶梯式水价政策；惠城区开展环卫服务收费改革，推广按水量随水价收取环卫服务费的收费方式，4月1日起惠城区的所有办事处、惠城区中心区的周边乡镇都纳入随水收费范围，解决长期以来困扰政府的环卫收费征收难问题。

【推行"五网合一"行政审批】 2010年7月，惠州市纪委、市发改局、市经信局、市行政服务中心等多个部门联合行动，将"一站式"网上行政审批服务系统、电子监察系统、市政府公众网、114政务服务平台、中心服务系统五大系统进行整合，完成"五网合一"工程。至12月底，有21个部门215项行政审批进入系统运行，累计受理业务21.75万宗，办结率99.1%，按时办结率100%，每月业务2万宗以上。

【林权制度改革】 2010年，惠州市农业部门累计发放林地所有权证面积58.05万公顷，占林地面积89.5%；发放林地使用权证面积54.4万公顷，占83.9%；调处山林纠纷683宗，面积2.1万公顷。博罗县全面完成林改任务，龙门县被推荐为全国林改典型县。同时完成基层林业站体制改革。全面解决全市林业站378人的编制和经费问题，理顺林业站管理体制，改变过去靠"砍木头养人"的做法，将国有林场改为纯公益性事业单位。

【健全企业法人治理结构】 2010年，惠州市根据《公司法》和《企业国有资产法》等法律、法规的规定，按照现代企业制度的要求，明确和细化企业股东会、董事会、监事会和经营管理层等"三会一层"的权责，建立健全权责统一、有效制衡的企业法人治理结构，推进外派董事、监事工作，调整充实德赛集团、汽运集团等企业的多名董事、监事人选。

【企业重组】 2010年，惠州市采取三项措施推进企业改革重组：一是通过引进战略投资者的方式，推进市燃料工业总公司、市全一医药连锁有限公司资产重组，推进市水电建筑工程有限公司深化改革和丰达电厂增资扩股工作。二是通过对外转让国有股权，推进市菜篮子集团有限公司整体改制，改制方案业经市政府常务会议审议通过。三是通过推进国有中小股权清理工作，加快国有资本从一般竞争性小企业退出的步伐。推进市德赛光电科技有限公司、市建筑设计院及惠州奥林匹克花园置业投资有限公司等企业国有股权的转让工作。

【劣势企业退市】 2010年，惠州实施退市的劣势企业有26家，其中破产3家，关闭23家。完成2家企业的破产立案工作和6家企业的破产结案工作，完成14家退市企业职工安置工作，安置职工178人，使用安置资金617.17万元。至年底，经退市办批准累计实施退市企业308家，其中破产98家，关闭210家，安置职工4981人，总安置费用13533.72万元，其中财政资金11872.51万元，企业自筹资金1661.21万元。

【征地制度改革】 2010年，惠州市国土资源部门坚持征地程序公平、公正、公开，保证被征地农民的知情权、参与权和监督权；落实被征地农民生活保障政策措施，实现新征地“零上访”。全市国土资源部门征地清场任务82项，其中市财政支付73项，总征地面积合计3104.31公顷；重点项目高速公路、铁路、城际轨道有10个项目，征地总面积约3028.2公顷；完成土地征收、清场工作并交付使用的项目14个，征地面积124公顷；完成过半的项目34个，征地2543.43公顷，征地完成约60%；已在组织实施征收、清场的项目34个，征地436.88公顷。

【农业体制改革】 农技推广体系改革 2010年，惠州市基本完成基层农技推广体系改革任务，惠东县和博罗县被列入2010年全国农技推广体系改革与建设示范县。

创新农业经营体制 惠州市健全农业产业化组织与农户之间的利益联结机制，163家产业化组织与农户结成“利益同盟”，以订单农业、租赁土地、吸纳农村劳动力到龙头企业就业等形式带动农民增收致富；10多家合作社和龙头企业开展“农超对接”，减少流通环节和降低生产成本。惠东县创新订单农业信贷模式，通过银行、企业、网点、农户之间逐层担保，为农户贷款发展马铃薯生产。惠东县马铃薯产业协会被国家民政部授予“全国先进社会组织”荣誉称号。

土地承包经营权流转 惠州市抓好全市11个乡镇农村土地承包经营权流转试点工作。至年末，全市农村土地流转面积2.87万公顷，占家庭承包耕地总面积的25%，流转形式以出租和转包为主，分别占77.6%和15.2%，还有转让、互换、入股等。

农村集体经济股份制改革 惠州市发放集体经济组织证明书2404份（含经济联合社和经济合作社），比上年增加1078份。其中，大亚湾区和仲恺高新区的发放已全部完成。对条件成熟的村组开展农村集体经济股份制改革，至年末，全市实行股份制改革的村组142个，增加62个。其中，大亚湾区

124个，惠城区18个。

开展政策性水稻种植保险试点　惠州市在5个县区的16个乡镇开展政策性水稻种植保险试点，晚造水稻承保面积0.53万公顷，承保农户7566户。

【金融体制改革】　2010年1月19日，惠州市成立市金融工作局。该局作为市政府管理、协调、服务地方金融工作事务的专门机构，原市金融服务办公室的职责划入新成立的市金融工作局。

【建立国家基本药物制度】　2010年，惠州市基本完成各类医疗机构经营性质普查和确认，制定各类医疗机构使用基本药物的比例和补偿比例，确认18间社区卫生服务中心和73所乡镇卫生院为国家基本药物制度实施单位。至年末，已下拨实施基本药物制度省财政专项补助资金427.11万元，并以基本药物零差率销售，年平均补偿金额的1.5倍资金拨付基层医疗卫生单位作为周转金，缓解基层医疗卫生单位困难。

【公立医院改革】　2010年，惠州市推进卫生人事制度改革，在县级人民医院和县妇幼保健院开展岗位设置和人员聘用试点。实施医疗卫生事业单位绩效工资制度，制定惠州市直公共卫生事业单位绩效工资实施办法，推进医疗卫生事业单位绩效工资改革。落实处方点评制度。至年底，二级以上综合医院的药品收入比例80%已达标，有效控制医疗费用上涨。推行临床路径规范化管理，通过单病种限价管理，确定临床路径，引导医院合理检查，合理用药，缩短住院天数，降低患者医药费用。做好医师多点执业管理工作，按照省卫生厅关于医师多点执业的试行管理办法，简化名医专家多点执业开展医疗服务的审批程序，办理市中心人民医院与市第一人民医院686名医师的多点执业许可。推动预约诊疗及咨询服务，市中心人民医院、市第一人民医院和市中医院在全市率先开展预约诊疗服务。市卫生局与中国移动惠州分公司联合开设惠民邮箱—“健康快线”免费咨询服务项目，项目运行22个月，答复各类医学健康咨询、业务疑难3600余次，经抽样回访，市民对专家答疑的满意率为98%。

【提高住房公积金缴存比例】　从2010年4月起，惠州市市直财政供养人员住房公积金的缴存比例（单位和个人）由5%调整为12%。上半年，促成德赛集团及其下属企业以及吉之岛、中迅化工等大型企业开户缴存公积金。下半年，对屡催不缴公积金的企业发出责令书，接到责令书的70个中大型企业中，有32个企业已经开户缴存，其中包括住润集团、唐德、硕贝德等大型企业。

【新型农村社会养老保险试点】　2010年，惠州市博罗县新农保参保人数30.7万人，占应参保人数85.66%，其中享受基础养老金待遇人数7.3万人，参保人数在全省14个试点县中排名第一；大亚湾区新农保参保人数1.8万人。10月14日，惠州市惠阳区列入省第二批新农保试点，全区新农保参保人数6.8万人。11月30日，博罗县在全省新型农村养老保险3年全覆盖工作会议上作经验介绍。　（张世开　钟景业）

肇庆市

肇庆市

基本情况

【地理位置】 肇庆市位于广东省中西部，西江中游，在北纬22°47′~24°24′及东经111°21′~112°52′之间。北回归线横贯封开县、德庆县、广宁县、四会市境域。东部及东南部与佛山、江门市接壤，西南与云浮市相连，西和西北与广西壮族自治区的梧州、贺州等市交界，北部及东北部与清远市毗邻。

【面积人口】 肇庆市东西宽156.50公里，南北长175.38公里，总面积1.49万平方公里，占全省陆地总面积的8.31%。其中，端州和鼎湖两个城区面积664平方公里，占全市总面积的4.47%；怀集县是全市面积最大的县，总面积3573平方公里，占24.05%。2010年末，肇庆市户籍总人口422.41万人，常住人口391.34万人。

【行政区划】 1949年，肇庆境域属西江专区。10月18日肇庆解放。11月11日，广东省人民政府设西江行政督察专员公署，机关驻肇庆市。西江专区辖肇庆市（县级）和高要、四会、广宁、封川、开建、德庆、郁南、罗定、云浮、新兴、高明（1950年1月划归珠江专区）11个县。1950年3月，西江行政督察专员公署改称广东省西江区行政督察专员公署，肇庆市并入高要县改称城关区；9月，广东省西江区行政督察专员公署改称广东省人民政府西江区专员公署，辖区不变；城关区改称肇庆镇。1951年5月，政务院批准广西怀集县委托广东省西江专区代管；1952年3月28日，政务院批准怀集县由广西平乐专区划归广东省粤中行政区。

1952年撤销西江专区，所属县并入粤中行政区，粤中区行政专员公署驻江门市（1955年9月迁佛山市）。粤中行政区辖南海、番禺、顺德、中山、三水、新会、鹤山、高明、增城、龙门、博罗、东莞、宝安、高要、广宁、四会、新兴、罗定、云浮、郁南、德庆、封川、开建、怀集、渔民25个县及三埠镇。5月，封川、开建合并为封川开建县，治封川城；广宁、四会合并为广四县，治会城镇。1954年撤销广四县，恢复广宁县、四会县建制。

1956年1月4日，撤销粤中行政区，分设高要专区和佛山专区。高要专区辖高要、四会、云浮、广宁、新兴、罗定、德庆、郁南、怀集、封川开建10个县。高要专区行政专员公署驻高要县肇庆镇。1957年，撤销封川开建县，恢复封川县、开建县建制。

1958年4月8日，恢复肇庆市（县级）；5月，封川县、开建县再度合并为封川开建县；10月3日，广宁、四会两县合并称广四县；11月1日，德庆和封川两县并为德封县，初治江口，后迁德城镇；怀集与开建并称怀建县，未几称怀集县，治怀城镇；12月，肇庆市并入高要县，复称肇庆镇。1958年12月1日，高要专区更名为江门专区，江门专区除辖原高要专区所属的高要、广四、云新、罗南、德封、怀建6个县外，增辖从佛山专区划入的新会、台山、开恩、高鹤4个县及江门市（县级）。江门专区行政专员公署驻高要县肇庆镇。

1961年4月，恢复肇庆市（县级）。10月，撤销广四县，恢复四会、广宁两县；撤销德封县，恢复德庆县，设立封开县；江门专区更名为肇庆专区。肇庆专区辖高要、四会、广宁、怀集、封开、德庆、郁南、罗定、云浮、新兴、高鹤、新会、开平、恩平、台山15个县和江门、肇庆2个市（县级）。肇庆专区行政专员公署驻肇庆市（县级）。1963年6月，江门市和新会、台山、开平、恩平、高鹤县划归佛山专区。

1968年3月，成立肇庆专区革命委员会，取代肇庆专区行政专员公署职能。1970年10月，肇庆专区更名肇庆地区，辖肇庆市（县级）和高要、四会、广宁、怀集、德庆、封开、郁南、罗定、云浮、新兴10个县。1979年4月，撤销肇庆地区革命委员会，设立肇庆地区行政公署，肇庆地区所辖县、市不变。

1988年1月7日，撤销肇庆地区，将县级肇庆市升格为地级市，设立端州区和鼎湖区，肇庆市辖端州、鼎湖2个区和高要、四会、广宁、怀集、封开、德庆、郁南、罗定、云浮、新兴10个县。肇庆市人民政府驻端州区。

1992年9月至1993年底，高要、四会、云浮、罗定4个县先后撤县设市（县级），由肇庆市代管。

1994年4月5日，罗定市、云浮市、郁南县、新兴县划归新成立的地级云浮市；肇庆市辖端州、鼎湖2个区和广宁、德庆、封开、怀集4个县，代管四会、高要2个市（县级）。

1998年4月，设肇庆高新技术产业开发区（省级）；2010年9月26日，升级为国家高新技术产业开发区。

2008年12月，国务院批准《珠江三角洲地区改革发展规划纲要（2008～2020）》，肇庆市被划入珠江三角洲地区。

2010年，肇庆市辖端州、鼎湖2个区和广宁、德庆、封开、怀集4个县，代管四会、高要2个市（县级）。全市设93个镇、1个民族乡、14个街道办事处。肇庆市人民政府驻端州区。

【历史文化】 肇庆市历史悠久，有深厚的文化底蕴，是中国第三批（1994年1月国务院批准公布）国家级历史文化名城。曾是西江流域政治、经济、文化中心和军事重镇；既是岭南文化的发祥地，也是中原文化与岭南文化、西方文明与中国传统文明最早的交汇处之一。14万年前就有人类在境域生息繁衍，有文字记载的历史长达2200年。春秋战国时为百越地。秦始皇三十三年（前214）所设四会县是广东省4个最早建制县之一。西汉元鼎六年（前111）设高要县；隋朝开皇九年（589）称端州。北宋重和元年（1118）易名肇庆府，意为“开始带来吉庆”。从明嘉靖四十三年（1564）至清乾隆十一年（1746）180多年间，一直是两广总督府驻地。唐代书法家李邕、日本入唐留学僧人荣睿、佛教禅宗六祖惠能、北宋名臣包拯、意大利传教士利玛窦、革命先行者孙中山等均在肇庆留下遗迹。

全市有文物古迹300多处，其中梅庵、德庆学宫、肇庆古城墙、七星岩摩崖石刻、悦城龙母祖庙是全国重点文物保护单位。有省级文物保护单位27个，县（市）级文物保护单位145个。鼎湖山的庆云寺建于明朝，是“广东四大名刹”之一。肇庆的“端砚文化”、“端州文化”、“广信文化”和“广竹文化”等被评为广东省首批25个“珠江文化星座”之一。端砚入选“岭南文化十大名片”。

【风景名胜】 肇庆市为中国首批优秀旅游城市，境内山峦秀丽，风景名胜众多。星湖风景名胜区为第一批国家重点风景名胜区。鼎湖山为“广东四大名山”之一，有“北回归线上的绿洲”之称，是中国第一个自然保护区，被联合国教科文组织列入国际生物圈保护区。颇负盛名的溶洞胜景是由“五湖六岗七岩八洞”组成的七星岩，湖面530公顷，集“桂林山、杭州水”于一体，被誉为“岭南第一奇观”。封开县的“小桂林”（龙山风景区），怀集县的燕岩、黑岩、朝岩和“花石洞天”，“西江小三峡（三榕峡、大鼎峡、羚羊峡）”和四会奇石河景色如画。湖泊水库，如城区的星湖和鼎湖区的九龙湖景色幽静迷人。温泉有怀集的蓝钟镇双兴温泉和凤岗镇燕峰峡温泉。怀集燕岩、封开龙山是省级风景名胜区。

全市有地方特色的旅游资源单体95个，其中自然资源58个。主要有：以鼎湖山风景区、七星岩、大斑石（封开县）为代表的山岳与地质景观资源；以星湖、西江、贺江为代表的水景观资源；以鼎湖山、黑石顶为代表的森林生态资源；以肇庆古城墙、阅江楼、端砚为代表的历史文化资源；以德庆悦城龙母祖庙、梅庵为代表的宗教与民俗资源；以肇庆高尔夫度假村、广新农业生态园为代表的休闲度假资源等。开发利用的景区景点有城区的肇庆古城墙、“千年古寺”梅庵、“古端州名郡”丽谯楼、包公祠、沿江三峡四塔；与城区紧连的星湖风景名胜区；西线有德庆学宫、悦城龙母祖庙、金林水乡、三元塔、盘龙峡、花世界；封开龙山、黄岩洞遗址、杨池古村；北线有广宁竹海、宝锭山；怀集燕岩、燕峰峡、世外桃源；东线有九龙湖、奇石河、四会贞山、邓村古法造纸等。形成以七星岩和鼎湖山为中心，连接四会贞山、广宁竹海大观、怀集燕岩和世外桃源、封开龙山和天下第一石、鼎湖葫芦山和九龙湖、德庆盘龙峡和龙母祖庙、高要广新生态园及砚坑紫云谷的“肇庆千里旅游画廊”。

2010年，肇庆被评为“自驾车游客最喜爱休闲城市”；“肇庆千里旅游画廊”被评为“世博中国年·最受欢迎国内旅游线路”，并列入全国首批低碳国土实验区。叶挺独立团团部旧址获评为“广东省红色旅游示范基地”、广东新顺福食品（德庆）有限公司获评为“广东省工业旅游示范基地”、肇庆北岭将军山旅游风景区获评为“广东省生态旅游示范基地”。广宁、怀集、德庆、封开4县和鼎湖区凤凰镇获评为“广东旅游美食之乡”，肇庆华侨大厦等8家企业获评为“粤菜名店”，鼎湖裹蒸等38道菜式入选“粤菜名菜”。

【资源物产】 肇庆市地处南亚热带，物产丰富。2010年，肇庆市土地总面积148.56万公顷，其中林业用地面积110.17万公顷，占全市国土总面积74.16%。全市耕地保有量18.75万公顷，其中带K地类4.06万公顷；全市供应土地225宗，面积932.4公顷。经国家、省批准城市建设用地35个批次（含当年度及以前上报），批准新增建设用地1108.81公顷，其中农用地转用942.55

公顷（耕地127.56公顷）；单独选址用地3宗，新增建设用地33.93公顷，其中耕地12.91公顷。全市有省级以上自然保护区5个，总面积2.38万公顷。其中鼎湖山是国家级自然保护区，封开黑石顶、怀集大稠顶、三岳和高要烂柯山是省级自然保护区。国家湿地公园1个，面积998公顷。城市人均公园绿地面积22.66平方米。境内有西江干流和北江干流，属珠江水系，集水面积超1000平方公里的河流有西江、新兴江、北江、绥江、贺江等7条；西江干流水量在全国各大河流中仅次于长江，高要水文站多年年均径流量2241.3亿立方米，多年平均流量每秒7107立方米；水资源总量146亿立方米，人均水资源3839立方米。水质功能类别为II类的有15个，达标率100%，西江、绥江、贺江均为国家二类水质标准。

全市矿产种类61种（含亚矿种），查明资源储量36种，其中能源矿产1种，金属矿产12种，非金属矿产21种，水气矿产2种。新发现大中型矿产地1处。金属矿产有铌、钽、金、铁、铋、钼、锡、铜、钨和稀土等。肇庆是广东的“黄金之乡”，金矿产地35处，分布在高要市、怀集县、封开县。非金属矿产有水泥用灰岩、熔剂用灰岩、石膏、饰面用花岗岩、建筑用花岗岩、陶瓷土及砚石、矿泉水、地热水等。砚石是肇庆特有工艺观赏石矿产，资源远景储量100万吨，产地有羚羊峡东侧的烂柯山端溪畔和北岭山。

肇庆市是广东省主要林区之一。全市天然生长和人工栽培的植物近300科、1200多属、2500多种，其中国家一级重点保护植物51种、二级重点保护植物203种；国家一级重点保护野生动物8种、二级重点保护野生动物30种，省重点保护野生动物54种。植物类型大部分属南亚热带常绿季雨林，其代表是鼎湖山和黑石顶自然保护区。

肇庆市是全省最大的柑桔种植基地、主要淡水水产养殖基地、蔬菜生产基地、重要林业产业基地，高要市、四会市、广宁县、封开县、德庆县分别是“中国肉桂、柑桔、竹子、松脂、贡柑之乡”。著名风味食品有鼎湖山庆云寺的鼎湖上素，鼎湖区的文岗鲤，四会市的仙螺及茶油鸡，高要市的麦溪鲤，封开县的杏花鸡，德庆县的大船糕和竹篙粉等。七星剑花、鸡蛋花、肇实、紫背天葵是肇庆的特产。

【风俗民情】 肇庆是一座有2200多年文明史的文化名城，其风俗源于传统礼法，各地大同小异，形成各具特色的风俗民情。

岁时节俗 春节，肇庆俗称“过年”，是农历一年中最为隆重的节日，时间由上年农历十二月二十三“送灶君上天”开始，至次年元宵节第二天“落灯”止；有“年卅晚，逛花市”的习惯。过年糕点类食品，高要市称“茶果”，其他各县（市、区）称“整糕”、“做糍”；最有代表性的是端州及高要的裹蒸，还有广宁县的“打白糍”。元宵节，下帅乡有对山歌、表演“采茶舞”等传统；德庆有“炮仗攻狮子”节目。清明节，主要活动是扫墓，俗称“拜山”、“拜清”、“行清”。端午节，俗称“五月节”，大都吃粽子，在门上挂艾叶或菖蒲；端午赛龙舟是高要市金利镇的民间传统体育活动。中元节，民间称“鬼仔节”，入夜以香烛、水饭、花生和冥纸在门前或路旁作祭，称“烧衣”、“撒水饭”。中秋节，城乡盛行，从八月初开始向亲友送月饼以及糖果等礼物，八月十五当晚家人团聚，围坐赏月、饮茶、尝月饼；怀集县桥头、下帅等乡镇中秋

之夜有摆歌堂、唱夜歌的特色风情。重阳节，民间有登高、迎出嫁女归宁、扫墓（秋祭）等习俗，其中登高最为盛行。冬至，俗称“过冬”，有“冬至大过年”之说，当天杀鸡宰鸭，备酒水奉神，款待各方亲友。

特色习俗　有高要市河台的开耕节（二月初二）、高要市茶果节（正月、二月、八月的初五、初八、初十、十二）、鼎湖区包公诞（二月十四）、鼎湖区苏真人诞（四月二十）、德庆县悦城龙母诞（正诞五月初八，润诞八月十五）、怀集县下帅牛旺节（四月初八）和桥头燕子节（六月初六）、四会市贞仙诞（九月初九）等20多种。

民间表演艺术　封开县的“五马巡城”、“麒麟白马舞”，德庆的“雄鸡舞”（又称凤鸡舞）、“蝴蝶舞”（又称“舞蝴蝶”），怀集的“春牛舞”、“壮狮舞”，还有流传各地的“舞龙”、“舞狮”等；民间戏曲以怀集的“贵儿戏”最具特色，被列入中国的稀有地方剧种。

传统手工技艺　有端砚制作、草席编织、玉雕、花灯扎制、古法造纸等，端砚位居中国“四大名砚”之首；“裹蒸”、“疍家糕”、“竹篙粉”等农产品加工技艺远近闻名。端州的端砚制作技艺，德庆的悦城“龙母诞”庙会及雄鸡舞，怀集的龙鱼舞及贵儿戏，广宁的玉雕，四会的古法造纸及贞仙诞入选广东省非物质文化遗产名录，其中端砚制作技艺是国家级非物质文化遗产名录。

（叶可道　韦相伍）

经济社会发展概况

【经济总量突破千亿】　2010年，肇庆市实现生产总值1085.99亿元，比上年增长17.5%。第二产业的凸起成为经济发展的重要标记，一是从产业增加值看：第一产业增加值190.26亿元，增长5.4%；第二产业增加值456.67亿元，增长30.8%；第三产业增加值438.94亿元，增长11.4%。二是从产业结构看：三次产业结构由“321”调整为“231”，所占比重为17.5∶42.1∶40.4。三是从贡献率看：第一、二、三产业对地区生产总值增长的贡献率分别为5.6%、65.2%和29.2%。人均地区生产总值2.73万元，增长15.5%。

【农业生产稳步发展】　2010年，肇庆市实现农林牧渔业总产值291.96亿元，比上年增长5.3%。其中农业产值133.09亿元，增长4.6%；林业产值36.06亿元，增长8.1%；牧业产值88.68亿元，增长5.2%；渔业产值31.46亿元，增长5.2%；农林牧渔服务业产值2.66亿元，增长7.4%。地区农业经济总量前三位为高要市75.07亿元、怀集县54.17亿元、四会市51.04亿元。是年，粮食产量110.51万吨，增长0.1%；甘蔗产量10.37万吨，下降1.2%；油料产量6.99万吨，增长2%；蔬菜产量187.08万吨，增长4.9%；水果产量103.87万吨，增长8.5%。

林业用地面积110.17万公顷，其中有林地面积101.12万公顷，森林覆盖率67.7%，活立木蓄积量4731.38万立方米，年生长量220.5万立方米，划定国家级、省级生态公益林25.84万公顷，占林业用地总面积的24.4%。

肉类总产量43.02万吨，增长5.6%。其中猪肉产量30.21万吨，增长7.2%；禽肉产量11.59万吨，增长0.4%。水产品总产量32.89万吨，增产1.05万吨，增长3.3%。

肇庆市国民经济发展情况（2010 年）

表一

项目 区市县别	户籍人口	地区生产总值		人均地区生产总值		规模以上工业总产值		农林牧渔业总产值		全社会固定资产投资	
	(万人)	绝对值(亿元)	比上年增长(%)	绝对值(元)	比上年增长(%)	绝对值(亿元)	比上年增长(%)	绝对值(亿元)	比上年增长(%)	绝对值(亿元)	比上年增长(%)
全　市	422.41	1085.99	17.5	27987	15.7	1744.19	39.7	291.96	5.3	625.21	35.1
市　直	35.63	142.28	11.1	53526	7.0	115.73	11.1			85.95	29
端州区		105.29	18.5			171.55	24.9	1.09	3.7	60.86	48.3
鼎湖区	15.19	50.06	19.5	30499	17.4	108.04	37.3	18.15	5.3	38.05	32.4
四会市	41.37	160.62	20.1	34328	17.9	278.67	38.1	51.04	7.8	108.37	32.7
高要市	77.48	215.19	18.7	29050	15.9	397.54	43.3	75.07	4.3	108.83	39.2
广宁县	56.76	71.02	13.8	16507	16.5	74.31	37.3	26.12	4.9	27.13	20.3
德庆县	37.99	65.92	19.1	19350	19.0	100.02	43.6	25.94	7.2	42.91	35.8
封开县	49.91	70.56	16.9	17657	18.1	57.70	40.3	38.10	4.7	44.74	30.5
怀集县	105.08	119.07	17.3	14712	17.0	81.49	57.7	54.17	5.2	51.78	36.2

表二

项目 区市县别	外贸出口总额		实际利用外资		地方财政一般预算收入		社会消费品零售总额		城镇居民人均可支配收入		农村居民人均纯收入	
	绝对值(亿美元)	比上年增长(%)	绝对值(亿美元)	比上年增长(%)	绝对值(亿元)	比上年增长(%)	绝对值(亿元)	比上年增长(%0	绝对值(元)	比上年增长(%)	绝对值(元)	比上年增长(%)
全　市	25.96	27.9	9.34	5.2	76.80	37.4	332.89	21.1	16832	11.8	7524	19.6
市　直	3.93	32.6			13.28	27.6	26.00	15.9				
端州区	6.04	13.4	1.03	2.7	8.06	37.8	80.38	21.5	16832	11.8	12301	6.9
鼎湖区	1.23	31.7	0.59	3.9	2.77	38.1	12.83	21.2	13406	13.0	8219	29.3
四会市	3.50	38.8	1.27	3.9	11.38	40.6	58.23	22.3			8679	26.9
高要市	4.39	24.0	1.76	6.6	13.61	26.2	52.56	22.1			9382	21.4
广宁县	0.36	5.7	0.47	4.0	4.39	41.5	25.51	20.7	13744	5.0	5992	12.6
德庆县	1.13	14.6	0.35	5.7	4.72	46.3	21.67	20.7	16000	40.3	9218	33.0
封开县	0.41	9.4	1.41	26.2	4.10	41.4	17.63	20.8			6138	13.4
怀集县	0.30	6.1	0.22	3.4	6.14	45.0	33.19	21.1	10058	10.3	6135	18.3

注：1. 端州区人口数包含市直人口数；
2. 人均地区生产总值按常住人口计算。

全市拥有农业机械总动力 139.13 万千瓦，比上年增长 8.8%；化肥投入（折纯）18.09 万吨，增长 4.9%。

【规模以上工业加速发展】 2010 年，肇庆市规模以上工业企业 1131 家，比上年增加 66 家，增长 6.2%。实现增加值 410.03 亿元，增长 33.6%，位居全省第三、珠三角第二。增加值中，重工业占 67.34%，大于轻工业；所有制排序为民营企业、外商及港澳台商投资企业和国有企业，增长速度为 50.5%、39.5%、14.7%，贡献率为 41.4%、39.3%、2.0%；规模以上工业经济效益综合指数 225.62，比上年提高 46.6 个百分点；实现主营业务收入 1689.05 亿元，增长 48.6%；工业产品产销率 97.72%；实现利润、税金分别为 98.18 亿元、71.39 亿元，分别增长 157.5%和 146.5%。企业亏损面为 7.7%，比上年收窄 4.4 个百分点，亏损企业亏损额 3.16 亿元，下降 16.4%。

【财税收入继续增长】 2010 年，肇庆市实现一般预算收入 76.80 亿元，比上年增长 37.4%，增幅位居全省第二、珠三角地区第一，高出生产总值增长率 19.4 个百分点。其中税收收入 48.26 亿元，占财政收入比重为 62.8%，增长 34.1%。

完成国税、地税收入 105.21 亿元，比上年增长 26%。其中国税收入完成 54.29 亿元，地税收入完成 50.91 亿元，分别增长 24.5%和 27.6%。增长较快的税种有：企业所得税增长 33%，土地增值税增长 55.4%，契税增长 62.4%和耕地占用税 100.7%。

【固定资产投资增幅居珠三角首位】 2010 年，肇庆市完成全社会固定资产投资额 625.21 亿元，比上年增长 35.1%，位居全省第四、珠三角第一。新开工项目 1830 个，增长 18.1%，完成投资 350.3 亿元。房地产开发投资完成 91.14 亿元，增长 50.2%。其中住宅投资增长 42.2%，占全部房地产开发投资的 73.4%；商业营业用房投资增长 117.8%，占 10.4%。商品房屋施工面积 1100.93 万平方米，增长 46.1%，提高 20.8 个百分点；其中住宅施工面积 874.3%，增长 39.1%，提高 21.1 个百分点。

投资所有制构成：国有经济投资 135.98 亿元，增长 22.5%；集体经济投资 23.80 亿元，增长 118.8%；民营经济投资 362.62 亿元，增长 42.9%；个体私营投资 238.54 亿元，增长 45.9%；港澳台商投资 50.1 亿元，下降 3.3%；外商投资 19.31 亿元，下降 13.3%。投资产业结构：第一产业投资增长最快，完成投资额 37.78 亿元，增长 81.7%；第二产业稳步增长，完成投资额 255.24 亿元，增长 18.5%；第三产业拉动力最强，完成投资额 332.19 亿元，增长 46.6%，对全社会固定资产投资的贡献率为 65%，拉动增长 22.8 个百分点。

【区域贸易活跃】 2010 年，肇庆市实现社会消费品零售总额 332.89 亿元，比上年增长 21.1%，是近五年来的新高。其中，批发业实现零售额 13.81 亿元，下降 9.4%；零售业 279.68 亿元，增长 24%；住宿业 3.12 亿元，增长 7.8%；餐饮业 36.28 亿元，增长 16%。全市年成交额超亿元的商品交易市场 6 个，成交额 11.42 亿元。

城乡市场日趋均衡，城镇市场社会消费品零售总额增长 21.1%，农村市场社会消费品零售总额增长 20.9%。房地产销售稳步增长，全市商品房销售面积 342.24 万平方米，增长22.9%；商品房销售额140.31亿元，增长46.1%。旅游市场畅旺，全年景区接待旅游者人数2008.54万人次，增长25.3%；城市接待旅游者人数1787.80万人次，增长25.7%；旅游总收入109.23亿元，增长37.47%。

【外贸顺差继续减少】 2010年，肇庆市实现进出口总额43.90亿美元，比上年增长29.9%。其中出口25.96亿美元，增长27.9%；进口17.94亿美元，增长45.4%。外贸顺差8.02亿美元，比上年减少0.98亿美元。三资企业出口实现18.15亿美元，占出口总额的69.9%，稳居首位，国有企业和民营企业次之。一般贸易出口增幅33.3%，加工贸易为23.3%。出口的重点区域是美国和香港地区。全年新批利用外资项目112个，项目投资总额19.37亿美元，下降2.3%；实际利用外资9.34亿美元，增长5.2%。

【银行业与保险业业绩良好】 2010年末，肇庆市金融本外币各项存款余额1072.54亿元，比年初增加151.91亿元，增长16.3%。其中，居民储蓄存款余额657.31亿元，增加95.91亿元；企事业本币存款余额202.38亿元，增加13.91亿元。全市金融机构本外币贷款余额652.01亿元，增加83.71亿元。其中，本币贷款余额642.04亿元，增加87.69亿元；短期贷款增加78.17亿元，中长期贷款增加562.45亿元。

全年完成保费收入21.3亿元，比上年增长17.9%；赔款5.1亿元，增长3%。全市寿险公司完成保费收入14.85亿元，增长18.2%；赔款2.8亿元，增长30%。财产保险公司保费收入6.45亿元，增长25%；赔款2.3亿元，增长15%。

【居民消费价格涨幅创新高】 2010年1～12月，肇庆市居民消费价格累计增长2.8%；1～11月上升0.2个百分点，增幅创下是年最高点。工业品出厂价格累计增长5.9%，商品零售价格累计增长3.4%。居民消费价格总指数为102.8，八大类消费价格呈“五升三降”态势。与上年对比，食品类价格上涨6.4%，居住类价格上涨5.5%，医疗保健和个人用品价格上涨3.1%，烟酒及用品价格上涨1.3%，交通和通信价格上涨0.5%；衣着类价格下降3.9%，娱乐教育文化用品及服务价格下降2.9%，家庭设备用品及维修服务价格下降0.5%。 （朱焕珍）

【全面实施《规划纲要》】 2010年，肇庆市全面实施《珠江三角洲地区改革发展规划纲要（2008~2020）》（简称《规划纲要》），把省考核肇庆的36项指标全部落实到牵头部门，并进行年度指标分解，其中23项指标按年度分解至各县（市、区）、肇庆高新区；对84项重点项目按年度分解工作进度，目标任务进一步细化、实化；制定“十大工程”。2月和4月，省和国家考核组及检查组来肇检查实施《规划纲要》工作，省对肇庆实施《规划纲要》考核的36项指标中有35项完成或超额完成任务，被省评定为“良好”等次。

一体化建设取得重大进展 在珠三角九市中率先编制实施市级的基础设施、产业布局、基本公共服务、环境保护、城乡规划“五个一体化规划”和肇庆市“四年大发展”工作方案；组织编制《肇庆市城市总体规划（2010~2020）》、《肇庆市城镇化发展“十二五”规划》等区域性规划，编制完成《肇庆市绿道网总体规划》等一系列专项规划；参与编制《广佛肇经济圈发展规划》，推动

"产业协作共建区、重大设施共享区、边界合作共建区、生态环境共管区"等四类重点合作地区写入《广佛肇经济圈发展规划》；编制"交通运输、产业协作、环境保护、旅游合作和教育培训"五个专项规划；初步完成广佛肇共建经济合作区工作方案，启动共建"广佛肇经济合作区"工作。先后与广州市和佛山市签订《广佛肇三市职业教育合作协议》等推进一体化进程的协议5个，开展"广佛肇经济圈—肇庆（广州）投资环境推介会"等交流活动9次。首批广佛肇重点合作37个项目中，8个完成类项目完成或基本完成6个，9个启动类项目全部启动并基本完成1个，20个推进类项目完成2个、顺利推进18个。二广高速怀集县至三水区段、珠外环高速高要市至江门市段、广肇高速二期建成通车；广佛肇城际轨道建设工程按计划推进，广佛肇高速公路一期立项；广佛肇车辆通行费年票实现互通互认；交通卡"岭南通"在肇庆、广州、佛山等5个城市实现互联互通；启动医保定点机构对接，广州（13个）、佛山（8个）、广西（2个）医疗机构纳入肇庆异地定点医疗机构范畴；教育和就业服务资源共享平台开始运作，以打造"华南地区职教基地"为目标推动劳动力转移，发挥职教院校、技工学校和劳动力培训中心的作用，全市共组织农村劳动力培训3.5万人，转移就业5.09万人。发展与广州市、佛山市等地区整车生产基地配套的汽车零部件制造产业，推进三地机械设备、电子专用设备制造等装备制造业和光机电一体化产业。年内全市引进产业转移项目202个，投资总额444.13亿元，比上年增长63.03%，来自广佛地区的占近八成。肇庆市端州区与广州市海珠区、高要市与佛山市高明区、四会市与佛山市三水区、怀集县与佛山市南海区建立友好共建关系。

重点项目建设顺利推进　全市重点建设项目122个，其中49个项目列入省重点建设项目计划，比上年增加27个。累订完成投资244.1亿元，拉动肇庆工业总产值增长8～10个百分点。列入省现代产业500强的项目共18个，计划总投资285.5亿元；列入省实施《规划纲要》"四年大发展"工作方案的8个重点项目全面推进，贵广、南广铁路肇庆段及广肇城际轨道建设加快；投资超百亿元的中恒医药物流一期已经动工建设；景丰联围除险加固工程主体建设任务基本完成；国电大旺热电联产项目获得国家能源局批复开展前期工作；农村饮水、农村安居工程、农村路网体系、供电网络工程、城镇污水处理工程等项目进展顺利。实施《规划纲要》以来，肇庆列入国家、省重点投资计划项目累计完成投资355亿元。

宜居城乡建设日新月异　扎实推进城市22个重点项目建设，砚都大道、星湖大道、信安大道、肇庆大道成为拉动城市建设的引擎；牌坊广场升级改造、七星岩东门广场、波海公园和星湖绿道建成，全面完成省立绿道建设任务，绿道建设走在全省前列。市一院新院建设、市图书馆新馆等项目建设进展顺利，城市公共配套设施建设加快推进。星湖湿地公园改造工程被国家住房城乡建设部授予"中国人居环境范例奖"。"三旧"改造已完成投资36.8亿元。森林覆盖率提高到67.7%。8个中心镇污水处理厂全部建成。大气、水体等环境质量稳定达标。获得"国家环保模范城市"称号。各县（市、区）中心镇建设水平及城镇化步伐明显加快。

民生社会事业全面发展　全市财政投入民生社会事业资金76.27亿元，比上年增长20.3%。农民人均纯收入增速比城镇居民人均可支配收入高3.6个百分点。农村新转移就业5万多人。年初制定的“为民惠民十件大事”进展顺利，广佛肇高速二期可行性报告已上报省交通厅；完成29个农贸市场升级改造；牌坊广场改造扩建和环星湖栈道工程已完成并向市民开放；市第一人民医院新院、市图书馆新馆建设完成三分之二主体工程，卫生村和生态文明村创建任务超额完成；百花中学主体工程已经封顶，市一中新校区建设加快推进；七星岩东门广场已建成开放；全市新建廉租住房278套、经济适用住房346套；景丰联围除险加固工程主体建设任务基本完成；农村饮水安全工程超额完成，19.33万人饮水安全得到保障。据国家统计局肇庆调查队调查结果显示，市民总体满意率98.3%。

重点领域改革不断深化　市、县两级政府机构改革顺利完成，第四轮行政审批制度改革顺利推进，富县强镇、简政强镇改革逐步到位，省直管县财政体制改革试点推行，端州区完成“镇改街”改革，集体林权改革经验在全省推广，四会市、高要市行政区划调整有效推进。

【县（市、区）建设取得新进展】　端州区　龟顶新城是肇庆市最大的“三旧”（旧城镇、旧厂房、旧村庄）改造项目，端州区2009年3月以来投入16亿元，启动龟顶山以东片区40公顷商住地开发建设，西调洪湖东广场主体工程基本完成，成为全市“三旧”改造示范性工程。2010年，端州区被纳入市的重点项目14个，完成投资总额近20亿元；动工建设首期投资30亿元、占地25.33公顷的端州区生产性服务业基地；启动城东“城市综合体”项目前期工作；配合市推进砚都大道、肇庆大道、信安大道等项目建设，城东新区交通网络基本形成；配合推进南广铁路、广佛肇城际轻轨征地拆迁，其中南广铁路征地任务完成90%以上，完成广佛肇城际轻轨进入端州城区隧道口的征地拆迁工作，进入施工阶段。投入900万元建成省立端州绿道网13.6公里。

鼎湖区　辖区内建设的贵广铁路、南广铁路、广佛肇城际轻轨、珠外环高速公路、西气东输、景丰联围达标加固工程进展顺利，累计完成投资22亿元。完成国道321线鼎湖段改造项目；按二级公路标准改造的永莲公路，完成投资800万元；凤凰旅游综合线路改造项目完成投资1000万元；启动砚阳大道建设。投入1.15亿元建设城区路网，首期工程基本完成；城区污水处理厂投入运行，莲花污水处理厂、永安污水处理厂铺开基建工程。基本完成景丰联围截洪渠征地拆迁，完成投资2687万元；九坑河水库除险加固工程通过验收；投资6543万元的沙浦围堤防达标加固工程累计完成3372万元。永安22万伏、桂城11万伏、广新工业园11万伏变电站进入施工阶段。在“肇庆金秋”经贸洽谈会，鼎湖区有26个项目签约，合同投资总额111.64亿元，其中包括广新外贸集团投资15亿元的年产40万吨高精度不锈钢板项目，碧桂园集团总投资20亿元的综合商住项目。新增国家级高新技术企业4家，省级民营科技企业10家，新增高新技术产品35个，拥有广东省名牌产品3个；科技进步对经济增长的贡献率48.5%，高新技术产品产值11.2亿元。鼎湖山泉有限公司投资1亿元拓展瓶装水生产基地，生产线实现全自动化作业；中邦化学有限公司开发松香深加工系列产品，年出口总量30多万吨，为全国松香出口总量的十分之一；鸿特精密技术有限公司成为福特、本田、康明斯、马自达等国内外著名汽车生产企业的一级供应商，成为“国家级高新技术企业”、肇庆市十大重点企业。星湖科技增资5亿元建设的年产4000吨I+G项目，入选广东省现代产业500强；逸舒制药有限公司获广东省高新技术企业称号；投资3.8亿元建设的中储粮食物流项目，为华南及大西南重要的粮食物流中转集散地。

四会市　四会市以路网建设为突破口，推进马房港、二广高速、江肇高速、贵广铁路、城际轻轨和四会大桥、黄田大桥、飞鹅岭大桥、姚沙大桥及道路升级改造项目，二广高速四会段、商业大道、飞鹅岭大桥竣工，启动姚沙大桥、四会大桥建设前期工作。规模以上工业企业新增60家，超亿元产值企业共32家，超千万税收企业20家，超3000万元税收企业4家；华声吉他销量占世界1/8，互感器应用于航天工业，实力连杆“裂解技术”达国际先进水平，生料带厂全国销量第三、全省第一，多罗山氟钽酸钾生产总量全国第一。实施“一园八区”建设，建成南江工业园、富溪工业区、东城工业区、龙甫工业区、迳口工业区、下茆工业区、江谷工业区和旺田工业区；江南工业园总规划开发面积40多平方公里，已开发面积22平方公里，入园工业企业350多家；全年园区完成工业产值88亿元，创税3.7亿元。投资70亿元建设亚洲金属资源再生工业基地、志高家电研发产业基地、天海湖旅游度假区、骏马水泥千万吨水泥物流基地、同步化工科技产业园、实力连杆、马房港口物流、多罗山稀有金属、大正铝业、一力药业等10个重点项目。依法关停或转移60多家电镀、漂染、小冶炼企业，万元生产总值能耗比上年下降2.6%。60个重点项目完成投资29.6亿元，其中8个省重点和13个肇庆市重点项目完成年度投资任务。全年引进项目110个，计划投资总额139亿元，其中超亿元项目53个。江谷生态旅游度假区、广东（四会）玉器文化产业创意园等商贸项目进展顺利。举办和参加广州市番禺区举办对接广佛产业转移招商会、中国（四会）柑桔玉器文化节暨经贸洽谈会、“肇庆金秋”经贸洽谈会等，引进世界500强ABB集团和美国欧文斯伊利诺斯集团等项目。互感器厂、多罗山等4家企业被列入首批“广东省现代产业500强重点培育项目”，占肇庆市总数的1/4。推进总投资15亿元的城市“三旧改造”项目建设；管道天然气建设和数字电视整体转换工程进度加快；四会市连续五年被评为“中国最具投资潜力中小城市百强”，在全省67个县（市）县域经济综合发展力排名中居第三名。

高要市　高要市加强交通基础设施对接。推进总里程190.08公里、投资总额24.65亿元的“六纵六横”交通公路项目建设，江肇高速公路高要段、省道272线新江口大桥至高明段竣工通车，南广铁路、珠外环刘村连接线等国家、省重点工程建设项目进展顺利。加强90平方公里的“六园一带”（金淘、金渡、金盛、西区、白诸、禄步和白金龙工业带）工业载体建设。引进项目150个，合同投资总额107亿元，包括投资12亿元的广新高要有色金属加工科技产业园、投资20亿元的华润风能及垃圾发电项目、投资30亿元的大唐热电冷联产项目等。全市农村劳动力转移就业7800人。产业优化升级。精密压铸、五金制品、新型建材、不锈钢四大特色支柱产业实现总产值131.6亿元，占规模以上工业总产值的33.37%。纳入各类科技计划项目8个，新认定省高新技术企业1家，专利授权量118件，高新技术产业总产值13.5亿元。谋划重点项目。纳入省、肇庆市重点项目16个，总投资113.67亿元，完成投资额21.16亿元；萨米特陶瓷项目被列入省现代产业500强。有农业企业300多家，其中产值超千万元的龙头企业10家，带动农户10万人。累计有3个产品获广东省名牌农产品称号，41个农产品获国家无公害农产品质量认证，31个生产基地获广东省无公害农产品产地认证。被农业部评为全国粮食生产先进县。投资1.3亿元推进市政工程建设，完成“大水务”项目的新桥、莲塘供水工程建设，165.2公里绿道投入使用。投资超10亿元，建设金沙咀国际广场、信业·珀丽湾、蔚蓝国际商业中心等房地产项目。

广宁县　广宁县完成广东鼎丰纸业有限公司8万吨技改项目申报审批工作，吉林化纤集团年产10万吨竹浆粕项目可行性研究报告，以及列入省重点建设项目的肇庆华南再生资源产业基地一期建设工程。规划A、B两个区，以发展再生塑料的进口、回收、拆解、深加工为主，可进驻中等规模拆解、加工企业近40家，废旧塑料年加工能力45万吨；年内引进8家企业入园建厂，计划投资1.6亿元；A区全部企业动工建设，5家企业完成基础建设。动工建设县城城防工程，改造黄盆新桥至河口（东乡桥）段堤长23.06公里，工程总投资7074万元。加快县道升级改造和乡村道路硬底化改造，打通与相邻县市区的出口路；基本完成220千伏翠竹和110千伏宾亨变电站工程建设。建成列入2009年省重点建设项目的县城区生活污水处理厂建设项目。肇庆市华南再生资源产业基地、高新产业园、太和环保建材产业基地成为广宁承接珠三角产业转移的主阵地，共引进项目23个。其中肇庆璟盛陶瓷公司3条生产线于10月投产；太和环保建材产业基地首期投资20亿元，引资开发园区和项目招商建设同步进行。申报技改创新项目20个，总投资1.12亿元。以房地产开发推进城市建设，百盈花园新开发商品房20万平方米；完成御景国际规划；商业步行街投资4.8亿元，吸引肯德基、中华影业、苏宁电器等30多家知名商家进驻；以朝阳西商贸中心改造为突破口推动“三旧”（旧城镇、旧厂房、旧村庄）改造等。

德庆县　德庆县推进“工业强县、农业富民、旅游旺县”战略。德庆贡柑、沙糖桔被评为“亚运推荐名优旅游特产”，种植总面积1.87万公顷，销售收入超20亿元。先后被评为“国家级林业科技示范县”、“全国农产品加工创业基地”、“广东省现代农业科技示范县”，获“广东省旅游强县”、“广东省旅游特色县”、“广东美食旅游之乡”、“中国十大休闲胜地”、“中国全面小康成长百佳县”称号，被评为“广东县域经济综合发展力提升最快前十名县（市）”。

封开县　封开县抓好交通、能源等基础设施建设。220千伏封开输变电工程和广梧高速封开连接线（西江大桥）投入使用，基本完成省道266线维修一期工程，贺江一桥扩建工程合拢，完成西江航道整治工程年度计划。启动怀罗高速、国道321线县城过境路段改道等前期工作；完成110千伏南丰变电站扩建工程，75个项目配网工程完工。大旺海鹰博览中心创AAAA级旅游景区工作按计划推进。杏花宾馆顺利晋升3星级宾馆；按四星级标准建设的贺江半岛酒店开业。基本完成大塘市场和江口中心市场升级改造。开展开源大道、三元路等主干道建设，县城新城区骨干路网逐步形成。重点项目按计划顺利推进，华润水泥项目第1—2

条生产线达标达产，第3条生产线实现点火投产；全长8公里的C1段皮带运输廊建设进展顺利，华润集团投资3亿元的花岗岩深加工项目动工建设。列入省2010年重点建设项目计划的南丰园珠山铜钼矿项目申办采矿权证及完善相关手续。长安党山抽水蓄能电站项目获省能源局建议为“十二五”前期项目。

怀集县　怀集县推进珠三角区域经济一体化工程。二广高速三水至怀集路段建成通车，动工建设贵广快速铁路和怀集至贺州、怀集至连州段高速公路。完成村道硬底化156.6公里，建设村道131公里。“十一五”水电农村电气化县建设通过省检查验收。投入2.87亿元整治江河防洪工程；完成农村饮水安全工程7宗，解决6.59万人饮水安全问题。举办”2010中国广东·怀集世界杯攀岩赛暨怀集县经贸洽谈会，参加“肇庆金秋”经贸洽谈会，共签约、动工奠基或投产剪彩项目93个，投资金额188.12亿元；引进广东广新外贸集团、顺德碧桂园、广浩、广盛等企业（集团）落户怀集；建成“双转移”项目9个，在建项目6个；引进广东温氏食品集团有限公司投资建设的种猪基地5个。引进东莞润丰蔬菜公司建设133.33公顷供港无公害蔬菜基地。打造五大产业基地，全县32项涉及农林业的项目均按要求完成年度任务。（叶可道　韦相伍）

基础设施建设

【交通运输】　至2010年底，肇庆市公路通车里程1.13万公里，公路密度为每百平方公里75.8公里；其中高速公路190公里，国、省道1441.60公里。辖区内有广茂铁路、二广高速、广梧高速公路、国道321线、国道324线和规划建设中的珠外环、汕湛高速公路，在建的贵广铁路、南广铁路、柳肇铁路、珠三角城际交通轨道贯穿境内。

完成旅客运输量6423万人次，比上年增长6.3%。完成货物运输量2876万吨，增长8.7%。其中公路2161万吨，增长8.8%；水路715万吨，增长8.2%。完成公路客运周转量33.12亿人公里，增长12.9%；完成货物周转量25.11亿吨公里，增长11.7%。

全市完成交通固定资产投资107.18亿元，比上年增长42.6%，其中铁路、轻轨建设完成投资59.43亿元，公路建设完成投资46.78亿元，港口航道建设完成投资7013万元，客运站场建设完成投资2622万元。年末民用汽车拥有量14.74万辆，比上年增长21.8%，其中年内新注册2.38万辆，增长30.8%；私人汽车保有量12.03万辆，增长24.9%；私人轿车保有量5.7万辆，增长27.6%，其中年内新注册1.24万辆。

（贺广玲）

【能源】　2010年，肇庆市电网建设项目完成投资9.75亿元，完成年度计划投资任务的115%。主要电力项目进展情况：国电大旺热电联产项目获得国家能源局批复开展前期工作；肇庆电厂项目继续争取进入省能源发展“十二五”规划；肇庆核电厂项目开展各项可研专题研究，项目建议书将由省上报国家；大唐高要燃气热电联产项目的热电联产规划获省能源局批复。（冼艺杰）

【水利工程】　2010年，肇庆市的水利建设主要有四大类项目：城乡水利防灾减灾工程、病险水库加固工程、机电排灌工程、小水电工程。

城乡水利防灾减灾工程　2003年年底开始实施，全市15个省城乡水利防灾减灾工程概算总投资20.99亿元，至2010年底到位资金20.01亿元，其中地方配套资金9.80亿元。怀集县城市防洪工程、高要市城防工程、联金大堤的金安围和联安围加固工程共4个项目利用BT模式进行建设。全市城乡水利防灾减灾工程累计完成投资13.79亿元，占总投资的65.65%；全市有4个水库除险加固工程通过省水利厅的销号验收。

病险水库加固工程　肇庆市上报的专项病险水库加固工程有中型水库项目8个、小型水库项目65个。至年底，中央专项规划的水库除险加固工程全面完成；省专项实施的大中型病险水库除险加固工程共8个，其中完成投资接近80%的6个，主体工程基本完工的2个。全市省专项实施的大中型病险水库除险加固工程累计完成投资1.13亿元，占总投资的72.72%。全市列入省专项实施的小型病险水库除险加固工程共65个，其中完成投资50%～80%的17个，完成投资80%以上的14个，完工31个。全市65个省专项实施小型病险水库除险加固工程总投资7208万元，至年底累计完成投资5970万元，占总投资的82.82%。

机电排灌工程　肇庆市景丰联围各泵站、高要市金利泵站和宋隆泵站等3宗大泵站列入中央投资计划。年内景丰联围有5处泵站（波罗窦、石咀、广利、横槎、石溪）基本完成，在建泵站工程有3宗（罗隐、贝水、羚山）。高要市金利泵站和宋隆泵站完成可行性研究报告初步审查并上报省发改委审批。同时，在建的肇庆高新区白沙泵站主体工程基本完成，安装水泵4台。鼎湖区沙浦电排站完成施工招标等前期工作。

小水电工程　建成投入使用的小水电站3宗，在建小水电站1宗（怀集县的莫湖水电站）。至年底，肇庆市小水电装机容量67万千瓦，年度发电总量15亿千瓦时。顺利完成中央项目电气化县建设。怀集县作为全国“十一五”水电农村电气化县建设项目，

肇庆市基础设施基本情况

项目	单位	2009年	2010年
铁路营业里程	公里	169	169
公路通车里程	公里	10352	11260
其中：高速公路	公里	96	190
港口泊位	个	196	196
其中：万吨级泊位	个	0	0
内河通航里程	公里	544	544
本地电话年末用户	万户	84.85	81.76
移动电话年末用户	万户	241.2	267.9
互联网用户	万户	22.3	28.8
电力消费量	万千瓦时	879219	1050827
商品房屋实际销售量	万平方米	275.31	342.24
商品房屋实际销售额	亿元	93.49	140.31

完成电源建设34宗3.85万千瓦，完成投资2.85亿元；完成电网建设或改造7宗11.75万千伏安，建设输电线路569.5公里，完成电源电网建设总投资4.07亿元。12月中旬，该项目通过省级验收。（何国龙）

【信息网络】 基础设施建设 2010年，肇庆市建成可以承载各种语音、图像、视频等多媒体业务的大容量、高速率、宽带化的现代化通信网络，其中作为传输线路主要载体的光纤建设情况如下：电信32万纤芯公里、移动8628皮长公里、联通3150皮长公里，实现光纤覆盖95%以上城市小区和商业楼宇，光纤100%到行政村。有线宽带总容量34.7万线；互联网出口带宽90G；电话交换机容量88.97万门；无线市话（小灵通）网络容量48万门；全市20户以上自然村全部实现通电话，所有行政村实现通宽带。固定电话用户和宽带网络终端用户数目分别为81.76万户和27.6万户。移动电话用户数267.9万户，其中3G用户12.6万户。全市移动通信用户总数279.77万元，台站总数8871个，其中3G台站1604座、G3M是2767座、PH3是1789座、对讲机2426台。

城市信息化建设 在“2010年中国城市信息化发展论坛暨成果评选”活动中，“肇庆市城镇居民基本医疗保险网络系统”获“2010中国城市信息化服务创新奖”。肇庆市社会保险系统整合全市养老、医疗、工伤、生育、失业“五保合一”社会保险信息。医保联网工作扩大和完善，年内联网的定点医院和药店共400多家。

农村信息化建设 高要市农业信息视频点播系统和在全市各个乡镇、村广泛使用的党风廉政信息公开平台获“广东省农村信息化优秀成果奖”，党风廉政平台同时获2010年肇庆市科技进步二等奖。德庆县的张海燕和高要市的张焕朝被国家工业和信息化部、科技部、农业部、商业部、文化部联合授予“全国优秀信息员”奖章。

企业信息化建设 全市累计有8家企业的8个项目被评为省两化融合“4个100”示范工程，1家企业被认定为两化融合“4个100”示范工程行业标杆企业。广东风华高新科技股份有限公司（新型元器件生产流程数字化改造工程）、广东肇庆德通有限公司（德通公司生产信息化应用改造项目）被认定为工业企业生产流程数字化改造示范；四会互感器厂有限公司（ERP系统在装备制造互感器行业应用）、广东鸿图科技股份有限公司（集成化压铸信息处理系统）被认定为装备制造数字化改造示范；肇庆市水务集团有限公司（V型滤池自动过滤系统）被认定为节能减排信息技术应用示范；肇庆华锋电子铝箔股份有限公司（生产线计算机控制系统）、广东鼎丰纸业有限公司（制浆工段增设漂前二段氧漂）、四会市东升电镀有限公司（五金电镀清洁生产管理系统）被认定为清洁生产信息技术应用示范。广东风华高新科技股份有限公司被认定为工业企业生产流程数字化改造标杆示范。（陈　治）

现代产业

【服务业】 商贸流通 2010年，肇庆市商贸市场呈现四大特点：（1）零售业领跑。批发和零售业共实现零售额293.49亿元，比上年增长21.9%，占全市总量的88.2%。其中零售业实现零售额279.68亿元，增长24%。住宿和餐饮业实现零售额39.4亿元，增长15.3%，占全市总量的11.8%。(2)城镇与乡村差距拉近。城镇市场实现消费品零售额249.79亿元，增长21.1%；乡村市场实现消费品零售额83.1亿元，增长20.9%，城镇与乡村增幅之间的差距由上年相差0.5个百分点收窄至0.2个百分点。(3)限额以上单位支撑作用明显。限额以上单位实现零售额106.22亿元，增长75.2%；占全市总额比重的31.9%，提高8.5个百分点。(4)大类商品销售良好，居民消费升级加快。粮油、食品、饮料、烟酒类实现零售额4.23亿元，增长53.3%；服装、鞋帽、针纺织品类实现零售额1.68亿元，增长33.6%；日用品类实现零售额2.12亿元，增长27%。与房产行业相关的家装家居商品消费和以汽车和金银珠宝为代表的高档商品消费持续快速增长。建筑及装潢材料类零售额增长83.8%；五金、电料类零售额增长65.5%；家用电器及音像器材类零售额增长30.7%；家具类零售额增长21.5%。金银珠宝类零售额15.24亿元，增长70.4%；汽车类零售额17.39亿元，增长29.2%。能源类、金属材料类等产能行业商品销售迅速攀升高位增长。石油及制品类实现销售额56.73亿元，增长59.5%，石油及制品类零售额占全市限额以上企业零售额比重52.6%，居各大类商品占比之首位。（朱焕珍）

房地产开发 全市有房地产开发企业313家。二级资质企业4家，三级资质企业44家。房地产投资91.14亿元，比上年增长50.2%；商品房销售建筑面积342.24万平方米，销售总额140.31亿元，分别增长22.9%和46.1%；全市商品房施工面积1100.93万平方米，增长46.1%，其中住宅874.3万平方米，增长39.1%；商品房新开工面积540.89万平方米，增长68.6%，其中住宅421.05万平方米，增长65.9%。（陆秋霞）

旅游服务 全市旅游景区（点）接待游客2008.54万人次，比上年增长25.3%；实现旅游收入109.23亿元，增长37.47%；主要酒店（宾馆）开房率62.46%，增长0.56个百分点。至年底，“肇庆千里旅游画廊”共有旅游景区（点）56个（其中年接待游客超100万人次的6个），宾馆酒店1000多家，旅行社43家。所有进入景区的公路实现硬底化，并建成完善的旅游交通导向系统；建成多个旅游咨询服务中心、自驾车旅游服务站、旅游购物街；全市有“广东旅游强县”1个、“广东旅游特色县”2个、“广东旅游特色镇”4个、“广东旅游特色村”6个。肇庆市先后获评为“中国最佳休闲旅游城市”、“中国最受欢迎旅游目的地”、“中国旅游文化示范地”，并获省政府授予“国民旅游休闲示范市”称号。

（童益南）

港航建设 西江航道（肇庆—界首）2000吨级改造，完成投资5763万元，累计完成投资1.61亿元，占总投资的44%；肇庆新港新增投资1250万元，项目累计完成投资1.62亿元。肇庆市内河通航里程544公里。西江航道肇庆段225公里是达到国家1、2级标准的内河航道，占广东省同级航道的35.1%。建成的大小码头共196个，主要港口码头有肇庆新港、三榕港、高要港、马房港、大旺港、禄步港、金利港、怀集港等，其中千吨级以上的泊位47个，最大靠泊能力达5000吨级。（贺广玲）

银行业 肇庆市辖区有银行业金融机构16家，设立网点492个，从业人员6985人；设置存取款一体机272台、ATM机557台，其他自助机具978台；发行贷记卡9.37万张、准贷记卡2981张、借记卡110.20万

张。至年底，辖内银行业金融机构资产总额1149.37亿元，比年初（下同，略）增长17.35%；其中各项贷款余额660.4亿元，增长15.76%；负载总额1120.82，增长18%；各项存款余额1046.19亿元，增长15.27%；实现税后利润15.36亿元，增长6%。全市有保险机构21家；证券业金融机构5家（含2家期货公司）；融资性担保公司8家（含分支机构）；小额贷款公司3家，金融从业人员1.19万多人。21家保险机构保费总收入21.3亿元，比上年增长20.2%。全年证券开户数38.96万户，证券交易金额1622.26亿元。（市金融办、肇庆银监分局）

法律服务　2010年8月，肇庆市司法局、市律师协会联合市总工会成立由46名社会执业律师、法律援助律师、公职律师组成的肇庆市工会法律服务律师团。全年肇庆市律师事务所担任法律顾问525家，代理诉讼案件2406件，办理非诉讼法律事务1.86万件。全市公证处共办理各类公证1.42万件。全市基层法律服务所担任法律顾问1207家，办理诉讼代理712件，非诉讼代理1566件，见证6349件。全市4家司法鉴定机构共接受有关单位和当事人委托鉴定案件785件，采信率98%以上。肇庆市各级法律援助机构继续开展“法律援助便民服务”主题活动，与肇庆市老龄办开展“夕阳幸福工程·法律援助在行动”活动。完成第三期“中国妇女法律援助行动”；为监狱服刑人员提供法律咨询和办理服刑人员法律援助案件。全市法援机构办理困难群众申请的法援案件胜诉率（调解成功率）达90%，承办人民法院指定辩护的刑事法援案件100%。全市法援机构共办理各类法援案件822宗，受援人1010人，追讨欠薪或索赔1156万元，接受群众法律咨询1.16万人次。（吴宇锋）

【制造业】　2010年，肇庆市第二产业增加值456.67亿元，比上年增长30.8%。三次产业所占比重由上年的19.2∶37.1∶43.7调整为17.5∶42.1∶40.4。其中第二产业对地区生产总值增长的贡献率为65.2%。其中轻工业增加值137.36亿元，增长34.5%；重工业增加值270.85亿元，增长33.1%。在规模以上工业企业增加值中，国有企业18.95亿元，增长21.8%；集体企业2.04亿元，下降11.4%；股份制企业141.91亿元，增长37.5%；外商及港澳台投资企业167.97亿元，增长29.3%；其他经济类型企业76.88亿元，增长41.8%。规模以上民营工业实现增加值191.17亿元，增长41.6%。大中型企业实现增加值151.78亿元，增长21.4%。在规模以上工业企业中，电子信息产业、金属加工产业、机械和汽车配件产业、医药制造业等九大产业完成增加值233.47亿元，占规模以上工业增加值的57.2%，增长37.0%，高于同年全市平均水平3.3个百分点。九大产业对规模以上工业增加值的贡献率63.3%，拉动增长21.3个百分点。三大新兴支柱产业完成增加值93.66亿元，增长39.7%；三大传统产业完成增加值106.69亿元，增长38.9%；三大潜力产业完成增加值33.12亿元，增长24.5%。第二产业完成投资255.24亿元，增长18.5%，其中工业投资255.24亿元，增长19.4%。

（叶可道　韦相伍）

【高新技术产业】　2010年，肇庆市高新技术产品产值348.41亿元，比上年增长53.15%（注：2009年高新技术产品产值经省最终核定为227.5亿元），占规模以上工业总产值的19.97%。推荐申报广东省企业重点实验室建设项目3个，推荐肇庆市志成气动有限公司、肇庆理士电源技术有限公司组建省级工程技术研究开发中心，支持肇庆市羚光电子化学品材料科技有限公司4家企业组建市级工程技术研究开发中心。至年底，肇庆市有国家级工程中心3家、省级14家、市级25家。全年认定高新技术企业16家，累计61家；组织申报国家重点新产品2项，认定省高新技术产品43个，认定省自主创新产品6个。认定省级民营科技企业7家、市级2家。

肇庆市和高要市被省科技厅纳入产学研结合示范市建设计划。“汽车零部件省部产学研创新联盟”制订肇庆汽车发动机关键零部件产业技术路线图，参与广汽集团自主品牌汽车零部件研发和配套。同时，肇庆市培育创建精密压铸产学研结合创新联盟、信息功能材料与器件联合研发中心、50万伏~100万伏级特高电压技术研究开发技术创新平台、动物疫苗产学研结合示范基地、山泉水深度处理技术及全自动化生产控制产学研结合示范基地、气动液压元器件特色产业基地等特色平台、基地。年内，肇庆市科技局组织24家企业赴清华大学开展技术交流、技术洽谈和成果转化对接活动，有15家企业的25个科研项目与清华大学达成初步的合作意向。其中广东风华高新科技股份有限公司与清华大学联合申报国家级创新联盟，广东肇庆星湖生物科技股份有限公司与清华大学化学工程系生物化工研究所的合作项目实现产业化生产，肇庆捷成电子科技有限公司与清华大学深圳研究生院联合申报省部产学研合作重点项目；有37名高校和科研院所的专家、教授进驻肇庆市28多家科技型企业担任科技特派员，至年底累计接纳科技特派员86人次。有50多个项目申报省部（院）产学研结合计划项目，共有17个项目获得省科技厅的立项，获得财政资金扶持。

（麦伟男）

电子信息产业 全市形成以风华高科和端州电子信息行业为骨干的研发生产片式电子元器件、电子专用材料、电子专用设备、高性能电池及材料、光机电一体化信息设备、通信设备及器材、计算机及相关设备、视听器材及产品等系列化发展格局。电子信息制造业规模以上企业44家，实现工业总产值115.5亿元，比上年增长30.2%，实现工业增加值27.99亿元，增长30.1%。

广东风华高新科技股份有限公司实施电子元器件和磁性材料的产能扩展计划，实现工业总产值18.5亿元，比上年增长41%。其承担的国家电子信息产业发展基金项目——“高耐能高敏感度片式敏感元器件的研制与产业化”，已完成产品开发并进入产业化生产阶段，形成年产片式敏感元器件5000万只的生产能力，顺利通过电子信息产业发展基金管理办公室的验收。

中导光电设备有限公司位于肇庆高新区同富裕工业园的平板显示检测设备生产基地投入使用，基地占地8.27公顷，建成3栋建筑共1.8万平方米，其中生产车间占地1500平方米、研发中心占地1500平方米、中试及演示中心占地500平方米。至年底，中导公司在同富裕工业园生产基地生产制造出18台平板显示检测设备（包括2.5代、4.5代、6代和8代设备，涵盖TFT-LCD、OLED等相关检测设备），是年产值5000万元以上。

软件和信息服务业 中巴软件园区初步建成“一园区一体系一中心两基地”，建立起软件技术公共服务体系、建成肇庆超级计算中心、建成软件人才培训基地和实习基地。年内，肇庆超算中心服务平台上线运行，可以提供园区动漫企业的渲染服务、企业网站托管服务、超算中心云服务等应用。全年中巴软件园的入园企业有26家。

5月，肇庆中巴软件科技园被肇庆市人民政府确认为肇庆市创业带动就业孵化基地。12月，“中巴软件园动漫游戏创意产业集聚区”被省发改委初定为首批省级现代服务业集聚区。另外，中巴软件园（文化创意产业园）被纳入2010年肇庆市建设文化强市规划大纲，成为十大重点文化产业发展项目。（陈　治）

肇庆高新技术产业开发区　肇庆高新技术产业开发区设立于1998年4月，2004年7月被省政府确定为广东省吸收外资重点工业园区和广东省山区吸收外资示范区，2008年8月成为省首批示范性产业转移园，2010年9月，肇庆高新区经国务院批准升级为国家高新区。同时被人民网评选为“中国十大经济活力开发区”。肇庆高新区位于肇庆市东部，与佛山市三水区一河之隔，东距广州市区50公里，西到肇庆市区40公里，属广佛肇半小时经济生活圈范围，321国道、二广高速公路、珠外环高速公路、广茂铁路、广佛肇城际轨道等多条主干道路贯区而过，水路运输通江达海。园区规划面积22.52平方公里，预留用地75平方公里，全为国有土地。2010年末有常住人口15万多人。

2010年，肇庆高新区完成地区生产总值81.3亿元，比上年增长39.3%，万元生产总值能耗下降2.1%；实现工业总产值361.83亿元，增长41.1%；实现财政一般预算收入8.36亿元，增长57%；实现固定资产投资56.58亿元，增长41.3%；实现外贸出口4.68亿美元；新批注册合同外资4.23亿美元；实际利用外资3.13亿美元。

肇庆高新区对招商引资和开发建设体制机制进行改革，成立五大功能区建设指挥部，实施“产业招商、大项目带动”战略，引进投资总额131.9亿元的中恒（大旺）国际生物医药物流产业基地，并落实达利集团、玛西尔电动车等一批投资额超20亿元的大型优质项目，引资总额500亿元，比上年增长3倍多。举办2010“大旺金秋”经贸洽谈会，签约、奠基、剪彩项目66个，投资总额383.5亿元。

肇庆高新区修编完善《总体规划》、《产业发展规划》和《5000亿元发展战略规划》，明确金属新材料、先进装备制造、电子信息、生物医药等四大主导产业，确定中心服务区、金属新材料产业区、先进装备制造产业区、电子信息产业区、生物医药产业区、物流及综合保税区、产学研配套区等“一中心六区域”的总体空间布局。年内建成总里程近400公里的“七纵七横”主干路网和行政服务中心、创业服务中心、科技企业孵化基地、五星级酒店、国际赛车场、污水处理厂、高等职业学院、人力资源市场、车检场等一批重点配套设施，三甲人民医院、现代化学校等其他配套设施也在抓紧建设中；启动绿道网和水系景观工程建设，建成迎宾大道绿道、滨江绿道、水系绿道共计52公里。

肇庆高新区根据《广佛肇经济圈建设合作框架协议》和三市市长联席会议办公室相关文件精神，落实合作事项，组织编报广佛肇经济圈建设合作2009~2010年度重点工作事项，其中佛肇汽车配件及零部件生产基地、大旺至三水一级公路新建工程、县道503线六和至青岐大旺段、北江区域突发水环境污染事件应急监测演习等事项列入计划；完成大旺大桥维修工程，推进大旺大桥扩建工程、肇花快速干线跨北江大桥工程等对外交通节点的立项建设，协调抓好广贺高速公路、珠外环高速公路、广佛肇城际轨道交通等过境交通设施以及西气东输管网、省天然气管网等项目的建设，加快与广佛在交通等基础设施上的一体化进程。

肇庆高新区贯彻实施“双转移”战略，累计引进各类工业企业600多家，承接劳动力转移就业10万多人，其中肇庆市约占62%。在全省年度产业转移园“双转移”目标责任考核中名列前茅，被省内主流媒体评选为“广东‘双转移’特别贡献奖”。8月31日，中共中央政治局委员、广东省委书记汪洋莅临该区视察，赞誉该区的“双转移”工作在全省做得最好，并寄望该区“真正成为全省示范性产业转移园的典范”。

肇庆高新区加大民生建设资金投入。(1)抓好就业和再就业工程。安置当地近2000名“4050”(女40岁以上，男50岁以上)人员在公益性岗位就业，对区内适龄就业人员免费分批进行就业技能培训后推荐到企业就业，全面消除“零就业”家庭。(2)抓好安居工程。2000多套华侨新城安居房投入使用，被国侨办领导誉为全国华侨农场安居工程建设的一个典范和一面旗帜。(3)抓好同富裕工程。按照每人每年1200元的标准发放福利股分红，符合条件人员1.5万多名。(4)抓好教育均衡发展工程。新建成城区二小、南方科技职业学院，启动建设大旺中学高中部、大旺国际幼儿园，并在全区实施多媒体电化教学，在肇庆市率先实现高中阶段免费教育，在全国高薪公开聘请名校长、名教师打造教育品牌，对区内高中阶段的困难家庭子女给予每学年1500元的助学金，对困难家庭大学生每人每年扶助3000~6000元。(5)对旧城区进行改造等民生工程。建设大旺公园、将军山公园和全市规模最大、功能齐全的新农贸市场；完成“九个一”生态文明社区工程建设，实现城区通5个居委会道路的硬底化和区内有线电视、自来水普及率100%；以肇庆市最高标准发放退休职工生活补助，以肇庆市最高标准和城乡一体化发放低保金，以肇庆市最高标准实施新型合作医疗报销制度，在全市率先落实独生子女保健费和独生子女父母退休一次性奖励政策；实行60岁以上老人免费乘坐公交车制度，对80岁以上老人给予每月300元的生活补贴，对100岁以上老人给予每月500元的高龄津贴。完成大旺围维修加固工程，大旺大堤达到百年一遇的防洪标准。在街道办成立综治信访维稳中心，在80家企业成立人民调解组织，及时将各种矛盾和问题化解在萌芽状态。 (张　逊)

【现代农业】 种植业　2010年，肇庆市农业产值133.09亿元，比上年增长4.6%。农作物总播面积33.65万公顷，增加12.28万公顷。粮食生产面积20.24万公顷，增加600公顷。粮食总产量110.51万吨，增长0.1%。水稻播种面积16.71万公顷、单产385公斤、总产量96.43万吨，分别增长0.38%、0.78%和1.3%；经济作物种植面积4.99万公顷，增加600公顷，其中油料作物种植面积2.51万公顷，产量6.99万吨，增长2%，蔬菜种植面积6.85万公顷，产量187.08万吨，增长4.9%；水果种植面积8.1万公顷，产量103.87万吨，增长8.5%。

畜牧业　全市生猪出栏404.37万头，比上年增长3.3%，年末存栏238.03万头，比上年减少5.4%；牛出栏3.83万头，增长3.5%，年末存栏22.17万头，减少0.5%；羊出栏8.23万只，增长3.1%，年末存栏3.66万只，与上年持平；家禽出栏8394.79万只，增长 0.4%，年末存栏 2386.76 万只，增长 2.5%；肉鸽出栏 540 万只。肉类总产量 43.02 万吨，增长 5.6%。

渔业　全市水产养殖面积 3.13 万公顷，比上年新增 755 公顷。水产品总产量 32.89 万吨，增长 3.3%；水产加工品总量 5.07 万吨，增长 2.7%，渔业总产值 31.46 亿元，增长 5.2%。　（江　丽）

城乡发展

【城乡规划】　城镇体系　至 2010 年底，肇庆市共有 108 个乡镇（街），其中街道 14 个、中心镇 19 个、建制镇 74 个、民族乡 1 个。在 108 个乡镇（街）中，建成特大镇（街）4 个，分别是高要市金利镇、高要市禄步镇、四会市东城街道、怀集县怀城镇；较大镇（街）51 个，一般镇（街）53 个。

规划研究与编制　至年底，累计完成《肇庆市城市总体规划（2010–2020）》、《肇庆市历史文化名城保护规划》等 23 项编制项目，已在进行《肇庆市城区综合交通规划（端州、鼎湖）》、《肇庆市城市特色研究》等 33 项规划编制项目。其中《肇庆市城市总体规划（2010–2020）》于 2010 年 7 月 21 日经省政府批准实施；《肇庆市端州城区户外广告规划》、《肇庆市城东新区控制性详细规划》、《肇庆市鼎湖区坑口片区控制性详细规划》等规划经肇庆市政府批准实施；编制完成《肇庆市桥北路～端州七路地段（35 区）控制性详细规划》、《七星岩东门广场规划设计》、《肇庆市龟顶山森林公园修建性详细规划》、《肇庆市城乡规划管理技术规定》等规划和技术规范；开展《肇庆市城区公共服务设施布点规划》、《肇庆市端州区北岭片区控制性详细规划》等规划。

融入广佛肇经济圈　编制完成《肇庆高新技术产业开发区（大旺片区）总体规划（2010~2020）》，加快编制《四会市城市总体规划》等规划，开展《鼎湖区高新产业园控制性详细规划》编制工作。

跨区域项目规划　发挥肇庆市“东引西连”区位优势，推动佛肇城际轻轨、广东省天然气管网工程等重大跨区域项目的规划建设。编制完成《肇庆市城乡规划一体化规划（2010~2020）》，推进行政区划调整，促进高要、四会撤市设区，构建区域中心城市，推动端州、鼎湖、四会、高要一体化发展。

绿道规划建设　根据《广东省肇庆市绿道网总体规划》，肇庆市绿道网由省立绿道、城市绿道和社区绿道组成，规划总长约 1130 公里，其中省立绿道 1 号线和 6 号线（肇庆段）105 公里、市立绿道 500 公里。2010 年末，省立绿道 105 公里全线贯通；市立绿道完成建设 441.1 公里，新增绿化 326.9 公里；完成与佛山市交界面建设；结合绿道建设建成波海公园、七星岩东门广场，改造牌坊广场、碧莲湖公园、贞山风景区等；建成的绿道全部按要求启用统一的绿道网标识系统，并划定绿道缓冲区；省立绿道沿线建成 14 个驿站和数十个休息点，配建停车场、自行车租赁、餐饮、卫生、安保等服务设施；制订《肇庆市绿道管理暂行办法》、《肇庆市绿道缓冲区管理暂行办法》和《肇庆市绿道工程建设任务达标验收暂行办法》，其中《肇庆市绿道缓冲区管理暂行办法》已实施。

村镇规划　编制完成《肇庆市城镇化发展“十二五”规划》。广宁县完成木格、北市、石咀等 6 个镇的总体规划；至此，高要市、怀集县和广宁县实现建制镇的总体规划全覆盖，怀集县城市总体规划成果已上报肇庆市政府审批，高要市和四会市分别组织编制规划修编实施评估报告，并向省政府申请开展总体规划修编工作。

村庄规划编制　控制村庄规模，挖掘潜在土地资源，改善村容村貌，改善农村人居环境。分别在德庆县和广宁县各1个市级中心镇开展控制性详细规划编制试点工作，选取高要市金利镇西围村委会梓星二村等10个村庄作为市村庄规划编制试点，申报鼎湖区永安镇双布村委会双渔洲村等120个村庄作为省级村庄规划编制试点。（区惠怡）

【城市建设管理】　建筑工程管理　2010年，肇庆市完成建设工程招标投标项目584个，招标预算总造价56.50亿元，中标价54.26亿元；报建工程559项，建筑面积558.48万平方米，比上年增长23.8%；工程总造价75亿元，增长23%；收取端州城区城市基础设施配套费6418.33万元，占全年目标任务的256.73%。肇庆市获广东省建设工程金匠奖1项、省优良样板工程2项、省安全生产文明施工样板工地10个；创市优良样板工程16项，创市安全生产文明施工工地36个。全市受监工程竣工验收合格率100%。全市办理建筑“平安卡”系统153套，培训人员1.04万人，新办建筑“平安卡”1.03万张。自2009年开始实施至2010年底，全市有209个商品房住宅楼项目实行住宅工程质量“分户验收”，验收面积331.7万平方米。2008年至2010年底，肇庆市列入代建管理的政府投资非经营性项目19个，总建筑面积43.6万平方米，总投资约16.2亿元。全市完成建筑节能项目审查346个，建筑面积531.38万平方米，新建建筑设计阶段建筑节能强制性标准执行率100%。

创建宜居城乡　印发《肇庆市宜居城乡建设工作联席会议制度》和《肇庆市创建宜居城乡工作绩效考核办法（试行）》。推荐42个社区向广东省申报2010年广东省第一批宜居社区；高要市回龙镇黎槎古村落特色文化保护和发掘项目、德庆县金林水乡生态保护和城市绿化建设项目、广宁县“御景国际”高级商住社区项目符合申报广东省宜居环境范例奖的条件和要求，以肇庆市政府的名义向省申报。2月，肇庆市“星湖湿地生态保护与环境整治项目”被住房和城乡建设部评为“中国人居环境范例奖”。开展西江三桥工程可行性研究前期工作，编制《肇庆市“一江两岸”修建性详细规划》；启动编制《肇庆市城区综合交通规划》，编制“城中村”改造规划，完成城区及各县（市、区）“三旧”（旧城镇、旧厂房、旧村庄）改造专项规划及年度实施计划。

物业服务管理　全市有物业服务企业101家，其中二级资质2家、三级资质56家、临时资质43家；端州城区有物业服务企业68家，其中二级资质2家、三级资质37家、临时资质29家。中源名都、乐欣华庭、祈福海岸、新世界花园新湖苑B及C区、星湖湾等5个物业管理项目获“肇庆市物业管理示范项目”称号。2009年5月起实施端州区住宅专项维修资金首期交存标准至2010年底，端州区共归集住宅专项维修资金9650万元。

拆迁管理　编制2010年全市城镇房屋拆迁计划，严格控制拆迁规模，加强对计划下达后执行情况的跟踪管理和监督，制止和纠正违反规定发放房屋拆迁许可证的行为。年内，肇庆市城区发出房屋拆迁许可证6个，受理房屋拆迁裁决申请7宗，受理后经调解达成协议 3 宗，作出行政裁决书 4 宗。

（刘 刚 张 允）

【“三旧”改造】 2010 年，肇庆市改造旧城镇、旧厂房、旧村庄（简称“三旧”）试点项目 25 个，项目总改造面积 595.4 公顷，实施改造面积 214.2 公顷，累计投入资金 39.8 亿元，为全市固定资产投入的 6.3%。其中全市最大的“三旧”改造试点项目——端州区龟顶新城建设项目规划面积 7.1 平方公里，首期开发面积 3.6 平方公里，项目预计总投资 100 多亿元，计划用 3 年时间打造可容纳 10 万人口居住的集商住、旅游、休闲、娱乐于一体、配套设施完善的新城区。该项目已投入 16 亿元，基本完成西调洪湖和东广场主体工程。（陆彩华）

【市政基础设施建设】 公用设施建设 2010 年，肇庆市新建、改造市政主干道路约 28 公里，共投资 27 亿元。其中全长 6.77 公里的星湖大道、5.7 公里的信安大道于年底竣工通车，共改造路面 64.1 万平方米，改造绿化带 5.2 万平方米，新增绿化面积 3.79 万平方米，新装路灯 420 基、840 盏；砚都大道工程完成投资约 8.67 亿元，完成桥梁、市政管线、花基砖、侧平石以及水泥级配碎石基层施工；肇庆大道市政化升级改造完成道路清表、绿化迁移和波海公园水稳层透水砖铺筑以及起点广场大树种植、排水渠改道工作。

新建、改造大型休闲广场 3 个，约 32 万平方米。其中七星岩牌坊广场 7.1 万平方米、省立绿道 1 号线起点广场 18.5 万平方米，年底投入使用；七星岩东门广场总面积 6.77 万平方米、绿化面积 3.22 万平方米，于 2011 年春节前开放。新建公园 2 个，约 60 万平方米，其中牌坊公园 25 万平方米，波海公园 35 万平方米，部分已投入使用。

肇庆市第一人民医院新院建设工程总用地 20.33 公顷，设计建筑总面积 19.2 万平方米，投资总额 11.21 亿元，至 12 月三标段共完成建筑面积 12.8 万平方米。肇庆市图书馆新馆建设项目总用地面积 2.67 万平方米，建筑总面积 1.65 万平方米，按总投资 1.2 亿元的规模建设，至 12 月完成一层楼面工程。环星湖绿道网（全长 19.1 公里）年底全线贯通，年内完成投资 8950 万元，其中新建环湖栈道 9.4 公里，铺装栈道 5.15 万平方米，安装沿湖路灯 654 盏，改造绿化带 6.6 万平方米。（张 允 罗 欢）

城市道路与排水 肇庆市“百姓路”工程完成理工学校南侧道路、古塔南支路、新园路至龙亿花园及景德路和景泰路之间市政道路建设、安装进水井防蚊闸工程等 16 项。完成维修车道 1.34 万平方米，人行道 6764 平方米，更换井盖 922 件，维修进水井、检查井共 678 座。整治星湖大道岩前村村民住宅区地势低洼水浸现象，砌设 32 立方米集水池、安装两台潜水泵、敷设 49 米排水管，将污水排入星湖大道主渠。开展排水渠清疏工作，年内共清疏渠道 4138 米，完成城区端州七路、星湖大道及柑园南路等多条道路排水渠清疏，对城区多个排水“瓶颈”位置进行定期监测、疏通，消除端州三路市检察院前、端州四路旧电机厂宿舍区及大桥路与端州七路西江桥脚的水浸黑点。

城市路灯照明 年内完成环星湖绿道网庭院灯、星湖大道、信安路、肇庆大道路灯安装工程及牌坊广场一期路灯改造工程，共安装路灯 1290 基、5777 盏，亮灯率和路灯设施完好率保持 98%。完成湖东房地产小区侧支路、濠景新城小区周边及旧城区内街小巷等“百姓灯”安装工程。

城建监察　对跃龙中路、柑园南路、芹田路、黄塘西路、康乐中路、星湖大道岩前入口、厚岗市场路口等占道经营“黑点”进行重点整治，依法取缔占道扰民的饮食大排档；规范城区“跳蚤市场”设置管理，依法拆除西江北路建材市场、梅庵路啤酒城、石牌狮岗村、牌坊广场滋味馆和西江北路东蕉园岗北侧片区违章建筑；完成忠勇路、独立营等内行巷违章经营整治，清理取缔城南路斜坡“天光墟”，对石咀街市场和桥东市场周边内街进行专项整治。全年查处各类违章案件1.15万宗，拆除违规拉挂广告、横幅700多幅。（罗　欢）

【新农村建设】　2010年，肇庆市市级财政安排300万元社会主义新农村建设补助资金，全年新增新农村建设示范点38个。第一产业增加值190.26亿元，比上年增长5.4%；农村居民人均纯收入7524元，增长19.6%。全市有年产值500万元以上的农业龙头企业111家，其中省级9家、市级42家、县级60家；带动农户22.76万户，农户从事产业化经营增加收入4.44亿元，户均年增收1952元。每个县（市、区）基本建立一个以上的镇级土地承包经营权流转中心，全市经登记的农村土地流转面积近1.20万公顷，占家庭承包经营耕地面积10%。新增生态文明村414个、省卫生村437个、省卫生镇1个，累计建成生态文明村3144个、省卫生村1910个、省卫生镇5个；省卫生村数量连续3年居全省地级以上市首位；广宁县实现村村有省级卫生村。怀集县岗勇村等8个村成为肇庆市首批宜居村庄。农村居民参加新型农村养老保险29.53万人。农村低保对象实现动态应保尽保，新型农村合作医疗实现常住农村人口100%覆盖。300人以上大自然村道路硬底化扎实推进，完成农村公路硬底化建设515公里。全市20户以上自然村全部实现通电话，所有行政村实现通宽带。完成农村饮水安全工程建设计划19项，惠及19.33万人。（江　丽）

【扶贫开发】　“双到”工作　2010年，在全省2010年度扶贫开发“双到”工作考评中，肇庆市获得“优秀”等次。肇庆市是全省较早实现“双到”基础工作“四个百分百”的地级市之一。全市投入帮扶物资资金2.91亿元，有149个贫困村集体经济纯收入3万元以上，有1.6万户共6.24万人实现人均纯收入2500元以上，分别占贫困村、贫困户、贫困人口总数的80.1%、55.2%和55.0%。全市186个贫困村的贫困户累计发展水果1733.33公顷、经济林1200公顷、新养殖禽畜35万多只，种养项目商品率90%以上，种养项目预期收入稳定。全市贫困户新增转移就业1.29万人。年内新增村集体经济项目855个，其中农业项目685个、工业项目60个、商贸旅游项目86个、招商引资项目24个，部分项目已发挥效益。农村生产生活条件改善。全市农村低保标准不断提高，低保线最高的县（市、区）为每年2500元以上，最低为2200元。年内全市贫困村新修建硬底化道路277公里，100%实现镇到村和300人以上大自然村通硬底化道路；全面完成省下达的735户危房改造任务；新增解决饮水安全2689户；新增贫困户参加农村合作医疗4318户，贫困户100%参加新型农村合作医疗；贫困户适龄子女义务教育入学率100%。建成文化卫生设施165宗，新增农田水利建设受益面积1001.8公顷。初步探索一批有效的扶贫工作模式。

如各级干部分片包干、包村包户、示范点带动、抓两头促中间、结对子新三同、观念扶贫、产业扶贫、智力扶贫、创业就业扶贫、保障民生扶贫、全民参与扶贫等工作模式。肇庆市扶贫开发“双到”工作得到省委书记汪洋的高度肯定。8月30日，汪洋到广宁、怀集就扶贫开发“规划到户、责任到人”等工作进行调研考察，对肇庆市把“双到”工作作为一项民心工程、德政工程和“一把手”工程来抓给予充分肯定。

“大禹杯”工程　肇庆市“大禹杯”竞赛项目共覆盖5个山区县（市）6个乡镇的7个村民委员会，受益农田36.67公顷，受益人口1650人；广宁县石涧镇宜洞村建设长4200米农产品运输道路工程和在联和镇河口村建设长1850米道路硬底化工程；德庆县武垄镇播荫村委会文榜口原草木陂附近修建浆砌石混凝土水陂；封开县大玉口镇群星村桥梁建设长15米，宽4米的水泥桥梁工程，建设一个长10.4米，高2.3米水陂头，渠道清淤2000米，浆砌渠道200米；怀集县连麦镇万坪村开展中心渠综合治理工程，建设三面光硬底化排灌渠650米，治理中低产田33.33公顷。“大禹杯”竞赛项目的实施使5900户农户、2.6万多人受益，使近120公顷农田旱涝保收，解决3个贫困村731户3369人行路难、出行难问题。

农村安居工程　肇庆市将省财政下拨的735万元农村安居工程建设专项资金，按照每户补助1万元的标准，确定全市危房改造735户，共投入配套财政资金301.35万元，其中市级财政资金154.35万元、县级财政资金147万元。规范运作，把好资金发放关和检查、验收关，专款专用，省补助每户1万元资金一分不少发放到735户农户手中，市、县两级财政资金扶持超过每户0.3万元，资金到位率100%、资金支出效果率100%。项目总投资3151.09万元，新建住房面积5.74万平方米，平均每户建设资金4.28万元，建设面积78.03平方米。

智力扶贫　多方式、多渠道实施培训，输送贫困家庭子女到职业或技工学校免费接受三年技能培训，2010年有7508名贫困家庭子女受惠。高要、广宁、怀集、封开、德庆5个山区县（市）开展短期种养技能培训，共举办实用技术培训班41期，印发技术资料1.02万份，参加培训的贫困劳动力7909人，转移就业614人。

老区建设　重点项目包括高要市活道镇政府修建沙岗村村道长250米的水泥硬底化道路；广宁县将项目资金安排到5个镇，包括石涧镇横迳社区饮水工程、南街镇城南村连塘坪村道建设项目、扶持螺岗镇螺源村村道硬底化建设项目、江屯镇江合村村道硬底化建设项目、潭布镇严垌村建设自来水工程；德庆县高良镇石龙坑村修建一条长1.1公里村道；怀集县扶持洽水镇革命老区饮用水安全配套设施工程项目。全市的老区新建硬底化村道8.25公里，解决5个行政村19个自然村4140人行路难问题；扶持建设饮水工程3宗，解决1个镇和5个自然村的饮水难问题，受益人口3万多人。（江　丽）

【农村饮水安全工程】　肇庆市的农村饮水安全工程从2007年起至2013年分年度实施，要解决的农村饮水不安全人口为96.5万人。2010年中央共安排肇庆市年度农村饮水安全工程建设计划19项共19.33万人，至年底全部完成建设任务。省已下达计划而中央尚未下达计划的2010年度的14项工程项目全部完成初步设计审批，年底陆续开工建设。（何国龙）

【城乡基本公共服务】 义务教育 2010年，肇庆市继续实施免费义务教育政策，普及九年义务教育各项指标均达到和超过国家的要求。全市新建（扩建）校舍87幢，新增校舍建筑面积11.09万平方米；维修（改造）校舍243幢，维修（改造）校舍面积29.50万平方米；建成400米标准跑道田径运动场4个，200米标准跑道田径运动场57个，标准篮球场60个；新装备学生电脑室55间，添置图书资料120.39万册；新添置常规教学仪器设备和信息化教学设备总值6938万元；建设远程多媒体互动教学平台1038个。农村小学90%配备电脑，70%建成“村小信息直通车”，实现省市教育专网接入，德庆县、鼎湖区作为全市的试点完成“村小信息直通车”工程的建设任务。全市有67所独立建制的义务教育学校全部建设成为广东省义务教育规范化学校。9.49万名中小学生从2010年秋季学期开始，享受到优质教育资源。年内，高要市回龙镇、德庆县马圩镇、广宁县江屯镇、封开县莲都镇、怀集县岗坪镇5个镇共获得2009年度广东省经济欠发达地区义务教育规范化学校奖，获补资金分配1900万元。（王巨华）

通讯与邮电 全市建成可承载各种语音、图像、视频等多媒体业务的大容量、高速率、宽带化的现代化通信网络，其中移动网容量400多万户，GSM（2G）基站数合共1736个，其中移动1116个，联通620个；GSM网乡镇覆盖率100%，人口覆盖率95%。3G网络方面，TD-SCDMA基站数目516个，WCDMA基站数目117个，CD-MA2000基站数目395个，3G网络覆盖各县城、主要乡镇和工业园区。无线宽带（WLAN）建成热点近300个。全市互联网普及率和家庭宽带普及率分别为53%和49%。全年完成邮政业务总量2.52亿元，比上年增长10.0%；电信业务总量92.53亿元，增长25.8%。（陈 治）

公共文化 建成农家书屋525家、建成文化共享工程市级中心1个，县级支中心8个；建成文化信息共享资源工程基层服务点658个，其中乡镇（街道）基层中心65个，村（社区）基层服务占561个；提前完成581个20户以上已通电自然村“村村通”建设任务，解决1.95万户约11万人收听收看多套广播电视节目问题；完成农村电影放映1.61万场次，其中数字电影放映7592场次，观众430万多人次，惠及316.93万农村人口。全年送戏下乡816场，送图书28.21万册（其中流动图书23.71万册）。（谈植秀）

基本社会保障 年末全市城镇职工养老、城镇医疗、工伤、生育、失业五大社会保险参保人数分别为54.84万人、45.52万人、32.66万人、27.79万人和32.53万人。年内征缴各项社会保险费21.81亿元，按时足额为26.87万名保障对象支付社保待遇20.41亿元，比上年增长15.6%。新型农村合作医疗制度覆盖所有县（市、区），新型农村合作医疗农民覆盖率99.5%。城镇保障人数0.96万人，月人均补助144元，比上年提高5元。全市农村五保供养服务机构112个，总床位数0.41万张，集中供养率26.9%。年末全市各类收养性社会福利单位床位0.57万张，收养人员0.45万人。各种城镇社区服务设施318处。全年销售福利彩票2.44亿元。（朱焕珍）

公共卫生 肇庆市有各类卫生机构675个，比上年增长12.13%，其中医院39个。全市医疗机构床位总数9712张（其中医院床位6808张），平均每千人口医院和卫生院床位数2.12张；各类卫生技术人员1.49万人，增长7.05%。全市有卫生防疫、检疫、监督机构11个，妇幼保健机构7个；社区卫生服务机构25个、乡镇卫生院96个，分别拥有卫生技术人员352人、3378人；村卫生站（室）2437个，拥有乡村医生和卫生员2773人。城市社区卫生服务机构覆盖率83.3%。（李远难）

城镇垃圾处理　肇庆市生活垃圾填埋场扩容工程（一期）完成土石方开挖工程、道路工程及填埋库区平整和垃圾场淤泥清理，完成填埋库区渗滤液收集管网及防渗膜的敷设，新增库容80万立方米，服务范围覆盖端州区、高要市、鼎湖区和肇庆高新区，四地生活垃圾处理实现一体化。市垃圾场渗滤液处理厂改造工程开展项目设计施工总承包招标，启动垃圾渗滤液治理工程，确保垃圾渗滤液排放达标。（罗　欢）

供水与供电　肇庆市水环境质量保持稳定。水质监控断面中，水质功能类别为Ⅱ类的有15个，达标率100%；水质功能类别为Ⅲ类的有6个，达标率100%；水质功能类别为Ⅳ类的有4个，达标率100%。全市供水量1.03亿立方米（只统计端州区、鼎湖区、广宁县和封开县），比上年增长5.2%；销售收入2.04亿元，增长27.4%；污水处理量4315万立方米，增长12%。年内，肇庆市水务集团有限公司收购广宁县自来水公司，新增供水能力3万立方米/日，新增供水面积23平方公里。完成城区备用水源管网二期工程，铺设DN800供水管10公里，实现两区管网全连接，有效应对水污染突发事件。完成封开县江口、河南两区管网连通工程，建设封开长岗管网工程，供水区域由封开县城扩大至周边镇村。实施广宁县城南大道至荔洞工业园（高新产业园）供水管网建设等三大主体工程，受惠群众4万多人。

全市完成电网投资9.83亿元。全年全社会用电量105.08亿千瓦时，比上年增长19.5%。省网供电量85.14亿千瓦时，增长14.6%，占81%；地方小水电供电量18.85亿千瓦时，增长56.7%，占17.9%；地方小火电上网电量45万千瓦时，减少66.7%；其他不上网电量1.09亿千瓦时，减少30.9%。第一产业用电量2.89亿千瓦时，增长3.4%，占全市用电量的2.7%；第二产业用电量为80.11亿千瓦时，增长21.7%，占全市用电量的76.2%，其中工业用电量78.33亿千瓦时，增长20.8%，占全市用电量的74.5%；轻、重工业用电增幅分别为23.4%、19.8%；第三产业用电量10.94亿千瓦时，增长16.8%，占全市用电量的10.4%；城乡居民生活用电11.15亿千瓦时，增长12.4%，占全市用电量的10.6%。全市新增用电容量60.81万千伏安，增长10.2%；其中大工业用户新增用电容量41.3万千伏安，增长97.8%；最大日供电量3640万千瓦时，增长20%。（朱志刚　陈　治）

交通服务　全市有客运站（场）36个；农村客运线路116条，营运车281辆；各辖区省际线路19条，营运车41辆；各辖区市际线路84条，营运车627辆；各辖区县际线路24条，营运车327辆。经营出租车的企业有肇庆市新阳光汽车运输公司等7家，出租车总量1237辆。完成农村公路硬底化建设515公里；新开农村公路214.7公里/32条；动工改造县通镇上等级公路共62.9公里/12条；新建或改造农村公路桥梁（含水毁桥）27座/1878.8延米；创建GBM工程35.84公里、绿色通道65.42公里、安保工程90公里；动工续建镇养中心道班11个、新建（改建）中心交管站8个、乡镇客运站9个、候车亭107个。开通农村客运线路145条，通达行政村1199个，农村公交覆盖率91%，受益群众350多万人。各种运输方式完成货运量2869万吨、货物周转量38.56亿吨公里，比上年分别增长8.4%和16.5%；完成客运量6386万人、旅客周转量33.21亿人公里，分别增长6%和13%。港口完成货物吞吐量1597万吨，增长41.1%，其中港口集装箱吞吐量完成44.56万个标准箱，增长28.78%。（贺广玲）

城市绿化　实施“绿色肇庆工程”，配合321国道改造，迁移胸径18厘米～30厘米的荫香树1000多株，补植端州大道、西江北路和桥北路等主干道；完成信安路A6标、星湖大道A1标和环星湖绿道网绿化工程，完成波海湖公园、叠翠路、棠岗路以及豪景新城周边道路绿化改造工程。全年新植乔木约4000株，新增绿化面积5.8万平方米，改造绿化面积8.3万平方米，增加城区绿化覆盖面积约10万平方米。（罗　欢）

体育设施　肇庆市体育中心体育场、体育馆、游泳场三大主体场馆及多个训练场馆，可进行20多项奥运项目的训练或比赛。端州、高要、封开、德庆等县（市、区）均建起标准的体育馆，各县（市）区均有健身器材设施齐全的全民健身广场（苑）。全市拥有10个规模大、设施完善的全民健身广场。人均体育场地1.31平方米，国民体质合格率80.8%。全年累计投入体彩公益金300余万元，建设农民健身工程、全民健身广场，为城区各大全民健身场所配套或更新健身器材设施；兴建143处全民健身工程，其中农民体育健身工程108处。全市有14个街道办事处配建全民健身工程，80%以上的社区和1330个行政村安装健身器材。全市体育健儿在国内外重大比赛中，获得23项全国冠军，破1项全国纪录。举办各级运动会29次，参赛运动员5980人次。

（傅金明）

资源环境

【基本农田保护】　2010年，肇庆市自筹资金开发新增耕地面积3776.79公顷，全部通过省级抽查，并通过市级验收确认；开展市级补充耕地储备指标收储工作，年内收储全市各地补充耕地储备指标228.9公顷；促进各地加快国家级、省级土地整理项目工程进度，部分项目已按质按量完成。

【建设用地管理】　2010年，肇庆市供应土地225宗，面积933.33公顷，征收土地价款31.22亿元。经国家、省批准城市建设用地35个批次（含当年度及以前上报），批准新增建设用地1106.67公顷，其中农用地转用940公顷（耕地127.56公顷）；单独选址用地3宗，新增建设用地33.93公顷，其中耕地12.91公顷。（曾　铭）

【循环经济】　开展清洁生产　2010年，肇庆市制定《关于加快推进我市工商企业清洁生产工作方案》、《肇庆市清洁生产实施方案》等方案，引导企业推行清洁生产，支持清洁生产项目的立项审批。至12月，全市有24家企业取得广东省清洁生产企业称号。肇庆高新技术开发区、肇庆市亚洲金属资源再生工业基地2个工业园区列入省循环经济试点园区，8家企业列为省循环经济试点单位。其中肇庆市亚洲金属资源再生工业基地是全国第三个、广东首个进口废物圈区管理园区，规划总面积433.33公顷，引进企业70多家，已建成35家企业，27家企业通过国家环保部的考核验收。

淘汰落后产能　“十一五”期间，肇庆市全面完成省下达的淘汰落后产能任务，其中2006～2009年已淘汰全部落后水泥产能471万吨，超额完成省下达给肇庆市淘汰90万吨的任务；2008年淘汰全部落后炼铁、炼钢生产能力78.8万吨；2010年淘汰落后味精产能1万吨，淘汰落后造纸产能1000吨，淘汰落后印染产能2200万米。2010年，全市单位工业增加值能耗下降7.65%，超额完成省下达下降5.5%的目标任务；单位生产总值电耗回落至2.58%以内，单位生产总值能耗下降2.41%，全面实现年度和“十一五”节能目标。　（陈　治）

【环境保护】　环保指标　2010年，肇庆城区全年环境空气质量为优良的天数360天，占全年天数的98.6%；西江、绥江、贺江等干流肇庆河段水质保持优良，总体水质优于Ⅱ类标准，饮用水安全得到有效保障，城市饮用水源、主要江河、跨市河流交接断面水质达标率均达到100%；星湖水质达到Ⅳ类水环境功能标准。

环评审批　2010年，肇庆市广佛肇高速公路肇庆段一期、牌坊广场改造工程、城东新区防洪排涝（水景渠）工程等一批关系民生的重点项目顺利推进。加快淘汰落后产能，促进产业合理布局，降低发展代价。严把环保准入关，全市受理通过项目环评1011个，否决一批不符合环保法律法规，不符合市规划和国家、省有关产业政策的项目，占审批项目5%以上。

创建生态示范村　全市共创建省级生态示范镇3个、省级生态示范村8个、市级生态示范村36个。通过开展创建工作，使各生态示范区的居民饮用水卫生合格率达到100%，区生活垃圾清运率达到100%。

“广佛肇”环保一体化　初步建立“广佛肇”环保区域协调联动机制，在饮用水源保护、大气污染防治、联合监测等方面开展跨区域环境污染治理合作。　（余丽珍）

【城镇污水处理设施】　2010年初，肇庆市政府召开中心镇污水处理厂建设工作会议，落实省政府有关要求，确保全市8座中心镇污水处理厂和南江工业园污水处理厂年底前建成。高要市金利镇污水处理厂（2万吨/日）、高要市新桥镇污水处理厂（0.5万吨/日）、高要市白土镇污水处理厂（2万吨/日）、鼎湖区莲花镇污水处理厂（0.5万吨/日）、鼎湖区永安镇污水处理厂（0.5万吨/日）、四会市大沙镇污水处理厂（1.5万吨/日）、四会市江谷镇污水处理厂（0.3万吨/日）、四会市地豆镇污水处理厂（0.2万吨/日）、南江工业园污水处理厂（1.5万吨/日）9座污水处理厂分别于12月31日前投入试验运行。全市新增生活污水日处理能力9万吨，城镇生活污水处理率达70.54%以上。至年底，全市建成污水处理厂21座，污水处理能力达到47万吨/日，全市城镇生活污水处理率达到70.6%。　（苏　铭）

【节能减排】　控制主要污染物　肇庆市2010年化学需氧量减排项目25个，化学需氧量排放总量减排1626吨；二氧化硫减排项目11个，二氧化硫减排总量增加1770吨，完成省下达的年度减排总量控制任务。

环保基础设施建设　“十一五”期间，肇庆市投资16.82亿元，新建成19座生活污水处理厂，新增设计处理能力36万吨/

日，配套管网146.44公里。其中2010年新增设计处理能力22万吨/日，位于中心区的8个中心镇污水处理设施全面动工建设，年底基本建成主体工程。

推进结构减排　“十一五”期间，肇庆市完成关停4间小火电淘汰任务，完成省下达的任务；关停高要市华辉水泥有限公司等19家落后水泥企业（生产线），淘汰落后机立窑生产能力共437万吨，超额完成省下达的关停小水泥90万吨的任务。其中2010年关停广宁县东乡水泥有限公司、高要市金禄水泥厂等6家落后水泥企业（生产线），淘汰落后机立窑生产能力113万吨；关停广东肇庆星湖生物科技股份有限公司肇庆味精厂等工艺落后企业。

环保执法　全市出动环保专项执法1.76万人次，检查企业（矿点）6265家，立案查处违法企业239家，清查并关闭155家“三无”工厂，督促17家陶瓷企业实现强制清洁生产审核。全市无出现重大污染事故。全年接到信访件1881件，处理1881件，处理率100%。2010年被国家和省挂牌督办的四会城市生活污水处理厂等3家企业，经过整改后已通过国家环保部组织的检查验收，解除挂牌督办。对81台锅炉实施整改或关停淘汰；完成67家加油站、27辆油罐车、3座储油库的油气回收综合治理任务。推行机动车环保标志管理制度，至年底，全市发放各类汽车环保标志5.36万个。加强城区公交车尾气治理，推广节油减排车辆，更新客运车辆195辆，出租车160辆。加大建筑和道路施工扬尘污染控制力度，城区空气环境质量稳定达到国家大气环境质量二级标准要求。开展“保亚运、管好放射源”专项行动，共收贮31枚废旧放射源，收贮率100%，消除辐射安全隐患。　（谢　茹）

社会事业

【科学技术】　2010年，全市地方财政投入科技事业总额2.30亿元。实施省级以上科技项目92个，争取项目资金4824万元。其中国家级项目11个、省重大专项11个、省国际合作项目7个、创新基金项目6个。预计项目总投入4.20亿元，项目投产后，可新增产值13.15亿元，新增利税2.50亿元。获国家科技进步二等奖1项，省科学技术奖二等奖1项、三等奖5项；推荐参加第八届“广东省少年儿童发明奖”，获一等奖1项、二等奖8项、三等奖3项；推荐参加第七届全国宋庆龄少年儿童发明奖，获铜奖1枚。组织三批次共163个科技创新计划项目评审，完成科技成果鉴定81个（省级19个，市级62个），办理科技成果登记99个（省级13个，市级86个）。年专利申请量759件，比上年增长37.75%，其中发明专利161件；专利授权量550件，增长67.17%，增幅排名全省第五，其中发明专利31件。

肇庆市对2008年前立项的共47个省、市级专业镇建设项目进行结题验收和有关数据调研工作，总结专业镇建设10年工作经验，并根据“一镇一策”的原则，为各专业镇的转型升级作规划。肇庆市防震减灾工作在全省地级以上市综合评比中获二等奖，四会市地震办获全省县级防震减灾工作综合评比二等奖。全年组织开展避震演习11场，参加演习的人数超1.1万人。肇庆市科技中心年内接待学校、团体53批次5057人次，接待社会公众1.15万人。　（麦伟男）

【文化事业】　设施建设　2010年，肇庆市分别启动投资超亿元的市图书馆、市文化创意大厦建设项目。封开县文化广播活动中心大楼、四会市“三馆”（图书馆、博物馆、文化馆）。怀集县图书馆及博物馆、粤桂湘边纵队纪念馆、鼎湖区图书馆等一批重点文化场馆相继竣工；市博物馆新馆、市文化馆以及市文化艺术中心、肇庆高新区科技文化艺术会展中心、封开县博物新馆、德庆县“三馆”等一批重点文化场馆抓紧规划。提前完成20户以上通电自然村“村村通广播电视”任务，建成文化共享工程的市、县支中心9个和561个村（社区）基层服务点，建成525家农家书屋。

公共文化服务　参与珠三角文化共建共享工程，配合广东数字图书馆建设工程的实施，推进“肇庆市数字图书馆”建设项目，建成肇庆数字文化网、肇庆市数字图书馆网、肇庆市少儿数字图书馆网、肇庆读书节专题网等4个一级域名网站，并在各网站添加“广东省文献资源共建共享协作网”、“珠江三角洲数字图书馆联盟”、“联合参考咨询与文献传递网”的链接，完成肇庆区域图书馆“一卡通”管理系统业务平台建设；参与全省演艺联盟，配合省委宣传部、省文化厅联合举办“情系岭南——百场优秀戏剧曲艺作品巡回演出”，参与举办广佛肇三地“粤语新童谣大赛”，市粤剧团建团50周年晚会邀请广州、佛山等地名演员同台演出；全市6个博物馆全部实行对社会免费开放；组织“红色记忆——叶挺独立团史迹”宣讲活动走进惠州等珠三角城市。市博物馆与第15届广州国际艺术博览会、风采艺术馆在阅江楼联合举办《古韵端州禅意高士——创派古意人物画家刘艺东作品创作展》。市博物馆网站与广东省博物馆、广州博物馆、佛山市博物馆、广东石湾陶瓷博物馆的网站进行友情链接。开展文物调查及数据采集工作，并将文物数据进入省级数据库，实现全省文物数据统一储存、统一备份和整合共享。参与建立珠三角地区文化市场行政执法的立案协作、案件协办、联合执法、交流合作等工作，推进珠三角地区执法尺度统一化。

肇庆市文教卫体事业基本情况

教育				医疗　文化　体育			
项　目	单位	2009年	2010年	项　目	单位	2009年	2010年
普通高校校数	所	4	4	医院和卫生院数	个	141	142
普通高校在校学生数	万人	4.60	5.56	医院与卫生院床位数	张	8458	8930
中职和技校学校数	所	38	33	平均每千人口医院和卫生院床位数	张	2.04	2.12
中职和技校在校学生数	万人	11.47	10.82				
普通中学学校校数	所	182	174				
普通中学在校学生数	万人	32.24	32.84	群众艺术和文化馆数	个	9	9
小学学校校数	所	1056	753	公共图书馆数	个	8	9
小学在校学生数	万人	39.65	36.83	博物馆数	个	7	7
学龄儿童入学率	%	99.98	100	档案馆数	个	9	11
幼儿园数	所	505	513	国民体质合格率	%	81.3	80.8
在园幼儿数	万人	11.98	12.76	人均公共体育场地面积	平方米	1.31	1.31

文化遗产保护 高要学宫修缮工程一期工程等一批文物保护工程动工建设，肇庆古城墙西南段抢修工程等一批文物保护工程相继完工。顺利完成第三次全国文物普查第二阶段工作任务。开展珠江三角洲外环高速公路黄岗至花山段工程建设、广佛肇高速公路肇庆段一期工程等建设项目文物考古调查、勘探工作，抢救性发掘和收集一批文物和标本。四会市博物馆新馆建设进展顺利。举办“5·18国际博物馆日”和“文化遗产日”活动，开展以“红色记忆——叶挺独立团史迹”为主题的“纪念馆进军营”、“纪念馆进校园”系列宣讲活动。完成文物调查及数据库管理系统建设项目工作任务，全市馆藏文物数据库管理系统初步建成。6月12日，在阅江楼举办“中国文化遗产日”宣传活动。“悦城龙母诞”项目被列为第三批国家级非物质文化遗产名录推荐项目，杨焯忠、程均棠、马建郧3人列入端砚制作工艺项目省级非物质文化遗产传承人。（谈植秀）

【教育事业】 *基本情况* 2010年，肇庆市有28个镇成为广东省教育强镇，为年内全省创建教育强镇最多的地级市。继上年实现普及高中阶段教育后，全市比省定目标提前5年普及从学前到高中阶段15年教育。全市学前三年毛入园率88.6%；小学学龄人口入学率100%，在校生辍学率0.03%；初中学龄人口入学率98.9%，在校生辍学率0.85%；初中三年巩固率94.33%；高中阶段教育毛入学率92.51%。全市通过省一级幼儿园复评的幼儿园5所，创建省一级幼儿园1所、市一级幼儿园31所，通过广东省国家级示范性普通高中初期验收学校2所、广东省普通高中教学水平优秀学校评估学校5所，有10所学校被确定为“广东省现代教育技术实验学校”。建成并投入使用全省首个市级职教公共实训中心，肇庆理工学校创建为全省首所国家级民办职业学校，肇庆科技学院、肇庆工商学院初步建成“万人职业学院”，职业教育“双师型”教师比例45.2%。怀集县、端州区教育局分别被教育部评为“全国阳光体育先进县”和“全国学校艺术教育工作先进单位”。举办全市第二届基础教育教学科研成果奖评审，评出一等奖2项、二等奖9项、三等奖28项。全市两次共录用“代转公”教师1465人，录用率63.6%，高于全省14个百分点，另有379人被聘为教辅人员，得到省委、省政府的肯定。全市组织各级各类学校教师培训4.5万人次，17人被省政府审批认定为第八批特级教师；3人被选为省中小学名校长、名教师工作室主持人；评选认定市教育专家、第二批名校长、名教师、学科带头人164名，其中教育专家3名、名校长10名、名教师42名，学科带头人109名。招聘引进教师2233人。有29所中小学校创建成为“肇庆市廉政文化建设示范学校”。（李吉涛）

职业技术教育基地 投入资金1.5亿元，落实中心城区职业院校新建、扩建用地共37.87公顷。全面推进职教基地工程建设项目。肇庆科技学院第一期工程，肇庆工商学院扩建宿舍楼、教学楼、实训楼，肇庆医专新校区首期工程竣工投入使用；肇庆市工业贸易学校、肇庆市农业学校、封开县职业学校等省级重点工程项目以及四会、德庆等县（市）中职学校扩建项目投入或部分投入使用。肇庆理工学校成为全省首所国家级重点民办职校；肇庆科技中等职业学校创建为省级重点职学校，“汽车运用与维修”专业创建为省级重点专业。肇庆市工贸学校机电专业、肇庆市农业学校会计、汽修、畜牧兽

医专业以及肇庆理工学校印刷技术专业共获得国家和省950万元实训基地设备专项经费支持。全市职业教育优质学位63%以上。全市37所职业院校以不同层面和深度落实校企业合作办学。肇庆市外语外贸中等职业学校整合并入肇庆市农业学校，肇庆市蓝星中等职业学校整合并入肇庆理工学校。组织6名校长到珠三角知名职校挂职学习，组织15名骨干教师参加省和国家级研修培训，与省政府签订建设市级职教基地工作责任书。1月，肇庆市职教公共实训中心建成并投入使用，成为全省首个市级职教公共实训中心。全年举办全市职业院校师资培训班7期，培训专业教师352人；开展学生公共实训25期，培训学生3000多人。同时组织两场职业教育发展改革大型讲座，全市近200名骨干教师参加培训。开展职业技能鉴定2500人；举办肇庆市第二届中职学生技能大赛。

（刘其全）

【卫生事业】 新型农村合作医疗 2010年，肇庆市参加新型农村合作医疗人数302.61万人，占农业总人口的99.51%，占常住农业人口的100%，实现农村人口基本医疗保障全覆盖；人均筹资150元以上，年住院报销封顶线提高到6万元以上。参加新型农村合作医疗受益人数355.31万人次，平均受益率超100%，住院实际补偿比例47.6%，补偿总金额4.61亿元。

实施国家基本药物制度 至年底，全市73个基层医疗卫生机构实施国家基本药物制度，占政府办基层医疗卫生机构的64.6%；100%公办基层医疗机构参加省药品阳光采购，医疗机构药品阳光采购金额9.02亿元，让利给群众1.53亿元；基层医疗卫生机构实行基本药物零差价销售后，每门诊人次药品费用下降2.9元~6元，人均住院药品费用下降15元~40元。

医疗卫生服务体系建设 动工兴建投资11.2亿元的市一院新院；投资近5000万元的市中医院新住院大楼封顶；改建或扩建四会市、广宁县、怀集县、封开县人民医院和广宁县、德庆县、封开县中医院共7个县级医院工作用房，总投资1.79亿元，总建筑面积7.85万平方米；动工扩（改）建5个中心卫生院和18个乡镇卫生院工作用房，其中13个基本完工；53个乡镇卫生院进行设备配套，采购金额254.4万元，采购设备台365（件）；全部行政村设立规范化村卫生站；端州、鼎湖、四会、高要、德庆等5个县（市、区）共建成社区卫生服务中心10个、社区卫生服务站15个，完成全市263名社区护士培训工作；市紧急医疗救援指挥中心（120）建成运作。

基本公共卫生服务均等化 至年底，肇庆市城市、农村居民健康档案建档率分别为55.7%和40.7%；3岁以下儿童系统管理率96.%；孕产妇产前检查率95.58%；老年人保健管理率64.5%；重性精神病人管理率89.7%。超额完成15岁以下儿童补种乙肝疫苗年度项目任务，完成900例贫困白内障患者免费手术任务和2009~2010年度农村1.85万户改厕任务。

公立医院改革 草拟《肇庆市公立医院改革实施方案（2010~2012）》，确定9个二甲以上医院为市、县两级公立医院改革试点。广州、佛山、肇庆三市23个医院实行医学检验、医学影像检查结果互认；市内实行“病历一本通”，9个二级以上综合医院开展“临床路径”试点工作，试点专业数17个，病种34个。年内审批设置9个民营医疗机构，其中3所专科医院。

城乡爱国卫生 2010年，肇庆市创建省卫生村437个，累计达1910个，连续3年居全省首位。广宁县赤坑镇创建为省卫生镇，全市省卫生镇共5个。新增农村自来水受益人口2.96万人，农村自来水普及率93.69%，新增使用无害化厕所的农户4.72万户，无害化厕所普及率74.16%。

中医药事业 2010年，肇庆市中医院通过广东省高等医学院校非直属附属医院评审认定；端州区华佗医院建成中医“治未病”中心，推行中医非药物治疗方法；四会市中医院成为二级甲等中医医院；高要市中医院被确定为“全国农村医疗机构针灸理疗康复特色专科建设”单位。全市实施“省名中医、市名中医、市中医优秀人才、省五类人才”培养项目，培训人数500多人。全市有14个镇通过农村中医工作先进镇检查验收，组织2000个医疗卫生机构（含村卫生站）开展中医基本现状调查。

医疗管理与服务 继续开展“医疗质量万里行”检查督导和医疗安全隐患专项排查整治。卫生、药监、计生部门加强和规范全市医疗机构麻醉药品和精神药品的管理；在全市二级以上综合医院开展“优质护理示范工程”，确定市一院、高要医院为省卫生厅的定点联系医院；校验全市民营医疗机构；举办住院医师规范化培训考试，全市279人参加。

疾病预防控制 抓好艾滋病、手足口病、甲型H1N1流感、狂犬病等重大传染病防控，未发生手足口病局部暴发疫情，无甲流死亡病例，艾滋病疫情上升趋势趋缓，感染率低于全省平均水平。全市“六苗”报告接种率均达90%以上，连续保持17年无脊灰、18年无白喉的纪录，麻疹疫苗强化免疫接种率98.10%。进一步巩固慢性病、地方病防治成果。

妇幼保健 全市3所县级妇幼保健院进入等级评审筹备阶段，97个设产科的医疗机构开展地中海贫血筛查。全市农村孕产妇住院分娩率98.41%，孕产妇死亡率和婴儿死亡率分别下降至9.07/10万和4.48‰。广宁县赤坑镇成为全市首个农村健康促进示范镇。开展卫生系统禁烟工作，建设无烟单位。

卫生应急 制订4部市级应急预案，组建市级专家组9个，市级卫生应急救援队伍19支共197人。举办培训班和应急演练2期。实施广佛肇重大传染病和突发公共卫生事件联防联控。

卫生监管 四会、广宁、怀集、封开和高要5县（市）开展卫生监督协管员的聘任，逐步建立市、县、乡镇三级卫生监督网络体系。出动卫生监督员2.67万人次，检查各类经营单位3.48万户次，实施行政处罚153宗，行政罚款12.67万元。治理整顿170家放射诊疗机构，摸底调查1796家企业职业卫生状况，建立职业卫生档案。推行公共场所量化分级管理。 （李远难）

【住房保障】 2010年，肇庆市解决1008户符合住房保障条件的城镇低收入住房困难家庭的“住房难”问题，完成全年目标任务154%。其中通过廉租住房方式解决“住房难”的家庭425户，通过购买经济适用住房方式解决“住房难”的家庭583户。全市保障性住房建设完成投资6836.79万元，其中廉租住房完成投资4617.10万元、经济适用住房完成投资2219.69万元。年内，全市新开工保障性住房624套，其中廉租住房278套、经济适用住房346套。完成对通过“二次公示三级审核”申请保障性住房的低收入

住房困难家庭资格的审批工作，并通过公开抽签办法分配房源。（黄健文）

【就业和社会保障】 就业和创业 2010年，肇庆市城镇累计新增就业4.98万人，下岗失业人员再就业1.59万人，其中就业困难人员再就业3533人。全年创业培训6355人，成功创业3887人，带动就业1.98万人，带动就业率为1∶5.1。经省考评组考评达到国家级创业型城市第一阶段的考评标准。农村劳动力转移就业5.09万人，其中输出到珠三角核心区就业3.3万人；全市转移产业园区吸收农村劳动力0.65万人。年末全市城镇登记失业率2.3%。加强高校毕业生就业指导，构建“用人单位—人才市场—高校”运行机制，引导毕业生就业流向；接收省派遣到肇庆参加“三支一扶”的大学生93人；全市高校毕业生泛就业率达93%。

社会保障 至年末，肇庆市城镇基本养老、基本医疗、失业、工伤、生育五大险种参保人数分别是54.84万人、87.94万人、32.53万人、32.66万人和27.79万人。全市城镇基本养老、基本医疗、失业、工伤、生育社会保险五大险种实现市级统筹。落实社会保险关系省内转移接续工作。清理回收被挤占挪用的社会保险基金1040.1万元。降低企业养老保险单位缴费费率和阶段性下调失业、工伤、生育四个险种缴费比例，企业和个人少缴社会保险费1.58亿元，为企业和个人减负1.58亿元，受益企业8950户，受益人数25.4万人。从1月1日起，肇庆市企业退休人员月人均增加养老金138元（最低135元），月均基本养老金1151.35元，惠及8.41万名企业退休人员。5月起，失业保险标准调整为568元/月，比调整前增加34.4元/月。支付企业岗位补贴2家，受益人数558人，金额297.7万元；支付社会保险补贴1家，受益人数为83人，金额53.5万元。3月开始，城镇职工医保、城镇居民医保的最高支付限额分别由原来的6万和5万元调整为10万和6万元；7月1日起，最高支付限额提升至12万和8万元。城镇职工医保住院报销比例在职职工统一按85%比例报销，退休人员统一按90%比例报销，治疗恶性肿瘤的在职职工统一按90%比例报销，退休人员统一按95%比例报销；城镇居民医保住院报销待遇提高到65%。参保人住院时只需交纳属个人自付部分费用，其余属于统筹基金支付部分由社保经办机构与定点医疗机构记账结算。完善流动就业人员医保关系转移接续和异地就医结算服务。德庆县作为全省第一批新型农村社会养老保险试点进展顺利，第二批试点封开县、鼎湖区开局良好。农民参加社会养老保险40.27万人，参保率18.22%。其中参加新型农村社会养老保险29.86万人、参加被征地农民2.53万人、参加城镇职工基本养老保险7.88万人。

劳动力转移服务对接 9月6日，肇庆市人力资源和社会保障局、市公安局联合出台《肇庆市开展农民工积分制入户城镇工作办法》，全市有7579名农民工通过积分制入户城镇。肇庆市与中山市多个镇的大型企业签订“校企合作”，推动对外畅通信息对接渠道。9月20日，中山市人力资源和社会保障局在广宁县人力资源和社会保障局设立“劳务站”；12月2日，中山市黄圃镇在封开县人力资源和社会保障局设立“劳务站”。

职业技能鉴定 肇庆市实施职业技能鉴定导航计划和高技能人才培养计划，新增技能人才3.01万人。实施全民技能提升计划，开展省职业技能大赛肇庆市选拔赛。根据《广佛肇经济圈建设产业协作协议》，加强与广州、佛山的职业技能鉴定管理工作方面的业务和经验交流。

医保定点医疗机构对接　根据《广佛肇经济圈建设2009~2010年度重点工作计划(第一批)》的要求，肇庆市积极与广州、佛山人力资源和社会保障部门加强联系，年内将广州13个和佛山8个医疗机构纳入肇庆异地定点医疗机构范畴。

社保服务对接　从2010年1月1日起，肇庆市执行《国务院办公厅关于转发人力资源社会保障部财政部城镇企业职工基本养老保险关系转移接续暂行办法的通知》精神，做好城镇企业职工基本养老保险关系的转移接续工作；完善流动就业人员医保关系转移接续和参保人异地就医结算服务，出台《办法》规范流动就业人员医保关系跨制度、跨地区转移接续。

人才服务对接　贯彻实施《肇庆市引进和培养高层次人才实施办法》，引进经济社会发展急需的复合型、创新型高层次人才。全年引进各类人才3890人，其中博士26人、硕士452人、本科1542人；副高职称以上4人、中级职称4人。向省推荐3名候选人申报"广东省领军人才"，有1人顺利通过初审；向国家外专局申报引进国外技术2项、管理人才1名；推荐3名候选人参评享受国家特殊津贴，推动人才向高层次发展。3月在市体育中心举行肇庆市2010年"春风行动"暨春季大型人才招聘会，进场招聘的各类单位316家，向社会提供超过8000个就业岗位，吸引超过1.2万人次进场求职；4月组织23家用人单位参加中山大学毕业生专场招聘会；6月组织42家用人单位赴广州参加"广佛肇人才服务一体化大学生专场招聘会"，提供职位477个；12月5日在肇庆学院举办"珠江三角洲九城市2011届高校毕业生联合招聘大会肇庆市供需见面会"，230家企业进场招聘，提供职位约4800多个，超过1.2万人次进场求职。全年举办36场周六招聘会，512家次用人单位参加，提供就业职位4230个次，参加择业人数超过5300人次。

劳动执法与权益保护　2010年，肇庆市投入30万元建设市人力资源和社会保障12333电话咨询服务中心，中心设4个坐席，人员、设备、场地均落实到位；编印人力资源和社会保障政策咨询问答和人力资源和社会保障法律法规选编，加强人力资源和社会保障公共咨询服务工作，使社会公众便捷了解人力资源和社会保障的有关政策法规和熟悉办事程序，及时反映并解决工作生活中的实际问题，维护自身合法权益。处理劳动争议案件2680宗，其中案内处理劳动争议案1002宗、集体劳动争议案件13宗，涉及标的约1956.7万元；劳动争议案件当期结案率98.5%，其中案内调解结案率30.2%，基本达到快立、快调、快审、快结处理劳动争议目标。全市劳动保障监察机构检查用人单位3653家，涉及34.29万人，处理劳动保障监察案件1873宗，为3.36万名劳动者追发工资等待遇2676万元。执行建筑施工领域工资保证金制度，全市有6560多万元保证金存入账户。（黄　研）

体制改革

【经济体制改革】　2010年，肇庆市继续深化国有企业改革和财政体制改革。市属国有企业实现利润比上年增长87%；公共财政体系进一步完善，配合完成省直管县财政体制改革封开试点工作。推进农村综合改革，集体林权制度改革主体任务全面完成，农村土地承包经营权流转进一步规范。

【行政审批制度改革】 2010年，肇庆市全面清理行政审批事项，加大力度进行精简，研究制订《肇庆市人民政府第四轮行政审批事项调整目录》。经过第四轮行政审批制度改革，全市的行政许可事项精减至170项，减少164项，减幅达49%。

【行政管理体制改革】 2010年，肇庆市研究拟订《肇庆市进一步完善和深化事权下放工作意见》和《肇庆市人民政府向各县（市、区）下放的行政管理事项目录》，拟向县一级下放397项行政管理事项，其中委托县一级管理的135项，直接放权县一级实施的196项，服务前移由县一级代为受理或预审的66项，以扩大县镇经济社会管理权限。推进深化医疗卫生体制改革工作，成立市深化医药卫生体制改革工作领导小组及办公室，抽调工作人员，组织制订市深化医药卫生体制改革的实施意见、医药卫生体制改革近期重点实施方案、城镇医保普通门诊医疗费用统筹实施办法等一系列政策文件，建立健全医改工作责任制。 （冼艺杰）

【政府机构改革】 2010年，肇庆市全面完成市政府机构改革。通过转变政府职能、理顺部门职责关系、调整优化组织结构、完善政府运行机制等措施，提高政府工作效能，推进服务型政府建设。一是按照政企、政资、政事、政府与市场中介组织分开以及“对内放宽、对外放开、对下放权”的原则，向事业单位或社会组织转移职责，加强社会管理和公共服务功能、理顺部门职责，通过增加、加强、划出、划入、下放、取消等方式，调整职责145项，改进政府的越位、缺位、错位问题。召开市水务局与市城市综合管理局的协调会，理顺端州城区供水、用水、节水、排水管理职责；协调市卫生局与市食品药品监督管理局理顺餐饮业、食堂等消费环节监督管理职责；听取、征求市交通运输局和市公路局意见，理顺交通综合执法过渡期公路路政执法职责。二是根据省深化行政管理体制改革工作要求，探索大部门体制改革，整合职能相同、相近部门。市政府机构设置从原来的37个部门合并调整为32个，精简8.7%，其中新组建部门6个、调整管理关系1个、合并3个。初步形成“大水务”、“大交通”、“大农业”、“大经信”等体制格局，优化政府组织结构和运行机制。三是按“权责一致、有权必有责”的要求，明确部门职责388项，理顺部门责任，提升政府部门履行职责的能力。

基本完成县（市、区）政府机构改革。4月，印发各县（市、区）的政府机构改革方案，督促、指导各县（市、区）实施本级政府机构改革。肇庆市机构编制委员会办公室多次到各县（市、区）检查、跟踪改革进展情况，及时解决改革中存在的各种问题与矛盾。至年底，县（市、区）政府机构改革基本完成。

【简政强镇事权改革】 2010年，肇庆市围绕“简政”与“放权”，开展简政强镇事权改革。选择鼎湖区广利街道作为试点，积累简政强镇事权改革经验。10月，肇庆市出台《肇庆市简政强镇事权改革实施意见》，把108个乡镇（街）分为三类进行改革，其中特大镇4个（高要市金利镇、高要市禄步镇、四会市东城街道、怀集县怀城镇），较大镇51个，一般镇53个；特大镇依法赋予县级经济社会管理权限；规定一般镇设置5个、较大镇设置7个、特大镇设置8个综合性办事机构。10月25日，在鼎湖区召开全市简政强镇事权改革动员大会和现场会。12月底前，8个县（市、区）全部召开动员大会，实施方案通过审核，改革工作基本完成。改革中规定乡镇综合性办事机构名称和个数，规范乡镇综合性办事机构的设置；调整乡镇派出机构和事业单位管理体制，解决条块分割和责大权小问题。高要市和德庆县各镇街全部建立行政服务中心。肇庆市改革工作受到省编办的肯定，在省编办《行政体制改革专报》上刊登。

【事业单位分类改革】 2010年，肇庆市制订《肇庆市事业单位分类改革实施方案》，并在5月18日召开全市机构编制工作会议进行动员部署。宏观调控现有事业单位，建立“有设有撤，有增有减”动态管理机制；加强公共服务、公共管理；撤销一些多年无运作、名存实亡的单位；整合设置过于零散、规模过小、服务对象单一但仍有社会需求的部门。市编办、市委组织部、市财政局、市人社局、市法制局相互协调配合，采取分批分类召开座谈会形式，听取有关部门意见，对有争议的事项进行交流，促进分类改革稳步推进。年内完成全市申报行政类事业单位的审核及报批，印发事业单位分类改革方案8个、撤销机构5个、收回事业编制783个。（聂玉成）

【政府法制工作】 地方性法规制定 2010年，市政府发布规范性文件13件，其中重新制订《肇庆市行政机关规范性文件制定程序管理规定》，出台《端州城区户外广告设置管理暂行办法》、《端州城区户外广告设置联合审批暂行办法》、《端州城区户外广告占用公共场地使用权招标拍卖暂行办法》，规范城区户外广告管理；进行听证后出台《肇庆市路桥车辆通行费年（次）票制试行办法》，提高车辆通行效率，为实现广佛肇年票互通打下基础；出台《关于进一步调整入户肇庆市城区户口政策的通知》、《关于肇庆市开展农民工积分制入户城镇工作的实施意见》，放宽城区户口政策；修订《肇庆市闲置土地处理办法》、《肇庆市人民政府投资项目管理办法》。市政府规范性文件发布后均按照规定报送省政府和市人大常委会备案。全年下级政府上报市政府备案规范性文件15件，对部门规范性文件进行发布前合法性审查9件。

配合省政府制订贯彻实施《规划纲要》有关配套文件，对《实施〈珠江三角洲地区改革发展规划纲要〉实现“四年大发展”工作方案》、《实施粤港合作框架协议2010年重点工作的通知》等征求意见稿，认真调研，结合肇庆市实际提出意见。

行政复议 全市（不含垂直管理的部门）收到行政复议案件111件，受理98件。案件类型主要涉及公安、社会保障、林业、国土、住房建设等部门，其中治安处罚和强制隔离戒毒26件、工伤认定25件、山林确权25件、房屋拆迁4件。审结89件（含上年结转8件），其中维持54件、撤销10件、终止14件、确认违法3件、驳回1件、作其他处理7件。市政府收到行政复议申请25件，受理23件，不予受理2件，办结23件（含上年结转5件），其中维持18件、撤销3件、终止2件。

行政应诉　全年全市各级行政机关（不含垂直管理部门）参加行政应诉案件78件，一审审结71件（含上年结转2件），其中维持25件、撤销11件、责令履行法定职责2件、确认违法或无效2件、驳回诉讼请求9件、驳回起诉6件、撤诉15件、其他1件。案件主要涉及治安处罚和强制隔离戒毒、工伤认定、山林土地确权、房产登记与拆迁、征收社会扶养费等内容。

行政执法证管理　行政执法人员的《广东省行政执法证》审查、发放工作采用纸质文件报送和网络申报、审批相结合的办法，全年办理行政执法证2155个。

重大事件　8月，省法制办在肇庆召开立法座谈会，珠三角九市法制机构负责人会聚讨论修改《广东省珠江三角洲地区改革发展规划纲要实施保障条例（草案）》和《广东省富县强镇事权改革若干规定（草案）》

（李慧婷）

【社会管理创新】　2010年1月，肇庆市出台《中共肇庆市委办公室肇庆市人民政府办公室贯彻落实〈中共广东省委办公厅广东省人民政府办公厅关于发展和规范我省社会组织的意见〉的实施意见》。9月，实施《肇庆市社会组织评估实施办法》，启动社会组织评估试点工作。年内，建立健全社会组织党工委工作制度，新组建社会组织党支部5个，应建尽建率100%。培育发展行业协会、城乡基层社会组织、公益慈善类社会组织和民办非企业单位等四类组织，其中行业协会、城乡基层社会组织和民办非企业单位年增长率10.3%，全市培育发展社会组织69个，其中社会团体29个、民办非企业单位40个。发动全市943个社会组织的25个党组织1562名中共党员参与创先争优活动，有12个社会组织和5名党员被表彰为先进组织和先进个人。全市社会组织参检率98%，参检合格率99%。

（张学锋）

统计资料

统计资料

珠江三角洲九市地区生产总值

单位：亿元

市　别	2000	2005	2006	2007	2008	2009	2010
广　州	2492.74	5154.23	6081.86	7140.32	8287.38	9138.21	10748.28
深　圳	2187.45	4950.91	5813.56	6801.57	7786.79	8201.32	9581.51
珠　海	332.35	635.45	746.46	894.81	997.16	1038.66	1208.60
佛　山	1050.38	2429.38	2983.90	3660.18	4378.30	4820.90	5651.52
#顺　德	364.59	825.12	1022.30	1242.26	1501.25	1670.18	1951.06
惠　州	439.19	803.92	928.92	1117.91	1304.05	1414.70	1729.95
东　莞	820.25	2183.20	2627.98	3160.05	3703.60	3763.91	4246.45
中　山	345.44	885.72	1053.61	1268.04	1457.01	1566.41	1850.65
江　门	504.66	801.70	943.79	1097.26	1270.88	1340.88	1570.42
肇　庆	249.78	435.05	506.27	619.69	760.50	862.00	1085.87

珠江三角洲九市地区生产总值指数

上年 =100

市　别	2000	2005	2006	2007	2008	2009	2010
广　州	113.3	112.9	114.9	115.3	112.5	111.7	113.2
深　圳	115.7	115.1	116.6	114.8	112.1	110.7	112.2
珠　海	112.0	113.1	116.1	117.0	109.2	106.6	112.9
佛　山	112.5	119.4	119.3	119.2	115.2	113.5	114.3
#顺　德	114.5	118.9	121.5	118.0	115.5	114.1	114.5
惠　州	111.3	115.9	116.8	117.6	111.6	113.2	118.0
东　莞	119.7	119.5	119.2	118.3	114.0	105.3	110.3
中　山	112.4	120.9	117.3	116.6	111.1	110.2	113.9
江　门	110.2	112.6	115.2	115.0	110.8	109.7	114.5
肇　庆	110.6	115.7	116.3	117.4	116.2	113.9	117.5

注：2009 年起地区生产总值增速由广东省统计局统一调整核算，以前年份增速由分市汇总计算。

珠江三角洲九市人均地区生产总值

单位：元

市别	2000	2005	2006	2007	2008	2009	2010
广州	25626	53809	62495	69673	76440	79383	87458
深圳	32800	60801	68441	76273	83431	84147	94296
珠海	27770	45320	52189	61303	66798	68042	77888
佛山	20231	42066	50394	59329	68033	71691	80313
#顺德	22213	42382	51127	59407	68605	72881	81154
惠州	13877	21909	24503	28288	31748	33142	38650
东莞	13679	33287	39173	45057	50471	48988	52798
中山	15077	36435	42286	48441	52921	54156	60797
江门	12851	19546	22858	26225	29910	30999	35622
肇庆	7422	11890	13626	16441	20041	22554	27987

珠江三角洲九市人均地区生产总值指数

上年 =100

市别	2000	2005	2006	2007	2008	2009	2010
广州	108.3	114.3	113.1	109.5	106.4	105.2	106.1
深圳	105.2	111.6	111.7	109.4	107.1	106.0	107.6
珠海	104.9	110.3	113.8	114.6	106.8	104.2	111.0
佛山	106.3	117.8	116.4	114.4	110.5	108.6	109.2
#顺德	108.0	116.4	118.3	112.8	110.3	108.9	109.1
惠州	107.7	113.0	113.0	112.8	107.4	108.9	112.5
东莞	106.6	119.4	116.6	113.1	109.0	100.5	105.3
中山	105.4	120.6	114.5	111.0	105.6	104.9	108.3
江门	108.8	112.1	114.5	113.5	109.1	107.8	112.4
肇庆	109.9	114.1	114.6	115.7	115.4	113.1	115.7

注：2009 年起人均地区生产总值增速由广东省统计局统一调整核算，以前年份增速由分市汇总计算。

珠江三角洲九市第三产业增加值

单位：亿元

市别	2000	2005	2006	2007	2008	2009	2010
广州	1376.75	2978.79	3511.84	4164.67	4890.33	5560.77	6557.45
深圳	1085.80	2298.64	2746.51	3378.06	3918.03	4367.55	5051.67
珠海	145.14	273.58	307.66	374.19	423.68	465.88	514.23
佛山	435.03	876.52	1036.60	1268.63	1482.97	1687.44	2003.63
#顺德	138.89	309.32	369.57	437.73	522.00	610.51	713.40
惠州	121.70	273.09	321.16	400.08	472.14	535.45	608.00
东莞	343.64	934.78	1109.37	1393.49	1787.17	1926.04	2069.07
中山	141.09	315.59	380.80	476.86	562.39	616.73	725.81
江门	200.73	303.66	343.08	388.04	425.35	459.08	581.18
肇庆	104.93	200.36	230.48	275.26	328.03	376.98	438.94

珠江三角洲九市第三产业增加值指数

上年 =100

市别	2000	2005	2006	2007	2008	2009	2010
广州	116.3	113.3	114.7	116.7	113.8	113.4	113.6
深圳	113.3	112.2	117.0	115.6	112.5	112.5	110.1
珠海	108.9	109.1	111.1	116.3	110.6	111.1	107.1
佛山	113.6	112.3	116.7	118.8	113.3	113.8	113.4
#顺德	116.1	115.6	117.2	115.6	115.4	116.2	113.7
惠州	108.6	117.4	114.5	118.5	113.5	114.7	110.6
东莞	120.0	119.3	117.1	123.3	124.0	111.4	104.1
中山	110.0	126.0	118.8	121.6	114.1	112.5	112.0
江门	110.2	104.0	111.7	112.1	106.1	108.1	111.9
肇庆	112.2	120.2	114.5	117.9	114.8	113.1	111.4

珠江三角洲九市全社会固定资产投资额

单位：亿元

市别	2000	2005	2006	2007	2008	2009	2010
广州	923.67	1514.01	1687.11	1858.64	2101.45	2659.85	3263.57
深圳	677.12	1182.32	1287.43	1345.00	1464.32	1709.15	1944.70
珠海	95.08	218.23	256.28	339.32	351.32	410.51	501.55
佛山	198.96	741.43	895.25	1052.23	1230.64	1470.56	1719.63
#顺德	64.11	185.04	222.11	269.33	301.74	342.60	392.75
惠州	77.41	352.37	308.78	486.91	588.74	758.97	894.02
东莞	102.89	592.20	698.67	841.21	943.07	1094.08	1114.98
中山	109.95	320.92	346.49	399.22	444.95	545.61	660.37
江门	104.34	228.87	267.65	316.64	378.22	492.07	631.77
肇庆	75.29	178.01	216.94	270.57	326.31	462.77	625.21

珠江三角洲九市地方财政一般预算收入

单位：亿元

市别	2000	2005	2006	2007	2008	2009	2010
广州	200.55	371.26	427.08	523.79	621.84	702.65	872.65
深圳	221.92	412.38	500.88	658.06	800.36	880.82	1106.82
珠海	24.23	48.97	60.27	75.82	92.32	101.41	124.53
佛山	59.53	130.85	157.06	194.54	227.99	254.70	306.05
#顺德	21.22	47.38	55.69	68.39	79.34	89.29	106.75
惠州	12.94	34.72	44.45	62.06	78.07	101.57	131.23
东莞	30.22	103.97	128.94	186.45	209.22	231.16	277.84
中山	17.46	54.26	66.45	86.12	100.12	110.44	139.38
江门	21.24	41.63	50.66	62.43	74.68	83.63	104.29
肇庆	10.97	20.44	24.98	32.74	43.56	55.92	76.80

珠江三角洲主要经济指标

表一

年份	年末常住人口（万人）	#城镇人口	年末户籍总人口（万人）	年末从业人员（万人）	#城镇单位从业人员
2000	4289.78	2981.23	2563.60	1902.93	495.46
2005	4547.14	3516.06	2763.32	2822.60	636.10
2006	4735.47	3766.99	2821.27	2992.34	675.38
2007	4930.68	3936.67	2872.47	3102.26	718.88
2008	5138.48	4134.31	2920.82	3204.26	724.38
2009	5361.72	4336.58	2967.02	3261.00	767.05
2010	5616.39	4646.04	3024.57	3377.35	823.67

表二

年份	地区生产总值（亿元）	第一产业	第二产业	#工业	第三产业
2000	8422.24	458.30	4009.14	3618.01	3954.80
2005	18279.63	557.96	9266.58	8664.74	8455.09
2006	21686.34	561.77	11137.08	10481.75	9987.49
2007	25759.83	624.99	13015.56	12301.40	12119.28
2008	29945.66	722.86	14932.71	14123.72	14290.09
2009	32147.00	723.62	15427.46	14518.51	15995.92
2010	37673.26	809.78	18313.49	17223.20	18549.99

表三

年份	人均生产总值（元）	地区生产总值指数（上年 =100）	第一产业	第二产业	#工业	第三产业
2000	20280	113.7	104.3	114.4	115.1	113.9
2005	40336	115.7	103.5	118.2	119.0	113.7
2006	46725	116.8	98.8	118.8	119.6	115.7
2007	53299	116.3	101.6	116.0	116.7	117.5
2008	59480	112.8	103.8	111.8	112.4	114.3
2009	61231	109.4	103.9	108.6	108.4	110.5
2010	68633	112.2	104.2	114.1	114.2	110.4

注：1. 珠江三角洲包括广州、深圳、珠海、佛山、江门、东莞、中山、惠州、肇庆九市。

2. 地区生产总值绝对数按当年价格计算，增长速度按可比价格计算。

3. 表一 2006-2009 年年末常住人口根据 2010 年第六次全国人口普查快速汇总数进行平滑调整。

4. 表二 2000、2005 年数据按国家统计局 1999 年发布的《关于统计上划分城乡的规定（试行）》计算；2006 年起数据按国家统计局 2006 年颁布的《关于统计上划分城乡的暂行规定》计算。

表四

年份	人均生产总值指数（上年 =100）	公路通车里程（公里）	邮电业务总量（亿元）	本地电话年末用户（万户）	移动电话年末用户（万户）	全社会固定资产投资额（亿元）
2000	107.2	29029	587.64			2364.71
2005	114.6	32312	1738.94	2355.10	5317.71	5328.37
2006	114.0	52139	2068.19	2559.62	5497.75	5964.60
2007	111.7	53106	2348.22	2651.33	6075.36	6909.74
2008	108.3	53418	2754.77	2529.77	6463.22	7829.03
2009	104.9	54261	2983.47	2400.25	6867.61	9603.55
2010	107.3	55848	3949.45	2269.84	7457.64	11355.80

表五

年份				社会消费品零售总额（亿元）	出口总额（亿美元）	进口总额（亿美元）
	城镇	#房地产开发投资	农村			
2000				3204.99	847.77	743.15
2005				5878.70	2273.18	1837.58
2006				6810.19	2887.45	2181.97
2007				7919.89	3540.85	2560.28
2008				9539.76	3872.08	2697.61
2009	7783.61	2583.17	1819.95	10834.73	3417.77	2430.46
2010	9452.12	3118.66	1903.68	17414.66	4318.02	3195.01

表六

年份	实际外商直接投资额（亿美元）	地方财政一般预算收入（亿元）	地方财政一般预算支出（亿元）	城乡居民储蓄存款余额（亿元）	中外资金融机构本外币存款（亿元）	中外资金融机构本外币贷款（亿元）
2000	103.87	599.06	690.64	6699.12	16118.10	11061.27
2005	113.34	1218.48	1567.23	15257.09	32962.25	21073.93
2006	130.86	1460.77	1714.73	17287.90	37367.68	23613.32
2007	151.88	1882.01	2142.82	17738.02	42555.31	27982.87
2008	169.21	2248.16	2550.77	21991.67	48512.14	31044.80
2009	175.08	2522.29	2882.33	25168.89	60618.78	40608.44
2010	202.61	3138.56	3654.91	29064.60	71294.51	47159.74

注：5. 表四 2006 年起，公路通车里程含村道。

6. 表四邮电业务总量 2000 年以后按 2000 年不变价计算。2010 年邮政业务总量为全部国家邮政及年收入 200 万元以上的快递企业。

7. 表六城乡居民储蓄存款余额为中资金融机构人民币储蓄存款。

珠江三角洲主要经济指标占全省比重

指　标		2009年主要经济指标	2009年占全省比重（%）	2010年主要经济指标	2010年占全省比重（%）
土地面积	（平方公里）	54733	30.4	54733	30.4
年末常住人口	（万人）	5361.72	52.9	5616.39	53.8
#城镇人口	（万人）	4336.58	67.5	4646.04	67.2
年末从业人员	（万人）	3261.00	57.7	3377.35	58.7
地区生产总值	（亿元）	32147.00	79.4	37673.26	79.0
第一产业		723.62	35.7	809.78	35.1
第二产业		15427.46	80.0	18313.49	79.3
第三产业		15995.92	83.4	18549.99	83.2
规模以上工业增加值	（亿元）	15285.69	83.8	19079.95	83.0
全社会固定资产投资总额	（亿元）	9603.55	71.9	11355.80	70.5
社会消费品零售总额	（亿元）	10834.73	72.8	12613.24	72.43
出口总额	（亿美元）	3417.77	95.2	4318.02	95.28
进口总额	（亿美元）	2430.46	96.4	3195.01	96.32
实际外商直接投资	（亿美元）	175.08	89.6	183.47	90.5
地方财政一般预算收入	（亿元）	2522.29	69.1	3138.56	69.5
中外资金融机构本外币储蓄存款	（亿元）	25914.60	80.6	29770.92	80.5

注：2009年年末常住人口根据2010年第六次全国人口普查快速汇总数进行平滑调整。

珠江三角洲工业企业主要指标（2010 年）

单位：亿元

项　　目	企业单位数（个）		工业总产值（当年价）
		#亏损企业	
总　计	**41441**	**5372**	**72102.70**
按经济类型分			
在总计中：国有控股经济	817	151	10362.00
国有经济	273	52	3476.43
集体经济	596	91	527.84
股份合作经济	126	14	110.97
股份制经济	18845	1835	23836.99
外商投资经济	5240	939	22315.58
港澳台投资经济	11546	2163	18923.23
按轻重工业分			
轻工业	22016	2909	27117.05
重工业	19425	2463	44985.65
按企业规模分			
大型企业	482	34	26487.68
中型企业	6036	632	23761.25
小型企业	34923	4706	21853.78
按行业分			
煤炭开采和洗选业			
石油和天然气开采业	7	1	351.70
黑色金属矿采选业	18		40.63
有色金属矿采选业	7		33.84
非金属矿采选业	104	4	67.28
农副食品加工业	469	65	1064.62
食品制造业	503	77	904.91
饮料制造业	161	33	572.95
烟草制品业	4		199.48
纺织业	2205	239	1989.73

工业增加值（生产法）	年末资产总计	#产成品	流动资产合计	固定资产净值	年末负债合计
19079.95	**54315.98**	**2514.44**	**30707.94**	**17234.28**	**30540.84**
3265.93	12297.50	251.81	4564.66	5098.03	7088.74
953.66	3741.13	35.22	674.28	2582.09	2348.01
164.35	293.37	9.84	132.22	98.59	177.57
30.77	46.33	2.70	29.70	7.70	30.39
6457.54	18440.52	1077.53	11308.05	4238.91	10948.37
5503.60	16227.03	620.52	9090.42	5884.83	8265.66
5203.58	14360.53	702.42	8763.96	4080.08	8042.00
7512.24	18205.39	1140.51	11676.40	4533.35	10387.01
11567.71	36110.59	1373.93	19031.54	12700.92	20153.83
6678.23	22036.93	898.57	11671.84	7489.92	12054.06
6637.87	18923.36	895.95	10885.27	5740.40	10575.62
5763.85	13355.69	719.93	8150.83	4003.97	7911.16
339.42	255.63	2.87	18.82	4.06	243.04
8.35	9.26	0.35	6.77	1.54	4.14
4.77	7.00	0.76	3.59	0.71	3.05
19.77	21.99	2.44	10.35	9.36	10.37
214.14	683.17	37.16	471.51	160.64	432.81
335.85	640.41	33.55	416.03	154.24	330.81
166.98	461.45	13.03	237.60	167.11	245.29
156.76	177.39	19.12	124.04	22.30	15.71
525.14	1230.35	67.53	699.54	419.35	694.76

续上表

项　　目	企业单位数（个）	#亏损企业	工业总产值（当年价）
纺织服装、鞋、帽制造业	2527	299	1709.79
皮革、毛皮、羽毛(绒)及其制品业	1512	203	1244.14
木材加工及木、竹、藤、棕、草制品业	343	47	296.45
家具制造业	1330	157	1009.11
造纸及纸制品业	1498	200	1438.12
印刷业、记录媒介的复制	1069	127	615.56
文教体育用品制造业	858	146	738.59
石油加工、炼焦及核燃料加工业	72	9	1633.55
化学原料及化学制品制造业	2204	212	3528.97
医药制造业	273	44	639.59
化学纤维制造业	73	4	172.40
橡胶制品业	487	66	346.71
塑料制品业	3445	469	2573.92
非金属矿物制品业	1483	192	1976.98
黑色金属冶炼及压延加工业	362	30	1322.86
有色金属冶炼及压延加工业	570	52	1719.93
金属制品业	3947	425	3437.68
通用设备制造业	1701	164	1730.03
专用设备制造业	1617	199	1307.20
交通运输设备制造业	1150	166	5061.54
电气机械及器材制造业	4916	607	8819.65
通信设备、计算机及其他电子设备制造业	4455	798	18573.08
仪器仪表及文化、办公用机械制造业	689	107	1372.56
工艺品及其他制造业	879	144	1296.68
废弃资源和废旧材料回收加工业	112	14	358.08
电力、热力得生产和供应业	137	25	3396.65
燃气生产和供应业	41	4	338.59
水的生产和供应业	213	43	219.14

工业增加值（生产法）	年末资产总计	#产成品	流动资产合计	固定资产净值	年末负债合计
555.14	866.63	67.54	602.25	208.12	462.12
425.85	676.86	40.86	473.69	134.96	355.30
75.34	182.88	10.69	112.92	53.13	95.91
259.68	567.45	38.88	360.91	139.71	309.37
355.42	1266.92	55.10	653.56	422.24	695.03
190.12	577.30	21.59	330.87	190.75	280.04
211.12	448.26	29.59	298.44	116.07	245.70
409.01	720.25	22.02	322.58	317.20	510.34
1133.23	2430.19	123.97	1376.54	803.30	1260.96
227.11	633.32	30.00	334.07	183.94	235.68
40.22	127.90	6.79	64.69	54.82	63.37
91.44	248.96	15.81	133.69	88.45	142.54
680.22	1784.58	102.23	1082.20	493.92	974.69
554.10	1482.58	77.56	698.23	645.70	821.28
280.36	900.19	42.62	465.19	343.53	693.69
395.62	865.82	44.38	445.44	356.11	502.06
883.62	1922.83	96.50	1184.66	583.37	1069.92
438.46	1233.40	73.58	848.14	276.27	713.79
376.47	1165.76	62.02	744.65	329.61	631.75
1473.34	3550.86	119.53	2379.16	833.55	2331.48
2242.36	5939.50	433.39	4194.72	1121.96	3784.97
4088.96	14376.81	653.22	9030.80	4329.07	7578.40
299.90	872.42	46.10	635.86	187.47	427.71
297.48	680.09	101.82	556.45	81.34	413.85
99.26	122.16	13.00	88.79	26.68	89.93
983.62	5911.61	3.86	963.39	3379.81	3128.28
144.18	298.88	4.23	108.42	148.22	179.07
97.13	974.91	0.73	229.37	445.66	563.62

续上表

项　目	年末所有者权益合计	主营业务收入	主营业务税金及附加
总　计	**23720.45**	**70870.96**	**659.35**
按经济类型分			
在总计中：国有控股经济	5204.92	10625.04	397.88
国有经济	1391.37	3470.89	102.88
集体经济	115.45	513.44	2.66
股份合作经济	15.83	114.49	0.34
股份制经济	7476.44	23530.76	249.84
外商投资经济	7938.84	21879.27	197.34
港澳台投资经济	6307.48	18573.40	89.44
按轻重工业分			
轻工业	7787.93	26321.66	219.87
重工业	15932.52	44549.30	439.48
按企业规模分			
大型企业	9969.95	26309.86	381.68
中型企业	8324.47	23304.46	188.56
小型企业	5426.04	21256.64	89.11
按行业分			
煤炭开采和洗选业			
石油和天然气开采业	12.58	538.49	27.75
黑色金属矿采选业	5.09	40.28	0.32
有色金属矿采选业	3.95	33.57	0.05
非金属矿采选业	11.62	63.96	0.64
农副食品加工业	249.45	1057.66	2.17
食品制造业	309.47	862.93	12.72
饮料制造业	216.07	565.54	12.41
烟草制品业	161.68	193.61	85.79
纺织业	523.27	1874.32	4.66
纺织服装、鞋、帽制造业	403.60	1627.27	7.52
皮革、毛皮、羽毛(绒)及其制品业	320.70	1212.08	3.27

利润总额	#亏损总额	利税总额	本年应交增值税	全部从业人员年平均人数（万人）
5066.78	**191.24**	**7591.75**	**1865.62**	**1321.96**
1049.92	41.07	1901.32	453.53	59.94
214.73	8.62	476.71	159.10	18.44
29.24	1.47	40.01	8.12	32.01
6.65	0.13	9.64	2.65	1.94
1738.65	34.95	2641.26	652.76	392.43
1527.77	56.38	2297.24	572.13	302.77
1384.04	87.59	1879.24	405.76	513.19
1654.32	83.37	2566.43	692.24	683.62
3412.46	107.87	5025.32	1173.38	638.34
1729.40	20.24	2851.93	740.85	300.03
2057.94	76.23	2889.28	642.78	538.39
1279.44	94.77	1850.54	481.99	483.54
267.88	0.01	330.88	35.25	0.15
4.80		7.22	2.10	0.18
1.55		1.70	0.10	0.14
5.60	0.11	9.46	3.22	0.81
59.31	3.94	76.85	15.37	6.47
112.16	3.56	176.79	51.91	12.35
34.56	6.10	73.04	26.06	5.73
30.27		139.51	23.45	0.42
87.02	6.12	129.24	37.57	60.50
74.02	4.25	121.73	40.19	81.36
65.60	3.55	95.39	26.52	80.95

续上表

项　　目	年末所有者权益合计	主营业务收入	主营业务税金及附加
木材加工及木、竹、藤、棕、草制品业	85.50	282.46	1.44
家具制造业	257.16	985.66	2.87
造纸及纸制品业	571.13	1386.42	3.68
印刷业、记录媒介的复制	296.05	593.79	1.90
文教体育用品制造业	201.05	723.82	1.82
石油加工、炼焦及核燃料加工业	209.92	1652.65	151.08
化学原料及化学制品制造业	1167.11	3420.95	32.70
医药制造业	395.83	587.53	2.67
化学纤维制造业	64.43	171.94	0.24
橡胶制品业	106.13	335.41	1.40
塑料制品业	807.73	2500.80	7.77
非金属矿物制品业	657.37	1891.92	8.28
黑色金属冶炼及压延加工业	206.27	1295.34	2.70
有色金属冶炼及压延加工业	361.96	1680.54	6.74
金属制品业	849.83	3289.07	18.06
通用设备制造业	519.05	1684.79	6.16
专用设备制造业	530.75	1248.56	4.95
交通运输设备制造业	1217.92	5004.87	148.63
电气机械及器材制造业	2149.83	8520.53	34.13
通信设备、计算机及其他电子设备制造业	6793.28	18583.98	43.78
仪器仪表及文化、办公用机械制造业	444.58	1334.98	3.09
工艺品及其他制造业	265.94	1358.37	2.01
废弃资源和废旧材料回收加工业	31.77	351.06	0.66
电力、热力得生产和供应业	2783.41	3372.54	12.41
燃气生产和供应业	119.60	332.94	0.80
水的生产和供应业	409.37	210.35	2.07

利润总额	#亏损总额	利税总额	本年应交增值税	全部从业人员年平均人数（万人）
21.86	0.66	31.04	7.74	5.89
56.92	1.99	82.31	22.51	33.76
83.55	6.85	118.11	30.87	25.44
45.16	2.31	63.00	15.93	19.67
24.97	3.84	39.14	12.35	48.83
72.31	5.17	292.05	68.67	1.51
351.14	8.22	538.57	154.73	28.93
76.17	2.15	109.04	30.19	8.06
9.86	0.03	14.13	4.04	1.57
14.44	1.89	22.47	6.63	11.98
142.86	11.35	199.52	48.89	77.63
148.58	4.76	210.43	53.57	37.07
46.27	10.87	71.92	22.95	5.51
109.14	1.07	142.18	26.31	12.99
216.19	5.83	313.89	79.64	73.80
121.50	2.54	171.93	44.27	33.92
100.47	6.77	135.15	29.73	33.95
576.53	12.95	933.70	208.54	43.11
544.19	14.26	779.37	201.05	182.49
1005.37	37.12	1385.49	336.34	308.88
86.63	2.23	110.60	20.88	34.53
69.09	2.35	90.43	19.33	23.75
23.19	0.17	29.72	5.87	1.84
311.37	9.54	459.50	135.72	13.31
42.15	0.76	52.46	9.51	0.77
24.06	7.92	33.78	7.65	3.74

注：本表统计范围为年主营业务收入500万元及以上的工业法人企业。

珠江三角洲发展研究论文摘要

珠江三角洲发展研究论文摘要

题名	作者	文献来源	发表时间	摘　　要
珠三角农业循环经济发展的SWOT分析与对策	谢志铭	《广东农业科学》	2010-01-10	本文认为，发展农业循环经济是解决我国农业资源枯竭、环境恶化的根本途径之一，是实现我国农业可持续发展的必然选择。文章简要阐述了农业循环经济理论，运用SWOT分析法，分析珠江三角洲农业循环经济的优势和劣势，以及其外部机遇和挑战，并提出相应的发展对策。
粤港澳联合创新区研究	左连村 廖　喆	《产经评论》	2010-01-15	本文认为，建立粤港澳联合创新区是粤港澳合作创新最有效的方式，是广东建立现代产业体系的客观要求，也是把粤港澳打造成全球最具核心竞争力大都市圈的必然选择。建立粤港澳联合创新区有许多有利条件，也面临许多制约因素，突破的关键在于首先建立和发展珠三角创新成长区。
基于GIS的珠江三角洲城市群结构与空间关联研究	王　芳 夏丽华 张太煜	《广州大学学报》（自然科学版）	2010-01-15	本文对珠江三角洲9个城市的空间联系进行研究，计算了各城市的交通吸引强度、人口吸引强度，分析城市之间的联系在交通与人口规模之间存在的矛盾，揭示城市空间关联程度、发展趋势和空间要素在各城市的集聚特征。文章认为，通过对珠江三角洲城市群进行空间整合来提升城市群的竞争力具有重要的理论与指导意义。
珠江三角洲脆弱性研究进展	韩喜彬 龙江平 李家彪 初凤友 张平萍 许　冬 杨海丽	《热带地理》	2010-01-15	本文对珠江三角洲各项脆弱性分散研究文献和资料收集汇总，进行归纳分析研究，认为珠江三角洲脆弱性研究应加强定量分析，采用新的方法和手段，重视各脆弱性之间的耦合作用及珠江三角洲脆弱性变化对人类社会经济发展的影响，重点研究珠江三角洲对脆弱性变化的自适应性。

题名	作者	文献来源	发表时间	摘　　要
珠江口红树林基围养殖生态开发模式评述	张乔民 施　祺 余克服	《热带海洋学报》	2010-01-15	本文介绍了珠江口红树林基围养殖生态开发模式的3个个例，并提出重视红树林可持续利用模式研究和推广的建议，文章认为，要建立新的基围养殖示范区，大力推广红树林基围养殖的生态开发模式，探索毁林养殖区红树林友好式整治模式，改善红树林基围养殖技术提高养殖产量，加强红树林基围养殖系统相关科学研究。
粤港澳科技合作探讨	李相芝	《特区实践与理论》	2010-01-15	本文认为，在全球经济一体化和区域经济竞争的压力下，香港澳门许多固有的竞争优势不断受到挑战，珠江三角洲的竞争力正在逐步弱化。随着经济全球化的不断深入，探讨粤港澳区域如何在科技方面进行深度合作和创新发展非常必要。
区域一体化、地区专业化与趋同分析——基于珠江三角洲地区9城市的实证分析	黄新飞 郑华懋	《统计研究》	2010-01-15	本文以珠江三角洲地区9市的制造业为例，通过衡量行业空间集中度和地区专业化水平指标，发现随着区域一体化进程加快，珠江三角洲地区制造业的发展已进入聚集与扩散并存的新阶段，各城市间制造业结构的差异性增强，地区专业化水平提高，但珠江三角洲地区东岸、西岸内部各城市间仍存在不同程度的产业同构性。
泛珠三角经济圈的空间经济结构分析	龙　丽	《云南民族大学学报》（自然科学版）	2010-01-15	本文根据泛珠三角经济圈11个地区的经济发展水平、自然资源状况、基础设施状况、技术水平的差异程度，通过聚类分析法，进行空间上的分类，把空间特征相似的地区聚成一子区域，并在此基础上对泛珠三角经济圈各子区域的功能进行定位。
珠江三角洲乡村景观意象空间分析	范建红 王　玲	《安徽农业科学》	2010-01-20	本文认为，不同地域、不同文化及不同年龄的人对乡村景观有不同的空间感知及不同的理想乡村景观构想，但其共同点是希望乡村景观在发展的过程中能保留其优秀的地域性景观特色和延续地方场所精神，这为建设理想乡村景观模式提供了参考。

题名	作者	文献来源	发表时间	摘　　要
珠三角中小企业战略转型途径探析	刘苑辉 王海霞	《改革与战略》	2010-01-20	随着市场竞争的加剧，从 2007 年起，珠三角中小企业的发展已经出现了拐点。本文认为，这主要是珠三角中小企业长期忽视战略规划所造成，并分析珠三角中小企业缺乏战略的原因，提出必须加强对企业战略的认识，选择合适的市场竞争策略和营销策略，建设优秀的企业文化等转型途径。
全球价值链治理与外向型经济产业转型——以珠三角地区为例	邓伟根 王　然	《学术研究》	2010-01-20	本文认为，外向型经济的产业转型受到全球价值链（GVC）中各经济主体之间的组织形式和关系安排（即治理）的统一约束。只有从相应的 GVC 治理模式出发，并把握治理模式动态调整的趋势，才能找到外向型经济转型的适宜路径。要破解珠三角地区转型困境不能依靠政府的舆论宣传或者行政命令，而应该通过改变外部因素为外向型经济主体转型与升级提供创造激励和相容的条件。
论我国经济发展模式转型的必要性和可能性——以广东省珠江三角洲为例	杨　敏 周尚万	《中外企业家》	2010-01-20	本文认为，改革开放三十多年来，我国政府主导的产业结构调整取得较大成效，但以投资驱动为主的粗放型经济增长仍然明显，这种发展模式在当前金融危机下难以为继，必须转型。这是有效应对当前严峻的经济发展形势的迫切需要，是化解我国产业结构低度化发展和构建和谐社会的必然要求。
珠三角地区可持续发展的现实反思	叶　萍 林红菱	《特区经济》	2010-01-25	目前，珠江三角洲因发展过快而导致现有资源短缺的矛盾日益加剧，难以保证经济持续快速协调健康发展。本文提出大力推动绿色经济与构建资源节约型区域的战略选择。
珠三角地区主题公园产业集群演进模式分析	李伟	《特区经济》	2010-01-25	本文认为，通过对珠三角地区主题公园产业集群演进机制深入分析以及发展模式比较，质疑曾经被视为行业典范的珠三角地区主题公园产业集群发展模式，旨在引起业界对主题公园产业集群发展新的思考。

题名	作者	文献来源	发表时间	摘　　要
基于核心竞争力的珠三角物流联盟构建	韦　琦 黄利锋	《广东商学院学报》	2010-01-28	本文认为，珠三角地区的物流企业处于激烈的市场竞争环境，为了节约交易成本，缓解资源限制与需求多样化以及竞争压力与生存发展的矛盾，有必要进行地区间的资源整合。对利润的共同追求使物流联盟的建立成为可能，而信息化建设使物流联盟的建立有了技术支撑。构建珠三角地区的物流联盟应增强企业自身的核心竞争力，实现双龙带动，错位发展，并加大政策支持力度。
珠三角九市零售业竞争力的测评与提升	刘　立 陈海权	《广东商学院学报》	2010-01-28	本文认为，零售业是反映一个国家或地区经济、社会发展水平的晴雨表，提升零售业竞争力对促进商品流通、优化产业结构、增强区域竞争力具有重大的战略意义。考虑到珠三角零售业竞争力的复杂性，文章采用多因素评价理论构建零售业竞争力测评体系，并就如何提高珠三角九市零售企业竞争力提出建议。
《规划纲要》对广东运动服装业产业升级的启示	许　玲 许宗祥	《广州体育学院学报》	2010-01-28	本文解读《珠江三角洲地区改革发展规划纲要（2008~2020年）》对广东运动服装业的启示：以产业升级为切入点，综合分析该产业在全球运动服装产业价值链上所处位置，优化该产业升级的战略路径，为运动服装业及其他劳动密集型产业的发展和升级提供指引。
珠江三角洲年际潮差长期变化趋势	张　蔚 严以新 郑金海 吴宏旭	《水科学进展》	2010-01-30	本文对20世纪50年代以来珠江三角洲网河内17个主要控制水文站的年际潮差变化趋势进行了显著性检验和突变点分析。在网河内的中、上游河段，潮差的增大趋势显著；而在下游的口门区，由于受到围垦等人类活动影响，大部分站点的潮差表现为显著的下降趋势。文章认为，河网内大规模的无序采沙是引起珠江三角洲内潮差变异的主导因素，亦是近年来珠江三角洲咸潮频发的机理原因之一。

题名	作者	文献来源	发表时间	摘　要
金融危机对珠三角地区涂料行业影响的调查分析	梁世平 黎小明	《顺德职业技术学院学报》	2010-01-30	本文从近期金融风暴对珠三角地区涂料行业企业产量变化的影响力度到企业产品结构、企业面临的主要困难、涂料行业发展的趋势等多方面进行了调查，分析了阻碍珠三角涂料企业发展的主要内外因素，并提出了解决方案。
泛珠三角区域城市竞争力实证分析	张林泉	《经济研究导刊》	2010-02-05	本文基于中国城市统计年鉴2008年的数据，运用因子分析法评价泛珠三角城市竞争力，并提出相应建议。
珠江三角洲新农村建设的路径辨析——渐次性改良还是彻底的重构	魏立华 刘玉亭 黎　斌	《城市规划》	2010-02-09	本文认为，珠江三角洲的新农村规划已成为政府与农村有关集体土地如何开发的谈判博弈过程。在城市偏向政策下，集体土地大量违规开发，司法制度难以对城乡土地争端进行有效力的仲裁，而镇级政府没有动力或意愿对集体土地开发进行有效的管理。因此，涉及集体土地的农村政策的彻底转变将成为珠江三角洲新农村建设的根本出发点。
珠三角经济发展的新制度经济学分析	佘时飞	《企业活力》	2010-02-09	本文认为，全球经济危机使外向型依赖程度较高的珠三角制造业面临前所未有的压力，加速制度资本深化是珠三角走出经济低谷的有效途径。因为，制度资本深化一方面以调整收入分配的机制激活国内广大农村市场，为现有的制造业提供发展空间，另一方面从制造业向现代服务业升级是抓住下一轮经济全球化浪潮的必然选择。
珠三角经济区域港口物流与区域经济协调发展实证分析	沈小平 杨　锋	《物流科技》	2010-02-10	本文运用定性与定量相结合的方法，在分析区域港口物流对区域经济发展的作用与影响的基础上，对珠三角经济区域港口物流与区域增长的关系进行数量经济分析，探寻港口物流与区域经济发展的关系及规律。

题名	作者	文献来源	发表时间	摘　要
整合资源：推进珠三角区域交通一体化	钟永刚	《综合运输》	2010-02-10	本文认为珠三角区域交通一体化指由高速公路、铁路、城际轨道交通和公共交通、航道和机场、海港、内河航运港等交通通道和交通枢纽共同组成的水陆空并举，干支相连，集疏成网的综合交通体系。在这个体系内，推进各种交通方式一体化运作，多层次交通枢纽紧密联系，多方位交通通道网络分布，将对外强化区域辐射、对内促进区域合作，实现以交通网为骨架，综合交通与区域城镇空间的整体协调发展。
抢抓《规划纲要》机遇推动肇庆跨越发展	覃卫东	《广东经济》	2010-02-15	本文认为，国务院批准实施《珠江三角洲地区改革发展规划纲要（2008~2020年）》明确将珠三角地区的改革发展事业纳入国家整体战略范畴，并首次把肇庆市整体纳入珠三角，全面提升了肇庆的战略地位，为肇庆今后一个时期的改革发展指明了方向。
高技能人才成长影响因素的实证研究——以珠三角为例	谌新民 方瑜婷	《广州大学学报》（社会科学版）	2010-02-15	本文通过利用珠三角地区1651份实地调研样本数据，采用Logistic模型，从微观角度分析了人口社会学特征、人力资本、企业环境因素对高技能人才成长的影响程度。研究结果表明，高技能人才的成长既受到自身因素的影响，也受到制度、政策等方面的影响，其中企业对职业资格证书的重视程度、岗位培训的提供及其效果对高技能人才的成长有非常显著的影响。
珠江三角洲快速客船船行波模拟及其爬高研究	黄海龙 陈秀瑛 陈国平	《海洋工程》	2010-02-15	作者采用不规则波生波技术模拟珠江三角洲快速客船实测船行波，分别在波浪水槽和波浪水池中进行了船行波模拟试验研究。确定了不同波要素、不同入射角以及不同护岸坡比、平台宽窄、护面层结构等对船行波在斜坡护岸上的爬高影响，取得了船行波在斜坡式护岸上爬高的经验关系式。文章为珠江三角洲内河航道快速客船船行波作用下护坡的设计提供参考依据。

题名	作者	文献来源	发表时间	摘　　要
珠江三角洲河网悬沙数学模型分析	张　翼 金　生	《水利与建筑工程学报》	2010-02-15	本文认为，数学模型成为研究其河道水力、泥沙问题的重要手段。文章在线性化的 Pressmann 四点隐式差分法基础上，应用汊点分组思想求解河网流场，采用节点悬沙控制方法对珠江三角洲河网悬沙进行了数值模拟，利用实测资料对模型进行率定与验证，并分析了珠江三角洲流域河网悬沙输移特征。结果表明，数值模拟结果真实、可靠，与实测资料基本吻合。
珠三角水乡景观保护研究	文　佳 张文英 肖大威	《中国园林》	2010-02-15	本文认为，乡村景观的保护重点主要包括各级文物点的保护、乡村空间景观意象的保护、乡村传统文化的继承和传统经济的发展。文章论述了通过保护并延续水乡聚落景观的质朴性特征，水乡建筑的多元化保护与利用，建立多种社区居民参与的保护机制以维持水乡文化景观的原真性，建设绿色廊道，保护水乡景观区域的连续性和完整性等问题。
深港创新合作的战略定位:全球创新极	别江波 王　东	《城市观察》	2010-02-20	本文认为，在经济全球化和知识经济的背景下，创新水平的高低和创新能力的强弱决定一个城市、地区或国家在国际产业分工中所处的地位。决定创新能力的核心要素是创新型人才。深港创新合作应以深港共建世界城市为目标，着眼于创建世界范围内集聚顶级创新型人才的创新极，成为带动泛珠三角地区乃至中国经济发展的引擎。
珠三角旅游营销圈的形成与运作探析	曾光敏 吴良生	《赣南师范学院学报》	2010-02-20	本文认为，一个以客源地大型组团社为中心，整合客源市场的媒体、销售门市、游客组织和其他营销渠道，同时整合旅游目的地的产品，把旅游目的地和客源市场结合起来而形成的旅游营销圈在珠三角早已出现。旅游营销圈实现了旅游整合营销的再整合，是整合营销在旅游行业的更高形式，其形成与运行过程以及对市场的影响值得学术界着力关注。

题名	作者	文献来源	发表时间	摘　　要
肇庆市循环经济与可持续发展研究	张旭红	《商业经济》	2010-02-20	本文认为，肇庆市良好的生态环境是肇庆实现跨越发展的强大后发优势。肇庆市应深化全社会的资源、节约和环保意识，按照循环经济发展要求加快经济结构调整，积极推进资源循环利用，加快科技成果转化，建立健全珠三角资源、生态环境可持续发展的管理体制，促进人与自然的富裕、健康和文明，实现社会效益、经济效益和环境效益的三赢。
珠三角检察一体化优势与障碍分析	杜　华	《法制与社会》	2010-02-25	本文认为，珠三角检察一体化既有经济一体化及区域行政、公共管理政策协同化，犯罪人口结构趋同化，刑事案件现状趋同化等优势，同时又存在缺乏明确法律依据、缺乏成熟国内经验借鉴、检察机关地方化等障碍。但相比较而言其优势大于障碍，其中缓解或消除珠三角检察一体化障碍的措施包括在宪政层面上建立检察机关的垂直领导体制及建立完善的珠三角检察一体化横向协作保障机制等。
论珠三角地区民行检察一体化机制的构建——以服务《珠江三角洲地区改革发展规划纲要》为切入点	刘宏成	《法制与社会》	2010-02-25	本文从在珠三角地区实行民行检察一体化机制的必要性、民行检察工作一体化机制的法理基础、在珠江三角洲地区实行民行一体化机制的条件、在珠三角实行民行一体化机制的具体路径等几个方面进行论述。
珠三角农民工同乡聚居及其生成机制分析	胡武贤 游艳玲 罗天莹	《华南师范大学学报》（社会科学版）	2010-02-25	农民工同乡聚居给外来人口管理留下了隐患，已引起珠三角各地政府的高度关注。本文通过调查分析认为，缺乏专门训练的普通劳动者依靠地缘、血缘关系获取劳务信息进入珠三角从而形成扎堆就业，进而形成同乡初始聚居，并且在社会资本依赖和社区失灵两种因素作用下使得同乡聚居进一步稳定下来。农民工同乡聚居现象有利有弊，只要因势利导，措施得当，就能趋利避害。

题名	作者	文献来源	发表时间	摘　　要
珠三角地区高职学生消费行为与态度的调查分析	宋彦军	《特区经济》	2010-02-25	本文调查结果表明，珠三角高职学生的消费行为和消费观念总体上是适度、合理、有节制的，但也出现了消费主义的倾向。高职院校应通过开展社会主义核心价值观教育、消费教育、人文教育和建设好校园文化，引导学生树立正确、理性、健康的消费观念。
珠三角地区的城市涝渍及其治理	祝功武	《城市问题》	2010-02-27	随着珠三角地区城市化的发展，涝渍已成为其各个城市面对的一个普遍问题。本文分析了珠三角地区的地形和暴雨特征、土地开发存在的问题及地表水文响应、珠三角历史上处置渍水的经验以及国际上整治城市涝渍的通行方法，提出依托基塘，利用地下空间，构筑珠三角城市临时囤水系统，以缓解城市涝渍的建议。
农民工劳动权益的性别差异研究——基于珠三角3000多位农民工的调查	罗忠勇	《中国软科学》	2010-02-28	本文认为，珠江三角洲地区农民工在工资、工资拖欠、技能培训、辞工自由、日常福利、人身权利等劳动权益的获得方面存在较为明显的性别差异。进一步分解导致农民工在上述劳动权益方面存在的性别差异的原因，本文发现，性别歧视可能是导致当前我国农民工劳动权益性别差异的一个最为重要的原因，此外，人力资本因素和组织制度因素也为这种性别差异提供较强的解释力。
“亚运城”带动下的广州新城规划	王国恩 刘松龄	《城市规划》	2010-03-15	亚运召开，亚运城建设为广州新城的启动和持续发展提供了难得机遇。本文在区域和城市两个层面，剖析广州新城的发展动力，认为广州新城的功能定位应为广州南部都会中心，珠三角服务之芯，国际亚运游旅休闲地，创意水都，生态宜居新城。其规划应遵循效法自然、承袭传统、精明增长等理念，并提出用地、交通、开发建设等策略。

题名	作者	文献来源	发表时间	摘　　要
佛山市推进社会管理体制改革的探讨	周运源 张晓虹	《广东经济》	2010-03-15	本文认为，《珠江三角洲地区改革发展规划纲要》为包括佛山市在内的珠江三角洲城市在新时期全面落实科学发展观，继续先行先试，创新经济社会等的发展模式，谋求新的发展路径，提供重要的发展指南。
全新世以来珠江三角洲快速沉积体的初步研究	贾良文 何志刚 莫文渊 吴超羽	《海洋学报》（中文版）	2010-03-15	本文分析了珠江三角洲形成发育过程中的快速沉积现象，提出了珠江三角洲快速沉积体的概念，并且对典型快速沉积体的成因进行了初步分析。快速沉积体有明确的沉积环境和特定的沉积动力成因，沉积速率为每年厘米级。掌握珠江三角洲地形边界的特点、变化过程及其作用下的中、小尺度动力结构是研究珠江三角洲快速沉积体的关键。
珠三角区域空气质量指数（RAQI）的研究	张轶男 李倩倩 罗运阔 陈尊裕 刘　俊 张毅强 胡　鸣	《环境科学与技术》	2010-03-15	区域空气质量指数是粤港政府联合发布、反映珠三角区域内不同地区的空气质量状况的评级系统。本文认为，增加细粒子污染物 PM2.5，适当调高某些污染物的环境质量标准，增加 RAQI 的发布频次，可以使 RAQI 更全面、准确地反映区域空气污染状况，是 RAQI 改进的方向。
后危机时代的企业集聚与创新——来自珠三角企业的调查报告	《中国珠江三角洲地区产业集聚和企业间联动》课题组	《南方经济》	2010-03-15	随着在成本方面的优势日益削弱，珠三角迫切需要进行产业调整和升级。本文对珠三角的产业集聚及创新情况的问卷调查分析表明，珠三角地区营商环境的形成得益于上下游企业间相互支持，而非政府、行会、学校等组织的支持。珠三角作为广东、全国经济活动的积聚地区，市场导向型的创新特点很突出。

题名	作者	文献来源	发表时间	摘　要
珠江三角洲农民工身体健康与体育行为调查研究	陈小蓉 谢红光 张　勤 朱寒笑 戴　霞	《体育科学》	2010-03-15	本文运用文献资料、问卷调查、结构访谈以及体质测量等方法对珠三角地区农民工的健康和体育参与状况以及影响因素进行研究。研究表明，珠三角农民工自测健康总体得分偏低，各年龄段的差异显著，总体心理健康水平低于全国平均水平，尤其是心肺功能低于同龄农村人口。体育场地设施严重缺乏和农民工的基本健康知识、体育知识普遍缺失等是影响珠三角农民工参与体育锻炼的主要因素。
珠三角农村地区分散工业点整合规划与对策——以广州市番禺工业园区整合规划为例	田　莉 孙　玥	《城市规划学刊》	2010-03-20	本文认为，集体土地资本化驱动的建设用地碎片化和低效利用，加剧了我国城乡建设用地紧缺的矛盾。改革开放以来，通过集体土地的资本化，珠三角实现了农村工业化的快速发展。同时，也带来镇、村各自为政招商引资、工业点遍地开花的问题。文章对广州市番禺区工业点进行综合评价，并分类提出相应的规划调整对策。
珠江三角洲网河区上边界水量与前航道水体质量关联性分析	王　宁	《广东水利水电》	2010-03-25	本文在对三角洲网河区上边界三水水文站流量监测的基础上，对月均流量取对数并与前航道海珠桥水质断面的COD、NH3-N和总磷3个参数的对数作相关性分析。数据表明珠江网河区上边界来水对降低下游水体中COD、NH3-N和总磷浓度具有一定效果，其中NH3-N最为显著，COD次之。
产业结构调整与区域经济发展互动研究——以珠江三角洲地区为例	涂　岩	《经济与社会发展》	2010-03-25	改革开放30年来，珠三角地区经济社会发展取得了巨大的成就，但也面临不少问题和挑战，主要有:传统发展模式尚未根本转变，自主创新能力不强，企业缺乏核心技术，产业发展后劲和竞争力面临诸多隐忧，城乡和区域差距扩大，影响科学发展存在的体制机制问题没有完全改变等。因此，经济结构调整、产业结构优化升级已成为当前珠三角区域经济发展的主要任务。

题名	作者	文献来源	发表时间	摘要
广东青年对珠江三角洲地区新改革发展道路的认识与评价——对《珠江三角洲地区改革发展规划纲要》认知状况调查分析	吴宏志	《青年探索》	2010-03-25	国务院颁布的《珠江三角洲地区改革发展规划纲要》再次赋予广东省科学发展、先行先试的重任。该纲要的全面实施，对推动广东省共青团工作创新发展将带来新的机遇。本文在对珠江三角洲地区9个市的机关（事业单位）干部、企业管理人员、企业普通员工、大学生、外来务工青年进行问卷调查基础上，分析广东青年对该纲要的认知状况，以及该纲要对广东青年的影响，为共青团组织的创新提供参考意见。
珠三角非用地扩张型总体规划编制初步研究——以广佛都市圈中的南海区大沥镇为例	张宏 李洪斌 赵雷	《城市发展研究》	2010-03-26	非用地扩张型总体规划是在紧缺资源束缚条件下特殊地区的特殊规划，也将是未来我国绝大多数城镇发展或迟或早都会面对的问题。本文以处于广佛都市圈中的南海区大沥镇为例，对非用地扩张型总体规划的编制进行初步研究，主要从城乡统筹、发展转型、产业升级、空间挖潜、制度创新等角度，阐述非用地扩张性总体规划编制所应当关注的问题与对策。
关于珠三角金融发展及其立法的若干思考	张长龙	《广东商学院学报》	2010-03-28	珠三角的金融业要在《珠江三角洲地区改革发展规划纲要》的指导下得到长足发展，必须建立和完善与其相适应的法律和机制。本文认为，应当将该纲要上升到立法层面，加快区域发展立法建设，建立试错纠错和究错机制，如完善跨境贸易人民币结算的配套立法，促进珠三角金融法制的一体化，推进区域金融中心的法制建设，健全粤港澳金融合作机制。
珠江三角洲连锁企业人力资源现状及开发对策研究	蔡影妮	《现代商贸工业》	2010-04-01	珠江三角洲地区的连锁企业发展迅速，但人才的缺乏已成为制约该地区连锁企业发展的重要因素，因此，连锁企业的发展当务之急是解决专业人员需求特别是中高层管理人员等高素质人才。本文就珠江三角洲目前连锁企业的人力资源状况进行探讨并提出相应的开发对策。

题名	作者	文献来源	发表时间	摘　　要
以贯彻落实《规划纲要》促进学校科学发展	徐　刚 甘慕仪 甘子超	《教育与职业》	2010-04-11	《珠江三角洲地区改革发展规划纲要》赋予了职业教育新的使命。本文认为，顺德职业技术学院应根据这一纲要创新人才培养模式，提高人才培养质量，调整优化专业布局，提高专业建设水平，打造科技研发平台，提升技术服务能力，积极探索经济发达地区高等职业教育的发展道路。
珠江三角洲地区风暴潮重现期及增水与环境要素的关系	李　阔 李国胜	《地理科学进展》	2010-04-15	珠江三角洲地区是我国海岸中台风暴潮最严重的区域之一。本文采用耿贝尔方法和皮尔逊Ⅲ型分布法，分别计算了珠江三角洲地区 11 个潮位站的最大增水值的重现期，并对计算结果进行了比较，绘制了风暴潮增水重现值分布曲线。同时，分析了该地区风暴潮重现期的基本特征；最后总结了风暴潮与台风路径、天文潮以及地形之间的关系，对风暴潮预报、海岸工程设计和估计风暴潮造成的损失提供科学依据。
珠三角物流企业战略联盟关系影响因素分析	陈小卫 叶　飞 徐洁琼	《工业工程》	2010-04-15	本文以广东省珠三角地区 77 家物流企业为调查对象，对影响我国珠三角物流企业结成战略联盟关系的因素进行了实证研究。结果表明:物流企业的物流能力、资源互补性、信息化水平落差、文化相容性对物流企业联盟关系有着显著的正向影响。文章分别从政府与企业两个方面提出了促进我国物流企业结成联盟的建议。
珠江三角洲地区经济一体化的效应探析——基于新功能主义溢出效应的思考	陈喜强	《广州大学学报》(社会科学版)	2010-04-15	本文认为，《珠江三角洲地区改革发展规划纲要》的提出，为珠江三角洲地区经济一体化提供了新的发展机遇。珠江三角洲地区经济一体化的发展，不仅有利于节约交易成本、实现区域经济利益的优化与整合，而且有利于获得身份治理的管理效益。经由珠江三角洲地区经济一体化过程中的溢出效应，实现珠江三角洲地区经济一体化的协同功能。

题名	作者	文献来源	发表时间	摘　要
珠三角经济区房地产价格互动关系研究——以广州、深圳、东莞为例	陈章喜 黄　准	《南方金融》	2010-04-15	本文从珠三角地区不同城市房价联动的现实基础出发，运用相关的计量分析方法，对珠三角典型城市广州、深圳和东莞1990-2008年房价的动态一致性及相互关联程度进行实证分析。结果显示:三个城市的房价变动有共同趋势；在三个城市之间，房价变动的关联程度有强弱之分。针对珠三角地区房地产市场价格的收敛性走势，应采取房地产价格调控的区域内联动政策，防止房地产泡沫的区内形成及区域内扩散。
珠三角城市群协调发展的实证研究——基于区域经济一体化的分析	冯　静	《企业导报》	2010-04-15	本文认为，珠江三角洲城市群在地理位置和自然条件上的相似性及经济和文化的关联性，构成了一个相对完整的地域单元，而各个城市的经济联系是维系城市群的内在纽带，有必要将珠三角城市群之间的经济联系进行实证分析，以便对城市群网络式发展提供建议和政策支持。
金融危机与我国城市化发展问题——以珠江三角洲为例	吴　强	《清远职业技术学院学报》	2010-04-15	本文认为，随着我国经济的快速发展，城市化进程在加快。但席卷世界的金融危机，对我国经济影响不可低估，对外向型经济为主的东南沿海地区影响更大。面对着经济发展速度下滑，城市化进程减缓的挑战，只有科学界定不同经济区域城市化发展阶段，实施城市群发展一体化、城乡发展一体化，并理顺房价，改革户籍制度，才会使城市化健康发展。
广州市建筑业在珠三角城市群的角色分析	胡赛阳 李　杰 王幼松	《清远职业技术学院学报》	2010-04-15	本文用断裂点理论和产业吸引力模型来计算广州市建筑业对周围城市的吸引力，又应用产业增长贡献率模型，计算出各城市对珠三角建筑业增长的贡献率，发现近10年间，广州对珠三角建筑业增长的贡献率平均达到25.73%。因此，建议政府确定并促进广州建筑业的中心地位，推动周边城市群建筑业的稳步发展，进一步加强这些城市之间建筑业的协作，使珠三角城市群为地区经济的发展提供强大推动力。

题名	作者	文献来源	发表时间	摘　　要
广东珠三角地区外贸跟单岗位调研分析及培养对策	柳仕超	《武汉职业技术学院学报》	2010-04-15	本文针对目前高职院校国际贸易与商务单证教学中存在的问题，对岗位进行调研，认为国际贸易与商务单证教学应该围绕岗位工作任务及职业能力进行创新，增强实用性和职业性，突出高职学生职业能力的培养，实现知识、能力、素质的协调发展，以满足外贸企业的岗位要求。
珠三角地区制造业产业转移研究——基于广东省区域产业集聚的实证分析	曾小彬 魏　攀	《吉林省经济管理干部学院学报》	2010-04-18	本文认为，广东省近年来一直致力于通过珠三角产业转移缩小区际之间的经济差距，广东省东西两翼地区存在着巨大的产业转入空间，政府部门应建立产业转移的长效机制，促使区域经济早日实现从比较优势向竞争优势的转变。
珠三角地区产业转移趋势下劳动力转移的原因及对策探讨	叶祥松 秦广庆	《吉林省经济管理干部学院学报》	2010-04-18	本文认为，珠三角地区自改革开放以来，迅速成为中国经济国际化和外向化程度最高的地区之一。历经 20 多年的快速发展，其后继乏力的状态亦显露出来。要解决其瓶颈问题，就要转变经济增长方式，均衡区域内经济协调发展，增强区域竞争力。对此，实行产业和劳动力的双转移是其重要途径之一。
粤港携手翻开紧密合作新篇章	陈　果 胡玉萍	《广东建设报》	2010-04-20	本文认为,粤港要在跨界基础设施、现代服务业、制造业及科技创新、国际化营商环境、优质生活圈、教育与人才、重点合作区、区域合作规划、机制安排九大领域加大合作力度，率先形成最具发展空间和增长潜力的世界级新经济区域。
珠江三角洲现代服务业全要素生产率研究	曹建云	《甘肃行政学院学报》	2010-04-20	文章认为,(1) 珠三角现代服务业近年技术进步增长在 TFP 增长中占主导作用，技术效率的贡献相对较小。(2) 珠三角现代服务业增长已经摆脱了以要素投入为主的粗放型增长模式，其快速发展得益于要素使用效率的不断提高。(3) 珠三角各城市现代服务业 TFP 及其增长模式差异明显。

题名	作者	文献来源	发表时间	摘　　要
珠三角乡村旅游发展面临的问题及对策	郭　丽	《广东广播电视大学学报》	2010-04-20	近年来，珠三角地区乡村旅游发展迅速，不仅满足了城市居民回归自然和体验传统生活方式的出游需求，也为珠三角新农村建设找到了一个很好的切入点。本文根据珠三角乡村旅游的发展现状，分析了发展中面临的问题，并提出了该地区乡村旅游升级发展的几点对策。
珠三角地区用工短缺的解读——农民工转移就业风险分析	谌新民	《学术研究》	2010-04-20	本文通过对广州市番禺区三种类型农民工的调查数据分析发现，当前制度与政策变化风险、实际收入变化风险、合法权益受损与社会保障缺失风险是农民工跨地区转移就业的主要风险影响因素，也是导致用工短缺的深层原因。体制创新、加大人力资本投资与充分利用社会资本，对农民工应对跨地区转移就业风险并且以较低的成本获得就业机会有重要影响，也有利于珠三角地区的产业升级和就业的稳定。
珠三角区域绿道规划设计技术指引的思考	庄　荣 高　阳 陈冬娜	《风景园林》	2010-04-25	珠三角区域绿道规划作为21世纪规划主题的绿道在中国的首次实践，在广东地区轰轰烈烈地得以开展。本文通过对《珠三角区域绿道（省立）规划设计技术指引》编制过程中的思考，着重分析了指引中绿道分类、绿廊宽度、慢行道宽度、景观设施、节点系统以及标识系统等绿道组分的量化和设计细节。
珠三角外资主导型产业集群升级路径和策略探析	陈　恩 黄桂良	《广东工业大学学报》（社会科学版）	2010-04-25	文章阐述珠三角外资主导型产业集群的动态演化进程；分析这一类型产业集群以加工制造的方式切入全球价值链的内在弊端，即处于全球价值链低端、在全球价值链治理中处于俘获者地位、升级转型遭遇低端锁定、集群地域根植性较差等；提出珠三角外资主导型产业集群升级的路径和策略，包括以制造和消费二元切入全球价值链、通过技术创新和服务创新向价值链左右两端高附加值环节攀升、在集群内部延伸供应链、完善集群升级的政府支持体系等建议。

题名	作者	文献来源	发表时间	摘　　要
粤港澳高等教育一体化是区域经济一体化的发展趋势	朱建成	《广东工业大学学报》（社会科学版）	2010-04-25	本文从粤港澳高等教育一体化与经济一体化的关系入手，从粤港澳高等教育的可持续发展出发，分析了粤港澳高等教育一体化之必要性和可行性，提出了一体化建设的构思，认为广东省高等教育要进一步挖掘和利用《珠江三角洲地区改革发展规划纲要》的政策优势和平台作用，积极推进粤港澳高等教育一体化进程。
珠三角经济一体化中税收冲突与协调	罗春梅	《国际经贸探索》	2010-04-25	受地方政府利益最大化的驱使，在推进珠三角经济一体化的进程中，区域内税收利益竞争所产生的冲突已影响到一体化的实施效果。本文通过对协调地区税收利益冲突的国际经验进行梳理后，认为应建立区域间纵向及横向税收利益协调机制，形成产业导向的税收激励制度体系，尽可能实现税收利益均衡。
珠三角工业园产业协作体系探讨	赵玲玲 龚　泽	《特区经济》	2010-04-25	本文以战略协同管理的新视角研究珠三角工业园区产业发展、资源配置的协同整合问题，认为在珠三角工业园建立互利共赢的产业协作体系对于构建广东省现代产业体系、产业转移的推进、转移工业园区的建设以及广东区域经济的协调发展等有着重要的现实意义及决策参考价值。
珠三角区域中小民营企业融资困境及对策	李泽平 张德鹏	《特区经济》	2010-04-25	本文从珠三角区域中小民营企业现有融资渠道及其结构状况与特点出发，分析其融资现状，从外部环境、商业银行、中小民营企业自身等三个不同的视角对珠三角中小民营企业融资困境进行剖析，并从创新性和可行性的角度提出发挥政府在改善民营中小企业外部融资环境中的作用、建立有利于民营企业融资的政策机制等七个方面建议。

题名	作者	文献来源	发表时间	摘　　要
泛珠三角合作背景下的区际法律冲突及解决	邓路遥 王　威	《特区经济》	2010-04-25	本文认为，泛珠三角合作推进了经济合作的繁荣，也会加剧法律冲突从潜在的制度差异转变为现实矛盾的可能性，必须探求新的区际法律冲突的解决路径。在经济一体化程度较高的区域，制定局部的区际统一实体法来解决法律冲突问题既有理论必要也现实可行。
珠三角地区农村集体建设用地流转问题探讨——以中山市为例	张俊平 胡月明 章汉武	《经济地理》	2010-04-26	在城乡统筹发展的新形势下，政府亟须创新集体建设用地流转制度。本文探讨中山市各村集体建设用地流转对社会、经济发展的积极作用，同时也指出了存在的问题，认为建立省—城乡二级农村集体建设用地流转制度和协调好政府—农村集体—农民三方利益关系，是解决目前我国农村集体建设用地流转问题的关键。
特殊区域旅游合作与发展的经验与启示——以粤港澳区域为例	秦　学	《经济地理》	2010-04-26	本文认为，粤港澳区域旅游合作是其内部特性、层次、结构、水平不同的各次区域之间形成的层次有别、关系密切、结构复杂、内涵丰富的旅游空间体系的过程。其旅游合作的形式和内容包括了旅游资源—产品—市场联合开发、旅游交通—设施—信息系统合作兴建、旅游政策—制度—管理协作交流、旅游人才—技术—资本流动与融合等方面。
珠三角民营企业管理创新分析	孙明高	《南方论刊》	2010-05-08	珠三角民营企业的发展取得了一定的成就，也面临来自各方面的严峻挑战，急需实施管理创新。本文从民营企业在管理创新方面的动力与障碍因素出发，分析珠三角民营企业发展进程中的管理创新及对策，认为政府部门也需在规范、规划、引导、服务民营企业方面实施制度创新。

题名	作者	文献来源	发表时间	摘　　要
珠江三角洲产业结构升级策略研究——基于中山市产业结构调整的调研	佘时飞	《企业活力》	2010-05-09	本文认为，加快经济结构转型、实现产业升级与产业结构升级成为保持和加强中山市经济竞争优势的唯一出路。将产业结构升级简单理解为以技术、资本密集型产业代替劳动密集型产业的认识是错误的，过分强调高新技术产业的培育和发展，忽视劳动密集型产业的就地改造和升级的做法是危险的。中山市乃至珠三角对现有劳动密集型产业进行就地改造和升级才是保证经济可持续性发展的当务之急。
劳工权益与安抚型国家——以珠江三角洲农民工为例	郑广怀	《开放时代》	2010-05-10	基于对当代中国国家与劳工关系的考察，本文构建安抚型国家的探索性概念。它大致具有三个方面的特点:一是模糊利益冲突，即国家维持现状，就事论事地解决问题，而非推进不同社会群体的利益协调机制；二是言行分离，即国家更多采用政策实践来解决问题，而非按照公布的法律法规和政策本身（政策文本）来解决问题；三是点面结合，即国家在整体上对劳工进行精神安抚（意识形态宣传），在个别问题上进行物质安抚（如对坚持维权的农民工给予补偿）。
泛珠三角区域经济一体化问题研究	杨　杨	《科技情报开发与经济》	2010-05-15	本文阐述了泛珠三角经济区域概念的界定，指出了泛珠三角区域经济一体化发展的制约因素，提出了泛珠三角区域经济一体化建设的途径。
珠三角都市型农业（UA）评价指标体系构建及实证研究	许　林 宋光辉	《软科学》	2010-05-15	本文根据珠三角都市型农业发展现状，论述了都市型农业的空间—功能分区，并据此构建了一套定量的珠三角都市型农业评价指标体系。在确定指标权重时，引入熵的概念，避免了层次分析(AHP)等常用方法所带来的主观因素的影响，采用模糊综合对总体发展水平进行评价。据此对珠三角9个城市都市型农业发展水平进行了比较实证研究，并提出相应的政策建议及所面临的改革发展机遇。

题名	作者	文献来源	发表时间	摘　　要
珠江三角洲物流园区建设宏观环境分析	吴　琼 李文兴	《铁道运输与经济》	2010-05-15	任何一个物流园区的建设都必须满足合理的地理区位、足够的物流需求和必要的政府支持等宏观环境条件。本文以珠江三角洲为例，对珠江三角洲东部、西部和中部物流园区建设环境进行具体分析，并指出物流园区的可持续发展还必须考虑周边物流园区的竞争因素，即应具有综合比较优势。
珠三角滨海小流域土壤水分吸力及特征曲线研究	付丛生 陈建耀 曾松青 董林垚 蒋华波	《中国生态农业学报》	2010-05-15	本文以中山大学珠海校区滨海小流域为研究对象，分析了小流域内的土壤质地、土壤含水量、土壤吸力的变化及其对降雨、蒸发的响应特点，发现小流域内径流试验场中各个深度土壤水分特征曲线总体上呈L型，且含较多细小颗粒土壤的水分特征曲线（脱水过程）在低含水量、高吸力区呈现出反S型，根据此特点提出用Gauss、Dose res ponse（Bi-dose response）等函数对土壤水分特征曲线进行拟合的方法。
服务业发展、经济增长与产业相关性——基于珠三角地区的经验数据	韦　琦	《中央财经大学学报》	2010-05-15	本文认为，珠三角服务业已具有一定的规模和水平，传统服务业稳定发展，现代服务业迅速崛起。实证结果显示，珠三角服务业与经济发展之间具有长期稳定的均衡关系，服务业发展对经济增长具有显著的推动作用。为了促进珠三角地区内外服务业合作协调发展，应该加快服务业市场化和国际化步伐，继续出台促进服务业总量增长和优化服务业内部结构等政策。
珠三角区域经济发展的影响因素分析——基于面板数据协整理论的实证研究	张振刚 田　帅	《改革与战略》	2010-05-20	本文基于珠三角地区的非平稳面板数据，运用协整建模的理论和方法，对珠三角地区的科技投入、资本存量、产业结构、基础设施、人力资本与经济增长的关系进行实证研究，结果表明，以上五大经济要素与经济增长之间有着显著的长期均衡关系，且五大经济要素对经济增长的贡献各不相同。最后，提出了促进珠三角区域经济持续协调发展的相关政策建议。

题名	作者	文献来源	发表时间	摘　　要
珠江三角洲现代物流人才需求调查与分析	陈御钗	《江苏商论》	2010-05-20	本文通过网络调查和问卷调查相结合的方式，了解珠江三角洲企业对物流人才的需求情况和具体要求，分析了企业物流人才特点、来源及不同岗位对物流人才能力要求的差异。
大珠江三角洲地区城市服务业竞争力比较研究	雷　蕾 刘宛洁	《工业技术经济》	2010-05-25	本文运用因子分析法，构建了城市服务业竞争力评价指标体系，通过SPSS软件，对2008年大珠江三角洲地区11个城市的服务业竞争力进行了因子统计分析。研究发现:大珠江三角洲地区各市服务业竞争力差异明显，同时存在着竞争力随距离中心城市的渐远而衰减的现象。最后，从加强区域间合作与分工的角度，提出提升大珠江三角洲地区城市服务业竞争力的对策与建议。
浅谈珠三角城际轨道交通项目信号系统方案选型	耿传锋	《科技信息》	2010-05-25	文章根据珠三角城际轨道交通项目客户需求，在综合分析现有国内外铁道信号系统功能的基础上，对珠三角城际轨道交通信号系统选型提出建议。
珠海生产性服务业发展模式的探讨	燕　珍	《特区经济》	2010-05-25	本文认为，发展现代服务业应优先发展生产性服务业，这对推动珠海经济发展、优化产业结构、促进产业集群发展、提升服务业竞争力具有重大作用。珠海生产性服务业的发展应采取与制造业联动的模式，通过采取加大政府支持力度、集群化发展、鼓励制造企业业务外包、积极吸引外资、拓宽融资渠道、加强与港澳合作等有效措施促进其发展。
珠三角地区围产期保健调查研究	刘云娣 欧映珍	《中国社区医师》（医学专业）	2010-05-25	本文抽取珠三角部分地区的临床病例，统计调查围产期保健的一般状况，并对有关围产期保健的文献进行整理与综合，希望围产期保健受到重视，选择最佳生育年龄，提倡有计划妊娠，广泛宣传围产期保健知识，提高早孕建卡率，降低人工流产率及剖孕产率，减少高危妊娠的发生，保护妇女生殖健康。

题名	作者	文献来源	发表时间	摘　　要
珠三角规划纲要背景下的体育投资影响分析	李国岳	《广州体育学院学报》	2010-05-28	本文认为，目前珠江三角洲地区体育发展方式进入转变的关键时期，体育社会化进程不断深入，体育市场化水平日益提高，但社会有效需求仍然不足，体育就业市场依然严峻。保持适度的体育投资规模，着力优化体育投资结构，是珠三角体育持续、快速、健康发展的重要保证。文章分析珠三角近年体育投资对体育经济影响的程度和路径，以及资本性体育投资与体育经济增长之间相互促进的因果关系和变动趋势。
惠州地区珠江组下部层序划分及沉积相展布特征	刘曾勤 王英民 施和生 杜家元	《海洋地质动态》	2010-05-28	惠州地区是珠江口盆地重要的产油区，随着构造油气藏发现越来越困难，岩性地层油气藏的勘探就显得尤为重要。寻找岩性地层油气藏需要建立研究区精细层序地层格架，本文依据地震、钻测井等资料，在惠州地区珠江组下部共识别出了7个三级层序。
如何在“两课”教学中贯彻《珠江三角洲地区改革发展规划纲要》	利　煌	《学理论》	2010-05-30	本文认为，国务院批准实施的《珠江三角洲地区改革发展规划纲要》给广东高校发展带来新的机遇，也赋予高校更高的使命。对于广东高校的两课教师而言，也应当把《纲要》的相关内容融入思想政治课的教学中去，使学生了解《纲要》，增强社会责任感与使命感，投身到《纲要》的实践中。
面向“十二五”的珠江三角洲地区城市职能研究	胡小强 黄　炀 殷学攀	《山西建筑》	2010-06-01	本文通过因子回归分析对珠三角城市职能进行了定位，提取了社会服务业与制造业因子、综合性服务业因子、房地产与服务业因子、采矿与信息教育因子以及建筑与管理5个因子，应用聚类分析方法将珠三角城市分为4种城市职能类型，为珠三角城市职能优化提出对策。

题名	作者	文献来源	发表时间	摘　　要
论珠江三角洲地区检察一体化机制的构建——以贯彻《珠江三角洲地区改革发展规划纲要》为视角	广州市花都区检察院、广东培正学院课题组	《法制与社会》	2010-06-05	本文认为，检察一体化是保障检察机关统一有效地行使检察权，维护国家法制统一的制度安排和检察活动的基本原则，但长期以来，人们讨论和关注的检察一体化往往是上下级检察机关整体的一体化，很少谈及区域检察一体化。本课题对珠江三角洲地区九市检察机关的区域一体化进行了研究。
珠三角一体化视野中加强和改进检察协作机制的思考	罗素君	《法制与社会》	2010-06-05	随着珠三角一体化的深入发展，珠江三角洲地区各城市之间、各部门、各企业之间及社会广泛参与的多层次合作机制正在探索试行。加强珠三角检察机关之间的横向交流与协作、改进检察协作机制势在必行。本文从珠三角地区加强检察协作的主要内涵及其存在的问题与障碍角度入手，力求寻找到较为实际的解决途径。
环珠江三角洲地区发展港口物流的策略	潘意志 何志昂	《中国水运》	2010-06-06	港口作为运输网络的重要枢纽节点，以其大进大出的集疏运能力及组织作用，在综合物流体系中占有重要地位。本文通过对环珠江三角洲地区港口群的发展状况和港口物流的制约因素进行剖析，并从加快构建环珠江三角洲地区临港工业走廊、建设有特色的港口物流和完善集疏运体系，促进港口物流对接三大方面提出加快环珠江三角洲地区港口物流发展的策略。
论珠三角文化一体化的必然趋势	刘建中	《北京行政学院学报》	2010-06-10	随着珠三角区域优势资源互补、产业关联、梯度发展的多层次产业圈的形成，以城市十分钟文化圈、农村一小时文化圈等为目标的文化一体化也成为必然趋势。本文从分析这一趋势入手，比照世界大城市经济文化一体化的经验，对珠三角文化一体化问题进行论述并提出对策性建议。

题名	作者	文献来源	发表时间	摘　　要
珠三角工业各行业比较优势分析	刘　洋 张泽民	《商场现代化》	2010-06-10	在珠三角一体化的背景下，珠三角各个城市在未来工业产业发展中应准确定位，避免重复建设和无序竞争。本文通过工业行业区位商这个指标，采用定性与定量分析相结合方法分析了珠三角九市工业产业各行业的比较优势，并在此基础上提出了产业发展的若干建议。
珠江三角洲高新技术产业竞争力评价研究	丁孝智 张朝晖 张　华	《商业研究》	2010-06-10	本文认为，珠江三角洲地区高新技术产业具有产业发展规模逐步扩大、产业成长性表现为波动形态、产业发展潜力很不稳定三大特点，据此应该在产业政策、科技投入、自主创新、人才建设、环境营造等方面加大改革力度，以确保其竞争力的持续提升。
珠三角港口群竞合态势及广州市现代物流业发展策略解析	王爱虎 刘志敏 高秀丽	《工业工程》	2010-06-15	本文阐述现代物流业的内涵及其对区域经济发展的影响，根据珠三角现代物流业统计资料，深入剖析了珠三角现代海运物流业和现代航空物流业的竞合态势，并对广州市现代物流业发展所面临的挑战和机遇以及可能采取的发展策略进行了具体论述。
珠三角港口改造引发的通航安全问题	黄夏幸 邓　锋 邹炳生	《广州航海高等专科学校学报》	2010-06-15	本文以沙角B电厂煤码头水工结构加固改造工程为实例，对珠三角地区港口改造升级引发的水上通航安全问题进行探讨，提出改造方案和水上安全生产对策。
在新的历史起点上谋划珠三角地区金融业跨越式发展	罗伯川	《南方金融》	2010-06-15	本文阐述人民银行广州分行深入调研，向广东省委、省政府提交并向全省金融系统发布的《关于落实〈珠江三角洲地区改革发展规划纲要（2008~2020年）〉推动金融业科学发展的若干意见》的思路。认为该《若干意见》以科学发展、先行先试为主线，突出宏观性、战略性、前瞻性和导向性，明确了当前和今后一个时期广东特别是珠江三角洲地区金融业改革发展的定位、目标和重点任务。

题名	作者	文献来源	发表时间	摘　　要
改革开放以来珠江三角洲地理研究:回顾及展望	姚华松 许学强	《世界地理研究》	2010-06-15	本文对珠江三角洲地理研究进行总结，核心研究主题有传统经济地理分析，城市发展与城市化，产业转移、升级与结构调整，区域合作与协调，社会空间研究，区域人口研究，区域规划与管治，土地、环境、生态与文化保护。也对未来珠江三角洲地理研究进行展望，归纳3个研究热点:区域协调与可持续发展研究，区域社会与文化研究，全球化背景下区域响应研究。
珠三角城际轨道交通正线线间距研究	黄远清	《铁道工程学报》	2010-06-15	由广东省单独投资建设并负责运营管理的珠江三角洲地区城际轨道交通网，运行车辆选用与地铁A型车外形尺寸相同的城际动车组，但运行速度大大高于一般地铁，现行有关轨道交通方面的设计规范均不能完全适用于珠三角城际轨道交通项目。为了使工程设计既能实现运营速度目标，保证运营安全，又尽量节省工程投资，本文对珠三角城际轨道交通正线线间距进行了研究确定。
珠三角城际轨道交通综合交通枢纽布局研究	刘和芳	《铁道工程学报》	2010-06-15	珠三角城际轨道交通线网要求统一规划、统一建设、统一标准、统一运营，线网内部要求实现互连互通、运营灵活、资源共享，需要进一步深入研究互连互通的内涵。本文认为，城际轨道交通综合交通枢纽的设计理念应遵行协同效率与整体形态最优化、枢纽个体条件适宜性、实现紧骤布置和无缝换乘、综合利用有限城市空间和土地资源以及定性定量相结合等五个原则。
珠三角城际轨道交通最小曲线半径及缓和曲线长度研究	黄远清	《铁道勘察》	2010-06-15	本文根据珠江三角洲地区城际轨道交通线网特点、运营特点、车辆选型和服务功能，参考现行有关轨道交通的设计规范或设计暂行规定的原理、原则、理论依据和计算公式，对珠江三角洲地区城际轨道交通平面最小曲线半径及缓和曲线长度进行了分析研究，并提出了有关参数选择意见。

题名	作者	文献来源	发表时间	摘　要
珠江三角洲外省文化与岭南文化冲融的空间特征分析	李小银 张立建 胡丽娣	《云南地理环境研究》	2010-06-15	本文探讨珠江三角洲外省文化与岭南文化冲融的地域差异，发现从文化差异类型来讲，除了广州和珠海的广东群体属于倾向岭南文化型外，其余地区不论广东群体还是外省群体都属于中间型；从冲突类型来讲，除广州和珠海属于弱同化型外，其余都属于整合型。产生这些地区差异的关键在于:内资经济与外资经济的此消彼长改变了外省群体与广东群体在数量、政治、经济和文化上的力量对比，外来人口越多或比重越高的地方，整合作用越大，外来人口越少或比重越低的地方，同化力量越强。
珠江三角洲流域环境污染联合防治机制研究	张英民 李开明 刘爱萍	《中国工程科学》	2010-06-15	本文针对珠江三角洲流域河网众多，城际间联系密切，环境污染呈区域性分布的特征，提出珠江三角洲流域污染联合防治机制，即积极推行环境污染防治联合规划、推进环境污染防治联合整治、强化流域环境污染监督管理的联合执法力度，使珠江三角洲地区的环境污染状况得到有效扼制。
珠三角统筹城乡发展存在的问题及建议	杨　军 王厚俊	《仲恺农业工程学院学报》	2010-06-15	本文认为，珠三角地区在统筹城乡发展中仍存在诸如土地资源有限、村级财政压力大、农村管理体制滞后和现代化的、流入式的农产品物流体系尚未形成等问题，并提出要从提高对失地农民的保障标准，转变经济增长方式，调整产业结构，统筹城乡财政，统筹城乡管理和构筑现代化的、流入式的农产品物流体系等措施来提高珠三角地区统筹城乡发展水平的建议.
区域公共管理制度创新分析:以珠江三角洲为例	张紧跟	《政治学研究》	2010-06-18	本文通过对近年来珠江三角洲区域公共管理制度建立及其运作的分析与评估发现，其在解决一部分问题的同时，并未破解区域一体化的困境。因此，必须适时推进区域公共管理制度创新，以适应区域一体化发展的需要。运用新制度经济学理论以及交易费用经济学的最新成果，创新制度环境、实现治理机制多元化和规范治理主体应成为珠江三角洲区域公共管理制度创新的基本思路。

题名	作者	文献来源	发表时间	摘　　要
新生代农民工融入城市的预期与构想——以珠三角“民工荒”为例	谢建社 谢　宇	《城市观察》	2010-06-20	本文认为，珠三角地区“民工荒”是真荒还是假荒，民工荒的真正原因何在等问题值得一辩。如今，新生代农民工已经登上了城镇化进程的舞台，并成为新产业工人阶层的主体部分。新生代农民工往往把自己看成准城里人，希望在公民权利、择业就业、工资待遇、生活方式、社会保障等方面，能够与城里人享有同等待遇，他们不再是廉价的劳动力。
珠江三角洲公共场所集中空调通风系统卫生状况分析	辜少虹 黄锦叙 张建鹏 麦哲恒 曲亚斌 袁章林	《华南预防医学》	2010-06-20	本文从珠江三角洲地区的广州、深圳、佛山、珠海、中山、惠州、江门等城市随机抽取25家酒店、饭店、医院、商场、体育馆等公共场所的集中空调通风系统进行检测。分析珠江三角洲公共场所集中空调通风系统卫生状况，为卫生管理提供依据。通过相关分析表明，积尘量与PM10、积尘量与送风中菌落总数、PM10与送风中菌落总数均具有相关性。
浅谈珠三角城际轨道交通施组设计及概算编制	甘军霞	《山西建筑》	2010-06-20	本文以珠三角城际轨道交通佛山-肇庆段工程设计为例，对城际轨道交通与国家铁路施工组织设计及概算编制方法进行了分析研究。
珠江三角洲市民学习网搭建技术要点探析	杜燕翔	《图书馆论坛》	2010-06-20	本文从系统部署、数据存储方式、版权问题处理、数据处理和相关技术应用等方面探讨以东莞市民学习网为技术基础建设珠三角市民学习网的技术要点，以期为珠三角地区市民学习网的实施，以及同类型在线学习平台构建提供参考。
珠江三角洲地区居民参与休闲体育活动的现状调查	易建取 吴仕勇	《西昌学院学报》（自然科学版）	2010-06-20	本文通过文献资料、问卷调查、数理统计等方法，对珠江三角洲地区居民参与休闲体育活动的现状进行调查分析。结果显示，珠三角地区居民健康观念较强，休闲体育是大众居民在闲暇时间内最主要的休闲方式；运动场地、闲暇时间、健身指导员等是影响该地区居民从事休闲锻炼的重要因素。

题名	作者	文献来源	发表时间	摘　　要
广东工业化与泛珠江三角洲区域资源战略	王如心	《资源与产业》	2010-06-20	本文通过分析广东工业化开发利用的状况以及资源能源开发利用对广东未来能源战略取向等问题，提出要将资金、技术、市场优势与泛珠三角内陆省（区）的资源、劳动力、能源优势合作共享，努力形成泛珠三角区域内部既有分工又有合作的互动局面，并就泛珠三角区域今后如何实现多核多圈发展模式，进一步发挥广东主核心区作用提出了具体的对策建议。
珠江三角洲产业结构趋同问题研究	冯邦彦 邵　帅	《工业技术经济》	2010-06-25	产业结构趋同已成为珠三角区域经济发展中的显著特点。本文通过利用产业结构相似系数和产业分工专业化系数对珠江三角洲9个中心城市进行实证分析后发现，珠三角制造业虽然结构相似程度较高，但已经出现产业分工协作的趋势，珠三角的产业同构实际上更多是区域内产品水平分工的表象，随着产业转移步伐的加快，未来珠三角产业将向着分工逐步深化的方向发展。
珠三角产业转移与广东欠发达地区工业化	代　明 覃　剑	《广东工业大学学报》（社会科学版）	2010-06-25	本文认为，随着珠三角产业转移，广东欠发达地区一方面迎来了借产业承接大规模推进工业化的契机，另一方面面临地理边缘化和环境脆弱性对产业承接的限制。这就需要找到一个能有效利用机遇并摆脱限制的解决方案。功能分区、产业选择和工业排放配额制为此提供了思考的方向。
珠三角发展规划纲要下的体育一体化思考	李国岳	《哈尔滨体育学院学报》	2010-06-25	随着珠江三角洲改革发展规划纲要的制定和落实，体育一体化建设必将成为其区域协调发展的重要研究内容。本文通过对体育思想、体育文化、体育基地和体育人才等层面的思考，进一步分析了体育一体化建设的特征。
从珠三角城镇群发展实践看区域经济一体化	姚华松 陈　芳	《特区经济》	2010-06-25	全球化背景下，区域经济一体化是城市和区域发展的重要趋势。本文回顾珠三角城镇群发展轨迹，检视其发展过程中存在主要矛盾和问题，最后提出推进珠三角经济一体化的发展战略和措施。

题名	作者	文献来源	发表时间	摘　要
增值税转型对珠三角的影响分析	阮梓坪 宁利兰	《特区经济》	2010-06-25	我国自2009年1月1日起，在全国所有地区、所有行业推行增值税转型改革，改革的核心是扩大了增值税的抵扣范围。本文主要从企业、财政收入和就业三个角度分析了增值税转型对珠三角的影响，在此基础上，提出了关于未来增值税改革的几点意见。
珠三角城际轨道交通枢纽站点布局研究	刘和芳	《交通科技》	2010-06-28	本文阐述了城际轨道交通综合交通枢纽的设计新理念，提出了基于珠三角城际轨道交通线网的枢纽站点分类和衔接原则，通过研究主要枢纽站点衔接方式，初步形成了珠三角城际轨道交通枢纽的基本框架。
试论珠江三角洲地区检察协作机制的构建	何正华 杨志祥	《法治论坛》	2010-06-30	随着珠江三角洲地区经济一体化加速，普通刑事案件和贪污、受贿等职务犯罪案件的跨区域性特征也逐渐凸现。该地区检察机关之间的交流与协作亟须加强，构建该地区检察协作机制迫在眉睫。本文从构建检察协作机制的必要性、可行性入手，以《珠江三角洲地区改革发展规划纲要》颁布实施为视角，对珠江三角洲地区检察协作机制的构建作初步探讨。
珠三角地区基本公共服务均等化现状及对策研究	李　旭	《北方经济》	2010-07-01	本文认为，珠三角地区要按照城乡规划一体化、产业布局一体化、基础设施一体化、公共服务一体化的总体要求，率先形成城乡一体化发展格局，实现城乡基本公共服务均等化。
政府在珠三角地区产业转移中的作用	邝国良 王　婧	《科技管理研究》	2010-07-08	在珠三角产业大转移的过程中，政府起着不可忽视的重要作用。本文以政府干预产业转移的理论依据为出发点，结合珠三角产业转移的现状，对珠三角产业转移中的政府的功能定位提出一些见解，并提出一些政策建议。

题名	作者	文献来源	发表时间	摘　　要
CEPA 框架下内地与香港金融竞合对珠三角产业结构调整的影响	李江涛	《产经评论》	2010-07-15	本文认为，在 CEPA 和《粤港合作框架协议》框架下，内地与香港合作进程加快，金融、物流、房地产、高科技等产业正成为合作新重点。香港巩固其国际金融中心地位，成为未来人民币离岸金融中心，为中国与东亚区域贸易以人民币结算做出结算与金融安排，都将使两地产业结构得到调整，并从调整中受益。
珠海市社会事业发展的 SWOT 分析	邓嘉燕	《全国商情》（理论研究）	2010-07-18	珠海市作为珠三角西岸核心城市，一直以其优美的环境、优秀的教育资源、深厚而独特的文化等优势走出一条与东岸完全不同的发展道路。本文从发展社会事业的外部环境与自身条件出发，通过 SWOT 分析提出珠海市社会事业未来发展的战略方向。
关于珠三角农业落实《规划纲要》的政策思考	张　军 瞿志印 葛孚桥	《科技管理研究》	2010-07-23	本文认为，改革开放以来，在从传统型农业向现代型农业转变的途径探索中，珠江三角洲地区积累了一些经验，为其农业在当前和今后一段时期落实《珠江三角洲地区改革发展规划纲要》提供了现实基础。而《规划纲要》的批准和实施，又为珠江三角洲地区农业带来了新的机遇和挑战。要进一步推动珠江三角洲地区农业快速发展，必须理清农业发展的政策思路。
推进珠江三角洲经济发展模式转型的思考	杨　敏 周尚万	《特区经济》	2010-07-25	改革开放 30 年来，珠江三角洲经济发展模式取得了巨大成功，产生了重大影响。但在新形势下，该模式固有的缺陷和弊端逐步暴露出来，束缚了本地区的科学发展和竞争力的提升。本文从珠江三角洲经济发展模式存在的问题出发，提出推进珠江三角洲经济发展模式转型的一些具体措施。
从产业关联看珠三角产业转移	郭歆欣 赵玲玲	《特区经济》	2010-07-25	本文首先分析了广东省区域产业结构的特点，然后从产业关联的视角，通过 2007 年广东省投入产出表测算出对国民经济有较大关联的产业部门，分析其在珠三角产业转移大背景下的影响。

题名	作者	文献来源	发表时间	摘　　要
广佛同城化对珠三角一体化的示范作用	姚　宜	《特区经济》	2010-07-25	本文认为，广佛经过多年发展已成为珠三角的核心区域。广佛同城化具有深厚的合作基础，加快推进同城化建设，需要正确处理四个方面的问题，从规划、管理模式和机制、产业体系、基础设施建设等方面发挥示范带动和引领作用。
珠江流域经济合作发展模式探讨	徐　庆	《水利经济》	2010-07-30	本文对珠江流域经济合作的可行性和经济效应进行了分析，提出了珠江流域经济合作的具体模式:按照以基础设施建设为抓手，以珠江三角洲为龙头，以贵阳、昆明、南宁等省会城市为增长极，以珠江流域经济带为主轴的模式进行珠江流域经济合作。
从《珠江三角洲地区改革发展规划纲要（2008～2020年）》看粤港区域发展及合作的基础、优势与障碍	刘佩琼	《当代港澳研究》	2010-07-31	本文根据统计数据分析广东省及其周边的经济体的关系，推论广东省特别是珠江三角洲的经济定位、产业结构优势、目标市场及香港与珠江三角洲各级地方政府经济合作的障碍。文章指出，广东省的主要目标市场仍是欧美地区，在产业升级的同时，传统轻工业有稳定经济贸易的作用；粤港合作对将珠江三角洲打造为国际大都会很重要；粤港协作仍要大力打破制度性的障碍，建立优势互补共识。
珠三角高新技术产业一体化的机制研究——基于国内外经验与珠三角的实践	刘长虹	《科技管理研究》	2010-08-08	本文认为，产业一体化是区域经济一体化的核心，高新技术产业又是珠三角产业的重要组成部分。文章总结分析国内外产业一体化的经验，探讨珠三角高新技术产业一体化机制，提出珠三角高新技术产业一体化的布局思路。
珠江三角洲城市热岛空间分布及热岛强度研究	窦浩洋 张晶晶 赵昕奕	《地域研究与开发》	2010-08-10	本文利用2000~2003年的珠江三角洲城市群自动气象站温度数据进行空间分析，统计热岛和冷岛出现的频率，总结空间分布规律，并对照土地利用类型图分析热岛区域与地表覆被的对应关系。计算每月热岛强度值，通过热岛的月际变化曲线，总结热岛的年变化规律以及昼夜差异。

题名	作者	文献来源	发表时间	摘　　要
珠三角地区旅游空间一体化发展水平量化评价	肖光明	《地域研究与开发》	2010-08-10	本文在理论分析旅游空间一体化内涵的基础上，对评价指标进行了选取，包括1个目标层、2个一级评价指标、8个二级评价指标、32个评价因子，通过运用层次分析法确定其权重并经一致性检验，组成评价指标体系基本框架；运用该评价体系对珠三角地区旅游空间一体化发展水平进行了评价，认为相关结论基本符合实际；最后对该评价体系的运用价值和局限性进行了探讨。
珠江三角洲农村社区教育模式探究——以中山小榄镇为例	梁艳萍 蔡影妮	《广东农业科学》	2010-08-10	本文选取中山小榄镇的农村社区教育进行案例研究，针对珠江三角洲农村地区的特点和其农村社区教育发展的现状，借鉴其他地区的经验，从实体建设、管理体制、办学体制、投资体制、保障体制等5个维度提出珠江三角洲地区的农村社区教育的基本模式。
环珠江三角洲地区鲜活农产品物流发展策略	李志军 潘意志	《新余高专学报》	2010-08-10	本文认为，当前环珠三角地区非常有必要发展鲜活农产品物流，具体应该从加强物流设施建设、提高物流技术水平、培育物流人才、提高农户的组织化程度、完善“绿色通道”政策等方面入手。
珠三角地区旅客运输的演变过程分析	程先东 毛保华 刘明君	《综合运输》	2010-08-10	本文以珠江三角洲地区为研究对象，探讨了改革开放以来该地区客运市场结构的演变，并通过运输弹性分析和灰色关联度分析方法研究了客运市场的变化与社会经济发展水平（GDP）之间的内在关系。
珠三角一体化背景下广州城市发展战略研究	胡　刚 刘　锦 陈征卫	《广州城市职业学院学报》	2010-08-15	本文认为，广州城市发展战略的定位不仅关系到广州自身的发展，而且将对珠三角地区经济一体化的继续深化产生重要影响。在此背景下，广州城市发展战略必须结合珠三角一体化的重要时代背景作出调整。广州城市发展战略应以广佛同城化为突破口，在推进珠三角一体化进程的同时，积极发展支柱产业，并大力发展总部经济和第三产业，以此推动经济和社会的优化发展。

题名	作者	文献来源	发表时间	摘　　要
珠三角地区居住建筑节能措施探讨	王连坤 于　宏	《五邑大学学报》(自然科学版)	2010-08-15	本文从建筑的总体规划和设计、结构材料和体系、外围护结构的热工性能、建筑节能新技术、政策措施等方面分析了适用于珠三角地区的居住建筑节能措施，为夏热冬暖的珠三角地区居住建筑节能设计提供参考。
珠三角都市农业创新能力评价分析	宋志廉	《新疆农垦经济》	2010-08-15	本文基于都市农业理论探讨了区域创新能力的内涵和构成，在分析珠三角地区都市农业发展历程及现状的基础上，确定对都市农业的创新能力进行综合量化评价需要考虑的因素，构建了珠三角地区都市农业创新能力评价指标体系，并利用主成分分析法对珠三角九市都市农业创新能力评价分析。
广州构建双港双高交通体系的策略研究	马小毅	《城市观察》	2010-08-20	本文通过对交通现状及面临的机遇挑战分析，提出广州构建双港双高交通体系的发展战略，即:以世界级的空港、海港为龙头，以内外衔接的高速铁路、高速公路网络为支撑，建设开放的现代综合交通运输体系，成为立足珠三角、服务全国、面向世界的南方交通中心。
珠江三角洲地区唐代制瓷业的考古学观察	刘大川	《东南文化》	2010-08-20	历年来唐代窑址在珠江三角洲地区多有发现。窑场选址靠近出海口，产品主要为青瓷器，工艺简单粗糙但产量很高，多为销往东南亚地区的外销品。本文认为，唐代兴起的海上贸易是这些窑场发展深层的推动力。
珠江三角洲空气质量与能见度数值预报模式系统	邓雪娇 邓　涛 吴　兑 蒋德海 谭浩波 李　菲	《广东气象》	2010-08-20	本文认为，珠三角已构建并准业务运行的空气质量与能见度（大气灰霾）数值预报模式系统能反映污染物的产生、聚集和消亡，能模拟大气灰霾的形成过程；预报结果与观测结果随时间演变的趋势比较一致，较好地体现了污染物的日变化特征。文章对2009年11月严重大气灰霾过程进行了模拟分析。
中山建设珠三角西岸区域物流中心的思考	许　彤	《江苏商论》	2010-08-20	本文认为，随着珠江三角洲地区区域经济一体化进程的加快，中山市应建成珠三角西岸区域物流中心。文章分析了中山市的优势，针对其当前存在的问题提出了解决对策。

题名	作者	文献来源	发表时间	摘要
浅谈全球化背景下珠三角城镇密集地区规划	张晓 张娴	《山西建筑》	2010-08-20	本文以珠江三角洲城镇密集地区作为研究对象，探讨其在全球化背景下面临的挑战及规划应对策略，总结得出全球化背景下城镇密集区规划的思路转变。
推进珠三角交通一体化发展战略研究	章权 陈冠雄 温惠英	《科技管理研究》	2010-08-23	本文阐述推进和实现珠江三角洲交通一体化的必要性，并分析珠江三角洲交通一体化现状和存在的主要问题，明确珠江三角洲交通一体化目标任务，提出五个方面的发展策略。
浅议加强珠三角与香港的金融合作	熊国平	《科技管理研究》	2010-08-23	本文认为，由于珠港两地经济结构具有互补性，金融存在梯度空间，香港作为国际金融中心具有向内地的扩散冲动，珠三角作为香港的金融腹地具有接受扩散的强烈欲望。珠港金融合作是市场自发演进的结果，继续加强金融合作，可分三步走，力求在构建合作平台、建立良性的合作运行机制、推进金融安全合作、加强金融人才交流与合作等方面取得突破。
地方政府消费与经济增长的倒U型关系研究——珠江三角洲城市面板数据分析	李景睿 岳鹄	《国际经贸探索》	2010-08-25	本文从理论和实证的角度验证了两者之间呈倒U型关系的结论。若以该最优政府消费率为评判标准，2005年之前各个城市政府消费率呈现两极分化的状态并出现一些无效率点，2005年之后呈现趋同的趋势且都小于最优的政府消费率水平。因此，从总量上提高珠江三角洲地区政府在公共品和公共服务上的消费支出将对经济增长有显著的正向作用。
泛珠三角区域贸易与投资分析	袁持平 李叶芳	《华南师范大学学报》（社会科学版）	2010-08-25	本文认为，近年来泛珠三角9省（区）贸易与投资都有了不同程度的增长，但进一步发展仍然存在一定的障碍。创新合作模式和体制、深化合作领域、建设一体化的交通体系及区域性协调体系是未来泛珠三角区域之间以及与区域外的贸易与投资发展的重要途径。

题名	作者	文献来源	发表时间	摘　要
论泛珠三角区域合作格局的新发展	陈广汉	《华南师范大学学报》（社会科学版）	2010-08-25	本文认为，随着泛珠三角区域内国家颁布的多个区域发展规划的实施，泛珠三角区域可能形成多极化的区域发展动力机制。多圈层、多极化和开放性将成为泛珠三角区域合作和发展的重要特征。加快环珠三角区域发展有利于修补珠三角与内地省份在区域经济发展上形成的经济断层，建立珠三角辐射和带动泛珠三角和内地发展的战略接点和平台。
浮标式ADCP自动流量测验在珠三角的应用	钟　永 杜文印	《水利信息化》	2010-08-25	本文介绍浮标式ADCP自动流量测验的方法、研究内容，分析了数据比测结果和误差等，阐述了浮标式ADCP测流在珠三角地区的应用情况。此应用特别适合网河区巡测和船只较多的河道断面，运行成本低，解决了三角洲各河道流量资料缺乏的难题。
珠三角城乡一体化的路径研究	徐　勃	《特区经济》	2010-08-25	本文对在城乡一体化过程中取得巨大成就的珠三角地区进行研究，通过对该地区城乡一体化选择的路径即非均衡的发展方式进行分析，揭示出由于珠三角地区依赖的这种模式所带来的缺陷，特别是此模式在金融危机下城乡一体化中凸显出来的问题，并以此提出相关的建议和对策。
生态旅游存在的问题与对策探讨——以珠三角为例	刘文彬 梁明珠	《特区经济》	2010-08-25	开发一种可持续发展的旅游业形式，将经济效益、生态保护和社会效益三者结合起来，对于避免急功近利的发展模式具有重要意义。本文以珠三角地区为例，研究该地区生态旅游存在的问题，并提出相应的对策。
珠三角地区城际铁路票务系统的研究	袁　莉 张　健	《铁路通信信号工程技术》	2010-08-25	珠三角地区高速铁路将采用短途城际列车和长途列车混行的运营模式。本文从运输组织、席位、票制、系统架构等多角度进行研究，探讨如何构建这种全新运营模式的票务系统，并适应未来发展，从而取得最佳社会和经济效益。

题名	作者	文献来源	发表时间	摘　　要
珠三角城市制造业聚集与分工研究	丁焕峰	《城市发展研究》	2010-08-26	本文通过分析珠三角城市制造业的统计数据，从地区专业化系数、产业结构差异系数和空间分布差异系数及区位商的分析，对珠江三角洲地区6个城市的制造业聚集水平进行评价。结果表明：珠三角城市制造业存在产业同构化现象；珠三角城市制造业的聚集效应明显，专业化水平呈平稳上升趋势；城市制造业聚集逐渐由劳动密集型产业向技术密集型产业转型。
珠三角绿道网——推进宜居城乡建设的新举措	曾宪川 马向明 郭建华 高　磊 展　安	《南方建筑》	2010-08-31	本文通过回顾珠三角地区生态环境保护15年来的思考与探索，阐述从生态敏感区，到区域绿地，到广东绿道的发展历程，提出珠三角区域绿道总体规划布局、相关配套设施、实施保障措施的主要思路，并总结和归纳珠三角各市绿道建设具体实践中的经验和做法。
珠三角绿道建设误区及规划对策	方正兴 朱　江 袁　媛 邱杰华 彭　青	《南方建筑》	2010-08-31	本文在辨析绿道基本概念和分析珠三角各地绿道建设误区的基础上，通过对绿道建设误区产生原因的反思，从规划原则确定、绿道选线、绿廊控制和服务设施配置等规划设计层面提出防止误区产生的对策。
企业内部创新资源配置效率的理论与实证研究——基于对珠三角地区中小制造企业的调查分析	刘　艳 丘　磐	《科技管理研究》	2010-09-08	本文通过对创新资源、创新资源配置效率及其对创新能力影响的理论分析，指出珠三角地区非DEA有效或弱DEA有效制造业企业的原因及应改进的方法和程度，对其如何从非DEA有效到DEA有效调整进行了实证结果分析，最后，从中小制造企业的创新活动特点、创新类型和途径、创新资源总量和配置效率、企业特性及政府政策等方面进行结论阐述。

题名	作者	文献来源	发表时间	摘　　要
基于 VisualDB 珠三角 POPs 数据库构建及应用	徐恺 苏华 杨静学 王云鹏	《计算机技术与发展》	2010-09-10	珠江三角洲是我国和世界上持久性有机污染物研究程度最高、数据积累最丰富的地区之一。通过数据库技术、可视化技术和网络技术，建立了珠江三角洲 POPs 数据库系统，利用该系统对珠江三角洲 POPs 进行分析和讨论，实现了本系统的初步应用。结果表明珠江三角洲地区环境中的土壤、大气、水体和生物体等各种介质中均不同程度存在着 POPs 污染，并发现了部分 POPs 污染物的分布与演化规律。
珠江三角洲都市圈旅游空间均衡发展	朱付彪 陆林	《自然资源学报》	2010-09-15	本文运用系统聚类方法，选取 2007 年统计数据，考察珠江三角洲都市圈旅游发展空间结构现状，发现其内部城市可以划分三个等级，即广州和深圳属第一等级，第二等级包括珠海和东莞，佛山、惠州、江门、中山和肇庆属第三等级。最后借助空间相互作用理论，从互补性、可达性和替代性等方面探讨了珠江三角洲都市圈旅游空间均衡发展的机制。
绿道建设对于珠三角城乡统筹发展的作用	徐文雄 黎碧茵	《热带地理》	2010-09-15	本文通过实地调查和资料分析，阐述了区域绿道功能，分析珠三角绿道网和从化流溪绿道案例。研究表明:绿道以生态为基底，集交通、人居、旅游、生态、设施等功能为一体，连接乡村、城区、河流、风景区及社区等空间，通过交通衔接、设施共享、生态融合、资源整合、产业联动和市场引导，可提升区域生态质量，优化共享环境，强化绿色导向发展，为城乡统筹发展提供实质性支撑。
广佛同城化下荔湾区的现代产业体系建设	吕拉昌 吴兰波 谢媛媛	《广州大学学报》(社会科学版)	2010-09-15	本文分析广佛同城化背景下荔湾区的发展优势、劣势、机遇与挑战，提出了实现广佛产业对接，建立产业对接高地的设想及相关对策与建议：加强白鹅潭新一代 CBD 的规划与设计，加强土地整理、为产业发展创造良好的环境与空间，提供政策保障；加大文化营销力度等。

题名	作者	文献来源	发表时间	摘　要
关于珠三角地区一体化发展的思考和建议	张鉴明	《商场现代化》	2010-09-20	本文认为，珠三角地区一体化的实质就是要创新出一种崭新的发展模式，为全国范围内的城市集群的科学发展提供示范和经验。《珠江三角洲地区改革发展规划纲要》颁布以来，珠三角地区一体化发展进程明显加快，但其中也存在着一些问题，这些问题阻碍了其进一步发展。文章针对现状提出几点建议。
珠三角（广东）外向型低碳经济发展模式初探	李金良 黄紫华 张　慧 孟光兴	《特区经济》	2010-09-25	珠三角对外开放30年高碳经济发展模式已经不可持续。破解上述难题的唯一出路是转变珠三角对外开放的路径，由高碳经济型转向低碳经济型，走低碳经济发展之路。本文阐述了珠三角开放型低碳经济发展模式的六个方面的主要内容，以及创新珠三角开放型低碳经济发展模式的十大预期结果。
基于聚类分析的珠三角经济圈和谐度研究	麦强盛	《特区经济》	2010-09-25	伴随珠三角经济飞速发展，环境问题日益凸显，经济系统与环境系统和谐发展成为关注的焦点。本文在分析区域经济系统与环境系统特征后，构建出两个系统的评价指标体系，并运用聚类分析法对珠三角各地市的评价数据进行分层聚类分析。
FDI对珠三角装备制造业集聚影响的实证分析	王春霞 何　奕	《特区经济》	2010-09-25	本文利用2000~2007年珠三角九市装备制造业的数据，首先对珠三角装备制造业的集聚状况进行描述，然后通过对模型形式进行检验，选取了变系数模型来研究FDI对装备制造业集聚的影响。结果表明FDI能够显著地促进珠三角九市装备制造业的集聚，最后根据实证结果提出了相应的政策建议。

题名	作者	文献来源	发表时间	摘　　要
珠三角出口产业竞争力分析	邓　路	《特区经济》	2010-09-25	本文通过产业出口竞争力的三个指标，即显示比较优势指数、贸易竞争指数及出口商品结构转化率，来分析珠三角各出口产业的竞争力状况。指出其中传统密集型产业虽仍对珠三角出口有较大贡献，但以价低量多取胜，国际竞争力趋弱；机电及高新技术产品的国际竞争力尚未形成，但有较大潜力。因此对劳动密集型产业应实行产业升级和产业淘汰并举，对机电及高新技术产品加大技术研发投入及鼓励创新，使其形成长期国际竞争力。
珠三角高技术服务业SWOT分析与发展对策研究	王仰东 安　琴 祖立新 李岱素	《中国科技论坛》	2010-10-05	本文阐述了高技术服务业的内涵和特征，并指出促进珠三角发展高技术服务业的意义。通过对珠三角高技术服务业的SWOT分析，提出了通过促进高技术服务业发展来推动珠三角产业结构调整和经济转型的政策建议。
后发优势、技术吸收与珠三角自主创新	佘时飞	《企业活力》	2010-10-09	本文认为，改革开放以来，珠江三角洲取得了举世瞩目的经济建设成就，在产业结构调整过程中，珠江三角洲必须充分利用自身的比较优势和后发优势，在全面分析国外技术扩散规律的基础上，借鉴国外技术赶超战略思想，实现从技术引进、技术模仿和技术扩散向技术创新转型。
珠江三角洲城市自然灾害综合应对能力评价模型研究	杜　鹏 夏　斌 杨　蕾	《广东农业科学》	2010-10-10	本文以我国经济最为发达的珠江三角洲城市为研究对象构建了城市自然灾害综合应对能力评价指标模型，并对该地区2000-2008年自然灾害应对能力和时空演变特征进行分析和研究。
珠三角、环珠三角区域物流发展关系的博弈分析	潘意志	《绥化学院学报》	2010-10-10	在珠江三角洲地区加快改革的过程中，区域物流合作的范围和内容越来越广泛深入。环珠江三角洲地区是这一进程的重要参与者。本文运用博弈理论，分析了两珠区域间物流发展的竞合关系，并提出了促进区域间物流合作的对策建议。

题名	作者	文献来源	发表时间	摘　　要
珠三角地区高速公路高架桥段视觉空间特征及景观整备要点	张肖宁 朱小刚	《华南理工大学学报》（自然科学版）	2010-10-15	本文通过分析驾乘人员在高速行车过程中的视觉行为与心理感知，借助车载数码相机等距自动拍照控制系统对珠三角地区高速公路相对高程较高的高架桥段进行取样试验，根据控制系统自动连续拍摄的大量相片，计算和分析高速行车条件下驾乘人员视觉空间的围合程度及其分配比例。针对上述试验结果，提出了适用于高架桥段空旷空间的景观整备方法。
珠三角城市空间绿化形式与植物配置的调查	庚富文 周俊辉 苏萼怀 李明英	《江西农业学报》	2010-10-15	本文对广州、东莞、深圳三个市的部分开放公园、住宅小区花园和道路的空间绿化应用形式与植物配置进行调查。结果表明:珠三角城市空间绿化应用方式多集中在棚架式、凉廊式、篱垣式、附壁式、立柱、树干绿化、立交桥绿化，应用垂吊绿化的植物不多，还有待加强推广。
珠江三角洲内河航运发展现状及前景分析	罗　凯	《世界海运》	2010-10-15	本文分析珠三角内河航运现状及存在问题，提出在十二五期间珠三角内河航运的发展思路和前景构架。
珠江三角洲城市地区MODIS气溶胶光学厚度产品的检验分析	黄　健 李　菲 邓雪娇 毕雪岩 谭浩波	《热带气象学报》	2010-10-15	本文根据2004年1~11月地面太阳光度计的气溶胶光学厚度的观测数据，对美国航空航天局（NASA）发布的中分辨率成像光谱仪气溶胶光学厚度产品（MODIS AOD C004）在珠江三角洲城市地区的准确性进行了检验，并分析了造成MODIS AOD误差的可能原因。
珠江三角洲区域一体化的水利政策法规体系研究	于海霞 徐礼强 张　强 陈晓宏	《生态环境学报》	2010-10-18	本文认为，珠江三角洲地区现行水利政策法规体系仍很不完善，许多立、改、废工作亟待进行。2008年水政执法有效率总体较高，但很少在珠江三角洲层面开展区域一体化的联合执法。珠江三角洲水利政策法规体系建设应重点加强与水利现代化建设、水资源一体化配置、保护及管理相关的政策法规，进而建立统一协调、快速高效的区域一体化的联合执法体系。

题名	作者	文献来源	发表时间	摘　　要
基于数据包络分析的珠三角城市竞争力研究	钱文婧	《城市观察》	2010-10-20	本文运用可变规模的数据包络分析，采用2005-2007年珠三角城市数据，从资源利用效率的角度出发对珠江三角洲城市竞争力进行评价分析。数据包络分析结果显示，整体上珠三角城市竞争力较强，但城市平均效率出现缓慢下降趋势，规模效率下降大于纯技术效率下降。
珠三角产业渊源及其对产业转移的影响	穆向民	《改革与战略》	2010-10-20	本文认为，产业转型是珠三角经济发展的迫切要求。环珠三角及内地省市以承接珠三角产业转移为目标的招商引资是其培育区域产业、实现区域跨越式发展的主要选择。文章以深圳、东莞、佛山三个典型的产业城市为例，深入分析珠三角地区产业发展的渊源、特点及其对产业扩张与转移的影响和制约，并提出了相关对策和建议。
构建珠江三角洲地区稳定森林生态安全体系的探讨	邓鉴锋 战国强 姜　杰	《广东林业科技》	2010-10-20	本文根据珠江三角洲地区森林生态安全体系建设现状的详细调查数据，深入分析存在的主要问题，提出了构建珠江三角洲地区稳定森林生态安全体系的基本思路及政策建议。
大学生创业动力不足及其教育对策论——珠三角高校大学生创业教育现状调查分析	林瑞青	《鸡西大学学报》	2010-10-20	本文认为，珠三角高校大学生的创业动力极其不足，创业倾向不够理性；而创业风险恐惧与创业经验匮乏则成为制约其创业行动的绊脚石。为此，高校应加大创业教育力度，架构合理的创业课程体系，并建构以校内创业孵化园为核心的创业实践体系，以激发大学生的创业激情，培养其创业精神和创业能力，从而为大学生创业提供知识、经验和能力保障。
深圳市绿道网专项规划解析	周亚琦 盛　鸣	《风景园林》	2010-10-25	绿道网建设是促进宜居城乡建设的重要举措，对推动区域生态环境保护、实现生活休闲一体化和增强可持续发展能力均具有重要意义。本文以深圳市绿道网专项规划实践为例，着重分析了绿道网规划原则、总体规划策略、总体布局结构等内容，率先将绿道理论运用到规划实践中。

题名	作者	文献来源	发表时间	摘要
珠三角高职毕业生就业特点	李志锐 张国祎	《改革与开放》	2010-10-25	本文认为，高职教育是我国高等教育的重要组成部分，高职学生就业的好坏直接影响着整个高等教育的发展。高职毕业生与普通本科院校或重点本科院校毕业生有着非常明显的差别，而珠三角地区的高职毕业生又因本地区其特殊的经济环境，在就业过程中不但具有全国高职类毕业生就业的共性特点，也有其鲜明的地方特色。
珠三角产业转移承接园的可持续发展研究	温伟文 夏洪胜	《特区经济》	2010-10-25	本文以转移承接园为研究对象，从产业转移承接园对环境影响的角度，探讨产业转移承接园的发展特征及其与生态环境的关系，以及为适应可持续发展的需要，保持工业与生态环境和谐共处的意义和途径。最后，提出了以产业调整升级为主线，加速产业转移和产业集聚，实现珠三角产业转移承接园的可持续发展建议。
粤港澳共建环珠江口“湾区”经济研究	陈德宁 郑天祥 邓春英	《经济地理》	2010-10-26	本文认为，粤港澳共同规划，实施珠江口地区“湾区”重点行动计划，应以争当第三条亚欧大陆桥的桥头堡为目标，制度先行，构建便捷交通网络，强化区域创新系统建设，建立统一市场，深化合作领域和层次，从而构筑起粤港澳和谐持续的经贸关系，以提升对全国经济及亚欧经济的带动能力。
珠江三角洲传统龙舟活动的区域特点与文化功能	凌远清	《顺德职业技术学院学报》	2010-10-30	本文认为，珠江三角洲地区河涌密布的自然条件、敬奉神灵的传统习俗及浓郁的地方文化氛围，使得当地龙舟活动体现出明显的区域特点。珠江三角洲传统龙舟活动的娱乐性、竞技性和协作性特点决定其具有大众化文化特性，体现了珠江三角洲地区民众的团结精神与集体力量。类似的精神力量就是满足珠江三角洲地区城乡进一步发展所需的文化软实力要素。

题名	作者	文献来源	发表时间	摘　要
基于投影寻踪的珠江三角洲景观生态安全评价	高　杨 黄华梅 吴志峰	《生态学报》	2010-11-08	区域景观生态安全是生态安全的重要组成部分，对于国家安全和社会可持续发展具有重要影响。本文以1990年和2005年珠江三角洲Landsat5TM和Landsat7ETM+遥感数据为基本数据源，选取聚集度、景观破碎度、景观形状指数、Shannon多样性指数，并构建了景观脆弱度指数和景观安全邻接指数，对研究区景观空间格局变化进行对比分析。在此基础上，利用基于遗传算法的投影寻踪方法，计算景观生态安全指数，评价研究区的景观生态安全状况。
珠江三角洲沿海集装箱干线港布局探讨	李善友 王显锋 黄　俊	《综合运输》	2010-11-10	本文提出了一种集装箱系统论证方法，首先采用多因素动态系数法预测集装箱生成量，在此基础上应用负指数网络配流模型预测集装箱吞吐量，并计算集装箱运输费用，其次确定码头建设计划并估算港口投资，进而得到综合运输费用，最后通过多方案综合运输费用比选，研究提出珠江三角洲地区集装箱干线港布局方案。
地理区位因子对建设用地扩展的影响分析——以珠江三角洲为例	叶玉瑶 张虹鸥 刘　凯 吴旗韬	《地理科学进展》	2010-11-15	本文以珠江三角洲地区为研究对象，利用1988、1998、2006年3个时相的建设用地解译数据，运用GIS空间分析手段，定量分析了地理区位因子对建设用地扩展的影响。结果表明，地理区位因子，包括离城市中心距离、离干线公路距离、离海岸线距离以及地形等因素会对建设用地扩展的方向、规模、强度等产生重要影响。
珠三角的区域分化与协同	马莉莉	《暨南学报》（哲学社会科学版）	2010-11-15	本文认为，改革开放以来，因改革与开放政策的循序推进、地理位置和交通连接的差异、经济基础的作用及国际分工格局的变迁，珠三角呈现东、中、西岸分化发展的局面。随着政策差异的消失及全面开放格局的形成，珠三角各区域以不同路径和方式深刻融入全球产业链，并呈现协同增长的态势。珠三角需走基于产业升级与区域融合基础上的可持续发展道路。

题名	作者	文献来源	发表时间	摘　　要
基于节能减排理念的珠三角绿色港口建设	蔡佩林	《世界海运》	2010-11-15	经过近30年的发展，珠三角地区港口为地区经济发展作出了巨大贡献，同时也带来了一系列环保方面的问题。本文基于节能减排理念，为建设珠三角绿色港口提出具体措施和建议。
珠三角地区产业结构变迁与优化研究	覃　剑 张文霞	《产经评论》	2010-11-15	经过三十多年的发展，珠三角地区的综合经济实力和工业化水平已位居全国前列，然而，在经济全球化和区域经济一体化进程加快的背景下，面对日益剧烈的国际贸易摩擦和资源、环境的双重约束，珠三角地区产业结构升级、发展模式转型问题亦备受关注。本文聚焦于当前珠三角产业转移和升级的现实压力，运用产业经济学研究方法，总结了珠三角地区产业结构变迁的历程，提出未来产业结构调整和优化的相关建议。
珠三角加工贸易企业升级转型研究	龚唯平 董　华	《产经评论》	2010-11-15	本文认为，从动力、能力、市场、政策和企业家精神五大基本条件来看，大多数的珠三角加工贸易企业并不具备升级转型的条件，因而不能对所有企业一刀切的都要求升级转型，应该针对不同企业采取区别对待的政策措施，以局部升级转型促进整体升级转型。淘汰关闭、产业转移、升级转型，是企业整体升级转型的三大基本路径；价值链攀升、整合集群、腾笼换鸟、资源替代和改制内销则是推进升级转型的五种具体模式。
创新、开放、共享:珠江三角洲大学城文化构建论	胡海建 曾　君	《广州大学学报》(社会科学版)	2010-11-15	本文认为，珠江三角洲地区面向市场，政府、企业和高校共同参与的大学城新模式，突显体制与机制上的创新性。善于吸取国外大学城的共享经验，在资源共享的理念下，大学城注重硬件和软件资源的共享与开发。创新、开放、共享的理念充分展现珠江三角洲地区大学城文化特有的辐射力和示范作用。

题名	作者	文献来源	发表时间	摘　　要
珠江三角洲土地利用变化对生态系统服务价值的影响	叶长盛 董玉祥	《热带地理》	2010-11-15	本文以珠江三角洲1990、2000和2006年的遥感解译数据为基础，研究珠三角土地利用变化对生态系统服务价值的影响以及生态服务价值与土地利用结构的关系。结果表明:1990~2006年，珠三角耕地和林地大量减少，建设用地和水域快速增长，其他地类有所增加。珠三角生态系统服务价值由1990年874.38亿元减至2006年的846.47亿元，变化率为3.19%。研究区内单位生态服务价值差异明显且逐渐扩大。
基于劳动者认知角度的工会维权职能研究——以珠三角地区企业为例	陈淑妮 程　英 孙　娟	《深圳大学学报》(人文社会科学版)	2010-11-15	本文通过对珠三角地区企业职工展开调查，并根据调查结果分析得出劳动者对工会认知度低的现状，指出工会维权职能弱的问题。据此，研究着重分析了影响劳动者对工会认知度低以及工会维权职能弱的原因，并从劳动者、工会自身、社会三个角度提出了增强工会维权职能的系统性的对策。
珠三角地区高职学生的消费主义倾向	宋彦军 文首文 黄牡丹 王冰峰 杨文丽	《深圳职业技术学院学报》	2010-11-15	本文对珠三角高职学生的消费主义倾向进行了实证研究。实证表明:源于西方发达国家的消费主义已逐渐渗透到珠三角高职院校中来，近一半的学生的消费行为和消费观念具有消费主义倾向;消费主义的定义性特征在样本中得到明显的体现，所设计的消费主义倾向指标具有较高的信度和效度；学生的校别、性别与生源地等个人特征对学生的消费主义倾向有一定的影响。
广东珠江三角洲地区森林资源连续清查管理系统的设计与开发	赵海根 杨燕琼 苏引江 梁　耀	《中南林业调查规划》	2010-11-15	本文以广东珠江三角洲地区1997~2007年三次森林连续清查数据为基础，基于ArcEngine组件、C#语言、ArcSDE空间数据引擎、SQL Server2005数据库和.NET开发环境等计算机技术，设计并开发了符合用户需求和贴近本行业的森林资源连续清查管理系统。该系统实现了用户管理、地图基本操作、图层处理、查询统计、属性编辑、专题图、图形编辑和图像输出等功能，能满足森林资源连续清查图形、数据更新的要求。

题名	作者	文献来源	发表时间	摘　　要
珠江三角洲水位演变分析	孔　兰 陈晓宏 陈栋为 杜　建	《生态环境学报》	2010-11-18	全球气候变暖导致的海平面加速上升已是不争的事实，其长期累积的结果将给沿海地区造成巨大威胁。本文利用层次聚类分析法、灰关联法、相关分析法等重点分析了海平面上升对珠江三角洲水位的影响。结果显示:海平面上升对珠江三角洲代表站的年平均水位和年最低水位的影响大于对年最高水位的影响；海平面上升对马口站和三水站水位的影响小于河床下切和径流的影响；海平面上升对珠江河口区水位的影响由三角洲深处向口门区有增强趋势。
珠三角地区发展都市农业的SWOT分析及对策研究	王成勇	《安徽农业科学》	2010-11-20	本文运用SWOT分析法从自然条件、区位优势和技术政策优势3个方面分析了珠三角地区发展都市农业的优势；从土地资源、劳动力成本、产业规模和从业人员文化素质4个方面分析了珠三角地区发展都市农业的劣势；从潜在客户市场、政策环境和市场支持3个方面分析了珠三角地区发展都市农业的机遇；从理念因素和城乡居民收入差距2个方面分析了珠三角地区发展都市农业的威胁。最后，提出珠三角地区发展都市农业的对策与建议。
珠江三角洲地区变电站基础设计原则及不良地基处理方法	曹懿友	《广东建材》	2010-11-20	本文介绍珠三角地区变电站设计原则，并以110kV联安变电站及110kV碧桂变电站工程为例，分别对常用的强夯法及水泥搅拌桩法进行了探讨，总结该地区基础设计和不良地基处理的经验与常用方法。
珠三角产业转移机理研究	赵玲玲 高超平	《特区经济》	2010-11-25	本文运用产业生命周期理论分析区域经济发展，探析广东产业升级转型的内在动力——珠三角地区着力发展战略性新兴产业，实现经济社会收益最大化；而传统劳动密集型产业基本生存环境恶化，借助转移升级，重新焕发活力。

题名	作者	文献来源	发表时间	摘　　要
珠三角行政垄断的宏观成本效率损失研究	杨友孝 陈　云	《国际经贸探索》	2010-11-25	本文运用数据包络分析方法对1999~2008年珠三角9个地市的规模以上工业宏观成本效率进行了分析，发现所研究区域的宏观成本效率从1999年到2002年呈明显的U型，2002年宏观成本效率达到最高，而2002年后珠三角宏观成本效率总体呈下降趋势，显示出地区性行政垄断造成了巨大的效率损失，而消除地区性行政垄断将能够极大提高资源配置效率。
珠三角不同类型社区的社会组织发展特点比较分析——以中山市为调研个案	申群喜 林　男 陈亚辉 蒋　森	《社会工作》（下半月）	2010-11-25	社区社会组织在加强社区管理、推进社区自治、培育社区文化、推进社区公益方面日益凸显其独特的优势与功能。但由于各社区的经济发展程度、居民的结构、文化基础等方面的差别，不同类型的社区其社会组织发展的状况、特点以及发展中遇到的困难等也各不一样。文章以中山市为调研个案，对珠三角的不同类型社区社会组织发展状况及存在的问题进行了比较分析。
珠三角边缘地区实施“双转移”战略的若干问题	丘劲生	《探求》	2010-11-26	本文认为，珠三角边缘地区实施双转移战略，要重视对经济发展规律的研究，按照经济规律办事，抢抓机遇；要重视对珠江三角洲核心区发展历史的研究，走科学发展之路，留下绿水青山，主动融入都市圈；要重视培育和发展民营企业，走自主创新的内源型经济之路，打下长远发展的基础。
广佛地铁：珠三角一体化里程碑	黄雅婷	《房地产导刊》	2010-12-01	本文认为，作为连接广州佛山两大城市的重要交通方式，广佛地铁不但缩短了广佛两地时间和空间的距离，扩大了两地市民的生活、消费圈子，而且改变了城市发展的轨迹和方向，为佛山开启了一扇新的财富之门。

题名	作者	文献来源	发表时间	摘　　要
珠三角城市群产业结构调整策略研究	肖金成	《开放导报》	2010-12-08	本文分析了珠江三角洲城市群经济结构、空间布局、区域合作方面存在的问题，提出珠江三角洲城市群产业结构升级有赖于企业结构调整、空间布局优化、加强城市的分工合作，以及在环珠三角地区培育新的经济增长极。
加强粤港科技合作共建科技创新体系——从科技的视角解读《粤港合作框架协议》	林　涛	《广东科技》	2010-12-10	《粤港合作框架协议》明确了今后一段时期粤港合作的总体架构，并在跨界基础设施建设、现代服务业发展、营造良好的营商环境、共建优质生活圈等方面提出了具体的合作内容，掀开了粤港区域经济一体化新的一页。本文从科技的视角解读《粤港合作框架协议》，一方面，帮助读者深入了解科技部门落实框架协议的政策方向，另一方面，为相关政府部门落实框架协议提供决策参考。
珠江三角洲教育国际化的现状分析	黄思思 黄小珊	《科教文汇》（上旬刊）	2010-12-10	本文认为，教育国际化是现代社会所流行的一种教育理念，是教育发展的趋势，是教育现代化的重要组成部分。在教育现代化浪潮的推动下，珠江三角洲教育国际化无论在教育观念，还是教育国际合作与交流，抑或是教育的国际理解，都取得了巨大的成就。
珠江三角洲集装箱港口布局规划探析	冯德阶	《中国水运》（下半月刊）	2010-12-15	本文分析珠江三角洲集装箱港口群的现状，评价港口群的优势和不足；对珠江三角洲集装箱港口布局规划问题进行探讨，提出集装箱港口提高核心竞争力的相关措施。
珠三角“民工荒”的成因与企业对策	王文峰 邱德厚	《未来与发展》	2010-12-15	本文系统分析了导致本轮民工荒的各类因素及其影响机理：既受长期因素的影响也受短期因素的影响，既受数量不足的影响也受结构变化的影响。最后，从企业的视角分别从战术和战略两个层面提出相应的对策建议。

题名	作者	文献来源	发表时间	摘　　要
珠江三角洲地区电网发展战略研究	余欣梅 陈志刚 刘　云	《南方电网技术》	2010-12-20	本文针对珠江三角洲地区电网发展所面临的土地资源、能源资源、环境保护等因素引起的挑战，研究了该地区电网的发展战略。该战略包括九大措施，诸如建设大容量变电站和输电线路、超前规划预留变电站站址和线路走廊、利用关停小火电站址与走廊资源建设电网、有序推进电网组团化建设等。
珠三角民营企业文化建设的挑战和思路	颜家兵	《特区经济》	2010-12-25	珠三角作为我国民营经济的生态园，为全国民营经济的发展树立了典范，但仍然有不少民营企业难以突破发展的瓶颈，探究其根本原因主要是在企业文化建设上存在许多误区，缺乏企业可持续发展的理念和精神动力。本文通过分析珠三角民营企业文化建设面临的挑战，提出珠三角民营企业文化建设的思路。
珠三角区域跨界环境问题的经济分析	范东芳 詹正华	《特区经济》	2010-12-25	本文认为由于忽视了环境外部性的存在，目前珠江三角洲地区的跨界污染问题很严重。某地区的污染排放量不止和本地区的经济增长有关系，也受邻近城市经济发展水平的影响，珠三角的环境质量与经济增长在空间上表现出相互作用。最后，文章提出解决跨界环境问题的对策建议。
与创意产业结合的珠三角地区旧工业区再利用研究	马　航 祝　侃	《华中建筑》	2010-12-25	本文通过对珠三角地区现有的与旧工业厂房改造相结合的创意产业的研究，结合国内外的实际经验，对珠三角地区与创意产业相结合的旧工业区进行分类，并分析旧工业区建筑与创意产业结合的条件，提出适合珠三角地区与创意产业相结合的旧工业建筑再利用的规划布局与建筑改造模式。
珠三角地区进一步深化金融合作研究	刘兰凤 袁中国	《南华大学学报》(社会科学版)	2010-12-28	本文对新形势下珠三角地区的金融发展进行了SWOT分析，通过分析提出珠三角地区进一步深化金融合作的政策建议:确立珠三角金融合作战略，合理构建区域金融合作层次及网络，在珠三角建立后勤服务中心，充分发挥政府的服务功能。

文献法规

珠江三角洲环境保护一体化规划
(2009~2020 年)

前　言

珠江三角洲地区（以下简称珠三角）是我国改革开放的先行地区，是我国重要的经济中心区域。经过改革开放 30 年的持续快速发展，环境保护工作取得积极成效，区域环境状况保持基本稳定。但随着珠三角社会经济发展，环境污染问题突出、资源环境约束凸显，区域协调、有序、持续发展面临重大挑战。必须与时俱进、转变思路、开拓创新、主动促进，加快推进区域环境保护一体化，以环境再造提升区域可持续发展能力。

环境保护一体化是破解珠三角环境难题的重要途径，是推进区域经济社会一体化的重要内容，是实现区域可持续发展的重要保障。为贯彻落实国务院批准的《珠江三角洲地区改革发展规划纲要（2008~2020 年）》（以下简称《规划纲要》）、《中共广东省委、广东省人民政府关于贯彻实施〈珠江三角洲地区改革发展规划纲要（2008~2020 年）〉的决定》（粤发〔2009〕10 号）和《关于加快推进珠江三角洲区域经济一体化的指导意见》（粤府办〔2009〕38 号），编制本规划。

本规划从推进区域环境保护一体化入手，统筹构建八大体系，实现环境管理机制、政策“两创新”，产业调控、环境监管“两统一”，大气污染防治、水环境保护“两联合”，生态保育、环境基础设施建设“两共同”，着力于环境优化经济发展、不断改善环境质量、维护环境安全，为区域经济一体化提供环境保障。

本规划突出环境保护的共识、共治与共赢，与城乡规划一体化、产业布局一体化、基础设施建设一体化和公共服务一体化等规划相互衔接，共同推进珠三角协调、有序、可持续发展。

一、推进珠三角环保一体化的重要意义

（一）环境保护取得积极成效

改革开放以来，省委、省政府和珠三角各级政府在加快经济发展的同时，不断加强环境保护，取得明显成效，为珠三角环保一体化奠定了坚实基础。我省相继颁布了《广东省珠江三角洲水质保护条例》、《广东省珠江三角洲大气污染防治办法》等多部地方环境法规，编制实施了《珠江三角洲环境保护规划》等区域性环境保护规划。实施了节能减排、治污保洁、珠江综合整治等一批重大工程，到 2009 年底，珠三角污水处理能力达到 1111 万吨 /

本规划业经广东省人民政府同意，由省人民政府办公厅于 2010 年 7 月 30 日印发——编者注

日，城镇生活垃圾无害化处理总量达3万吨/日，1653万千瓦的燃煤火电机组建成脱硫设施。建成了粤港珠三角区域空气监控网络。广州等8个城市已经获得“国家环境保护模范城市”称号。珠三角环境质量总体保持稳定，局部有所好转，大江大河干流和主要水道水质保持良好，江段水质优良率在60%以上，饮用水源水质总达标率在90%以上，空气中二氧化硫、二氧化氮、可吸入颗粒物等主要污染物年均浓度符合国家二级标准，城市人均公园绿地面积超过10平方米。

（二）区域环境问题发生深刻变化

随着经济社会的发展，珠三角环境污染特征正在发生重要转变，区域性、复合型、压缩型环境问题日益凸显。珠三角部分城市江段和河涌污染严重，给排水格局缺乏统筹，区域内跨界水体污染问题突出。大气污染物排放量巨大，在城市间输送、转化、耦合，导致出现细粒子浓度高、臭氧浓度高、酸雨频率高、灰霾严重等现象。县、镇、村的生活垃圾普遍没有得到无害化处理，区域土壤重金属污染问题日益突出。城市化和工业化发展侵占大量生态用地，城乡绿色空间破碎化严重，生态系统结构单一，区域生态安全体系亟待维护。地区之间、城乡之间产业准入标准、环保执法力度、污染治理水平存在差异，环境基础设施建设因缺乏统筹规划而难以发挥最大效益。城市之间环境管理协调不足、缺乏联动，体制机制和政策措施难以适应区域环境保护的新特点和新要求。这些问题单靠各个城市、各个部门自身的力量已经难以有效解决，已成为制约珠三角经济一体化发展的重要因素。

（三）环保一体化意义深远

今后十年，是珠三角实现经济结构战略性调整、构建区域经济新格局的战略机遇期，是我省实施《规划纲要》、全面建设小康社会和率先基本实现现代化的关键时期。在经济全球化和区域经济一体化深入发展，尤其是在当前国际金融危机和全球气候变化影响下，影响经济社会可持续发展的一些深层次矛盾和问题进一步显现，区域能源资源保障能力薄弱、区域性环境污染问题突出、资源环境约束凸显、国际环境压力加大等问题对区域协调、有序、持续发展产生重大影响，环境保护面临重大挑战，需要打破行政区划限制、加强部门联合、创新体制机制、加快推进环境保护一体化，以环境再造促进区域产业重组、提升区域可持续发展能力。

珠三角环境保护一体化，是区域经济社会一体化的重要领域和关键环节，是破解区域环境难题、提高区域整体竞争力的有效途径，是改善区域环境质量、建设宜居城乡的根本出路，是应对气候变化、建设资源节约型和环境友好型社会的必然要求，对珠三角实践科学发展、改善民生、构建和谐社会具有十分重要的意义。

二、指导思想与规划目标

（一）指导思想

以邓小平理论和“三个代表”重要思想为指导，深入贯彻落实科学发展观，坚持改革创新、先行先试，坚持以人为本、环境优先，以创新体制机制和政策措施为先导，以环境优化经济发展为主线，以解决跨界水污染和区域性大气复合污染为突破口，以构建生态安全格局和共建环境基础设施为支撑，以统一环境监管为手段，努力推进区域环境保护一体化，改善区域环境质量，维护区域环境安全，增强区域可持续发展能力，为珠三角率先建成全面小康社会和基本实现现代化提供环境保障。

（二）基本原则

民生优先、科学发展。优先解决老百姓切身利益相关的空气污染、水体污染等突出的环境问题，维护人民群众健康和环境权益，增进人民福祉。坚持环境与发展综合决策，以环境承载力为基础，调整发展节奏，优化发展布局，转变发展方式，提高区域竞争力和发展水平。

统筹兼顾、重点突破。按照区域经济一体化要求，坚持区域统筹、流域统筹、陆海统筹、城乡统筹、环境与发展统筹，形成区域环境管理新模式。分阶段、分步骤，突出重点，以点带面。对重点地区、重点行业和重点环境问题，集中力量，率先突破。

联防联治、协同推进。按照区域、流域环境管理的整体性和系统性要求，建立跨界水污染和区域大气复合污染联防联治机制。深化广佛肇、深莞惠、珠中江三个经济圈的内部合作，加强协调、集中资源、分工合作、攻坚克难、共同推进环保一体化进程。

政府主导、市场运作。强化政府环境保护责任，突出规划控制，做到目标、任务与投入、政策相匹配。综合运用法律、经济、技术、行政等手段，依靠科技进步，充分利用市场机制，鼓励企业和公众参与，率先建立政府、企业、公民各负其责、高效运行的环境管理机制。

创新机制、先行先试。充分发扬珠三角改革开放试验区的创新精神，勇于实践，先行先试，完善法制，健全标准，大胆探索区域环保一体化的新体制、新机制、新政策、新模式，走出一条具有珠三角特色的区域环境保护新道路。

（三）总体思路

在继续推进区域内各市环境保护工作、提高环境基本公共服务均等化水平的同时，针对需要珠三角各市协同解决的区域性环境问题，转变思路、主动促进，统筹建立八大体系，推进珠三角环保一体化：

——建立全防全控的产业环境调控体系，优化经济发展；

——建立齐防共治的跨界水体污染综合防治体系，统筹优化给排水格局；

——建立联防联控的大气复合污染综合防治体系，有效改善区域空气环境质量；

——建立同保共育的生态体系，构筑区域生态安全格局；

——建立共建共享的基础设施体系，实现城乡区域环境同治；

——建立协同联动的环境监管体系，搭建一体化平台；

——建立统筹协调的环境管理体制，突破一体化瓶颈；

——建立先行先试的环境政策体系，持续综合推进一体化。

（四）规划目标

到 2012 年，区域环境保护一体化体制机制初步建立；跨界水污染综合整治取得突破性进展，地级市跨界水体达标率超过 80%，城镇污水处理率超过 80%；理顺供排水格局，集中式饮用水源水质达标率超过 95%；多种大气污染物联合减排初见成效，空气质量有所改善；区域生态安全格局基本形成，环境安全得到基本保障。

到 2020 年，建立高效的区域环境保护一体化体制机制政策体系，环境污染得到有效控制，环境质量接近或达到世界先进水平，生态系统步入良性循环，率先建立资源节约型和环境友好型社会，建成生态文明示范区。

具体目标指标见附表 1。

三、强化产业环境调控，促进经济发展方式转变

充分发挥环境保护对产业的调控作用，严格落实生态分区控制要求，统一协调重大建设项目布局，实施更严格的行业和区域污染物排放标准，加快淘汰落后产能，提升工业污染治理水平，积极发展低碳经济，促进区域产业结构和布局优化调整。

（一）以分区控制为基础，调整产业布局

以《珠江三角洲环境保护规划纲要（2004~2020 年）》确定的分级控制要求为基础，结合主体功能区规划和环境容量要求，引导珠三角的产业布局优化调整。在自然保护区、水源保护区、风景名胜区、森林公园、重要湿地、生态极敏感区和生态功能极重要区等需要严格控制的地区，实行强制性保护，禁止新建污染企业，逐步清理区域内现有污染源。在水源涵养区、水土保持区和南部海岸生态防护带等重要生态功能区，实施限制开发，加强污染企业的清理和整顿，严格限制可能损害主导生态服务功能的产业发展，限制大规模的开发建设活动。平原城镇和农业发展区要转变发展方式，不断提高环境保护要求，提高环境资源利用效率，推进产业入园，努力提升传统优势产业，加快发展高新技术产业和现代服务业，形成与环境相协调的产业发展新格局。

继续抓好化学制浆、电镀、印染、危险废物处置等重污染行业的统一规划、统一定点。电镀行业原则上每个地级以上市设 1-2 个定点基地，电镀行业集中的沿海城市可多设 1 个定点基地，不得在城区、水源保护区、风景名胜区以及特殊保护区域设定点基地。化学制浆除沿海地区设立定点基地外，其他地区不再设点。化工、建材、冶金、发酵、一般工业固体废物处置等行业按照“入园管理、集中治污”的原则合理布局。

加强产业转移的规划引导，防止污染转移。以《广东省产业转移区域布局总体规划》为指引，充分考虑环境容量、资源环境承载能力等因素，建立产业转移协同机制，统筹产业转移的区域布局。加强产业转入地的资源节约和环境保护，推进转移产业集中发展、集中监管、集中治污。严格按照规划和环评要求进行产业转移工业园土地开发和产业引入，积极配套污染治理设施，实现环保基础设施与园区同时规划、同时建设、同时投入运营。加强环境监管和执法力度，杜绝企业偷排漏排行为，防止产业转移造成新的环境污染。

（二）以发展绿色经济和低碳经济为导向，提升产业竞争力

以节能减排为硬抓手，积极引导低投入、低消耗、低排放和高效率的现代产业发展，加快产业结构的优化调整与升级步伐。大力发展节能、降耗、减污、增效的先进制造业，提高

先进制造业在工业中的比重。大力发展金融、会展、旅游、文化、传播媒体、信息服务等市场潜力大、能耗低、污染少的现代服务业，积极发展生产性服务业，促进服务业与工业的协调发展。做大做强高新技术产业，加快珠三角高技术产业发展步伐，进一步提高服务业和高技术产业在经济中的比重和水平。改造提升优势传统产业，推行绿色制造，大力发展绿色经济、循环经济，促进节能环保产业发展。

积极落实国家应对气候变化战略，大力发展低碳经济，提高碳生产力，建设国家低碳经济示范区，加快低碳城市和低碳园区建设。优化能源结构，建设高效、清洁、低碳的能源供应体系，积极开发新能源和可再生能源。到2020年，建成供应能力强、结构优、效率高的现代能源保障体系。加快工业、建筑、交通等领域的节能降耗技术改造，提高能源利用效率，到2020年单位地区生产总值能耗下降到0.57吨标准煤，单位GDP二氧化碳排放比2005年下降40%-45%。实行用水总量控制和定额管理，到2020年，工业用水重复利用率达到80%。积极引导公众选择合理健康的消费模式，促进可持续消费，推动全民参与节能减排工作。

(三) 以制度和标准建设为切入点，严格环境准入

依法全面推进规划环评。积极建立环保与发改、经信、国土、建设、交通、水利、农业、林业、旅游、海洋渔业等部门的联动机制，推动规划环评早期介入，与规划编制互动。对应当进行规划环评而未进行环评的规划所包含的项目不予受理环评文件。将污染物排放总量指标作为建设项目环评审批的前置条件，对新增污染排放项目实施严格的总量前置审核。建立区域、流域、相关城市环境影响评价审批信息通报制度。

建立污染物产生和排放强度“双约束”制度。率先研究建立漂染、造纸、鞣革、电镀、发酵、建材等重点行业的单位产值（产品产量）污染物产生和排放强度的综合评价体系，并进行定期统计、评估和发布，逐步建立与污染物产生与排放强度评估结果相关联的“准入”、“标杆”管理制度，强化企业污染防治的倒逼传导机制，逐步减少污染物产生量和资源能源消耗量，提升产业发展水平。

实施更严格的排放标准。对工业锅炉、建材、石化、漂染、电镀等重污染行业以及淡水河等重点流域制定实施更为严格的污染物排放标准。2010年底前，出台广东省工业锅炉、水泥、石化等行业大气污染物排放标准，以及表面涂装、包装印刷等典型行业的挥发性有机化合物排放标准。2011年底前出台广东省纺织染整工业水污染物排放标准；制定淡水河等重污染流域的流域排放标准，全面收严流域水体污染物排放浓度限值。电镀行业自2012年开始执行《电镀污染物排放标准（GB21900-2008）》中水污染物特别排放限值要求。

(四) 以结构调整为主线，淘汰落后产能

定期发布淘汰、限制落后生产能力、工艺和产品的目录，研究制订实施珠三角淘汰落后产能分地区、分年度的具体工作方案。鼓励各地结合自身实际，不断提高淘汰标准、扩大淘汰产品和工艺范围，继续全力推进结构减排，促进产业结构调整。

建立和形成政府领导，发改、环保、经信、工商、税务、公安等多个职能部门参与的部门联动机制，综合运用价格、环保、土地、市场准入制度、安全生产等多种手段予以推进。

积极制定落后产能退出的财政奖励、转型后土地使用权及出让、贷款贴息、税收优惠、生产配额和排污权交易等经济激励或补偿政策，鼓励重污染企业主动退出。

（五）以全防全控为手段，全面提升工业污染防治水平

坚持执法监管与社会监督并重，进一步提高污染源稳定达标排放水平。建立和完善在线监控系统，构建对重点污染源的监管、监测、监察联动工作链，开展环保执法专项行动，严厉打击各类环境违法排污行为，强化不能稳定达标排放企业的深度治理。到2010年底，重点污染源实行在线实时监测，到2012年，工业废水稳定排放达标率为90%以上，到2020年工业废水排放全部稳定达标。建立企业特征污染物监测报告制度，重金属排放企业等要建立特征污染物日监测制度并每月向环保部门报告，向社会发布年度环境报告书，落实企业环境责任。继续实施企业环保信用管理，定期开展污染源排放情况的评估，并向社会公告，鼓励有奖举报，充分发挥社会监督作用。

大力推进清洁生产，率先在珠三角建立清洁生产示范工业园，强化对重点行业的强制性清洁生产审核。设立引导奖励资金，培育一批广东省清洁生产工业园。到2012年，认定广东省清洁生产企业700家，到2015年，认定1200家，到2020年，认定2000家。

四、优化水环境功能区，齐防共治跨界水污染

以保护饮用水源为重点，优化水环境功能区划，系统分离取水排水河系，加强水源地环境风险监管，确保区域持续性供水安全。加强上下游协调，落实保护与治理责任，集中力量，综合治理，解决跨界水污染问题。

（一）逐步分离取排水河系，理顺给排水格局

以《珠江三角洲环境保护规划纲要（2004~2020年）》水环境安全格局为基础，以保护饮用水源为重点，科学优化水环境功能区划，优化区域取排水格局，统筹区域水资源保护，保障区域水源安全。

进一步优化调整取水排水格局，实现高、低用水环境功能之间的有序协调。根据珠三角水资源分布状况及取水口规划分布情况，划定珠三角西江、北江、东江等5条主要供水通道（见附表2），供水通道严禁新建排污口，严格监控影响供水通道水质的支流和污染源。根据珠三角河道主要特点、水环境功能区划、工业和人口分布及主要取排水口布局，划定石马河—东引运河排水通道等9条主要排水通道（见附表3），所有污染源必须稳定达标排放，实行严格的污染物排放总量控制，确保排水通道满足水环境功能区划水质控制目标。

结合区域取排水河系分离、容量利用以及发展需求，优化调整珠三角地表水环境功能区划。优先保护西江、北江、东江干流及网河区主要干流水道等饮用水源河道，控制目标不低于Ⅱ类。其他河流根据规划使用功能和水环境质量现状，水质控制目标一般不低于水质现状；对个别社会经济发展规划需要排水的河段，在不影响邻近功能区达标的前提下，经过科学论证后，划出适当长度河段合理调整水质控制保护目标；对水质现状严重超标而环境功能要求不能降低的河段，维持较严格的水质保护目标，并制定分期达标方案。通过严格执行水环境功能区划，引导区域产业发展、城镇建设和土地利用等经济开发格局的优化调整。

到2012年，基本实现区域河系取水、排水的协调，珠三角水系干流、一级支流水质维持优良水平，主要地表水和近岸海域环境质量基本达到功能目标要求，流经城市河段有机污染明显改善。2015年，主要地表水和近岸海域质量达到功能目标要求，流经城市河段和城镇内河涌水质明显改善。到2020年，珠三角水环境安全格局基本形成，珠三角水系主干、支流水质维持优良水平。

（二）严格保护饮用水源，防范水源地环境风险

按照供排水格局调整方案，适度集中建立饮用水源保护区，依法科学保护饮用水源。制定严格的保护措施，必要时依法征收饮用水源一级保护区内的土地，用于涵养饮用水源；严禁在饮用水源保护区内进行法律法规禁止的各种开发活动和排污行为；依法清理饮用水源保护区内的排污口。加快备用水源和供水应急机制建设，完善应急预案。在东江、西江等地联合共建饮用水源保护区，建立异地取水补偿机制，在资金和技术上支持输出地区的水环境保护。到2012年集中饮用水源水质达标率达到95%以上，2015年达到100%。开展饮用水源地环境风险排查和环境整治。对威胁饮用水源的重点污染源予以整治、搬迁、关闭，加强重点排污企业和船舶运输的监督管理，严厉打击违法排污行为。水陆统筹，积极防治面源污染。加大入库河流治理和管控力度，积极采取措施削减入河（库）污染负荷，强化侧流入河河涌的污染整治。加强水源地水质全分析，强化饮用水源水库藻类污染防治，加强对重金属、持久性有机污染物等有毒有害物质的监控，全面提高预警能力。

（三）加强流域统筹，构建跨界水体综合防治体系

以珠三角一体化为契机，强化跨界河流断面水质目标管理和考核，综合运用行政、经济、法律等多种手段，逐步建立健全信息通报、环境准入、结构调整、企业监管、截流治污、河道整治、生态修复等一体化的跨界河流污染综合防治体系。

完善跨界河流交接断面水质目标管理和考核制度。合理设置跨界河流交接断面，明确水质控制目标，分清落实责任。将跨界河流交接断面水质保护管理纳入环境保护责任考核范围，健全监测、评估、考核、公示、奖惩制度。交接断面水质未达到控制目标的，实施区域限批，停止审批在责任区域内增加超标水污染物排放的建设项目；责任方与相邻地区协商提出解决方案，明确时限，组织实施，确保水质达标交接。

建立跨界河流水污染综合防治体系。跨界河流相邻地区加强河流水质、项目审批、规划实施等方面的信息通报，联合制定并实施严格的水污染物排放标准、产业准入和结构调整政策，实行水污染物排放的行业标杆管理和企业末位淘汰机制。联合制定跨界河流综合整治和生态修复规划，联合执法，共享污染源监控信息，严控污染物新增量，大力削减污染物存量，联合开展河道综合整治，逐步恢复河流生态系统。到2012年，跨市河流交接断面水质达标率达到80%以上，2015年提高到90%以上。

（四）突出重点，优先解决重大跨界水污染

以淡水河、观澜河（石马河）、广佛内河涌（西南涌、佛山水道）、独水河等水体污染严重的跨界河流为突破口，齐防共治，集中力量，全力推进跨界河流水污染整治。

1. 深惠统筹，治理淡水河跨界污染。

综合治理，优先解决城镇生活污染。加快推进城镇污水集中处理设施建设，2010年底前流域内各镇必须建成污水处理厂并投入使用，新增污水处理能力84万吨/日，并采用高效污水脱氮除磷工艺；完成龙岗河坪地、横岗与坪山河及支流等截污干管工程；清淤疏浚，引水扩容，综合治理面源。2015年前污水处理厂全面提升脱氮除磷水平，2020年前污水截排率达到95%.严格监管，促进产业结构调整。流域内深惠两市禁止新扩建电镀、线路板、糅革、漂染、养殖建设项目，暂停审批电氧化、化工（现有定点基地除外）、发酵以及含酸洗、磷化、表面处理工艺项目，对于截污管网不完善的区域，暂停审批餐饮、桑拿、洗车等污水排放量大的三产项目。污染企业执行从严排放限值，实现全部重点污染源在线监控，重点企业稳定达标排放，关停清退超标排放企业。2015年前，全面清退畜禽养殖企业。

到2020年，淡水河跨界断面水质达IV类标准，其中重金属指标达到Ⅲ类标准。

2. 深莞联动，治理观澜河（石马河）跨界污染。

重点提升污水集中处理水平，治理面源。2012年底前，流域内干流与重要支流完成截污，重点推进龙华、华为、观澜、平湖、鹅公岭等污水处理厂升级改造，强化脱氮除磷功能，污水截排率和集中处理达到80%。对于截排范围外的污废水进行分散处理，确保出水达到一级A标准。分阶段清除流域内干流和大小支流河道两岸1000m范围内生活垃圾堆和工业垃圾堆，清除河道污染底泥并妥善处置。对流域内非供水水库进行调度，增加枯水期清洁基流。

优化产业布局，调整产业结构，减少工业污染负荷。根据流域功能区划，生态控制红线内，禁止新增土地开发面积，敏感区域实行退工还林、退农还林，逐步恢复流域的自然下垫面。对未纳入截污范围的区域实行禁批，对重污染行业实行禁批，对耗水型和劳动密集型项目实行限批。清退流域内电镀、漂染、糅革等重污染型和劳动密集型产业，造纸与化肥企业执行《广东省水污染物排放限值》一级标准，不达标企业搬迁或关停。重点污染源、污水处理厂安装在线监测装置，加强监控，杜绝违法排污。

到2020年，观澜河（石马河）跨界断面水质达Ⅲ类标准。

3. 广佛同城，共治内河涌污染。

开展河道综合整治。加大巴江河、九曲河、白岭涌、汾江河、花地河、牛肚湾涌、秀水涌、石井河、滘口涌、芦苞涌、西南涌、雅瑶水道、水口水道、白坭河、流溪河、五眼桥涌等整治力度，同步截污，疏浚底泥，防治面源，加大河涌曝气增氧，引水扩容，开展生物原位修复，因地制宜开展生态修复，逐步改善广佛内河涌水质。

加大工业企业和畜禽养殖污染治理力度。区域内工业废水排放执行《广东省水污染物排放限值》一级标准，不达标企业一律关停、搬迁。关停畜禽禁养区内的养殖场。

加大截污管网和污水集中处理设施建设力度。在治理西南涌方面，要提升南海里水镇与官窑截污和污水处理水平，加快石井、三水乐平镇、西南街区、三水农场污水收集与处理设施建设。在佛山水道新建、扩建污水处理厂4座，脱氮除磷深度处理，处理能力达到84.5万 m^3/d。到2020年，西南涌水质达IV类标准，佛山水道水质基本达IV类标准。

4. 综合治理，解决独水河污染。

严格实施产业结构调整与准入政策。流域内漂染、电镀重点污染行业必须达到清洁生产要求。不能稳定达到广东省地方水污染排放一级标准的企业，一律关停或搬迁至配有集中工业污水处理设施的工业园区。禁止审批鞣革、漂染、电镀、发酵等重污染行业、排放一类污染物以及废水排放量大的项目。搬迁或关闭敏感区域内的畜禽养殖场。加快污水集中处理设施建设，完善截污管网，2015 年底前新增污水处理能力 12 万吨 / 日，并进行深度处理。到 2020 年，独水河入北江断面总体水质达 IV 类标准，其中重金属指标控制在Ⅲ类标准以内。

五、全面推进联防联控，加快解决区域大气复合污染

全面实施珠三角清洁空气行动计划，从注重重点行业减排向全面防控转变，从单因子治理向多污染因子综合控制转变，多手段联合推进，稳步提升脱硫成效，全面推进降氮脱硝，协同控制挥发性有机物和氮氧化物，大幅减少颗粒物，构建世界先进的典型城市群大气复合污染综合体系，逐步解决区域大气复合污染问题。

（一）控制挥发性有机物和氮氧化物，协同应对光化学烟雾

全面实施生产企业的挥发性有机物排放控制。加大石化、化工及含挥发性有机化合物产品制造企业和印刷、制鞋、家具制造、汽车制造、纺织印染等行业清洁生产和污染治理力度，逐步淘汰挥发性有机化合物含量高的产品生产和使用，严控生产过程中逃逸性有机气体的排放。建立工业企业有机溶剂使用量申报与核查制度，纳入重点管理企业名录的企业使用溶剂必须符合环境标志产品技术要求。制定典型行业挥发性有机物排放标准和控制技术规范，强化典型行业有机废气污染治理示范项目建设，完成不符合技术规范企业的技术改造。

加强商用及家用溶剂产品挥发性有机物控制。严格管理干洗行业的干洗溶剂使用，推广使用低挥发性有机物含量溶剂，提高干洗业用溶剂冷凝回收率。逐步实施产品卷标制度和挥发性有机化合物含量限值管理，禁止使用挥发性有机物含量高的非环保型建筑涂料。制定鼓励市民使用低挥发性有机物含量产品的宣传教育计划，倡导消费低挥发性有机物产品。

加强饮食服务业油烟污染治理。制定油烟治理设施运行管理机制并实施有效监管。新建饮食服务经营场所必须统一规划，使用管道煤气、天然气、电等清洁能源，已建饮食服务经营场所要限期完成清洁能源使用改造。未安装油烟治理设施的饮食业油烟排放单位必须安装油烟治理设施。

加强机动车和非道路移动源排放控制。严格新车准入标准，珠三角汽车提前实施国家第四阶段排放标准，对不符合相应标准的汽车和摩托车，不予办理登记和转入手续。逐步加大燃气汽车、混合动力汽车和电动汽车等清洁能源汽车的使用力度。全面推行环保标志管理制度，规范机动车环保标志发放和管理工作，有条件的城市要公布并实施车辆限行方案，逐步淘汰高排放车辆。2010 年 6 月 30 日前，珠三角所有城市完成机动车工况法排气检测线建设。加强机动车排气污染道路抽检和停放地抽检，重点加强高排放车辆尾气监管。逐步加大燃气汽车、混合动力汽车和电动汽车等清洁能源汽车的推广使用力度。加强非道路移动源治理，控制飞机及机场相关机械车辆、建筑机械、船舶排气污染。全面推广使用粤Ⅲ车用成品油，争取 2010 年开始珠三角逐步供应粤 IV 车用成品油，降低机动车排气污染。2010 年 9

月30日前，完成全部加油站、油罐车和储油库的油气回收综合治理并完成验收，逾期未完成治理任务的，一律依法停止营业。建立机动车排气监督管理信息网络体系。加速建设城际快速轨道交通系统，打造方便、快捷、环保的区域交通运输体系。

（二）全力推进脱硫脱硝，减轻区域酸雨污染

继续加强火电厂脱硫工程建设和环保监督管理。珠三角原则上不再规划布点新建燃煤燃油电厂。在完成《广东省小火电机组关停实施方案》基础上，逐步关停区域内所有100MW以下（含100MW）的常规燃煤火电机组。推进燃油电厂油改气或脱硫工程。严格火电厂烟气在线监控管理，使火电厂脱硫设施运行效率稳定达到85%以上。

全面推进现役燃煤火电厂降氮脱硝工程。制定并实施《广东省火电厂降氮脱硝工程实施方案》，2012年底前，区域内所有300MW以上（含300MW）的燃煤机组率先完成降氮脱硝改造，大力推进热电联产燃煤机组降氮脱硝改造，确保氮氧化物稳定达标排放。

加大工业锅炉治理力度。2012年底前，力争淘汰所有4蒸吨/小时（含4蒸吨/时）以下和使用8年以上的10蒸吨/小时以下燃煤、燃重油和燃木材工业锅炉（含生活锅炉与导热油炉）。使用不足8年的10蒸吨/小时以下、全部10蒸吨/小时及以上工业锅炉，应改燃天然气等清洁能源或建设高效脱硫除尘、降氮脱硝设施，达到《广东省锅炉大气污染物排放标准》排放限值要求。积极推进实施集中供热或改燃清洁能源，1蒸吨/小时以下锅炉鼓励使用电锅炉。锅炉总出力在10t/h（含10t/h）以上燃煤、燃重油企业，2012年底前必须安装烟气在线自动监测装置，与当地环保部门联网，并保证其正常运行。

（三）突出抓好重点行业，减少颗粒物排放

强化建材行业污染治理。区域内严格控制新建水泥、平板玻璃、陶瓷生产企业，限制建材企业在珠三角区域内部搬迁转移。加快推进淘汰能耗高，污染严重的老式生产工艺，2012年底前彻底淘汰落后水泥产能、“平拉法”（含格法）落后平板玻璃产能。区域所有保留水泥、陶瓷、平板玻璃制造企业需安装高效除尘设备和脱硫设施，达到从严的排放限值要求。对于不达标的要限期治理，经限期治理后安全生产、环保等仍不达标企业一律实施关停。

加强城市扬尘全过程控制。各市扬尘污染控制区应达到建成区面积的80%以上，扬尘污染得到有效控制。加强料堆站场扬尘污染控制，贮存、堆放煤炭、煤矸石、煤渣、煤灰、砂石、灰土等易产生扬尘物料的场所，要建成封闭设施、喷淋设施以及表层凝结设施等。严格落实施工工地围蔽和清运余泥渣土、喷水降尘等措施，努力做到“六个100%”（即：施工现场100%围挡，工地砂土100%覆盖，工地路面100%硬化，拆除工程100%洒水，出工地运输车辆100%冲净车轮车身，密闭无洒漏，暂不开发的场地100%绿化）。加强市区内裸露土地的绿化或铺装，落实路面保洁、洒水防尘制度，减少道路扬尘污染。

六、同保共育生态体系，构筑区域生态安全格局

从珠三角区域自然环境和经济发展整体布局出发，优先保护“生态高地”，统筹规划区域绿地和区域“绿道”，实施生态同保共育，合力构筑整体联结的生态安全体系，维护区域生态安全。

（一）构筑区域生态安全体系

统一规划，优先保护，形成外围环状连绵山体和南部沿海湿地的“一环一带”珠三角生态屏障，以东江、北江、西江干流为基础的河流湿地廊道体系，维护和修复生态价值高、生态服务功能重要的“生态高地”，在中部平原城市群连绵发展区，依托自然山体、河流、农田湿地等绿色区域，统一规划建设大型区域绿地，构建起区域生态安全体系的基本框架。

强化珠三角周边环状连绵山体保护，限制在珠三角外围环状山体进行大规模开山取土采矿等开发活动和城镇建设，加强水土流失治理和矿山环境治理恢复，优先开展天然林保护和生态公益林建设，生态公益林占林业用地面积的比例提高到60%以上。加强珠江水系生态廊道保护，严格控制在西江、北江、东江干流和主要支流排放污水和堆放垃圾，严格控制建设截流设施，完善沿岸防护林和水源涵养林体系，90%以上江河干流和主要支流要建立完善的防护林带。加强南部沿海近岸海域和海陆交错带生态保护，落实近岸海域环境功能区划，加强对近岸海域岸线开发、养殖和排海倾废的环境监管，加强海岸和海岛生态保护，逐步恢复珠江口、大鹏湾、广海湾等沿海红树林；控制滩涂围垦、填海和岛屿采砂，综合整治珠江八大口门。

（二）提升自然保护区建设水平

优化自然保护区结构。加大对珍稀物种、栖息地和典型生态系统、地质遗迹的抢救性保护，以红树林类型湿地生态系统保护恢复为重点，加强滨海湿地保护区建设。到2012年，自然保护区占区域陆地面积的比例达到6.4%，到2015年达到6.5%以上，到2020年达到6.8%以上，建立起适应区域生物多样性保护需要的自然保护区体系。

提高自然保护区建设管理水平。强化自然保护区基础设施建设，增强自然保护区管理能力，提高管理人员素质。2012年国家级、省级自然保护区要达到国家标准化建设水平，2015年地市级以上保护区建设达到国家标准化建设水平要求。引导自然保护区内及周边地区群众积极参与自然保护区管护，开展社区共管，选择典型区域开展自然保护区生态补偿试点工作。

（三）建设区域绿地和区域“绿道”

合理布局区域绿地，严格区域绿地环境管护。将东江下游—增城基塘农田绿地、北江和西江干道之间连片基塘农田绿地、新会—斗门农田绿地、深–莞–惠和博罗县城之间山地绿核区、中山珠海之间以五桂山–凤凰山为中心的山地绿核、广州北部城市连绵带中以白云山–帽峰山–万亩果园–大夫山为中心的城市绿核、江门新会之间以圭峰山–白水带–东湖公园连绵带为中心的城市绿核区、肇庆端州区鼎湖区和高要之间的烂柯山区等大型自然板块纳入区域绿地保护范围，进行重点保护。除维护或改善原生体系的必需设施外，严格限制区域绿地内其他开发建设行为，逐步迁出不符合功能要求的各类设施，禁止大规模的城镇建设和工业开发活动，强化对乡土物种和生物多样性的保护。

逐步建设以西岸山海休闲绿道、东岸山海休闲绿道、珠三角文化休闲绿道、广珠生态休闲绿道、深莞惠生态休闲绿道、珠三角西江滨水休闲绿道6条区域绿道主线为骨干的区域绿道主体框架。采用省市互动的方式进行绿道建设，引导和推动各市规划建设城市绿道和社区绿道，并与区域绿道相连接，形成区域绿道、城市绿道和社区绿道三级绿道网络。到2020年，将城市人均公园绿地面积提高到15平方米。

（四）构建核与辐射安全监管体系

严格实施核与辐射安全许可证制度、环境影响评价制度和“三同时”竣工验收制度，加强对核技术应用项目的全过程监管。加强对放射性同位素与射线装置的日常监管，妥善处置废放射源，实施核废料等放射性废物的安全贮存与处置。加强伴生放射性矿环境监测和治理，严格执行排放标准要求，提高伴生放射性矿的环境辐射安全水平。建立完善的核安全与放射性污染防治技术体系，确保环境和公众安全。

加强各级核与辐射安全监管机构建设，建立完善省、市、县核与辐射环境监管体系。建设以省辐射环境监测站点为中心节点，涵盖珠三角的区域辐射自动监测和安全预警网络。建立和完善应急预案，建立统一指挥、功能齐全、常备不懈、迅速高效的应急准备与响应体系，及时处置核与辐射安全事故，积极应对核与辐射恐怖袭击。

七、区域环境同治，建设宜居城乡

以城带乡、区域统筹，加快环保公共基础设施建设，鼓励基础设施共建共享，加强农村环境保护，逐步实现城乡之间、区域之间环境基本公共服务均等化，建设宜居城乡，深化粤港澳环保合作，促进区域环境同治。

（一）大力促进环境基本公共服务均等化

各级政府要将污水及垃圾等环境治理服务、环境监测与评估服务、环境监管服务、环境应急服务、环境信息服务等作为基本公共服务的重要领域，加大投入，全面推进乡（镇）、村环境公共基础设施建设和监管能力建设，积极推动各项环境基础设施、环境保护管理工作向农村延伸和辐射，做到全覆盖，使不同地区、不同阶层逐步享有基本均等的环境公共服务。

加快推进污水集中处理及再生利用设施建设。距离城镇较近的村庄，生活污水尽可能就近纳入城镇收集、处理网络，合理确定服务的内容和配套的标准。重点推进中心镇、饮用水源保护区和重点流域周边污水处理设施建设，2010年底前珠三角中心镇全部建成污水处理设施，2012年底前有条件地方实现镇镇建成污水处理设施。加快推进污水收集管网建设，确保城镇污水处理厂建成投入使用当年实际处理量不低于设计能力的60%，三年内实际处理量应达到设计处理能力的75%。到2012年珠三角城镇生活污水处理率达80%，2020年达到90%。加快推进珠三角的县（市、区）生活垃圾处理设施和分类收集、转运系统建设，2012年底前建成生活垃圾无害化处理设施，城镇垃圾处理设施建设要考虑周边农村地区垃圾收集处理的需求，逐步完善农村生活垃圾收集系统。至2012年，珠三角城镇生活垃圾无害化处理率达85%，2015年达到90%，2020年达到100%。

（二）统筹区域，推进环境基础设施共建共享

强化危险废物的区域集中处置。充分发挥广州、深圳、惠州等危险废物处理处置中心的区域服务功能，全面深化危险废物环境管理制度，消除危险废物跨行政区域转移障碍。推广

和应用省固体废物信息管理系统，建立面向固体废物的管理者、产生者、利用处置者和公众的信息交流与沟通平台，完善区域内危险废物数据和信息交换体系以及事故应急网络，全面实现网上环境管理、信息化服务和在线实时监控。加强各类废弃物的资源化利用和规范化处理处置工作，积极推进废弃电子电器产品、废旧汽车等集中处理场的试点工作。

推进污泥处理处置设施共建共享，发挥规模效益。现有污水处理厂应结合升级改造，同步建成污泥稳定化处理工程，降低出厂污泥含水率，为污泥区域集中处置创造条件。鼓励日处理能力 10 万吨以下的污水处理厂联合建立区域性污泥处理处置设施。

推进污水、生活垃圾处理设施共建共享。鼓励相邻区域打破行政区限制，共同规划，共建共享污水处理设施，实现管网互联互通。鼓励相邻地区统筹规划、合理布局，共建生活垃圾处理厂。按照区域共享的原则，适当调整位于行政区边界的污水处理厂和垃圾处理厂规模，合理规划和加快建设污水收集管网，使之辐射周边相邻区域。基本统一区域污水、垃圾处理收费标准，鼓励整合兼并，培育大型骨干环保产业集团，为环境基础设施共建共享创造条件。

（三）统筹城乡，加强农村环境保护

编制珠三角农村环境保护规划，逐步建立乡镇环保规划协调、评估、考核机制，制定农村环境保护工作指引和技术规范。实施农村环境清洁工程，以生态示范创建为载体，全面推进农村环境污染整治，到 2012 年，珠三角建成各级生态村、镇 500 个以上。实施分类指导，加强农村环境基础设施建设，广州、深圳、东莞、佛山、中山、珠海等市逐步按市辖区的标准，统一开展农村环境基础设施建设，江门、惠州、肇庆等市因地制宜加强农村垃圾、污水收集处理系统建设，实现农村生活废水、废弃物和人畜粪便无害化或统一处理。加强农村饮用水源保护，切实保障农村饮水安全。

重点控制禽畜、水产养殖污染，积极防治农业面源污染。在城镇密集区、主要江河干流两岸 1 公里范围内、大中型水库汇水区和水源保护区禁止发展规模化畜禽养殖，控制珠三角的养殖总量，加强规模化畜禽养殖场的环境监管，控制污染物排放总量。大力发展沼气工程建设，积极发展以沼气为纽带的种养模式，促进畜禽养殖废弃物的循环利用。推广节肥节药技术，调整优化用肥结构和提高病虫害综合防治能力，减少化肥、农药用量。限制水产养殖投饵强度。

加强土壤污染防治。建立健全土壤环境监测体系，开展土壤环境例行监测，在水源地、粮食蔬菜等农产品基地、土壤污染严重地区加大土壤环境监测密度。建立完善土壤环境监管政策，探索建立土地使用的土壤环境质量评估与备案制度。建立污染土壤风险评估和环境现场评估制度，加强被污染工业场地的环境监管，禁止未经评估和无害化治理的污染场地进行土地流转和二次开发。造成土壤环境污染的工矿企业需缴纳土壤环境治理修复金。加大政府投入，加强控制持久性有机污染物、重金属等对土壤的污染，开展修复示范，2012 年前各市分别启动 2–3 处典型污染土壤场地的修复试点。

（四）深化粤港澳合作，打造绿色优质生活圈

以珠三角环保一体化为契机，深化粤港澳合作，拓展合作领域，创新合作机制，打造绿

色大珠三角优质生活圈。

推进东江水质保护和竹银水源系统建设合作，保障港澳供水安全。继续加强大气污染防治的合作，完善区域空气质量监测网络，加强对光化学烟雾以及灰霾天气与大气质量关系的合作研究。继续推进大鹏湾及深圳湾区域环境管理和加强珠江口污染防治和生态保护的合作。开展珠江口红树林湿地保护工程、东江水源林工程建设；加强在野生动植物保护与疫源疫病监测、优良乡土树种、林业科技等方面的交流与合作。深化“清洁生产伙伴计划”，推进“粤港清洁生产伙伴计划”标志计划。

加大对废物跨境转移的监管力度，加强资源循环利用技术交流与合作，推进废物无害化、减量化、资源化方面的合作。

探索共同举办、轮流承办环保研讨会或环保博览会的模式，打造具有一定影响力的环保展览品牌，推动环保产业的发展。

八、强化区域协同联动，搭建环境监管一体化平台

以推进区域环境监测网络一体化、统一区域环境监察执法、强化区域环境预警应急响应联动、实现区域环境信息共享为着力点，系统提升区域环境监管水平，率先搭建标准统一、上下联动、横向联合、协同有序、运转高效、执行有力的环境监管一体化平台。

（一）环境监测一体化

优化完善区域环境质量监测网络，推进区域环境质量监测网络一体化。优化升级珠三角区域大气监控网络，将珠三角所有城市站全部纳入区域大气监控网，加强大气能见度、温室气体浓度监测；率先制定实施符合珠三角空气污染特征的区域空气质量标准，将细颗粒物、臭氧、一氧化碳等区域空气质量标准确定的特征污染物指标列为法定监测项目。完善珠三角水质自动监控网络，将珠三角现有水质自动站全部实现与省联网；加强饮用水源地水质全指标分析和流域特征污染物监测，扩大省控断面的覆盖范围，完善跨行政区河流交接断面水质监测站，加强对跨界水环境的实时监控。推进生态、土壤、地下水、海洋、核与辐射环境质量监测网络建设，实现监测点位的全面化与监测领域的全覆盖。加强海洋灾害预警与应急系统建设。

强化区域联合监测，推进区域监测能力建设一体化。配强配精省环境监测中心，重点提升广州、深圳两个区域站，全面推进珠三角二级、三级环境监测站标准化达标建设，在有条件的镇设立环境监测分站，构建珠三角一体化环境监测网络。在淡水河等跨界断面建立同步监测机制，在广佛水源地等跨区域调水水源区和重大区域性环境问题发生地区等实行联合监测。

统一监测方法和标准，推进监测质量管理一体化。建立健全环境监测质量管理制度，加强环境监测全程序质量控制，统一环境监测技术体系，强化区域环境监测数据与评价结果的可比性，完善区域环境质量评价体系。

（二）环境监察执法统一化

加快推进各级环境监察机构标准化建设进程，着重加强基层执法机构及能力建设，构建

省、市、县（区）、镇（街）四级环境监察网络。提高环境监察队伍的执法能力，逐步健全环境执法监督体系。建立跨区域的联合执法机制，联合查处跨区域的环境问题和污染纠纷，重点打击行政区边界的环境违法行为以及非法转移危险废物行为，联合调查处理重大环境信访案件，完善案件移交移送机制。统一区域环保执法尺度，建立统一的环保行政案件办理制度，规范环境执法程序、执法文书。

（三）环境预警应急响应联动化

加强区域环境风险防范。建立各类环境要素的环境风险评价指标体系，开展区域环境风险区划，制定环境风险管理方案和环境应急监测管理制度。加强对环境敏感地区和环境风险源的监管力度，从源头上消除污染事故隐患。

提升区域环境监测预警与应急能力。建立应急监测、预警移动平台及空气质量预报预警平台。强化环境监测数据应用与综合分析预警，加强重要环境敏感区域污染监控预警，建设完善辐射环境监测系统、核与辐射应急处理处置队伍。建成梯度合理、协同作战、响应快速的区域环境应急监测网络。健全珠三角环境事故应急处理的协调联动机制，对区域应急监测实行统一指挥协调、资源统一调配、数据统一管理，建成突发性事故应急监测体系。加强人员培训，定期开展区域环境突发事件的应急演练，建立畅通的环境事故通报渠道，强化应急响应能力。

（四）环境信息共享化

建立完善的区域性环境信息网络，继续推进和完善重点污染源监测监控系统，实现城市间、部门间网络互联互通。建立珠三角污染源动态管理信息系统，推进珠三角环境管理系统、环境监测系统、环境污染预警和应急系统、环境地理系统建设，逐步建立区域环境信息标准化体系，提高信息共享水平，实现城市间、部门间环境信息资源共享。逐步建立完善的珠三角重点污染源信息、水环境信息、重大项目环评信息的披露机制，搭建珠三角环境信息统一对外发布的网络平台。

九、统筹协调环保体制机制，突破一体化瓶颈

建立推进本规划落实的领导协调机制，明确政府环境权责，深化区域环境合作，构建与区域经济一体化发展及区域环境系统内在需求相适应的体制机制。

（一）健全环境与发展综合决策机制

将环境保护一体化作为区域经济一体化发展的基础，优先推进，确保珠三角经济一体化有序、持续推进。探索实行重大决策、政策的环境影响评价，大力推进规划环境影响评价，将环境作为重大决策制定的基本依据，确定区域开发和重大建设活动的环境准入条件和环境保护要求，充分发挥环境保护优化经济发展的作用。对未按期完成污染物总量削减目标的地区、未按规定完成规划环评的工业园区、水体污染严重达不到规划目标的流域、排水管网不配套且城市污水负荷率达不到要求的地区，实施区域、流域限批。建立健全信息发布机制，及时、准确公布环境与发展综合决策信息，推进公众参与综合决策，保障公众对综合决策的知情权、参与权与监督权。

（二）设立实施本规划专责工作组

在省实施《规划纲要》领导小组的框架下，设立实施本规划专责工作组，由分管副省长任组长，珠三角九市分管副市长、省相关部门负责同志参加，办公室设在省环境保护厅，由该厅主要负责同志任办公室主任。

（三）落实政府环保目标责任制

坚持党政“一把手”亲自抓、负总责和行政首长环保目标责任制，强化地方政府环保目标责任考核，不断提高环保考核在地方政绩综合考核中的权重，对关键环保目标指标考核实行“一票否决”制。完善各级政府实施环境保护相关规划和计划的评估机制，定期向同级人大报告各种环境保护相关规划和计划的执行情况。建立和完善地方政府对环境质量负责的制度措施，主动作为，大力调控，建立强势环境政府。

建立环境保护责任追究制度，对因决策失误、未正确履行职责、监管工作不到位等问题，造成人民群众利益受到侵害、生态破坏严重、环境质量明显恶化等严重后果的，依法追究有关领导和部门及有关人员的责任。

（四）完善区域环境合作机制

充分发挥本规划专责工作组、联席会议制度、城市联盟、产业联盟、区域行业组织、民间组织等协调机构的作用，建立完善区域环境合作机制、区域协调机制、信息共享机制。统一规划、统一管理、统一标准、统一监测、统一评估，实现珠三角环境信息互通共享、防治重点协同一致、治理行动同步推进、技术措施吻合匹配、实施效应最大最优，探索具有珠三角特色的区域环境保护新道路。

在三个经济圈建设合作框架下，深化广佛肇、深莞惠、珠中江的环保合作。签订环保合作协议，建立环保合作联席会议制度，做好城市之间环保规划的衔接，加强城市间环境应急预警联动，加强重大项目环评审批协调，联合开展城市圈的水源保护，集中解决跨界河流污染治理、危险废物集中处理等突出环境问题。

十、探索建立先行先试环境政策法规体系，持续综合推进一体化

不断完善环保法规，充分发挥环境经济政策的驱动作用，拓展环保投融资渠道，建立开放有序的环保产业市场，大胆创新、积极探索、综合推进，构建长效机制，推动环保一体化更上一层楼，为全国环境保护创造新鲜经验。

（一）完善环境法规

强化政府的环境保护责任，保障社会享有的环境权益。修订《广东省环境保护条例》，进一步明确各级政府在环境保护工作中的责任，建立和完善排污许可证制度和排污权有偿使用和交易制度等，修订《广东省机动车排气污染防治条例》、《广东省东江水系水质保护条例》和《广东省珠江三角洲水质保护条例》。制定珠三角大气污染防治条例、广东省排污许可监督管理条例、广东省土壤环境污染防治管理办法、广东省电磁辐射环境管理办法等环境法规、规章，为相关环境保护工作的开展提供法制保障。

（二）创新区域环境经济政策

建立跨界断面水质管理的补偿与赔偿政策。对跨界断面水质未达到阶段目标或规划目标的，按照“类别差距越大赔偿额度越大，污染越重赔偿额度越大”和“地表水有偿使用功能”原则，污染方向受污染方支付赔偿金，优于水质目标的，由受益方向保护方给予补偿，并向社会公布。在深惠淡水河、深莞观澜河（石马河）以及广佛内河涌等河流开展试点工作。

建立排污权有偿使用与交易制度。全面实施排污许可证制度。积极开展排污权交易试点工作，率先在火电等行业开展二氧化硫排污权有偿使用与交易试点，选择重污染流域开展化学需氧量排污权有偿使用与交易试点。建立排污量核定系统，构建排污交易管理平台，设立排污权有偿使用与交易管理中心。

理顺资源环境价格体系，努力形成资源使用价格、环境损害价格、污染物处置价格和环境服务价格“四位一体”的资源环境价格体系。加快推进矿产、电、油、气、水等资源性产品价格体系改革，建立能够反映能源稀缺程度和环境成本等完全成本的价格形成机制。继续深化差别电价政策，加大钢铁、水泥等重污染行业的差别电价实施力度。认真贯彻国家脱硫加价政策，加强脱硫设施运行和电价管理，对脱硫效率未达到规定标准的，严格按要求扣减脱硫电价；推动出台脱硝电价政策。合理调整污水处理收费标准，研究建立污泥处置价格机制。适时提高二氧化硫、化学需氧量等排污收费标准。全面推行城镇生活垃圾处理收费制度和危险废物处置收费制度。

研究制订有利于环境保护的绿色保险、绿色信贷、绿色贸易等环境经济政策，开展污染责任保险试点，建立环境损害赔偿政策机制，逐步建立完善水泥、造纸、漂染等行业的落后产能的退出机制。

（三）完善区域环保投入机制

推动建立珠三角环保专项资金。积极探索由省和各市共同建立珠三角环保（财政）专项资金，用于统筹环境保护和污染治理，推进珠三角环境保护一体化。省的实施本规划专责小组成立后，将按照“协商一致，公开透明”的原则明确资金支出的具体范围和程序。

拓宽地市财政环保投入渠道。鼓励各地市原有环保资金渠道的基础上，视实际情况将年度财政增收部分的一定比例用于环境保护，提高环境基本公共服务水平。发挥财政资金带动作用，激励社会资金投入环境保护。

（四）构建区域环境科技教育平台

充分利用大珠三角以及国家有关机构环境科研力量，建立珠三角一体化环境科研合作、交流平台，进一步强化科技支撑。统一区域环保人才政策，建立和完善环保人才的合作对话机制、交流考察机制、挂职锻炼与学习培训机制，切实推进区域环保人才合作培养与开发。加大对环境科学研究的财政支持力度，加强区域污染防治基础性和综合决策研究，重点开展珠三角区域性大气环境污染控制、跨界水污染防治、饮用水安全防治技术、湿地生态恢复、重金属污染防治、持久性有机污染物污染防治、放射性核素环境污染防护技术研究、低碳经济发展以及相关环境政策研究，推动环境科研自主创新能力建设，加快环境科技成果应用转化，加大对区域新型环境问题的防控。

大力加强生态文明教育，普及生态科学知识和生态理念。将环境教育作为国民素质教育的重要内容，在大中小学和各级党校行政学院开设环境教育课程。在珠三角创建生态文明示范区，建设一批生态文化教育基地，广泛开展环境与资源国情省情教育和生态环境警示教育，开展以建设资源节约型和环境友好型社会为主题的宣传活动，增强全社会的资源忧患意识、节约意识及生态环境保护意识。

（五）培育一体化环保产业市场

搭建一体化的环保技术服务市场。打破环评、环保工程设计和运营、环保咨询等领域的地方保护壁垒，废除有悖于市场化、社会化的制度和做法，创造条件让建设单位自主选择环保技术服务和咨询单位，大力促进环保服务业发展。在环境服务价格方面，进一步完善环境监测专业服务收费和建设项目环境影响咨询收费政策，规范市场秩序。加强环保产业合作，在环保产业领域内的投融资、市场拓展、技术配合、资格互认、环保技术应用等多个层面开展广泛合作。建立“统一、开放、公平、有序”的环保技术服务市场，促进环保产业的健康发展。

推进环境监测社会化。以排放重金属、有毒有害物质等的企业定期环境信息公开为切入点，选择典型地市开展环境监测社会化试点，鼓励专业化社会性监测机构参与环境监测。

大力实施治污设施建设运营社会化。鼓励企业以参股、承包、托管等多种方式参与城市垃圾、污水处理等基础设施和企业治污设施的建设与运营管理，逐步实现环保设施建设与运营分离，建立健全“治污集约化、产权股份化、队伍专业化、运行市场化、管理企业化”的治污设施运行机制。

十一、实施重大工程，落实规划任务

针对珠三角环境保护一体化需要解决的突出问题，重点实施五大工程，即跨界河流及内河涌综合治理工程、区域大气复合污染联防联控工程、区域生态同保共育工程、环境监管一体化平台建设工程、区域环境基础设施建设工程，总投资约为 1970 亿元，其中 2012 年底前投资约为 920 亿元（见附表 4 至附表 8）。

十二、强化组织领导，保障规划实施

（一）加强组织领导

珠三角各市和省直有关部门要充分认识规划实施的重要性、紧迫性和艰巨性，切实加强对规划实施工作的组织领导，积极采取强有力措施，以实施环保一体化规划为契机，从解决当前突出的环境问题入手，大力推进规划实施。建立各市之间、省直部门之间的沟通协调机制，定期召开协调会，研究解决推进珠三角环保一体化过程中所遇到的重大问题，高效、协同、有序推进规划实施。省环保部门牵头组织协调规划实施，监督落实规划目标、任务和措施，评估和考核规划实施情况。

（二）分解落实任务

珠三角各市和省直有关部门要按照规划确定的各项任务和要求，组织制订具体的规划实施方案，细化分解各项工作任务，明确落实责任。各地级以上市要将环保一体化规划的任务和要求纳入本辖区“十二五”规划，提出具体的环保工程项目，对规划所列的项目优先安排，列入年度重点建设投资项目。

（三）强化评估考核

建立规划实施的评估和考核制度，强化对规划实施情况的跟踪考核，把主要任务和目标纳入地方政府政绩考核和环保责任考核，分年度对分解落实的各项任务和目标进行考核，考核结果纳入珠三角各地和省直部门领导干部考核内容，并向社会公布。开展规划实施阶段性滚动评估，根据评估结果及环保一体化发展的需求变化，适度调整规划目标和任务。

附表 1　规划指标

序号	指　　标	规划目标	
		2012 年	2020 年
1	空气质量优于二级标准的天数（天）	355	355
2	集中式饮用水源水质达标率（%）	95	100
3	跨市交接断面水质达标率（%）	80	90
4	城镇污水处理率（%）	80	90
5	工业废水排放达标率（%）	90	100
6	工业用水重复利用率（%）	55	80
7	城镇生活垃圾无害化处理率（%）	85	100
8	城市人均公园绿地面积（m^2/ 人）	12	15
9	自然保护区面积覆盖率（%）	6.4	6.8

附表 2　珠江三角洲主要供水通道规划表

名称	主要河道	主要服务地区
西江供水通道	西江干流、西江干流水道、西海水道、磨刀门水道	广州、珠海、佛山、中山、江门、肇庆、澳门
北江供水通道	北江干流、东平水道、顺德水道、潭洲水道、沙湾水道	广州、佛山
东江供水通道	东江干流、东江北干流、东江南支流及东江三角洲网河区咸水线以上（万江、中堂、新塘一线以上）的主要河道	广州、深圳、惠州、东莞、香港
东海供水通道	东海水道、桂洲水道、容桂水道、鸡鸦水道和小榄水道	佛山、中山
独立供水通道	流溪河、潭江、增江	广州、惠州、江门

附表 3　珠江三角洲主要排水通道规划表

片区	名称	主要河道	主要服务地区
东江片	石马河–东引运河排水通道	观澜河、石马河、（寒溪水）、东引运河	深圳、惠州、东莞
	深圳排水通道	深圳河（独立入海）、茅洲河（独立入海）	深圳、东莞
西北江片	广佛北部排水通道	佛山水道及其分支、平洲水道、前航道、后航道、三枝香水道、沥滘水道、黄埔水道、狮子洋水道	广州、佛山
	广佛中部排水通道	陈村水道、市桥水道、沙湾水道（大刀沙以下河段）、蕉门水道	广州、佛山
	广佛南部排水通道	顺德支流、容桂水道下游段、洪奇沥水道	广州、佛山、中山
	石岐河排水通道	石岐河、横门水道	中山
	前山河排水通道	前山河	珠海、中山
	鸡啼门排水通道	鸡啼门水道井岸（斗门区）以下河段	珠海
	江门排水通道	江门河、江门水道、礼乐河、潭江干流新会河口以下河段、银州湖	江门

附表 4　跨界河流及内河涌综合治理工程

项目名称	建设内容	起止年限	总投资（万元）	近期投资（万元）
淡水河综合治理工程	城镇污水处理厂和配套管网建设；分散污水处理设施建设；河道清淤；工业企业污染治理、关停、搬迁。	2009–2020	1000000	600000
石马河综合治理工程	城镇污水处理厂和配套管网建设；分散污水处理设施建设；河道清淤；工业企业污染治理、关停、搬迁。	2009–2020	800000	400000
独水河综合治理工程	城镇污水处理厂和配套管网建设；河道清淤；工业企业污染治理、关停、搬迁。	2009–2020	100000	30000
广佛跨界水污染综合治理工程	城镇污水处理厂和配套管网建设；河涌截污和生态修复；河道清淤；工业企业污染治理、关停、搬迁。	2009–2020	1500000	600000
城市河涌整治工程	珠江三角洲各城市内污染严重的河涌、支流进行综合整治，改善水环境质量。	2009–2020	9000000	3000000
合　计			12400000	4630000

附表5　区域大气复合污染联防联控工程

项目名称	建设内容	起止年限	总投资（万元）	近期投资（万元）
火电厂脱硫脱硝工程	推动珠江三角洲地区尚未脱硫的12家、共409.2万千瓦的燃油电厂进行油改气或加装烟气脱硫设施配套建设。	2009–2012	82000	82000
	开展珠江三角洲地区100MW以上机组及100MW以下热电联产机组、装机总容量共15370MW的现役燃煤火电机组的降氮脱硝改造。改造后，100MW以上机组氮氧化物排放浓度限值为200mg/m^3，100MW以下（含100MW）热电联产机组氮氧化物排放浓度限值为400mg/m^3。	2009–2013	360000	300000
工业锅炉大气污染控制工程	对珠江三角洲10t/h以上共2866台，总容量38280t/h的工业锅炉安装高效除尘设备，并同步安装烟气脱硫设备。治理后大气污染物排放浓度达到最新的广东省锅炉大气污染物排放标准。	2009–2014	150000	90000
	全面开展珠江三角洲区域内所有工业锅炉的降氮脱硝改造，65t/h及以上锅炉属整治重点。治理后，工业锅炉的氮氧化物排放浓度达到最新的广东省锅炉大气污染物排放标准中的相应要求。	2009–2014	340000	200000
建材行业大气污染治理工程	对珠江三角洲地区70家、年生产能力10095.3万吨的水泥企业进行高效除尘设备安装或改造，治理后污染物排放浓度应达到《水泥工业大气污染物排放标准》（GB 4915—2004）要求。	2009–2012	7800	7800
	对珠江三角洲地区现有的共338家陶瓷生产企业进行高效除尘设备安装或改造，并同步安装烟气脱硫设施，治理后污染物浓度排放应达到最新的陶瓷工业污染物排放标准要求。	2009–2012	19000	19000
	对珠江三角洲地区29家、年生产能力为316万吨的平板玻璃生产企业进行废气治理设施改造，治理后大气污染排放浓度达到最新的平板玻璃工业污染物排放标准要求。	2009–2012	1500	1500

(续上表)

项目名称	建设内容	起止年限	总投资（万元）	近期投资（万元）
机动车污染控制工程	机动车排气检测机构设备升级改造及区域机动车排气监督联网体系建设。完成珠江三角洲各市机动车排气工况法检测线建设；建立区域机动车排气监督数据中心和联网管理信息网络体系。	2009-2010	7300	7300
	完成珠江三角洲2482座加油站、107个油库和1303辆油罐车的油气回收综合治理改造，治理后满足《加油站大气污染物排放标准》（GB20952-2007）、《储油库大气污染物排放标准》（GB20950-2007）、《汽油运输大气污染物排放标准》（GB20951-2007）要求。	2009-2010	173000	173000
有机废气污染控制工程	推进典型行业有机废气治理示范项目建设，加大包装印刷行业、表面涂装行业、家具制造行业、炼油与石油化学工业和皮革制品加工与制鞋行业等典型行业控制力度。	2009-2013	500000	200000
合计			1640600	1080600

附表6 区域生态同保共育工程

项目名称	建设内容	起止年限	总投资（万元）	近期投资（万元）
环状山体生态屏障区保护工程	对周边环状山体、主要水源涵养区开展天然林保护、生态公益林建设、林相改造、水土流失治理和矿山环境恢复，生态公益林占林业用地的比例达到60%以上。	2009-2020	250000	80000
南部沿海生态防护带保护工程	重点保护大亚湾-大鹏湾、广州-万山群岛、珠海-台山赤溪半岛东部和川山群岛重要四个海洋生态区。建设完善南部沿海地区约300公里沿海防护林带，开展湿地修复（加规模）对红树林湿地生态系统进行恢复，到2020年面积达到0.37万hm^2。	2009-2020	100000	50000
自然保护区建设工程	新建30个自然保护区，到2020年，自然保护区占该区陆地面积的比例达到6%以上，建设完善自然保护区基础设施、管护设施，达到规范化建设要求。	2009-2020	100000	30000
区域绿道建设工程	建设深莞惠、东江、广佛、西江、珠中江等区域主干绿道约1690公里。 保护深-莞-惠和博罗县城之间绿核	2010-2012	850000	850000

(续上表)

项目名称	建设内容	起止年限	总投资(万元)	近期投资(万元)
区域绿地建设工程	区、中山珠海之间以五桂山－凤凰山为中心的城市绿核、广州北部城市连绵带中以白云山－帽峰山－万亩果园－大夫山为中心的城市绿核、江门新会之间以圭峰山－白水带－东湖公园连绵带为中心的城市绿核区、肇庆端州区鼎湖区和高要之间的栏河山区、东江下游三角洲地区上潮到增城东部的基塘农田绿地、北江和西江干道之间连片基塘农田区、新会和斗门之间的成片农田区。	2009－2020	200000	50000
合　计			1500000	1060000

附表7　环境监管一体化平台建设工程

项目名称	建设内容	起止年限	总投资(万元)	近期投资(万元)
区域环境监测一体化建设工程	配强配精省监测中心，提升广州、深圳两个区域环境监测站。	2010－2015	12000	6000
	推进珠江三角洲地区二级、三级环境监测站标准化达标建设，推动中心镇和有条件的镇单独设立环境监测站。	2010－2015	50000	20000
	粤港空气质量监控子站改造和监控网数据控制中心设备更新，新建6个区域空气子监测站和1个超级观测站，建立1-2个空气背景站；完善县级酸雨监测网点；农村环境监测大气环境监测点3个。	2010－2015	8000	5000
	完善省、市界水域和入海河口水质自动监测站点，实施东江流域水质自动系统的升级改造。	2010－2015	6000	3000
	推进珠江三角洲地区生态、土壤、地下水、有害有毒物质环境质量监测网络建设，实现监测点位的全面化与监测领域的全覆盖。	2010－2015	10000	4000
	在广州、深圳、佛山、东莞等重点城市交通主干道路边建立空气质量监测子站50个、石化基地空气污染自动监控站点与重要环境敏感区域和流域增设特征污染物监测点20个。	2010－2015	8000	5000

(续上表)

项目名称	建设内容	起止年限	总投资(万元)	近期投资(万元)
区域监测预警应急响应联动化建设工程	污染源在线监测预警系统建设：完成珠江三角洲地区500家重点污染源在线监测系统安装。	2010–2015	50000	30000
	建立应急监测、预报、预警移动平台及空气质量预报预警平台。	2010–2015	10000	6000
	建成珠江三角洲地区重金属、危险废物和危险化学品监控系统与应急处理系统。	2010–2012	5000	5000
	配套核与辐射监测设备，建设放射源在线安全监管系统，核与辐射应急监测体系，核与辐射应急指挥决策平台。	2010–2020	30000	15000
区域环境信息共享与公开平台建设工程	建立珠江三角洲地区一体化的环境管理业务应用系统、环境决策与应急指挥系统，建立突发环境事件预警信息共享平台，建立环境质量信息和污染源信息共享的信息平台和基础数据库。	2010–2015	10000	6000
合计			199000	105000

附表8　区域环境基础设施建设工程

项目名称	建设内容	起止年限	总投资(万元)	近期投资(万元)
城镇污水处理设施建设工程	完善城市污水管网；完成珠江三角洲所有中心镇集中式污水处理设施建设和分散式小型农村污水处理设施建设，总规模为300万吨/日。	2010–2015	1500000	800000
污泥处理处置设施建设工程	污泥综合利用处置设施（污泥卫生填埋场、干化焚烧厂、污泥稳定化处理和污水厂污泥处理升级改造）建设，总规模为5000吨/日。	2010–2015	112000	70000
危险废物处理中心建设工程	广州市废弃物安全处置中心工程建设，处理总规模为9万吨/年，一期处理规模为4.5万吨/年。广东省危险废物综合处理中心二期工程建设，处理总规模为5万吨。	2010–2015	110000	70000
生活垃圾处理处置设施建设工程	珠江三角洲9市市域组团式垃圾处理基地、垃圾焚烧厂及无害化处理设施建设和城镇生活垃圾转运系统标准化建设，新增无害化处理能力1.3万吨/日。	2010–2015	2162900	1347900
合计			3884900	2287900

珠江三角洲基础设施建设一体化规划（2009~2020年）

前　言

国务院批准的《珠江三角洲地区改革发展规划纲要（2008~2020年）》（以下简称《规划纲要》），将加快推进珠江三角洲地区（以下简称珠三角）区域经济一体化作为重大战略和重要内容。基础设施建设一体化是区域经济一体化的突破点，也是区域内各方开展合作的重要基本条件。珠三角要率先实现基础设施一体化，为高效整合区域内资源、加速区域经济一体化进程提供强有力的支撑，为珠三角率先实现基础设施现代化打下良好的基础。根据《规划纲要》、《省委省政府关于贯彻实施〈规划纲要〉的决定》（粤发〔2009〕10号）和省政府《关于加快推进珠江三角洲区域经济一体化的指导意见》（粤府办〔2009〕38号），编制本规划。

本规划的基础设施建设一体化，是指珠三角地区交通、能源、水资源和信息等方面的基础设施，按照统一规划、统一建设、统一经营和统一管理的要求，从区域整体上进行统筹规划，努力实现互联互通、共建共享。规划期限为2009至2020年，规划范围为广州、深圳、珠海、佛山、江门、东莞、中山、惠州和肇庆市，并与粤东西北以及港澳相衔接。

一、发展现状

（一）主要成效

改革开放以来，尤其是二十世纪90年代以来，珠三角锐意进取，开拓创新，先行改革基础设施规划、建设、营运和管理的体制机制，加大交通、能源、水资源和信息等基础设施的统筹规划建设力度，基础设施一体化建设取得了显著成效，已形成比较完备的基础设施体系，为加速区域经济的腾飞和一体化进程奠定了坚实的基础。

目前，珠三角已初步形成以广州为中心，铁路、公路、水运、民航等多种运输方式相衔接，连通全省和全国的综合交通运输体系，其中，高速公路网基本覆盖区域所有县（市），内河航道网以千吨级航道为骨干，主要港口出海主航道均满足5万吨级船舶通航要求。初步形成与粤东、西、北地区电网连通的珠三角500千伏双回路内外环电网骨干网架，覆盖珠三

本规划业经广东省人民政府同意，由省人民政府办公厅于2010年7月30日印发。本规划中的附图1~8（珠三角城际轨道交通布局规划图、珠三角高快速路布局规划图、珠三角港口与内河航道布局规划图、珠三角综合交通枢纽布局规划图、珠三角电源电网布局规划图、广东省输油管道线路规划图、广东省天然气管网规划图、珠三角水资源一体化规划图）未录入——编者注

角主要城市并连接省内现有主要炼油厂的珠三角成品油管道，以及覆盖珠江口两岸主要城市的天然气主干管道，电网、天然气管网还与香港、澳门连接，加强了对港澳的能源保障。初步建成区域和流域相结合，以取水、供水、用水、排水、水生态保护和防治水害为主体的水资源管理机制，区域水资源开发利用体系和水政策法规体系初步形成，水务一体化改革稳步推进。基础通信网络已在珠三角建成核心环、西环和东环，有线电视光缆干线网覆盖全省所有市、县（区），形成空中、地面、水下的立体通信传输网络，基础信息资源一体化建设初见成效。这些都为实现珠三角基础设施一体化打下了坚实基础。

（二）存在问题

目前，珠三角基础设施建设一体化仍存在一些突出问题亟待解决。一是行政管理体制障碍问题突出。各类基础设施的规划、建设及营运分由不同部门管理，线网状工程经过多个行政区，在项目规划、选址、建设进度、管理机制、技术标准等方面常有分歧。由于缺乏区域基础设施建设一体化协调机制，难以对区域性基础设施进行综合性管理和有效协调，在一定程度上形成“多头管理、诸侯割据”的发展模式，致使资源的整合与一体化的要求还有一定差距。二是综合性基础设施规划缺乏。由于部分基础设施专项规划缺少有效统筹，规划综合性不强，且与城市总体规划、土地利用总体规划等专项规划衔接不够，造成基础设施布局不尽完善，结构不尽合理。三是促进基础设施共建共享的政策和机制缺乏。受现行的许多财政、税收、投资等方面的政策和机制制约，再加上项目业主各异，导致区域基础设施一体化的布局建设难以到位。虽然省市已初步建立了沟通协调机制，由于没有相应的配套政策和利益共享机制，导致基础设施布局建设协调管理难度较大，区域性基础设施共建共享步履缓慢。这些都使得各类区域性基础设施网络难以互联互通，制约了区域基础设施一体化的发展。

二、总体要求和发展目标

（一）总体要求

清除制约珠三角基础设施一体化进程的体制障碍，以交通一体化为先导，依托科技创新和管理创新，突破行政界限，统筹规划布局，整合各类资源，省市联手加快推进珠三角基础设施建设一体化，建立和完善重大基础设施一体化体系，并加强与粤东西北、港澳以及泛珠三角其他区域的衔接，在更高层次、更广范围、更大空间发挥交通、能源、水资源、信息等基础设施对社会经济的支撑和带动作用，为加快珠三角区域经济一体化进程，在珠三角率先基本实现现代化奠定良好的发展基础。

（二）发展目标

以枢纽型、功能性、网络化的重大基础设施建设为重点，建设形成能力充分、衔接顺畅、运行高效、服务优质、安全环保的珠三角现代基础设施一体化体系，构建珠三角一小时城市圈。

到2012年，区域基础设施协调机制初步完善，实现基础设施统一规划、互联互通、共建共享，基本实现基础设施一体化。

——构建开放高效的一体化综合运输体系。建设以广州为中心、连通区域内所有地级以上市的城际轨道交通和快速干线铁路网络架构，高速公路网覆盖区域内所有县（市），高等级内河航道网络进一步完善，综合交通枢纽及集疏运系统趋于完善。交通一体化发展的体制机制障碍减少，一体化管理水平显著提高，一体化发展格局基本形成。

——形成稳定安全的一体化能源供应体系。完善区域内骨干支撑电源总体布局，建成珠三角内外环电网和区域内部输配网络，主要城市初步形成智能化电网；基本建成连接多气源的天然气主干管网和贯穿东西两翼、珠三角的成品油输送管道；区域内油、气、电基本实现同类型同网同价。

——初步建立协商联动的一体化水资源保护开发格局。基本实现珠三角地级市水务一体化管理，初步建立各市之间水资源统一管理的协商机制和节约保护联动机制。供水保证率大中城市达 95%以上，一般城镇达 90%以上，主要用水指标达到国内先进水平。防洪（潮）、排涝基本达到国家标准，初步建成人水和谐的城乡水利防灾减灾体系。

——基本实现集约共享的一体化信息化格局。基本建立能够支撑“三网融合”和互动应用的公共服务平台系统，建成无线宽带城市群，努力成为国际电子商务中心，信息化水平初步迈入世界先进行列。区域内整体互联网普及率、无线宽带人口覆盖率分别达 90%、60%以上。

到 2020 年，珠三角基础设施协调机制更加完善，一体化管理体制更为健全，全面实现基础设施现代化。

——形成网络完善、运行高效、与港澳及环珠三角紧密相连的综合交通运输体系。综合交通基础设施网络基本完善，各种运输方式紧密衔接，综合交通枢纽功能更加完备，辐射能力进一步提高。资源节约型、环境友好型交通发展方式全面建立，交通运输服务质量达到世界先进水平。

——构建稳定、清洁、经济、安全的区域能源供应体系。建立与经济社会发展相适应的能源统一管理体系。区域内外多种类型电源合理优化配置，覆盖珠三角、通达粤东西北的智能化电网、成品油输送网络和天然气输送利用网络趋于完善，实现油、气、电同类型同网同价。

——建立统筹、高效、安全的水资源开发利用和保护体系。以广佛肇、深莞惠、珠中江三大片区为基础，实现整个区域水资源开发利用和保护一体化。供水保证率大中城市达 97%以上，一般城镇达 95%以上，主要用水指标达到国际先进水平。防洪（潮）、排涝达到国家标准，全面建成人水和谐的城乡水利防灾减灾体系。

——区域内信息化整体水平进入全球先进行列。珠三角成为全国规模最大的信息基础设施一体化先进地区，信息基础网络和信息资源网络全面融合，信息资源充分共享，为广大群众提供真正“随时、随地、随需”的信息化生活。

三、推进交通基础设施建设一体化

按照统筹规划、合理布局、适度超前、安全可靠的原则，统筹规划建设区域交通基础设施，优化配置交通运输资源，强化枢纽和运输通道建设，促进各种运输方式紧密衔接，提高交通运输管理水平，构建适应区域经济一体化要求的现代综合交通运输体系。

（一）统一规划轨道交通网

统筹规划建设城际与城市轨道交通网络。按照《珠江三角洲城际轨道交通规划》（修编），形成以广州、深圳、珠海为主枢纽，覆盖区内主要城镇，与城市轨道交通“零距离换乘”的“三环八射”城际轨道交通网络构架。加强城际轨道与城市轨道交通的衔接，确保两者之间客流的快速换乘。统筹建设城际轨道交通网络，重点加快建设广州—东莞—深圳、广州—珠海、广州—佛山、佛山—肇庆、佛山—东莞、东莞—惠州等城际轨道及广州、深圳、东莞、佛山等城市轨道交通。到2012年，力争珠三角九市基本建成城际轨道交通；到2020年，基本形成“三环八射”的城际轨道交通网络架构，并以此为骨干形成区域快速公交走廊。

进一步完善铁路网。加强城际、城市轨道交通与铁路网络的衔接，按照国家铁路网规划，加快推进广深港客运专线、厦深铁路、贵广铁路、南广铁路、广珠铁路、广东西部沿海铁路广州至茂名段、广州至汕尾铁路等项目，与公路及水运通道共同形成珠三角对外的综合运输大通道。到2012年左右，形成以广州为中心，连通珠三角所有地级以上市，与周边地区紧密衔接的铁路运输网络；京广、广深、广珠实现客货分线，形成客运专线、快速铁路、普速铁路分层次格局。到2020年，珠三角铁路网络更趋完善，管理水平进一步提升，运输能力基本满足国民经济发展需求。

（二）统筹推进公路网建设

加快完善高速公路网。加快广佛、佛开、广三、广清、梅观、水官等高速公路的扩建工程，扩大主要通道的通行能力；加快江肇、肇花、广珠西线、广深沿江等高速公路项目建设，推进虎门二桥、深中通道等跨珠江口项目的前期工作，加强区域间尤其是珠江口东西两岸的交通联系；加快惠深沿海高速惠州段、广肇高速二期、广州新洲至化龙快速路等项目建设，打通高速公路“断头路段”和“瓶颈路”；加快推进广贺、广河、广乐、大广等高速公路项目建设，提高对外通道能力，增强珠三角的辐射能力。加强国道、省道和城市道路建设，进一步完善互通立交与连接线的规划建设，强化高速公路与其他公路的衔接，实现区域内所有县（市）城区、沿海重要港口、机场、铁路枢纽等重要节点至高速公路车程不超过30分钟。

（三）提升拓展港口功能

有效整合优化珠江口港口资源，促进珠三角港口群协调发展。以集装箱干线港、煤炭中转港等为重点，兼顾集装箱支线港、煤炭一次接卸港和商品汽车装/卸船港的发展需要，加强港口功能结构调整，提升和拓展港口功能。增强广州、深圳、珠海等主要港口现代化功能，加快集装箱、煤炭专业化泊位建设，提升港口专业化运输能力。加快出海航道和内河高等级航道网络规划建设，适应船舶大型化的需要，推进内河船舶标准化，提升水路运输现代化水平。鼓励以资本为纽带，推动各港口横向联合，增强珠三角港口群的整体竞争力。到2012年，港口功能进一步完善，沿海港口总体能力不足和大型专业化泊位偏少的问题基本解决。到2020年，港口总体能力适度超前经济发展，形成布局合理、层次分明、功能完善的现代化港口体系，港口技术装备水平、管理体制与服务质量达到国际先进水平。

（四）加强交通枢纽规划建设

加强各种运输方式之间、城市间及城市内交通线路的衔接，提升枢纽功能。客运枢纽要按照出行需求合理设计换乘流程，优化枢纽空间布局及提升综合服务功能，实现“零距离换乘”。货运枢纽要加强枢纽内各种运输方式的货运设施间的衔接和协调，实现货物换装的无缝衔接。

科学确定综合交通枢纽的布局与功能定位。重点加快铁路广州南站、广州北站、广州流花站、佛山西站、深圳北站，广州白云机场、深圳机场、珠海机场，广州港、深圳港、珠海港等综合枢纽的建设步伐，进一步增强交通枢纽的运营能力和换乘功能，加强各种运输方式之间的衔接，促进旅客或货物在轨道交通、公路、港口、航空等运输方式之间的快捷转换。

完善铁路客运站集疏运系统。广州南站重点配套建设广明高速公路、平南高速公路、广州地铁二号线延长线、七号线、十二号线、广佛城际环线等项目；深圳北站重点配套建设深圳城市轨道交通四号线、五号线、六号线以及广深港客运专线等项目；佛山西站重点配套建设广佛城际线、佛肇城际线、广佛环线以及佛山城市轨道交通等项目。

完善机场布局及其集疏运系统。加快推进广州白云国际机场扩建工程、深圳宝安国际机场扩建工程和惠州机场复航，巩固和提高广州白云国际机场综合交通枢纽地位，将深圳宝安国际机场发展为大型骨干机场，提升珠海机场服务水平，逐步发展佛山、惠州等支线机场，构筑干支结合、优势互补、共同发展的机场体系。加强机场集疏运系统建设，广州白云国际机场重点配套建设广州城市轨道交通三号线、广清城际轨道项目、肇庆至花都高速公路、广州北三环高速公路等项目；深圳宝安国际机场重点配套建设深圳城市轨道交通十一号线、一号线、穗莞深城际轨道交通、广深沿江高速公路、深圳外环高速公路等项目；珠海机场重点配套建设珠海机场高速公路、江珠高速公路北沿线、珠海机场至珠海市区城际轨道等项目。

完善沿海主要港口集疏运系统。广州港重点配套建设南沙疏港铁路、广州港出海航道三期工程、洪奇沥水道等项目；深圳港重点配套建设广深沿江高速公路、深圳外环高速公路、东部过境通道、铜鼓航道二期等项目；珠海港重点配套建设广珠铁路、高栏港高速公路、崖门水道等项目建设；虎门港重点配套建设常虎高速虎门港支线、虎门二桥等项目；惠州港重点配套建设惠大疏港高速公路等项目。

（五）推进运输服务一体化

推进运输一体化发展。客运方面，建设综合客运体系，构建以空港、高速铁路为主体的跨区域快速客运网络；形成以高速铁路、城际轨道、高速公路为依托，以普通公路为补充，各种运输方式间便捷转换的区内城际旅客运输网络；完善以地铁、城市公交汽车、出租汽车、农村客运班线为一体的城乡公共交通运输网络。货运方面，基本建成一体化货运体系，构建以沿海主要港口为核心的国际货物运输通道和以空港为核心的快速国际物流集疏运网络；完善以机场、高速公路、干线铁路及沿海、内河航运为主的国内物流网络及区域物流配送与快递服务网络。建立公众出行信息服务平台、物流公共信息平台和运输监控平台以及维修救援网络，形成运输一体化服务保障体系。

加快推进高速公路电子联网收费。进一步撤并高速公路主线收费站，大力推进电子不停车收费，尽快使其成为高速公路主流收费方式，有效提高全省高速公路整体通行效率和服务质量。

推进年票互通互认。在珠中江、广佛肇实现片区内年票互认的基础上，2010 年底争取实现深莞惠年票互认，到 2012 年前实现珠三角区域年票互认。

推进公共交通“一卡通”。整合现有各城市交通智能卡系统资源，研究制定相关技术标准，推进城市间公共交通互联互通和地级以上市公共交通 IC 卡（集成电路卡）并网，建立统一规范的公共交通“一卡通”平台，实行全省统一结算。逐步在公交、地铁、道路和城际轨道等交通领域实现“一卡通”，并扩展到泊车电子计时表和停车场等服务领域。2014 年实现珠三角城市公共交通“一卡通”，并逐步拓展到城际轨道等交通领域。

四、推进能源基础设施建设一体化

统筹规划布局区域内重大能源基础设施，推进油、气、电输送网络一体化建设，多渠道开拓能源资源，促进资源共享，提升管理水平，构建安全、清洁、经济、高效的一体化能源保障体系。

（一）构建一体化智能电网

以提高供电可靠性为目标，加快完善珠三角 500 千伏内外环网，构建坚强、稳固、完善的骨干网架结构，增强承接各类型电源分区分层接入能力。加强电网智能化建设和运营管理，提升珠三角电网输、变、配、用电侧智能化水平，构建具备良好适应性、自愈性、安全性、稳定性、灵活性，适应大规模新能源和分布式电源接入的一体化智能电网。优化珠三角电网组团化布局，实现各组团内部电力平衡，控制组团之间单向功率交换，降低区域电网密度，减少电网运行风险。打破行政区划对电网建设的限制，消除区内电力输送瓶颈。加强跨区域输电通道建设，提高承接“西电东送”、粤东西北等区外电力大规模送入的能力，适当提高建设标准，增强跨区域送电的安全可靠性和抗风险能力。加大农村电网和配电网投资力度，提升并统一城乡电网建设技术标准。推广应用环保节能材料、节能减排技术和设备，全力构建资源节约型、环境友好型绿色电网。

（二）优化电源结构和布局

综合考虑资源供应、系统安全、环境保护等因素，统筹规划区域内电源布局，积极推进电源结构向合理化、清洁化、低碳化和技术现代化等方向优化调整。大力发展核电和核电产业，重点推进大亚湾、台山等大型核电基地以及核电产业园建设。积极推进风能、太阳能等可再生能源利用，培育发展风电、太阳能发电技术及其装备制造，扶持新能源产业。优化发展煤电，推广燃煤机组零排放技术，合理布局建设热电冷联供和“上大压小”清洁煤发电项目等必要的骨干支撑电源。积极推动清洁煤发电示范项目建设。统筹做好跨行政区的供热区域热源和热网规划，积极推动区域热电冷多联供工程建设，促进节能减排和产业集聚发展。综合考虑电网支撑和调峰应急需要，根据天然气资源条件适度建设天然气调峰机组，加快推进惠州、深圳等抽水蓄能项目建设，提高区域内电力调峰调频能力。制定相关并网技术标准，完善市场引导机制，统筹推进分布式能源建设。

（三）完善一体化油品输送管网

结合大型炼化项目和国家原油储备基地建设，进一步完善珠三角成品油管网和加油站布局，逐步建成覆盖全省的一体化成品油管网和油品储备体系，增强成品油供应能力和应急保障能力。近期主要完善珠三角东岸成品油管道，建设惠州—东莞、惠州—粤东、惠州—深圳等成品油输送管道，并与珠三角成品油管道连接，形成西连湛江和茂名炼油基地，东接揭阳炼油基地，内有广州石化、惠州大亚湾炼油基地支撑，贯穿东西两翼和珠三角的成品油输送干线。远期形成通达全省所有地级以上市的成品油输送网络。到2012年建成成品油管道约2000公里，到2020年建成3100公里。

（四）建设天然气“全省一张网”

多渠道拓展天然气资源，加快推进天然气主干管网“全省一张网”建设，逐步形成多气源供应的珠三角天然气主干管道内外环网，并延伸至粤东、西、北地区。近期结合“西气东输二线广东段工程”、“川气东送入粤工程”等陆上规划气源，建设连接肇庆、佛山、广州和惠州的珠三角北干线天然气供应管道，并建设连接东莞、韶关、清远等城市的支干线；依托珠海LNG（液化天然气）接收站项目和南海天然气上岸工程，建设连接珠海、江门、佛山、中山和广州等城市的珠江口西岸天然气输送管道，实现珠三角东西两岸天然气管道内环联网，形成珠江口东西两岸、粤北地区相连通的天然气输送网络。2012—2020年，进一步完善珠三角天然气输送管网，实现珠三角北干线天然气管道向东与大鹏LNG项目、粤东LNG项目管道连通，向西与珠海LNG项目、粤西LNG项目管道连通，形成珠三角天然气管道外环联网。到2012年建成天然气管道1700公里，到2020年建成4300公里。

（五）推进能源管理一体化

统筹规划珠三角的电源、电网、成品油管道、天然气管网等能源基础设施布局和建设。充分发挥省级电网公司、天然气管网公司和国家三大石油公司的运营管理优势，构建一体化的能源输送网络，统筹调配区域内电源、油源、气源，做好能源资源储备和完善应急方案。加强电力节能发电调度管理。加强对珠三角成品油供应和调度管理，统筹资源储备和应急调配。广东省天然气管网有限公司统一承接进入我省的天然气资源，集中向各城市燃气管网和大用户供气。在珠三角实行电源项目污染物排放总量区域内总体平衡的调控措施。

五、推进水资源基础设施建设一体化

以保障供水安全为出发点，优化区域水资源开发利用和配置体系，加快推进区域水资源开发利用、节约保护和管理一体化，推进区域水利防灾减灾一体化，建设绿色环保、人水和谐的珠三角。

（一）推进水资源开发利用一体化

合理配置西江、北江、东江水资源，确立珠三角水资源开发利用一体化总体格局。调整供水水源布局，以西江、北江、东江为核心水源，重点拓展西江水源，保护利用潭江、流溪河、增江等独立河流。提高西江水资源调蓄能力，开展省内西江大湾水利枢纽工程前期工作，为珠三角及粤西地区水资源保护和开发利用提供保障。提高北江水资源开发利用水平，重点建设北江下游清远与横岗水利枢纽，改善供水、航运条件和水环境，并为广州、佛山等城市在北江取水及建立应急备用水源创造条件。实施东江流域水资源分配方案，优化东江流域水资源开发模式，将流域内新丰江、枫树坝、白盆珠三大水库功能由防洪发电调整为防洪供水，实施江库联合统一调配，增加流域水资源调配能力，实现东江雨洪资源利用，维持东江流域内外水资源供需与生态平衡。

合理调整和整合现有供水格局，形成区域江库联通、相互补给、灵活调度的多层次供水网络。通过优化整合佛山市水源，并与广州西江水源统筹考虑，推进广佛地区水源一体化。在保留广州东江水权的前提下，将广州东片区的部分取水量由东江转移至西北江（增城新塘等地的取水量保留在东江北干流），广州中心区在东江北干流的水源地主要作应急备用水源，将腾出的水量补充给东江片的缺水城市。重点建设广佛西江引水北线工程（即广州西江引水工程）、南线工程及广佛江库联调工程，将流溪河水库功能调整为以防洪供水为主；适时实施广州花都北江引水工程，满足广州北部地区远期发展用水需求，为广佛地区提供应急备用水源；适时推进佛山西部与肇庆东南部水源一体化建设。推进深莞惠（港）水源一体化，重点推进东莞市东江与水库联网供水水源工程建设，完善深圳公明、清林径调蓄工程等江库联调系统；通过优化东莞市江库联调工程体系和东江深圳东部供水工程布局，分别推进莞惠、深惠水源一体化。推进珠中江（澳）水源一体化，在充分利用珠海当地水资源和水库调蓄库容的基础上，加快建设竹银水源工程，适时把取水口上移到中山、江门市境内，并与中山、江门水源进行统筹规划，解除咸潮及水质污染对珠中江（澳）供水安全的威胁。推进江门市水库联网工程建设，逐步实现分片区联网供水。

推进供水管网一体化建设。地级市内部，按集中供水为主、分散供水为辅的模式，通过撤并规模小、工艺落后的水厂及加快村村通自来水工程建设等手段，实现供水管网连通，并全面提高农村饮水安全。地级市之间，在水源一体化的基础上，进一步明确联通城市之间供水管网的主要衔接节点，按规模经营、经济高效的原则，积极推进城市间供水管网联网。通过供水管网的联通，实现区域城市内部及城市间供水管网的互连互备，以共同应对突发事件，提高珠三角的供水应急保障能力。

（二）推进水资源节约保护一体化

推进珠三角河网整治一体化，科学规划主要供排水布局。充分利用珠三角河网的独特性，按照供排分流原则，对珠三角供排水布局进行统一规划，并通过河涌水闸的建设和统一优化调度，建设和保护清水走廊供水通道，实现供排水的协调统一、互通可控，避免不同城市取水、排污相互交叉混合。西江、北江片逐步建立“靠西取水、靠东退水”的供排水格局，东江片主要通过各类水闸及枢纽逐步实现供排水分离。

根据目前珠三角水资源分布状况及取水口分布情况，划定珠三角5条主要供水通道（表1）。供水通道严禁新增排污口，依法关闭或迁移对水体污染大的排污口，在河涌适当位置建设水闸并进行科学调度，防止河涌污水进入供水通道。根据珠三角地区主要河道水质现状、

表 1 珠三角主要供水通道规划表

序号	名称	主要河道	起止范围	主要服务地区
1	西江供水通道	西江干流、西江干流水道、西海水道、磨刀门水道	西江广东、广西省界至磨刀门出海口	肇庆、云浮、佛山、江门、中山、珠海、广州、澳门
2	北江供水通道	北江干流、东平水道、顺德水道、潭州水道、沙湾水道	飞来峡至沙湾水道骝岗河河口以上	佛山、广州、肇庆
3	东江供水通道	东江干流、东江北干流、东江南支流及东江三角洲网河区咸水线以上（万江、中堂、新塘一线以上）的主要河道	东江干流枫树坝至东江三角洲网河区咸水线以上河道	惠州、深圳、东莞、广州、香港
4	东海供水通道	东海水道、桂澜水道、容桂水道、鸡鸦水道和小榄水道	南华至鸡鸦、小榄水道交汇口	佛山、中山
5	独立供水通道	流溪河、潭江、增江	流溪河干流、潭江干流大泽以上河段、增江干流	广州、江门、惠州

表 2 珠三角主要排水通道规划表

序号	片区	名称	主要河道	主要服务地区
1	东江片	石马河—东引运河排水通道	观澜河、石马河、东引运河（寒溪水）	东莞、深圳、惠州
2		深圳排水通道	深圳河（独立入海）、茅洲河（独立入海）	深圳、东莞
3	西北江片	广佛北部排水通道	佛山水道及其分支、平洲水道、前航道、后航道、三枝香水道、沥滘水道、黄埔水道、狮子洋水道	佛山、广州
4		广佛中部排水通道	陈村水道、市桥水道、沙湾水道（大刀沙以下河段）、蕉门水道	佛山、广州
5		广佛南部排水通道	顺德支流、容桂水道下游段、洪奇沥水道	佛山、中山、广州
6		石岐河排水通道	石岐河、横门水道	中山
7		前山河排水通道	前山河	中山、珠海
8		鸡啼门排水通道	鸡啼门水道斗门城区（井岸）以下河段	珠海
9		江门排水通道	江门河、江门水道、礼乐河、潭江干流大泽以下河段、银州湖	江门

水功能区划、工业和人口分布及主要取排水口布局，划定9条主要排水通道（表2），所有排水均必须经过处理后达标排放，实行严格的污染物总量控制，确保满足水功能区划水质目标。

以水系为单元进行污水处理厂的规划建设，并按照珠三角网河区供排水通道布局污水处理厂。各地市在编制供水、排水、污水处理厂布局及土地利用等规划时，应根据本次划定的主要供排水通道进行布局，沿海地区尽可能采取独立排海方式排水。

（三）推进水资源调度管理一体化

建立珠三角水资源一体化管理体制和机制。建设水资源一体化协作平台，统一规划建设区域水资源开发利用和保护基础设施，逐步形成珠三角共同保护和开发利用水资源的管理机制，促进水资源基础设施的共建共享共管。以东江、西江、北江流域管理局为基础，加强省内各流域水资源统一管理，推进流域管理、区域管理相互协调，并配合珠江水利委员会做好珠江全流域水资源管理。实施西江上游骨干水库、北江干流骨干水库及东江三大水库和梯级群的联合调度，实现珠三角水资源统一调度配置、水量水质一体化监控、水文测报自动化和决策管理一体化。上游地区重大资源开发工程或可能对水资源造成重大影响工程建设的项目要与下游地区协调。加强珠三角水政执法队伍和设施装备建设，实行区域联合执法，实现依法治水。

（四）推进城乡水利防灾减灾一体化

建设完善的珠三角水利防灾减灾体系，保障区域防洪安全及珠江河口良性发展。统筹珠三角防洪标准，建设安全协调的一体化防洪体系。完善西江、北江和东江的水利控制性枢纽，积极推进大藤峡、乐昌峡、湾头等水利枢纽建设，加快推进西江联金、北江琶江蓄滞洪区以及珠江河口综合整治工程建设。推进病险水库及珠三角重要堤围、海堤达标加固工程建设，逐步加强乡镇特别是中心镇的水利防灾减灾建设。全面推进中小河流、内河涌及内涝整治，加强水土保持和小流域综合治理，完善水利防灾减灾非工程体系建设。

六、推进信息基础设施建设一体化

按照创新机制、整合资源、惠及全民的原则，以信息资源整合共享为突破口，加快信息技术的应用，推进“三网融合”，建设开放融合的信息网络体系和“随时、随地、随需”的社会信息服务网络，构建“数字珠三角”。

（一）统筹规划建设信息网络

按照统一规划、集约建设、资源共享、规范管理的原则，加强珠三角各类信息网络统筹规划、建设和管理，推进城际网络的高速互联和城市网络的光纤覆盖。配合区域内城市枢纽型、功能性、网络化基础设施体系建设进程，加快编制区域及各地信息基础设施专项规划并加强相互衔接。大力推进以广州、深圳为中心，珠江口东西两岸各地区信息中心为汇聚节点的信息基础设施集约式建设。统筹交通等基础设施与通信线路管线建设，积极推动电信基础设施共建共享。加快TD-SCDMA等3G（第三代移动通信技术）网络建设，以3G技术为代表的新一代宽带无线移动通信技术为主要手段，探索运营模式，建设以广州为中心覆盖珠三角、以深圳为中心连接港澳的无线宽带城市群，提供中、高速无线数据业务，构建便捷高效的信息网络。加大珠三角有线电视网络双向改造力度，推动形成全省统一的有线数字广播电视网络。积极探索频率共享模式，在条件较好的地区展开频率共享试点。

（二）率先推进“三网融合”

按照国家促进“三网融合”的政策方针，统一相关规范和标准，积极推进通信网、广播电视网和互联网的高速互联以及业务应用的融合。向下一代网络演进的基础上，促进“三网”新业务的开发和创新，逐步推广多业务接入终端和家庭网关，打造“数字家庭”。选择有条件的地区，开放接入网络建设管理，率先在珠三角数字家庭试点地区的接入网建设上实施“三网融合”。组织“三网”内容提供商和服务运营商等加入数字家庭产业联盟，通过构建开放式产业合作平台，推动“三网”运营商在宽带接入网络、公共网关和家庭内部网络等方面开展合作。积极开展信息网络新技术和“三网融合”业务的试点及推广，引导有资质的企业开展 IPv6（互联网协议第 6 版本）、软交换、新一代移动通信网、下一代互联网、智能传感网等技术的研发和应用，推动基于新技术的信息网络和“三网融合”的试验、试商用和商用平台的建设，并在部分地区开展“三网融合”业务的商用试点。将珠三角打造成为全国“三网融合”和数字家庭产业发展的示范区，率先实现“三网融合”。

（三）推进信息服务一体化

根据推进国民经济和社会信息化的总体要求，推动工业化与信息化的深度融合，推进社会管理信息化，构建系统布局、层次分明的公共信息服务平台。构建珠三角区域一体化的电子商务平台，推进电子商务与生产、流通、消费等领域的融合。率先发展“物联网”，推进南方现代物流公共信息平台建设，提供现代物流公共服务。实施电子政务畅通工程，通过公共接口汇聚和整合信息资源构建标准统一、纵横互通的信息共享平台，统筹建设电子政务数据中心，并加强专业业务领域信息共享和业务协同建设。实施公共信息服务共享工程，推进综合性信息共享基础平台建设，为政府、企业和公众提供公共信息服务。建立珠江三角洲基础地理信息公共平台。大力开展企业基础信息共享工作，推进珠三角企业信用网建设。不断推出跨区域业务办理、咨询服务、缴费充值等一系列便民服务，搭建一体化的“城管通”、“医疗通”、“社保通”和“交通信息化平台”等公共服务平台，为推动珠三角公共服务一体化发挥积极作用。

七、推进粤港澳基础设施更加紧密合作

本着互补互惠的原则，加强与港澳在重大基础设施方面的对接，加速三地基础设施建设和资源整合，实现三地人员、资金、货物、信息等要素便捷流动，推进三地更紧密合作，共建优质生活圈。

（一）推进交通领域合作

完善粤港澳跨界交通基础设施协作机制，加快建设跨界高速公路、轨道交通及配套工程，形成无缝衔接、换乘便利的陆路交通网。加快建设广深港铁路客运专线、深港西部快速轨道交通、广深沿江高速公路、深圳东部过境高速公路和港珠澳大桥等项目，增强与港澳地

区快速通行能力。调整口岸功能定位，规划建设新口岸，完善公共交通接驳，加快规划建设莲塘 / 香园围口岸及港珠澳大桥、广深港铁路客运专线、深港西部快速轨道等的配套口岸。推动交通、物流供应等跨境“一卡通”。

进一步推进民用机场合作。完善广州、深圳、珠海、香港和澳门等五大机场联席会议机制，支持香港机场巩固国际航空中心地位，将广州白云国际机场建成我国门户复合型航空枢纽，共同构筑优势互补、共同发展的民用机场体系。积极争取国家支持扩大珠江三角洲空域使用空间，同时争取大珠三角地区成为国家低空开放试验区。积极推进各民航机场之间人员培训、机场建设运营管理、商业服务等方面的交流合作，以及航空企业在投资、销售网络、扩展业务等方面的商业合作。

继续推进珠三角与香港港口合作。推动建立港口合作交流机制，加强珠三角与香港航运中心在航运、物流组织服务上的对接，提升粤港澳区域港口、航运、物流合作层次，形成以香港为国际航运中心，深圳港、广州港为枢纽港，其他港口为支线港和喂给港的大珠江三角洲港口群。支持和鼓励粤港港航企业在开辟粤港跨境客运（包括邮轮）、货运水路航线方面加强合作，促进兼具旅游、客货运输、邮轮运输等功能水路运输网的形成。

（二）加强能源领域合作

加强粤港、粤澳之间电网、天然气管网连接，为港澳提供优质、清洁能源，增强港澳的能源供应保障能力。在中央政府的统筹指导下，开展粤港、粤澳之间能源合作，支持落实由央企、央企在粤机构与港澳企业之间签署具体的电力、天然气供应协议，规划电网、天然气管道通道。建设岭澳核电三期工程，部分电力送香港；建设西气东输二线深圳支干线和中石油深圳 LNG 调峰站，向香港输送西气东输二线天然气和进口 LNG.逐步提高对澳门供电能力，提高澳门地区电力供应保障能力；利用横琴天然气管道继续做好向澳门供应天然气。

（三）强化水资源领域合作

强化泛珠三角水利协作会议机制，加强供港澳的原水保障与水资源保护。积极推动东江水资源优化配置，尽快落实东江三大水库功能调整，制定联合优化调度方案，并加强东江和东深供水工程水资源保护，加快东江水量水质监控系统建设，继续做好东深供水改造工程的配套工作，保障对香港供水安全。加快推进珠中江城市（镇）供水同网工程、竹银水源工程和相关水资源配置工程建设，合理配置西江水资源，建立江库联调体系，并加强珠江河口管理范围内的水事行为管理，以解决枯水期珠江咸潮上溯引起的供水安全问题，共同做好珠江口生态环境保护和开发利用。

（四）深化信息领域合作

推进我省特别是珠三角与港澳在信息服务领域的更紧密合作，进一步完善三地在信息基础网络层面的对接。积极推进珠三角与港澳电子签名证书互认的先行先试，促进珠三角与港澳贸易便利化。在珠三角大力建设 RFID（射频识别）公共服务平台，促进与港澳通关便利化。深化与港澳的数字家庭产业合作。鼓励珠三角信息企业参与粤港澳合作领域的规划建设，为三地共建“优质生活圈”提供优质的信息通信服务；并就运营管理、业务拓展、人才培训等多方面内容与港澳业界开展交流互动，利用三地的互补优势，共同参与国际竞争。

八、保障措施

按照《纲要》“先行先试”的要求，打破行政区划限制，研究制定相关政策，加大改革力度，为推进区域基础设施一体化提供强有力的体制机制保障。

(一) 完善规划衔接机制

从整个珠三角区域统筹规划建设各类基础设施，增强区域基础设施规划布局的综合性和协调性。加强各类基础设施规划的统筹协调，在有条件的地方努力构建将交通路网、电力线网、通信线网、供水管网等适度集中的综合性基础设施通道。加强各类基础设施内部衔接，提高协调性。加强综合交通规划、电网和油气管网规划、水资源开发利用规划、信息化规划等规划与土地利用规划、城乡规划、环保规划等的衔接。进一步完善各市规划的衔接机制，各市编制的城镇、交通、环保等规划，在报请省主管部门审批之前需与相邻市衔接，衔接不了的要报请省主管部门进行衔接，涉及跨地区基础设施的线路、标准及建设进度等要协调一致。对未与相邻城市进行衔接的跨地区规划建设项目，原则上不予批准。同时，要强化与港澳的协商沟通，保障内地与港澳之间重大基础设施的合理布局与建设。各市要将省已规划的各类枢纽、厂站和交通路网、电网、天然气管网、通信网等线网状基础设施项目，纳入到各自的城市总体规划、土地利用总体规划，并预留足够发展空间，推动形成一体化基础设施网络。

(二) 推进标准体系建设

严格执行已出台的国家标准、行业标准，主动参与或组织制订行业标准、国家标准、国际标准，促进各类基础设施建设、管理的标准相衔接，加快建立与珠三角经济社会发展水平相适应、与国际先进技术标准体系相衔接的技术标准体系。

交通方面，规范交通网络设施建设技术标准、信息平台建设技术标准、多式联运服务标准，逐步建立和完善交通运输业标准体系，参与涉及物流领域有关信息、设施与技术装备、管理、服务等国家标准或行业标准的制订，促进铁路、公路、民航等多种运输方式标准的统一，实现多式联运的顺利对接。

能源方面，协调不同投资主体和不同资源来源的油气主干管网进行标准化建设，统一珠三角城市燃气管网建设标准，制定统一的天然气气质标准，规范中低压城市燃气管网及配套工程的规划、建设、经营、管理和维护，做好高中低压天然气管网统一衔接，确保珠三角天然气供应安全。

水资源方面，贯彻节能减排、节约用水政策，严格实行用水总量控制、入河排污总量控制及用水效率控制“三条红线”的水资源管理制度，对珠三角水资源的开发利用、节约保护实行统一的区域政策和标准，合理制定水资源及污水处理的收费标准。加强流域水资源统一调度管理的立法工作，完善水资源政策法规，协助珠江水利委员会起草保护和利用珠江水资源的有关法规报国家审批。

信息化方面，依据珠三角信息化战略确立信息化标准框架，加强面向信息化应用和服务的标准化建设，重点是信息资源目录体系与交换体系、信息资源开发利用、平台建设和统一接口等方面；加强标准实施，强化标准在信息化建设各个环节中的应用。

（三）加强智能化管理

加强信息技术在基础设施建设中的应用，提高智能化管理水平，提升各类基础设施管理和营运效率，增强各类基础设施相互衔接支持能力，加速基础设施一体化进程。

积极推进智能交通建设。统筹区域交通 IC 卡互联互通技术平台，建立交通一体化的公用信息平台。广泛采用信息化、智能化技术，建设公开、公平、公正的大众信息系统，实现资源共享，促进各种运输方式的互联互通，有效诱导集疏运客货流，提高运输效率、服务水平和安全性。筹划省级层面智能交通系统的研究、开发、建设，建立信息化、数字化、智能化交通管理服务系统。

推进电网智能化。加强电网运行的信息化管理，加快建设智能化的电网监测系统，研究大功率蓄电技术，分期升级电网技术，对数据进行实时监控和智能传输，对不同区域进行及时调度，自动监控电网、优化电网性能、防止断电、更快地恢复供电，实现电力灵活平衡调度和电力系统整体优化。

推进水资源监管信息化。逐步建立珠三角水文站点和水资源统一监测、统一调配、统一管理的自动化信息系统。加强水功能区管理，建立和完善水功能区水质信息公布制度，加快水文、水资源和水环境实时监控系统建设，确保区域防洪安全、供水安全和生态安全。完善大型水库工程和重要中小型水库、三角洲闸群工程监控系统，满足防洪调度、水资源调度和改善水环境的要求。建设珠江流域洪水预警预报系统，建立健全防台风预警预报系统和防汛决策指挥系统。

（四）加大改革力度

以管理体制、投融资体制、价格机制和地方财税管理等为重点，加大改革力度，研究制定相关政策，推进基础设施一体化。

推进交通管理体制和投融资体制改革。按照建立一体化交通运输体系的要求，稳步推进交通行政管理体制改革，整合交通管理资源，建立高效科学的综合交通运输管理体制。推进投融资体制改革，在进一步加大政府投资力度的基础上，广泛吸收社会资本，充分发挥各地积极性，鼓励投资主体多元化和创新建设管理机制。积极探索通过建立省级融资平台发行中期票据、信托（用）贷款、建设债券、股权融资等多种融资方式，筹集交通项目建设资金。通过财政投入、交通建设与营运税费转移等方式筹措资金，对打通市际断头路、瓶颈路等对推进一体化进程具有较大意义的项目予以激励性补助，加快交通一体化建设步伐。

推进能源价格改革。加快珠三角工商业用电同价和分类电价区域同网同价的步伐。到2012 年基本实现珠三角分类电价同网同价和工商业用电同价。根据珠三角和全省统一输气管网建设及相应的经营管理体制改革进程，规范核算油、气管道输运价格，研究制定一体化能源网络运输体系下不同来源、不同价格资源价差消化方案，为珠三角油、气、电同网同价奠定基础。

推进水资源管理体制改革。推进城乡水务管理体制改革，整合水利、环保、城建等部门涉水职能，加强城乡水务管理职能，逐步实现城乡水资源统一管理。遵循“流域一张网”原则，对跨市、县流域和流域控制性水利工程供水价格由省统一管理，发挥整体效能；适时建立条块结合的水价管理体制，原则上上网水价和跨市主管网的供水价格由省统一管理，其他环节水价以及与有关的收费分别由市、县管理，推进区域供水同网同价。加强过境水量和跨流域调水以及上游废污水排放的水权管理，促进形成健康规范的水市场。利用水资源费设立珠三角水资源保护专项资金，对我省珠三角上游水资源保护区的建设和发展给予支持。建立水资源统筹补偿机制，对水资源输出地区给予补偿，支持输出地区水资源开发利用保护工作。

积极推进信息服务资费改革。通信资费方面，2010 年底前，调整各市移动电话价格差异较大的预付费资费套餐，2012 年 1 月前，取消广佛之间的移动电话长途和漫游资费，将各经济圈内的固定电话通话费调整为区间通话费水平，争取实现广佛、珠中江和深莞惠通信资费一体化；2015 年 1 月前，完全取消珠三角地区之间的移动电话长途和漫游资费，将固定电话长途通话费调整为区间通话费水平，实现珠三角通信资费一体化。研究制定推进“三网融合”的价格配套政策，促进网络资源共享和互联互通。

（五）完善协调机制

在省实施《纲要》领导小组的框架下，设立实施《珠江三角洲基础设施建设一体化规划(2009~2020 年)》专责工作组，由分管副省长任组长，珠三角九市分管副市长、省直有关部门负责同志参加。专责工作组负责组织指导、推进本规划的实施工作，协调解决规划实施过程中存在的重大问题。专责工作组办公室设在省发展改革委，省发展改革委主要负责同志兼任办公室主任。办公室负责协调交通、能源、水资源、信息化等行业主管部门，组织开展推进珠三角基础设施建设一体化相关领域的政策研究、规划编制和实施，跟踪规划落实情况，加强与相关部门之间的沟通与联系，协调跨地区项目的建设方案、建设进度、技术标准等。各有关部门要制定本部门支持珠三角基础设施建设一体化的具体政策措施与工作方案，探索建立有利于促进一体化发展的行政管理机制和财政体制。各地各部门要明确推进基础设施一体化工作的责任人，负责统筹本地本部门基础设施建设的总体规划、具体实施和管理以及与周边地区相衔接等工作。各级政府要加强对推进基础设施建设一体化工作的组织领导，将相关发展目标纳入领导班子和主要领导的年度工作目标考核，并建立项目问责制。

九、重大工程

重大工程项目是规划实施的支撑和载体，规划建设交通、能源、水利、信息化四类重大工程共 150 个项目，总投资 19767 亿元，其中，2009 至 2012 年计划投资 9387 亿元。

（一）交通工程

包括轨道交通、高速公路、港口航道、机场和综合枢纽等工程，共安排重点建设项目 80 项，总投资约 12191 亿元，其中，2009 至 2012 年投资 6365 亿元。轨道交通工程包括珠三角城际轨道、出省铁路、区内干线铁路、城市轨道等方面 29 个项目，建设里程 4936 公里，总投资 7834 亿元，2009 至 2012 年投资 3129 亿元。高速公路工程包括区域联网类、对外通道类及粤港澳合作项目 33 项，建设里程 2320 公里，总投资 3690 亿元，2009 至 2012 年投资2615亿元。主要港口和航道项目15个，总投资325亿元，2009至2012年投资294亿元。机场工程以广州、深圳、珠海的机场建设为主，总投资342亿元，2009至2012年投资327亿元。综合枢纽工程包括广州南站、深圳北站、佛山西站及广州、深圳、珠海机场建设等6个项目（均已含在前述项目中），其中，车站项目总投资222亿元，2009至2012年投资111亿元。

（二）能源工程

包括电源工程、电网工程和油气工程三类，共有项目23项，总投资5554亿元，其中，2009至2012年计划投资1917亿元。电源工程项目包括岭澳核电二、三期、江门台山核电等15项，总装机2940万千瓦，总投资1910亿元，其中，2009至2012年计划投资679亿元。电网工程项目2项，总投资3000亿元，2009至2012年计划投资1050亿元。油气工程包括天然气主干管道及接收站、成品油管道二期及原油储备库等6项，总投资644亿元，2009至2012年计划投资187亿元。

（三）水资源工程

包括水资源配置及开发利用一体化工程、水资源节约保护一体化工程、水资源管理一体化工程和水利防灾减灾一体化工程，涉及8个重大项目、总投资768亿元，据不完全统计，2009至2012年计划投资294亿元。水资源配置及开发利用一体化工程涉及三大经济圈水资源一体化3个项目，总投资502亿元，2009至2012年计划投资172亿元（涉及港澳供水的水源工程为珠澳供水水源安全保障工程，工程总投资66.6亿元，2009至2012年计划投资32.6亿元）。水资源节约保护一体化工程包括珠江河口、内河涌整治及河网控制等3项，总投资188亿元，2009至2012年计划投资48亿元。水资源管理一体化工程1项，总投资6亿元，其中2009至2012年计划投资2亿元。水利防灾减灾一体化工程包括珠三角城乡水利防灾减灾等项目1项，总投资72亿元，计划在2009至2012年完成。

（四）信息化工程

包括通信网络、物流公共平台、公共信息服务共享、数字家庭等四类工程，共39个项目，总投资1253亿元，其中，2009至2012年计划投资812亿元。通信网络工程包括移动通信网等23个项目，总投资1132亿元，其中，2009至2012年计划投资742亿元。物流公共平台包括市场诚信、南方现代物流、RFID等5个项目，总投资14.5亿元，其中，2009至2012年计划投资9亿元。公共信息服务共享工程包括电子政务、空间地理信息等4个项目，总投资4.3亿元，其中，2009至2012年计划投资4.1亿元。数字家庭工程包括三网融合平台等7个项目，总投资102.4亿元，其中2009至2012年计划投资56.5亿元。

珠江三角洲城乡规划一体化规划
(2009~2020年)

城乡规划一体化是区域经济一体化的先决条件和重要保障，是新时期促进经济发展方式转变的重要抓手。为贯彻实施《珠江三角洲地区改革发展规划纲要（2008~2020年）》（以下简称《规划纲要》），统筹城乡与区域发展、加强规划协调，加快推进珠江三角洲（以下简称珠三角）区域经济一体化进程，根据《广东省委、省政府关于贯彻实施〈纲要〉的决定》的部署，编制本规划。

一、发展背景和现状分析

（一）要求：珠三角城乡规划一体化发展的目标导向

推进珠三角城乡经济社会一体化发展、着力提升城镇群的整体竞争力是《规划纲要》提出的重要战略任务之一。省委十届六次全会提出，要认真贯彻胡锦涛总书记视察广东时的重要讲话精神，把加快经济发展方式转变作为深入贯彻落实科学发展观的重要目标和战略举措，坚定不移调结构，脚踏实地促转变，着力推动经济发展从要素驱动向创新驱动转变，为积极实施《规划纲要》明确了近期工作重点。城乡规划一方面要深入落实《规划纲要》关于切实加强统筹城乡的规划布局、优化珠三角城镇群的空间结构、构建城乡规划统筹协调的一体化发展格局等要求，同时要优化空间资源的配置，在推进城乡规划一体化的进程中大力支撑和推动经济发展方式的转变。

省委、省政府历来高度重视珠三角地区的规划统筹和空间布局。2005年，省政府公布实施《珠江三角洲城镇群协调发展规划（2004~2020年）》，明确了区域空间发展策略、总体布局、城镇中心体系，对广佛肇、深莞惠、珠中江三大都市区以及珠三角的生态、交通、产业、市政设施等城镇发展支撑体系提出了规划指引，并制定了详细明晰的分级、分类空间管治措施；省人大公布了《广东省珠江三角洲城镇群协调发展规划实施条例》，从地方法规的层面予以保障。

当前，珠三角城乡规划一体化发展的总体要求和政策指引已经明确，区域空间一体化的格局和目标已经确立。一体化是一个长期的过程，最关键最重要是要找准制约和影响珠三角城乡规划一体化发展的重点难点问题，策划提出破解难点、解决问题的行动和措施，以点带

本规划业经广东省人民政府同意，由省人民政府办公厅于2010年7月30日印发。本规划中的规划技术路线图及附图1~6（珠江三角洲城乡建设用地拓展图，珠江三角洲各市、镇总体规划拼合图，珠江三角洲一体化空间结构图，珠江三角洲区域公交走廊与集聚中心图，珠江三角洲区域绿地图，珠江三角洲区域绿道图）未录入——编者注

面地推动区域空间格局的逐步优化、城乡发展的逐步融合，实现经济发展方式的转变。

（二）现状：珠三角城乡规划一体化发展的问题导向

改革开放以来，珠三角地区已逐步发展成为我国城镇化水平最高、开发建设强度最大的城镇密集地区之一，至2008年年底，珠三角城镇化水平达80.5%，人口平均密度为863人／平方公里；建设用地面积8790平方公里，占珠三角土地总面积的16.00。城乡规划管理水平不断提升，尤其是《珠江三角洲城镇群协调发展规划》颁布实施以来，珠三角区域重大基础设施的规划选址管理得到了规范，区域绿地等重要生态资源的保护得到了加强，城际地区协调规划的编制得到了推进，同时，珠三角9市均陆续开展了新一轮城市总体规划的编制工作，各市的城市功能定位进一步明确、空间结构进一步融合，珠三角初步形成了多中心、密集化的城镇发展格局，基本奠定了一体化发展的空间基础。

但是，由于城乡规划在区域层面调控手段、资源的不足，珠三角城镇群发展长期面临的问题仍然相当严峻，主要表现在：（1）资源利用不集约，土地利用模式粗放，非农建设快速无序蔓延，近20年珠三角建设用地年均增长11%，按目前各市城市规划建设规模汇总，至2020年珠三角建设用地面积将超越土地总面积的30%，工业用地占总建设用地面积比例也可能超越合理上限的警戒线；2008年，珠三角建设用地地均产出为3.5亿元／平方公里，远低于世界先进城镇群地均产出水平。（2）城镇环境质量不高，由于建设模式的粗放带来城乡居民区与工业、农业区的无序混杂，区域绿地被肢解并趋于破碎、零散，城乡建设风貌景观亟待提升；人居环境备受压逼，写意的休闲空间、洁净的空气和清洁的水源日益成为稀缺资源；环保设施建设相对滞后，2008年，珠三角城市生活污水处理率和生活垃圾无害化处理率仅分别为55.9%和63.9%，远低于世界先进城镇群的水平。（3）区域协调机制薄弱，区域性设施建设与城镇功能、布局相脱节；城市之间、各类专项规划之间缺乏衔接机制和统一的标准体系。（4）城乡统筹不足，发展资源过于集中在城镇地区，城乡基本公共服务差距进一步加大，“城中村”普遍存在，农村“脏乱差”现象比较突出。

珠三角面临的问题突出地反映了粗放的发展模式难以为继，推动经济发展方式转变必须成为城乡规划一体化进程的主题，构建高效益利用资源、高品质建设城乡的模式，有效地解决建设发展模式粗放、城乡区域发展不协调、资源环境压力大等深层次的矛盾和问题。

（三）背景：珠三角城乡规划一体化发展的国际背景和经验借鉴

经济全球化和区域经济一体化是当今世界并行不悖的两大发展趋势，全球化促进了世界城市的发展，区域经济一体化催生了城镇群和城市区域。在两者的复合作用下，由世界城市及其腹地范围的经济实力雄厚的若干城市组成的“世界城市区域”已经成为全球、国家经济增长的核心动力。同时，城市服务功能和生活质量正日渐成为衡量世界城市发展水平和竞争力的主要指标。随着我国在世界经济格局中地位的提升，珠三角地区已经成为我国参与全球化竞争的前沿阵地和战略空间，亟待通过打造世界城市带动区域走向高品质的一体化道路，朝着“亚太地区最具活力和国际竞争力的城市群”的目标迈进。

另一方面，由于国际金融危机的影响，对外依存度较高的珠三角又一次面临严峻的考验，如何加快经济发展方式转变、构建低碳生态化、高效能、高品质的空间发展模式，成为了当前各级政府的当务之急和重要使命。为应对全球环境气候危机和金融危机，国际社会已经广泛达成“向绿色经济、低碳经济转型十分关键”以及只有实现经济发展方式转变才能真正“转危为机”的共识，将低碳发展策略作为化解资源环境约束、提升区域竞争力的重要途径，并着力通过建设低碳城市与区域，为城乡区域发展提供新的经济增长点，为战略转型提供不歇的动力。一些发达国家和地区除逐步地、有条件地推进产业、能源、交通、建筑以及消费方式的低碳化外，均注意到区域和城市（镇）的空间格局、土地使用方式对发展是否低碳、高效能、高品质起着结构性及难于反溯的刚性作用，因而将城乡规划作为合理配置空间资源、促进发展方式转变的基本手段：在区域层面，积极推动区域绿地系统的完善和维护，着力通过大运量公交构建多中心、紧凑集约的大都市空间结构；在城市（镇）层面，注重城市（镇）整体形态结构、综合交通体系模式、基础设施建设的协调，大力发展公共交通，积极推行公交引导（TOD）的土地开发；在社区层面，通过建设绿色社区、发展绿色建筑和绿色市政等手段营造绿色人居，实现资源节约。

世界潮流必须把握，先进经验应当借鉴，打造世界城市、提升区域的国际竞争力，确立低碳生态化模式、引领经济发展方式转变，值得处于金融危机和资源紧缺双重压力下的珠三角积极探索。

（四）转型：珠三角城乡规划一体化发展的主题和途径

转变经济发展方式是当前珠三角的首要战略任务，构建低碳生态化、高效能、高品质的发展模式应当成为转型的方向。城乡规划必须遵循这一发展方向并为之提供有力的支撑，提出实现转型的明确路线图，充分发挥城乡规划对城乡区域一体化发展所独具的长期性、结构性、先导性的综合调控作用，切实落实好《规划纲要》关于探索科学发展模式、深化改革、先行先试的要求，率先建立新的规划建设模式，在空间资源配置上遏制“高消耗、高排放、高污染”的传统发展方式，引导走“低消耗、低排放、低污染”的新型工业化道路以及“高聚集、高效能、高质量”的新型城镇化道路，从而促进珠三角实现跨越式发展，早日建设成亚太地区最具活力和竞争力的世界级城镇群，确保全省当好推进科学发展、促进社会和谐的排头兵。

二、规划指导思想和目标

（一）指导思想

以邓小平理论、“三个代表”重要思想为指导，全面落实科学发展观，推动珠三角经济发展方式转变，在既定的城乡区域空间格局下，抓住关键、突出重点，构建低碳生态化、高效能、高品质的城乡规划建设模式，明确城乡区域一体化发展的路线图，促进城乡的融合和区域的协调，推动珠三角空间格局的优化、城乡人居环境质量的提升，为建设亚太地区最具活力和竞争力的世界级城镇群提供强大支撑。

（二）总体思路和技术路线

以为珠三角经济发展方式转变提供有效的空间载体为主题，以构建低碳生态化、高效能、高品质的城乡规划建设模式为统领，以《规划纲要》关于统筹城乡、促进区域协调发展等有关要求为导向，深化《珠江三角洲城镇群协调发展规划》所确定的一体化区域空间格局和发展策略，积极借鉴发达地区成熟的先进经验，针对珠三角一体化进程中最迫切需要解决的关键问题，从总体模式创立、中心城市带动、区域战略资源调控、重点地区优化、关键因素引导、政策机制保障等不同层次、侧面，抓准重点，安排规划行动和措施。

——以构建低碳生态化、高效能、高品质的城乡规划建设模式为统领，优化空间资源配置，支撑和促进珠三角经济发展方式转变。

——以将广州、深圳打造为世界城市为引领，提升城市服务功能和生活质量，带动区域一体化、提升国际竞争力。

——以“环珠江口湾区”为创新载体，携手港澳共同打造大珠三角发展方式转变示范区和宜居宜业的精华区，以点带面、携领区域一体化发展。

——以协调城际轨道交通廊道、枢纽与城镇空间布局、功能优化的关系为抓手，引导珠三角城镇群紧凑和一体化发展，促进绿色出行、缓解环境压力。

——以区域绿道网为载体，构建“区域绿道—城市绿道—社区绿道”的绿色廊道网络体系，奠定珠三角低碳发展的生态框架，提供健康的可供游憩娱乐的绿色开敞空间，实现保护生态、改善民生、发展经济的完美结合。

——以“城镇增长区”为重点优化的类型区，明确新型城镇化的目标和策略，着力培育新城和新型社区，促进城乡融合。

——以推进公共服务中心规划建设为重点，完善区域服务体系，实现基本公共服务均等化和一体化。

——以推行绿色城乡设计、建设魅力城乡为抓手，将城市建设成为体现优秀文化和良好生态的聚集体，改善乡村建设品质，塑造分野明显、各具魅力的城乡风貌。

——以创新机制、加强协调为保障，建立城乡之间、城市之间、各类专项规划之间的衔接机制、制度和标准体系；加强政策配套，确保本规划提出的各项行动计划得到落实；加强规划实施的监督和评估。

（三）规划目标

以创新发展模式、优化城镇群空间布局、提升城乡人居环境为目标，将珠三角建设成为亚太地区最具活力和竞争力世界级城镇群，进而发展成为融合良好生态、多元文化艺术、优质生活、现代产业等元素的一体化世界城市区域。

——创新发展模式。至2020年规划期末，完整构建维护珠三角生态安全的区域绿地体系，确保区域绿地占珠三角土地的总面积不低于35%，其中自然保护区面积得到增加；资源利用效率进一步提高，实现土地利用模式的转变，集约城市（镇）、村庄建设，通过城镇更新释放土地潜能；实现产业进园并推动低碳化的经济转型，促进产业升级调整和合理布局；构建安全经济、高效便捷、低污染与低能耗的绿色交通系统，区域交通一体化水平显著提高，城市（镇）公交出行比例大幅提升，其中大城市公交出行分担率达60%以上；市政建设、城乡建筑等方面节能、低冲击开发措施得到切实推行。在规划近期，至2012年，珠三角区域绿道建成里程数超过1690公里，通过“三旧改造”盘活建设用地6万公顷，大城市公交出行分担率达到35%以上。

——优化城乡区域空间格局。至2020年规划期末，将广州、深圳建设成为世界城市，引领区域一体化；三大都市区多元化发展：广佛肇都市区形成多中心梯度分布的空间发展格局，广佛同城化发展，整体辐射能力加强；深莞惠都市区形成以深圳为核心，东莞、惠州为次中心，重要发展廊道为依托的多中心点轴发展格局；珠中江都市区形成多中心均衡分布的空间格局，人口城镇化水平达到85%以上。环珠江口湾区建成珠三角的创新核心、生态核心、高端服务中枢和多元文化融合区。基于公共交通引导的区域城镇体系和区域空间发展模式得以确立，传统低密度、蔓延式的发展态势得到有效遏制；围绕区域轨道交通枢纽站点建成一批城市（镇）新区，城乡融合水平、融合程度显著提高；保障各类规划衔接的机制与制度、标准得以建立和完善。在规划近期，至2012年，城际轨道交通枢纽站点及周边地区全部编制控制性详细规划（或完成修编）并有效实施；广佛肇、深莞惠、珠中江三大都市区一体化规划以及环珠江口宜居湾区重点行动计划完成近期实施评估；“三规合一”机制初步建立，城乡区域规划信息平台基本建成。

——提升城乡人居环境质量。至2020年规划期末，人们的出行和交往更加便利，建成以广州为中心、主要城市间1小时互通的城际轨道交通网；区域城乡公共服务中心体系进一步完备，实现基本公共服务均等化和一体化，建成1小时服务圈；“区域绿道—城市绿道—社区绿道”的生态休闲体系得以建立，建成1小时区域休闲生活圈；建成一批设施完善、环境优美、体现循环经济理念的绿色社区；市政设施水平不断提高，城市（镇）生活污水处理率和城市（镇）生活垃圾处理率达到100%；城市（镇）、乡村景观风貌明显改善。在规划近期，至2012年，城市（镇）生活污水处理率达80%左右，城市（镇）生活垃圾处理率达85%左右，城市（镇）建成区绿地率达到35%以上，人均公园绿地面积达到12平方米以上，社区卫生服务机构覆盖率达80%以上；珠三角所有设市城市、中心镇完成或启动一项以上特色风貌街区复兴工程。各市创建宜居城乡工作实绩考核评分逐年有所提升。

三、主要任务和规划措施

（一）构建低碳生态化、高效能、高品质的城乡规划建设模式，为经济发展方式转变和一体化发展提供持续动力

城乡规划应以实现低碳生态化、高效能、高品质发展为目标，优化空间资源的配置，促进集约、高效发展，确保在推进城乡规划一体化的进程中为珠三角经济发展方式的转变提供坚实的空间载体。

1. 优化区域生态结构和产业布局，构建低碳发展的总体框架

推进珠三角多层次、网络化的区域绿地体系的规划建设。整合珠三角多元自然生态资源和绿色开敞空间，明确城市（镇）建设用地增长边界，有效控制非农建设无序蔓延。强化区域绿地的规划管制，严格执行占补平衡措施，对区域绿地内违法建筑予以清退并按要求进行复绿建设，通过严格的空间管制确保对生态和环境资源的保护真正落实到位，维护区域生态安全。

优化珠三角各城市（镇）的产业布局。在城市（镇）总体规划功能分区的指引下，合理布局产业的研发、制造、销售功能：有机配置研发、设计与科研院校，促进先进研究成果转化为生产力；在城市（镇）增长区合理规划先进制造业园区，大力推行产业入园；在商业区建立营销部门，便于与消费者建立广泛联系。注重土地挖潜，结合城市（镇）对用地功能的调控，鼓励发展高新技术产业、自主创新产业以及现代服务业，推动产业结构高级化，达到产业布局的低碳化、循环化。确定一批工业园进行生态园区的试点建设，在产业结构、环境影响方面起到示范作用，打造一批绿色特征明显、环保节能、舒适高效的现代化工业园区，减少资源消耗和环境污染。

2. 转变土地利用模式，实现城市（镇）、村庄集约建设

优化空间形态和土地利用结构。以城乡规划为主要手段，大力优化土地利用方式、城乡发展形态、产业结构和布局，提升能源资源利用效率。对各级城市中心、城市新区、产业园区、大学园区、生态廊道、交通廊道等基本要素进行空间统筹，根据经济发展方式转变和产业结构调整的要求，明确不同的规划政策和建设标准，调整和优化用地结构。对于各级城市中心及其增长区、城市新区、村庄，要采取紧凑式布局和集约式开发，并注重和满足各类民生服务、人居环境建设的用地需求；对各类产业园区要加快更新、置换、提升、改造，控制低端工业用地的比例，不断提高高端服务业以及生态用地比例，防止工业用地的过分扩张导致居住环境恶化；对生态开敞空间、生态廊道、交通廊道的用地，要纳入城乡规划的强制性内容，实施严格的保护和监管。

发展紧凑城市（镇）。积极推行公交引导（TOD）的土地开发模式。科学构筑城市轨道、快速公交、常规公交干线等大流量的公共交通通道，对通道沿线及站点周边地区适度提高土地开发强度，围绕站点紧凑布局居住、办公、商业、公共空间等功能，提高土地集约利用水平，促进城市（镇）布局紧凑化发展。

提倡建设城市（镇）综合功能区。减少城市（镇）就业与居住的空间距离，减少无效交通，提高土地的资源效益，避免因通勤导致的长时间钟摆式交通，建设可持续发展的城市（镇）邻里模式。城市（镇）街区尺度控制应以安全、舒适、公平为原则，充分考虑步行和自行车的需求。

释放城市（镇）土地潜能和提高综合承载能力。以存量用地改造为核心，推动城市（镇）发展模式向“非用地扩张型”的转变。各市要根据实际情况，制订旧城镇、旧村庄和旧厂房等“三旧”改造计划，通过城市（镇）更新，以内涵提升方式挖掘土地潜力，提高土地利用效能。城市（镇）更新要结合产业升级和功能置换，优化产业结构并优先保障公共配套服务设施、交通基础设施、市政公用设施、公共绿地、政策保障性住房等的用地需求。积极开发地下空间，深度挖掘城市（镇）空间利用潜力，提高土地资源的综合承载力。

集约村庄建设。在广大乡村地区，通过集中建设中心村、整治“空心村”，建设农民公寓、改造集体工业厂房，整理农村闲置宅基地、促进集体建设用地使用权流转等手段，提高乡村地区的土地利用效率，建设用地集约、环境良好的社会主义新农村。

3. 构建安全经济、高效便捷、低污染低能耗的绿色交通系统

大力发展公共交通。改善公共交通服务水平，确立公共交通的主体地位。加快推进大运量的城际、城市轨道交通建设，积极发展快速公交，构建多层次的公共交通线网体系。充分发挥轨道交通和快速公交的骨干作用，注重各种交通方式之间的衔接，通过常规公交的衔接、联结、延伸和补充，提高公交覆盖率；因地制宜规划建设公交专用道，全面提高公共交通运行速度和运转效率。控制私人机动车出行数量。

建立城市（镇）慢行交通系统。在城市（镇）综合交通规划中必须编制步行和自行车等慢行系统的专项规划，积极开展步行专用系统和自行车专用系统的详细设计，加强步行和自行车交通系统与公共交通系统的接驳；将步行道、自行车道与机动车道相隔离、分离或单独成线联网，营造安全、便捷、舒适、优美的城镇慢行出行环境。通过提高城市中心区和就业岗位密集区的停车收费、实行针对小汽车区域性拥堵收费等交通需求管理手段，抑制高能耗、低效率的交通方式。

4. 营造绿色人居，实现资源节约

建设绿色社区。社区的建设应综合考虑太阳能利用、景观生态化、科学绿化等因素，开展规划和技术的创新。在建筑布局上，充分考虑自然通风、日照等条件；在空间形态上，合理布局开放空间，精心设计公共空间和街道环境；在建材方面，最大限度取自于当地，以降低能源消耗并减少材料废物；在节水方面，注重雨水收集，将雨水和污水的循环处理运用于社区绿化、景观、公共卫生等。各市要通过示范性项目或者科技地产项目带动创建一批设施完善、环境优美、落实循环经济理念的绿色社区，推动生活绿色消费。

发展绿色建筑。大力推广建筑节能，在建筑设计和建设过程中充分考虑能耗的平衡，鼓励使用可循环材料；建筑单体设计时要注重设置遮阳构架，结合浅色涂料、屋面保温、节能玻璃的利用，达到建筑节能目的。倡导采取地下、半地下的停车库建设方式，倡导设备用房采用地下构筑物；适当控制住宅面宽与进深的关系，节约土地利用。建立建筑节能标准体系，加快推进建筑节能技术的应用。

发展绿色市政。开展生活垃圾的分类收集与循环利用，走垃圾减量化、再利用、循环经济的道路。针对不同功能区制定不同的垃圾分类方法，在分类的基础上采用有机垃圾生化处理技术，全自动、全封闭将垃圾降解，同时，将产出的高效有机肥料直接循环利用于城镇和居住区的绿化。开展绿色照明，推广和应用太阳能路灯及半导体照明相结合的系统 LED 路灯，在城市（镇）主干道、景观路率先安装，并逐步在城市（镇）公共建筑、大型商业建筑、广场、公园等推广，达到珠三角整体节能减排的目的。

发展清洁能源。推进技术进步，促进能源效率的提高，大力发展低碳和无碳能源，加速推广利用天然气，大力发展核电，深入开发风能、太阳能、地热能和生物质能等可再生能源，不断优化能源结构，提高清洁能源在省内能源利用的比重，减少酸雨形成和减缓大气温室效应。

循环利用水资源。体现循环经济理念，惜水护水。开展雨洪利用：修复珠三角河湖生态功能，有效发挥河湖滞蓄雨洪能力；新建扩建蓄水水库，全面提高蓄水能力；城乡建设要遵循低冲击的开发理念，科学设置雨水收集系统，并大面积应用可渗透地面，确保建设后的外排雨水设计流量不大于开发建设前，确保接纳的雨水成为可再生利用的水资源，减轻开发建设对自然生态的冲击。结合污水处理厂布局，进行污水循环再生。污水经必要的深度处理后优先用于市政和农业用水，以缓解水资源供需矛盾，恢复水生态，保护水环境，实现人与水的和谐发展。

（二）建设广州、深圳世界城市，打造珠三角世界城市区域，提升城乡区域一体化的品质和国际竞争力

具有强大的区域服务和管理职能的世界城市是国家和地区融入全球经济体系的重要引擎；优质生活环境也已成为世界城市竞争力的重要指标。未来珠三角地区要通过全面强化广州、深圳的生产、集散、管理、服务和创新等综合服务功能，提升广州国家中心城市和深圳国际化城市的区域辐射和带动作用，进一步优化区域城镇—产业空间结构；同时通过建设适宜创业、创新和居住的城市综合环境，提升中心城市的综合竞争力，引领珠三角向亚太地区最具活力和国际竞争力城市群迈进。

1. 广州加快建设广东宜居城乡的“首善之区”和服务全国、面向世界的国际大都市

以世界先进城市为标杆，强化广州国家中心城市、综合性门户城市和区域文化教育中心的地位，建设成为广东宜居城乡的“首善之区”，建成面向世界、服务全国的国际大都市。

打造综合性门户城市、南方经济中心。加快建设国际航运中心、国际交往中心、亚洲物流中心以及交通枢纽、信息枢纽“三个中心，两个枢纽”；继续巩固华南科技创新中心与国内先进制造业基地的重要地位，率先建立现代产业体系；继续发挥国际商贸会展中心作用，努力成为区域性现代服务业中心、金融中心乃至现代国际城市。

凸现城市特色和个性，塑造世界文化名城的鲜明形象。继续强化国家历史文化名城和区域文化教育中心的作用，弘扬历史文化，提升城市的包容性和多元化，加强产学研合作、区域合作基地的建设，保护历史文化名城风貌，建成传统文化与现代文明交相辉映、具有高度包容性、多元化的世界文化名城；充分保护和合理利用自然地理条件，保持地区生态环境的平衡；探索低碳发展道路。

进一步增强带动辐射能力。完善区域性管理和服务职能，带动珠三角区域一体化。积极推动广州与珠三角其他城市的产业协作，逐步形成总部在广州、企业在珠三角，决策中心在广州、运作基地在珠三角的区域产业格局；依托广州作为区域文化教育中心的地位，向珠三角、全省乃至更大的区域输出更多的文化、科技、教育等优质服务，带动区域综合实力进一步提升；强化综合性门户功能，加强新白云国际机场、南沙港和广州南站等区域性交通枢纽与珠三角其他城市和产业地区的交通联系，带动空间结构的优化。

2. 深圳打造创新型综合经济特区，建设国际化城市

加强制度创新与科技自主创新，实现城市的可持续发展、居民生活的改善、社会文化的繁荣与城市地位的提升，强化全国经济中心和国家创新型城市的地位，建设中国特色社会主义示范市和国际化城市。

走新型发展道路。继续当好深化改革开放、落实科学发展观、构建和谐社会的先锋。加快发展高端服务业，发展循环经济和绿色产业，提高土地利用效益；建设经济发达、社会和

谐、资源节约、环境友好、生态宜居、具有中国特色的国际城市；加强城市公共安全，促进城市人口的适度稳定，加强社会公共服务，保障基本居住条件，优先发展公共交通，保障社会民生；保护生态绿地资源，合理利用海洋岸线资源，高效利用能源和水资源，节约集约利用土地资源，保护并建设优良的生态环境。积极推进低碳城市试点，探索经济以低碳产业为主导、市民以低碳生活为行为特征、社会以低碳社会为建设蓝图，体现中国特色、时代特点、深圳特征的低碳发展道路。

强化面向珠三角的国际化创新服务。充分发挥自主创新和区域协作优势，积极建设深港创新圈，加强深港双方在生产研发、创新和知识产权管理、保护和使用等方面的交流，积极推动高新技术产业和高端服务业的合作发展。同时利用深圳的技术创新和制度创新优势，将技术创新服务向珠三角其他城市和地区延伸，完善区域创新体系，加快形成上下游功能互补的区域产业链，形成具有较强创新能力和国际化水平的区域产业集群。

（三）携手港澳共建宜居湾区，打造新型发展模式示范区，携领区域一体化

凭借环珠江口湾区的核心区位，以及资源基础、交通条件的优势，将其打造成为创新基地、服务中枢、生态核心和多元文化融合之区。要携手港澳通过体制机制和发展模式创新，将湾区作为全面落实 CEPA、深化粤港澳合作，以及珠三角转变经济发展方式的示范区。在实施策略上，要充分发挥湾区建设的区域协同效应，实现粤港澳合作建设、各城市联动开发，共同提升珠三角一体化的水平，建设引领珠三角、服务港澳、示范全国、享誉全球的宜居湾区。

1. 协调湾区开发建设规划，夯实空间载体、提供配套完善的基础设施

优化湾区土地利用和功能布局。确立湾区实施低碳发展策略，倡导“清洁生产”和“绿色消费”，通过生产创新、生活创新和生境创新，发展成为大珠三角区域创新、功能提升的核心。为此应立足于发挥湾区当前环境品质较高的有利条件，按照产业发展与环境生态保护并重的原则，协调湾区内各城市（镇）的生产、生活、生态等用地安排，优化功能布局，确保湾区成为承载珠三角产业升级和区域高端服务功能集聚的优质空间，支撑区域创新基地、服务中枢、生态核心和多元文化融合区的形成。通过编制跨行政区域的联合规划，以及建立土地利用和项目建设互相通报、市政基础设施共建共享机制等手段，实现相邻城市在湾区内的土地利用协调、设施和交通对接，并且创新土地开发利用模式，促进集约发展；重点关注、协调各市的填海造地计划，避免过度开发而引发区域生态问题；合理确定生产性岸线的规模、开发模式，确保生产岸线与生活岸线相协调。

协调湾区交通发展。整合湾区内机场、港口、轨道等重要交通资源，进一步增强湾区与珠三角其他地区以及港澳各级交通枢纽的有效衔接，实现各类经济要素的高效流动。当前应重点推进湾区内重大交通设施的建设、加强湾区与珠三角区域交通的有机衔接，为高端服务功能和区域创新基地的建设创造有利条件。

2. 深化粤港澳跨界合作，强化湾区创新功能和辐射带动能力

在湾区规划建设若干粤港澳合作区域，促进高端服务业的聚集：将广州南沙黄阁地区打造成为穗港澳现代服务业特别合作区，将广州番禺石壁地区打造成为港澳服务外包中心，将

深圳前海地区打造成为深港联合共建国际大都市区的试验区，将珠海横琴新区打造成为粤港澳紧密合作示范区。建立联合创新体系：依托广州科学城—广州大学城—广州生物岛—佛山高新区、东莞松山湖—深圳光明新区—深圳大学城—深圳高新区—香港、中山火炬开发区—珠海唐家湾—珠海大学园区—珠海金湾—澳门三大发展带，在湾区规划建设若干粤港澳合作创新区，打造全球著名的创新中心和成果转化基地，带动大珠三角产业转型升级。

加大体制创新和先行先试力度。在CEPA框架下进一步扩大开放，在试点制度设计、体制创新、港澳经济合作事项等方面先行先试，以各类合作区域作为加强粤港澳服务业、高新技术产业等方面深度合作的重要载体和先行区，率先探索建立合作方式灵活、合作主体多元、合作渠道畅顺的新机制，为全国建立更宽领域、更高水平的开放型经济新格局提供经验。

3. 整合和提升湾区生态文化资源，营造世界一流人居环境

加强对湾区生态环境的保护。在湾区内执行最严格的生态保护制度，重点保护好湿地、河网、红树林保护区、候鸟及其栖息地保护区，严格控制非农建设对区域绿地的侵蚀。严格限制对生态环境有负面影响的建设项目，积极构建湾区产业的生态系统，促进清洁生产和资源循环利用，积极利用新能源，构建湾区循环经济体系。建立湾区环境保护监测与区域联防联治机制，通过区域大气环境和水流域治理，遏制环境污染，确保湾区成为珠三角的生态核心。

重点推进湾区滨水休闲游览网络的建设。积极改变目前对滨水地区仅局限于建设港口或布局临港工业的开发利用模式，推动对滨水区域的综合开发，特别对滨水岸线功能配置进行合理调整。应当注重滨水岸线公共功能的开发利用和景观建设，建设开放性、高可达性、人性化的魅力水岸系统。以区域绿地、公园绿地和绿道网为重点构建湾区开敞空间体系，结合交通网络建立充分体现阳光海岸、人文水网的区域休闲游览网络。大力强化湾区的休闲旅游功能，以湾区休闲旅游发展带动珠三角人居环境的改善，并提高湾区的知名度和凝聚力。

促进多元文化融合。充分挖掘湾区岭南水乡特色，对具有代表性的历史聚落、传统街区和文化遗迹进行重点保护和合理开发利用，整合历史文化资源。整合民间层面的多元文化特征，构建包括珠三角岭南传统文化及新兴城市移民文化、香港国际都会文化和澳门欧陆风情文化在内的“多元文化融合之区”，凸显区域整体文化魅力，塑造湾区文化品牌，提升湾区国际化水平。积极搭建湾区国际交流与合作平台，吸引国际高端人才在湾区居住、就业，建成享誉全球的宜居湾区。

（四）引导区域公交网络与城市—区域空间发展良性互动，促进城镇群紧凑、有序和一体化发展

积极借鉴以大运量区域公交走廊支持区域紧凑发展和土地集约利用的成功经验，以珠三角地区业已确定的“一脊、三带、五轴”区域空间结构为框架，以已规划确定的珠三角城际轨道网为主体，科学构筑以城际轨道、客运铁路专线为主干的珠三角区域公交走廊，依托区域公交走廊的枢纽、站点建设紧凑的聚集中心，强化中心城市的服务功能、带动城市新区和新市镇建设，优化城镇体系和推动区域空间融合，促进“多中心、网络化”现代城镇体系的

城乡区域一体化发展模式形成和完善，同时提升土地利用效益、避免非农建设无序蔓延，减少对私人汽车交通方式的依赖、改善交通结构，从而促进区域低碳、高效发展。

1. 科学构建以城际轨道、客运铁路为主干的区域公交网，引导城镇体系和空间结构的优化

通过区域公交走廊将区域发展轴线上的城市中心区、重要城镇节点和策略发展地区有机串联，加强珠三角各级中心城市之间的衔接，改善沿线城镇节点和新区的交通区位，推动区域一体化发展。近期，在推进广珠、广佛肇、穗莞深、莞惠等城际轨道，以及广深港、武广客运专线、贵广、南广铁路等项目建设的基础上，做好规划协调，实现轨道交通建设和城市（镇）发展的有效联动，引导城镇体系的优化。着眼长远，做好区域规划公交走廊、枢纽站点用地的规划控制，结合沿线的重要城镇节点、策略发展区，实施联动建设开发。（表1、表2）

表1　珠三角东西向区域轨道公交走廊及主要节点表

区域轨道公交走廊	城镇节点或策略发展区	辐射及联动范围
广佛城际环线北段—广州新塘至白云机场联络线	广州空港区、知识城	带动广州北部地区发展
佛肇城际—广佛城际—广惠城际	肇庆主城区、东北部地区，佛山北部地区，广州中部地区，惠州西北部地区	形成珠三角北部地区主要发展带，并加强珠三角与环珠三角地区联系
佛山轨道3号线—广佛环线（佛山西站至新广州站）—佛莞城际线	佛山西站、佛山主城区、东平新城、顺德主城区，广州新客站地区，东莞主城区	形成广佛莞新兴服务业发展走廊
广深港客运专线中段	广州新客站地区、番禺新城，东莞松山湖	带动广州南部及东莞北部地区发展
肇庆至南沙城际—莞惠城际	肇庆主城区、东南部地区，佛山南部地区，广州南沙，东莞中部地区，惠州主城区	形成珠三角中部地区主要横向拓展带，沟通珠江口东西两岸
江恩城际—广佛珠城际江中段，预留深中城际轨道联络线的走廊用地，与之相接。此廊道用地亦可容纳西部沿海高速铁路在江门、中山中部地区路段	恩平、开平、江门西部地区主城区，中山主城区、火炬区，宝安空港区、龙华、布吉	新辟深圳—中山跨江通道，进一步加强东西两岸联系
深珠城际—深惠城际，预留珠海—台山斗山城际轨道走廊用地，与之线接。此段亦可容纳可能改线的西部沿海高速铁路	台山广海湾，珠海西部地区、金湾、主城区，深圳前海、福田、布吉，惠州大亚湾	形成沿海发展带，成为打造“大珠门庭”、营造“阳光海岸”的重要支撑

表 2　珠三角南北向区域公交廊道及主要节点表

	区域轨道公交走廊	城镇节点或策略发展区	辐射及联动范围
珠江口东岸	穗莞深城际轨道—深圳西部快速轨道	广州萝岗，东莞西部地区，深圳前海，并延伸至香港机场	形成环珠江口湾区东部高端服务业发展带
	东莞轻轨 R1 线—广深港客运专线南段，预留向北延长的走廊用地，以连接新塘至白云机场的轨道联络线	广州知识城，东莞主城区、松山湖，深圳龙华、福田中心区，并延伸至香港中环	强化珠三角东岸区域创新中心间的联系
	广深铁路	广州增城，东莞东部地区，深圳布吉	提升珠三角东岸内圈层城市（镇）发展水平
	惠州—大亚湾城际轨道	惠州主城区、惠阳、大亚湾，并延伸至河源	带动珠三角东岸外圈层城市（镇）发展
珠江口西岸	广佛城际环线东北段—广州地铁 4 号线，预留其南端自广州南至珠海主城区的走廊用地，以备城际轨道的延伸	广州空港区、中南部地区，中山东部地区，珠海东部地区，并延伸至澳门	形成环珠江口湾区西部高端服务业发展带
	广深港客运专线北段—广珠城际轨道，预留中山至珠海三灶机场的走廊用地，以备城际轨道适当时机连接三灶机场	广州北部地区、主城区，佛山顺德，中山中部地区，珠海三灶空港区	提升广州、中山主城区的综合服务功能，带动珠三角西岸内圈层城市（镇）发展
	广佛环线城际轨道西北段—广佛珠城际轨道—广珠铁路南段	广州西北部地区、佛山中部地区、江门主城区并延伸至珠海西部地区	提升佛山、江门主城区的综合服务功能，带动珠三角西岸外圈层城市（镇）发展
	预留台山广海湾至新兴铁路的走廊用地	台山、开平	与三茂铁路连接延伸至粤西，带动江门西部地区发展

2. 优化出行模式，实现区域出行公交化

合理分类满足交通需求。科学组织城际轨道、客运铁路与城市轨道的分工协作，前者以满足三大都市区之间的长距离快速交通、都市区内中心城市之间的较长距离快速交通的需求为主，后者以分担中心城市与直接辐射区密集的通勤交通、大城市内重要组团之间的干线交通以及中心城区内部高强度交通联系为主。对于以满足高强度向心通勤交通需求的交通线路，应当打破行政区划限制，沿线辅以其他大运量的公共交通方式，建成复合交通走廊，保证半小时至一小时的通勤时间。

加强邻近城市轨道交通的衔接。相邻地区城市轨道建设方案必须协调一致，在线路、站位方案紧密衔接的基础上，鼓励采取跨界运营或枢纽换乘的方式，为跨界通行提供“无缝”出行方案。

加强轨道公交与其他公交方式的衔接，实现轨道公交枢纽间和枢纽内各环节的有效衔接和高效换乘。除在轨道公交站点设计方案以及公交线路规划中充分考虑接驳的便利外，应当注重城市（镇）公共交通运营系统的整合，探索加强轨道公交与其他公交衔接的创新方式：如将与轨道枢纽接驳的 BRT 线路交由轨道运营公司一起经营；鼓励轨道运营公司与其他公交公司组成股份合作公司，经营重要的“喂给型”公交线路；在进行 TOD 开发的轨道枢纽周边一定范围内开通由轨道公司专营的短途公交线路等。

（五）划定区域绿地、推进区域绿道建设，实现保护生态、改善民生、发展经济的完美结合

以规划控制为主要手段，划定和保有区域绿地，确保珠三角生态系统的完整性和延续性，保障区域生态安全、奠定珠三角低碳发展基础。在此基础上，选取重点廊道，以推进生态修复和休闲游憩空间打造为主要手段，建设区域绿道，从而在广大城乡地区，建成一个分布合理、相互联系、永久保持的“绿色空间”系统。

1. 构建完整的区域绿地系统，维育区域生态安全、建设绿色低碳珠三角

科学构建区域绿地系统。基于珠三角的自然生态格局和城乡发展状况，以山、林、江、海、田为要素，通过连通区域内具有重大自然生态价值和景观代表性的生态斑块和生态廊道，形成“两环、两带、三核、网状廊道”的区域绿地体系（表 3），协调城市（镇）建设发展和生态环境的关系。

划定生态控制线，严格保护区域绿地。“两环、两带、三核、网状廊道”区域绿地的边界即构成珠三角生态控制线。生态控制线一经划定，应实行长久性保护，严格限制一般性的开发进入。以生态控制线强化城市（镇）增长边界的控制，遏制城市（镇）建设的无序蔓延，形成科学合理的生态空间格局，引导城乡空间紧凑、集中、高效发展，促进城乡可持续发展。各市在具体落实生态控制线时，应明确重点管理区边界，由地方实施空间管理，由省实施监管。适时制订《珠三角区域绿地规划建设管理办法》。

2. 重点推进区域绿道网建设，实现保护生态、改善民生、发展经济的完美结合

在规划确定珠三角完整的区域绿地体系的基础上，沿着河滨、溪谷、山脊、山谷等自然和人工走廊建立线型开敞空间——绿道，串联珠三角重要的公园、自然保护区、风景名胜区、历史古迹和城乡居住区等。在区域层面，要形成 6 条总里程数超过 1690 公里、服务人口约 2560 万、具有国际先进水准的区域绿道（省立）（表 4）。各市要积极规划建设城市与社区绿道，与区域绿道（省立）相连接，形成“区域—城市—社区”三级绿道网络，营造更多人文要素与自然生态要素紧密结合的区域生活休闲空间，确保城乡居民休闲活动的畅达流通，满足城乡居民日益增长的休闲游憩需求，并带动第三产业特别是旅游观光、度假产业的发展，实现保护生态、改善民生、发展经济的完美结合。

精心筹划区域绿道建设。按照“一年基本建成、两年全部到位、三年成熟完善”的要

表 3　珠三角区域绿地体系表

<table>
<tr><th colspan="2">内容</th><th colspan="2">构成、分布、规模</th><th>生态功能</th></tr>
<tr><td rowspan="2">两环</td><td>外环生态屏障</td><td colspan="2">由珠三角西部、北部、东部的连绵山地、丘陵及森林生态系统为主组成。范围西起台山镇海湾，止于惠东红海湾，宽度 10~50 公里</td><td>珠三角外围生态屏障</td></tr>
<tr><td>湾区生态环</td><td colspan="2">珠三角内圈层沿湾区边界（滨海各区县边界）的山地、湿地、森林公园、成片的农田等组成，范围西起珠海鸡啼门，东止于深圳大鹏湾，宽度 0.5~5 公里</td><td>把珠三角分为湾区和其他部分，形成“湾区”和其他地区的生态隔离</td></tr>
<tr><td rowspan="2">两带</td><td>东江绿带</td><td colspan="2">南起珠江口狮子洋水道，经东莞水乡片，沿东江干流向东北延伸，至博罗罗浮山，长约 90 公里</td><td rowspan="2">通过东江、西江干流水体，串联沿江的山体、农田、防护绿带等，构建两大区域性主廊道，连通“两环”，形成三大都市区之间长期有效的生态隔离，避免城镇无序蔓延</td></tr>
<tr><td>西江绿带</td><td colspan="2">南起珠江口洪奇门及沿岸地区，经顺德、中山基塘区，沿南沙涌、西江干流向西北延伸至佛山仙鹤湖风景区，长约 100 公里</td></tr>
<tr><td rowspan="3">三核</td><td>广佛肇绿核</td><td>广州白云山—帽峰山，肇庆鼎湖山</td><td rowspan="3">2145 平方公里</td><td rowspan="3">改善三大都市区内部的生态环境</td></tr>
<tr><td>深莞惠绿核</td><td>深圳、东莞、惠州邻接地区的银瓶嘴山—白云嶂组成</td></tr>
<tr><td>珠中江绿核</td><td>珠海、中山、江门邻接地区的五桂山—黄杨山—古兜山</td></tr>
<tr><td colspan="2">网状廊道</td><td colspan="2">通过东江、西江、北江干流及诸河水体、岸线，串联山地、丘陵、农田、绿色交通走廊、郊野公园、风景名胜区、旅游度假区等游憩资源，并延伸至城市内部的公园、广场，形成网络状廊道，总面积约 1470 平方公里</td><td>有效的维护珠三角生态特征，保障生态体系的完整，在城镇密集区内部形成有效的生态隔离，控制城市（镇）无序蔓延，进一步增加开敞空间，为城乡居民提供更多的游憩空间</td></tr>
</table>

求，用三年左右的时间把珠三角绿道打造成为落实科学发展观、建设宜居城乡、惠及广大百姓的标志性工程。认真贯彻“省统筹指导，地方政府建设为主”的原则，省有关部门要进一步加强指导，督促各地实施好区域绿道总体规划纲要和技术指引。珠三角各市要从自身实际出发，依据省的统一规划和标准，组织编制详细规划并实施建设，限期建成：2010 年各市要将市域内 70%以上的区域绿道建设成型，并实现城市之间互联互通。其中，广州确保在亚运会开幕前、深圳确保在大运会开幕前全面建成市域范围内的区域绿道；2011 年底珠三角各市要建成全部区域绿道并投入使用；2012 年珠三角绿道网要配套完善各项设施，形成新的旅游热点和经济增长点，实现区域休闲生活一体化。

表 4　珠三角区域绿道主线表

<table>
<tr><th rowspan="2">名称</th><th rowspan="2">特色</th><th colspan="2">路　线</th><th rowspan="2">规　模</th></tr>
<tr><th>城市</th><th>节　点</th></tr>
<tr><td rowspan="5">1号绿道</td><td rowspan="5">主要沿珠江西岸布局，以大山大海为主要特色，西起肇庆双龙旅游度假区，经佛山、广州、中山至珠海观澳平台</td><td>肇庆</td><td>双龙旅游度假区、七星岩风景区、羚山郊野公园、砚坑紫云谷、鼎湖山旅游风景区、九龙湖旅游风景区、葫芦山旅游风景区</td><td rowspan="5">主线长度310公里，直接服务人口580万</td></tr>
<tr><td>佛山</td><td>三水森林公园、荷花世界旅游度假区、东风水库、南国桃园旅游度假区、沙涌郊野公园</td></tr>
<tr><td>广州</td><td>沙面、二沙岛、珠江新城中轴线公园、海心沙、广州电视塔、小洲村、广东科学中心、万亩果园、大学城、岭南印象、长洲岛历史文化保护区、莲花山风景名胜区、亚运村湿地公园、越沙湾水道、大山姆公园、黄山鲁森林公园、南沙湿地公园、南沙大角山滨海公园</td></tr>
<tr><td>中山</td><td>横沥生态旅游度假区、洪奇沥大桥、岭南水乡、横门大桥、海上庄园、南沙湿地公园、陈氏宗祠建筑群、温泉度假城、逸仙水库、红树林湿地、孙中山故居</td></tr>
<tr><td>珠海</td><td>会同村、北京师范大学珠海分校、珍珠乐园、中山大学珠海分校、情侣大道、凤凰山森林公园、珠海渔女、板嶂山和黑白面将军山、观澳平台</td></tr>
<tr><td rowspan="4">2号绿道</td><td rowspan="4">主要沿珠江东岸布局，以山川田海为特色，北起广州从化温泉，经增城、东莞、深圳，南至惠州巽寮湾休闲度假区</td><td>广州</td><td>流溪河国家森林公园、良口桥头公园、从化温泉旅游度假区、从化河岛公园、从化风云岭坪地公园、五岳殿、从化马仔山公园、北回归线标志塔公园、曾氏大公祠、广东国际划船中心、太阳岛游乐园、白海面、帽峰山森林公园、天麓湖森林公园、香雪公园、陈家林森林公园</td><td rowspan="4">主线长度480公里，直接服务人口530万</td></tr>
<tr><td>东莞</td><td>香飘四季农业园、厚街森林公园、大岭山森林公园</td></tr>
<tr><td>深圳</td><td>罗田森林公园、凤凰山森林公园、铁岗森林公园、布心森林公园、仙湖植物园（支线经龙口水库接深圳大运会）、梧桐山国家级森林公园、三洲田、马峦山森林公园、雷公山、下沙、南澳、西冲、东冲、大鹏半岛国家地质公园、七娘山、桔钓沙、天后古庙、大鹏所城、坝光森林公园、排牙山</td></tr>
<tr><td>惠州</td><td>小桂湾、猴仔湾、铁路嶂森林公园、霞涌旅游区、惠东红树林自然保护、巽寮湾休闲度假区</td></tr>
</table>

(续上表)

名称	特色	路线		规模
		城市	节点	
3号绿道	横贯东西两岸，以文化休闲为特色，西起江门帝都温泉，经江门、佛山、广州、东莞、惠州，东至惠州黄沙洞自然保护区	江门	帝都温泉、锦江里村碉楼群、圣堂歇马举人村、开平立园、三门里村碉楼群（赤坎古镇）、新宁铁路遗址、道北寺、南坦岛葵林、圭峰山风景区、大西坑自然保护区	主线长度370公里，直接服务人口500万
		佛山	均安生态乐园、顺德南沙头湿地自然保护区、马岗湿地公园、顺峰山风景名胜区、鲤鱼沙湿地公园	
		广州	大夫山森林公园、番禺中央公园、长隆、余荫山房、化龙湿地公园	
		东莞	麻涌香飘四季农业园、旗峰公园、石龙人文景观区	
		惠州	龙溪滨江绿地、石牙潭度假区、博罗东山公园、剑潭风景区、西湖风景名胜区、东江公园、九龙森林公园、白面石自然保护区、黄沙洞自然保护区	
4号绿道	纵贯珠三角西岸的中部，以生态和都市休闲为特色，北起广州芙蓉嶂，经佛山、中山至珠海御温泉度假村	广州	芙蓉嶂水库、花都新街河滨河公园、丫髻岭森林公园、炭步白坭河滨水公园	主线长度220公里，直接服务人口570万
		佛山	天竺郊野公园、草场湿地公园、鲤鱼沙湿地公园、都宁岗森林公园、横沙围湿地公园、长鹿农庄、顺峰山风景名胜区、大小岗郊野公园、细窖大桥	
		中山	鸡鸦水道、小榄水道、中山岭南水乡、紫马岭公园、金钟水库、岐澳古道遗址、小琅环自行车公园、五桂山森林公园、铁炉山森林公园、磨刀门公园	
		珠海	莲州生态保育区、黄杨山风景区以及御温泉度假村	
5号绿道	纵贯珠三角东部，以生态和都市休闲为特色，北起惠州罗浮山自然保护区，经东莞、深圳，南至深圳银湖森林公园	惠州	罗浮山自然保护区、长宁、园洲滨江绿地、石湾等镇、东江休闲区	主线长度120公里，直接服务人口230万
		东莞	南社古村落、东莞生态园、松山湖、清泉水库休闲度假区、巍峨山森林公园及蝴蝶地水库休闲度假区、大屏障森林公园	
		深圳	光明森林公园、茜坑森林公园、横坑水库、甘坑水库、黄牛湖水库、银湖森林公园	

(续上表)

名称	特色	路线		规模
		城市	节点	
6号绿道	纵贯珠三角西部，沿西江布局，以滨水休闲为特色，北起肇庆贞山，经佛山、江门，南至江门银湖湾湿地和古兜度假区	肇庆	马鞍山森林公园、贞山、海心湖、飞鹅岭、大沙镇城市（镇）公园	主线长度190公里，直接服务人口155万
		佛山	三江并流湿地、马鞍岗郊野公园、海景森林公园、金沙湿地公园、天子墓风景区、西蕉山风景区、九江镇的水乡地区、璜玑鹭鸟天堂风景名胜区	
		江门	古劳水乡、大雁山风景区、新会滨江带、北街近代建筑群、白水带风景区、小鸟天堂、银洲湖、奇石、慈元庙、杨太后陵、碗山窑址、崖门炮台后、银湖湾湿地、古兜度假区	
合计				合计1690公里 直接服务人口2565万

（六）重点优化城市（镇）增长区，培育新城和新型社区，促进城乡融合

积极促进城乡一体化发展，针对珠三角城郊地带土地利用效益低下、功能混杂、公共服务薄弱、景观特色模糊等严峻问题，当前重点要将城市（镇）增长区，即城市（镇）的现状建成区边界线与规划建成区边界线之间的地区，作为促进城乡融合的核心区和切入点，根据城市（镇）总体规划实施有效引导和精细化管理。对城市（镇）增长区，要明确其城镇化的目标和策略，科学提升功能、合理规划布局，从而优化人口与土地使用结构，提升发展质量，达到以城带乡、城乡融合的目的；要以建设新城以及多元化新型社区为重点，促进城市（镇）精明增长，带动乡村健康城镇化，同时实现珠三角城乡建设由目前沿交通干线无序蔓延，转向有序增长、用地集约的模式。

1. 全面统筹城市（镇）增长区的发展，明确发展策略

在珠三角区域的整体层面明确城市（镇）增长区的人口和建设用地增长规模，在确保生态环境的前提下确立与珠三角地区各世界城市、区域性中心城市发展定位相符合的开发时序，建立科学的增量土地供应机制，探索研究世界城市、区域性中心城市、一般城市（镇）的增长区建设用地供应的优先顺序和优先条件，促进城镇增长区科学发展。土地供应要明确用于公共利益、重大基础设施和宜居建设的用地比例，防止产业用地、尤其是低端制造业用地过分扩张导致居住环境恶化。

2. 建设新城，引导城市（镇）增长区发展转型

大力建设新城。以轨道交通、高速公路、公共交通等大交通体系建设为导向，以工业园区以及高新技术产业园区为载体，高标准规划建设一批用地紧凑、产业先进、功能混合、资源循环、生活多元的新城，成为珠三角城乡一体化发展示范区。以新城建设引领珠三角城市

（镇）实现组团式有序增长，引导经济发展方式转变。广佛肇都市区应以城际拓展区以及外围战略节点为重点，整合新客站周边地区、芳村—桂城地区、广州东部港城、广州空港新城的发展，大力推进广州知识城、黄埔临港商务文化区、萝岗中心区、南沙滨海新城以及佛山东平新城、顺德德胜新城、高明西江新城、三水云东海新城、肇庆高新技术产业开发区（大旺）等新城建设；深莞惠都市区应以优化城市组团结构、挖掘土地潜力为重点，推进深圳光明新城、龙华新城、坪山新城、大运新城以及东莞松山湖、惠州南部新城、东江科技新城等新城建设；珠中江都市区应以建设城市外围组团为重点，推进珠海唐家湾、高新区、大学园区、金湾、西部中心城区以及江门滨江新区、中山东部滨海新城、中山城市新发展区等新城建设。各新城应以《广东省城镇化发展"十二五"规划》为依据，明确功能定位，做到优势互补、分工合作、错位发展，建设成为现代化新型都市。

新城建设应体现"以人为本"的原则。强调功能开发平衡，注重居住、就业、商业、购物、办公、文化娱乐、休闲、公共设施等方面的平衡协调发展，为新城居民提供多元化、综合化的城市服务；注重人口规模、就业容量以及生态容量的平衡，在"生态优先、适度规模；节约资源、紧凑发展"的理念下，明确新城的合理人口和建设用地规模，科学安排各功能用地比例，建设绿色生态的新型社区以及产业集聚区，创造安居乐业、人与自然和谐共存的宜居家园。

新城区建设要统筹安排乡村生活与生产用地，引导乡村地区健康城镇化。在生产用地方面，要按照"集中发展、统筹利用"原则，在新城产业集聚区（工业区）内优先安排农村经济发展用地，用以置换农村零散、低效的工业用地，尤其是位于生态廊道、景观廊道内的工业用地，促进工业用地的高效使用，同时将原有的乡村工业用地优化为新城公共基础设施用地、开敞空间以及政府储备用地，促进城市（镇）整体形象与景观风貌提升。在居住用地方面，新城建设应优先布局农村住宅集中建设区，统一完善配套设施建设，实现农村住宅集中建设区与城市型居住区的协调布局，促进城乡融合发展，引导农村居民向城镇居民转变、农村社区向城镇社区管理体制转变、村庄形态向城镇形态转变，实现健康城镇化。

3. 建设多元化社区，促进城乡融合发展

切实关心城乡居民住房需求，统一规划布局各类居住用地，在城市（镇）增长区合理统筹安排各类社区，对各类不同社区进行有机组合，积极引导乡村社区向城镇社区发展方式转变，合理构建居住密度分布体系。合理制定实施时序，分期建设不同类型社区，从而最终形成体面、安全、便利、疏密有秩、适用于不同群体的混合居住环境。

建设多元化社区。推进城市（镇）增长区的居住模式由"镇—村"型农村社会管理向"街—居"型城镇社区管理转化。突出行政管理体制转型在乡村城市化或提升区域竞争力过程中的核心作用。与增长区建设同步，农村管理机制要及时转变为现代城市管理体制，并配套相应的产业经济和社会管理等政策指引，以促进文明进步和管理水平的提升。以村民居住为主的社区，应当坚持"统一规划、统一供地、统一标准、统一配套、统一建设"的原则，推进集中居住，通过完善基础设施、公共服务设施的配套，以及加强与城市（镇）相关设施的衔接，提升人居环境质量；以郊迁市民为主的社区，应着力创造高品质的宜居环境，增加智能性配套设施，建设绿色、智能社区，满足工作与学习需求，为居民提供多样化的生活方式。

营造公共空间促进各类社区融合发展。统一规划建设多层级的公共服务体系，采用大社区、小街坊的空间模式，以密集的公共场所缝合多阶层的公共活动，以公共空间介质创造多样化的交往空间，加强不同收入水平居民之间的良性互动，促进各类社区由小区封闭模式向开放型服务模式转变。改善和提高中低收入社区的公共交通及公共设施配置的水平，缩小社区居住环境差异，促进珠三角城乡融合。注重社区个性设计，在建筑风格、配套设施、住宅开发类型的定位等方面进行针对性的规划设计，反映城市（镇）的历史文化传统，体现地域文化特点，以适宜的物质空间设计促进社会和谐、环境融合。

（七）推进服务中心规划建设，优化城乡服务中心体系

以构建“区域—城市—城市分区—居住区—居住小区（镇）—居住组团（村）”多层级、体系完备的服务中心体系为目标，针对珠三角目前区域层面服务中心缺乏统筹、亟待强化，以及居住区—居住小区—居住组团或者镇—村层面服务中心建设、配套滞后的现状，抓住两头，重点推进。区域层面以强化区域性服务中心为重点，促进产业转型升级，带动区域经济一体化发展；居住区—居住小区—居住组团或者镇—村层面，以建设、配套基层公共服务中心为重点，提升基本公共服务覆盖率，实现基本公共服务均等化和一体化。

1. 打造区域性商务中心，重点提升区域生产服务能力、促进产业转型

依托区域公交网，围绕公交枢纽建设一批区域性服务功能集聚区，通过更新建筑功能、建设新型服务设施和大力营造开放空间等手段，提升其活力，打造各具特色的区域性服务中心，在促进先进制造业、现代服务业发展的同时，加强生活性服务配套，推动城市（镇）功能的提升和城乡区域一体化进程。

打造区域综合性生产服务中心。主要依托广州珠江新城—员村地区、广州环市东地区、深圳福田中心区、深圳前海地区、珠海主城区、珠海十字门商务区、佛山东平新城、东莞主城区、中山主城区、江门蓬江区、惠州主城区、肇庆主城区等，重点强化总部经济、商务、金融和保险等综合性服务功能，带动区域整体发展。

打造专门化新兴服务业中心。主要依托广州白云空港区、广州新客站地区、广州萝岗中心区、广州南沙新城、深圳龙华新城、深圳宝安空港区、珠海西部地区、顺德德胜新城、东莞松山湖、东莞虎门、长安滨海新区、中山东部滨海新城、江门滨江新区、惠州大亚湾、肇庆鼎湖等新城，重点发展研发、会展、创意、教育等专门化的新兴服务功能，发挥地区性辐射带动作用，促进地区产业升级。

打造城郊型生活性服务业中心。主要依托广州花都、番禺新城、广州新城、广州知识城、广州新塘、广州增城、深圳布吉、珠海金湾、佛山高明、佛山狮山、佛山九江、东莞麻涌、东莞樟木头、江门台山广海湾、惠州火车站周边地区、惠州惠东等地区，以建设新城以及多元化新型社区为重点，加强规划引导，集中配套建设购物、娱乐等生活性服务功能，吸引大量乡村居民定居，发展成为拉动珠三角乡村城镇化的主要载体。

打造区域性商务中心（区域 CBD）。打造区域性服务中心的重点是，将广州环市东地区、

广州珠江新城—员村地区、深圳福田中心区、深圳前海地区、珠海主城区、珠海十字门商务区等地区打造成为珠三角最具区域服务和带动功能的区域 CBD，形成带动大珠三角、泛珠三角乃至全国发展的创新和高端服务中心，强化大珠三角世界城市区域的核心竞争力。

2. 强化基层公共服务中心建设，促进基本公共服务均等化和一体化

分类建设、提升城市（镇）基层公共服务中心。面向居住区—居住小区—居住组团层面的基层服务中心，应以提供义务教育、公共卫生和基本医疗、基本社会保障、就业服务等基本公共服务为主要方向。逐步改变当前只重视市级、区级公共服务中心建设的做法，按照国家相关规范、标准，加快基层公共服务设施的配套建设和提升优化。对城市（镇）中心区的基层公共服务中心，应以提升服务能力、调整优化布局为主，协调其与公共交通布局的关系，提高其可达性和出行空间的舒适性；对于城市（镇）增长区，应当结合新城建设和城市（镇）更新，将基层公共服务中心建设作为引导城市（镇）空间紧凑发展、推进城乡一体化发展和塑造城乡特色风貌的重要手段之一，尽量结合公共交通枢纽站点布局服务设施，统筹考虑基层公共服务需求和新产业发展的需求，建设紧凑布局的新城、新社区，避免不必要的社区割裂和重复建设。要注重通过加强交通联系等方式，实现对乡村地区的服务延伸，一定程度上满足农村居民的公共服务需求。

因地制宜地扶持乡村地区的基本公共服务建设。逐步改变长期以来忽视乡村地区公共服务设施建设的现状，一方面大力推进城市（镇）公共服务功能向外围的延伸，另一方面要针对广大乡村居民点布局较为分散的特点，在镇域甚至更高层面统筹规划基本公共服务中心，根据“迁村并点”计划、居民规模、产业特点和生活方式等，以中心村为重点推进公共服务设施建设；对于具有一定人口规模和产业基础，在短期内不能迁并的非中心村，要通过加强其与中心村之间的交通联系，以及有针对性地设置适当服务设施等方法，为村民提供基本公共服务，从而推进基本公共服务均等化。乡村地区公共服务设施的建设应当注重凸显乡村风貌，其选址应当尽量结合水塘、古树、宗祠等自然、人文景观资源，充分利用村部、公交站点等已有公共设施基础，建立独具乡村特色的基层公共服务中心。要逐步建立公共财政保障下的村庄污水和垃圾收集处理设施建设和管理的长效机制。

（八）推进绿色城乡设计，建设珠三角魅力城乡

以塑造富有魅力的城乡景观风貌为目标，大力加强城乡设计，确保珠三角城市（镇）、乡村的景观风貌各具鲜明特色，在城市（镇）体现高效、紧凑、时尚又不失地域特色的城市文明，在乡村营造悠闲、舒缓、传统又具备现代内涵的乡村文明。协调城乡风貌，致力构建城乡一体化的开敞空间体系，实现珠三角城市（镇）、乡村与自然基质的和谐共存，增强区域认同感和归属感。

1. 着力提升城市（镇）景观风貌，建设生态良好、艺术和文化涵养深厚的魅力之城

高效整合城市（镇）各功能系统，构建复合型空间。在城市（镇）内部充分发掘节能潜力，在多学科参与的基础上，强化绿色与可持续的理论和技术在城市规划、城市设计、建筑设计等多层次领域中的应用：强化以节能、环保、高效为核心的城市（镇）支撑系统（包括分布式能源系统、地下空间系统、综合管廊系统等）的集成与运用，提高城市（镇）公共资

源的利用效率；建立结合自然的城市（镇）开放空间系统，引入自然生态要素，减缓城市（镇）的热岛效应、干岛效应、湿岛效应、雨岛效应和浑浊岛效应，改善城市（镇）生态环境；搭建以网络化、数字化为核心的城市信息系统平台，为实现复合型城市（镇）空间各系统的高效整合提供先进的技术支持。通过广泛的部门协商和公众参与，实现城市（镇）空间布局和各项建设的综合部署，促进城市（镇）复杂系统的良性运转，从而构建资源集约节约、功能构成优化、设施系统完善、环境生态宜人、技术理念先进的复合型城市（镇）空间。

打造高质量的城市（镇）公共空间。充分发挥公共空间在构筑整体城市（镇）形态、提升城市（镇）形象中的统领作用，珠三角各市、各镇应尽快制定具有系统性、连续性的公共空间专项规划，对城市（镇）街道、广场、滨水地区、公共绿地，以及因建筑后退红线形成的临街空地、小广场、底层架空的骑楼空间，以及跨越不同用地范围通向交通枢纽或重要公共设施节点的空中连廊、地下通道和公共竖向交通空间等公共空间，要明确其整体系统结构和设计指引，对其中的核心区公共空间，要开展景观设计，建立立体化、多用途层次，具有可达性、可用性、人性化以及体现岭南文化特色的高品质公共空间，增添城市（镇）魅力、提升人民群众的生活质量，实现“市市有天堂”，为人民群众创造舒适、便利、宜人的环境，使每一个城市、每一个城镇都成为富有效率和情感的有机整体。

延续城市（镇）历史文脉。注重历史文化街区和历史建筑群的保护与更新，划定历史文化保护区、历史街区和历史建筑群保护区域，妥善制订保护与利用策略，使之成为城市（镇）历史文化特色的重要展示区，并与城市（镇）生活、城市（镇）发展紧密结合，保留富有岭南传统文化特色的城市（镇）记忆，结合其他文化遗产的保护和利用，联合开发旅游产品。科学、有序地推进城市（镇）老街区的整饰或重建，对于区位条件好、风貌独特而人居环境亟待改善、居民改造意愿强烈的老街区，要优先列入复兴计划，以此提升城市（镇）整体风貌、改善民生、拉动经济发展。将老街区或特色风貌街区作为城市（镇）公共空间重要节点，组织公共交通和慢行交通体系，促进低碳发展。力争至 2012 年，全省所有设市城市、珠三角所有中心镇至少完成或启动一项老街区复兴或者特色风貌街区建设工程。

提升城市规划和设计水平。推进和加强能够体现地域特征的城市（镇）色彩规划，明确城市（镇）主、辅色调体系等，划定合理的城市（镇）色彩分区，确保城市（镇）色调和谐、特色鲜明。科学构建系统的视廊和多层次的标志体系，进行合理的景观视线规划、保证城市（镇）主要视线廊道的连续性，适当打造有特色、高品位的标志性节点和建（构）筑物，塑造令人难忘的城市（镇）意象，彰显魅力。打造精品建筑物和建筑群，以点带面引导城市（镇）建筑整体艺术水平的提高。

2. 改善乡村景观风貌，建设魅力乡村

加强村庄规划，分类指导村庄建设。珠三角各市应结合当地自然条件、经济社会发展水平、产业特点，划定不同类型的村庄，分类规划、分类建设：对拥有深厚历史文化积淀的村庄，列为“保护型村庄”，在保护传统风貌格局的基础上，建设富有乡村自然生态和岭南历史文化特色的乡村旅游景区（点），促进农村经济多元化发展；对区位条件和经济基础较好的中心村，列为“发展型村庄”，适当发展服务功能，为周边乡村提供服务；对一定时期内不需要改变，但缺乏发展条件的村庄，列为“整治型村庄”，严格限制非农发展并进行综合环境整治；对位于城市（镇）核心区、生态保护区的村庄以及已经退化的“空心村”等，列为“搬迁型村庄”，禁止一切新的建设行为，并在条件成熟时逐步进行搬迁。加强各类村庄的规划编制力度，力争至2012年，珠三角村庄规划覆盖率达100%.着力构建特色鲜明的乡村开放空间。设立郊野公园和农业观光区为主的乡村特色开放空间，促进城镇和乡村的融合、农业和旅游业的融合、生产和休闲的融合。同时，规范农业生产和农村生活方式，形成高标准、高质量、高效益的农业生产体系，为乡村开放空间带来新的活力和吸引力。

切实保护具有较高历史价值以及自然景观价值的村落。划定紫线控制范围，修复古村传统格局与风貌；建设富有乡村自然生态和岭南历史文化特色的乡村旅游景区（点）和旅游村(镇)，整合周边旅游资源，带动区域旅游业发展。

积极推进岭南特色乡村民居的建设。改变珠三角“城不像城、村不像村”、城乡特征趋同、个性缺乏的混乱面貌，结合自然环境、地域特点，发掘风土民情、民俗文化、建筑风格与建造方式，营造丰富、多元的乡村民居，提倡通过“迁村并点”和推广优秀设计，建设尺度、肌理、形态具有岭南风格的民居聚落。

四、机制创新和政策保障

（一）加大体制改革力度，落实各项行动的保障政策

1. 适度增强建设用地市场配置的灵活性，促进土地集约、建设集聚

优化城乡用地布局，建立建设用地流转的灵活机制。实施城乡建设用地增减挂钩制度。在用地指标分配和用地审批上实行倾斜政策，对重点发展的新城、生态工业园区、新社区、区域CBD，要通过置换等手段集中建设用地，对一般城镇适当紧缩供地数量或对其建设项目从严控制，避免盲目无序发展。

建立健全城乡统一的土地市场。积极推动集体建设用地使用权流转，在符合规划的前提下，努力使集体建设用地与国有土地享有平等权益，以此大力推动“城中村”改造，大力推动城市（镇）增长区的新城、新社区建设，大力推动农民住宅建设相对集中，提高土地利用效益。依法完善农村土地管理制度，加快农村集体土地所有权、宅基地使用权、集体建设用地使用权等确权登记颁证工作，工作经费纳入财政预算。

出台“三旧”改造的相关具体规定。按照《关于推进“三旧”改造促进节约集约用地的若干意见》的要求，进行土地权属清理。各市结合发展特点和实际需求，加快制定“三旧”改造的相关配套措施，保证“三旧”改造的顺利推进。

支持TOD开发模式。鼓励将轨道交通建设与土地利用开发紧密结合，一方面要严格执行土地招拍挂的公平交易政策，另一方面要大力加强轨道交通项目与沿线土地开发项目在规划、设计等阶段的统筹和结合，实现规划更优、客流更多、换乘更便、土地利用价值更高的积极效果，促进区域一体化、促进城乡融合、促进低碳发展。

2. 加强财政支持，保障各项规划、建设的资金需求

加大对区域生态环境建设的资金支持力度。按照国家的统一部署，强化资源有价和生态补偿意识，探索建立生态保护、流域水权交易、流域异地开发等区域生态补偿机制，解决开发地区与保护地区之间、受益地区与受损地区之间的利益补偿问题，并逐步将生态补偿纳入法制化轨道，提升各市保护区域绿地、改善区域生态环境的积极性。不断拓宽珠三角区域绿道网建设的资金渠道，并建立激励机制。各市政府应安排专项经费，保障绿道建设顺利推进并正常运营。

增加城乡规划和研究经费预算，保障城乡规划的制定和修编。地方政府要高度重视城乡规划编制和研究工作，适时开展城乡规划研究和编制工作，保障规划先行，为规划管理提供依据。

建立长效的低碳城市（镇）发展机制。各市政府要为企业提供完整的碳排放信息和稳定的减排支持环境。建立融资优惠等激励机制刺激和引导企业增加对低碳技术的研究和开发投入。通过现有的节能专项资金鼓励企业进行技术改造，推动低碳技术的发展。

3. 适度推动有利于促进城乡融合的行政区划调整

适当扩大发达地区城市政府的综合行政能力。对于经济发达、城镇密集地区的城市，适时撤销镇一级行政区划，设立街道办事处，以强化城市的统筹协调能力；同时，对个别经济实力较强的重点城镇，通过强镇扩权或扩权强镇等方式，赋予更多行政资源，促进经济社会进一步发展，发挥带动作用。

加快推进城市（镇）增长区行政管理体制的转型。城市（镇）增长区的乡镇管理机制必须及时转变为现代城市管理体制，提升城市化质量，以避免出现“城不像城、村不像村”的面貌，从而真正实现“三转型”——农村居民向城市居民转变、农村社区向城市社区管理体制转变、村庄形态向城市形态转变。

4. 引导人口有序流动，构建城乡一体化的制度平台

建立有利于加快乡村人口城镇化的户籍政策，引导城乡人口合理、有序的流动。加快立法进程，推动户籍制度改革纳入法制化轨道。制订促进农民工落户城市（镇）的政策措施，普及外来人员居住证制度，简化人才准入手续，放宽人才引进、技术引进、培训就业、子女就学、居留等方面的政策限制。

完善城乡统筹就业制度，逐步建立城乡统一、公平竞争的人力资源市场。引导农村富余劳动力在城乡、地区间有序流动；把人力资源市场信息网络、就业服务与培训工作向乡镇延伸，逐步建立城乡统一的人力资源市场管理服务信息系统和完善的就业管理与培训服务体制，为农村劳动力提供与城市（镇）劳动力同等的就业服务和就业援助。

建立健全社会保障制度，扩大城市（镇）职工养老、失业、医疗、工伤、生育保险制度的覆盖面。建立分类、分层次的外来人员社会保障体系。将在城市（镇）居住时间长、工作和收入稳定的外来人员和农村劳动力纳入城镇社会保障体系，并与农村集体土地使用权有偿流转制度相衔接，实现城乡之间社会保障体系的接轨。

（二）建立和完善协调机制，促进规划一体化

1. 强化区域城镇体系规划对城市（镇）规划的统筹、指导作用

按照“一级政府、一级事权”的原则，明确各级政府规划管理职责。充分发挥区域城镇体系规划的统筹、先导作用，进一步强化对具有重要生态、历史文化价值的资源，以及区域交通走廊和重要功能节点、策略发展区的规划控制和引导，并加强建设管理。

加强各市规划与区域城镇体系规划的对接。建立城市（镇）总体规划实施评估制度。城市（镇）总体规划编制前必须对上版规划的实施进行全面评估，并由上级政府对规划编制提出规划要点，确保上层次规划内容的落实。建立和完善“城乡规划实施年度计划”制度。按年度制订城市（镇）总体规划的实施计划，并按规划审批权限报上级政府和规划管理部门审核备案，确保上层次规划确定的重大行动得以有效推进。

加强珠三角城乡规划巡察力度。根据经省政府同意印发的《珠江三角洲城乡规划督察员巡察办法（试行）》的要求，向珠三角各地级以上市派出城乡规划督察员，通过定期和不定期的巡察，对珠三角各市城乡规划的编制、审批、实施管理等工作进行事前和事中的监督，及时发现、制止和查处违法违规行为，确保各地城乡规划符合上层次规划，促进珠三角城乡规划一体化发展。

2. 促进不同职能部门之间的规划协调

以国民经济和社会发展规划为依据，以国家和省主体功能区规划为基础，在市、县层面逐步推进国民经济和社会发展规划、土地利用规划和城乡规划的“三规合一”，尽快在规划编制体系、规划标准体系、规划法规体系等方面形成协调、对接机制。编制城乡总体规划，应当在功能定位、发展目标和发展战略、近期重点建设项目等方面与国民经济和社会发展规划相关内容充分协调一致，通过具体的空间管治措施细化功能分区规划的要求；城乡规划的建设用地规模，应当符合土地利用总体规划的要求，并具体安排各类建设用地的布局和使用强度。

促进城乡规划与各部门专项规划的协调。城乡总体规划的编制应当在统筹协调的基础上，充分吸纳有关专项规划的内容，并在空间上予以落实，同时提出具有可操作性的管制措施与政策建议，逐步走向“多规合一”。各有关部门在编制专项规划时，应依据城乡总体规划确定的用地布局，合理安排专项设施用地，避免“规划打架”。

尽快开展珠三角产业布局、基础设施、城乡规划、环境保护、公共服务五个一体化规划的协调工作，并在条件成熟时，按照《广东省珠三角城镇群协调发展规划实施条例》的要求，由省政府组织，各省直部门共同参与，编制综合性的珠三角城镇群规划，作为落实《规划纲要》的空间行动纲领。

3. 实现相邻城市之间的规划衔接

加快推进广佛肇、深莞惠和珠中江经济圈一体化规划编制工作，从发展规划、产业发展、环境生态、社会公共事务等领域实现对接，促进相邻城市之间的规划衔接。

遵循“平等协商，协调发展，互利互赢”的原则，相邻城市（镇）要在推进珠三角一体化建设的总体框架下，开展规划协商并大力推进编制联合规划。具有区域性影响项目的规划建设，如垃圾填埋场、污水处理厂、污染型项目等可能对相邻地区造成影响的，应当征求相邻地区的规划意见；各城市（镇）边界地区的开发建设，倡导开展城市（镇）之间双边或多边合作，共同组织开展规划编制或专题研究工作，从珠三角整体发展的角度考虑城际边界地区的资源配置。各相邻城市之间要积极借鉴广佛同城化城市规划的经验，本着“先近期后远期”、“先交界后纵深”的原则展开联合规划，先开展重大设施的衔接规划，再进行重点地区的整合规划，待条件成熟后全面开展一体化规划和建立规划建设协调机制。

4. 统筹城乡的规划一体化

重点推进市（县）域城乡总体规划的编制。确保城乡规划在城乡建设发展中的战略导向、统筹协调和空间资源配置作用得到充分发挥。将规划的范围从城市（镇）延伸到农村，统筹安排城乡的人民生活、产业发展和资源环境保护，统筹规划城乡的基础设施和公共服务设施和生态休闲设施等各项建设的布局，努力实现城乡规划的全覆盖、各类要素的全统筹、各类规划在空间上的全协调。

明确珠三角不同区位的村庄的规划重点。城市（镇）建成区范围内的“城中村”，应当根据控制性详细规划逐步实施改造。城市（镇）增长区的村庄，若处于规划建设用地红线范围内的，不再独立编制村庄规划，统一纳入控制性详细规划管理平台，加快编制控制性详细规划并按规划进行建设；不在红线内以及处于城市（镇）规划区范围外的村庄，应当按照市（县）级以上规划主管部门关于保护型村庄、发展型村庄、整治型村庄、搬迁型村庄的划分，分类进行规划编制和建设，一般应当严禁大规模开发，以避免建设的无序蔓延。村庄建设转型坚持“整体规划、区域平衡”，倡导集约用地，高度重视通过基础设施和公共设施的配套建设来提升人居环境质量。

（三）完善规划法规、标准，增强城乡规划的统筹能力

1. 完善城乡规划法规与指标体系

深入贯彻《广东省珠江三角洲城镇群规划实施条例》，抓紧完善实施《城乡规划法》的配套法规和技术标准，积极推进城乡规划建设管理的一体化。

以建设现代化城镇群为目标，制定珠三角城镇群区域公交走廊规划控制标准、公共设施建设标准、区域绿道建设标准、宜居社区标准、“三旧改造”指引、重点地区规划指引等一系列标准规范，指导各地进行规划、建设，提升区域整体建设质量和服务水平。

以城乡基本公共服务均等化为目标，研究制订基层公共服务中心规划建设标准，确保基层公共服务设施建设适应基层管理体制、满足群众实际需求、突出地方特色。

坚持可持续发展战略，以生态环境改善、资源可持续利用及城市（镇）环境品质提升为核心，加快制定低碳城市（镇）、生态乡村等一系列城乡规划指标体系，以及社会经济发展碳排放强度评价和标准，促进区域发展转型。

2. 构建规划信息平台

建立覆盖珠三角的城乡规划空间信息平台，并以该平台为基础，建设规划决策支持信息系统，为规划编制、实施、管理的科学性提供技术支持，促进区域规划协调衔接。同时，促进各相关部门的信息互通、资源共享，促进各类规划的“无缝衔接”。

充分利用规划信息平台。一方面为省各部门、各城市编制相关规划提供充分的、统一的空间信息，避免部门规划打架和相邻城市的规划冲突；另一方面通过该平台为国务院和省政

府审批、审核城乡总体规划、监控城市规划建设工作提供信息依据，确保省政府对城市发展的综合调控。

3. 推进试点和相关研究

以探索低碳发展模式为目标，选择有条件的城市（镇）或者社区，在绿色交通、绿色建筑、垃圾利用、资源再生等方面进行率先探索；以探索新型城镇化路径为目标，开展区域公交走廊沿线土地开发利用模式的研究，重点研究用地功能、开发容量控制、土地获取方式以及轨道与公交运营协调机制，探索 TOD 模式实现的路径；以城乡融合发展为目标，选取外围乡村地区，开展镇、村两级基层公共服务中心建设的试点工作。

（四）加强组织领导，强化实施评估考核

1. 健全规划互动机制

健全规划协调制度。完善省城乡规划委员会制度，构筑一体化规划管理机制；完善珠三角地级以上市规划局长联席会议制度。

大力推行规划信息公开制度。推动社会公众与城乡规划主管部门的互动。拓展多种公众参与渠道、实施阳光规划，实现公众参与覆盖规划编制的全过程，促进规划决策的科学性，公平、公正与公开；建立重大项目建设的市民监督、质询机制和专家监督机制，确保各项建设严格按规划进行。

2. 成立实施《珠江三角洲城乡规划一体化规划（2009~2020 年）》专责工作组

在省实施《规划纲要》领导小组的框架下，设立实施本规划专责工作组，专责工作组由分管副省长任组长，珠三角九市分管副市长、省相关部门负责同志参加。专责工作组办公室设在省城乡规划行政主管部门，由其主要负责同志任办公室主任。专责工作组负责统一指导、协调、监督珠三角，特别是广州市，各类重要空间规划的制定和实施，重点强化其规划调解和规划监督职能；研究制定本规划实施的阶段目标及量化指标体系，分解落实到相关部门和各地级以上市，并进行评价和绩效考核；对凡涉及区域战略资源和不可再生资源利用的规划，进行必要的协调。专责工作组还可承担"'大广州'乃至沿珠江两岸规划建设和管理委员会"的职能，并根据珠三角一体化发展需要，承担其他跨行政界线区域规划协调。

3. 加强规划实施动态监管

建立本规划实施的动态监测和评估考核制度，重点考核各市对于区域公交走廊规划控制，交通枢纽、区域 CBD 地区和新城的规划编制，区域绿地控制和区域绿道建设，以及城乡人居环境改善等方面内容，把主要任务和目标纳入各市实施《规划纲要》和建设宜居城乡绩效考核。考核情况要进行排序并向社会公布。

五、近期重点项目

规划近期，至 2012 年，实施的重点项目包括法规、相关规划和技术标准的制订（表 5）以及重点工程建设（表 6）等两个方面。

表5 法规、相关规划和技术标准项目

名　称	负责单位	完成年限
法规制订		
1. 完善实施《城乡规划法》的配套法规	省法制部门	根据省人大的安排确定
2. 珠三角区域绿道规划建设管理办法	省城乡规划主管部门	2011
相关规划编制		
3. 广佛同城化规划	广州、佛山市政府	2010
4. 广佛肇都市区一体化规划	广州、佛山、肇庆政府	2010
5. 珠中江城市空间协调发展规划	珠海、中山、江门市政府	2010
6. 深莞惠城镇群协调发展规划	深圳、东莞、惠州市政府	2011
7. 环珠江口宜居湾区建设重点行动计划	粤港澳联合编制	2011
8. 区域公交廊道控制规划	相关城市政府	2011
9. 区域公交枢纽、区域 CBD、新城规划及控制性详细规划	相关城市政府	2011
10. 城市（镇）公共空间系统化建设规划	各市城市（镇）政府	2012
11. “三旧”改造规划	各市城市政府	2010
12. “城中村”改造规划	各市城市政府	2010
技术标准制订		
13. 建立“三规合一”的城乡规划技术平台	省城乡规划主管部门	2012
14. TOD 开发指引	省城乡规划、发改主管部门	2010
15. 区域绿道规划设计技术指引	省城乡规划主管部门	2010
16. 低碳发展指标体系	省有关部门	2011
17. 宜居城市（镇）、村庄、社区指标体系	省城乡规划主管部门	2010

表6 重点建设工程项目

名　称	负责单位	起止年限	总投资估算（万元）
1号西岸山海休闲绿道	肇庆、佛山、广州、中山、珠海市政府	2010-2012	46500
2号东岸山海休闲绿道	广州、东莞、深圳、惠州市政府	2010-2012	72000
3号东西岸文化休闲绿道	江门、佛山、广州、东莞、惠州市政府	2010-2012	55500
4号西岸都市休闲绿道	广州、佛山、中山、珠海市政府	2010-2012	33000
5号东岸都市休闲绿道	惠州、东莞、深圳市政府	2010-2012	18000
6号西岸滨水休闲绿道	肇庆、佛山、江门市政府	2010-2012	31500
风貌特色街区整饰和建设工程	各市政府、珠三角各中心镇政府	2010-2012	—
区域空间信息平台及规划决策支撑信息系统	省有关部门	2010-2012 2010-2012	1945

珠江三角洲产业布局一体化规划（2009~2020年）

前言

当前，经济全球化和区域一体化深入发展，国际金融危机引发世界经济结构和格局的重大调整。珠江三角洲地区（以下简称珠三角）正处于产业结构转型升级和经济发展方式转变的关键时期，经济进一步发展既面临产业集中在价值链低端、资源要素配置效率不高、整体竞争力不强等现实问题，也面临内生动力显著增强、自主发展能力明显提高的有利条件，以及消费结构加快升级、国际产业和技术转移不断推进、世界新一轮技术和产业革命等历史性机遇。加快推进珠三角产业布局一体化，既是珠三角优势互补、凝聚合力、率先转型、增创新优势，更好地参与国际竞争与合作的现实需要和必然选择，也是进一步发挥珠三角对全省经济发展的先行示范和辐射带动作用，加快我省经济特别是产业结构战略性调整和发展方式转变、争当实践科学发展观排头兵的战略举措。

根据国务院批准的《珠江三角洲地区改革发展规划纲要（2008~2020年）》，以下简称《规划纲要》），未来一段时期，珠三角产业发展的定位是：坚持高端发展的战略取向，建设自主创新高地，打造若干规模和水平居世界前列的先进制造产业基地，培育一批具有国际竞争力的世界级企业和品牌，发展与香港国际金融中心相配套的现代服务业体系，建设与港澳地区错位发展的国际航运、物流、贸易、会展、旅游和创新中心。《规划纲要》要求，当前及未来一段时期，珠三角要促进信息化与工业化相融合，优先发展现代服务业，加快发展先进制造业，大力发展高技术产业，改造提升优势传统产业，积极发展现代农业，建设现代服务业和先进制造业双轮驱动的主体产业群，率先形成产业结构高级化、产业发展集聚化、产业竞争力高端化的现代产业体系。

省委省政府《关于加快建设现代产业体系的决定》（粤发〔2008〕7号）明确提出了建设“珠三角现代产业核心区”的构想，要求珠三角各市按照区域经济一体化的战略要求，统筹区域内产业发展规划、定位和重点，错位发展、优势互补，把珠三角建设成为核心竞争力强、高端产业集聚、三次产业协调发展，带动全省、辐射华南的现代产业示范区。

按照《规划纲要》要求和省委省政府战略部署，从广东经济社会发展战略全局出发，制定和实施《珠江三角洲产业布局一体化规划（2009~2020年）》（以下简称《规划》）。本

本规划业经广东省人民政府同意，由省人民政府办公厅于2010年7月30日印发。本规划中的附图1~3（珠三角产业总体布局图、珠三角三大经济圈产业定位示意图、珠三角各市产业定位示意图）未录入——编者注

《规划》范围以广州、深圳、珠海、佛山、东莞、中山、惠州、江门和肇庆9市为主体，辐射环珠三角，并将与港澳紧密合作的相关内容纳入规划，规划期至2020年。本《规划》制定的依据主要是《规划纲要》、中共广东省委、广东省人民政府《关于贯彻实施〈珠江三角洲地区改革发展规划纲要（2008~2020年）〉的决定》（粤发〔2009〕10号）及《关于加快建设现代产业体系的决定》、广东省人民政府办公厅《关于加快推进珠江三角洲区域经济一体化的指导意见》（粤府办〔2009〕38号）等。

一、珠三角产业发展环境与现状

（一）国际环境

国际金融危机促使西方发达国家更加注重经济平衡增长模式，使出口导向型国家稳定出口难度明显加大。西方发达国家反思过度“虚拟化”的发展模式，出现了“再工业化”和重归实体经济的发展趋势。能源、气候和环境问题日益成为国际政治经济博弈新焦点，西方发达国家纷纷作出跨越国际金融危机的先导性战略安排，大力开发节能环保和清洁能源技术，在率先推进信息技术革命和发展知识经济后，又掀起了发展绿色能源科技与低碳经济的浪潮。跨国公司开始在全球范围内重新筹划其研发、投资、贸易、生产、服务、融资、人才等经济活动，国际产业和技术转移出现新变化。产业融合化、服务业知识化、制造业服务化发展步伐不断加快，国际产业结构正发生深刻变化。

这些变化，必将对珠三角参与全球竞争和世界产业分工产生重大影响。珠三角要实现在全球产业价值链中的地位提升，就必须要顺应时代发展趋势，改变过去主要靠拼资源拼环境的发展老路，加强自主创新，加快经济结构调整，优化区域产业布局，转变经济发展方式，提升经济的创造力和竞争力，努力实现全面协调可持续发展。

（二）国内环境

改革开放30多年，我国整体经济及区域经济发生了巨大变化，形成了全方位、多层次的对外开放格局。近年来特别是国际金融危机爆发以来，为促进经济平稳较快发展，国家更加注重提高经济增长质量和效益，更加注重推动经济发展方式转变和经济结构调整，更加注重推进改革开放和自主创新、增强经济增长活力和动力，更加注重扩大内需、促进经济增长由主要依靠外需拉动向内外需协调拉动转变。

与此同时，国家把区域经济发展提升到前所未有的战略高度，相继批准了一系列区域发展战略规划，从长三角、珠三角、环渤海地区，到北部湾经济区、海峡西岸经济区，再到黄河三角洲地区，我国正逐步形成新的区域经济版图，呈现百舸争流的区域竞争新局面。不进则退，慢进也退。珠三角要进一步创新发展思路，争当科学发展的排头兵，有赖于产业的转型升级和产业布局一体化的加速推进，以聚集区域内力，为经济发展提供持久的强大动力。

（三）产业布局现状及存在的主要问题

过去三十年，珠三角坚持改革开放，快速实现了以工业化为主体的经济腾飞，成为全球重要的制造业基地之一。近年来，珠三角加大经济结构战略性调整力度，正逐步改变长期以来以低附加值、劳动密集型加工贸易为主的产业结构，高技术产业、先进制造业发展水平明显提高，现代服务业、现代农业加快发展，三次产业协调发展不断取得新进展。产业集群逐步发展壮大，产业链不断延伸，产业配套体系逐渐完善，以特色产业为基础的产业集群发展模式已成为推动珠三角乃至广东区域经济发展的重要力量。

目前，珠三角制造业总体上呈现出“两走廊、多基地”的发展格局，形成了珠江口东岸的电子信息产业和珠江口西岸的优势传统产业走廊，以及各具特色的装备、汽车、石化、船舶制造等产业基地，广州、深圳、佛山和东莞四市制造业产值占珠三角的80%.服务业总体呈现以广州、深圳为核心，多点集聚发展态势，两个核心城市服务业产值占珠三角的60%.现代农业总体呈现非均衡分布状态，广州、肇庆、佛山、江门、惠州等地农业产值占珠三角的85%以上。三次产业之间、行业之间、企业之间产业关联度日益提高，分工协作体系初步形成。城市之间竞合关系逐步确立，初步形成了广佛肇、深莞惠、珠中江三大经济圈。

但是，由于缺乏统筹规划，目前，珠三角产业的结构性矛盾日渐凸显：一是各自为战的经济发展格局没有根本性改变，以行政区划为特征的经济形态有待进一步打破，争资源抢项目现象仍大量存在，要素配置效率不高，资源浪费比较严重。二是产业布局比较分散，经济集聚效应不明显；现代服务业发展相对滞后，产业协同效应不强，整体竞争力不高。三是产业集中在价值链低端，结构趋同，同质化竞争比较激烈。四是自主创新支撑和引领发展能力不强，技术和市场对外依存度过高。五是污染比较严重，环境约束明显，可持续发展能力受到挑战。总体上，珠三角仍面临着由行政区划经济向基于产业分工协作的区域经济转变的艰巨任务。

二、总体思路与目标

推进珠三角产业布局一体化，遵循产业发展规律，强化市场导向功能，打破行政体制机制障碍，整合资源、集约发展，构建特色突出、错位发展，分工协作、互补互促，空间集聚、布局优化的产业发展新格局，实现资源要素配置效率最大化，提高珠三角区域整体竞争力。

（一）指导思想

以科学发展观为指导，坚持统筹规划、市场主导，政府推动、高端发展，引导增量、优化存量，促进资源向优势地区和重点产业集聚，以现代服务业、战略性新兴产业和高技术产业为引领，以先进制造业、优势传统产业及现代农业为基础，形成空间集聚、产业集群、功能集成、高度协作、合理高效的产业一体化空间布局，把珠三角建设成为全球最具核心竞争力的大都市圈之一，成为全国经济发展的强大引擎，成为带动粤东西北和泛珠三角地区经济发展的龙头。

（二）基本原则

重点带动原则。坚持以“点”带“面”，明确核心城市和三大经济圈产业发展定位，突出抓好核心城市和区域重点产业发展，形成核心突出、支撑力强、辐射面广的区域产业发展格局，促进区域产业加快发展。

融合发展原则。坚持资源整合与开放共享，加强产业横向错位融合、纵向分工协作，加快制造业与服务业、信息化和工业化、农业与非农产业相融合，推进珠三角与港澳地区产业相融合，实现区域产业协同发展和竞争力明显提升。

统筹兼顾原则。坚持局部利益服从整体利益、短期利益服从长远利益，统筹协调城市与城市、存量与增量、供给与需求、珠三角与粤东西北、产业发展与环境保护之间的关系，推进区域产业全面协调可持续发展。

体制创新原则。坚持体制机制创新，打破现有利益格局，建立利益协调和保障机制，破除行政和市场壁垒，构建统一开放、竞争有序、充满活力的市场环境，为产业布局一体化提供制度保障。

（三）主要目标

——优势产业集聚：优势产业跨行政区划空间集聚，自主创新能力显著提升，培育出一大批具有较强国际竞争力的跨国企业和优势产业集群。到 2012 年，服务业增加值占 GDP 的比重达 53%，高技术制造业增加值占工业增加值的比重达 27%；到 2015 年，以上两个比重分别达到 55%以上和 28%以上；到 2020 年，以上两个比重分别提高到 60%以上和 30%以上，战略性新兴产业成为珠三角乃至全省重要的主导产业。

——产业分工合理：形成基于产业链的专业化分工和产业化协作体系，围绕大企业、大项目的上下游配套能力显著增强，经济运行质量和效益明显提升。

——区域布局协调：形成各市、各经济圈之间产业整体融合、错位关联、互补互促、合理竞争、共生共荣的产业空间布局，区域产业发展的协调性显著增强。

——资源配置高效：市场配置资源的基础性作用充分发挥，资源要素实现无障碍流动，配置效率明显提升。到 2012 年，工业全员劳动生产率达到 55 万元 / 人，单位建设用地面积的 GDP 产出达到 4.75 亿元 / 平方公里；到 2015 年，工业全员劳动生产率达到 65 万元 / 人，单位建设用地面积的 GDP 产出达到 5.6 亿元 / 平方公里；到 2020 年，工业全员劳动生产率提高到 100 万元 / 人，单位建设用地面积的 GDP 产出提高到 6.6 亿元 / 平方公里。

——竞争力显著提升：产业自主发展能力显著增强，在国际产业分工体系中的地位明显提升，确立以自主创新为依托的产业竞争新优势，实现从“参与全球分工”到“整合全球资源”的转变。

——生态环境优化：能耗水平显著下降，污染排放得到有效控制，生态环境明显改善。到 2012 年，万元 GDP 能耗下降为 0.63 吨标准煤；到 2015 年，万元 GDP 能耗下降到 0.6 吨标准煤以下；到 2020 年，万元 GDP 能耗下降到 0.57 吨标准煤以下。区域产业持续发展能力明显增强。具体见附表一。

三、产业发展重点

坚持高端发展的战略取向，优先发展以生产性服务业为主体的现代服务业，加快发展先进制造业，大力发展战略性新兴产业和高技术产业，改造提升优势传统产业，积极发展现代农业等 5 大领域 30 个重点产业，构建布局一体化的珠三角地区“530”产业体系。具体见附表二。

（一）现代服务业

以知识化和高端化为取向，全面实施《粤港合作框架协议》，加强合作和引进，引导现代服务业向中心城市集聚，大力发展金融服务、信息服务、专业服务、教育服务、会展服务、流通服务、外包服务、旅游服务及文化创意等产业，加快总部经济发展，推进商业模式创新，把珠三角建设成为国际航运、物流、信息、贸易、会展、旅游和创新中心，成为具有较强国际竞争力的世界高端服务业基地。

1. 金融服务。加快建设现代金融市场体系，积极发展利用多层次资本市场，探索推进离岸金融市场建设，推进文化产权交易、远期商品交易、碳排放权交易等金融要素市场建设。建立多样化、比较完善的金融组织体系，建立省属金融控股公司，继续深化农村信用社改革，大力发展村镇银行、小额贷款公司、融资租赁公司、汽车金融公司、企业财务公司、消费金融公司、专业保险公司等地方金融机构（组织），推动各类股权（产业）投资、创业投资基金的发展。大力发展现代金融后援服务产业和金融信息服务业。积极开展金融业务创新，探索金融企业综合经营，拓宽企业直接融资渠道，深化外汇管理体制改革，积极开展科技金融创新，大力发展私人银行、消费金融业务。深化粤港澳金融合作，推进深交所和港交所的互联互通，探索粤港合作开展商品期货市场交易，稳健创新三地人民币业务，继续降低港澳资金融机构进入广东门槛，探索推动金融从业人员资格互认工作和加强人才交流。

2. 信息服务。优化提升信息传输服务产业，重点发展新一代无线移动通信、宽带无线接入、近距离无线互联及物联网关键技术，推进基础通信网、应用网和射频感应网的融合，先行发展下一代互联网；促进影视娱乐和交互性多媒体等数字内容服务业发展，建设基础数据库、数据资源服务中心和网络数据中心，发展信息资源增值服务业；推进电信网、互联网与广电网“三网融合”，加快发展电子商务、移动商务；扩大软件网络化服务，发展“云计算”服务，构建自主可控的信息技术体系和新兴信息网络系统，引领新一代网络经济发展。

3. 专业服务。突出发展科技服务业，重点培育节能环保、科技咨询、技术贸易、知识产权、科技孵化、科技风险投资等科技服务业。加快发展针对企业和个人的管理、法律、会计、审计、税务、评估、咨询、广告、知识产权、就业和劳务、公共关系、经纪代理等方面的专业服务业。扶持一批立足本地、辐射全国、具有国际竞争力的人力资源服务机构，促进人力资源合理流动和高效配置。

4. 教育服务。重点推进现代职业教育体系建设，大力发展职业技术教育（含技工教育），高起点举办一批面向全省招生的职业院校和技工学校，努力建成全省职业技术教育的核心地带和南方重要职业教育基地，积极开展技能培养培训和技能鉴定，培养高素质的应用型技能人才和高技能人才。积极推进粤港澳教育服务合作，促进珠三角教育服务与国际接轨。

5. 会展服务。以国际化为导向，重点发展若干具有国际影响力的大型会展，打造国际会展品牌。以专业化为导向，依托优势产业，鼓励发展一批具有区域影响力的专业会展。重点扶持电子、通信设备、家电、陶瓷建材、珠宝、家具、服装、家用纺织品、花卉等专业会展品牌。以促进投资贸易为导向，依托地方特色产业集群，积极发展一批地方会展，培育区域品牌。大力发展为会展业提供专门服务和配套的专业服务业。

6. 流通服务。积极推进物流服务专业化、社会化，大力发展第三方物流；打造一批现代化物流园区和物流枢纽，发展各类物流和配送分拨中心，着力发展国际采购、国际中转、国际分拨及国际配送业务。推进市场组织、经营方式和管理创新，依托产业集群加快发展一批大型中高级专业批发市场；鼓励和规范发展大宗商品网上交易，加快形成大宗商品“广东价格”。大力发展连锁经营，推动流通企业规模化、网络化、品牌化发展，推进商业模式和业态创新，打造一批具有国际竞争力的大型流通企业集团；积极发展促进就业、改善民生的餐饮等流通服务业，大力提升小城镇流通服务业水平，完善社区和农村流通网络。

7. 外包服务。提升企业接包能力和质量，建立基于信息技术和网络的服务外包体系。积极发展软件开发、软件测试、应用管理、设备托管、技术培训、信息安全等信息技术外包（ITO）和研发设计、金融结算、财务处理、跨国采购、客户服务、呼叫中心、人力资源管理等商务流程外包（BPO）业务，以发展高附加值的服务外包为重点，大力发展离岸服务外包市场，打造离岸外包交易中心。

8. 旅游服务。建设全国旅游综合改革示范区，构建区域旅游公共信息平台，整合区域旅游资源，完善区域旅游接待服务设施，促进粤港澳旅游服务融合，重点发展都市旅游、商务会展旅游，把珠三角打造成为国际重要的都市旅游和商务休闲目的地、重要的国际游客集散中心。鼓励大力发展现代工业旅游、生态农业旅游和医疗保健旅游等。

9. 文化创意。加快发展文化创意产业，大力培育一批创意产业集群，建设珠三角国家级文化创意产业基地。重点发展工业设计、时尚设计、建筑与规划设计、动漫游戏开发、新闻出版创意、广播电影电视及音像制作、广告与咨询策划、文艺创作与表演等。深化粤港澳文化创意产业合作，以深圳文博会、港澳文化创意会展和动漫博览会（东莞）为推广平台，共同打造“亚洲创意中心”品牌。

（二）先进制造业

做强做大以装备制造业和大石化、精品钢铁为主体的先进制造业，重点发展交通及海洋装备、通信设备、电力设备、通用和专用设备、石油化工、钢铁等产业，将珠三角打造成为世界级重大成套和技术装备制造产业基地。

10. 交通及海洋装备制造。以低排放和创建自主品牌为导向，发展以汽车为主的整车及零配件行业。突破汽车节能、车用发动机、变速器、汽车电子控制集成等关键技术，培育具有国际竞争力的大型企业集团，加快自主品牌汽车研发和产业化。积极发展船舶制造及大功率中低速柴油机、海洋工程装备、港口物流机械等制造业，延伸产业链，发展大型铸锻件等配套产业，支持发展游艇制造及零配件产业。通过大型企业的引入及本土企业的培育，发展轨道交通运输设备制造业。

11. 通信设备制造。以智能化、集成化为导向，重点发展新一代宽带无线移动通信设备、全球卫星导航设备，以及北斗星系统、智能交换系统、通信核心网系统、综合接入系统、智能终端等，强化国家通信设备制造业中心地位，建成在全球具有核心竞争力的国际通信产业基地，重点打造新一代宽带无线移动通信产业基地和数字集群通信产业基地。

12. 电力设备制造。以成套化、智能化为导向，发展核电、风电和光伏发电、输变电和配电设备制造，包括110kv以上电压的各类输变配电开关设备及线缆、汽车用电机、控制用步进电机、稀土永磁电机、无刷直流微电机及智能化电机、电力电子与变频器，具有自主知识产权的100万千瓦核电及配套装备、核岛主设备，风电成套设备中的风力发电机、兆瓦级以上变桨、变数风力发电机组、直驱永磁风力发电机组。

13.通用和专用设备制造。以工作母机为主体，数字化、自动化为导向，重点发展数控机床及系统、锻压及成形设备、激光加工设备、农机装备、货币自助设备、楼宇及起重设备、医疗器械等，以及依托传统产业优势发展升级一批专用制造设备。数控机床及系统重点发展具有世界技术水平的高档数控机床、数控系统和功能部件。重型装备重点发展石油化工专用设备、大型施工设备、铸造与压铸设备。电子机械重点发展精密封装、组装、检测和片式器件生产设备，集成电路封装测试关键设备。农机装备重点发展半喂入稻麦联合收割机、智能甘蔗联合收割机、高速插秧机等。提升模具和精密机械组件的制造能力，重点发展与汽车产业配套的大型模具，以及气动、液动、电动等精密组件和关键部件，提升整体装备制造水平。

14.石油化工。以园区化、规模化、集约化为导向，依托炼油和乙烯炼化一体化龙头项目，大力发展精细化工等石化中下游产业，延伸产业链。重点发展乙烯、丙烯、丁二烯、芳烃等基本有机原料及中间体，合成树脂、合成橡胶和新型合成材料，聚碳酸酯（PC）、尼龙（PA）、聚甲醛（POM）等工程塑料，电子化学品、化工新材料、添加剂、助剂、粘合剂及高档专用涂料等精细化工产品，以及子午线轮胎、汽车制造业专用橡胶制品。积极勘探开采海洋油气资源。打造世界先进水平的特大型石油化工产业基地。

15.钢铁。以精品化发展为导向，延伸产业链，重点发展不锈钢板、汽车板、彩板、镀涂板以及特种制管等钢材后加工。加大研发、设计和应用力度，促进钢铁产业与装备制造、造船、石化、汽车、家电、金属制品等下游产业协同发展。加快钢铁现代物流体系建设，打造辐射全国、国际一流的钢铁交易平台。

（三）战略性新兴产业与高技术产业

坚持科学技术引领，提升自主创新能力，抢占国际产业发展制高点，重点发展电子信息、新能源、新材料、生物医药、海洋、航空等战略性新兴产业与高技术产业，重点打造若干个具有较强国际竞争力的大型跨国企业集团，培育形成一批先导性鲜明的战略性新兴产业集群，建成亚太地区和全球重要的高技术产业聚集区。

16.电子信息。以创建自主品牌和掌握自主可控技术为导向，重点突破平板显示技术瓶颈，在OLED主动矩阵有机发光二极管器件、有机材料、显示部件配套、驱动电路等领域突破关键技术，发展中大尺寸OLED面板、LED背光控制模块。围绕建设高世代液晶面板项目，推动原材料、驱动电路、玻璃基板、彩色滤光片及专用装备等上下游配套产业发展。加强集成电路关键技术研发，提升自主可控的集成电路专用芯片设计和制造能力，逐步形成设计、制造、封装、测试等完整的集成电路产业链。发展高性能计算机及外设，着力培育自主品牌计算机产品。加快发展新型电子元器件，促进电子信息产品升级换代。提升创新能力，发展卫星导航产业。以基础软件、信息安全软件、行业应用工业软件和嵌入式软件为重点，做大做强软件产业。大力发展数字家庭等产业，发挥网络升级和内容创新带动作用，加快视听产业数字化转型和3C融合产品的发展。

17. 新能源。推进以电动汽车为主的新能源汽车研发与制造，鼓励电动汽车新能源装备和配套设备的制造，重点发展纯电动汽车、双模电动汽车整车和车用动力电池，着力突破电动汽车电机、电控、电池三大核心技术。发展商用太阳能光伏发电并网电站和小型家用电站。着力发展薄膜太阳能光伏领域的材料、装备、电池制造，以及光伏逆变器、控制器等太阳能电站辅助设备和关键部件，大力发展节能建筑材料及光伏建筑组件、屋顶光伏电源系统。发展LED和OLED新光源技术，重点发展LED生产装备、中高端封装产品及芯片、外延片、LED照明应用等。大力发展环保技术与装备，推广节能降耗、循环经济、清洁生产和资源综合利用技术。加快发展核能、风能等清洁能源。推进非粮生物燃料技术研发和产业化。

18. 新材料。加快新型电子材料、特种功能材料、环境友好材料和高性能结构材料研发，重点发展OLED材料、电子纸材料，半导体照明芯片、封装和散热材料，半导体光伏材料，光通信材料，信息存储材料，精细化工与高分子材料，功能性高分子材料，高性能金属材料，非晶合金材料，高性能陶瓷材料，新型建筑材料，稀土新材料，纳米材料，碳纤维材料，先进电池材料和能量转换与储能材料等。

19. 生物医药。加强干细胞、转基因、生物信息等关键技术和重要产品研制，大力发展生物医学、生物育种等产业。重点发展高科技基因诊断、医学影像诊断、放射治疗等医疗器械以及诊断试剂产业，大力发展核磁共振（MRI）、正中子断层照相（PET）、肿瘤放射治疗装置等以核技术为基础的大型诊断医疗设备；研究开发治疗用重组细胞因子为主的基因工程多肽等基因药物；发展创新药物、头孢类等系列产品、重要药品新制剂等；发展海洋生物制药，提取开发抗病毒、抗癌、抗衰、抗心血管疾病等新药产品。大力推进中药现代化，改善和提升中药研发和生产工艺水平，加快新药开发和名优品种二次开发，打造优质中药材品牌和“大广药”品牌。依托大型中药企业集团，加快中药产业基地建设，引导产业集聚发展，提升中药产业整体水平。

20. 海洋产业。坚持以高技术海洋产业为发展方向，重点发展海洋生物、海洋资源综合利用。推进海洋微生物资源的研究开发，加强医用海洋动植物的养殖和栽培，积极开发农用海洋生物制品、工业海洋生物制品和海洋保健品。推进海水淡化和直接利用，建设较大规模的海水淡化和海水直接利用产业化示范工程。加强海洋化工系列产品的开发和精深加工技术的研究，推进产品综合利用和技术革新，拓宽应用领域。积极培育海洋环保、海洋新能源等海洋新兴产业。

21. 航空产业。以发展公务机、水陆两用机、轻型涡桨飞机及大中型地效飞行器等航空制造业为主导，关联产业制造为延伸，航空服务为支撑，重点发展飞机总装、飞机部装、飞机零部件生产、发动机总装及零部件生产、飞机附件生产、机载设备制造、航空材料制造、航空维修、航空服务和航空物流等项目。加强航空关键技术研发，推进微小卫星应用的产业化，促进遥感遥测产业发展，积极引进无人机项目。

（四）优势传统产业

坚持名牌带动、以质取胜，重点发展家用电器、纺织家居、食品饮料、建筑材料、金属制品、造纸等行业，加强技术改造，加快信息技术和先进适用技术的推广应用，打造一批知名品牌龙头企业，提高产品技术含量、附加值和国际竞争力。

22. 家用电器。以数字化、智能化、绿色化为导向，整合国内外智力和技术资源，提高自主创新能力，突破核心技术和关键共性技术，强化工业设计，多元化开拓国际市场，培育世界级品牌，促进产业从跟随发展向引领发展转变。重点发展智能网络和3C融合家电产品，智能和节能环保型空调、电冰箱、洗衣机、微波炉、热水器以及新型小家电，打造全球家电设计中心、制造中心和营销中心。

23. 纺织家具。以高档化、品牌化、国际化为导向，开发高科技高附加值的高档面料、新型功能纤维、产业用纺织品和家纺产品；强化产品设计和市场推广，鼓励品牌创建，发展个性化、时尚化、艺术化及功能型服装产品。开发绿色环保家具，高档时尚家具、办公家具、特殊功能家具以及多功能、高附加值的家居新产品、家纺饰品、工艺装饰品等。

24. 食品饮料。以品质和标准为导向，重点发展特色食品、功能保健品、酒类、茶饮料、功能饮料、瓶装饮用水、运动饮料、方便食品、特色食品添加剂及食品配料，积极开发有机食品、绿色食品、无公害食品和地方特色食品，促进传统食品工艺现代化，推进岭南饮食品牌国际化。

25. 建筑材料。以优质高效低耗为导向，重点发展研发、设计、营销等高端环节，促进产业转型升级。大力发展高端建筑陶瓷、智能节水卫生陶瓷、日用陶瓷、艺术陶瓷、特种陶瓷、新型涂料，优质浮法玻璃、智能玻璃、信息工业玻璃、汽车玻璃等产品，以及各种功能性新型建材、装饰装修材料，打造世界建材研发生产基地和品牌聚集中心。

26. 金属制品。以高附加值为导向，大力开发精深加工生产技术，积极采用新技术、新工艺、新材料、新设备，实现产品创新和过程创新。重点发展大型工业铝型材、轨道交通用高性能金属材料和铝复合材料、受力构架铝材等高附加值产品，高精度铜板带材、铜合金、铝镁合金及新型日用五金制品，强化金属制品中心的地位。

27. 造纸。以资源节约和环境友好为导向，加强技术改造，推动节能减排，重点发展中高档文化用纸、纸板、高档生活用纸、包装用纸、新闻纸和轻涂纸，开发高技术含量、高附加值的特种纸。

（五）现代农业

按照高产、优质、高效、生态、安全的要求，优化产业结构，重点发展蔬菜和优质稻、畜禽和水产，以及花卉园艺和观光休闲农业，建立具有岭南特色的都市型、外向型现代农业产业体系。

28. 蔬菜和优质稻产业。加强优质蔬菜良种选育及推广，重点发展无公害绿色产品，推行无公害标准化栽培技术。以产业化理念推进水稻生产能力建设和粮食产业发展，实施优质稻产业工程，积极发展粮食生产到精深加工的现代粮食产业。

29. 畜禽和水产业。推广标准化养殖技术，重点发展瘦肉型猪、优质奶牛、优质家禽等现代畜牧业。引进和培育优质水产养殖品种，优化养殖品种结构，提高综合效益，积极推广应用养殖新技术，提高海水和淡水养殖水平。推进生产基地规范化、规模化建设，发展产品深加工。

30. 花卉园艺和观光休闲农业。应用现代生产技术，优化品种结构，重点开发和推广园林绿化苗木和名贵花卉品种，发展高档木本切花、鲜切花和盆栽花卉。促进特色农业和旅游业的结合，大力发展体验式休闲农业和城郊观光型农业。

四、产业空间布局

（一）总体空间布局

珠三角产业布局，按照“引导增量、优化存量”的思路，培育发展新兴产业，优化提升现有产业，整合优势产业，打造珠江口东岸的知识密集型产业带、珠江口西岸的技术密集型产业带、珠三角沿海的生态环保型重化产业带，形成“A”字形产业总体空间布局。

东岸知识密集型产业带：广州东部和中部—东莞—深圳等东岸地区，重点布局发展金融、物流、会展、信息服务、专业服务、文化创意等现代服务业，以及电子信息、新能源、新材料、生物医药等战略性新兴产业和高技术产业，形成服务化、高端化的知识密集型产业带。

西岸技术密集型产业带：广州北部和南部—佛山—中山—珠海等西岸地区，重点布局发展汽车、轨道交通、船舶及海洋工程装备、核电、风电、光伏发电及输变电设备、通用专用机械、航空等装备制造业和家电、金属制品、纺织建材等优势传统产业，以及外包服务、教育服务、物流等现代服务业，形成自主化、集成化的技术密集型产业带。肇庆作为西岸腹地，重点要延伸沿岸产业链，成为重要的配套产业基地。

沿海生态环保型重化产业带：惠州—深圳—珠海—江门等珠三角沿海地区，重点布局发展石油化工、精品钢铁、海洋工程装备、海洋生物医药、油气勘探开采等先进制造业，以及商务休闲、文化创意、教育培训等现代服务业，形成规模化、集约化的临港产业带。适当布局发展现代农业。

强化广佛肇、深莞惠、珠中江三大经济圈产业的优势互补与合理布局。广佛肇经济圈以广州为中心，重点布局发展现代服务业和以装备制造业为核心的先进制造业；深莞惠经济圈以深圳为中心，重点布局发展现代服务业和以战略性新兴产业为核心的先进制造业；珠中江经济圈以珠海为中心，重点布局发展以重大成套装备为核心的先进制造业，依托优势布局发展战略性新兴产业，配套发展现代服务业。三大经济圈适度布局发展现代农业。

发挥中心城市在资源整合、产业集聚和功能提升中的核心作用。广州依托国家经济中心城市、综合性门户城市和区域文化教育中心的优势，着力打造国际产业服务中心；深圳依托经济特区、全国经济中心城市和国家创新型城市的优势，着力打造国际产业创新中心；珠海依托经济特区和科学发展示范市的优势，着力打造国际重大装备制造业中心；佛山、东莞依托制造业发展优势，着力打造国际产业制造中心；惠州依托大石化优势，着力打造世界级石化产业基地；中山、江门依托特色产业发展优势，着力打造国家级先进制造业基地；肇庆依托区位优势和国土资源优势，着力打造传统产业转型升级集聚区和重大装备制造配套基地。

（二）重点产业布局

1. 现代服务业布局。

加强与港澳台及国际合作，充分发挥广州、深圳两个中心城市的要素集聚和辐射效应，以广州中新知识城、南沙，深圳前海、河套地区，珠海横琴新区等主要园区为载体，积极构建现代服务业核心集聚区和对外辐射功能区，尽快形成以广州、深圳为核心，以多基地为支撑，辐射全省的现代服务业发展总体布局。

(1) 金融服务。以广州、深圳两个区域金融中心为主体，以佛山、东莞和珠海等城市为节点，整合金融资源，着力建设珠三角金融改革创新综合实验区，形成“两中心、三节点”的总体空间布局。

广州大力发展金融总部经济，引导金融机构集聚发展，重点建设珠江新城金融商务区、广州金融创新服务区等金融核心功能区。深圳重点建设多层次资本市场，积极规划建设南山深圳湾金融商务区，完善蔡屋围、福田、南山金融中心和平湖金融产业基地等重要金融功能区；同时，加快与香港金融业深度对接，在前海、河套地区建设深港金融创新服务区，开展资本市场改革创新综合试点。佛山重点以广东金融高新技术服务区为依托，大力发展金融后援服务产业，建成辐射亚太地区的现代金融产业后援服务基地。东莞建设完善现代金融服务体系，加快银行、证券、保险等金融机构聚集发展，加强对中小企业的服务，建设全省地方金融机构改革先行区。珠海充分利用连接港澳的地缘优势，在横琴新区建设跨境金融市场，与港澳共建国际金融研究机构，构建重要的金融合作智力平台，建设横琴金融创新先行区。肇庆加快与广佛对接，建设现代金融产业拓展区。中山以城乡金融服务一体化综合改革试点为契机，加快建立城乡金融一体化服务体系。

(2) 信息服务。以广州、深圳为龙头，率先构建全覆盖的“无线城市”，建设基于“三网融合”的信息服务平台和与国际接轨的信息服务体系，重点打造南方物流信息交换中枢和国际电子商务中心，将珠三角建设成为亚太地区和全球重要的信息服务和网络经济聚集区。

以广州、深圳为重点，大力发展信息传输、内容服务和技术服务三大领域，壮大电子商务、移动电子商务和互联网经济信息平台。重点发展以数字娱乐为主的数字内容服务基地，以及信息技术咨询和管理服务基地。依托物流枢纽和产业优势，加快建设“物联网”和RFID技术服务产业基地。积极探索发展云计算等新兴信息服务模式，建设信息服务平台。佛山依托信息服务产业优势，重点建设支撑产业发展的物流信息交换平台，以及数字家庭服务、数字音视频、数字多媒体和移动电视等交互式多媒体内容服务信息平台。东莞依托莞城现代信息服务产业园区，加快建设数字内容、网络新媒体和软件信息服务基地。珠海重点建设数字娱乐、信息技术咨询和信息管理服务平台。肇庆重点推进超级计算机中心的设计、数据库和技能培训等技术创新平台建设。惠州大力建设科技园区技术创新平台和信息服务平台。中山加快建设广东（中山）软件和数字家庭产业孵化基地、服务业信息化孵化中心、特色产业集群电子商务平台。

(3) 专业服务。以广州、深圳为核心，依托各类科技园区和产业集群，着力建设全国领先的科技服务中心和中介服务体系，形成“两核多点”的总体布局。

广州以中新知识城、科学城、国际生物岛、天河软件园、大学城、南沙资讯科技园等为载体，重点打造集教育、培训、研发、产业化于一体的科技服务创新区；大力发展技术评估、专利服务、产权交易、成果转化等中介服务机构。深圳以大学城、国家级重点实验室、产业联盟等为依托，创建国家高技术产业创新中心；建设高校、科研院所和企业合作的产学研专业技术平台和公共技术平台，建设服务新能源、新材料、生物制药、电子信息、装备制造等产业的专业技术平台和信息共享平台，大力发展各类中介服务机构。佛山以服务产业创新为主，重点建设平板显示、家用电器、建筑卫生陶瓷等产业创新公共服务平台和中介服务体系。东莞重点建设电子信息、纺织服装、家具、食品饮料等行业的公共科技信息服务平台和中介服务体系。惠州重点推进与产业相关的国家工程技术研究开发中心和重点实验室等创新中心、区域创新体系和中介服务机构建设。珠海重点加强与港澳合作，建设国际化的公共科技信息服务平台和中介服务体系。中山以装备制造业、特色产业集群为重点，建设装备制造业、照明灯饰、家用电器、五金卫浴、纺织服装等公共科技创新服务平台和中介服务体系。江门重点推进与产业相关的工程研究开发中心、重点实验室及公共信息服务平台建设。肇庆加快构建与广佛接轨的区域科技服务体系。

(4) 教育服务。重点打造一批领先全国的教育培训中心，积极推进与港澳合作，促进珠三角教育服务与国际接轨，发展国际化职业教育培训基地，形成以广州、深圳、珠海为龙头，佛山、东莞和肇庆协同发展的总体格局。

广州、深圳重点依托大学城、职业教育基地、“虚拟大学园区”和网络教育培训，建设高层次人才教育培训基地。珠海重点发展与横琴新区澳门大学的教育服务合作，促进教育服务与高技术产业良性互动发展，建设高层次人才教育培训基地。佛山重点依托一批综合性和专业性高校与科研机构，建设为高技术产业和新兴产业提供技能型人才的教育培训基地。肇庆依托省级职业技术教育基地，建设全省重要的职业技术教育和技能型人才教育培训基地。东莞重点依托松山湖大学园区和周边院校，建设先进制造业技能型人才教育培训基地。中山依托省级教育部产学研结合示范市优势，围绕特色产业集群，大力发展职业教育，培育多元化、多层次的实用技能人才。

(5) 会展服务。着力建设以广州和深圳为核心，珠海、佛山、东莞、惠州、中山、江门共同发展的珠三角国际会展产业带，形成“两核多点一带”的总体布局。

广州要充分发挥广交会品牌效应，加大中博会品牌建设力度，不断完善琶洲核心区会展功能和白云国际会议中心配套，充分规划利用流花展馆，着力打造世界一流的会展品牌和著名会展企业集聚地。深圳以高交会、文博会为龙头，以会展中心和华南城国际会展中心为依托，建设世界重要的高新技术产品会展中心。东莞、惠州整合两地电子信息会展资源，共同打造国际性电子信息技术和工业产品博览交易会展基地。佛山重点依托特色产业，发展专业会展，建设国际家电、家具、建材陶瓷及卫浴博览交易中心。珠海重点打造国际航空航天博览基地、积极培育打印耗材和游艇会展品牌。中山重点打造照明灯饰、游戏游艺、休闲服装、红木和古旧家具、花卉苗木博览交易基地。江门重点打造摩托车博览交易基地。

(6) 流通服务。以大型国际空港、海港和公路、铁路综合枢纽为支撑，构建以广州、深圳、佛山为核心，其他城市为节点，辐射全国、世界一流的现代物流中心，形成“两核多点”的总体布局。

广州大力推进白云空港、广州港等一批枢纽型现代物流园区建设，完善与现代物流业相配套的基础设施，构建多层次配送网络，建设成为华南地区多式联运枢纽，打造成为带动全省、辐射华南、影响东南亚的国际采购中心和主要商品集散地。深圳加快建设深圳机场保税物流中心、前海湾保税港区、盐田港现代物流中心、深圳国际农产品物流园等重点工程，依托高新技术和汽车等优势产业和港口物流，建成立足珠三角、面向全国、连接海外的国际物流中心、工业品和农产品分销中心。佛山重点依托特色产业和物流园区，构筑现代物流网络体系，打造区域性制造业物流中心；积极发展家电、陶瓷、家具、纺织等专业批发市场和金属材料、塑料、机械装备、汽车配件等生产资料批发市场。东莞重点发展港口物流、保税物流、城市配送和铁路物流，组建口岸保税物流中心，建设珠三角制造业物料供应和产成品仓储转运中心、生活资料后勤供应和储备基地。珠海以横琴新区和高栏港的开发建设为契机，加快临港物流园区建设，发展保税物流和国际物流产业集聚区。惠州加快港口、机场大型专业物流园区建设，打造以石油化工、电子数码、农副食品等为主的现代物流基地。江门重点发展为临港工业及外向型经济服务的港口仓储运输物流业。肇庆以西江港口物流基地为重点，建成辐射粤西北和我国西南地区的区域商贸物流中心。中山重点建设港口物流、金属切割加工配送、医药物流和城市配送中心，加快发展保税物流基地，打造国家物流示范城市以及依托特色产业的具有国际影响力的批发零售市场。

(7) 外包服务。依托广州、深圳、珠海等国家级软件和服务外包产业园进行总体布局，通过专业化分工协作，构建产业集中度较高、关联密切、特色鲜明的珠三角现代外包服务产业集群。

广州以中新知识城、经济技术开发区、南沙开发区、天河软件园、黄花岗科技园等服务外包示范区为依托，重点发展信息技术外包和商务流程外包基地，拓展离岸服务外包市场。深圳以国家软件产业园为依托，加强与香港的合作，重点发展以软件和集成电路设计为主的信息技术外包和以金融服务、物流管理为主的商务流程外包产业基地，积极发展动漫设计与现代中药研发等高端服务外包产业集群，建设国家级服务外包示范城市。珠海以国家南方软件园为依托，培育外包服务品牌，建设国家级服务外包示范城市。佛山积极建设国家软件与信息服务外包产业基地，创建国家级服务外包示范城市。

(8) 旅游服务。建立珠三角三大经济圈旅游业一体化合作机制，依托资源优势，共同打造区域旅游品牌。加强与港澳地区的协作配合，加强旅游项目对接，在广州、深圳、珠海兴建国际邮轮母港、停靠港，大力发展高端邮轮旅游，与港澳地区共同打造亚太地区具有重要影响力的国际知名旅游区。

广州、深圳率先建设成为具有世界先进、国内一流水平的旅游中心城市，建立大型现代化游客集散中心，重点发展现代都市风貌风情、商务、节庆、文体、主题公园及现代工业、生态农业、医疗保健、娱乐休闲等产品，以广州番禺片区、深圳华侨城片区为发展重点，新建一批旅游景点景区，积极推动观光型旅游产品向度假型旅游产品转变。珠海重点建设优美的城市环境，着力打造海岛、温泉、高尔夫三大特色旅游产业基地，加快横琴新区开发建设，发展新型旅游景区。佛山重点发展都市型时尚休闲产业，积极打造岭南文化旅游基地。肇庆以城区为中心，重点发展养生、森林、体育、文化等新型旅游产业基地，建成具有国内外影响的国际化休闲旅游之都。惠州突出生态休闲旅游特色，重点加快“两湾”、“两湖”、“两山”建设，大力发展滨海旅游，打造高端休闲旅游品牌，建设影响全国、面向世界的著名滨海旅游目的地和粤港澳地区一流滨海休闲度假基地。江门以碉楼、温泉、海滩为依托，充分发挥开平碉楼与村落世界文化遗产和上下川岛休闲旅游度假区的品牌效应，建设国际性文化旅游城市。中山发挥名人文化优势，重点推进孙中山故居、南区詹园5A级旅游景区建设，争创“中国最佳旅游城市”。

(9) 文化创意。以广州、深圳、佛山为中心，辐射带动东莞、珠海、中山，打造珠三角工业设计圈；以广州、中山为龙头，打造珠三角动漫游戏游艺产业集群；加快建设广州、深圳两大国家级文化创意产业基地，形成“一圈两基地”的总体布局。深化粤港澳文化创意产业合作，以深圳前海、珠海横琴新区等为载体，共同打造“亚洲创意中心”品牌。

广州以中新知识城、科学城和国家级工业设计产业（示范）基地等为载体，加快文化创意产业要素的高端聚集，进一步拓展产业空间，创建广东文化创意产业圈核心区。深圳继续深化“设计之都”的品牌开发建设，加强深港文化创意产业合作，加快推进与香港共同建设国际文化创意产业中心，重点建设深港“创意圈”。佛山加快产业向高端转型，重点建设广东工业设计城、国家工业设计与创意产业（顺德）基地、佛山创意产业园和石湾陶瓷文化创意产业园等一批重大产业基地。东莞重点建设创意产业中心园区、松山湖国际文化创意产业园和虎门时尚创意基地。中山重点建设小榄文化产业基地和国家级工业设计试验基地。

2. 先进制造业布局。

依托大型生产和制造中心、产业基地、产业集群，延伸产业链，细化产业分工，完善产业配套，形成珠江口东西两岸和沿海产业发展轴“三轴”联动、协同发展的一体化布局。

(1) 交通及海洋装备制造。汽车产业重点构建“两核一圈”的基本空间布局，打造华南国际汽车制造基地。依托广州和深圳的轿车整车生产及核心技术研发，辅以广州、佛山、东莞的客车、载货车和专用车生产，形成以广州和深圳整车为核心，辐射带动佛山、珠海、中山、惠州、东莞、肇庆、江门，以及粤东西北的清远、韶关等地汽车零部件供应圈的配套发展格局。以珠三角城际快速轨道交通网络建设为契机，以广州为中心，江门为配套发展轨道交通车辆总装、维修及配套装备制造产业，建设服务华南、辐射全国的轨道交通制造产业集群。整合提升摩托车产业，以江门为核心，强化摩托车及其零部件产业集聚发展，扶持江门建设“中国摩托车产业示范基地”。加快建设以广州、中山、珠海、江门为主，各有侧重、错位发展的珠江口千万吨级修造船与海洋工程装备产业带。广州加快建设以中船南沙龙穴造船基地为龙头，以国际三大主流船型和高技术船舶，以及大功率中低速柴油机等船舶关键配套装备为重点，总装、配套与维修联动发展的大型船舶制造基地；中山建设以成品油轮、化学品船等高科技船舶及海洋工程大型铸锻件生产为主的临港船舶制造基地；珠海建设以具有现代化技术水平的海洋工程装备及游艇制造为主的世界级海洋工程装备基地；江门重点发展中小型船舶、特种船舶、中高档游艇和船舶修拆等产业，建设广东中小型船舶及配套产业基地。

(2) 通信设备制造。以深圳为龙头，广州、惠州、东莞、佛山为支撑，构建具有较强核心竞争力的全球通信设备制造和创新基地。以深圳为核心、龙头企业为依托，打造包括深圳、东莞、广州、佛山的智能交换系统、通信核心网系统、综合接入系统和通信导航系统等基础通信设备产业带；以惠州、深圳、广州、东莞为中心，打造辐射带动粤东西北的新一代通信终端设备产业基地；以深圳、广州为中心，打造涵盖惠州、东莞等地的数字对讲和数字集群调度系统的专业无线通信产业带。

(3) 电力设备制造。完善产业链条，强化产业联系，建设以广州、佛山为核心，辐射带动全省的电力设备产业集群。重点构建以广州南沙、江门台山核电核岛设备制造为龙头，珠三角其他地区为配套的核电装备制造产业集群；以中山风电设备制造为龙头的珠江口西岸风电产业带；以广州、佛山和肇庆的高压、超高压输变电重大成套设备为核心，延伸发电设备下游环节，带动中山的分马力电机、中低压输变电设备，深圳、珠海的电力系统自动化设备和微、特电机，东莞的光纤、光缆，江门的中低压输变电设备、电气控制和电线电缆集群发展，并进一步辐射带动粤东西北的汕头、清远等地相关设备制造业发展，推动形成产业链完备、特色鲜明、优势互补的区域电力设备制造业分工协作格局。

(4) 通用和专用设备制造。构建以广州、佛山、深圳和东莞为主要节点的通用和专用设备产业带。重点建设华南地区数控系统技术研发中心，形成以广州为主，辐射带动佛山、深圳、东莞的数控系统及机床产业发展的区域布局；引导形成以广州为中心，辐射带动中山等地的锻压及成形设备产业链；形成以深圳、广州为中心，与东莞互补互促的激光和激光加工设备产业布局一体化格局；构建和完善以广州为中心的农机装备制造产业链；依托重点企业，形成以广州整梯生产、立体停车设备制造为重点，辐射带动中山、佛山南海的高速电梯制造，推动形成楼宇及起重装备制造产业集群；构建以广州为中心的货币专用设备及相关机械制造产业集群；建设形成以深圳、东莞为主的精密封装、组装及检测设备，以肇庆为主的片式元器件生产设备的电子专用设备产业集群；引导形成以佛山为主的建筑材料生产专用机械和建筑工程用机械产业集群；以深圳、江门为重点，发展石油钻采专用设备制造业；以佛山为重点，发展纺织机械产业集群；以广州、肇庆、中山为重点，建设印刷包装机械、气动元件和真空设备产业集群；以广州、中山为重点，建设食品饮料加工机械产业集群；以广州、佛山、深圳、东莞为重点，建设塑料加工机械和大型及精密模具设计与制造产业集群。加快建设深圳高档医疗设备生产基地，形成以深圳为中心，辐射带动佛山、珠海以及粤东西北的医疗设备产业集群。

(5) 石油化工。强化石油化工产业空间集聚，延伸和完善下游产业链，构建以惠州炼化一体化为龙头，辐射带动珠江口两岸地区精细化工差异化发展的格局。惠州重点建设大亚湾石化深加工和精细化工高度集聚的世界一流综合性化工区，并向东莞延伸产业链。广州重点发展有机化工原料深加工、功能性新材料、生物化学品等高技术精细化工产业。珠海做大做强 PTA（精对苯二甲酸）产业，重点发展环境友好的新型专用化学品和新型材料，加快建设临港化工基地，并向江门延伸产业链。深圳重点发展高性能电子化学品、生物化工、高分子新材料，打造具有国际竞争力的精细与专用化学品基地。佛山依托涂料、变性淀粉和塑料助剂等产品发展优势，建设新型涂料和助剂发展基地。中山大力发展胶粘剂、汽车涂料和家用卫生用品等优势产业，建设国内领先的专用化学品生产基地。东莞以立沙岛精细化工基地为依托，重点发展以新领域精细化工、化工新材料和基础有机化学品为主体的石化深加工产业群。江门重点发展为造纸、塑料、印染等多行业配套的化学专用助剂产品。

（6）钢铁。抓住宝钢重组韶钢、广钢的契机，建设以汽车、家电和造船用钢为主的广州高端板材制造基地，与湛江千万吨级现代化钢铁基地一起，形成优势互补、错位发展的钢铁产业新格局。

3. 战略性新兴产业和高技术产业布局。

以深圳和广州高技术产业集聚区为核心，以国家级、省级高新区和多个国家级高新技术产业集群为载体，建设我国乃至世界重要的战略性新兴产业和高技术产业高地，尽快形成由深圳、广州两个核心城市，佛山—广州—东莞—惠州—深圳高技术产业密集带构成的“两核一带”的总体布局。

（1）电子信息。增强自主创新能力，强化产业集聚辐射功能，提升珠江口东岸电子信息产业带发展水平。加快建设珠三角国家级信息产业基地，形成全球电子计算机制造、家用视听设备制造、电子元器件制造、汽车电子制造、娱乐玩具电子制造等五大基地，以及广州、深圳、珠海集成电路设计产业化基地和国家级软件产业园区。

加快形成和完善珠三角平板显示产业链，打造世界级平板显示产业基地。以广州、深圳和佛山高世代平板显示项目为龙头，以彩电整机、平板显示面板模组、平板显示关键配套件、平板显示专用制造与测试设备为重点，完善上下游产业在珠三角的配套，形成辐射带动全省、梯度合理的区域布局。

力争在高性能服务及产业化、3C 融合产品研发及产业化、集成电路等领域关键技术和国家重大技术专项上取得突破。深圳主要承担以自主创新为特征的研发和制造环节，重点建设创新研发基地。东莞不断提高产业生产制造能力，建设高性能计算机及周边网络设备、集成电路和新型元器件产业基地。惠州重点培育一批竞争力强的本土跨国公司和国际品牌，由 OEM 向 ODM 转变。广州加快形成以广州科学城、广州开发区、南沙开发区等三大片区为重点的电子信息产业集聚高地。肇庆加快新型电子元器件、光电产业的要素集聚，做大做强新型电子元器件基地和“广东省光电产业基地”。珠海重点建设印刷线路板产业基地。

以深圳、佛山、东莞为重点，推动产业集聚，加快自主研发的大尺寸 OLED 基地建设，形成完整的 OLED 上下游产业链。依托广东 OLED 产业技术研究院，打造产学研技术合作平台，大力提升自主研发能力；以深圳南玻、东莞彩显为重点，加强 OLED 材料研发；以东莞宏威和肇庆中导为重点，大力发展 OLED 设备制造，使我省 OLED 产业走在全国前列，力争成为全球 OLED 面板生产的重要研发制造基地。

（2）新能源。以广州、深圳为重点，加快建设电动汽车生产基地；以深莞惠和佛山、中山为重点，加快建设国家太阳能光伏高技术产业基地；支持深圳率先建成国家新能源产业基地和低碳经济先锋城市，支持江门开展低碳经济城市试点，支持肇庆建设低碳经济实验区，加快建设低碳经济强省；促进广州、深圳、佛山、东莞环保节能产业加快发展，打造世界级新能源和环保节能产业基地。

——新能源汽车。依托深圳比亚迪、广州广汽集团公司、东风日产乘用车公司、深圳五洲龙汽车有限公司、珠海银通新能源有限公司、珠海广通新能源汽车基地，发挥广东电动汽车省部产学研创新联盟和广东省新能源汽车产业发展联盟的作用，积极开展电动汽车整车研发与生产，大力发展佛山、惠州、东莞汽车电池生产基地和测试中心、中山电机控制系统及镍氢动力电池等配套产业，在珠三角地区形成电动汽车产业集群和产业链。积极在深圳、广州开展电动汽车应用试点，使广东成为全国电动汽车研发、生产、应用和出口重要基地。

——太阳能光伏。以深圳为重点，东莞、佛山、珠海为支撑，形成梯度布局。在研发和生产方面，重点建设深圳太阳能光伏产业基地、佛山三水区广东薄膜太阳能产业基地、顺德国家光伏系统工程研究中心产业化基地。在应用方面，重点建设顺德光伏应用产业基地。支持深圳杜邦太阳能薄膜电池板项目、深圳拓日工业园项目、东莞宏威非晶硅薄膜太阳能电池生产设备项目、粤电集团太阳能光伏发电并网电站项目等大项目建设，推进有自主品牌和技术的生产企业及相关配套企业加快发展，使珠三角太阳能光伏产业发展处于全国领先水平。

——LED 新光源。加快 LED 产业发展，构建以广州—深圳为主轴，深莞惠、广佛和中江国际级 LED 新光源产业一体化发展，产业链向珠三角和全省延伸的产业格局。进一步加强深圳光明新区 LED 新光源产业基地、广州南沙资讯科技园晶科电子芯片生产基地、惠州科锐公司 LED 芯片生产基地、佛山欧司朗生产研发基地、广东新光源产业化基地、东莞 LED 产业基地、江门高新技术开发区绿色光源（半导体）照明产业基地和中山新光源高新技术应用基地建设，形成珠三角 LED 新光源上下游一体化产业带。深莞惠、广佛以高端研发制造为主，江门、中山以制造、应用和销售为主，推动 LED 产业链条的横向整合和纵向延伸，形成布局合理、配套完善的 LED 产业链，打造国内一流并具有较强国际竞争力的 LED 产业集群。

(3) 新材料。广州重点加快建设国家火炬计划新材料特色产业基地、新材料国家高技术产业基地、全国最大的改性塑料生产基地和碳纤维生产应用三大基地，形成国家级新材料产业重要基地。深圳重点依托有关产业基地和重点企业，加快建设光电子信息材料、纳米材料、新型建筑节能材料、新型特种功能材料基地。佛山重点建设先进金属材料、特种功能材料基地；东莞重点建设电子基材研究生产基地；肇庆重点建设高纯稀土金属、电子信息、金属和特种功能材料基地；中山重点建设新型电子材料、特种功能涂料、环境友好材料基地；江门重点建设纺织化纤、稀土发光、磁性材料、高性能结构材料基地，形成分工合理的珠三角新材料产业发展布局。

(4) 生物医药。以广州、深圳两个国家生物产业基地，中山国家健康科技产业基地和华南现代中医药城、佛山高新技术产业开发区医药健康产业园、珠海生物医药科技产业园和肇庆星湖科技产业园为支撑，打造国家生物医药和现代中药重大创新产业基地。广州加快国际生物岛、华南新药创制中心建设，以广州药业、白云山等一批医药上市公司为龙头，推动生物医药和现代中药产业发展，创建国家中药现代化科技产业基地。深圳重点依托生物医药产业园，以及生物医药企业加速器等一批公共服务平台，打造世界知名的国家级生物产业基地。

(5) 海洋产业。以广州、深圳、珠海、惠州为重点，依托国家南方海洋科技创新基地、广东海洋与水产高科技园和深圳国家级海水综合利用产业化基地等载体，支持发展海洋环保、海洋新能源等领域的创新开发和重大产业化项目。广州以海洋生物技术产业开发示范基地、生物岛以及南海海洋生物技术国家工程中心等基地为依托，加快培育海洋生物医药与保健品产业，建成我国重要的海洋生物技术和产业化基地。深圳重点推进海水淡化和直接利用工作，建设大规模海水淡化和海水直接利用产业化示范工程和滤膜法海水淡化技术装备生产基地，积极培育海洋化工、海洋环保、海洋新能源等新兴产业基地。

(6) 航空产业。依托珠海航空产业园，以通用飞机产业基地为核心，打造集飞机制造、发动机和机载配套一体化发展的航空制造产业链，形成展览、维修、培训、保障服务等服务业配套发展的华南航空产业集聚区。广州、深圳依托临空产业和优势产业园区，配套发展航空零部件加工、机载电子、航空材料和航空装备制造等产业，形成以珠海为龙头，广州、深圳为依托的“三角形”航空产业空间布局。

4. 优势传统产业布局。

坚持以市场为导向，突出优化提升、高端集聚，引导产业合理布局，加快形成“一核多极，辐射全省”的总体空间格局。依托佛山在多个传统产业的突出优势，促进其发展成为传统产业发展对外辐射的核心区；支持珠三角其他市在特色优势传统产业或产业链重要环节形成产业集群，成为多个发展极。大力推进珠三角优势传统产业的加工制造环节向粤东西北地区有序转移，促进区域协调发展。

(1) 家用电器。重点构建“一带一基地”的空间布局。依托骨干企业，建设以佛山顺德和南海大小家用电器、珠海空调器、中山空调器及小家电为主的珠江西岸家用电器产业带，打造全球制造中心、设计中心和营销中心，引领带动珠江东岸以深圳、东莞、惠州为主的出口家电产品生产基地，以及粤西经济型家电产业集群发展。促进专业化分工和产业链延伸，引导家用电器加工制造环节由珠三角逐步向粤东西北扩散和转移。

(2) 纺织家具。以广州、深圳总部经济和时尚设计创意，以及中高端时尚服装和品牌服装制造为龙头，辐射带动其他地区纺织服装产业发展，形成优势突出、特色鲜明、错位发展、分工合作、上下游互动的良性发展格局。广州重点打造珠三角服装交易、展示、信息发布中心，大力发展服装业总部经济。深圳打造研发、设计、生产、营销中心。佛山着力建设完善针织服装产业体系，大力发展高档面料、家纺布艺产业，形成纺织服装上游配套供应中心。东莞发展成为国际性的纺织服装信息中心、生产中心和贸易中心。中山重点建设具有全国影响力的休闲服装、内衣、牛仔服装加工制造集聚基地。惠州重点打造丝光棉生产基地。江门重点打造特种纤维生产基地。

以佛山、东莞、深圳三大家具制造基地为重点，以中山、江门的办公家具、红木家具和古典家具为支撑，加快发展家具总部经济，推动产业向价值链高端延伸，把珠三角打造成为具有国际影响力的家具研发基地和全球采购中心。

(3) 食品饮料。重点构建以广州、东莞、深圳、佛山、肇庆为主的饮料制造集聚带，以广州、佛山、东莞、江门、惠州、中山为主的食品加工制造集聚带。发展一批广东凉茶、啤酒、饮料、保健功能食品、添加剂、调味品、肉制品等为主的食品饮料产业集群和集散地。

(4) 建筑材料。建设形成以佛山、深圳为中心，辐射国内外的新型建筑材料产业集群。重点建设佛山世界级现代陶瓷产业基地，强化总部经济功能，辐射带动肇庆、清远、河源、江门等地陶瓷产业发展；形成以深圳玻璃技术研发为中心，辐射带动广州、东莞、佛山、中山、江门的玻璃深加工，打造产业链上下游分工合作、紧密衔接的珠三角玻璃及玻璃深加工产品集群。发展以中山为中心的管桩建材和木地板产业集群。

(5) 金属制品。建设形成珠江口西岸的佛山、江门、中山、肇庆以铝型材、不锈钢产品、小五金、集装箱制造为主，东岸的深圳、东莞以集装箱制造、五金模具和五金制品为主的集聚化发展格局。重点建设珠江口西岸国家级金属材料加工与制品产业基地，努力打造成为全国重要的有色金属材料与制品研发、制造、会展交易中心，并以此辐射带动粤东揭阳、粤西阳江、粤北云浮等地的五金不锈钢深加工产业群加快发展。

(6) 造纸。推动产业集聚和技术升级，形成以广州、深圳、东莞、中山、江门、肇庆为主的纸制品集聚区，东莞、珠海、中山和佛山为主的包装纸板集聚区，广州和江门为主的新闻纸和文化用纸集聚区，江门、东莞、中山为主的生活用纸集聚区。重点建设东莞的高档包装纸板生产基地和纸制品出口生产基地、江门的银洲湖高档纸和纸板生产基地、肇庆的纸制品生产基地。

5. 现代农业布局。

以肇庆、江门、惠州为重点，加快发展面向珠三角和港澳地区的农产品生产、加工、供应和绿色食品流通中心、生态观光旅游农业中心，形成“一环多点”的总体布局。以广州、深圳、佛山、珠海、中山为重点，建设新兴都市型现代农业基地；以广州花都、佛山顺德为重点，建设花卉观光基地；以深圳国家农业科技园区为重点，建设畜牧良种工程基地；以江门、广州、惠州、佛山及肇庆为重点，建设瘦肉型猪生产基地；以广州、佛山、肇庆、惠州、珠海、江门为重点，建设水产养殖基地。整合港澳台物流、技术和信息资源，打造两岸四地现代农业合作示范区。

(1) 蔬菜和优质稻产业。重点建设肇庆万亩优质供港蔬菜水果示范基地、广州蔬菜良种选育及繁殖基地、佛山现代农业生态园区优质蔬菜生产基地、江门（鹤山）现代农业示范区和优质蔬菜种植基地，形成以广佛肇为主的优质蔬菜产业带。以惠州博罗、惠东和龙门，广州增城，肇庆德庆和怀集，江门台山为重点，建设优质稻生产基地。

(2) 畜禽和水产业。以深圳国家农业科技园区、江门和肇庆国家标准化生猪养殖基地、开平马冈鹅养殖生产基地等为依托，打造珠三角优势畜牧业产业区。加强大型养殖场建设，以佛山、江门、肇庆为重点发展生猪养殖业，以广州、深圳、珠海、肇庆为重点发展奶牛养殖业，建成优势畜禽产业基地。依托广州特种水产种苗基地、佛山顺德和南海优质鱼养殖基地、中山脆肉鲩鱼养殖基地、肇庆罗非鱼产业园区和罗氏虾产业园区，建设广佛肇综合开发型、都市型渔业产业带。加快建设深莞惠优势海水种苗生产基地、龟鳖类养殖基地和珠中江大宗优势鱼类、观赏鱼养殖基地。

(3) 花卉园艺及观光休闲农业。以广州国家级花卉标准化示范区、佛山海峡两岸农业（兰花）合作试验区、顺德和南海花卉苗木生产基地、中山花卉苗木标准化示范基地、龙门台湾农民花卉基地等为依托，建设优势特色现代园艺产业带。以广州从化花卉生产与旅游综合示范区、肇庆凤凰、沙浦生态观光基地、江门新会“自然生态游”现代农业基地，以及珠海金湾台湾农民创业园等为重点，加快发展观光休闲农业。

（三）重大项目和基地布局

1. 现代服务业

产业类别	重大项目和基地
金融服务	◎广州金融创新服务基地（包括广州金融创新服务区、珠江新城金融商务区） ◎深圳金融创新服务基地、深圳创新金融产品研发基地、深圳粤港金融合作示范基地、深圳证券交易所营运中心 ◎珠海（横琴）金融创新先行区 ◎广东（佛山）金融高新技术服务区 ◎东莞松山湖金融改革创新服务区
信息服务	◎中国（广东）“物联网”发展示范项目、“云计算”广东中心、广东中小企业信息化创新服务中心、广东南方现代物流信息公共平台、珠三角高清互动数字家庭网络基地、国家级软件产业园区（广州、深圳、珠海）、中国移动南方基地、中国电信亚太互联网数据中心 ◎广州科学城“现代信息服务业发展专区”、黄花岗信息服务园、广东省（番禺）现代信息服务业产业化基地、广东电子商务平台广州中心、广州国家 RFID 产业基地、广东省（番禺）RFID 产业园、广州天河“超级计算机服务与应用聚集区”、广州“国家数字家庭应用示范基地”番禺数字家庭孵化基地 ◎广东电子商务平台深圳中心、国家超级计算深圳中心 ◎珠海“软件与数字娱乐产业专业化园区” ◎佛山南海网络创新创业集聚区、广东省 RFID 产业（佛山）基地、佛山南海云计算中心 ◎东莞莞城现代信息服务产业园、东莞松山湖云计算电子信息创新平台 ◎中山健康医疗信息服务区、中山特色产业集群电子商务平台、中山科技创业园 ◎肇庆超级计算机中心
专业服务	◎广东电动汽车省部产学研创新联盟 ◎广州科学城专业服务基地、广州中新知识城、清华科技园广州创新基地、中科院广州生命健康研究院、中科院广州工业技术研究院 ◎深圳大学城专业服务基地、中科院深圳先进技术研究院 ◎横琴新区珠江口西岸的区域性科教研发平台 ◎东莞松山湖科技产业园区、广东有机发光显示（OLED）产业技术研究院（东莞）

(续上表)

产业类别	重大项目和基地
专业服务	◎佛山国家火炬创新创业园、广东（佛山）产业创新公共服务平台 ◎中山装备制造工业研究院、中山华南家电产业服务创新区、中山火炬高技术开发区生产服务中心
教育服务	◎珠三角职业教育基地（1个省级和9个市级）、广东省技工教育示范基地、国家职业能力开发评价示范基地、中国青年创业培训基地 ◎广东软件服务外包培训基地（南沙、天河） ◎深圳"虚拟大学园区"和网络教育培训基地 ◎香港知专设计学院广东工业设计培训学院（南海） ◎中山职业技术教育基地 ◎肇庆职业技术教育基地
会展服务	◎广州琶洲国际会展商务区 ◎深圳高新技术产品博览交易基地 ◎珠海国际航空航天博览基地、珠海十字门中央商务区国际会展中心 ◎佛山国际陶瓷及卫浴、家用电器、家具博览交易基地 ◎惠州电子信息技术和产品交易基地 ◎东莞电子信息技术和产品交易基地 ◎中山照明灯饰交易中心 ◎江门摩托车博览交易基地 ◎肇庆商务会展服务拓展区
流通服务	◎华南（国际）采购与物流中心、华南国际现代冷链物流园 ◎广州白云空港、黄埔、南沙三大国际物流园区、广州国际商品展贸城、广州国际医药采购港、广州国际名店城 ◎深圳前海湾保税港区、盐田港现代物流中心、深圳机场保税物流中心、深圳华南国际原料城、深圳国际农产品物流园、深圳西部第三方物流基地 ◎珠海高栏保税港区、珠海高栏港物流园区、珠海航空物流园 ◎佛山南海三山（国际）物流港区、珠三角（国际）采购与区域物流中心、珠三角中西部（佛山）生产资料区域性中心 ◎惠州港港口物流园、大亚湾石化区物流基地 ◎东莞保税物流中心、虎门港保税港区、中国外运东莞物流中心项目 ◎中山市保税物流中心 ◎江门银洲湖物流基地 ◎肇庆新港物流园区 ◎广州钢铁物流基地、佛山（乐从）华南（国际）钢铁交易物流中心 ◎广东有色金属交易中心 ◎广东煤炭集散基地
外包服务	◎广东软件和信息服务外包公共平台 ◎广州国家级服务外包示范城市 ◎深圳国家级服务外包示范城市 ◎珠海国家级服务外包示范城市 ◎佛山国家级服务外包示范城市

(续上表)

产业类别	重大项目和基地
旅游服务	◎广州番禺长隆旅游度假区 ◎深圳华侨城旅游度假区、深圳东部华侨城生态旅游 ◎珠海长隆国际海洋度假区、珠海海泉湾度假区 ◎南海西樵旅游度假区 ◎中山锦绣海湾温泉度假区、孙中山故里旅游度假区 ◎开平碉楼和上下川岛休闲旅游度假区 ◎肇庆星湖旅游度假区
文化创意	◎广东文化创意产业园区、广东动漫游戏游艺产业集群番禺基地和中山基地 ◎广州创意产业基地、广州国家级工业设计产业（示范）基地、广州TIT创意产业园 ◎深圳国际文化创意产业中心 ◎珠海南方文化产业园 ◎中国南海（国际）工业设计基地、广东工业设计城、国家工业设计与创意产业（顺德）基地、佛山创意产业园、石湾陶瓷文化创意产业园、粤港澳横琴工业设计谷 ◎东莞松山湖文化创意产业基地 ◎广东（惠州）文化创意产业园

2. 先进制造业

产业类别	重大项目和基地
交通及海洋装备制造	◎华南国际汽车制造基地（广州、深圳整车及佛山、珠海、中山、惠州、东莞、肇庆、江门汽配）、轨道交通装备产业化基地（广州、江门）、中海工业华南大型修船基地 ◎中船南沙龙穴造船基地、广州大岗船舶配套产业园 ◎珠海船舶与海洋工程装备基地 ◎中山临海装备基地 ◎中国摩托车产业示范基地（江门）、广东省中小型船舶及配套产业基地（江门）
通信设备制造	◎世界通信设备制造基地（深圳、广州、东莞、惠州、佛山）、数字集群通信产业基地（深圳、广州、惠州、东莞）
电力设备制造	◎广东省微、特电机研发、生产、出口中心（深圳、珠海）、广东省高档电线及通讯电缆研发生产出口基地、广东省输变电重大成套装备生产基地（广州、肇庆、佛山）、广东省风电成套设备生产基地（广州、佛山和中山） ◎广东省高压（超高压）电缆及电缆附件生产基地（广州）、南沙核电设备产业基地 ◎珠海富山核电辅助装备制造基地 ◎广东省专用电机研发生产及出口基地（中山）、中山风电关键技术研发中心 ◎广东省输变电配套设备生产基地（江门）、江门台山清洁能源（核电）装备产业基地

（续上表）

产业类别	重大项目和基地
通用和专用设备制造	◎珠三角数控与机床产学研合作基地（广州）、广州货币专用设备制造基地、广州楼宇及起重装备研发制造基地、广州现代农机装备产业化基地 ◎深圳激光和激光加工设备重要功能部件整机集成中心、深圳高档医疗设备生产基地 ◎国家专业机械装备产业基地（佛山） ◎广东省火炬计划特色产业基地和电梯产业基地（中山）
石油化工	◎区域石油流通枢纽和交易中心（广州、珠海、惠州）、石油储备基地 ◎广州石化基地 ◎珠海临港石化基地 ◎惠州大亚湾石化区 ◎立沙岛精细化工基地（东莞） ◎国家精细化工生产基地（中山） ◎台山广海湾精细化工基地
钢铁	◎广州精品钢材制造基地

3. 战略性新兴产业与高技术产业

产业类别	重大项目和基地
电子信息	◎深莞惠国家级电子信息产业基地、深莞惠娱乐玩具电子新兴制造基地、广佛高世代平板显示（FPD）基地、国家新型工业化产业示范基地（电子信息与光电显示）、广东省LINUX公共技术服务平台、广东嵌入式软件公共服务平台、广东基础软件研发基地 ◎广州信息产业国家高技术产业基地、广州国家软件产业基地、广州集成电路设计产业化基地、广州天河软件园 ◎深圳汽车电子新兴制造基地、深圳高世代平板显示（FPD）基地、深圳国家软件出口基地、深圳国家集成电路设计产业化基地、深圳软件园、国家超级计算深圳中心 ◎珠海国家软件产业基地、珠海印刷线路板产业基地、珠海集成电路设计产业化基地、珠海南方软件园 ◎广东省（佛山）软件园、南海软件科技园、南海液晶平板显示产业基地 ◎惠州国家级视听产品产业园、惠州国家火炬计划激光头产业基地、惠州TCL液晶模组整机一体化产业基地 ◎东莞信息产业国家高技术产业基地、东莞电子元器件制造基地、广东省（企石）光电产业基地 ◎中山纬创资通液晶光电产业园、中国电子（中山）基地 ◎国家电子信息产业基地（江门） ◎广东省（肇庆）光电产业基地、肇庆高新区电子信息产业基地、肇庆中巴软件园

(续上表)

产业类别	重大项目和基地
新能源	◎国家LED照明示范工程产业化基地 ◎广汽集团新能源汽车研发产业化基地、东风日产电动车研发与产业化基地、广州太阳能光伏产业装备及相关配件产业基地、粤电集团太阳能光伏发电并网电站项目、广东（广州）光电科技产业基地、广州南沙资讯科技园晶科电子芯片生产基地 ◎深圳坪山比亚迪电动汽车基地、深圳太阳能光伏产业基地、深圳光明新区LED新光源产业基地、深圳光明节能环保产业基地 ◎珠海银通新能源汽车产学研产业化示范基地、珠海广通新能源汽车基地 ◎惠州电动汽车电池生产基地和测试中心、惠州奥美特再生资源产业基地、惠州科锐公司LED芯片生产基地 ◎佛山广顺氢燃料电池新能源基地、佛山三水区广东薄膜太阳能产业基地、顺德国家光伏系统工程研究中心产业化基地、顺德光伏应用产业基地、南海国家金太阳示范工程、广东（佛山）新光源产业基地、佛山国家级节能环保特色产业基地 ◎东莞国家金太阳示范工程、东莞LED新光源产业基地、东莞神华环保水煤浆产业基地 ◎江门高新技术开发区绿色光源（半导体）照明产业基地 ◎中山新光源高新技术应用基地、中山新能源环保节能产业基地、中山电动车关键零部件生产基地 ◎岭澳核电站二期工程、肇庆核电厂一期工程
新材料	◎广州新材料国家高技术产业基地 ◎深圳高新区新材料产业基地 ◎国家火炬计划佛山新材料产业基地 ◎东莞电子基材研究生产基地 ◎江门新材料基地 ◎肇庆新材料基地
航空产业	◎珠海航空产业国家高技术产业基地、珠海航空产业园区
生物医药	◎华南新药创制中心、华南现代中医药城 ◎广州国家生物产业基地、广州国际生物岛、广州中药现代化科技产业基地 ◎深圳国家生物产业基地、深圳基因治疗产业化基地 ◎珠海火炬计划生物医药特色产业基地、珠海生物医药科技产业园 ◎佛山高新技术产业开发区医药健康产业园、佛山华南基因谷 ◎东莞中医药创制基地 ◎中山国家健康科技产业基地 ◎肇庆星湖科技产业园
海洋产业	◎国家南方海洋科技创新基地 ◎广州番禺区广东海洋与水产高科技园、广州海洋生物技术产业开发示范基地 ◎深圳国家级海水综合利用产业化基地 ◎中大海洋生物科技研发基地（东莞松山湖）

4. 优势传统产业

产业类别	重大项目和基地
家用电器	◎珠海空调研发生产基地 ◎佛山顺德家电产业集群升级示范区、佛山南海狮山家电产业集群升级示范区、顺德国家级家用电器重点实验室 ◎中山南头家用电器产业集群升级示范区、中山东凤小家电产业集群升级示范区、中山家电创新中心
纺织家具	◎广州花都纺织工业园 ◎佛山顺德均安牛仔服装产业集群升级示范区、佛山顺德龙江家具产业集群、佛山南海西樵纺织产业集群升级示范区 ◎东莞市大朗毛织产业集群升级示范区、东莞大岭山家具产业集群升级示范区、东莞虎门服装产业集群升级示范区 ◎中山大涌牛仔纺织服装产业集群升级示范区、中山沙溪休闲服装产业集群升级示范区
食品饮料	◎珠江口西岸调味品生产基地（广州、佛山、江门、肇庆、中山）、珠江口东岸及中部饮料制造业基地（广州、佛山、肇庆、东莞、深圳） ◎中山黄圃食品加工产业集群升级示范区
建筑材料	◎深圳国家级玻璃技术研发中心 ◎佛山世界级现代陶瓷产业基地、佛山铝型材（不锈钢）产业基地 ◎中山管桩建材产业集群 ◎江门（恩平）新型建材工业城
金属制品	◎国家级金属材料加工与制品产业基地（佛山、江门、中山、肇庆） ◎佛山南海大沥有色金属产业园、佛山南海丹灶小五金产业集群升级示范区 ◎东莞长安镇五金模具产业集群升级示范区 ◎中山小榄五金制品产业集群升级示范区 ◎江门开平水暖卫浴产业集群升级示范区、江门新会五金不锈钢制品产业集群示范区 ◎肇庆高要金利五金产业集群升级示范区
造纸	◎广州（南沙）新闻纸和文化用纸生产基地 ◎东莞高档包装纸板生产基地 ◎江门（银洲湖）纸业基地

5. 现代农业

产业类别	重大项目和基地
综合	◎珠海金湾台湾农民创业园 ◎佛山海峡两岸农业合作试验区、佛山南海现代农业园 ◎东莞清溪生态农业产业园 ◎中山两岸四地现代农业合作示范区 ◎江门国家级现代农业园区 ◎肇庆高要现代农业园区
蔬菜、优质稻	◎广州蔬菜良种选育及繁殖基地、广州增城优质稻生产基地 ◎佛山现代农业生态园区优质蔬菜生产基地 ◎惠州优质稻生产基地、惠州惠阳区5万吨无公害蔬菜种植基地 ◎江门（鹤山）现代农业示范区和优质蔬菜种植基地、江门优质稻生产基地 ◎肇庆万亩优质供港蔬菜水果示范基地、肇庆优质稻生产基地
畜牧	◎深圳国家农业科技园区 ◎惠州博罗国家标准化生猪养殖基地 ◎江门鹤山国家标准化生猪养殖基地 ◎肇庆（四会、高要、怀集）国家标准化生猪养殖基地
水产	◎广州特种水产种苗基地 ◎珠海沿海水产养殖基地 ◎佛山顺德和南海优质鱼养殖基地 ◎惠州工厂化养殖基地 ◎中山水产品出口养殖基地 ◎江门淡水养殖带和沿海海水养殖基地 ◎肇庆罗非鱼产业园区和罗氏虾产业园区
花卉园艺及观光休闲农业	◎广州国家级花卉标准化示范区、广州从化花卉生产与旅游综合示范区 ◎佛山顺德和南海花卉苗木生产基地 ◎惠州龙门台湾农民花卉基地 ◎中山花卉苗木标准化示范基地 ◎肇庆凤凰和沙浦生态观光基地

五、保障措施

加强统筹协调和政策引导，构建统一开放的基础设施和要素市场，以及科技智力支撑体系、产业合作平台，引导产业发展从竞争向竞合模式转变，促进经济发展从行政区划经济向区域经济模式转变。

（一）加强统筹协调和政策引导

在省实施《规划纲要》领导小组的框架下，设立实施《规划》专责工作组，由分管副省长任组长，珠三角九市分管副市长、省有关部门负责同志参加，办公室设在省经济和信息化委，由该委主要负责同志兼任办公室主任。重点协调解决珠三角区域整体发展战略、投资新建重大产业项目和重要产业基地布局及其涉及的经济利益等重大问题。珠三角各市在落实本规划过程中，要做好与本地城市总体规划、土地利用总体规划和有关产业发展规划的衔接。

省直有关部门要结合各自职能，切实加强对珠三角产业布局一体化的引导。抓紧制定珠三角产业结构调整指导目录；探索建立有差别的产业准入机制；制定和实施跨地区的税收分成和经济指标统计办法，对企业跨行政区域的横向经济联合、投资或产业转移等经济活动，相关地方政府可按一定比例共同分享产值和利益收入；探索建立排污权交易制度，建立生态补偿机制，对因资源环境保护而牺牲发展利益的地区给予应有的经济补偿；科学评估重大项目、重要产业基地布局对各地产业结构调整、节能和污染减排目标的影响，适时合理调整各市节能减排目标的分配；推动设立重点产业发展引导基金，对符合本规划方向的产业和项目给予积极支持；省现有各项专项资金，要根据本规划的产业布局，有重点、有针对性地扶持重点地区、重点产业，引导形成产业集聚；支持产业重大项目、重要产业基地开展非上市股份公司股权交易、知识产权交易、无形资产质押等融资工作；对市场前景好、规模大、效益好的省级重大项目和投资超过10亿元的产业项目，其用地计划由省统筹解决。

（二）构建统一开放的基础设施和要素市场

加强珠三角交通基础设施规划建设，推进交通管理一体化，促进粤港澳交通一体化发展，构建适应珠三角经济一体化的现代综合交通运输体系和“一小时生活圈”。加强信息基础设施建设，提升城市间互联网络的交换能力，实现信息互通互享的“同城效应”，促进珠三角地区人流、物流、信息流自由流动，为产业一体化提供基础支撑。

鼓励各类金融机构以中心城市为依托扩展服务网络，开展异地贷款业务。整合发展产权交易市场，加快产权交易法制建设，大力推进信息互通、资源共享。引导、支持企业进行跨行业、跨区域、跨所有制的兼并重组，整合资源，促进生产要素向优势企业、优势地区集中。推进珠三角各类人力资源公共服务系统的联网贯通和信息资源共享，制定统一的人力资源服务网络管理办法，促进人力资源服务机构一体化发展。推动珠三角率先实现医疗保险、养老保险区域统筹和关系无障碍转移接续。放宽珠三角城镇户籍限制，支持有条件的本地农民进城居住。

（三）构建资源共享的科技和智力支撑体系

大力推进省部、省院产学研合作，支持省市、各市和企业之间开展科技合作与技术联合攻关。加强科技园、科技成果孵化器和中试基地建设。加快产业集群、专业镇的工业设计、检验测试、数字化信息等平台建设，大力发展科技情报、知识产权、技术评估、成果转化等公共服务机构。支持企业与高校、科研机构联合组建产学研创新联盟，加快重点实验室、企业技术中心、工程技术中心、国家级检验检测平台等载体建设，促进创新要素向企业集聚，打造一批开放共享的重大科技创新平台和孵化基地。

实施高等教育发展水平提升工程，优化高等教育布局结构，大力培养高层次人才。积极引进急需的创新科研团队和科技领军人才，鼓励与国外机构合作设立海外人才工作站，实现海外引才引智常态化。建立中等职业技术教育、高等职业技术教育、应用技术性本科教育、技术型专业硕士教育的完整链条，完善现代职业技术教育体系；推动职业技术院校和技工学校与企业合作，建设集约化职业教育、技工教育培训基地，大力培养技能型人才。创新人才激励机制，加快人力资源职业能力开发评价体系建设，与人力资源和社会保障部共建全国首个国家职业能力开发评价示范基地；建立健全以政府奖励为导向、用人单位和社会力量奖励为主体的人才奖励制度；探索人才资本产权激励办法，简化人才流动办理手续，促进人才合理高效配置。

（四）构建全方位多层次的产业合作平台

建立“珠三角产业园区联盟”，推进各园区公共技术、检验检测、物流、信息平台共享，加强创新人才、信息等资源交流，加快形成产业园区资源共享机制。研究探讨推进产业布局一体化中的重大问题，充分发挥行业协会、商会和专家学者等社会力量的治理作用；鼓励珠三角各市依据产业链和专业化分工共建工业园区、科技园区和物流园区。落实珠三角与粤东西北地区合作共建省产业转移园责任，大力推进珠三角劳动密集型产业向东西北地区转移，加大招商引资力度，促进珠三角与粤东西北地区产业合作，把产业转移园打造成为珠三角地区产业的配套基地。认真实施《粤港合作框架协议》；用好CEPA赋予我省服务业先行先试的政策措施，引导港澳台科技和产业资源与珠三角对接，促进珠三角与港澳台产业合作。以泛珠三角经贸合作洽谈会、中博会为重要平台，加强与泛珠三角地区的产业合作，探索深化与泛珠三角区域产业合作的新途径、新机制。加大对世界500强企业的招商引资力度，带动配套产业转移。健全对外投资服务体系，鼓励有条件企业到国外建立生产基地、研发中心、营销中心，积极参与国际产业分工。

（五）加强组织落实

珠三角各市政府要根据本规划，抓紧组织制订本地产业发展规划或实施本规划的具体方案，特别是重大项目和重要产业基地建设实施方案，细化分解各项工作任务、明确责任、抓好落实。省经济和信息化委要加强对本规划实施情况的跟踪、检查、评估和督促，及时提出有关政策意见。有关部门要积极探索建立可测量、可报告、可核实的珠三角产业布局一体化监测指标体系，确保规划有效实施。

附表一：珠三角产业布局一体化的有关定量目标

指　　标	2008年	2012年	2015年	2020年
服务业增加值占GDP的比重（%）	47.3	53	55以上	超过60
高技术制造业增加值占工业增加值的比重（%）	25.6	27	28以上	30以上
工业全员劳动生产率（万元/人）	44.8	55	65	100
单位建设用地面积的GDP产出（亿元/平方公里）	3.502	4.75	5.6	6.6
万元GDP能耗（吨标准煤）	0.715	0.63	0.6以下	0.57以下

附表二：珠三角产业布局一体化的“530”产业体系

5大领域	30个产业
现代服务业	1. 金融服务
	2. 信息服务
	3. 专业服务
	4. 教育服务
	5. 会展服务
	6. 流通服务
	7. 外包服务
	8. 旅游服务
	9. 文化创意
先进制造业	10. 交通及海洋装备制造
	11. 通信设备制造
	12. 电力设备制造
	13. 通用和专用设备制造
	14. 石油化工
	15. 钢铁
战略性新兴产业与高技术产业	16. 电子信息
	17. 新能源
	18. 新材料
	19. 生物医药
	20. 海洋产业
	21. 航空产业
优势传统产业	22. 家用电器
	23. 纺织家具
	24. 食品饮料
	25. 建筑材料
	26. 金属制品
	27. 造纸
现代农业	28. 蔬菜和优质稻产业
	29. 畜禽和水产业
	30. 花卉园艺和观光休闲农业

珠江三角洲基本公共服务一体化规划（2009~2020年）

前　言

珠江三角洲地区（以下简称珠三角）是我国改革开放的先行地，是我国重要的经济中心区域。在改革开放30周年之际，为促进珠三角增创新优势，进一步发挥对全国的辐射带动作用和先行示范作用，国家制定了《珠江三角洲地区改革发展规划纲要（2008~2020年）》（以下简称《规划纲要》），为广东"科学发展、先行先试"提供了广阔空间，使广东再一次面临改革与发展的重大历史机遇。《规划纲要》提出推进珠三角区域经济一体化发展，打造最具活力和竞争力的世界级都市圈。编制实施珠三角基本公共服务一体化规划，构建公共事务协作管理机制，是落实《规划纲要》精神的重大举措。

本规划的基本公共服务一体化，是指珠三角公民所享受到的基本公共服务能够突破行政区划的界限，逐步实现对接共享并最终达到同一标准的过程和状态，内涵包括资源共享、制度对接、要素趋同、流转顺畅、差距缩小、城乡统一、待遇互认和指挥协同等八个方面，范围包括公共教育、公共卫生、公共文化体育、公共交通、生活保障、住房保障、就业保障、医疗保障、生态与环境和现代服务业等十个方面。本规划期限为2009年至2020年，范围是以广州市、深圳市、珠海市、佛山市、惠州市、东莞市、中山市、江门市和肇庆市为主体，并将与港澳紧密合作的相关内容纳入规划。

第一章　珠三角基本公共服务一体化的现状及重大意义

一、推进基本公共服务一体化的措施和成效

近年来，省和珠三角各市不断加大基本公共服务投入，完善推进基本公共服务一体化的体制机制，取得明显成效。坚持教育优先发展战略，不断完善公共教育经费保障机制，加大公共教育经费投入力度，促进公共教育均衡发展，全体居民受教育水平明显提高。加大公共医疗卫生投入，加强公共卫生服务体系建设，健全疾病预防控制、卫生监督及医疗救治三大体系，完善突发公共卫生事件应急机制，构建市、县（区）、镇、村四级公共卫生服务架构，着力解决群众"看病难、看病贵"问题，不断扩大基本职业卫生服务，公共医疗卫生一体化开始起步。大力发展公共文化事业，加强公共文化基础设施建设，推进农村电影放映、文化

本规划业经广东省人民政府同意，由省人民政府办公厅于2010年7月30日印发——编者注

信息资源共享、联合图书馆、农家书屋等重点文化工程建设，公共文化一体化扎实推进。大力发展公共体育事业，建立健全市、县（市、区）、镇（街道）、村（社区）全民健身组织、场地、活动和服务等四个网络建设，公共体育服务一体化稳步推进。加快公交互通建设步伐，形成科学合理、有序发展的公交网络，公共交通一体化成效显著。城镇企业职工养老保险实现省级统筹，覆盖范围不断扩大，保障水平不断提高；加大城乡居民最低生活保障和农民尤其是被征地农民的基本养老保险投入，生活保障一体化大力推进。不断完善住房保障机制，积极构建多层次的住房保障体系，着力解决低收入家庭的住房困难问题，住房保障一体化迈出新步伐。加快推进公共就业服务城乡一体化，率先打破城乡二元分割的格局，建立健全城乡一体化的就业体系，基本实现就业保障城乡统筹格局。不断扩大城镇职工基本医疗保险的覆盖面，积极推进城乡居民基本医疗保障制度建设，提高新型农村合作医疗保障水平，关注困难群体医疗保障，不断完善重病、职业病医疗救助制度和残疾人医疗救助制度，医疗保险城乡一体化进展顺利。环保一体化稳步推进，珠江综合整治初见成效，流经城市河段水质状况有所改善，煤烟型污染得到初步控制。

二、珠三角基本公共服务一体化的不足及制约因素

尽管，珠三角推进基本公共服务一体化已取得初步成效，但受经济发展水平和行政区划壁垒的制约，基本公共服务一体化存在以下问题：

（一）基本公共服务供给水平差异较大。受经济发展和财力保障水平等因素影响，珠三角九市之间基本公共服务供给水平差异较大，在各市内部区域、城乡发展也普遍存在发展不均衡、城乡差距大的问题，特别是对于珠三角次发达地区，各项基本公共服务仍处于较低水平。从整体而言，受政府财力的限制，珠三角基本公共服务呈现总体供给不足、分布不均衡的状况，基本公共服务需求增长与有限财力之间的矛盾日益突出。

（二）基本公共服务制度及标准不统一。珠三角区域间、各市间、城乡间、不同社会群体间的基本公共服务制度均还存在较大差异，尚未建立起区域内社会公共事务的协作管理机制，在管理制度设计上未充分考虑基本公共服务要素在不同地区之间的有效对接和自由流动，各市政府难以协调决策、统一行动。受多种因素影响，各地提供基本公共服务不仅支出标准不完全一致，而且在制度设计上也各有特色，基本公共服务内容构成没有统一。同时，由于社会管理体制改革相对滞后，经济社会发展仍存在“一条腿长、一条腿短”的问题，难以适应区域一体化发展要求。

（三）基本公共服务基础设施一体化程度低。长期以来珠三角各市习惯于利用地缘优势和在本行政区域内配置资源，形成的对各自为政、独立发展的路径依赖和思维定势，在短期内未能完全扭转。特别是体现在基础设施建设方面，虽然总体水平较高，布局渐趋合理，网络日益完善，但由于被分割在各行政区划内，跨地区对接和共享程度低，降低了区域经济发展的整体活力和效率。同时，珠三角公共基础设施共建共享范围较窄、方式较为单一，可挖掘的潜力和空间很大。

（四）行政壁垒成为珠三角基本公共服务一体化的障碍。珠三角包括两个副省级市、两

个经济特区市和五个地级市以及部分县（市），各级行政区划层次较多，行政隶属关系复杂，地区之间协调难度大，政策环境不一致，各经济资源要素难以在区域内自由流动和合理配置，同时妨碍了社会政策的整合，制约了区域基本公共服务一体化的进程。

三、珠三角基本公共服务一体化的重大意义

推进基本公共服务一体化，符合经济社会发展客观规律。是区域经济一体化的重要组成部分和重要保障要素。

（一）推动珠三角基本公共服务一体化，是经济社会发展到一定阶段的必然要求。珠三角是我省经济发展的主体和改革的先行地区，改革开放以来经济社会实现了跨越式发展，至2008年珠三角人均GDP已突破9000美元，达到中等发达国家水平，进入了以实现人的全面发展为主要目标的发展型社会阶段。针对当前经济粗放式发展，行政区域过度竞争导致重复建设、市场分割等问题，人民群众对破除以行政分割、地方利益最大化为特征的传统发展路径依赖、实现一体化发展的呼声日益强烈，这不仅反映在经济发展上，而且反映在社会建设、文化建设、生态建设等各个领域，包括公共事务要协调管理、基本公共服务资源要均衡配置、公共服务政策制度要相互对接、协调一致等，对提高生活水平、实现人的全面发展提出了更高要求。

（二）推动珠三角基本公共服务一体化，是促进珠三角经济一体化发展的现实需要。一体化发展的内涵丰富，涵盖经济、社会发展的各个方面。一体化发展的规律表明，经济一体化以包括人力资源在内各生产要素的高度集聚为基础和前提，相应地对保障人的权利提出了要求，通过推进基本公共服务一体化，促进劳动力在地区间自由流动，使区域内享受的公共服务不因人口的移动而发生大的变化，从而鼓励人力资源在区域内自由地流向最能发挥其特长和优势的地方，这不仅支持了资金、技术、信息等其他要素的自由流动，促进了经济发展的优势互补、错位发展，而且是社会发展的巨大进步，有助于解决经济社会发展“一条腿长、一条腿短”的问题，避免走上先经济后社会的老路，落实以人为本，促进经济社会协调发展。

（三）推动珠三角基本公共服务一体化，是深化社会管理体制改革的有效路径。改革开放以来，珠三角先行一步，思想观念解放较早、市场经济发育较好、社会多元化程度较高，同时也先期遇到了社会转型和变革带来的种种挑战和压力，经济关系多样化、社会结构复杂化、社会矛盾加剧化，社会管理任务日益繁重，社会管理内容日益复杂，深化珠三角社会管理体制改革势在必行。按照基本公共服务一体化的要求，积极推进珠三角基本公共服务领域资源共享、社会共管、制度对接、待遇趋同，将从根本上扭转传统社会管理观念、体制和模式，有力推动我省新一轮体制改革，为我省再创体制机制新优势发挥重要作用。

（四）推动珠三角基本公共服务一体化，是保民生、保增长、保稳定、构建优质生活圈的重要手段。珠三角基本公共服务一体化是基本公共服务制度的重大变革，是我省保障和改善民生的又一重大举措，将进一步完善民生供给的整体制度安排，系统推进民生保障的“底线均等”和“无障碍享有”、共建共享，为我省广大人民群众展示了未来生活的美好蓝图，

有利于提振信心、促进消费、扩大内需，有利于进一步提升珠三角、构建优质生活圈，对我省提高人口素质、加快经济发展方式转变具有重要意义和深远影响。

第二章　珠三角基本公共服务一体化的总体要求与发展目标

一、指导思想

以科学发展观为统揽，全面落实党的十七大及省委十届四次、五次、六次全会精神，围绕贯彻实施《规划纲要》提出的珠三角区域经济一体化发展战略，按照“科学发展、先行先试”的要求，进一步解放思想、改革创新，从资源共享、制度对接、待遇互认、要素趋同、流转顺畅、差距缩小、城乡统一和指挥协调等八个方面入手，努力破除珠三角行政区划、城乡二元体制的限制和障碍，构建资源要素优化配置、共建共享、流转顺畅、协作管理的社会公共事务管理机制，推动基本公共服务一体化，促进珠三角区域经济一体化发展，带动东西北地区加快发展，为广东当好推动科学发展、促进社会和谐的排头兵提供有力保障。

二、基本原则

——科学发展，先行先试。坚持解放思想，改革创新，针对影响和制约区域基本公共服务一体化的突出问题，积极进行体制和机制的创新，完善区域、城乡基本公共服务法规制度和政策措施体系，率先建立区域一体化的基本公共服务供给制度。

——明确目标，选准路径。明确各项基本公共服务的总体目标与阶段目标，区分轻重缓急，既尽力而为，又量力而行。从成本小、效益高的制度改革入手，加快消除各城市之间的政策壁垒和制度障碍；长期逐步提高基本公共服务的标准，提高基本公共服务水平和共享程度。

——破除障碍，一体发展。破除各市之间的行政壁垒与制度障碍，实现珠三角的资源共享共赢与制度无缝对接，实现资源要素在珠三角的流转顺畅与持续发展，建立基本公共服务一体化的利益协调机制。

——继承优化，统筹推进。充分吸收珠三角各市在基本公共服务领域的经验与做法，统筹协调区域、城乡的关系，根据各地发展水平，因地制宜，统筹推进，突出重点，逐步推进各市之间基本公共服务的制度对接，提高基本公共服务的水平。

——提升带动，协调发展。以珠三角一体化为突破口，推动由按行政区域配置资源向按经济区域配置资源转变，同时鼓励有条件地区率先扩大基本公共服务的范围和提高保障水平，发挥示范和带动作用，带动粤东西北发展。

——民主决策，社会参与。通过召开论证会、征求社会意见、事前公示等方式，充分听取民意。引导和鼓励慈善组织、基金会及其他各类民间组织共同投入和发展基本公共服务事业，探索建立基本公共服务多元化供给机制。

三、主要任务

(一) 实现区域基本公共服务一体化

——统一区域基本公共服务最低标准。按照不同发展阶段的目标要求，统一珠三角各项基本公共服务的最低标准，根据最低标准建立科学的评价指标体系，在确保最低标准达标率的基础上，全面实现区域基本公共服务一体化。

——提高次发达地区基本公共服务水平。加大珠三角发达地区帮扶珠三角次发达地区的力度，充分发挥次发达地区提高基本公共服务的积极性与主动性，形成次发达地区基本公共服务经费投入稳定增长的机制。

——实现区域基本公共服务自由流转。实现基本公共服务资源在珠三角的无障碍流转，充分发挥基本公共服务资源的效用。在基本公共服务的各个方面实现区域内异地自由流转，异地待遇互认、异地流转顺畅。

(二) 实现城乡基本公共服务一体化

——尽快实现城乡基本公共服务制度对接。加强制度创新，实行城乡一体化的基本公共服务制度。加大对城乡基本公共服务制度差异现状的系统研究，确定制度对接的可能方向与具体方式，按照先易后难，逐步推进的原则，尽快实现城乡基本公共服务制度的无缝对接。

——加快完善农村基本公共服务体系。改善农村基本公共服务落后的现状，加大对农村基本公共服务的投入，按照城镇基本公共服务的目标要求，加快对农村落后地区的基本公共服务体系的完善与改造，最终实现城乡一体化的基本公共服务体系。

——不断缩小城乡基本公共服务水平差距。通过合理配置城乡基本公共服务资源，均衡优质资源的布局，把城乡基本公共服务水平差距控制在允许的合理范围内，结合需求与财力可能，不断缩小城乡基本公共服务水平差距。

(三) 实现常住人口基本公共服务一体化

——在实现户籍常住人口基本公共服务一体化的基础上，逐步把非户籍常住人口纳入基本公共服务一体化覆盖范围。根据财力条件，逐步把非户籍常住人口纳入基本公共服务一体化的覆盖范围，努力实现常住人口的基本公共服务一体化。

——重点保障非户籍常住人口最迫切的基本公共服务。重点保障非户籍常住人口最迫切的基本公共服务。根据财力条件，按照需求紧迫程度有序安排，在义务教育、就业服务、最低生活保障方面、医疗保障、计划生育基本技术服务和住房保障等领域优先安排资金，确保非户籍常住人口基本生活需求得到基本满足。

——切实提高非户籍常住人口基本公共服务享有水平。在财力允许的条件下，结合有效解决基本公共服务经费异地流转问题，逐步提高非户籍常住人口基本公共服务享有水平，努力实现非户籍常住人口与当地城乡户籍人口享有同等待遇的基本公共服务。

四、实施步骤及阶段目标

(一) 第一阶段：初步实现基本公共服务一体化 (2009~2012 年)

在珠三角各市内部，针对公共教育、公共医疗卫生、公共文化体育、公共交通、生活保障、就业保障、医疗保障、住房保障、生态与环境和现代服务业等十项基本公共服务，在资源共享、制度对接、待遇互认、要素趋同、流转顺畅、差距缩小、城乡统一和指挥协调等八个方面，初步建立起一体化的制度和机制，基本实现各市内部城乡、县（市、区）之间基本公共服务一体化。同时，突出重点，逐步推进各市之间基本公共服务制度对接。

阶段目标：整合珠三角公共教育资源，推进各市教育管理制度的一体化，实现公共教育资源配置的一体化，促进教育公平发展。推进珠三角公共医疗卫生制度和机制对接，在珠三角各市内部初步建立起基本医疗卫生制度和比较科学的医疗卫生机构管理体制和运行机制，健全卫生应急机制，基本实现各市内部公共医疗卫生服务一体化。初步实现珠三角公共文化资源的共享共通，进一步缩小区域与城乡公共文化设施的差距，通过数字化、网络化和自动化等现代化手段，大力推进文化信息资源共享工程等公共文化信息和服务平台建设，形成覆盖城乡、结构合理的基层公共文化共享网络，初步建立起公共文化事业一体化的制度与机制；构建全民健身场地、组织、活动和服务四个网络体系，全面实现珠三角群众体育锻炼有场地、活动有组织、健身有指导、体质有保障。大力推进公共交通基础设施建设，优先发展城市公交和农村客运，建立居民出行公共信息平台，初步实现城乡一体化公共交通运输体系。初步实现不同群体的生活保障制度的对接，实现农村养老保险全覆盖和基本养老保险关系可转移、制度可衔接、财务可持续；建立覆盖城乡、制度健全、管理到位、服务多样的退休人员社会化管理服务体系；建立制度相对统一、待遇标准有别的城乡居民最低生活保障制度，做到应保尽保。推进各市之间的制度对接，初步建立珠三角一体化的公共就业服务体系，基本实现各市内部城乡、县（市、区）之间就业保障服务一体化，建立覆盖珠三角全体劳动者的公共职业培训体系，实现人力资源培训配置一体化；建立健全适应各类劳动者职业生涯发展不同阶段需求的职业培训体系。扩大基本医疗保障的覆盖面，基本实现医疗保障服务在区域内流转顺畅，待遇互认。扩大住房保障的覆盖面，基本形成覆盖所有城镇低收入人群的保障性住房供应体系，实现珠三角九市住房制度的基本对接。加快推进珠三角大气污染防治一体化、流域水体改善一体化、重大项目审批一体化、区域环境标准一体化、环境管理体制一体化、环境执法监督一体化、环境监控手段一体化和环境信息公布一体化等政策措施，从区域整体的角度统筹和整合珠三角各地的环境资源。探索现代服务业的行业标准，构建信息共享公共服务平台，探索行业标准，初步形成珠三角现代服务业协商、合作的途径及机制。

（二）第二阶段：全面实现基本公共服务一体化（2013~2020 年）

进一步完善各市内部基本公共服务一体化的制度机制，实现各市内部城乡、县（市、区）和不同社会群体之间基本公共服务制度的统一、基础设施的共享和城乡保障标准等方面的一致。从资源共享等八个方面着手，在第一阶段的基础上，全面推进各市之间十项基本公共服务制度机制的对接。到 2020 年，珠三角建立起覆盖城乡、功能完善、分布合理、管理有效、水平在全国领先的基本公共服务体系，所有珠三角居民平等地享受十项基本公共服务，并努力使基本公共服务水平在国内位居前列。

阶段目标：实现公共教育资源的要素共享和相互开放，形成珠三角一体化的公共教育体系和公共教育管理体制，促进教育资源要素的自由流动和顺畅流动；实现珠三角公共教育服务待遇的一体化，推动义务教育均衡发展和高中阶段教育协调优质发展，促进公共教育资源要素趋于一致。进一步完善区域公共医疗卫生服务一体化的制度机制，建立高效、协调、科学的突发公共卫生事件应对机制，实现各市内部城乡、县（市、区）和不同社会群体之间公共医疗卫生服务制度的统一、基础设施的共享和服务标准的一致。在公共文化管理制度统一，基础设施标准一致，公共文化事业资源布局合理，在公共文化产品的生产供给能力与公共文化的服务水平大幅提高的基础上，形成服务优质、覆盖全社会的公共文化事业服务体系；完善全民健身场地、组织、活动和服务四个网络体系，全面实现珠三角群众体育场地现代化、组织网络化、活动体系化、健身科学化、体质优良化。大力推进交通基础设施建设，形成网络完善、布局合理、运行高效的一体化综合交通运输体系，全面实现公共交通一体化。提高珠三角居民生活保障的共享水平，以社会保险、社会救助、社会福利为基本内容的社会保障制度覆盖全体居民；全面实现生活保障的一体化。进一步完善珠三角一体化的公共就业服务制度和体系，实现各市内部城乡、县（市、区）和不同社会群体之间就业保障制度的统一、基础设施的共享和城乡保障标准等方面的一致，全面推进各市之间就业保障制度机制的对接。建立珠三角一体化的医疗保障服务体系，提高医疗保障的服务标准，整合现行制度，缩小各制度间、地区间医疗保险制度的发展差距，从城乡分离变成城乡融合。建立珠三角一体化的住房保障制度，实现珠三角保障性住房建设标准的基本一致，使各地居民共享同等的住房保障待遇。全面推进珠三角环保一体化，建立高效的区域环境保护一体化体制机制政策体系，环境污染得到有效控制，环境质量接近或达到世界先进水平，建成生态文明示范区。建立珠三角现代服务业标准规范体系，建立市场化运作的企业和个人信用服务体系，消除各种形式的地方壁垒，形成统一的现代服务业市场。

第三章　实行基本公共服务资源共享

在珠三角区域内实现基本公共服务信息、资源、技术、设备等要素共享和相互开放，对基本公共服务基础设施进行合理配置，实现基本公共服务建设规划的统一，充分发挥基本公共服务资源的效用。

一、初步实现阶段（2009~2012 年）

（一）促进区域教育资源统一规划和共享

——加快调整优化中小学布局，推进规范化学校建设。根据城乡建设规划，结合常住人口密度、生源、交通等条件，按照低年级就近入学、高年级相对集中的原则，进一步调整优化中小学布局，实行规模办学，优化资源配置。

——坚持重点突出、以点带面和集中建设、集约发展的原则，整合优化省属中等职业技术教育、中等技工教育资源，着重支持基础条件好、发展潜力大的职业院校、技工院校加快发展，初步建成省、市两级职业教育基地。

——完善广州、深圳、珠海、佛山、东莞大学园区（域）规划和功能。

——推进优质幼儿园和早期教育资源中心建设，面向常住人口，合理规划幼儿园布局。

（二）推进区域公共医疗卫生资源共享

——建立和完善区域医药卫生服务信息网络。

——建立健全统一标准的基本职业病卫生服务网络，实现职业卫生服务资源和信息共享。

——以服务人口为核心，整合公共医疗卫生资源，优化资源配置，提高公共医疗卫生资源的利用效率。

——健全卫生应急机制，建立健全区域中毒控制与急救网络，实现突发公共卫生事件应急处置资源整合。

（三）基本实现区域公共文化体育资源共享共通

——以数字资源建设为核心，以基层服务网点建设为重点，加快推进文化信息资源共享工程建设。

——建立健全公共文化设施网络，加强各类文化馆（站）、博物馆、图书馆、美术馆、艺术馆、纪念馆和广播电视台（站）、互联网的公共文化信息服务点和卫星接收设施公共服务管理系统等公共文化设施建设。

——整合全省文化资源，建立地方文献共建共享网络平台，建立“珠三角数字图书馆联盟”平台，实行数字图书网上“一卡通”服务，促进在部分合适公共场所设立自助图书馆，力促图书馆服务辐射力的延伸，服务半径的放大，服务对象的扩大及服务方式的便捷。

——建立健全区域市、县（市、区）、镇（街道）、村（社区）四级公共体育场地设施为主，行业（单位）、社会各类体育场地设施为辅的全民健身场地设施网络，推进体育设施资源共享。

——建立区域体育信息资源共享的标准体系和技术平台，加快推进珠三角体育信息资源共享工程建设。

——建立健全区域群众体育竞赛、活动和服务制度，打造珠三角群体活动网络，推动全民健身活动与文化、教育、卫生和旅游等共享。

（四）初步建立多卡互通、信息共享、维修救援便捷的公共交通体系

——整合区域现有城市公交智能卡系统和资源，建立统一规范覆盖城乡的公交一卡通运作总平台，实现“多卡并存、多卡互通”，最终实现与路桥通行费及港澳地区智能卡的互认及结算。

——建成公众信息服务平台，社会公众通过网络便捷获取出行信息，进行异地、联程售票。

——按照方便、快捷、高效的原则，建设珠三角统一的道路运输热线服务，实现出行咨询服务、投诉、维修救援“一号通”。以一号通为平台，结合卫星导航系统和电子地图，逐步建立覆盖珠三角的以国道沿线、高速公路服务区为主的维修救援网络。

（五）初步建立人口计生基础技术服务信息资源共享体系

——以人口基础数据资源建设为核心，以电子政务外网和人口计生虚拟专网建设为重点，加快推进人口基础数据资源共享工程建设。

——初步建立流动人口跨区域协作管理新模式，实现流入与流出地之间管理服务信息的网上通报和双向交流。

——初步建立育龄人口技术优质服务资源共享体系，实现同一对象在不同地区同等地享有人口计生优质免费的技术服务。

——初步建立流动人口计生服务管理信息资源共享的标准化体系和技术平台，加快推进珠三角流动人口计生服务管理信息资源共享工程建设。

（六）推进区域生活保障业务资源共享

——建立统一的福利服务信息系统，探索福利收养性服务机构资源共享机制。

——加快开发应用全省统一的集中式养老保险省级管理系统，依托省的信息平台，建立珠三角信息共享系统。

——完善各级灾害应急救助体系，建立统一的、集应急信息平台、应急网络通讯平台、应急决策支持平台和应急指挥平台于一体的灾害救助应急指挥系统。

——推进生活保障业务信息系统运行平台建设。

——构建统一管理、统一服务的生活保障业务库和决策库。

（七）实现住房保障信息系统共享

——按照统一模式、统一功能、统一数据格式的要求，建立住房保障信息系统，实现住房保障系统全省联网，实现区域共享住房保障信息。

（八）构建公共就业服务信息共享机制

——建立覆盖城乡、直达社区（村居）互联互通的人力资源市场信息网络，建立人力资源信息预测预警机制，构建区域内人力资源市场信息共享机制，建成区域内“人岗速配”信息服务管理系统。

——加快完善省、市、县（区）、镇（街）、村（居）五级公共就业服务机构，以泛珠三角人力资源合作交流中心建设为龙头、珠三角各市为主体，加快形成以珠三角为中心辐射泛珠区域的人力资源配置中心。

——建成区域远程职业培训公共平台，建立人力资源培训信息预测制度。

——建成覆盖珠三角的职业能力开发评价公共服务网，推广使用职业技能鉴定业务信息管理系统，实现职业资格证书上网即时查询功能。

——粤港合作共建香港知专设计学院广东工业设计培训学院，建设具有国际先进水平的国家级职业能力开发评价示范基地，加快建设省职业技能鉴定中心南海基地二期工程。

（九）实现生态、环境信息和环保科技资源的共建共享

——建设环保信息服务平台，促进区域环境信息互通。

——以环境监测、监察、信息、宣教为重点，建立覆盖全区域的现代化监测体系。

——优化区域大气监测网，逐步推进区域内所有城乡站点的数据联网与共享。

（十）建成区域统一的现代服务业公共信息平台

——率先推进电信网、互联网和广播电视网“三网融合”，在广州、深圳、佛山等有条件的地区，建设“三网融合”试点示范区。

——率先发展“物联网”，加快建设南方现代物流公共信息平台，以广州、深圳为枢纽，整合各有关部门和单位的物流信息资源，并与公路、港口、银行和制造商的物流信息系统和国内外的物流信息平台相对接。

——建立权威、可靠、准确的物流企业资信与从业人员资格信息查询系统，完善物流与从业人员队伍诚信体系建设。

——建设个人信用信息系统，完善企业信用信息系统，推进信用信息整合与共享，推进全省信用体系建设。

二、全面实现阶段（2013~2020 年）

（一）率先实现教育现代化，教育发展整体水平达到发达国家平均水平

——普及学前三年教育。

——实现市域义务教育均衡发展。

——健全现代职业教育体系，建成我国南方重要的职业教育基地。

——高等教育普及化水平和教育教学质量显著提高，自主创新能力显著增强。

——建立支撑人力资源强省建设的更加开放、更好质量、更高水平的现代国民教育体系和终身教育体系。

（二）建立区域卫生规划和资源配置监督评价机制，实现区域重大医疗卫生资源错位发展

——建立科学可行的区域卫生规划和资源配置的监督评价制度，确保信息系统的公开、透明。

——坚持社会效益的原则，优化规划结构，根据现有医疗技术特点和未来发展规划，实施区域内重大医疗卫生资源错位发展。

——推进突发公共卫生事件应急资源和信息共享，建立统一协调应急机制。

（三）实现区域公共文化体育资源共享共通

——建立“电纸书图书馆”网站，在珠三角发布已解决版权的电子图书，供读者通过电纸书阅览器免费下载阅读。

——打破现行图书馆管理体制的限制，整合图书馆资源，在珠三角率先建立手机图书馆，实现图书资源的共建共享和高效利用。

——完善区域市、县（市、区）、镇（街道）、村（社区）四级公共体育场地设施为主，行业（单位）、社会各类体育场地设施为辅的全民健身场地设施网络，全面推进学校和行业（单位）体育设施向社会开放，全面实现体育场地设施资源共享。

——完善区域体育信息资源共享的标准体系和技术平台，全面实现珠三角体育信息资源实时共享。

——完善区域群众体育竞赛、活动和服务制度，提升珠三角群体活动网络的内容和质量，全面实现全民健身活动与文化、教育、卫生和旅游等共享。

（四）完善公众出行信息平台和覆盖全省的维修救援网络

——完善公众信息服务平台，实现全运输方式的查询与出行计划编制、方案优化和线路导航服务。

——建成全省统一的道路运输热线服务，实现方便、快捷、高效的出行咨询服务、投诉、维修救援“一号通”。

——制定统一的维修救援行业技术标准与服务规范，完善覆盖全省的维修救援网络。

（五）实现人口计生公共服务信息资源共享

——建立部门间协同维护、共同应用的全员人口基础信息库，并以此为基础建立人口宏观管理与决策分析系统，建立完善人口宏观管理与决策分析指标和模型。

——建立区域人口计生数据中心，实现数据共享、服务共享、管理共通的人口计生服务管理新机制。建立社会公众与人口和人口计生部门间良性互动的共享平台。提高人口计生统计动态监测和预警预报能力，引导人口合理分布、迁移，免费享有基本的优质的人口计生技术服务。

——实现流动人口计生均等化服务和管理。提升流动人口计生服务管理水平，使流动人口与本地居民同等地享有出生素质、优生优育、计生优质服务等人口计生服务。

（六）建立统一协调的生活保障体系

——建立福利服务信息平台，实现福利服务资源的有效共享和优势互补。

——建立完善区域灾害救助应急指挥系统，形成统一指挥、灵活调度、协同配合、运转高效的灾害救助应急体系。

——建立内容统一、集中部署、数据共享、部门联动的生活保障业务信息系统和决策支撑平台，形成生活保障标准的自然增长机制，实现科学管理和有效保障。

（七）探索低收入住房困难家庭的异地安置和保障

——在相邻的地市尝试跨区域建设廉租房、经济适用房和公共租赁住房，探索异地安置制度。

——逐步打破住房保障的本地户籍限制，努力实现住房保障对象（低收入住房困难家庭）可以在珠三角范围内异地享有住房保障。

（八）建立统一的公共就业服务体系

——加强公共就业服务机构建设，建立省、市、县、乡镇、社区（村居）五级公共就业服务体系。

——建立区域间统一、开放、规范的人力资源市场和完备的自助式网上服务平台，全面实现业务经办信息化和业务信息实时共享。

——深入推进粤港澳合作，形成职业资格证书认定、劳动合同、社会保险征缴、劳动争议处理等方面信息资源共享和衔接处置机制。

（九）实现迅捷通畅的现代服务业信息一体化

——完善物流信息平台，实现珠三角重点货物交易市场联网与货物配载信息发布功能，逐步实现物流平台交易撮合服务，建成统一的快件等货物跟踪与查询服务平台。

——推动信息技术和互联网在经济社会各领域的广泛渗透和深入应用，全面构建“电子政府、信息经济、网络社会、数字家园”，打造数字广东。

——加快建立信息共享的标准体系和技术平台。

第四章　对接基本公共服务制度

在允许存在制度差异的条件下，实现珠三角区域内各基本公共服务框架、内容和实施步骤相互对接，减少制度障碍，促进人力资源要素的自由流动。

一、初步实现阶段（2009~2012 年）

（一）推进区域公共教育制度对接

——探索学前教育财政拨款制度，加大对乡镇中心幼儿园的补助，开展幼儿园补助试点。

——健全义务教育经费省级统筹、各级政府共担、管理以县为主的体制。

——建立珠三角普通高中一体化办学机制，统筹优质普通高中资源，合理规划布局结构。实行中等职业技术学校、技工学校生均综合定额拨款制度，分步分类推进，逐步实现中等职业技术教育、技工教育免费。

——健全高等学校生均综合定额拨款预算制度，健全高等学校生均综合定额拨款预算制度，研究探索高等职业学院、高级技校、技师学院生均综合定额拨款制度。

——全面实施义务教育学校绩效工资制度，保障教师的平均工资水平不低于当地公务员平均工资水平。

——将非户籍常住人口子女义务教育纳入教育发展规划，多形式多途径提供学位，逐步实现非户籍常住人口子女接受义务教育与当地城乡户籍学生享有同等待遇。

（二）推进区域公共医疗卫生服务制度对接

——全面建立以城市社区卫生服务机构或基层医疗机构为依托的普通门诊统筹制度，完善特殊门诊费用补偿制度。

——全面实行参保人员在统筹区域范围内所有定点医疗机构自主选择就医，出院即时获得补偿的办法。

——全面实行参保工人职业健康检查和职业病诊治费用补偿制度。

——推行参保人员在省市级定点医疗机构就医即时结报的办法。全面开展省级定点医疗机构即时补偿试点。

——全面建立市、县（区）、镇（街）公共卫生应急机制，提升公共卫生应急能力。

（三）推进区域计划生育利益导向政策的有效衔接

——建立区域计划生育奖励扶助互通互认机制，通过信息共享、资质互认，实现对区域内人口迁移及流动人口奖励政策的对接。

——建立社会抚养费征收协调机制，在对区域内流动人口征收抚养费时，及时向户籍地通报信息、协调征收数额，并及时反馈处理结果。

（四）推进区域生活保障制度衔接

——探索建立新型农村社会养老保险与农村现行各种社会养老保障办法、新农保与城镇企业职工基本养老保险制度的衔接办法，加快建立城乡基本统一的退休人员社会化管理服务制度。

——加快统一构建以最低生活保障、灾民救助、五保供养、流浪乞讨人员救助以及特困居民医疗救助为内容，以临时救助为补充，全面覆盖的社会救助体系。

——加快建立区域统一的老人优待制度、养老服务补贴制度和“儿童福利津贴”制度。

——在实现养老保险省级统筹的基础上，逐步推进基础养老金全省统筹，全省养老保险单位缴费比例、缴费基数下限基本统一。

（五）探索推进区域就业服务制度对接

——实行省内外城乡劳动力统一的就业失业登记制度，建立科学的就业景气指标体系、企业用工景气指标体系及发布制度。

——制定全省职业技能鉴定体系建设规划，整合珠三角职业技能鉴定资源，率先建立新型职业能力鉴定服务体系，建立起全省统一的工作标准和考核规范。

——实现全省职业技能鉴定业务管理系统的对接，对全省鉴定业务进行在线管理及督导。

（六）逐步推进生态环境保护政策的统一

——对环境保护实行统一的区域环境政策体系，建立珠三角环境质量评价体系，全面推行规划环境影响评价和重大决策环境影响评价制度。

——在珠三角逐步推进统一的污水处理费和企业排污费征收标准，推行排污权有偿使用和交易制度。

——完成珠三角“绿道”建设规划。按照“省统筹指导，地方政府建设为主”的原则，在珠三角率先规划建设区域绿道、城市绿道、社区绿道衔接互通的绿道网络，实现“一年基本完成，两年全部到位，三年成熟完善”的目标。

（七）推进区域公共体育服务制度对接

——探索实行区域内社会体育指导员统一的培训、考核、登记、管理和上岗制度，建立科学规范的社会体育指导员管理体系。

——整合区域内体育职业技能鉴定资源，实现体育职业技能鉴定业务管理系统的对接。

——建立健全区域国民体质监测制度，逐步实现国民体质监测“一卡通”。

二、全面实现阶段（2013~2020年）

（一）建立完善的公共教育管理体制和经费保障体制

——建立健全公共财政体制下教育投入的稳定增长机制。各级政府财政教育拨款增长明显高于财政经常性收入增长，在校学生人均教育经费逐步增长，教师工资和学生人均公用经费逐步增长。

——建立政府统筹、分级管理、地方为主、社会参与的职业教育管理体制。

——完善高等教育中央、省、市三级办学，中央和省两级管理、以省为主的体制。

——建立政府主导、社会参与，公办与民办并举的学前教育办园体制，并实行以县为主、县、乡（镇、街道）共管、教育行政部门归口管理的学前教育管理体制。

（二）实现计划生育利益导向政策体系一体化

——逐步统一计生奖励扶助的对象范围、认定标准、奖励额度和发放程序。

——统一区域内社会抚养费征收标准和征收幅度。

（三）实现基本养老保险区域一体化，建立现代社会救助制度和社会福利服务制度

——继续提高养老保险省级统筹水平，2020年实现统收统支的省级统筹。

——进一步健全新型农村社会养老保险与城镇企业职工基本养老保险的衔接办法。

——建立以生活救助为基础、各项社会救助相配合的社会救助体系，创新社会救助体制机制。

——进一步深化社会福利制度改革，建立与港澳台地区及国际社会福利服务相接轨的社会福利服务制度。

（四）建立统一的住房保障制度

——制定《珠三角住房保障办法》，逐步把农村人口和非户籍常住人口纳入住房保障范围，统一保障对象的准入标准和保障标准。

——进一步完善住房保障的政策、制度和管理体制，建立统一的住房保障工作机制。

（五）建立区域统一的就业服务管理制度

——全面推行省内外劳动者统一的就业失业凭证服务管理制度，加快建立和完善城乡劳动者平等就业制度。

——全面建立统一的城乡劳动力资源及就业失业状况调查登记分析制度，完善就业景气指标体系。

——出台《广东省职业技能培训鉴定条例》，加快建设人力资源职业能力开发评价公共服务信息平台，逐步形成人力资源培养、评价和配置一体化运作的高效体制机制。

（六）实现区域生态建设领域的合作与对接

——建立完善的环境资源价格核算和收费标准，基本完成环境资源价格改革。研究制定统一的生态工业标准。

——实现城市间绿化、环境保护、环境综合治理、城市间生态安全保育、区域绿地建设等的规划衔接，加强城市之间接壤地区林业绿化的规划对接。

——完善和规范统一的排污收费制度和排污许可证制度，统一排污量审核、排污权审批和排污权交易的标准和法规，建立并完善珠三角的排污权交易市场机制。

（七）实现区域公共体育服务制度对接

——完善区域内社会体育指导员统一的培训、考核、登记、管理和上岗制度，健全科学

规范的社会体育指导员管理体系。

——继续整合区域内体育职业技能鉴定资源，全面实现体育职业技能鉴定业务管理系统的对接。

——完善区域国民体质监测制度，实现国民体质监测“一卡通”。

第五章　实行地区间基本公共服务待遇互认

在珠三角区域内实现基本公共服务待遇互相承认，允许人们享受的基本公共服务水平不因异地流动而改变，为各资源要素自由流动提供条件。

一、初步实现阶段（2009~2012年）

（一）逐步推进区域公共医疗卫生待遇互认

——除职业病防治机构、精神病专科医院、眼科医院、口腔医院、结核病防治机构等专科特色明显、病历流通性不大、不宜使用通用病历的医疗机构外，珠三角其他各级各类医疗机构推行使用统一门、急诊“病历一本通”。

——珠三角医疗机构逐步对差异性小、价格较高的检查项目推行临床检验结果互认、职业病健康监护结果互认，职业病防治机构、精神病专科医院、眼科医院、口腔医院、结核病防治机构等专科特色明显、检查项目特殊的医院按照开展诊疗实际逐步实施。

——制订临床检验质量控制管理规范，建设区域性临床检验质量控制平台，使各医疗机构的检验结果可控可比，逐步实现区域性检验结果互认。

（二）逐步推进区域公共交通待遇互认

——实现道路运输车辆综合性能检测及二级维护竣工检验结果在区域内实现数据共享及互认。

——实现公共交通从业人员资格互认与协同管理。

（三）逐步推进区域生活保障待遇互认

——贯彻实施《广东省基本养老保险关系省内转移接续暂行办法》（粤府办〔2008〕76号），采取“待遇分段计算，发放责任共担”的方式，实现养老保险关系省内无障碍转移。

——探索建立珠三角抚恤优待、老人优待异地待遇互认机制。

（四）逐步推进区域住房保障待遇互认

——建立住房保障对象资格异地互认机制，实现住房保障对象的资格（即低收入住房困难家庭）不仅在当地获得承认，而且在珠三角其他城市也获得承认。

（五）逐步推进区域公共就业服务待遇互认

——制订区域公共就业服务待遇互认办法，以就业困难人员为突破口，率先实现就业困难人员凭证在区域内享受各种待遇，逐步实现城乡和省内外劳动者统一凭《就业失业手册》在区域内享受公共就业服务。

——建立完善就业失业信息系统，加强区域之间资源共享，实行待遇互认准入制度，所有劳动者纳入统一的就业失业管理制度。

——选择部分市县进行试点，建立区域统一的培训服务体系。

——在区域内免费开通广东远程职业培训网络平台，提供职业培训和创业课程培训。

（六）探索实行粤港澳职业资格鉴定和证书互认制度

——粤港共同研究香港资历架构等体系和国家职业资格证书体系的对接，扩大港澳职业技能鉴定规模，探索实施“一试三证”。

——在产业发展急需的职业领域联合开发新职业标准和鉴定试题，建立系统化、集成式的粤港联合开发职业标准新机制，形成比较全面的国际职业资格证书技术支持与管理服务体系。

（七）逐步推进公共体育服务待遇互认

——建立区域社会体育指导员统一的上岗服务政策制度，将社会体育指导员服务纳入志愿者服务管理体系，实现社会体育指导员与志愿者待遇互认。

——探索区域间实行体育职业技能资格鉴定和证书互认制度，建立统一的体育职业技能资格鉴定标准、程序和证书互认基本框架。

二、全面实现阶段（2013~2020年）

（一）进一步推进区域公共医疗卫生待遇互认

——全面实行门、急诊“病历一本通”。推进各医疗机构使用通用病历，并接受就诊者在本机构使用通用病历。

——全面推进医疗机构间医学检验检查结果互认。在条件成熟的医疗机构全面推进临床检验结果互认工作，在区域内实现职业健康监护结果互认。

（二）进一步推进区域生活保障待遇互认

——依据省级统筹水平的不断提高，依托全省集中式养老保险信息系统，实现养老保险关系转移一卡通。

——实现珠三角抚恤优待、老人优待异地待遇互认。建立统一的优待制度和标准，推行政府购买社会服务。

（三）进一步推进区域住房保障待遇互认

——建立低收入住房困难家庭异地享有住房的成本分担机制。

——在实现住房保障对象的资格异地互认的基础上，使珠三角其他市居民进入本地工作和居住的可以享有与本地居民同等的住房保障。

（四）进一步推进区域公共就业待遇互认

——建立区域统一的公共就业服务政策制度，全面统一区域公共就业服务内容和标准，确保劳动者在区域内流动过程中其享受的基本公共服务水平不因异地流动而改变。

——扩大珠三角职业培训服务体系覆盖范围，使珠三角全体城乡劳动者享受统一的职业培训服务。

（五）实现职业标准及认证体系与国际接轨互认

——粤港澳合作开发适应现代产业体系建设和提升传统产业的新职业认证项目。

——人力资源职业能力评价实现全面互认，职业标准及认证体系全面与国际接轨。

（六）推进公共体育服务待遇互认

——完善区域社会体育指导员统一的上岗服务政策制度，将社会体育指导员服务纳入志愿者服务管理体系，实现社会体育指导员与志愿者待遇互认。

——健全区域间体育职业技能资格鉴定和证书互认制度，全面建立统一的体育职业技能资格鉴定标准、程序和证书互认基本框架。

第六章　推动基本公共服务要素趋同

通过珠三角区域内各基本公共服务项目的要素内容逐步趋于一致，为最终实现一体化区域内基本公共服务待遇趋同打好制度基础。

一、初步实现阶段（2009~2012 年）

（一）逐步推进区域公共教育要素趋同

——基本完成乡镇中心幼儿园建设工程。

——建立健全义务教育经费保障机制，制定城乡统一的义务教育学校建设标准、教职员编制标准、教职员工资标准和生均公用经费标准，推进义务教育阶段规范化学校建设。

——至 2012 年，基本解决城镇义务教育大班额问题，推行标准班教学。

——实施中小学校舍安全工程，2009~2011 年统一对七度以上地震烈度区、洪涝灾害易发地区、山体滑坡和泥石流等地质灾害易发地区存在安全隐患的校舍进行抗震加固、迁移避险。

——统一实行危房定期检查和维修改造长效机制。

——基本完成义务教育中小学“三室一场五有”工程。

——实施提升普通高中实验实践设施设备标准化、优质化水平计划。加快推进中等职业示范学校、示范技工学校建校工程；加强职业教育区域公共实训中心建设和职业院校、高级技校、技师学院校内专业实训中心建设，建设一批企业实训基地；加大“双师型”教师培养培训力度；探索建立制度化校企合作平台和保障体系。

——制定实施高校重点学科建设指导意见，包括重点学科、特色专业、精品课程、实验教学示范中心、重点实验室、文科重点研究基地等。

——地级以上市和人口在 30 万以上、“三残”儿童少年较多的县（市、区）要按照国家规定，建设 1 所标准化特殊教育学校，足额配备特殊教育教职人员。

——至 2012 年，珠三角各市、县（市、区）至少建成 1 个有一定规模的学生校外活动场所或德育实践基地。

（二）确立珠三角基本公共卫生服务项目

——加强基层卫生服务机构标准化建设，保证基本公共卫生服务项目在社区卫生服务中心（站）、乡镇卫生院、村卫生站的落实。

——根据国家基本公共卫生服务项目，确定珠三角九项基本公共卫生服务项目。

——加强各级职业病防治结构标准化建设，保证基本职业卫生服务在基层卫生机构和用人单位得到落实。

（三）逐步推进区域公共文化体育要素趋同

——建立珠三角市、县（市、区）、镇（街道）、村（社区）四级公共体育场地设施网络；地市建有体育馆、体育场、游泳池和占地2万平方米以上的全民健身广场（公园）。县（市）建有体育馆、体育场、游泳池和全民健身广场（公园）；区建有室内全民健身中心或体育馆，游泳池，体育场或全民健身广场（公园）；乡镇建有健身广场（公园）；街道建有健身小广场（公园）；行政村建有一个篮球场、两张以上室外乒乓球台和一套以上健身路径（10件器材以上）；社区和有条件的自然村有1个以上的健身点（配有健身路径、室外乒乓球台、小篮板等）。

——建立以政府主导、社会参与、条块结合，覆盖珠三角城乡和行业单位的体育组织网络。

——建立形式多样、丰富多彩的体育活动网络，确保珠三角经常参加体育活动的人数达到总人口的45%以上。

——建立全民健身服务网络，确保国民体质高于全国平均水平，其中，良好以上水平的人数占40%.

（四）确立珠三角人口计生基本公共服务项目

——在市、县、镇、村建立“一会三栏二室一校一屋”人口文化宣传阵地，即计划生育协会，公开栏、宣传栏、读报栏，办公室、计生服务所（站、室），婚育学校，新家庭文化屋建设。

——依托各级婚育学校，开办青春期、新婚期、孕产期、育儿期和更年期等培训班，开展人口计生科普宣传。

——实施计划生育奖励优待政策，包括农村部分计划生育家庭奖励制度、独生子女伤残死亡特别扶助制度、城镇独生子女父母计划生育奖励制度、计划生育“节育奖”奖励办法等。

——推进计划生育公共技术服务网络标准化建设，至2012年95%以上的县级服务站、90%以上的镇服务所完成标准化建设，为广大育龄群众开展性与生殖健康服务。

——实行免费孕前优生健康检查、开展出生缺陷干预工程和避孕药具免费发放政策，至2012年珠三角计划怀孕夫妇孕前优生健康检查率达90%以上，避孕药具发放率达100%，已婚育龄夫妇避孕方法知情选择率达95%以上、避孕节育措施落实率达90%以上。

（五）建立统一的客货运服务内容和质量规范

——建立统一的出租车客运、城市公交、班线客运、旅游客运及联运服务的服务内容、质量规范。

——建立统一的快件运输及货物联运的技术标准与服务内容、质量标准和责任求偿规则。

（六）构建珠三角一体化的住房保障体系

——各市基本形成以廉租房、经济适用住房、政策性租赁住房、限价房、住房货币补贴制度、住房公积金制度为主要内容的珠三角城镇基本住房保障体系。

——建立以贫困户（含低保户）危房改造、政策性农村住房保险、困难群体住房救助为主要内容的农村住房保障体系。

（七）进一步推进公共就业要素趋同

——统一区域公共就业服务内容、流程和标准，全面规范服务操作。

——以珠三角高端服务业和先进制造业中的通信设备、生物工程、石化产业、机械装备、临港装备、精细化工、金融服务等主导产业为重点，开发120个工种职业培训课程标准，引导推动全省职业培训规范。

——推行职业技能鉴定机构体制、职能、人员“三统一”，全面加强职业技能鉴定机构能力建设，明确各级鉴定机构、人员、场地、设备、制度等硬件、软件设置标准。

二、全面实现阶段（2013~2020年）

（一）完善统一的客货运服务内容和质量规范。建立较为完善的客运、货运和维修、救援等一系列服务质量标准体系。

（二）建立要素内容统一的社会救助体系、社会福利服务体系和优抚对象安置保障体系。

（三）建立要素内容统一的社会保险服务体系

——推进社会保险经办服务机构标准化建设，全面加强社会保险机构能力建设，明确各级机构、人员、场地、设备、制度等软硬件设置标准。

——建立完善珠三角市、县（市、区）、镇（街道）、村（社区）司机社会保险经办服务网络，保证社会保险各项政策得到落实。

（四）完善全民健身场地、组织、活动和服务四个网络体系，全面实现珠三角群众体育场地现代化、组织网络化、活动体系化、健身科学化、体质优良化。

（五）完善和提升珠三角市、县（市、区）、镇（街道）、村（社区）四级公共体育场地设施网络。

（六）建立惠及全社会的计生服务体系

——进一步提高出生人口素质，普及优生知识，加强婚育指导，降低新生儿出生缺陷发生率。

——育龄群众基本享有生殖健康优质服务，全面提供查环、查孕、查病及术后回访等计划生育服务。

——有效遏制出生人口性别比偏高现象。

（七）建立阶梯消费模式的住房保障体系

——根据珠三角各地实际和人均空间的合理需求，逐步将住房保障准入标准统一到人均居住建筑面积15平方米以下。向低收入家庭提供廉助住房保障和经济适用住房保障；向中等收入以下家庭提供限价房；为刚参加工作的人员、农民工、无经济能力购房的中低收入家庭提供公共租赁住房；并通过健全住房货币分配制制度、住房公积金制度增强住房消费能力，解决城镇中等收入人员住房问题，逐步建立标准合理、覆盖广泛、选择多样、阶梯消费的珠三角特色的住房保障体系。

（八）建立要素内容统一的就业保障服务体系

——统一区域促进就业政策，全面实现就业服务标准化。所有劳动者不分城乡、区域内外和群体，全部纳入统一的就业失业登记管理服务，享受同等的就业服务，全面实现就业服务标准化。

——扩大广东职业培训规范标准范围。以珠三角主导产业和支柱产业为重点，每年开发150个工种的职业培训课程标准。

——建立完善的职业技能鉴定质量管理体制机制。各级鉴定机构、人员、场地、设备、制度等硬件、软件设置统一标准。

第七章　实现基本公共服务流转顺畅

在珠三角区域内人流和物流的流动不受行政区划限制，实现流转的顺畅。通过无障碍流动，形成一体化区域内待遇逐步趋同的自我调节机制。

一、初步实现阶段（2009~2012 年）

（一）理顺公共文化体育服务运行体制机制

——深化公益性文化事业单位改革，健全完善公共文化服务机构设置和功能定位。

——探索公共文化服务社会化运作模式，采取政府招标、项目补贴、定向资助、贷款贴息等手段，引导社会力量参与公共文化服务。

——整合乡镇各方资源，组建集书报刊阅读、宣传教育、文艺演出、科普教育、体育和青少年校外活动等于一体的乡镇综合文化站。

——开展公共文化流动服务，完善“广东流动图书馆”、“广东流动博物馆”、“广东流动演出服务网”建设，市、区、街道三级图书馆实行通借通还的“一卡通”服务。

——鼓励中小学校、机关、事业单位、企业的内部文体设施向社会开放。

——建立健全市、县（市、区）、镇（街道）体育行政机构和行政村（社区）、学校和行业（单位）体育组织建设，探索公共体育服务社会化运作模式。

——鼓励学校、机关、企事业单位的体育场馆设施向社会开放。

（二）推进基本生活保障服务流转顺畅

——探索建立优待救助对象区域间流动机制，允许抚恤、优待人员、农村五保供养对象和城市“三无”人员等优待救助对象在区域内的流动转移。

（三）推进基本住房保障服务流转顺畅

——实现住房货币补贴异地流转。建立住房货币补贴随工资按月发放的机制，各地互认住房货币分配资格，住房货币补贴可以随人员流动而流动。

（四）推进公共就业保障无障碍转移

——制订区域统一的公共就业服务待遇流转办法，以就业困难人员为突破口，率先实现各种就业困难扶持政策和待遇顺利流转。

——建立以《就业失业手册》或社会保障卡为凭证的待遇流转制度，基本实现区域内公共就业服务待遇顺畅流转。

——建立完善粤港澳就业人员合理流动平台和粤港澳人员入粤就业服务体系，促进粤港澳就业人员合理流动。粤港给予双方共同认证的职业技能鉴定专家和考评员签证便利，互派人员可在考评地缴纳法定个人所得税后取得相应的劳务报酬。

（五）基本实现医疗保险关系无障碍转移

——建立基本医疗保险异地就医结算平台，与医疗保险信息系统实现联网，定点医院与异地医疗保险经办机构实现联网。医疗保险经办机构与定点医疗机构签订协议，由就医地经办机构负责为异地经办机构审核医疗费用清单，并代实行监管。

——做好基本医疗保险关系转移接续，实现医疗保险关系区域内无障碍转移。率先推动社会保障卡“一卡通”，使社会保障卡能够在异地医疗保险定点机构刷卡购药就医等。

——建立区域内、城乡间残疾人医疗康复流转服务平台。

（六）创造公平和开放的现代服务业发展环境

——完善人才交流、培训的服务平台和合作机制，促进人才在区域内的自由流动。

——建立健全区域内各行业协会之间的交流合作平台，促进行业之间、协会之间的沟通和交流，实现区域内服务业与制造业、现代服务业之间的互惠合作。

二、全面实现阶段（2013~2020 年）

（一）实现保障性住房服务的异地享有

——珠三角其他城市居民进入本地工作并居住的，享有与本地居民同等的住房保障，不因人口流动而丧失。

——设立结算中心，根据各地住房保障的成本和异地享有的人数进行结算，合理分担住房保障费用。

（二）实现公共就业服务无障碍流转

——全面实施劳动者凭证享受服务制度，建立待遇随人走的良性机制，所有劳动者凭《就业失业手册》或社会保障卡在区域内享受各种公共就业服务待遇制度，实现公共就业服务待遇无障碍流转，促进区域人力资源配置流动。

（三）实现基本医疗保险关系无障碍转移接续

——制定基本医疗保险关系转移接续办法，实现基本医疗保险关系无障碍转移接续。

——进一步完善基本医疗保险异地结算平台，进一步完善社会保障卡“一卡通”。

第八章　缩小基本公共服务差距

在珠三角区域内将各地间基本公共服务水平控制在允许的合理范围内，结合需求与财力可能，促进区域间基本公共服务水平差距的逐步缩小。

一、初步实现阶段（2009~2012 年）

（一）逐步缩小教育基本公共服务水平的差距

——明确各级政府投入责任，加大义务教育和学前教育力度，完善义务教育经费保障机制和学前教育政府、家庭和社会经费分担机制。

——加大义务教育均衡发展的力度，重点改善珠三角部分经济落后地区及城市薄弱学校、农村学校的义务教育办学条件，提升义务教育基本公共服务能力，逐步缩小区域间和学校间学生享受义务教育的水平。

——提高贫困学生和残疾学生的补助标准，保障符合条件的进城务工人员子女接受义务教育的权利。

——探索幼儿平等接受学前教育的办法。

——加大政府投入力度，逐步完善中职、技工生均综合定额拨款标准调整机制；制定生均综合定额拨款指导标准，逐步降低区域间差距。

——完善区域间中职教育合作互助机制，扶持职业教育次发达地区加快发展。

——统筹规划珠三角职业教育发展，结合基地建设，根据地方产业布局等要求，引导各地差异化发展，形成区域职业教育特色，实现互补。

（二）逐步缩小基本公共卫生服务水平的差距

——明确各级政府投入责任，建立和完善基本公共卫生服务财政投入机制。

——全面开展社区医师岗位培训，逐步开展规范化培训工作。

——重点改善珠三角部分经济较落后地区的疾病控制、职业病防治、精神卫生、妇幼卫生、卫生监督、计划生育等专业公共卫生和城乡基层医疗卫生机构的设施建设，提升公共卫生服务能力，逐步缩小区域间群众免费享受的基本公共卫生服务项目的水平差距。

（三）逐步缩小基本公共体育服务水平的差距

——重点提升珠三角部分经济欠发达地区的场地设施建设、组织建立、活动开展与体育服务水平，逐步缩小区域、城乡间公共体育资源供给能力的差距。

（四）逐步完善城乡一体化公共交通网络

——加快农村公路建设，实现珠三角符合安全通车条件的行政村班车通达率 100%。

（五）逐步缩小生活保障水平差别

——完善基本养老金正常调整机制，建立最低养老金制度，逐步缩小地区之间和人群之间的养老金差距。

——确立抚恤、优待人员、农村五保供养、城市“三无”人员，以及贫困家庭老人和特殊困难老人统一的最低优待供养补助标准，逐步缩小地区间优待供养补助水平。

——建立健全基本养老保险、企业年金、地方养老保险和人寿养老保险相结合的多层次的养老保障制度体系。

——加大扩面征缴力度，逐步做实养老保险个人账户。

（六）逐步缩小就业保障服务水平差距

——建立珠三角公共就业服务基金，加强统筹调节，逐步缩小区域待遇差距。

——建立健全手段先进、方法科学、管理有效的职业能力评价鉴定质量监控体系，改革现行单纯以行政级别确定证书发放权限的做法，实行按产业聚集、鉴定质量、组织能力水平给予各市县证书发放权限的差别化管理办法。

（七）逐步缩小医疗保障水平差距

——统筹考虑珠三角医疗保障制度发展，制定同步发展的医疗保险规划，在基金结余较多的地区逐步提高医疗保险待遇水平。

——全面开展普通门诊统筹，建立统一的医疗保险制度，按照收入水平设置不同的缴费标准，实现保障待遇基本统一。

（八）推进环境资源的共享共治，统筹区域环境保护

——探索建立激励环境保护和生态建设的财政转移支付制度，对生态屏障区、生态保护良好的市、县、完成生态、环境保护目标的地区给予补助和奖励。

——理顺相邻区域、流域上下游的生态效益关系和经济利益关系，完善区域生态效益的经济补偿制度，探索实施区域间多样化的生态补偿机制。

——设立珠三角环保专项资金，加大珠三角环境污染整治力度。

——建立完善流域水权交易政策，探索“流域环境协议”模式，明确流域上下游之间的责、权、利等，开展流域“异地开发”模式，在流域上下游之间进行合理产业布局。

二、全面实现阶段（2013~2020年）

（一）区域内教育基本公共服务水平趋同

——区域内实行统一的义务教育阶段学校和幼儿园办学（园）标准，区域间和学校间学生（幼儿）享受学前教育和免费义务教育的水平趋同。

——技能型人才培养质量不断提高，职业教育吸引力进一步增强，充分满足人民群众接受多样化教育和高质量职业教育需求。

（二）区域内基本公共卫生服务水平趋同

——实行区域内统一的基本公共卫生服务项目，区域之间群众免费享受的基本公共卫生服务项目的水平趋同。

（三）区域基本公共体育服务水平趋同

——全面实现区域场地设施建设、组织建立、活动开展与体育服务水平趋同。

（四）进一步扩大农村客运通达面

——在城市化进程较快或经济较发达的农村地区，初步实现500人以上自然村1千米范

围内通班车，并引导相关短途班车逐步按公交化模式运行。

（五）全面落实国家和省有关社会保障的法规政策，区域内基本生活保障服务水平趋同

——继续扩大城镇企业职工养老保险覆盖范围，提高缴费水平，基本实现应保尽保。

——进一步健全多层次的养老保障制度体系，完善养老金正常调整机制和最低养老金制度。

——全面做实养老保险个人账户，完善养老保险基金投资运营体系。

——建立统一的贫困家庭老人和特殊困难老人养老服务补贴最低供养标准，逐步缩小养老保险在城乡之间、区域之间存在不均等的待遇差距。

——逐步提高低保、五保和“三无”对象的保障标准，使五保和“三无”人员的生活基本上不低于当地居民的平均生活水平。

（六）实现区域间公共就业服务资源均等化和居民享受公共就业服务权利的公平化

——全面建立劳动者平等享受公共就业服务制度，实现区域间公共就业服务资源均等化和各类劳动者享受公共就业服务权利的公平化。

——建立健全手段先进、方法科学、管理有效的职业能力评价鉴定质量监控体系，实现县一级就业鉴定过程全程视频监控。

——探索适应各项考试的具体考试方法，力争实现200个以上职业的无纸化、智能化考试与阅卷，在全国领先实现全省职业资格认证质量均衡。

（七）全面建立公平的基本医疗保险制度和医疗救助制度

——逐步整合新型农村合作医疗和城镇居民基本医疗保险制度，建立城乡一体化的基本医疗保险制度，并与城镇职工基本医疗保险实现并轨运行。

——降低低保等弱势群体的住院起付线，逐步实行医疗救助基金与定点医疗机构直接结算，实现困难群体病有所医。

第九章　统一城乡基本公共服务

按照珠三角城乡一体化的要求，实现珠三角各市城乡间基本公共服务制度统一、要素趋同，在此基础上实现区域内的制度对接，顺畅流转。

一、初步实现阶段（2009~2012年）

（一）建立城乡一体化的义务教育体系

——按照标准化和规范化要求，提高农村中小学教学仪器设备、体育艺术教学器材设备和图书资料配置，加强实验室、功能室、图书室和卫生室建设，缩小城乡之间教育装备差距。

——健全县域内公办中小学教师、校长定期交流制度，积极推进城镇教师支援农村教育工作，完善城镇、经济发达地区优质学校教师对口支援农村、薄弱学校制度。

——实施高等学校毕业生到农村从教上岗退费政策，吸引高等学校毕业生到农村中小学

任教。

——建立农村教师岗位津贴制度，确保农村教师实际收入水平不低于同一县域内同级城镇教师收入水平。

——积极发展农村学前教育，全面普及学前一年教育。

——实施“千校扶千校”计划和“教育资源下乡”行动计划，积极推进优质教育资源均衡配置。

（二）高中阶段教育布局结构进一步优化

——优化普通高中布局结构，优质普通高中分布更趋合理；重点依托优质普通高中，探索更加灵活的办学机制，扩大办学规模；发挥优质普通高中辐射带动作用，促进薄弱普通高中提升教育教学水平，为城乡学生提供高质量的教育。

——整合中等职业教育资源。加大市级统筹力度，以基地建设为平台，推动中等职业学校资源整合，高起点新建一批中等职业学校和技工学校，做大做强做优一批龙头骨干中等职业学校和技工学校，全面提升人才培养质量。

（三）加强城乡基层公共卫生体系建设

——统一按照国家和省颁布的基本公共卫生服务项目技术规范，全面实施基本公共卫生服务项目。

——加强基层卫生机构建设，重点加强职业病防治机构、乡镇卫生院、社区卫生服务中心和村卫生站的建设。

——加强对基本公共卫生服务项目城乡基层实施人员的培训，加强基层职业卫生人员和企业职工卫生管理人员培训，加强农村及社区基层卫生监督网络建设。

（四）建立覆盖城乡的公共文化体育服务体系

——实施广播电视村村通工程，扩大对农村广播电视的有效覆盖，实现20户以上已通电自然村广播电视村村通。

——实施乡镇综合文化站和基层文化阵地建设工程，建设乡镇综合文化站、村文化活动室、社区文化中心。

——实施农村电影放映工程，按照企业经营、市场运作、政府购买、农民受惠的原则，推进农村公益性电影放映服务体制的改革。

——实施农家书屋建设工程，按照政府资助建设、鼓励社会捐助、农民自我管理的要求，稳步推进农家书屋工程建设。

——大力扶持农村岭南特色民间文化发展，丰富农村居民文化生活。

——实施乡镇农民体育健身工程，至2012年，珠三角乡镇要建有健身广场（公园），行政村要建有一个篮球场、两张以上室外乒乓球台和一套以上健身路径。

——建立以政府主导、社会参与、条块结合、覆盖珠三角城乡和行业单位的体育组织网络。

——加强农村社会体育指导员培训工作，壮大农村社会体育指导员队伍。

（五）逐步完善城乡一体化公共交通网络

——推动农村客运区域专营和规模化经营，逐步实现城市公交与农村客运财政补贴及有关扶持政策一体化。

——推动短途公路客运班车向公交化模式运行转变，逐步完善城乡一体化公共交通网络。

（六）初步建立统一的城乡生活保障体系

——建立新型农村社会养老保险制度，研究解决城镇无保障居民养老保障问题；探索城乡居民与城镇职工养老保险制度的衔接办法，逐步实现城乡养老保险制度一体化。

——逐步推行城乡低保标准一体化，统一区域内基本生活保障标准。

——逐步推行城乡抚恤补助标准一体化，实现城乡抚恤对象统一补助或待遇同等。

（七）初步建立城乡一体的公共就业服务体系

——加强街镇和村居基层机构建设，完善村居劳动保障工作机构；将城镇各项就业优惠政策向农村延伸，逐步缩小城乡公共就业服务待遇差距。

——推动职业培训机构的职能转变和体制创新，逐步建立覆盖城乡的职业培训体系。

——建立覆盖城乡的农村劳动力转移就业技能培训示范区和创业带动就业孵化基地。

（八）加强城乡基层医疗卫生体系建设

——加强农村县、镇（乡）、村三级农村医疗卫生体系及以社区卫生服务中心为主的城市社区卫生服务网络建设，逐步缩小与城市医疗卫生机构的差距。

——适当提高基层医疗卫生机构的报销比例，促进基层医疗卫生机构发展。

（九）构建城乡环境保护一体化格局

——推动环境保护的组织管理体系向农村延伸，建立部门之间横向协调机制，加强镇（乡）级环保机构建设，完善城乡环保管理机制。

——加快城市人居生态环境建设，共同推进珠三角森林城市群建设；大力推进农村生态示范创建工作，加强农村环境保护。

（十）初步建立以城镇为基础平台、服务城乡居民的现代信息服务体系

——支持发展现代农村物流企业，重点发展邮政、信息产业、科技、教育、文化、卫生等新型服务行业，打造农村服务业发展平台。

——加强农村信息服务体系建设，加快推进信息服务进村入户。

——加快金融、保险、信息、法律服务业向农村延伸，支持银行、信用社等金融组织向农村布点。

二、全面实现阶段（2013~2020年）

（一）实现城乡基本公共卫生服务一体化

——加快推进基层医疗卫生机构建设，提高基本公共卫生服务水平和应对重大疾病、突发公共卫生事件的能力。

——进一步加强城市社区卫生服务能力建设。

（二）实现城乡公共体育服务一体化

——鼓励珠三角的乡镇、行政村在原有的农民体育健身工程上，增加体育设施与服务项目等，不断完善农村体育场地设施建设。

——完善以政府主导、社会参与、条块结合、覆盖珠三角城乡和行业单位的体育组织网络。

——提升农村社会体育指导员的服务水平。

（三）实现城市公交与农村客运扶持政策一体化

——实现城区500米范围公交站点覆盖率大于80%，符合安全通客车条件的行政村100%建成候车亭的目标，城乡公共交通服务质量得到全面提升。

——符合安全通客车条件的所有行政村通农村客运班车，农村客运与城市公交享有同等财政补贴政策。

（四）完善城乡一体化的生活保障体系

——继续完善城镇企业职工养老保险制度，积极推进城乡居民一体化养老保险制度建设，建立养老服务财政补贴制度和高龄老人政府津贴制度，建立统一的老年人优待办法，加强粤港澳地区的交流与合作，探索建立多元化的社会福利供给模式，探索建立适度普惠社会福利制度。

——确保城市“三无”人员、农村五保对象供养标准不低于当地一般生活水平；探索残疾儿童报告和分类津贴制度，建立贫困家庭儿童大病医疗救助基金；探索建立重度残疾人津贴制度、农村贫困家庭长期病人集中照顾制度。

——提高抚恤补助标准，实现城乡抚恤补助标准、城乡低保标准一体化，并建立自然增长机制。

（五）完善农村住房保障体系

——建立健全以贫困户（含低保户）危房改造、政策性农村住房保险、困难群体住房救助为主要内容的农村住房保障体系。

——强化在村庄规划、建筑设计、环境绿化等方面的服务，改善农村住房的建筑质量。

（六）实现城乡就业保障服务一体化

——建立城乡劳动者平等就业的管理服务制度和城乡统一的公共就业服务体系；——建立以珠三角为核心、带动环珠三角、辐射周边地区的远程职业培训公共服务平台，实现城乡共享公共培训资源。

——建立统一的城乡社会保险体系和社会救助体系。

（七）构建城乡一体化的现代服务业设施体系

——推进城镇产业的信息技术应用，促进乡镇产业与城市的设计、物流、信息和金融等现代服务业进行实时对接，实现制造与服务优势互补、协调发展。

第十章　实现基本公共服务决策指挥协调统一

在珠三角区域内实现基本公共服务事务指挥、调度和安排的统一，提高公共事务管理的协调一致性，有效推进基本公共服务一体化进程。

一、初步实现阶段（2009~2012 年）

（一）健全教育工作领导体制和工作机制

——建立健全政府教育现代化建设目标管理责任制，完善基础教育工作实绩考核制度，明确党政一把手对当地教育现代化负总责，把教育现代化建设纳入当地和区域经济社会发展的总体规划。

——加强区域教育立法，完善和统一保障教育投入、多种形式办学等方面的制度措施。

（二）完善重大疾病防控和突发公共卫生事件预测预警体系

——改善疾病预防控制机构的设施条件，加强职业病防治机构、慢性病防治机构建设和精神卫生机构建设；加强监测检测和预警，确保霍乱、登革热等急性传染病以及艾滋病、结核病等重大疾病得到有效控制。

——加强突发公共卫生事件应急指挥平台建设，提高突发公共卫生事件预测、预警能力，做到早期发现、及时报告，重大突发公共卫生事件报告率达到 100%。

——开拓市际卫生应急领域工作协作，拓展合作项目，深化已有的合作项目内容，实现卫生应急部门联动、区域联防、物资就近互调。

（三）建立重点车辆卫星导航系统监管平台和应急救援体系

——率先实现班车、旅游包车和危险品运输车辆三类车辆卫星定位数据区域联网共享。

——以“一号通”为载体，率先建设统一、协调、高效的应急救援与投诉处理体系。

（四）实现公共就业服务事务指挥、调度和安排的统一

——建立公共就业服务协同机制，统一机构名称、职能，形成上下贯通、运作顺畅的机构体系。

——协调指导各类培训机构、技工院校和就业训练中心等共同开展职业培训服务工作，统筹推动职业培训技术研究开发，实现各类培训同步推进。

（五）建立环境保护事务指挥、协调和安排一体化机制

——建立联合执法机制和预警应急联动机制，健全完善区域性环境管理联席会议制度、联合调查机制、重大项目联审制度、环境监测合作机制等。

——建立部门间环境与发展协商制度，协调解决区域、流域之间经济发展与环境保护的重大问题。

——建立区域森林保护防控方面的联防联动机制，及时沟通区域内森林保护防控信息。

——优化水资源开发利用和配置体系，加强珠江流域水资源统一管理，加快水资源调蓄和配置工程建设，推动西江水资源统一调度和东江三大水库联合调度。

——以完善珠三角大气环境监控网络信息发布为突破口，逐步建立完善珠三角重点污染源信息、水环境信息、重大项目环评信息的披露机制，搭建珠三角环境信息统一对外发布的网络和平台。

（六）实现区域现代服务业协调发展

——成立现代服务业联席会议、珠三角现代服务业合作专责小组等协调组织结构，落实区域内现代服务业合作事项。

——定期召开珠三角现代服务业合作研讨会，研究珠三角现代服务业合作发展的方向，落实有关的投资项目。

二、全面实现阶段（2013~2020 年）

（一）进一步提高突发公共卫生事件预测预警和处置能力

——改善疾病预防控制机构的设施条件，完善疾病预防控制机构绩效考核制度。

——加强职业病防治、慢性病防治、精神卫生机构建设和突发公共卫生事件应急指挥平台建设，进一步开拓市际卫生应急领域工作协作，拓展合作项目。

（二）实现生活保障事务指挥、调度、安排的统一

——完善社会保障信息管理和应急指挥系统，建立科学规范、运转高效、保障有力、覆盖城乡的信息处理、事务管理、应急指挥系统。

（三）探索实现公共就业服务管理的协调一致

——完善公共就业服务协调机制，加强区域内公共就业服务管理的交流合作，联动开展公共就业服务，建立上下协调一致、职能统一、运作高效、监管有力的公共就业服务体系。

——建立覆盖城乡劳动者的职业培训公共服务体系，延伸职业培训普惠功能，提升职业培训能力和水平。

（四）全面建立区域环境保护综合决策和区域协调机制

——建立联合应急监测机制和协调信息发布机制，实现各地环保应急信息共享。

——建立重点区域环境污染联防联控机制、全区域重点环境污染物总量控制制度和环境质量评价体系，协调解决区域、流域之间经济发展与环境保护的重大问题。

——加强生态建设和生态保护基础设施建设，初步建成珠三角生态信息化服务体系。

（五）实现区域现代服务业发展规划、管理和措施的协调配合

——统筹区域信息技术应用和信息资源管理、开发、利用，构建“政府引导、市场驱动、全社会联动”的推进机制，实现现代服务业方面公共服务在线化、社会管理网络化。

第十一章　规划实施的保障支撑与配套措施

推进珠三角基本公共服务一体化，必须打破行政区划壁垒，转变政府职能，建立相应的协调机制、成本分担和利益共享机制、法规保障机制、评价机制、监督机制等，确保基本公共服务一体化顺利推进。

一、加快政府职能转变

以建设公共服务型政府为目标，强化政府公共服务职能。以公共利益为目标，以公共客观需求为尺度，切实把政府职能转变到经济调节、市场监管、社会管理和公共服务上来，将

公共资源更多地向社会管理和公共服务倾斜。强化政府公共服务职能，优化公共产品的供应结构，提高公共服务的质量，改善公共服务的供给方式，稳步增加政府公共服务支出，切实解决公共服务投入不足的问题。合理划分各级政府在推进珠三角基本公共服务一体化中的职责。确立各级政府公共服务职责分工的体制框架，依法规范政府间公共服务关系，逐步实现政府间公共服务职责划分的法制化。构建多主体的基本公共服务供给机制。实行政府主导，市场主体、事业单位、社会组织履行各自职能，多方合作共同治理区域公共事务，构建由政府、市场和社会共同推进珠三角基本公共服务一体化的模式，稳健、有效实现区域基本公共服务一体化。

二、建立珠三角地区基本公共服务一体化的协调机制

在省实施《规划纲要》领导小组框架下，设立珠三角公共服务一体化领导小组，由分管副省长任组长，省财政厅厅长任副组长，省发展改革委、省经济和信息化委员会、省教育厅、省民政厅、省人力资源和社会保障厅、省住房和城乡建设厅、省交通厅、省农业厅、省文化厅、省卫生厅、省人口计生委、省环保厅、省体育局等部门负责同志为成员，办公室设在省财政厅。领导小组及其办公室负责制定推进珠三角基本公共服务一体化发展的方针政策，对跨行政区域的事务进行管理，协调本地区与中央、省的关系，调解珠三角各市内部关系，监督地方政府间协议执行等。建立多层次的区域发展协调机制和磋商机制。建立市政府工作协调机制，研究协商中观层面的问题。明确区域基本公共服务政府专题工作机构，负责各项基本公共服务的协调工作。构建区域交流与协商平台，建立珠三角基本公共服务咨询平台，加快建设基本公共服务信息基础平台，调动全社会对推进基本公共服务一体化的积极性，逐步达到区域内基本公共服务信息共享。

三、建立财政投入及保障机制

不断完善财政转移支付体系，逐步建立珠三角基本公共服务一体化的财政投入及保障机制。在不断完善纵向转移支付机制的基础上，探索建立珠三角横向财政转移支付机制，并纳入全省基本公共服务均等化横向转移支付机制框架统筹推进。通过纵向与横向转移支付相结合，实现先富帮后富，逐步缩小珠三角各市间的财力差距，通过财力的适度均衡推进珠三角基本公共服务一体化。

四、建立基本公共服务一体化的成本分担和利益共享机制

按照互惠互利、合作共赢的原则，对不同的基本公共服务项目采取不同的利益补偿方式：对于受益各方的共建共享项目，要在合作项目签约之前，经充分协商，完成产权的分割与利益的划定；在费用摊分方面，要按照受益程度协商投资的比例，在项目签约之前制定清晰的费用摊分原则，并依照有关行业的专业标准来核定摊分数额。对呈现单向流动的基本公共服务项目，要建立相应的利益补偿机制。降低 GDP 在政绩考核中的权重，加大各项基本公共服务考核的权重，并建立绩效评估机制，综合考核地方政府政绩。

五、建立法规保障机制

建立健全基本公共服务一体化法规体系。推进珠三角基本公共服务一体化地方立法，规定相关部门和珠三角九市各级政府承担的职责和任务。充分利用地方立法权、特区立法权，鼓励广州、深圳和珠海出台相应的地方性法规、规章。制定非户籍常住人口基本公共服务管理办法、珠三角基本公共服务福利跨区域流转办法和珠三角公共教育一体化推进办法等专项法规、规章，签订推进基本公共服务一体化的各项协议，打破区域、所有制、行政隶属关系等各种界限，有序推进基本公共服务一体化。

六、建立基本公共服务一体化评价机制

坚持以城乡居民满意为根本标准，探索科学的考评方式，逐步建立政府、中介机构、公众（媒体）等多元协调互补的考评机制，对一体化的全过程进行监测评估。明确基本公共服务一体化的各项主体责任，强化基本公共服务供给主体的责任意识和服务功能。在政府政绩考评中突出对基本公共服务一体化政策过程及结果的综合绩效管理，将基本服务一体化评价结果纳入珠三角党政领导干部绩效考核体系，建立激励约束兼容的引导、调节和保障机制，确保基本公共服务一体化有效推进和健康发展。推进考评主体多元化，引入外部评价机制，确保绩效考评的民主化和公正性，提高考评结果的公信力。

七、建立有效的监督机制

加强基本公共服务一体化监管体系建设。明确珠三角各级政府、公民和其他组织在提供和消费公共服务方面的权利、义务和责任，合理界定珠三角各级政府在公共服务领域作为服务供给者、出资者和监管者的不同职能，建立健全多层次、全方位、多主体参与的监管体系。提高政府监管能力，加强监管队伍建设，完善监管组织体系。珠三角一体化协调管理机构统筹解决珠三角一体化进程中的矛盾和问题，对各主体进行监督评价。建立健全公众参与、专家咨询、政府决策三者相结合的决策机制，保证基本公共服务决策的科学化、透明化、民主化和制度化。在公共服务提供方面要遵循政务信息公开、政策透明的原则，逐步建立行政承诺制度、听证制度、信息查询咨询制度，增加透明度。

汉语拼音主题索引

说　明

一、本索引采用主题分析方法，款目按汉语拼音字母（同音字按声调）顺序排列。

二、文中的分目题用黑体字标示，其余用宋体字排印。

三、索引款目后的数字表示内容所在的页码，数字后的拉丁字母（a、b）表示栏别（即版面的左、右栏）。

四、同一主题的内容在文中多处出现的，在其款目后用不同的页码标明。

五、本书附录部分的《统计资料》、《珠江三角洲发展研究论文摘要》、《文献法规》等篇目未作索引。

六、为了方便从不同名词述语检索相关内容，索引中部分主题词使用“见”，作相互参照。

A

B

C

D

E

F

G

H

J

K

L

M

N

P

Q

R

S

T

W

Z